最新奥迪汽车新系统结构原理与经典案例

李 宏 主编

辽宁科学技术出版社

沈 阳

图书在版编目（CIP）数据

最新奥迪汽车新系统结构原理与经典案例 / 李宏主
编 . — 沈阳 ：辽宁科学技术出版社，2023.1
ISBN 978-7-5591-2677-1

Ⅰ . ①最… Ⅱ . ①李… Ⅲ . ①汽车 – 结构 Ⅳ .
① U463

中国版本图书馆 CIP 数据核字 (2022) 第 151369 号

出版发行：辽宁科学技术出版社
　　　　　（地址：沈阳市和平区十一纬路 25 号 邮编：110003）
印 刷 者：辽宁鼎籍数码科技有限公司
经 销 者：各地新华书店
幅面尺寸：210mm × 285mm
印　　张：85
字　　数：1700 千字
出版时间：2023 年 1 月第 1 版
印刷时间：2023 年 1 月第 1 次印刷
责任编辑：高　鹏
封面设计：盼　盼
责任校对：徐　跃
书　　号：ISBN 978-7- 5591-2677 -1
定　　价：238.00 元

邮购热线：024–23284373
编辑电话：024–23284502

前　言

奥迪（奥迪）是一个国际著名豪华汽车品牌，以高技术水平、高质量标准、高强劲动力以及经典款式，成为世界知名的汽车品牌之一。截至目前，一汽中国大众奥迪在中国累计销量已突破 700 万辆，成为中国第一且唯一的 700 万豪华汽车品牌，这给广大高档汽车维修企业维修保养服务带来巨大商机。我们为了让广大高档汽车维修人员熟练掌握奥迪新车型的结构原理和典型故障，特推出此书。本书对近几年奥迪车型的发动机、变速器及电气系统的结构、工作原理、新技术和特点进行了详细介绍，整理和总结了奥迪车型典型故障案例，并进行了详细的剖析。

本书具有如下特点：

（1）全新。这本书汇集最新款奥迪 A4L（B9）、奥迪 A6L（C8）、奥迪 A7（4K）、奥迪 A8L（D5）、奥迪 Q5L（FY）、奥迪 Q7（4M）、奥迪 Q8（4M）和奥迪 R8（4S）车型，详细介绍发动机系统、传动系统、底盘系统、电气系统的结构和工作原理。

（2）经典。书中的一些故障案例都是很多 4S 站碰到过的，具有很好的代表性，很多故障在各个车型中经常出现，碰到同类故障可以参考此书，对从事奥迪汽车维修的技师来说实用且指导性强。

（3）实用。本书内容新颖，图文并茂，数据准确，通俗易懂，是一本价值很高的奥迪汽车维修书。

本书由李宏主编，参加编写的人员还有王钟原、张明、董玉江、鲁子南、钱树贵、魏大光、艾明、付建、艾玉华、刘殊访、徐东静、黄志强、李海港、刘芳、李红敏、李彩侠、徐爱侠、李贵荣、胡凤、丁红梅、胡秀寒、李园园、刘金、李秀梅、徐畅、孙宗旺、许锋、鲁晶、梁维波、张丽、梁楠等。由于编者水平有限，书中的不当之处在所难免，如有发现，真诚地希望广大热心读者能及时指正，以促进我们的工作。

本书中压力单位使用 bar，1bar=100kPa。

编者

目 录

第一章　奥迪车系概述

第一节　一汽奥迪 A3

一、奥迪 A3 发展历史

新 A3 已经是第三代，将会出第四代。其实在它们之前 A3 前身已经在 1974 年推出，叫作奥迪 50，不光名字挺可爱，连尺寸也非常娇小，仅有 3510mm×1560mm×1340mm，轴距比现在 POLO 还要短 135mm，如图 1-1-1 所示。

图 1-1-1

（一）1996—2003 年：第一代 A3

第一代 A3 于 1996 年正式问世，它基于"P34"的平台上打造，使用该平台的还有第一代奥迪 TT、大众第二代甲壳虫、大众高尔夫 MK4、宝来等。尺寸方面，第一代 A3 的长、宽、高分别为 4152mm、1735mm、1423mm，轴距为 2513mm，尺寸和大众高尔夫差不多，如图 1-1-2 所示。之所以奥迪研发 A3，是为了区别高尔夫的务实、廉价，而且相比同级别的大众高尔夫，A3 更倾向于宣传"运动性"。因为 A3 刚问世那 3 年仅有三门版，给人一种"运动车"的感觉，加上外观圆润，底盘低矮，看上去更有动感。直到 1999 年，奥迪 A3 才新增了五门版。2000 年，第一代奥迪 A3 经历中期改款，但外观上

图 1-1-2

看变化很小，仅是车灯变得更通透了。内饰的做工、材质也有一定的提升，但总体设计没有改变，由此看出奥迪对自家作品设计的自信。中期改款后的内饰，多了木纹、GPS 等配置。动力方面，第一代 A3 主要搭载 1.8T 汽油发动机，最大输出功率为 132kW；还有欧洲人喜欢的 1.9 TDI 柴油发动机，最大功率为 94kW。改款前的 A3 匹配 5 速手动或 4 速自动变速器，改款后升级为 6 速手动变速器和 5 速自动变速器。四驱系统使得 A3 在城市游走游刃有余。第一代 A3 就已经有 S 版高性能车型了，S3 在 1999 年推出，外观与普通版的区别主要在 17 英寸"Aus"合金大轮毂、换装 225/45R17 的宽胎，还有银色涂装的后视镜等，内饰上配备可调 Recaro 真皮运动座椅。

（二）2003—2013 年：第二代 A3

第二代 A3 于 2003 年日内瓦车展亮相，刚开始仅有三门版车型。它基于升级后的 P35 平台打造，很多大众车迷都很熟悉这个平台，因为大众第六代高尔夫、大众尚酷、新速腾、新途安、第二代奥迪 TT 等 2018 款大众集团的车都在使用该平台。外观方面，第二代 A3 经过了重新设计，它是奥迪外观设计总监 Gary Telaak 的得意之作。Gary Telaak 是响当当的汽车设计师，他在 1996 年毕业于德国普福尔茨海姆汽车

设计学院，随后便进入英戈尔斯塔特的奥迪总部工作，1998 年被赋予设计第二代 A3 造型的工作任务，2003 年作品出炉后立马获得不错的反响。因为 A3 设计的成功，Gary Telaak 获得了晋升，日后负责设计第二代 TT、A8 等诸多奥迪新车。动力方面，第二代 A3 搭载 2.0TFSI 发动机，最大输出功率为 147kW。此外，该车还率先搭载 3.2L R6 发动机，最大输出功率为 184kW。R6 发动机具有体积小、运转平稳性好的优点。2004 年，奥迪增加五门版 A3，称为"A3 Sportback"，从名字上看就给 A3 贴上运动小车的招牌，外观上最明显的改变是将长条形的中网更换成"大嘴"。车身长度比三门版多了 80mm，乘坐空间和储物空间必然有提升，后备箱拥有 370L 的储物空间。2006 年，第二代奥迪 S3 问世，它同时提供三门版和五门版的车身样式，搭载 195kW 的 2.0TFSI 发动机，百公里加速仅 5.5s，匹配 6 速手动或 6 速 S-Tronic 自动变速器。底盘方面，该车依然配备 uattro 运动四驱系统，配备 Haldex 牵引力控制系统。从这代 S3 开始，所有部件将由奥迪独立开发和设计，因此不会像第一代那样看到很多副厂装备（比如 Recaro 座椅）。2008 年，第二代 A3 和 S3 经历中期改款，主要是换装 LED 车灯，将前保险杠变得更动感，设计了类似下扰流板的造型，进气格栅也更宽。此外，从第二代 A3 开始增加了敞篷版车型。中期改款的第二代 A3，换装 LED 头灯，如图 1-1-3 所示。

图 1-1-3

中期改款的第二代 S3。动力方面，第二代改款 A3 换装 2.0 TDI 共轨柴油发动机，匹配 7 速双离合变速器，并能选装"Magnetic Ride"可变阻尼系统的悬架。新增的 A3 敞篷版，可惜只有敞篷的时候好看。2011 年，奥迪开始增加 RS3 车型，新车将拥有更凶狠的外观、更强劲的动力。它搭载一台 2.5T 的五缸发动机，最大输出功率为 250kW，峰值扭矩为 450N·m，百公里加速时间仅为 4.6s。它匹配 7 速双离合变速器，有四驱系统。新增的 RS3，更强劲，如图 1-1-4 所示。

图 1-1-4

RS3 最终没有进入中国，它的海外售价为 4.5 万美元起步，在美国，花这钱几乎能买一辆入门级 7 系了（4.77 万美元起步）。这注定是一款令人仰视的小众高性能车，它在市场上仅卖了 1 年。第二代 A3 继续扩展全球市场，在全球拥有超过 5 个组装厂。从这代开始 A3 正式进入美国和中国。这代 A3 共历时 9 年，是同级别车中换代周期较长的，很多人对它已审美疲劳，但这反而证实了它的成功，要不怎么能在市场上永葆青春呢。

第二代 A3 正式进入中国市场。

第二代奥迪 A3 于 2010 年在中国上市，又有 4 款车型，售价区间为 26.8 万~32.8 万元，共提供 1.4T 和 1.8T 两款发动机。国内 A3 的内饰和海外版一样。由于第二代 A3 以纯进口的方式进入国内，未免价格会高些，这也导致后期保养成本高的问题，人们宁愿买更便宜的 A1。因此，第二代 A3 的市场表现一直不冷不热。不过这也有好处，就是市场上现车很充足，在 2012 年不少地区还降价 4000 多元促销。不过我相信，国产后的 A3 肯定会弥补价格劣势。

（三）2012—2020 年：第三代 A3

全新 A3 在 2012 年日内瓦车展揭开面纱，率先推出三门版和五门版 Sportback。这代车型从里到外都是全新的，拿平台来说，采用的是大众新开发的 MB。新平台在扩展性方面更厉害，并且在轻量化上更见效。外观方面，全新 A3 采用最新的六边形"大嘴"，换装复杂前卫的 LED 头灯，进气口更大，并集成了造型优美的镀铬装饰条，如图 1-1-5 所示。侧面保留第二代 A3 的高腰线特征，但特征线更明显，Gary Telaak 称这与 TT 的运动风格一脉相承。

图 1-1-5

第三代 A3 五门版的尾部，尾灯略有不同。配置方面，全新 A3 更注重多媒体系统方面，比如配备手写识别的旋钮、全新的 MMI 系统，智能配置则包括自适应巡航功能。动力方面，全新 A3 搭载多款发动机，包括 77kW 的 1.2TFSI、90/103kW 的 1.4TFSI、132kW 的 1.8TFSI 四款汽油机，还有 77kW 的 1.6TDI、110kW 的 2.0TDI 柴油发动机等。底盘方面，全新 A3 采用前麦弗逊后多连杆的形式，提供前驱和四驱两种方式。

插电式混动的 A3 e-tron。

此外，除了三门版、五门 Sportback 版，全新奥迪 A3 还推出 Limousine 三厢版车型。新车设计更加均衡，比例跟紧凑版的 A4 差不多，不会让人存在"车尾太短不搭调"的感觉。与前两代 A3 不同的是，全新 A3 更加注重环保，于 2013 年推出了 A3 Sportback g-tron 和 A3 Sportback e-tron 概念车，前者是燃烧生物燃料的，类似沼气，后者则是插电式混合动力，这两款车在今后都能上市。三厢版

图 1-1-6

A3 是这代车型的亮点，如图 1-1-6 所示。车身比例很协调。同时，在三厢版基础上变成敞篷车更加天衣无缝，不会像第二代 A3 敞篷版那样给人"为了敞篷而敞篷"的感觉。

基于三厢版车型打造的敞篷版，自然比例也很协调，即使合上顶棚也很好看。第三代 S3 也于 2013 年问世，它搭载 221kW 的 2.0TFSI 发动机，百公里加速时间仅为 5.2s，电子限速为 249km/h。新车同时推出两厢版、三厢版、敞篷版。

第三代 A3 真正实现国产。

2013 年 7 月 25 日，奥迪 A3 国产版正式亮相，这是第 5 款国产奥迪车型。新车于 2014 年 3 月 21 日上市，共有 8 款车型，售价区间为 19.99 万 ~33.43 万元，共有 1.4TFSI 和 1.8TFSI 两种发动机，前者为国产车型。从外观上看，国产版和进口版无异，在工艺方面也没什么差别。值得欣喜的是，中国消费者终于能在 20 万元内买一辆奥迪了，而作为一个和奔驰、宝马平起平坐的品牌，降低价格无疑是最有诚意的做法。21 年来，奥迪 A3 不仅在长大，还延伸出多种车身样式。我觉得，在保持优良品质的基础上，扩大产品阵容是获取高利润的最好方式了，因为覆盖的人群更广。A3 的发展史也就是一个创新史，不受限于它本身的定位，有了三门版就推出五门版，有了两厢就推出三厢，有了硬顶就推出敞篷，有了普通版就推出 S、RS 版，总之，它就是在不断地"繁衍"，最终形成一个庞大的车系。

（四）第四代奥迪 A3

准备 2020 年 3 月的日内瓦车展中发布全新第四代奥迪 A3，可惜在疫情的影响下 2020 年日内瓦车展被取消了。算一算时间，第二代奥迪 A3 也已经服役近 8 年之久了，尽管如此，传奇却未落幕，在 2019 年欧洲紧凑型轿车销量里，A3 排名第十，胜过 1 系与 A 级。从奥迪放出的官图我们得以一览全新一代 A3 的外观风貌，变得更加凌厉凶狠，但又不显得浮夸，甚至还有几分优雅。犀利的前脸是有别于现款 A3 的最大变化之一，这也是奥迪近年来的轿车设计语言的核心所在，如图 1-1-7 所示。

从 2015 年奥迪 Prologue 概念车开始就确定了奥迪 A 字打头轿车系的前脸，造型夸张的六边形中网在往后的 A8、A6、A4、A3 上得以体现，如今这一趋势继续在 A3 上大放光彩。在最新的奥迪 A/Q/R 三种产品体系当中，A 打头的轿车体系中宽阔笔挺的六边形中网是优雅的象征。而在 Q 系列，则可以从尺寸更大的八边形中网中感受到雄健的气魄。中网内部格栅由原来的横条式改为蜂窝状设计，看腻了奥迪的横条式格栅，像这样的蜂窝状格栅的确可以给人眼前一亮的感觉。不过别高兴得太早，引进国产之后中网内部格栅样式估计还会进行调整，如图 1-1-8 所示。

图 1-1-7

奥迪自然不会漏掉全新一代奥迪 A3 的大灯设计，灯厂同样下了很多功夫。除了在现在看来比较常规的矩阵式大灯，最吸引眼球的当属全新 A3 的日行灯设计，堪称绝唱。位于大灯上方的笔直灯线和下方阵列排布的点状 LED 灯，既传承了上一代的精华，又不失科技创新。仔细品品是不是又觉得大灯下方的点状 LED 和高尔夫 GTI 的 LED 雾灯相互呼应呢？全新一代奥迪 A3 依旧是基于 MQB 平台而打造，全新一代 A3 车身长、宽、高尺寸为 4340mm、1820mm、1430mm，轴距 2640mm，长、宽均比上一代车型增加了 30mm，轴距则保持不变，拉长后的车身也为车厢内部空间得到较好的拓展，如图 1-1-9 所示。其中后备箱容积为 380L，后排座椅放倒后达到 1200L，海外版本车型可选装脚踢感应电动尾门。

图 1-1-8

车身侧面的变化非常小，上腰线的位置基本不变，还是在门把手上方，而不像高尔夫那样将门把手与腰线进行重合。下腰线则多了少许变化，往后延伸时向上弯折。轮毂的设计也得到强化了，更大的轮毂面积带来几分野性。最后可以再留意一下 C 柱，相比现款车型 C 柱的面积明显大了不少，加之肉眼可见后悬长度的提升，预计车厢内部空间会提升不少。尾部线条还是以简洁干练为主，而奥迪的轿车系列也从不喜浮夸，所以尾部也只是简单点缀一番。所以对于奥迪不能以貌取人，你永远不知道一台外观平平无奇的奥迪 A3，里面藏着哪些前沿

图 1-1-9

图 1-1-10

科技。尾部矩阵式 LED 尾灯特别显眼，轮廓形状变得更加修长，在小钢炮里算是最锋芒耀眼的了。全新一代 A3 毫无意外地取消了过气的悬浮式中控屏，集成至中控台上并且向驾驶侧倾斜。其次，屏幕周围的

黑色烤漆质感看起来可比 Q3 有情调多了，可以看出全新 A3 的内饰在尽量避免使用银色镀铬装饰，简约才能衬托它的优雅。三屏设计在 A3 上面是不用想的了，但至少有一块单独显示空调功能的显示屏，用料也比 Q3 实在很多，如图 1-1-10 所示。

海外版车型中全系都标配了 10.1 英寸的中控触摸屏，并且连全液晶仪表也是全系标配。此外，虚拟驾驶舱版本还拥有全面显示导航功能，全液晶仪表扩大至 12.3 英寸，支持 3 种不同视图。中控屏搭载了奥迪全新第三代模块化车载娱乐平台，为 MMI 多媒体交互系统提供支持，处理器运行速度比上一代快10 倍，支持所有车机互联服务，以及通话、LTE 高速网络下的奥迪 connect 互联科技服务等。环境保护刻不容缓，从现在开始购买一台织物座椅的奥迪 A3，也可以帮忙减塑、清理白色污染了。全新一代奥迪 A3 的织物座椅内饰材料源自 PET 塑料瓶，包括地毯也取材于 PET 塑料瓶，据统计每一台采用环保面料的全新奥迪 A3 可以消耗掉 107 个容量 1.5L 的塑料瓶。为了保证环保面料不会牺牲内饰个性，全新A3 的织物内饰也玩起了花样，撞色搭配的内饰配色鲜艳明快。值得期待的是，全新 A3 搭载了大众集团最新 1.5TFSI 发动机，最大功率 110kW，匹配 7 速双离合变速器。这套 1.5T 动力是继第八代高尔夫之后大众集团旗下车型的第二次应用。全新 1.5T 发动机暂定代号为 EA211 evo，未来将取代原先的 1.4T 发动机，加入了一系列内燃机新技术，例如 ACT 可变气缸、VTG 可变截面涡轮、米勒循环、GPF 汽油机颗粒捕捉器等，旨在节能减排。这台发动机目前有两种功率版本，分别为 96kW 和110kW，国产后 96kW 低功率版本有望成为装机率最高的动力，如图 1-1-11 所示。

图 1-1-11

除此之外，海外车型还有 2.0TDI 柴油发动机版本，提供 85kW 和 110kW 两种功率。技术下放只为更好开。突破科技、启迪未来的奥迪总是会给我们源源不断的惊喜，而这一台入门级别的豪华品牌车型究竟还能有哪些科技？在 MQB 平台下我们对大众集团的许多看家技术并不陌生，全新一代奥迪 A3 加入了 CDC 自适应阻尼可变悬架、渐进式转向系统、quattro drive 适时四驱以及对驾驶模式、ESC 系统进行升级，从创新的角度来说这些技术并不新鲜，算是技术下放，如图 1-1-12 所示。

图 1-1-12

基于 MQB 平台打造的全新一代奥迪 A3 底盘结构和现款车型基本不会有太大的变化，悬架方面采用前麦弗逊后多连杆悬架结构，而海外低配车型后悬架还采用扭力梁结构，基本上和第八代高尔夫是"没区别"的，不过预计国产版本将全系配备后多连杆悬架，如图 1-1-13 所示。

CDC 自适应阻尼可变悬架简而言之就是悬架软硬可调，并且是基于可变阻尼减震器来进行调节，从官图中我们可以清晰地看到减震器筒身旁凸起的一块圆柱形正是自适应减震器的核心所在——电磁阀，如图 1-1-14 所示。通过四个车轮传感器检测到的道路状况以及驾驶模式选择，位于后轴的控制单元会实时控制电磁阀调节减震器阻尼大小。比如在过弯时，可以通过增大低速阻尼换来额外的侧倾刚度，提高入弯表现。而在高低起伏较大的颠簸路面，可以通过降低高速阻尼改善舒适性。

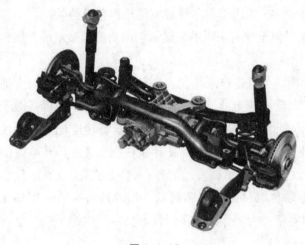

图 1-1-13

图 1-1-14

和 CDC 自适应阻尼可变悬架相对应的是所提供的三种驾驶模式：舒适、动态与个性化，这三种驾驶模式可以影响悬架的软硬程度。在舒适模式下，悬架会偏向于低阻尼特性，适合日常佛系驾驶。动态模式为驾驶增添一些紧绷感，提高车身侧向支撑能力。除了上述三种驾驶模式外，还提供有经济、自动两种模式，具体就不多说了。底盘方面还有另外一个亮点，采用了渐进式转向系统，这项技术在奥迪近年来的新车都能够看到，最直观的驾驶感受就是方向盘需要转过的角度变小了，如图 1-1-15 所示。这项技术其实也不是非常新鲜，像宝马、奔驰、本田等旗下产品中有应用到，都是通过不等齿距齿条设计实现的，齿距呈中间密两边宽排布。当小幅

图 1-1-15

度转向时偏沉稳，转向传动比随着转向角的增大而逐渐升高，大幅度转向时更为轻盈灵敏。

渐进式转向系统作为额外的转向系版本，还提供渐进式转向系统。借助齿条的可变花键提高转向传动比，并随着转向角的增大逐渐升高。转向性能更直接并将转向角从 540º 减少到 400º，如图 1-1-16 所示。

全新一代奥迪 A3 还加入了 quattro 四驱系统，不过它并不是奥迪最负盛名的以托森中差为核心的全时四驱，也不是目前 Q5L 所使用的 quattro ultra 纵置电控四驱（适时四驱）。通过官图上面的四驱结构可以看出，全新一代奥迪 A3 的四驱系统是以中央多片离合器式差速器 + 后轴开放式差速器为核心的适时四驱，就是它是常规入门版的适时四驱，也没有 quattro ultra 那样完全断开中央传动轴和后桥传动部件的能力，说白了其实就是大众横置平台所常用的翰德四驱系统，如图 1-1-17 所示。

不过我们也不能小看这套四驱系统的实际工作效率，节油能力虽比不上 quattro ultra，在经济模式下动力完全交由前轮去驱动，一定程度上减少机械损失。加上最新一代的 ESC 系统集成能力得到升级，在最新一代 ESC 系统的高效配合下，通过锁死前轮理论上能够将 100% 的扭矩输出至后桥。除了 A3 之外，A1、Q2、Q3、TT 都在使用这一四驱系统。说到全新升级 ESC 系统，从官网所给出的资料看来，ESC 支持全开、半开（运动）及全关 3 种状态，在高速过弯时 ESC 系统会判断轮速和转向角度，必要情况下对内侧两个车轮施加制动力，实现稳定过弯的目的，不过这一功能理论上所有全功能 ESC 都能实现，但实

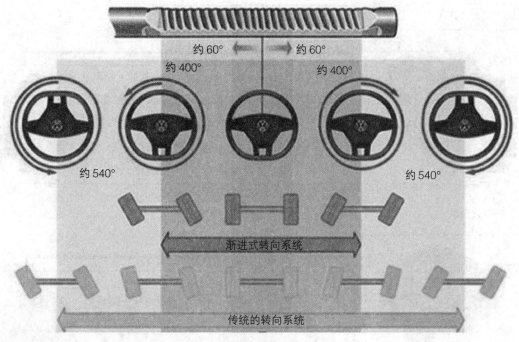

约60° ← → 约60°

约400° 约400°

约540° 约540°

渐进式转向系统

传统的转向系统

图 1-1-16

际应用起来是否能给过弯循迹性带来质的提升就十分考验制动压力的响应速率以及调校功底了。

　　总结：作为细分豪华紧凑型车市场的先驱者，A3 非常符合奥迪启迪未来的精神内核，而到了全新一代奥迪 A3 的升级却总觉得少了些惊艳，呈现出来的和我们预想中的八九不离十。不过仅仅是上面所提到的一些技术下放以及最新虚拟座舱，豪华氛围就有碾压同级别的态势，如无意外换代之后奥迪 A3 将继续保持细分领域的领先优势。国产版本的一汽大众奥迪 A3 也即将开始进入量产阶段。

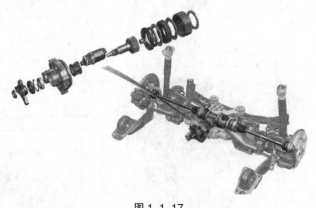

图 1-1-17

二、一汽奥迪 A3 发动机和变速器组合

（一）一汽奥迪 A3 发动机和变速器组合
如图 1-1-18 所示。

变速器名称：0AH（MQ200_5F）；0AJ（MQ200_6F）；02S（MQ250_6F）；02Q（MQ350_6F）；0FB（MQ350_6A）；0CW（DQ200_7F）；0D9（DQ250_6A）。

（二）一汽奥迪 A3L 三厢发动机和变速器组合
如图 1-1-19 所示。

变速器代码：0AJ（MQ200_6F）；0A4（MQ250_5F）；02S（MQ250_6F）；02Q（MQ350_6F/6A）；0FB（MQ350_6A）；0CW（DQ200_7F）；0D9（DQ250_6F/6A）；0CQ 后部主传动（第 5 代 Haldex离合器）。

1.2 L TFSI 发动机

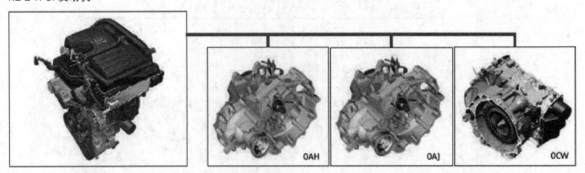

1.4 L TFSI 发动机

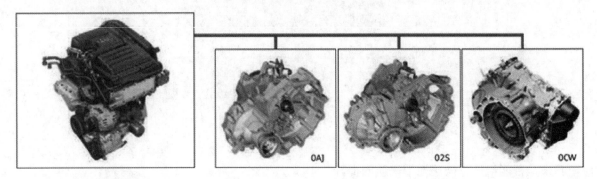

1.8 L TFSI 发动机

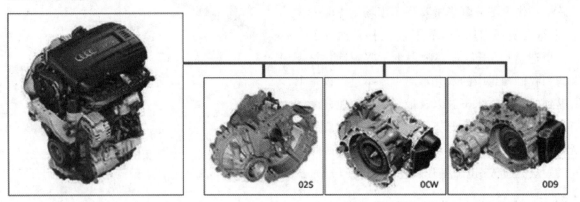

2.0 L TFSI 发动机

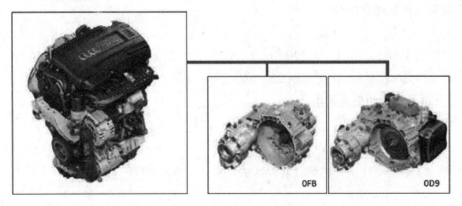

图 1-1-18

1.4L TFSI 发动机

1.8L TFSI 发动机

2.0L TFSI 发动机

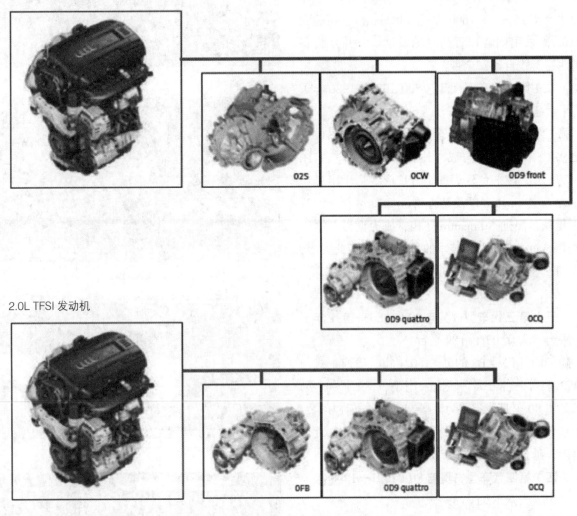

图 1-1-19

第二节 奥迪A4

一、奥迪A4发展历史

（一）第一代车型：奥迪80（1972—1978年）

平台：大众B1平台。

1972年夏天，奥迪首席设计师Ludwig Kraus推出了奥迪80，如图1-2-1所示。该车并不像现在的A4L作为一个系列，而是奥迪F103系列中的一款车型，并以最大功率来命名。当时的奥迪80车身尺寸为4175 mm×1600 mm×1362mm，轴距达到2470mm，采用四缸顶置凸轮轴发动机，并且装备了惯性卷筒式自动安全带。

图1-2-1

（二）第二代车型：奥迪80（1978—1986年）

平台：大众B2平台。

第二代奥迪80基于全新平台打造，外观采用更多线条和棱角构成，比例非常完美，如图1-2-2所示。该平台延展性十分广泛，衍生出奥迪Coupe、奥迪quattro以及奥迪Sport quattro等车型。1982年秋，奥迪80 quattro亮相，成为世界上第一款采用quattro全时四驱技术的量产轿车，与此同时，该系列车型还推出一款两门掀背运动轿车Coupe GT。

图1-2-2

（三）第三代车型：奥迪80（1986—1991年）

平台：大众B3/Typ 89平台。

随着内部代号B3的奥迪80上市，奥迪正式与大众B系列平台分离，转而采用Type 89平台。第三代奥迪80车身线条更为流畅，符合空气动力学，风阻系数仅为0.29，而且这款车第一次应用电镀车身设计，延长了使用寿命，如图1-2-3所示。

图1-2-3

（四）第四代车型：奥迪80（1991—1996年）

平台：大众B3/Typ 89平台。

第四代奥迪80与第三代车型颇有渊源，但车身轴距加长到2610mm，正式进入德国豪华中型车市场，如图1-2-4所示。这代奥迪80还拥有很多亮点：全新设计的油箱、改良的后轴以及重新设计的前/后保险杠。除此之外，新增两款V形六缸发动机和安全气囊。前排安全气囊以及ABS防抱死系统成为这代车型的标配，提升了车辆的安全

图1-2-4

10

性。

（五）第五代车型：奥迪 A4（1994—2001 年）

平台：大众 B5 平台。

基于大众 B5 平台的奥迪 80 系列正式更名为奥迪 A4，从此开启了豪华中型车的新篇章，如图 1-2-5 所示。第一代奥迪 A4 使用了纵置发动机和前轮驱动的布局方式，并且采用了当时先进的双叉臂前悬架结构。在之后的改款车型中，奥迪 A4 用四连杆式前悬架替代了之前的双叉臂悬架，这代奥迪 A4 搭载了每缸五气门 1.8L 发动机，动力方面超越了同排量车型。

图 1-2-5

（六）第六代车型：奥迪 A4（2000—2005 年）

平台：大众 PL46 平台。

第二代奥迪 A4 采用了全新的家族设计，圆润的外观既动感又威严，如图 1-2-6 所示。这代奥迪 A4 首次搭载了具有缸内直喷技术的 2.0L 发动机，动力相比之前的 1.8L 发动机更加强悍，multitronic 的无级变速器凭借轻盈的重量和敏捷的反应被誉为最出色的无级变速器。2003 年 2 月，一汽大众宣布投产该车型，其成为国内生产的第一款高档中型车。

图 1-2-6

（七）第七代车型：奥迪 A4（2005—2008 年）

平台：大众 PL46 平台。

这代奥迪 A4 进行了比较大的改动，并将新开发的动态底盘系统进行引入，提升了车辆的操控性能，如图 1-2-7 所示。同时在发动机阵容上更加丰富，全新的发动机还将涡轮增压技术与缸内直喷技术进行了结合。带有 quattro 全时四驱系统车型匹配了更加高效的 tiptronic 手自一体变速器，在安全配置方面，提供了侧气囊、ABS 防抱死系统以及 ESP 车身稳定控制系统等。

图 1-2-7

（八）第八代车型：奥迪 A4（2008—2015 年）

平台：MLB 平台。

第四代奥迪 A4 基于 MLB 平台打造，车辆的前后配重更加平衡，由此提升车辆的操控性，如图 1-2-8 所示。同年年末，一汽大众奥迪推出了奥迪 A4L，加长的轴距专为中国市场设计，相比欧洲版车型的 2808mm 轴距多出 60mm，提供了更加宽敞的后排乘坐空间。操控方面，奥迪 A4 提供"驾驶模式选项"与"动态转向系统"，驾驶者可自行选择"舒适""动态""自动"3 种驾驶模式。

图 1-2-8

（九）第九代车型：奥迪 A4（2015 年至今）

平台：MLB Evo 平台。

第五代奥迪 A4 采用了全新的 MLB Evo 平台，外观造型更加锐利，未来科技感更强，车身尺寸也进行了全面的增加，一系列的驾驶辅助系统使得行车安全性方面更加出众，如图 1-2-9 所示。国内版本的奥迪 A4L 以此为基础而打造，第三代 EA888 的 2.0TFSI 发动机匹配 7 挡 S tronic 双离合变速器更加高效，配置方面也更加全面，充满科技感与品质感。

图 1-2-9

二、一汽奥迪 A4L（B9）

新型奥迪 A4 Limousine 和新型奥迪 A4 Avant（车型 8W）采用了非常多的高端技术，车辆档次大幅提高。精巧的设计伴随着创新操纵方式，一贯的轻结构伴随着驱动方面恒久高效。奥迪 A4 Limousine 和奥迪 A4 Avant 在信息娱乐系统和辅助系统方面也是领先的。对于用户，这意味着可获得地道的高科技体验——技术和美学的新式完美结合。在空气动力学方面，这两种车型也是遥遥领先的：奥迪 A4 Limousine 的风阻系数（CW）是 0.23；奥迪 A4 Avant 的风阻系数（CW）是 0.26。由于车尾设计对于空气动力学性能影响很大，所以奥迪 A4 Limousine 后备箱盖形状可保证空气气流的顺畅流动。在奥迪 A4 Avant 上，向下倾斜很大的驾驶室顶棚扰流板就起到了这个作用了。在车内空间方面，新奥迪 A4 Limousine 和奥迪 A4 Avant 几乎在所有尺寸方面都超越了前代车型。所有座椅也都给人以宽大之感，车内的设计风格明显倾向于水平线条，因此这也增强了座椅宽大之感。与车身形状高度吻合的前座椅，其头枕不但能在高度方向调节，还能调节头枕与乘员头部的距离。在欧洲上市时，奥迪 A4 Limousine 和奥迪 A4 Avant 有 3 种 TFSI 发动机和 4 种 TDI 发动机可供选择。所有这些发动机都符合欧 VI 排放标准，因此 TDI 就是清洁柴油发动机。奥迪 A4 动力传递方面，有手动变速器、S tronic 和 tiptronic、前驱和四驱等各种解决方案。因此，每种发动机都有为自己量身定制的技术可供使用。

三、发动机—变速器组合

发动机—变速器组合如图 1-2-10 所示。

发动机	1.4L TFSI 发动机 （CVNA）	2.0L TFSI 发动机 （CVKB, CYRB）	2.0L TDI 发动机 （DEU, DETA）	3.0L TDI 发动机 （CSWB, CRTC）
6 挡 手动变速器 0DJ ML322-6F				

发动机	1.4L TFSI 发动机 （CVNA）	2.0L TFSI 发动机 （CVKB，CYRB）	2.0L TDI 发动机 （DEU，DETA）	3.0L TDI 发动机 （CSWB，CRTC）
6 挡 手动变速器 0CS ML402-6F				
7 挡 双离合器变速器 0CK S tronic DL382-7F				
7 挡 双离合器变速器 0CL S tronic DL382-7Q				
8 挡 自动变速器 0D5 tiptronic AL552-8Q				
后部主传动 0D8 最大 400N·m 0D2 最小 400N·m				

图 1-2-10

第三节　奥迪 A6

一、奥迪 A6 发展历史

从 1965 年 A6 第一代原型车至今，40 多年的发展，历经 8 代车型。

（一）奥迪 C1（1968—1976 年奥迪 100）

奥迪 A6 起源于奥迪 C 系列平台，C 系列平台是奥迪推出的中型车平台代号，这个代号一直沿用到第八代奥迪 A6 身上，代号 C8。1968 年，奥迪基于 C1 平台推出的第一款车奥迪 100 面世，这款车的命名来源于它最初的顶级车型所配备的最大功率为 100 马力（74kW）的发动机，故而起名为奥迪 100，如图 1-3-1 所示。奥迪 100 有多种车型，包括双门 Coupe 版、双门 / 四门轿车版。除了丰富的车型，奥迪还为奥迪 100 配备了先进的水冷前置发动机。奥迪 100 是奥迪旗下车型第一款使用水冷前置发动机的车型系列。动力方面，最初的奥迪 100 使用的是 1.8L 直列四缸发动机，最初的奥迪 100 基本型最大功率 58kW，随后推出的 100S 和 100LS 最大功率分别为 65kW 和 74kW。而奥迪 100 Coupe 车型则搭载了最大功率 83kW 的 1.9L 发动机。

奥迪对最初的奥迪 100 并没有抱太高的期望，因为毕竟是一个在全新平台上推出的产品，然而奥迪 100 在推出后受到的追捧却让奥迪始料不及。随着需求量的不断增长，奥迪在 1970 年夏季增设了一条生产线来生产奥迪 100。奥迪 100 推出时的预计总销量为 10 万辆，而在这款车推出 3 年后，奥迪 100 的销量已经达到了 50 万辆。截止到 1976 年，

图 1-3-1

奥迪 100（C1）停产时，总销量达到了 82.7 万辆。奥迪 100 作为大众收购奥迪之后第一款中型轿车取得了空前的成功，证明了奥迪的设计和开发能力，也坚定了奥迪继续开发中型轿车的信心。

（二）奥迪 C2（1976—1982 年奥迪 100）

1976 年采用代号 C2 的奥迪 100 正式上市，这款车采用了当时流行的外形设计，整体设计方方正正，显得很庄重，如图 1-3-2 所示。这一代奥迪 100 搭载了最大功率为 74kW 的直列 5 缸发动机。这台发动机是世界上首款 5 缸汽油发动机（1974 年奔驰推出了世界上首款 5 缸柴油发动机）。车型方面，经过市场调查奥迪发现中型轿车级别的旅行车非常受欢迎，于是这一代奥迪 100 放弃了 Coupe 车型，并于 1977 年推出了奥迪 100 Avant 旅行车。动力方面，奥迪在这一代车型上，除了延续上一代车型的普通化油器发动机，还推出了搭载电子燃油喷射发动机的车型。1982 年，奥迪还为 C2 车型的柴油发动机配备了涡轮增压器，这种早期的增压柴油机被称为 TurboDiesel，是后来 TDI 技术的前身。从这一代开始，除了奥迪 100，奥迪还推出了奥迪 200 车型。奥迪 200 是在奥迪 100 基础上推出的更加豪华的版本，实际上就是奥迪 100 的顶级车型。为了体现这个版本的定位，奥迪特意为奥迪 200 搭载 2.1L 直列 5 缸涡轮增压发动机，这款发动机的最大功率可以达到 124kW，在当时来说是非常高的。1977 年，第二代奥迪 100 和 200 的销量达到了 100 万辆，这是奥迪有史以来第一款销量达到 100 万辆的车型。第二代车型的旅行版总共销售了 49625 辆，虽然这个数字占总销量的比重很少，但是却超过了 Coupe 车型将近 1 倍。

图 1-3-2

直列 5 缸发动机、涡轮增压发动机等一系列新技术的更新和改进，表明基于 C 级平台的中型轿车奥迪 100 已经成为奥迪旗下最重要的车型，而销量上的突破，也回报了奥迪所有的努力。

（三）奥迪 C3（1982—1991 年第三代奥迪 100/200）

两代的奥迪 100 使奥迪积累了大量的中型轿车消费者，而随着时代和技术的发展，C2 平台的奥迪 100 已然跟不上时代的步伐。于是基于全新开发的平台代号 C3 奥迪 100 推出，如图 1-3-3 所示。1982 年，第三代奥迪 100 上市，相比前两代车型这款车采用了更加流线的外观设计，同时获得了非常不错的空气动力学效果，这一代车型的风阻系数仅为 0.30，使得这款车拥有更好的燃油经济性。动力方面，这一代车型继续沿用直列 5 缸发动机。此外，还在高端版的奥迪 200 上搭载了 2.2L 高功率发动机，这款发动机最大功率可以达到 120kW。1990 年，动力更加强劲的涡轮增压发动机出现在了奥迪 200 车型上。奥迪 200 推出后不久，应用每缸 5 气门技术的新款发动机也出现在了奥迪 100 和 200 上面，1990 年，奥迪将旗下最先进的涡轮增压柴油喷射（TDI）发动机提供给奥迪 100/200。这是 TDI 发动机首次应用于奥迪车。这一代奥迪 100 的销量再次刷新了奥迪的纪录，截止到 1991 年停产，这一代车型在全球总共销售了 108 万辆。

奥迪在中国。

相信大部分朋友看到第三代车型都感觉很熟悉，是的，第三代车型是奥迪在国内车生产的第一款车型，如图1-3-4所示。1988年奥迪公司授予中国一汽生产许可证，中国一汽开始生产奥迪100，并于当年组装499辆汽车。1995年中国一汽和德国大众及奥迪三方在北京共同草签了有关奥迪轿车纳入一汽大众汽车有限公司生产的合同，并开始生产基于奥迪C4中型车平台的第四代奥迪100，如图1-3-5所示。1996年一汽大众生产出第一辆专门为中国开发的奥迪200 V6车型，但是这款奥迪200所使用的V6发动机并不是奥迪的发动机，而是来自克莱斯勒。

图1-3-3

1995年国产奥迪100正式停产。1997年奥迪200 1.8L涡轮增压型轿车在一汽大众投产。1998年奥迪在中国成功售出10多万辆轿车。1999年奥迪200停产。

（四）奥迪C4（1991—1997年奥迪100/200/第一代奥迪A6）

1991年，内部代号为C4的奥迪100上市，外形上更加大气，线条非常硬朗，在这一代车型上，2.8L V6发动机开始使用。1995年，奥迪100推出了改款车型，同时奥迪100/200系列车型正式更名为奥迪A6，如图1-3-6所示。第一代A6的外形是由奥迪100改款而来，身上有着更多奥迪100的影子。动力方面，每缸5气门的发动机和涡轮增压技术已经开始广泛使用，这一代A6有3款汽油发动机，分别是1.8T、2.8 V6和2.3L的直列5缸发动机。第一代奥迪A6也同时推出了S6车型，作为顶级运动版车型，第一代S6搭载了4.2L V8发动机，最大功率210kW。之后不久，奥迪再次为S6增加了一款237kW的V8发动机，供追求性能的消费者选择。同时，Quattro四驱系统也配备在S6上面。

（五）奥迪C5（1997—2004年第二代奥迪A6）

图1-3-4

图1-3-5

图1-3-6

1997年，代号为C5的第二代奥迪A6问世，这款车相比前四代车型有了根本性的改变，外观方面大量的曲线代替了平直的线条。第二代A6外观圆润且优雅，空气动力学效果更佳，风阻系数仅为0.28，这样的设计在中型豪华轿车中并不常见，如图1-3-7所示。第二代奥迪A6，车型方面再次缩减，只推出了两款车型——轿车版和旅行车版，这是大众在做过充分的市场调查之后做出的决定，前几代车型的Coupe版卖得很差，这也是奥迪决定在第二代A6上放弃

Coupe 的主要原因。同时由于欧洲市场对旅行车的需求越来越大，奥迪强化了旅行版本，在设计上显得更加协调。动力方面，奥迪 A6 在汽油机方面全面采用每缸 5 气门的发动机技术，入门级车型采用 1.8L 和 1.8T 两款发动机，2.8L V6 发动机成为中级配置的标准。4.2L V8 发动机则作为顶配车型的标准配置。此外，在北美市场奥迪还为 A6 增加了一款 2.7L V6 涡轮增压发动机。1999 年，奥迪为 A6

图 1-3-7

增加了一款名为 allroad 的车型，这款车采用了奥迪著名的 Quattro 四驱系统，同时使用可升降的悬架系统，以提高通过性。这款车在具备轿车舒适性的同时，还拥有着非常不错的越野能力。奥迪 allroad 曾少量进口到国内销售。现在我们依然可以在路上看到这款车。运动版车型从来都是中型轿车提升形象的不二法则，奥迪也不例外，第二代 A6 拥有两款运动版车型，这两款车都搭载 4.2L V8 发动机。S6 的最大功率 246kW，最大扭矩 420N·m，而 RS6 的 V8 发动机配有双涡轮增压器，最大功率为 327kW，最大扭矩 560N·m。

1999 年一汽大众宣布第二代奥迪 A6 引入国内进行国产，这在当时也是国产中型轿车中最豪华车型。为了满足中国国情，国产版本的 A6 总长比国际版加长了 90mm，总高也增加了 22mm，所以国产版 A6 更加舒适。代号 C5 的第二代奥迪 A6 的国产使得国内中型豪华轿车市场的格局重新划分，这一代 A6 迅速成为国内中型豪华车的代表，国产后的价格优势，使这款车大受青睐。同时大量的政府采购，使奥迪品牌深入人心，可以说这一代奥迪 A6 奠定了奥迪在国内中型豪华车市场中的领导地位。

（六）奥迪 C6（2004—2012 年第三代奥迪 A6）

2004 年，代号为 C6 的第三代奥迪 A6 在日内瓦车展上正式亮相。这一代车型，外观设计依然圆润，但是经过设计师的重新设计，这款车不再显得臃肿，而是更增添了些动感，如图 1-3-8 所示。这款车的动力系统得到了大幅升级，入门级汽油发动机换成了奥迪最新的 2.0TFSI 缸内直喷涡轮增压发动机，这款发动机在提供强劲动力的同时拥有着极佳的燃油经济性。此外，2.8L、3.2L 两款 V6 发动机也更换为缸内直喷发动机。2008 年，奥迪对这一代 A6 进行了改款，外观上进行了一些小的改动，尾灯式样更加简练，同时在尾灯和头灯中加入了 LED 灯组。这次改款最重要的是再次扩充了 A6 产品线的动力系统，增加了 3.0TFSI V6 发动机，这款发动机的最大功率 218kW，另外高配版本的 4.2L V8 发动机也换为了缸内直喷发动机。当然按照惯例，S6 和 RS6 肯定不会缺席，针对北美市场推出的 S6 搭载了 5.2FSI 发动机最大功率 316kW，最大扭矩 540N·m。而搭载 5.2L 双涡轮增压发动机的 RS6 最大功率 420kW，最大扭矩 650N·m。这一代 allroad 于 2006 年推出，但是并没有引入国内。这款车型依旧搭载了 Quattro 四驱系统，并搭配了奥迪全新研制的自适应空气悬架，这套悬架系统允许驾驶者在 60~185mm 的离地间隙范围内随意调节车身高度。2005 年，一汽大众同步引进了第三代奥迪 A6 进行国产，并于 2009 年推出改款车型，同时在顶配车型上同步引进了 3.0TFSI 发动机。这一代的奥迪 A6 外形优雅中透着动感，不再似上代车型般显得沉闷。在先进发动机技术的武装下，进一步巩固了其在国内中型豪华轿车的霸主地位。同时 2.0T 和 3.0T 两款发动机更好地平衡了动力与燃油经济性之间的关系。奥迪造车的精神再次得到了消费者的认可。

图 1-3-8

（七）奥迪 C7（2012—2018 年第四代奥迪 A6）

全新一代奥迪 A6 已经在刚刚开幕的底特律车展上正式发布，这款代号 C7 的中型豪华轿车采用了全新的设计风格，前脸延续了奥迪家族式设计，全新 A6 的外观与奥迪新推出的豪华 Coupe 车型 A7 非常相似，如图 1-3-9 所示。C7 的到来意味着 A6 已经完成了一个从稳重的商务形象到运动年轻化转变，依旧圆润的车身造型把风阻系数降至 0.26，空气阻力比上一代车型减小了近 5%。发展到第七代的时候，玩灯玩到出神入化的奥迪还被车迷们调侃为"灯厂"。作为家族里面仅次于 A8 的老二，灯光自然也是 A6 的重点升级项目之一。多边形的前大灯组内集成了复杂的 LED 自适应照明系统，该系统还会根据不同的路况，自动调整照射范围，而另外一个高科技——ACC（自适应巡航控制系统）也首次出现在 A6 的配置单上。至于国产版 A6L 车身三围不升反降，车长缩短了 20mm，并降低了 30mm 的车身高度。但宽度的增加让 C7 看起来更贴地些，而且轴距也首次加长至突破 3m 大关。同时向 A8 内饰看齐令内饰的豪华程度有了新的突破，包括 HUD 抬头显示、泊车辅助系统和夜视辅助系统等配置悉数出现。动力方面除了常规的 2.0T、2.5 FSI（中国特供）、2.8 FSI、3.0T 等汽柴油引擎之外，还增加了一款 2.0TSI ＋电动机组成的 A6 Hybrid。按照动力系统的不同分别匹配 8 速 Tiptronic ZF 8HP 自动、Multitronic CVT 无级和 7 速 S Tronic DCT 双离合变速器。C7 的高性能版本主力放在了旅行版上，除了 S6 还保留三厢轿车之外，RS6 更是统一旅行车阵线。这些堪称"家用飞机"般的旅行车除了装得多跑得快之外，得益于五门的车身结构，车主还可以将其用作日常代步，在高速公路极为发达的德国本土，高性能旅行车很受人们欢迎。深藏不露的 S6 搭载一台拥有 309kW 的 4.0TFSI 引擎，严苛的德国工程师在要求跑得快的同时还得吃得少，为了降低引擎的油耗，启停系统、可变气缸等环保加分项目也得以应用，参考各国媒体的测试数据显示，S6 的百公里加速时间甚至比上代 RS6 更为出色。同样，

RS6 也在做减法，4.0TFSI 发动机相比于动力严重过剩的上代来得更理智，412kW/700N·m 的动力配合 8AT 变速器以及老搭档 quattro 的辅助下，百公里加速成功杀入 4s 以下。为了在 E 级以及 5 系的同台竞技中不被抛离，C7 在 2014 年经历了中期改款。虽然在内饰方面并没有太大改动，但前脸乃至大灯的造型经过调整后变得更加帅气。当然了，样子是年轻了，但开起来的感觉还是过往那种油腻的感觉。

图 1-3-9

（八）奥迪 C8（2018 年至今第五代 A6）

将年轻化进行得更为彻底的第五代 A6（C8）于 2018 年 6 月率先在德国上市，其后一汽奥迪迅速引进国产 A6L，并在年底正式上市，如图 1-3-10 所示。C8 基于全新 MLB Evo 平台打造而来，无论是整车轻量化程度、悬架结构，还是电气化先进程度都有着飞跃的提升。严格来说，直至目前为止奥迪 A6 已经发展至第八代。回顾这 8 代车型的发展历程，除了每一代都不断在技术上取得新突破外，扩大家族成员数量也是 A6 成功的秘籍之一。在同一平台上开发不同用途的车款，能充分利用现有资源降低研发成本外，还可以迎合不同消费者的需求和口味。第八代的推出，意味着新一轮的中大型车的战争已经打响。C8 又能否复制甚至超越历代前辈的辉煌呢？

以往提起奥迪 A6 那种印象中的"官车"形象已经彻底告别这一代车型了，翻看宝马 5 系和奔驰 E 级的成功便知道发展方向有多清晰。基于 MLB Evo 平台所打造的它使用了完完全全的家族最新式设计，夸张的六边形大嘴配上两侧大尺寸的导流口，还有灯厂的全新大灯，俨然一副 A8 既视感。尾部的 A6 一如 A8 般的造型感觉，制造材料也是向 A8 看齐，钢铝混合结构设计，在保证轻量化的同时以提升车身强度

为目标。通过应用先进的空气动力学设计，使得全新 A6 的风阻系数仅为 0.24，不过这一数值还是高过全新 5 系的 0.22 以及奔驰 E 级的 0.23。官方补充说明了其还提供了更为先进的气动声学技术，即使车辆高速行驶也能保持车内的舒适宁静。全新奥迪 A6 会提供 3 种大灯选择，作为顶配的 HD Matrix LED（高清矩阵式 LED 大灯）是绝对不可缺少的，不过全新 A7 可选激光远光，目前还没有资料显示全新 A6 也具备这项功能。灯组样式方面在新 A8 之后进一步突破，独特的五线条 LED 日间行车灯将

图 1-3-10

前大灯水平划分出来，尾部的 9 段式垂直尾灯组融合古典与现代的设计精髓，至于什么动态转向早已成了灯厂的标配物件。12.3 英寸的全液晶仪表盘提供了大量的信息，部分功能还可以通过 HUD 投射在挡风玻璃上，10.1 英寸的多媒体液晶屏可以随意拖动，整体感觉酷似如今的智能手机操作，而 8.6 英寸液晶屏则是完成了空调系统以及部分车辆的快捷操作区。此外，舒适性方面同样有所提升，香氛系统、座椅按摩、30 种氛围灯等配置都有所提供。奥迪如今的自动驾驶辅助系统包括中央驾驶员辅助控制器、5 个雷达传感器、5 个摄像头、12 个超声波传感器以及激光扫描仪。从之前发布的 A8 来看，全新 A6 应该也是使用了大名鼎鼎的 Mobileye Q3 芯片。从芯片设计功能来看，是具备 L3 级自动驾驶辅助能力的，而从实现效果来看，未来几年都不会过时，该系统可实现包括停车、入库、城市道路、高速，都可无缝提供半自动驾驶辅助功能。此外，全新 A6 还配备了自动停车辅助功能，使用者只需通过手机上的 my 奥迪 App 中激活和监控该过程，其余的就交给车辆自己来完成，包括进出车位。这绝对是全新 A6 最大的亮点之一，48V 微混动技术的应用堪称汽车界的一次重大革新，并且新 A6 的动力系统均提供此种 MHEV 轻度混合动力，可在起步、停车以及应对启停功能时有着更好的优化，且全新自动启停系统介入车速提升至 22km/h。当 A6 前方的车辆开始行驶，发动机就会预先从静止状态重新启动，并且 48V 系统在启停方面的平顺性要比 12V 系统有着明显改善。而当车辆减速期间，利用带式 BAS 交流发电机和锂离子电池所组成的系统可回收 12kW 的能量，在这套 MHEV 系统的帮助下，车辆可节省 0.7L/100km 的燃油。全新 A6 配备了全轮转向系统，当车辆低速行驶转弯时，后轮转向是与前轮相反的方向，以此来提高车辆的灵活性，反映到数值上便是车辆转弯半径 0.55m。而在高速行驶时，车轮是以相同的方向转动，从而优化了车辆直线行驶或者是变道时的稳定性。至于配备车型，目前知道 3.0T 的汽油发动机和柴油发动机均配备了奥迪看家的 Quattro 四驱系统和全轮转向技术，空气悬架也会出现在较高配车型上。除了 7 速 S Tronic 双离合变速器之外，8AT 车型还可选择运动型差速器，以提升车辆的运动性表现。最晚换代的车型却带来了最具竞争力的科技性，L3 级自动驾驶、48V 微混动技术乃至全轮转向技术都是极为新颖的。注重科技和当今融合的奥迪带来了一款竞争力极强的新作品，再配上 A8 的设计亮点和 A7 的内饰风，曾经稳重的 A6 突然走了年轻风，标榜运动和豪华的奔驰宝马，似乎又是被压缩了太多，再加上科技性方面领先的奥迪，这一次的天平开始倾向奥迪了。

1. 发动机和变速器组合

发动机和变速器组合如图 1-3-11 所示。

汽油发动机	2.0L TFSI 888 系列第三代 140~180kW	3.0L TFSI 839 系列 250kW
功率标识	40 TFSI 45 TFSI 45 TFSI quattro	55 TFSI quattro

7 挡双离合器变速器 0CK DL382-7F		
7 挡双离合器变速器 0CJ DL382-7A		
7 挡双离合器变速器 0HL DL382+-7A		
8 挡自动变速器 0D5 AL552-8Q		
后部主传动 0B0 HL 165.U1M （quattro ultra）		
后部主传动 09R HL 195.U1M （quattro ultra）		

图 1-3-11

2. 生产厂名称详解

生产厂名称详解如图 1-3-12 所示。

19

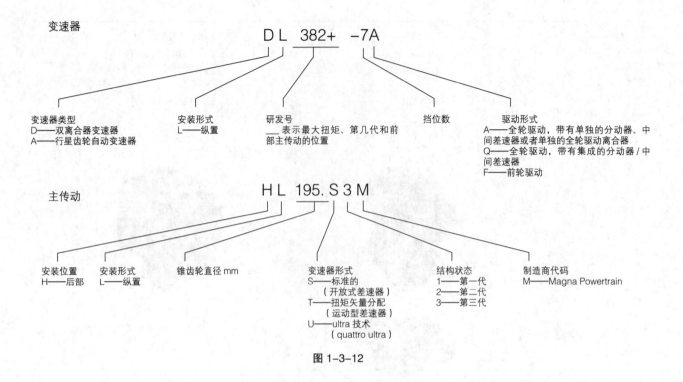

変速器

D L 382+ －7A

变速器类型
D——双离合器变速器
A——行星齿轮自动变速器

安装形式
L——纵置

研发号
——表示最大扭矩、第几代和前部主传动的位置

挡位数

驱动形式
A——全轮驱动，带有单独的分动器、中间差速器或者单独的全轮驱动离合器
Q——全轮驱动，带有集成的分动器/中间差速器
F——前轮驱动

主传动

H L 195.S 3 M

安装位置
H——后部

安装形式
L——纵置

锥齿轮直径 mm

变速器形式
S——标准的
（开放式差速器）
T——扭矩矢量分配
（运动型差速器）
U——ultra 技术
（quattro ultra）

结构状态
1——第一代
2——第二代
3——第三代

制造商代码
M——Magna Powertrain

图 1-3-12

第四节　奥迪 A7

新奥迪 A7（车型 4K）最好地表现出进取、动感、直觉和尊贵的特性。第二代奥迪 A7（车型 4K）尤其能代表德国奥迪的设计风格。宽而下垂的散热器格栅以及强劲的线条无论从哪个角度看都展现出动感和进取特性，如图 1-4-1 所示。突出的轮口最大可容纳 21 英寸的车轮，表现出奥迪 A7 的 quattro 基因。车内有两个靠直觉就可操作的触屏，它们完美地镶嵌在仪表板上。奥迪 connect 服务的内容是直接取自奥迪 A8 车的，这使得奥迪 A7（车型 4K）成为奥迪系列中具有完全联网功能的 GT 跑车。奥迪 A7（车型 4K）上共配备有 39 种驾驶员辅助系统，称得上是款超级好车。由于采用了轻度混合动力（mild hybrid）技术，舒适性更好且效率更高，该四门 Coupé 车在车速为 55~160km/h 之间时可以激活滑行功能。总之，这是把 Coupé、Limousine 和 Avant 合而为一了。

奥迪 A7（车型 4K）动感、优雅，且采用了全新开发的车内结构，完全是 GT 跑车的范儿。与奥迪 A8（车型 4N）一样，奥迪 A7（车型 4K）上也采用了 MHEV（mild hybrid electric vehicle，轻度混合动力电动车）技术。下面展示的就是这款新奥迪 A7 的最重要的特点。

1. 发动机—变速器组合

发动机—变速器组合如图 1-4-2 所示。

2. 变速器生产厂名称详解

图 1-4-1

20

3.0L TFSI 发动机，250kW
（DLZA）
EA839 系列

7 挡双离合器变速器 0HL
DL382+-7A

后部主传动 09R
HL195.U1 M

图 1-4-2

变速器生产厂名称详解如图 1-4-3 所示。

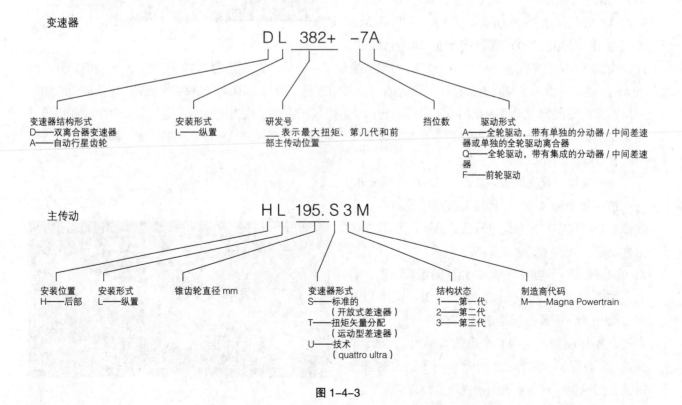

变速器

D L 382+ -7A

变速器结构形式
D——双离合器变速器
A——自动行星齿轮

安装形式
L——纵置

研发号
___ 表示最大扭矩、第几代和前
部主传动位置

挡位数

驱动形式
A——全轮驱动，带有单独的分动器 / 中间差速
器或单独的全轮驱动离合器
Q——全轮驱动，带有集成的分动器 / 中间差速器
F——前轮驱动

主传动

H L 195. S 3 M

安装位置
H——后部

安装形式
L——纵置

锥齿轮直径 mm

变速器形式
S——标准的
（开放式差速器）
T——扭矩矢量分配
（运动型差速器）
U——技术
（quattro ultra）

结构状态
1——第一代
2——第二代
3——第三代

制造商代码
M——Magna Powertrain

图 1-4-3

第五节 奥迪 A8

一、奥迪 A8 发展历史

（一）奥迪 V8（D1）（1988—1994 年）

在第一代 A8 推出之前，奥迪推出了一款 V8 来测试消费者对奥迪豪华车的接受程度，如图 1-5-1 所示。奥迪的这个 V8 不是指发动机，而是搭载 V8 发动机 D 级豪华轿车的车名。这款车型销量虽然不高，但是评价却还不错。这也坚定了奥迪推出大型豪华轿车的决心。最初的奥迪 A8 并不叫 A8，而是叫 V8 车型。1994 年奥迪 V8 也借着换代的机会更

图 1-5-1

名为 A8。奥迪 V8 车型被加长到 5.19m，动力系统起步就是 3.6L V8，高配则搭载 4.2L V8 发动机，采用四速电控自动变速器，并把 quattro 四驱系统应用在奥迪 V8 车型上。最高车速可以达到 249km/h。

（二）第一代奥迪 A8（D2）（1994—2002 年）

随着奥迪 A4 和奥迪 A6 的深入人心，奥迪往更高一级进发的野心也在慢慢形成。在奥迪 A4 和 A6 为奥迪累积了大量资金，并且背靠大众这个强力靠山的前提之下，奥迪在 1994 年推出了奥迪 A8，如图 1-5-2 所示。奥迪 A8 作为一款大型豪华轿车，推出了标轴以及长轴 A8L 两种车型供消费者选择，动力方面有 2.8L、3.7L、4.2L 3 种选择。在 1997 年奥迪 A8 搭载了奥迪的 Quattro 系统，从此 Quattro 就成为 A8 的标配。2000 年第一代奥迪 A8 进行改款，

图 1-5-2

这一代的 A8 最大亮点就是将原来的 3.7L 发动机换成了大众当时最先进的 W12 发动机，进一步提升了奥迪 A8 的档次。而由于当时奥迪已经与国内的一汽集团进行了合作，因此在 2004 年奥迪 A8 就被引入中国市场，当时的国家领导所乘坐的专车就是奥迪 A8 防弹版。在第一代奥迪 A8 的整个生命周期一共销售了 10 万辆，这个成绩与对手奔驰 S 级相比相距甚远。而问题主要是奥迪 A8 的外观很平庸，而且舒适性也没奔驰 S 级好。

（三）第二代奥迪 A8（D3）（2002—2009 年）

第一代奥迪 A8 的失利并没有让奥迪放弃，奥迪针对第一代存在的问题进行优化修正，并于 2002 年推出第二代车型，如图 1-5-3 所示。第二代奥迪 A8 的外观采用了当时奥迪 A6 相同的设计语言，看上去非常优雅。动力方面有 2.8L、3.2L、4.2L 以及 W12 6.0L 4 种选择，配置方面也比较丰富，有氙气大灯、胎压监测、主动安全系统等。到了 2005 年奥迪 A8 进行了中期改款，外观采用了巨大的进气格栅，车身整体线条依然圆润优雅显得更加好看。

图 1-5-3

（四）第三代奥迪 A8（D4）（2010—2018 年）

2010 年奥迪 A8 再度进行换代，新车的外观变得非常激进，圆润的线条少了，取而代之的是更加有力量的腰线，整体看上去优雅不减同时又非常犀利，如图 1-5-4 所示。在奥迪 A8 海外发布的同一年，奥迪 A8L 就在 2010 年北京车展全球首发。动力方面彼时奥迪已经全面普及缸内直喷发动机，这一代 A8 搭载了一台 274kW 及 445N·m 的 V8 FSI 发动机，

图 1-5-4

搭配的是新的 8 挡手自一体变速器，使得 A8 百公里加速只要 5.7s。2014 年第三代奥迪 A8 进行了中期改款，灯厂的矩阵式 LED 大灯首次装配在量产车上，配合奥迪 A8 那犀利的大灯样式设计，一时间让无数消费者都为之惊叹。

（五）第四代奥迪 A8（D5）（2018 年至今）

2018 年奥迪 A8 再次进行换代，这一次换代的奥迪 A8 换上了更加时尚并且具有科技感的外观，而豪华和优雅的气质依然没有变化，如图 1-5-5 所示。与前代车型相比，这款轿车的两种车身的长度都明显增加了。这款豪华轿车的内部有意缩小了，内部空间的风格明朗且严格面向水平方向。动力方面这一代奥迪 A8 搭载了一台 3.0L V6+48V 轻混动力系统，最高可以输出 250kW 及 500N·m 扭矩，而百公里油耗则被控制在了 10L 以下。除了有新的动力，奥迪 A8 还是全球首款搭载 L3 级自动驾驶的车型，升级的 MMI 系统还有夜视系统配合矩阵激光大灯，通过全新的操纵结构设计将高品质要求带入到了数字时代。驾驶员手指一按即可在大显示屏上操纵信息娱乐系统。通过中间通道中控台上的另一个触屏，驾驶员可以操控空调系统和舒适功能以及进行文字输入，奥迪 A8 的科技感来到了一个前所未有的地步。

图 1-5-5

二、发动机—变速器组合

发动机—变速器组合如图 1-5-6 所示。

发动机	3.0L TFSI 发动机（CZSE）250kW

8 挡自动变速器 0D5 AL552-8Q	
后部主传动 0G2 HL 195.S3 M PR- 号 GH1	
后部主传动 0D3 运动型差速器 HL 196.T2 M PR- 号 GH2 （选装）	

图 1-5-6

三、生产厂名称详解

生产厂名称详解如图 1-5-7 所示。

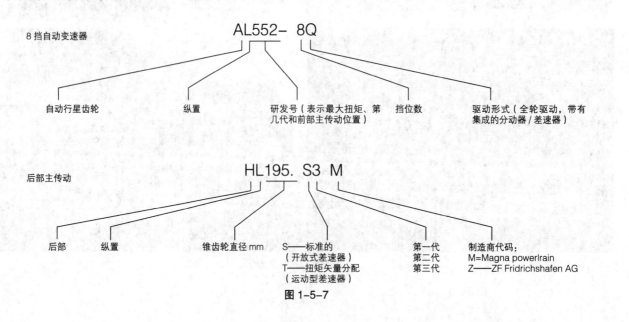

图 1-5-7

24

第六节　奥迪Q系列

一、奥迪Q2

（一）奥迪Q2概述

德国奥迪公司正在开发新的市场，奥迪Q2这款SUV就是Q系列车型中的新增低端车型。该车仅长4.19m，但它将充满青春气息的设计与丰富的功能和驾驶乐趣结合在了一起。该车的联通性、信息娱乐系统和驾驶员辅助系统均源于高档车。这款小型SUV将在德国奥迪公司Ingolstadt主厂生产，在2016年秋季投放欧洲市场。奥迪Q2给人第一眼的印象是活力十足而充满力量感。两个大而强势的空气入口和处于高位的单框式散热器格栅使得车辆正面具有典型的SUV特征。从侧面看，棱边和多角形突出了车辆的线条设计，这是德国奥迪公司的新风格。有一个特殊之处：扁平的C柱上可配其他颜色的面板以适合个性化需求。在高高的腰线上面是狭长的窗玻璃，它与钢板面积相比大约在占1/3的位置处。侧面车门区向内缩，这就凸显了车轮以及与小型SUV的quattro特点。车后部较长的车顶边缘扰流板、动感十足的弓形保险杠和外观看起来能保护车底的车尾扩散器，共同形成活力四射的感觉。在左侧，排气系统汇聚入一个或者两个尾管。与楔形前大灯一样，尾灯也可以根据需要配备上LED技术。车尾的转向灯也可以选装动态式的。

（二）发动机—变速器组合

发动机—变速器组合如图1-6-1所示。

二、奥迪Q3

（一）奥迪Q3概述

奥迪Q3（车型F3）与前代车型相比，明显具有更强的运动特色。八角形的单框结构（Singleframe）和侧面很大的空气进气口突显了剽悍的前脸。散热器格栅被8个垂直腹板所分隔，框架与众不同，这些都表现出SUV的特点。细长的大灯呈向内的楔形，有3种类型，都采用了LED技术。其中最高级别的是矩阵式LED大灯，其自适应式远光灯可以智能照亮街路。侧面看有个亮点：前大灯和尾灯是对称布置的。腰线在形态上将其连接起来，连同轮罩上方的结实感，给人一个运动的总体印象。外形轮廓采用了德国奥迪的quattro因素，这使得该SUV显得更宽。颜色对比的车轮拱板装饰板突显了本车的越野特性。得益于长长的车顶棱边扰流板（在后窗玻璃侧面），强烈倾斜的D柱也使得外观线条有向前冲的感觉。奥迪Q3（车型F3）可配备1.5L和2.0L汽油发动机以及2.0L柴油发动机。其他亮点还有：空间大且有3人乘坐式的后座椅，数字式驾驶舱，智能信息娱乐系统，智能联网和智能辅助系统。奥迪Q3（车型F3）在匈牙利的Györ工厂生产。

（二）发动机—变速器组合

发动机—变速器组合如图1-6-2和图1-6-3所示。

三、奥迪Q5

（一）奥迪Q5概述

1. 2010款第一代奥迪Q5（2010—2013年）

在外观上，第一代奥迪Q5的设计语言明显在向同品牌旗舰车型奥迪Q7靠拢，奥迪车型家族化的"大嘴"式进气格栅非常大气，前大灯集成了条状的LED日行车灯，在科技感上也与同时代车型拉开了距离。

汽油发动机	1.0L TFSI 发动机 （CHZJ） 85 kW	1.4L TFSI 发动机 （CZEA） 110 kW	2.0L TFSI 发动机 （CZPB） 140 kW

6 挡手动变速器 0AJ MQ200-6F			
6 挡手动变速器 02S MQ250-6F			
6 挡手动变速器 0BB MQ350-6F			
7 挡双离合器变速器 0CW DQ200-7F			
7 挡双离合器变速器 0GC DQ381-7A			
后部主传动 0BR 带有全轮驱动离合器 0CQ（第五代）			

图 1-6-1

发动机	1.4L TFSI，系列：EA211 110kW	1.5L TFSI，系列：EA211 evo 110kW

发动机代码 / 功率标识	CZDA/35 TFSI	CADA/35 TFSI
6 挡双离合器变速器 0D9 DQ250-6F		
6 挡手动变速器 02Q MQ350-6F		
7 挡双离合器变速器 0GC DQ381-7F		

图 1-6-2

内饰部分，在整体风格上还是偏成熟、稳重。从配置上来说，自适应巡航、三区自动空调等高科技配置显示了奥迪品牌在科技方面的优势。动力上，奥迪 Q5 搭载的第二代 EA888 涡轮增压发动机在加速性能上十分迅猛。

2. 2013 款奥迪 Q5（中期改款车型）（2013—2016 年）

奥迪 Q5 在这次中期改款中，在外观方面没有大的改动，只有一些细节上的调整。前后尾灯在技术上更加先进，引用了奥迪最新的灯光技术，并且在造型上有所改进，日行车灯更加显眼，尾灯也更加精致。内饰部分，方向盘中心的镀铬装饰变为圆形，挡把的造型也进行了细节上的改变，总体上与上一代车型差异不大。动力上，换装了第三代 EA888 发动机的奥迪 Q5 在动力上更进一步，165kW 的发动机数据在当时难寻敌手。

3. 2016 款奥迪 Q5（中期改款车型）（2016—2018 年）

作为中期改款车型，这代奥迪 Q5 与上一代的差别并不是很大，主要都是一些细小的改动。后视镜的下边缘改为黑色喷漆，门把手加上了镀铬装饰条，内饰部分基本没有改变。在配置上，低配的进取型、舒适型车型增加了定速巡航、隐私玻璃等配置，在性价比上进一步提高。

4. 2018 款 Q5L（第二代奥迪 Q5 车型）（2018 年以后）

作为一款奥迪畅销车，它现在的功率更大且更具运动性了，新款奥迪 Q5 让四环的奥迪品牌更上一层

发动机	2.0L TFSI，系列：EA888 第三代 137~170kW	2.0L TDI，系列：EA288 110~140kW
	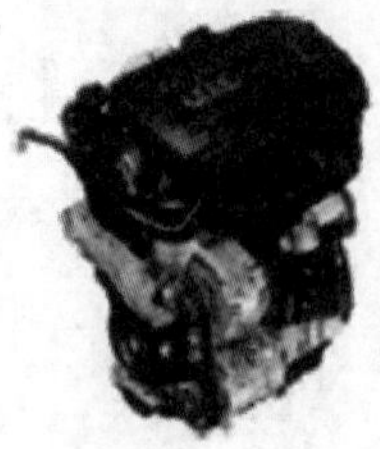	
发动机代码 / 功率标识	CZPA/40 TFSI DKTA DHHA/45 TFSI	DFGA/35 TDI DFHA/40TDI
6 挡手动变速器 0BB MQ350-6A		
7 挡双离合器变速器 0GC DQ381-7F		
7 挡双离合器变速器 0DL DQ500-7A		
8 挡自动变速器 09P AQ450-8A		

图 1-6-3

楼。较大的技术创新有 quattro ultra 四驱技术、高效发动机、自适应空气悬架以及各种信息娱乐系统和辅助系统。人们一眼就可注意到这款新车结实且具有运动色彩的特性，如图 1-6-4 所示。这款奥迪 Q5 的正面相对比较扁平，以水平线为主（与单框结构相应）。厚厚的铝框一直延伸到大灯处，这就更突出地强调了单框式格栅。从侧面看，流畅的线条使得这款新奥迪 Q5 更具运动特性。车顶轮廓线再加上扁平的栏杆提前收缩向下了，而窗子下边缘却在马上要到 C 柱之前向上拉起。醒目而下凹的腰线从发动机舱盖与前大灯角接缝处开始，以优雅的弧线伸向车尾，与尾灯上边缘融合在一起。明显突出的车轮拱板强调了quattro 四驱系统和奥迪血统。车门的下部区域和侧面门槛使用了铝质外观的装饰件。棱角分明的车外后视镜装在门肩处，凸显了这款新型奥迪 SUV 的运动外观。尽管外形尺寸比前代车型大了一些，但是仅本车的驾驶舱的重量就能减轻约 20 kg，全车的话最多可减轻 90kg（具体取决于发动机型号）。这个成果的关键就在于采用新方案来实现轻结构，以及采用了智能型材料混合技术（铝用得多）。这款新奥迪 Q5 是在新建的位于墨西哥的 San José Chiapa 工厂下线的。该厂是奥迪公司最先进的生产厂，占地面积 4.6km^2，海拔约 2400m，是奥迪所有生产厂中海拔最高的。该厂处于墨西哥城以东约 200km，年生产能力 150000 辆。墨西哥奥迪公司采用智能物流系统，可实现灵活的生产和供应链。San José Chiapa 工厂是大众集团中第一家把这项新技术用于整个材料流程和集装箱流程的。该厂是按照奥迪标准建造的，当然也符合耐用性和环保方面的需要。奥迪 Q5L 车后门的水平方向长度相比海外版车型有着明显的增长，当然这样做的主要目的是为了满足消费者对于后排腿部空间的更高要求。绝大多数长轴距版车型的加长方式都是如此。全新 Q5 标准轴距版的长、宽、高分别为 4660mm、1890 mm、1660mm，轴距为 2820mm，奥迪 Q5L 新车这个轴距要长。国产奥迪 Q5L 的长、宽、高分别为 4765mm、1893mm、1659mm，轴距为 2908mm，轴距相比海外车型加长 88mm。全新 Q5L 的车身长度比现款增加了 136mm。提供了更舒适的前后排肩部、头部及膝部空间，通过科学合理的设计，大幅提升了内部空间实用性。拥有天窗开口面积达 1.27m^2，从前排一直延展至后排座椅上方。奥迪 Q5L 后备箱容积为 550L，后排座椅放倒后，后备箱容积超过 1600L（后排座椅支持 4-2-4 放倒）。

图 1-6-4

（二）发动机—变速器组合

发动机—变速器组合如图 1-6-5 所示。

汽油发动机	2.0L TFSI 发动机 （DAXB）	3.0L TFSI 发动机 （CWGD）

7 挡自动变速器 0CJ S tronic DL382-7A ·全轮驱动		
8 挡自动变速器 0D5 tiptronic AL552-8Q ·全轮驱动		
后部主传动 0D0 HL 165.U1 M		
后部主传动 0D2 普通差速器 HL 195.S2 M		
后部主传动 0D3 运动型差速器 HL 195.T2 M （选装）		

图 1-6-5

四、奥迪 Q7

（一）奥迪 Q7 概述

众所周知，第一代奥迪 Q7（以下简称老 Q7）与大众途锐、保时捷卡宴有着非常紧密的"血缘关系"，具体来说就是同出自大众 PL71 平台。PL71 平台最初由大众和保时捷共同开发完成，并在此基础上打造了之前说到的中大型豪华SUV"三兄弟"。尽管在"血缘"方面情同手足，但说到底，PL71平台并不是奥迪自家的车型平台，老Q7在底盘悬架的结构上也与传统的奥迪轿车有着明显的不同。随着第二代Q7（4M）（以下简称新Q7）的诞生，奥迪全新的MLB Evo平台也逐渐浮出水面。新平台采用了全新的车身材料、电子技术以及底盘结构，在新Q7之后，全新一代奥迪A4（B9）、奥迪A8（下一代）以及宾利添越均来自这个平台。作为奥迪品牌的顶级豪华SUV，第二代奥迪Q7以考究的造型、精密的工艺以及卓越的性能著称。无论是在技术上，还是在设计上，无不体现了奥迪quattro精神。新一代奥迪Q7采用阳刚硬朗的设计。通过四个车轮形成水平线条；气泡是向奥迪 quattro 经典车型致敬的一种设计。随着市场的不断细分，奥迪Q7以其令人印象深刻的外观、高品质的做工、强劲而高效的发动机技术，在同级别车型中极具竞争优势。新一代奥迪Q7是一款强调舒适性的车型，尽管比上一代车型更短更窄，但车内空间更宽敞。这款新奥迪Q7有效利用了20年的轻量化结构经验，轻量化结构措施被应用于各个领域，从车载电网到后备箱底板。至关重要的是车身结构，即新的多材料结构，车辆前后部以及车身均采用铝铸件、铝制挤压型材和铝制钢板件。新奥迪Q7通过宽敞的空间营造优雅的车内氛围，让乘客感觉舒适。从外观来看，仪表板与中控台相互分离，因而提升了动感特性和车内亮度。在欧洲市场，新奥迪Q7有两款动力强劲且高效的V6发动机可选，一款是TDI，另一款是TFSI。得益于不断开发改进，每公里二氧化碳排放量最高可减少50g。这两款发动机均满足欧6排放标准。新开发的8挡tiptronic可以轻柔、快速、方便、高效地将发动机动力传递到quattro全时四轮驱动系统。

（二）发动机—变速器组合

发动机—变速器组合如图1-6-6所示。

发动机　　　　　　3.0L TFSI 发动机（CREC）

8挡自动变速器
0D5
AL552-8A

后桥主减速器
02D
HL600B

图 1-6-6

五、奥迪 Q8

（一）奥迪 Q8 概述

奥迪 Q8 将世间两种最好的特点结合在一起了：四门豪华 Coupé 车的精致典雅和大型 SUV 的实用多功能。这款新 Q 系列顶级车在各个方面都表现出顶级的高贵。其宽敞的内部空间连同可变后备箱、最先进的操纵和底盘技术以及智能辅助系统，使得奥迪 Q8 成为公务与休闲的好伙伴。强劲而高效的 3.0L TDI 发动机连同轻度混合动力（Mild Hybrid）技术，能提供完全符合其彪悍外形的行驶动力学性能。这款 SUV Coupé 采用 quattro 全时四驱，离地间隙高达 254mm，在恶劣路面上也能大显身手。车顶 coupé 特色的线条让人感觉比其姊妹车 Q7（车型 4M）更扁平，比 Q7 短了 66mm，但宽了 27mm。厚实的轮廓和运动的外表体现出力量、高贵和全时四驱特有的动力学特点。这款 Q8 诠释了奥迪 A8 上已采用的不断进步着的独特设计风格，将典雅的四门豪华 Coupé 车和大气的 SUV 融合在

了一起，体现出奥迪特色：独特的 quattro。令人过目难忘的单框结构采用八角形设计，使得这款奥迪 Q8 拥有 Q 系列车家族的新面孔。这款奥迪 Q8 与奥迪 Q7 一样，也是在 Bratislava 工厂生产。

（二）发动机—变速器组合

发动机—变速器组合如图1-6-7所示。

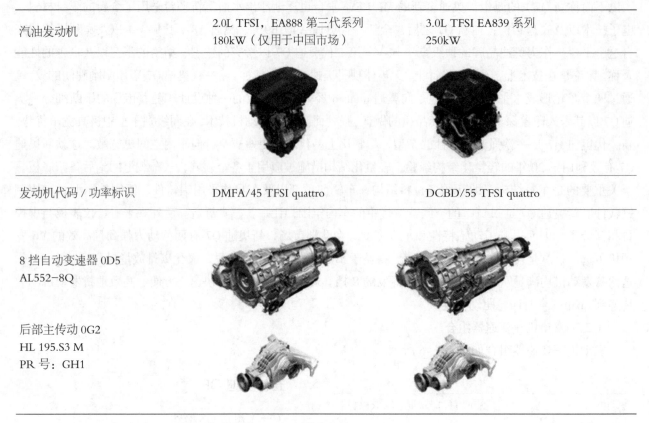

汽油发动机	2.0L TFSI，EA888 第三代系列 180kW（仅用于中国市场）	3.0L TFSI EA839 系列 250kW
发动机代码/功率标识	DMFA/45 TFSI quattro	DCBD/55 TFSI quattro
8挡自动变速器 0D5 AL552-8Q 后部主传动 0G2 HL 195.S3 M PR 号：GH1		

图 1-6-7

（三）生产厂名称详解

生产厂名称详解如图1-6-8所示。

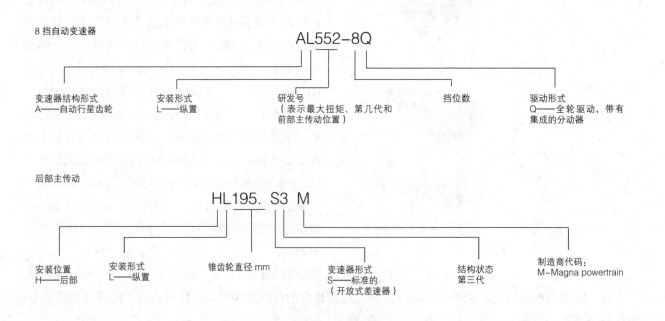

8 挡自动变速器

AL552-8Q

变速器结构形式 A——自动行星齿轮　安装形式 L——纵置　研发号（表示最大扭矩、第几代和前部主传动位置）　挡位数　驱动形式 Q——全轮驱动，带有集成的分动器

后部主传动

HL195. S3 M

安装位置 H——后部　安装形式 L——纵置　锥齿轮直径 mm　变速器形式 S——标准的（开放式差速器）　结构状态 第三代　制造商代码：M-Magna powertrain

图 1-6-8

32

第七节 奥迪 R 系列和 TT 系列

一、奥迪 R8

2000 年，奥迪依靠 R8 LMP 原型车首次赢得 Le Mans（勒芒）24 小时耐力赛。至 2005 年，命名如今这款量产高性能跑车的原型车共在 La Sarthe（拉 - 萨森）赛道夺得了 5 次总冠军。奥迪以 R8 命名这款公路超级跑车，正意在显示两款冠军车型之间的技术渊源。

1. Le Mans quattro 概念车

名为奥迪 Le Mans quattro 的中置发动机概念跑车于 2003 年法兰克福国际车展展出。

2. 第一代

奥迪 R8（42 车型）于 2007 年 4 月上市，推出的首款车型为配备 4.2L V8 FSI 发动机的轿跑车。从 2006 年至 2014 年末，奥迪 R8 共生产 26 037 台，其中 6176 台为 Spyder 车型，如图 1-7-1 所示。

3. 第二代

第二代奥迪 R8 延续了奥迪的中置发动机跑车系列。奥迪 R8（4S 车型）与 2014 年投产的兰博基尼 Huracán 共享同一款平台，如图 1-7-2 所示。依托新款奥迪 R8，我们的工程师将多年积累的赛车经验从赛道引入了公路。采用多材质轻量化设计的奥迪 Space Frame（奥迪空间框架结构）是新款奥迪 R8 轻量结构得以贯彻的关键要素。它重量极轻、

图 1-7-1

刚性优异，同时降噪舒适性和安全性均达到一流水平。ASF 车身将一种全新的多材质轻量结构呈现在了世人面前。B 柱、中间通道和后围由碳纤维增强塑料组件（CFK）构成。前端、车顶弧梁和后端采用铝合金铸造节点和铝合金型材组成的桁架结构，部分结构以新型合金制成。外饰设计令中置发动机高性能跑车奥迪 R8 的技术方案一目了然：驾驶舱布置靠前、流线型背部尺寸较长、轴距相对偏短。这样的比例搭配更具跑车风格，同时上代车型富有鲜明特征的设计理念得到进一步强化。此外，新款奥迪 R8 配备 奥迪 virtual cockpit（奥迪虚拟驾驶舱）替代了之前的模拟式仪表和 MMI（多媒体界面）显示器。

图 1-7-2

二、奥迪 TT

（一）车型历史

奥迪公司在 1995 年推出了划时代的杰作——奥迪 TT。在 Coupé（1995 年法兰克福国际汽车展）

和 Roadster（1995 东京汽车展）后，奥迪公司在 1998 年将奥迪 TT Coupé 量产、在 1999 年将奥迪 TT Roadster 量产了。1998 年上市的奥迪 TT 是第一代，它在设计上是个创新。第一代奥迪 TT 的宣传口号就是设计前卫，且适于日常使用。设计任务书中要求：具有跑车的结构，同时要有较高的通用性。最新的第三代延续了第一代车的很多设计要素，同时又结合了创新技术。第一代和第三代之间有几乎 20 年的时间，用于搞技术的研发和设计。下面就是奥迪 TT 的车型历史中最重要的里程碑。

（1）1995 年在法兰克福国际汽车展上展示奥迪 TT Coupé 概念车，如图 1-7-3 所示。

（2）1998 年奥迪 TT Coupé（车型 8N）在 Ingolstadt 和 Gyoer 开始量产，如图 1-7-4 所示。

图 1-7-3

图 1-7-4

（3）1999 年奥迪 TT Roadster（车型 8N）在 Ingolstadt 和 Gyoer 开始量产，如图 1-7-5 所示。

（4）2000—2003 年赛车样车 TT-R 标志德国奥迪公司成功地再次进入德国房车大师赛（DTM），如图 1-7-6 所示。

图 1-7-5

图 1-7-6

（5）2006 年第二代的奥迪 TT（车型 8J）采用了新的设计和新的技术，如图 1-7-7 所示。

（6）2007 年还有新版的 Roadster，该车在 Coupé 后一年开始批量生产，如图 1-7-8 所示。

（7）2008 年德国奥迪公司展示了奥迪 TT clubsport quattro 概念车，它的前挡风玻璃缩短了且带有运动附件，如图 1-7-9 所示。

（8）2012 年奥迪 TT RS plus 是跑车的最大功率版，用 5 缸 TFSI 发动机来驱动，如图 1-7-10 所示。

（9）2014 年第三代奥迪 TT（车型 FV），先是 Coupé，随后马上就有 TTS，如图 1-7-11 所示。

图 1-7-7

图 1-7-8

图 1-7-9

图 1-7-10

图 1-7-11

与第一代奥迪 TT 一样，其扁平的玻璃顶也是个独立的几何体，后面侧窗处的轻微弯折突出了强有力的 C 柱。右侧的油箱盖是圆形的，轻叩即可打开。油箱盖下面就不再有加油管口盖了，与赛车一样，加油枪可直接插入加油管口内。新奥迪 TT 的尾部显得紧凑而有力，光线和阴影的关系强化了其给人的印象。尾部这个地方，三条水平线凸显出该车的运动特色宽度。这种第三代紧凑型跑车，再次以其十足的动感设计和运动特性让人着迷。这种新式双门跑车在动力系统、操纵和显示结构方面的创新，也是非常出色的。

（二）发动机—变速器组合

发动机—变速器组合如图 1-7-12 所示。

发动机	2.0L TFSI 发动机（CHHC）	2.0L TFSI 发动机（CJXC）

6 挡手动变速器 OFB MQ350-6F		
6 挡手动变速器 O2Q MQ350-6F		
6 挡手动变速器 quattro OFB MQ350-6A		
6 挡双离合器变速器 quattro OD9 DQ250-6F		
6 挡双离合器变速器 quattro OD9 DQ250-6A		
后部主传动 OCQ Haldex 离合器 （第五代的）		

图 1-7-12

第二章 发动机系统

第一节 奥迪发动机技术基础

一、引言

（一）四行程汽油发动机的基本工作原理

奥迪公司所有的内燃机都是四行程发动机，不论发动机是使用汽油、柴油、天然气，还是乙醇作为燃料。通过曲轴将活塞的上下往复运动转换成旋转运动。活塞在缸体内的运动是通过连杆由曲轴来转换的。曲轴每转两圈（720°）只有一圈是在做功（360°）。

为了让发动机运行平顺，就采用了多个气缸，这些气缸彼此错开去完成做功行程。每个气缸上有两种气门：进气门（E）和排气门（A）。这两种气门通过一个机械机构在精确的时间点打开和关闭。

1.第 1 个行程——进气

进气行程开始时，活塞处于上止点（OT）位置，这时排气门关闭，进气门打开，如图 2-1-1 所示，活塞这时朝向曲轴方向运动。在活塞向下运动过程中，燃油 / 空气混合气或者空气就通过进气阀被吸入到气缸内了。对于像柴油发动机或者汽油直喷发动机这种在气缸内部形成混合气的机型来说，吸入的仅是空气；对于在气缸外部形成混合气的进气管喷射发动机来说，吸入的是空气与雾化了的燃油组成的混合气。当活塞运动到下止点（UT）时，进气门就关闭了，进气行程也就结束了。

2.第 2 个行程——压缩和点火

活塞朝上止点方向运动。这个运动所需要的机械功由旋转着的惯性质量所储存的动能来提供（在多气缸发动机上是由其他气缸中的某个气缸的做功行程来提供）。这时气缸内的空气或者燃油 / 空气混合气就会被压缩到只有原来体积的很小一部分了，这个压缩比的大小取决于发动机的结构形式。在无增压的汽油发动机上，这个压缩比一般超过 10∶1；在无增压的柴油发动机上，这个压缩比可高达 20∶1。有增压装置的话，压缩比大大减小了。在汽油发动机上，这个压缩可使得燃油 / 空气混合气的温度升至约 450℃；在柴油发动机上，这个压缩可以使得空气的温度升至约 650℃。在汽油发动机上，活塞马上要到达上止点前就开始点火；在柴油发

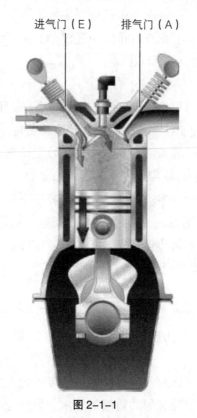

进气门（E）　排气门（A）

图 2-1-1　　　　　　　　　图 2-1-2

动机上，活塞马上要到达上止点前就开始预喷燃油。精确的点火或者预喷燃油的时刻点取决于发动机的负荷和转速，如图2-1-2所示。

3. 第3个行程——做功

在活塞达到上止点后，在汽油发动机上会通过外部点火来让燃油/空气混合气继续燃烧；在柴油发动机上则开始主喷油过程且燃油会自动燃烧。在汽油发动机上，混合气燃烧的温度在2200~2500℃之间，燃烧室压力最高可达12 000kPa；在柴油发动机上，这个温度在1800~2500℃之间，燃烧室压力最高可达16 000kPa。活塞这时是向下止点运动的，燃烧的燃油/空气混合气会将机械功作用到活塞上且同时会变冷。在汽油发动机上，当活塞马上就要到达下止点前，剩余压力约为400kPa；在柴油发动机上，当活塞马上就要到达下止点前，剩余压力约为300kPa。这时排气门开始打开，如图2-1-3所示。

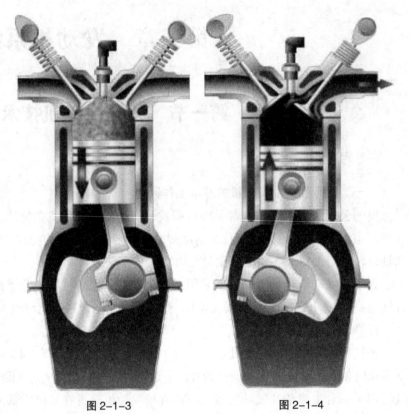

图2-1-3   图2-1-4

4. 第4个行程——排气

活塞又开始远离下止点了，活塞向上运动就将废气推出了气缸。在排气行程结束时，会出现所谓的气门重叠现象：在活塞还没到达上止点且排气门还没彻底关闭时，进气门就已经打开了。活塞刚一到达上止点，排气门就关闭，如图2-1-4所示。

5. 气门正时机构

每个气缸至少有1个进气门和1个排气门，但是每个气缸有3、4或者5个气门的也不罕见。4气门发动机与2气门发动机相比，由于换气快，因此其转速就更高，输出功率也就更大。所谓16气门发动机，一般就是指每个气缸有4个气门的4缸发动机。现在的发动机，是由一根或者多根凸轮轴来对气门实施操控，凸轮轴则是由曲轴通过齿形皮带或者正时链条来驱动。

凸轮轴的转速是曲轴转速的一半。如果凸轮轴安装在下方（就是说不在缸盖内），就是顶置气门，这种气门是通过推杆和摇臂来操控的；如果发动机是侧置气门的（20世纪50年代前所使用的形式），就直接通过挺杆来驱动气门了。如果凸轮轴安装在上方，就可省却推杆了，这种形式是发动机制造中最常用的，这时气门就通过摇臂、筒形挺杆或者拉杆来操纵。

（二）奥迪发动机技术

发动机技术比其他技术更能突显奥迪的"技术领先"这个信条。最先进的技术不但体现在生产上，也体现在发动机的高效工作上。作为这方面的一个代表，20世纪90年代初柴油机上广泛应用的TDI技术，就是一个出色的例子。

在开发发动机时，重点要考虑的不只是性能，还要考虑经济性，尤其是对资源的保护。除了进一步改进的TDI技术，现在又采用了先进的共轨喷射技术。另外还增加非常多的其他技术，比如带有涡轮增压的汽油直喷 FSI、气缸关闭（按需停缸）以及柴油发动机的超低排放系统（SCR）。再加上可使用其他种类燃料的发动机，比如天然气或者生物乙醇，这对可持续性运输是个贡献。

除了采用了很多新技术以外，奥迪发动机种类在近年也飞速扩展。现在，发动机从 1.2L 排量的 4 缸直列发动机到惊人的 6.3L W12 发动机均有。这其中还有很多先进的动力总成，例如 EA888 系列的 1.8L 和 2.0L TFSI 发动机（如图 2-1-5 和图 2-1-6 所示），它们可以用在多种车型系列上，可横置也可纵置。

图 2-1-5

图 2-1-6

除了上面提到过的 W12 发动机外，汽油发动机功率最大的就是 4.0L V8 TFSI 发动机了，该发动机采用了气缸关闭（按需停缸）和两个涡轮增压器，因此它不但动力性好，而且还经济。

柴油机中值得一提的是 3.0L V6 TDI 发动机，如图 2-1-7 和图 2-1-8 所示，该发动机以其种类繁多而尤其引人注目。比如有配备超低排放系统（SCR）类型的，可满足最严格的排放标准；也有带有双增压器的运动型的。

奥迪发动机的继续发展无疑是要提高效率，这其中非常重要的是展现了奥迪出色设计的轻结构和新材料。在将来，还会有很多其他的系统和技术来支撑奥迪的信条：奥迪——技术领先。

图 2-1-7

图 2-1-8

二、发动机代码

（一）简介

为了减少发动机代码的多样性，将 3 位的发动机代码扩展成 4 位，这仅指使用相同的基础发动机但功率不同时。在这样的发动机上，发动机仅是通过发动机控制单元内软件设置来达到不同的功率输出和扭矩输出的。尾气排放装置设计发生变化的话，发动机代码是不变的。

1. 常见问题及相关信息

（1）4 位发动机代码有何优点？

①减少发动机代码的多样性。

②不必为每个功率级的发动机都单独准备一个发动机代码了。

（2）今后还会有采用3位发动机代码的发动机吗？

是的，会有。只有一种功率级别的发动机，使用的就会是3位发动机代码。

（3）有不同功率级别，但是已经有3位发动机代码的发动机，还会使用新代码吗？

不会，现有的发动机代码不再改变了。

2. 新发动机代码编制示例

如图2-1-9所示。

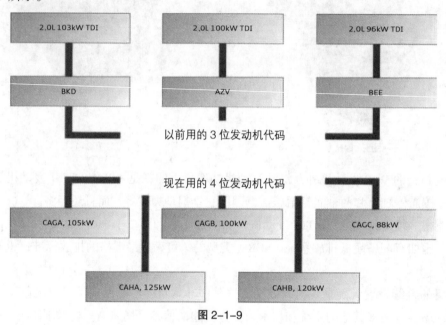

图 2-1-9

3. 新一代发动机代码

（1）发动机代码第一位都会是C。

（2）缸体上仍保有3位的发动机代码。

（3）4位的发动机代码只出现在车辆数据标签、发动机控制单元和车型铭牌上。

（二）车上的发动机代码

如图2-1-10所示位置。

图 2-1-10

40

1. 在齿形皮带护罩上

发动机可见区有一个标签,其上有3位的发动机代码和序列号(齿形皮带护罩,气缸盖罩),如图2-1-11所示。

2. 在减震器上

4位的发动机代码在右前减震器的型号铭牌上,如图2-1-12所示。

图2-1-11

图2-1-12

3. 在缸体上

缸体上仍保有3位的发动机代码,是冲压到缸体上的,如图2-1-13所示。

4. 在发动机控制单元上

在发动机控制单元可见区有一个标签,其上有4位的发动机代码,如图2-1-14所示。

图2-1-13

图2-1-14

5. 在备胎坑内

4位的发动机代码在后备箱内备胎坑的车辆数据标签上,如图2-1-15所示。

图2-1-15

三、发动机结构形式

(一)直列发动机和V形发动机

最早且最简单的发动机结构形式就是直列式,就是将气缸排成一排。只要限制气缸数量和排量,直列发动机是比较紧凑的。比如,2.0L的4缸发动机几乎可以用在任何发动机舱内。对于直列发动机来说,气缸数目越多,那么发动机就会越长,那就不适用于发动机舱比较小的车了。

奥迪发动机的气缸编号,一般是从右侧(与动力输出端相反的一侧)数起的。

V形发动机的出现,使得我们不必增大空间,就可以用6缸发动机来代替体积很小的4缸直列发动机了。在 V 形发动机上,气缸布置在两个彼此成一定角度的平面上,也称为气缸排。要是从前面来看,就很容易理解为什么称之为 V 形发动机了。V 形发动机上两气缸排之间的夹角一般是 60° 或者 90° 。奥迪公司的 V 形发动机有 6、8 或 10 缸的。

1. 直列发动机

如图 2-1-16 所示。

点火顺序:

3 缸发动机: 1-2-3。

4 缸发动机: 1-3-4-2。

5 缸发动机: 1-2-4-5-3。

2. V 形发动机

如图 2-1-17 所示。

点火顺序:

6 缸发动机: 1-4-3-6-2-5。

8 缸发动机: 1-5-4-8-6-3-7-2。

10 缸发动机: 1-6-5-10-2-7-3-8-4-9。

(二) VR 发动机和 W 形发动机

再接着就开发出了 VR 发动机,这种结构使得发动机舱内的空间状况大为改善。V 形还是保留着,但是气缸彼此靠得更紧了。为了让发动机更紧凑,气缸排之间的夹角减小到 15° 。这就是说,VR 发动机与普通的 V 形发动机相比,前者只需要一个气缸盖。VR 发动机比 V 形发动机要窄,且比多缸直列发动机要短。VR 发动机还兼具直列发动机的运行平稳优势。

VR 结构使得 6 缸发动机的体积变得很小。但是,如果要求有更多的气缸和更大的排量,VR 结构发动机也会变得太长了。为了解决这个难题,就开发出了 W 形发动机,其实就是将两个 VR 气缸排组合在一起。W 形发动机这个名称也是从侧面看得出的。侧面看的话,气缸布置成双 V 形,就像是 W。与 VR 发动机一样,每个气缸排上气缸夹角也是 15° ,两个气缸排之间的夹角是 72° 。

W 形结构使得多缸发动机更加小巧,与 V 形发动机相比,在发动机舱内占据的空间就更小。因此,W 形发动机能为发动机舱较小的车提供更大的发动机功率和更好的性能。

1. VR 发动机

如图 2-1-18 所示。

点火顺序:

动力输出端

车辆行驶方向纵置

车辆行驶方向横置

图 2-1-16

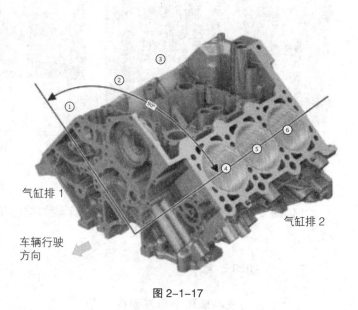

气缸排 1

气缸排 2

车辆行驶方向

图 2-1-17

6缸发动机：1-5-3-6-2-4。

2. W 形发动机

如图 2-1-19 所示。

点火顺序：

12缸发动机：1-12-5-8-3-10-6-7-2-11-4-9。

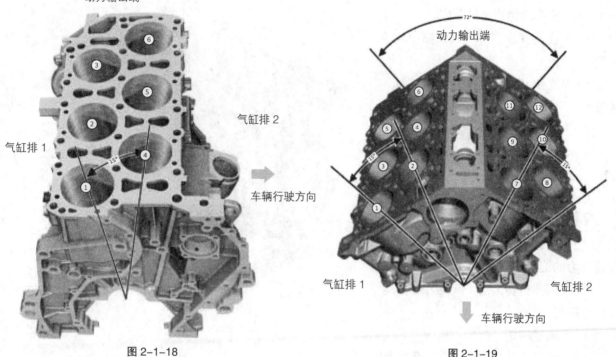

图 2-1-18   图 2-1-19

四、发动机部件

（一）缸体

缸体是发动机的核心部件，它真正反映出了动力总成的结构形式。缸体必须满足纷繁复杂的要求。

比如：缸体必须能承受住非常高的燃烧压力，也要能保证将燃烧所产生的热量快速散掉。

1. 按照气缸布置的缸体种类

（1）5 缸直列发动机，如图 2-1-20 所示。

（2）W 形 12 缸发动机，如图 2-1-21 所示。

图 2-1-20

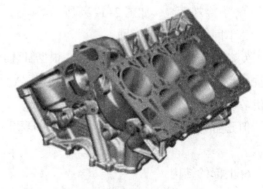

图 2-1-21

2.功能

（1）吸收作用到曲轴轴承上和缸盖螺栓上的气体压力和惯性力。

（2）支承动力组件，如活塞、连杆、曲轴、飞轮。

（3）容纳气缸。

（4）放置曲轴。

（5）容纳输送工作液的通道。

（6）集成曲轴箱通风系统。

（7）连接变速器和气门正时驱动装置。

（8）支承和引导动力传递件，如链条。

（9）连接和支承附加装置。

（10）将曲轴箱与外部隔离（密封住）。

3.承受的应力载荷

（1）燃气压力。

（2）内部惯性矩（弯曲力矩），来自惯性力的旋转和震动。

（3）内部扭转力矩（倾覆力矩），气缸之间形成的。

（4）曲轴转矩。

（5）惯性力和惯性矩，来自惯性力的震动。

4.集成的系统

缸体内有气缸，活塞就在气缸内上下往复运动，活塞是通过连杆与曲轴连接的。气缸、活塞和活塞环的表面都必须非常耐磨，因为必须要保证燃烧室的密封性，如图2-1-22所示。

活塞在各个气缸摩擦都低的话，还能节省燃油，因为这样活塞运动起来就非常容易。另外，缸体内还有好多润滑和冷却系统通道。

（1）机油道，如图2-1-23所示。

（2）冷却系统，如图2-1-24所示。

5.不同缸体形式的区别

发动机就是根据缸体来区分的。根据缸体上的气缸数目和布置情况，就分为直列发动机、V形发动机、VR发动机和W形发动机。

但是缸体仍可按下述标准再细分，如表2-1-1所示。

6.上部的结构

区分缸体的一个特征，就是上面（缸体的上平

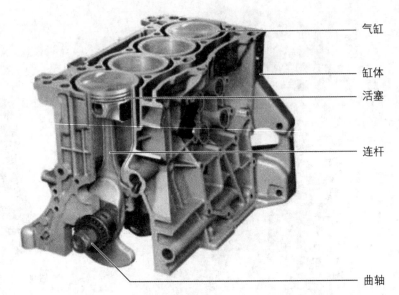

气缸
缸体
活塞
连杆
曲轴

图2-1-22

去往缸盖的机油　　　主机油道

活塞冷却喷嘴

从机油滤清器到机油冷却器的立管　　　主轴承

图2-1-23

44

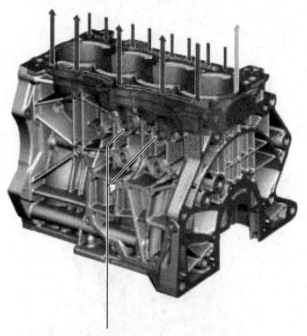

来自缸盖和去往缸盖的冷却液流

机油冷却器的冷却液接口

图 2-1-24

表 2-1-1		
上面的结构	气缸特点	缸体制造
开顶式结构	缸套	压力铸造
闭顶式结构	缸套材质 ·等离子涂层（亚共晶） ·Alusil 工艺（过共晶）	金属型铸造
	气缸工作表面结构	消失模铸造（又称实型铸造）
	装配技术	砂型铸造
		挤压铸造

面）的结构，因此就分为开顶式结构和闭顶式结构。

（1）开顶式结构，如图 2-1-25 所示。

开顶式结构指围绕气缸的区域是朝上敞开的。因此，缸体内的冷却液可以一直作用到热负荷很大的气缸上部区域，将产生的热量通过气缸的整个高度来散掉。另外，在安装缸盖时，这种结构可以明显降低气缸的变形。这种结构的不利之处在于降低了缸体的刚度。可以通过使用金属制的气缸盖密封垫来补偿这个不利。一般来说，这种结构为缸体的顺利加工留出了足够的回旋余地。

（2）闭顶式结构，如图 2-1-26 所示。

朝上敞开的缸体的上平面

冷却液

图 2-1-25

朝上封闭的缸体的上平面

冷却液

图 2-1-26

闭顶式结构指围绕气缸的区域基本上是封闭的。缸体的上平面只有特定的开口，以便将气缸周围的冷却液送往缸盖内。与开顶式结构相比，闭顶式结构的优点是能明显提高缸体的刚度，但是其显著的不利之处在于不能通过气缸的整个高度来实施冷却。另外，这种结构的缸体加工费用相当高。

7. 气缸特点

气缸的特点由 4 个方面决定：

（1）气缸套；

（2）气缸工作表面的材质；

（3）气缸工作表面的结构；

（4）装配技术。

8. 气缸套

为了降低活塞和气缸的摩擦和磨损，活塞工作时并不是与缸体直接接触的，而是整体铸造或者安装有薄壁式衬套，活塞是在这个衬套上反复运动的。

这种衬套就被称为气缸套。气缸套的一个积极的副作用，就是改善了缸体的稳定性，如图 2-1-27 所示。

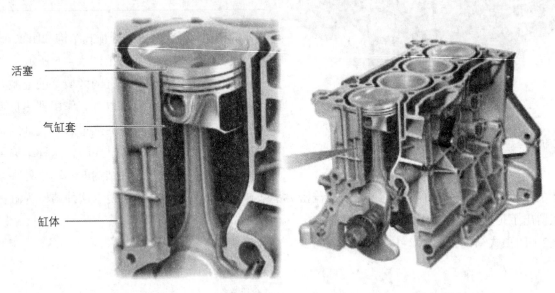

活塞

气缸套

缸体

图 2-1-27

（1）气缸工作表面的材质。

为了降低重量，现在越来越多地使用铝合金来制造缸体了。由于活塞也是同一材质制造的，这就明显降低了气缸内部的滑动质量。这种情况的原因在于：铝材对铝材时的摩擦系数是非常大的。为了改善这个滑动特性并将气缸的磨损减至最小，工作面材质需要进行相应的处理。

我们的目标就是要使得气缸工作表面硬度尽可能高、摩擦尽可能小。有两种方式可以实现这个目标：第一个方法就是使用等离子涂层来处理气缸工作表面；另一种就是采用所谓的 Alusil 工艺。这两种方法都是直接作用于缸体上的气缸工作表面，这种方式生产的发动机就不必再用气缸套了。

（2）等离子涂层。

等离子涂层可以使得活塞在气缸工作表面滑动时的摩擦损失尽可能小，如图 2-1-28 所示。由于涂层厚度只有 0.2mm，因此就不需要使用气缸套了，这种结构形式的发动机能明显降低重量。喷涂是采用旋转的喷枪来完成的，等离子气体流经喷枪，在喷枪喷嘴处被电弧点燃，于是等离子气体就被加热到了约 117 00℃并转化成等离子体，这时气体被加速到了 600m/s。

向产生的等离子火焰（或叫等离子射流）内喷入涂层粉末，粉末会被加热至约 2500℃并熔化。与此同时，液态的涂层粉末被加速至高达 150m/s。

等离子射流中所含粒子最后就以这个速度撞击到气缸壁上，进入了表面的不平处。随后这个涂层就凝固硬化了，于是涂层与缸壁就牢靠地粘接在一起了。最后，采用一种专用的珩磨来对气缸工作表面进行精加工。

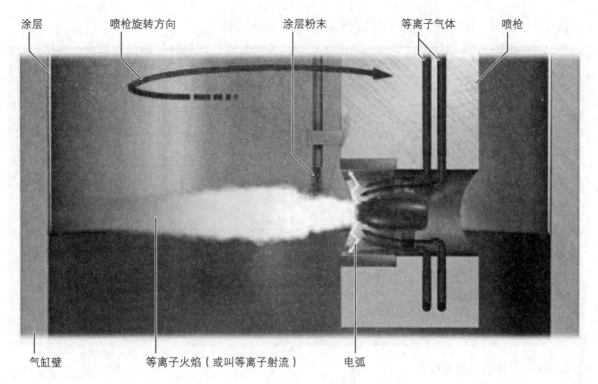

涂层　　喷枪旋转方向　　　　　　　　涂层粉末　　　等离子气体　　喷枪

气缸壁　　　　　等离子火焰（或叫等离子射流）　　　电弧

图 2-1-28

（3）Alusil 工艺。

要使用这种工艺，有个前提条件：缸体必须是采用铝硅合金制造且含硅量较高。缸体是采用低压硬模铸造（也叫金属型铸造）工艺制成的，就是用压缩空气将金属溶液通过一根立管（一般是从下面）引入可多次重复使用的铸模（也称硬模）内。在浇铸过程中，要特别注意，保证气缸工作表面能形成硅晶体，可以通过冷却最后要形成气缸工作表面的那部分硬模来实现这步。提高气缸工作表面材料内的含硅量，可以使得这个区域非常耐磨。随后，采用一种专用的珩磨来对气缸工作表面进行精加工。最后，采用电化学腐蚀工艺进行处理。这种腐蚀处理可以去掉围绕硅晶体周围很软的铝，这就进一步提高了气缸工作表面的抗磨性了，如图 2-1-29 所示。

（4）珩磨精加工。

无论是采用等离子涂层还是 Alusil 工艺，制造

图 2-1-29

出的气缸工作表面都必须通过机械加工方式来进行精加工，就是采用珩磨来在气缸工作表面磨出一层细密的表面结构。与未经这种处理的表面相比，这种结构能更好地保存住用于润滑活塞的机油膜。

但是等离子涂层和 Alusil 工艺制的气缸工作表面，其精加工后生成的表面结构是不同的。

（5）等离子涂层气缸工作表面的珩磨。

等离子涂层气缸工作表面的珩磨，是装配活塞前的最后一道工序。为了防止把涂层又磨掉，就研发出一种特殊的珩磨加工方式，用这种方式来珩磨可以在表面形成非常小的凹坑。这些所谓的微压腔在涂层中早就存在了，只是用珩磨将其打开了而已，如图 2-1-30 所示。

这些微小的凹坑中可以保存住机油，活塞环在运动中经过这些凹坑时，凹坑内就会产生压力，这个压力就作用到活塞环上了。因此，活塞环就漂浮在油垫上运动了，这就大大降低了摩擦和磨损。

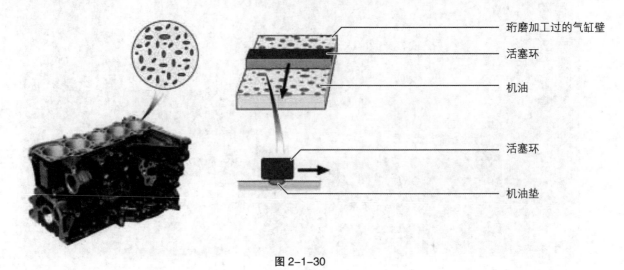

珩磨加工过的气缸壁
活塞环
机油

活塞环
机油垫

图 2-1-30

（6）气缸工作表面的珩磨。

Alusil 工艺制的气缸工作表面的珩磨，是装配活塞前的倒数第二道工序。最后还要用电化学腐蚀工艺处理气缸工作表面。珩磨时采用的是液力预紧式的珩磨头，如图 2-1-31 所示。

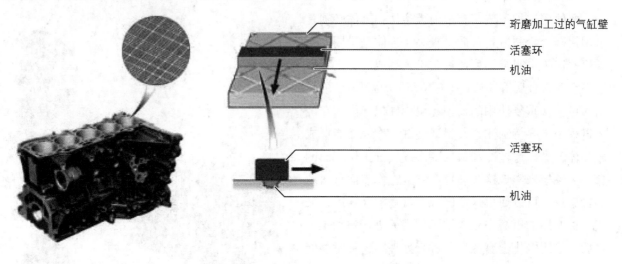

珩磨加工过的气缸壁
活塞环
机油

活塞环
机油

图 2-1-31

珩磨条会在气缸工作表面磨出一层细密的表面结构，该结构以后能保存住机油，以便保证良好润滑。

（二）曲轴

曲轴在缸体内的下方，连杆就是铰接在曲轴上的，这样就将活塞的上下往复运动转换成了旋转运动。这就产生了转矩，就可以驱动车辆了。

1.结构

布置成同轴的轴颈用于把曲轴支承在缸体上。这些所谓的主轴承是从下面用螺栓与缸体连接在一起的，出于稳定和舒适原因，侧面也加装了螺栓连接。曲柄销是连接连杆轴承的，轴颈和曲柄销是通过曲柄臂彼此相连的，如图 2-1-32 所示。

曲柄销对面的平衡块用于平衡曲柄销和曲柄臂的重量配比。通过平衡孔来平衡可能出现的重量差。

用于润滑连杆轴承的机油孔从轴颈通到曲柄销。在动力输出端还有一个法兰，用于固定飞轮，如图 2-1-33 所示。

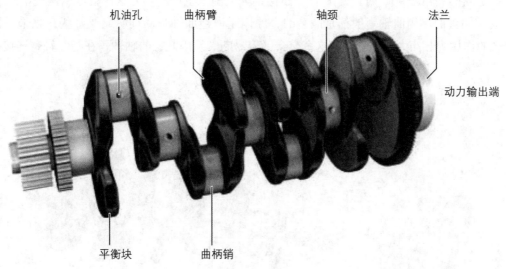

机油孔　曲柄臂　轴颈　法兰

动力输出端

平衡块　曲柄销

图 2-1-32

2. 制造

曲轴可以是铸造的，也可以是锻造的，这两种生产方式使得曲轴有不同的特性。对比这两种生产方式的特点，就知道为什么锻造曲轴用得越来越多了。

（1）铸造曲轴。

优点：

①生产成本很低；

②容易加工；

③重量轻。

缺点：

①强度低；

②震动特性差；

③磨损快。

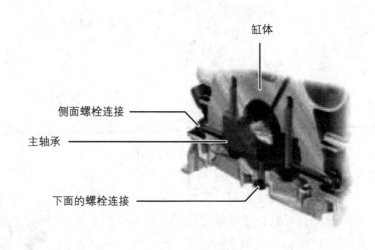

缸体

侧面螺栓连接

主轴承

下面的螺栓连接

图 2-1-33

（2）锻造曲轴。

优点：

①强度高；

②震动特性好；

③磨损慢。

缺点：

①生产成本较高；

②不易加工；

③重量大。

3. 偏置式曲柄销

在 V 形和 W 形发动机上，每对（2 个）对置的活塞连接在同一个曲柄销上。为了不影响发动机的平稳运行，必须精确匹配各气缸之间的点火间隔。这个精确的匹配就是通过采用偏置式曲柄销（也叫组合式曲柄销）来实现的。曲柄销的偏置距是由气缸排之间的夹角所决定的。

气缸排之间的夹角是90°时，就按18°曲柄销偏置距来生产曲轴，这样就可以实现72°曲轴角的均匀点火间隔。偏置曲轴销曲轴一般都是锻造的，原因是锻造曲轴坚固性明显要好些，且采用偏置式曲柄销时交会区的作用力相当大。工作时，这个交会区容易断裂。因此，曲轴轴颈在与曲轴臂连接处是经"滚压"的，经"滚压"后曲轴强度就提高了，如图2-1-34所示。

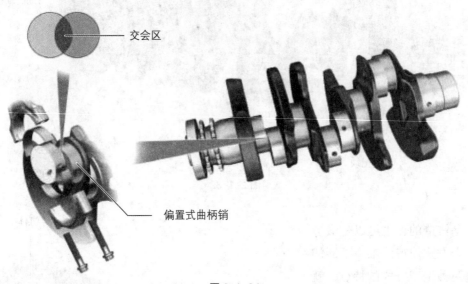

交会区

偏置式曲柄销

图 2-1-34

4. 中间导向轴承的结构

曲轴轴承的作用就是在曲轴箱上放置、支承和导引曲轴，如图2-1-35所示。

为了尽量减小磨损，就要求尽量降低摩擦。根据发动机设计，主轴承使用了不同的轴瓦。其中的一种结构形式就是所谓"三元轴承"，这种轴承的特色是抗磨性非常好且承载力非常大。曲轴中间轴承通过半月形垫片来为曲轴进行轴向导向。三元轴承由钢背、薄薄的承载基层和滑动层组成。集成有孔的机油槽负责主轴承的润滑。

5. 扭转震动减震器（以 4.2L V8 TDI 发动机为例）

如图2-1-36和图2-1-37所示。

由于曲柄连杆机构中存在着间隙，因此要是突然释放出很大的扭矩，那么整个系统就会震动，这除了会产生噪声外，还会造成机械损伤。所以适时减震（减小扭转震动）是非常重要的。

在这种减震中，重要的是惯性齿圈要有很大

钢背

滑动层
（0.012~0.02mm）

镍堵层
（0.001mm）

承载基层
（0.2~0.3mm）

机油供油

图 2-1-35

的质量（重量）。另外，这个重量的分布应该尽可能靠外（就是分布直径要尽可能大）。比如，与飞轮不同的是，这个质量（重量）是通过减震橡胶与要减震的转动部件相连的。后部减震质量与橡胶层相连，而橡胶层又通过硫化胶与前面的皮带轮相连。

这就允许这个质量（重量）朝与转得并不十分均匀的曲轴相反的方向运动。曲轴皮带轮上装备有扭转震动减震器。为了能削弱皮带轮的震动（这个震动是燃烧时活塞在不同的加速时所产生的），就在发电机上安装了一个自由轮并另加了阻尼辊。扭转震动减震器是这样设计的：与皮带轮减震器相比，在中等转速时出现的扭转力矩能低约13%。因此就减小了曲轴负荷并降低了发动机噪声。皮带机构用于驱动发电机和空调压缩机。

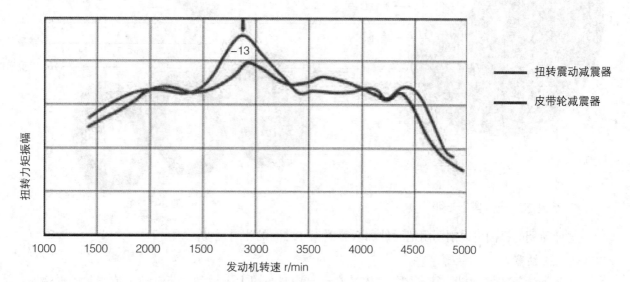

图 2-1-36

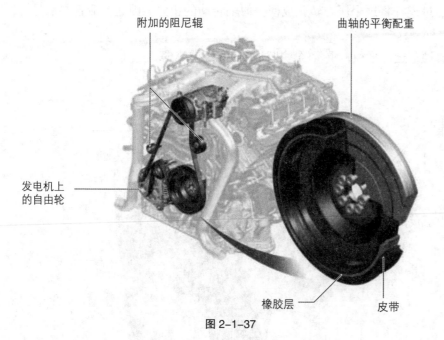

图 2-1-37

6. 扭转震动减震器（以 4.0L V8 TFSI 发动机为例）

如图 2-1-38 所示。

使用黏性耦合减震器来削弱扭转震动，这种震动是内燃机上气体压力和惯性力（发动机内部燃烧和质量的旋转及震动）而产生的。这种震动会导致壳体与惯性齿圈之间产生相对运动。

现在有这样一种减震器，其外侧的环状空心体充满了硅油，这些硅油反应速度很快，可以综合曲轴的不均匀运动。

这些硅油承载着剪切应力的作用，这个剪切应力作用在壳体与惯性齿圈之间缝隙的整个表面上。这个总的应力加在一起，就产生了减震效果（阻尼效果）。

7. 黏性耦合减震器（以 5.2L V10 FSI 发动机为例）

如图 2-1-39 所示。

在 V10 FSI 发动机上装有黏性耦合减震器，这时距离震动源要近，这个很重要。减震用的介质是黏稠的机油，机油是注入皮带轮的环带中的。

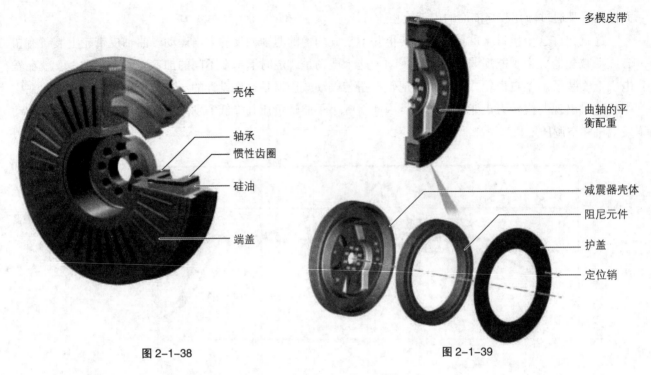

图 2-1-38

壳体
轴承
惯性齿圈
硅油
端盖

多楔皮带
曲轴的平衡配重
减震器壳体
阻尼元件
护盖
定位销

图 2-1-39

这种黏稠的机油可以削弱阻尼元件和减震器壳体之间的相对运动。

（三）活塞

活塞是活塞式发动机的基本构件，安装在气缸内且可以上下运动，与缸体形成密封的燃烧室。活塞受到燃烧时气体的压力作用，并通过连杆将这个压力转化成使得曲轴转动的扭力。因此，活塞要承受的热负荷和机械负荷都很大。

对活塞的要求：强度高，抗腐蚀，运行平稳，重量轻，机油消耗低，排放少。

1.活塞各区

如图 2-1-40 所示。

（1）顶岸。

活塞顶岸用于保护最上面的活塞环，防止其受热过大。向内的倒角改善了活塞的散热性能并提高了活塞顶的强度。

（2）环岸。

活塞环岸指两个活塞环槽之间的部分。最上面的那个环岸承受了更大的燃烧室压力。为了防止环岸断裂，环岸部位必须设计得非常结实。不同的发动机上，这个环岸部位高度是不同的，它与活塞直径是成一定比例的，如表 2-1-2 所示。

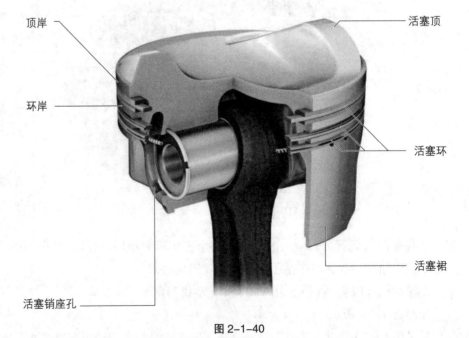

顶岸
环岸
活塞销座孔
活塞顶
活塞环
活塞裙

图 2-1-40

表 2-1-2	
发动机类型	环岸高度与活塞直径的比例
汽油发动机	4.5%~5%
柴油发动机	6%
涡轮增压柴油发动机	7%~8%

（3）活塞销座孔。

活塞销座孔用于容纳活塞销。活塞销座孔将活塞上的作用力传递到活塞销上。

（4）活塞顶。

活塞顶与气缸、缸盖共同构成了燃烧室。活塞顶的形状取决于气门布置和发动机设计。比如：FSI 发动机的活塞顶有气流凹腔，用于改善空气流动。

（5）活塞环。

活塞环将燃烧室和气缸隔开，是可运动地隔开。活塞环所处的地方称作活塞环区。活塞环区的高度取决于所安装的活塞环数量和大小。大多数活塞配备 3 个活塞环：2 个是密封环；1 个是油环。

（6）活塞裙。

活塞裙是用于给活塞在气缸中导向的。另外，活塞裙还将侧面力传递到气缸壁上。活塞裙长些并紧些，可以减小活塞侧击。为了降低活塞裙表面的磨损，活塞裙部是有专用的涂层的。

（7）应力负荷。

① 5000~18 000kPa 的燃烧压力作用在活塞顶和活塞顶凹坑处。

②活塞裙侧面力。

③活塞销座孔的表面压力。

④最高可达 25 m/s² 的加速度。

⑤作用在活塞环槽、活塞裙部和活塞销支承处的滑动摩擦。

⑥活塞敲击。

⑦温度：

活塞顶 / 活塞顶凹坑边缘：200~400℃；

活塞销座孔：150~260℃；

活塞裙：120~180℃。

2. 柴油机活塞的特点

柴油机活塞的结构与汽油机活塞是不同的。柴油机活塞上有所谓的"活塞凹坑"，喷入的燃油和空气就在这凹坑内混合。因此，活塞凹坑需要与燃油喷束位置和喷油阀相匹配。

3. 活塞冷却

根据结构，活塞也可以配备有主动式活塞冷却系统，使用该系统就是要尽可能降低热负荷很大区域的温度，比如活塞顶或者活塞环区。为此，就在活塞内部加工除了环形机油道，还配备了一个活塞冷却喷嘴，这样就能冷却活塞顶了。这个环形机油道是通过插入盐芯铸造形成的，如图 2-1-41 所示。

4. 活塞尺寸

活塞的特性是由其几何形状和相关尺寸决定的，如图 2-1-42 所示。

图例：

①压缩高度：活塞销中心至活塞顶岸上边缘的距离。

②活塞直径：活塞顶的直径。

③活塞凹坑最大直径 1：活塞凹坑最大的直径。

④活塞凹坑最大直径 2：活塞凹坑最大的直径。

⑤活塞销直径：活塞销的直径。

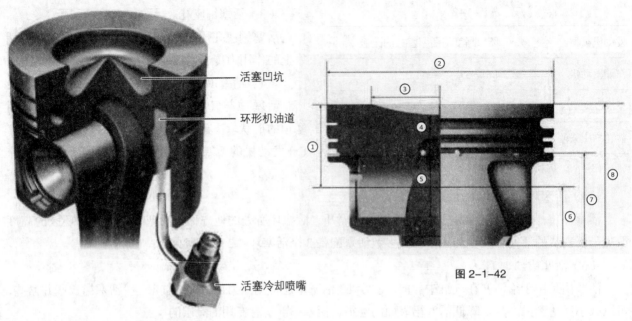

活塞凹坑
环形机油道
活塞冷却喷嘴

图 2-1-41

图 2-1-42

⑥下部长度 1：活塞销孔中心到活塞裙下边缘的距离。

⑦下部长度 2：油环到活塞裙下边缘的距离。

⑧活塞总长：整个活塞的长度。

5. 活塞中心线偏移

活塞中心线偏移是指活塞销轴线相对于活塞的纵轴的偏移。这个偏移量对活塞的敲击具有重要影响，可以改善冲击力在从一侧运动到另一侧时的状况，结果减小了活塞工作噪声，另外还能尽量减少气缸套的损坏（就是所谓的气穴现象）。

6. 活塞的安装间隙

将活塞装入气缸时，要注意活塞的安装间隙。产生这个间隙，是因为气缸直径和最大活塞直径有差别。这个差值可能标在活塞顶上，另外还可能有活塞的安装方向指示。务必请注意安装方向。

7. 制造

根据所要求的结构形式不同，活塞的制造方法也不同。根据使用的不同以及负荷的不同，活塞的生产方法就不同。对于所有的活塞结构，相同的是：制造完毕后必须进行表面处理，这是为了尽量降低磨损并改善工作特性。为此，有些活塞在活塞裙部使用所谓的铁离子强化综合树脂涂层（ferroprint）。

制造方法：

（1）锻造。

（2）冲压。

（3）铸造。

①硬模铸造。

②离心铸造。

③连续铸造。

④挤压铸造。

8. 结构形式

不同的发动机结构形式，决定了所用的活塞结构形式也不同，不同之处主要表现在形状、材质和结构上。

最明显的不同之处体现在活塞顶和活塞凹坑的几何形状上。如图 2-1-43~ 图 2-1-46 所示，展示了 4 种可能的活塞结构形式。

TDI 发动机的，带有活塞凹坑，如图 2-1-43 所示。

V8 TFSI 发动机的，带气门凹座，如图 2-1-44 所示。

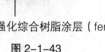

铁离子强化综合树脂涂层（ferroprint）

图 2-1-43

图 2-1-44

FSI 发动机的，用于分层充气模式，如图 2-1-45 所示

W12 发动机的，带有倾斜的活塞顶，如图 2-1-46 所示。

图 2-1-45

图 2-1-46

9. 自动调节式活塞

自动调节式活塞，就是指活塞能展现出预先设定好的热膨胀调节特性。就是靠轻合金内一体铸造出的恒范钢片（如图 2-1-47 所示），来控制特定方向的热膨胀。

比较一下热态和冷态调节式活塞，就可看出恒范钢片与活塞轻合金在起双金属功用。这样就把热膨胀变形量主要引导到活塞销轴线方向了。为了平衡活塞的膨胀，活塞销周围区域设计成椭圆形的了，如图 2-1-48 和图 2-1-49 所示。发动机冷态温度如图 2-1-48 所示。发动机已达到正常工作如图 2-1-49 所示。

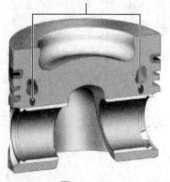

铸造时放入的恒范钢片

图 2-1-47

图 2-1-48

图 2-1-49

10. 气流凹坑

直喷汽油发动机活塞的活塞顶处有凹坑，凹坑用于对燃烧室内的气流流动施加影响。

除了有气流凹坑外，有些活塞还有燃油凹坑，如图 2-1-50 所示，这对所谓的分层充气模式具有重要影响。

（四）活塞环

活塞环位于活塞的上部区域，分为密封环（也叫气环）和油环（也叫刮油环）两种。密封环必须位于油环的上面，如图 2-1-51 所示。

1. 活塞环功能

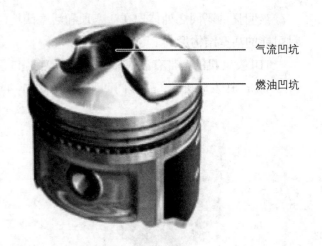

图 2-1-50

如表 2-1-3 所示。

表 2-1-3

活塞环	功能
密封环	实现活塞和缸体的密封 将活塞上的热传导到缸壁上
油环	刮掉缸壁上多余的机油 将刮掉的机油送回油底壳

2. 制造

由于活塞在高速运动且气缸内压力很大，活塞环必须能承受住非常大的负荷。因此，活塞环是采用铸铁或者高合金钢支承的。

在承载非常大的活塞上，还铸造有结实的活塞环槽镶圈，用于引导上部活塞环。活塞环槽镶圈主要用于柴油发动机，但是个别也有用于 FSI 发动机的。

3. 结构形式

根据发动机设计和使用目的的不同，活塞环有不同类型的结构形式，如表 2-1-4 所示。

（五）活塞销

活塞销用于连接活塞和连杆以便传力，必须能承受很大的负荷。由于活塞的往复运动、气体压力和惯性力以及恶劣的润滑条件，所以对活塞销是有一系列要求的。

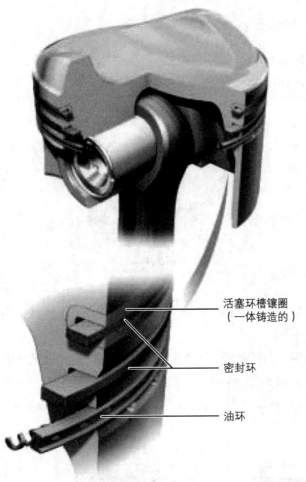

活塞环槽镶圈（一体铸造的）

密封环

油环

图 2-1-51

对活塞销的要求：①重量轻；②刚性好；③抗交变载荷能力强，且材质韧性好；④表面光洁度高；⑤表面硬度大；⑥形状精度高。

1. 活塞销结构

在大多数发动机上的活塞销是圆管状的，且是浮动支承的。活塞销是通过活塞销卡簧来定位的。在

表 2-1-4

活塞环	横断面	名称	特点和优点
密封环		矩形环	制造简单
		锥形环	能缩短发动机磨合时间
		梯形环	可防止活塞环卡在有积炭的槽内
		L 形环	因固有应力很小，所以燃烧后的气体可以到达活塞环的后面，这就提高了压靠在缸壁上的压力
油环		鼻形环	刮油功能更强
		带槽油环	可刮油且可将机油送往活塞内部
		螺旋弹簧油环	因压力提高，因此刮油效果更好了

某些发动机上，活塞销是通过收缩应力（就是所谓的冷缩配合）固定在连杆上的。

为了提高活塞强度，有些发动机（比如双涡轮增压的 V6 TDI 发动机）配备的是有涂层（镀膜）的活塞销，这种涂层提高了销子的滑动能力，也就减小了该区域的摩擦。由于使用了带有成型孔的镶套，因此活塞销和活塞之间的压力就能均匀分配了。这个成型孔是这样来设计的：抵消发动机运行时活塞的变形，以保证活塞销的顺利工作，如图 2-1-52 所示。

2. 活塞销卡簧

如果活塞销不是通过收缩应力（就是所谓的冷缩配合）固定在连杆上的，那就必须有措施来防止活塞销向侧面窜动并与缸壁碰撞。这时一般都是用弹簧钢制的外张式挡圈，就是所谓的卡簧。这个卡簧要卡入中心孔外缘处的槽内。卡簧的结构形式如图 2-1-53 所示。

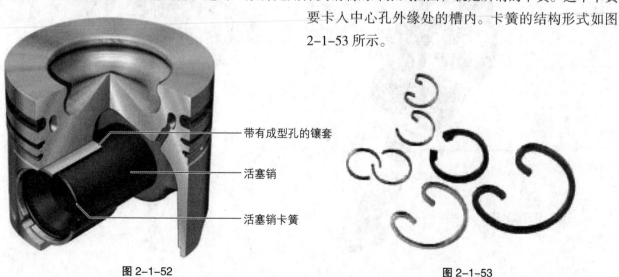

带有成型孔的镶套

活塞销

活塞销卡簧

图 2-1-52　　　　　　　　　　　　　　　　图 2-1-53

（六）连杆

连杆连接在活塞的下端，它将活塞和曲轴彼此相连，就是起推杆的作用。连杆的主要功用，就是把活塞的直线往复运动转化成曲轴的转动。因此，连杆承受着持续交变的拉力和压力，还有因摩擦和燃烧导致的热负荷。

1.结构

连杆体是连杆的主要部分，一般设计成双 T 形的。

连杆体的上面部分有连杆小头孔，带有连杆衬套。该孔是插活塞销的，由喷射的机油来润滑。

连杆大头是通过拉力螺栓来与连杆盖相连的。每个曲轴轴颈上有两个轴瓦，用于支承曲轴。

2.结构形式

由于所处空间狭小且要承受很高的燃烧压力，所以对连杆的要求就很高。

（1）梯形连杆，如图 2-1-54 所示。

活塞带有梯形附件，再加上与此相应梯形连杆，就满足了这两个要求。与普通的活塞—连杆组合相比，连杆小头和活塞销的接触面明显增大了。因此燃烧压力分布更均匀，部件负荷就明显下降了。

（2）平行连杆，如图 2-1-55 所示。

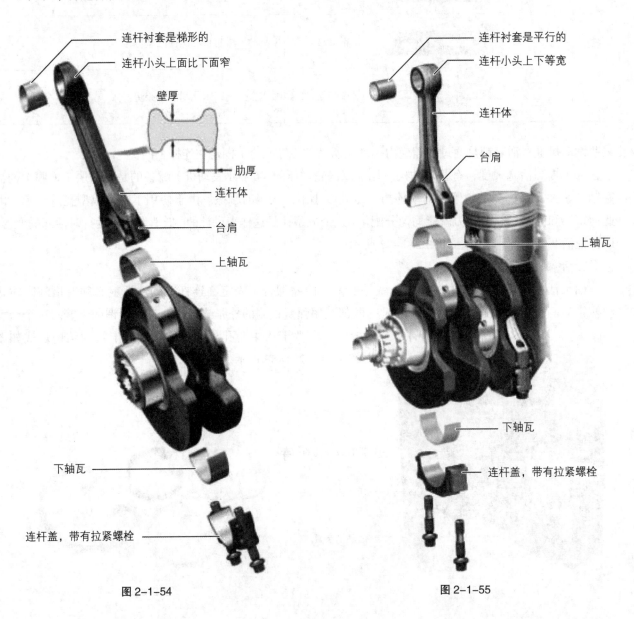

图 2-1-54　　　　　　　　　　　　图 2-1-55

（3）斜分式连杆，如图2-1-56所示。

在有些V形发动机上，使用的是斜分式连杆。这种结构形式可以通过气缸孔来安装不带连杆盖的连杆体。

3. 制造

连杆一般都是锻造的。连杆材质有很多种，生产工艺也就各不相同。随后的加工，也就是连杆体与连杆盖的分离是非常重要的。这时，为了保证有很高的配合精度，采用了裂解方法，如图2-1-57所示。

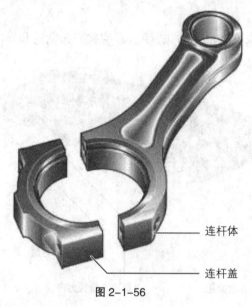

连杆体
连杆盖

图2-1-56

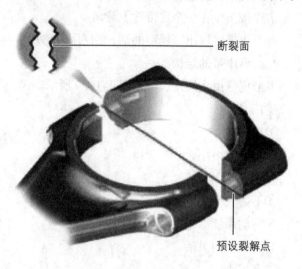

断裂面

预设裂解点

图2-1-57

裂解时，用激光束在连杆上加工出预设裂解点，连杆随后就将在此处断裂。有专用的分离工具用于实施这个分离。所产生的断裂面不易混淆，两部分只在某一位置时才能彼此配合好。

与切断式工艺相比，裂解式工艺有下述优点：①配合精度高；②承载能力高；③不需要再有定心措施；④节省材料，因此生产成本低。

4. 连杆轴承

曲轴轴颈加工到能与轴瓦精确配合的程度。

要想诊断敲缸噪声，可以拔下火花塞插头或者喷油阀（柴油机）来减小燃烧压力，这样就能诊断出相应缸内连杆轴承是否可能损坏了。

（七）齿形皮带机构

驱动凸轮轴的方法之一，就是使用齿形皮带。齿形皮带机构用塑料皮带来将凸轮轴和曲轴连在一起以便驱动。有个张紧轮，负责给皮带预紧，以便可靠工作。齿形皮带机构还驱动其他部件，比如水泵，如图2-1-58所示。张紧轮和导向轮上有凸缘，可防止齿形皮带脱出。回行段指位于皮带轮之间的那段皮带。

1. 对齿形皮带机构的要求

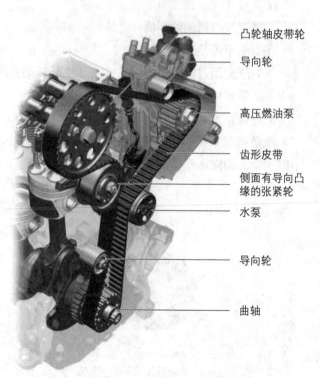

凸轮轴皮带轮
导向轮

高压燃油泵

齿形皮带

侧面有导向凸缘的张紧轮

水泵

导向轮

曲轴

图2-1-58

①寿命长。

②需要的安装空间小。

③重量轻。

④噪声小。

⑤符合齿形皮带轮最小包覆角（包角）的要求。

⑥回行段长度不可在 75~130mm 之间。

⑦皮带至少在一个皮带轮上导向。

齿形皮带区域出现噪声的话，要使用齿形皮带测量仪来检查皮带的张紧度。还应检查张紧轮和导向辊。

2. 齿形皮带的结构

齿形皮带由多层构成，如图 2-1-59 所示。

（1）优点。

①重量轻。

②工作噪声小。

③生产成本低。

④不需润滑。

⑤传动系统简单。

⑥皮带走向灵活。

⑦摩擦小。

（2）缺点。

①有可能跳齿或者断裂。

②需要没有机油的环境。

③弯曲半径是预先定好的。

④对于使用过的齿形皮带，必须注意其转动方向。

⑤必须在规定周期时更换。

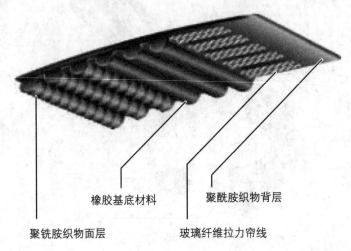

橡胶基底材料　　聚酰胺织物背层

聚铣胺织物面层　　玻璃纤维拉力帘线

图 2-1-59

3. 皮带张紧系统

皮带张紧系统用于使皮带正确预紧，以保证其可靠地工作。张紧系统有 3 种：偏心张紧器、机械式小型张紧器和液压张紧器，如表 2-1-5 所示。

表 2-1-5

	偏心张紧器	机械式小型张紧器	液压张紧器
工作原理	固定式张紧轮	摩擦阻尼式张紧轮	液压阻尼式张紧轮
特点	皮带的张紧情况按发动机温度在变化 随着使用，皮带长度会变化，皮带会磨损 皮带会逐渐失去基本张紧能力	可防止随着使用造成的皮带长度变化 可降低齿形皮带的磨损	齿形皮带由液压元件中的一个压力弹簧通过杠杆和张紧轮来张紧 由液压元件提供特定方向阻尼 特定方向阻尼可完成复杂的皮带驱动系统的控制 预紧力得到优化

（八）链传动机构

凸轮轴的另一种传动方式，就是使用链传动机构。如果是需要传递的力较大或者传力需要横跨的距离较大时，就使用链传动机构。链条将曲轴上驱动轮的转动传给凸轮轴上的链轮。液压链条张紧器负责将链条持续张紧，这种链条张紧器对尽量降低链条磨损具有重要作用。

塑料制的导轨（或叫滑槽）用于引导链条并降低工作噪声。根据链条的走向路径，可能会使用多个链条张紧器。根据发动机的不同和要驱动的辅助系统数目的不同，所使用的链条机构数量也就不同。用于驱动辅助系统的链条机构，一般用机械式张紧元件来张紧，如图2-1-60所示。

1. 复合式链传动机构

根据发动机的复杂程度和要驱动的辅助系统数目的多少，所使用的链条机构数量不同，如图2-1-61所示。复合式链传动机构主要用于V形和W形发动机。

链条拉长：链传动机构可能会被拉长，其表现就是链传动机构有噪声以及功率下降。这时，可以通过链条检测仪T40182来确定链条的拉长情况。

2. 链条的结构形式

根据对链传动机构要求的不同，使用不同形式的链条。链条分为滚子链链条、套筒链链条和齿链链条。

（1）滚子链。

滚子链的链节上有内链板和外链板，这两个元件构成了链节的框架。链销负责把内链板和外链板彼此连接起来，另外，链销还负责将各个链节彼此连接起来。链销在轴套内，而轴套又在滚子内。滚子在套筒上贴着链轮齿廓滚动，因此周长上的不同部位会重复使用。滚子和轴套之间的润滑剂能起到降低噪声和减震的作用，如图2-1-62所示。

（2）套筒链。

套筒链与滚子链结构上的区别，仅在于前者省去了滚子。在这种结构的链子上，链轮齿廓直接与

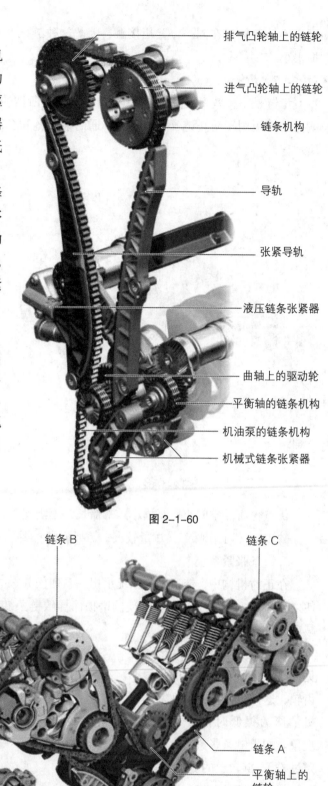

排气凸轮轴上的链轮
进气凸轮轴上的链轮
链条机构
导轨
张紧导轨
液压链条张紧器
曲轴上的驱动轮
平衡轴的链条机构
机油泵的链条机构
机械式链条张紧器

图 2-1-60

链条B　　　　链条C

链条A
平衡轴上的链轮
链条D
容积流量可调式机油泵
车辆行驶方向

图 2-1-61

61

固定不动的轴套在同一位置相接触，因此这种链条的良好润滑就显得特别重要。套筒链链条在活结处磨损很小。

（3）齿链。

齿链是一种效率极高的链条结构形式，使用所谓的齿形链板来传力。齿形链板叠加成多层并错置布置，侧面的导板用于防止链子脱出。与普通的滚子链和套筒链相比，齿链有下面这些重要优点，如图2-1-63所示。

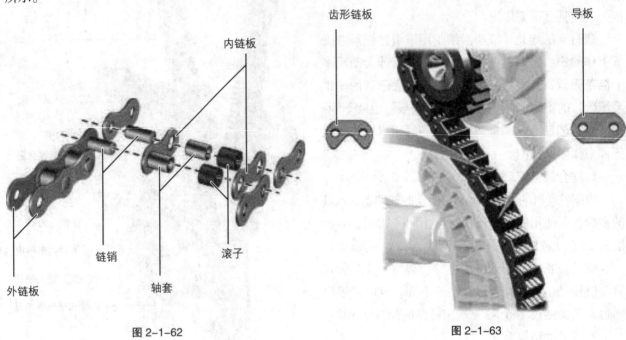

图 2-1-62　　　　　　　　　　　　　　　图 2-1-63

优点：所需空间小；磨损小；寿命长；不需保养；能传递更大的力；速度可以更高。

缺点：有工作噪声；重量较大；需要润滑；要求护盖更复杂。

3. 链条张紧系统

在正时机构中，链条张紧系统承担一系列任务。主要任务是在所有工作条件下将链条松弛边预张紧，使之处于一定的负荷状态。即使因磨损而导致链条变长，这个预张紧也要保持恒定。链条张紧器配备有减震元件，用于减小震动。

在某些发动机上为安全起见，链条张紧系统使用的是扇形齿轮，这样可以防止出现发动机机油压力很低时张紧力降低的现象。如果链条张紧力太小（链条过松），链轮上的链条会跳齿，那么就会损坏发动机。根据张紧形式，链条张紧系统可分成压紧式和拉紧式两种。

（1）压紧式链条张紧系统，如图2-1-64所示。

在这种张紧系统上，正时链条是由内向外压而被张紧的。

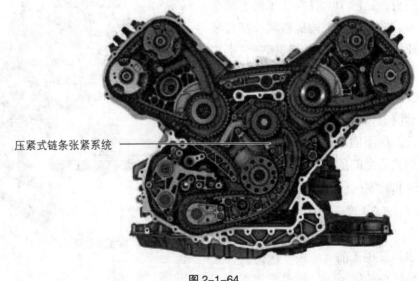

图 2-1-64

（2）拉紧式链条张紧系统，如图 2-1-65 所示。

在这种张紧系统上，正时链条是由外向内拉而被张紧的。

（九）平衡轴

发动机在工作中，其上作用着各种力和力矩。这些力和力矩使得发动机震动，因此就决定了工作平稳性和部件负荷状况。如果因发动机悬置没有形成良好的支承而导致将震动传到车身上，那么行驶舒适性将大受影响。发动机工作时产生的力分为一阶力和二阶力。一阶力是惯性力，是由转动部件的离心力产生的，曲轴可以通过安装平衡配重和曲拐来抵消这种力。

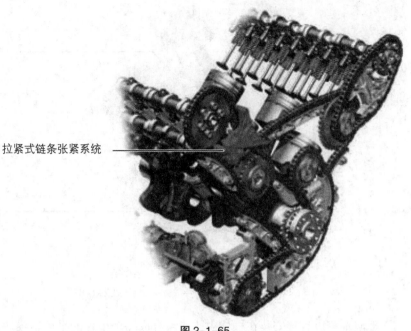

拉紧式链条张紧系统

图 2-1-65

而二阶力就需要通过专门的措施来进行抵消。二阶力是用于曲柄连杆机构部件平移而产生的，其应对措施就是使用平衡轴。平衡轴一般通过齿轮或者链条由曲轴直接驱动。平衡轴的转速是曲轴转速的两倍，一根平衡轴与曲轴转动方向相同，另一根平衡轴通过一个中间齿轮按与曲轴转动方向相反方向转动，如图 2-1-66 和图 2-1-67 所示。

平衡轴必须正确装到曲柄连杆机构中。

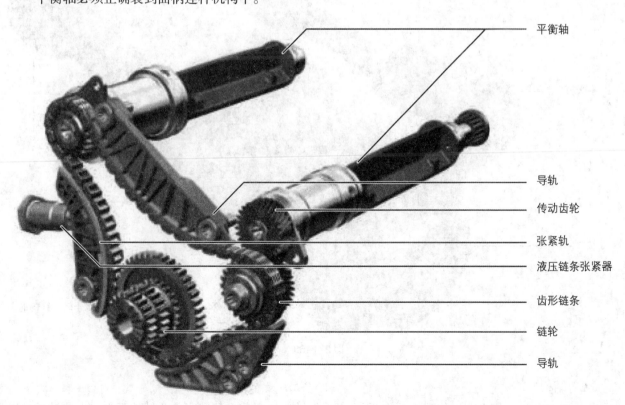

平衡轴

导轨
传动齿轮
张紧轨
液压链条张紧器
齿形链条
链轮
导轨

图 2-1-66

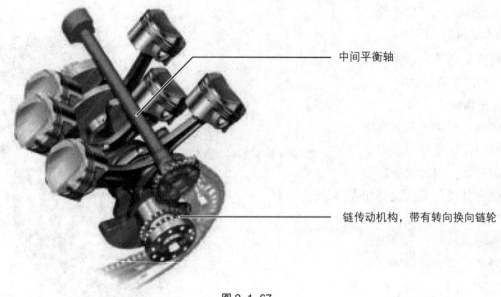

中间平衡轴

链传动机构，带有转向换向链轮

图 2-1-67

平衡轴可以直接安装在缸体内，或者合成一个单独的平衡轴模块。

（1）EA288 上的平衡轴模块，如图 2-1-68 所示。

EA288 发动机上使用的平衡轴系统，是安装在缸体内的曲轴上方的，通过曲轴输出端的斜齿齿轮来驱动。

平衡轴和中间齿轮轴向和径向都是使用滚子轴承。轴承是通过缸体内的机油油雾来润滑的。

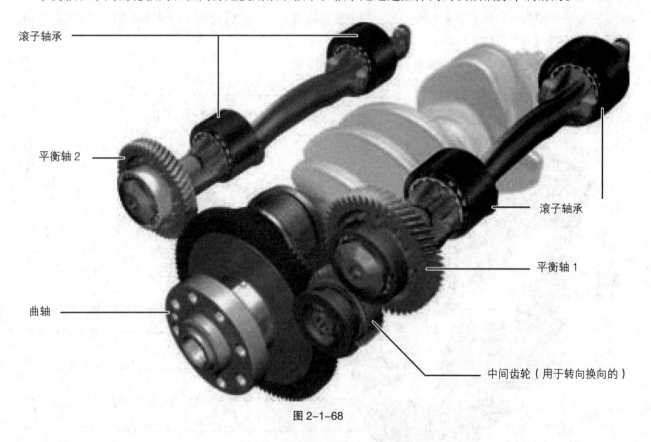

滚子轴承

平衡轴 2

曲轴

滚子轴承

平衡轴 1

中间齿轮（用于转向换向的）

图 2-1-68

（2）结构。

以 2.0L TDI 发动机为例，如图 2-1-69 所示，平衡轴模块安装在油底壳内曲轴的下方，由曲轴通过齿

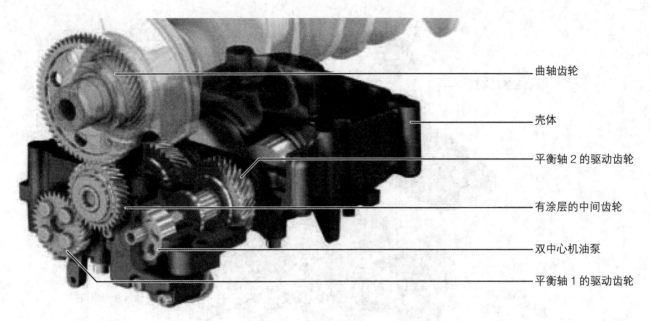

曲轴齿轮

壳体

平衡轴 2 的驱动齿轮

有涂层的中间齿轮

双中心机油泵

平衡轴 1 的驱动齿轮

图 2-1-69

轮来驱动。该模块由灰口铸铁壳体、两根转动方向相反的平衡轴、斜齿齿轮以及集成的双中心机油泵组成。曲轴的转动被传递到壳体外侧的中间齿轮，中间齿轮驱动平衡轴 1。

平衡轴 1 通过壳体内的一对齿轮副将运动传给平衡轴 2 和双中心机油泵。齿轮传动机构是这样设计的：要使得平衡轴的转速是曲轴转速的两倍。齿轮传动机构的齿隙是通过中间齿轮上的涂层来设定的，在发动机首次工作时，这个涂层就磨掉了，也就获得了规定的齿轮间隙。

（十）缸盖

缸盖构成了燃烧室的上部。V 形发动机的话，每个气缸排各有一个缸盖。缸盖通过多个气缸盖螺栓与缸体刚性连接到一起。

气缸盖密封垫负责燃烧室的可靠密封。冷却液通道和机油通道也与燃烧室隔开了。用螺栓拧紧的气缸盖罩就封闭了上面。

根据发动机情况，缸盖上还有其他的发动机子系统，比如：①燃油系统；②发动机正时机构和凸轮轴调节机构；③点火系统；④空气供给和增压系统；⑤冷却系统；⑥曲轴箱通风系统；⑦机油供给系统。

1. 制造

缸盖几乎只能采用铸造方法来生产。铸造中有专门的型芯，用于形成冷却液通道。缸盖材质使用铝或者铸铁。所有发动机上缸盖的基本结构和各种元件是相同的。

所使用的铸造方法：①砂型铸造；②硬模铸造；③消失模铸造（又称实型铸造）；④压力铸造。

2. 一览

5 缸直列发动机缸盖如图 2-1-70 所示。

3. 分类

气缸盖可按下述特点分类：

①自然吸气式发动机（带有化油器）或喷射式发动机（不带化油器）；

②四行程发动机（有 2、4 或 5 气门）/ 汽油发动机（带有火花塞）和喷油阀；

③柴油发动机（带有预热塞和喷油阀）；

④下置凸轮轴和顶置凸轮轴；

⑤单凸轮轴或双凸轮轴（进气凸轮轴和排气凸轮轴分开）；

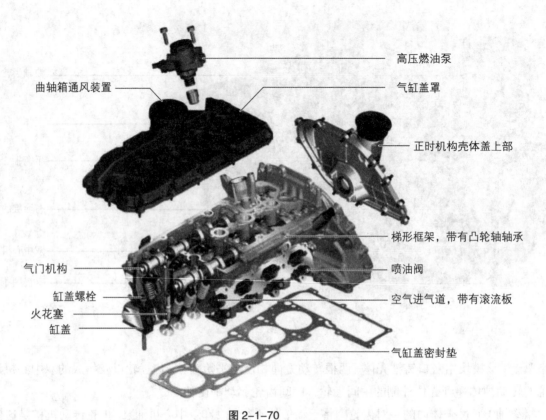

高压燃油泵

气缸盖罩

正时机构壳体盖上部

梯形框架，带有凸轮轴轴承

喷油阀

空气进气道，带有滚流板

气缸盖密封垫

曲轴箱通风装置

气门机构

缸盖螺栓

火花塞

缸盖

图 2-1-70

⑥横流式气缸盖。

4. 缸盖上的部件

以 4 缸 FSI 发动机的缸盖为例，如图 2-1-71 所示。

5. 螺栓连接

缸盖都是通过多个螺栓来与缸体连接的，这些螺栓都是拉紧螺栓，必须拧紧到规定的力矩和转角。

"螺栓入螺栓" 连接方式如图 2-1-72 所示。

轴承框架与两排内侧螺栓是以所谓的 "螺栓入螺栓" 连接方式来连接的，就是连接螺栓直接拧入缸盖螺栓的螺栓头内。这种结构设计非常节省空间，这可使得气缸间距很小。比如，这种连接方式就用在了 4 缸泵喷嘴式发动机上。

6. 柴油发动机缸盖

与汽油发动机缸盖相比，柴油发动机缸盖有几个特点，比如所有柴油机缸盖上都有预热塞。

在配备了共轨喷射系统的柴油机上，喷油阀是通过带螺栓的卡箍来固定到缸盖上

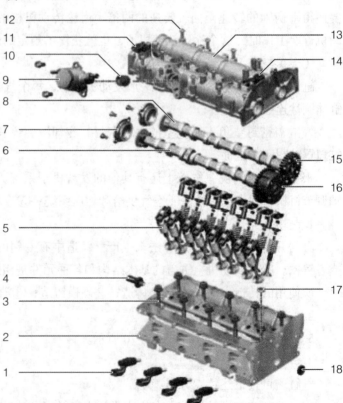

1.喷油阀N30-N33 2.缸盖 3.缸盖螺栓 4.机油压力开关F1 5.气门机构 6.进气凸轮轴 7.密封盖 8.排气凸轮轴 9.高压燃油泵 10.滚轮挺杆（泵驱动） 11.霍耳传感器G40（侦测凸轮轴位置) 12.气缸法兰螺栓 13.气缸盖罩 14.凸轮轴调节阀1 N205 15.凸轮轴链轮 16.凸轮轴调整机构 17.机油滤网 18 封盖（防冻塞）

图 2-1-71

66

的。另外，有些柴油机上有机械驱动的真空泵，该泵用于保证其他子系统的真空供给，如图2-1-73所示。

7. 集成的区域和系统

发动机气缸的上面靠缸盖来封闭，从而就构成了燃烧室的一部分。在这个区域有换气用的气门以及喷油阀或者火花塞。燃烧室的构造形态主要取决于发动机的工作方式和气门数量，因为气门布置方式是很多的，如图2-1-74所示。

缸盖内有各种通道，用于给气缸输送工作介质，如：①冷却液通道；②进气和排气通道；③机油通道。

（1）柴油发动机缸盖上的通气道。

如果铜制喷油阀密封圈附近漏气的话，燃烧室的燃烧压力可以通过一个通道泄出。这个通气道布置在缸盖内的排气歧管上方位置处。

这样可以防止燃烧室内的过压经曲轴箱通风装置进入废气涡轮增压器的压气机一侧，以免出现功能故障或者损坏密封圈，如图2-1-75所示。

如果通气道有气体排出，请先检查喷油阀密封圈，

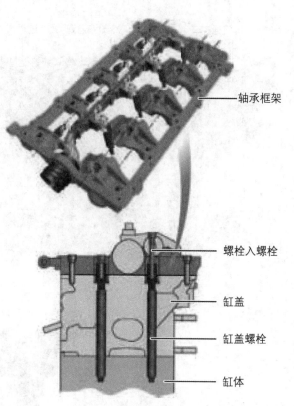

图 2-1-72

轴承框架

螺栓入螺栓

缸盖

缸盖螺栓

缸体

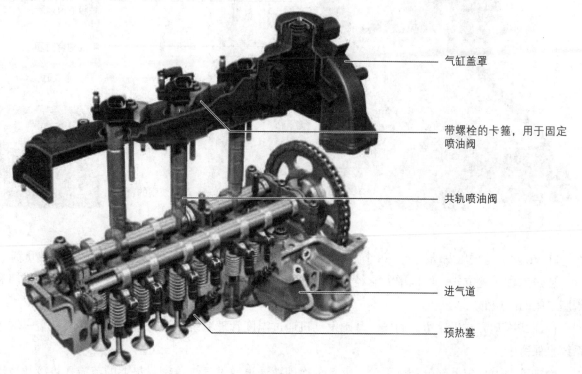

气缸盖罩

带螺栓的卡箍，用于固定喷油阀

共轨喷油阀

进气道

预热塞

图 2-1-73

必要时更换。

（2）冷却液通道。

在液冷式缸盖中，有很多冷却液通道，这些冷却液通道主要是布置在非常热的燃烧室和喷油阀孔的周围，且通过气缸盖密封垫与缸体内的冷却液通道相连。

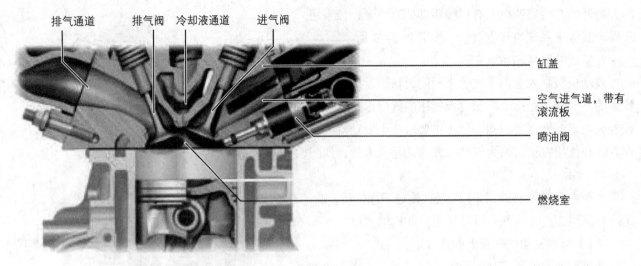

排气通道　排气阀　冷却液通道　进气阀

缸盖

空气进气道，带有滚流板

喷油阀

燃烧室

图 2-1-74

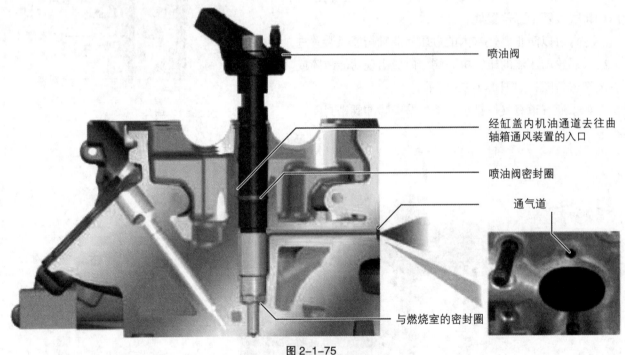

喷油阀

经缸盖内机油通道去往曲轴箱通风装置的入口

喷油阀密封圈

通气道

与燃烧室的密封圈

图 2-1-75

在 V6 双涡轮增压发动机上，每个缸盖内部的冷却液通道分为两部分，以便应对较高的热负荷。

通过这种布置方式，可以增大流经下部冷却液通道的冷却液流量（这个流量是用于冷却气门和喷油阀座之间的区域的）。

横流式冷却方式仍保留。同样，基础发动机通过温度管理系统来进行调节的独立式缸盖—缸体冷却系统也保留了。

冷却液通道分成上部分和下部分，上部分冷却液通道通过气缸盖密封垫上的节流孔将冷却液流量调至很小。这两部分冷却液通道通过分隔开的入口从缸体内获取冷却液供应，如图 2-1-76 和图 2-1-77 所示。

气缸间壁与基础发动机一样，是由气缸盖来冷却的，使用的是上部分冷却液通道与下部分冷却液通道之间的压差。

（十一）发动机上的密封件

内燃机上的密封件种类繁多，材质各异。密封件的主要功用，就是将发动机上各种工作介质（比如气、水和机油）彼此分隔开并防止向外泄漏。因此，密封件必须在汽车整个寿命内能经受住腐蚀、高压和高温。

密封件也传递力，比如缸体和缸盖之间的气缸盖密封垫，它对整个受力系统内部力的分布和部件变形具有重大影响。

1. 一览

以 EA111 系列 1.4L TFSI 发动机为例，如图 2-1-78 所示。

2. 气缸盖密封垫

如图 2-1-79 所示。

气缸盖密封垫在缸

上部分冷却液通道　　　下部分冷却液通道

图 2-1-76

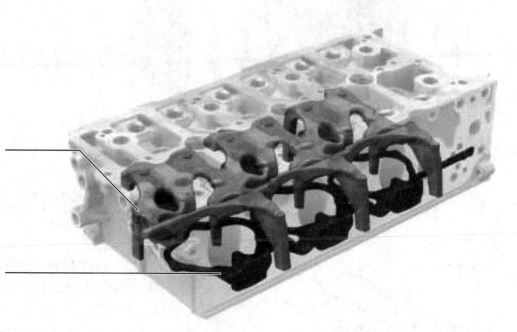

在上部分冷却液通道中，冷却液流量被节流孔所限制

下部分冷却液通道由缸体内的冷却液通道供液，用于使得燃烧室周围更好地散热

图 2-1-77

盖和缸体之间，用于密封燃烧室以及冷却液和机油通道。另外，在某些发动机上，气缸盖密封垫还起稳定功效。

3. 结构形式

（1）金属—软材料组合式密封件。

在一些汽油发动机上，使用的是金属—软材料组合式密封件。这种密封件的基体是金属板，其上加工出锯齿状突起。把金属板两面上的软材料固定住。如果拧紧缸盖螺栓，软材料就会发生变形，从而可

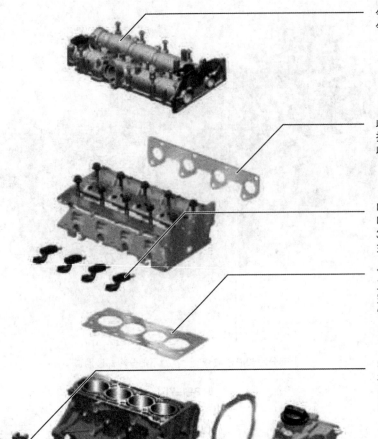

气缸盖罩密封垫
气缸盖罩密封垫是由弹性材质制成的

歧管密封垫
排气歧管上使用的是金属密封垫，进气歧管上使用的是弹性体密封垫

喷油阀密封圈
喷油阀上使用的是特氟隆密封圈（比如3.2L FSI 发动机）或者金属密封圈（比如 3.0L TDI 发动机）

气缸盖密封垫
正时机构一侧的密封由正时机构壳体来完成，该壳体是铸铝件。使用的是有弹性体涂层的金属板密封垫

密封法兰
在发动机的动力输出端，是由一个带有曲轴径向密封圈的密封法兰来负责密封的。该法兰有发动机转速传感器 G28

正时机构壳体密封垫
3 层金属气缸盖密封垫

轴密封圈
曲轴密封圈可以更换

油底壳密封垫
使用常温固化型密封剂来将油底壳与缸体密封

图 2-1-78

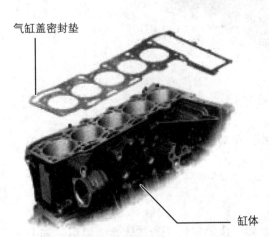

气缸盖密封垫

缸体

图 2-1-79

保证良好的密封效果。这种结构形式的缺点：高温和震动会降低密封区的挤压功效，如图 2-1-80 所示。

（2）多层金属气缸盖密封垫。

多层金属气缸盖密封垫由多层金属组成，金属板上冲压有卷边和镶边。液体所经过的孔的周围环绕着弹性体涂层。这种结构在负荷很大时也能保证理想的密封性能。主要是用在柴油发动机上，现在在汽油机上用得也越来越多了，如图2-1-81 所示。

4. 气缸盖密封垫上的各区

（1）燃烧室镶边。

燃烧室镶边就是气缸孔的密封边，该镶边沿着燃烧室边

70

缘是不等高的。这种特别的形状，使得气缸盖螺栓拧紧后，燃烧室处的拉紧力分布更均匀了。这也就减小了密封间隙震动和气缸孔的变形。

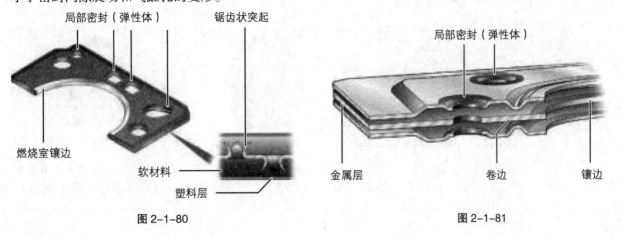

图 2-1-80

图 2-1-81

（2）侧面支撑。

侧面支撑在两个外侧气缸的附近，可使外侧缸盖螺栓的拉紧力分布更均匀，因此可以减小缸盖的扭曲以及外侧气缸孔的变形，如图 2-1-82 所示。

（十二）凸轮轴

凸轮轴用来操控气门的运动，凸轮轴的位置决定气门打开和关闭的时机。大多数发动机上，凸轮轴安装在缸盖上。

组装式凸轮轴如图 2-1-83 所示。

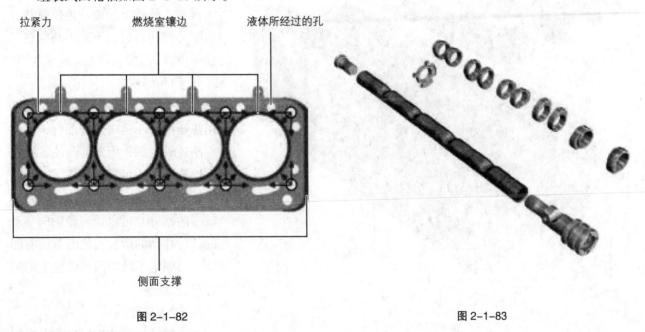

图 2-1-82

图 2-1-83

凸轮轴一般采用的是滑动轴承，滑动轴承都设计成梯形框架或者支承框架。这种结构可以大大增大缸盖的强度。制造方面，凸轮轴分为铸造凸轮轴和组装式凸轮轴，如图 2-1-84 所示。

1. 凸轮形状

凸轮的形状决定了相应气门的开启特性，开启特性指打开持续时间、气门升程以及整个运动过程，如表 2-1-6 所示。

表 2-1-6

	尖形凸轮	陡面凸轮	非对称凸轮
	气门关闭 气门打开	气门关闭 气门打开	气门关闭 气门打开
功能	缓慢打开和关闭气门 气门完全打开持续时间很短	快速打开和关闭气门 气门打开着的时间持续得较长	缓慢打开气门并快速关闭气门 气门完全打开持续时间很短
应用	排气门	进气门	排气门
效用	废气膨胀均匀，不会突然有压力峰值	在进气道内产生很强的吸力作用大量吸入的空气进入气缸	缓慢打开导致压力形成也慢快速关闭可阻止气体回流

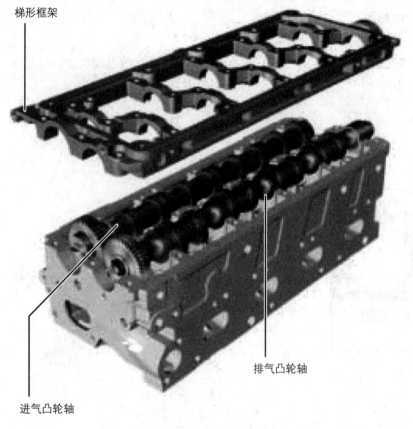

图 2-1-84

2. 齿隙补偿

在有些发动机上，进气凸轮轴和排气凸轮轴是通过有齿隙补偿作用的直齿圆柱齿轮连在一起的。具体说就是进气凸轮轴上的圆柱齿轮由排气凸轮轴上的圆柱齿轮驱动。齿隙补偿的目的在于减小凸轮轴工作噪声，如图 2-1-85 所示。

（1）结构。

圆柱齿轮上较宽的部分是采用热压配合（也叫热套配合）安装在凸轮轴上的，因此与凸轮轴就是刚性连接了（可以传力了）。圆柱齿轮正面有多个突起。圆柱齿轮上较窄的部分是可以径向和轴向移动的。可移动的圆柱齿轮的背面有凹坑，与固定不动的圆柱齿轮上的突起对应。

（2）功能。

可移动的圆柱齿轮被碟形弹簧的弹力压靠在了固定不动的圆柱齿轮上。通过突起的作用，两个圆柱齿轮在旋转时就错开了。这就使得两个圆柱齿轮的齿错开了，因此就能补偿齿隙。

（3）安装位置，如图 2-1-86 所示。

（4）间隙补偿，如图 2-1-87 所示。

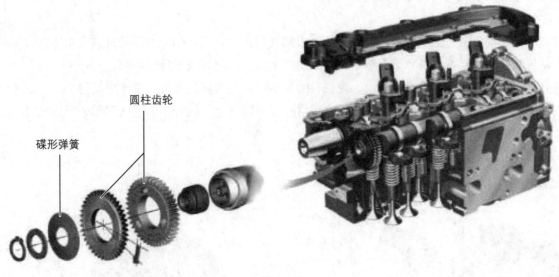

碟形弹簧

圆柱齿轮

图 2-1-85

图 2-1-86　　　　　　　　　　　　　　　图 2-1-87

五、发动机配气机构

（一）气门机构

在活塞式发动机上，气缸的换气是通过进气道和排气道进行的，因此这些通道必须定时打开和关闭。控制这个打开和关闭过程的，就是气门机构。气门机构由多种元件组成，这些元件一般都安装在缸盖上。多气门发动机一般有两根顶置凸轮轴。

进气门就由进气凸轮轴来控制。气门的打开由支承在液压间隙补偿元件上的筒形挺杆、摇臂或者滚子摇臂来负责，气门的关闭则借助于弹簧。气门分为进气门和排气门。

这种发动机被称为"双顶置凸轮轴发动机"，双顶置凸轮轴的英语缩写是 DOHC。各气门的打开和关闭由一根或者两根凸轮轴来完成。因此排气凸轮轴就负责排气门的控制。

气门的直径和形成，必须要保证换气过程尽可能顺利完成。排气门直径一般较小，因为排气门打开时，泄掉的压力就可以使废气很快地从燃烧室排出。

1. 多气门技术

并非所有发动机的每缸气门数都是一样的，因此气门机构必须与相应的发动机结构相适应。

发动机的研发已经能使得我们为每个气缸配备多个气门，这能改善换气状况。

最开始每个气缸只能安装 2 个气门，现在有的发动机每个气缸最多可安装 5 个气门。

由于制造成本较低，每缸 4 气门这种形式用得最多，即每个气缸有 2 个进气门和 2 个排气门。

（1）4 气门技术，如图 2-1-88 所示。

（2）5 气门技术，如图 2-1-89 所示。

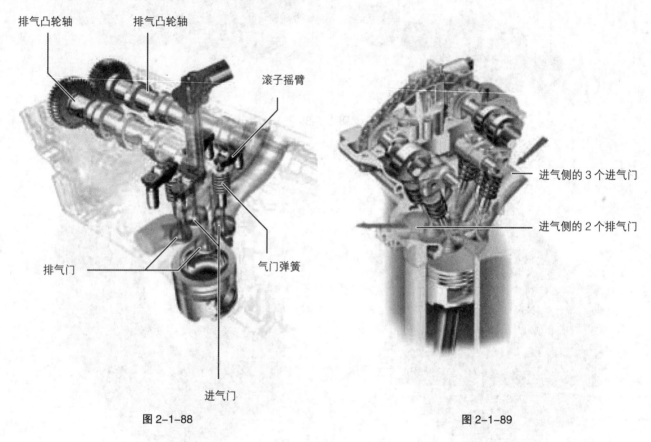

图 2-1-88　　　　　　　　　　　　　　　　图 2-1-89

2. 气门

气门所承受的负荷是非常大的，气门工作时除了承受机械负荷外，还要承受热负荷和摩擦。因此对气门的结构和材质都是有相应要求的。比如有些气门是充钠的，以便更好地导热。排气门所承受的热负荷明显大于进气门，因为排气门几乎不会接触较凉的气体。排气门温度最高可达 700℃，主要是通过气门座来散热。

气门杆也起散热作用，但是这个距离就有点儿长了。为了缩短这个距离并方便冷却，就采用注钠的方式。直接对比就可以很容易从外观上识别出这种有空腔的气门，因为其气门杆明显要粗。这种气门的气门杆空腔内大约不到 2/3 的空间注了钠。在超过 97℃ 时，钠就液化了，随着气门的打开和关闭，液态钠就被甩来甩去。其良好的温度系数（比如与钢比）对于导热性是极有帮助的。

结构如图 2-1-90 和图 2-1-91 所示。

3. 研磨气门座

维修时如果必须更换气门，就需要研磨气门，使之能与气缸盖上的气门座相匹配。在开发气缸盖时，可以通过有针对性地改变气门座的轮廓形状，提高气门空气流量或者让吸入的空气产生涡旋运动。在缸

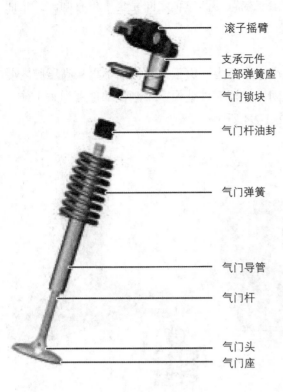

图 2-1-90

滚子摇臂
支承元件
上部弹簧座
气门锁块
气门杆油封
气门弹簧
气门导管
气门杆
气门头
气门座

环槽
气门杆
充钠，在超过 97℃
时钠呈液态
气门头
气门座
气门长度
气门头直径

图 2-1-91

盖处于原始状态时，这种形状改变一般涉及 3 个角度，如图 2-1-92 所示。多个角度就形成了"喇叭形"。

在现代的发动机上，是不能用铣削等方式对气门座进一步加工的，因为发动机只配备淬硬了的气门座。

4. 气门间隙补偿

气门在工作时，会根据材质和产生的热量情况而膨胀。为了让气门在任何工作情况时都能完美地关闭，就在发动机配气机构传动部件之间预留了间隙。一般而言，排气门部分的间隙要大于进气门部分的间隙，因为排气门工作时承受的温度高。

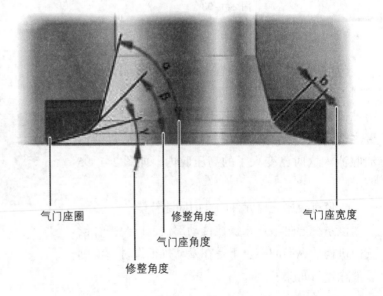

气门座圈
修整角度
气门座宽度
气门座角度
修整角度

图 2-1-92

配气机构传动部件随着工作时间也会发生磨损，这会增大气门间隙。为了应对这个变化过程，现代的发动机上就配备了气门间隙补偿系统。具体涉及两种系统：一种是滚子摇臂上配备有补偿元件；另一种配备的是液压补偿元件。

5. 滚子摇臂上配备的补偿元件

在泵喷嘴发动机上的功能：滚子摇臂支承在一根浮动轴上，是可动的，由其上面的凸轮轴来操纵。气门间隙补偿元件直接布置在气门杆上方，其机油供给是由浮动轴经滚子摇臂旁通通道过来的。在补偿元件内部有一个柱塞和一个油缸，它们相互是可以运动的，这两个元件被间隙补偿弹簧给彼此分开了。

这个彼此分开的移动就可以减小气门间隙，并可以移动到滚子摇臂与凸轮轴之间完全不再有间隙。止回阀用于调节注油情况并且密封高压腔，如图 2-1-93 所示。

（1）上升面的凸轮。

凸轮压在滚子摇臂上，于是止回阀关闭，高压腔内就产生了压力。由于这时机油不再从高压腔内漏出且不能被压缩，因此在进气门或者排气门打开时，气门间隙补偿元件就像一个刚性部件那样来工作。多余的机油可经压紧螺栓和导套之间环状间隙溢出，如图 2-1-94 所示。

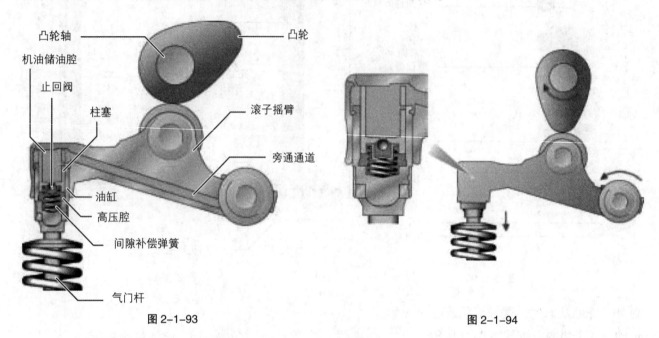

图 2-1-93　　　　　　　　　　　　　　　　　图 2-1-94

（2）补偿气门间隙。

凸轮不再压在滚子摇臂上，进气门或者排气门关闭了，高压腔内压力下降。间隙补偿弹簧一直在将油缸和柱塞往分离方向压，直至凸轮和滚子摇臂之间不再有间隙。止回阀打开，机油从机油储油腔流入这时已变大了的高压腔内，如图 2-1-95 所示。

6. 带有液压支撑元件的气门间隙补偿

该系统通过液压来操控传动部件，以此来补偿气门机构的纵向间隙。于是在发动机工作时，就可以消除气门间隙了。

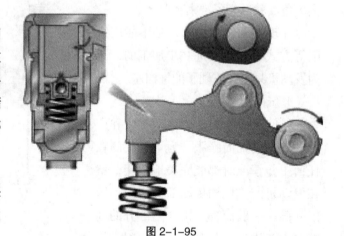

图 2-1-95

（1）结构。

液压支撑元件由柱塞、油缸以及柱塞弹簧组成，并与发动机机油循环相连。下部机油腔内还有一个止回阀，如图 2-1-96 所示。

（2）气门间隙补偿。

如果出现了间隙，柱塞弹簧就会将柱塞从油缸中压出，直至摇臂滚子与凸轮接触。在这个压出过程中，下部机油腔内的机油压力就变小了。止回阀这时就打开了，机油流经止回阀。一旦上部机油腔和下部机油腔的压力相等，止回阀就再次关闭，如图 2-1-97 所示。

（3）上升面的凸轮。

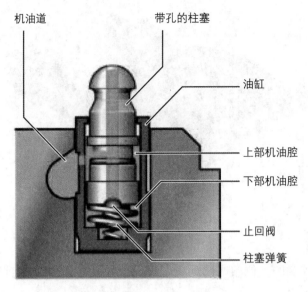

机油道　　　带孔的柱塞

油缸

上部机油腔

下部机油腔

止回阀

柱塞弹簧

图 2-1-96

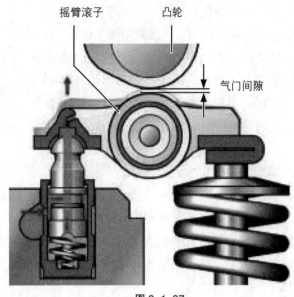

摇臂滚子　　　凸轮

气门间隙

图 2-1-97

当凸轮的上升面作用到摇臂滚子上时，下部机油腔内的机油压力就增大。由于被封闭的机油是不能压缩的，因此柱塞就无法再被压入油缸。这时，支撑元件就像一个刚性部件那样支撑在滚子摇臂上。于是，相应的气门就打开了，如图 2-1-98 所示。

（二）凸轮轴调节机构

在没有凸轮轴调节机构的发动机上，凸轮轴与曲轴是一种固定的连接。凸轮轴是通过齿形皮带或者链条来驱动的，以发动机转速的一半来转动。因此，在这种发动机上，气门的开启时间取决于设计，是固定的。由于气门开启时间决定着发动机的换气状况，因此也被称作气门正时。进气门和排气门同

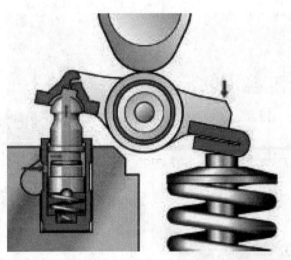

图 2-1-98

时打开的时间，被称为气门叠开时间。气门叠开时间对发动机特性具有决定性的影响。气门叠开时间要是很短的话，可保证发动机在转速较低时输出的最大扭矩很大，但是在转速较高时输出的最大功率却很小。

气门叠开时间要是很长的话，效果与此正好相反：可以输出较高的最大功率，但代价是要牺牲低转速时的输出扭矩了。原因就是进气行程气流流动与转速是息息相关的。有针对性地调节凸轮轴或者配备可变气门正时机构，就可以根据发动机的转速和负荷来调节气门正时，这样在任何转速范围均可让气缸以最高效率来充气。能实现这个目的的系统有几种：

①使用链条调节器的凸轮轴调节机构；

②使用叶片调节器的凸轮轴调节机构；

③奥迪气门升程系统。

1.使用链条调节器的凸轮轴调节机构

如图 2-1-99 所示。

可变链条调节器的凸轮轴调节机构只用于调节进气凸轮轴。链条同时就张紧了。通过一个液压电磁阀来实现控制。要想从初始位置切换到扭矩位置，就要向下压链条调节器，这就改变了链条的回转点，

于是进气凸轮轴就向提前方向调节了。

2.使用叶片调节器的凸轮轴调节机构

使用该系统，可以对进气、排气凸轮轴分别实施调节。因此，两个凸轮轴的调节角可以是不同的。其调节是通过转子来操控的，这个转子是通过可控制的机油流来转动着的。

（1）结构。

如图2-1-100所示。

（2）功能。

可逆电机是由容积流量可调式机油泵通过缸盖内的专用压力管来加载上压力机油的。凸

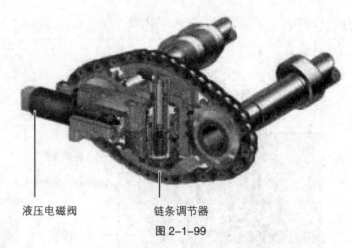

液压电磁阀　　　　链条调节器

图2-1-99

轮轴调节由发动机控制单元通过脉冲宽度调制信号控制的二位四通比例阀来实现。可逆电机的转子与凸轮轴是连接在一起的。

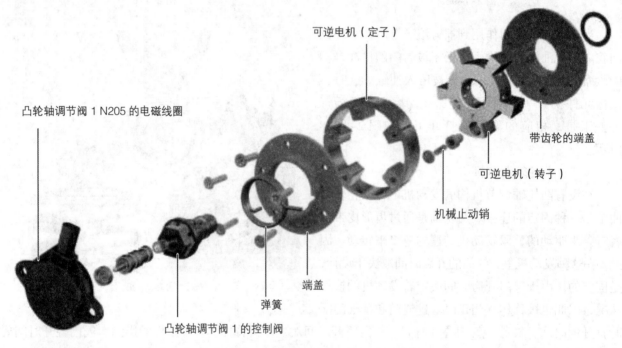

可逆电机（定子）

凸轮轴调节阀1 N205的电磁线圈

带齿轮的端盖

可逆电机（转子）

机械止动销

端盖

弹簧

凸轮轴调节阀1的控制阀

图2-1-100

可逆电机的定子与一个齿轮刚性连接在一起，而该齿轮又与被驱动着的凸轮轴上的一个齿轮啮合着。对凸轮轴实施调节（相对于曲轴的），是通过将机油压力加载到转子和定子之间的工作腔A和B上来实现的。为了能快速调节可逆电机，机油压力是存储在柱塞蓄压器中以备使用的，如图2-1-101所示。

（3）向"提前"方向调节，如图2-1-102所示。

（4）向"滞后"方向调节，如图2-1-103所示。

3.奥迪气门升程系统

还有一种方式，可以影响气门叠开时间，这就是奥迪气门升程系统。奥迪气门升程系统的本质就是对气门升程实施两级控制，该系统直接在凸轮轴上进行操控。为此就使用了所谓的凸轮块（凸轮套筒），凸轮块直接安装在凸轮轴上，可以轴向移动。每个凸轮块上有两组彼此紧邻的形状不同的凸轮轮廓。

这两个凸轮轮廓，一个负责实现较小的凸轮升程，另一个负责实现较大的凸轮升程。通过改变凸轮块的位置，就可以根据负荷状态来调节气门。有些发动机还利用该系统来实现气缸关闭功能（按需停缸）。

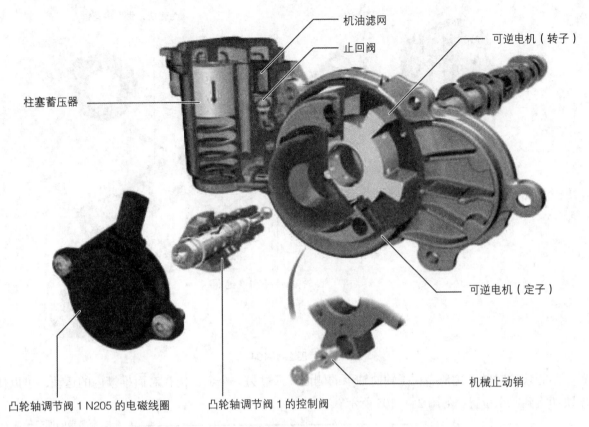

机油滤网

止回阀

可逆电机（转子）

柱塞蓄压器

可逆电机（定子）

机械止动销

凸轮轴调节阀 1 N205 的电磁线圈

凸轮轴调节阀 1 的控制阀

图 2-1-101

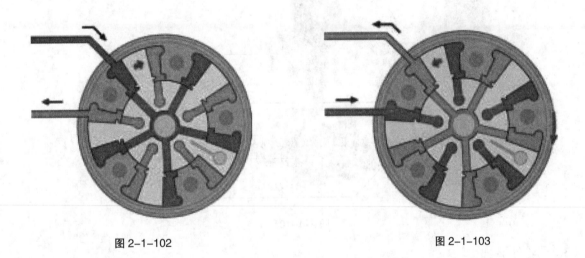

图 2-1-102   图 2-1-103

（1）凸轮轴的结构。

凸轮轴上是有花键的，凸轮块就装在花键上。这个圆柱形套筒（凸轮块）在轴向可移动 7mm，它有两个不同的凸轮轮廓，如图 2-1-104 所示。

（2）凸轮轴的安置。

凸轮块的轴向移动是通过两个金属销来实现的，这两个金属销垂直于缸盖内的凸轮轴布置，由电磁执行元件来使之伸出。两个金属销可以伸入与凸轮块一体的槽内。这两个金属销要是下降的话，就伸入凸轮块端部的推槽内了，这个推槽是螺旋线形的。螺旋线形推槽的作用，就是在凸轮块转动时，使凸轮块轴向发生移动。

在这个轴向移动结束时，断了电的执行元件的金属销通过推槽槽底相应的形状又被推回到其初始位

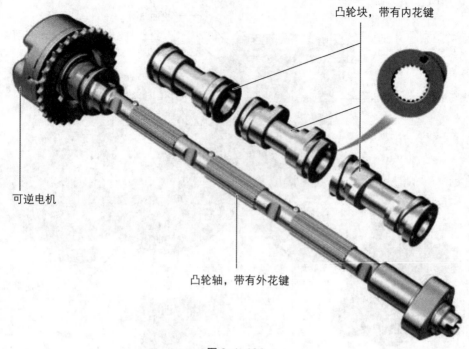

凸轮块，带有内花键

可逆电机

凸轮轴，带有外花键

图 2-1-104

置。凸轮块这时就准确地靠在了轴向轴承的侧面。通过另一个金属销在对面推槽内的运动，可以使得凸轮块切换到原来位置，如图 2-1-105 所示。

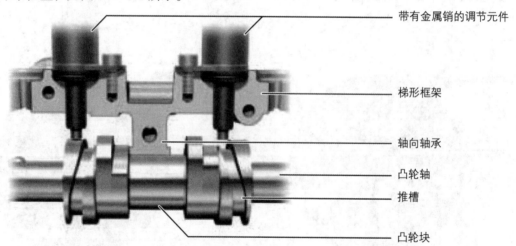

带有金属销的调节元件

梯形框架

轴向轴承

凸轮轴

推槽

凸轮块

图 2-1-105

（3）凸轮外形。

在凸轮块上，每个气门有两个凸轮形状，凸轮的正时是根据所期望的发动机特性设计的。小凸轮轮廓可以实现 6.35mm 的气门开启升程，开启时可达 180° 曲轴角，排气阀在上止点后 2° 关闭；使用大凸轮轮廓的话，气门开启行程可达 10mm，开启时可达 215° 曲轴角，排气阀在上止点后 8° 关闭，如图 2-1-106 所示。

（4）气门升程。

小凸轮轮廓（较低转速）如图 2-1-107 所示，大凸轮轮廓（较高转速）如图 2-1-108 所示。

小凸轮轮廓

大凸轮轮廓

图 2-1-106

80

图 2-1-107　　　　　图 2-1-108

（三）发动机润滑

汽油机或者柴油机都由很多运动部件组成，比如活塞、气门或者曲轴等。发动机工作时，这些部件运动并接触，这就会有能量损失和磨损。最重要的就是将能量损失和磨损降至最低。

图 2-1-109 是个示例，用于展示发动机机油循环系统的润滑点和部件。润滑系统（机油循环系统）的功用就是减小能量损失和磨损，具体说要完成下述任务：①减小摩擦；②散热；③精密密封；④运走残渣；⑤防腐；⑥降低噪声和冲击；⑦降低燃油消耗；⑧保证或者延长使用寿命。

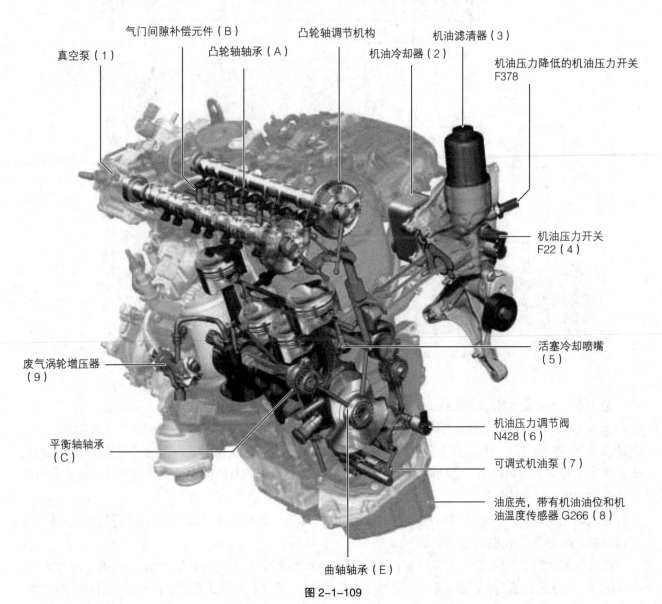

真空泵（1）
气门间隙补偿元件（B）
凸轮轴轴承（A）
凸轮轴调节机构
机油冷却器（2）
机油滤清器（3）
机油压力降低的机油压力开关 F378
机油压力开关 F22（4）
活塞冷却喷嘴（5）
机油压力调节阀 N428（6）
可调式机油泵（7）
油底壳，带有机油油位和机油温度传感器 G266（8）
废气涡轮增压器（9）
平衡轴轴承（C）
曲轴轴承（E）

图 2-1-109

润滑系统在任何工作条件下均能可靠工作，这点尤其重要，否则磨损会迅速增大，甚至造成发动机损坏。

1. 发动机机油循环系统的润滑点和部件

如图 2-1-109 所示。

2. 压力循环润滑

大多数四行程发动机都配备有压力循环润滑系统，这也是目前汽油机和柴油机上最为常用的润滑系统，如图 2-1-110 所示。

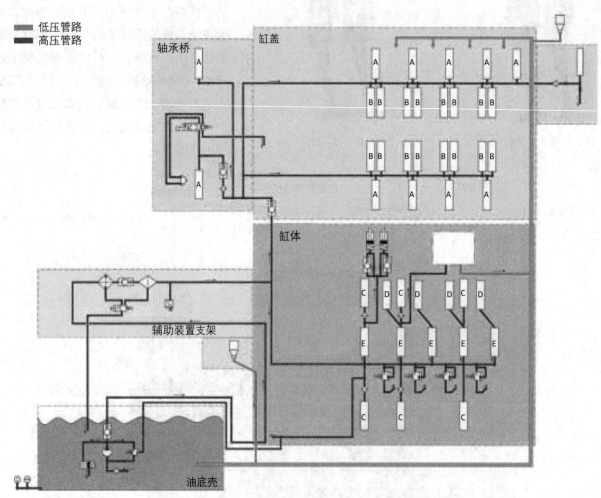

A.凸轮轴轴承　B.气门间隙补偿元件　C.平衡轴轴承　D.连杆　E.曲轴轴承

图 2-1-110

最为重要的就是要使润滑油路径尽可能短，就是说机油应该尽快到达润滑点。

基本工作原理：机油泵通过滤网从油底壳内抽取机油，机油泵一般由曲轴通过链条或者齿轮来驱动。机油泵的下游安装了一个机油压力限制阀，用于限制系统压力，防止系统受损。油底壳是发动机上的最低点，用于存储发动机机油，油底壳表面也用于给机油散热，因此有的油底壳上有散热片。油底壳内有机油油位和机油温度传感器。

在大功率发动机上，机油循环系统还另配有机油冷却器，该冷却器可以与机油滤清器合为一体，也可以是独立的一个件而接到系统中。

在有些发动机上，负荷较大的部件如活塞顶，还另有喷嘴来冷却。在机油被用于润滑前，有个滤清器（一般为纸质）会过滤机油。如果滤清器堵塞或者机油温度过低，那么机油要想流过滤清器的阻力就会非常大。

在这种情况时，旁通阀就会打开，此时机油就不经过滤而直接去往润滑点。这个旁通阀一般就集成在机油滤清器内。

机油经孔和管路到达发动机上的润滑点。发动机上有一个或多个用于侦测发动机机油压力的传感器。为了防止发动机停机时机油回流，安装有机油压力保持阀。

3. 机油泵

机油泵的基本任务是：按需要的机油量和机油压力，为机油循环系统（实际也就是所有润滑点）供应机油。奥迪发动机上使用的机油泵有很多种。

机油泵的开发，主要是针对按需调节其供油能力，就是说发动机正好需要多少机油，机油泵就供应多少机油。

（1）双中心泵（以 1.4L TFSI 发动机，CAVG，EA111 为例，如图 2-1-111 所示）。

内转子由链轮经驱动轴来驱动，并带动外转子转动。外转子在调节环内转动。内转子和外转子各自绕不同的旋转轴转动，这就使得在转动过程中，吸油一侧的容积就变大了。于是机油泵就抽取机油并送往压力一侧。压力一侧的容积会变小，从而就将机油压入到机油循环系统内了。

双中心机油泵是个定排量泵，就是说它输送出的机油量是固定不变的。机油压力通过机油泵内的一个弹簧加载的调节柱塞来调节。这个压力调节阀在油压为 400 ± 50kPa 时会打开，泄出的机油流回油底壳。

（2）可调式双中心泵 (以 1.4L TFSI 发动机，CAXC，EA111 为例，如图 2-1-112 所示)

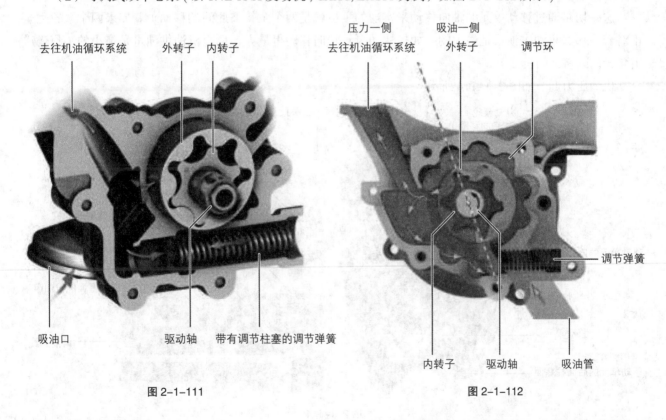

图 2-1-111　　　　　　　　　　　　　　　图 2-1-112

工作原理与单纯的双中心机油泵是一样的，只是有个调节功能，可以按发动机的实际需求量来调节机油供油量。

调节过程：如果因发动机转速升高而导致机油需求量增大，那么机油循环系统内的压力就会下降。于是调节弹簧的力就使得调节环发生转动，因此，泵内腔就变大了，泵的机油供油量就提高了。

如果因发动机转速下降而导致机油需求量减小，那么机油循环系统内的压力就会升高。这就推动了调节环，而将弹簧压缩了。调节环发生转动，这使得泵腔变小，泵的机油供油量就下降了。

（3）可调式外齿轮泵（以 2.0L TFSI 发动机，EA888 为例，如图 2-1-113 所示）。

在这种外啮合齿轮泵中，壳体内的机油在两齿轮的齿槽间输送，其中一个齿轮是从动的。在有些外齿轮泵中，有个泵轮是可以轴向移动的（从动的那个泵轮）。通过这个轴向移动，就可以有针对性地改变机油循环系统内的机油供应量和供油压力了。

具体来说就是发动机控制单元操控机油压力调节阀 N428 去打开或者关闭一个可控的压力通道，这样的话，调节活塞的面就可以根据发动机工况来加载机油压力。

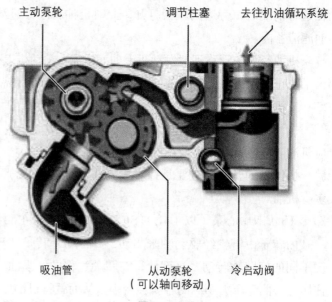

图 2-1-113

调节的结构设计，是要实现两种不同的压力。压力调节是用过调节泵轮的机油输送量（容积流量）来实现的。具体说就是想要在机油冷却器和机油滤清器下游处获得多大的洁净机油压力，那就精确地供应多少机油。

这一切是通过移动单元的轴向移动来实现的（也就是两个泵轮彼此间的移动）。如果两个泵轮完全正对着，那么机油供油量是最大的。如果从动泵轮轴向移动得最大，那么机油供油量是最小的（只输送出泵轮齿间挤出的机油）。

机油压力调节如图 2-1-114 所示。

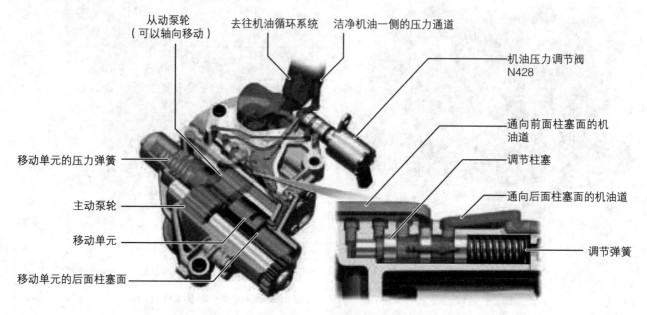

图 2-1-114

①低压力级。如果发动机转速提高了，那么机油压力也会略有增大，这个压力会推动调节柱塞顶着调节弹簧力移动。于是通向移动单元的前面柱塞面的压力通道就被封闭了，而与此同时通向油底壳的无压力回流通道就打开了。这时，作用在移动单元的后面柱塞面的液压力要大于弹簧力，于是移动单元就顶着弹簧力发生移动，那么从动泵轮相对于主动泵轮在轴向就发生了移动（就是错开了，不是正对着）。

这时机油的容积流量就减少了，就与发动机所需的机油量相适应了。通过改变这个容积流量，就将机油压力保持在一个相对恒定的水平。

切换到高压力级。发动机转速超过约 3500r/min，就会切换到高压力级。这时机油压力调节阀 N428 就断电了，这使得可控式机油通道关闭，与此同时打开了通向油底壳的无压力腔。由于现在调节柱塞的一个作用面上没有压力了，因此调节弹簧的弹力就占上风了，调节柱塞一直会移动到通向移动单元的前面柱塞面的通道打开为止。这时作用在移动单元的前面柱塞面的机油压力和压力弹簧会将移动单元向回压，两个泵轮立即又变成几乎是正对着的，这时泵处于供油量最大的状态了。

（4）叶片泵（以 2.0L TDI 发动机，EA288 为例，如图 2-1-115 所示）。

叶片泵的设计，使之能以两个压力级来工作。另外，通过对泵的容积流量调节（在两个压力级），来不断地针对发动机机油需求做相应变化。

为此，该泵配备了偏心调节环，它是泵内腔的一部分。调节环的转动会改变泵内腔的大小，因此就改变了泵的供油能力或者在切换后改变系统内的压力。

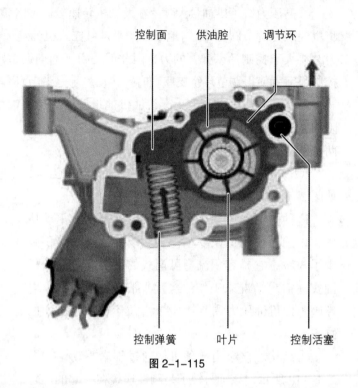

控制面　供油腔　调节环

控制弹簧　叶片　控制活塞

图 2-1-115

发动机转速升高时，由于各润滑部件所需机油量增大了，所以系统内的压力就下降了。结果控制弹簧就会推动调节环转动，于是泵内腔就变大了，那么泵的供油能力就增大了。

发动机转速降低时，由于各润滑部件所需机油量减少了，所以系统内的压力就提高了。这个增大了的压力作用到调节环的控制面上并推着调节环转动，于是泵内腔就变小了，那么泵的供油能力就减小了。

机油压力调节如图 2-1-116 所示。

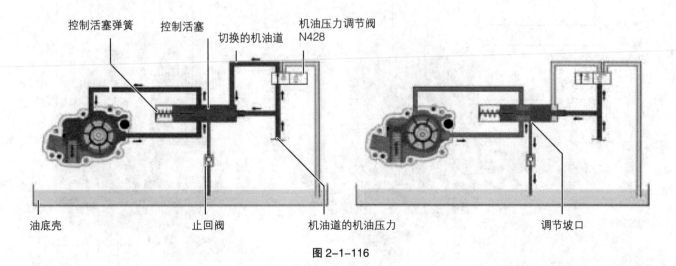

控制活塞弹簧　控制活塞　切换的机油道　机油压力调节阀 N428

油底壳　止回阀　机油道的机油压力　调节坡口

图 2-1-116

①低压力级（供油量小）。在发动机转速较低时，发动机控制单元 J623 将已加电的机油压力调节阀 N428 接地了，这就打开了通向控制活塞的可控式机油通道。这时机油压力作用到控制活塞的两个面上，

85

顶着控制活塞弹簧力推动活塞移动，并打开调节环控制面的机油通道，机油压力就作用到了控制面上。所产生的力要大于控制弹簧的力，这使得调节环发生逆时针转动（转至叶片泵中央），于是叶片间的供油腔就变小了。低压力级是根据下述参数来选用的（也就降低了机油泵驱动功率）：发动机负荷；发动机转速；机油温度；其他工作参数。

②高压力级（供油量大）。在发动机转速较高或者负荷较大时（全负荷加速），发动机控制单元 J623 将机油压力调节阀 N428 与地断开，于是可控式机油通道就排掉了机油，还作用有机油压力的其余面上的力，要大于控制活塞弹簧的力，因此就关闭了通向调节环控制面的机油通道。没有了机油压力的作用，控制弹簧就使得调节环绕支座顺时针转动，于是调节环偏离中央位置，叶片间的供油腔就变大了。

叶片间的供油腔就变大，机油供油量就增大。机油供油量增大，会在机油孔和曲轴轴承间隙处遭遇阻力，这使得机油压力就升高。因此，就实现了有两个压力级的容积流量可调式机油泵。

（5）可调式摆动阀泵（以 3.2L FSI 发动机为例，如图 2-1-117 所示）。

这种所谓的可调式摆动阀泵，所需要的驱动功率比以前所使用的泵要小得多。该泵的供油容积减少了 30%，它是容积流量可调式的，因此可以按机油实际需求情况来工作。这就非常节省燃油了。电控阀（即机油压力调节阀 N428）位于机油泵上面的缸盖上。

①结构。该泵由链条机构通过轴来驱动，如图 2-1-118 所示，该轴与转子是刚性连接在一起的。转子通过 7 个摆动叶片以形状配合的方式与保持架相连。摆动叶片在转子上可以摆动入径向槽内，转子、摆动叶片和保持架可一起在滑套内转动，滑套同时

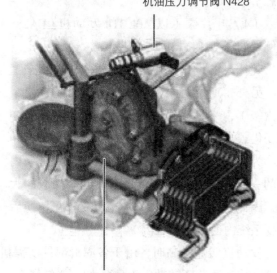

机油压力调节阀 N428

可调式摆动阀泵

图 2-1-117

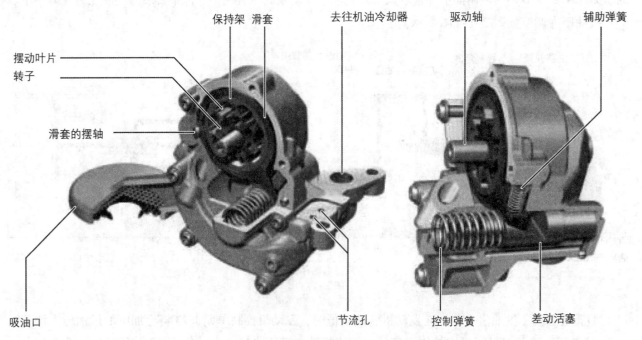

保持架　滑套　　去往机油冷却器　　驱动轴　　辅助弹簧

摆动叶片
转子

滑套的摆轴

吸油口　　　　　　　　　节流孔　　控制弹簧　　差动活塞

图 2-1-118

也是保持架的轴套。转子相对于滑套和保持架来说是处于偏心支撑状态的，这就像叶片泵那样，各个小室的空间大小就不同了。

特点在于，滑套在泵壳体内顶着一个辅助弹簧的力可以摆动。每个小室是由 2 个摆动叶片、保持架、转子和泵的侧盖形成的。

②功能。泵在转动时，吸油一侧的小室变大，这就产生了真空吸力，机油就经滤网被抽入到泵内了。旋转运动使得这些机油被输送到压力一侧，这一侧的小室变小，于是就把机油压出机油泵了（机油是有压力的）。可以根据机油需求量来供应机油。

该机油泵由主机油道内的机油压力调节控制，因此就通过一个支路从主机油道引来一部分机油，这些机油通过控制管和机油压力控制阀 N428 到达机油泵。

图 2-1-119

4. 机油滤清器

所有的汽油发动机和柴油发动机都配备有一个机油滤清器，该滤清器一般布置在机油主油流中。机油滤清器的作用就是要去除机油中的磨屑和其他杂质（比如燃烧产生的）。机油滤清器有两种结构形式，如图 2-1-119 所示。

图 2-1-119 分别为滤芯可更换的机油滤清器（外壳是永久使用的）及旋装式机油滤清器（整体可更换式的）。

旋装式机油滤清器在每次更换发动机机油时必须整体更换，而滤芯可更换的机油滤清器是只更换滤芯就行。

（1）机油滤清器模块。

机油滤清器一般都是单独集成为一个模块的，除了制造方面的优点外，该系统上还可以集成很多其他部件，比如各种传感器、执行元件或者机油冷却器。在实际应用中，滤清器模块既有带整体可更换式的滤清器的，也有带永久外壳式滤清器的。

旋装式机油滤清器直接安装在发动机上（以1.4L TFSI 发动机，EA211 为例，如图 2-1-120 所示）。

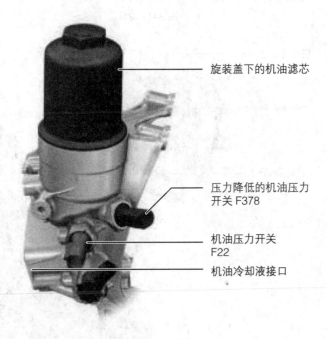

旋装盖下的机油滤芯

压力降低的机油压力开关 F378

机油压力开关 F22

机油冷却液接口

图 2-1-120

这个旋装式机油滤清器直接拧在油底壳上部。工作时，机油泵送来的机油经一个通道去往机油滤清器。机油经过过滤后，通过一根立管进入缸体，然后再流经机油冷却器，随后再被送往各个润滑点。

机油滤清器内有一个膜片阀，如图 2-1-121 所示，它在发动机停机时可防止机油从机油滤清器中流出。

（2）带有可更换滤芯的机油滤清器模块（以 3.0L TFSI 发动机，EA837 为例，如图 2-1-122 所示）。

机油滤清器模块就是密封法兰（链盒盖）的一部分，安装在发动机背面。其基本机构与别的立式机油滤清器模块（比如 EA888 发动机上的）是一样的，但是省去了管接头（该管接头用于打开或者封闭机油滤清器模块上的机油出口）。

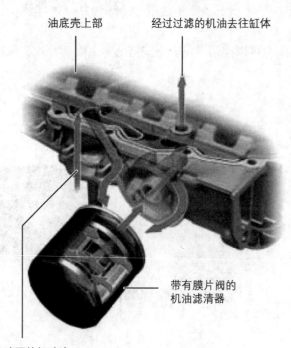

油底壳上部　　经过过滤的机油去往缸体

带有膜片阀的
机油滤清器

来自机油泵的机油流

图 2-1-121

该管接头的功能现在由弹性箍圈来承担，该箍圈内集成有一个密封帽。从机油泵过来的机油流经滤清器，随后在机油冷却器中冷却，然后再被送往发动机上的各个润滑点。

更换机油时的机油回流如图 2-1-123 所示。

在取出机油滤清器滤芯时，弹性箍圈会松开并打开排油口，机油滤清器模块内剩余机油就能流出了。

在更换机油滤清器时，也就是在安装新的滤芯前，必须要检查弹性箍圈是否正确入位，必须保证其正确入位。如果弹性箍圈没能正确密封，那么就无法建立起机油压力。

5. 干油壳润滑系统（以奥迪 RS6, 型号 4F 上的 5.0L V10 TFSI 发动机为例）

为了能让赛车型车的发动机在任何行驶状况下以及在很高转弯车速时均能获得可靠的压力机油供应，就使用了干油底壳润滑系统。配

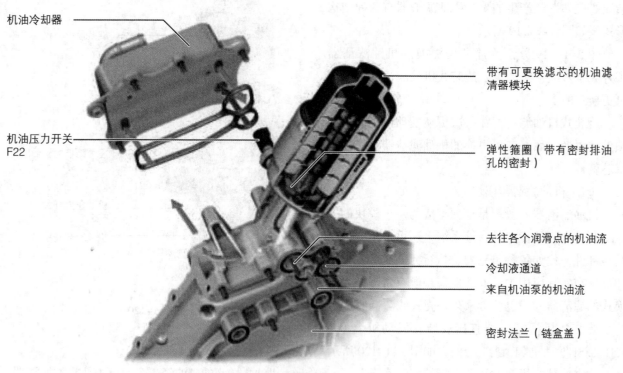

机油冷却器

机油压力开关
F22

带有可更换滤芯的机油滤清器模块

弹性箍圈（带有密封排油孔的密封）

去往各个润滑点的机油流
冷却液通道
来自机油泵的机油流

密封法兰（链盒盖）

图 2-1-122

备有干油底壳润滑系统的发动机，使用的不是油底壳，而是使用抽油模块，该模块将轴承、缸盖和链盒中的全部回流机油抽走。

抽出的机油由机油泵模块经机油节温器送入机油罐。机油罐内的机油再被抽出并由机油泵模块送入发动机机油循环系统（这时机油是有压力的）。根据机油节温器的位置，机油被送往机油罐时，或者是直接的，或者要经过辅助机油冷却器（空气/机油）。在更换机油时，要注意打开所有放油螺栓。

（1）系统一览，如图 2-1-124 所示。

（2）机油罐，如图 2-1-125 所示。

由机油泵模块送入机油罐的机油，是经过一个双路管进入机油罐的，这个双路管通到一个旋流器。机油被引入旋流器后就开始回转，同时还脱气。在机油进入机油罐时，机油要经过机油挡板，这可去掉机油泡沫并使得机油稳定下来。

向上走的窜气会进入机油罐内的机油分离器。机油罐内集成有机油加注管、机油尺和机油油位高度／机油温度传感器 G266。

（3）机油泵模块，如图 2-1-126 所示。

机油泵模块安装在发动机外部，通过链条来驱动。该模块由抽油泵和供油泵（用于给机油罐注油）、抽油泵和压力泵（用于给发动机供应机油）和抽油泵（用于涡轮增压器机油回流）组成。机油泵与冷却液泵合成为一个总成。

在抽油泵中，通过抽油模块抽取来自各润滑点的回流机油，并把机油送回机油罐。在压

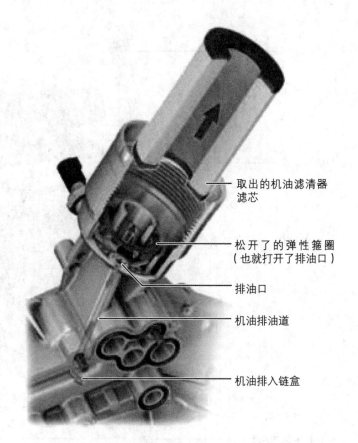

取出的机油滤清器滤芯

松开了的弹性箍圈（也就打开了排油口）

排油口

机油排油道

机油排入链盒

图 2-1-123

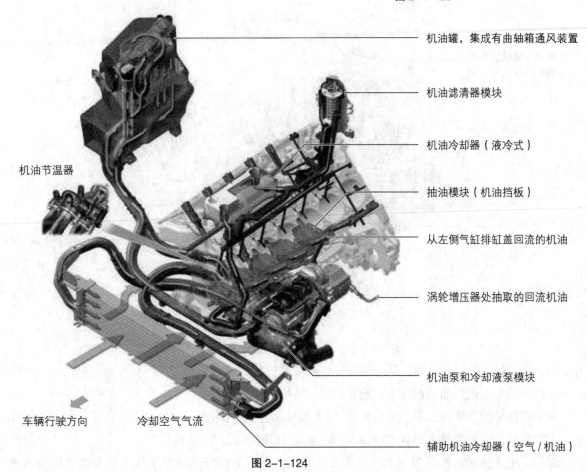

机油罐，集成有曲轴箱通风装置

机油滤清器模块

机油冷却器（液冷式）

抽油模块（机油挡板）

从左侧气缸排缸盖回流的机油

涡轮增压器处抽取的回流机油

机油节温器

机油泵和冷却液泵模块

车辆行驶方向　　冷却空气气流

辅助机油冷却器（空气／机油）

图 2-1-124

89

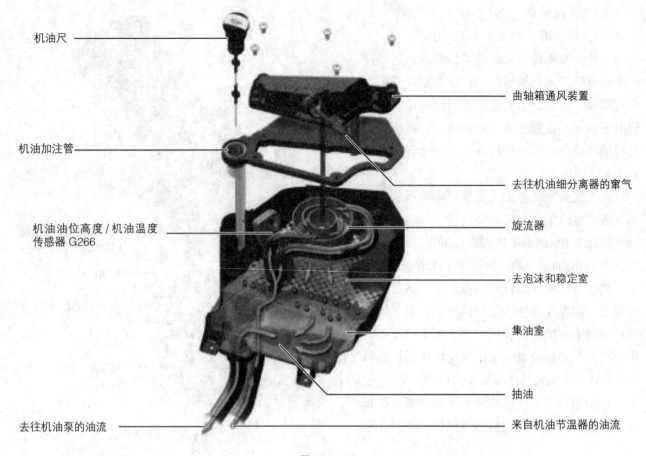

机油尺

曲轴箱通风装置

机油加注管

去往机油细分离器的窜气

机油油位高度 / 机油温度
传感器 G266

旋流器

去泡沫和稳定室

集油室

抽油

去往机油泵的油流

来自机油节温器的油流

图 2-1-125

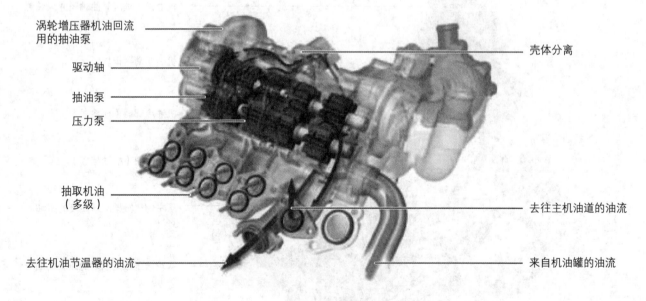

涡轮增压器机油回流
用的抽油泵

壳体分离

驱动轴

抽油泵

压力泵

抽取机油
（多级）

去往主机油道的油流

去往机油节温器的油流

来自机油罐的油流

图 2-1-126

力泵中，将冷却了的机油从机油罐中抽出并送往发动机机油循环管路。

6. 新奥迪车上的机油油面高度识别（以奥迪 A4, 型号 8K 为例）

电子机油油面高度显示最早是在奥迪 A4（型号 8K）上采用的，以后又引入很多其他的奥迪车上。因此，用户在组合仪表上或者 MMI 的 Car 菜单上就可获知所有需要的信息。

使用了电子机油油面高度显示就可省去机油尺。奥迪为服务站开发了用于检查电子机油油面高度显示的检测器具 T40178。

（1）组合仪表上可能出现的显示如图 2-1-127~ 图 2-1-130 所示。

机油油位正常如图 2-1-127 所示。

请最多补加 1L 机油，可以继续行驶，如图 2-1-128 所示

机油油位传感器损坏如图 2-1-129 所示。

请立即补加机油，如图 2-1-130 所示。

（2）电子机油油面高度显示。

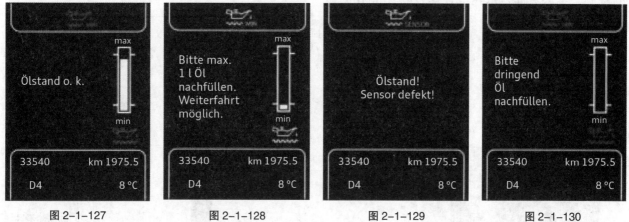

| 图 2-1-127 | 图 2-1-128 | 图 2-1-129 | 图 2-1-130 |

有两种测量方法用于计算机油油面高度。

动态测量是在车辆行驶中进行的，重要的测量参数有：

①发动机转速；

②来自 ESP 控制单元的横向和纵向加速度；

③发动机舱盖接触开关（舱盖必须是关闭着的）；

④发动机温度（发动机应该已达到正常工作温度）；

⑤从上次发动机舱盖接触开关有信号后行驶循环 >50km；

⑥在本次行驶循环中，必须有一些特定的测量值。

动态测量比较精确，主要是用这种方法。但是该方法不是总能用的，在下述情况时，测量就被中断了：

①加速度超过 $3m/s^2$；

②机油温度 >140 ℃；

③触动了发动机舱盖接触开关 F266。

在下述情况下进行静态测量：

①点火开关接通（为了尽快获得测量结果，这个测量过程在打开驾驶员车门时就已经开始了）；

②发动机机油温度 >40℃；

③发动机停机超过 60s。

在静态测量中，还要考虑 ESP 控制单元的加速度值（斜面停着的车辆）。

另外，还要使用驻车制动器信号。如果机油油位低得或高得已经可能要造成发动机损坏了，那么会发出过低或者过高信号。

（3）电子机油油面高度显示的检测器具 T40178，如图 2-1-131 所示。

电子机油油面高度显示的检测器具 T40178 是个专用工具，用于检查机油油位显示。

（4）机油油位高度 / 机油温度传感器 G266（PULS 式机油油位传感器），如图 2-1-132 所示。

该传感器拧在油底壳上，根据超声波原理来工作。PULS 是 Packaged Ultrasonic Level Sensor 的缩写，是封闭式超声波液位传感器的意思。发出的超声波脉冲会被机油—空气边界层所反射，根据发出脉冲和返回脉冲的时间差，参考声速就可确定机油油位的高度。

PULS 式机油油位传感器是计算机油油位显示的基础，结果只能显示在组合仪表或者 MMI 的显

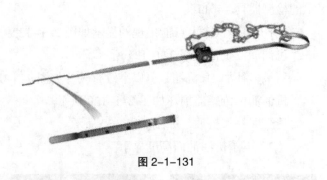

图 2-1-131

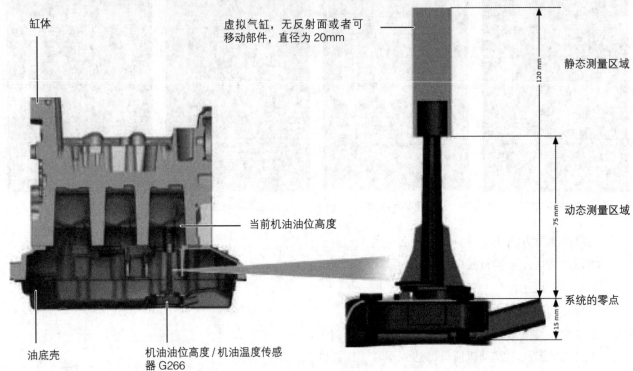

缸体

虚拟气缸，无反射面或者可移动部件，直径为 20mm

静态测量区域

120 mm

动态测量区域

75 mm

当前机油油位高度

系统的零点

15 mm

油底壳

机油油位高度 / 机油温度传感器 G266

图 2-1-132

示屏上，该系统最早是在奥迪 A5（型号 8T）的 3.2L FSI 发动机上。以前所用的机油尺就省却了。

7. 新奥迪车上更换机油（以奥迪 A4, 型号 8K 为例）

按售后服务规定，在保养时要将发动机机油抽出。这个工作量在工时中已经考虑了。

抽取机油：通过抽吸泵和压力管来在抽取装置的容器内产生真空。抽油探头的直径有很多种（5~8mm）。要想将发动机机油完全抽出，需要在抽油管下端装上一个专用塑料件，用于给抽油探头导向，如图 2-1-133 所示，这样抽油探头才能插到油底壳的底部。

另外，某些发动机的油底壳底部还有用于抽油探头的导槽，抽油探头通过这个导槽就可插入油底壳的最深处。

更换机油时，一定要注意是否允许抽取机油，请留意保养要点中的内容。

8. 发动机机油

图 2-1-133

发动机内部存在着巨大的温差，任何情况下都不允许油膜脱落。其他的化学和机械负荷以及燃油造成机油被稀释，都会导致机油老化和脏污，由此就导致润滑能力下降。

因此，对发动机机油的性能是有着很高的要求的。

（1）发动机机油的成分。

现代的润滑油由基础油（占主要部分）和添加剂构成，如图2-1-134所示。

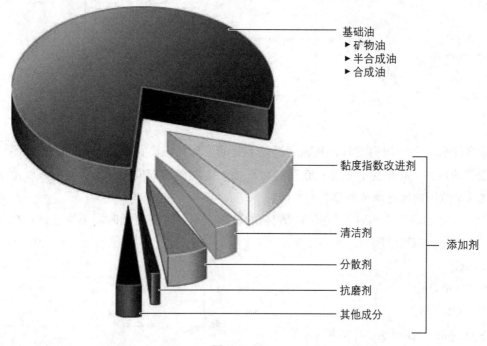

图 2-1-134

①基础油可划分为3个主要类别。

矿物油：矿物油是多种碳氢化合物（烃）构成的一种混合体组合，是用原油作为原材料蒸馏而产生的。矿物油的典型特点就是其碳氢化合物（烃）分子的不规则结构。

半合成油：第2个类别称为半合成油，简单说，就是改良了的矿物油，其相应特性得到了改进。

合成油：合成油是用未提纯的汽油生产出来的。与矿物基础油不同的是，合成油的分子排列是规则的。

②添加剂。

为了改善工作性能，基础油内加入了可溶于机油的添加物和活性物质，这就是所谓的添加剂，比如：清洁剂，用于去除污物；分散剂，保持微粒悬浮；黏度指数改进剂；抗磨剂，防磨损；抗氧剂，防老化；抗腐剂，防腐蚀。

（2）黏度。

所有基础油最主要的一个特性就是黏度，这表示机油流动的难易程度，黏度取决于温度。这就是说：在低温时，机油更黏稠（不易流动）；在高温时，机油更稀（容易流动）。可用黏度指数来准确表达这个概念。

黏度指数表示机油在不同温度时的流动特性。有专门的黏度计用于确定机油的黏度，而黏度指数是计算出来的一个数值。

在黏度—温度图中，可以清楚看出温度变化对黏度的影响。数值表示特性曲线的倾斜度，该数值越大，表示曲线越平缓。黏度指数用于按SAE标准分级。对于矿物油来说，其黏度指数在90~100之间；合成油的黏度指数相对来说就明显高多了，在120~150之间。

①黏度—温度图，如图2-1-135所示。

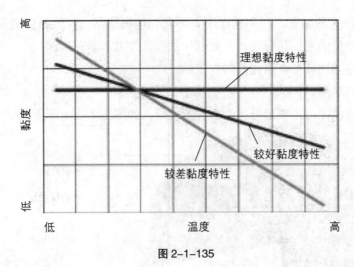

图 2-1-135

恒定黏度的机油在任何温度时，其黏度都是不变的（理想黏度特性），实际上这是不可能实现的。黏度特性较差的机油，在低温时很黏；在高温时很稀。因此，这种机油只能在有限温度范围内使用，因为它只能在这个范围内保证形成可靠的润滑油膜。

黏度特性较好的机油，相对于黏度特性较差的机油来说，在温度低时能更快地到达润滑点，且在高温时也能形成可靠的润滑油膜。

②黏度指数。

合成油：120~150。

矿物油：90~100。

（3）SAE 标准，如图 2-1-136 所示。

黏度是按 SAE 标准进行分类的基础（SAE，Society of Automotive Engineers，美国汽车工程师协会），它方便了为不同温度范围选择发动机机油和变速器机油。有专用的单级机油，比如用于冬季的SAE15W 和用于夏季的 SAE 50。

SAE 黏度等级划分，起始于 0W，结束于 60。由于发动机机油使用与季节温度变化无关，因此其代号分为两部分。这就是所谓的多级机油，也分为多个黏度等级。

代号第一部分的数字代表机油在冬季的低温流动性，因此带有一个字母 W。这个数值越小，表示机油的低温性能越好。

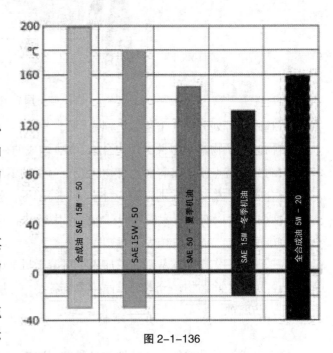

图 2-1-136

另一个数字表示在 100℃时的最低黏度，就是在很高的机械负荷下的情况（比如在高转速范围时）。这个数值越大，机油在高温时就越黏。SAE 标准基本不表示机油质量好坏，因为黏度只是众多质量指标中的一个而已。

（4）机油标准。

有很多种发动机机油标准来说明机油特性。世界通用的是美国的 API 分级标准。在欧洲，使用的是欧洲汽车制造协会（ACEA）标准，该标准规定了发动机机油的最低要求并制定了世界标准，但是还是有很多其他的机油标准，有些还很特殊。

用于确定机油标准的指标示例：

①氧化稳定性；

②抗磨性；

③高温沉积性；

④机油消耗；

⑤节省燃油。

（5）可变保养周期。

奥迪公司的很多车型采用的是可变保养周期，该保养时会有显示。这实际上是控制单元分析了发动机的各种数据，由此计算出了一个理论上的发动机机油使用寿命。

如果机油在发动机超期使用的话，那么机油会出现老化现象，比如变稠或者形成油泥。使用特别稀、添加剂多的机油可以防止发生这种情况，因此加一次机油可以行驶的里程就长了很多。

因此，在保养这种车辆时，一定要检查相关的车辆数据。如果车辆采用的是可变保养周期，那么必须使用规定的机油。

不采用可变保养周期的旧车，是不可以加注这种机油的，否则会造成发动机损坏。

（6）确定保养时间和里程，如图 2-1-137 所示。

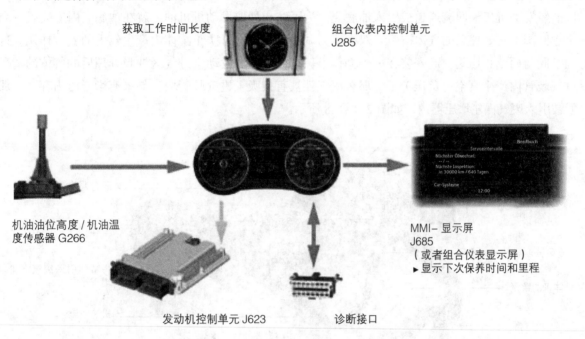

图 2-1-137

分析发动机的各种数据，由此计算出了一个理论上的发动机机油使用寿命：

①机油油面高度；

②机油温度；

③机油压力；

④行驶里程；

⑤燃油消耗。

六、子系统

（一）曲轴箱通风装置

发动机工作时，因活塞环处有漏气，所有活塞和缸壁间少量的窜气会进入缸体内。

这个窜气气流经活塞环向下运动，因此必须要把窜气从缸体内抽出并送回燃烧。曲轴箱通风装置就是承担这个任务的。

1. 基本工作原理

窜气是通过一根管子被从缸体内抽出的，因此就利用了进气歧管内的真空。该管的路径上集成有一个机油粗分离器，它将窜气中的液态成分分离出来。经过这样分离过的机油被收集后经回流管直接流回油底壳。

经过这种预处理后的气体被引向机油细分离器，在这里将残存的非常小的机油滴去掉并送回油底壳。气体成分就经进气歧管直接送入燃烧室燃烧了。所需要的新鲜空气通过曲轴箱强制通风（PCV）来提供。

2. 结构和功能（以 1.8L TFSI 发动机，EA888 为例）

在 EA888 发动机上，曲轴箱是通过缸体来通风的，为此在冷却液泵的下面安装了一个机油分离器，窜气会被引入到该分离器内部的一个迷宫结构中。这个机油粗分离器工作时按挡板原理分为两个分离级，分离出的机油经机油回流管送入油底壳。经过这种预处理后的气体被引向发动机装饰盖板，此处有个机油细分离器，该分离器是单级旋风分离器，带有并联的旁通阀，可将残存的非常小的机油滴滤掉。滤掉的机油被引入缸盖。

机油经发动机机油回流通道被引入油底壳。为了防止抽取发动机机油，就在油底壳内安装了一个单向阀（止回阀）。处理后的气体被引入双级压力调节阀，这就可防止缸体内产生较大的真空作用。这个压力调节阀与两个止回阀一起安装在一个壳体上，它们会调节发动机进气区抽吸处理后的气体的情况。如果进气歧管内产生真空（负压）了，那么窜气就被直接吸入进气歧管内。如果有增压压力存在，那么窜气就被引入废气涡轮增压器内，如图 2-1-138 所示。

图 2-1-138

3. 结构和功能（以 2.0L TDI 发动机，EA288 为例）

气缸盖罩是用聚酰胺制成的，其功用是密封缸盖并集成真空罐。此外还集成一些其他功能，比如窜气中机油的粗分离和细分离，以及气缸体曲轴箱的压力调节。窜气从曲轴箱经一个小孔进入机油粗分离器，以便在这里进入旋风分离器。

机油在旋风分离器内进行细分离，随后窜气去往压力调节阀，最后经进气歧管送往燃烧室，如图2-1-139所示。

（二）发动机冷却系统

内燃机除了将输入能量转换成机械能外，还将其中的很大一部分转换成热量。热能主要是燃烧过程产生的，发动机内部摩擦也会产生热量。

为了防止部件因温度过高而导致磨损和可能出现的损坏，必须要将发动机的热散掉。因此发动机就专门有冷却系统，冷却系统还会对下述工作特性和发动机经济性有直接影响：

①气缸充气；

②燃油消耗；

③爆震倾向（仅指汽油发动机）；

④压缩比。

因此，对冷却系统就提出了很多要求。它应轻便小巧，但是还得有足够的冷却能力。另外，重要的是要根据需要来保证所有部件的冷却。

1. 冷却液循环系统部件

（1）如图2-1-140所示，展示了冷却液循环系统部件及其部件。冷却液循环系统的结构主要取决于下述因素：

①发动机尺寸和结构形式；

②增压系统的形式和结构；

③附加装备，比如驻车加热；

④车辆尺寸（热交换器的数量）。

（2）系统一览，如图2-1-141所示。

2. 双回路冷却系统

真空罐　曲轴箱通风装置加热电阻 N79（仅在寒冷国度有）　压力调节阀　机油细分离器（旋风式）

来自机油细分离器的回流机油　机油回流重力阀

图2-1-139

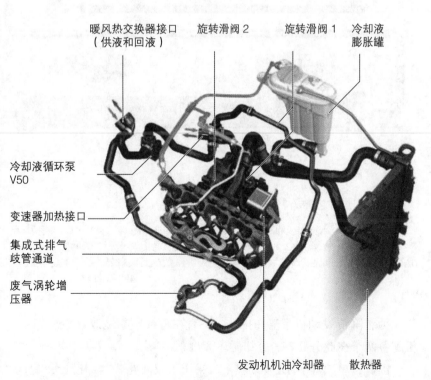

暖风热交换器接口（供液和回液）　旋转滑阀2　旋转滑阀1　冷却液膨胀罐

冷却液循环泵 V50

变速器加热接口

集成式排气歧管通道

废气涡轮增压器

发动机机油冷却器　散热器

图2-1-140

97

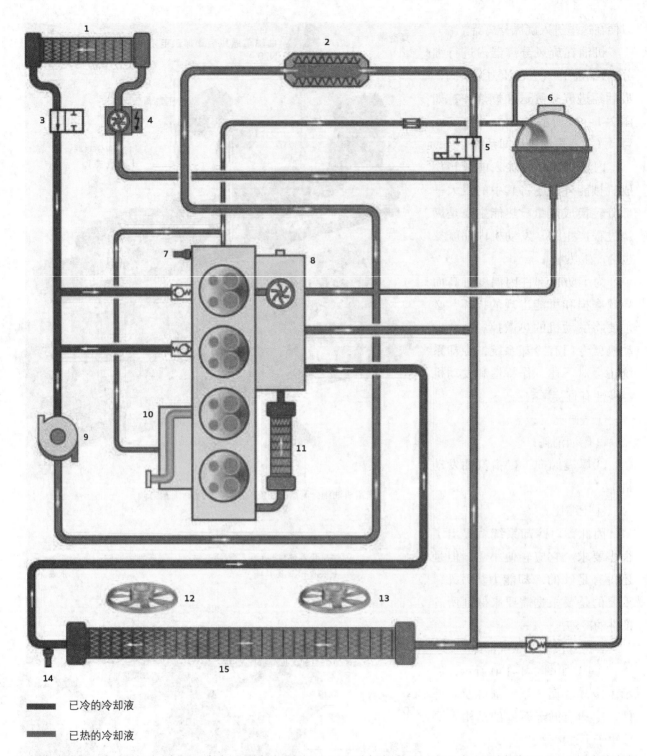

■ 已冷的冷却液

■ 已热的冷却液

1.暖风热交换器 2.变速器机油冷却器 3.自动空调冷却液切断阀 N422 4.冷却液循环泵 V50 5.变速器冷却液阀 N488 6.冷却液膨胀罐 7.冷却液温度传感器G62 8.冷却液泵，带有发动机温度调节元件N493(旋转滑阀 1 和 2) 9.废气涡轮增压器 10.集成式排气歧管(IAGK) 11.发动机机油冷却器 12.散热器风扇V7 13.散热器风扇2 V177 14.散热器出口冷却液温度传感器G83 15.散热器

图 2-1-141

　　为了降低发动机摩擦和排放，一直在持续不断地改进着冷却系统。其中一个改进方向，就是为发动机配备两个彼此分开着的冷却循环管路。

　　因此，奥迪 V6 TDI 发动机上就采用了双回路式冷却设计，就是说，缸体和缸盖采用两个并联且彼此分开着的冷却液循环管路。位于内 V 形内正面的一直在工作着的冷却液泵将冷却液输送到发动机缸体内相应的排气侧，冷却液在此处分成两路，一路去往缸盖，一路去往缸体；流经这两个支路后，冷却液流回冷却液泵吸液侧。冷却液是通过两气缸排排气侧相应的止回阀而进入到缸盖冷却液循环管路的，止回阀是用于防止两气缸排之间冷却液回流的（也就是避免缸体不必要的散热）。

（1）缸体冷却循环管路。

首先，缸体冷却循环管路被位于冷却液出口的真空控制式球阀给切断了（关闭了），冷却液这时是静止的（不流动），以便缩短发动机预热时间，减小摩擦损失功率。在发动机完全热起来后，缸体冷却循环管路内的冷却液温度就被这个真空控制式球阀调节到约105℃。于是曲柄连杆机构就可以在保证最佳摩擦的温度范围内工作了。这个球阀由缸盖冷却液阀N489采用脉冲宽度调制（PWM）信号来操控。

（2）缸盖冷却循环管路。

缸盖冷却循环管路内的冷却液温度，由带有可加热式蜡膨胀元件的特性曲线控制节温器来调节。在预热阶段，节温器不通电，在温度超过90℃打开。因此，在达到这个温度前，主散热器并不散热。在给特性曲线控制的节温器通电后，缸盖冷却循环管路内的冷却液温度就开始下降了（当然是在散热器的物理极限内）。

（3）发动机上的部件（以3.0L V6 TDI发动机为例），如图2-1-142所示。

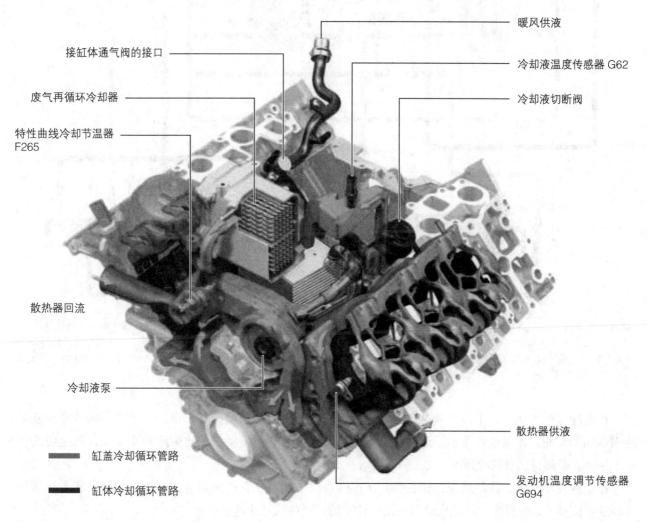

图2-1-142

（4）系统一览，如图2-1-143所示。

3.冷却液泵

99

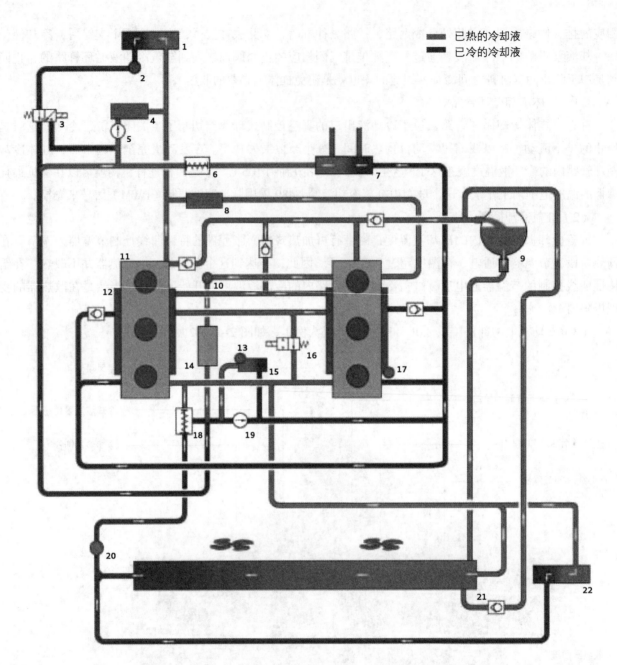

1.暖风热交换器 2.放气螺塞 3.暖风冷却液切断阀 N279 4.辅助加热器 5.冷却液循环泵 V50 6.ATF冷却液节温器 7.ATF冷却器 8.废气涡轮增压器模块 9.冷却液膨胀罐 10.冷却液温度传感器G62 11.缸盖 12.缸体 13.机油温度传感器G8 14.废气再循环冷却器 15.发动机机油冷却器 16.冷却液切断阀 17.发动机温度调节传感器G694 18.特性曲线冷却节温器 F265 19.冷却液泵 20.散热器出口冷却液温度传感器 G83 21.散热器 22.辅助散热器

图 2-1-143

在液冷式内燃机上，由冷却液泵负责冷却液循环管路中的冷却液循环。根据发动机不同，冷却液泵使用不同的泵轮。水泵或者是通过正时机构来驱动，或者是通过发动机的皮带机构来驱动，就是说发动机工作时，必须持续输送冷却液。

在某些发动机上，冷却液泵泵轮在特定工况时可以被遮挡住，以便形成"静止冷却液"状态（就是冷却液不流动），这样在发动机启动后有助于让发动机某些区域快速热起来。

（1）可控式冷却液泵。

调节滑阀可以借助液压力被推到叶轮上，于是就不输送冷却液了。泵轮有一个镶铸的不锈钢板，起旋转斜盘作用。

（2）冷却液静止（就是冷却液不流动）。

泵壳上集成有一个轴流式活塞泵，该泵由旋转斜盘来驱动。旋转斜盘的往复直线运动，使得轴流式活塞泵可以通过缸盖冷却液阀 N489 将冷却液送回到冷却循环管路中。

如果该电磁阀通上了电，那么冷却循环管路中回流通道就关闭了。轴流式活塞泵的直线运动就在环形活塞处产生一个液压压力，调节滑阀顶着弹簧力滑到叶轮上，并将缸体隔绝（密封）。这时冷却液就不流动了，如图 2-1-144 所示。

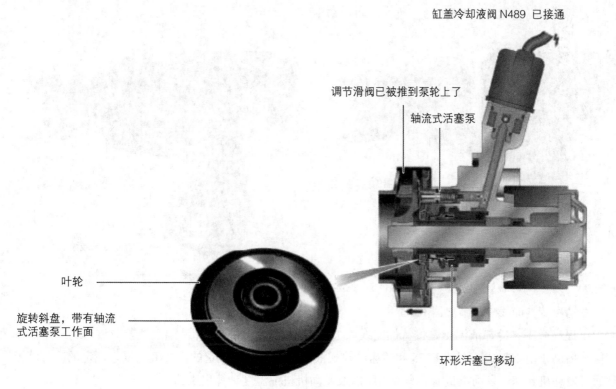

缸盖冷却液阀 N489 已接通

调节滑阀已被推到泵轮上了

轴流式活塞泵

叶轮

旋转斜盘，带有轴流式活塞泵工作面

环形活塞已移动

图 2-1-144

（3）冷却液再循环。

如果该电磁阀断了电，那么冷却循环管路中回流通道就打开了。环形活塞被压力弹簧推回，将调节滑阀带回到其初始位置。

叶轮上这时就没有调节滑阀了，冷却液就又开始循环。轴流式活塞泵在发动机工作时也一直在工作着。

（4）真空操控的结构形式。

抽出真空室内的空气，就会有一个力作用到调节滑阀活塞上。于是调节滑阀通过导杆顶着弹簧力经过叶轮就被压到缸体上。这样就在泵出口处的压力一侧对冷却液形成了节流。通过周围布置的 3 个回位弹簧，在真空供给出现问题时，仍能保证足量输送冷却液。

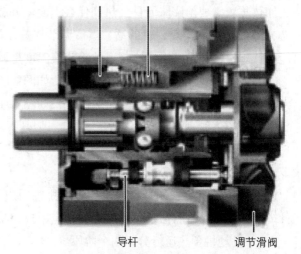

调节滑阀活塞　回位弹簧

导杆　　　　　调节滑阀

图 2-1-145

在冷却液温度低于 -20℃时，不会让泵工作，因为那会损坏密封以及膜片。当发动机再次启动时，也不会让泵工作，如图 2-1-145 所示。

（三）节温器（二位三通阀）

冷却液温度调节器也被称作节温器，根据结构，可能含有一个或者两个节温器。节温器是通过蜡膨胀元件来操控的。

节温器一般是直接安装在发动机上的，也有把节温器集成在冷却液泵壳体上的。

1. 循环分小循环和大循环

①小循环（微循环），如图 2-1-146 所示。

②大循环（高温循环，可调的），如图 2-1-147 所示。

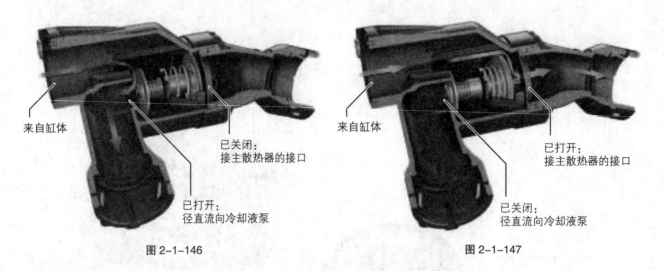

图 2-1-146 　　　　　　　　　　　　　　　图 2-1-147

2. 发动机特性曲线冷却节温器 F265

为了提高效率，冷却液温度是按特性曲线以电子方式来控制的。冷却液温度调节应该作为一个系统来看待。借助于电加热式节温器 F265 和转速可控式液力风扇来达到规定的冷却液温度。规定的冷却液温度是通过发动机转速、发动机负荷、车外温度以及发动机机油温度计算出来的。

本例中的节温器（4.0L V8 TFSI 发动机上的）安装在冷却液泵的吸液侧，通过蜡膨胀元件按温度来打开。另外，可以通过加热元件来降低其打开温度。发动机控制单元根据其内部存储的特性曲线来实施操控。

发动机控制单元利用空气温度、发动机负荷、车速以及冷却液温度来进行相应计算，计算出无级可调式加热装置需要给膨胀元件加热到什么程度。节温器的机械构造与环阀式节温器是一样的。

另外，要是汽油发动机的话，爆震调节对规定的冷却液温度也是有影响的。出现燃烧爆震时，应尽可能降低规定的冷却液温度。规定的冷却液温度是调节节温器 F265 的参考量。

①节温器已关闭（旁通支路已打开），如图 2-1-148 所示。

②节温器已打开（旁通支路已关闭），如图 2-1-149 所示。

3. 创新温度管理（ITM）

创新温度管理是发动机控制单元的一个子系统，各个子系统将其状态（比如有暖风需求、无暖风需求等）发送给创新温度管理系统。

创新温度管理会权衡这些请求，判定哪些用户具有较高的优先等级，从而来决定应该激活哪些执行元件。创新温度管理将激活请求发送到相应用户，激活执行元件。

（1）发动机预热运行分为两个阶段。

阶段 1：通过让冷却液静止（就是不流动）来让发动机温度尽快提升，这样的话，摩擦损失功率就少了，燃油喷射情况也得到了改善。

阶段 2：现在利用热了的冷却液去让变速器机油热交换器尽快热起来。热流的换向是由一个电控切

来自旁通支路　　来自废气涡轮增压器、变速器机油冷却器和膨胀罐

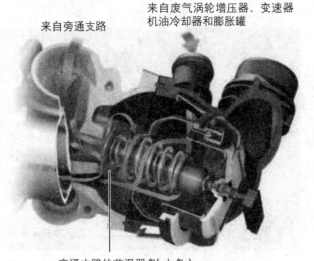

旁通支路的节温器盘（小盘）

图 2-1-148

来自废气涡轮增压器、变速器机油冷却器和膨胀罐　　来自主散热器

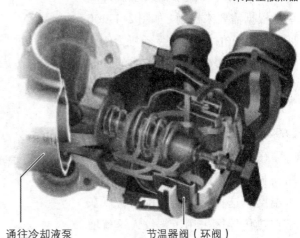

通往冷却液泵　　节温器阀（环阀）

图 2-1-149

换阀来实施的，该阀由变速器控制单元来操控。

为了避免出现很大的热应力且也不要让发动机内很热的冷却液全都循环起来（那样的话，发动机的摩擦功率损失就又很大了），会有一个受控的混合阶段。

（2）驾驶室内的加热。

如果用户希望让驾驶室内尽快热起来，那就需要把热尽快输送到车内暖风处。这时，就不能让发动机内的冷却液不流动了。

（3）变速器机油冷却和加热。

变速器机油不仅需要加热，必要时还需要冷却。由于并没有单独的冷却循环来执行这个功能，因此是将其冷却到发动机冷却循环管路内的冷却液温度。

当变速器温度达到了较为理想状态时，通过一个切换阀将去往变速器机油冷却器的冷却液流切断。

（4）奥迪 V6 发动机上的创新温度管理技术一览，如表 2-1-7 所示。

表 2-1-7

2.8L V6 FSI 发动机	3.0L V6 TFSI 发动机	3.0L V6 TDI 发动机
可控式冷却液泵	可控式冷却液泵	缸盖冷却液阀 N489
2 个传感器： 　发动机温度调节传感器 G694 　冷却液温度传感器 G62	2 个传感器： 　发动机温度调节传感器 G694 　冷却液温度传感器 G62	3 个传感器： 　发动机温度调节传感器 G694 　散热器出口冷却液温度传感器 G83 　冷却液温度传感器 G62
变速器机油加热 / 冷却	变速器机油加热 / 冷却	变速器机油加热 / 冷却
暖风切断	暖风切断	暖风切断
温度超过 95℃时节温器开启	温度超过 87℃时节温器开启	特性曲线控制的发动机冷却系统节温器（65～90 ℃）
		机油冷却液的旁通节温器

（5）电动冷却液泵。

除了机械驱动的冷却液泵（这种泵一直都在输送冷却液）外，还有电动的水泵。电动水泵的使用，可以让我们根据需要来操控一些子系统来工作，比如增压空气冷却器、增压系统冷却器以及驾驶室内的暖风。

另外，在发动机停机后还可以有个冷却液续动（冷却液继续循环一段时间），以防止发动机某些区

域过热（积热），比如废气涡轮增压器。电动冷却液泵由发动机控制单元根据需要来控制。如图 2-1-150 所示是以 4.0L V8 TFSI 发动机为例，展示了两个废气涡轮增压器的辅助冷却循环管路。

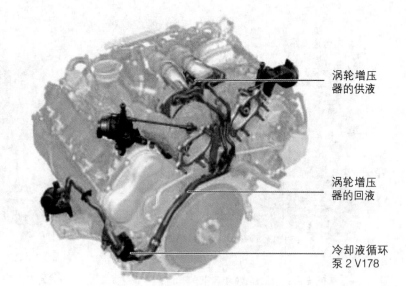

涡轮增压器的供液

涡轮增压器的回液

冷却液循环泵 2 V178

图 2-1-150

（6）发动机温度调节传感器 G694，如图 2-1-151 所示。

在有些汽油发动机的车上，使用一种改进了的传感器来侦测发动机温度。这种传感器结构的特点在于在热传导区采用了螺纹，这就增大了表面（能快热和快冷）。温度传感器 G694 是拧在缸盖上的，就是说安装在一个最快到达临界温度的地方。

使用温度传感器 G694 的技术方面的原因，首先就是部件保护。冷却液泵的多楔皮带断裂以及突然或者缓慢漏冷却液时（这时普通的冷却液温度传感器就"在空气中"了，不能传送发动机的最新温度信息），G694 仍能起保护作用。

另外，使用这种新式传感器，还能实现防止"冷却液沸腾"这个功能，因为在"关键点"处的快速测量，可以提早发出警报信息。

创新温度管理 (ITM) 可以执行下述功能：

①在冷却液静止（不流动）时进行发动机预热运行控制；

②调节执行元件 (比如可控式冷却液泵)；

③暖风；

④散热器风扇；

⑤冷却液沸腾保护。

（四）空气供给系统

为了保证充分燃烧和发动机可靠运行，必须保证燃油与空气均匀混合。发动机通过所谓的进气歧管模块来保证充足的新鲜空气供给，进气歧管模块的基体是用聚酰胺制成的，由两个薄壳组成，这两个薄壳是焊接在一起的。

根据发动机型号的不同，进气歧管模块内使用了不同的技术：

①进气歧管内的节气门。

②进气歧管翻板：柴油机的横涡翻板；汽油机的纵涡翻板；涡旋翻板。

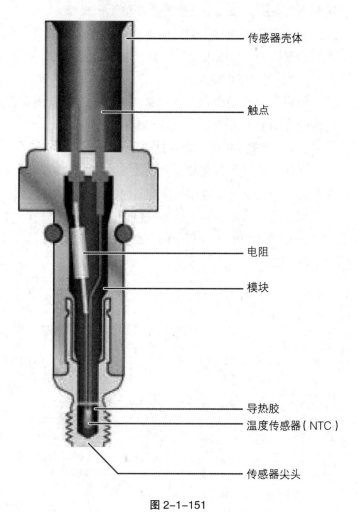

传感器壳体

触点

电阻

模块

导热胶

温度传感器（NTC）

传感器尖头

图 2-1-151

104

③汽油机上的可切换进气歧管。

1. 进气歧管内的节气门

该节气门用于调节进气歧管内的空气流量，辅之以对喷入燃油量的控制，就可以灵活调节发动机的转速及功率。节气门位置是通过加速踏板的操控来控制的，但并非有直接关系，而是将加速踏板位置传送到一个控制单元，该控制单元来负责节气门的打开和关闭，节气门打开或关闭的速度也由该控制单元来确定。出于安全考虑，使用了两个角度传感器，其电阻特性曲线是相反的，如图2-1-152所示。一旦某个角度传感器失效了，那么另一个角度传感器通过应急运行程序来保持电子油门（E-Gas）的功能。

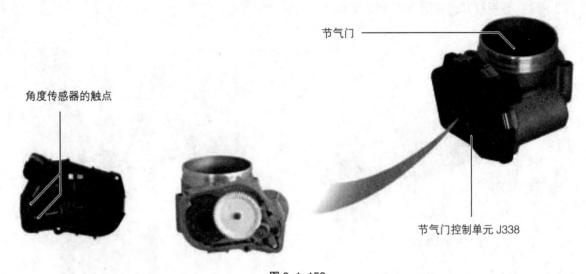

节气门

角度传感器的触点

节气门控制单元 J338

图 2-1-152

（1）节气门控制单元 J338 的组成。

①电子油门驱动器 G186；

②电子油门驱动器角度传感器 1 G187；

③电子油门驱动器角度传感器 2 G188。

（2）角度传感器的信号。这两个角度传感器是电阻式传感器。节气门位置信息是以模拟电压信号的形式被发送给发动机控制单元的，如图2-1-153所示。这两个传感器的特性曲线是相反的。

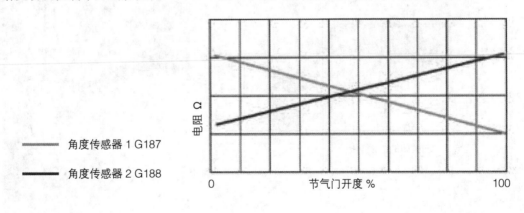

—— 角度传感器 1 G187

—— 角度传感器 2 G188

电阻 Ω

节气门开度 %

0   100

图 2-1-153

2. 纵涡翻板

纵涡翻板用在汽油发动机上，与燃油直喷系统一同使用。纵涡翻板安装在进气歧管内，就在喷油阀前部。这种翻板可以搅动吸入的新鲜空气，使之呈圆筒形转动（平行于活塞顶）。

在老发动机上，使用纵涡翻板来实现所谓的分层充气模式。

105

（1）功能。

为了搅动新鲜空气使之呈旋转运动状，进气歧管内被一个隔板分成上、下两部分。每个气缸的进气歧管下半部安装有一个纵涡翻板，如果该翻板关闭了，那么吸入的空气就必须从进气歧管上半部经过，这也就流经了喷油阀的一部分，于是吸入的空气就产生了圆筒形空气柱。

再配合活塞顶特殊的几何形状，那么空气就聚集在了火花塞的中心部位。将燃油准确喷入这个区域，燃油—空气混合气就点火了。燃烧室内的周边还有纯空气，这可形成绝缘作用，防止热损耗。当发动机转速较高时，纵涡翻板就打开了，以便实现更佳的充气效率。

（2）纵涡翻板打开，如图 2-1-154 所示。

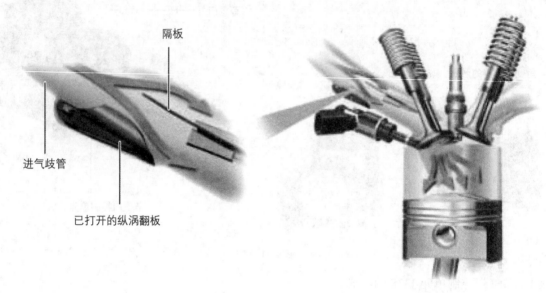

图 2-1-154

（3）纵涡翻板关闭，如图 2-1-155 所示。

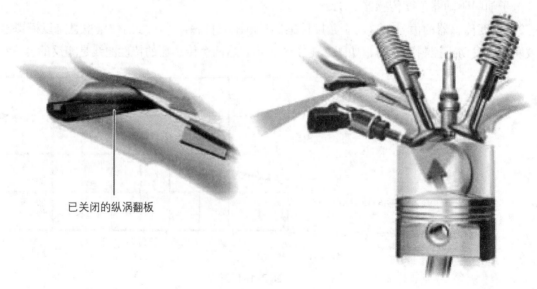

图 2-1-155

3. 涡旋翻板

并非所有发动机的排量都是相同的，因此在进气歧管翻板关闭时，各发动机的充气运动彼此是不同的。为了在所有发动机上能取得同样的效果，不同排量发动机上就得使用不同的进气歧管。不过我们可以通过改动横涡翻板来避开这个麻烦。

所谓涡旋翻板，就是将纵涡翻板和横涡翻板结合在一起，这就是一种解决办法。这样的话，就可以将纵涡通道非对称关闭，这就导致横涡充气运动和纵涡充气运动同时发生，如图 2-1-156 所示。

4. 横涡翻板

横涡翻板只用于柴油机，位于进气歧管内，其工作原理和结构形式与节气门相似。根据横涡翻板的位置，可产生一个绕气缸轴线的空气涡流。

（1）功能。

吸入的空气在进入每个气缸时，要经过两个分开着的通道：充气通道和横涡通道。充气通道可以被横涡翻板关闭，这就使得横涡通道内空气流速增大，在发动机转速较低时燃油和空气的混合状况明显改善了。结果就是降低了燃油消耗并减少了有害物质排放。在发动机转速较高时，横涡翻板是打开的。

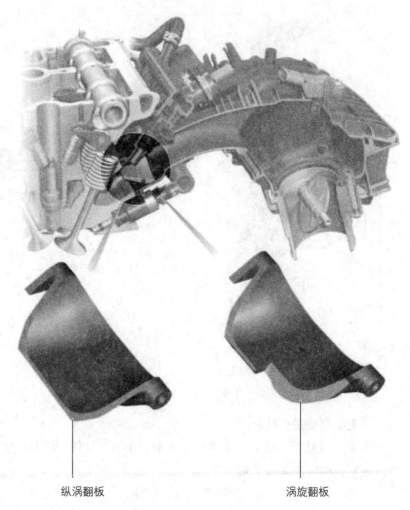

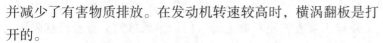

纵涡翻板　　　　　　涡旋翻板

图 2-1-156

（2）横涡翻板已关闭，如图 2-1-157 所示。

发动机在怠速和转速较低时，横涡翻板是关闭着的，这就使得吸入的空气以很强的涡旋状在运动，于是混合气形成状况就得到改善。

（3）横涡翻板在中间位置，如图 2-1-158 所示。

车辆在行驶过程中，横涡翻板位置会根据发动机负荷和转速一直在不断地调整着，这就保证了在任何工况时燃烧室都能有最佳的空气运动。

（4）横涡翻板已打开。

在启动发动机、发动机应急运行和转速超过 3000r/min 的全负荷工况时，横涡翻板就会打开，这时吸入的空气经充气通道和横涡通道进入气缸，由于这时进入的空气量增大了，因此燃烧室的充气状况就非常的好，如图 2-1-159 所示。

横涡翻板

图 2-1-157

横涡翻板

图 2-1-158

横涡翻板
充气通道
横涡通道

图 2-1-159

（五）可变进气歧管

可变进气歧管是根据气体震动原理来工作的，具体来说就是利用进气歧管内的压力波和真空波来给气缸充气且同时还提高了充气效率。

在进气门打开时，活塞是在朝下止点方向运动的。于是就在气缸内产生了真空，这在进气门附近就形成了真空波。这个真空波通过连接着的进气歧管传播扩散，最后到达中间的进气歧管集管内，从这个意义上讲，进气歧管也可称作振荡管。在进气歧管集管内，这个真空波作用到那里的空气上，空气就被抽回到振荡管内，空气这时在振荡管内朝气缸进气门方向流动。由此就产生了一个压力波，其大小与真空波相等。空气这时就通过振荡管向回走，并被压着流经还开着的进气门而进入气缸，直至气缸内压力与振荡管内压力相等为止。

于是发动机就经历了所谓的"内部增压"。进气门关闭后，就阻止了内部增压回流到进气歧管内。由于这两个压力波总是以恒定速度在运动，所以空气流动所需要的时间就总是相同的。与之相反的是进气门打开的时间，这个时间长度是根据发动机转速变化而变化的，随着发动机转速提高，进气门打开的时间会缩短。因此，在发动机转速较高时，进入气缸内的空气量就下降了。为了应对这个情况且也要努力保持内部增压的充气量恒定不变，就需要针对发动机转速不同，来调整进气歧管长度。这种进气歧管就被称作可变进气歧管。具体如表 2-1-8 所示。

表 2-1-8

转速范围	进气歧管位置	进气路径
低转速到中等转速	扭矩位置	长的进气路径
高转速	功率位置	短的进气路径

（1）可变进气歧管处于扭矩位置（以 5.2L FSI 发动机为例），如图 2-1-160 所示。

（2）可变进气歧管处于功率位置（以 5.2L FSI 发动机为例），如图 2-1-161 所示。

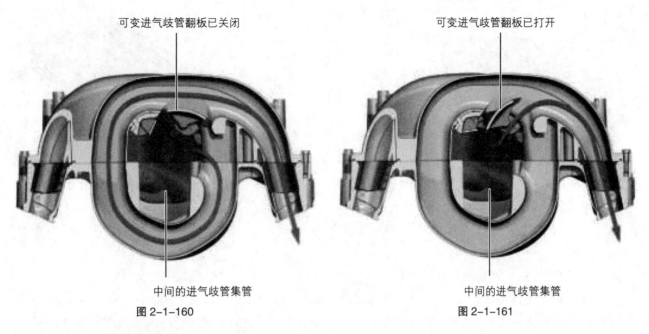

可变进气歧管翻板已关闭　　　　　　　可变进气歧管翻板已打开

中间的进气歧管集管　　　　　　　　　中间的进气歧管集管

图 2-1-160　　　　　　　　　　　　图 2-1-161

（六）三级可变进气歧管

1. 一级：低转速区

在发动机停机时，两个翻板都是打开着的。如果发动机在怠速运行，那么两个真空单元就被相应的进气歧管切换电磁阀给抽成真空了。于是切换翻板从怠速转速直至切换转速都是关闭着的，如图 2-1-162 所示。

2. 二级：中等转速区

发动机在中等转速区时，进气歧管切换电磁阀 N156 将大气压力引入到 2 级切换翻板的真空单元内。于是 2 级切换翻板就打开了，进气路径就缩短了，如图 2-1-163 所示。

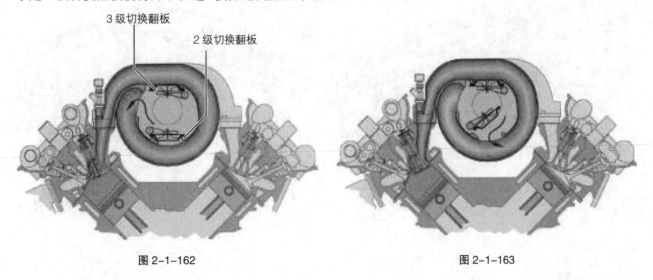

3 级切换翻板
2 级切换翻板

图 2-1-162　　　　　　　　　　　　图 2-1-163

3. 三级：较高转速区

发动机在较高转速区时，3 级切换翻板也打开了。这时吸入的空气以最短进气路径进入燃烧室，如图 2-1-164 所示。

4. 可变进气歧管的切换

根据发动机型号的不同，可变进气歧管翻板的切换轴或者是有特性曲线控制的电机来调节，或者是用真空单元来调节。用真空单元来调节时，操控是由进气歧管切换电磁阀来实施的，如图 2-1-165 所示。

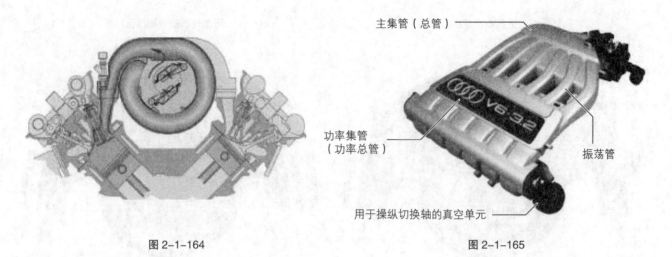

<table>
<tr><td></td><td>主集管（总管）</td></tr>
</table>

功率集管
（功率总管）

振荡管

用于操纵切换轴的真空单元

图 2-1-164　　　　　　　　　　　　　　　　　图 2-1-165

（1）扭矩位置，如图 2-1-166 所示。

发动机转速超过 1100r/min 时，进气歧管切换电磁阀就有动作了，真空单元也就进行了切换。于是可变进气歧管翻板就转动了 90°，功率管就被封闭了，正在吸气的气缸就经过长的振荡管直接从主集管（总管）吸气。

（2）功率位置，如图 2-1-167 所示。

发动机转速超过 4100r/min 时，进气歧管切换电磁阀没有动作，真空单元内就作用着大气压力。一个弹簧将切换轴向回转了 90°，回到其初始位置。气缸这时就通过短的进气路径从功率集管（功率总管）获取空气，功率集管（功率总管）是通过其他此时不吸气的气缸的振荡管获取空气供给的。

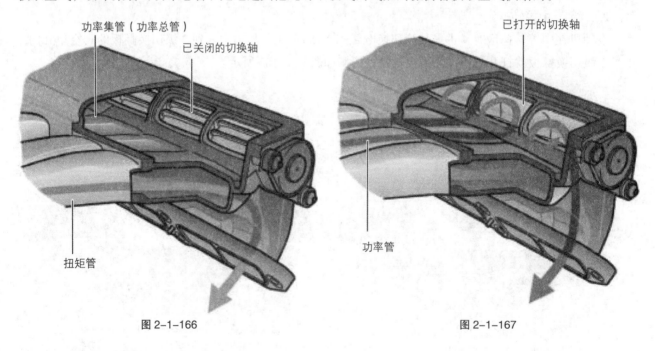

功率集管（功率总管）　　已关闭的切换轴　　　　　　　　　　已打开的切换轴

扭矩管　　　　　　　　　　　　　　　　　　功率管

图 2-1-166　　　　　　　　　　　　　　　　　图 2-1-167

（七）增压系统

增压系统可以提高发动机的充气效率（容积效率）。具体来说就是把要吸入的空气预先压缩一下，这能提高发动机的输出功率和效率。增压系统也是多种多样的。

在奥迪发动机上，除了广泛使用的废气涡轮增压器外，还有罗茨式鼓风机式的压气机模块增压器。这两种增压系统上还集成有其他用于调节增压压力的辅助装置。

1.废气涡轮增压器

废气涡轮增压器的基本原理，就是利用废气流动的动能来对吸入的空气进行预压缩。在发动机工作时，废气会推动废气涡轮增压器的涡轮转动，压气机就将吸入的空气压缩了。

（1）发动机上的部件（以 2.0L TFSI 发动机，EA888 为例），如图 2-1-168 所示。

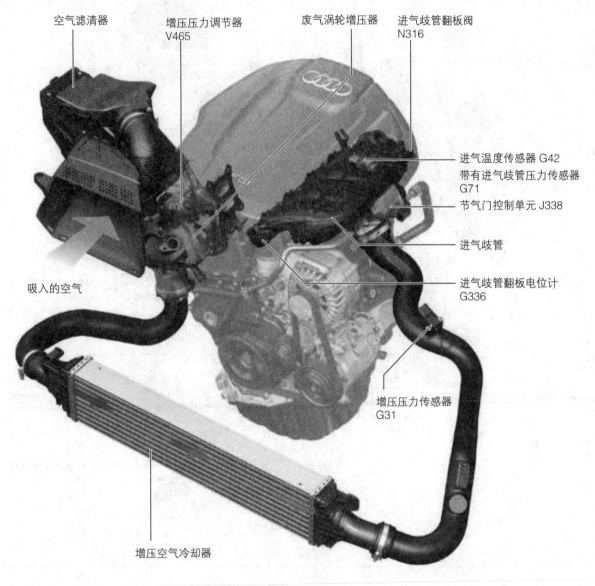

空气滤清器　　增压压力调节器 V465　　废气涡轮增压器　　进气歧管翻板阀 N316

进气温度传感器 G42
带有进气歧管压力传感器 G71
节气门控制单元 J338
进气歧管
进气歧管翻板电位计 G336
增压压力传感器 G31

吸入的空气

增压空气冷却器

图 2-1-168

（2）废气涡轮增压器的结构（以 2.0L TFSI 发动机，EA888 为例），如图 2-1-169 和表 2-1-9 所示。

（3）系统一览（以 2.0L TFSI 发动机，EA888 为例），如图 2-1-170 所示。

（4）增压压力调节（以 2.0L TFSI 发动机，EA888 为例），如图 2-1-171 所示。

并不是在所有工况时都需要有增压压力的，比如在怠速或者减速超速（反拖）时就不需要增压。如果不需要增压压力或者只需很小的增压压力，发动机就会操控增压压力调节器 V465，V465 随后通过一根拉杆打开废气泄放阀。于是废气未经利用而经一个旁通通道流过涡轮增压器。涡轮轴转得很慢，增压压力下降，增压压力传感器 G31 会侦测到这个情况。

如果增压压力下降得足够或者又需要较大的增压压力，那么增压压力调节器 V465 会让废气泄放阀关闭，于是废气就又流经涡轮转子了。

（5）旁通空气控制。

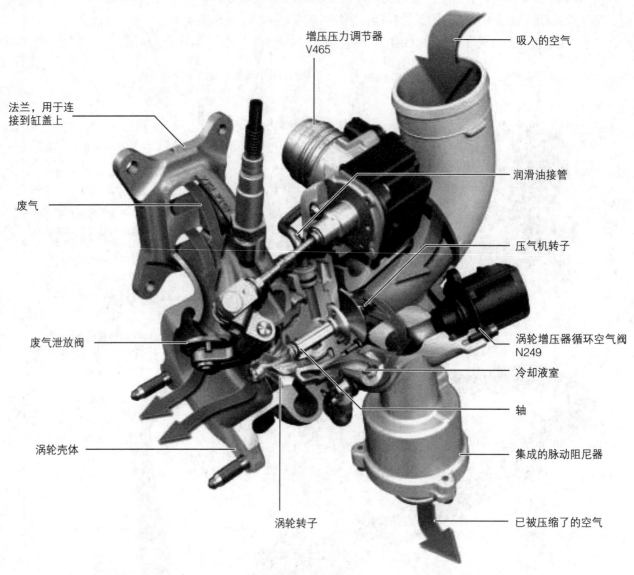

图 2-1-169

增压压力调节器 V465 —— 吸入的空气

法兰，用于连接到缸盖上

废气

润滑油接管

压气机转子

废气泄放阀

涡轮增压器循环空气阀 N249

冷却液室

轴

涡轮壳体

集成的脉动阻尼器

涡轮转子

已被压缩了的空气

表 2-1-9

部件	特点
压气机壳体和压气机转子	压气机壳体是由铸铝制成，压气机转子在壳体内转动，该转子用一根轴与涡轮转子相连
涡轮壳体和涡轮转子	涡轮壳体是由铸钢制成（因为废气温度很高），涡轮转子是混流式的
增压压力调节器 V465	用于废气泄放阀的电控调节器，由发动机控制单元来操控，通过废气泄放阀来调节增压压力。与电控气动操纵来比，响应更快、更准。另外，可以不依赖于作用着的增压压力来操控
废气泄放阀	打开或者关闭一个旁通通道，该阀通过一个拉杆由增压压力调节器 V465 来操纵。在别的发动机上也有通过真空单元和增压压力限制电磁阀 N75 来操控的
涡轮增压器循环空气阀 N249	如果节气门关闭了的话，由于增压压力还作用着，因此在压气机通道内就会产生一个背压。在这种情况下，发动机控制单元就会操控涡轮增压器循环空气阀 N249，这就在压气机转子前的进气通道上打开了一个旁通通道
与缸盖连接的法兰	为了实现最佳点火顺序分离，该法兰分为两股，在涡轮器前会合。用螺栓和螺母与缸盖相连
润滑油接管	由于涡轮增压器的轴转速是非常高的，因此必须有润滑，这个接管就是接到发动机润滑系统中的，以保证润滑

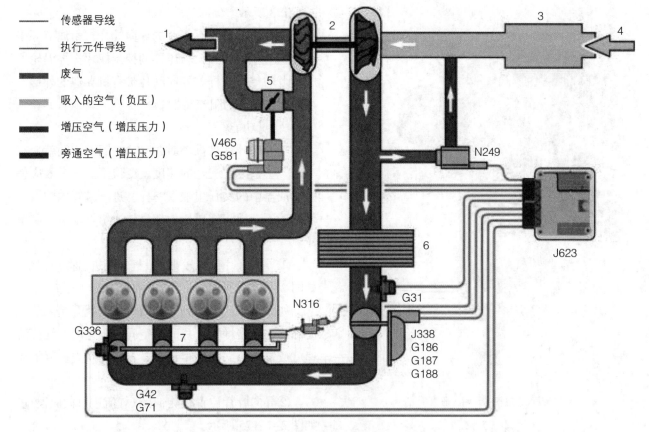

图例：
- 传感器导线
- 执行元件导线
- 废气
- 吸入的空气（负压）
- 增压空气（增压压力）
- 旁通空气（增压压力）

1.废气气流 2.废气涡轮增压器 3.空气滤清器 4.新鲜空气气流 5.废气泄放阀 6.增压空气冷却器 7.进气歧管翻板 G31.增压压力传感器 G42.进气温度传感器 G71.进气歧管压力传感器 G186.电子油门驱动器 G187.电子油门驱动器角度传感器1 G188.电子油门驱动器角度传感器2 G336.进气歧管翻板电位计 G581.增压压力调节器位置传感器 J338.节气门控制单元 J623.发动机控制单元 N249.涡轮增压器循环空气阀 N316.进气歧管翻板阀 V465.增压压力调节器

图 2-1-170

如果节气门关闭了（比如在减速超速时），由于增压压力还作用着，因此在压气机通道内就会产生一个背压。涡轮增压器的压气机转子于是就大大减速；如果打开节气门，那么涡轮增压器首先就得提高转速。通过这个旁通空气控制功能，就能减小可能产生的增压。涡轮增压器循环空气阀 N249 是个电磁阀，由发动机控制单元来操控，如图 2-1-172 所示。

2. 柴油发动机上用的可变涡轮几何形状的涡轮增压器

（1）可变涡轮几何形状（VTG）。

在涡轮增压器上，增压压力调节是很重要的。除了采用废气泄放阀这种旁通结构外，还有一种涡轮几何形状可变的涡轮增压器。

这样就更容易控制工作特性了。这种结构一般都是用于奥迪柴油发动机上。

（2）结构（以 3.0L TDI 发动机为例），如图

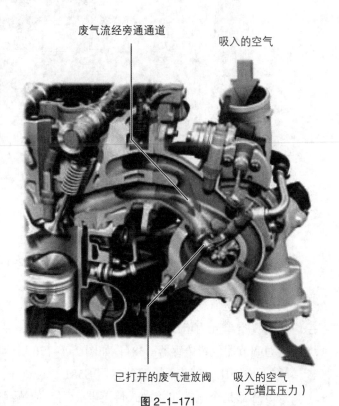

废气流经旁通通道　　吸入的空气

已打开的废气泄放阀　　吸入的空气（无增压压力）

图 2-1-171

113

压气机转子

吸入的空气

涡轮增压器循环空气阀
N249 打开旁通通道

吸入的空气（无增压压力）

图 2-1-172

2-1-173 所示。

　　涡轮周围布置有可调的导向叶片，由调节环来实施调节。废气涡轮增压器的控制模块操控涡轮增压器上的一个拉杆。导向叶片带有机翼似的外形，可以改变涡轮的阻流特性。

　　（3）功能。

　　当导向叶片被推动时，叶片之间的空间就变窄小了，于是废气流经的速度就变快了。这个效应就像化油器中的文丘里喉管一样。进气歧管内的一个传感器不断地将增压压力信息传送给发动机控制单元。

　　①导向叶片位置较平，废气气流进口截面很窄，如图 2-1-174 所示。

　　如果增压压力达到一定值，那么就开始调节导向叶片，以便增大叶片间的空间。于是废气气流流速就放慢了，涡轮转得也慢了，增压压力也就下降了。

　　②导向叶片位置较陡，废气气流进口截面很宽，如图 2-1-175 所示。

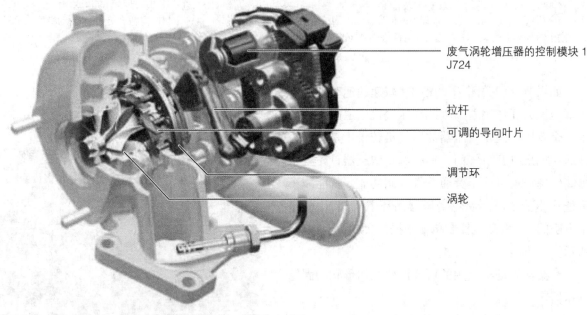

废气涡轮增压器的控制模块 1
J724

拉杆

可调的导向叶片

调节环

涡轮

图 2-1-173

　　（4）导向叶片的操纵。

　　根据发动机情况，导向叶片通过废气涡轮增压器的控制模块 J712 或者通过带有膜片的真空单元来操控。这个真空单元由增压压力限制电磁阀 N75 来操纵，N75 是由发动机控制单元来操控的真空单元上有增压压力调节器位置传感器 G581，如图 2-1-176 所示。

　　（5）增压压力调节器位置传感器 G581。

　　该传感器是个电控非接触式传感器，用于侦测涡轮调节行程，以便更精确地来调节，如图 2-1-177

图 2-1-174

图 2-1-175

增压压力调节器位置传感器 Q581

所示。增压压力调节器位置传感器 G581 集成在涡轮增压器的真空单元上。有个可移动探头用于侦测行程，这个行程是在操纵了导向叶片时真空单元膜片移动的距离。因此，膜片位置就表示导向叶片的攻角。

这个霍耳传感器有自诊断功能，对正极短路和对地短路以及导线断路均可被识别出来。如果该传感器损坏了，并无替代特性曲线可供使用，该功能就被关闭了。

3. 压气机模块（罗茨式增压器）

空气供给的主要部件是位于发动机内 V 形中的压气机模块，该模块内集成有罗茨式鼓风机和增压空气冷却系统，在某些发动机上还有旁通调节装置。

"罗茨式增压器"这个名称来源于 Philander 和 Francis Roots 兄弟，他们在 1860 年就将此技术申请专利了。罗茨式增压器的结构形式就是旋转活塞式机构，按容积泵原理工作，无内部压缩。

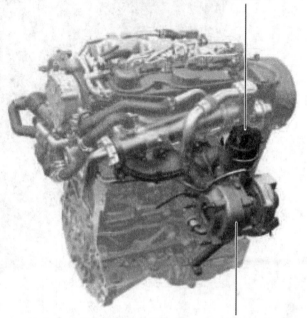

可变涡轮几何形状（YTG）的涡轮增压器

图 2-1-176

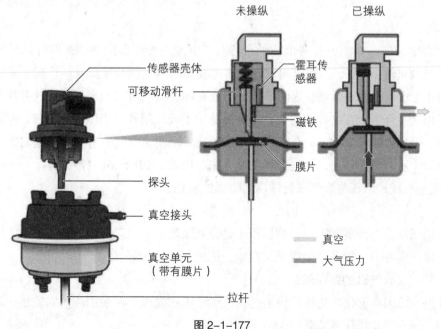

图 2-1-177

115

（1）整个系统，如图 2-1-178 所示。

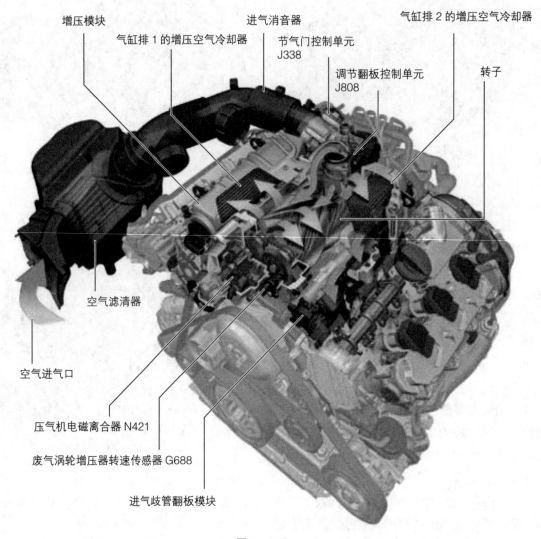

增压模块

气缸排 1 的增压空气冷却器

进气消音器

节气门控制单元
J338

调节翻板控制单元
J808

气缸排 2 的增压空气冷却器

转子

空气滤清器

空气进气口

压气机电磁离合器 N421

废气涡轮增压器转速传感器 G688

进气歧管翻板模块

图 2-1-178

（2）结构。

　　压气机模块有个壳体，壳体内有两个转子在转动。罗茨式增压器配备的是四叶形转子，两个转子的每个叶片相对于纵轴扭转 160°，因此可实现连续而少波动的空气供给模式。两个转子采用机械式驱动形式，比如由曲轴通过皮带机构来驱动。这两个转子通过壳体外的一对齿轮来同步连接并按相反方向转动。于是两个转子就相互啮合了。在这种结构中，重要的是转子彼此间和与壳体间要密封。其困难之处在于，摩擦要尽可能小（要尽可能没摩擦）。在工作时（转子在转动），空气由叶片和外壁之间从空气入口（吸气侧）向空气出口（压力侧）输送。输送空气的压力来自回流，如图 2-1-179 所示。

　　（3）压气机的机械式增压与废气涡轮增压器增压的对比。

优点：

①需要时，增压压力立即就能形成；增压压力是持续不断的，且随转速升高而增大。

②力矩的生成快而有力；能及早生成最大扭矩，因此起步性能好。

③被压缩了的空气到气缸的路径很短。

④排放特性好，原因：催化净化器能快速达到其正常工作温度。在使用废气涡轮增压器的发动机上，一部分热能要用于驱动涡轮增压器（就损失掉了）。

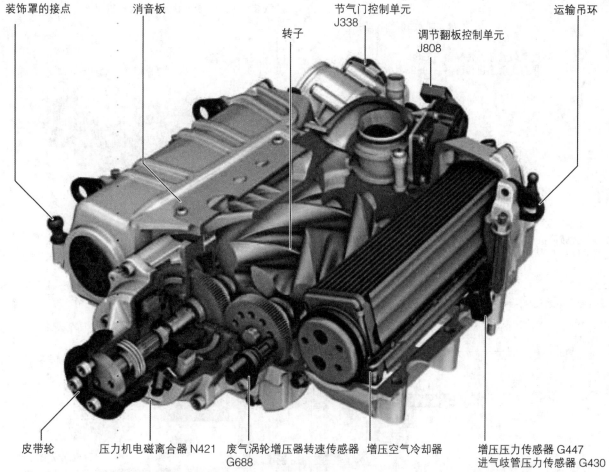

装饰罩的接点　　消音板　　　　　　　　　　节气门控制单元　　　　　　　运输吊环
　　　　　　　　　　　　　　转子　　　　　　　J338
　　　　　　　　　　　　　　　　　　　调节翻板控制单元
　　　　　　　　　　　　　　　　　　　J808

皮带轮　　压力机电磁离合器 N421　废气涡轮增压器转速传感器　增压空气冷却器　　增压压力传感器 G447
　　　　　　　　　　　　　　　G688　　　　　　　　　　　　　　　　　进气歧管压力传感器 G430

图 2-1-179

缺点：

①生产成本高，因为其制造公差要求很严（转子与壳体和转子彼此间）。

②对于过滤了的空气的通道进入异物高度敏感。

③隔音成本高。

④驱动鼓风机会消耗发动机一部分功率。

4. 双增压器 (以配备双增压器的 1.4L TFSI 发动机为例)

有些发动机同时配备有压气机模块和废气涡轮增压器，这就是说，根据扭矩需求情况，除了用废气涡轮增压器来增压外，还用压气机模块来增压。新鲜空气是通过空气滤清器来抽取的。

调节翻板控制单元上的翻板位置，就决定了新鲜空气是流经压气机模块和 / 或直接流向废气涡轮增压器。新鲜空气从废气涡轮增压器流经增压空气冷却器和节气门控制单元而进入进气歧管。增压压力由增压压力限制电磁阀 N75 来调节。

（1）系统一览，如图 2-1-180 所示。

（2）工作区间。

发动机控制单元根据扭矩需求情况来决定是否需要增压压力，需要增压压力的话，以什么方式来产生所需要的增压压力。在发动机转速较低时，单靠废气能量是不足以产生所需要的增压压力的。

在超过某最低扭矩需求值且发动机转速不高于 2400r/min 时，压气机模块一直都是接通着的（就是在工作着）。压气机模块的增压压力通过调节翻板控制单元来调节。

发动机转速不高于 3500r/min 时，压气机模块根据需要来接通工作。比如：发动机转速在这个范围内

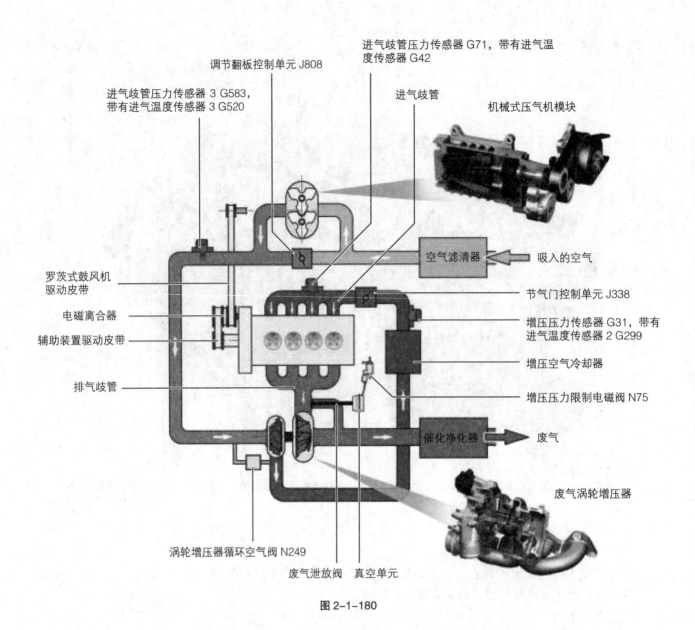

进气歧管压力传感器 3 G583,
带有进气温度传感器 3 G520

调节翻板控制单元 J808

进气歧管压力传感器 G71，带有进气温
度传感器 G42

进气歧管

机械式压气机模块

空气滤清器

吸入的空气

罗茨式鼓风机
驱动皮带

电磁离合器

辅助装置驱动皮带

排气歧管

节气门控制单元 J338

增压压力传感器 G31，带有
进气温度传感器 2 G299

增压空气冷却器

增压压力限制电磁阀 N75

催化净化器

废气

废气涡轮增压器

涡轮增压器循环空气阀 N249

废气泄放阀　真空单元

图 2-1-180

时车辆恒速行驶并突然急加速了，就需要压气机模块接通工作了。由于涡轮增压器有惯性，这会导致加速延迟（增压滞后），因此这时会接通压气机模块来工作，以便尽快形成所需要的增压压力。

（八）增压空气冷却系统

增压空气冷却系统可以使增压发动机工作起来效率更高，扭矩输出和功率输出都能得到提高。当很热的涡轮增压器对吸入的空气进行预压缩时，空气就变热并膨胀了。吸入的空气可能被加热到高达 200℃，这主要是压缩过程造成的，但是废气涡轮增压器很热也是个原因。这样一来，就与我们所期望的增压效果相反了。

这是因为，在同样体积下，冷的空气中所含的氧分子要多于热的空气。因此空气要是冷下来，那么发动机的充气效率就高了，输出功率也会提升。在涡轮增压器和进气歧管之间安装增压空气冷却器，可以将吸入的空气的温度最多降低 50℃。另外，这个冷却还可以降低爆震倾向（指汽油机）和氮氧化物的生成量。

1. 空气/空气—增压空气冷却(以 2.5L R5 TFSI 发动机为例)

如图 2-1-181 所示。

被废气涡轮增压器加热了的吸入空气，流经冷却器时将热量释放到铝制薄片上。铝制薄片由环境空气（行驶时的风）来冷却。冷却下来的吸入空气被送往进气歧管。

2. 空气／水—增压空气冷却（以 3.0L V6 TFSI 发动机为例）

如图 2-1-182 所示。

增压空气冷却循环管路相对于主冷却循环管路来说是独立的，但是这两套循环管路彼此是相连的，且使用同一个冷却液膨胀罐。增压空气冷却循环管路内的冷却液温度一般低于主冷却循环管路的。电动增压空气冷却泵 V188 负责增压空气冷却循环管路内冷却液的输送。

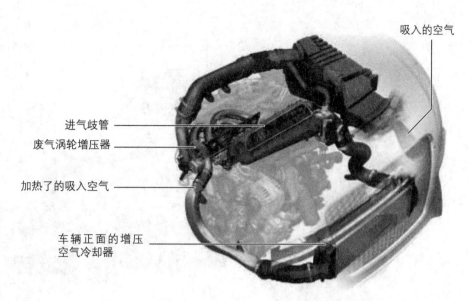

图 2-1-181

（九）废气再循环系统

在内燃机上，当燃烧室温度很高时，空气过量会产生我们不想要的氮氧化物。如果使用了废气再循环系统，就可以避免产生这其中的一大部分氮氧化物。废气再循环系统就是将一部分废气再送回燃烧室。根据发动机的不同，送回的废气量最多可占气

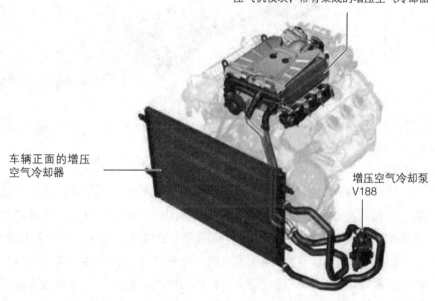

图 2-1-182

缸充气量的 20%。这样就减少了新鲜的、富有氧的空气，从而也就阻止了气缸内的化学反应。因此导致燃烧温度下降，从而明显减少了 NO_x 的生成量。根据废气取气点的不同，分为外部废气再循环系统和内部废气再循环系统。

1. 外部废气再循环系统

外部再循环系统的特点是：在发动机排气侧从排气歧管抽取废气并送去燃烧。为了提高降低氮氧化物生成量这个效果，现代发动机都另加了外部再循环冷却装置。

具体说就是废气在去往发动机的回程中要流经一个特性曲线控制的水冷器。这个冷却作用在于，可以提高再循环废气量，而同时还可进一步降低燃烧温度。

（1）结构（以 V12 TDI 发动机为例），如图 2-1-183 所示。

（2）可控式废气再循环冷却器。

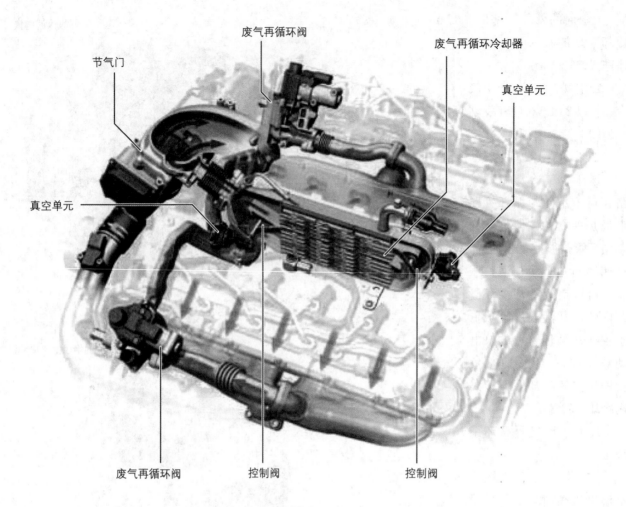

节气门　　　　废气再循环阀　　　　废气再循环冷却器

真空单元

真空单元

废气再循环阀　　　控制阀　　　　控制阀

图 2-1-183

现代的发动机装备有可控式废气再循环冷却器，再循环的废气在被送去燃烧前，要流经这个可控式废气再循环冷却器。为了能尽量给再循环的废气降温，将这个废气再循环冷却器连接到一个单独的低温冷却循环管路中，其中的冷却液直接取自主散热器的出口，用一个电动泵送往废气再循环冷却器。

根据工作温度，这种冷却器可以接通或者关闭，灵活地为废气提供冷却。这就进一步减少了氮氧化物的排放量。当发动机处于冷态时，热的废气就通过旁通通道被直接送入到燃烧室，这样就可以使得氧化式催化净化器和冷却液迅速热起来。

（3）绕过废气再循环冷却器—绕过辅助冷却器。

1 级：旁通模式（绕过模式），如图 2-1-184所示。

①废气再循环冷却器入口处的旁通阀关闭。

②在发动机冷机且外部温度较低时，废气直接进入进气歧管。

（4）流经废气再循环冷却器—绕过辅助冷却器。

2 级：中等冷却能力，如图 2-1-185 所示。

①冷却模式 1。

②废气再循环冷却器入口处的旁通阀打开。

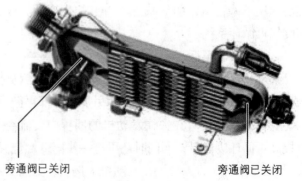

旁通阀已关闭　　　　　旁通阀已关闭

图 2-1-184

③废气再循环冷却器内的旁通阀关闭。

④废气流经废气再循环冷却器下部后进入进气歧管。

（5）流经废气再循环冷却器—流经辅助冷却器。

3级：最大冷却能力，如图2-1-186所示。

①冷却模式2。

②发动机带负荷运行着。

③外部温度较高。

④废气再循环冷却器入口处的旁通阀打开。

⑤废气再循环冷却器内的旁通阀打开。

⑥废气流经废气再循环冷却器中所有冷却通道后进入进气歧管。

（6）外部废气再循环系统的切换图，如图2-1-187所示。

2. 汽油发动机上的内部废气再循环系统

内部废气再循环系统也是将废气送回去燃烧，以便减少氮氧化物的排放量。与外部废气再循环系统不同之处在于，废气并非取自排气系统。要采用这种内部废气再循环系统，有个前提条件：发动机

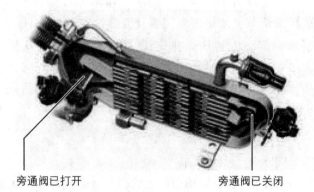

旁通阀已打开　　　　　　　旁通阀已关闭

图2-1-185

旁通阀已打开　　　　　　　旁通阀已打开

图2-1-186

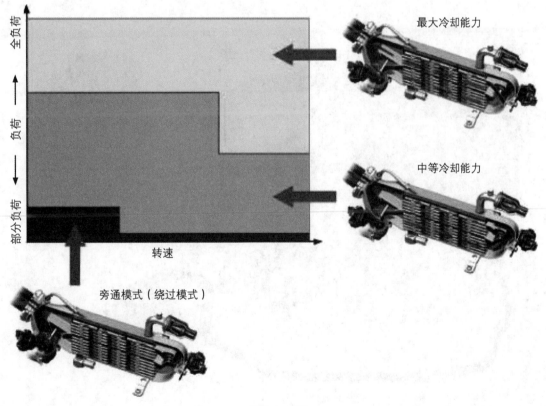

图2-1-187

必须配备有凸轮轴调节装置（可变气门正时）。

在使用内部废气再循环系统时，燃烧后将一部分废气直接就抽回到了燃烧室。为此，排气凸轮轴要

这样来调节：使得排气门要比正常时稍晚些关闭。于是一部分刚被压入排气道内的废气就在活塞向下运动过程中又被抽回到燃烧室，并在此处与吸入的新鲜空气和喷入的燃油一起混合，如图 2-1-188 所示。

3.汽油发动机上的二次空气系统

如图 2-1-189 所示。

（1）由于冷启动和预热阶段，混合气非常浓，因此在这段时间内废气中有很多没有燃烧掉的碳氢化合物。

在这种情况下，催化净化器无法正常化工作，因为：

①没达到催化净化器的正常工作温度；

②要想实现完全转换，混合比必须是 λ=1。

（2）功能。

将空气喷入排气阀的后面，就使得废气中的氧含量升高，于是就会发生碳氢化合物和一氧化碳的二次氧化（二次燃烧）。由此释放出的热量就帮着

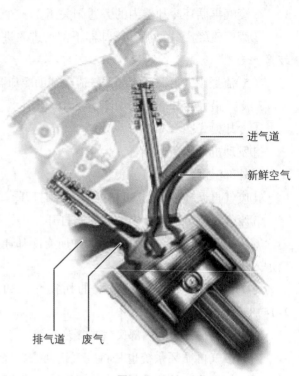

进气道

新鲜空气

排气道　废气

图 2-1-188

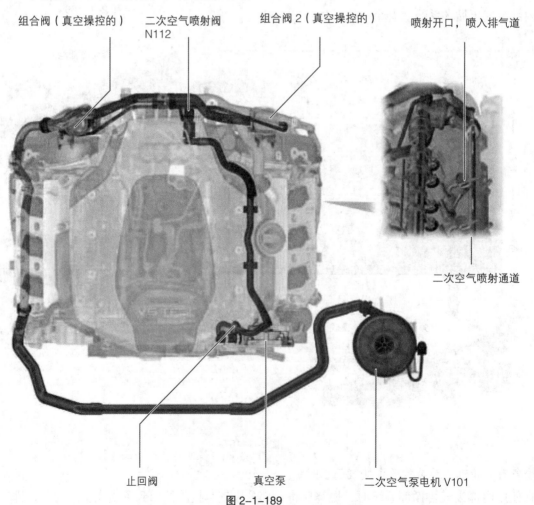

组合阀（真空操控的）　二次空气喷射阀 N112　组合阀 2（真空操控的）　喷射开口，喷入排气道

二次空气喷射通道

止回阀　真空泵　二次空气泵电机 V101

图 2-1-189

122

加热了催化净化器，使之快速达到正常工作温度。

二次空气系统的构成：

①二次空气泵 V101；

②2 个组合阀；

③二次空气喷射阀 N112。

4.排气歧管

排气歧管的作用是将各个气缸排出的废气汇集到一起并送往排气系统。排气歧管可以用螺栓直接拧在发动机上、集成在发动机上或者构成排气歧管—废气涡轮增压器模块的一部分。

（1）外置排气歧管。

外置排气歧管在缸体的外部，用螺栓直接拧在缸体上。这种结构的缺点是：其后面的催化净化器不能直接安装在发动机缸体上，因此催化净化器就无法利用发动机的热辐射，需要较长时间才能达到其正常的工作温度。我们可以利用所谓的气隙绝缘式排气歧管来抵消这个效应，具体来说就是在排气歧管上再套上一个金属套；在金属套和排气歧管之间是充满空气的空间，这样就将排气歧管绝缘了。于是温度很高的废气就会流经催化净化器，使之快速达到其正常工作温度，如图 2-1-190 所示。

（2）集成式排气歧管。

在集成式排气歧管上，缸盖内的排气道汇集到一个中央法兰处，催化净化器就直接安装在这个法兰上。与传统排气歧管相比，集成式排气歧管除了节省燃油且热能利用得好外，还减轻了重量，如图 2-1-191 所示。

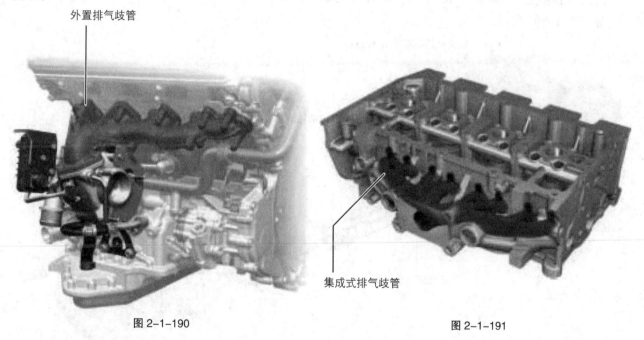

外置排气歧管

集成式排气歧管

图 2-1-190

图 2-1-191

（3）排气歧管—废气涡轮增压器模块。

在这种结构中，排气歧管和废气涡轮增压器集成在一个模块内。这种小巧的结构的优点在于：减轻了重量、减少了密封点、减少了部件数量。缺点是：一旦某个部件功能失效，那么就得更换整个模块了，如图 2-1-192 所示。

（十）排气系统

1.排气系统一般都布置在车底部，它由多个部件组成，要承担一系列任务

（1）从燃烧室出来的废气具有很大的冲量，排气系统必须要削弱这个冲量，使之不超过一定的噪声

水平。同时，还要保证发动机功率损失尽可能小。

（2）可靠地引走废气，防止废气渗入驾驶室内。

（3）将废气中所含的有害物质降低到规定值水平。

（4）限制排气噪声，并形成所期望的噪声音响效果。

2.部件

排气系统大致由下述元件组成。

（1）排气管。

（2）排气歧管。①外置排气歧管；②集成式排气歧管；③排气歧管—废气涡轮增压器模块。

（3）催化净化器。①三元催化净化器（汽油机的）；②氧化式催化净化器（柴油机的）；③柴油微尘过滤器（柴油机的）；④选择性催化还原技术（SCR）（柴油机的）。

（4）隔离元件。

（5）消音器。①反射式消音器；②吸收式消音器；③排气控制阀。

3.结构和功能（以奥迪TT RS上的5缸TFSI发动机为例）

如图2-1-193所示。

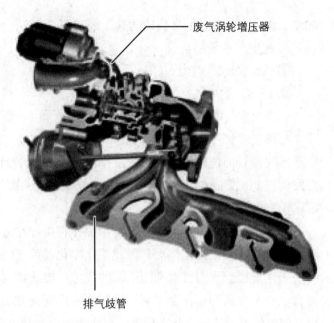

废气涡轮增压器

排气歧管

图 2-1-192

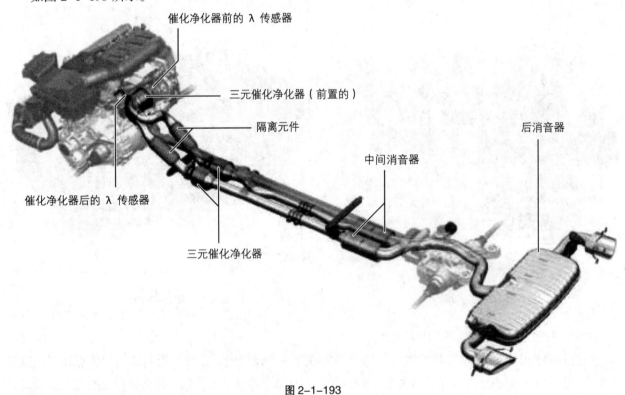

催化净化器前的 λ 传感器

三元催化净化器（前置的）

隔离元件

后消音器

中间消音器

催化净化器后的 λ 传感器

三元催化净化器

图 2-1-193

燃烧后产生的废气马上就流经排气歧管—废气涡轮增压器模块。这时汇集到一起的废气气流首先流过催化净化器，先滤掉有害物质颗粒。催化净化器布置在发动机附近，好处是在发动机启动后，催化净化器可以很快达到正常工作温度。催化净化器前、后均有 λ 传感器，前面的 λ 传感器用于检测废气中

124

的氧含量，以便确定基值；催化净化器后的 λ 传感器会重新检测氧含量，并会与基值进行对比，以便检查催化净化器的工作情况。

随后，废气流经隔离元件，这些元件会吸收掉我们所不希望出现的震动，这就能防止将震动传递到整个排气系统上和车身上。根据车型情况，往下可能还会有其他的催化净化器。废气在排气系统的最后一段要流经一个或多个消音器，消音器负责将排气噪声降至规定水平。各元件之间的连接管使用的是镀铝钢管。

4. 催化净化器

催化净化器用于对燃烧产生的废气进行再处理，目的是将废气中所含的有害物质完全或部分转换成无害物质。根据发动机的不同，使用的催化净化器系统也不同。

5. 三元催化净化器（汽油机的）

在汽油发动机上，使用所谓的三元催化净化器来净化废气。三元这个名称是指这种催化净化器能同时对 3 种有害物质进行转换。催化净化的控制是由发动机控制单元来完成的，具体来说就是 λ 传感器将废气中氧含量信息发送给发动机控制单元，发动机控制单元将燃油—空气混合气的比例调至 λ =1。

催化净化器在温度达到 300℃ 以上时才能发挥其净化功能，在冷启动时需要一定时间来预热。为了缩短预热时间以便尽快开始净化废气，现代的排气系统都配备了前置催化净化器。前置催化净化器安装在排气歧管附近，一般尺寸较小，因此可以很快达到正常工作温度。

催化净化一般包括两个化学过程，如表 2-1-10 所示。

通过这两个化学过程，三元催化净化器可同时对 3 种有害物质进行转换，如图 2-1-194~ 图 2-1-196 所示。

将氮氧化物 NO_x 还原成二氧化碳 CO_2 和氮气 N_2，如图 2-1-194 所示。

将一氧化碳 CO 氧化成二氧化碳 CO_2，如图 2-1-195 所示

表 2-1-10

化学过程	特点
还原	去掉废气成分中的氧
氧化	在废气成分中加入氧

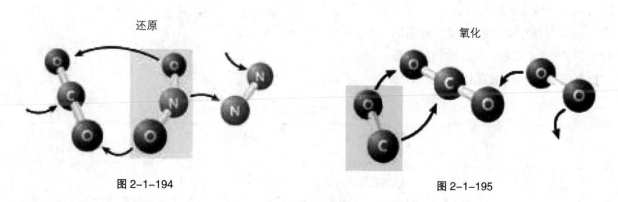

还原　　　　　　　　　　　　　　　　　氧化

图 2-1-194　　　　　　　　　　　　　　图 2-1-195

将碳氢化合物 HC 氧化成二氧化碳 CO_2 和水 H_2O，如图 2-1-196 所示。

6. 催化净化器（柴油机的）

柴油机工作时，其燃油—空气混合气中的氧是过量的 (λ >1)，这使得废气中氧浓度很高。因此，催化净化器就不需要 λ 传感器来调节氧含量了。

为了能转换不同的有害物质，柴油发动机上配备了多种催化净化器，每种执行不同的功能。

（1）氧化式催化净化器。

氧化式催化净化器利用废气中大量的剩余氧气，这种催化净化器只能转化废气中可以氧化的成分。这种氧化反应过程与三元催化净化器中的氧化过程是一样的。由于废气温度较低，因此柴油机的氧化式催化净化器一般都安装在排气歧管附近。这种催化净化器的内部是由铂和钯制成的。

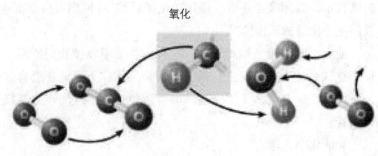

氧化

图 2-1-196

（2）柴油微尘过滤器。

柴油微尘过滤器安装在氧化式催化净化器的下游，用于过滤废气中的炭黑颗粒。为了防止微尘过滤器被炭烟堵塞而影响功能，必须定期执行再生操作。这个再生过程可以使微尘过滤器收集的炭黑颗粒与二氧化氮发生反应而生成二氧化碳（氧化了），如图 2-1-197 所示。

（3）柴油微尘过滤器的再生过程按下述步骤来进行，如表 2-1-11 所示。

7. 选择性催化还原（SCR）系统

该系统是废气再循环系统的一部分。借助去 NO_x 催化净化器的帮助以及使用还原剂，就可以把氧化式催化净化器和柴油微尘过滤器没能处理掉的氮氧化物转化成氮气和水。

还原剂使用的是高纯度、透明的 32.5% 尿素 / 水溶液，其在欧洲的注册商标名是 AdBlue，在美国销售的名称

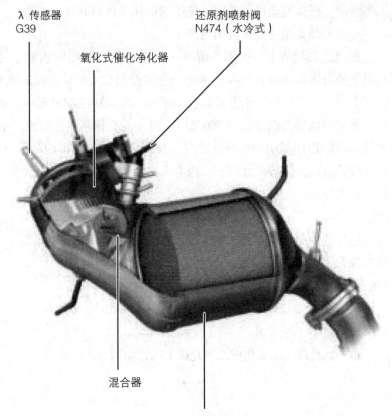

λ 传感器 G39

氧化式催化净化器

还原剂喷射阀 N474（水冷式）

混合器

柴油微尘过滤器，带有 SCR 涂层

图 2-1-197

表 2-1-11

再生步骤	特点
被动再生	在被动再生过程中，炭黑颗粒继续燃烧而发动机控制系统并未干涉。这种情况一般发生在发动机负荷很大时，比如在高速公路上，废气温度高达 350~500℃
主动再生	在常用的城市循环中，废气温度就比较低了，不足以产生被动再生过程。柴油微尘过滤器中会不断堆积炭黑颗粒，如果炭黑颗粒堆积量达到一定值，发动机管理系统就会实施主动再生过程。这时会将废气提高到 750℃，于是就可将堆积的炭黑颗粒烧掉了
用户自己进行再生行车	如果车辆总是用于短程行驶，那么废气温度是不会达到能让柴油微尘过滤器再生的程度的。如果炭黑颗粒的积聚超过了某一极限值，那么组合仪表上的指示灯会提示司机的，这表示司机必须驾车行驶来启动再生过程。具体说就是在较短时间内迅速提高车速，以便让废气温度升得足够高，从而能执行再生过程
售后服务式再生	如果再生行车也没能去掉柴油微尘过滤器积存的炭黑颗粒，那就需要去服务站来进行再生了。这时组合仪表上有指示灯（必要时也有文字提示）会提示司机：必须去服务站寻求帮助

是 AdBlue Diesel Exhaust Fluid。

（1）结构（以奥迪 Q7 上的 3.0L V6 TDI 发动机为例），如图 2-1-198~图 2-1-200 所示。

（2）功能。

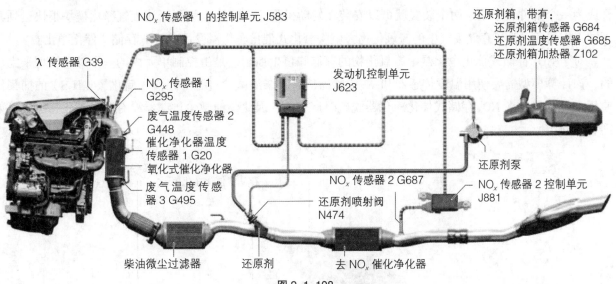

图 2-1-198

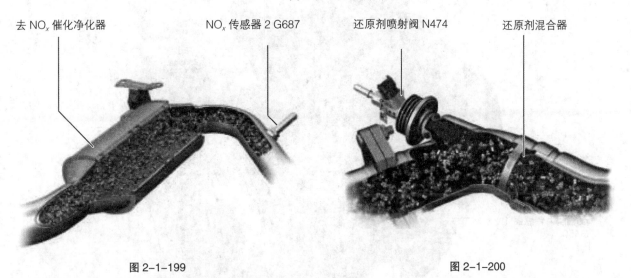

图 2-1-199   图 2-1-200

去 NO$_x$ 催化净化器在发动机启动后，在废气温度为 180℃时几分钟即可达到其正常工作温度。这个温度信息由去 NO$_x$ 催化净化器前的废气温度传感器 4 G648 传给发动机控制单元 J623，于是就可以喷射还原剂了（按精确计量来喷射）。从还原剂喷射阀 N474 到去 NO$_x$ 催化净化器以及在该催化器内部，会发生各种化学反应。

在还原剂很热的气流中，首先会蒸发掉其中的水分。随后会发生热解，这时尿素分解成异氰酸和氨。

氨在去 NO$_x$ 催化净化器中驻留，与废气中的一氧化氮（NO）和二氧化氮（NO$_2$）反应，生成氮气（N$_2$）和水（H$_2$O）。

只要有很热的表面存在，异氰酸就会通过水解被转换成二氧化碳和其他氨分子。

反应所需要的水，是由发动机燃烧过程所产生的。一个分子的尿素可以生成两个分子的氨，用于还原式催化净化器中的化学反应。

热解——一种化学反应，通过热使原料分解成多种物质。

水解——通过水使化合物分解。

（3）柴油机上的废气净化模块。

有些柴油发动机上，使用了所谓的废气净化模块。这种模块将氧化式催化净化器和柴油微尘过滤器合成为一个部件，于是这两个装置就可以安装在发动机附近，因此也就可以让废气净化模块很快达到其正常工作温度。为了存储废气中的氮氧化物，就将氧化式催化净化器设计成 NO_x 存储式催化净化器。

对于 NO_x 存储式催化净化器中氮氧化物的存储和再生控制，是由控制单元内的一个计算模型来完成的，该计算模型需要使用温度传感器和 λ 传感器信息。柴油微尘过滤器还作为硫化氢（H_2S）的捕集器使用，硫化氢是在 NO_x 存储式催化净化器脱硫时产生的，因此柴油微尘过滤器涂有金属氧化物涂层，如图 2-1-201 所示。

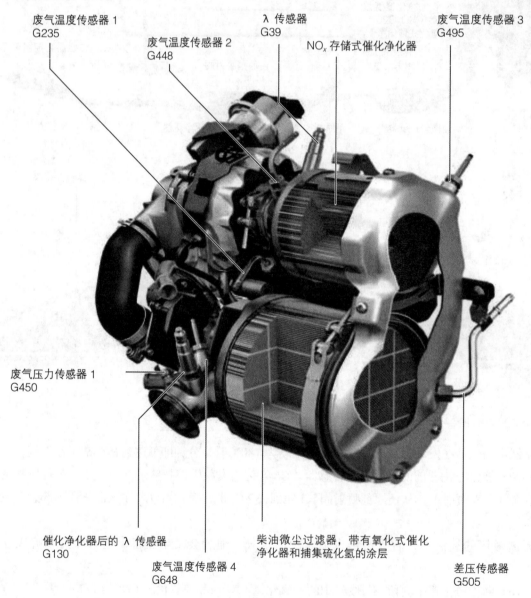

废气温度传感器 1
G235

废气温度传感器 2
G448

λ 传感器
G39

NO_x 存储式催化净化器

废气温度传感器 3
G495

废气压力传感器 1
G450

催化净化器后的 λ 传感器
G130

废气温度传感器 4
G648

柴油微尘过滤器，带有氧化式催化净化器和捕集硫化氢的涂层

差压传感器
G505

图 2-1-201

8. 符合 EU6 排放标准但不带 SCR 系统的发动机

为了在整个特性曲线范围内都能使用低压废气再循环，就用电动排气控制阀以可控方式对柴油微尘过滤器流出整个废气气流形成阻碍。这样的话，就在柴油微尘过滤器后面（指下游）形成一个 30~40mbar 的过压（大小取决于排气控制阀所形成的排气压力）。

这个过压通过废气再循环冷却器和其后面的废气再循环阀就形成了一个正的流动压差（扫气率）。通过这个废气再循环阀就可以调节再循环废气量。

（1）系统一览，如图 2-1-202 所示。

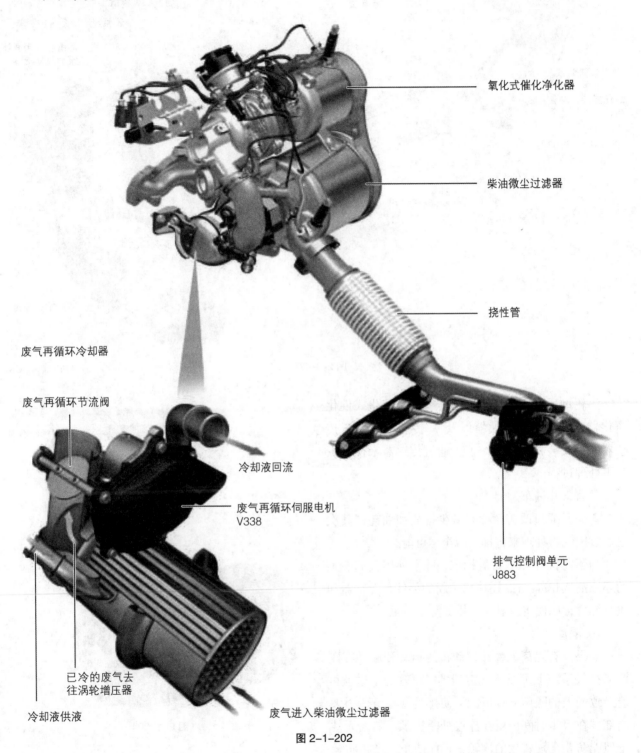

图 2-1-202

（2）结构（以奥迪 A8, 型号 4H 上的 3.0L V6 TDI 发动机为例），如图 2-1-203 所示。

9. 部件

废气再处理系统由这些部件组成：还原剂箱系统（带有水冷式还原剂喷射阀）、一个安装在发动机附近的加热式催化净化器 1、一个有 SCR 涂层的柴油微尘过滤器和一个捕集式催化净化器（在主消音器前）。

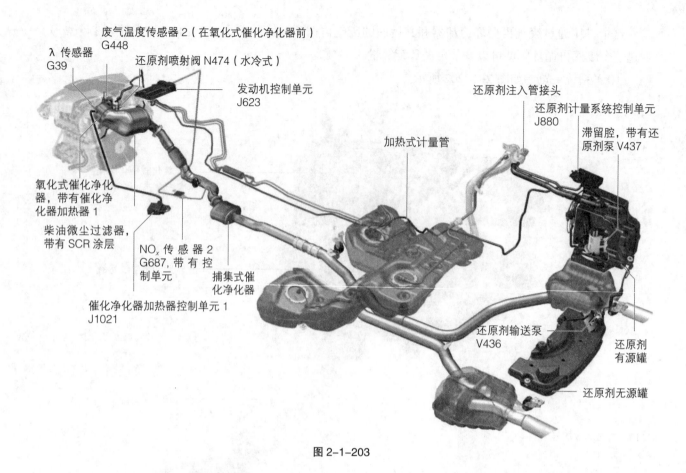

λ 传感器
G39

废气温度传感器 2（在氧化式催化净化器前）
G448

还原剂喷射阀 N474（水冷式）

发动机控制单元
J623

还原剂注入管接头

还原剂计量系统控制单元
J880

加热式计量管

滞留腔，带有还原剂泵 V437

氧化式催化净化器，带有催化净化器加热器 1

柴油微尘过滤器，带有 SCR 涂层

NO$_x$ 传感器 2 G687，带有控制单元

捕集式催化净化器

催化净化器加热器控制单元 1 J1021

还原剂输送泵 V436

还原剂有源罐

还原剂无源罐

图 2-1-203

涡轮增压器前后多个温度传感器、氧化式催化净化器、柴油微尘过滤器以及 λ 传感器和 NO$_x$ 传感器，都安装在排气系统上。通过传感器来控制废气再处理过程。

只有某几种车型上才有。

首先是通过改善摩擦来减少排放和油耗，其次是通过废气再处理来将排放减至尽可能少。

为了能符合 EU6 排放标准，除了使用我们熟悉的还原剂 AdBlue 外，还使用了新的部件、传感器和执行元件，以便将氮氧化物排放降至最低。

10. 隔离元件

如果没有隔离元件，发动机的运动和震动在刚性的排气系统上可以一直传到排气尾管处。这就可能导致恼人的噪声，并可能会使排气管上负荷很大的部件在极短时间内就在连接处断裂了。隔离元件不但能防止出现较大的摆幅，还能防止发动机将较小的震动传入排气系统。要是没有隔离元件，这种运动就会以声脉冲的形式传入车内，经过车内这个大的谐振腔，声响就更大了。

更换排气系统时，一定要遵守维修手册上的安装说明。不按规定操作可能会损坏隔离元件，隔离元件在很短时间内就会失效。因此，不可使排气管上的隔离元件（挠性管连接）做较大偏转，如图 2-1-204

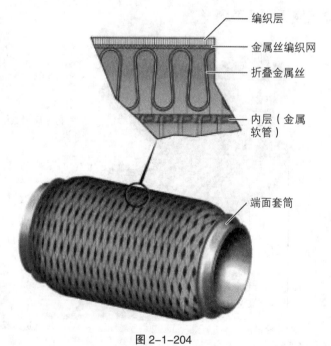

编织层

金属丝编织网

折叠金属丝

内层（金属软管）

端面套筒

图 2-1-204

130

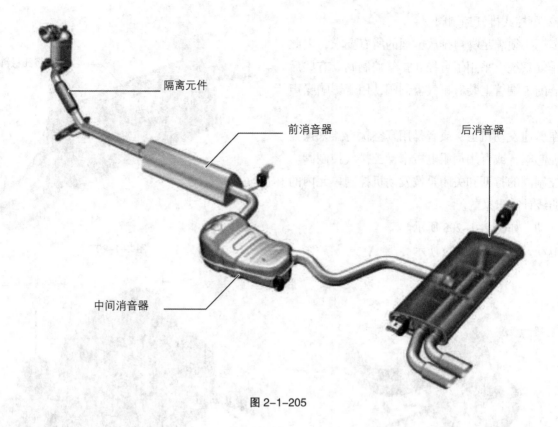

隔离元件

前消音器

后消音器

中间消音器

图 2-1-205

所示。

11. 消音器

在排气系统的后段和中段，安装有一个或者多个消音器，消音器可以减小尾气排放时的噪声。根据车型的不同，使用不同结构形式的消音器。消音器借助不同的形状和内部结构，来适应具体的发动机声响的要求。

排量较大的发动机采用双排气管结构，因此消音器的个数也就成倍增加了。消音器的壁厚为了实现轻结构要求，采用高级不锈钢制成，这样还不会影响抗腐蚀能力，如图 2-1-205 所示。

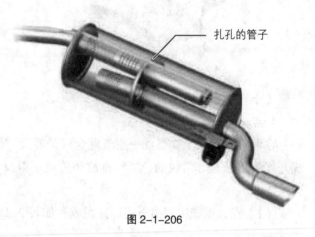

扎孔的管子

图 2-1-206

（1）反射式消音器。

这种消音器有多个腔（典型的有 4 个腔），利用声波反射原理来工作。多次穿越内腔后，声压振幅就被中和了，因此就降低了声压最大值。反射是通过消音器内的反射墙以及扩大或者缩小横截面积来实现的。但是，这会增大排气的背压（具体取决于结构）。反射，主要是抑制消音器内的低频噪声，如图 2-1-206 所示。

（2）吸收式消音器。

吸收式消音器含有多孔材料，一般是石棉、玻璃棉或者玻璃纤维，这些材料可以部分吸收声能，就是把声能转化成热了。通过多次反射加强了声能吸收的效果。可将排气噪声降低 50dB（A），这相当于把声压降低了 300。吸收，主要是抑制高频噪声。

一般来说，排气系统是把这两种消音方式结合在一起使用的，或者是单独式的消音器（中间消音器和后消音器），或者是组合成一体的。这样的话，就可以覆盖尽可能宽的频谱了，如图 2-1-207 所示。

12. 可控式排气控制阀

车辆必须满足噪声排放方面的所有要求，因此就在排气系统上采用了可控式排气控制阀。有些后消音器的末端管上装有排气控制阀，用于影响噪声排放。

在奥迪发动机上，或者是用真空执行器来操控排气控制阀，或者用伺服电机来操控排气控制阀。排气控制阀的打开和关闭是按发动机控制单元内的特性曲线计算出来的。

气动，如图 2-1-208 所示。

电动，如图 2-1-209 所示。

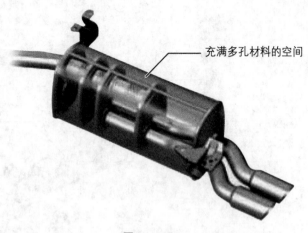

充满多孔材料的空间

图 2-1-207

真空执行器

图 2-1-208

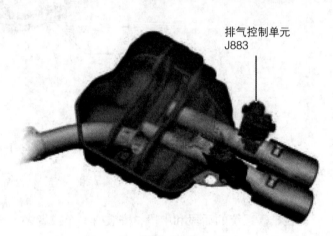

排气控制单元
J883

图 2-1-209

（十一）点火系统

1. 点火系统

在汽油发动机上，燃油—空气混合气是需要"外部"来给点火的，因此就需要有点火系统。点火系统开发的进展是非常快的，废气排放相关规定以及与此相关的降低有害物质排放等，都需要更精细的点火系统。

（1）点火系统主要由下述部件组成，如表 2-1-12 所示。

表 2-1-12

部件	任务和功能
点火线圈	由较粗的初级线圈和较细的次级线圈组成，线圈缠绕在片状铁芯上。点火线圈的任务，是将较低的蓄电池电压（一般为 12V）转换成数千伏，以便在火花塞的电极间产生强有力的点火火花
点火分电器	分电器同时承担多个功能。它将点火火花分配给各缸，分电器中还有断电器触点、电容器和点火提前角真空调节器以及点火提前角离心调节器
点火高压线和火花塞	点火高压线是专用电缆，能将数千伏的电压传至各个火花塞或者分电器和点火线圈之间（4 号接线）。火花塞是拧在缸盖上的，其电极之间会产生点火火花，用于点燃燃烧室内的燃油—空气混合气
断电器触点	断电器触点的任务是在正确时刻接通或者断开点火线圈的初级回路。在比较老的系统上，是借助于安装在分电器轴上的凸轮来实现的
电容器	电容器的作用是：减小断开初级回路时所产生的火花，从而提高断电触点的寿命

（2）结构，如图 2-1-210 所示。

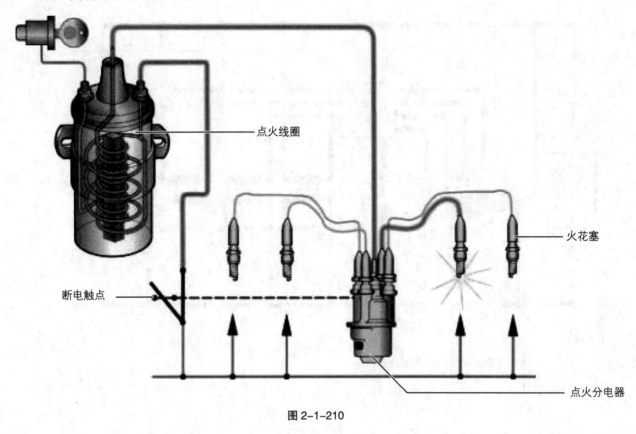

点火线圈

火花塞

断电触点

点火分电器

图 2-1-210

2.纯电子点火系统

现代汽车上，使用的是纯电子点火系统，这种系统上不再有任何活动部件，也就是没有用于分配点火火花的分火头，因此也被称作"静止式点火系统"。

发动机控制单元（一般还负责控制喷油阀）根据存储的 3D 特性曲线，按下述传感器信号来计算出理想的点火点：

①发动机转速；

②发动机负荷；

③发动机温度；

④爆震传感器信号（如果有的话）。

这种特性曲线在大功率、低油耗和减少有害物质排放方面均是优化过的。如果某个传感器失效，那么会有一个应急程序来代理。一般每个气缸有自己专用的点火线圈，该线圈就安装在火花塞上方，由控制单元来操控，如图 2-1-211 所示。

优点：

①无活动部件，无磨损；

②在发动机任何工况时点火精度都非常高；

③发动机性能好；

④提高了发动机功率；

⑤减少了废气排放；

⑥降低了燃油消耗；

⑦抗干扰性好（因为没有分电器盖和分火头）；

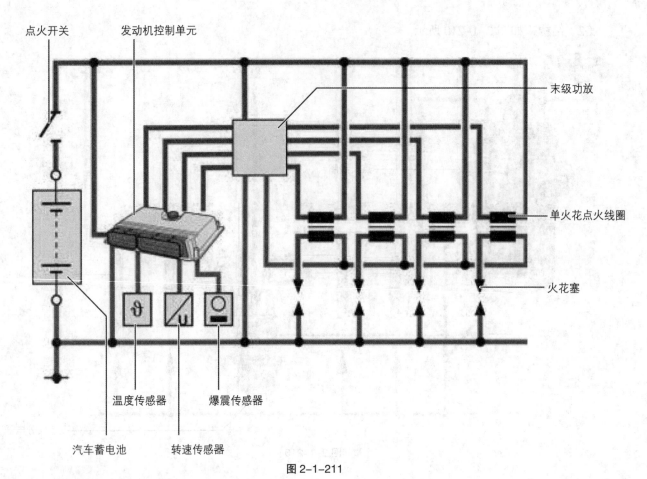

点火开关　发动机控制单元

末级功放

单火花点火线圈

火花塞

温度传感器　爆震传感器

汽车蓄电池　转速传感器

图 2-1-211

⑧点火能力强；

⑨可实现怠速转速调节。

3. 火花塞

汽油发动机的火花塞负责在做功行程时将气缸内的燃油—空气混合气点燃。为此，需要在接线端子上加载 30~40kV 的电压并使该电压流经火花塞。在中央电极和侧电极之间就会产生电弧，就是点火火花。要想让点火火花足够强，电极间距离就起着决定性作用了。

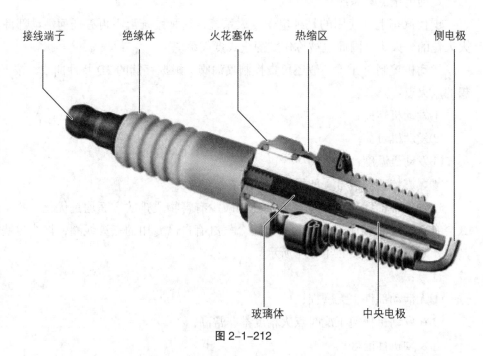

接线端子　　绝缘体　　火花塞体　　热缩区　　侧电极

玻璃体　　中央电极

图 2-1-212

因此，汽车生产厂对电极间距离是有准确规定的。如果这个间距过大，就不会产生火花，也就无法点燃气缸内的混合气。如果这个间距过小，那么火花一般也会太小，这时的火焰前锋就过小，无法完全点燃混合气。

（1）结构，如图 2-1-212 所示。

（2）火花塞结构型式。

并非所有火花塞都在用顶极型结构，越来越多的火花塞采用的是多侧极型结构。也有将顶极型结构与多侧极型结构结合在一起使用的，这就被称作混合型结构。

如今，火花塞带有4，或者3个电极是很普遍的，这样的好处是：可将热负荷分摊在多个侧电极上，这可明显提高耐用度，如图2-1-213~图2-1-215所示。顶极型结构如图2-1-213所示，多侧极型结构如图2-1-214所示，混合型结构如图2-1-215所示。

图2-1-213　　　　　　　　　　图2-1-214　　　　　　　　　　图2-1-215

（3）火花塞热值。

如果火花塞在工作时很快就能达到450℃，且在全负荷时温度不超过850℃，就可以说火花塞的热值是正确的。火花塞热值本质上反映了火花塞的工作范围。火花塞温度较低容易导致其脏污；火花塞温度过高又会导致危险的炽热引火（也叫热面引火）。比如，绝缘体底部要是升至850℃，那么就会发生炽热引火（也叫热面引火），那么燃油—空气混合气自己就燃烧起来了，这会损坏发动机的。于是就做了区分，我们把低热值的火花塞称作冷型火花塞。冷型火花塞一般绝缘体底部很短，因此这种火花塞就能很快地将吸收的热量散掉。由于绝缘体底部表面积很小，因此这种火花塞也只能吸收很少的热量，它保持着冷态，因此热值就较低。这种火花塞主要用于大功率发动机上，比如在跑车上。

我们把高热值的火花塞称作热型火花塞，这种火花塞的绝缘体底部很长，因此散热就明显慢多了。由于绝缘体底部表面积很大，因此这种火花塞吸热也明显多了。这种火花塞较热，因此热值较高，如图2-1-216所示。

这种火花塞主要用于转速较低的发动机。现代的火花塞都有较宽的热值范围，就是说，火花塞可迅速达到其正常工作温度，这对于短途行驶尤其重要，且可避免在高负荷时出现炽热引火（也叫热面引火）。可以通过使用最新材料以及改良结构来实现这点，如图2-1-217所示。

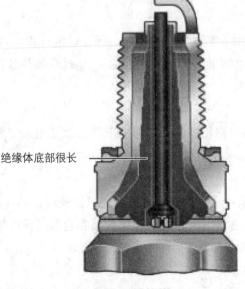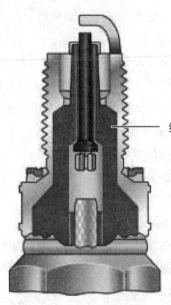

绝缘体底部很短

绝缘体底部很长

图2-1-216　　　　　　　　　　　　　　　图2-1-217

在刚换火花塞时，请务必注意最新维修手册中的规定，尤其是更换周期和备件号信息。

（十二）预热装置

1. 预热装置

柴油发动机上有快速启动预热装置，这使得柴油机能在任何气候条件时都能立即启动。不必长时间预热，启动过程与汽油发动机相当。

（1）系统一览（以4缸TDI发动机为例），如图2-1-218所示。

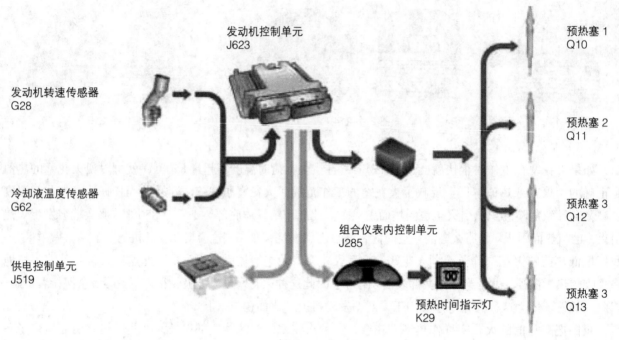

发动机控制单元
J623

发动机转速传感器
G28

冷却液温度传感器
G62

供电控制单元
J519

组合仪表内控制单元
J285

预热时间指示灯
K29

预热塞1
Q10

预热塞2
Q11

预热塞3
Q12

预热塞3
Q13

图 2-1-218

（2）预热。

钢质预热塞由发动机控制单元经预热时间自动控制单元J179来操控，具体来说是用脉冲宽度调制（PWM）信号以移相控制方式来操控。这样的话，就可通过PWM脉冲的占空比来调节作用在各个预热塞上的电压。当外界温度低于24℃时，最高作用电压为11.5V，这样可保证预热塞在短时（不超过2s）就被加热到1000℃，这就缩短了发动机启动所需的预热时间。

（3）启动后加热。

要想实现启动后加热，必须在PWM脉冲的占空比中调节车载电压的接通时间，以便行程4.4V的有效电压。启动后加热在发动机启动后、冷却液温度不高于24℃时最长可持续5min。启动后加热的作用体现在可以降低碳氢化合物排放，并降低预热阶段的燃烧噪声。

（4）预热塞的移相控制。

为了在预热阶段减轻车载电网的负荷，对预热塞采用了移相控制。信号的下降沿总是用来触发下一个预热塞，如图2-1-219所示。

2. 陶瓷预热塞的结构

陶瓷预热塞不易老化，因此使用寿命长。别的优点还有冷启动性能好、改善废气排放值。

陶瓷预热塞由塞体、接线端子、陶瓷加热棒组成。加热棒由绝缘的陶瓷保护层和内部的导电加热陶瓷芯构成。这个加热陶瓷芯就替代了金属预热塞中的调节和加热丝，如图2-1-220所示。

（1）失效时的影响。

如果预热时间自动控制单元J179发现预热塞消耗电流过大或者电阻过高，那么就不会操控相应的预热塞去工作了。

（2）缸压燃烧控制。

为了能对燃油喷射系统和空气进气系统实施精确控制，发动机管理系统在燃烧时需要考虑气缸内的压力变化情况。发动机控制单元是通过气缸 3 上的燃烧室压力传感器 G679 来获取气缸压力的实时变化信息的，该传感器集成在气缸 3 上的预热塞壳体内。

在发动机的使用寿命内，缸压燃烧控制可以根据不同的废气再循环率、燃油质量和部件公差，来调节喷油时刻以及燃烧时的缸压变化。

气缸 3 上的燃烧室压力传感器 G679 的信号和发动机转速传感器 G28 的信号，发动机控制单元内的一个软件模型就能计算出各缸的压力变化了。从规定值—实际值对比中所得的相应偏差，就被用作喷油时刻和喷油持续时间的校正值，如图 2-1-221 所示。

（十三）燃油系统

1. 汽油发动机

大多数现代的汽油发动机，都是使用燃油直喷系统。在有些发动机上，还另有进气歧管喷射系统。

气缸排 2 的高压燃油泵由气缸排 1 的高压泵来供油。低压区的工作压力是可变的，在 5~6.5bar，系统总是试图让压力保持最低；高压区的工作压力在 20~120bar；当压力达到 145bar 时，机械式压力限制阀会打开。

燃油系统分为低压区和高压区，这两个区都是按需要来调节，没有回流管路。

燃油箱内的预供油泵 G6 由燃油泵控制单元 J538 来控制。免保养滤清器安装在油箱内的供油单元上。

两排气缸各有自己的高压管路，如图 2-1-222 所示。

（1）双喷射系统。

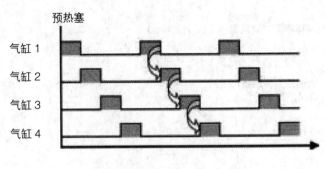

图 2-1-219

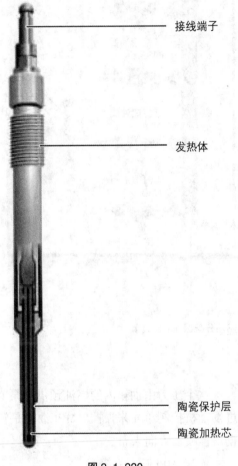

接线端子

发热体

陶瓷保护层

陶瓷加热芯

图 2-1-220

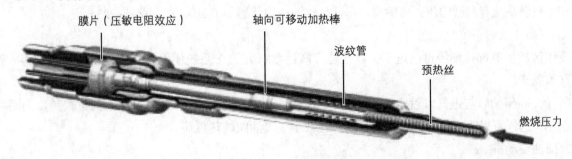

膜片（压敏电阻效应）　　　轴向可移动加热棒

波纹管

预热丝

燃烧压力

图 2-1-221

对于汽油机直喷系统，一直都有这样的抱怨，且这种抱怨越来越强烈了：汽油机直喷系统所产生的微尘排放能达到当今最新柴油机微尘排放的 10 倍。因此就开发了双喷射系统。

137

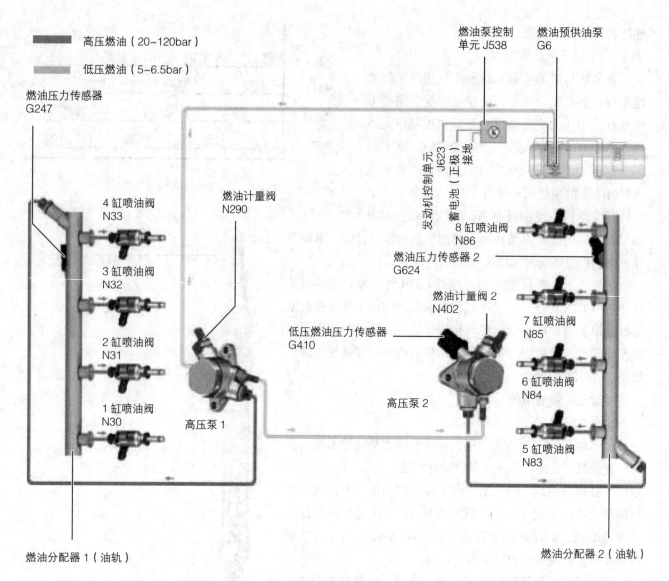

高压燃油（20~120bar）

低压燃油（5~6.5bar）

燃油压力传感器
G247

4 缸喷油阀
N33

3 缸喷油阀
N32

2 缸喷油阀
N31

1 缸喷油阀
N30

高压泵 1

燃油计量阀
N290

燃油泵控制
单元 J538

燃油预供油泵
G6

发动机控制单元
J623
蓄电池（正极）
接地

8 缸喷油阀
N86

燃油压力传感器 2
G624

燃油计量阀 2
N402

低压燃油压力传感器
G410

高压泵 2

7 缸喷油阀
N85

6 缸喷油阀
N84

5 缸喷油阀
N83

燃油分配器 1（油轨）

燃油分配器 2（油轨）

图 2-1-222

这个压力由油箱内的燃油预供油泵 G6 根据需要来提供。燃油预供油泵 G6 由燃油泵控制单元 J538 通过发动机控制单元来操控。MPI 油轨是塑料制的。MPI 喷油阀（N532~N535）安装在塑料进气歧管上，根据最佳喷油方向来布置。

（2）MPI 喷射系统。

MPI 喷射系统有自己的压力传感器，即低压燃油压力传感器 G410，如图 2-1-223 所示。

（3）高压喷射系统。

高压区的所有部件都经过改进了，以便适应高达 200bar 这个系统压力。另外，喷油阀通过钢质弹簧片与缸盖隔音。

同样，高压油轨与进气歧管也分隔开了，用螺栓与缸盖拧在一起。高压喷油阀的位置稍微向后移动了一点儿，这样可以改善混合气的均匀程度，还减小了喷油阀的热负荷。

2. 柴油发动机

共轨喷射系统是柴油机上使用的一种高压喷射系统，共轨的意思是所有喷油阀使用共同的高压油轨。在这种喷射系统上，压力的产生和燃油喷射是彼此分开的。用一个单独的高压泵来产生燃油喷射所需要的燃油压力，这个燃油压力就储存在高压储存器（油轨）中，通过很短的喷油管直接供喷油阀使用。

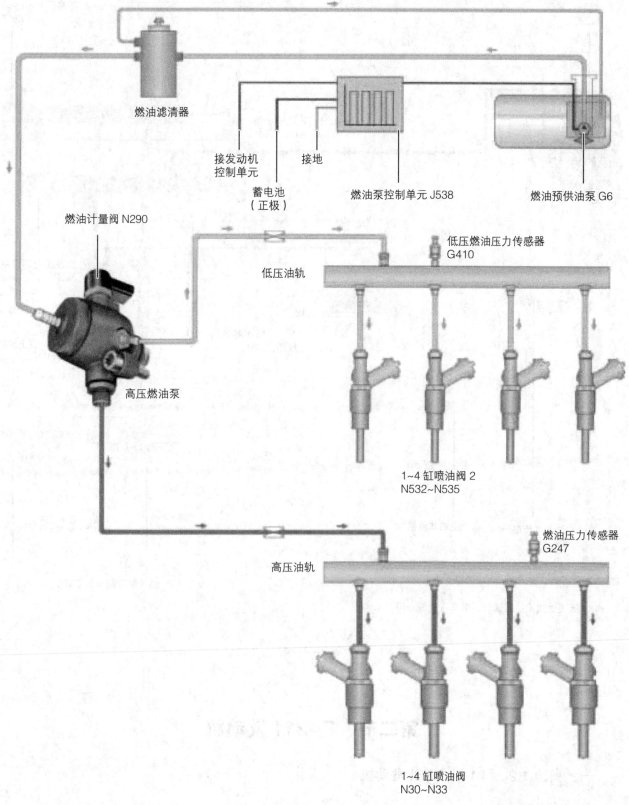

燃油滤清器

接发动机
控制单元

接地

蓄电池
（正极）

燃油泵控制单元 J538

燃油预供油泵 G6

燃油计量阀 N290

低压油轨

低压燃油压力传感器
G410

高压燃油泵

1~4 缸喷油阀 2
N532~N535

燃油压力传感器
G247

高压油轨

1~4 缸喷油阀
N30~N33

图 2-1-223

　　喷油阀是压电式的或者电磁式的。共轨喷射系统通过发动机管理系统 Bosch EDC 17 来控制。根据发动机功率和结构形式，最高油轨压力可达 1800~2000bar，配有相应的喷嘴口形状。这个高压是由铝壳的高压泵产生的，该泵有 1 个或 2 个柱塞。所使用的泵是 CP4.1 或者 CP4.2，如图 2-1-224 所示。

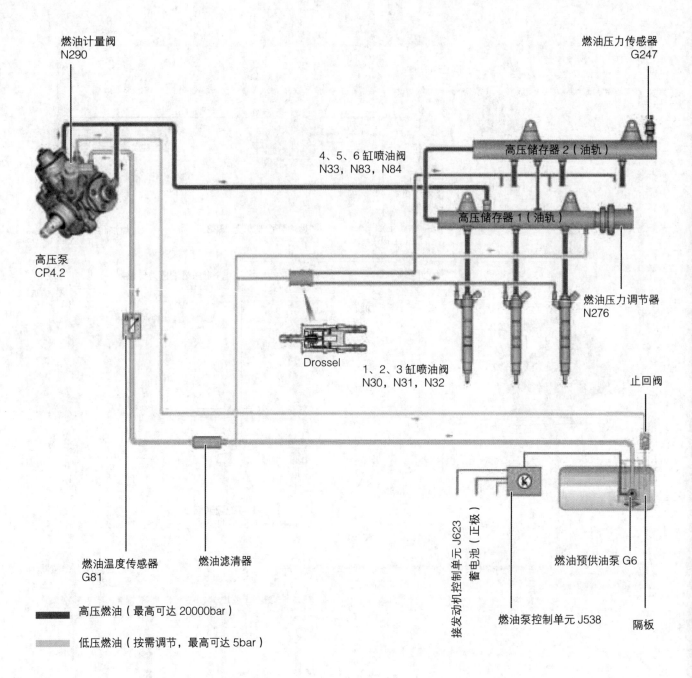

燃油计量阀
N290

燃油压力传感器
G247

4、5、6 缸喷油阀
N33, N83, N84

高压储存器 2（油轨）

高压储存器 1（油轨）

高压泵
CP4.2

燃油压力调节器
N276

Drossel

1、2、3 缸喷油阀
N30, N31, N32

止回阀

燃油温度传感器
G81

燃油滤清器

接发动机控制单元 J623

蓄电池（正极）

燃油预供油泵 G6

燃油泵控制单元 J538

隔板

高压燃油（最高可达 20000bar）

低压燃油（按需调节，最高可达 5bar）

图 2-1-224

第二节　EA211 发动机

一、奥迪 1.2L 和 1.4L TFSI 发动机

（一）概述

1. 技术简述

这种新型 TFSI 发动机系列的开发目标，简单来说就是：这种小型 1.2L 和 1.4L TFSI 发动机耗油要低、重量要轻且外形紧凑，且要能用到各种平台上。另外，这种发动机未来在替代燃料和新技术方面要能适应要求。

（1）开发的成果。

① CO_2 排放最多可降低 20g/km；

②燃油消耗几乎降低 1L；

③重量最多可降低 30%；

④外形长度最多可缩短 18%；

⑤安装位置有变化。

EA211 发动机系列是德国奥迪公司的新型四缸发动机，是专为横置发动机模块化平台（MQB）而开发的。

与前代（EA111）相比，EA211 发动机系列是全新开发的，只是 82mm 气缸间距仍保持不变。由于发动机的安装位置倾斜了 12°，所以可将动力总成、驱动轴和变速器安装长度标准化，这就将整个德国大众集团内部 MQB 平台上所用的发动机和变速器数目减少约 90%。

一个特别的亮点是，1.4L 的 103kW 发动机有气缸关闭功能。该功能允许根据需要来将四个气缸中的两个气缸关闭，而驾驶员并无感觉。通过这种气缸关闭功能，NEFZ 行驶循环中的燃油消耗可降低 0.4L/100km（相当于 8g CO_2/km）。在中等车速的城市循环以及越野行驶时，甚至可以节省 10%~20% 的燃油。

这种新型发动机是该级别中的一个里程碑。

（2）1.2L TFSI 发动机，如图 2-2-1 所示。

（3）1.4L TFSI 发动机，103kW，如图 2-2-2 所示。

图 2-2-1

图 2-2-2

2. 种类

德国奥迪公司的 EA211 发动机系列有不同的型号和排量。根据车型系列以及车辆所在的市场情况，所使用的发动机也会有不同的特点。

（1）发动机 1.2L TFSI，如图 2-2-3 所示。

（2）发动机 1.4L TFSI，如图 2-2-4 所示。

（3）如表 2-2-1 所示，列出了发动机的种类、规格和改动情况。

图 2-2-3

图 2-2-4

表 2-2-1

发动机	1.2L TFSI	1.4L TFSI	
使用车型	奥迪 A3'13	奥迪 A3'13	奥迪 A1, A3'13
发动机代码	CJZA	CMBA	CPTA
功率（kW）	77	90	103
扭矩（N·m）	175	200	250
排放标准	EU 5 plus EU 2 ddk	EU 5 plus	EU 5 plus
变速器	0AJ 0CW 0AH	0CW 0AJ	A1: 02Q, 0CW, A3'13: 02S
燃油喷射	FSI	FSI	FSI
增压系统	有	有	有
气缸关闭	无	无	有

（4）减重措施。

由于使用了超轻的铸铝缸体，所以这些汽油发动机的 112kg 或者 114kg 的重量，就是非常轻的了。以 1.4L TFSI 发动机为例，如图 2-2-5 所示，它比其前代的 EA111 系列发动机（灰口铸铁的）重量降低了惊人的 22kg。轻结构应用到细微之处：曲轴重量降低了 20%，连杆重量降低了 25%。连杆轴颈钻成空心的了，甚至平顶铝活塞也在重量方面进行了优化。气缸关闭元件仅重 3kg。

3. 技术数据

（1）1.2L TFSI 发动机，发动机代码 CJZA，如图 2-2-6 和表 2-2-2 所示。

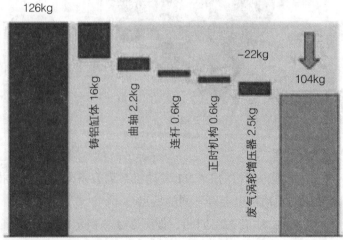

图 2-2-5

126kg

铸铝缸体 16kg
曲轴 2.2kg
连杆 0.6kg
正时机构 0.6kg
废气涡轮增压器 2.5kg

−22kg

104kg

1.4L 90kW TFSI（EA111）　　1.4L 90kW TFSI（EA211）

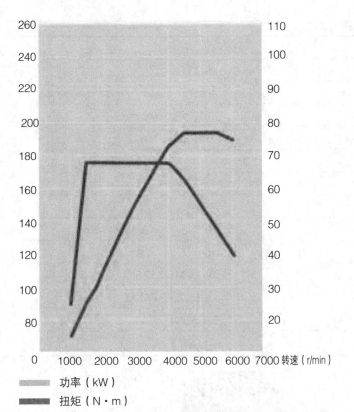

表 2-2-2	
发动机代码	CJZA
结构形式	四缸直列
排量（cm³）	1197
kW，转速	77，4500~5500
扭矩（N·m），转速	175，1400~4000
每缸气门数	4
点火顺序	1-3-4-2
缸径（mm）	71.0
行程（mm）	75.6
压缩比	10.5：1
发动机管理系统	Bosch MED 17.5.21
燃油	高级无铅 ROZ 95
排放标准	EU 5 plus EU 2 ddk
使用车型	A3'13

功率（kW）

扭矩（N·m）

图 2-2-6

（2）1.4L TFSI 发动机。

扭矩—功率特性曲线，发动机代码 CMBA，如图 2-2-7 所示；发动机代码 CPTA，如图 2-2-8 所示。如表 2-2-3 所示。

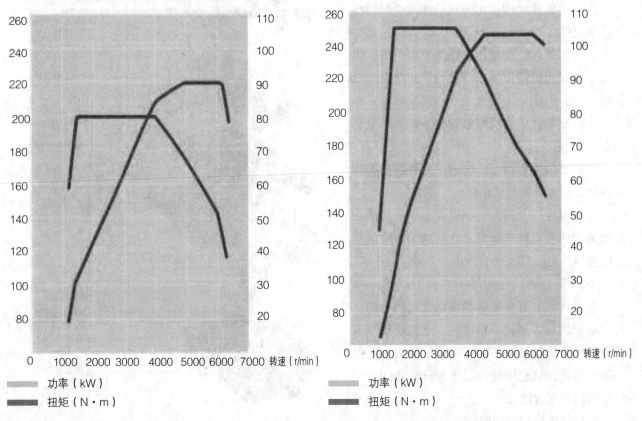

功率（kW）

扭矩（N·m）

图 2-2-7

功率（kW）

扭矩（N·m）

图 2-2-8

143

表 2-2-3

发动机代码	CMBA	CPTA
结构形式	四缸直列	四缸直列
排量 cm³	1395	1395
功率（kW），转速	90，5000~6000	103，4500~6000
扭矩（N·m），转速	200，1400~4000	250，1500~3500
每缸气门数	4	4
点火顺序	1-3-4-2	1-3-4-2
缸径（mm）	74.5	74.5
行程（mm）	80	80
压缩比	10：1	10：1
发动机管理系统	Bosch MED 17.5.21	Bosch MED 17.5.21
燃油	高级无铅 ROZ 95	高级无铅 ROZ 95
排放标准	EU 5 plus	EU 5 plus
使用车型	A3'13	A1, A3'13

（二）发动机机械部分

1. 缸体

（1）缸体是铝压铸而成的，是敞顶式气缸体，如图 2-2-9 所示。

这种敞顶式气缸体的优点和缺点如下：

①铸造容易，因为没有砂芯（成本低）；

②与闭顶式结构相比，气缸在较热时的冷却效果更佳；

③与闭顶式结构相比，刚度要差一些，但是现今可以通过使用金属气缸盖密封垫来进行补偿；

④缸盖和缸体之间拧紧螺栓连接时，缸套的变形很小；

⑤缸套的变形很小，这对活塞环的受力很有好处，且可降低机油消耗。

缸体内浇铸有压力机油供应通道、机油回流通道和曲轴箱排气通道。这就减少了附加部件的数目，也降低了加工费用。

（2）灰口铸铁气缸套。

灰口铸铁气缸套是单独浇铸在缸体内的。这种缸套的外表面是很粗糙的，这就使得其表面面积增大，把热量传递给缸体的能力也就提高了。另外，这也能使得缸体和缸套之间产生良好的形状配合连接。

2. 配气机构和曲柄连杆机构

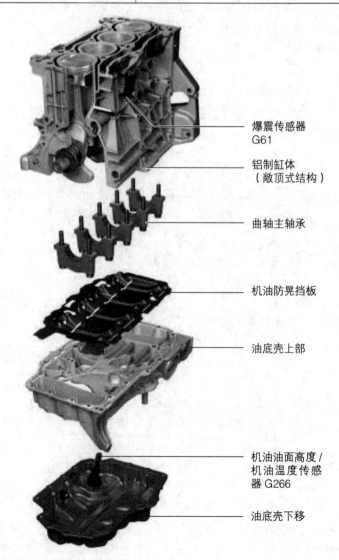

爆震传感器 G61

铝制缸体（敞顶式结构）

曲轴主轴承

机油防晃挡板

油底壳上部

机油油面高度/机油温度传感器 G266

油底壳下移

图 2-2-9

144

曲柄连杆机构设计成可动，质量非常小，且摩擦非常小。连杆和活塞的重量也进一步优化了。这些方面与较小的主轴承和连杆轴承一起，就将发动机重量和传动机构摩擦进一步降低了。

有五道轴承的轻结构曲轴有四个平衡配重，这就降低了曲轴内部作用力，也就降低了主轴承负荷。

配气使用两个凸轮轴，通过滚子摇臂来驱动气门。1.4L TFSI 发动机有一种是有气缸关闭功能的，这种发动机的凸轮轴上配备有专用滑块和凸轮轴调节元件。

（1）1.4L TFSI 发动机的曲柄连杆机构和气门机构（无气缸关闭功能的），如图 2-2-10 所示。

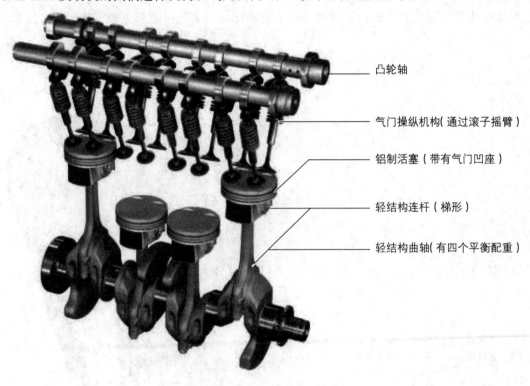

凸轮轴

气门操纵机构(通过滚子摇臂)

铝制活塞（带有气门凹座）

轻结构连杆（梯形）

轻结构曲轴(有四个平衡配重)

图 2-2-10

（2）活塞和连杆，如图 2-2-11 所示。

活塞是铝制压力铸造的，为了降低热负荷，使用机油喷嘴从下面将发动机机油喷到活塞顶处。

连杆是锻造的裂解式连杆，也是轻结构的。连杆小头孔没有压力机油供给，且是梯形的。

杆轴颈钻成空心的，活塞也是平顶的（重量也经优化）。

3. 齿形皮带机构（以 90kW 的 1.4L TFSI 发动机为例）

凸轮轴采用齿形皮带来驱动，皮带张紧是通过自动张紧轮实现的，这个张紧轮同时还通过止推台肩来为齿形皮带导向。安装齿形皮带机构时，必须用专用工具 T10499（12 角扳手）和 T10500 向后压张紧轮。

皮带拉力面上的导向辊和曲轴上的 ctc 齿形皮带轮可使得皮带运行声音很小。由于皮带力小，所以张紧轮的张紧力就降低了，这使得整个齿形皮带机构的摩擦和机械负荷都很小。震动减小了，运行也就更安静了。

图 2-2-11

这种齿形皮带使用了一种耐磨的聚四氟乙烯（特富龙）的涂层，因此齿形皮带的寿命很高。

（1）机油泵的驱动。

发动机不同，所使用的机油泵也不同。

1.4L TFSI 发动机上用免维护的齿链来驱动机油泵，如图 2-2-12 所示，这时没有链条张紧器。曲轴链轮与曲轴是刚性连接在一起的，无法拆卸。

1.2L 发动机上装备的是双中心机油泵，它直接由曲轴（无链条机构）来驱动。

（2）齿形皮带护罩（以 103kW 的 1.4L TFSI 发动机为例）。

齿形皮带由护罩保护着，该护罩分成三段（就是三部分），可防灰尘和污物侵袭。这就可延长齿形

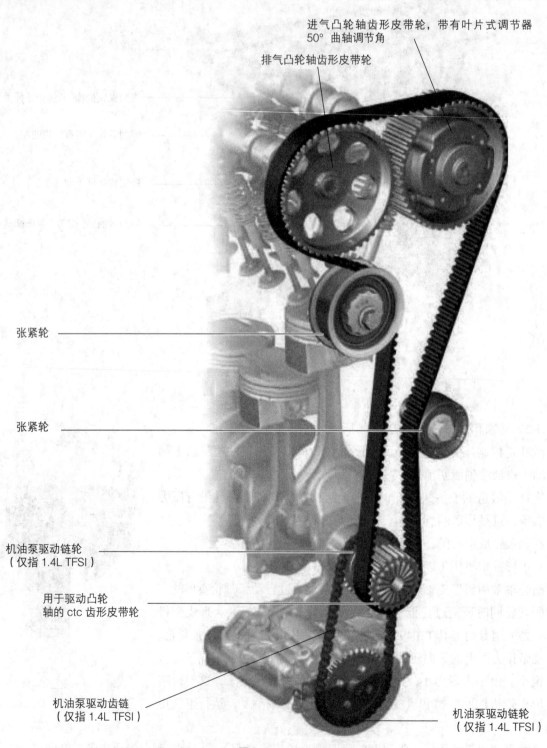

进气凸轮轴齿形皮带轮，带有叶片式调节器
50°曲轴调节角

排气凸轮轴齿形皮带轮

张紧轮

张紧轮

机油泵驱动链轮
（仅指 1.4L TFSI）

用于驱动凸轮
轴的 ctc 齿形皮带轮

机油泵驱动齿链
（仅指 1.4L TFSI）

机油泵驱动链轮
（仅指 1.4L TFSI）

图 2-2-12

皮带的使用寿命，如图 2-2-13 所示。

中段护罩（铝制）设计得非常坚固，它用作发动机支承。

如果维修工作只需要摘下齿形皮带，比如"拆装凸轮轴壳体"，那么发动机支承可以保持安装状态不动，可以保证维修人员够得着齿形皮带以便张紧它。

4. 辅助装置的驱动

一根多楔皮带经皮带轮来驱动发电机和空调压缩机（取决于装备情况）；一个自动张紧装置用于皮带的正确张紧，如图 2-2-14 所示。

在不带空调压缩机的车上，就只驱动发电机了。这根多楔皮带（Optibelt 公司生产的）柔韧且有延展性。使用该皮带再加上机械负荷小，所以就不再需要有张紧轮了。

为了使得发动机占用的空间尽可能小，各种辅助装置如水泵、空调压缩机和发电机就用螺栓直接拧到发动机和油底壳上了（不再另用支架了）。

5. 曲轴箱排气

塑料护盖（有喷注的密封垫）

铝—硅护盖
（发动机支承）

K 塑料护盖（有喷注的密封垫）

图 2-2-13

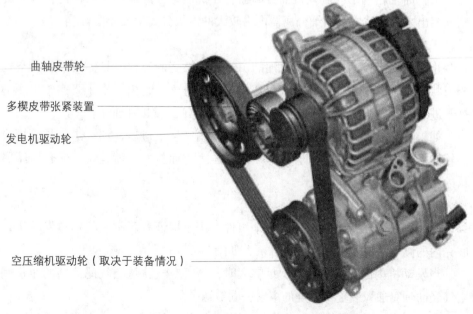

曲轴皮带轮

多楔皮带张紧装置

发电机驱动轮

空压缩机驱动轮（取决于装备情况）

图 2-2-14

147

和通风

　　曲轴箱通风是在内部进行的，就是说，被过滤掉机油的窜气经缸体内的通道流向涡轮增压器前的进气歧管或者流入涡轮增压器后的进气歧管模块。如图2-2-15所示。

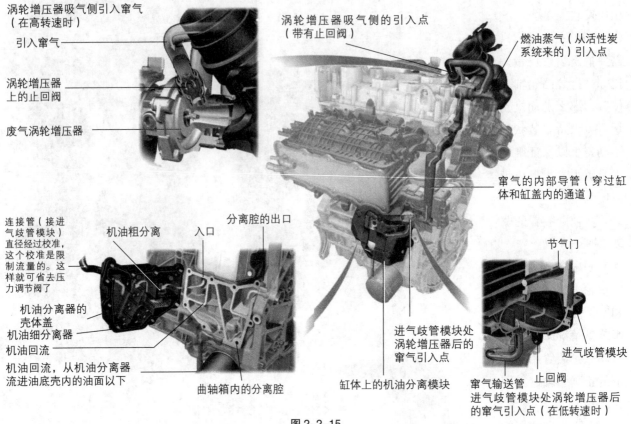

涡轮增压器吸气侧引入窜气（在高转速时）

引入窜气

涡轮增压器上的止回阀

废气涡轮增压器

涡轮增压器吸气侧的引入点（带有止回阀）

燃油蒸气（从活性炭系统来的）引入点

窜气的内部导管（穿过缸体和缸盖内的通道）

连接管（接进气歧管模块）直径经过校准，这个校准是限制流量的。这样就可省去压力调节阀了

机油粗分离

入口

分离腔的出口

节气门

机油分离器的壳体盖

机油细分离器

机油回流

机油回流，从机油分离器流进油底壳内的油面以下

曲轴箱内的分离腔

进气歧管模块处涡轮增压器后的窜气引入点

缸体上的机油分离模块

窜气输送管

进气歧管模块处涡轮增压器后的窜气引入点（在低转速时）

进气歧管模块

止回阀

图2-2-15

　　机油油滴在机油分离器中被分离出来。机油分离器是塑料制的，拧在缸体上。

　　（1）机油分离器。

　　来自曲轴箱的窜气流入机油分离器。在机油粗分离器内，靠冲击板和涡旋通道先将窜气中较大的油滴分离出来，随后在机油细分离器内由较大冲击板分离出较小的油滴。

　　（2）止回阀。

　　止回阀用于控制已过滤掉机油的窜气去往燃烧的过程，具体的话就看空气供给系统内产生什么样的压力状态了。如果在怠速和较高怠速转速时，进气歧管内产生了真空（负压），那么这个吸气效应就会打开进气歧管模块内的止回阀且关闭涡轮增压器吸气侧的止回阀。

　　如果在涡轮增压器工作时空气供给系统内产生了过压，那么进气歧管模块内的止回阀就会被关闭。涡轮增压器吸气侧的止回阀会因作用着的压力差而打开。就是说，涡轮增压器吸气侧的压力是小于曲轴箱内压力的。

　　（3）曲轴箱通风。

　　止回阀是曲轴箱排气系统的一个组件，用于保证有新鲜空气穿过发动机，以便带走发动机内部和油底壳内的潮气（冷凝水和燃油成分），如图2-2-16所示。

　　当发动机内的真空（负压）足够大时，新鲜空气就从空气滤清器的净化侧被输送到发动机内，这些空气经曲轴箱通风装置与燃烧的窜气一同被送走了。

　　为此，在发动机内的真空非常小时，止回阀应该打开，反之亦然，以防止空气过滤元件被机油雾所

空气滤清器
上的软管连接

止回阀

图 2-2-16

污染。发动机型号不同，软管的布置也不同。气缸盖罩内的止回阀用于阻止机油或者未过滤的窜气进入空气滤清器。

6. 活性炭滤清器系统

活性炭滤清器系统与增压汽油发动机上的基本结构是一样的。用于存储燃油蒸气的活性炭罐安装在车的右后方的燃油加油口处（指奥迪 A3′13 车）。

根据发动机转速情况，燃油蒸气在两个不同位置被引入吸入的空气中。活性炭罐电磁阀 1 N80 负责打开这个通路，该阀由发动机控制单元来操控。

在怠速和较低部分负荷时，由于空气进气系统内有真空（负压），燃油蒸气被引入进气歧管，就是节气门的后面；在系统内产生了增压压力的这个阶段，燃油蒸气被引至废气涡轮增压器的前部。

燃油蒸气的引入是通过两个止回阀来控制的，其功能与曲轴箱通风用的止回阀是一样的，如图 2-2-17 所示。

7. 缸盖

（1）技术特点。

①铝制缸盖，带有两根复合式凸轮轴；

②四气门技术；

③气缸盖罩是模块组装式的；

④所有发动机都有进气凸轮轴调节器，调节角为 50° 曲轴角，锁止在延迟位置上；

⑤排气凸轮轴调节器只在 1.4L 发动机（103kW）上才有，调节角为 40° 曲轴角，锁止在提前位置上；

⑥气缸关闭（取决于发动机）；

⑦火花塞布置在中央（在气门星形布置的中间）；

⑧由进气凸轮轴（四联凸轮）来驱动高压燃油泵；

⑨一体式排气歧管；

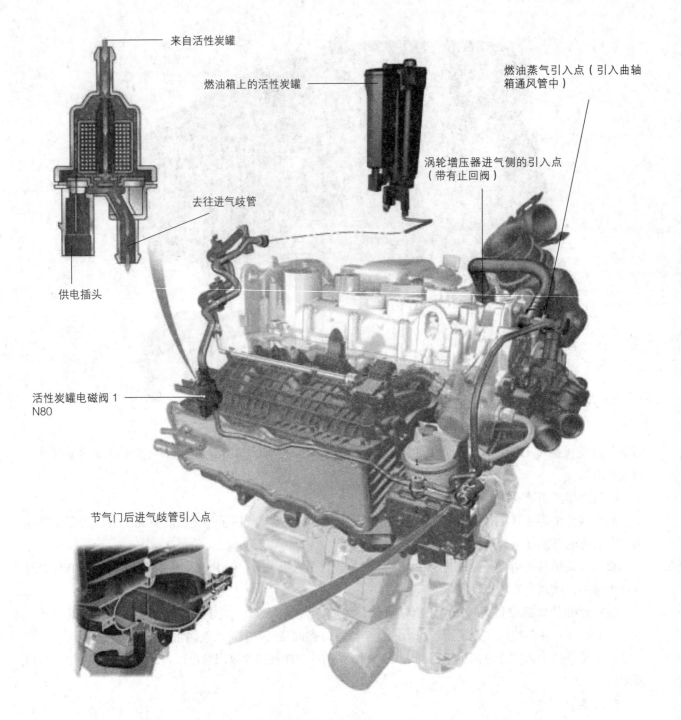

来自活性炭罐

燃油箱上的活性炭罐

燃油蒸气引入点（引入曲轴箱通风管中）

去往进气歧管

涡轮增压器进气侧的引入点（带有止回阀）

供电插头

活性炭罐电磁阀 1
N80

节气门后进气歧管引入点

1.止回阀，用于在空气供给系统内有过压时，将燃油蒸气引入涡轮增压器的进气侧
2.止回阀，用于在进气歧管内有真空（负压）时，将燃油蒸气引入进气歧管

图 2-2-17

⑩横流式冷却。

（2）模块组装式气缸盖罩。

气缸盖罩是铝压铸的，与两根凸轮轴构成一个不可分割的模块。就是说，拥有四个轴承的凸轮轴是无法拆卸下来的。

为了减小摩擦，每个凸轮轴上承受最大负荷（齿形皮带加载）的第一道轴承使用的是向心球轴承。另外，气缸盖罩还用于容纳下述部件，如图 2-2-18 所示。

①凸轮轴调节阀 1 N205；

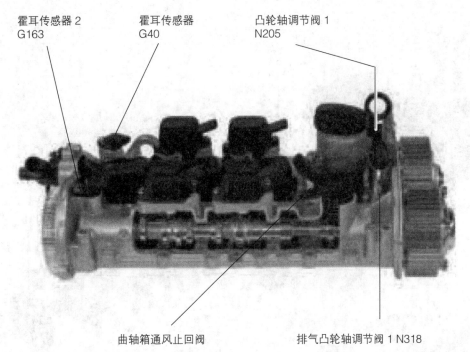

霍耳传感器 2 G163　　霍耳传感器 G40　　　凸轮轴调节阀 1 N205

曲轴箱通风止回阀　　　　排气凸轮轴调节阀 1 N318

图 2-2-18

②排气凸轮轴调节阀 1 N318（取决于发动机）；

③霍耳传感器 G40；

④霍耳传感器 2 G163（取决于发动机）；

⑤曲轴箱通风止回阀。

（3）一体式排气歧管。

一体式排气歧管将缸盖内的四个排气通道汇集到一个中央法兰上。催化净化器就直接拧在该法兰上。

除了节省燃油和散热方面的优势外，这种结构还可降低约 2kg 的重量（与普通排气歧管相比），如图 2-2-19 所示。

图 2-2-19

（4）配备了气缸关闭的 1.4L TFSI (103kW) 发动机的结构，如图 2-2-20 所示。

（三）机油供给系统

1. 机油循环

机油供给系统为所有的轴承、活塞冷却喷嘴、凸轮轴调节器、气门机构和涡轮增压器提供足量的润滑机油，如图 2-2-21 所示。

根据发动机型号，可能会使用不同的机油泵。活塞冷却喷嘴会将机油喷到活塞底部，以便冷却活塞。

2. 可调式机油泵

1.4L TFSI 发动机上使用的是可调式机油泵。与其他类型的可调式机油泵相比，现在这个结构的机油泵采用了一种改进过的调节策略，这使得该泵工作时的经济性更好了。

（1）一览，如图 2-2-222 和图 2-2-223 所示。

（2）结构。

从该泵的基本结构上看，这是一个外啮合齿轮泵。其特点是：一个泵轮可以轴向移动（从动泵轮）。

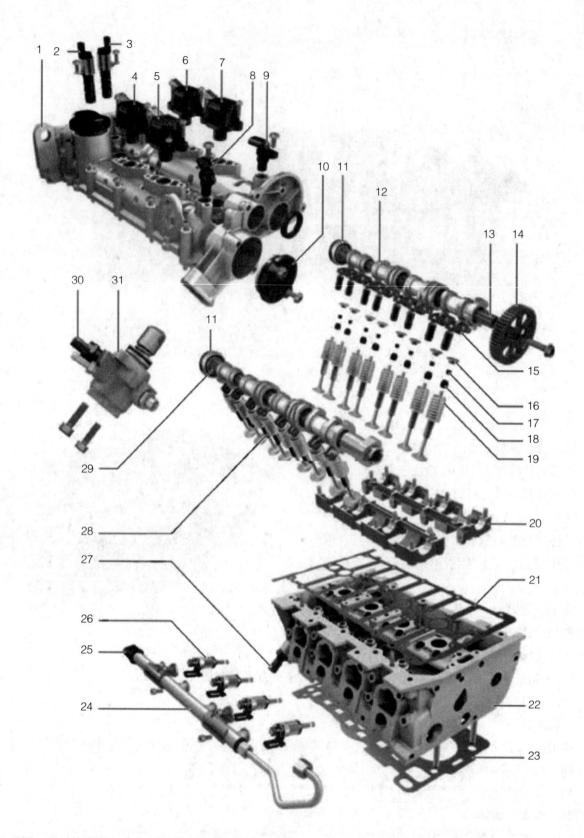

1.气缸盖罩 2.凸轮轴调节阀1 N205 3.排气凸轮轴调节阀1 N318 4.2缸进气凸轮调节器 N583 5.3缸进气凸轮调节器 N591 6.2缸排气凸轮调节器 N587 7.3缸排气凸轮调节器 N595 8.霍耳传感器G40 9.霍耳传感器2 G163 10.凸轮轴盖板 11.有槽的滑动轴承 12.可移动凸轮 13.排气凸轮轴 14.水泵驱动轮 15.带支撑元件的滚子摇臂 16.气门弹簧座 17.气门杆油封 18.气门锁块 19.气门弹簧 20.凸轮轴轴承架 21.气缸盖罩密封垫 (金属密封垫) 22.缸盖 23.缸盖密封垫 24.油轨 25.燃油压力传感器G247 26.1~4缸喷油阀 N30~N33 27.机油压力开关F1 28.进气阀 29.进气凸轮轴 30.燃油压力调节阀 N276 31.高压燃油泵

图 2-2-20

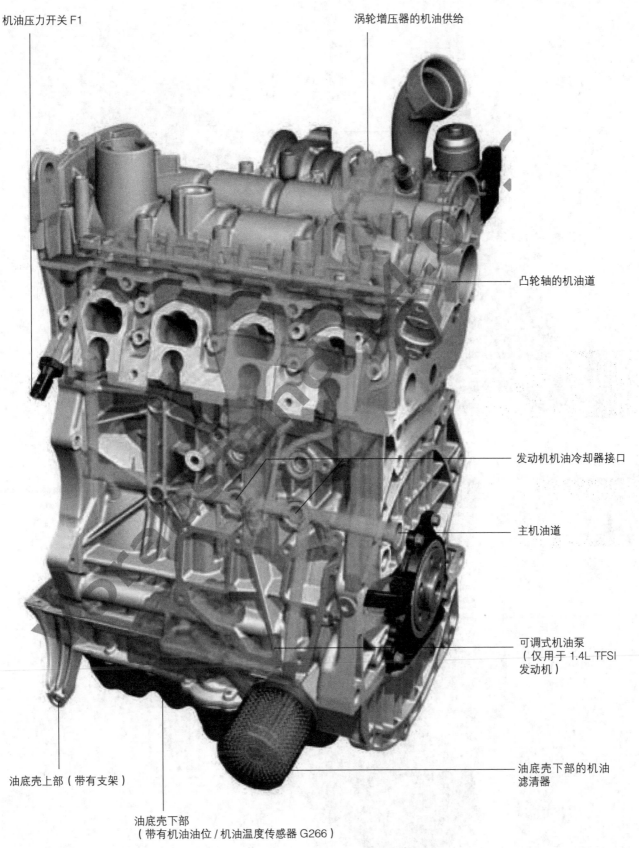

机油压力开关 F1

涡轮增压器的机油供给

凸轮轴的机油道

发动机机油冷却器接口

主机油道

可调式机油泵
（仅用于 1.4L TFSI
发动机）

油底壳下部的机油
滤清器

油底壳上部（带有支架）

油底壳下部
（带有机油油位 / 机油温度传感器 G266）

图 2-2-21

通过这个移动，可以有针对性地来调节机油循环管路内的供油量和供油压力。用于操控调节活塞的机油
供油调节，由机油压力调节阀 N428 来进行，如图 2-2-24 所示。

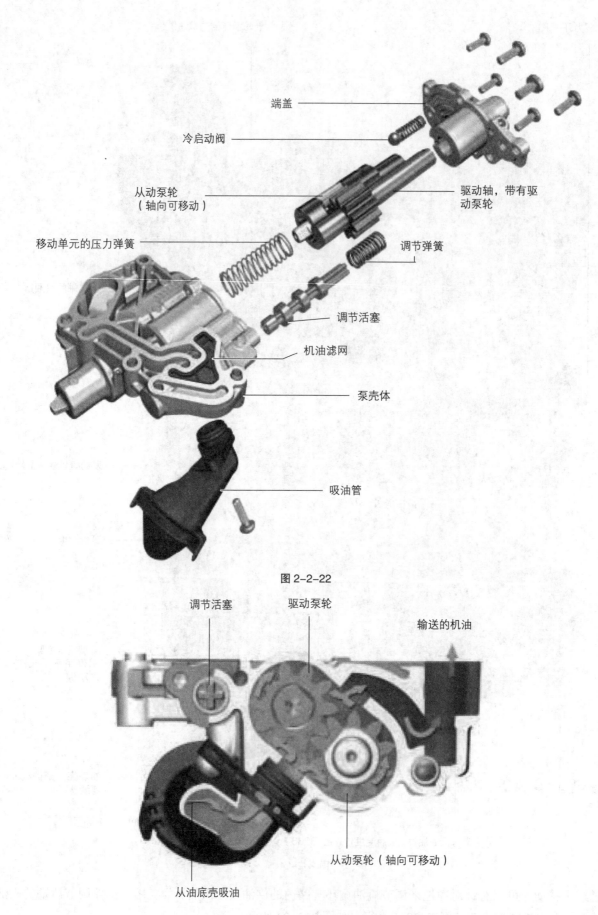

端盖

冷启动阀

从动泵轮
（轴向可移动）

驱动轴，带有驱
动泵轮

移动单元的压力弹簧

调节弹簧

调节活塞

机油滤网

泵壳体

吸油管

图 2-2-22

调节活塞

驱动泵轮

输送的机油

从动泵轮（轴向可移动）

从油底壳吸油

图 2-2-23

154

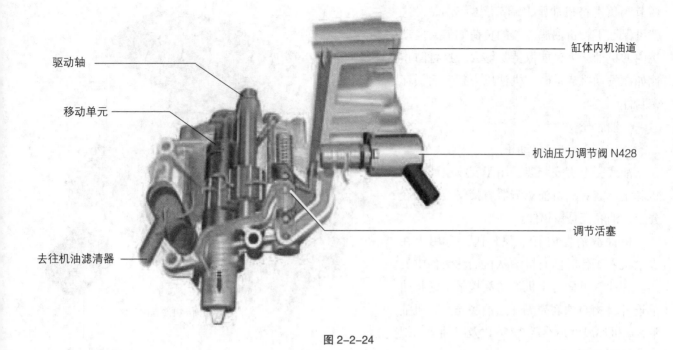

图 2-2-24

左侧标注（从上到下）：驱动轴、移动单元、去往机油滤清器

右侧标注（从上到下）：缸体内机油道、机油压力调节阀 N428、调节活塞

（3）机油压力调节阀 N428（仅指 1.4L TFSI 发动机）。

机油压力调节阀 N428 负责将机油压力加载到可调式机油泵的调节活塞上。该阀位于缸体的背面（发动机热的一侧），由发动机控制单元来操控。

在较低转速时，已经加载上电压的机油压力调节阀 N428，由发动机控制单元给接地了，于是机油泵就切换到较低压力级来工作了。

较低压力级是根据发动机负荷、发动机转速、机油温度和其他工作参数来切换的。这样的话，驱动该机油泵所耗费的功率就降低了，也就节省了燃油。

在较高转速或者较高负荷时（全负荷加速），发动机控制单元 J623 会使机油压力调节阀 N428 断开接地，于是机油泵就切换到较高压力级来工作。在较高压力级和较低压力级，通过让移动单元移动来适配因发动机转速改变而变动了的机油需求量。

3. 双中心机油泵

1.2L TFSI 发动机上使用的是定量机油泵，它是一种双中心机油泵，以曲轴机油泵的形式安装在发动机的正时控制侧（节省空间）。就是说，内转子直接安装在曲轴的前部轴颈区域。在发动机以高于怠速转速工作时，通过该泵的压力调节就可产生几乎恒定不变的机油压力，如图 2-2-25 所示。

机油泵壳体内的压力

右侧标注（从上到下）：外转子、内转子、以螺栓拧紧的壳体端盖、压力调节阀

图 2-2-25

调节阀负责将机油压力调节到约 3.5bar，这就可保证不管机油滤清器的负荷如何，发动机内的机油压力都能保持足够大。这可防止比如在发动机启动时，机油压力猛升而损坏密封件。

4. 油底壳

（1）1.2L TFSI 发动机。

油底壳上有安装架，用于安放空调压缩机和空调装置。机油滤清器直接安装在油底壳上，油底壳是铸铝件。

机油滤清器内有个膜片阀，它用于在发动机不工作时防止机油从机油滤清器中流出。在曲轴下面有个机油防晃挡板，它将曲柄连杆机构与油底壳隔开。油底壳内有机油油面／机油温度传感器 G266 以及机油放油螺塞，如图 2-2-26 所示。

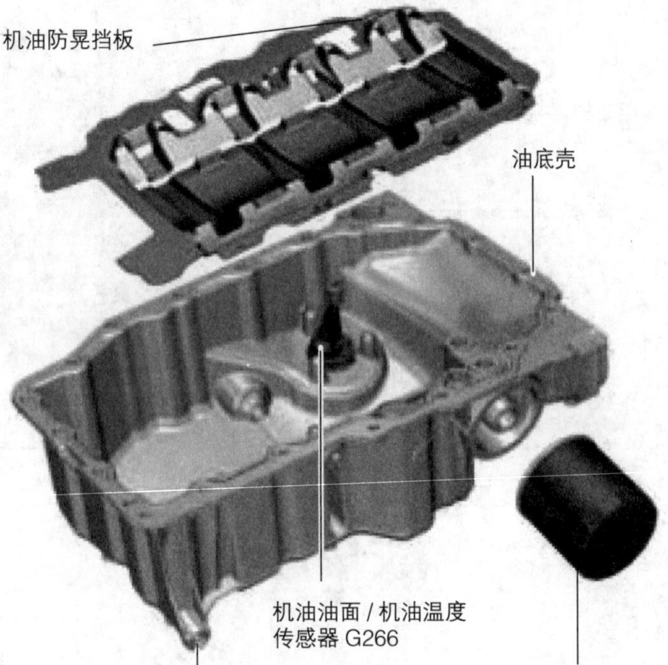

（2）1.4L TFSI 发动机。

机油滤清器安装在油底壳上部，油底壳

机油防晃挡板
油底壳
机油油面／机油温度
传感器 G266
安装架，用于安放空调压缩机和空调装置
机油滤清器

图 2-2-26

上部是铸铝件。油底壳下部（薄钢板制成）是用螺栓拧在油底壳上部的。油底壳上部有安装架，用于安放空调压缩机和空调装置。

机油滤清器内有个膜片阀，它用于在发动机不工作时防止机油从机油滤清器中流出。在曲轴下面有个机油防晃挡板，它将曲柄连杆机构与油底壳隔开。油底壳下部内有机油油面／机油温度传感器 G266 以及机油放油螺塞，如图 2-2-27 所示。

5. 机油过滤和冷却

EA211 系列的所有发动机，都是通过一个机油滤清器滤芯来清洁机油的，但是机油滤清器的安装位置有所不同。

为了对发动机机油进行冷却，就把发动机机油从机油泵送至发动机机油冷却器。发动机机油冷却器就在缸体上，进气歧管的下部。该冷却器是个油—水冷却器，与发动机的冷却循环是连接在一起的。

机油流向发动机机油冷却器，继续流入主机油道并流至发动机内其他的需要使用机油的部件。如图 2-2-28 所示是以 1.4L 发动机 (90kW) 为例来说明机油循环的。

（四）冷却系统

1. 引言

冷却系统是彻底重新开发的。比如，水泵和其驱动机构都挪到动力输出一侧。

这实际上就是个双回路冷却系统，使用该系统可以让缸盖内和缸体内的冷却液有不同的温度。在缸盖内，横流式冷却（从进气侧到排气侧）负责保持均匀的温度分布。

另外，缸盖内的冷却通道尺寸也都进行了精确确定，以便能让一体式排气歧管得到充分冷却。

冷却液节温器壳体连同一体式水泵直接装在缸盖上，由排气凸轮轴通过齿形皮带来驱动水泵，如图 2-2-29 所示。

2. 系统一览

如图 2-2-30 所示。

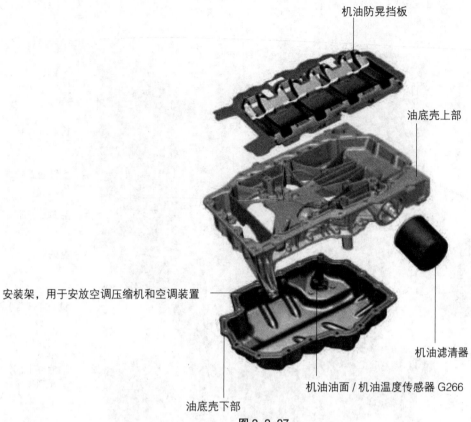

机油防晃挡板

油底壳上部

安装架，用于安放空调压缩机和空调装置

机油滤清器

机油油面／机油温度传感器 G266

油底壳下部

图 2-2-27

3. 冷却液调节器

如图 2-2-31 所示。

冷却液调节器与冷却液调节器壳体是一体的，直接安装在缸盖上。

冷却液调节器壳体内有两个节温器，负责双回路冷却系统的工作。

（1）节温器 1。

在水温超过 87℃时打开，这就敞开了从散热器到水泵的通路。

（2）节温器 2。

在水温超过 103℃时打开，这就敞开了从缸体到散热器的已热起来的冷却液的通路。整个冷却循环管路都打开了。

4. 水泵

水泵与冷却液调节器壳体是一体的，整个这个模块用螺栓拧在缸盖上。使用橡胶密封件（EPDM，即三元乙丙橡胶）来密封冷却液通道。一个密封件在水泵壳体和缸盖之间，另一个密封件在水泵和节温器壳体之间。

水泵通过一个单独的齿形皮带机构由排气凸轮轴来驱动，这个齿形皮带机构安装在发动机的动力输出侧，是免保养的。但是要是更换了水泵，那么也必须更换这个齿形皮带机构，如图 2-2-32 所示。

5. 缸盖内的冷却

在横流式冷却的缸盖上，冷却液从进气侧经燃烧室流向排气侧。在排气侧，冷却液又分成两部分：排气歧管的上部和下部。冷却液流经多个通道并吸收热量。冷却液从缸盖流入冷却液调节器壳体并与剩余的冷却液混合。

（1）这种结构的优点。

①在发动机预热运行过程中，冷却液可由废气来加热，于是发动机就可很快达到正常的工作温度。

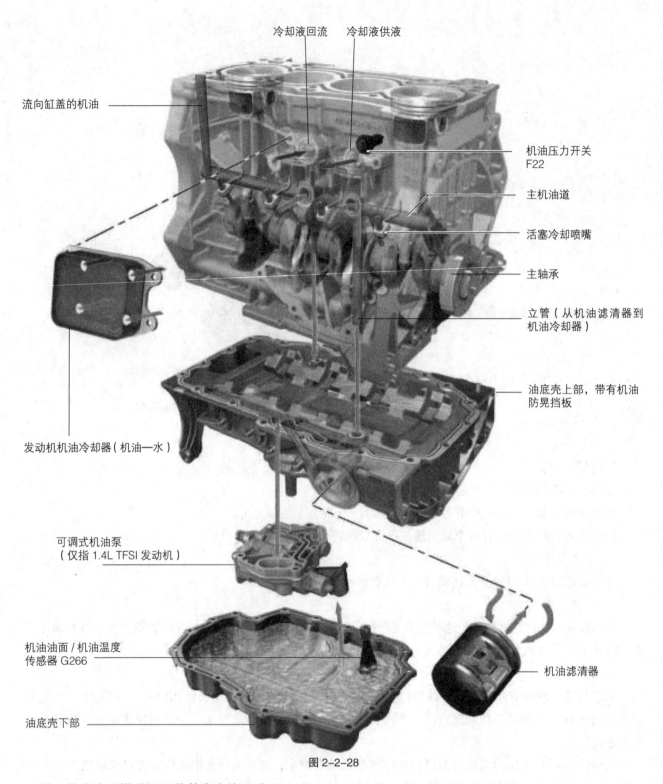

冷却液回流　冷却液供液

流向缸盖的机油

机油压力开关 F22

主机油道

活塞冷却喷嘴

主轴承

立管（从机油滤清器到机油冷却器）

发动机机油冷却器（机油—水）

油底壳上部，带有机油防晃挡板

可调式机油泵（仅指 1.4L TFSI 发动机）

机油油面 / 机油温度传感器 G266

机油滤清器

油底壳下部

图 2-2-28

这样也就节省了燃油，且能使车内快速升温。

②由于排气侧的壁面小（直至催化净化器），所以在预热阶段时废气散出去的热量很少，那么尽管有冷却液在进行冷却，催化净化器也会很快达到正常工作温度。

③在全负荷工况时，冷却液会被强冷，发动机就可在一个很大范围内以 λ=1 来工作（这样油耗和废气排放均最佳）。这样的话，在全负荷工况时，油耗最多可降低 20%（指与外置排气歧管的涡轮增压发动机相比）。在混合气过浓时，通过冷却效果可以实现部件保护。

（2）水套和一体式排气歧管。

158

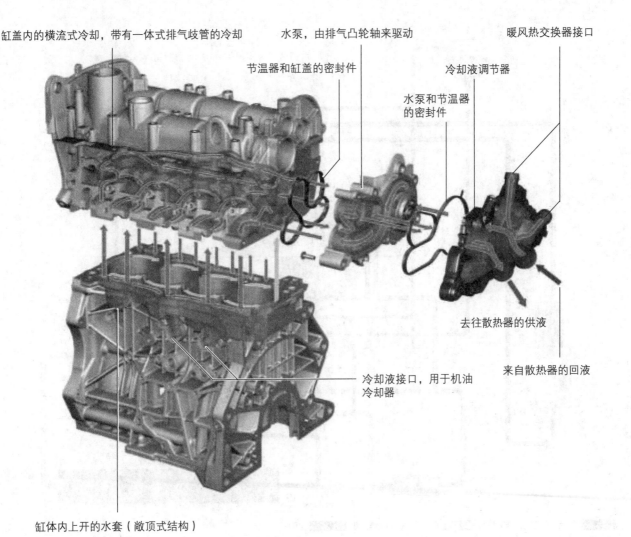

缸盖内的横流式冷却，带有一体式排气歧管的冷却　　水泵，由排气凸轮轴来驱动　　暖风热交换器接口

节温器和缸盖的密封件　　冷却液调节器

水泵和节温器的密封件

去往散热器的供液

来自散热器的回液

冷却液接口，用于机油冷却器

缸体内上开的水套（敞顶式结构）

图 2-2-29

为了防止发动机尤其是缸盖过热，在最热点处（靠近排气歧管）的冷却液液流中安装了冷却液温度传感器 G62，如图 2-2-33 和图 2-2-34 所示。

6. 增压空气冷却

吸入的空气在经过废气涡轮增压器后，就变得很热。这主要是压缩过程造成的，同时也是废气涡轮增压器很热造成的，空气温度最高可达 200℃。

这样的话，空气密度就会很低，进入气缸内的氧气就很少了。通过冷却将空气温度降至略高于环境温度，空气密度就会提高，就会有更多的氧气被送入气缸。另外，这个冷却还可以降低爆震趋势，并减少氮氧化物的生成。

让增压空气流经增压空气冷却器来实现空气的冷却，增压空气冷却器集成在进气歧管模块内。该增压空气冷却器是空气—水冷却器，因此它连接在发动机的冷却循环中。

进气歧管模块内的增压空气冷却器的结构和功能，与普通液冷式冷却器相似。在一组铝制散热片内有管道，冷却液会流入该管内。

热空气流经散热片，将热量释放到散热片上，散热片将吸收到的热量再传给冷却液。被加热了的冷却液会被送至增压空气系统的辅助散热器，在这里凉下来，如图 2-2-35 所示。

（1）增压空气冷却系统的冷却循环。

增压空气冷却系统的冷却循环，是由冷却液续动泵 V51 来驱动的。废气涡轮增压器也是接在了这个

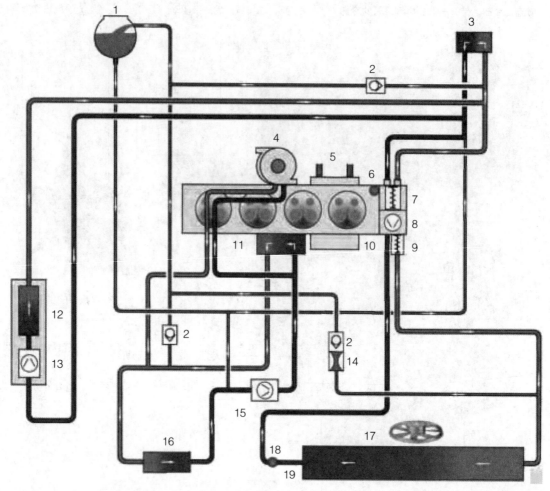

图 2-2-30

已冷下来的冷却液 **已热起来的冷却液** **ATF**

1.冷却液膨胀罐 2.止回阀 3.暖风热交换器 4.废气涡轮增压器 5.变速器机油冷却器（ATF热交换器） 6.冷却液温度传感器G62 7.节温器1 8.水泵 9.节温器2 10.发动机油冷却器 11.进气歧管内的增压空气冷却器 12.驻车加热器 13.循环泵 14.节流阀 15.冷却液续动泵 V51 16.增压空气冷却液的冷却器 17.散热器风扇 18.散热器出口上的冷却液温度传感器 G83 19.散热器

所谓的低温冷却循环中。这个循环应该看成是独立的，它只与膨胀罐相连。它是通过节流阀和止回阀来分隔的。

通过这个分隔，与主散热系统的温差可高达100℃。冷却液续动泵 V51 由发动机控制单元借助于 PWM 信号来操控。冷却液续动泵 V51 一直以 100% 占空比在工作着，其接通和关闭是通过特性曲线计算来的。为此，在发动机工作时，会用到发动机负荷、增压空气冷却器前后的增压空气温度来作为最重要的计算量。

关闭发动机后，在某些情况下（最高车速或者山路、外界温度高），会因积热效应而导致冷却系统开锅。因此在关闭发动机后，该泵会根据发动机控制单元内存储的特性曲线再继续工作一段时间。特性曲线计算要用到一个模型，这个模型是计算废气温度的。该温度就是废气涡轮增压器壳体温度值。在冷却液续动泵 V51 工作时，

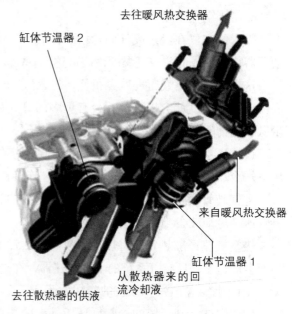

去往暖风热交换器

缸体节温器 2

来自暖风热交换器

缸体节温器 1

从散热器来的回流冷却液

去往散热器的供液

图 2-2-31

160

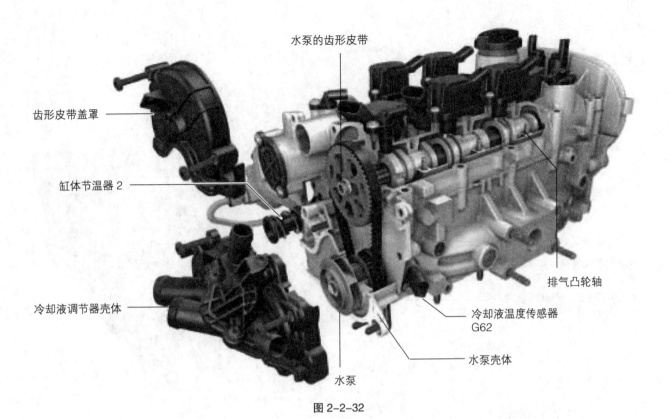

齿形皮带盖罩

缸体节温器 2

冷却液调节器壳体

水泵的齿形皮带

排气凸轮轴

冷却液温度传感器
G62

水泵壳体

水泵

图 2-2-32

齿形皮带盖罩

缸体节温器 2

冷却液调节器壳体

水泵的齿形皮带

排气凸轮轴

冷却液温度传感器
G62

水泵壳体

水泵

图 2-2-33

电动散热器风扇也同时被激活。

（2）冷却液续动泵 V51。

冷却液续动泵 V51 在进气歧管下部，拧在缸体上。该泵内集成有一套控制电子装置。发动机控制单元会计算出 PWM 信号。另外，该泵有完备的自诊断功能。该泵与发动机控制单元之间是通过 PWM 线来

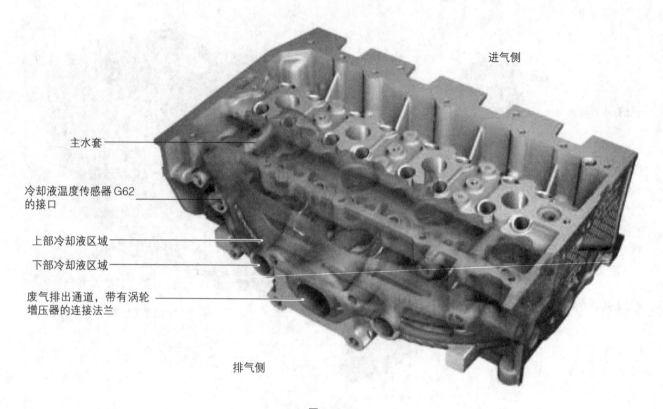

进气侧

主水套

冷却液温度传感器 G62
的接口

上部冷却液区域

下部冷却液区域

废气排出通道，带有涡轮
增压器的连接法兰

排气侧

图 2-2-34

增压压力管内已被加热了的空气

增压压力传感器 G31，带有
进气空气温度传感器 G299

废气涡轮增压器

增压空气冷却器

已冷却的增压空气

进气歧管模块

已被加热了的冷却
液，流向车前端的
增压空气冷却器

已冷却下来的冷却液，来自
车前端的增压空气冷却器

图 2-2-35

进行通信的，如图 2-2-36 所示。

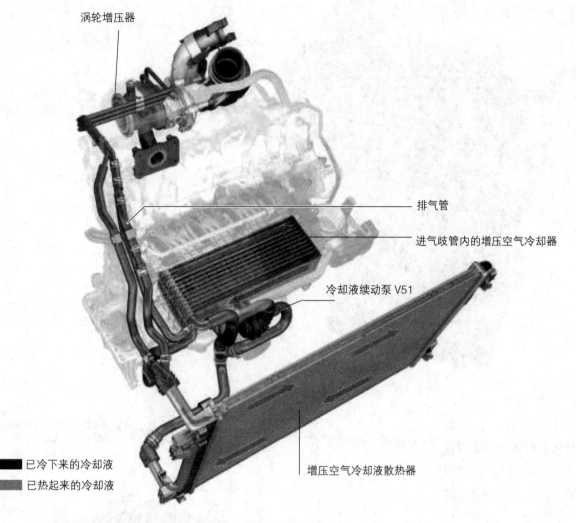

涡轮增压器

排气管

进气歧管内的增压空气冷却器

冷却液续动泵 V51

增压空气冷却液散热器

■ 已冷下来的冷却液
■ 已热起来的冷却液

图 2-2-36

自诊断是在泵工作过程中来进行的。如果识别
出故障，那么就会将该故障存储在泵的控制单元内。
此外，还通过发动机控制单元进行循环检测，看看
泵是否真的在运转。为此，在泵工作过程中，每
10s 就会有 0.5s 将控制信号接地。如果识别出故障，
会将此信息发给发动机控制单元，可诊断的故障如
表 2-2-4 所示。

表 2-2-4

故障号	名称／备注
1	干摩擦运转（指无润滑油或者缺润滑油）
2	泵卡住
3	泵过热
4	低于最低转速

（五）空气供给和增压

1. 一览

（1）与 EA111 发动机系列不同，EA211 发动机系列的空气进气位于前端。也是由于安装位置有变化
（就是发动机向后倾斜 12° 安装)，空气滤清器就可直接装在发动机上了。

这对进气通道的长度和进气空气的预热具有积极意义。

进气歧管模块内集成有一个空气—水增压空气冷却器，它负责对热了的吸入空气进行冷却，如图
2-2-37 所示。

（2）进气歧管模块，带有集成的增压空气冷却器，如图 2-2-38 所示。

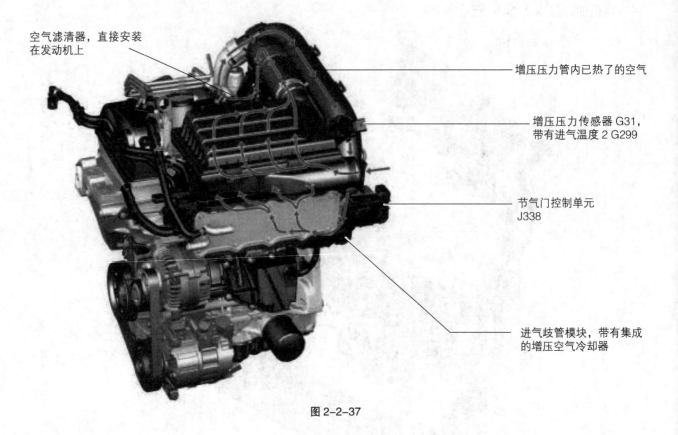

空气滤清器，直接安装
在发动机上

增压压力管内已热了的空气

增压压力传感器 G31，
带有进气温度 2 G299

节气门控制单元
J338

进气歧管模块，带有集成
的增压空气冷却器

图 2-2-37

在 EA211 发动机系列上，增压空气冷却器集成在注塑进气歧管内。其优点是：整个增压空气路径中的空气容积较小，因此其压缩也就较快。因此，压力建立就很快，发动机的响应特性也很好。增压空气从压气机去往进气歧管模块的路径（穿过塑料空气管，就是增压压力管）也非常短。

2. 废气涡轮增压器

（1）在 EA211 发动机系列上，排气歧管是集成在缸盖上的，并配有一个专用的水套。使用这种结构，就可以使用非常简单的单涡流增压废气涡轮增压器了。

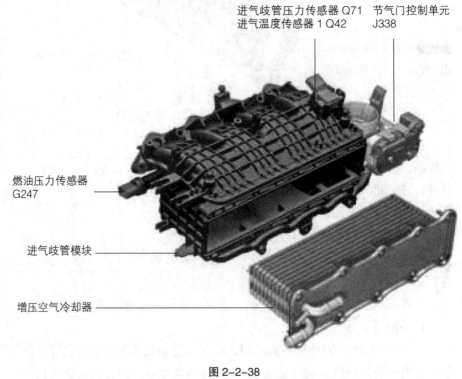

进气歧管压力传感器 Q71　节气门控制单元
进气温度传感器 1 Q42　　J338

燃油压力传感器
G247

进气歧管模块

增压空气冷却器

图 2-2-38

单涡流增压废气涡轮增压器只有一个涡旋进气口，该口将废气引向叶轮。其显著优点就是结构简单，因此单涡流增压废气涡轮增压器也就非常简单且成本低了，如图 2-2-39 所示。

（2）机油供给和冷却。

为了给涡轮增压器轴提供润滑机油，将涡轮增压器集成在机油循环管路中。

在发动机转速较高时，曲轴箱通风装置的窜气会被引入涡轮前而进入吸入的空气。相应的接口在涡轮增压器上。

为了达到足够的冷却效果，将涡轮增压器接在冷却液循环管路上了。有个电动水泵（就是冷却液续动泵V51），它既负责为增压空气冷却器输送冷却液，也为涡轮增压器冷却器（在车前端）输送冷却液，如图2-2-40所示。

（六）气缸关闭——按需停缸

1.引言

103kW的1.4L TFSI发动机上，有气缸关闭装置。激活该系统的话，2缸和3缸就会被关闭。这可使得排放减至最低，且可降低燃油消耗。现代的汽油发动机，大部分时间都是工作在低负荷状态。这样的话，节流损失就很大了，因为节气门的开度很小。这导致效率很低，且单位油耗过高。

在高负荷时，未节流的2缸发动机要比节流的4缸发动机更省油（就是"比油耗"更低）。这就是要采用气缸关闭的基本原因。

气缸关闭的基本挑战在于：被关闭气缸的换气阀必须保持关闭状态。否则的话，排气系统就会涌入过量空气，发动机会快速变凉。

要是关闭两个气缸的话，由于减少了点火频率，那么4缸发动机的运行平稳性就变差了。气缸的关闭和启用应尽可能地让人感觉舒适（避免负荷波动），如图2-2-41所示。

（1）开发目的。

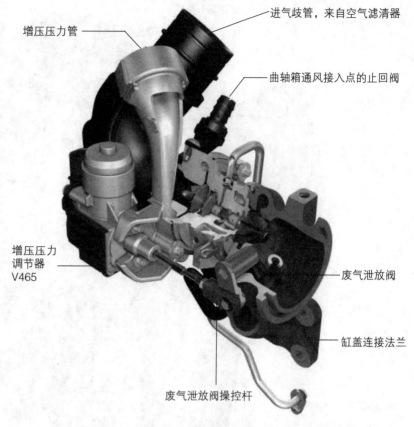

进气歧管，来自空气滤清器
增压压力管
曲轴箱通风接入点的止回阀
增压压力调节器V465
废气泄放阀
缸盖连接法兰
废气泄放阀操控杆

图 2-2-39

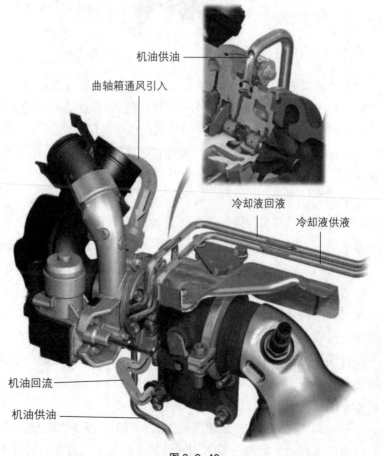

机油供油
曲轴箱通风引入
冷却液回液
冷却液供液
机油回流
机油供油

图 2-2-40

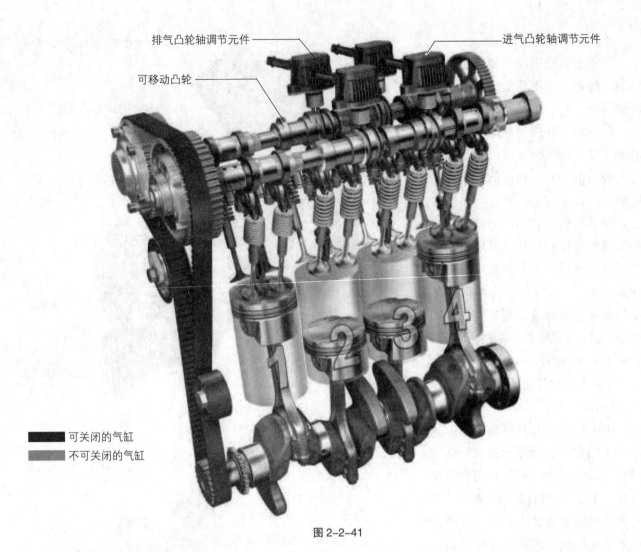

排气凸轮轴调节元件

进气凸轮轴调节元件

可移动凸轮

可关闭的气缸
不可关闭的气缸

图 2-2-41

①降低 MVEG 行驶循环的油耗，且在中等车速时能明显感觉出省油，在 NEFZ 行驶循环最多可节省 10%~20% 的燃油，约 8 g CO_2 / km；有智能启停装置的车，最多可达 24 g CO_2 / km。

②在 2 缸工作模式时要有尽可能大的负荷范围。

③在 2 缸工作模式时等速行车要有尽可能高的车速（超过 140km/h），在 2 缸工作模式时不让乘员感觉不适。

（2）工作原理。

气缸关闭是通过德国奥迪公司开发的气门升程系统 AVS 技术来完成的。按照点火顺序，总是 2 缸和 3 缸被关闭。在关闭气缸时，其换气阀保持关闭状态，喷射系统和点火系统也一直保持关闭状态。

切换到 2 缸模式和切换回 4 缸模式，必须让人感觉尽可能舒适，就是别让乘员感觉出来。

为了避免在切换过程中出现扭矩波动，就将进气歧管内的压力调至很低。在充气过程中，点火角按照充气程度向延迟方向移动，以便保持扭矩恒定。在达到了规定充气程度时，首先是 2 缸和 3 缸排气门关闭，然后是其进气门关闭。完成最后换气后，不会再喷油了，于是新鲜空气就被困在燃烧室内了。

被困住的新鲜空气在下次压缩行程时，会导致燃烧室内的压缩压力很小，于是这个切换过程就会很舒适。两个工作着的气缸 1 和 4 的效率就提高了，因为工作点向较高负荷偏移了。发动机摩擦相对于转速基本保持不变，有效输出功率却提高了。

基本未节流的工作模式使得换气损失很小、燃烧更旺且缸壁热损失很小。

激活 2 缸和 3 缸是与关闭相同的顺序进行的。首先打开排气门，然后打开进气门，这样的话可使困住的新鲜空气进入排气系统。这样而导致的废气变稀，会由喷射系统向1缸和4缸内喷油来进行补偿。这样的话，λ调节就可继续正常工作了。

（3）组合仪表上的显示。

组合仪表显示屏上会把发动机的工作模式显示给驾驶员看。调用相应的菜单就会有显示，比如2-Zylinder-Modus（2缸工作模式）。

如图2-2-42所示表示的是2013年奥迪A3车的组合仪表显示的气缸模式情况。

（4）气缸关闭的工作范围。

气缸关闭工作在一个特性曲线范围内，该曲线所代表的范围是一般用户在开车时经常使用的一个范围。转速下限是1250r/min，转速低于这个下限值的话，气缸关闭模式会产生很大的转动不均匀性。

转速上限是4000r/min，这可使得执行元件的切换力大小合适。在3挡时，气缸关闭范围约为30km/h；在5挡和6挡时，气缸关闭范围的结束点约在130km/h。气缸关闭模式时的最大扭矩取决于转速，其上限值在75~100N·m之间。

图2-2-42

在扭矩很大时，在气缸关闭模式时通过爆震限制和点火角延迟就无法再节约燃油了，相应地也就再次激活4缸工作模式了。

为了充分利用燃油，气缸关闭并不是只在部分负荷时被激活，在惯性滑行时也会被激活。具体来说就是通过降低制动力矩而使滑行距离尽量长，这时燃油喷射已被中断。

一旦驾驶员踏下制动踏板，气缸关闭模式就被中止了，以便让所有4个气缸在滑行时都能为制动提供帮助（就是提高制动效果）。在下坡滑行时，气缸关闭也是不起作用的，因为此时一般都是需要发动机能提供最大制动效果的。

车辆是否在下坡滑行，这个信息是通过驱动CAN总线发给发动机控制单元的。相应的信号由ABS控制单元J104（通过车轮转速和车辆倾斜度）来提供。

气缸关闭时的节油情况如图2-2-43所示。

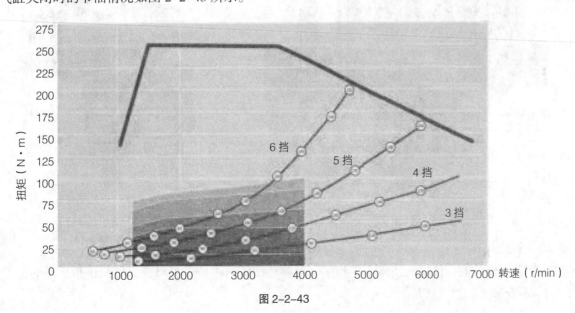

图2-2-43

2. 凸轮轴调节元件

每个可关闭的气缸，在气缸盖罩上都各有一个排气凸轮调节元件和一个进气凸轮调节元件，如图 2-2-244 所示。

与以前使用的 AVS 系统不同，以前的 AVS 系统的每个运动方向都要有一个单独的调节元件，现在的话，两个调节器合成了一个部件，其结构与别的带有 AVS 的发动机上的单个调节元件相似。

一共装有 4 个调节元件：

① 2 缸进气凸轮调节器 N583；

② 2 缸排气凸轮调节器 N587；

③ 3 缸进气凸轮调节器 N591；

④ 3 缸排气凸轮调节器 N595。

3. 功能（以 2 缸进气侧为例）

（1）2 缸模式。

接通相应的凸轮调节元件，其金属销就会沉入可移动凸轮的槽内。

于是在凸轮轴继续运转过程中，该凸轮就会在花键上轴向移动并锁定。滚子摇臂这时就在所谓的"零凸轮"上运行了。

这个凸轮没有凸起部位（无升程），于是相应的气门也就没有往复直线运动了。被关闭气缸上的所有气门都静止不动。

相应的凸轮成功移动后，凸轮形状会将伸出的金属销再推回到起始位置，金属销会被电磁力把住在这个位置上，直至下次再通电激活。金属销回至原位会在调节元件的电磁线圈内感应出一个电压，该电压对发动机控制单元来说就是一个反馈信号，说明已成功完成了一次切换。

如图 2-2-45 所示，表示进气侧 2 缸的气缸关闭情况。

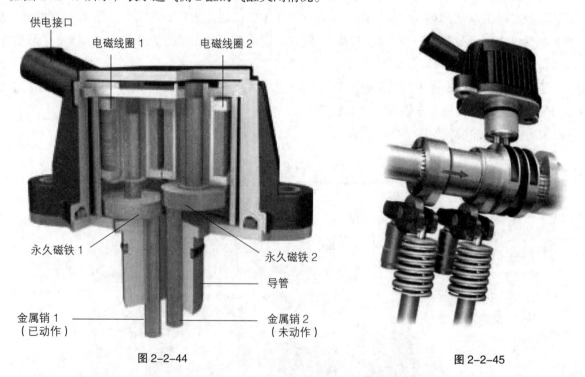

图 2-2-44　　　　　　　　　　　　　图 2-2-45

（2）4 缸模式。

在这个工作模式时，气缸关闭就不工作了。可移动凸轮这时处于可以操纵气门进行运动的位置上，如图 2-2-46 所示。

（3）降低震动和噪声的措施。

发动机总体上良好的震动特性，已经通过这些措施来实现了：刚性好的发动机基本结构、较轻的曲柄连杆机构以及横置安装位置（相对于行驶方向）。

①初始状态。

最大的挑战是关闭和启用气缸以及在 2 缸模式时的震动特性和发动机声响。

虽然关闭了 2 缸和 3 缸时仍保持着均匀的点火间隔，但是在 4 缸模式时曲轴每转一周点火两次，2 缸模式时只点火一次。要是不采取措施的话，这会导致震动增强且发动机声响难听。

②采取的措施（以 2013 年奥迪 A3 为例），如图 2-2-47 所示。

③总成支架。

总成支架在很大程度上决定了车辆的噪声和震动舒适性。

本车的总成支架是直接把带有共轨燃油喷射系统的 1.6L TDI 发动机的拿来用了。这是一种液压悬置，它在一个很宽的频率范围都能有很小的动态刚度。这就将 2 缸模式时乘员所能感觉到的震动和共振减至最低程度了。

图 2-2-46

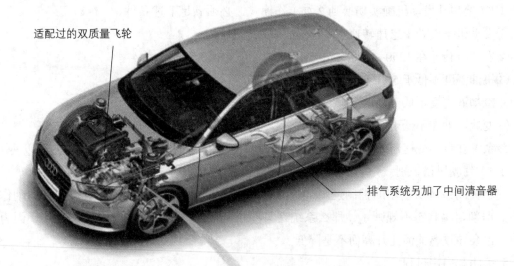

适配过的双质量飞轮

排气系统另加了中间清音器

图 2-2-47

④双质量飞轮（ZMS）。

双质量飞轮在 4 缸工作模式和 2 缸工作模式时，应能保证良好的隔绝效果，就是说不应该让转动震动或者发动机转动不均匀传递到其余的动力传递系。

为此，发动机侧和变速器侧之间的弹簧组就有针对性地调配过。这种弹簧—质量系统的谐振转速明显低于怠速转速（也就低于可行驶范围了）。

纯粹为 4 缸工作模式设计的双质量飞轮，在气缸关闭时会导致谐振转速很容易就处在行驶范围内了。这时双质量飞轮会被激发出强烈的自振。因此，弹簧特性曲线在这半个发动机工况下就设计得尽可能软。这样的话，在 2 缸工作模式时，谐振转速就被推至怠速转速以下了，如图 2-2-48 所示。

所谓谐振转速，就是指激励频率等于固有频率时的转速。就是说，激励在当前的运动方向上增大且震动在剧烈增大。

⑤排气系统。

4 缸工作模式和 2 缸工作模式的排气波动相差很大，为了减少这种波动，排气系统上的前消音器和后消音器使用不同大小的谐振器和容积。

图 2-2-48

另外，排气管子的长度也专门做了调整，还多加了一个中间消音器。

4. 2 缸工作模式的使用条件

（1）要想让发动机确实切换到 2 缸工作模式，必须满足下述条件。

①发动机不能处于怠速转速水平（运行平稳性原因）；

②发动机转速在 1250~4000r/min 之间；

③机油温度不低于 50℃；

④冷却液温度不低于 30℃；

⑤变速器处在不低于 3 挡的位置。

该系统在自动变速器的 S 挡以及奥迪驾驶模式选择系统的"动态模式"时也是可以使用的。

（2）驾驶风格识别。

气缸关闭系统所使用的控制逻辑，是留意加速踏板位置、制动踏板位置以及转向动作。如果系统从这些数据判定出状态不规则了，那么系统在某些特定情形下不会停用气缸关闭功能，因为即使只关闭几秒钟，也会导致燃油消耗升高而不是降低。

5. 关闭和启用过程

（1）关闭过程。

在凸轮轴转一周之内，关闭过程就彻底完成了。要想尽量让驾驶员感觉不到这个关闭过程，必须在千分之几秒内通过不同的措施来保证在关闭过程中别出现负荷波动。

由于必须总是保持 λ=1 且改变进气系统要比改变点火系统需要的时间要多，因此这些措施的顺序就很关键了，如图 2-2-49 和表 2-2-5 所示。

（2）启用过程。

在启用过程中，也不该有能让驾驶员觉得不适的负荷波动。

因此，为了避免出现扭矩波动，也要在发动机机械部分和发动机管理系统内采用不同的措施，如图 2-2-50 和表 2-2-6 所示。

6. 功能图（2013 年奥迪 A3）

如图 2-2-51 所示。

图 2-2-49

图 2-2-50

表 2-2-5

阶段 / 动作	模式	说明
阶段 1 节气门位置 1~4 缸点火正时调节	4 缸工作模式	为了使得 1 缸和 4 缸在 2 缸和 3 缸关闭后仍能获得充足的空气供给，节气门继续打开。所有气缸这时获得约双倍的空气供给（指是 2 缸工作模式时输出当前扭矩所需空气量的 2 倍） 由于所有气缸仍是启用着，这在随后的工作循环中会使得扭矩明显升高。为了避免这种情况，就增加空气量来使点火时刻点向"延迟"方向移动，于是效率就变差了，扭矩也就保持恒定了
阶段 2 废气排放	2 缸工作模式	在完成最后一个工作行程后，排出废气 如果排完废气，发动机控制单元会给排气凸轮轴调节器发一个短的接地脉冲。于是凸轮块就得到了调整，滚子摇臂就在"零行程凸轮"上运动了。排气门也就不动了
阶段 3 2 缸和 3 缸喷射系统和点火系统	2 缸工作模式	喷射系统和点火系统都关闭了
阶段 4 2 缸和 3 缸进气门	2 缸工作模式	再次吸入新鲜空气。被困住的新鲜空气就像弹簧那样在起作用。压缩这些新鲜空气所需的力，随后会帮助活塞向下运动 如果吸入了新鲜空气，发动机控制单元会给进气凸轮轴调节器发一个短的接地脉冲。于是凸轮块就得到了调整，滚子摇臂就在"零行程凸轮"上运动了。进气门也就不动了
阶段 5 1 缸和 4 缸点火正时调节	2 缸工作模式	1 缸和 4 缸的点火时刻就向"提前"方向移动了，以便提高效率

表 2-2-6

阶段 / 动作	模式	说明
阶段 1 2 缸和 3 缸排气门	2 缸工作模式	发动机控制单元给排气凸轮轴调节器发一个短的接地脉冲，于是凸轮块就得到了调整，滚子 摇臂又在"正常行程凸轮"上运动了。排气门也就动了，新鲜空气就被推出了
阶段 2 1 缸和 4 缸排气门	2 缸工作模式	新鲜空气会稀释催化净化器处的废气，λ 值就大于 1 了。由于三元催化净化器最佳工况是在 λ =1 时，因此 1 缸和 4 缸的喷油量就增大，直至 λ =1
阶段 3 2 缸和 3 缸进气门	4 缸工作模式	发动机控制单元给进气凸轮轴调节器发一个短的接地脉冲，于是凸轮块就得到了调整，滚子摇臂又在"正常行程凸轮"上运动了。进气门也就动了，于是新鲜空气被吸入了
阶段 4 1~4 缸点火正时调节	4 缸工作模式	由于所有气缸都在此启用且节气门敞开着，这在随后的工作循环中会使得扭矩明显升高。为了避免这种情况，就使点火时刻点向"延迟"方向移动，于是效率就变差了，扭矩也就保持恒定了
阶段 5 1 缸和 4 缸节气门位置 1~4 缸点火正时调节	4 缸工作模式	由于现在所有 4 个气缸都得到了空气供给，节气门就继续关闭，以避免扭矩波动 所有气缸的点火时刻就向"提前"方向移动了，以便提高效率

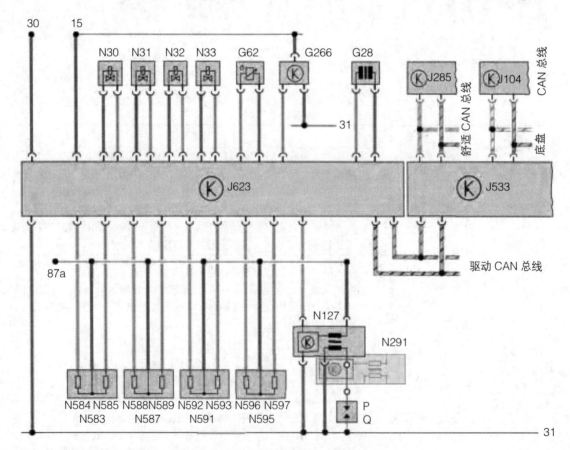

G28.发动机转速 传感器 G62.冷却液温 度传感器 G266.机油 油 面高度/机油温度传感器 J104.ABS 控制单元 J285.组合仪表内控制单元 J533.数据总线诊断接口 J623.发动机控制单元 N30.1缸喷油阀 N31.2缸喷油阀 N32.3缸喷油阀 N33.4缸喷油阀 N127.点火线圈2，带有功率输出级 N291.点火线圈3，带有功率输出级 N583.2缸进气凸轮调节器 N584.2缸进气凸轮调节器A N585.2缸进气凸轮调节器B N587.2缸排气凸轮调节器 N588.2缸排气凸轮调节器A N589.2缸排气凸轮调节器B N591.3缸进气凸轮调节器 N592. 3缸进气凸轮调节器A N593.3缸进气凸轮调节器B N595.3缸排气凸轮调节器 N596.3缸排气凸轮调节器A N597.3缸排气凸轮调节器B P.火花塞插头 Q.火花塞

图 2-2-51

（七）燃油系统

燃烧室内的最大喷油压力提升至200bar，该喷油压力是使用日本日立公司最新型高压燃油泵来产生的。

工作压力在最低100bar（发动机怠速时）和200bar（转速约为6000r/min时）之间。压力限制阀是这样设计的：当压力峰值超过230bar时，该阀会打开，将燃油泄放到油泵的供油侧，如图2-2-52所示。

这种新开发的泵的调节策略，与其他新开发的发动机（比如第3代EA888发动机系列）上的调节策略是一样的。这种调节策略是这样的：如果中断了燃油压力调节阀N276的供电，那么就不会有燃油被送往高压区了，发动机就熄火了。

高压喷油阀：最新式的五孔喷油嘴是通过优质钢制油轨来获得供油的。这样的话，在一个工作循环内，最多可实现三次单独的极其精确的喷油。

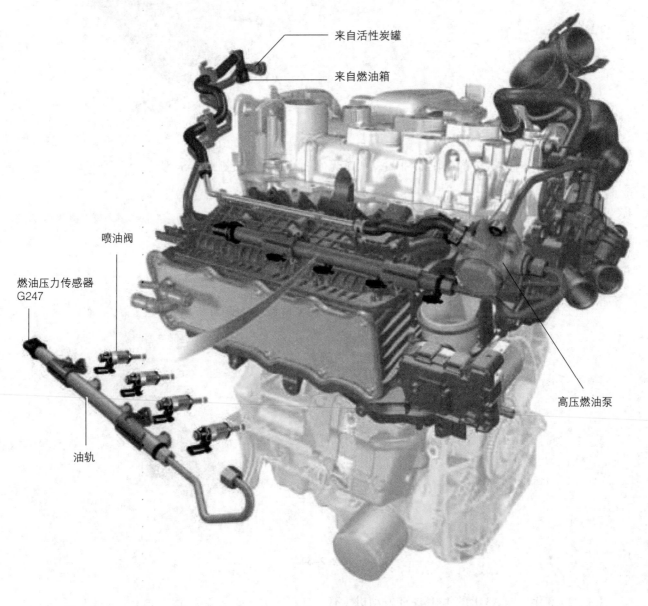

来自活性炭罐

来自燃油箱

喷油阀

燃油压力传感器
G247

油轨

高压燃油泵

图 2-2-52

（八）排气系统

（1）2013年奥迪A3上的1.2L TFSI发动机，如图2-2-53所示。

173

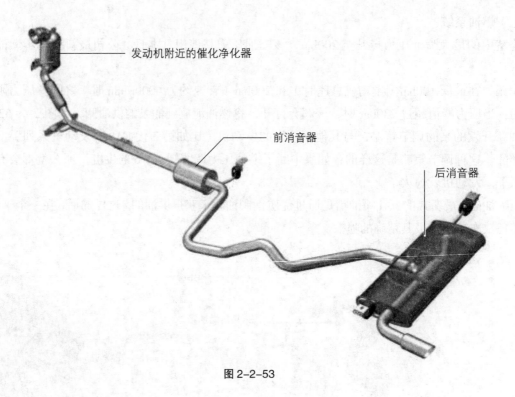

发动机附近的催化净化器

前消音器

后消音器

图 2-2-53

（2）2013 年奥迪 A3 上的 1.4L TFSI 发动机（无气缸关闭），如图 2-2-54 所示。

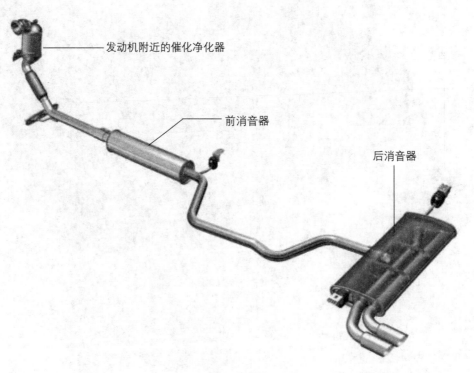

发动机附近的催化净化器

前消音器

后消音器

图 2-2-54

（3）2013 年奥迪 A3 上的 1.4L TFSI 发动机（有气缸关闭），如图 2-2-55 所示。

（4）催化净化器。

废气在废气涡轮增压器后就直接流经催化净化器了。与 EA 111 发动机系列相比，催化净化器形状有所变化，所以就把它安装在发动机的背面了。

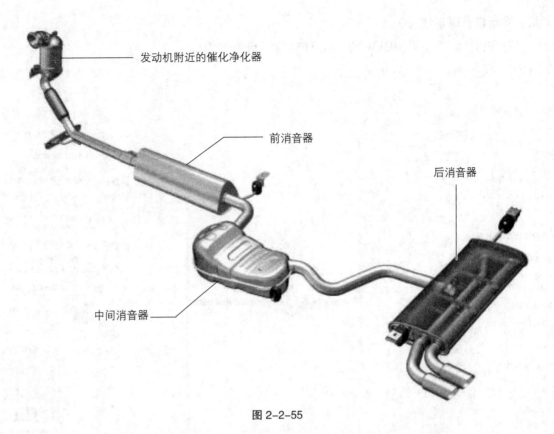

発动机附近的催化净化器

前消音器

后消音器

中间消音器

图 2-2-55

由于把催化净化器布置在了发动机附近, 所以可以使得 λ 调节快速进入工作状态, 如图 2-2-56 所示。

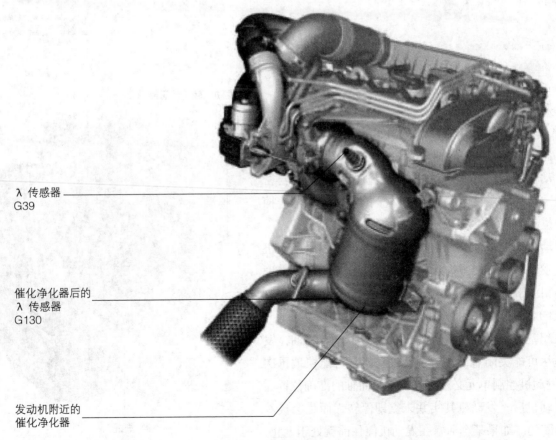

λ 传感器
G39

催化净化器后的
λ 传感器
G130

发动机附近的
催化净化器

图 2-2-56

（九）发动机管理系统

1. 传感器和执行元件（以 103kW 的 1.4L TFSI 发动机为例）

如图 2-2-57 所示。

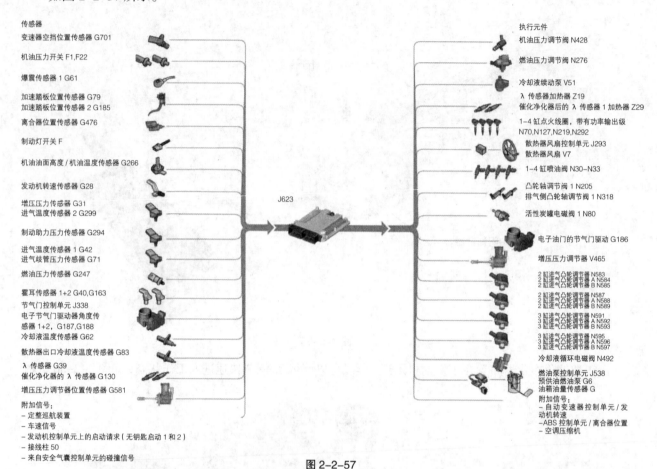

传感器

变速器空挡位置传感器 G701
机油压力开关 F1,F22
爆震传感器 1 G61
加速踏板位置传感器 G79
加速踏板位置传感器 2 G185
离合器位置传感器 G476
制动灯开关 F
机油油面高度 / 机油温度传感器 G266
发动机转速传感器 G28
增压压力传感器 G31
进气温度传感器 2 G299
制动助力压力传感器 G294
进气温度传感器 1 G42
进气歧管压力传感器 G71
燃油压力传感器 G247
霍耳传感器 1+2 G40,G163
节气门控制单元 J338
电子节气门驱动器角度传
感器 1+2, G187,G188
冷却液温度传感器 G62
散热器出口冷却液温度传感器 G83
λ 传感器 G39
催化净化器的 λ 传感器 G130
增压压力调节器位置传感器 G581

附加信号：
– 定整巡航装置
– 车速信号
– 发动机控制单元上的启动请求（无钥匙启动 1 和 2）
– 接线柱 50
– 来自安全气囊控制单元的碰撞信号

J623

执行元件

机油压力调节阀 N428
燃油压力调节阀 N276
冷却液续动泵 V51
λ 传感器加热器 Z19
催化净化器后的 λ 传感器 1 加热器 Z29
1-4 缸点火线圈，带有功率输出级
N70,N127,N219,N292
散热器风扇控制单元 J293
散热器风扇 V7
1-4 缸喷油阀 N30-N33
凸轮轴调节阀 1 N205
排气侧凸轮轴调节阀 1 N318
活性炭罐电磁阀 1 N80
电子油门的节气门驱动 G186
增压压力调节器 V465
2 缸进气凸轮调节器 N583
2 缸进气凸轮调节器 A N584
2 缸进气凸轮调节器 B N585
2 缸进气凸轮调节器 N587
2 缸进气凸轮调节器 A N588
2 缸进气凸轮调节器 B N589
3 缸进气凸轮调节器 N591
3 缸进气凸轮调节器 A N592
3 缸进气凸轮调节器 B N593
3 缸进气凸轮调节器 N595
3 缸进气凸轮调节器 A N596
3 缸进气凸轮调节器 B N597
冷却液循环电磁阀 N492
燃油泵控制单元 J538
预供油燃油泵 G6
油箱油量传感器 G

附加信号：
– 自动变速器控制单元 / 发动机转速
– ABS 控制单元 / 离合器位置
– 空调压缩机

图 2-2-57

2. 发动机转速传感器 G28

EA211 系列的所有 TFSI 发动机，均配备有发动机转速传感器（有旋转方向识别功能）。

发动机转速传感器 G28 装在靠变速器的一侧，与密封法兰一体，密封法兰是拧在缸体上的。该传感器会探测一个位于曲轴密封法兰上的靶轮。

发动机控制单元就是根据这个信号来识别出发动机转速、发动机的旋转方向且与霍耳传感器 G40 一起来识别曲轴相对于凸轮轴的位置，如图 2-2-58 所示。

（1）旋转方向识别。

在配备有智能启停装置的车上，为了节省燃油，发动机是尽可能关闭着的。为了让发动机尽可能快地再次启动，发动机控制单元必须要能识别出曲轴的准确位置。关闭发动机后，发动机其实并未立即停转，而是会接着再转几圈的。如果某个活塞在发动机停住前就处于上止点前（指压缩行程），那么该活塞会被压缩压力向回推，

发动机转速传感器
G28

靶轮

图 2-2-58

这个时刻发动机就会逆向转动了。普通的发动机转速传感器是不能对此进行识别的。

（2）信号应用。

根据这个信号，来确定计算出的喷油时刻点、喷油持续时间长度和点火时刻点。另外，该信号还用于凸轮轴调节。

（3）信号中断。

在出现短路和导线断路（比如插头脱落）或者鼠咬损伤时（不论发动机已停止还是在工作着），会使用霍耳传感器信号来作为替代信号。发动机最大转速这时就被限制为一个固定值（约 3000r/min），且 EPC 灯会接通。

另外，发动机控制单元的故障存储器内也会记录一个故障"曲轴传感器无信号"。

（4）工作原理。

该传感器用两块外侧霍耳板同时识别靶轮上的一个上升边和一个下降边。第三块板（在两块外侧霍耳板之间偏外位置）用于判定转动方向，如图 2-2-59 所示。

（5）转动方向识别。

为了能识别出发动机是在右转（顺转）还是左转（逆转），在识别上升边时，这三块霍耳板在时间上的信号顺序是关键。

①发动机右转，如图 2-2-60 所示。

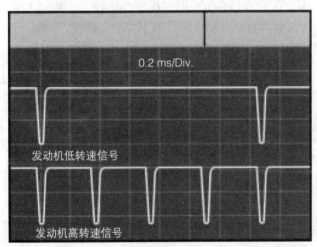

图 2-2-59

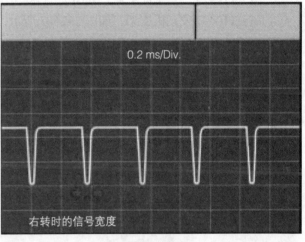

图 2-2-60

发动机右转时，上升边先由霍耳板 1 识别出来，稍后由霍耳板 3，最后再由霍耳板 2 来识别出上升边。由于识别出霍耳板 1 与霍耳板 3 之间的时间间隔要比霍耳板 3 与霍耳板 2 要短，所以就判定发动机是在右转（顺转）。传感器内的电子装置会对信号进行处理，并把处理过的信号以特定的小宽度发送给发动机控制单元。

②发动机左转，如图 2-2-61 所示。

发动机左转时，上升边先由霍耳板 2 识别出来，稍后由霍耳板 3，最后再由霍耳板 1 来识别出上升边。由于这时的时间信号顺序是相反的，所以就判定发动机是在左转。传感器内的电子装置会对信号

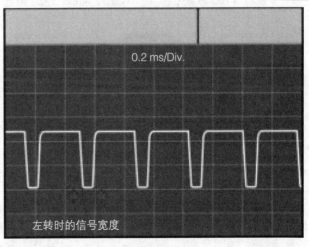

图 2-2-61

进行处理，并把处理过的信号以特定的小宽度的两倍宽发送给发动机控制单元。

（十）维修

1. 专用工具和车间设备

（1）T10133/19 拉拔器，如图 2-2-62 所示，用于拆卸高压喷油阀。

（2）T10359/3 适配器，如图 2-2-63 所示，与 T10359 以及 V.A.G1383A 一起使用，用于拆装发动机。

（3）T10478/5 六角螺栓 M10×1，25×45 和 T10479/4 六角螺栓 M8×45，如图 2-2-64 所示，用于更换凸轮轴正时侧和变速器侧的轴向油封。

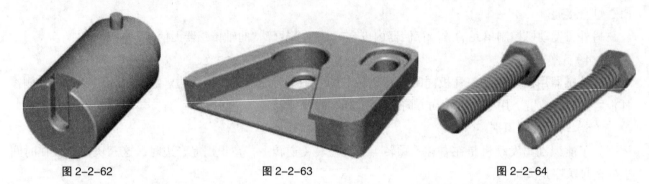

图 2-2-62　　　　　　　　　　图 2-2-63　　　　　　　　　　图 2-2-64

（4）T10487 安装工具，如图 2-2-65 所示，向下压齿形皮带，以便将 T10494 插到凸轮轴上。

（5）T10494 凸轮轴固定器，如图 2-2-66 所示，用于在检查和调节正时时固定凸轮轴。

（6）T10497 发动机支架，如图 2-2-67 所示，与 V.A.G1383A 一起使用，用于拆装发动机。

图 2-2-65　　　　　　　　　　图 2-2-66　　　　　　　　　　图 2-2-67

（7）T10498 拆卸工具，如图 2-2-68 所示，用于拆卸凸轮轴齿形皮带轮的 O 形环。

（8）T10499 环形扳手 SW.30，如图 2-2-69 所示，用于操控齿形皮带张紧轮。

（9）T10500 定位工具 SW.13，如图 2-2-70 所示，用于操控齿形皮带张紧轮。

图 2-2-68　　　　　　　　　　图 2-2-69　　　　　　　　　　图 2-2-70

（10）T10505 压块，如图 2-2-71 所示，用于安装凸轮轴齿形皮带轮的 O 形环。

（11）T10504 凸轮轴固定器，如图 2-2-72 所示，用于在检查和调节正时时固定凸轮轴。

（12）T10508 扳手，如图 2-2-73 所示，为拆装水泵的节温器。

图 2-2-71

1.与T10504/2一起：检查凸轮轴的
固定　2.与T10504/1一起：调整凸轮
轴的固定

图 2-2-72

图 2-2-73

2. 保养内容

（1）如表 2-2-7 所示。

表 2-2-7

保养工作	保养周期
长寿命保养的发动机机油更换周期	根据 SIA[1] 显示，最长为 30000km 或者 24 个月（这个周期取决于驾驶方式） 符合 VW 50400 的发动机机油
非长寿命保养的发动机机油更换周期	固定周期每 15000km 或者 12 个月（先到为准） 符合 VW 50400 或 50200 的发动机机油
发动机机油滤清器更换周期	每次更换机油时
售后服务中的发动机机油更换量	4.0L（包括机油滤清器）
抽取／排放发动机机油	不允许／可以
空气滤清器更换周期	90000km
燃油滤清器更换周期	终生不必更换
火花塞更换周期	60000km／6 年

注：1）SIA = 保养周期指示器。

（2）正时和辅助机构，如表 2-2-8 所示。

表 2-2-8

保养工作	保养周期
多楔皮带更换周期	终生不必更换
楔皮带张紧系统	终生不必更换
正时机构的齿形皮带	210000km

二、奥迪 1.0L 3 缸 TFSI 发动机

（一）概述

这种新式 1.0L 3 缸 TFSI 发动机，是德国奥迪公司 EA211 系列发动机的最新成果。

该款发动机是德国大众集团开发的，最先是用在了 VW Polo 车上，这之后就作为新的入门机型用在

2015 年奥迪 A1 上了，取代了 EA111 系列中的 1.2L 发动机。相比之下，1.0L 3 缸 TFSI 发动机功率更高、油耗更低，且满足 EU6 排放标准。

与同系列的 1.2L 发动机相比，这种新型发动机重量要轻大约 15kg；另外，本发动机的内部摩擦也降低了。

目前，该发动机的功率是 70kW，以后还可以提高功率。该款发动机计划今后还要用在奥迪 A3 车上。

德国奥迪公司这是首次使用 3 缸汽油发动机，但其实在 Auto Union 时代就有 3 缸发动机了，但那是一种二冲程发动机。当年最后一款批量生产的配备有这种发动机的车，是 DKW F 102，是在 1966 年之前生产的。

这种二冲程发动机的排量是 1.2L 的，功率是 44kW，这种发动机在前民主德国 1988 年前用于 Wartburg 353 车。

（1）1.0L 3 缸 TFSI 发动机（70 kW），车型年 2015，如图 2-2-74 所示。

（2）1.2L 二冲程 3 缸汽油发动机（44 kW），车型年 1966，如图 2-2-75 所示。

图 2-2-74

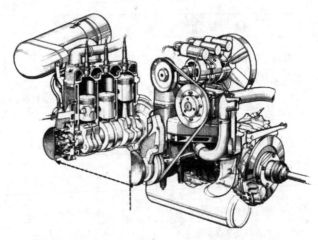

图 2-2-75

1. 技术摘要

发动机如图 2-2-76 所示。

（1）3 缸直列汽油直喷发动机。

（2）废气涡轮增压系统采用间接式增压空气冷却。

（3）4 气门技术，2 根顶置凸轮轴（DOHC），滚子摇臂。

（4）一根进气凸轮轴和一根排气凸轮轴。

（5）Bosch 发动机管理系统。

（6）陶瓷基底催化净化器，有通过双级喷射（均质分开模式）的加热功能。

（7）全电子直喷系统，采用电子油门。

（8）齿形皮带正时机构。

（9）智能启停 / 能量回收管理。

图 2-2-76

2. 技术数据

扭矩—功率特性曲线，如图 2-2-77 和表 2-2-9 所示。

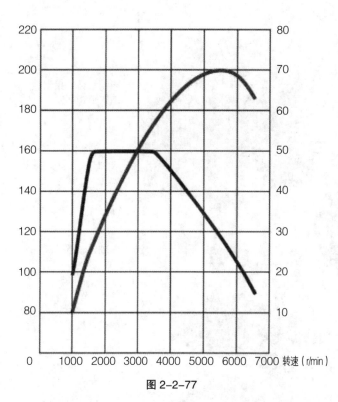
图 2-2-77

表 2-2-9

特点	技术数据
发动机代码	CHZB
结构形式	3 缸直列发动机
排量（cm³）	999
行程（mm）	76.4
缸径（mm）	74.5
每缸气门数	4
点火顺序	1-2-3
压缩比	10.5：1
功率（kW），转速（r/min）	70，5000~5500
扭矩（Nm），转速（r/min）	160， 1500~3500
燃油	高级无铅汽油 ROZ 95
增压系统	废气涡轮增压器
废气净化	三元催化净化器
排放标准	
CO_2 排放，g/km	配备 15 和 16 英寸车轮时： 97 g（效能等级 A） 配备 17 英寸车轮时：98 g（效能等级 A） 配备 18 英寸车轮时：102 g（效能等级 B）

（二）发动机机械部分

1. 模块组装方式

与 EA211 系列的所有发动机一样，这款 3 缸发动机也采用了久经考验过的模块组装方式。如图 2-2-78 所示，展示了各个模块单元。

2. 曲轴箱通风，活性炭罐系统

直接采用了 4 缸 EA211 发动机上的工作原理。

3. 缸体和油底壳

缸体是采用铝压铸的，采用敞顶式结构。缸套采用灰口铸铁制成，它是在缸体浇铸过程中合为一体的，其外表面是粗糙的，如图 2-2-79 所示。

这就增大了其表面积，由此就能改善传热效果，另外还能增强缸套在缸体内的牢靠程度。缸套的工作表面是采用液体射流珩磨（就是所谓的水射流抛光）分四级加工而成。另外，还使用了镜片珩磨（也叫压板珩磨）的加工方法，以防

排气模块　　　气缸盖罩，集成有气门机构模块　　　水泵模块

缸盖

进气模块

正时和辅助驱动模块　　　缸体　　　油底壳模块　　　曲柄连杆机构

图 2-2-78

止气缸变形。

4. 曲柄连杆机构

（1）在开发曲柄连杆机构时，重点放在了降低运动部件重量和减小摩擦上。通过采取下述措施，就省去了平衡轴，同时还不会影响良好的工作舒适性。

①锻造的连杆和采用平顶式活塞顶，都减轻了重量。

②曲轴主轴颈上钻有孔。

③曲柄臂的造型。

④在扭转震动减震器上以及对面的飞轮上有针对性地使用了平衡配重。

因此，100%的转动质量和50%的震荡质量都可以被平衡掉。主轴承和连杆轴承都很小，这也就减小了摩擦功率，如图2-2-80和表2-2-10所示。

（2）活塞和连杆：新颖之处在于活塞销的支承方式，它是没有衬套的，就是省去了连杆小头的衬套。为此，浮动支承的活塞销就需要使用DLC涂层。另外，连杆小头的表面必须采用滚压抛光来处理，如图2-2-81所示。

5. 齿形皮带传动机构

如图2-2-82所示。

齿形皮带传动机构是免保养的。

为此就使用了三椭圆形凸轮轴齿形皮带轮，这种齿轮几乎能完全消除所出现的力，从而保证皮带平稳运行。

这样的话，自动张紧轮上的张紧力就减小了，那么摩擦也就降低了。由此也就提高了系统的耐用性并降低了燃油消耗。

在1.0L TFSI发动机上，可以通过震动减震器和齿形皮带盖板上的标识来检查曲轴的上止点。在以前，

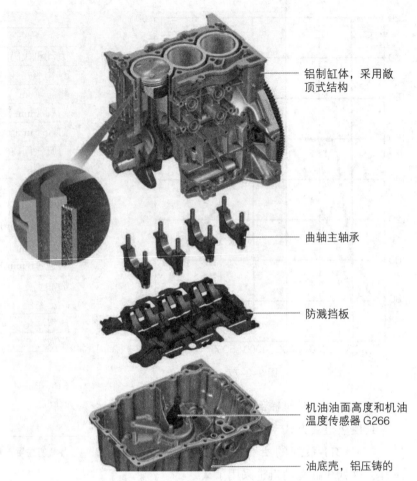

铝制缸体，采用敞顶式结构

曲轴主轴承

防溅挡板

机油油面高度和机油温度传感器 G266

油底壳，铝压铸的

图 2-2-79

震动减震器上的上止点标记

飞轮

震动减震器　　发动机正时用齿形皮带的驱动齿轮　　钻有孔的曲轴主轴颈　　曲轴

图 2-2-80

表 2-2-10

属性	技术数据	特点
气缸间距	82.0mm	
缸径	74.5mm	
行程	76.4mm	
主轴承直径	45.0mm	二元合金轴承
连杆轴承直径	47.8mm	二元合金轴承
连杆长度	140.0mm	
活塞销直径	19.0mm	

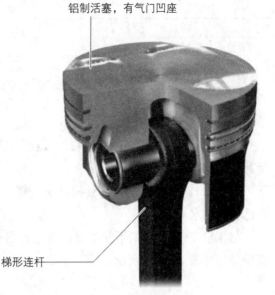

铝制活塞，有气门凹座

梯形连杆

图 2-2-81

EA211 系列发动机要使用专用工具 T10340 来检查发动机上止点位置的。

为此那时对于 3 缸发动机，必须要拆下万向节传动轴。

（1）装配工具 T10476A。

在装配时，要注意三椭圆形凸轮轴齿形皮带轮的正

装配工具 T10476A

进气凸轮轴调节器，带有三椭圆形齿形皮带轮

震动减震器的安装

排气凸轮轴调节器，带有三椭圆形齿形皮带轮

自动张紧轮，带有用于给齿形皮带导向用的止推轴肩

曲轴齿形皮带轮的安装

导向辊

震动减震器，带赫斯齿（Hirth 齿）

曲轴齿形皮带轮，带赫斯齿（Hirth 齿）

图 2-2-82

确定位，为此需要使用装配工具 T10476A。

（2）曲轴齿形皮带轮的安装。

只有在某一特定位置，曲轴齿形皮带轮才能装到曲轴上。

（3）震动减震器的安装。

震动减震器上的标识和齿形皮带护罩下部的上止点标识。曲轴皮带轮和震动减震器在任何位置都要相配。震动减震器上的上止点标识和曲轴皮带轮上的上止点标识必须对齐。

（4）凸轮轴调节，如表 2-2-11 所示。

表 2-2-11

特点	进气凸轮轴	排气凸轮轴
调节范围，曲轴角（°）	50	40
关闭发动机后的锁止位置	延后 （按发动机转动方向自动转动）	提前 （逆着发动机转动方向由回位弹簧来转动）

6. 缸盖

使用铝合金采用专用的可倾式金属型重力铸造（压铸）方式制造，随后再经热处理，由此可获得质量甚佳的接合面。

与 EA211 系列的 4 缸 TFSI 发动机一样，3 缸发动机的排气歧管也是集成在了缸盖上，该排气歧管有自己专用的水套。

与 4 缸 TFSI 发动机不同的是，进气管路有改进，改善了紊流运动以及流速，这也就改善了混合气形成质量，如图 2-2-83 所示。

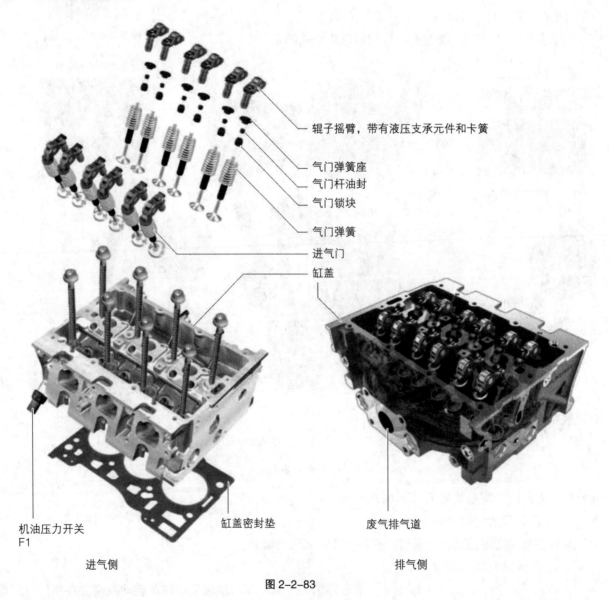

辊子摇臂，带有液压支承元件和卡簧
气门弹簧座
气门杆油封
气门锁块
气门弹簧
进气门
缸盖
机油压力开关 F1
缸盖密封垫
废气排气道
进气侧
排气侧

图 2-2-83

（1）与普通歧管相比的优点。

①废气流到废气涡轮增压器的涡轮上的流动路径短；

②在冷启动后热量进入冷却液的速度快；

③壁面热损失小；

④发动机预热快，因此在预热阶段发动机的摩擦也就小；

⑤车内空间预热快。

通过确定出的气门座斜角，可以在使用替代燃料（比如说乙醇含量较大的燃油）时保证其耐磨度。

如果气门导管磨损了的话，那就必须更换气缸盖了。气门和气门座不可修整，只可研磨。

（2）如表2-2-12所示。

7. 气门机构模块

与EA211系列所有发动机一样，凸轮轴就架在铝压铸气缸盖罩内的气门机构模块的轴承上。

凸轮轴的所有组件是用一种特殊的生产方式牢靠地组装的。最后，在正时一侧使用了两个向心球轴承；其他的凸轮轴轴承是滑动轴承，如图2-2-84所示。

（三）机油供给系统

1. 引言

由于整个发动机的摩擦减小了，因此就可以配备一个输油能力小些的机油泵，该泵所耗费的功率

表 2-2-12

特点	技术数据
每缸气门数	4
气门材质	整个气门都是由高级合金钢X45制成
气门座圈	烧结材料
进气门安装角	21°
排气门安装角	22.4°
进气侧的气门座斜角	90°
排气侧的气门座斜角	120°
气门杆直径	5 mm
气门操控	辊子摇臂
气门间隙	液压支承元件
气门尺寸	见维修手册

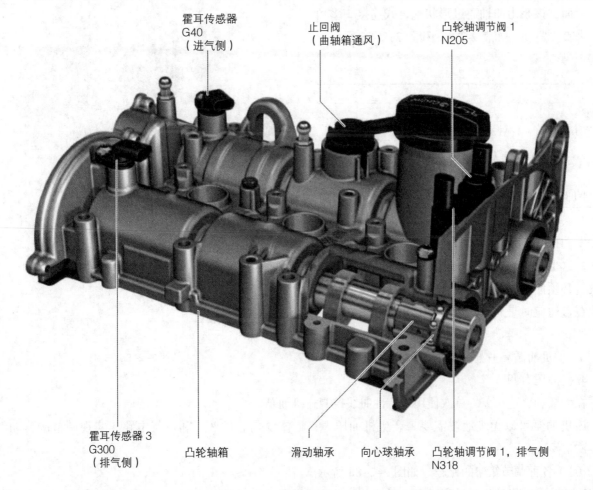

霍耳传感器 G40（进气侧）　　止回阀（曲轴箱通风）　　凸轮轴调节阀1 N205

霍耳传感器3 G300（排气侧）　　凸轮轴箱　　滑动轴承　　向心球轴承　　凸轮轴调节阀1，排气侧 N318

图 2-2-84

185

就减小了，那么也就减小了能耗。

且由于循环量小了，那么发动机机油的工作负荷也不会那么大。新颖之处在于，使用的是无级特性曲线控制式机油泵。

2. 机油循环

机油泵通过一根塑料抽油管从油底壳的油池中抽取发动机机油。

机油泵所输送出的压力机油先是通过缸体去往固定在油底壳上的机油滤清器，从这里再经过机油冷却器进入主机油道并分配到主轴承和连杆轴承以及通过正时侧的一根立管进入缸盖。此处有两个通道用于给辊子摇臂供油。在缸盖上的两个通道起始处通过孔来给凸轮轴调节器供应机油。

废气涡轮增压器是通过一根管子来获得机油供给的，该管子在变速器侧连接在缸体上。压力机油来自最后一道主轴承上的孔。

另外，活塞冷却喷嘴仍是连接在主机油道上。该喷嘴是这样设计的：

当机油压力高于约 2bar 时就打开，如果机油压力低于 1.7bar，喷嘴就会被弹簧力关闭。

整个发动机上都没有机油循环止回阀，但是旋装式机油滤清器配备有止回膜，这就可以保证在发动机停止工作后，机油滤清器的下游直至主机油道（立管，机油冷却器）之间一直都充满着机油。

从使用机油的各部件中流出的机油，流经位于缸体上发动机较热一侧的中央回流通道而进入油底壳。废气涡轮增压器的回流管也是在外部通过法兰连接到缸体的回流通道上的。

3. 机油泵

（1）叶片泵用法兰连接在缸体上的震动减震器的后面，该泵由曲轴通过形状配合式连接（多角形）来直接驱动，如表 2-2-13 和图 2-2-85 所示。

表 2-2-13

特点	技术数据
转速	1∶1 发动机转速
调节压力	1.3 ~ 3.3 bar（相对）
安全保护	4.5 bar（通过机油压力调节阀 N428 内的机械—液压功能）
冷启动阀	7 bar

发动机在头 1000 km 时，其机油供油压力是较高的，这也是一种磨合保护措施。如果换上了新发动机，必须使用车辆诊断仪来重新激活这个功能，为此在自适应时是有"发动机磨合机油压力"这个选项的。

（2）机油循环一览，如图 2-2-86 所示。

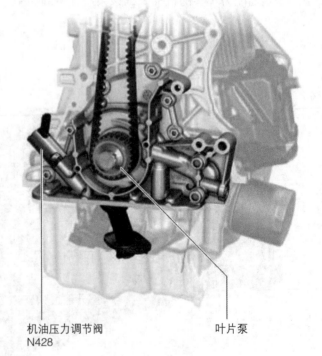

机油压力调节阀 N428　　　　　叶片泵

图 2-2-85

4. 机油压力调节

在大众和奥迪车上，首次使用了特性曲线控制式机油泵。

该机油泵可以无级地按需要来产生机油压力，具体说是通过液压和电气电路来实现调节的，如图 2-2-87 所示。

（1）各种调节策略的比较，如图 2-2-88 所示。

冷启动阀在机油压力过高时可以保护发动机，该阀在机油压力超过 7 bar（相对）时会打开。

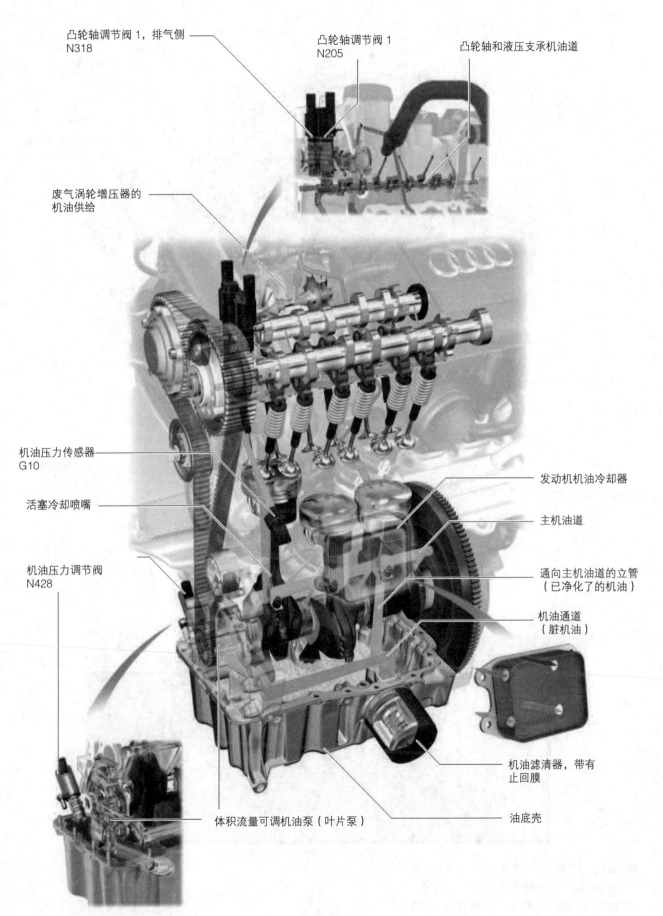

凸轮轴调节阀 1，排气侧
N318

凸轮轴调节阀 1
N205

凸轮轴和液压支承机油道

废气涡轮增压器的
机油供给

机油压力传感器
G10

活塞冷却喷嘴

发动机机油冷却器

主机油道

通向主机油道的立管
（已净化了的机油）

机油通道
（脏机油）

机油压力调节阀
N428

机油滤清器，带有
止回膜

体积流量可调机油泵（叶片泵）

油底壳

图 2-2-86

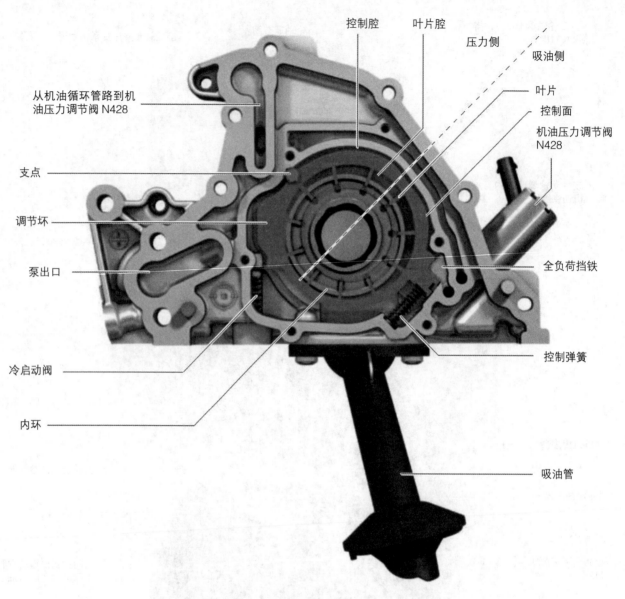

控制腔　叶片腔

压力侧

吸油侧

从机油循环管路到机
油压力调节阀 N428

叶片

控制面

机油压力调节阀
N428

支点

调节坏

泵出口

全负荷挡铁

冷启动阀

控制弹簧

内环

吸油管

图 2-2-87

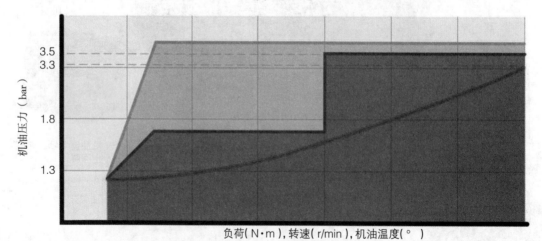

负荷(N·m)，转速(r/min)，机油温度(°)

■ 机油压力无级调节（1.0L TFSI 发动机）
■ 机油压力双级调节（1.4L TFSI 发动机）
■ 机油压力没有调节（1.2L TFSI 发动机）

图 2-2-88

188

（2）调节功能。

压力机油从缸体主油道开始分成各个支路（分岔了）。机油经过机油压力调节阀 N428 进入机油泵弹簧加载的、可摆动的导环上方的腔内。N428 是由发动机控制单元使用 PWM 信号来操控的。根据具体的操纵，N428 通过机油泵导环将通道多打开一些或者少打开一些。

导环会逆着压力弹簧力的方向运动，于是就改变了泵内腔大小，那么输送的机油就少了。

随着发动机转速的提高，所需的机油量也会增大，就通过增大机油压力来满足这个需要。

润滑油的需求是根据特性曲线计算出来的。要想计算和监控机油压力，需要用到下述传感器的值：①机油油面高度和机油温度传感器 G266（用于计算黏度）。②机油压力传感器 G10。

①降低机油供油量和机油压力

a. 机油压力调节阀 N428 由发动机控制单元通过 PWM 信号并以较大的脉冲宽度来操控，于是通向控制腔的管路横截面就会开得大一些。

b. 机油压力作用在机油泵的控制面上，如图 2-2-89 所示。

c. 由此产生的力是大于控制弹簧的力的，这就使得调节环顺时针绕叶片泵中心发生摆动，吸油侧和压力侧的供油腔就变小了，于是进入机油循环管路的机油量就少了（具体取决于控制弹簧被压缩的程度）。因此，机油供油量和机油压力就都下降了。

②机油供油量和机油压力非常小。

机油作用到调节环的控制面上，如图 2-2-90 和图 2-2-91 所示。

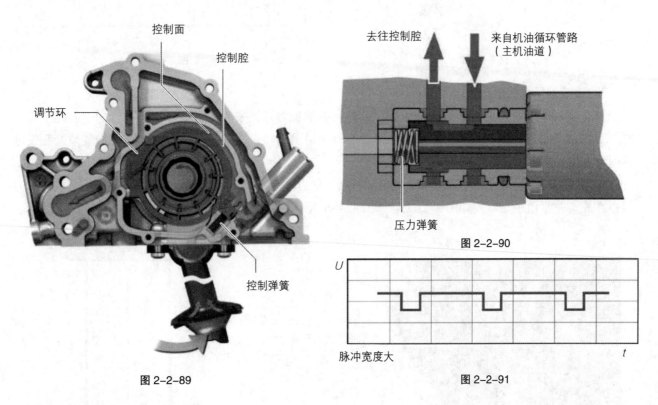

图 2-2-89

图 2-2-90

图 2-2-91

脉冲宽度大

③提高机油供油量和机油压力。

a. 机油压力调节阀 N428 由发动机控制单元通过 PWM 信号并以较小的脉冲宽度来操控，于是通向控制腔的管路横截面就会开得小一些。

b. 作用在机油泵的控制面上的机油压力就较小了。

c. 由此产生的力是小于控制弹簧的力的，这就使得调节环逆时针摆动至全负荷挡铁处（此时供油量最大）。吸油侧和压力侧的供油腔就变大了，于是进入机油循环管路的机油量就多了。因此，机油供油量和机油压力就都增大了，如图 2-2-92 所示。

④机油供油量和机油压力非常大。

控制腔内的机油压力卸掉了，如图 2-2-93 和图 2-2-94 所示。

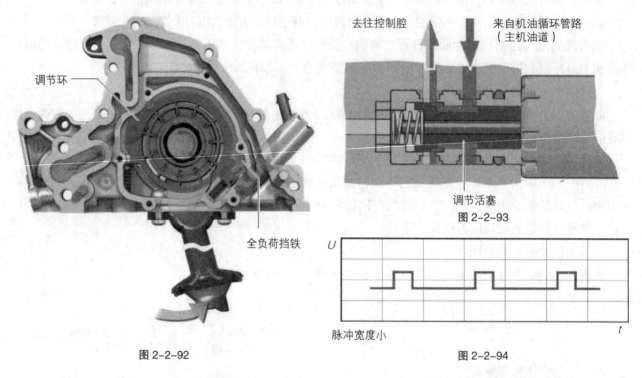

图 2-2-92

图 2-2-93

图 2-2-94

（3）机油压力传感器 G10。

要想实现机油压力无级调节这个功能，只是用机油压力开关来监控机油压力是不够的。因此就需要有一个机油压力传感器，这个机油压力传感器 G10 可以测量整个机油压力范围，它拧在进气歧管和发电机附近的缸盖内。

传感器的压力信号在传感器电子系统中分析后，通过 SENT 协议传至发动机控制单元。这个机油压力可以在相应测量值中显示，如图 2-2-95 和图 2-2-96 所示。

图 2-2-95

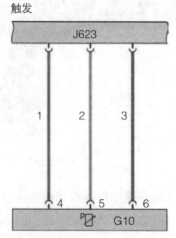

G10.机油压力传感器　J623.发动机控制单元　1.传感器−　2.传感器信号(SENT)　3.传感器＋(5 V)　4.针脚2　5.针脚1　6.针脚3

图 2-2-96

190

由于机油压力传感器 G10 的密封件的原因，它只能使用一次（就是不可第二次再拧入了）。

（4）机油压力调节阀 N428。

如果发动机控制单元激活了拧在机油泵壳体上的电动比例阀（液压 3/2 换向阀），那么就会打开一个机油道。于是从主机油道过来的压力机油就可以进入泵腔（控制腔）内，调节环的控制面就在该腔内，因此此处就建立起机油压力了。

调节环就顶着控制弹簧力而转动，于是泵的供油腔就变小了。

那么泵的供油量就减少了，机油压力也就下降了。发动机控制单元 N428 是使用 PWM 信号（200Hz）来控制的。根据占空比（在 20%~80% 之间），机油道通向泵腔的横截面会发生变化，如图 2-2-97 和图 2-2-98 所示。

5. 故障安全功能

如果机油压力调节阀 N428 电控失灵或者导线连接有故障，那么机油泵就会以最大供油量来工作了，这也就能保证发动机一直能有足够的机油压力可用。

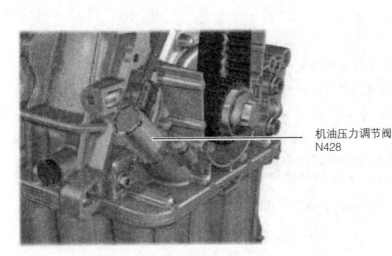

图 2-2-97

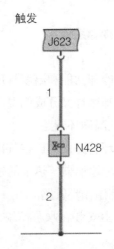

触发

J623.发动机控制单元　N428.机油压力调节阀　1.搭铁（PWM-信号）　2.端子 87a

图 2-2-98

在故障安全功能发挥作用时，N428 会通过机械方式将机油压力调至 4.5 bar（相对）。这个调节是很必要的，否则在发动机冷机时，由于发动机机油黏度较高，压力就会非常高了。

如果 N428 在出现故障时无法电控操作，那么泵因功能原因会就进入"最大供油"状态。

在不通电状态时，调节活塞会被压力弹簧推动，从而使得通向控制腔的供油通道关闭。调节活塞有两个不同的活塞面，由此形成一个环面。

在作用有机油压力时，就会产生一个顶着压力弹簧的力。

当机油压力达到约 4.5 bar（相对，相当于机油温度为 120℃），活塞就会打开支路，机油就经调节阀进入机油泵的控制腔。机油泵的调节环就会被调至最小供油量方向，这时机油泵供油量就减少了，也就限制了发动机内机油压力的进一步升高。

如果机油压力低于最小极限值，那么组合仪表上会出现"红色机油壶"，驾驶员此时应关闭发动机。

6. 诊断

机油压力调节阀和机油压力传感器由发动机控制单元来监控。如果出现可靠性故障或者电气故障码，那么故障存储器内会有相应记录；如果发动机软件版本是 2166 和 2156 或者更高，那么组合仪表上的

EPC灯会亮起。在故障导航时，有一个专门用于这个的检测程序。

可以在"读取测量数据块"时观察机油压力调节阀的触发情况。另一个重要测量值就是机油压力传感器的值，其可靠性可以与发动机不工作时的环境空气压力进行对比（发动机控制单元软件版本2054），如表2-2-14所示。

表2-2-14

长名	文本ID	汽车诊断仪上显示	单位
Oil_Pressure_Actual_Value	IDE02742	机油压力实际值	bar
Oil_pressure_commanded_value	IDE11203	机油压力规定值	bar
Oil_pressure_control_Actual_Value_I_Component	IDE11929	可控机油泵的I-component的PID控制	%
Oil_pressure_control_value_duty_factor	IDE11330	机油压力调节阀，触发占空比	
Oil_pressure_sensor_raw_value	IDE11329	机油压力传感器，原始值	

（四）冷却系统

1. 引言

发动机冷却功能和温度管理功能，基本上还是源于EA211系列中以前的发动机。

整个冷却循环又分成低温循环和高温循环两部分，如图2-2-99所示。

（1）低温循环管路。

低温循环管路由增压空气冷却泵V188来按需要驱动着。在低压循环管路中，连接着增压空气冷却器以及废气涡轮增压器。热了的发动机关闭后，该泵的续动功能就激活了，以便保护部件。

（2）高温循环管路。

发动机由安装在水泵模块内的水泵来实施冷却，该泵是由免维护的齿形皮带经由排气凸轮轴来驱动的。

缸盖　缸体　水泵　节温器1和2　来自散热器　去往冷却器

图2-2-99

2.冷却液循环

（1）小循环。

机械驱动的泵将冷却液通过缸盖内的一个连接通道输送到缸体中的冷却液通道中，冷却液大部分在这里通过气缸盖密封垫被送入缸盖，冷却液在那里会与燃烧室横流冷却液以及去往集成式排气歧管中的另一并联冷却液流相遇。

两支分流汇集在节温器壳体之前（上游），并流入缸盖的节温器1前的混合腔。该节温器在温度超过 80 ℃时会打开，冷却液就流经暖风热交换器了。这个温度是减小摩擦、改善点火效率以及最小爆震倾向之间的最佳平衡点。

（2）大循环。

冷却液从缸体通道的始点直接流经发动机散热器。在1缸前冷却液又流入缸体内的通道，发动机缸体冷却循环的起点就在此处。冷却液绕过气缸并通过一个连接通道流到缸体节温器2前。

在发动机预热的过程中，缸体内的冷却液是静止的（不流动的）。当温度超过105℃时，缸体节温器2会打开，这就使得冷却液流入缸盖节温器1前的混合腔内，与此同时还会调节流经散热器的冷却液量。

3.系统一览

如图 2-2-100 所示。

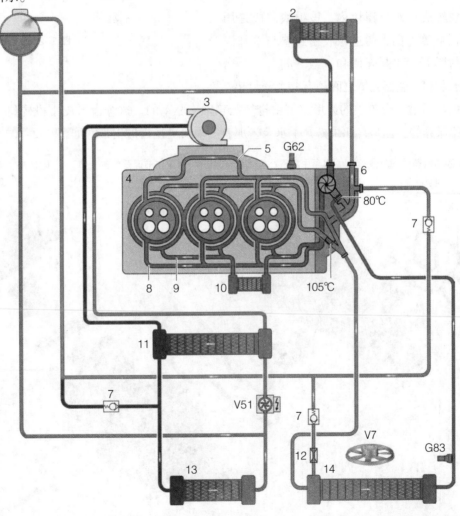

1.冷却液膨胀罐 2.暖风热交换器 3.废气涡轮增压器 4.缸盖/缸体 5.集成式排气歧管冷却 6.带有集成的节温器的水泵模块 7.止回阀 8.缸盖冷却 9.缸体冷却 10.发动机散热器 11.进气歧管内的增压空气冷却器 12.节流阀 13.增压空气冷却液的散热器 14.散热器 G62.冷却液温度传感器 G83.散热器出口的冷却液温度传感器 V7.散热器风扇 V51.冷却液续动泵

图 2-2-100

193

4.节温器

节温器集成在水泵模块内。在节温器壳体内部有两个节温器，它们都是蜡膨胀节温器，但工作的温度不同，可以单独更换。

（1）节温器1。

这是主节温器，用于调节流过主散热器的冷却液量。当冷却液温度达到80℃时，该节温器开始打开。

（2）节温器2。

温度达到105℃时，该节温器打开，并打开从缸体到散热器的热冷却液通道。整个冷却液循环系统就都打开了。

（3）冷却液温度 > 105℃的话，两个节温器都打开，如图2-2-101所示。

5.水泵

水泵集成在水泵模块内，该模块总成是用螺栓拧在缸盖上的，通过橡胶密封垫与冷却液通道密封隔开。水泵壳体和缸盖之间有一个密封垫，水泵和节温器壳体之间还有一个密封垫。

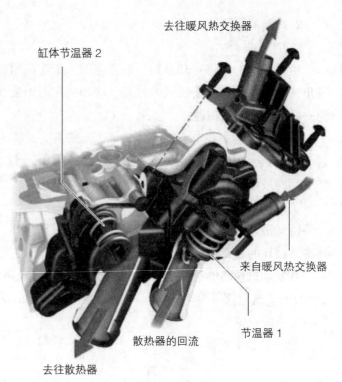

图 2-2-101

水泵是通过一个单独的齿形皮带由排气凸轮轴来驱动的。这个齿形皮带机构位于发动机的动力输出侧，是免保养的。但是，如果松开了水泵，那就必须要更换齿形皮带，如图2-2-102所示。

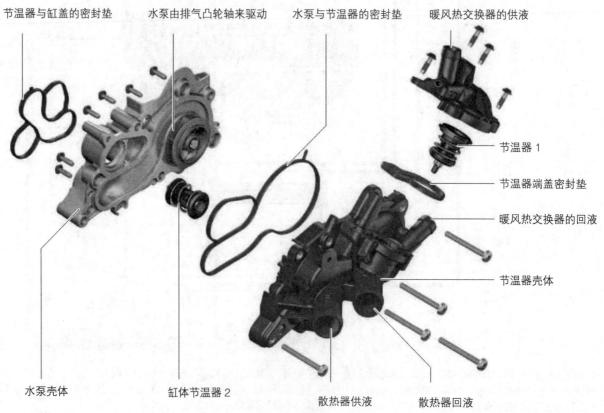

图 2-2-102

（五）空气供给系统和增压系统

1. 一览

与 EA211 系列的所有发动机一样，本发动机的空气供给系统的特点也是特别体现在增压空气通道是非常短的。由于废气涡轮增压器和燃烧室之间的增压空气容量很小，因此增压压力的建立就非常快，那么发动机的响应特性就非常好，如图 2-2-103 所示。

2. 废气涡轮增压器

废气涡轮增压器用螺栓直接固定在与缸盖一体的排气歧管入口处。由于通向单进气口式（单涡流）涡轮的通道非常短，因此废气几乎没有热量损失。自然了，废气涡轮增压器的材质也针对这个特性做了精细匹配。

增压器体积相对小巧，因此其惯性矩就非常小，那么其效率就非常高。增压压力的调节是通过一个电动废气泄放调节器来实现的。在 EA211 系列发动机中，这款 1.0L 3 缸 TFSI 发动机是目前增压压力最大的，如图 2-2-104 所示。

（1）触发，如图 2-2-105 所示。

（2）技术特点。

①壳体采用耐高温奥氏体铸钢制成（可承受高达 1050℃ 的废气温度）。

②涡轮采用镍基合金

增压压力传感器 G31 和进气温传感器 2 G299

增压管内的热空气

空气滤清器，直接就装在发动机上

节气门控制单元 J338

进气歧管模块，与增压空气冷却器一体

图 2-2-103

涡轮壳体

集成的脉动清音器

增压压力调节器 V485

压气机转子

废气泄放阀

连接缸盖的法兰

连接杆（操纵杆）

图 2-2-104

制成。

③电动增压压力调节器，可单独更换（请留意维修手册和故障导航内容）。

④最大增压压力 1.6 bar（相对）。

⑤无分流阀。

3. 增压压力调节器 V465

（1）功能。

该调节器由发动机控制单元借助 PWM 信号来操控。其基本频率是 1000 Hz。根据特性曲线来进行计算并操控。为了让调节器达到正确位置，必须能侦测到实际位置，这个功能就由增压压力调节器位置传感器 G581（霍耳传感器）来完成，G581 安装在旋转驱动机构的输出齿轮上。该传感器会给发动机控制单元发送一个模拟电压信号，根据这个信号就可以计算出废气泄放阀的位置。

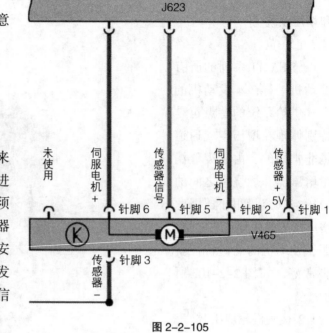

图 2-2-105

在该调节器完成了初始化（自适应）后，调节器就完成了对废气泄放阀止点的"自适应"。于是，调节器就能快速地工作了，同时其磨损也会最小。具体来说，就是在马上就要达到机械止点前，有一个借助 PWM 信号的电控制动过程，并最终达到这个计算出的电控止点处。

（2）使用车辆诊断仪进行诊断。

通过故障导航或者导航功能，可以对增压压力传感器进行设定和自适应。

无法给增压压力调节器与连接杆进行设定（就是调节）。如果售后服务中更换了增压压力调节器，那么废气涡轮增压器的连接杆仍保留着，不更换；因此就不需要调节这个连接杆（要是真调节了反倒是不对了）。在售后服务中，只应该对新增压压力调节器进行自适应。

在下述情况时，必须进行自适应：

①更换了增压压力调节器；

②安装了另一种发动机（自然也就安装了另一种增压压力调节器）；

③更换了发动机控制单元。

④清除了发动机控制单元内的自适应值。

在点火开关打开且发动机不工作时，发动机控制单元会"学习"增压压力调节器的各个不同位置，这些位置会被存入发动机控制单元。

（3）重要测量值，如表 2-2-15 所示。

表 2-2-15

	代码
规定位置	[IDE03932]_ 增压压力调节器
下止点自适应	[IDE03934]_ 增压压力调节器
上止点自适应	[IDE03935]_ 增压压力调节器
规定值	[IDE04278]_ 涡轮增压器旁通阀，涡轮入口高压
实际值	[IDE04279]_ 涡轮增压器旁通阀，涡轮入口高压
补偿关闭	[IDE04280]_ 涡轮增压器旁通阀，涡轮入口高压
补偿打开	[IDE04281]_ 涡轮增压器旁通阀，涡轮入口高压
激活	[IDE04301]_ 涡轮增压器旁通阀，涡轮入口高压
状态	[IDE04302]_ 涡轮增压器旁通阀，涡轮入口高压
原始电压	[IDE04303]_ 涡轮增压器旁通阀，涡轮入口高压

（六）燃油系统

在 EA211 系列中，3 缸 TFSI 发动机是第一个实现最高 250bar 喷油压力的发动机。

喷油压力高，可以明显降低废气排放。

1. 系统一览

如图 2-2-106 所示。

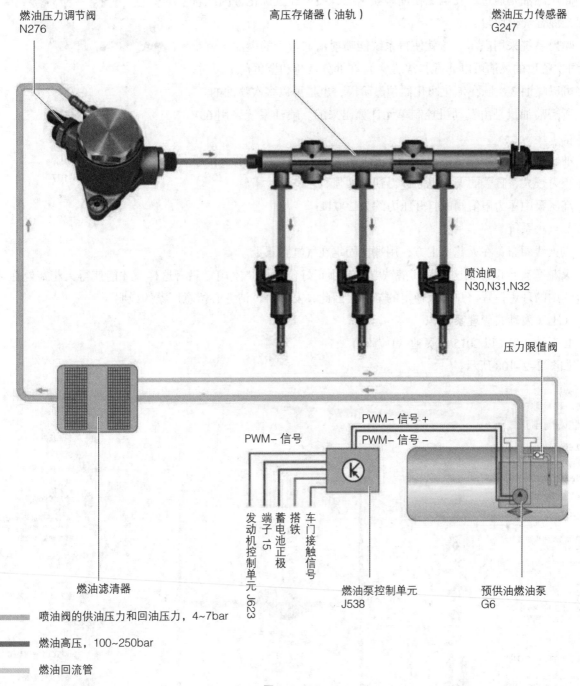

燃油压力调节阀
N276

高压存储器（油轨）

燃油压力传感器
G247

喷油阀
N30,N31,N32

压力限值阀

PWM- 信号 +

PWM- 信号

PWM- 信号 −

发动机控制单元 J623

端子 15

蓄电池正极

搭铁

车门接触信号

燃油泵控制单元
J538

预供油燃油泵
G6

燃油滤清器

喷油阀的供油压力和回油压力，4~7bar

燃油高压，100~250bar

燃油回流管

图 2-2-106

（1）燃油供给。

燃油是由燃油箱内的电动燃油泵单向输送的，机油泵控制单元 J538 将发动机控制单元计算出的燃油压力来按模型进行匹配设定。

这就是说，低压管路中，是没有燃油压力传感器的。需要多少燃油，就供应多少燃油。因此，燃油系统中不可有气泡。

（2）高压系统。

高压系统中的所有部件，都针对高压这个特点进行了匹配，如图 2-2-107 所示。

高压泵是 Hitachi 公司生产的，由一个三联凸轮通过进气凸轮轴来驱动。

高压燃油是通过 5 孔电磁喷油阀喷出的，喷束经过优化，因此就可保证混合气很均匀。

喷射系统采用高压，这就使得系统能喷射出非常少的燃油（就是说，每次喷射的燃油可以非常非常的少）。在部分负荷和全负荷工况时，最多可以喷油 3 次。在催化净化器预热阶段，也是可以多次喷油的。

所需喷油量是由发动机控制单元计算出来的。喷油系统采用 65V 电压来工作。

油轨是由不锈钢制成的，其壁厚是与其工作压力相匹配的。由于工作压力较大，缸盖的支承也同样得到了加强。

高压泵中压力限值阀的打开压力约为 290 bar。

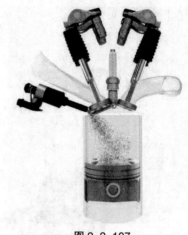

图 2-2-107

2. 点火系统

点火线圈布置在火花塞上方，用螺栓固定在气缸盖罩上。

火花塞有意设计成这样：其搭铁电极必须正好位于燃烧室内。只有这样，才能使得火花塞处在可燃混合气中的理想位置，并形成稳定的焰心。因此，安装时，请务必留意厂家的说明。

（七）发动机管理系统

1. 系统一览（以 2015 年奥迪 A1 为例）

如图 2-2-108 所示。

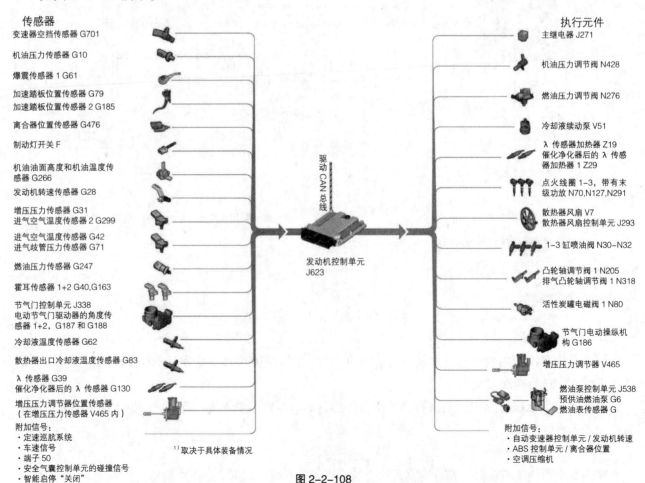

传感器

变速器空挡传感器 G701
机油压力传感器 G10
爆震传感器 1 G61
加速踏板位置传感器 G79
加速踏板位置传感器 2 G185
离合器位置传感器 G476
制动灯开关 F
机油油面高度和机油温度传感器 G266
发动机转速传感器 G28
增压压力传感器 G31
进气空气温度传感器 2 G299
进气空气温度传感器 G42
进气歧管压力传感器 G71
燃油压力传感器 G247
霍耳传感器 1+2 G40,G163
节气门控制单元 J338
电动节气门驱动器的角度传感器 1+2, G187 和 G188
冷却液温度传感器 G62
散热器出口冷却液温度传感器 G83
λ 传感器 G39
催化净化器后的 λ 传感器 G130
增压压力调节器位置传感器（在增压压力传感器 V465 内）

附加信号：
· 定速巡航系统
· 车速信号
· 端子 50
· 安全气囊控制单元的碰撞信号
· 智能启停"关闭"

驱动 CAN 总线

发动机控制单元 J623

执行元件

主继电器 J271
机油压力调节阀 N428
燃油压力调节阀 N276
冷却液续动泵 V51
λ 传感器加热器 Z19
催化净化器后的 λ 传感器加热器 1 Z29
点火线圈 1-3, 带有末级功放 N70,N127,N291
散热器风扇 V7
散热器风扇控制单元 J293
1-3 缸喷油阀 N30-N32
凸轮轴调节阀 1 N205
排气凸轮轴调节阀 1 N318
活性炭罐电磁阀 1 N80
节气门电动操纵机构 G186
增压压力调节器 V465
燃油泵控制单元 J538
预供油燃油泵 G6
燃油表传感器 G

附加信号：
· 自动变速器控制单元 / 发动机转速
· ABS 控制单元 / 离合器位置
· 空调压缩机

¹⁾ 取决于具体装备情况

图 2-2-108

2. λ 调节

通过两个阶跃式 λ 传感器来实现 λ 调节。一个 λ 传感器在催化净化器前（上游），另一个 λ 传感器在催化净化器后（下游）。发动机控制单元利用催化净化器前的 λ 传感器 G39 的信号来计算燃油—空气混合气；利用催化净化器后的 λ 传感器 G130 的信号来检查催化净化器的功能，还负责监控和对催化净化器前的 λ 传感器进行适配（如果需要的话），如图 2-2-109 所示。

（1）对催化净化器前的 λ 传感器 G39 的信号进行分析。

与所有配备两个阶跃式 λ 传感器的 EA211 系列发动机一样，这款 3 缸发动机也是把连续式 λ 调节功能集成在发动机控制单元内了。

与以前一样，该功能不只是分析阶跃信号（两点式 λ 调节），也会分析阶跃内的信号，如图 2-2-110 所示。

λ 传感器 G39

催化净化器后的 λ 传感器 G130

图 2-2-109

混合气的匹配迅速而准确。传感器信号始终处于阶跃之间，因此调节特性大致就相当于宽带 λ 传感器，连续式 λ 调节，如图 2-2-111 所示。

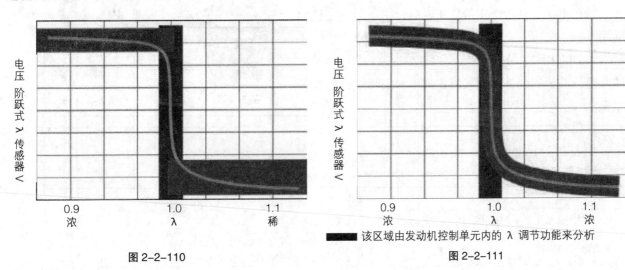

图 2-2-110

■ 该区域由发动机控制单元内的 λ 调节功能来分析

图 2-2-111

（2）催化净化器前的阶跃式 λ 传感器 G39 的信号图对比。

EA111 和 EA211 系列发动机，其阶跃式 λ 传感器的特性和功能都是相同的，差别只在于发动机控制单元内对信号的分析方式。因此，使用存储式示波器展示出各种信号曲线：

①当信号电压是 450 mV，λ 值是 1.0。

②电压较高时，λ 值小于 1.0。

③电压较低时，λ 值大于 1.0。

（3）EA111 发动机系列催化净化器前的阶跃式 λ 传感器 G39 的信号图，如图 2-2-112 所示。

使用两点式 λ 调节，发动机控制单元只能识别混合气过浓（信号电压约为 800mV）或者过稀（信号电压约为 100 mV）。

如果混合气过浓，那么就会减少喷油量，直至信号电压表示出混合气过稀为止。这时又会增大喷油量。

（4）EA211 发动机系列催化净化器前的阶跃式 λ 传感器 G39 的信号图，如图 2-2-113 所示。

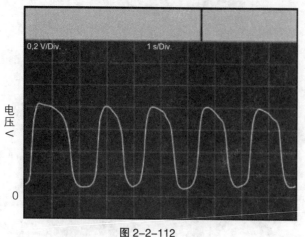

图 2-2-112

图 2-2-113

在 EA211 系列发动机上，使用数字存储式示波器，可以近似线性显示出阶跃式 λ 传感器的信号。由于发动机控制单元在持续不断地分析着信号，因此信号几乎一直 450mV 不变。

说明：厂家不同，λ 传感器的电压值也就可能会不同。

（八）维修

1. 专用工具和车间设备

（1）T10476A 拉拔器，如图 2-2-114 所示。在调节三椭圆形凸轮轴齿形皮带轮正时时，用于精确定位辅助用。

（2）T10527 分离工具，如图 2-2-115 所示。用于脱开空气滤清器壳体和节气门控制单元之间的通气管卡紧夹。

图 2-2-114　　　　图 2-2-115

2. 保养内容

如表 2-2-16 所示。

表 2-2-16

工作说明	保养周期或值
发动机机油加注量（包括更换机油滤清器）	4.5L
发动机机油规格	VW 50400（可变周期的机油更换） VW 50200（固定周期的机油更换）
是否允许抽取发动机机油	否
保养周期	根据保养周期指示器显示，取决于驾驶方式和使用条件，在 5000 km/1 年和 30000km/2 年之间
空气滤清器更换周期	90000 km
燃油滤清器更换周期	终生不需更换
火花塞更换周期	60000km/6 年
花粉滤清器更换周期	60000km/2 年
多楔皮带更换周期	终生不需更换
正时机构 / 齿形皮带	210000km
正时机构张紧系统	210000km

说明：请留意最新维修手册中的规定。更换机油时，必须使用规定的机油。

三、奥迪各车型技术特点

（一）2013年后一汽奥迪A3

1. 技术数据，扭矩功率曲线，1.4 L TFSI 发动机，型号代码 CMBA

如图 2-2-116 和表 2-2-17 所示。

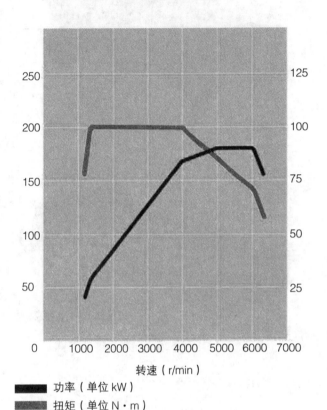

图 2-2-116

功率（单位 kW）

扭矩（单位 N·m）

表 2-2-17

发动机型号代码	CMBA
结构	四缸直列式发动机
排量（cm³）	1395
功率（kW），转速（r/min）	90，5000~6000
扭矩（N·m），转速	200，1400~4000
每缸气门数	4
缸径（mm）	74.5
行程（mm）	80
压缩比	10.5：1
发动机管理系统	博世 MED17.S.21
燃油	超级无铅汽油 ROZ（辛烷值）95
排放标准	欧 5+
一氧化碳排放量（g/km）	120

2. 1.4 L TFSI 发动机技术特征

如图 2-2-117 所示。

（1）带有废气涡轮增压器的排气歧管和尾气催化净化器，如图 2-2-118 所示。

图 2-2-117

图 2-2-118

（2）辅件和正时传动机构，如图 2-2-119 所示。

（3）油底壳模块和辅件支架，如图 2-2-120 所示。

（4）气缸盖罩和内置的气门机构模块，如图 2-2-121 所示。

图 2-2-119

图 2-2-120

图 2-2-121

（5）进气歧管和内置的增压空气冷却器，如图 2-2-122 所示。

3. 燃油系统

2013 年款奥迪 A3 采用了多种燃油系统。车上具体安装了哪种系统，由以下各项不同的因素决定：

①发动机配置；

②驻车加热装置；

③四轮驱动或前轮驱动；

④市场所处的气候带。

（1）前轮驱动车辆，1.4L TFSI 发动机，如图 2-2-123 所示。

（2）四轮驱动车辆。

配有 quattro 四轮驱动装置的车辆所采用的燃油箱为鞍形油箱。1.8 L TFSI 发动机，如图 2-2-124 所示。

图 2-2-122

4. 排气装置

（1）1.4 L TFSI 发动机，如图 2-2-125 所示。

（2）1.8L TFSI 发动机，如图 2-2-126 所示。

（3）2.0L TDI 发动机，如图 2-2-127 所示。

（二）2014 年后一汽奥迪 A3L

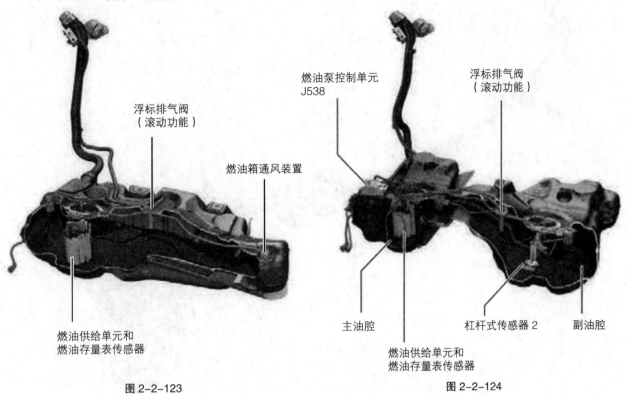

浮标排气阀
（滚动功能）

燃油箱通风装置

燃油供给单元和
燃油存量表传感器

图 2-2-123

燃油泵控制单元
J538

浮标排气阀
（滚动功能）

主油腔

燃油供给单元和
燃油存量表传感器

杠杆式传感器 2

副油腔

图 2-2-124

靠近发动机
主尾气催化净化器

中间消音器

后部消音器

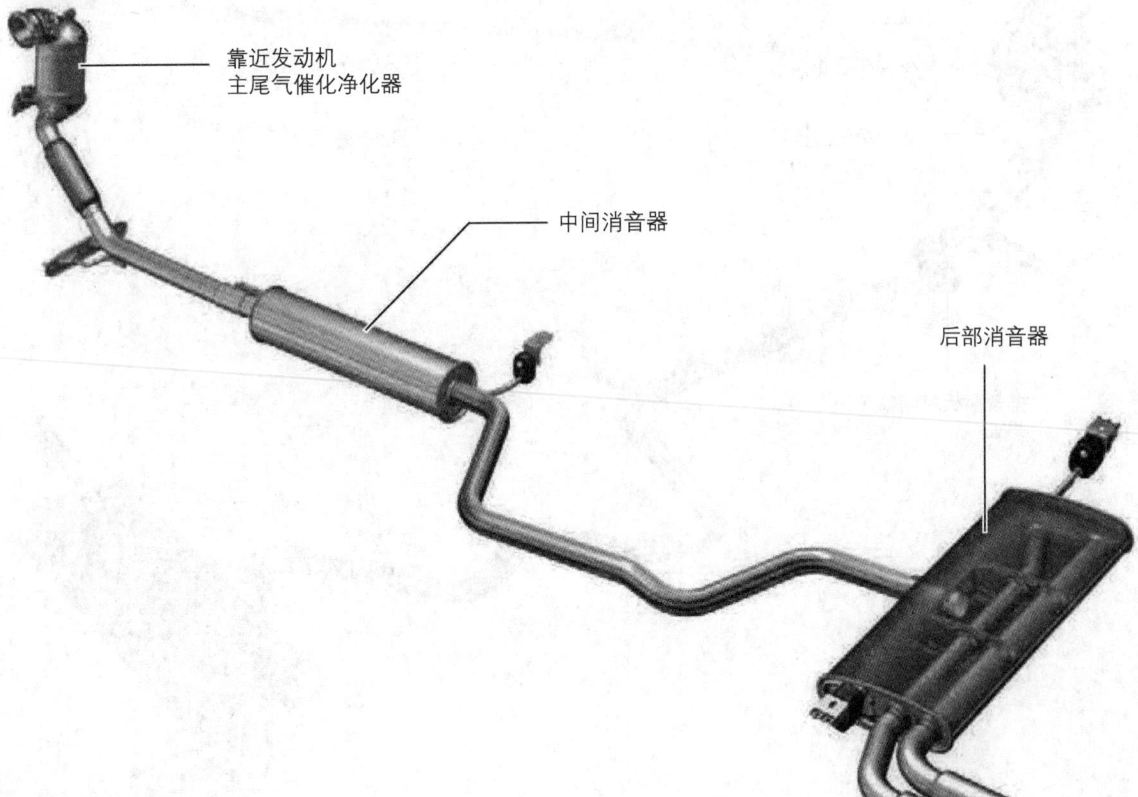

图 2-2-125

203

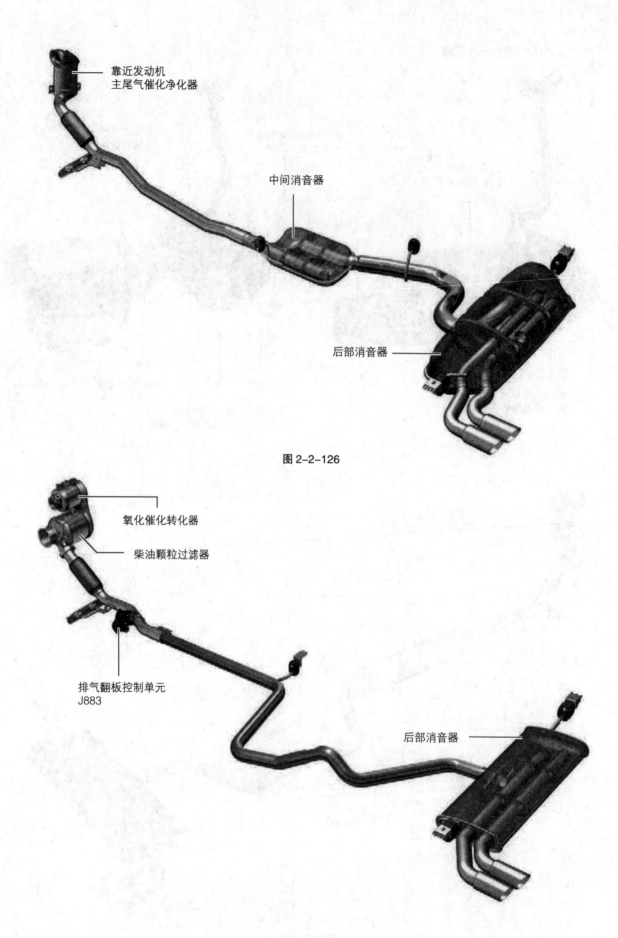

靠近发动机
主尾气催化净化器

中间消音器

后部消音器

图 2-2-126

氧化催化转化器

柴油颗粒过滤器

排气翻板控制单元
J883

后部消音器

图 2-2-127

204

1.1.4L TFSI 发动机 CSSA 技术特点

如图 2-2-128 所示。

（1）带有废气泄放阀的废气涡轮增压器（气动操控的），如图 2-2-129 所示。

（2）发动机管理，如图 2-2-130 所示。

图 2-2-128　　　　　　　　　　　　　　图 2-2-129

①发动机控制单元使用改进了的硬件 MED17.5.25，在中国生产的。

②软件就下面内容重新做了适配：

a. 不同的排气背压；

b. 高压燃油泵的操控；

c. 废气涡轮增压器上的废气泄放阀气动操控的控制。

（3）高压燃油泵（ Bosch 生产的），如图 2-2-131 所示。

①工作压力 30~200bar；

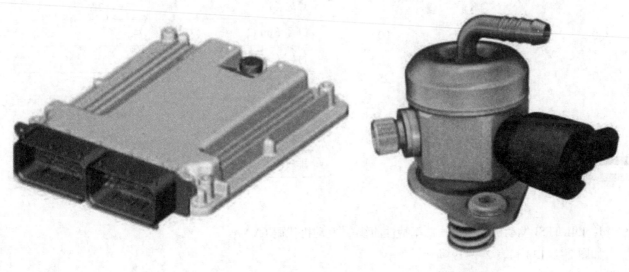

图 2-2-130　　　　　　　　　　　　　　图 2-2-131

②通过一个四联凸轮来驱动；

③压力限制阀集成在高压泵内；

④耐乙醇最高为 E100；

⑤压力波动阻尼器集成在高压燃油泵内；

⑥调节策略：燃油压力调节阀 N276 在没通电时是打开着的，这就是说，未建立燃油的高压。

（4）正时和曲柄连杆机构特点。

①活塞带有活塞环槽镶座；

②优化了进气门的气门弹簧；

③连杆的上轴瓦带有聚合物涂层。

这些措施是必要的，因为燃油质量有差别，在燃烧时的压缩比也会有差别的。

（5）排气系统的特点。

①前置催化净化器和主催化净化器；

②两个 λ 传感器（阶跃式传感器）。

（6）其他。

首次添加的机油 VWTL52167（SAE 5W-40）。

2. 技术数据，扭矩—功率特性曲线，1.4L TFSI 发动机，代码 CSSA（China）

如图 2-2-132 和表 2-2-18 所示。

（三）2018 年后一汽奥迪 A4L（8W）

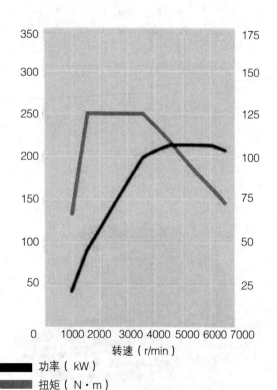

图 2-2-132

表 2-2-18

发动机代码	CSSA
结构形式	4 缸直列式发动机
排量（cm³）	1395
功率（kW），转速（r/min）	110，6000
扭矩（N·m），转速	250，1500~3500
每缸气门数	4
点火顺序	1-3-4-2
缸径（mm）	74.5
行程（mm）	80
压缩比	10.5：1
发动机管理系统	Bosch MED17.5.25
燃油	高级无铅汽油 ROZ 95
排放标准	EU 5 CN

1. 1.4L TFSI 发动机的扭矩—功率特性曲线，发动机代码 CVNA

如图 2-2-133 和表 2-2-19 所示。

注：1) 奥迪 A4 Limousine，配备前驱和 S tronic。

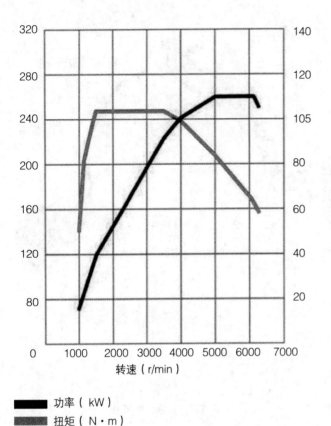

图 2-2-133

功率（kW）
扭矩（N·m）

表 2-2-19

项目	技术数据
发动机代码	CVNA
结构形式	4 缸直列发动机
排量（cm³）	1395
行程（mm）	80.0
缸径（mm）	74.5
每缸气门数	4
点火顺序	1-3-4-2
压缩比	10.5:1
功率（kW），转速（r/min）	110，1500~3500
扭矩（N·m），转速（r/min）	250，5000~6000
燃油	高级无铅汽油 ROZ 95
发动机管理系统	Bosch MED 17.1.61
λ 调节 / 爆震调节	自适应 λ 调节，自适应爆震调节
混合气形成	顺序直喷
废气净化	氧化式催化净化器，λ 传感器（2 个阶跃式传感器）
排放标准	EU6（W）
CO_2 排放 (g/km)	114[1]

注：1）奥迪 A4 Limousine，配备前驱和 S tronic。

2. 燃油箱

（1）奥迪 A4（车型 8W）上的燃油系统，有如下特点。

①结构紧凑。

②最大限度地把各种部件集成在一起，这有助于减少燃油蒸发到大气中。

③附腔内的元件（比如四驱 quattro 车上的燃油量传感器）在售后检修时是无法够到的，因此仅在油箱右侧留有保养检修用的开口。

④取消了托板。

⑤供油系统有一个较大的内置漩涡壶。

⑥使用了防晃挡板来隔音。

⑦燃油箱通风系统内集成有一个油液分离器，油会被主动吸走。

⑧加油管上方有油液分离器。

（2）汽油发动机的车。

如图 2-2-134 所示的是配备前驱且有驻车加热装置车辆的燃油箱。

3. 燃油箱通风系统

由于新车上的空间比较狭小，因此燃油箱通风系统做了修改。必须保证从燃油加油管到活性炭罐之间的管路中不会出现虹吸现象。燃油箱通风系统的设计，使得进入到通风系统中的燃油成分能被主动吸到油液分离器中，同时要满足最严格的排放法规要求。这样的话，就相当于增大了油箱容积且减少了空气成分。

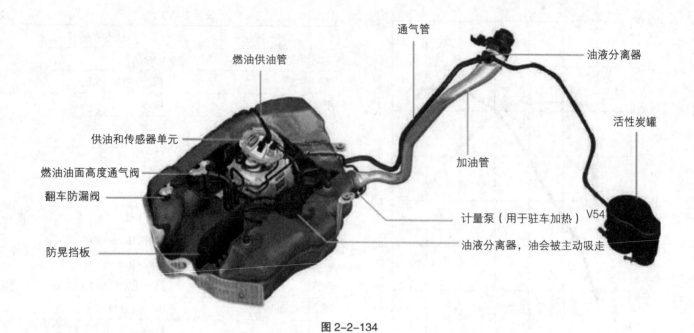

燃油供油管

通气管

油液分离器

供油和传感器单元

活性炭罐

燃油油面高度通气阀

翻车防漏阀

加油管

计量泵（用于驻车加热）V54

防晃挡板

油液分离器，油会被主动吸走

图 2-2-134

（1）汽油发动机的车，如图 2-2-135 所示。

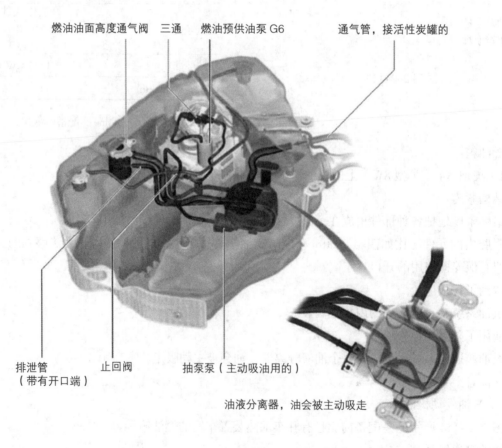

燃油油面高度通气阀　三通　燃油预供油泵 G6　通气管，接活性炭罐的

排泄管
（带有开口端）

止回阀

抽泵泵（主动吸油用的）

油液分离器，油会被主动吸走

图 2-2-135

（2）油箱通风系统的功能。

燃油种类不同，油箱通风系统的构造也就不同。

对于汽油箱来说，由于汽油的沸点问题，油箱通风系统就需要一个较大的油液分离器。该油液分离

208

器中所收集的燃油会被抽吸泵抽走并在油箱内最高点处无压力泄出。

（3）油箱通风系统失效时的影响。

如果该通风系统的某个部件损坏了（是按终生使用设计的），那么给车辆补加燃油时就会有问题（加油切断）；车辆如果是汽油发动机的，那么可能会在车上闻到浓烈的汽油味（活性炭罐溢出了）。

（四）2018年后奥迪Q2（GA）

1. 扭矩—功率特性曲线，1.0L TFSI发动机，代码CHZJ

如图2-2-136和表2-2-20所示。

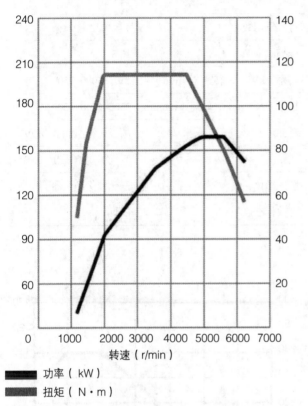

图2-2-136

- 功率（kW）
- 扭矩（N·m）

表2-2-20

特点	技术数据
发动机代码	CHZJ
结构形式	3缸直列发动机
排量（cm³）	999
行程（mm）	76.4
缸径（mm）	74.5
每缸气门数	4
压缩比	10.5 : 1
功率（kW），转速（r/min）	85，5000~5500
扭矩（N·m），转速（r/min）	200，2000~3500
燃油	高级无铅汽油ROZ 95
增压	废气涡轮增压器
废气净化	三元催化净化器
排放标准	EU 6

2. 扭矩—功率特性曲线，1.4L TFSI发动机，代码CZEA

如图2-2-137和表2-2-21所示。

（五）奥迪Q3（3F）

1. 扭矩—功率特性曲线，1.4L TFSI发动机EA 211，发动机代码DZSA、CZDA

如图2-2-138和表2-2-22所示。

2. 扭矩—功率特性曲线

1.5L TFSI发动机EA 211evo，发动机代码DADA，如图2-2-139和表2-2-23所示。

3. 排气系统，奥迪Q3（车型F3）上的排气系统一览

（1）柴油发动机排气系统，如图2-2-140所示。

（2）汽油发动机排气系统，如图2-2-141所示。

4. 燃油箱

在奥迪Q3（车型F3）上，前驱车的燃油箱的容积是58L，四驱车的燃油箱的容积是60L。燃油箱注满时是通过燃油箱切断阀来实现切断的。

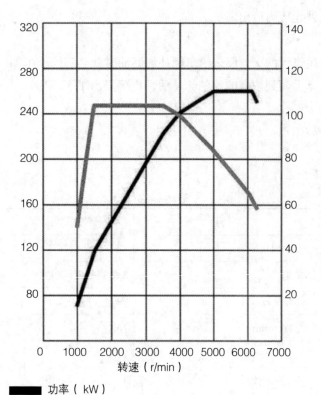

功率（kW）
扭矩（N·m）

图 2-2-137

特点	技术数据
发动机代码	CZEA
结构形式	4 缸直列发动机
排量（cm³）	1395
行程（mm）	80.0
缸径（mm）	74.5
每缸气门数	4
压缩比	10.5：1
功率（kW），转速（r/min）	110，5000~5500
扭矩（N·m），转速（r/min）	250，1500~3500
燃油	高级无铅汽油 ROZ 95
增压	废气涡轮增压器
废气净化	三元催化净化器
排放标准	EU 6

表 2-2-21

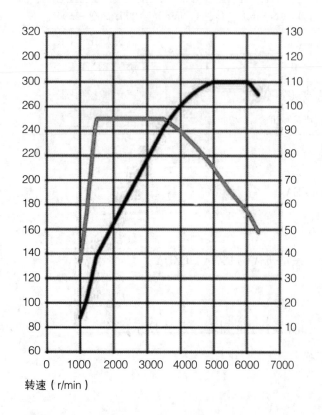

功率（kW）
扭矩（N·m）

图 2-2-138

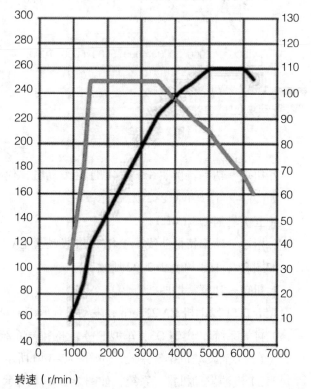

功率（kW）
扭矩（N·m）

图 2-2-139

表 2-2-22

特点	技术数据	
发动机代码	DJSA	CZDA
结构形式	4缸直列发动机	4缸直列发动机
排量（cm³）	1309	1395
行程（mm）	80.0	80.0
缸径（mm）	74.50	74.50
每缸气门数	4	4
点火顺序	1-3-4-2	1-3-4-2
压缩比	10.00	1000
功率（kW），转速（r/min）	110，5000	110，5000
扭矩（N·m），转速（r/min）	250，1500~3500	250，1500~3500
增压系统	废气涡轮增压器	废气涡轮增压器
发动机管理系统	Bosch MED 17.5 25	Bosch MED 17.5 25
最大喷油压力（bar）	250	250
废气净化	可控式催化净化器	可控式催化净化器
排放标准	C6b 不含 RDE	EU4，EU6 plus，PL6 BR
结构设计	能量回收和自动启停	无数据

（1）全轮驱动车上的燃油箱。

在奥迪 Q3（车型 F3）的全轮驱动车上，为了不与万向节传动轴发生冲突，使用的是双腔式（主腔和副腔）油箱（鞍形油箱）。车辆在行驶时，通过燃油箱副腔内的抽吸泵先把燃油抽至主腔，从主腔再抽至发动机。

通过工作管（直径小、流速高）将燃油从主腔输送到副腔。燃油通过总管（直径大、流速低）由文丘里效应从副腔被输送到主腔内，如图 2-2-142 所示。

（2）前轮驱动车上的燃油箱。

在前轮驱动车上，燃油泵布置在油箱内，漩涡壶内的燃油可满足各种行驶条件下的泵的使用。

该泵把燃油输送至高压燃油泵，以使得动力总成总能获得足够的燃油供应，如图 2-2-143 所示。

表 2-2-23

特点	技术数据
发动机代码	DADA
结构形式	4缸直列发动机
排量（cm³）	1498
行程（mm）	85.90
缸径（mm）	74.50
每缸气门数	4
点火顺序	1-3-4-2
压缩比	10.50
功率（kW），转速（r/min）	110，5000~6000
扭矩（N·m），转速（r/min）	250，1500~3500
增压系统	废气涡轮增压器
发动机管理系统	Bosch MG1CS011
最大喷油压力（bar）	350
废气净化	可控式催化净化器
排放标准	EU6 AG/H/1
结构设计	能量回收和自动启停 _OPF

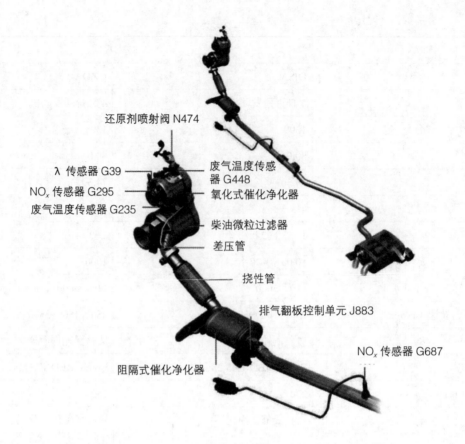

还原剂喷射阀 N474

λ 传感器 G39

NOₓ 传感器 G295

废气温度传感器 G235

废气温度传感器 G448

氧化式催化净化器

柴油微粒过滤器

差压管

挠性管

排气翻板控制单元 J883

阻隔式催化净化器

NOₓ 传感器 G687

图 2-2-140

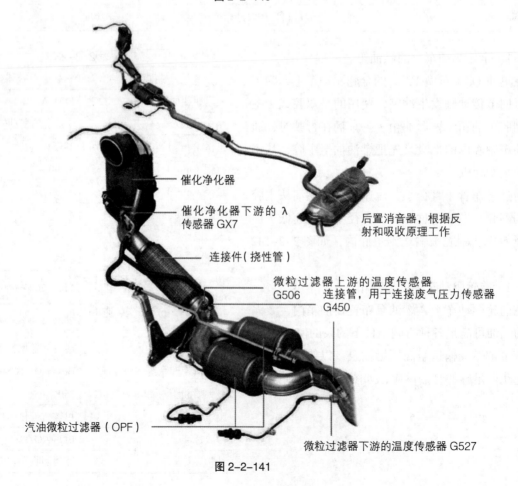

催化净化器

催化净化器下游的 λ 传感器 GX7

连接件 (挠性管)

微粒过滤器上游的温度传感器 G506

连接管, 用于连接废气压力传感器 G450

后置消音器, 根据反射和吸收原理工作

汽油微粒过滤器 (OPF)

微粒过滤器下游的温度传感器 G527

图 2-2-141

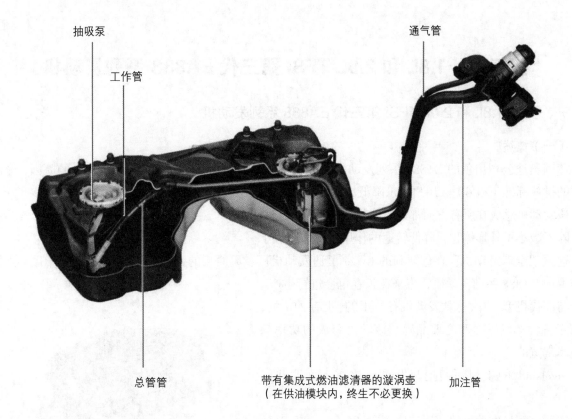

抽吸泵　　工作管　　　　　　　　　　　　　　　　　　通气管

总管管　　　　带有集成式燃油滤清器的漩涡壶　　加注管
　　　　　　　（在供油模块内，终生不必更换）

图 2-2-142

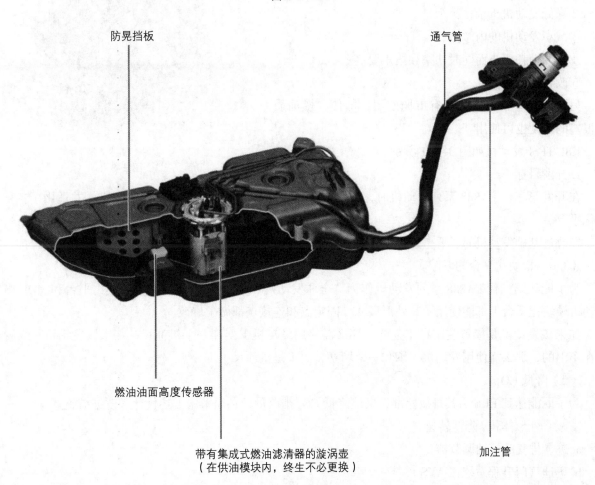

防晃挡板　　　　　　　　　　　　　　　　　　　通气管

燃油油面高度传感器

带有集成式燃油滤清器的漩涡壶　　　　加注管
（在供油模块内，终生不必更换）

图 2-2-143

第三节　1.8L 和 2.0L TFSI 第三代 EA888 系列发动机

一、奥迪 1.8L 和 2.0L TFSI 第三代 EA888 系列发动机

（一）概述

德国奥迪公司出色的 EA888 系列发动机，现在已经发展到第三代了。持续不断开发的原因，是越来越严的排放标准（EU6）、用户要求降低燃油消耗（这是自然之事，当然也就使得 CO_2 排放更少了）。为此，该发动机总成在所有方面都进行了根本性的修改。

除了减小了外形体积，降低转速的作用是越来越大了。

这款"全球发动机"在匈牙利的 Gyoer 奥迪发动机厂、墨西哥的 Silao 厂和中国生产。中国的上海和大连生产 EA888 系列发动机，将来在长春也会进行生产。

与前代机型一样，这款发动机有 1.8L 的，也有 2.0L 的，可用于各种车辆平台和主要品牌。该动力总成的功率频谱是非常宽的。

Ingolstadt 的工程师们把开发重点放在下面这几点上：

①所有型号发动机的通用件比例要高；

②降低发动机重量；

③减小发动机的内摩擦；

④燃油消耗要小而同时功率和扭矩要高。

⑤改善舒适性。

另外，发动机要能在所有市场使用，即使在燃油质量很差的国度也可使用。

1.8L TFSI 发动机如图 2-3-1 所示。

1. 开发目标

图 2-3-1

在开发第三代 EA888 系列发动机时，最重要的是要满足 EU6 标准的尾气排放标准，并适用于各种模块化平台。

在改进基础发动机时，要考虑降低重量和摩擦力。

（1）与模块化平台的匹配。

为了能让第三代 EA888 系列发动机作为"全球发动机"在 MLB 纵置发动机模块化平台和 MQB 横置发动机模块化平台上都能使用，其外形尺寸、固定点和连接点都做了修改。

如果该发动机是横置装配在车上的，那么需使用发动机支架和一个机油尺；如果该发动机是纵置装配在车上的，那么需使用发动机支承和一个堵塞（而不是机油尺）。

（2）降低 CO_2。

为了既能达到 EU6 为其排放标准，又能降低 CO_2 排放量，必须采用下述优化和改进措施。

①减小外形体积 / 降低转速。

a. 进、排气凸轮轴调节器。

b. 奥迪气门升程系统（AVS）。

②减小摩擦和降低重量。

a. 平衡轴的某部分采用了滚动轴承支承。

b. 主轴承直径变小了。

c. 机油系统的压力降低了。

d. 附加驱动装置的张紧力降低了。

③缸盖。

a. 缸盖上带有集成的排气歧管。

b. 重量减轻了的废气涡轮增压器壳体。

c. 电动废气泄放阀调节器。

④喷射装置。

FSI 和 MPI 喷油阀。

⑤温度管理系统。

旋转滑阀控制。

（3）减小摩擦。

链条张紧器针对降低了的机油压力做了改进，另外还减小了张紧力。

这样就达到了降低摩擦损耗功率的目的。

再有，曲轴采用的主轴承直径也减小了，这也能降低摩擦。

无论横置还是纵置，皮带驱动机构都是相同的。但是发电机和空调压缩机是根据车型不同而不同的。

2. 技术简述

（1）发动机结构形式。

①直列四缸汽油发动机，采用汽油直喷技术。

②采用废气涡轮增压器和增压空气冷却。

③链条传动。

④平衡轴。

（2）配气机构。

①四气门技术，两根顶置凸轮轴（DOHC），进、排气凸轮轴连续调节。

②奥迪气门升程系统（AVS）。

③发动机管理系统 Simos 12（Continental 公司生产）。

④智能启停系统和能量回收系统。

（3）混合气准备。

①全电子发动机管理系统，电子油门（E-Gas）。

②直喷和进气歧管喷射并用。

③自适应 λ 调节。

④特性曲线点火，配以静态高压分配。

⑤可选气缸，自适应保证控制。

3. 1.8L TFSI 发动机，扭矩—功率特性曲线，发动机代码：CJEB

如图 2-3-2 所示。

（1）技术特点，1.8L TFSI 发动机，如表 2-3-1 所示。

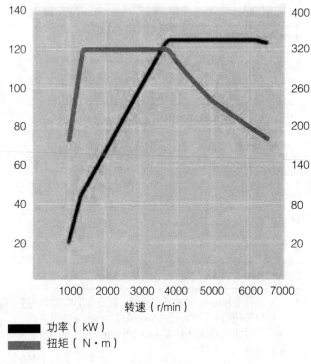

转速（r/min）

■ 功率（kW）
■ 扭矩（N·m）

图 2-3-2

表 2-3-1

发动机代码	CJEB	CJSA	CJSB
安装位置	纵置	横置	横置
排量（cm^3）	1798	1798	1798
功率（kW），转速（r/min）	125，3800~6200	132，5100~6200	132，4500~6200
扭矩（N·m），转速（r/min）	320，1400~3700	250，1250~5000	280，1350~4500
缸径（mm）	82.5	82.5	82.5
行程（mm）	84.1	84.1	84.1
压缩比	9.6：1	9.6：1	9.6：1
曲轴			
曲轴主轴承直径（mm）	48	48	48
发动机管理系统			
燃油 ROZ	95[1), 2)]	95[1), 2)]	95[2)]
尾气排放标准	EU5	EU5 plus	EU5 plus
点火顺序	1—3—4—2	1—3—4—2	1—3—4—2
爆震调节	有	有	有
增压	有	有	有
废气再循环	内部（凸轮轴调节）	内部（凸轮轴调节）	内部（凸轮轴调节）
进气歧管翻板	有	有	有
进气凸轮轴调节	有	有	有
排气凸轮轴调节	有	有	有
高压喷油阀（FSI）	有	有	有
进气歧管内的喷油阀（MP1）	有	有	有
二次空气系统	无	无	无
奥迪气门升程系统（AVS），排气侧	有	有	有
旋转滑阀	有	有	有
可调机油泵	有	有	有
紊流	有	有	有
涡轮[4)]	无	无	无

注：1）允许使用 ROZ 91 的无铅汽油，但是发动机功率有所下降。

2）可使用 E25（自2012年第40周起生产的发动机）。

3）允许使用 ROZ 95 的高级无铅汽油，但是发动机功率有所下降。

4）涡流。

（2）技术特点，2.0L TFSI 发动机，如表 2-3-2 所示。

表 2-3-2

发动机代码	CNC8	CNCD	CJXC
安装位置	纵置	纵置	横置
排量（cm³）	1984	1984	1984
功率（kW），转速（r/min）	132，4000~6000	165，4500~6250	221，5500~6200
扭矩（N·m），转速（r/min）	320，1500~3800	350，1500~4500	380，1800~5500
缸径（mm）	82.5	82.5	82.5
行程（mm）	92.8	92.8	92.8
压缩比	9.6∶1	9.6∶1	9.3∶1
曲轴			
曲轴主轴承直径（mm）	52	52	52
发动机管理系统			
燃油 ROZ	95[1), 2)]	95[1), 2)]	95[2), 3)]
尾气排放标准	EU5	EU5	EU6
点火顺序	1—3—4—2	1—3—4—2	1—3—4—2
爆震调节	有	有	有
增压	有	有	有
废气再循环	内部（凸轮轴调节）	内部（凸轮轴调节）	内部（凸轮轴调节）
进气歧管翻板	有	有	有
进气凸轮轴调节	有	有	有
排气凸轮轴调节	有	有	有
高压喷油阀（FSI）	有	有	有
进气歧管内的喷油阀（MP1）	有	有	有
二次空气系统	无	无	无
奥迪气门升程系统（AVS），排气侧	有	有	有
旋转阀	有	有	有
可调机油泵	有	有	有
紊流	无	无	无
涡轮[4)]	有	有	有

注：1）允许使用 ROZ 91 的无铅汽油，但是发动机功率有所下降。
　　2）可使用 E25（自2012年第40周起生产的发动机）。
　　3）允许使用 ROZ 95 的高级无铅汽油，但是发动机功率有所下降。
　　4）涡流。

（二）发动机机械部分

1. 一览

缸体的重量不但降低了很多，还在其"冷的"一侧又开出了一个压力机油通道，该机油通道用于电控活塞冷却喷嘴。冷却液回流和机油回流通道的横截面也做了修改，爆震传感器的位置也得到了优化。

为了使得平衡轴足够结实，以便用于智能启停系统或者混合动力情形，平衡轴的某部分采用了滚动轴承支承。因此，平衡轴有一处是滑动轴承，两处是滚动轴承。同时，平衡轴的摩擦、重量和惯性也都降低了。发动机"热的"一侧机油回流通道完全是重新设计的。

第三代 EA888 系列发动机，其重量总共减轻了约 7.8kg。为了达到这个目标，对下面的部件进行了优化或者是首次使用某些部件：

①薄壁式缸体，取消了单独的机油粗过滤器。

②缸盖和涡轮增压器。

③曲轴（主轴承直径减小了，有四个平衡重块）。

④油底壳上部是铝压铸而成的（包括铝制螺栓）。

⑤油底壳下部是塑料制成的。

⑥铝制螺栓。

⑦平衡轴（某部分采用了滚动轴承支承）。

2. 缸体

缸体做了根本性的改动，主要目标是降低重量。壁厚从约 3.5mm 减至 3.0mm。另外，机油粗过滤器的功能整合到缸体内了。就缸体来讲，与第二代 EA888 系列发动机相比，总共可降低 2.4kg。内部摩擦所消耗的功率也有所降低。减重所用到的最重要的措施是：减小了主轴承直径和改进了平衡轴的轴承。

（1）与第二代发动机相比而做的其他改进之处。

①其"冷的"一侧又开出了一个压力机油通道，该机油通道用于电控活塞冷却喷嘴。

②冷却液回流和机油回流通道的横截面也做了修改。

③改进了长的发动机水套。

④机油冷却器通过缸盖上的冷却液回流来供液。

⑤爆震传感器的位置有所优化。

⑥改进了平衡轴的轴承。

（2）密封。

动力输出侧的密封，是通过密封法兰来实现的。该密封法兰采用的是常温固化型密封剂，并用铝制螺栓拧在缸体上。

配气机构壳体盖也是用常温固化型密封剂来密封的。

（3）一览，如图 2-3-3 所示。

3. 油底壳

（1）油底壳上部。

油底壳上部是铝压铸而成的，其中用螺栓固定有机油泵和蜂窝式件（用于抽取机油和机油回流）。另外，油底壳上部内还有压力机油通道和双级机油泵的控制阀。

油底壳上部与缸体之间的密封，是采用常温固化型密封剂来实现的。

螺栓使用的是铝制螺栓。为了进一步改善发动机的声响特性，主轴承盖与油底壳上部是用螺栓连接的。

（2）油底壳下部。

油底壳下部是采用塑料制成的，这样可以降低约 1.0kg 的重量。密封是采用橡胶成型密封垫来实现的，

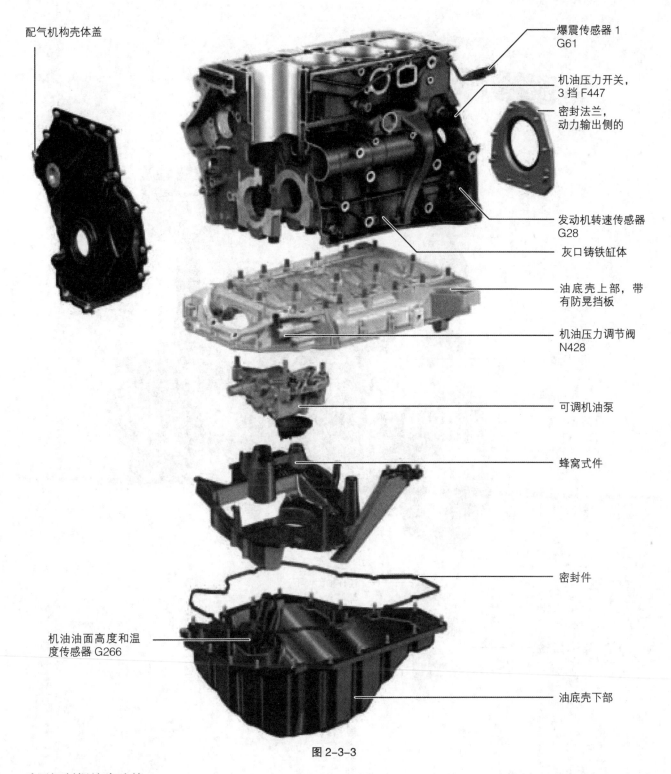

配气机构壳体盖

爆震传感器 1
G61

机油压力开关，
3 挡 F447

密封法兰，
动力输出侧的

发动机转速传感器
G28

灰口铸铁缸体

油底壳上部，带
有防晃挡板

机油压力调节阀
N428

可调机油泵

蜂窝式件

密封件

机油油面高度和温
度传感器 G266

油底壳下部

图 2-3-3

采用钢制螺栓来连接。

油底壳下部内装有机油油面高度和机油温度传感器 G266。放油螺塞也是塑料制的（卡口式连接）。

4. 曲柄连杆机构（1.8L TFSI 发动机）

（1）对于曲柄连杆机构的继续开发，重点放在了降低重量和减小摩擦上，曲柄连杆机构如图 2-3-4
所示。

（2）活塞。

活塞间隙现在增大了，以便减小预热阶段的摩擦。另外，活塞裙有耐磨涂层。

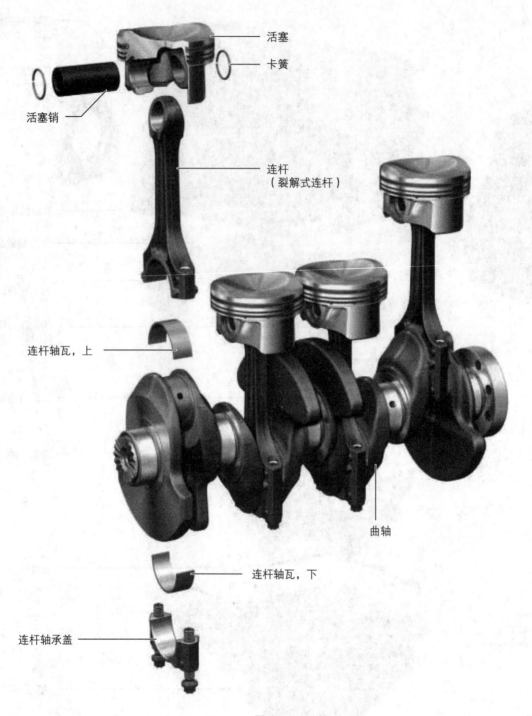

活塞

卡簧

活塞销

连杆
（裂解式连杆）

连杆轴瓦，上

曲轴

连杆轴瓦，下

连杆轴承盖

图 2-3-4

上活塞环——斜面环 / 2.0L 发动机上是矩形环，非对称球状；

中活塞环——鼻形环；

下活塞环——油环（两体式，顶部倒角管状弹性环）。

（3）连杆 / 活塞销。

连杆是裂解式的，连杆大头使用的是二元无铅轴承（与主轴承一样）。

另一个重大改进，就是省去了连杆小头内的青铜衬套。

因此，整个发动机使用的都是无铅轴承了。

无连杆衬套的轴承首次用于轿车发动机上，这是德国奥迪公司的专利。

活塞销在连杆内直接与钢结合在一起，在活塞内直接与铝合金结合在一起。为此，活塞销使用了一种专用的表面涂层，称之为DLC涂层。

（4）曲轴（1.8L TFSI 发动机）。

与第二代发动机相比，主轴承直径从52mm 降至 48mm，平衡重块的数量从 8 个降至 4 个。这样的话，可以使重量降低 1.6kg。主轴承的上轴瓦和下轴瓦都是双层无铅轴承，可保证适用于智能启停的工作模式。

（5）轴承座。

主轴承盖与油底壳上部是用螺栓连接在一起的。这个措施在震动和声响方面，改善了发动机的舒适性，如图 2-3-5 所示。

5. 链传动机构

链传动机构的基本构造，差不多就是直接取自第一代发动机。但是也还是有改进的地方。由于摩擦减小了且机油需求量也很小了，所以链传动机构所耗费的驱动功率也就减小了。因此链条张紧器就做了匹配，就是按较低的机油压力进行适配。

乍看看不出来，但实际上针对售后服务是做了几处改动。这一方面涉及链条装配的工作步骤，另一方面还要用到一些新的专用工具。另外，在拆装了链条机构后，必须用车辆诊断仪进行适配，这实际上就是为了诊断而要获知链条机构的部件公差并做相应的考虑，如图 2-3-6 所示。

6. 平衡轴

平衡轴除了降低重量外，有几处改成了滚动轴承支承，这样就可以明显降低摩擦，尤其是在机油温度较低时效果更明显。另外，这个措施对于智能启停模式和混合动力模式的可靠性也具有积极意义，如图 2-3-7 所示。

如果发生损坏，可以通过备件电子目录订购一个维修包，其中包含有两个平衡轴，带有滚针组。这些小滚针轴承目前无法通过

缸体
轴承座
油底壳上部
下部连接螺栓
侧面连接螺栓

图 2-3-5

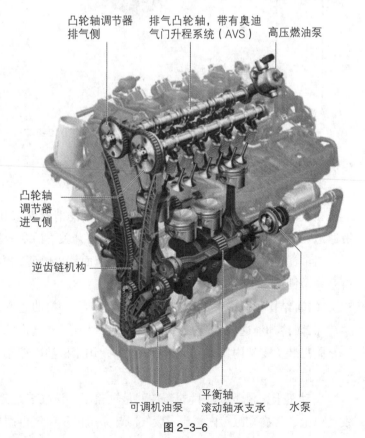

凸轮轴调节器排气侧
排气凸轮轴，带有奥迪气门升程系统（AVS）
高压燃油泵
凸轮轴调节器进气侧
逆齿链机构
可调机油泵
平衡轴滚动轴承支承
水泵

图 2-3-6

221

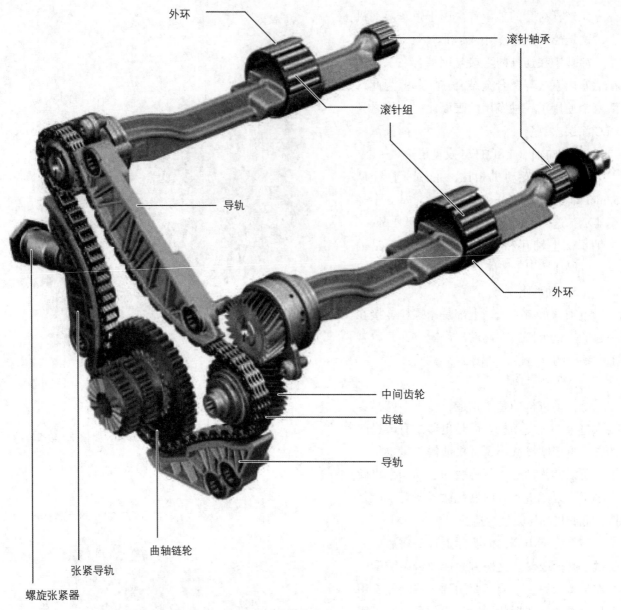

外环
滚针轴承
滚针组
导轨
外环
中间齿轮
齿链
导轨
曲轴链轮
张紧导轨
螺旋张紧器

图 2-3-7

售后手段来更换。

7. 附加装置支架

在发动机的附加装置支架上，集成有机油滤清器支架和机油冷却器支架。该支架内有机油道和冷却液通道（流向机油冷却器），还装有机油压力开关、活塞冷却喷嘴的电控阀以及多楔皮带的张紧装置。

机油滤清器滤芯筒总成易于更换，从上面就可够着，为了在更换滤清器时不淌出机油，在松开时会打开一个锁销，于是机油就流回油底壳了。

（1）结构（以横置 1.8L TFSI 发动机为例），机油通道，如图 2-3-8 所示。

（2）冷却液通道。

附加装置支架内集成有冷却液供液管，用于机油冷却器，如图 2-3-9 所示。

8. 缸盖

发动机上，最惹人注目的新件就是缸盖了，该缸盖是完全重新开发的。在配有直喷系统的涡轮增压发动机上，首次在缸盖内集成了废气冷却系统以及废气再循环系统（IAGK），如图 2-3-10 所示。

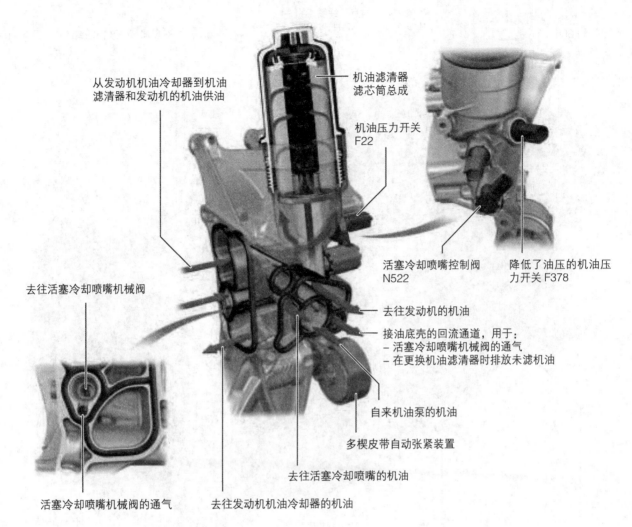

从发动机机油冷却器到机油
滤清器和发动机的机油供油

机油滤清器
滤芯筒总成

机油压力开关
F22

去往活塞冷却喷嘴机械阀

活塞冷却喷嘴控制阀
N522

降低了油压的机油压
力开关 F378

去往发动机的机油

接油底壳的回流通道，用于：
– 活塞冷却喷嘴机械阀的通气
– 在更换机油滤清器时排放未滤机油

自来机油泵的机油

多楔皮带自动张紧装置

活塞冷却喷嘴机械阀的通气

去往活塞冷却喷嘴的机油

去往发动机机油冷却器的机油

图 2-3-8

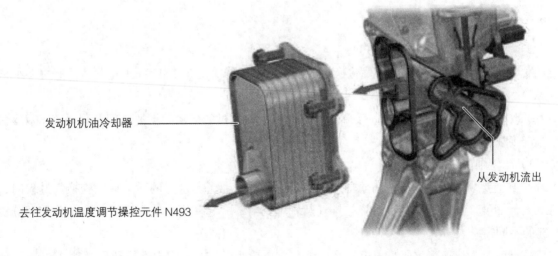

发动机机油冷却器

去往发动机温度调节操控元件 N493

从发动机流出

图 2-3-9

（1）结构，如图 2-3-11 所示。

密封：气缸盖罩使用钢制螺栓来固定。气缸盖罩的密封采用室温固化型密封剂来实现。缸体和缸盖之间采用的是三层金属制缸盖密封垫。正时侧的密封采用的是塑料链条盒盖，盖内还集成有机油加注口盖。

凸轮轴调节元件 1~8
F366~F373

带末级功放的点火线圈 1~4
N70, N127, N291, N292

带有奥迪气门升程系统的排气凸轮轴

进气凸轮轴调节器

排气凸轮轴调节器

集成的冷却通道

通向增压器的气体通道

图 2-3-10

（2）奥迪气门升程系统（AVS）。

开发奥迪气门升程系统是为了优化换气过程。该系统首次是在 2.8L V6 FSI 发动机上的（2006 年末的奥迪 A6）。

为了改善扭矩特性，将第二代 2.0L TFSI 发动机所使用过的成功的奥迪气门升程系统（双级气门升程系统）直接拿过来用了。

（3）凸轮轴调节器。

另一项重要改进就是在排气凸轮轴上也有凸轮轴调节器了。这样的话，在操控换气过程时，就可以达到最大灵活度。奥迪气门升程系统与排气凸轮轴调节器一起使用，就可满足在全负荷和部分负荷时对于换气的不同需求。

其结果就是能快速产生所需力矩。发动机在一个转速很宽的范围内都能获得高达 320N·m 的力矩，这样的话，就能与各种变速器传动比来配合使用了（降低转速），这样也就降低了燃油消耗。

其他改进处：

①更长的火花塞螺纹；

②新的棒形点火线圈；

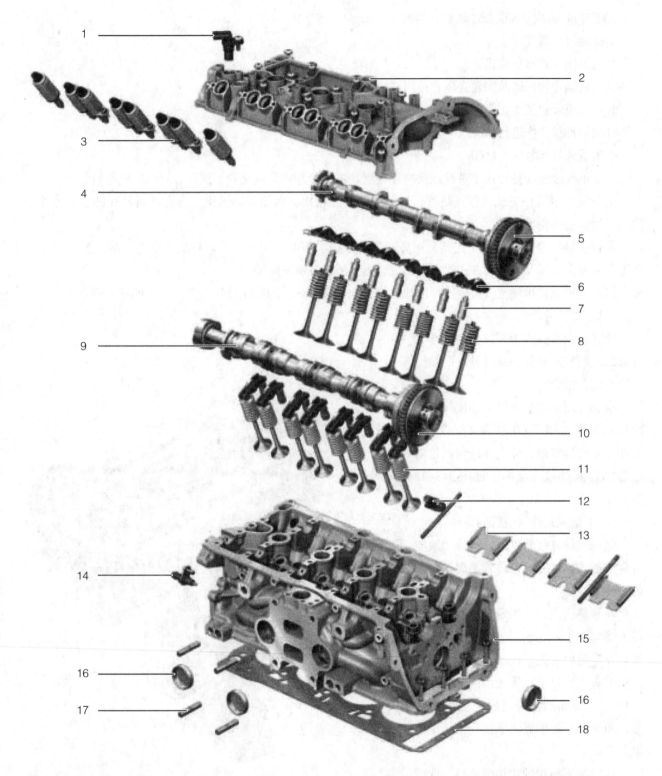

1.霍耳传感器3 G300 2.气缸盖罩 3.凸轮轴调节元件1~8 F366~F373 4.进气凸轮轴 5.进气凸轮轴调节器 6.滚子摇臂 7.支承元件 8.进气阀 9.排气凸轮轴 10.排气凸轮轴调节器 11.排气阀 12.霍耳传感器 G40 13.通道分隔板 14.冷却液温度传感器 G62 15.缸盖 16.防冻裂塞 17.集成式排气歧管的定位销 18.缸盖密封垫

图 2-3-11

③凸轮轴重量经过了优化；

④滚子摇臂经过了优化（降低摩擦），气门机构的弹簧力降低了；

⑤新的机油加油口盖，在上部链条盒内；

⑥冷却液温度传感器 G62 转载缸盖内（创新温度管理）；

⑦高压泵位置变动了；

⑧机油细滤器有所改进；

⑨废气涡轮增压器的涡轮壳体直接用螺栓固定在缸盖上；

⑩进气道经过了优化；

⑪喷射部件再次进行了改进（包括隔音方面）。

9. 集成式排气歧管（IAGK）

一个重要改进就是使用了带有点火顺序分隔装置的冷却式排气歧管，该歧管直接集成在缸盖内。

由于使用了这种集成式排气歧管，与普通的歧管相比，涡轮前部的废气温度就明显降低了。另外，使用了耐高温涡轮增压器。

通过这种组合，就可以（尤其是在高转速时）基本上取消用于保护涡轮的全负荷加浓工况。因此，在正常行驶工况以及以运动方式驾车行驶时，燃油消耗就明显降低了。

另外，集成式排气歧管可以使得冷却液能得到快速预热，因此该歧管是温度管理的重要组件。

（1）排气道。

排气道的布置原则是这样的：排气气缸的废气气流对任一其他气缸的扫气过程不能有影响。

全部的流动能量都供驱动废气涡轮增压器的涡轮用了。1 缸和 4 缸以及 2 缸和 3 缸的排气道，分别在通向涡轮增压器的过渡处是交会的，如图 2-3-12 所示。

（2）集成式排气歧管的冷却。

集成式排气歧管可以使得冷却液能得到快速预热，因此该歧管是温度管理的重要组件。

在预热阶段，在很短时间后热量就传入冷却液了。这个热量被立即用于去预热发动机以及为车内乘员供暖。由于热量损失很少且路径很短，因此后面的部件（λ 传感器、废气涡轮增压器和催化净化器）就能更快地达到最佳工作温度了。

在经过了很短的预热阶段后，就过渡到冷却工况了，因为集成式排气歧管

集成式排气歧管

通向废气涡轮增压器的气道

废气涡轮增压器

图 2-3-12

附近的冷却液很快就会沸腾的。正因为这个，冷却液温度传感器 G62 也安装在缸盖的最热点之处，如图 2-3-13 所示。

10. 曲轴箱排气与通风

曲轴箱排气与通风系统也是经过再开发的，因此缸体与大气之间的压力比就可按较大的压降来设计了，这对降低发动机机油消耗量很有利。另外，还尽量考虑到减少部件数量，因此在发动机之外，只有

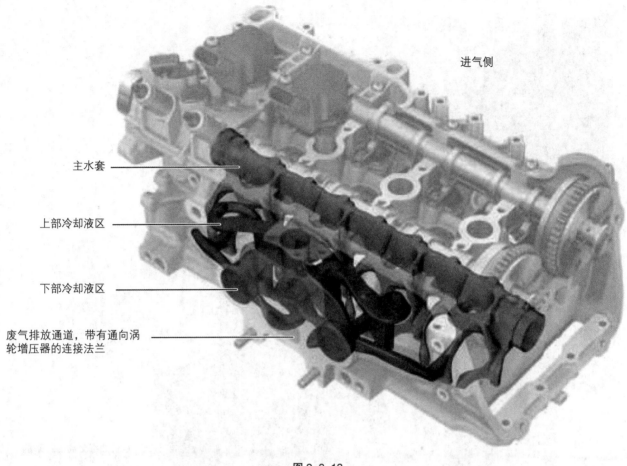

进气侧

主水套

上部冷却液区

下部冷却液区

废气排放通道，带有通向涡
轮增压器的连接法兰

图 2-3-13

一根管子用于导出已净化了的窜气。

该系统包含下述部件：

①缸体内的机油粗分离器；

②机油细分离器，拧在气缸盖罩上；

③用于导出已净化了的窜气的管子；

④缸体内的机油回流管（带有位于油底壳蜂窝式件内的止回阀）。

（1）总图，如图 2-3-14 所示。

（2）机油粗分离。

机油粗分离器的功能是缸体的组成部分，让窜气气流在一个迷宫式结构中改变方向，就可以分离出一部分机油。

分离出的机油经缸体内的回流通道流回到油底壳中，该通道的末端在机油油面以下。

（3）机油细分离。

经过粗分离后的窜气从缸体内经缸盖内的一个通道被引入机油细分离器模块。窜气先在旋流式分离器中进行净化，旋流式分离器所分离出的机油通过缸体内的一个独立通道流回油底壳，该通道的末端在机油油面以下。止回阀的作用是：在压力比不利的情况下，防止机油被从油底壳中抽出。在以运动风格来驾车行驶时（急加速），机油回流口可能会露出，因为油底壳内的机油被晃到一边去了。即使这样，止回阀也会封住机油回流通道，该阀是个惯性阀。

净化后的窜气流经单级燃烧压力调节阀，该阀与外界空气存在着 -100mbar 的压差。在何处引入窜气，

227

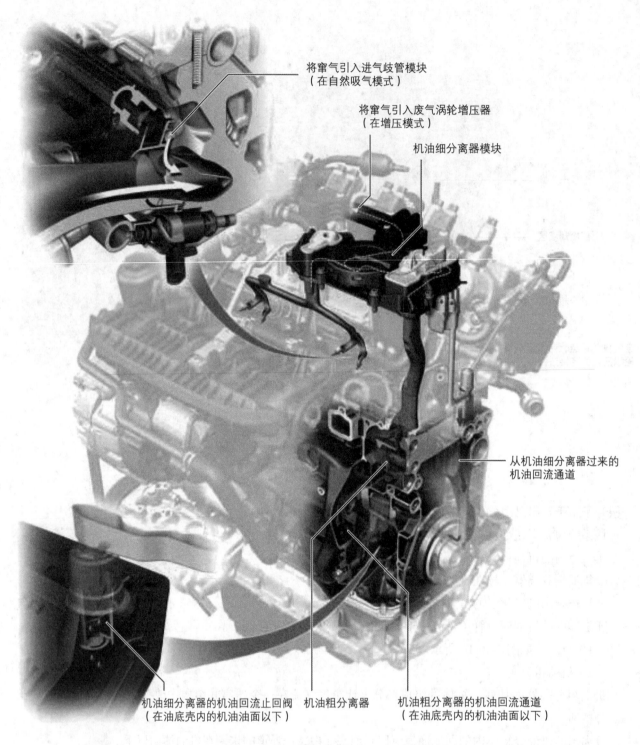

将窜气引入进气歧管模块
（在自然吸气模式）

将窜气引入废气涡轮增压器
（在增压模式）

机油细分离器模块

从机油细分离器过来的
机油回流通道

机油细分离器的机油回流止回阀　　　机油粗分离器　　　机油粗分离器的机油回流通道
（在油底壳内的机油油面以下）　　　　　　　　　　　　（在油底壳内的机油油面以下）

图 2-3-14

是由空气供给系统的压力比决定的，如图 2-3-15 所示。

（4）将净化后的窜气送去燃烧。

在经过机油细分离器和压力调节阀后，被净化了的窜气就被送去燃烧了。这个气体控制是通过自动止回阀（集成在机油细分离器模块内）来自动进行的。

发动机停机时，止回阀回到其初始位置，这时朝废气涡轮增压器方向的止回阀是打开着的，朝进气歧管方向的止回阀是关闭着的。

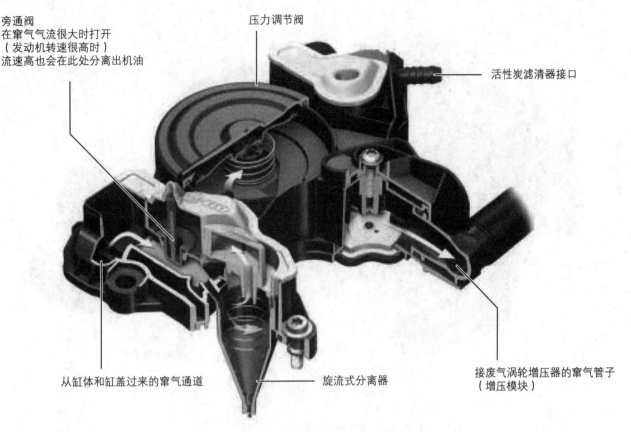

旁通阀
在窜气气流很大时打开
（发动机转速很高时）
流速高也会在此处分离出机油

压力调节阀

活性炭滤清器接口

从缸体和缸盖过来的窜气通道

旋流式分离器

接废气涡轮增压器的窜气管子
（增压模块）

图 2-3-15

①安装错误识别。

在某些市场，比如北美，法规要求与排气相关的部件要有安装错误识别功能。

如果模块上的曲轴箱通风管没有安装或者安装错误，那么安装错误识别的接口就会打开。

由于该接口是与缸盖进气侧直接相连的，于是发动机会立即吸入过量的空气，λ 调节会识别出这个情况的。

②全负荷工况（增压工况）。

这时在整个增压空气路径上都产生了过压，于是止回阀 1 就关闭了。由于曲轴箱内压与涡轮增压器的吸气侧存在着压差，因此止回阀 2 就打开了，如图 2-3-16 所示。

被净化了的窜气由压气机吸入。

③怠速和较低的部分负荷工况（自然吸气模式）。

在自然吸气模式，由于进气歧管内有真空，所以止回阀 1 是打开着的，而止回阀 2 是关闭着的，如图 2-3-17 所示。

被净化了的窜气直接经进气歧管被送去燃烧了。

（5）曲轴箱通风（PCV）。

曲轴箱通风装置与机油细分离器和压力调节阀合成在一个模块中，安装在气缸盖罩上。

曲轴箱通风是通过连接在涡轮前方的通风管和曲轴箱通风阀内的一个计量孔来实现的。

因此，该通风系统是这样设计的：只在自然吸气模式时才进行通风，如图 2-3-18 所示。

（三）机油供给系统

1. 系统一览

如图 2-3-19 所示。

229

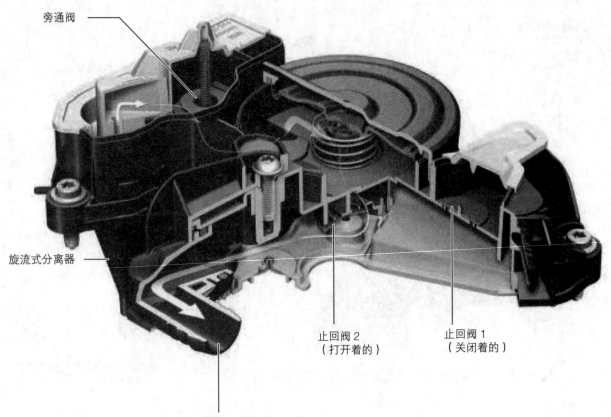

旁通阀

旋流式分离器

止回阀 2
（打开着的）

止回阀 1
（关闭着的）

接废气涡轮增压器的窜气管子
（增压模式）

图 2-3-16

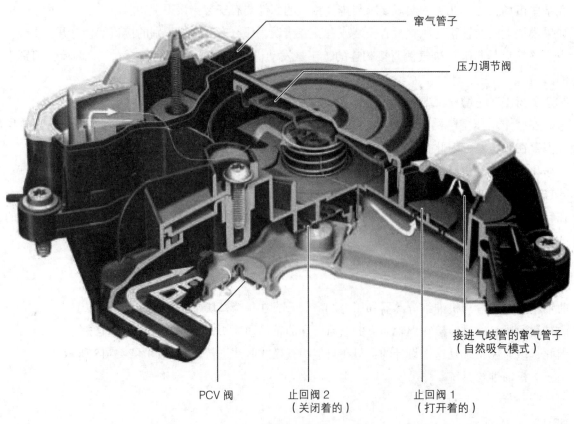

窜气管子

压力调节阀

接进气歧管的窜气管子
（自然吸气模式）

PCV 阀

止回阀 2
（关闭着的）

止回阀 1
（打开着的）

图 2-3-17

230

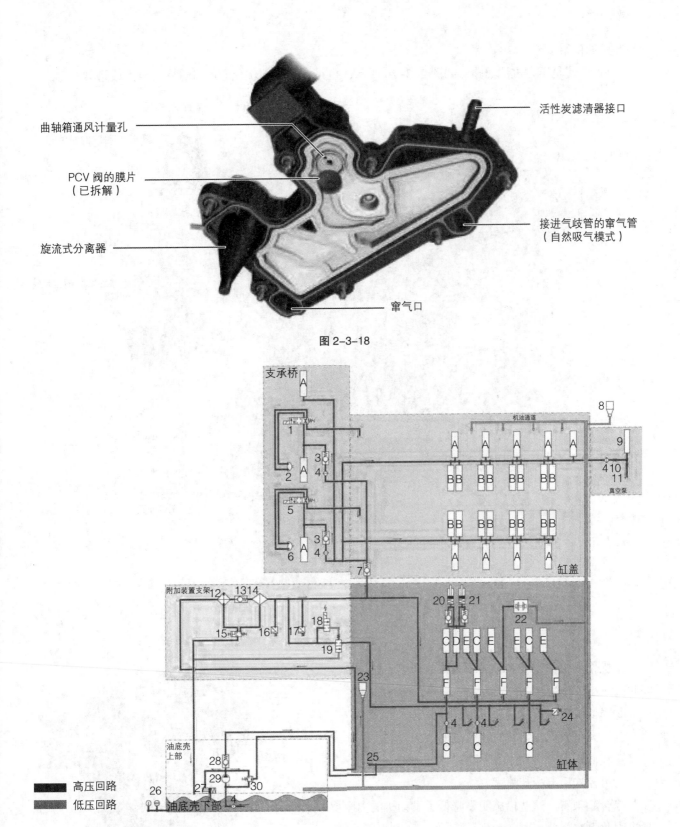

图 2-3-18

图 2-3-19

A.凸轮轴轴承 B.支承元件 C.平衡轴轴承 D.排气侧平衡轴轴承1 E.连杆 F.主轴承1~5 1.排气凸轮轴调节阀1N318 2.液压叶片调节器（排气侧） 3.止回阀,集成在支承桥内 4.机油滤网 5.凸轮轴调节阀1 N205 6.液压叶片调节器（进气侧） 7.止回阀,集成在缸盖内 8.机油细分离器 9.真空泵 10.节流点 11.高压燃油泵凸轮的润滑 12.机油冷却器 13.止回阀,集成在机油滤清器内 14.机油滤清器内 15.机油泄放阀 16.机油压力开关 F22（2.3~3.0bar） 17.降低了油压的机油压力开关 F378（0.5~0.8bar） 18.活塞冷却喷嘴控制阀 N522 19.机械式切换阀 20.平衡轴链条张紧器 21.正时链条张紧器 22.废气涡轮增压器 23.机油粗分离器 24.机油压力开关,3挡 F447 25.齿轮润滑 26.机油油面高度/机油温度传感器 G266 27.冷启动 28.止回阀,集成在机油泵内 29.可调式机油泵 30.机油压力调节阀 N428

2. 机油供给

（1）即使是压力机油回路，如图 2-3-20 所示，也是在不断地优化和改进着的。重点改进如下。

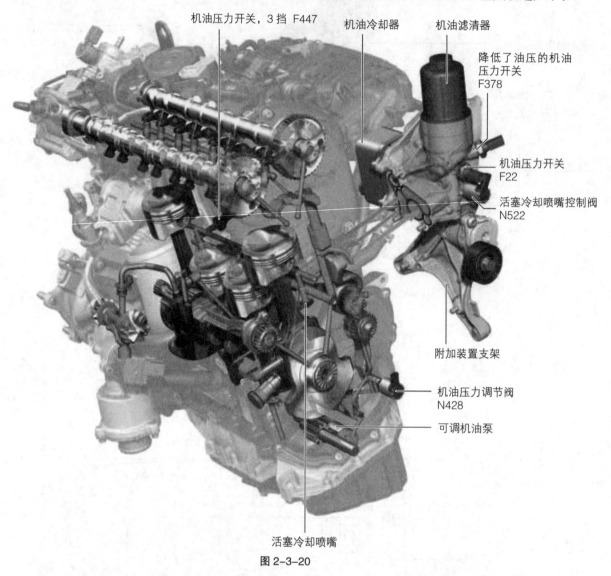

机油压力开关, 3 挡 F447

机油冷却器

机油滤清器

降低了油压的机油压力开关 F378

机油压力开关 F22

活塞冷却喷嘴控制阀 N522

附加装置支架

机油压力调节阀 N428

可调机油泵

活塞冷却喷嘴

图 2-3-20

①优化了机油供给系统的压力机油通道，这样在容积增大的同时又减小了压力损失；

②降低了压力机油段的压力损失；

③扩大了较低压力时的转速范围；

④较低压力时机油压力下降；

⑤可控式活塞冷却喷嘴。

综合起来看，这些措施明显降低了发动机的内摩擦，燃油消耗也因此再次降低。

（2）机油泵的改动。

①压力级改变了；

②效率提高了；

③液压控制方面有变化。

（3）可调机油泵，如图 2-3-21 和图 2-3-22 所示。

图 2-3-21

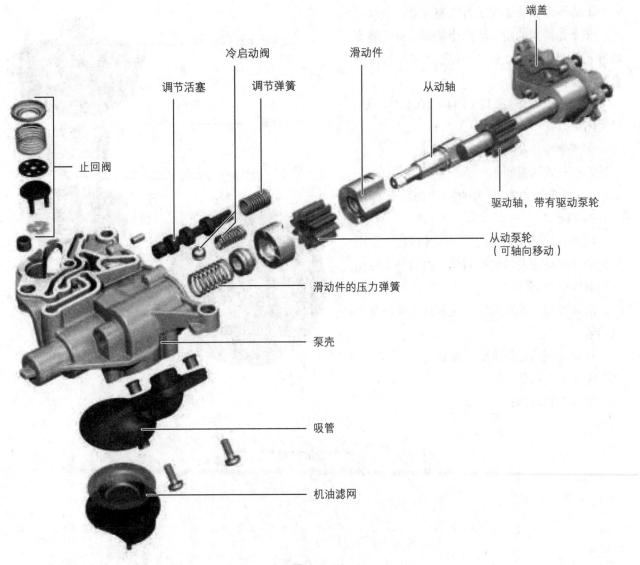

止回阀

调节活塞　冷启动阀　调节弹簧　滑动件　从动轴　端盖

驱动轴，带有驱动泵轮

从动泵轮
（可轴向移动）

滑动件的压力弹簧

泵壳

吸管

机油滤网

图 2-3-22

该机油泵的基本功能与第二代发动机用的泵是一样的，但是有如下变化。

①泵内的液压调节又经过进一步开发，因此对该泵的控制更精确了；

②该泵的传动比有所变化，现在泵运行得更慢了，$i = 0.96$。

3. 机油加注盖

这个盖子安装在链条盒内，此盖子的出色之处在于：开、关轻便，且能使发动机舱与外界可靠而不漏油地隔离。与旧的结构相比，密封件与卡口式连接之间有个功能分离区。弹性材料制成的矩形密封圈的密封面很小。另外，在将此盖装到发动机上时，密封圈与盖之间就不会有相对运动了。使用这种新结构，也使得操纵力降至最低。卡口式锁紧结构使得盖子无论锁止在哪个 90° 位置都不会丢失，如图 2-3-23 所示。

4. 可控式活塞冷却喷嘴

（1）活塞顶并不是在任何工况下都需要冷却的。

有针对性地关闭活塞冷却喷嘴，可进一步降低燃油消耗。取消了弹簧加载的活塞冷却喷嘴另一个原因是：总体机油压力级是很小的。

（2）可控式活塞冷却喷嘴系统包含了下述元件。

233

①缸体内额外加的压力机油通道。

②无弹簧阀的新式活塞冷却喷嘴；喷嘴有两种不同的内径（1.8L TFSI 发动机的是较小直径的喷嘴）。

③机油压力开关，3 挡 F447（在 0.3~0.6bar 时关闭）。

④活塞冷却喷嘴控制阀 N522。

⑤机械式切换阀。

（3）活塞冷却喷嘴的特性曲线，如图 2-3-24 所示。

活塞冷却喷嘴只有在需要时才接通，这个需求的计算是在发动机控制单元内的一个专用特性曲线中来进行的。

活塞冷却喷嘴在低压阶段和高压阶段都可以接通。

计算要用到的最重要的参数有：

①发动机负荷；

②发动机转速；

机油加注盖上部，带有卡口式连接机构

弹簧

机油加注盖下部

矩形密封圈

图 2-3-23

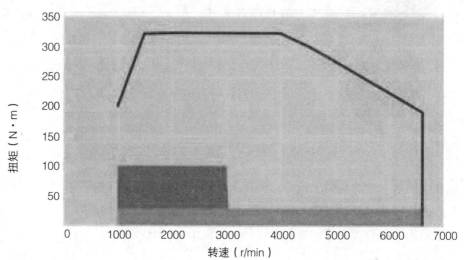

转速（r/min）

扭矩（N·m）

■ 活塞冷却已关闭（机油温度 < 50℃）

■ 活塞冷却已关闭（机油温度 > 50℃）

图 2-3-24

③计算出的机油温度。

（4）活塞冷却喷嘴已关闭。

活塞冷却喷嘴控制阀 N522 由发动机控制单元来通电，也就是通过 87 号接线柱来获得供电。通过发动机控制单元来实现接地，于是电路也就闭合了。

这时，N522 就打开了机械切换阀的控制通道。压力机油从两面加载到机械切换阀的控制活塞上。弹簧推动机械切换阀，这样就关闭了去往活塞冷却喷嘴机油通道的管路，如图 2-3-25 所示。

（5）活塞冷却喷嘴已接通。

随后是接通活塞冷却喷嘴，这时 N522 被断了电。于是通向机械切换阀的控制通道就被关闭了。压力机油这时只在单面加载到机械切换阀的控制活塞上，于是活塞发生移动，这样就打开了去往活塞冷却喷嘴机油通道的管路。切换阀内的弹簧在机油压力超过0.9bar会关闭去往活塞冷却喷嘴机油通道的开口。为了能在活塞冷却喷嘴控制阀N522断电后使得切换阀立即回到其初始位置，必须将控制活塞中的机油快速排出。于是为此准备了一个单独通道，该通道可使得机油呈无压力状态泄入发动机的油底壳中。该单独通道也就是在更换机油滤清器时机油的排放通道，如图2-3-26所示。

（6）功能监控。

在活塞冷却喷嘴已接通时，机油压力开关，3挡F447内的触点就接合了。该开关位于活塞冷却喷嘴机油通道的末端。

①通过这个机油压力开关，可以侦测到下述故障。

a.活塞冷却喷嘴上无机油压力（尽管要求有压力）；

b.机油压力开关损坏；

c.尽管冷却喷嘴已切断，但是仍有机油压力。

②活塞冷却喷嘴控制阀可以侦测到下述故障。

a.导线断路，活塞冷却喷嘴一直开着；

b.对地短路，活塞冷却停止了；

c.对正极短路，活塞冷却一直在进行着。

③导致活塞冷却不工作的故障，会引起下述应急反应。

a.发动机控制单元会限制扭矩和转速；

b.可调机油泵无较低压力级；

c.组合仪表上出现提示，转速

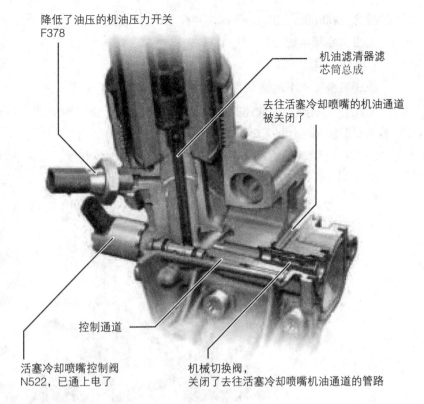

降低了油压的机油压力开关 F378

机油滤清器滤芯筒总成

去往活塞冷却喷嘴的机油通道被关闭了

控制通道

活塞冷却喷嘴控制阀 N522，已通上电了

机械切换阀，关闭了去往活塞冷却喷嘴机油通道的管路

图2-3-25

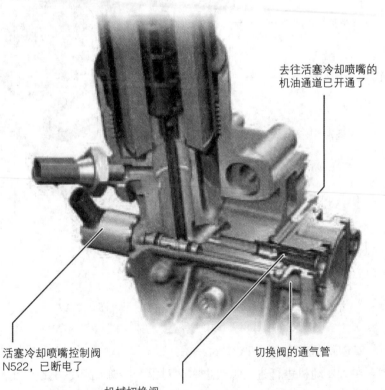

去往活塞冷却喷嘴的机油通道已开通了

活塞冷却喷嘴控制阀 N522，已断电了

切换阀的通气管

机械切换阀，打开了去往活塞冷却喷嘴机油通道的管路

图2-3-26

235

被限制到 4000r/min，出现一声嘟嘟响，EPC 灯亮起。

（四）冷却系统

1. 系统一览

冷却系统按车上的装备和发动机型号已经做过适配了。

因此，发动机是纵置还是横置，发动机排量，变速器型号以及车上是否装备有驻车加热装置，都会使得冷却系统不一样的。

1.8L TFSI 纵置发动机、手动变速器且无驻车加热装置，如图 2-3-27 和图 2-3-28 所示。

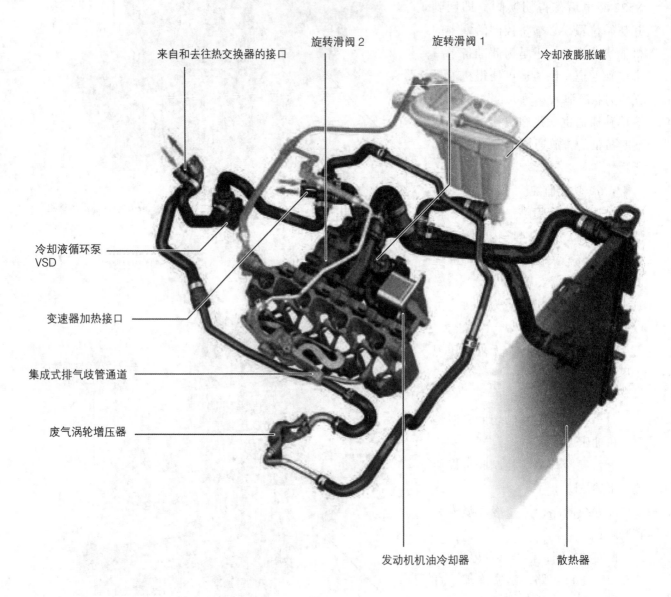

图 2-3-27

2. 创新温度管理（ITM）

在对发动机进行进一步改进时，对整个冷却循环系统也做了修改。主要有这几项内容：发动机的快速预热，通过快速且经热力学方面优化的发动机温度调节来实现降低油耗，以及在需要时给乘员舱加热。

创新温度管理的两个最重要部件是集成在缸盖内的排气歧管和发动机温度调节执行元件 N493。创新温度管理是作为一个模块与水泵一起安装在发动机较冷的一侧，如图 2-3-29 所示。

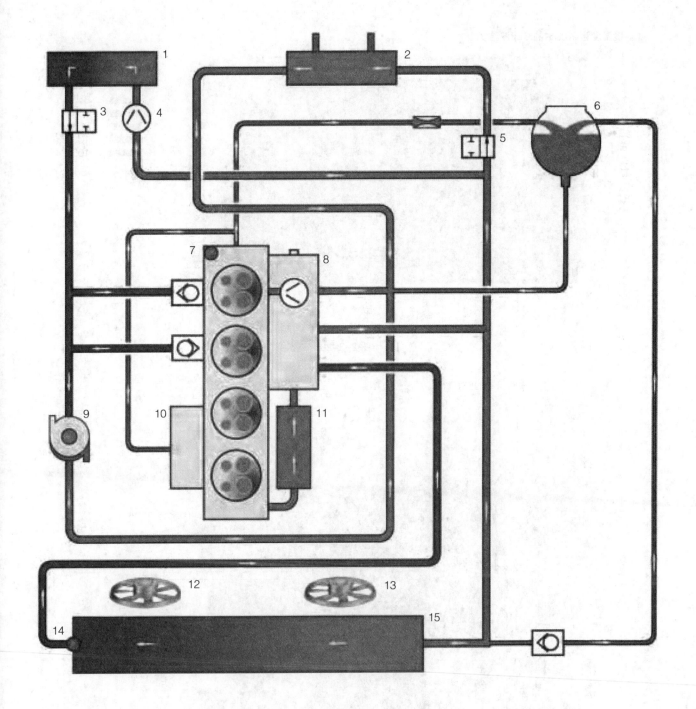

1.暖风热交换器 2.变速器机油冷却器 3.自动空调冷却液截止阀 N422 4.冷却液循环泵 V50 5.变速器冷却液阀 N488 6.冷却液膨胀罐 7.冷却液温度传感器G62 8.带有发动机温度调节执行元件N493（旋转滑阀1和2）的冷却液泵 9.废气涡轮增压器 10.集成式排气歧管（IAGK） 11.发动机机油冷却器 12.散热器风扇V7 13.散热器风扇2 V177 14.散热器出口冷却液温度传感器G83 15.散热器

图 2-3-28

（1）旋转滑阀和水泵模块，如图 2-3-30 所示。

（2）发动机温度调节执行元件 N493（旋转滑阀）。

发动机温度调节执行元件 N493 在 1.8L 和 2.0L 发动机上，无论纵置和横置都是一样的。采用两个机械连接的旋转滑阀来调节冷却液液流。

旋转滑阀角度位置的调节是按照发动机控制单元内的各种特性曲线来进行的。

通过旋转滑阀的相应位置，就可实现不同的切换状态。因此，就可让发动机快速预热，也就使得摩

环境温度为 20℃时的冷却液温度

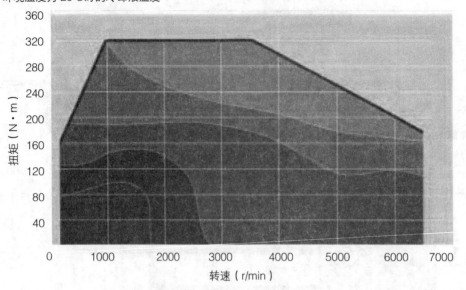

- 85℃
- 90℃
- 95℃
- 100℃
- 105℃

图 2-3-29

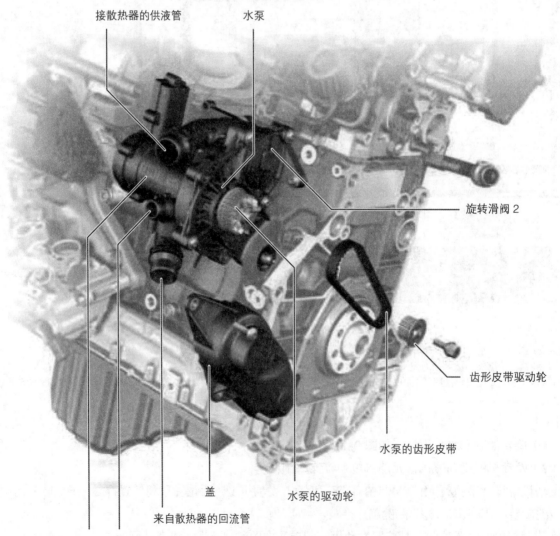

接散热器的供液管　　水泵

旋转滑阀 2

齿形皮带驱动轮

水泵的齿形皮带

盖

水泵的驱动轮

旋转滑阀 1　来自暖风、废气涡轮增压器和变速器的回流管

来自散热器的回流管

图 2-3-30

擦变小了（因此燃油消耗就小了）。另外，可让发动机温度在 85~ 107℃之间变动，如图 2-3-31 所示。

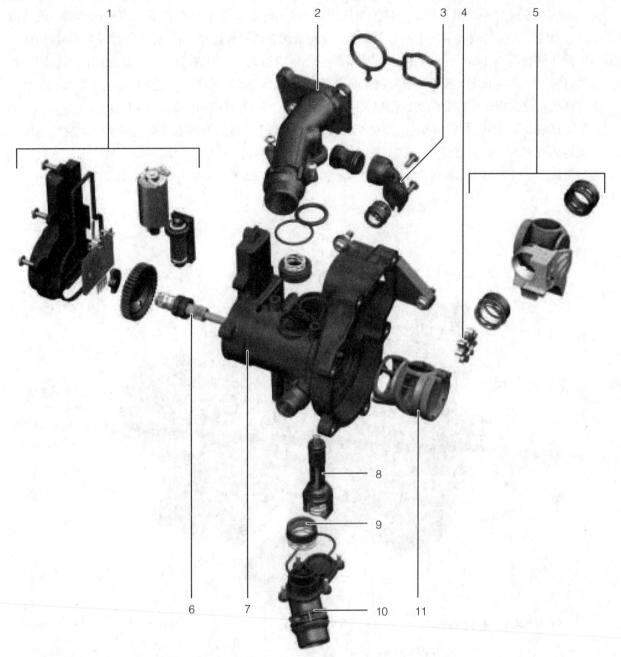

1.发动机温度调节执行元件N493的驱动机构和传感器 2.去往散热器的供液管接头 3.去往发动机机油冷却器的接头 4.中间齿轮 5.旋转滑阀2 6.旋转滑阀1的轴 7.旋转滑阀壳体 8.膨胀式节温器（安全式节温器） 9.密封组件 10.来自散热器的回流管接头 11.旋转滑阀1

图 2-3-31

①发动机温度调节执行元件 N493 的功能。

一个直流电机驱动旋转滑阀转动，该电机由发动机控制单元通过 PWM 信号（12V）来操控，操控频率为 1000Hz。

这里的新内容是操控信号，这是个数字信号，从结构上讲像 CAN 总线信号。

这个操控过程一直持续进行着，直至到达发动机控制单元给出的位置。正的操控信号（诊断仪上的测量值）表示旋转滑阀在向打开的方向转动。

电机通过一个很结实的蜗轮蜗杆传动装置来驱动旋转滑阀 1，这样就能控制机油冷却器、缸盖以及主散热器中的冷却液液流了（变速器机油冷却器、废气涡轮增压器和暖风回流管不进行调节）。

旋转滑阀2是通过一个滚销齿联动机构与旋转滑阀1相连的。该联动机构的结构是这样的：旋转滑阀2在特定角度位置会与旋转滑阀1连上和脱开。旋转滑阀2的旋转运动（打开流经缸体的冷却液液流）在旋转滑阀1转角约为145°时开始。在旋转滑阀1转角约为85°再次脱开。此时旋转滑阀2达到了其最大转动位置，缸体内的冷却液循环管路就完全打开了。旋转滑阀的运动，会受到机械止点限制的。

②发动机越热，旋转滑阀的转动也就越大，这样的话，不同的横断面也就有不同的流量了。

为了能准确识别旋转滑阀的位置以及功能故障，就在旋转滑阀的控制电路板上装了一个旋转角度传感器，该传感器将数字电压信号（SENT）发送给发动机控制单元。

旋转滑阀1的位置可用诊断仪在测量值中读出，如图2-3-32所示。

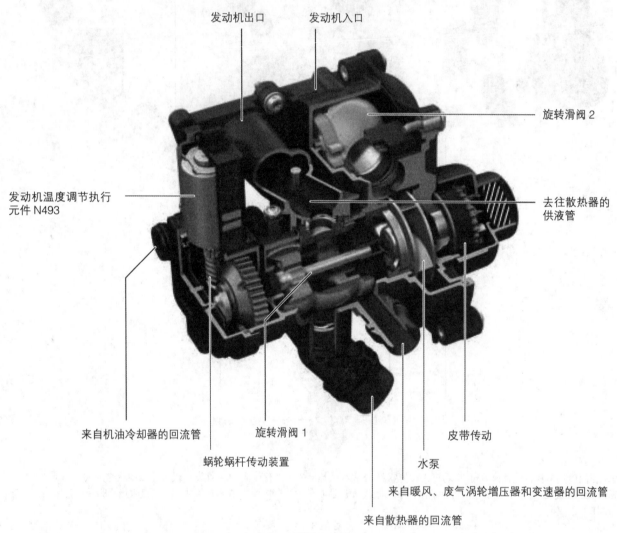

图2-3-32

（3）操控策略。

这里描述的是发动机预热阶段整个冷却液循环的情况，是以2012年奥迪A4的发动机为例来进行说明的。

①预热。

要想预热发动机，旋转滑阀1就得转到160°的位置。在这个位置处，旋转滑阀1会封闭发动机机油冷却器和主散热器回流管开口。

旋转滑阀 2 会封闭通向缸体的开口。

自动空调冷却液截止阀 N422 和变速器冷却液阀 N488 暂时关闭。冷却液续动泵 V51 不通电，于是这时冷却液不在缸体内循环。不流动的冷却液根据负荷和转速情况，被加热至最高 90℃，如图 2-3-33 所示。

②自加热。

如果有加热请求，那么自动空调冷却液截止阀 N422 和冷却液循环泵 V51 就会被激活，于是冷却液就会流经缸盖、废气涡轮增压器和暖风热交换器，如图 2-3-34 所示。

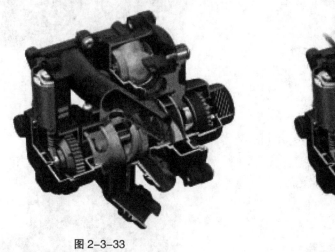

图 2-3-33　　　　　　　　　　　　　　　　图 2-3-34

③小流量。

该功能用于，在缸体内的冷却液静止时（就是不流动时），防止缸盖（集成式排气歧管）和涡轮增压器过热。为此就要将旋转滑阀 1 转到约 145° 的位置上。从该位置起，滚销齿联动机构就会带动旋转滑阀 2 动作，该阀开始打开。这时，少量冷却液就会流经缸体而进入缸盖，流经涡轮增压器，再经旋转滑阀模块流回水泵。

还有一部分冷却液，在需要时会经冷却液止回阀 N82 流向暖风热交换器。冷却液循环泵 V51 仅在"有加热要求时"，才会激活工作。由于可以快速加热冷却液，那么在发动机预热阶段就可以将摩擦降至最小了，如图 2-3-35 所示。

④接通发动机机油冷却器的预热运行。

预热阶段在接下来就只接通发动机机油冷却器。在旋转滑阀 1 到达 120° 的位置起，发动机机油冷却器接口就开始打开了。

与此同时，旋转滑阀 2 也一直在继续打开，流经缸体的冷却液流就越来越大。通过这种有针对性地来接通发动机机油冷却器，可以额外加热发动机机油，如图 2-3-36 所示。

⑤变速器机油加热。

在发动机热到足够程度后，最后会打开变速器冷却液阀 N488，以便用过剩的热来加热变速器机油。

变速器机油加热功能在下述情况下接通：不用暖风的话，冷却液温度达到 80℃时；使用暖风的话，冷却液温度达到 97℃时，如图 2-3-37 所示。

⑥通过主散热器实施温度调节。

在转速和负荷很小时，就把冷却液温度调至 107℃，以便使得发动机摩擦最小。随着负荷和转速升高，会将冷却液温度调低，最低可至 85℃。

为此，旋转滑阀 1 就在 85° 和 0° 之间根据冷却需要来进行调节。在 0° 这个滑阀位置时，主散热器回流接口就完全打开了。

图 2-3-35

图 2-3-36

a. 部分负荷，如图 2-3-38 所示。

图 2-3-37

图 2-3-38

b. 全负荷，如图 2-3-39 所示。

⑦关闭发动机后的续动功能。

为了避免缸盖和涡轮增压器处的冷却液在发动机关机后沸腾，也为了避免对发动机不必要的冷却，会按特性曲线启动续动功能。该功能在发动机关闭后，最多可工作 15 分钟。

为此就将旋转滑阀转至"续动位置"（160°~255°）。在这个续动工况，也会实现冷却液温度调节的。在需要以最大续动能力来工作（255°）且冷却液温度较低时，主散热器回流接口就打开了，但是去往缸体的接口却用旋转滑阀 2 给封闭了。另外，冷却液续动泵 V51 和冷却液止回阀 N82 也都激活了，如图 2-3-40 所示。

图 2-3-39

冷却液这时分成两个分流：一个是经缸盖流向 V51；另一个经涡轮增压器流经旋转滑阀，随后再流经主散热器而流回冷却液续动泵 V51。

缸体在续动位置时，就没有冷却液流过。通过这个功能，可以明显降低续动持续时间，且不会产生大量的热能损失。

⑧故障情况。

如果转角传感器损坏了，那么该旋转滑阀就会开至最大位置（发动机冷却能力最强）。如果直流电机损坏或者旋转滑阀卡死，那么根据旋转滑阀位置情况，会激活转速限制和扭矩限制功能。

如果旋转滑阀内的温度超过113℃，那么旋转滑阀内的膨胀式节温器就会打开通向主散热器的一个旁通支路。这样的话，冷却液就可以流经主散热器。于是，出现故障时也可以继续行驶了。

图 2-3-40

⑨其他反应。

a.组合仪表上出现信息，提示转速已被限制在 4000r/min，提示音响一次，EPC 灯也被接通。

b.组合仪表上显示真实的冷却液温度。

c.打开冷却液截止阀 N82。

d.激活冷却液续动泵 V51，以保证缸盖的冷却。

（4）发动机温度调节执行元件 N493 的功能图。

发动机温度调节执行元件 N493 的连接，如图 2-3-41 所示。

（5）变速器冷却液阀 N488。

变速器冷却液阀 N488 用于控制发动机中已经热了的冷却液去往变速器机油冷却器的液流。如图 2-3-42 所示，以配备手动变速器的 2012 年奥迪 A5 为例来进行说明。

在需要时，该电磁阀被发动机控制单元加载上车载电压。如果没有通电话，该阀由机械弹簧力保持打开状态。

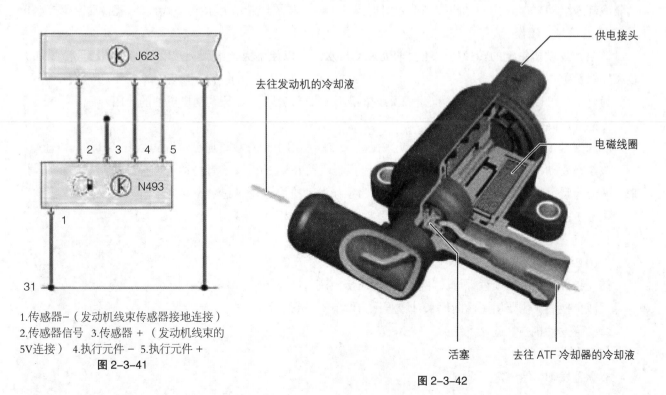

1.传感器−（发动机线束传感器接地连接）
2.传感器信号　3.传感器＋（发动机线束的
5V连接）　4.执行元件 −　5.执行元件 ＋

图 2-3-41

图 2-3-42

243

在发动机启动时，该阀是关闭着的。当冷却液温度达到80℃时，去往变速器的冷却液通道被打开，在达到90℃时该通道被关闭。这样的话，就可以使得手动变速器在摩擦最为理想的情形下工作了。

（6）冷却液循环泵V50，如图2-3-43所示。

在纵置发动机的车上，该泵用作暖风热交换器的循环泵由自动空调控制单元J255通过PWM信号来操控。通过自动空调控制单元J255，可以对该泵进行自诊断。

功能：冷却液循环泵V50工作时，冷却液经发动机的冷却液软管通过空调热交换器和冷却液截止阀抽出，经冷却液软管送回发动机。

冷却液循环泵V50在接通点火开关时，根据冷却液温度和空调操控和显示单元上的设置来工作。

车辆装备类型在编码和自适应中选择（比如，装备有驻车加热装置）。

冷却液循环泵
V50

图2-3-43

（7）自动空调冷却液截止阀N422。

该冷却液截止阀在纵置发动机且无驻车加热的车上才有。

该阀会敞开或者关闭通向热交换器的冷却液通路。

功能：该阀的结构与变速器冷却液阀N488相同。没通电时，该阀是打开着的（冷却液可以流动），通电后，该阀就关闭了。打开是通过机械弹簧力来实现的。

发动机启动后，该阀就是关闭的。如果有暖风请求、续动冷却请求和智能启停请求的话，该阀会打开。

这种开关操作是由自动空调控制单元J255来完成的。为此，自动空调冷却液截止阀N422必须正确进行自适应。

（8）冷却液续动泵V51。

发动机横置的车上才装备该泵，其结构与纵置发动机的车上的泵V50是相同的。V51由发动机控制单元借助于PWM信号来操控。

冷却液续动泵V51由发动机控制单元根据操控单元（暖风控制单元J65）的请求或者自动空调控制单元J255的信号来工作。

该泵在发动机一定的转速时，还会辅助发动机水泵，以便增大流经暖风热交换器冷却液液流（加大暖风发热量）。

另外，还可以快速降低废气涡轮增压器内的温度，这样就可以延长发动机机油的使用寿命。

（9）冷却液截止阀N82。

冷却液截止阀N82由发动机控制单元来操控。该阀还用于带有驻车加热装置的2013年奥迪A3上。

该阀在发动机冷机时会根据操控单元（暖风控制单元J65）的设置或者自动空调控制单元J255的信号，来切断流经暖风热交换器的冷却液液流，比如为了让发动机快点儿热起来。

（五）空气供给和增压

1. 系统一览

如图2-3-44所示。

需要松开拉杆上的锁紧螺母，才能更换增压压力调节器V465。

完成更换后，需要使用诊断仪来对增压压力调节器进行设置。

2. 横置发动机空气进气系统

如图2-3-45所示。

3. 纵置发动机空气进气系统

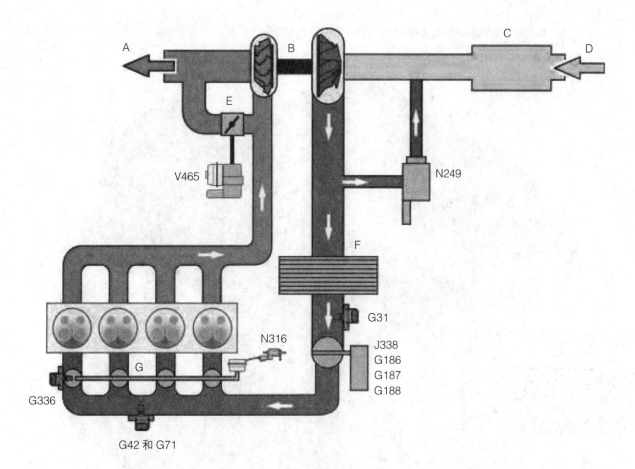

A.废气气流 B.废气涡轮增压器 C.空气滤清器 D.新鲜空气气流 E.废气泄放阀 F.增压空气冷却器 G.进气歧管翻板 G31.增压压力传感器 G42.进气温度传感器 G71.进气歧管压力传感器 G186.电子油门的节气门驱动器 G187.电子油门的节气门驱动器的角度传感器1 G188.电子油门的节气门驱动器的角度传感器2 G336.进气歧管翻板电位计 J338.节气门控制单元 N249.涡轮增压器循环空气阀 N316.进气歧管翻板阀 V465.增压压力调节器

图 2-3-44

如图 2-3-46 所示。

4. 进气歧管

由于增压压力较高，所以对集成的进气歧管翻板系统进行了彻底的修改。弯曲的单体式不锈钢轴，可以为进气道内的凹形翻板提供最大的抗扭性。通过进气歧管翻板电位计（非接触式转角传感器）来识别翻板位置。

凹形翻板在打开状态时是绷紧在基体上的，这样就可以将气流的冲动降至最小。该轴由发动机控制单元借助真空单元（双位控制）经进气歧管翻板阀 N316 来以电控气动方式操控，如图 2-3-47 所示。

5. 废气涡轮增压器

（1）增压系统使用的是全新开发的单进气口式／废气涡轮增压器。

采用单进气口式废气涡轮增压器，可以改善全负荷特性（尤其是在较高转速区域时）。气缸盖上废气出口采用双流式通道布置，在废气涡轮增压器中一直延伸到紧靠涡轮的前面。这样总体上可以实现尽可能好的点火顺序分开（4 个分成两个一组），如图 2-3-48 所示。

①这种废气涡轮增压器有如下特点。

a. 电控泄放阀调节器（增压压力调节器 V465 和增压压力调节器的位置传感器 G581）。

b. λ 传感器在涡轮前面（λ 传感器 G39）。

c. 小巧的铸钢涡轮壳体，带有双流式入口，直接用法兰固定在缸盖上。

245

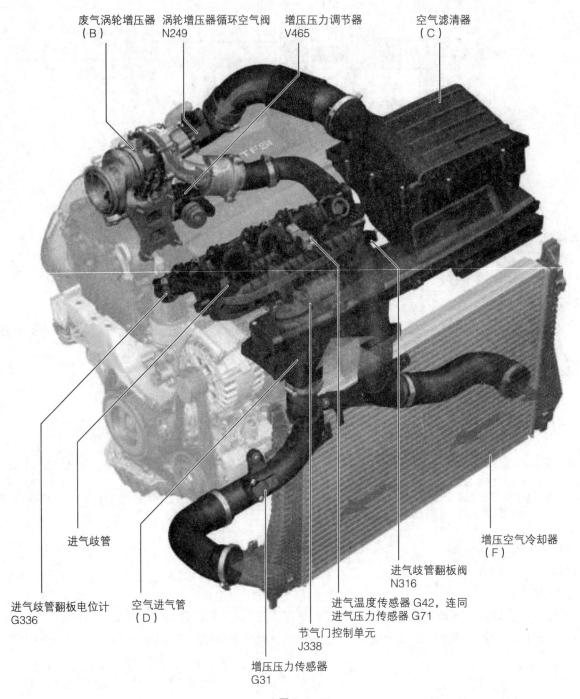

废气涡轮增压器
（B）

涡轮增压器循环空气阀
N249

增压压力调节器
V465

空气滤清器
（C）

进气歧管

增压空气冷却器
（F）

进气歧管翻板阀
N316

进气歧管翻板电位计
G336

空气进气管
（D）

进气温度传感器 G42，连同
进气压力传感器 G71

节气门控制单元
J338

增压压力传感器
G31

图 2-3-45

d. 压气机壳体带有一体式的脉动消音器和电控循环空气阀（涡轮增压器循环空气阀 N249）。

e. 抗高温（Inconel）涡轮，最高可承受 980℃。

f. 壳体带有机油和冷却液通用接口。

g. 铣削的压气机转子使得转速更稳、噪声更小。

h. 涡轮是混流式的，用 Inconel 713℃制造。

②用于获知空气质量和空气温度的传感器。

a. 增压压力传感器 G31，安装在增压空气冷却器和节气门之间的空气管中，该传感器信号用于控制增压压力。

b. 进气温度传感器 G42 连同进气压力传感器 G71，使用压力和温度信号来确定出空气质量。

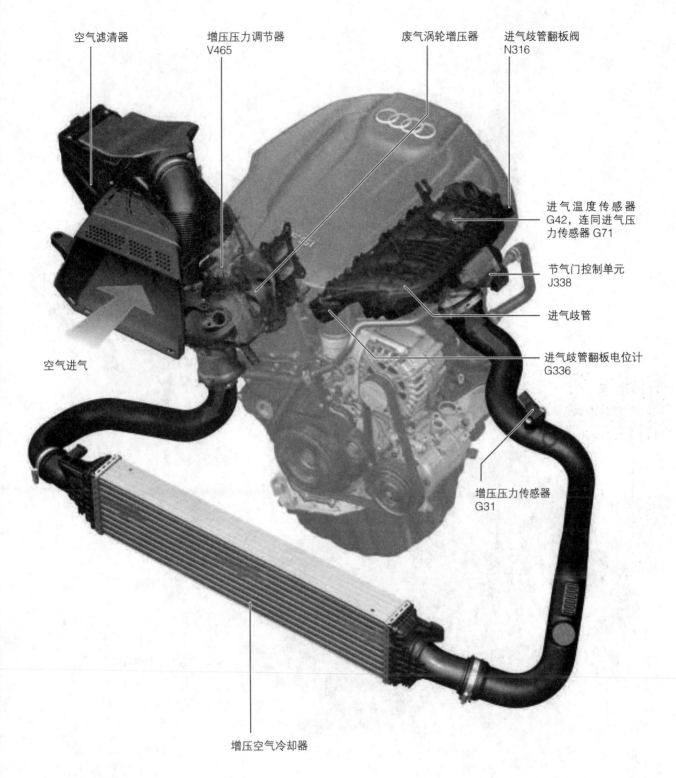

空气滤清器　　　增压压力调节器　　　　废气涡轮增压器　　进气歧管翻板阀
　　　　　　　　V465　　　　　　　　　　　　　　　　　　N316

进气温度传感器
G42，连同进气压
力传感器 G71

节气门控制单元
J338

进气歧管

进气歧管翻板电位计
G336

空气进气

增压压力传感器
G31

增压空气冷却器

图 2-3-46

（2）增压压力调节器 V465，如图 2-3-49 所示。

奥迪四缸涡轮增压发动机，首次使用了电控泄放阀调节器。这种技术与以前使用的高压单元相比，
有如下优点。

①响应速度和精度更高。

②能不依赖当前的增压压力来实施控制。

③因为卡止力较大，所以即使在发动机转速低至 1500r/min，也能保证发动机输出 320N·m 的这个最

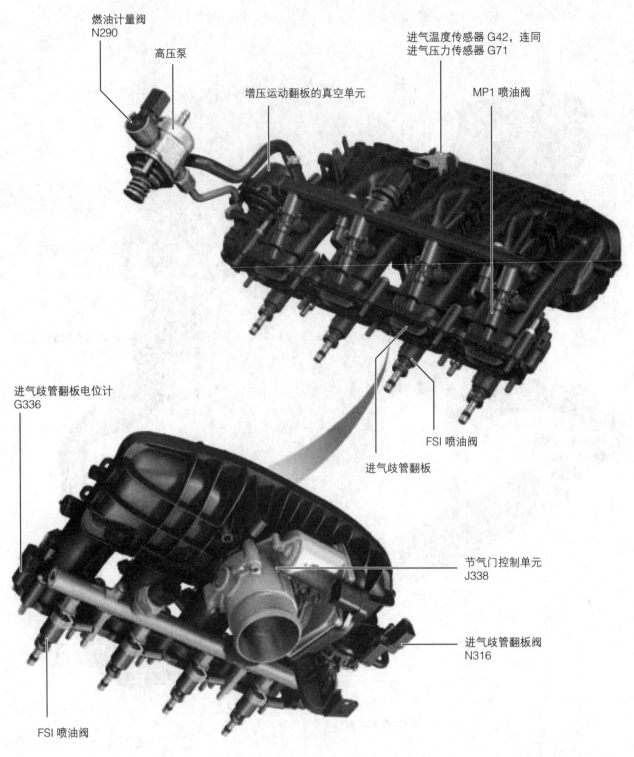

燃油计量阀
N290

高压泵

增压运动翻板的真空单元

进气温度传感器 G42，连同
进气压力传感器 G71

MP1 喷油阀

进气歧管翻板电位计
G336

FSI 喷油阀

进气歧管翻板

节气门控制单元
J338

进气歧管翻板阀
N316

FSI 喷油阀

图 2-3-47

大力矩。

④在部分负荷时主动打开泄放阀，可以降低基本增压压力。在 MVEG 循环中，这可以减少 1.2g CO_2/km（也就是省油了）。

⑤在催化净化器预热时主动打开泄放阀，可以使得催化净化器前的废气温度增高 10℃，这样就使得冷启动排放降低了。

⑥由于电控泄放阀调节器的调节速度快，在负荷往降低方向变化时（怠速滑行），可以让增压压力

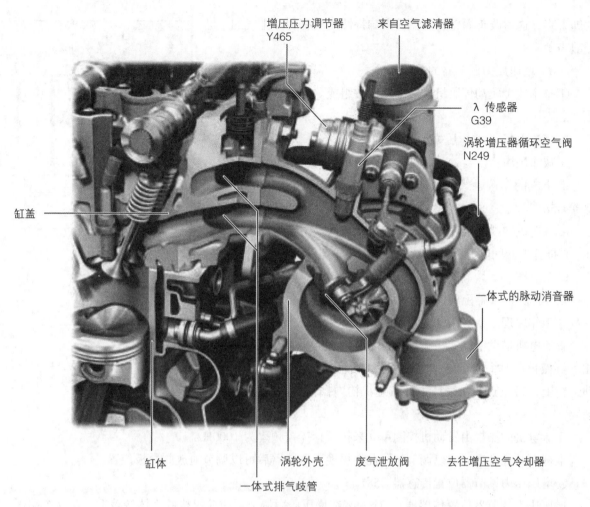

增压压力调节器 Y465　　来自空气滤清器

λ 传感器 G39

涡轮增压器循环空气阀 N249

缸盖

一体式的脉动消音器

缸体　　涡轮外壳　　废气泄放阀　　去往增压空气冷却器

一体式排气歧管

图 2-3-48

间隙补偿弹簧　　泄放阀操纵杆和推杆上的间隙和公差补偿元件

弹簧座

发动机控制单元接口

磁铁架

增压压力调节器 V465　　减速机构　　增压压力调节器位置传感器 G581

图 2-3-49

立即下降，这对改善涡轮增压器的声响特性尤其有利（排气的呼啸声）。

（3）增压压力调节器的系统元件。

①整个这个驱动伺服机构由下述部件组成。

a. 壳体。

b. 直流电机（增压压力调节器 V465）。

c. 减速机构。

d. 集成的非接触式位置传感器（增压压力调节器位置传感器 G581）。

e. 减速机构内的机械式上、下内止点挡铁。

f. 推杆上的间隙和公差补偿元件。

②功能图。

增压压力调节器上的连接，如图 2-3-50 所示。

③工作原理。

直流电机借助于减速机构和推杆来让泄放阀翻板运动。在下机械止点时，由泄放阀翻板座上的外止点限制这个运动；在上机械止点时由壳体上的减速机构内挡铁来限制运动。

直流电机的操控由发动机控制单元来执行，操控频率为 1000Hz。

推杆在其长度方向可以调节，因此在更换了调节器后可以调节泄放阀翻板位置。

④增压压力调节器位置传感器 G581。

增压压力调节器位置传感器 G581 安装在增压压力调节器减速机构的壳体端盖上。在这个端盖上，还有一个磁铁架，带有两块永久磁铁。

磁铁架在壳体端盖中导向并压在减速机构内的弹簧座上。如果移动了推杆，那么它就会经过霍耳传感器的磁铁（该磁铁也在壳体端盖上），并获知调节行程的实际值。调节行程用模拟的线性电压信号来输出。

（4）涡轮壳体和涡轮。

由于废气温度更高了（约 980℃），且将 λ 传感器布置在壳体内涡轮的前面，为了满足这种要求，涡轮壳体采用一种新的铸钢材质来按壳体形状制成（与第二代是不同的）。为了可以实现尽可能好的点火顺序分开，采用了双流式通道布置，一直延伸到紧靠涡轮的前面。

由于涡轮壳体外形尺寸很紧凑，因此其与缸盖的螺栓连接就采用了标准的螺栓和螺母来实现。涡轮设计成混流式涡轮。

（5）压气机壳体和压气机转子。

由于增压压力调节器 V465 的调节力是较大的，因此压气机壳体的强度加大了，它是用铸铝制成的。除了压气机转子外，还集成有脉动消音器、涡轮增压器循环空气阀 N249 以及曲轴箱通风和燃油箱通风装置出来的窜气引入口。

压气机转子是整体铣削出来的，使得转速更稳、噪声更小。

（6）λ 传感器 G39，如图 2-3-51 所示。

该传感器（在催化净化器前）安装在最佳位置处。所谓最佳位置，指每个气缸的废气在此处流经涡轮壳体前方，但同时温度又不过高。λ 传感器 G39 是宽频 λ 传感器 LSU 4.2。

这可明显让露点提前且让 λ 调节在发动机启动后尽早工作（6s），还能更好地识别各气缸。

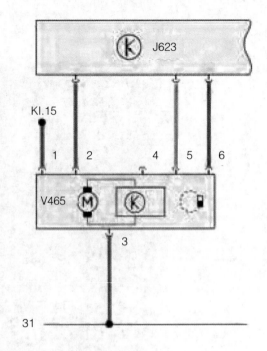

1. 传感器 +（发动机线束中的5V连接） 2. 执行器-
3. 接地 4. 未使用 5. 传感器信号 6. 执行器 +

图 2-3-50

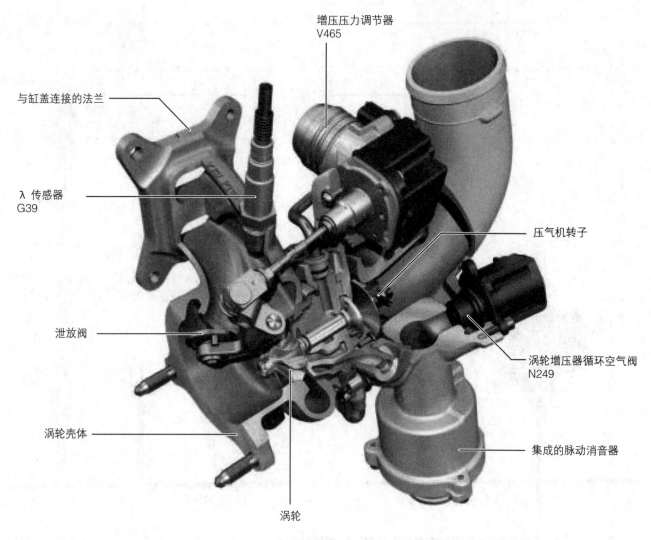

増压压力调节器
V465

与缸盖连接的法兰

λ 传感器
G39

压气机转子

泄放阀

涡轮增压器循环空气阀
N249

涡轮壳体

集成的脉动消音器

涡轮

图 2-3-51

（六）燃油系统

1. 系统一览

如图 2-3-52 所示。

2. 混合气形成 / 双喷射系统

（1）直喷汽油发动机所排出的细微炭烟颗粒，要比当前的柴油发动机最多能高出 10 倍，这个问题的讨论越来越多，这促使我们开发了双喷射系统。

可实现下述目标：

①将系统压力从 150bar 提高到 200bar；

②改善噪声；

③达到 EU6 关于颗粒质量和数量的要求（能将炭烟排放降低 10 倍）；

④降低废气排（尤其是 CO_2），使之符合当前和将来的排放要求；

⑤适应另加的进气歧管喷射系统要求；

⑥降低部分负荷时的燃油消耗（这时使用 MPI 喷射比较有利）。

（2）MPI 喷射系统。

MPI 系统通过高压泵的冲洗接口来获得燃油供给，这样的话，在以 MPI 工况工作时，高压泵就可继

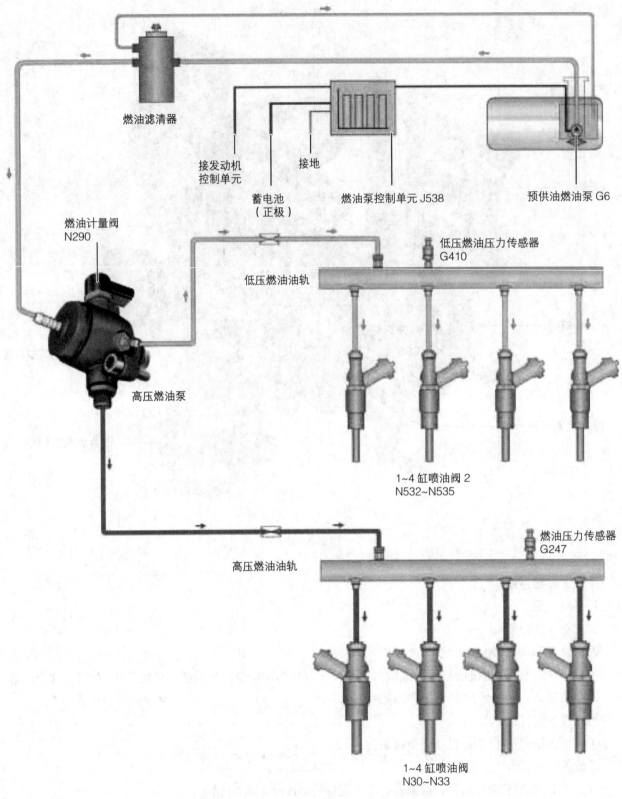

燃油滤清器

接发动机
控制单元

接地

蓄电池
（正极）

燃油泵控制单元 J538

预供油燃油泵 G6

燃油计量阀
N290

低压燃油压力传感器
G410

低压燃油油轨

高压燃油泵

1~4 缸喷油阀 2
N532~N535

燃油压力传感器
G247

高压燃油油轨

1~4 缸喷油阀
N30~N33

图 2-3-52

续由燃油来冲洗并冷却。

　　为了尽量减小脉动（高压泵会把这个脉动引入油轨的），在高压泵的冲洗接口中集成有一个节流阀。

　　MPI 系统配有自己的压力传感器，就是低压燃油压力传感器 G410。按需要的压力，供油由燃油箱内的预供油燃油泵 G6 来提供。预供油燃油泵 G6 由燃油泵控制单元 J538 经发动机控制单元来操控。MPI 油轨由塑料制成。MPI 喷油阀（N532~N535）安装在塑料进气歧管中，按最佳射束方向布置。

（3）高压喷射系统，如图 2-3-53 所示。

为了应对系统压力高达 200bar 这种情况，高压区的所有部件都做了改进。于是，喷油阀经钢质弹簧片就与缸盖断开了（指声响方面）。同样，高压油轨与进气歧管也断开了，且与缸盖是用螺栓连接的。高压喷油阀的位置略微向后移了点儿。

因此，混合气的均匀程度得到了改善，且阀的温度负荷也降低了。为了使发动机在将来都采用相同的调节方式，这个调节方式也再次做了改变。现在的调节方式基本原则是这样的：在拔下燃油压力调节阀 N276 的插头时，高压区就不再形成压力了。

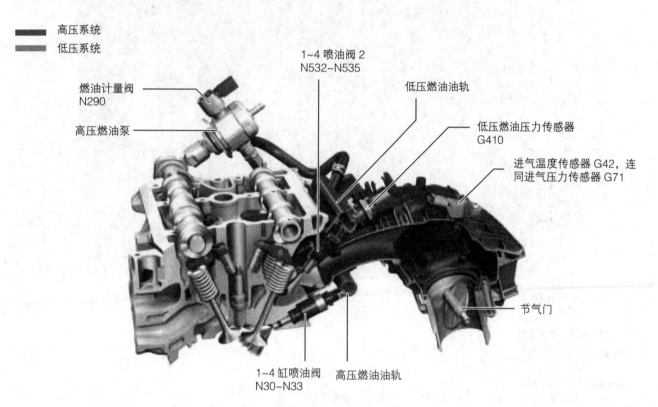

图 2-3-53

3. 工作模式

发动机到底是用 MPI 模式工作还是用 FSI 模式来工作，是通过特性曲线内的计算来决定的。为了使得炭烟排放最少、机油稀释很轻以及爆震趋势很小，喷射（MPI 或者 FSI）的数量和种类在热力学方面均经优化了。

这就改变了混合气形成的状态。为此，就需要针对喷油时刻和喷油持续时间长度进行适配。

λ =1 的工作区域现在是尽可能大了，这得益于使用了一体式的排气歧管。

在发动机冷机时（冷却液温度低于 45℃ 且取决于机油温度情况），那么就一直使用直喷方式来工作。在每次发动机启动时使用的也是直喷方式。

在长时间使用 MPI 模式工作时，为了防止高压喷油阀内的燃油烧焦，就使用了冲洗功能。就是会短时激活 FSI 模式。

（1）喷射类型的特性曲线，如图 2-3-54 所示。

（2）预热 / 催化净化器加热。

这时是采用双次直喷，分别喷入进气行程和压缩行程。与此同时，点火时刻点向"延迟"方向移动了，

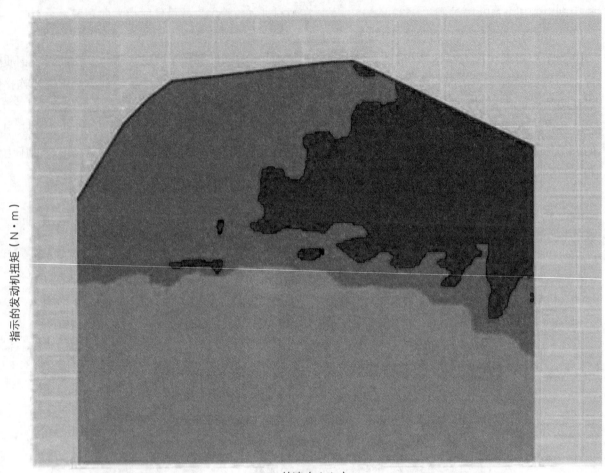

纵轴：指示的发动机扭矩（N·m）

横轴：转速（r/min）

■ MPI 单次喷射
■ FSI 单次喷射
（均质，直喷入进气行程）
■ FSI 双次喷射
（均质分层，一次直喷入进气行程，一次直喷入压缩行程）

图 2-3-54

进气歧管翻板关闭。

（3）发动机暖机（>45℃）的部分负荷。

这时切换到 MPI 工作模式。进气歧管翻板在部分负荷区也是关闭的，但不是与 MPI 工作模式完全相应（取决于特性曲线上的参数）。

（4）降低油耗。

在发动机已是热机时，通过预先配置混合气的方式来优化混合气的均匀程度。这就使得燃烧更快、效率更高了。而且，不必驱动高压泵来工作（以免消耗功率）。

（5）较高负荷。

这时是双次喷射，分别喷入进气行程和压缩行程。

（6）应急运行功能。

如果这两个系统中的一个出现故障，那么另一个系统就会执行应急运行功能，这样就能保证车辆仍能行驶。

（七）发动机管理系统

系统一览，1.8L TFSI 发动机 CJEB（2012 年奥迪 A5），如图 2-3-55 所示。

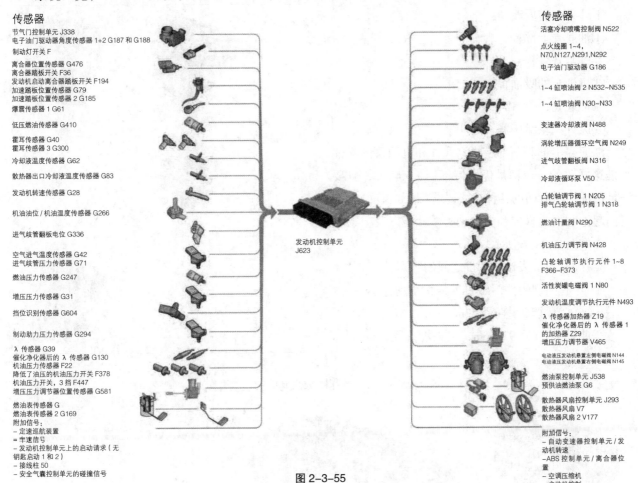

传感器

节气门控制单元 J338
电子油门驱动器角度传感器 1+2 G187 和 G188
制动灯开关 F
离合器位置传感器 G476
离合器踏板开关 F36
发动机启动离合器踏板开关 F194
加速踏板位置传感器 G79
加速踏板位置传感器 2 G185
爆震传感器 1 G61

低压燃油传感器 G410

霍耳传感器 G40
霍耳传感器 3 G300

冷却液温度传感器 G62

散热器出口冷却液温度传感器 G83

发动机转速传感器 G28

机油油位 / 机油温度传感器 G266

进气歧管翻板电位 G336

空气进气温度传感器 G42
进气歧管压力传感器 G71

燃油压力传感器 G247

增压力传感器 G31

挡位识别传感器 G604

制动助力压力传感器 G294

λ 传感器 G39
催化净化器后的 λ 传感器 G130
机油压力传感器 F22
降低了油压的机油压力开关 F378
机油压力开关，3 挡 F447
增压压力调节器位置传感器 G581

燃油表传感器 G
燃油表传感器 2 G169
附加信号：
- 定速巡航装置
- 车速信号
- 发动机控制单元上的启动请求（无钥匙启动 1 和 2）
- 接线柱 50
- 安全气囊控制单元的碰撞信号

传感器

活塞冷却喷嘴控制阀 N522

点火线圈 1~4，N70,N127,N291,N292

电子油门驱动器 G186

1~4 缸喷油阀 2 N532~N535

1~4 缸喷油阀 N30~N33

变速器冷却液阀 N488

涡轮增压器循环空气阀 N249

进气歧管翻板阀 N316

冷却液循环泵 V50

凸轮轴调节阀 1 N205
排气凸轮轴调节阀 1 N318

燃油计量阀 N290

机油压力调节阀 N428

凸轮轴调节执行元件 1~8 F366~F373

活性炭罐电磁阀 1 N80

发动机温度调节执行元件 N493

λ 传感器加热器 Z19
催化净化器后的 λ 传感器 1 的加热器 Z29
增压压力调节器 V465

电动液压发动机悬置左侧电磁阀 N144
电动液压发动机悬置右侧电磁阀 N145
燃油泵控制单元 J538
预供油燃油泵 G6

散热器风扇控制单元 J293
散热器风扇 V7
散热器风扇 2 V177

附加信号：
- 自动变速器控制单元 / 发动机转速
- ABS 控制单元 / 离合器位置
- 空调压缩机
- 启动机控制

发动机控制单元 J623

图 2-3-55

（八）不同发动机之间的区别

1. 1.8L / 2.0L 发动机以及横置和纵置的区别

根据排量（1.8L 和 2.0L）以及纵置和横置的不同，发动机在功率、部件以及燃烧方式方面就有所不同。

（1）功率一览，如表 2-3-3 所示。

表 2-3-3

	纵置	横置
功率等级 1	2012 年奥迪 A4，2012 年奥迪 A5，1.8L 125 kW，320 N·m	2013 年奥迪 A3，1.8L 132 kW，280 N·m
功率等级 2	2013 年奥迪 Q5，2.0L 165 kW，350 N·m	
功率等级 3		2013 年奥迪 A3，2.0L 221 kW，380 N·m

（2）不同部件一览，如表 2-3-4 所示。

2. 横置和纵置部件的区别

下述部件需要改动：

①油底壳上部；

②蜂窝式件；

③机油泵的吸油管；

④油底壳；

⑤废气涡轮增压器。

油底壳上部和下部、蜂窝式件和机油泵的吸油管是这样改的：机油量仍保持不变（5.4L），且要满足机油供给方面的各种功能要求（比如机油压力、机油起泡程度、横向和纵向动力学性能以及上下坡等），如图 2-3-56 所示。

3. 1.8L / 2.0L 发动机部件之间的区别

（1）有区别的件，如图 2-3-57 所示。

①缸体（主轴承直径 52mm）；

②曲轴（行程 92.8mm，主轴承直径 52mm，8 个平衡块）；

表 2-3-4

	纵置	横置
功率等级 1		
功率等级 2		
功率等级 3		

废气涡轮增压器　　　　　　　1.8L TFSI 横置发动机

油底壳上部

蜂窝式件

机油泵的吸油管

油底壳

图 2-3-56

③连杆净尺寸有变化；

④主轴承（52mm，使用二元轴承）；

⑤平衡轴；

256

⑥排气凸轮轴（气门行程 10mm，气门正时有变化）；

⑦排气门（空心，双金属）；

⑧高压喷油阀（流量增大了）；

⑨进气歧管带有一体式的充气运动翻板（涡流翻板）；

⑩气涡轮增压器。

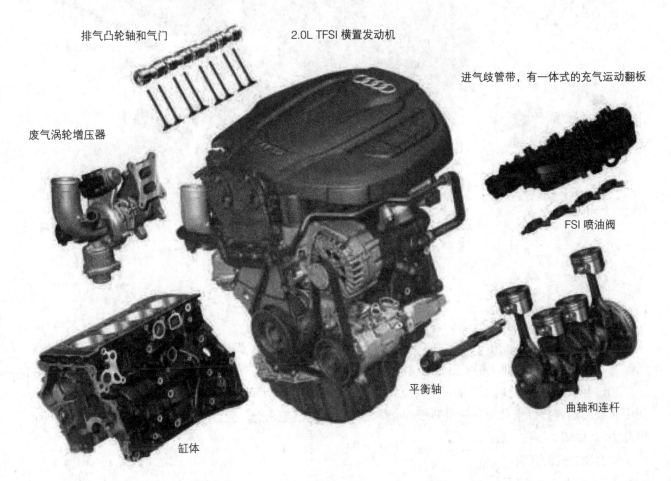

排气凸轮轴和气门　　2.0L TFSI 横置发动机

进气歧管带，有一体式的充气运动翻板

废气涡轮增压器

FSI 喷油阀

平衡轴

曲轴和连杆

缸体

图 2-3-57

（2）2013 年奥迪 S3 上有变化的部件，如图 2-3-58 所示。

下述部件做了改动：

①与别的发动机相比，缸盖采用了不同的合金，因为热负荷较大；

②排气门（空心，提高了镍成分，渗氮处理）；

③排气气门座圈（提高了抗高温性能和耐磨性能）；

④排气凸轮轴（正时有变化）；

⑤压缩比 9.3 ∶ 1；

⑥活塞冷却喷嘴（流量提高了）；

⑦高压喷油阀（再次提高了流量）；

⑧废气涡轮增压器；

⑨增压压力高达 1.2bar；

⑩高效散热器，带有 1~2 个辅助散热器（取决于具体国家）；

⑪另采取措施来实现运动音效（声响激发器，用于舱内；排气系统有排气翻板）。

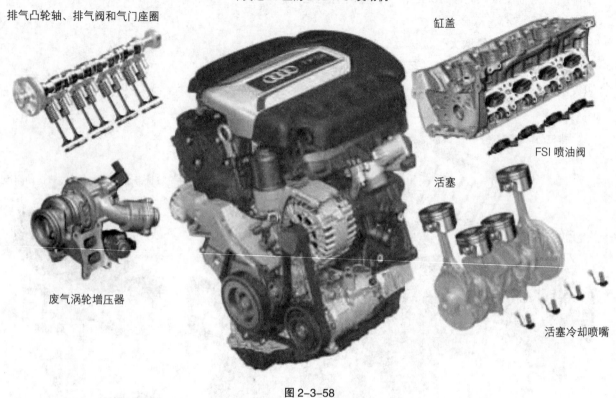

2013 年奥迪 S3 上的 2.0L TFSI 发动机

排气凸轮轴、排气阀和气门座圈

缸盖

FSI 喷油阀

活塞

废气涡轮增压器

活塞冷却喷嘴

图 2-3-58

4. 废气涡轮增压器的区别

2013 年奥迪 S3 车上使用了更大的压气机转子和涡轮，并改动了壳体。其废气气流更大，为了适应此情况，涡轮壳体和涡轮都使用了更好的材质。

2013 年奥迪 S3 涡轮增压器的一个特点，就是其压气机采用了所谓的"磨损式密封"技术（ICSI 公司）。使用研磨的塑料插件来负责压气机转子和壳体之间很小的缝隙密封。这又可提高压气机的效率，最多可提升 2%，如图 2-3-59 所示。

5. 燃烧方式的区别

（1）如表 2-3-5 所示。

表 2-3-5

	1.8L	2.0L	2013 年 2.0L S3
高压喷油阀喷油量	15cm³/s	17.5cm³/s	20cm³/s
MP1 喷油阀	相同件	相同件	相同件
进气通道	紊流通道	紊流通道	紊流通道
翻板系统	紊流	涡流	涡流
压缩比	9.6 : 1	9.6 : 1	9.3 : 1
进气凸轮轴调节	有	有	有
排气凸轮轴调节	有	有	有
排气—奥迪节门升程系统（AVS）	有	有	有
一体式排气歧管	有	有	有

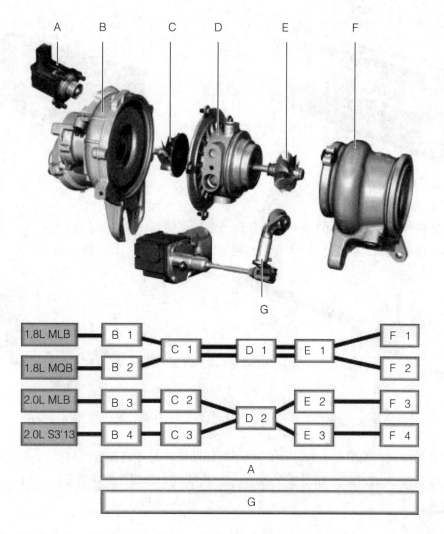

A.电控循环空气阀 B.压气机壳体 C.压气机转子 D.轴承 E.涡轮 F.涡轮壳体 G.泄放阀系统

图 2-3-59

（2）涡流翻板。

当进气歧管翻板关闭时，不同排量的发动机（如1.8L和2.0L）充气运动状况是不同的。为了达到相同的效果，不同排量发动机就得使用不同的进气歧管。为了不这么费劲，就采用了不同的涡旋翻板。因此，2.0L TFSI 发动机上采用的是涡流翻板，这种结构对紊流通道的封闭是非对称式的，这就导致涡旋充气运动和紊流充气运动出现重叠，如图 2-3-60 所示。

（九）维修

1. 专用工具和车间设备

（1）T10133/16 A 拆卸工具，如图 2-3-61 所示。用于拆卸高压喷油阀。

T10133/16 A 取代了以前的 T10133/16（装备组：A1）。

（2）T10133/18 套筒，如图 2-3-62 所示。用于拆

1.8L TFSI 发动机
的紊流翻板

2.0L TFSI 发动机
的涡流翻板

图 2-3-60

图 2-3-61

图 2-3-62

卸高压喷油阀（装备组：A1）。

（3）T40243 撬杆，如图 2-3-63 所示。用于调节曲轴张紧器（装备组：A1）。

（4）T40267 拔取工具，如图 2-3-64 所示。用于锁定张紧元件（装备组：A1）。

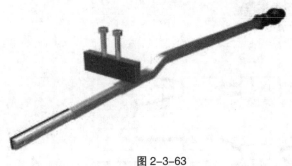

图 2-3-63

图 2-3-64

（5）T40274 拉拔钩，如图 2-3-65 所示。用于拆卸曲轴油封（装备组：A1）。

（6）T40270 插接器 XZN 12，如图 2-3-66 所示。拆装动力总成支架（装备组：A1）。

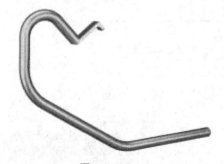

图 2-3-65

图 2-3-66

（7）T40271 固定器，如图 2-3-67 所示。用于固定链轮（装备组：A1）。

（8）T40290 调整规，如图 2-3-68 所示。用于在调节废气涡轮增压器的增压调节器时，固定泄放阀（装备组：A1）。

图 2-3-67

图 2-3-68

2. 保养内容

以 2012 年奥迪 A5 上的 1.8L TFSI 发动机为例（发动机代码 CJEB），如表 2-3-6 所示。

表 2-3-6

机油更换周期 （长效保养）	最长 30000 km / 2 年，按保养周期指示器 发动机机油规格：VW.504.00
机油更换周期 （非长效保养）	15000 km / 1 年，先到为准 发动机机油规格：VW.504.00 或 502.00
更换机油滤清器	每次更换机油时
发动机机油更换量	4.7L（包括机油滤清器）
抽取 / 排放发动机机油	两者均可
电子油位指示器检测仪的可读值 （指在没有机油尺时）	调整环规定值（上限值）：32 机油最低液面到最高液面的规定值（下限值）：0~27
更换空气滤清器	90000 km/6 年
火花塞	90000 km/6 年
燃油滤清器	终生不必更换
正时链条	终生不必更换
正时链条张紧器	终生不必更换
楔形皮带	终生不必更换
楔形皮带张紧器	终生不必更换
水泵齿形皮带	终生不必更换

二、奥迪 A4L B8 PA 1.8L 与 B8 1.8 L 差异件

（一）差异零件表

如表 2-3-7 和表 2-3-8 所示。

表 2-3-7

零件名称	零件号	状态
连杆	06L 105 401 G	LC
连杆瓦	06H 105 701 R	CKD
活塞	06L 107 065 C	LC
活塞销卡环	N 911 766 01	CKD/LC
主轴上瓦	06H 105 561 K	CKD
主轴下瓦	06H 105 591 K	CKD
油底壳上体	06H 103 603 AK/AM	CKD/LC
平衡轴链条张紧器	06H 109 467 AL	LC
油位传感器	03C 907 660 Q	CKD
真空管	06H 133 241 Q	CKD

表 2-3-8

零件名称	零件号	状态
精油气分离器	06H 103 495 K	LC
附属支架	06J 903 143AK/AM	CKD/LC
张紧器	06K 903 133 D/A	CKD/LC
转速传感器	06H 906 433 C	CKD
低压汽油管	06H 133 986 H	CKD
AKF 管	06H 133 514 AH	LC
线束支架	06J 971 501 A	CKD
排气管密封垫	06F 253 039 J	LC
飞轮	06H 105 323 P/R	CKD

（二）连杆差异

如图 2-3-69 所示。

（1）B8 PA 连杆号：06L105 401 G；B8 连杆号：06J 105 401 H。

（2）连杆小头采用无铅技术，取消铜衬套，采用滚压技术增大连杆小头强度。

（3）连杆小头直径由 21mm 变为 23mm。

（三）连杆瓦差异

B8 PA 连杆瓦镀层差异，如图 2-3-70 和图 2-3-71 所示。奥迪 B8 PA 如图 2-3-70 所示，奥迪 B8 如图 2-3-71 所示。

（四）主轴瓦差异

零件区别：瓦片材料和结构变化，针对 B8 整车增加的 Start-Stop 功能。

奥迪 B8 PA（06H 105 561 K），如图 2-3-72 所示；奥迪 B8（06H 105 561 M），如图 2-3-73 所示。

奥迪 B8 PA（06H 105 591 K），如图 2-3-74 所示；奥迪 B8（06H 105 591M），如图 2-3-75 所示。

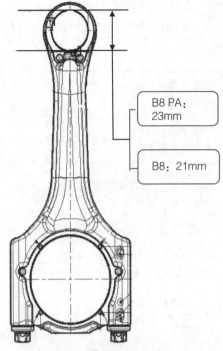

图 2-3-69

图 2-3-70

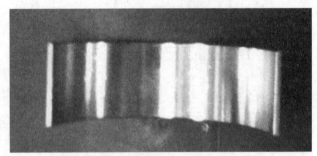

图 2-3-71

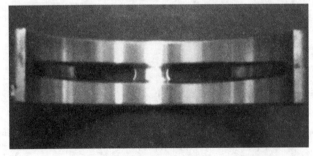

图 2-3-72

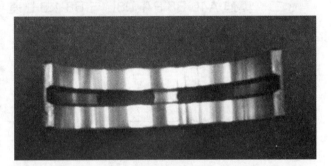

图 2-3-73

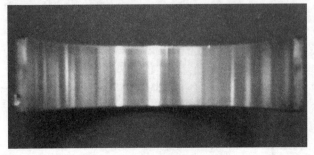

图 2-3-74

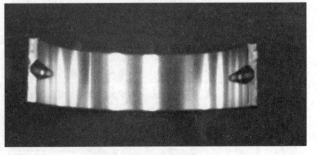

图 2-3-75

（五）活塞及卡环差异

奥迪 B8 PA，如图 2-3-76 所示。

奥迪 B8，如图 2-3-77 所示。

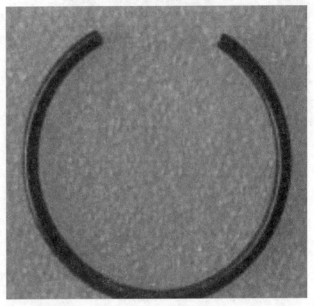

图 2-3-76

图 2-3-77

（1）由于 B8 PA 连杆小头直径变大，活塞销和卡环的直径随之增大。

（2）活塞直径由 82.465mm 变为 82.455mm。

（3）活塞环状态更改。

（六）油底壳上体差异

奥迪 B8 PA，如图 2-3-78 所示。

奥迪 B8，如图 2-3-79 所示。

（七）平衡轴链条张紧器

零件差异：B8PA 密封垫片由铝材质更改为铜材质，拧紧力矩由 65N·m 更改为 85N·m。

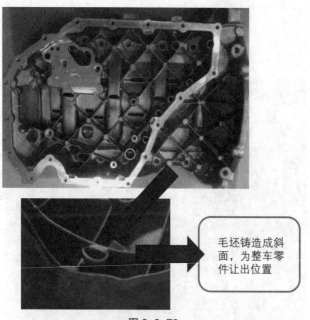

图 2-3-78

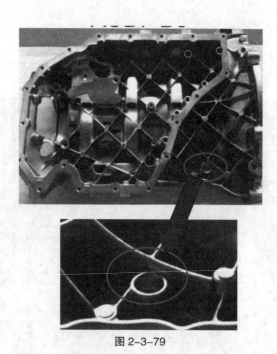

图 2-3-79

毛坯铸造成斜面，为整车零件让出位置

奥迪 B8 PA（06H 109 467 AL），如图 2-3-80 所示。

奥迪 B8，如图 2-3-81 所示。

图 2-3-80

图 2-3-81

（八）油位传感器

零件区别：B8 PA 的油位传感器比 B8 的探测深度加深。

奥迪 B8 PA（03C 907 66Q），如图 2-3-82 所示。

奥迪 B8（03C 907 660 H/M），如图 2-3-83 所示。

图 2-3-82

图 2-3-83

（九）精油气分离器

奥迪 B8 PA（06H 105 495 K），如图 2-3-84 所示。

奥迪 B8（06H 105 495B），如图 2-3-85 所示。

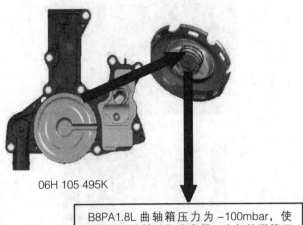

06H 105 495K

> B8PA1.8L 曲轴箱压力为 –100mbar，使用 495K 的精油气分离器，内部的弹簧压力变更

图 2-3-84

图 2-3-85

（十）附属支架

零件区别：因整车的转向助力泵改为电驱动，所以附属支架结构上更改。

奥迪 B8 PA（06J 903 143 AM/AK），如图 2-3-86 所示。

奥迪 B8（06J 903 143F），如图 2-3-87 所示。

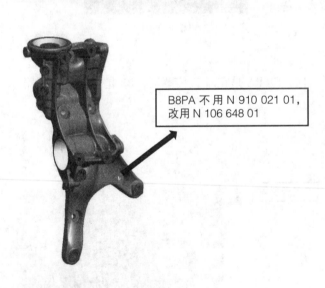

> B8PA 不用 N 910 021 01，改用 N 106 648 01

图 2-3-86

> 螺栓用：
> N 911 021 01

图 2-3-87

（十一）皮带张紧器

零件区别：B8 PA 因附属支架的结构改动，所以使用这种皮带张紧器来跟整车匹配。

奥迪 B8 PA，如图 2-3-88 和图 2-3-89 所示。06K 903 133 D/A 如图 2-3-88 所示，N 910 211 02 如图 2-3-89 所示。

奥迪 B8，如图 2-3-90 和图 2-3-91 所示。06H 903 133 F 如图 2-3-90 所示，N 911 085 01 如图 2-3-91 所示。

图 2-3-88

图 2-3-89

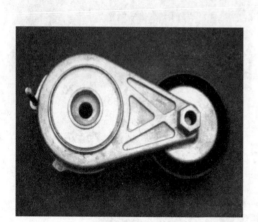

图 2-3-90

图 2-3-91

（十二）转速传感器

零件区别：B8 PA 与 B8 的传感器信号输出形式不一样，B8 PA 是霍耳式传感器，B8 是电磁式传感器，显示在设备上的信号方式也不一样。

奥迪 B8 PA（06H 906 433 C），如图 2-3-92 所示。

奥迪 B8（06H 906 433），如图 2-3-93 所示。

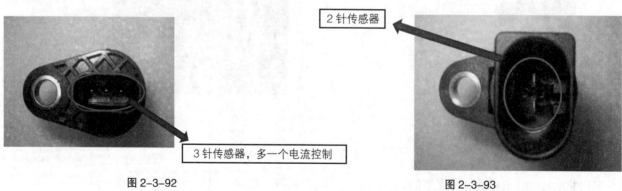

| 2 针传感器

| 3 针传感器，多一个电流控制

图 2-3-92

图 2-3-93

（十三）低压汽油管

零件区别：B8 PA 长度加长，以减小拐角变形后的张力。

奥迪 B8 PA，如图 2-3-94 所示。

266

奥迪 B8，如图 2-3-95 所示。

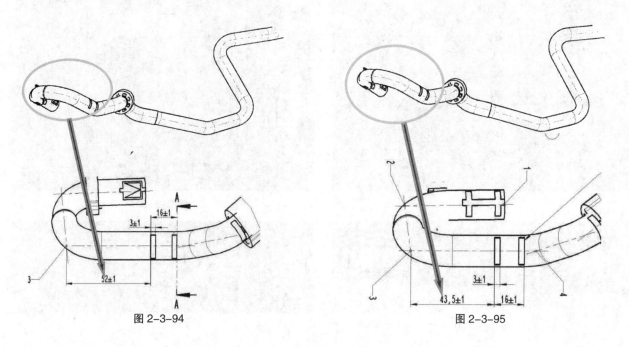

图 2-3-94   图 2-3-95

（十四）AKF 管

奥迪 B8 PA（06H 133 514 AH），如图 2-3-96 所示；奥迪 B8（06H 133 514 R），如图 2-3-97 所示。

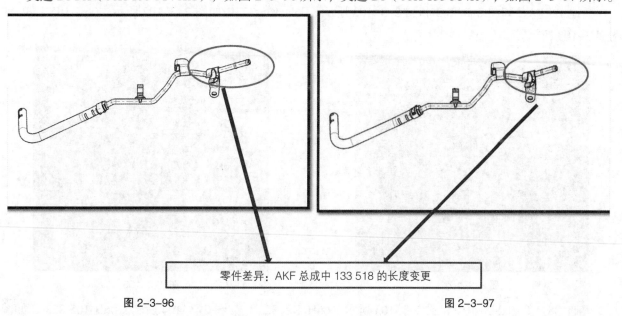

零件差异：AKF 总成中 133 518 的长度变更

图 2-3-96   图 2-3-97

（十五）线束支架

零件区别：B8 PA 线束支架增加了一个后氧传感器的固定卡夹。

奥迪 B8 PA（06J 971 501 A），如图 2-3-98 所示。

奥迪 B8（06J 971 502 C），如图 2-3-99 所示。

（十六）排气管垫片

零件区别：B8 PA 的密封垫涂层改用 C3000 材质。

奥迪 B8 PA，如图 2-3-100 所示。

奥迪 B8，如图 2-3-101 所示。

图 2-3-98

图 2-3-99

图 2-3-100

图 2-3-101

（十七）飞轮

零件区别：323R 是 323K 的新零件，匹配 VL381。323P 是 323H 的新零件，匹配 ML311。

奥迪 B8 PA，如图 2-3-102 和图 2-3-103 所示。06H 105 323R 如图 2-3-102 所示，06H 105 323P 如图 2-3-103 所示。

图 2-3-102

图 2-3-103

奥迪 B8，如图 2-3-104 和图 2-3-105 所示。06H 105 323 K 如图 2-3-104 所示，06H 105 323 H 如图 2-3-105 所示。

三、奥迪 C7 与 B8 2.0L 的差异

奥迪 C7 与 B8 2.0L 的差异，如图 2-3-106 和图 2-3-107 所示。

奥迪 C7。

匹配整车：奥迪 A6L 2.0L AVS ML311/VL381。

额定功率：132kW。

排放标准：EU5。

268

图 2-3-104

图 2-3-105

图 2-3-106

图 2-3-107

字母标号：CDZ。

奥迪 B8 2.0L。

匹配整车：奥迪 A4L 2.0L AVS VL381。

额定功率：132kW/155kW。

排放标准：EU5。

字母标号：CDZ/CAD。

（一）C72.0T 与 B82.0T 零件差异，如表 2-3-9 和表 2-3-10 所示。

表 2-3-9

零件名称	零件号 （红色字体为 B82.0T）	状态	零件名称	零件号 （红色字体为 B82.0T）	状态
缸体	06H 103 011 AD/BG 06H 103 011 AS /BB	CKD/LC	油底壳上体	06H 103 603 AK/AM 06H 103 603 S	CKD/LC
连杆	06L 105 401 A/E 06J 105 401 J	CKD/LC	平衡轴链条张紧器	06H 109 467 AM 06H 109 467 R	LC
活塞	06L 107 065 D 06J 107 065 AH	LC	油位传感器	03C 907 660 Q 03C 907 660 H/M	CKD
活塞销卡环	N 911 766 01 N 905 583 01	CKD/LC	真空管	06H 133 241 Q 06H 133 241 F	CKD
主轴上瓦	06H 105 561 J 06H 105 561 L	CKD	排气管密封垫	06F 253 039 J 06F 253 039 G	LC
主轴下瓦	06H 105 591 J 06H 105 591 L	CKD			

表 2-3-10

零件名称	零件号 （红色字体为 B82.0T）	状态	零件名称	零件号 （红色字体为 B82.0T）	状态
附属支架	06J 903 143 AK/AM 06J 903 143 F	CKD/LC	低压汽油管	06H 133 986 H 8T0 201 215	CKD
张紧器	06K 903 133 D/A 06H 903 133 F	CKD/LC	AKF 管	06H 133 514 T 06H 133 514 L	CKD
转速传感器	06H 906 433 C 06H 906 433	CKD	线束支架	06J 971 501 A 06J 971 502 C	CKD
双头螺柱	N 107 711 01	CKD	涡轮增压器	06H 145 701 Q 06H 145 702 T/S	LC
真空泵	06J 145 100 E 06J 145 100 AE	LC	飞轮	06H 105 323 P/R 06H 105 323 K/H	CKD

（二）缸体差异

（1）C7 缸体 [06H 103 011 AD（CKD） 06H 103 011 BG]，如图 2-3-108 所示。

B8 缸体 [06H 103 011 AS（CKD） 06H 103 011 BB]，如图 2-3-109 所示。

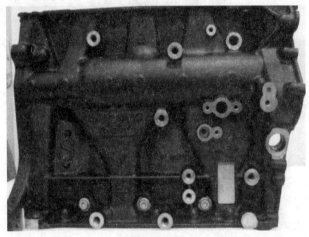

图 2-3-108　　　　　　　　　　图 2-3-109

（2）缸体。

①奥迪 C7 与 B8 外观差异对比照片，如图 2-3-110 和图 2-3-111 所示。C7 缸体如图 2-3-110 所示，B8 缸体如图 2-3-111 所示。

②缸孔周围水套加深 20mm，如图 2-3-111 中③所示。

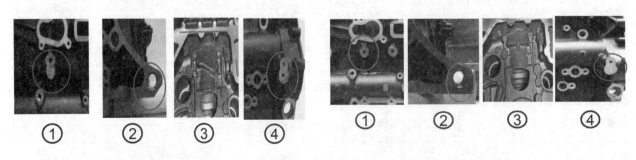

①　　　②　　　③　　　④　　　　　①　　　②　　　③　　　④

图 2-3-110　　　　　　　　　　　　图 2-3-111

（3）奥迪 C7 缸体增加一个 M6 螺栓孔 5B256。

270

奥迪 C7，如图 2-3-112 所示。

奥迪 B8，如图 2-3-113 所示。

图 2-3-112

图 2-3-113

奥迪 C7 混合动力上将有一根二次供气管需要这个螺栓孔定位，为保证通用性，因此在 C7 上就加了这个螺栓孔。

（4）由于水套深度变化，新旧缸体毛坯外观对比示意。

奥迪 C7，如图 2-3-114 和图 2-3-115 所示。

图 2-3-114

图 2-3-115

奥迪 B8，如图 2-3-116 和图 2-3-117 所示。

图 2-3-116

图 2-3-117

（5）新旧缸体水套深度更改对比示意图，如图 2-3-118 所示。

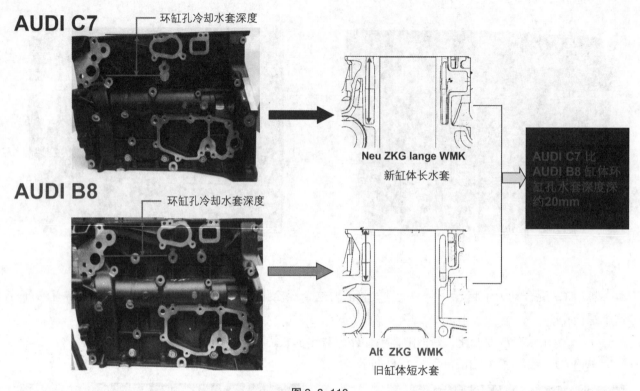

AUDI C7

AUDI B8

环缸孔冷却水套深度

环缸孔冷却水套深度

Neu ZKG lange WMK
新缸体长水套

Alt ZKG WMK
旧缸体短水套

AUDI C7 比
AUDI B8 缸体环
缸孔水套深度深
约20mm

图 2-3-118

（三）连杆差异

1. 如图 2-3-119 所示

（1）奥迪 C7 连杆号：06L105 401 A/E；奥迪
B8 连杆号：06J 105 401 J。

（2）连杆小头采用无铅技术，取消铜衬套，
采用滚压技术增大连杆小头强度。

（3）连杆小头直径由 21mm 变为 23mm。

2. 新旧连杆技术更改示意图

奥迪 C7，如图 2-3-120 所示。

奥迪 B8，如图 2-3-121 所示。

3. 奥迪 C7 活塞及活塞环变化示意图

如图 2-3-122 所示。

（四）活塞及卡环差异

奥迪 C7，如图 2-3-123 和图 2-3-124 所示。
N911 766 01 如图 2-3-124 所示。

奥迪 B8，如图 2-3-125 和图 2-3-126 所示。
N 905 583 01 如图 2-3-126 所示。

（1）由于 C7 连杆小头直径变大，活塞销和卡
环的直径随之增大。

（2）活塞直径由 82.465mm 变为 82.455mm。

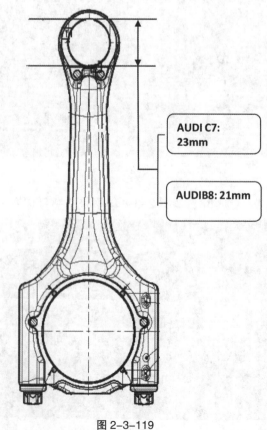

AUDI C7:
23mm

AUDIB8: 21mm

图 2-3-119

272

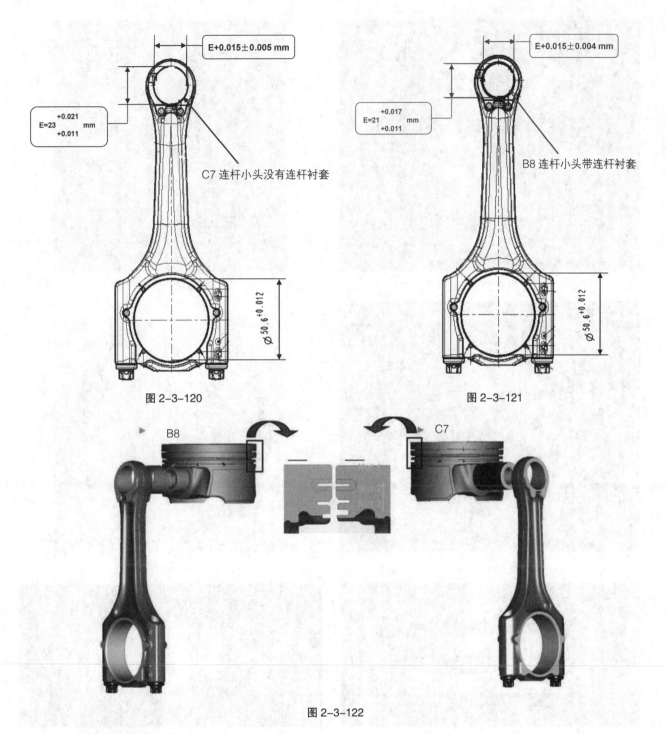

图 2-3-120

图 2-3-121

图 2-3-122

（3）活塞环状态更改。

（五）主轴瓦差异

零件区别：瓦片材料和结构变化，针对 C7 整车增加的 StartStop 功能。由于 StartStop 功能使发动机转速由高到低、由低到高转换比较快，需要更加耐磨的瓦片给予保证。结构变化以保证瓦片自身的强度和耐磨性。

奥迪 C7，如图 2-3-127 和图 2-3-128 所示。06H 105 561 J 如图 2-3-127 所示，06H 105 591 J 如图 2-3-128 所示。

奥迪 B8，如图 2-3-129 和图 2-3-130 所示。06H 105 561 L 如图 2-3-129 所示，06H 105 591 L 如图 2-3-130 所示。

图 2-3-123

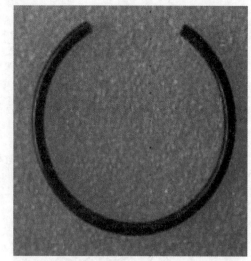

图 2-3-124

图 2-3-125

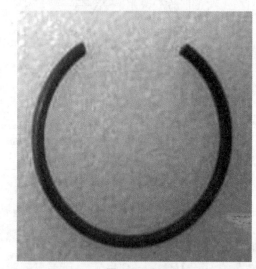

图 2-3-126

图 2-3-127

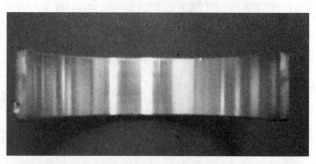

图 2-3-128

图 2-3-129

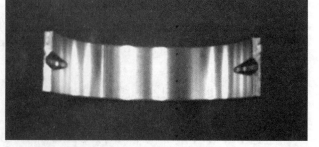

图 2-3-130

（六）油底壳上体差异

如图 2-3-131 所示。

奥迪 C7

奥迪 B8

毛坯铸造成斜面，转向助力泵，以前液力转向助力，现在是电力转向助力泵，安装位置发生变化，油底壳上体毛坯铸造成斜面为了避免干涉

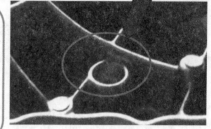

图 2-3-131

（七）平衡轴链条张紧器

零件差异：C7 密封垫片由铝材质更改为铜材质，拧紧力矩由 65N·m 更改为 85N·m。

奥迪 C7（06H 109 467 AM），如图 2-3-132 所示。

奥迪 B8（06H 109 467 R），如图 2-3-133 所示。

（八）油位传感器

零件区别：C7 的油位传感器比 B8 的探测深度加深。

奥迪 C7（03C 907 660 Q），如图 2-3-134 所示。

奥迪 B8（03C 907 660 H/M），如图 2-3-135 所示。

图 2-3-132

图 2-3-133

图 2-3-134

图 2-3-135

（九）奥迪 C7 和奥迪 B8 附属支架支撑零件对比示意图

奥迪 C7，如图 2-3-136 所示。

奥迪 B8，如图 2-3-137 所示。

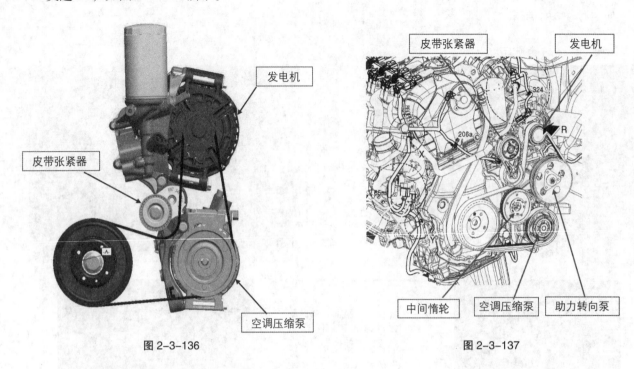

图 2-3-136

图 2-3-137

（十）附属支架

零件区别：因整车的转向助力泵改为电驱动，所以附属支架结构上更改。

奥迪 C7（06J 903 143 AM/AK），如图 2-3-138 所示。

奥迪 B8（06J 903 143F），如图 2-3-139 所示。

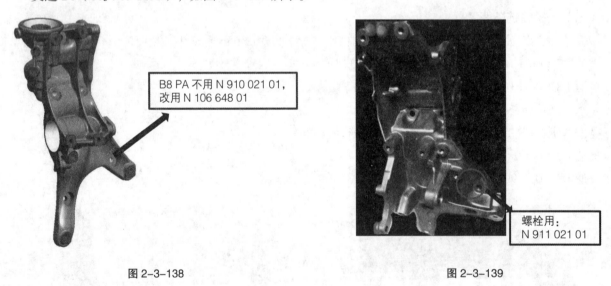

B8 PA 不用 N 910 021 01，改用 N 106 648 01

螺栓用：N 911 021 01

图 2-3-138

图 2-3-139

（十一）皮带张紧器

零件区别：C7 因附属支架的结构改动，所以使用这种皮带张紧器来跟整车匹配。

奥迪 C7，如图 2-3-140 和图 2-3-141 所示。06K 903 133 D/A，如图 2-3-140 所示，N910 211 02 如图 2-3-141 所示。

奥迪 B8，如图 2-3-142 和图 2-3-143 所示。06H 903 133 F 如图 2-3-142 所示，N 911 085 01 如图 2-3-143 所示。

图 2-3-140

图 2-3-141

图 2-3-142

图 2-3-143

（十二）外皮带张紧器固定位置及固定方式

奥迪 C7，如图 2-3-144 所示。

奥迪 B8，如图 2-3-145 所示。

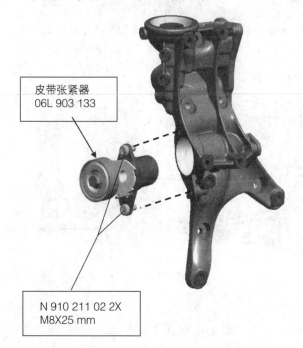

皮带张紧器
06L 903 133

N 910 211 02 2X
M8X25 mm

图 2-3-144

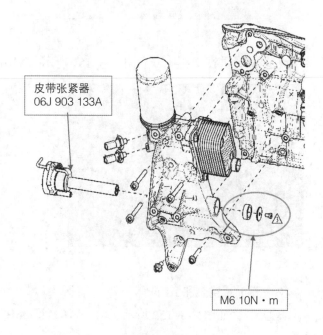

皮带张紧器
06J 903 133A

M6 10N · m

图 2-3-145

（十三）转速传感器

零件区别：采用 ST-ST 停启功能技术，C7 与 B8 的传感器信号输出形式不一样，C7 是霍耳式传感器，B8 是电磁式传感器，显示在设备上的信号方式也不一样。

奥迪 C7（06H 906 433 C），如图 2-3-146 所示。

奥迪 B8（06H 906 433），如图 2-3-147 所示。

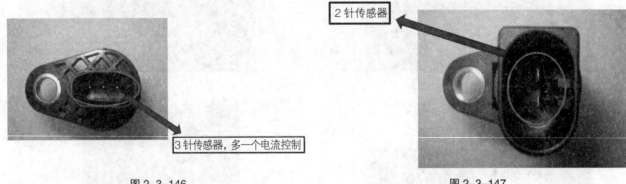

图 2-3-146　　　　　　　　　　　　　　图 2-3-147

（十四）新增双头螺柱

零件区别：C7 为了 V51 泵在发动机的固定安装，所以初油气分离器的 2 号螺栓孔改用双头螺柱。

奥迪 C7，如图 2-3-148 和图 2-3-149 所示。N107 711 01 如图 2-3-148 所示。

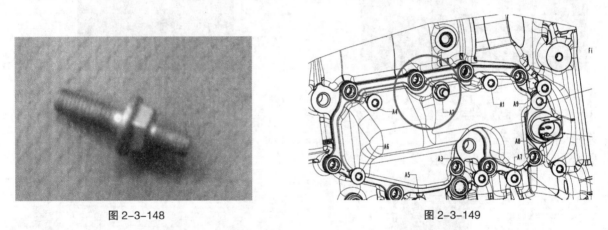

图 2-3-148　　　　　　　　　　　　　　图 2-3-149

奥迪 B8，如图 2-3-150 和图 2-3-151 所示。N101 961 03 如图 2-3-150 所示。

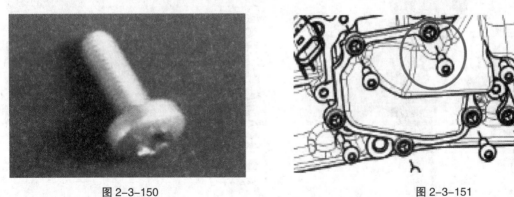

图 2-3-150　　　　　　　　　　　　　　图 2-3-151

（十五）真空泵和 AKF 管

奥迪 C7，如图 2-3-152 所示。CKD AKF 管 06H 133 514 T，IXETIC 真空泵 06J 145 100 E 配合位置示意。

奥迪 B8，如图 2-3-153 所示。LC AKF 管 06H 133 514 S，KPNSC 真空泵 06J 145 100 AE 配合位置示意。

图 2-3-152

图 2-3-153

（十六）真空泵

奥迪 C7，如图 2-3-154 所示。CKD AKF 管 06H 133 514 T，IXETIC 真空泵 06J 145 100 E 配合位置示意。

真空泵的变化主要是外壳材质和外壳形状变化，以前经常出现真空泵抱死，由于外壳强度不够。

（十七）低压汽油管

零件区别：C7 长度加长，以减小拐角变形后的张力。

奥迪 C7（06H 133 986 H），如图 2-3-155 所示。

奥迪 B8（8T0 201 215 L），如图 2-3-156 所示。

图 2-3-154

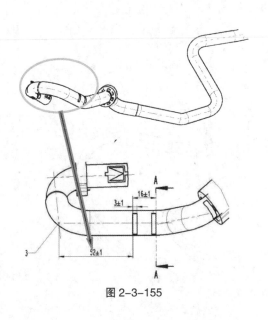

图 2-3-155

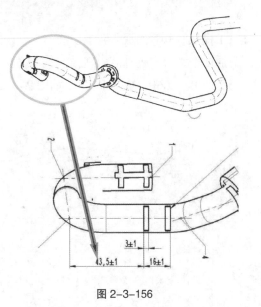

图 2-3-156

（十八）真空管

（1）零件区别：C7 由于整车匹配的原因，更改真空管外形。

奥迪 C7（06H 133 241 Q），如图 2-3-157 所示。

奥迪 B8：（06H 133 241 H），如图 2-3-158 所示。

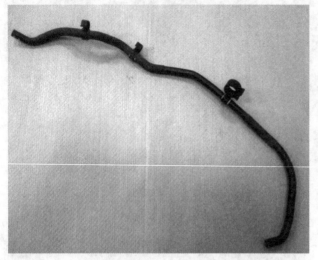

图 2-3-157   图 2-3-158

（2）新、旧真空管差异对比示意图。

①奥迪 C7（06H 133 241 Q），如图 2-3-159 所示。

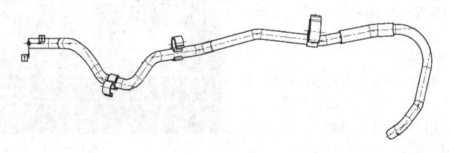

图 2-3-159

由 1 根橡胶软管组成，没有分支。

增加 2 个组合卡夹与 AKF 管 06H 133 514 Q 配合使用。

②奥迪 B8（06H 133 241 F），如图 2-3-160 所示。

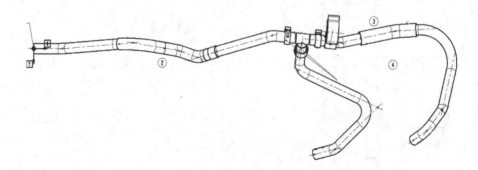

图 2-3-160

280

③由 3 根橡胶软管组成，有 3 个接口，1 个分支。

额外装配 1 个组合支架与 AKF 管 06H 133 514 L/S 配合使用。

（十九）线束支架

零件区别：C7 线束支架增加了一个后氧传感器的固定卡夹。

奥迪 C7（06J 971 501 A），如图 2-3-161 所示。

奥迪 B8（06J 971 502 C），如图 2-3-162 所示。

图 2-3-161

图 2-3-162

（二十）排气管垫片

零件区别：C7 的密封垫涂层改用 C3000 材质。

奥迪 C7，如图 2-3-163 所示。

奥迪 B8，如图 2-3-164 所示。

图 2-3-163

图 2-3-164

（二十一）涡轮增压器

零件区别：C7 的增压器壳体未变，增压器内部零件的结构和图纸都没有变化，主要是下级件的供应商变化。

奥迪 C7，如图 2-3-165 所示。

奥迪 B8，如图 2-3-166 所示。

（二十二）飞轮

零件区别：323R 是 323K 的新零件，匹配 VL381。323P 是 323H 的新零件，匹配 ML311。

奥迪 C7 ，如图 2-3-167 和图 2-3-168 所示。06H 105 323 R 如图 2-3-167 所示，06H 105 323 P 如图 2-3-168 所示。

奥迪 B8，如图 2-3-169 和图 2-3-170 所示。06H 105 323 K 如图 2-3-169 所示，06H 105 323 H 如图 2-3-170 所示。

图 2-3-165

图 2-3-166

图 2-3-167

图 2-3-168

图 2-3-169

图 2-3-170

（二十三）前法兰区别对比示意图

如图 2-3-171 所示。

前法兰

新零件

> 控制壳体总成：06H 109 210 AF
> 轴密封圈：06H 103 085 S
> 曲轴箱压力：100mbar

旧零件

> 控制壳体总成：06H 109 210 Q
> 轴密封圈：06H 103 085 M
> 曲轴箱压力：15mbar

密封圈

图 2-3-171

（二十四）进气管总成—节气门区别示意图

ZSB Saugrohr 进气管总成，如图 2-3-172 所示。

ZSB –DKS 节气门总成，如图 2-3-173 所示。

图 2-3-172

节气门端盖深度国产化

图 2-3-173

四、第三代奥迪 MLB evo 2.0L TFSI EA888 系列发动机

（一）概述

奥迪对 4 缸 TFSI 发动机进行了下一阶段的研发，构成了第三代发动机的基础。全新发动机拥有 2 L 的排量，并提供两个功率级。其中一个取代了迄今为止的功率级 1（125～147 kW）的 1.8L 第三代发动机。

后续开发的目标是减少 CO_2 排放以及基于法律要求减少颗粒排放。2.0L 第三代 BZ 发动机表明了排量增大的同时也可以降低耗油量。缩写 "BZ" 这里代表 B 循环，奥迪继续研发的米勒燃烧过程。

在发动机机械机构方面，两个功率级的发动机的更改是相同的。此处采取了一系列减少摩擦的措施。

换气和燃烧过程存在差异。功率级 1 的发动机在此在米勒过程后的循环中工作，这是 1947 年的一项专利。它于 2015 年 5 月在维也纳发动机研讨会上作为同级别最高效的汽油发动机呈现。

十余年前，奥迪将第一款具有涡轮增压和直喷系统的 TFSI 发动机投入量产，由此借助于小型化和低速化树立了"突破科技，启迪未来"的里程碑。

1. 目标设立

随着所谓的规模优化，奥迪向小型化迈出了决定性的一步。此外，人们有针对性地将发动机创新性技术组合并搭配，让排量、功率和扭矩以及耗油量和使用条件互相之间最佳匹配。

全新发动机在部分负荷运行时体现出小型化总成带来的耗油量优势。负荷较大时，便可发挥大排量曲轴总成的优势。于是，在整个转速范围内都表现出最佳的效率及功率特性。

这些发动机首次投用在奥迪 A4（8W 车型）的最新代次中。此外，还计划以纵向安装或横向安装继续投用在集团其他汽车上。

本书中描述的是生产开始时奥迪 A4（8W 车型）中采用纵向安装的发动机，如图 2-3-174 所示。

图 2-3-174

2. 发动机型号系列的发展历程

发动机型号系列 EA113 或 EA888 在多年前便已投用在大量奥迪车型中，在此构成了汽油发动机配置的广泛基础。在发动机型号系列的发展历程中，降低耗油量和减少 CO_2 排放无疑是首要的。

即使是在运动车型中，例如奥迪 S3 中，也采用了该型号系列的一款发动机。

接下来您可以简短概览各个发动机代次及其特征，如图 2-3-175 和表 2-3-11 所示。

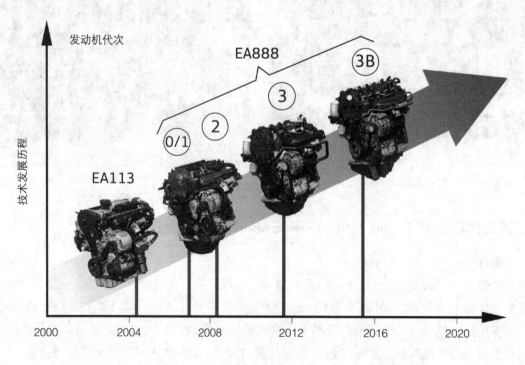

图 2-3-175

284

表 2-3-11

EA888 发动机代次	最根本的特征和创新处
0/1	奥迪的第一台 EA888 TFSI 发动机 1.8L 和 2.0L 型号 按需调节的燃油系统 凸轮轴通过正时链驱动 在进气侧进行的凸轮轴调节
2	按需调节的机油输送 奥迪气门升程系统（AVS）在排气侧 SULEV 发动机的二次空气系统
3	集成在气缸盖中的排气歧管（IAGK） 带用于发动机温度调节的执行元件的创新性热管理系统（ITM） 通过带电动废气旁通阀的废气涡轮增压器进行增压 双喷射系统（MPI 和 FSI）
	新 TFSI 燃烧过程 奥迪气门升程系统（AVS）在进气侧 取代了 1.8L 型号
3B	—

（二）介绍

1. 技术数据

（1）奥迪 A4（8W 车型）中的功率级 1 发动机，如图 2-3-176 和表 2-3-12 所示。

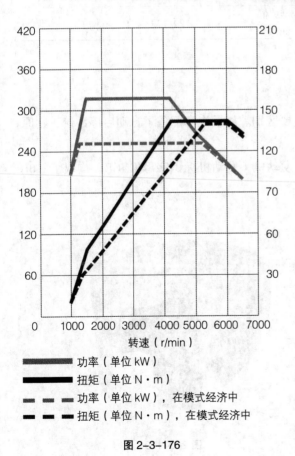

图 2-3-176

功率（单位 kW）
扭矩（单位 N·m）
功率（单位 kW），在模式经济中
扭矩（单位 N·m），在模式经济中

表 2-3-12

特征	技术数据
发动机标识字母	CVKB
结构	4 缸直列式发动机
排量（cm^3）	1984
冲程（mm）	92.8
缸径（mm）	82.5
每缸气门数	4
点火顺序	1-3-4-2
压缩比	11.65：1
功率（kW，r/min）	140，4200~6000 在模式经济中：140，5300~6000
扭矩（N·m，r/min）	320，1450~4200 在模式经济中：250，1200~5300
燃油	95 号高级无铅汽油
发动机管理系统	Bosch MED 17.1.10
空燃比 / 爆震控制	自适应空燃比控制，自适应爆震控制
混合气制备	带自适应怠速加注调节功能的连续式（双）直接喷射（FSI）和进气歧管（MPI）喷射装置
废气净化系统	靠近发动机的陶瓷尾气催化净化器、涡轮增压器上游的氧传感器和尾气催化净化器下游的氧传感器
废气排放标准	欧 6（W）
CO_2 排放值（g/km）	114

（2）奥迪 A4（8W 车型）中的功率级 2 发动机，如图 2-3-177 和表 2-3-13 所示。

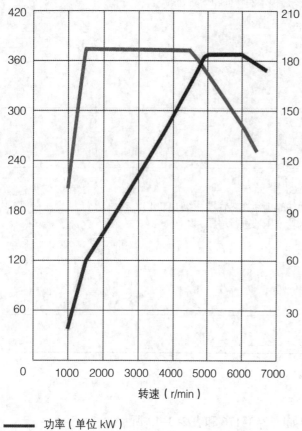

图 2-3-177

功率（单位 kW）

扭矩（单位 N·m）

转速（r/min）

表 2-3-13

特征	技术数据
发动机标识字母	CYRB
结构	4 缸直列式发动机
排量（cm³）	1984
冲程（mm）	92.8
缸径（mm）	82.5
每缸气门数	4
点火顺序	1-3-4-2
压缩比	9.6：1
功率（kW，r/min）	185，5000~6000
扭矩（N·m，r/min）	370，1600~4500
燃油	95 号高级无铅汽油
发动机管理系统	SIMOS 18.4
空燃比 / 爆震控制	自适应空燃比控制，自适应爆震控制
混合气制备	带自适应怠速加注调节功能的连续式（双）直接喷射（FSI）和进气歧管（MPI）喷射装置
废气净化系统	靠近发动机的陶瓷尾气催化净化器、涡轮增压器上游的氧传感器和尾气催化净化器下游的氧传感器
废气排放标准	欧 6（W）
CO₂ 排放值（g/km）	129/139

2. 2.0L TFSI 发动机（第三代 MLB evo）

功率级 2。

接着会概述相较于 2.0L TFSI 发动机（第三代）的最重要区别。如果汽车配备了自动启停系统，则原则上投用的是版本 2.0 的系统。

奥迪 A4（8K 车型）中的功率为 165 kW 的 2.0L TFSI 发动机（发动机标识字母 CNCB）构成了 2.0L TFSI 发动机（第三代 MLB evo）的基础，如图 2-3-178 所示。

（1）活塞，如图 2-3-179 所示。

图 2-3-178

图 2-3-179

①活塞几何形状类似于功率为 165 kW 的基本发动机的活塞。

②活塞材料类似于奥迪 S3（8V 车型）中的发动机的活塞。

③三分式刮油环。

（2）AKF 系统，如图 2-3-180 所示。

①提高空气流量。

②降低噪声的措施。

（3）发动机管理系统，如图 2-3-181 所示。

① Simos 系统 18.4。

②漏气减少的节气门。

③节气门和高压燃油泵的供应商都是 Bosch 公司。

④将发动机控制器连接到 FlexRay 总线系统。

（4）机油供应，如图 2-3-182 所示。

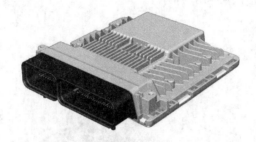

图 2-3-180　　　　　　　　　　图 2-3-181　　　　　　　　　　图 2-3-182

①调整，以为电控机械式转向系（EPS）和已计划的侧倾稳定系统的投用留出安装空间。

②通过机油过滤器模块中的止回阀可以在所有润滑点处更快地建立最大机油压力，尤其是在发动机冷机的状态下。气缸体及气缸盖中没有任何止回阀。

③提高机油量（最小和最大油位之间）以确保在特别动态的驾驶方式下，机油泵的吸入区域内始终有足够的机油。

（5）气缸盖，如图 2-3-183 所示。

①由于功率更高且因此热负荷更高，所以使用一种另外的材料。

②冷却液套增厚。

③由于功率更高且因此热负荷更高，所以在气门机构中进行调整，例如充钠的排气门。

④废气涡轮增压器设计为能承受高达 950 ℃ 的高温。

（6）气缸体，如图 2-3-184 所示。

图 2-3-183　　　　　　　　　　　　　图 2-3-184

①排气线路改为经平衡轴。

②由于在曲轴箱排气装置上进行了更改，所以必须对活塞冷却喷嘴进行定向安装。

（7）对 ULEV 125（美国）的更改。

①取消了进气歧管喷射装置（MPI）。

②曲轴箱排气装置的排气软管可诊断（立法机构要求）。

3. 2.0L TFSI 发动机（第三代 MLB evo）BZ（奥迪 ultra）

功率级 1。

接下来概述相较于功率为 185 kW 的 2.0L TFSI 发动机（第三代 MLB evo）的最重要区别，如图 2-3-185 所示。

（1）燃油系统，如图 2-3-186 所示。

①压力提高至 250 bar。

②调整了高压系统中的部件。

（2）链条传动机构，如图 2-3-187 所示。

图 2-3-185 　　　　　　　　　图 2-3-186 　　　　　　　　　图 2-3-187

①导向件更长。

②正时传动链轮非圆形。

③链条张紧器的夹紧力降低。

④机油泵更快地传动，链轮带 22 个齿（之前为 24 个齿）。

（3）发动机管理系统，如图 2-3-188 所示。

① Bosch MED 17.1.10 系统。

②新燃烧过程（BZ = B 循环）。

③由于新燃烧过程，投用了空气质量流量计。

（4）其他更改，如图 2-3-189 所示。

图 2-3-188 　　　　　　　　　　　　　　　図 2-3-189

①Bosch 公司的真空泵。

②更小的废气涡轮增压器，已调整过的热力性。

③新发动机油 0W-20（符合标准 VW 50800 和 VW 50900）。

（5）缸盖，如图 2-3-190 所示。

①奥迪气门升程系统（AVS）在进气侧。

②进气道的新形状。

③燃烧室罩。

④封闭气门导管，以更好地散热。

⑤排气门的气门杆密封件带双密封唇。

（6）活塞，如图 2-3-191 所示。

①减少摩擦的措施。

②活塞顶已更改的活塞。

（7）曲轴，如图 2-3-192 所示。

图 2-3-190

图 2-3-191

图 2-3-192

主轴承直径缩小。

（三）发动机机械结构

1. 曲柄传动机构

在曲柄连杆机构区域，后续开发的主要目标是降低重量和减少摩擦。功率级 1 和 2 的发动机就此仍存在一些偏差和特点。接下来会阐述它们。

（1）概述，如图 2-3-193 所示。

（2）曲轴。

相较于第三代发动机，功率级 2 的发动机的主轴承直径是一样的。功率级 1 的发动机的主轴承直径则减少到与之前的 1.8L TFSI 发动机一样的尺寸，从而再次降低了重量，两个曲轴统一拥有 4 个配重。

①功率级 1，如图 2-3-194 所示。

②功率级 2，如图 2-3-195 所示。

（3）活塞和气门。

对于功率级 2 的发动机，该元件基本上

活塞
调整了活塞顶

活塞环
三分式
刮油环

连杆
设计为裂解连杆

曲轴
功率级 1 的发动机的轴承直径减小

图 2-3-193

图 2-3-194

图 2-3-195

沿用了前代发动机。仅活塞环有所改动，现在使用的是一个三分式刮油环。

由于压缩比提高和新的 TFSI 燃烧过程，在功率级 1 的发动机上进行了其他更改。

在此，燃烧室设计了更大的挤压区（罩），因此必须使用更小的进气门。

扩大的挤压区主要是为了让燃油和空气在气缸中更好地回旋。对此相应地，气门袋根据活塞顶改变形状，以及通过提高所谓的 ε 区域进行补充。

此外，进气门和排气门配备更长的气门杆，不过排气门的直径没有改变。

①功率级 1，如图 2-3-196 所示。

②功率级 2，如图 2-3-197 所示。

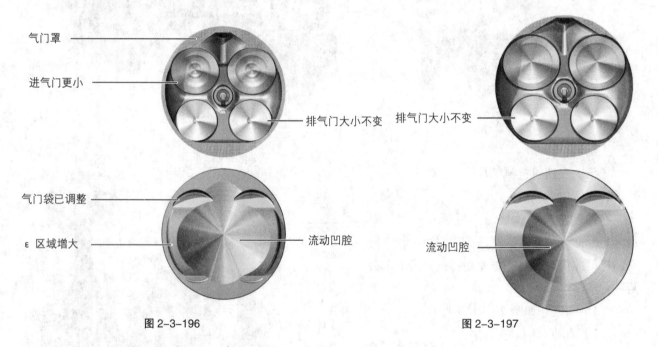

图 2-3-196

图 2-3-197

2. 缸体

（1）曲轴箱排气。

由于功率级 1 的发动机的奥迪气门升程系统（AVS）移位到进气侧，曲轴箱排气装置也必须进行调整。取代了迄今为止的气缸 3 和 4 的获取位置，现在在气缸 1 和 2 的区域内从曲轴箱获取吹漏气。吹漏气从此处进入平衡轴壳体。

在平衡轴壳体中添加了一个开缝轴套，这样吹漏气可以从中流过。通过平衡轴的旋转（离心效应），大部分机油已从吹漏气中分离出来（机油粗分离器）并流回油底壳。吹漏气的另一股气流则流至气缸盖上的机油细分离器模块，这是第三代 2.0L TFSI 发动机上的情况，如图 2-3-198 所示。

（2）活塞冷却喷嘴。

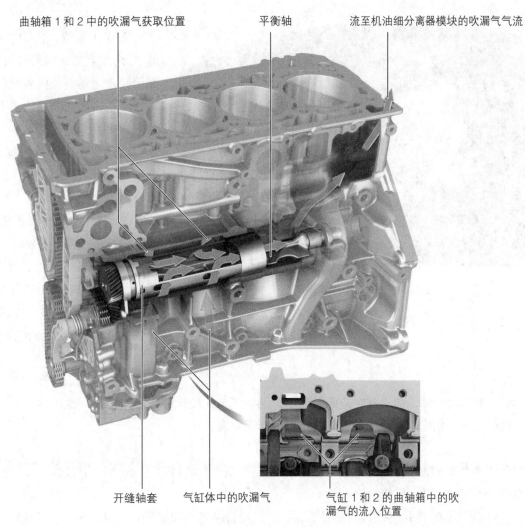

曲轴箱 1 和 2 中的吹漏气获取位置　　　平衡轴　　　流至机油细分离器模块的吹漏气气流

开缝轴套　　　气缸体中的吹漏气　　　气缸 1 和 2 的曲轴箱中的吹
漏气的流入位置

图 2-3-198

由于功率级 1 的发动机上的曲轴箱排气装置有所改动，即吹漏气环绕其中一个平衡轴流动，因此在制造气缸体时也必须进行改动。这也影响到了活塞冷却喷嘴的安装位置，它不再安装在曲柄箱中。迄今为止曾为此存在一个接触边。出于这个原因，新发动机上的活塞冷却喷嘴在装配时需确保是精准定向安装，否则无法确保活塞冷却的功能稳定可靠。

①迄今为止的型号，如图 2-3-199 所示。

②新型号，如图 2-3-200 所示。

（3）发动机油 0W-20。

为进一步减少摩擦功率并由此降低耗油量，在功率级 1 的发动机中使用规格为 0W-20 的发动机油（符合标准 VW 50800 和 VW 50900）。

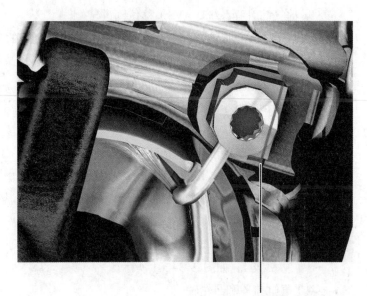

曲柄箱上有用于活塞冷却喷嘴的
接触边

图 2-3-199

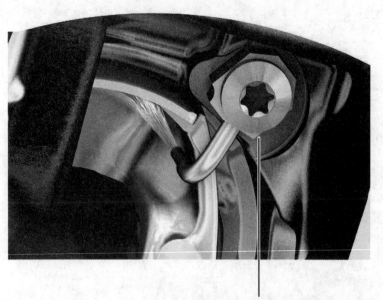

需确保其定向安装的活塞冷却喷嘴

图 2-3-200

新发动机油展示出以下特性：

①建压更快，因为更稀薄（黏度更低），由此能更快地到达润滑位置。此外，对于经常短途驾驶的驾驶员来说更有利，因为发动机中的摩擦功率下降到更低（机油阻力更低）。

②新机油（着色为绿色）中添加了一种化学标记物，这样在实验室中能清晰辨认出。

③此外，这款机油不能"向下兼容"，即它只能用于许可的发动机。

④由于黏度更低，建立机油压力会稍慢。所以功率级 1 的 2.0L TFSI 发动机（第三代 MLB evo）的机油泵会运行得稍快。此外，机油滤清器壳中集成了新止回阀。

提示：

对于新发动机油，请遵守制造商的规定，例如汽车的最新用户手册。

机油黏度和相应的机油标准应始终符合最新保养表。

3. 缸盖

在功率级 2 的发动机上的气缸盖基本沿用了第三代 2.0L TFSI 发动机上的气缸盖，对功率级 1 的发动机的气缸盖则进行了大量更改。

这对于实现新 TFSI 燃烧过程是必要的，但是运转平稳性和爆震倾向也能由此改善或降低。

功率级 1 的发动机的气缸盖呈现出以下更改：

①奥迪气门升程系统（AVS）移位到进气侧。

②气缸盖罩根据奥迪气门升程系统（AVS）的已更改的安装位置进行调整。

③通过缩小压缩室容积将压缩比从 9.6 ∶ 1 提高到 11.7 ∶ 1。

a. 更改了气门罩。

b. 燃烧室顶降低了 9 mm。

c. 改变了活塞形状。

④ FSI 喷油阀被定位得更靠近燃烧室。

⑤进气道重新构形，即设计得更直，以优化增压运动。

⑥火花塞和高压喷油阀的位置以及活塞形状都针对新燃烧室形状进行了调整。

⑦封闭气门导管，以更好地散热。

⑧排气门的气门杆密封件带双密封唇。

（1）功率级 1，如图 2-3-201 所示。

（2）气缸盖罩和凸轮轴。

由于功率级 1 的发动机上的奥迪气门升程系统（AVS）移位，在该发动机上采用了已相应调整的气缸盖罩。奥迪气门升程系统（AVS）的凸轮调节执行元件的连接套管因此位于进气侧。进气凸轮轴拥有外齿，其上分布着奥迪气门升程系统（AVS）的可移动式凸轮件。

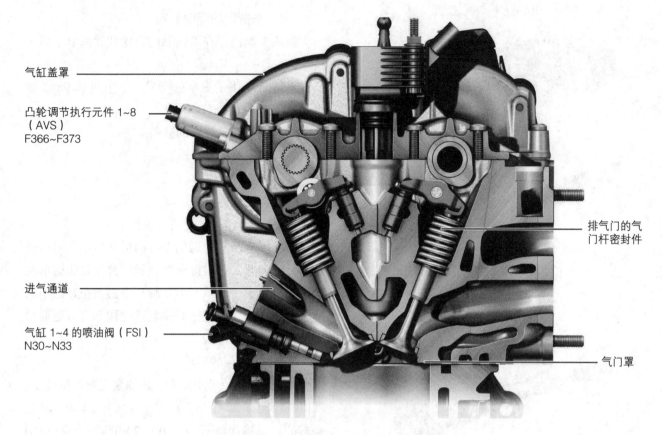

气缸盖罩

凸轮调节执行元件 1~8
（AVS）
F366~F373

进气通道

气缸 1~4 的喷油阀（FSI）
N30~N33

排气门的气
门杆密封件

气门罩

图 2-3-201

①功率级 1。

在进气侧：凸轮调节执行元件 1 ~ 8（AVS）F366 ~
F373，如图 2-3-202 所示。

②功率级 2。

在 排 气 侧： 凸 轮 调 节 执 行 元 件 1~8（AVS）
F366~F373，如图 2-3-203 所示。

4. 链条传动机构

链条传动的基本结构广泛地沿用了第三代发动机
的相应结构。但这里也进行了不断的改进。由于摩擦
功率进一步降低，链条传动中必需的驱动功率也随之
降低。

在功率级 1 的发动机上执行了更广泛的更改。接
下来概述单个措施，如图 2-3-204 所示。

（1）链导引件。

导轨引导链条进入两个凸轮轴正时齿轮之间。然
而此时它几乎没有接触到链条。作为跳跃保护延长了
导轨，旋接在气缸盖罩上。

（2）导轨。

导轨上的两端曾安装过跳跃保护。此措施已引入
正在进行的 2.0L TFSI 发动机（第三代）的量产中。

气缸盖罩

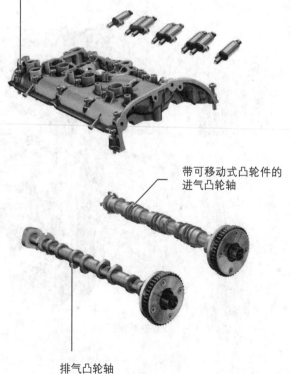

带可移动式凸轮件的
进气凸轮轴

排气凸轮轴

图 2-3-202

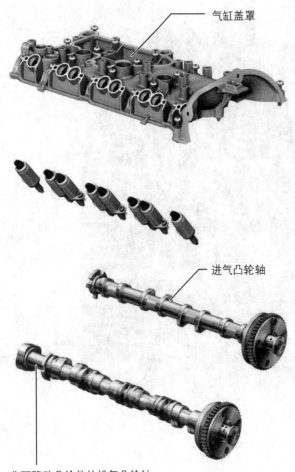

气缸盖罩

进气凸轮轴

非可移动凸轮件的排气凸轮轴

图 2-3-203

（3）平衡轴的驱动装置。

为减少摩擦，在平衡轴的驱动装置采取了以下措施。

①链条采用了更窄的型号，链节也从 96 节减少到 94 节。

②减少了换向装置的链条走向。

③新的张紧轨和导轨。

④新链轮。

⑤减震更软的链阻尼器。

（4）正时传动装置的驱动轮。

凸轮轴上凸轮轮廓的专有构形产生出正时传动中的力。因此，正时链驱动装置的链轮是非圆形的形状，类似于三叶草，由此减少了链条张紧器中的链条力和移动。因此链条张紧器的构形可以更简单（不带限压阀）。

（5）机油泵的驱动。

此处更改了传动比，现在机油泵运行得更快了。所以链轮拥有 22 个齿，取代了之前的 24 个。这是必需的，以确保将规格为 0W-20 的新发动机机油可靠地供应到所有润滑处。

（四）发动机管理系统

1. 空气质量流量计

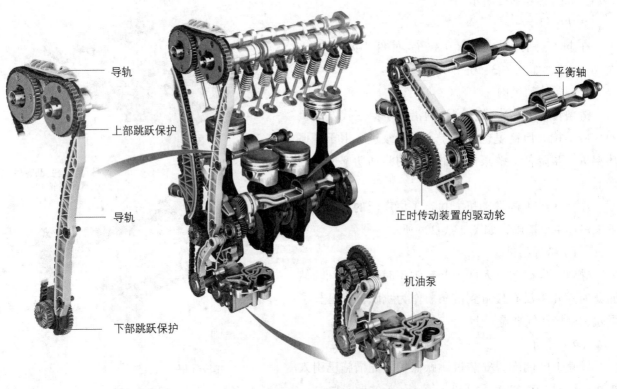

导轨

上部跳跃保护

导轨

下部跳跃保护

平衡轴

正时传动装置的驱动轮

机油泵

图 2-3-204

功率级 1 的发动机采用了 Bosch 公司的发动机管理系统 MED 17.1.10。在该系统中，由一个附加安装的空气质量流量计探测流经的吸入空气。

这是必要的，因为在 B 循环激活期间，节气门会开到最大。因此，只能通过空气质量流量计来识别回流，如图 2-3-205 所示。

图 2-3-205

2. 燃烧过程

在功率级 1 的发动机中，奥迪首次投用了一个新的燃烧过程。此处非常明确的目标也是降低耗油量，基本上是通过缩短压缩阶段来实现的。

在内燃机的研发史上，相当早就已出现过类似方向的行动，以提高汽油发动机的效率，如阿特金森循环和米勒过程后的循环。

（1）阿特金森循环。

詹姆斯·阿特金森（James Atkinson）在 1882 年就已展示了一款发动机，显著提高了内燃机的热效率。同时他希望借此绕开设计师尼古拉斯·奥古斯特·奥托（Nicolaus August Otto）研发的 4 冲程发动机。

在阿特金森发动机上，所有 4 个冲程通过相应构形的曲柄连杆机构在曲轴旋转一圈内实现。因为曲轴为此必须让活塞向上运动两次，阿特金森将它构形为不同长度。这有助于压缩冲程更短，膨胀冲程（做功冲程）更长。曲柄连杆机构设计为压缩比小于膨胀比。

做功和排气时，活塞移动过的行程长于吸气和压缩时的行程。进气门关闭得非常迟，即在压缩行程中的 UT（下止点）之后。这样的优点就是，较大的膨胀比提高了效率。做功冲程持续更长，这样减少了浪费在废气中的热量。

相对的，不利的是在低转速范围内只能提供相对较低的扭矩。阿特金森发动机需要相对高的转速，以能输出足够的功率，避免带来"熄火"危险。由于曲柄连杆机构的几何形状很复杂，所以阿特金森循环实现起来很困难。

在吸气和压缩之间，活塞位于下止点（UT），如图 2-3-206 所示。

（2）在做功和排气之间，活塞位于下止点（UT），如图 2-3-207 所示。

进气阶段的活塞行程

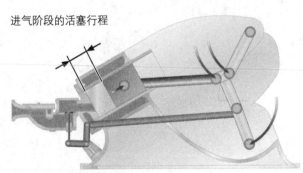

图 2-3-206

做功冲程的活塞行程

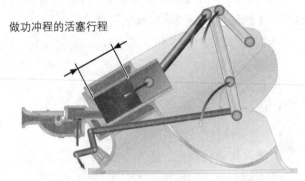

图 2-3-207

3. 米勒过程后的循环

另外一个改变压缩比和膨胀比的方法是米勒过程后的循环。发明家拉尔夫·米勒（Ralph Miller）于 1947 年就这个原理申请了专利。

他的目标是，将阿特金森循环移植到"普通"曲轴发动机上，并利用其优点。此时，有意识地放弃了阿特金森循环复杂的曲柄连杆机构。

米勒过程至今主要应用在某些亚洲汽车制造商的发动机中。

（1）基本原理。

在米勒过程后做功的发动机采用了一个专门的气门机构配气系统。它主要用于让进气门更早关闭（比"普通"汽油发动机更早）。

这尤其会在进气冲程中带来以下影响。

①吸入的空气量更少。

②压缩压力保持几乎不变。

③压缩比变小。

④膨胀比变大。

（2）优点。

①通过改变气门打开时间，即通过增大膨胀比，可以实现无须节气门的负荷调节，由此显著提升效率。

②压缩比的减小可以减少废气中的氮氧化合物。

③增压温度更低。

④燃烧得到了优化。

（3）缺点。

①低转速时，扭矩较低。这可以通过例如增压来补偿。

②有效的压缩比减小，导致效率变低。这可以通过增压和增压空气冷却来补偿。

③需要凸轮轴至少有一个相位调整。

4. 奥迪的新 TFSI 燃烧过程（B 循环）

功率级 1 的 2.0L TFSI 发动机中的新 TFSI 燃烧过程原则上涉及的是一种改进型米勒燃烧过程。因此，耗油量比具可比性的第二代 1.8L TFSI 发动机还低，尽管由于更大的排量而导致发动机内的摩擦更大。

进气侧气门打开时间的更改由奥迪气门升程系统（AVS）实现。为此，AVS 切换到一个凸轮，通过它一方面可以实现一个不同的气门打开时间（进气门较早关闭），另一方面可以让进气门打开的幅度更小。

此燃烧过程被称为"带延长膨胀阶段的燃烧过程"或"B 循环"，从物理方面更精确地说，此时并非延长了膨胀阶段，而是缩短了压缩阶段。

仅当人们将该燃烧过程与排量更小的发动机相比较，在总冲程缩短的情况下新鲜气体的压缩有可比性时，才能使用"膨胀阶段延长"这个说法。

（1）比较气门位置和活塞位置，如图 2-3-208 所示。

①部分负荷时。

a. 基本压缩较高。

b. 进气门关闭较早。

c. 门打开时间较短。

d. 废气排放特别低。

②全负荷时，如图 2-3-209 所示。

a. 进气门关闭较迟。

b. 气门打开持续时间较长。

c. 扭矩较大。

d. 功率较高。

③奥迪气门升程系统（AVS）进行的气门升程调整。

在凸轮件上针对每个气门各有 2 个凸轮轮廓。凸轮的正时时间已针对所需的发动机特性进行相应的设计，由此可影响打开时长和打开时间点以及气门升程（开口横截面）。

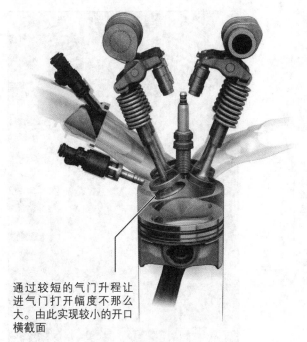

通过较短的气门升程让
进气门打开幅度不那么
大。由此实现较小的开口
横截面

图 2-3-208

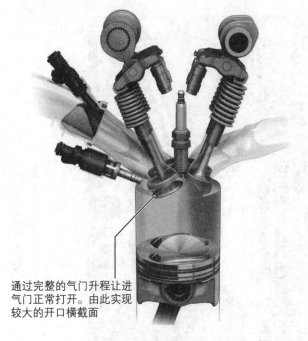

通过完整的气门升程让进
气门正常打开。由此实现
较大的开口横截面

图 2-3-209

凸轮轨道较小时，打开时长为 140° 曲轴转角。在凸轮轨道较大的全升程（如图 2-3-210 所示中以深色显示）时，打开时长为 170° 曲轴转角。

（2）特性描述。

奥迪的新 TFSI 燃烧过程可通过以下特征来描述其特性。

①在发动机部分负荷运行中激活。

②压缩阶段缩短（类似于米勒过程）。

③膨胀比大于压缩比（类似于米勒过程）。

④几何压缩比增大。

⑤燃烧室构形方面的更改（罩、气门直径、活塞构形）。

⑥更改了气缸盖中的进气歧管管道（产生涡流）。

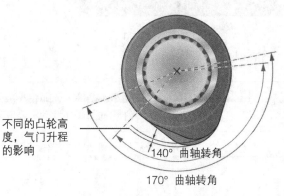

不同的凸轮高
度，气门升程
的影响

140° 曲轴转角

170° 曲轴转角

图 2-3-210

（3）在压缩行程中的活塞位置比较。

如图 2-3-211 和图 2-3-212 所示，对比性地展示了在带传统燃烧过程的 2.0L TFSI 发动机（第三代）和在带新 B 循环燃烧过程的 2.0L TFSI 发动机（第三代）上，活塞在时间点"进气关闭"（ES）时的位置。

它们展示了 2.0LTFSI 发动机（第三 B 代）相较于 2.0L TFSI 发动机（第三代）的 ES（hV = 1.0 mm）时的活塞位置，此时的发动机转速为 2000 r/min，有效平均压力（pme）为 6 bar。

①带传统燃烧过程的 2.0L TFSI 发动机（第三代），如图 2-3-211 所示。进气门在下止点前 20° 曲轴转角时关闭。

②带新 B 循环燃烧过程的 2.0L TFSI 发动机（第三代），如图 2-3-212 所示。进气门在下止点前 70° 曲轴转角时关闭。

（4）运行策略。

①如表 2-3-14 所示。

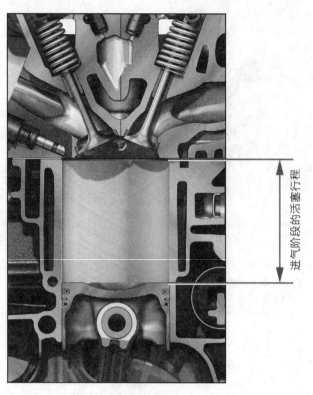

图 2-3-211

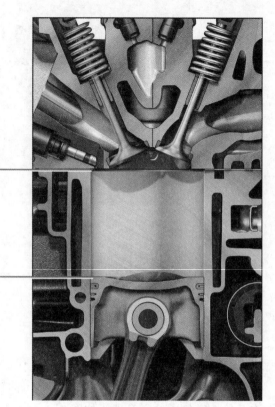

图 2-3-212

表 2-3-14

发动机启动	进气凸轮轴位于小凸轮上，即较小冲程和 140° 曲轴转角的较短进气阶段以及进气门的打开持续时间较短。在启动阶段视发动机温度而定，在压缩冲程和 / 或进气冲程中喷射（单点、多点）
预热阶段	在冷却液温度达到 70 ℃ 之前，进行单点或双点 FSI 喷射。取决于转速、负荷和温度，会切换到 MPI 喷射
达到工作温度时发动机运转	取决于负荷要求，在 B 循环中或在全负荷特性曲线中
在 B 循环中	B 循环燃烧过程在怠速中和部分负荷范围内激活 进气凸轮轴位于小凸轮上 发动机转速不超过 3000r/min 时，在低负荷及部分负荷范围内，通过 MPI 喷射阀进行喷射 进气歧管风门仅在低负荷范围内采用 节气门会开得尽可能大 增压压力会提高（不超过绝对压力 2.2 bar）。由此，在进气门的较短的打开持续时间期间，新鲜气体可以极佳地充入气缸
全负荷特性曲线	借助奥迪气门升程系统（AVS），进气凸轮轴切换到全负荷轮廓。这就实现了 170° 曲轴转角的进气阶段 进气歧管风门在全负荷范围内打开 燃油喷射取决于特性曲线，通过 FSI 喷射装置完成。视要求而定，可以实现多达 3 次喷射。在此可以改变每次喷射的喷射量和时间点 节气门转入常规运行模式
模式经济	如果驾驶员在奥迪驾驶选择中为发动机选择了经济模式，则发动机控制器会将发动机扭矩限定在 250 N·m，于是在 5300r/min 时才能达到 140 kW 的功率

②机油泵的调节挡，如图 2-3-213 所示。

③喷射及冷却系统，如图 2-3-214 所示。

④进气歧管风门和奥迪气门升程系统（AVS），如图 2-3-215 所示。

（5）气缸中的流程。

接着展示燃烧室比例的概述（相较于"普通"汽油发动机），如表 2-3-15 所示。

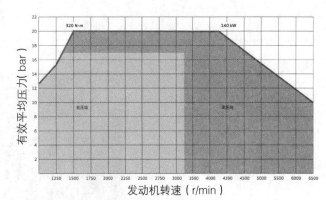

图 2-3-213

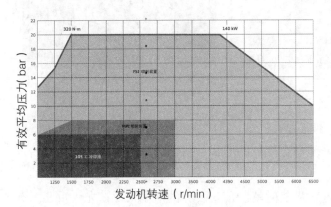

图 2-3-214

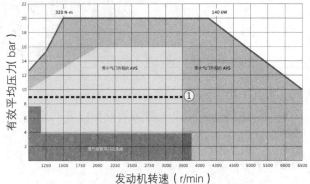

①从大气门升程到小气门升程的降挡阈值

图 2-3-215

表 2-3-15

工作行程	传统燃烧过程	新燃烧过程（B 循环）
进气 活塞从上止点移向下止点 远未到达下止点时，进气门就已关闭。进气门关闭后，气缸内的压力降低，因为活塞还在继续向下移动	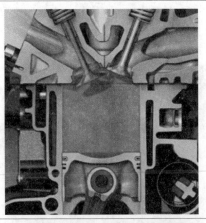	
压缩 活塞从下止点移向上止点 必须首先补偿压力下降。在上止点前 70° 曲轴转角时，压力重新恢复到进气冲程中的压力水平。在传统燃烧过程中，此时的压力已更高。由于几何压缩比更高，新燃烧过程中的压力上升得更快。在上止点中，12 bar 的压力大致相同。总体来说，新燃烧过程中的平均压力更高，因此效率更高		

工作行程	传统燃烧过程	新燃烧过程（B 循环）
做功冲程开始 活塞从上止点移向下止点 在新燃烧过程中进行膨胀时，由于燃烧室容积降低，压力水平会更高		

（五）维修服务

三分式刮油环由两张薄薄的钢片以及一个间隔及膨胀弹簧构成。它们将钢片（刮油环）压向气缸壁。

虽然预紧力较小，但三分式刮油环还是能非常好地贴合气缸的形状。它们的摩擦较小，能将机油很好地刮下。

安装时必须注意，确保膨胀弹簧的位置正确。这对供货时就已预安装环的活塞来说，尤为重要。有可能弹簧端部会互相滑开。

为更好地检查，两个端部都设计有彩色标记。膨胀弹簧不允许层叠，否则刮油环的功能无法起效。三分式刮油环的环切口必须错开 120°安装，如图 2-3-216 所示。

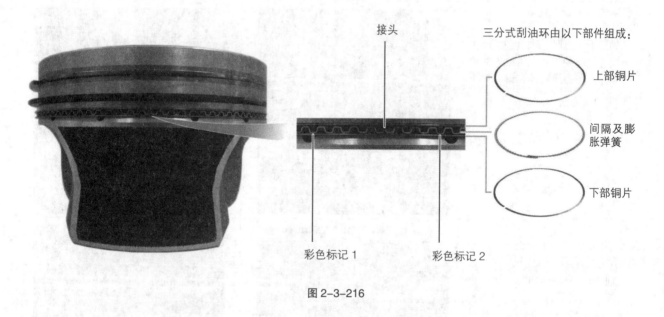

图 2-3-216

五、第三代 EA888 MLB evo 与第三代 EA888 的主要差别

（一）第三代 EA888 MLB evo 与第三代 EA888 的主要差别

（1）其基础是 A4（B8）上的 2.0L TFSI 发动机 165 kW，如图 2-3-217 所示。

①曲轴传动系统。

a.165 kW 活塞几何形状和 S3 材料。

b. 三件式机油控制环。

c. 对发动机缸体的改动（曲轴箱强制通风）。

d. 喷油嘴：对曲轴箱强制通风系统的改动；有必要采取定向安装配置。

②发动机管理系统。

a. 节气门漏气减少。

b. 博世节气门和高压燃油泵。

c. FlexRay 总线系统接口。

③其他改动。

a. ACF 系统：出气量增加；声线优化。

b. 发动机启停系统 2.0。

④机油供应。

a. 针对 APA 转向系统和节距稳定器的配置包调整。

图 2-3-217

b. 平衡轴—通风开关（全新发动机缸体）。

c. 滤油器内的单向阀：发动机内部无单向阀（NRV）。

由于新单向阀在滤油器模块中，达到最大机油压力只需 1.3s，在发动机所有润滑点的压力建立速度也更快（尤其是在发动机未预热时）。

d. 最小和最大油位之间的机油量增加。这样就能在驾驶员动态驾驶的情况下，保证机油泵的抽吸端始终有足够的机油量。

⑤气缸盖。

a. 针对更高的功率输出进行了材料改动，冷却水套更厚。

b. 针对更高的功率输出对配气机构进行了调整（采用了某些 S3 所用的组件）。

c. 废气涡轮增压器的额定工作温度为 950℃。

⑥对 ULEV 125 的改动。

a. 无 MPI 喷油。

b. 可诊断式 PCV 系统排气软管（强制性）。

（2）如图 2-3-218 所示。

①燃油系统，如图 2-3-219 所示。

a. 压力升至 250 bar。

b. 高压系统内组件的调整。

②链条传动机构，如图 2-3-220 所示。

a. 导管更长。

b. 非圆形链轮。

c. 张紧力更低的链条张紧器。

d. 机油泵齿数比。

e. 机油泵齿数比更大，链轮为 22 齿（原来为 24齿）。

③气缸盖，如图 2-3-221 所示。

图 2-3-218

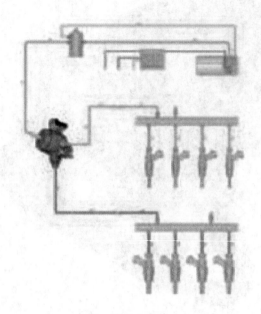

图 2-3-219

图 2-3-220

a. AVS。

b. 全新的进气口设计。

c. 气门掩蔽。

d. 气门导管壳体→散热效果更好。

e. 双片式排气门油封。

④曲轴传动系统，如图 2-3-222 所示。

a. 摩擦减小。

b. 全新机油。

⑤其他改动

a. 真空泵，不同厂商。

b. 废气涡轮增压器体积更小，全新空气动力学设计。

（二）改动：第三代 EA888 MLBevo / BZ

如表 2-3-16 所示。

（三）阿特金森循环

（1）如图 2-3-223 所示。

（2）V–p 示意图与常规汽油发动机的比较，如图 2-3-224 所示。

（四）米勒循环

（1）阿特金森循环针对普通曲轴发动机的改动。

（2）由 Ralph Miller 发明。

（3）1947 年获得专利。

（4）特殊的配气机构控制程序，使进气阀的闭合早于奥托循环中的时点。

图 2-3-221

图 2-3-222

表 2-3-16

	ML Bevo 对比第 3 代	ML Bevo BZ
曲轴传动系统	165 kW 活塞几何形状和 S3 材料 三件式机油控制环 喷油嘴	与 MLB evo 相同 摩擦减小 不同活塞 曲轴
机油供应	配置包调整 曲轴箱强制通风 滤油器中集成单向阀 最小和最大油位之间的机油量增加	与 MLB evo 相同 全新机油
链条传动机构	与第 3 代相同	导管更长 非圆形链轮 张紧力更低的链条张紧器 机油泵齿数比更大，油泵链轮为 22 齿（原来为 24 齿）
气缸盖	针对更高的功率输出进行了材料改动 冷却水套更厚 针对更高的功率输出对配气机构进行 　了调整（采用了某些 S3 所用的组件） 废气涡轮增压器的额定工作温度为 　950℃	AVS 不同正时的曲轴 全新的进气口设计 气门掩蔽 气门导管壳体⇒散热效果更好 双片式排气门油封
燃油系统	与第三代相同	压力升至 2.50 bar 高压系统内组件的调整，以承受更高压力
发动机管理系统	Simos 18.4 节气门漏气减少 博世节气门和高压燃油泵 FlerRay 总线系统接口	与 MLB evo 相同 博世 MED 17.01.10 新燃烧过程（BZ=B 循环） 空气流量计
其他改动	ACF 系统 出气量增加 声线优化 发动机启停系统 2.0	与 MLB evo 相同 真空泵，不同厂商（博世） 废气涡轮增压器体积更小，全新空气动力学设计

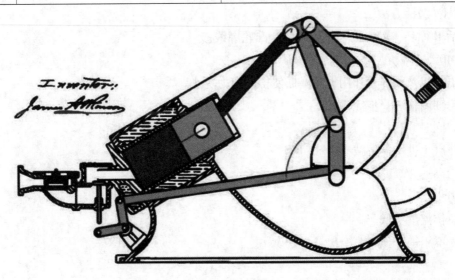

图 2-3-223

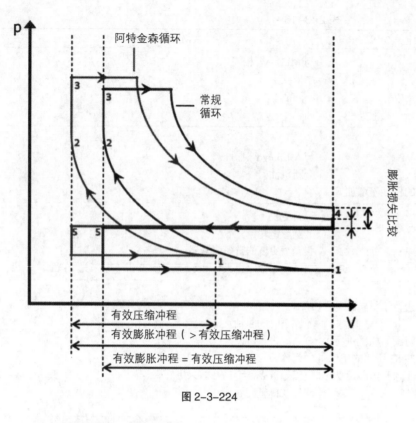

①空气流速更低。

②压缩比基本相同。

③压缩比更低（一氧化二氮减少）。

④膨胀比更高（效率提高）。

（5）优点。

①膨胀比 > 压缩比。

②进气温度更低。

③燃烧效率提高。

（6）缺点。

①下端点扭矩较低：这种情况可以通过机械增压等手段来补偿。

②有效压缩比较低导致效率偏低：这种情况可以通过机械增压和进气冷却手段来补偿。

③至少需要进行一次凸轮轴相位调整。

图中标注：阿特金森循环、常规循环、膨胀损失比较、有效压缩冲程、有效膨胀冲程（>有效压缩冲程）、有效膨胀冲程=有效压缩冲程

图 2-3-224

（五）全新 TFSI 燃烧过程

（1）B 循环。

经过改动的米勒燃烧过程：

①较第三代 1.8L 发动机的油耗更低，虽然排量的增大使摩擦增大。

②在发动机未满负荷运行的情况下激活。

③压缩循环更短（米勒）。

④膨胀比 > 压缩比。

⑤几何压缩比更高：经过改动的燃烧室设计（掩蔽，阀门直径，活塞设计）。

⑥经过改动的气缸盖进气口（形成涡流）。

（2）B 循环 / 激活方法。

①若要激活 B 循环，AVS 需切换到另一个凸轮廓线。

a. 开启：140° 曲柄角。

b. 阀冲程更小以及阀弹簧作用力的降低使得摩擦力更小。

c. 通过凸轮轴调整进一步优化。

d. 进气压力同时升高。

e. 节气门开启（进气损失减小）。

②燃油压力高达 250 bar。

③进气压力更高。

④燃烧室总体温度更低。

a. 混合油气不用进一步加浓冷却。

b. 节油。

（3）燃烧室条件与常规汽油发动机的比较，如表 2-3-17 所示。

表 2-3-17

冲程	燃烧室条件
活塞从上止点（TDC）运动到下止点（BDC）	喷油动作在 TDC 之前 喷油嘴闭合后，由于活塞仍在向下运动，使得气缸内的压力下降
活塞从下止点（BDC）运动到上止点（TDC）	压力的下降必须予以补偿。在 TDC 之前，当曲柄角为 70° 时，压力再次与进气冲程中的压力相等 在常规燃烧过程中，该阶段的压力已经比这更高 BZ 发动机因为几何压缩比更高而压力上升速度更快 TDC 处的压力大致相等（约 12bar）。总体来看，BZ 发动机中的平均压力更高，从而效率也更高
燃烧	因为燃烧室容积更小，因而 BZ 发动机中的压力更高
排气	由于混合油气的质量不同以及其他热传递的原因，效率小幅提高

（4）压缩冲程中活塞位置的比较，如图 2-3-225 所示。

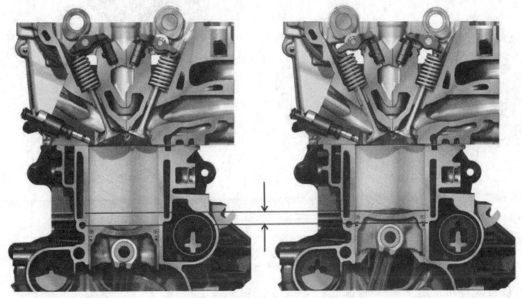

图 2-3-225

（六）对燃烧室设计进行了改动，以实施 B 循环策略

如图 2-3-226 所示。

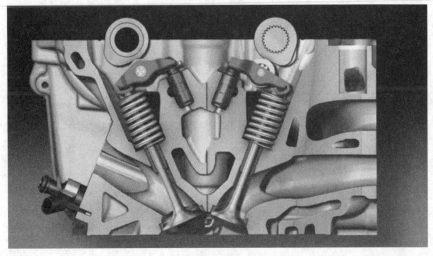

图 2-3-226

305

（七）活塞和阀的改动

如图 2-3-227 所示。

（八）第三代 EA888 MLB evo BZ 总结

如图 2-3-228 所示。

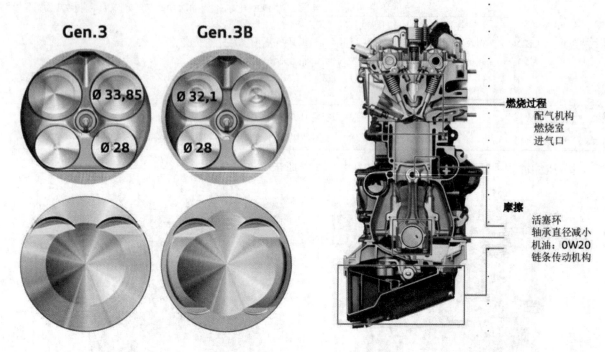

图 2-3-227

图 2-3-228

六、奥迪各车型技术特点

（一）一汽奥迪 A4L（8W）

2.0L TFSI 发动机扭矩—功率特性曲线如图 2-3-229 和表 2-3-18 所示。

（二）奥迪 A6（4A）

（1）扭矩—功率特性曲线，3.0L TFSI 发动机 EA839。

发动机代码 DLZA，如图 2-3-230 所示。

（2）扭矩—功率特性曲线，2.0L TFSI 发动机 EA888 第三代。

发动机代码 DLHA，如图 2-3-231 所示。

（3）扭矩—功率特性曲线，2.0L TFSI 发动机第三代。

发动机代码 DKNA，如图 2-3-232 所示。

（4）如表 2-3-19 所示。

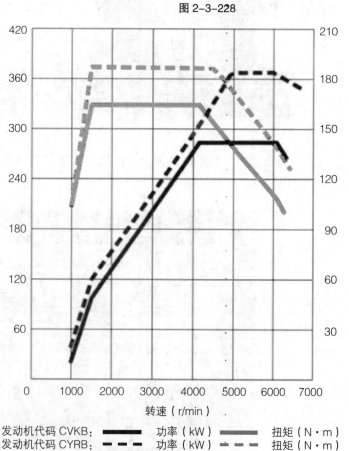

图 2-3-229

表 2-3-18

项目	技术数据	
发动机代码	CVKB	VYRB
结构形式	4缸直列发动机	4缸直列发动机
排量（cm³）	1984	1984
行程（mm）	92.8	92.8
缸径（mm）	82.5	82.5
每缸气门数	4	4
点火顺序	1-3-4-2	1-3-4-2
压缩比	11.65：1	9.6：1
功率（kW），转速（r/min）	140，4200~6000	185，5000~6000
扭矩（N·m），转速（r/min）	320，1400~3700	370，1600~4500
燃油	高级无铅汽油 ROZ 95	高级无铅汽油 ROZ 95
发动机管理系统	Bosch MED 17.1.10	SIMOS 18.4
λ 调节／爆震调节	自适应 λ 调节，自适应爆震调节	
混合气形成	（双）直喷（FSI）和进气歧管（MPI）喷射，有适应怠速充气补偿调节	
废气净化	靠近发动机的陶瓷催化净化器，涡轮增压器前和催化净化器后的 λ 传感器	
排放标准	EU6（W）	EU6(W)
CO₂ 排放（g/km）	114[1]	129[2]/139[3]

注：1）奥迪 A4 Avant，配备前驱和 S tronic。

　　2）奥迪 A4 Limousine，配备前驱和 S tronic。

　　3）奥迪 A4 Avant，quattro 四驱和 S tronic。

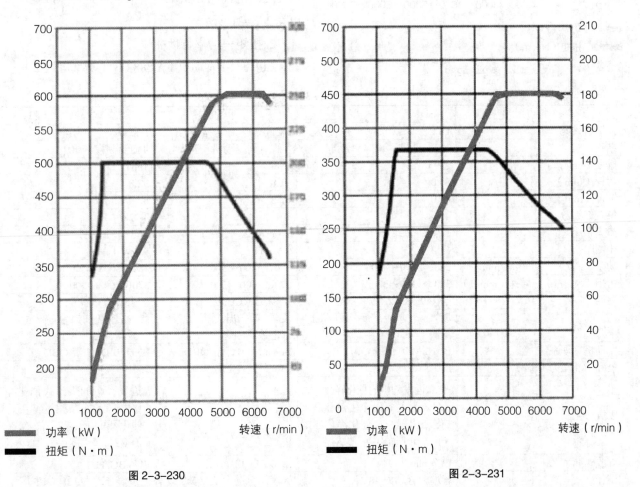

图 2-3-230　　　　　　　　　　　　　　　　　图 2-3-231

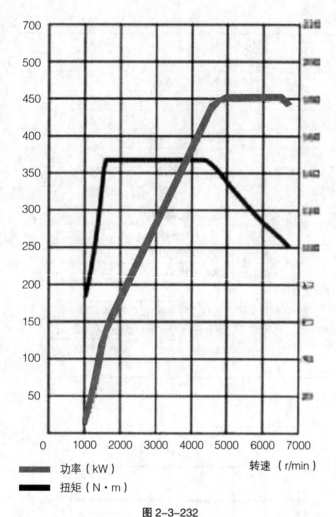

功率（kW）
扭矩（N·m）

图 2-3-232

2.0L 发动机，EA888 系列，第三代 DKNA 带有汽油颗粒过滤器（OPF），符合排放标准 EU6 BG/H/I PR 号：7CS，如图 2-3-233 所示。

汽油颗粒过滤器（OPF）是汽油发动机车上采用的一项新技术，将来在许多国家都会成为废气净化的标配，其功用是减少直喷汽油发动机所产生的炭烟颗粒。

汽油颗粒过滤器（OPF）的工作原理与柴油颗粒过滤器（DPF）是类似的。汽油颗粒过滤器（OPF）上负责控制和监控的传感器装置也是源自柴油颗粒过滤器（DPF）技术。

（三）奥迪 Q2（GA）

扭矩—功率特性曲线，2.0L TFSI 发动机。

发动机代码 CZPB，如图 2-3-234 和表 2-3-20 所示。

（四）奥迪 Q3（3F）

1. 扭矩—功率特性曲线

2.0L TFSI 发动机 EA 888 G3（功率等级 1）。

发动机代码 CZRA，如图 2-3-235、图 2-3-236 和表 2-3-21 所示。

2. 扭矩—功率特性曲线

2.0L TFSI 发动机 EA 888 G3（功率等级 2）。

表 2-3-19

特点	技术数据		
发动机代码	DLZA	DLHA	DKNA
结构形式	V6 发动机，90° V 形角	4 缸直列发动机	4 缸直列发动机
排量（cm³）	2995	1984	1984
行程（mm）	89.0	92.8	92.8
缸径（mm）	84.0	82.5	82.5
每缸气门数	4	4	4
点火顺序	1-4-3-6-2-5	1-3-4-2	1-3-4-2
压缩比	11.2 : 1	9.6 : 1	9.6 : 1
功率（kW），转速（r/min）	250，5200~6400	180，5000~6500	180，5000~6500
扭矩（N·m），转速（r/min）	500，1370~4500	370，1600~4300	370，1600~4300
燃油	至少 95 ROZ	至少 95 ROZ	至少 95 ROZ
增压系统	废气涡轮增压器带有废气泄放阀	废气涡轮增压器带有废气泄放阀	废气涡轮增压器带有废气泄放阀
发动机管理系统	Bcsch MD1，带 OBD	Bcsch MD1，带 OBD	Bcsch MD1，带 OBD
最高喷油压力（bar）	250	250	250
废气净化	1 个靠近发动机的催化净化器，细分为主催化净化器和后催化净化器，主催化净化器的上游和下游有 λ 传感器	靠近发动机的陶瓷式催化净化器，催化净化器的上游和下游有 λ 传感器	靠近发动机的陶瓷式催化净化器，汽油颗粒过滤器，催化器的上游和下游有 λ 传感器
排放标准	EU6 plus/EU4	EU6 ZD/EF	EU6 BG/H/I
设计	轻度混合动力 48V	轻度混合动力 12V	轻度混合动力 12V OPF

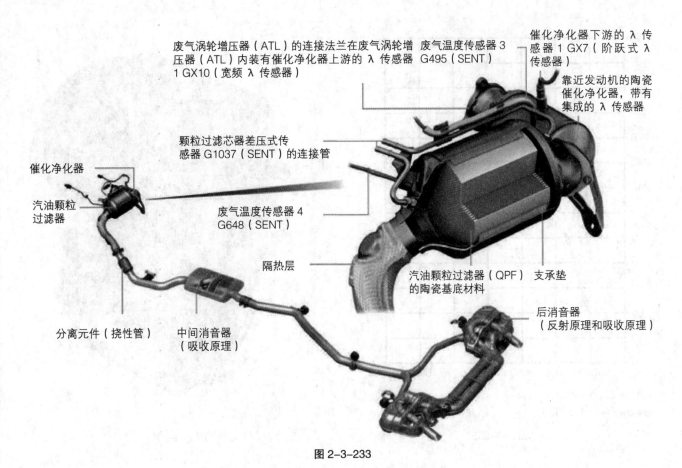

废气涡轮增压器（ATL）的连接法兰在废气涡轮增压器（ATL）内装有催化净化器上游的 λ 传感器 1 GX10（宽频 λ 传感器）

废气温度传感器 3 G495（SENT）

催化净化器下游的 λ 传感器 1 GX7（阶跃式 λ 传感器）

靠近发动机的陶瓷催化净化器，带有集成的 λ 传感器

颗粒过滤芯器差压式传感器 G1037（SENT）的连接管

催化净化器

汽油颗粒过滤器

废气温度传感器 4 G648（SENT）

隔热层

汽油颗粒过滤器（QPF）的陶瓷基底材料

支承垫

分离元件（挠性管）

中间消音器（吸收原理）

后消音器（反射原理和吸收原理）

图 2-3-233

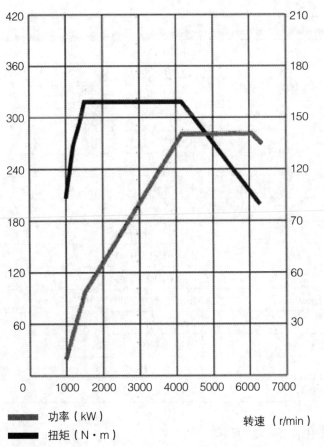

功率（kW）

扭矩（N·m）

转速（r/min）

图 2-3-234

表 2-3-20

特点	技术数据
发动机代码	CZPB
结构形式	4 缸直列发动机
排量（cm³）	1984
行程（mm）	92.8
缸径（mm）	82.5
每缸气门数	4
压缩比	11.85 ∶ 1
功率（kW），转速（r/min）	140，4180~6000
扭矩（N·m），转速（r/min）	320，1500~4180
燃油	高级无铅汽油 ROZ 95
增压	废气涡轮增压器
废气净化	三元催化净化器
排放标准	EU6

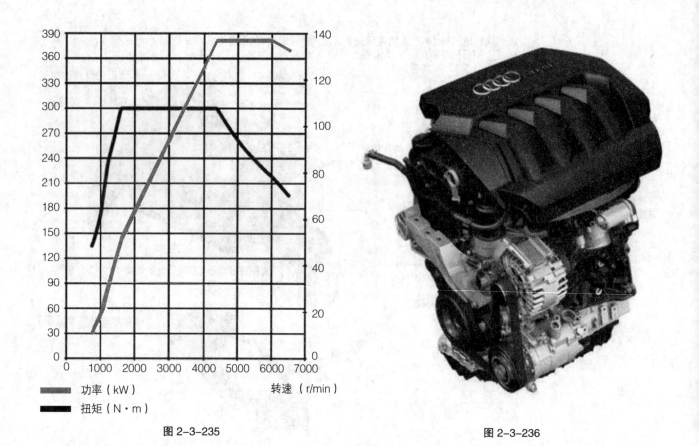

图 2-3-235 功率（kW）扭矩（N·m） 转速（r/min）

图 2-3-236

表 2-3-21

特点	技术数据	
发动机代码	CZRA	DKVB
结构形式	4缸直列发动机	4缸直列发动机
排量（cm³）	1984	1984
行程（mm）	92.80	92.80
缸径（mm）	82.50	82.50
每缸气门数	4	4
点火顺序	1-3-4-2	1-3-4-2
压缩比	11.65	11.65
功率（kW），转速（r/min）	137，4250~550	137，4250~5500
扭矩（N·m），转速（r/min）	300，1500~4000	300，1500~4000
增压系统	废气涡轮增压器	废气涡轮增压器
发动机管理系统	Bosch MG1CS001-x.9	Bosch MG1CS001-x.9
最大喷油压力（bar）	250	250
废气净化	可控式催化净化器	可控式催化净化器
排放标准	LEV3/Tier3 30	C6b 不含 RDE
结构设计	能量回收和自动启停	能量回收和自动启停

发动机代码 DKTA ，如图 2-3-237、图 2-3-238 和表 2-3-22 所示。

这个一览表中的动力总成是奥迪 Q3（车型 F3）上市时使用的。其他动力总成正在规划中。

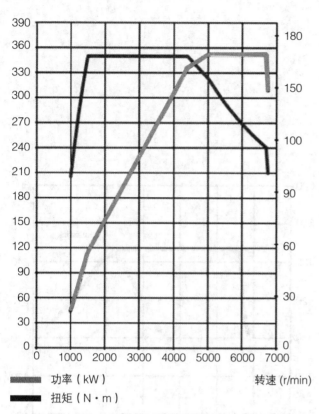

功率（kW）　　　　转速（r/min）
扭矩（N·m）

图 2-3-237

图 2-3-238

表 2-3-22

特点	技术数据			
发动机代码	DKTC	DKXA	DKTA	DHHA
结构形式	4 缸直列发动机	4 缸直列发动机	4 缸直列发动机	4 缸直列发动机
排量（cm³）	1984	1984	1984	1984
行程（mm）	92.80	92.80	92.80	92.80
缸径（mm）	82.50	82.50	82.50	82.50
每缸气门数	4	4	4	4
点火顺序	1−3−4−2	1−3−4−2	1−3−4−2	1−3−4−2
压缩比	9.60	9.60	9.60	9.60
功率（kW），转速（r/min）	140，4250~6700	162，4500~6200	159，5000~6200	170，5000~6200
扭矩（N·m），转速（r/min）	320，1500~4100	350，1500~4400	350，1500~4400	350，1600~4300
增压系统	废气涡轮增压器	废气涡轮增压器	废气涡轮增压器	废气涡轮增压器
发动机管理系统	Continental Simos 18.1	Continental Simos 18.1	Continental Simos 18.1	Continental Simos 18.1
最大喷油压力（bar）	250	250	250	250
废气净化	可控式催化净化器	可控式催化净化器	可控式催化净化器	可控式催化净化器
排放标准	EU6 BG/H/I	C6b 不含 RDE	EU6 BG/H/I	LEV3 Tier 3 30
结构设计	能量回收和自动启停 OPF	能量回收和自动启停	能量回收和自动启停 OPF	能量回收和自动启停

（五）奥迪 Q5（FY）

汽油发动机

（1）2.0L TFSI 发动机的扭矩—功率特性曲线。

2.0L 发动机的代码 DAXB，如图 2-3-239 所示。

（2）3.0L TFSI 发动机的扭矩—功率特性曲线。

3.0L 发动机的代码 CWGD，如图 2-3-240 所示。

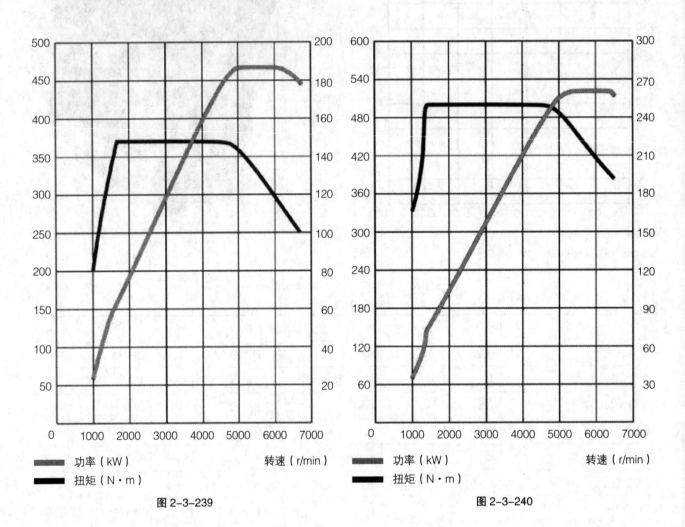

图 2-3-239   图 2-3-240

（3）如表 2-3-23 所示。

表 2-3-23

特征	技术数据	
发动机代码	DAXB	CWGD
结构形式	4 缸直列发动机	6 缸 V 形发动机
排量（cm³）	1984	2995
行程（mm）	92.80	89.0
缸径（mm）	82.50	84.50
每缸气门数	4	4
压缩比	9.6：1	11.2：1

特征	技术数据	
功率（kW），转速（r/min）	185，5000~6000	260，5400~6400
扭矩（N·m），转速（r/min）	370，1600~4500	500，1370~4500
发动机管理系统	SIMOS 18.41	Bosch MDG1
废气净化	发动机附近的陶瓷催化净化器，2个λ传感器	发动机附近的2级陶瓷催化净化器，2个λ传感器
排放标准	EU 6+/LEV 3/Tier 3	EU 6+/LEV3/Tier 3
燃油类型	ROZ95	ROZ 98

（六）奥迪Q8（4M）

1. 汽油发动机

（1）扭矩—功率特性曲线，3.0L TFSI 发动机 EA839。

发动机代码 DCBD，如图 2-3-241 所示。

（2）扭矩—功率特性曲线。

2.0L TFSI 发动机 EA888 第三代（仅用于中国市场）。

发动机代码 DMFA，如图 2-3-242 所示。

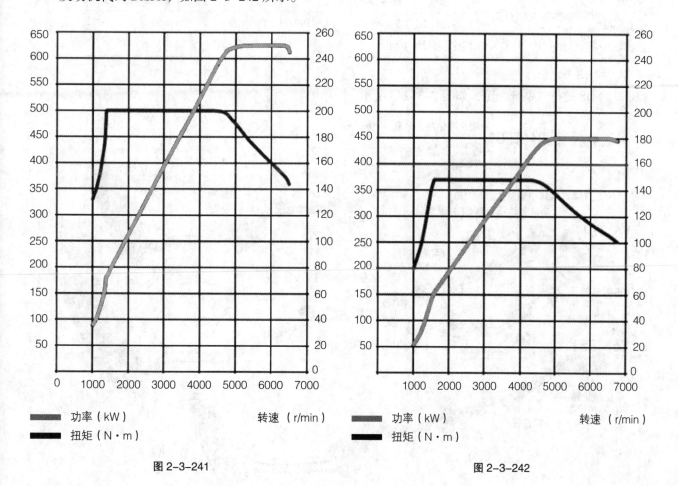

图 2-3-241　　　　　　　　　　　图 2-3-242

（3）如表 2-3-24 所示。

表 2-3-24

特点	技术数据	
发动机代码	DCBD	DMFA
结构形式	V6 发动机，90° 形角	4 缸直列发动机
排量（cm³）	2995	1984
行程（mm）	89.0	92.8
缸径（mm）	84.5	82.5
每缸气门数	4	4
点火顺序	1-4-3-6-2-5	1-3-4-2
压缩比	11.2∶1	9,6∶1
功率（kW），转速（r/min）	250，5300	180，5000~6000
扭矩（N·m），转速（r/min）	500，1500~5300	370，1600~4500
燃油	高级无铅汽油 ROZ 95	高级无铅汽油 RQZ 95
增压系统	废气涡轮增压器，带有废气泄放阀	废气涡轮增压器，带有废气泄放阀
发动机管理系统	Bosch MDG 1	Bosch MDG1
最大喷油压力（bar）	250	250
废气净化	2 个靠近发动机的陶瓷催化净化器，催化净化器前、后有 λ 传感器	靠近发动机的陶瓷催化净化器，催化净化器前、后有 λ 传感器
排放标准	EU4，C6b，EU6 AJ/K/L，EU6 BG/H/I	C6b
设计	轻度混合动力 48V	自动启停 & 能量回收

2. 排气系统

奥迪 Q8 的排气系统一览，如图 2-3-243 所示。

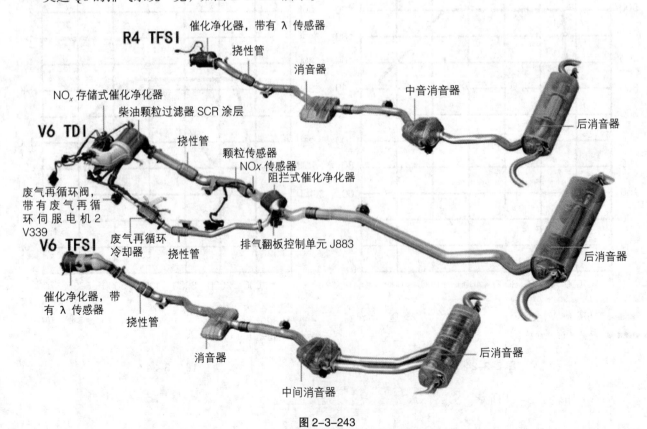

图 2-3-243

3. 燃油箱

燃油箱是塑料制的，可装燃油75L。如果车上装备有驻车加热装置，那么燃油箱可装油85L。TFSI发动机和TDI发动机所用的燃油箱，区别仅体现在内部机构上。

这两种油箱的下半部都装有一个油箱切断阀，其管的末端接油分离器上部。TFSI发动机燃油箱需要多个防翻车漏油阀来负责通气。

（1）实现不同的油箱容积。

奥迪Q8油箱的不同容积是通过提前或者延迟关闭油箱切断阀来实现的，如图2-3-244所示。

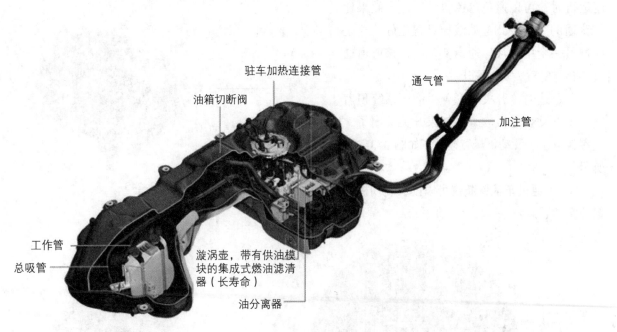

图 2-3-244

（2）油箱排空模式。

在行驶过程中，由副腔内的抽吸泵将燃油先抽入油箱的主腔，从主腔再送往发动机。燃油经工作管（小直径，高流速）从主腔被泵入副腔。

燃油经总吸管（大直径，低流速）在文丘里效应作用下从副腔被送入主腔。

4. 发动机悬置

在奥迪Q8上，所有发动机类型均适用三点式发动机悬置（2个悬置在发动机上，1个悬置在变速器上）。但是V6发动机上的悬置有所不同。

V6 TDI发动机上使用的是DIP发动机悬置。V6 TFSI发动机上使用的是可控式电动液压发动机悬置。

（1）V6 TFSI，如图2-3-245所

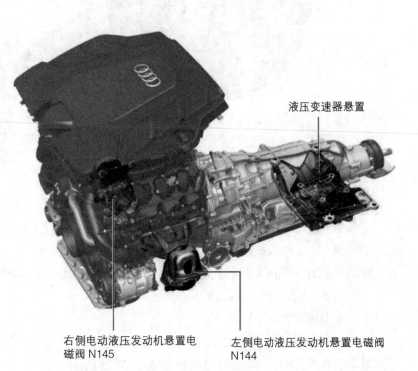

图 2-3-245

示。

（2）液压变速器悬置。

液压变速器悬置安装在变速器的后段，用于抵消驱动力。液压系统可以让车辆获得良好的震动舒适性，如图 2-3-246 所示。

5. DIP 发动机悬置

DIP 发动机悬置的优点在于：发动机怠速运行时，可以避免怠速抖动，这个效果比"普通的"可控式电动液压悬置更好。这是通过另一个中间液压通道实现的，该通道通过皮套与空气/大气隔开。

在怠速时（开关打开），液压系统顶着气室（发动机悬置软）；如果开关关闭了，气室就空了（发动机悬置硬），如图 2-3-247 所示。

（1）通过车辆诊断仪可以读取发动机悬置的实时状态。

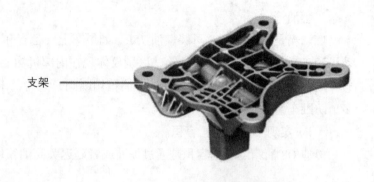

支架

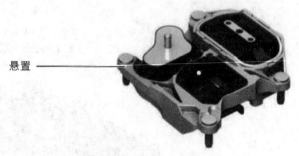

悬置

图 2-3-246

气室

图 2-3-247

①位值 0：发动机悬置软。

②位值 1：发动机悬置硬。

发动机悬置不是由专门的悬置控制单元来操控的，而是由发动机控制单元来控制的。

（2）V6 TDI，如图 2-3-248 所示。

（七）奥迪 TT（FV）

（1）扭矩—功率特性曲线，2.0L TFSI 发动机。

发动机代码 CHHC，如图 2-3-249 和表 2-3-25 所示。

（2）为了用于奥迪 TT，该发动机做了如下改动。

液压变速器悬置

右侧电动液压发动机悬置电磁阀
N145

左侧电动液压发动机悬置电磁阀
N144

图 2-3-248

①油底壳上部有两个回油管。

②链条带有滑轨（防跳）。

③曲轴箱通风装置上带有给进了的机油细分离器。

④水泵改成铝制的了。

奥迪TT上所用的 2.0L TFSI 发动机（CJXC），在撰写本书时尚未确定。

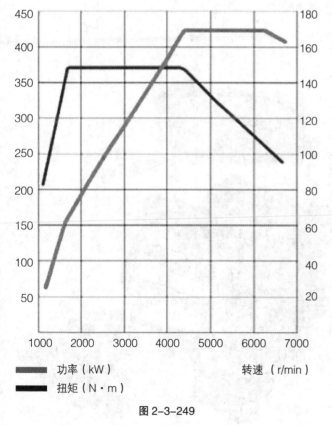

—— 功率（kW）

—— 扭矩（N·m）

图 2-3-249

表 2-3-25

特点	技术数据
发动机代码	CHHC
结构形式	4 缸直列发动机
排量（cm³）	1984
行程（mm）	92.8
缸径（mm）	82.5
每缸气门数	4
点火顺序	1－3－4－2
压缩比	9.6∶1
功率（kW），转速（r/min）	169，4500~6200
扭矩（N·m），转速（r/min）	370，1600~4300
燃油	高级无铅汽油 ROZ 95
发动机管理系统	Simos 18.1
排放标准	EU6
CO_2 排放（g/km）	158

第四节　EA837 3.0T 发动机

一、引言

此处所述的 3.0L V6 TFSI 发动机是 2009 年奥迪 A6 车上所用的，这种发动机的首次使用也就是在该车上。

1. 最重要的技术特点

（1）6 缸 V 形发动机，使用机械增压系统（该发动机是以 3.2L V6 FSI 发动机为基础而开发的）。

（2）燃油供给系统、活性炭过滤装置和排气系统（用于可选 λ 调节的歧管）在几何形状和位置上都与 3.2L V6 FSI 发动机上的是相同的。

（3）真空系统采用机械式真空泵（结构与 3.2L V6 FSI 发动机上的是相同的）。

2. 相对于 3.2L V6 FSI 发动机来说所做的重要改动：

（1）曲轴箱采用热处理。

（2）曲柄连杆机构。

（3）增压模块内集成有增压空气冷却器。

（4）通向低温循环的水管。

（5）增压模块的皮带传动。

（6）发动机控制系统采用 "Simos 8" p/n 调节。

（7）采用二次空气系统以满足 EU V 和 ULEV Ⅱ 排放标准。

3. 下面的系统进行了重新匹配

（1）进气系统。

（2）凸轮轴。

（3）气门和气门弹簧。

（4）增压运动翻板的凸缘。

4. 取消了下面的系统

（1）奥迪气门升程系统。

（2）排气侧的凸轮轴调整机构。

5. 如图 2-4-1 所示

6. 扭矩—功率特性曲线

如图 2-4-2 所示。

冷却液管

增压模块

附加的增压空气冷却器

第二套皮带驱动机构

重新匹配了的曲柄连杆机构

图 2-4-1

7. 技术数据

如表 2-4-1 所示。

8. 特点

尽管 3.0L V6 FSI 发动机在奥迪 V6 发动机家族中并不是排量最大的，但其最大功率却绝对引人注目。

这一点在其行驶功率中再次反映出来，因为与无增压的 3.2L V6 FSI 发动机相比，该发动机功率值要明显大很多。

从经济方面来看，比如燃油消耗和有害物质排放，该发动机表现同样出色。

9. V6 FSI 发动机的扭矩 —功率特性曲线图

如图 2-4-3 所示。

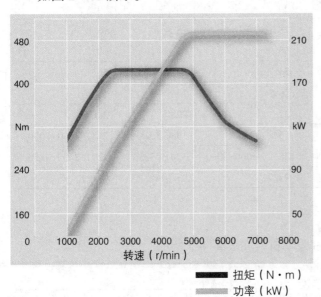

图 2-4-2

扭矩（N·m）
功率（kW）

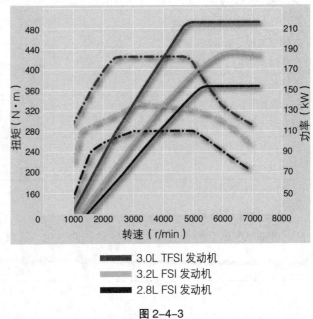

图 2-4-3

3.0L TFSI 发动机
3.2L FSI 发动机
2.8L FSI 发动机

表 2-4-1

代码	CAJA
结构形式	6 缸 V 形发动机
排量（cm³）	2995
功率 kW(PS)	213(290)，在 4850~7000 r/min 时
扭矩（N·m）	420，在 2500~4850 r/min 时
每缸气门数	4
缸径（mm）	84.5
行程（mm）	89
压缩比	10.5：1
点火顺序	1-4-3-6-2-5
发动机重量（kg）	190
发动机管理系统	Simos 8
燃油	95 ROZ★
混合气形成	直喷 FSI(均质模式) 燃油高压泵 HDP3
排放标准	EU V,ULEV Ⅱ
废气再处理	可选气缸的 λ 调节，每侧缸体各有一个置于催化净化器上游的宽频 λ 传感器，两个带有置于催化净化器下游的 λ 传感器（阶跃式氧传感器）的陶瓷催化净化器
CO₂ 排放（g/km）	228

注：★也可使用 ROZ 91 汽油，但功率会有所降低。

10. 奥迪 A6 车上 V6 发动机的技术数据

如表 2-4-2 所示。

表 2-4-2

型号	2.4L MPI	2.8L FSI	3.2L FSI	3.0L TFSI
排量（cm^3）	2393	2773	3123	2995
行程（mm）	77.4	82.4	92.8	89
缸径（mm）	81	84.5	84.5	84.5
行程／缸径	0.96	0.98	1.10	1.05
压缩比	10.3：1	12.0：1	12.5：1	10.5：1
气缸间距（mm）	90	90	90	90
左、右缸体错开距离（mm）	18.5	18.5	18.5	18.5
主轴承直径（mm）	58	58	65	65
连杆轴承直径（mm）	50	54	56	56
连杆长度（mm）	159	159	154	153
缸体高度（mm）	228	228	228	228
最大功率及其转速范围（kW，r/min）	130，6000	154，5250	188，6500	213，4800~7000
最大扭矩及其转速范围（N·m，r/min）	230，3000	280，3000~5000	330，3250	420，2500~4850
燃油 ROZ	95/91[1]	95/91[1]	95/91[1]	95/91[1]

注：1）功率有所降低。

11. 行驶性能对比

奥迪 A6 车上的 3.2L V6 FSI 发动机和 3.0L V6 TFSI 发动机，如表 2-4-3 所示。

表 2-4-3

参数	单位	奥迪 A6 3.2L FSI 188 kW/330 N·m tiptronic 四驱车 2008 年	奥迪 A6 3.0L TFSI 213 kW/420 N·m tiptronic 四驱车 2009 年
0~100km/h	s	7.1	6.3
挡位 D 的弹性范围	km/h	80~120	80~120
	s	6.0	5.3
最高车速	km/h	250[1]	250[1]
	r/min/ 挡位	6350/5	4500/6
总平均油耗	l/100km	10.9	9.6
CO_2 排放	g/km	259	228

注：1）可调。

二、发动机机械构造

（一）缸体

缸体结构与 3.2L FSI 发动机是相同的。但是由于平均最大压力（燃烧压力）提高了，所以该发动机的承载能力要高一些。

为了保证抗变形能力和稳定性，缸体的轴承座附近在生产中采用了一种特殊的热处理方式来处理。另外还提高了主轴承螺栓的强度。

如图 2-4-4 所示。

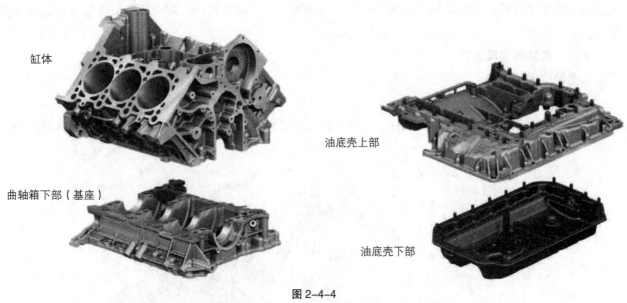

缸体

油底壳上部

曲轴箱下部（基座）

油底壳下部

图 2-4-4

（二）曲柄连杆机构

1. 曲轴

如图 2-4-5 所示。

曲轴针对 89 mm 这个行程重新做了适配，它也是开口销结构的，这与 3.2L V6 FSI 发动机是一致的。

新开发的分裂式连杆长度为 153 mm，强度也得到了优化。所有轴瓦都是无铅三元合金轴瓦。

2. 活塞

如图 2-4-6 所示。

与 3.2L V6 FSI 发动机不同，本活塞是环槽镶圈式活塞，以便适应 10.5 ：1 这个压缩比。

因此活塞裙部有抗磨铁涂层（Ferrostan）。在

铸造活塞

活塞环槽镶圈

1.2 mm 非对称式鼓状钢环

1.5 mm 鼻状气环

2.0 mm 油环（双体式）

图 2-4-5   图 2-4-6

321

发动机大功率工作时，相应的活塞环组合可以保证窜气少、机油消耗低，同时还可以将摩擦和磨损降至最低。

（三）曲轴箱通风装置

1. 曲轴箱通风装置

与 3.2L V6 FSI 发动机上的类似。

不同之处在于导入了净化后的气体，这些气体经过最短路径从 V 形腔直接到达罗茨式增压器的转子前部。如图 2-4-7 所示。

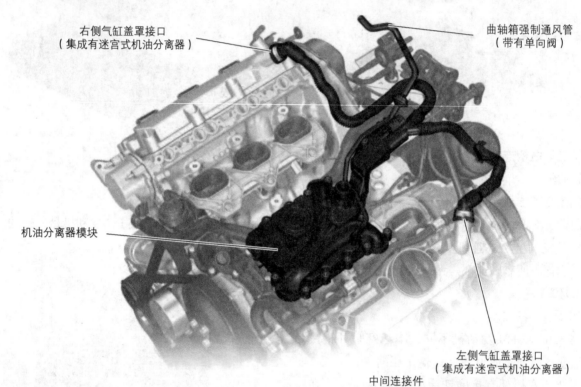

右侧气缸盖罩接口
（集成有迷宫式机油分离器）

曲轴箱强制通风管
（带有单向阀）

机油分离器模块

左侧气缸盖罩接口
（集成有迷宫式机油分离器）

图 2-4-7

2. 与增压模块的连接

窜气被引入增压模块内的下部。有一个中间连接件封住了增压模块的输入管。增压模块的开口设计成圆锥状，以方便插入这个中间连接件。

这个中间连接件有个凸肩，这样在安装时就可以保证它准确定位在曲轴箱通风装置的出口上，如图 2-4-8 所示。

（四）缸盖

这个四气门的缸盖基本就是直接取自 3.2L V6 FSI 发动机。但本发动机不使用奥迪气门升程系统了。

另外，取消了排气侧的凸轮轴调节机构。尽管如此，还是实现了内部废气再循环。

1. 相对于 3.2L V6 FSI 发动机所做的改动

如图 2-4-9 所示。

中间连接件

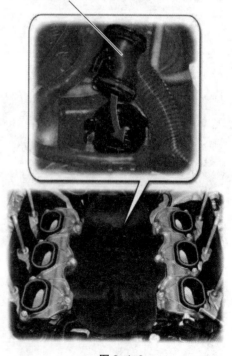

图 2-4-8

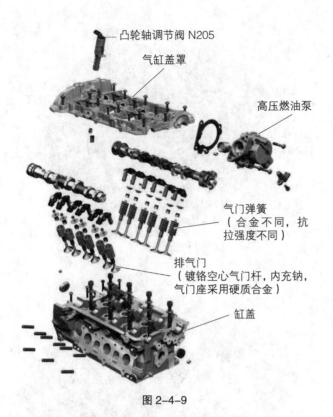

凸轮轴调节阀 N205

气缸盖罩

高压燃油泵

气门弹簧
（合金不同，抗
拉强度不同）

排气门
（镀铬空心气门杆，内充钠，
气门座采用硬质合金）

缸盖

图 2-4-9

2. 链条机构

如图 2-4-10 所示。

链条的结构与 3.2L V6 FSI 发动机是一样的。

不同之处在于配气相位改变了且取消了排气侧的凸轮轴调节机构。

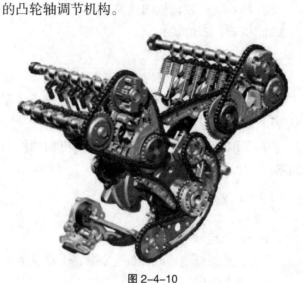

图 2-4-10

（五）附件的驱动

1. 该发动机采用两套独立的皮带机构来驱动附件

这些被驱动的附件包括发电机、空调压缩机和助力转向的液压泵。

罗茨式增压器的驱动单独由一套皮带机构来进行，如图 2-4-11 所示。

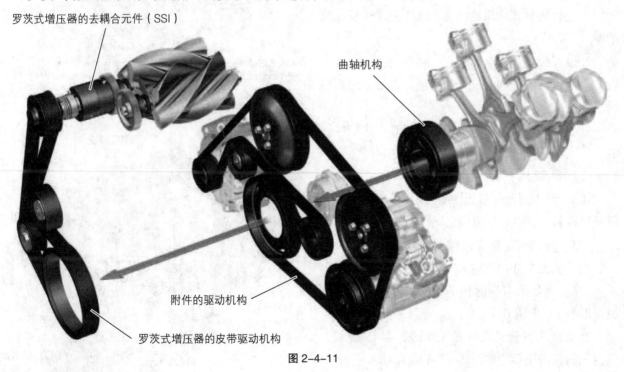

罗茨式增压器的去耦合元件（SSI）

曲轴机构

附件的驱动机构

罗茨式增压器的皮带驱动机构

图 2-4-11

2. 各个总成的布置

如图 2-4-12 所示。

三、机油供给系统

（一）机油循环

如图 2-4-13 所示。

3.0L V6 TFSI 发动机的机油循环系统是直接取自 3.2L V6 FSI 发动机的。

（二）有下述不同点

（1）取消了气门机构内的拉杆的喷油嘴，这个喷油嘴只有配备奥迪气门升程系统的发动机才需要使用，因为其上的窄辊需要良好的润滑。

（2）取消了排气侧的凸轮轴调节机构的控制油路。

四、空气供给系统

（一）气流

空气供给系统的中心部件是安装在发动机的内V 形中的增压模块。

内 V 形中有罗茨式增压器、旁通调节装置和增压空气冷却器，如图 2-4-14 所示。

鉴于奥迪公司在使用废气涡轮增压器作为增压系统方面已经有丰富经验了，那么现在的问题是：为何要选择机械式增压器作为 3.0L V6 TFSI 发动机的增压手段呢？

经过仔细衡量优点和缺点，再加上在设计和开发阶段所进行的多项尝试，最后还是决定采用机械增压器。

1. 以下的要求对这个决定的做出具有决定性影响

（1）舒适度要高。

（2）动力充沛的起步性能，应用范围要宽（从舒适到极具运动性这个范围之间均可使用）。

（3）发动机的特性曲线要适合在多个车型上来使用（从奥迪 A4 到 A8）。

（4）满足所有当前和不远的将来所要求的排放标准（EU V 和 ULEV II）。

2. 机械式罗茨式增压器（如图 2-4-15 所示）与废气涡轮增压器（如图 2-4-16 所示）

相比较，优、缺点如下。

优点：

（1）需要时可立即获得增压压力。

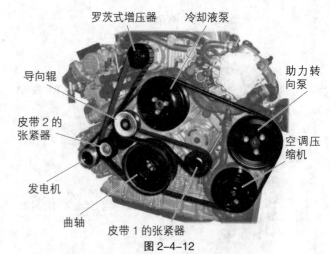

图 2-4-12

图 2-4-13

图 2-4-14

（2）增压压力是连续供给的，且随转速升高而增大。

（3）增压空气并非一定被冷却过度。

（4）寿命高，保养方便。

（5）结构紧凑（节省空间，安装在内V形中，而不是安装在进气歧管内）。

（6）节省燃油。

（7）发动机扭矩增大快；提前可达到最大扭矩值，因此起步性能好。

（8）压缩空气到气缸的路径非常短；空气体积小，因此反应非常快。

（9）废气特性好，原因：催化净化器可以更快地达到工作温度。而对于使用废气涡轮增压器的发动机来说，一部分热能要用于驱动废气涡轮增压器（这部分热能就损失掉了）。

缺点：

（1）公差很小（转子—壳体），因此生产成本高。

（2）对纯净空气管道内混入的异物敏感性过高。

（3）重量相对大些。

（4）降噪声的费用高。

（5）驱动增压器需要消耗部分发动机功率。

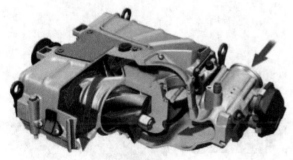

图2-4-15

图2-4-16

3. 罗茨式增压器的基本原理

罗茨式增压器采用机械增压方式，这是奥迪公司的一种全新技术，下面要讲述这种技术的结构和开发方面的基本内容。

（1）基本原理，如图2-4-17所示。

什么是罗茨式增压器呢？它是一种旋转活塞式结构的装置。该装置采用挤压原理工作，内部并无压缩过程。

该增压器有一个壳体，壳体内有两个轴（转子）在转动。这两个转子采用机械方式来驱动，比如采用曲轴驱动。

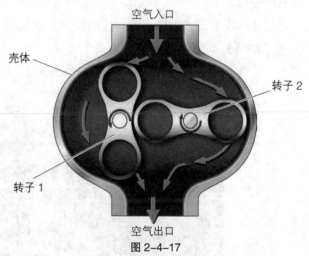

图2-4-17

这两个转子是由壳体外的齿轮来传动的（传动比相同），两个转子同步转动，但旋向相反。于是两个转子工作起来就像在"彼此啮合"。

其结构的重要之处在于，两个转子彼此之间以及其与壳体之间是密封的。困难之处：只许产生非常小的摩擦。

在工作时（转子转动），叶片和外壁之间的空气就被从空气入口（吸气侧）输送到空气出口（压力侧）。输送空气的压力是因回流而产生的。

（2）结构形式。

①以前的增压器配备的是双叶片转子，如图 2-4-18 所示。

②现在多数配备的是三叶片的螺旋形转子，这样才能保证产生较高的增压压力，最重要的是产生恒定的增压压力（效率高），如图 2-4-19 所示。

4. 研发的历史

这种系统的名称来自 Philander 和 Francis Roots 兄弟，此二人在 1860 年就为该原理申请了专利。

在那时，这种罗茨式鼓风机（增压器）通常都被用作高炉的风扇，当然也用于其他工业领域。

Gottlieb Daimler 在 1900 年首次将罗茨式鼓风机装到了汽车上。在 20 世纪 20 年代和 30 年代，罗茨式鼓风机开始用于摩托车运动。

特色：人们可以从其典型的"压气机尖叫"就可很容易地识别出这种发动机。

如图 2-4-20 所示的就是一种罗茨式鼓风机，它是用于 AUTO UNION 国际汽车大奖赛车（1936 年 C 型）的。

随着耐高温材质的开发，相对于废气涡轮增压器来说，罗茨增压器的重要性下降了。罗茨式鼓风机（增压器）在今天主要用于赛车上。

与 3.0L V6 TFSI 发动机不同的是，AUTO UNION 赛车上的混合气准备系统安装在罗茨式鼓风机之前。

设计上就决定了要选择这种布置方式，因为只有在罗茨式鼓风机前才会有足够的真空，以便从化油器中吸取燃油。

因此，在罗茨式鼓风机内将压缩燃油—空气混合气，如图 2-4-21 所示。

图 2-4-18

图 2-4-19

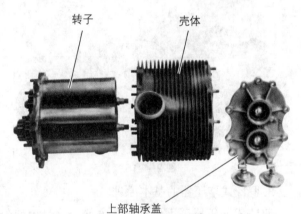

转子　　　　　　壳体

上部轴承盖

图 2-4-20

化油器　　　罗茨式鼓风机　　　　16 缸发动机

燃油泵

图 2-4-21

（二）增压模块

现代的罗茨式增压器（也包括奥迪车上用的型号）是螺旋式增压器。与老式的带有三叶片转子的罗茨式增压器相比，奥迪罗茨式增压器使用的是四叶片式转子，两个转子的每个叶片与纵轴成160°布置。因此供气更连续、波动更小。

3.0L V6 TFSI 发动机上用的罗茨式增压器是由 EATON 公司生产的。该公司生产罗茨式增压器已经有多年经验了。另外，现在使用的已经是第六代罗茨式增压器了。

1. 结构

增压模块完全处于发动机的内 V 形里面了。因此发动机结构平整，满足对行人保护的要求。增压模块的总重量为 18kg（不带冷却液时），如图 2-4-22 所示。

旁通弯管
旁通翻板转接器
节气门控制单元 J338
调节翻板控制单元 J808
主节气门翻板转接器
增压空气冷却器
盖板的插塞
增压压力传感器 G31
进气歧管温度传感器 G72
隔音板
增压空气冷却器侧面密封件
运输用吊环
进气温度传感器 G42
进气歧管压力传感器 G71
轴承盖
壳体
增压压力传感器 G447
进气歧管温度传感器 G430
前部转子轴承
后部的转子轴承
同步齿轮
转子
皮带轮
去耦合元件（SSI）
带有轴承的传动轴
驱动装置壳体

图 2-4-22

2. 壳体

该壳体为整体式的，其中集成有一个罗茨式增压器、一个电动旁通翻板和增压空气冷却器（每侧缸体各有一个），如图 2-4-23 和图 2-4-24 所示。

其底侧是通往各个气缸的空气出口。

增压模块上用螺栓固定的运输用吊环，是用来吊起发动机以便拆装的。

盖板的插塞
隔音板
运输用吊环
壳体

图 2-4-23

3. 驱动

罗茨式增压器由曲轴通过第二套皮带来驱动。这个驱动是永久式的，不是由电磁离合器来接通和关闭的，如图 2-4-25 所示。

这两套皮带通过公用扭转震动减震器内的橡胶层将曲轴震动隔离开。

这样，可以在低转速和全负荷工况改善谐振情况。副效应：皮带负荷明显降低了。

曲轴与增压模块之间的传动比是 1 ∶ 2.5，因此增压器的最高转速可达 18 000r/min。

罗茨式增压器的连接是通过去耦合元件来实现的。

这个去耦合元件集成在增压模块的传动壳体内。其作用是在负荷变化过程中优化力的变化曲线，如图 2-4-26 所示。

于是运行极其安静（优化了声响），且传动皮带的寿命也提高了。

罗茨式增压器所使用的多楔皮带更换间隔里程为 12 000km。

在罗茨式增压器的传动壳体内装有一个弹性元件。在这里，有一个扭转弹簧被输入轴套和输出轴套所引导着。

这个弹簧将传动扭矩从皮带轮传递到齿轮。输入轴套和输出轴套承担着限制顺着或逆着罗茨式增压器转动方向的震动行程这个作用，如图 2-4-27 所示。

这个弹性元件是这样设计的：它要足够"软"，以便能有效地脱开。还必须在动态工作时（也就是负荷变化过程中）避免受到强烈的冲击，冲击会产生噪声。

动力再往下传递就是用齿轮副驱动第二个转子了。因此这两个转子绝对是在同步运转且旋转方向是相反的。

齿轮的齿数非常多，这可以避免把震动传过来。齿轮是压配在转子轴上的。这个压配过程是生产厂家采用特殊工艺完成的。

进气歧管压力传感器 G42
进气温度传感器 G72
增压空气冷却器
节气门控制单元 J338
增压空气冷却器
曲轴箱通风引入位置
空气出口
传动轴
车辆行驶方向

图 2-4-24

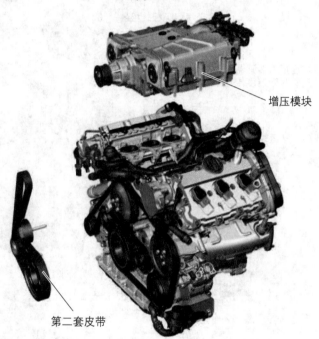

增压模块
第二套皮带

图 2-4-25

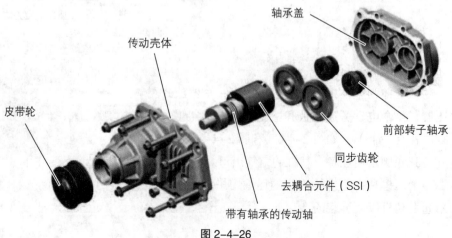

轴承盖
传动壳体
皮带轮
前部转子轴承
同步齿轮
去耦合元件（SSI）
带有轴承的传动轴

图 2-4-26

这个配合必须是非常精确的，否则的话，转子叶片就可能相互接触。因此维修时不可将齿轮从轴上压出。这个传动装置使用一种专用的机油。

4. 转子

这两个四叶片式转子以扭转160°的方式布置。两个转子都采用免维护滚动轴承来工作。为了使得磨合阶段的磨损尽可能小，转子表面涂有一层石墨层。

这个涂层可保证最佳密封状态，防止漏气（转子与转子之间以及转子与转子孔之间），从而可增大发动机的功率，如图2-4-28所示。

5. 气流和增压压力的调节

罗茨式增压器的驱动是永久式的（就是一直在被驱动着）。因此如果没有增压压力调节机构的话，罗茨式增压器在任何转速时都会产生相对于这个转速的最大气流（也就是最大增压压力）。

但是，并非在所有工况都需要增压空气，这就会在增压器压力侧形成很高的气阻。这种气阻会造成发动机出现不必要的功率损失。

因此，必须有相应的措施能调节增压压力。在

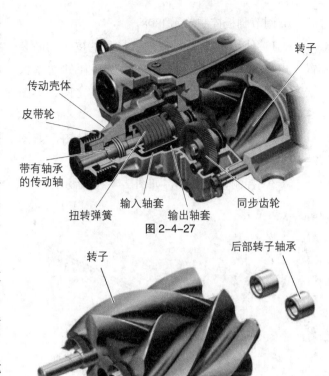

图 2-4-27

图 2-4-28

较旧的系统上，采用电磁离合器来关闭皮带驱动机构，从而达到限制增压压力的目的。

对于3.0L V6 TFSI发动机来说，采用的是调节翻板控制单元J808来调节增压压力的。该控制单元用螺栓固定在增压模块内，将压力侧与进气侧连接起来。

打开旁通翻板，输送过来的部分空气就可通过打开的旁通通道被引回到罗茨式增压器的进气侧。

这个旁通翻板的作用类似于汽油发动机废气涡轮增压器的废气泄放阀。

调节翻板控制单元J808的作用：

①按发动机控制单元的规定值来调节增压压力。

②将最大增压压力限制到1.9bar（绝对压力）。

（1）功能。

全负荷工况（旁通翻板关闭），如图2-4-29所示。

在全负荷工况，空气经节气门、罗茨式增压器和增压空气冷却器流向发动机。

（2）部分负荷工况（旁通翻板打开），如图2-4-30所示。

在部分负荷、怠速和超速工况，输送过来的部分空气经打开的旁通通道被引回到进气侧。

图 2-4-29

图 2-4-30

6. 调节翻板控制单元 J808

（1）使用 J808 就可以取代昂贵的皮带切断装置（电磁离合器）了。增压模块所消耗的功率根据发动机转速的不同可能在 1.5~38kW 之间，如图 2-4-31 所示。

（2）调节翻板电位计 G584 的信号图，如图 2-4-32 所示。

（3）控制单元 J808，如图 2-4-33 所示。

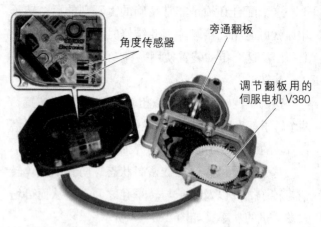

图 2-4-31

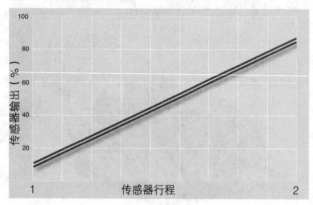

1.机械下止点　2.机械上止点

图 2-4-32

（4）调节翻板电位计 G584。

①该部件用于识别调节翻板的位置。

②它安装在调节装置壳体盖内。

③输出电压范围为 0.5~4.5V。

④该电位计采用磁阻测量原理来工作。

⑤因此该电位计对电磁干扰不敏感。

（5）信号应用。

翻板位置的反馈信息用于确定调节输入量。另外，还用于判断适配值的大小。

（6）信号中断的影响。

翻板处于未通电状态并在弹簧力的作用下到达打开状态的止点位置。该故障在本行驶循环中是无法逆转的。

在这种情况下，就不会有增压压力了，因此发动机也就无法提供最大功率以及最大扭矩以供使用了。这个部件是 OBD 所要求的，也就是说，这个部件出故障的话，废气警报指示灯 K83（MIL）就会亮起。

7. 探测空气流量和增压压力的传感器

（1）使用空气流量和增压压力信号作为主要控制量来调节发动机负荷。

为此使用了三个传感器，其工作原理都是完全相同的。

这三个传感器测量空气进气温度和进气歧管压力。

第一个传感器安装在节气门控制单元 J338 的前方，这个传感器内包含两个传感器，进气温度传感器 G42 和进气歧管压力传感器 G71，如图 2-4-34 所示。

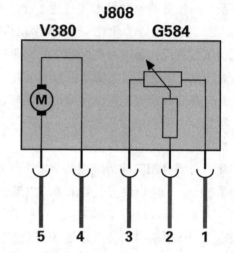

G584.调节翻板电位计　J808 调节翻板控制单元　V380.调节翻板用的伺服电机（结构形式：直流电机）1.传感器接地电压　2.控制信号　3.传感器正极电压　4、5.电动机供电

图 2-4-33

图 2-4-34

（2）另外两个结构相同的传感器安装在增压模块内，它们用于单独测量每侧缸体的空气压力和温度，如图2-4-35所示。

图2-4-35

注意：测量点必须在增压空气冷却器之后（下游），那里获取的测量值也符合某侧缸体的实际空气流量。共有如下这些传感器：

①增压压力传感器G31（缸体1）。

②进气歧管温度传感器G72（缸体1）。

③增压压力传感器G447（缸体2）。

④进气歧管温度传感器G430（缸体2）。

（3）电路图。

进气温度传感器G42是负温度系数（NTC）温度传感器。它向发动机控制单元发送电压信号，如图2-4-36所示。

（4）进气歧管压力传感器的信号图，如图2-4-37所示。

（5）信号应用。

节气门控制单元前的进气歧管压力传感器G71用于预先计算出旁通翻板的规定位置。

要想调节到所需要的增压压力，必须有这个位置值。

所要使用的这个旁通翻板位置规定值，主要取决于增压模块前的压力状态。

两个增压压力传感器G31和G447一方面用于将增压压力调节到所希望的规定值，另一方面还根据这两个传感器信号来计算出每个工作循环中每个气缸吸入的空气流量。

这个空气流量（质量）是根据扭矩进行发动机控制不可缺少的输入量，这个输入量将决定喷油量、喷油时刻以及点火角。

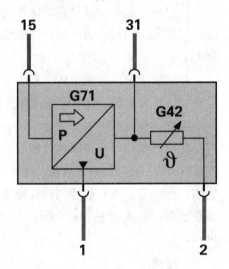

G42.进气温度传感器　G71.进气歧管压力传感器　15.接线柱15　31.接线柱31　1.进气歧管压力的电压信号　2.进气温度的电阻信号

图2-4-36

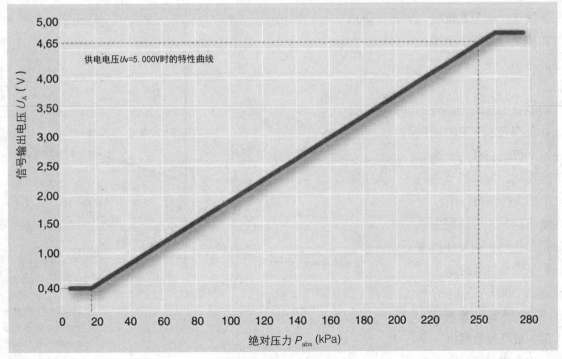

图2-4-37

331

（6）信号中断的影响。

如果该传感器失效，废气警报指示灯 K83（MIL）就会亮起。

如果进气歧管压力传感器 G71 出现故障，那么增压压力调节状况就变差，驾驶员可感觉到车辆加速不均匀。

如果增压压力传感器 G31 和 G447 损坏，那么在整个的负荷—转速范围内的混合气成分都是不正确的，因为空气流量传感器就已经是错误的了。

这也会引起喷油量错误，结果也就导致废气排放出现问题，同时，功率展开性能也受影响（甚至断火）。

在增压工况，这两个传感器若出现故障，就会导致增压压力错误，这有可能损坏发动机。

因此，在打开点火开关后，所有这些传感器一直都在彼此互检以及对照替代模块进行检查，一旦发现有异常，就会记录下故障，同时或者切换到"对应的"传感器，或者切换到替代模块。这样就可使得车辆尽可能地处于正确的状态来行驶，从而防止出现不良后果。

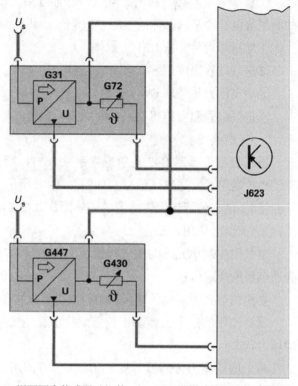

G31.增压压力传感器（缸体 1）　G72.进气歧管温度传感器（缸体 1）　G430.进气歧管温度传感器（缸体 2）　G447.增压压力传感器（缸体 2）　J623.发动机控制单元　Us.供电电压（5V）

图 2-4-38

8.电路图

如图 2-4-38 所示。

（三）负荷调节

调节翻板控制单元 J808 与节气门控制单元 J338 协同工作。

在开发这个调节系统时，重点放在使之尽可能不节流，同时还要有动力充沛的功率展开性能。

可明显看出这两个翻板的分工。在部分负荷/无增压区域，旁通翻板是打开的，这时它无节流作用，发动机节气门翻板来承担负荷调节作用。

在增压区域，旁通翻板承担负荷调节作用，而发动机节气门翻板是完全打开的。

转速为 3000r/min 时的负荷断面图，如图 2-4-39 所示。

（四）进气歧管翻板

为了改善内部混合气形成

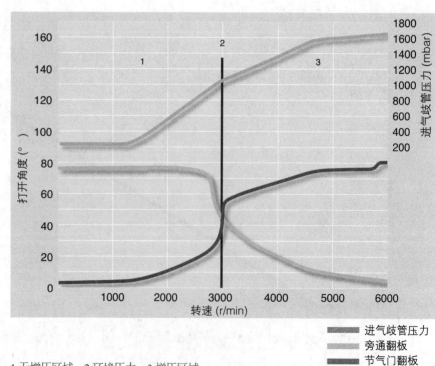

1.无增压区域　2.环境压力　3.增压区域

图 2-4-39

332

状况，在 3.0L V6 TFSI 发动机上使用了进气歧管翻板。这些翻板位于增压模块和缸盖之间的一个中间法兰上。

说明：在安装这个中间法兰时，必须将进气歧管翻板置于功率位置（进气通道打开）。

1.左侧缸体上的进气歧管翻板模块

如图 2-4-40 所示。

2.进气歧管翻板阀 N316

进气歧管翻板固定在一根公用轴上，由一个真空单元来进行操纵。

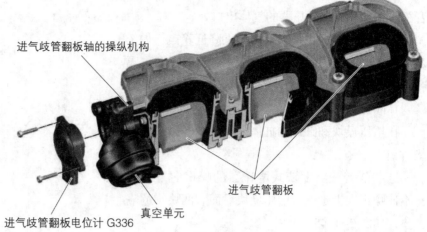

图 2-4-40

所需要的真空由进气歧管翻板阀 N316 来接通，发动机控制单元根据特性曲线来控制进气歧管翻板阀 N316，如图 2-4-41 所示。

如果无法操控 N316 或者 N316 损坏了，那么就不会接通真空。在这种状态下，进气歧管翻板在真空单元内的弹簧力作用下会封住缸盖内的功率通道，因此发动机功率就降低了。

3.进气歧管翻板电位计

用两个传感器来监控进气歧管翻板的位置：

①缸体 1 上的进气歧管翻板电位计 G336，如图 2-4-42 所示。

②缸体 2 上的进气歧管翻板电位计 2 G512。

这两个传感器直接就集成在真空单元的凸缘内。它们是非接触式转角传感器，以霍耳传感器原理来工作。

图 2-4-41

传感器电子装置会产生一个电压信号，该信号由发动机控制单元来进行分析。

（1）信号应用。

该信号用于监控位置和诊断（例如磨损等）。

（2）信号中断的影响。

无法识别出位置，也无法诊断了。

这个部件是 OBD 所要求的，也就是说，这个部件出故障的话，废气警报指示灯 K83（MIL）就会亮起。

发动机功率可能下降。

（3）进气歧管翻板电位计信号图，如图 2-4-43 所示。

（五）消音

开发的另一个目标是降低罗茨式增压器发出的噪声。

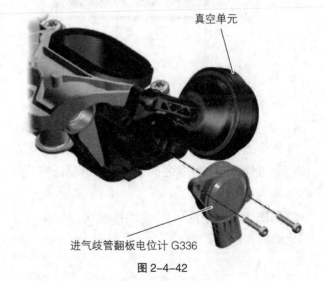

图 2-4-42

这是通过壳体上的结构措施来实现的。多层隔音板作用在罗茨式增压器的气体出口处。

另外，进气区也采取了措施来降低噪声，如图2-4-44所示。还有就是增压模块周围和底部有隔音垫，这也能降低噪声。

1. 隔音垫

在增压模块和缸盖或缸体之间安装有多个隔音垫。

这些隔音垫将罗茨式增压器的噪声向下封住（不使噪声向上走）。增压模块后面有两块小的隔音垫，如图2-4-45所示。

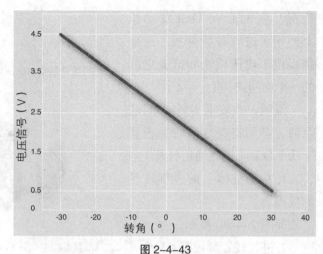

图 2-4-43

原空气吸气管

净化后的空气吸气管（带有宽频消音器）

亥姆霍兹谐振器

多层隔音板

空气滤清器（带有泡沫垫）

增压模块

空气出口

图 2-4-44

其他隔音垫位于发动机内 V 形中的增压模块下。

两个进气歧管之间是一块较大的隔音垫，而在侧面的进气歧管和缸盖之间是两块窄的隔音垫，如图2-4-46所示。

如图2-4-47所示的就是增压模块和缸盖或缸体之间的一整套隔音垫。

图 2-4-45

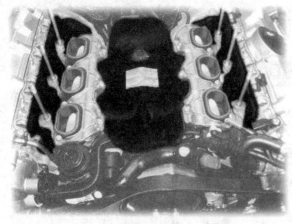

图 2-4-46

图 2-4-47

五、冷却系统

（一）冷却液循环

装备有 3.0L V6 TFSI 发动机的奥迪 A6 车，根据其市场不同采用不同的冷却液循环形式。

如图 2-4-48 所示，表示的是装备有驻车加热和冷却液续动泵 V51（用于超热的国度，PR 号为 8z9）的冷却液循环系统。

另外还有一个电动冷却液泵，这就是增压空气冷却泵 V188，该泵用于在增压空气冷却的低温循环。

但是这两个循环是连接在一起的，它们使用同一个冷却液膨胀罐。

在加注冷却液和给冷却液循环管路排气时，应注意手册上的工作说明。

1. 无驻车加热的冷却液循环

如图 2-4-48 所示。

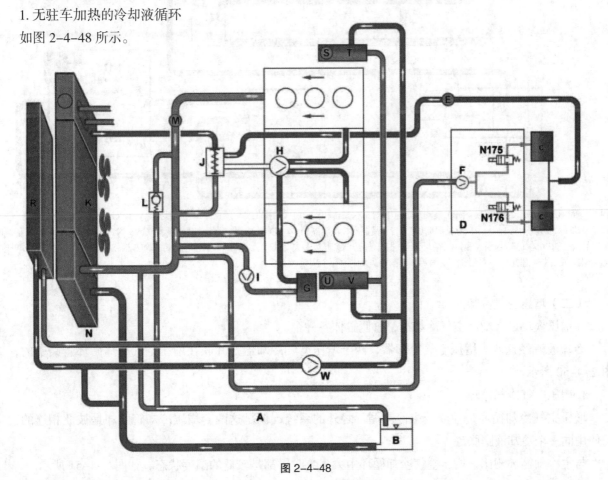

图 2-4-48

335

2.有驻车加热的冷却液循环

如图 2-4-49 所示。

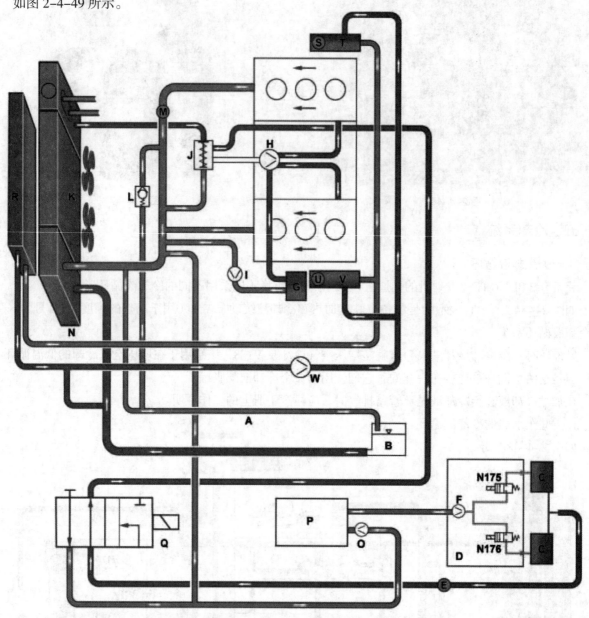

A.排气管 B.膨胀罐 C.热交换器 D.泵阀单元（N175/N176 和 V50） E.排气螺栓 F.冷却液循环泵 V50 G.发动机机油冷却器 H.冷却液泵 I.冷却液续动泵（只用于热带国度） J.节温器 K.散热器 L.单向阀 M.冷却液温度传感器 G62 N.ATF冷却器 N175.左侧暖风调节阀 N176.右侧暖风调节阀 O.循环泵 P.驻车加热 Q.暖风冷却液切断阀 N279 R.前部辅助散热器 S.排气螺栓 T.右侧增压空气冷却器 U.排气螺栓 V.左侧增压空气冷却器 W.增压空气冷却泵 V188

图 2-4-49

（二）增压空气冷却

在增压模块内有增压空气冷却器，每侧缸体各一个。

冷却液流经这两个增压空气冷却器，两个增压空气冷却器是并联在增压空气冷却循环管路中的，如图 2-4-50 所示。

1.增压空气冷却循环

增压空气冷却循环是独立于主冷却循环之外的系统，但是这两套增压冷却管路却是彼此相连的，它们使用同一个冷却液膨胀罐。

与主冷却循环相比，增压空气冷却循环中大多数时候都是较低的温度状态，如图 2-4-51 所示。

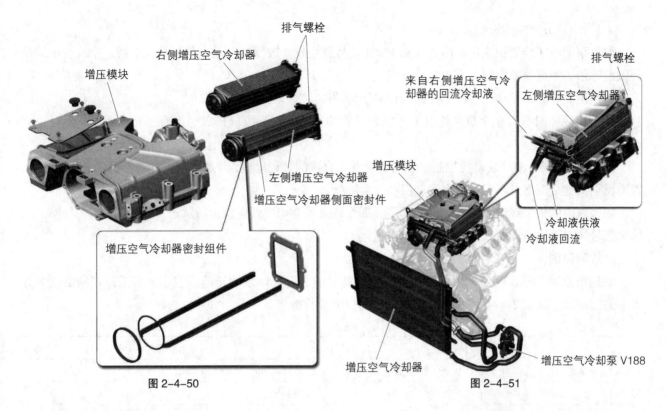

图 2-4-50

图 2-4-51

（1）增压空气冷却泵 V188。

增压空气冷却泵 V188 是一个电动冷却液泵，它首次用在奥迪车的冷却系统中，如图 2-4-52 所示。

该泵将增压模块中增压空气冷却器内已经变热的冷却液输送到低温冷却器中。低温冷却器在车辆前端（车辆行驶方向上的主散热器前部）的散热器组件中。

该泵安装在发动机舱内的左前机油冷却器附近。

该泵的结构与离心泵是相同的。离心泵不具备自吸能力，所以不可让该泵干转，泵的轴承会过热损坏的。

泵模块内集成有下述部件：

①离心泵；

②电机；

③电子控制装置（ASIC）。

泵的供电插头是三针式的：

①来自 J271 的 U 蓄电池；

②PWM 信号；

③31 号接线柱。

（2）泵的控制。

图 2-4-52

该泵通过发动机控制单元调制出的温度（增压空气冷却器下游的温度）和压力（增压空气冷却器下游的压力）信号来触发。但是，只要压力高于 1300 mbar 或冷却液温度高于 50℃，该泵就会开始工作。

发动机控制单元通过 PWM 插头用 PWM 信号来操控该泵。泵的电子装置从这个信号中计算出所请求的泵转速，于是启动电机来运转。如果该泵功能正常，那么泵的电子装置会将泵当前的转速信息反馈给发动机控制单元。在该泵的整个运行进程中，上述过程在反复地重复着。

（3）出现故障时的影响。

如果泵的电子装置识别出故障，那么 PWM 信号就会发生改变，发动机控制单元会对这个改变了的信号做出评估，根据故障类型做出相应的反应。

识别出故障时，发动机控制单元内会记录下该故障。

因为出故障时只有在全负荷情况下才能感觉到功率下降，且废气排放也没有恶化，所以指示灯也就不会亮。

如果该泵出现故障，发动机控制单元内不会发生直接的替代反应，但是增压空气温度仍处于被监控中，如果识别出这个温度过高了，那么发动机功率会降低。

如果该泵的信号线断路或者对正极短路，那么该泵就会切换到应急运行状态（发出 100% 的功率）。如果信号线对地短路，那么该泵就停止工作了。

2. 故障识别

识别出故障的话，就要试图保护该泵了。为此可能会降低该泵的转速。但也可能通过切断供电的方式来关闭该泵。如表 2-4-4 所示就是可能出现的故障及其影响。

表 2-4-4

泵识别出的故障	影响
因充注的冷却液过少而处于干运行状态（转速高于预计值）	转速降至 80%（最长 15min）
充注冷却液过少的时间 >15 min	泵被关闭
温度过高	转速分两步降至 80% 和 50%
温度过低（冷却液过凉，黏度大会增大电流消耗）	转速分两步降至 80% 和 50%
电压过高	如果电压 >20V，那么只要这个过压存在，泵就被关闭
叶轮卡住	泵被关闭，但泵会试图再次"晃开"
泵的电子装置温度 >160℃	只要温度过高，泵就被关闭

3. 售后服务中的诊断

可以进行如下的诊断工作：

①读出发动机故障存储器中记录的故障；

②故障导航检查表；

③读出测量数据块 109（奥迪 A6）——执行元件检查。

在进行执行元件检查时，泵会以不同的转速来工作，并由发动机控制单元来进行评估，因此不可打断执行元件的检查过程。

六、废气净化

（一）二次空气系统

为了满足 EU V 和 ULEV 排放标准而采取的另一项措施就是采用了二次空气系统，如图 2-4-53 所示。

二次空气系统用于快速加热催化净化器并降低废气中的有害物质。为此就在发动机冷启动后的一定时间内一直向

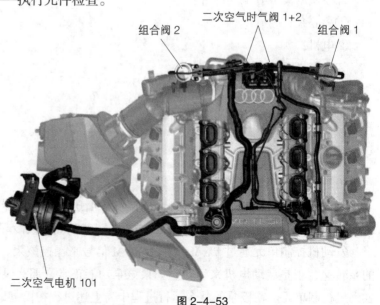

组合阀 2　二次空气时气阀 1+2　组合阀 1

二次空气电机 101

图 2-4-53

排气门后面的排气管中吹入空气。

于是废气中所含的和催化净化器中所聚积的未燃烧的碳氢化合物和一氧化碳就会与空气中的氧发生反应，释放出的热量使得催化净化器可以快速达到其起燃温度。

1. 与以前系统的不同之处

（1）在这个系统中为了满足 EUV 排放标准，使用了两个电动转换阀。而以前系统的两个组合阀通过二次空气进气阀 N112 来操控。

（2）在这个系统中为了满足 ULEV Ⅱ 排放标准，还另装了一个压力传感器（二次空气压力传感器 1G609）。该传感器直接就安装在通向两侧缸体的二次空气管的分气装置内。

2. 二次空气进气阀

这两个二次空气进气阀位于发动机的背面，用于操控两个组合阀，如图 2-4-54 所示。

这两个阀会接通真空源，并由发动机控制单元来操控。这个真空是由机械驱动的真空泵提供的。

二次空气进气阀 N112　　二次空气进气阀 2N320

组合阀 1　　　　　　　　　组合阀 2

图 2-4-54

3. 诊断

如果本系统有故障的话，可能很快就会超过废气排放规定的极限值了。不允许超过废气标准的 1.5 倍。因此立法者要求检查该系统。

注：二次空气进气阀的插头和软管绝对不可插混，否则系统就会出现故障。

4. EUV 排放标准发动机上的系统检查

对于 EUV 排放标准发动机来说，系统检查采用的是"以 λ 传感器为基础的二次空气诊断"。

在喷入二次空气的过程中，发动机控制单元通过废气中的氧含量变化来计算和评估二次空气量。

但是在正常的二次空气喷入过程中并不进行诊断，因为 λ 传感器很晚才达到正常工作温度。

要想进行这个诊断，必须单独进行该系统的操控，这个检查过程分几个阶段来进行。

（1）测量阶段。

二次空气泵被触发，二次空气阀（组合阀）被打开。发动机控制单元分析 λ 传感器信号，并将计算结果与极限值进行对比。如果没有达到极限值，就记录下一个故障。

（2）补偿阶段。

二次空气泵关闭后，就开始评估混合气的预混合质量的好坏。如果确定的值偏离很大，那么二次空气诊断结果就被驳回，于是就可判断混合气形成方面有问题。

5. ULEV 排放标准发动机上的系统检查（北美和南美）

加利福尼亚大气资源局（CARB）要求在催化净化器预热过程中就开始检查二次空气系统。

λ 传感器这时却不能足够快地达到工作温度，因此就使用了压力传感器（二次空气压力传感器 1G609）来做诊断用。该传感器使用的是"以压力为基础的二次空气诊断"。

在这个系统上，发动机控制单元分析的是 G609 的信号。

通过压力的大小来推断出喷入的空气量。系统内传感器后面的阻塞（比如因脏物）会导致压力升高，而传感器前面的阻塞或者系统漏气会导致压力降低。

6. 以压力为基础的二次空气诊断过程

如图 2-4-55 所示。

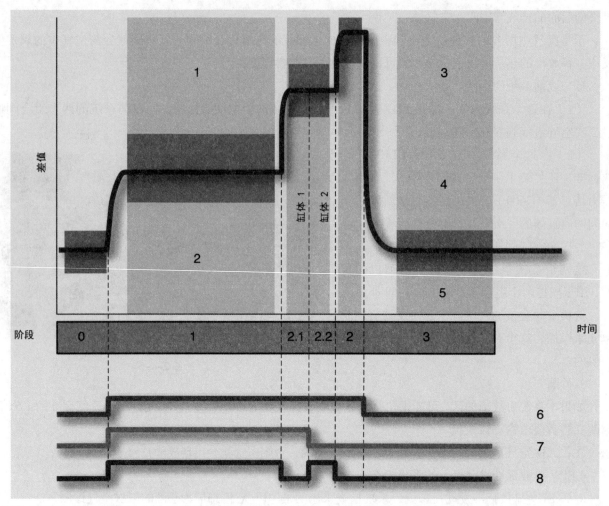

1.阻塞（节流） 2.泵功率降低或者二次空气压力传感器1G609前阻塞 3.二次空气泵在运行（没关闭） 4.压力传感器损坏 5.压力传感器损坏 6.二次空气泵在运行 7.组合阀1已打开 8.组合阀2已打开

图 2-4-55

（1）阶段 0。

点火开关打开时，控制单元就开始初始化了。这就将二次空气压力传感器 1G609 的信号存储起来了，并且与环境压力传感器和进气歧管压力传感器的信号做对比。

（2）阶段 1。

随着喷入的二次空气量的增多，二次空气系统内的压力也升高（达到约 90 mbar）。二次空气压力传感器 1G609 就是用来探测这个压力升高的。发动机控制单元会分析所产生的模拟信号。如果超过了预定的极限值（比如因系统阻塞或泄漏），就会记录下故障。再次出现故障时，发动机电子装置指示灯就会亮起，如果在阶段 1 无任何问题，那么诊断将继续进行。

（3）阶段 2.1 和 2.2。

短时间内这两个二次空气阀（组合阀）交替着一个打开、一个关闭。侦测到的值与阶段 0 中存储的值做对比，这样就可确定每侧缸体是否有阻塞或泄漏处。根据压力的高低甚至可以确定组合阀后部的泄漏处。

（4）阶段 2。

这时两个组合阀关闭，检查密封性。为此需要分析 G609 测得的值。

（5）阶段 3。

二次空气泵关闭，两个组合阀关闭。分析实际测得的压力值与阶段 0 中所存储值之间的差值。这就可识别是二次空气泵损坏（不能关闭）还是 G609 损坏。

七、燃油系统

（一）一览

（1）与装备有奥迪气门升程系统的 3.2L V6 FSI 发动机一样，3.0L V6 TFSI 发动机使用的也是按需调节的燃油系统，如图 2-4-56 所示。

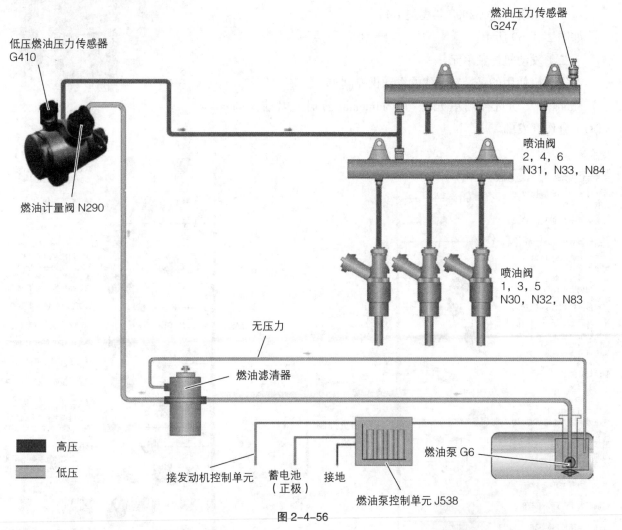

低压燃油压力传感器 G410

燃油计量阀 N290

燃油压力传感器 G247

喷油阀 2，4，6 N31，N33，N84

喷油阀 1，3，5 N30，N32，N83

无压力

燃油滤清器

高压
低压

接发动机控制单元　蓄电池（正极）　接地

燃油泵控制单元 J538

燃油泵 G6

图 2-4-56

（2）高压燃油泵。

使用的是第三代燃油泵。这种高压燃油泵是由 Hitachi（日立）公司生产的，如图 2-4-57 所示。

（二）喷油阀

使用的是与 Continental 公司（以前是 Siemens VDO）合作开发的喷油阀。

这种六孔式喷嘴是这样设计的：在发动机各种工况下都能保证燃油—空气混合气的最佳均质状态。

另外，还大大提高了喷油的出油量。这样就减小了喷油持续时间（在全负荷时小于 4ms）。

于是喷油窗就可以这样来选择：喷油开始不应过早（否则

图 2-4-57

活塞上就会积聚燃油），喷油结束不应过晚（否则点火时刻前的燃油—空气混合时间就太短了）。

这种新型的喷油阀在降低碳氢化合物排放、提高燃烧速度以及减小爆震趋势方面起到了重要的作用，如图 2-4-58 所示。

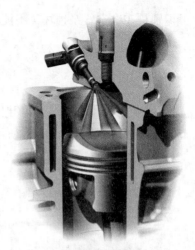

图 2-4-58

八、发动机管理系统

（一）系统一览（2009 年奥迪 A6）

如图 2-4-59 所示。

（二）发动机控制单元

本发动机使用的是最新一代的发动机控制单元。

Simos 8 发动机控制单元是与 Continental 公司（以前是 Siemens VDO）合作开发的。

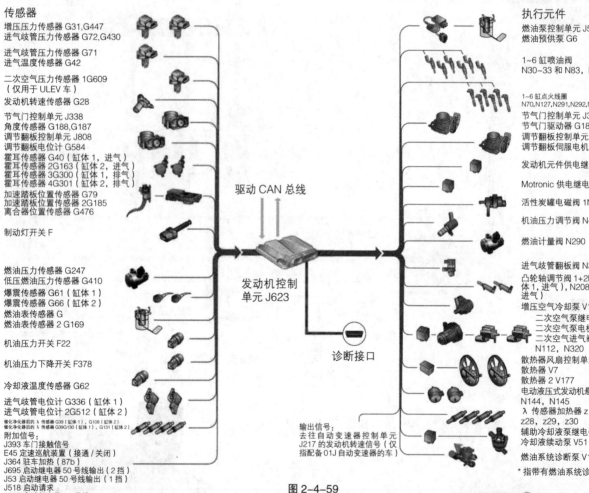

传感器

增压压力传感器 G31,G447
进气歧管压力传感器 G72,G430

进气歧管压力传感器 G71
进气温度传感器 G42

二次空气压力传感器 1G609
（仅用于 ULEV 车）

发动机转速传感器 G28

节气门控制单元 J338
角度传感器 G188,G187
调节翻板控制单元 J808
调节翻板电位计 G584
霍耳传感器 G40（缸体 1，进气）
霍耳传感器 2G163（缸体 2，进气）
霍耳传感器 3G300（缸体 1，排气）
霍耳传感器 4G301（缸体 2，排气）
加速踏板位置传感器 G79
加速踏板位置传感器 2G185
离合器位置传感器 G476

制动灯开关 F

燃油压力传感器 G247
低压燃油压力传感器 G410
爆震传感器 G61（缸体 1）
爆震传感器 G66（缸体 2）
燃油表传感器 G
燃油表传感器 2 G169

机油压力开关 F22

机油压力下降开关 F378

冷却液温度传感器 G62

进气歧管电位计 G336（缸体 1）
进气歧管电位计 2G512（缸体 2）
催化净化器前的 λ 传感器 G39（缸体 1），G108（缸体 2）
催化净化器后的 λ 传感器 G39G130（缸体 1），G131（缸体 2）
附加信号：
J393 车门接触信号
E45 定速巡航装置（接通／关闭）
J364 驻车加热（87b）
J695 启动继电器 50 号线输出（2 挡）
J53 启动继电器 50 号线输出（1 挡）
J518 启动请求
J518 启动机上的 50 号线

驱动 CAN 总线

发动机控制单元 J623

诊断接口

输出信号：
去往自动变速器控制单元 J217 的发动机转速信号（仅指配备 01J 自动变速器的车）

执行元件

燃油泵控制单元 J538
燃油预供泵 G6

1~6 缸喷油阀
N30~33 和 N83, N84

1~6 缸点火线圈
N70,N127,N291,N292,N323,N324
节气门控制单元 J338
节气门驱动器 G186
调节翻板控制单元 J808
调节翻板伺服电机 V380

发动机元件供电继电器 J757

Motronic 供电继电器 J271

活性炭罐电磁阀 1N80

机油压力调节阀 N428

燃油计量阀 N290

进气歧管翻板阀 N316

凸轮轴调节阀 1+2N205（缸体 1，进气），N208（缸体 2，进气）

增压空气冷却泵 V188
二次空气泵继电器 J299
二次空气泵电机 V101
二次空气进气阀 1+2 N112，N320

散热器风扇控制单元 J293
散热器 V7
散热器 2 V177
电动液压式发动机悬置电磁阀 N144，N145
λ 传感器加热器 z19，z28，z29，z30
辅助冷却液泵继电器 J496
冷却液续动泵 V51

燃油系统诊断泵 V144*

* 指带有燃油系统诊断泵的车

图 2-4-59

为了保证所需要的功能（包括必要的诊断和应急运行功能），在开发该控制单元时特别注意了无节流式负荷调节，如图 2-4-60 所示。

FSI 喷油方式在工作时使用的是均质混合气。

就是说，燃油在被吸入燃烧室内的过程中被全部喷入。

图 2-4-60

例外的情况是发动机启动时和预热运行阶段，这两种工作方式详见下面所述。

1. 发动机启动

发动机的启动阶段采用的是高压安全启动。

为此要将燃油压力提升到45~100bar。燃油压力大小取决于发动机的温度，温度较低时，燃油压力要高一些。

这种高压安全启动的工作范围：冷却液温度在 −24℃到发动机正常工作温度（90℃）之间。

当冷却液温度低于 −24℃时，为了保护部件，采用的是"低压"启动。这个压力就是燃油箱内电动燃油泵的压力。

2. 冷启动 / 预热阶段

这时采用的是两次喷射的工作方式，也叫作"均质分开模式"（HOSP）。

也就是说，燃油分成两部分在不同时刻喷入燃烧室内。喷射窗分别在活塞的下止点前和后。在第二次喷油时，进气门已经关闭了。

"均质分开模式"（HOSP）有两个用途：

（1）第一个用途叫作"冷启动"，这种情况下总是使用这种模式，用于催化净化器的预热且在冷却液温度为 −7~45℃之间时才工作。

（2）第二个用途叫作"预热"，只在负荷较大时才工作。这种模式用于优化负荷和转速，也用于降低炭烟排放。其工作温度范围为 −20~45℃。这时的第二次喷油要比冷启动时晚一些。

九、维修保养

（一）保养范围

如表 2-4-5 和表 2-4-6 所示。

表 2-4-5

保养工作	保养周期
采用长寿命（Long Life）保养的发动机机油更换周期	最多 30 000 km 或者最长 24 个月，按 SIA [1]（更换周期取决于驾驶方式）
发动机机油规格	VW 50 400
不采用长寿命（Long Life）保养的发动机机油更换周期	固定周期 15 000km 或 12 个月（先到为准）
发动机机油规格	VW50 400 或 50 200
发动机机油滤清器的更换周期	每次换机油时均要更换
售后服务时的机油更换量（包括机油滤清器）	6.5L
抽取 / 排放发动机机油	两种都可以
空气滤清器更换周期	90 000km
燃油滤清器更换周期	终生不必更换
火花塞更换周期	90 000km 或 6 年（先到为准）

注：1）SIA = 保养周期指示器。

表 2-4-6

配气机构和辅助机构	保养周期
附件机构（不包括罗茨增压器）的多楔皮带的更换间隔	终生不必更换
罗茨增压器的多楔皮带的更换间隔	120 000km
两个多楔皮带的张紧系统	终生不必更换
链条配气系统	终生不必更换
链条配气系统的张紧系统	终生不必更换

（二）专用工具

配备罗茨增压器的 3.0L V6 TFSI 发动机专用工具：

1. T40206/1 变速器支撑板

如图 2-4-61 所示。

2. T40206/2 增压模块支承

如图 2-4-62 所示。

十、奥迪 Q7（4M）发动机技术特点

汽油发动机。

（一）3.0L V6 TFSI 发动机的扭矩功率曲线图

如图 2-4-63、图 2-4-64 和表 2-4-7 所示。

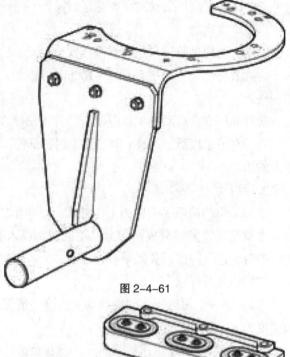

图 2-4-61

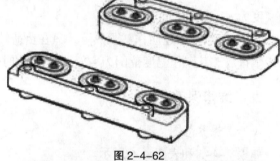

图 2-4-62

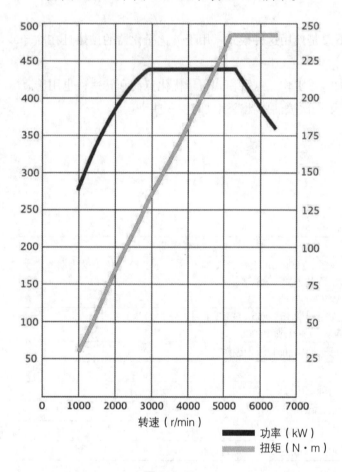

图 2-4-63

图 2-4-64

表 2-4-7

特征	技术数据
发动机型号代码	CREC
结构类型	6 缸 V 形发动机，90° V 形夹角
排量（cm³）	2995
冲程（mm）	89
缸径（mm）	84.5
每缸气门数	4

特征	技术数据
点火顺序	1-4-3-6-2-5
压缩比	10.8：1
功率（kW，r/min）	245，5500~6500
扭矩（N·m，r/min）	440，2900~5300
燃料	超级无铅汽油，辛烷值95
发动机管理系统	Simos
增压系统	可关闭式压缩机（罗茨鼓风机）
空燃比控制	两个前尾气催化净化器氧传感器和两个后尾气催化净化器氧传感器
混合气制备	FSI（分层直接喷射）和MPI（进气歧管喷射）混合喷射
排放标准	EU6
CO_2排放量（g/km）	179

（二）3.0L V6 TFSI 发动机的冷却液循环回路

如图2-4-65所示。

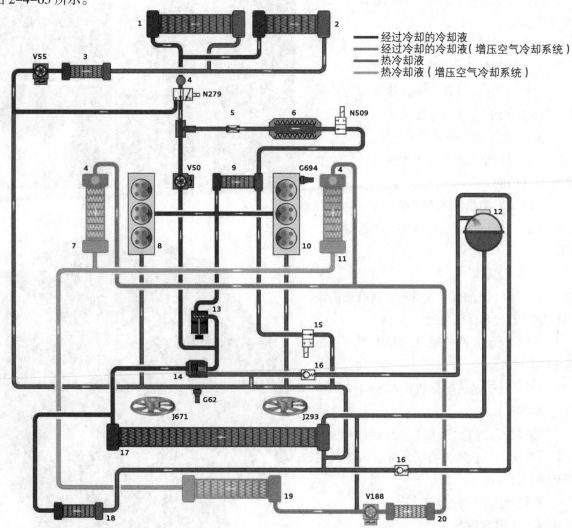

1.加热装置前部热交换器 2.加热装置后部热交换器 3.驻车加热装置 4.通风螺栓 5.节流阀 6.ATF散热器 7.右侧增压空气冷却器 8.气缸列1气缸盖 9.发动机机油散热器 10.气缸列2气缸盖 11.左侧增压空气冷却器 12.冷却液膨胀罐 13.可切换式冷却液泵 14.冷却液调节器 15.冷却液单向阀 16.单向阀 17.冷却液散热器 18.辅助水冷器 19.增压空气冷却循环回路的前部散热器 20.增压空气冷却循环回路的左侧散热器 G62.冷却液温度传感器 G694.发动机温度调节装置的温度传感器 J293.散热器风扇控制单元 J671.散热器风扇控制单元2 N279.加热装置冷却液单向阀 N509.变速器油冷却阀 V50.冷却液循环泵 V55.循环泵 V188.增压空气冷却泵

图2-4-65

第五节　EA839　3.0T 发动机

一、概述

EA839 系列新型 3.0L V6 TFSI 发动机取代了以前使用的 EA837 系列的 3.0L V6 TFSI 发动机，如图 2-5-1 所示。这种新发动机首次是用在了奥迪 S4（车型 8W）上。与前代机型相比，这种新发动机性能更好且油耗更低。这种新型发动机可有多个功率等级，可以是单涡轮增压，也可以是双涡轮增压，可用于奥迪车，也可用于大众集团的其他车型。该发动机的开发目标，除了满足用户对降低油耗的需求外，还要满足符合所有市场的废气排放要求。这些目标是通过以下措施来实现的：减小摩擦，创新温度管理，轻结构和最新发动机管理系统。

这种新型 V6 发动机的其他创新点有：

（1）机油循环由节温器来操控。

（2）气缸盖带有一体式排气歧管并采用"热端在内"（HSI）技术。

（3）新正时机构带有平衡轴。

（4）新燃烧方式（米勒循环），喷油阀布置在中间。

（一）发动机说明和特点

（1）V 形 6 缸汽油发动机，如图 2-5-2 所示。

（2）铝缸体。

（3）FSI 汽油直喷发动机，带有按需调节的高压系统和低压系统。

（4）双顶置凸轮轴气门操控机构，每缸四气门。

（5）废气涡轮增压机构位于内 V 形中（热端在内）。

（6）按需调节式低压和高压燃油系统。

（7）可变进气门调节，带有奥迪气门升程系统（AVS）。

（8）增压空气直接冷却。

图 2-5-1

（二）技术数据

3.0L V6 TFSI 发动机扭矩—功率特性曲线（发动机代码 CWGD），如图 2-5-3 和表 2-5-1 所示。

图 2-5-2

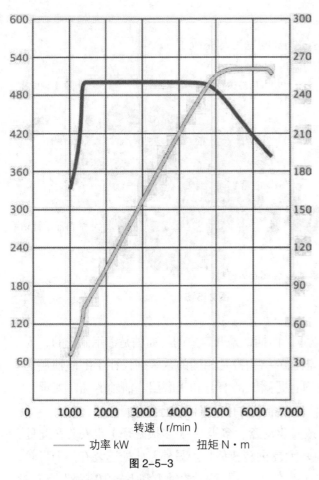

图 2-5-3

—— 功率 kW　　　—— 扭矩 N·m

表 2-5-1

特点	技术数据
发动机代码	CWGD
结构形式	6 缸，90° V 形角
排量（cm³）	2995
行程（mm）	89
缸径（mm）	84.5
缸距（mm）	93
每缸气门数	4
点火顺序	1-4-3-6-2-5
压缩比	11.2∶1
功率（kW），转速（r/min）	260，5400~6400
扭矩（N·m），转速（r/min）	500，1370~4500
燃油	高级无铅汽油 ROZ95
增压系统	废气涡轮增压器（最大增压压力 2.3 bar）
发动机管理系统	Bosch MDG 1
发动机重量（kg）	172
废气净化	两个靠近发动机的陶瓷催化净化器，催化净化器前和后有 λ 传感器
排放标准	EU6ZD/ULEV50

二、发动机机械部分

（一）缸体

缸体采用闭顶式结构，使用亚共晶铝合金采用砂型铸造工艺制成。气缸工作表面采用 GJL 薄壁衬套，其壁厚为 1.5 mm 并采用热压配合（冷缩）。

缸体侧壁下拉很多（所谓的长裙式结构），这样的话就可以用螺栓横向固定主轴承盖。与座板结构相比，可以降低重量和成本。

气缸工作表面加工采用螺旋滑动珩磨并使用了珩磨架。采用这种改进的珩磨方式，可以降低发动机摩擦损失功率。

如图 2-5-4 和表 2-5-2 所示。

表 2-5-2

材质	AlSi8Cu3
气缸排夹角	90°
缸距	93 mm
气缸排偏移	19.5 mm
缸径	84.5 mm

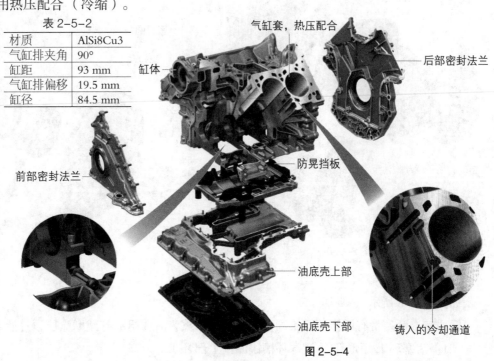

图 2-5-4

气缸套，热压配合
后部密封法兰
缸体
防晃挡板
前部密封法兰
油底壳上部
油底壳下部
铸入的冷却通道

1. 气缸间壁冷却

由于缸距从 90mm 增大至 93mm，就可以实现铸造的气缸间壁冷却系统了。

这样的话，与 EA837 系列发动机相比，气缸间壁的温度要低于 20 ℃ 。

2. 平衡轴

内 V 形中的平衡轴是通过一对齿轮副曲轴来驱动的。该平衡轴转速与发动机转速相同，但旋转方向与发动机旋转方向相反。这样就可平衡一阶质量矩。为了降低摩擦功率，平衡轴是用滚针轴承支承在缸体上的，如图 2-5-5 所示。

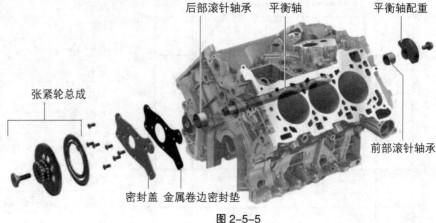

图 2-5-5

（二）曲柄连杆机构

1. 曲轴

这款 3.0L V6 TSFI 发动机的曲轴采用 4 个轴承来支承，曲柄销是开口式的。曲轴是锻钢制成的，为了提高强度，所有圆角半径处都经过感应淬火处理。主轴瓦的结构都是相同的，区别仅在于上部轴瓦上有个槽。轴瓦由钢背和铝合金构成，铝合金既是减摩材料也是耐磨的磨合和干磨层。曲轴的径向支承是由第三个主轴承负责的。曲轴有 6 个平衡配重。曲轴上呈 T 形布置的孔负责润滑连杆轴承。

根据变速器型号，动力输出端用螺栓连接着飞轮或者驱动盘。多极轮（多极磁环）也安装在此处，多极磁环与发动机转速传感器 G28 一起 为发动机控制单元提供转速信号。另外，此处还装有一个齿轮，用于驱动正时机构，该齿轮是压配到曲轴上的。为了保证正确的配气相位，曲轴上和齿轮内侧都设有花键。皮带端热压配合的链轮会驱动机油泵。借助 Hirth 花键和中央螺栓将皮带轮固定住（这个皮带轮也就是扭转减震器）。通过定位销来保证皮带轮相对于上止点标记处于正确安装位置，如图 2-5-6 和图 2-5-7 所示。

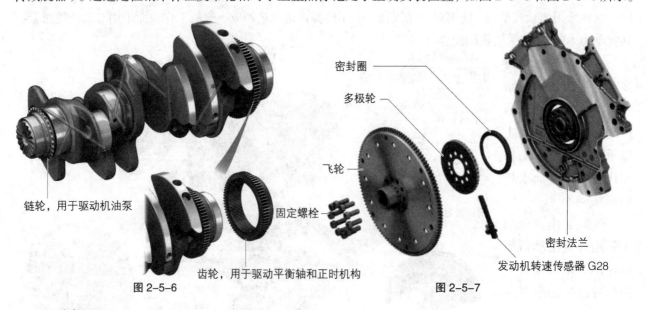

图 2-5-6

图 2-5-7

2. 活塞

如图 2-5-8 所示。

铝质铸造活塞带有活塞环槽镶圈，为了减小摩擦，活塞裙部有减摩涂层，且活塞环的总切向力很小。

（1）活塞环 1: 矩形环（活塞环槽镶圈内上部环）。

（2）活塞环2：锥形环。

（3）活塞环3：3件式刮油环（1个弹簧，2个薄片）。

还有一项降低摩擦功率的措施：增大活塞安装间隙（约0.06 mm）。

（1）活塞名义尺寸（包括涂层；磨损量0.04mm）84.45mm。

（2）缸径名义尺寸84.510±0.005mm。

3. 连杆

裂解式梯形连杆是用高强

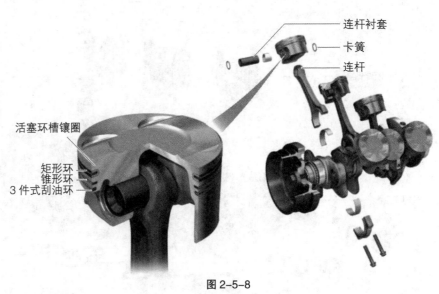

图 2-5-8

度钢制成的。活塞销直径为20 mm。连杆小头的衬套是用铜合金制成的。连杆轴承宽为16.8 mm，两个轴瓦是相同的。轴承是三元轴承：钢的基体、铋—青铜合金的中间层和薄薄一层抗磨层（是由铋晶体制成的）。

（三）缸盖和气门机构

1. 全新设计的缸盖技术特点

特点如表2-5-3所示。

（1）顶置双凸轮轴，每缸4个气门。

（2）滚子摇臂。

（3）一体式排气歧管（IAGK）。

（4）热端在内（HIS）。

（5）新直喷燃烧方式，喷油阀在中间位置。

（6）奥迪气门升程系统（AVS）在进气侧，有两个不同的气门升程和动作时长（扩展的米勒循环）。

（7）进气门：淬火并调质处理。

（8）排气门：淬火并调质处理，气门杆空心且内部充钠。

2. 气缸排1缸盖进气侧视图

如图2-5-9所示。

3. 结构

如图2-5-10所示。

4. 凸轮轴

每个气缸排上有两根凸轮轴，一根凸轮轴驱动每个气缸的两个进气门，另一根凸轮轴驱动每个气

表 2-5-3

材质	AlSi7MgCu0.5
缸距	93mm
缸距	84.5mm
进气气门锥角 α	23.6°
排气气门锥角 α	25.2°
进气气门直径	32 mm
排气气门直径	28 mm

图 2-5-9

缸的两个排气门。凸轮轴是通过四个巴氏合金轴承支承在气缸盖罩上的，轴承的一部分是集成在气缸盖罩上的。四个单独的轴承盖覆盖着进气凸轮轴和排气凸轮轴，它们构成了轴承的另一侧。

凸轮轴是由正时机构（链条传动）通过液压叶片式调节器（带有三椭圆链轮）来驱动的。从凸轮轴到气门的力的传递是通过滚子摇臂和液压挺杆来实现的。为了减少发动机的摩擦，摇臂是配有机油喷嘴的。为了调整和检查正时情况，在所有凸轮轴的末端（皮带侧）都加工出凹槽。用于固定凸轮轴的专用工具

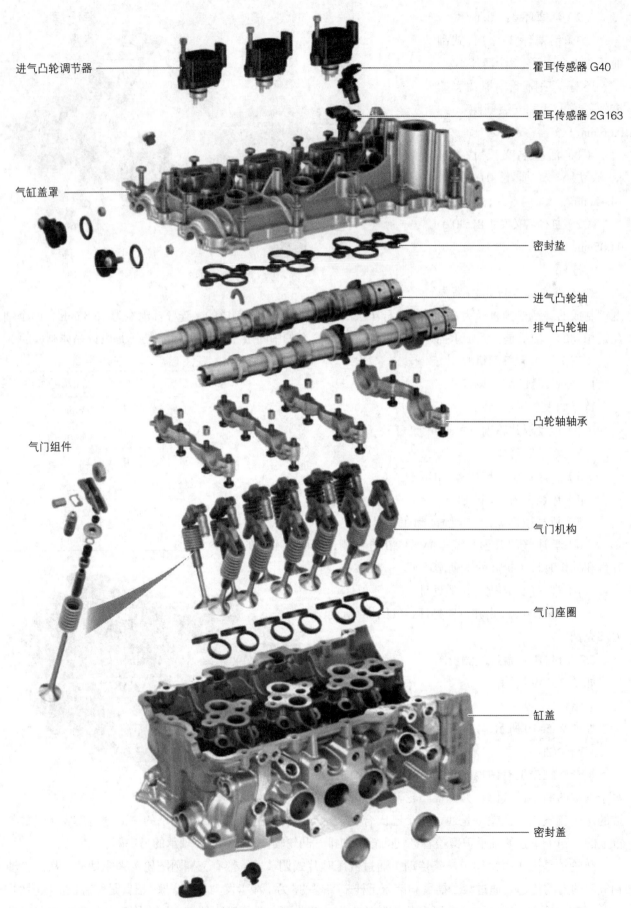

进气凸轮调节器

霍耳传感器 G40

霍耳传感器 2G163

气缸盖罩

密封垫

进气凸轮轴

排气凸轮轴

凸轮轴轴承

气门组件

气门机构

气门座圈

缸盖

密封盖

图 2-5-10

T40331 就卡在凹槽内并将凸轮轴固定在发动机的初始位置上。

每个凸轮轴都配有一个传感器靶轮，用于识别凸轮轴位置。

5. 气缸排 1 上气缸盖罩
如图 2-5-11 所示。

6. 轴向定位
如图 2-5-12 所示。

进气凸轮轴以及气缸盖罩上加工有槽，这些槽就是用来轴向定位的，轴向止推垫圈就卡在这些槽内。

对于排气凸轮轴来说，轴向定位是通过凸轮轴上的凸轮来保证的，凸轮支承在凸轮轴轴承侧面上。

7. 气缸盖罩上的降噪措施

另有一个降噪措施：每个气缸盖罩上方都装有一个两件式（就是双体式）隔音件（是用聚氨酯制成的），如图 2-5-13 所示。

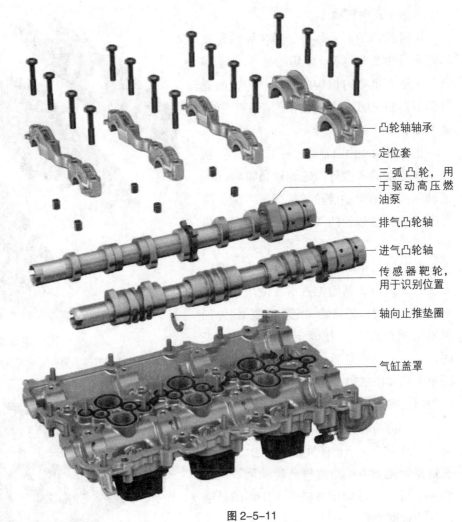

凸轮轴轴承
定位套
三弧凸轮，用于驱动高压燃油泵
排气凸轮轴
进气凸轮轴
传感器靶轮，用于识别位置
轴向止推垫圈
气缸盖罩

图 2-5-11

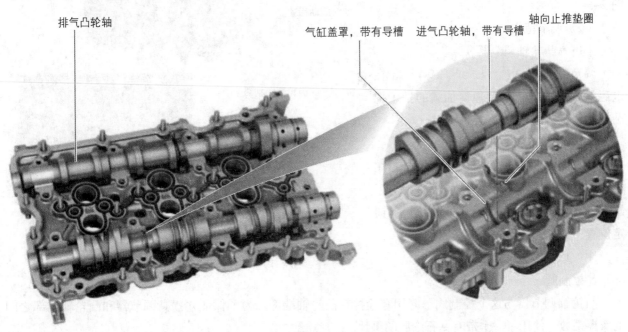

排气凸轮轴

气缸盖罩，带有导槽　进气凸轮轴，带有导槽　轴向止推垫圈

图 2-5-12

351

（四）正时机构

正时机构的开发目标，最主要的是要降低重量和摩擦功率。使用的是 8mm 套筒链。为了降低正时机构的转动质量，凸轮轴调节器的三椭圆链轮是用烧结铝制成的，如图 2-5-14 所示。

正时机构是由曲轴通过一对齿轮副（初级）来驱动的。这对齿轮副还负责驱动平衡轴和凸轮轴驱动链轮（次级）。为了降低噪声和补偿齿轮的间隙，配备有张紧齿轮。

说明：当第 2 缸处于点火上止点时，发动机就是位于初始位置了。使用专用工具 T40264/3 可以把曲轴固定在减震器上（如果发动机已拆下，用固定螺栓 T40069 来固定）。在这个位置，必须能插入凸轮轴固定工具 T40332/1。在装配中，三椭圆链轮必须正确定位。

1. 凸轮轴调节

在这款 3.0L V6 TFSI 发动机上，每个气缸排上配备有一个进气凸轮轴调节机构和一个排气凸轮轴调节机构，使用的是液压叶片式调节器，如图 2-5-15 所示。

（1）进气凸轮轴的叶片式调节器，如图 2-5-16 所示。

（2）调节范围。

①进气凸轮轴调节器。

调节范围达 25°（50° KW^1）。在电磁铁未通电时，借助弹簧加载的销子把凸轮轴锁定在延迟位置。

②排气凸轮轴调节器。

调节范围达 25°（50° KW^1）。在电磁铁未通电时，借助弹簧加载的销子把凸轮轴锁定在提前位置。为了保证到达锁定位置，使用了一个辅助弹簧。

注：1）KW = 曲轴角。

2. 控制阀

凸轮轴调节器与这个控制阀一起用螺栓拧在凸轮轴端部。为了保证并提高调节器和凸轮轴端部之间的摩擦系数，使用了一个带有钻石涂层的垫片。

功能：发动机控制单元借助于占空比（脉冲宽度调制，缩写为 PWM）来激活凸轮轴调节阀 N205、

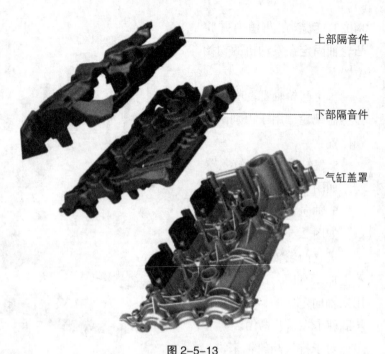

上部隔音件
下部隔音件
气缸盖罩

图 2-5-13

凸轮轴调节器，带有三椭圆链轮
次级驱动齿轮
齿轮副（初级）
次级驱动齿轮
次级驱动的正时标记，必须对齐
曲轴正时齿轮

图 2-5-14

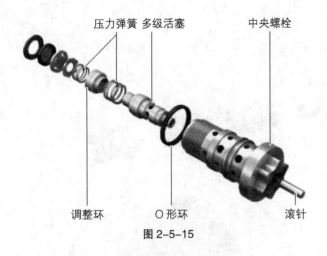

图 2-5-15

图中标注：压力弹簧　多级活塞　中央螺栓　调整环　O 形环　滚针

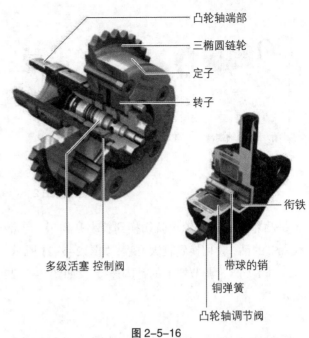

图 2-5-16

图中标注：凸轮轴端部　三椭圆链轮　定子　转子　衔铁　多级活塞　控制阀　带球的销　铜弹簧　凸轮轴调节阀

N208、N318、N319（电磁铁）。调节器的销子被产生的磁力移动到某特定位置，该销子通过滚针顶着压力弹簧的力推动控制阀内的多级活塞，于是就将发动机机油送入叶片式调节器相应的腔内了。叶片式调节器旋转，凸轮轴就转至所希望的位置了，具体位置由各自的霍耳传感器来监控着。凸轮轴调节阀用螺栓固定在链条盒端盖上。

3. 配气相位图

此处展示的排气凸轮轴和进气凸轮轴以大升程和小升程（AVS）工作时的调节过程，如图 2-5-17 所示。

4. 奥迪气门升程系统（AVS）

这款 3.0L V6 TFSI 发动机上的气门升程系统布置在进气一侧，有两个不同的凸轮升程和动作时长。在部分负荷时（米勒循环），130°KW 的进气门开启持续时间很短，进气门提前关闭。

另外，两个进气气门的气门升程都被限制为 6mm。超过了部分负荷范围时，就会切换到大的凸轮升程上来工作了。凸轮形状的最大升程就对应着最大功率，如图 2-5-18 和图 2-5-19 所示。

5. 凸轮外形

如图 2-5-20 所示。

说明：在已拆下凸轮轴时，可以拔下凸轮。这些凸轮无标记也无机械编码，为了保证配气相位正确，如果凸轮已拔下了，必须使用新凸轮轴。

6. 凸轮调节器的匹配

每个气缸各有一个凸轮调节器和一个凸轮块。每个凸轮块有两个凸轮外形，用于两个进气门。如果发动机控制单元激活相应凸轮调节器内的线圈1，那么就会切换到较小的凸轮升程了。挺杆1就伸出，

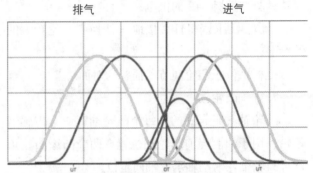

排气　　　　进气

图例：
凸轮轴调节器处于锁止位置（进气凸轮轴在延迟位置，排气凸轮轴在提前位置）
凸轮轴调节器处于最大调节位置（进气凸轮轴在提前位置，排气凸轮轴在延迟位置）

图 2-5-17

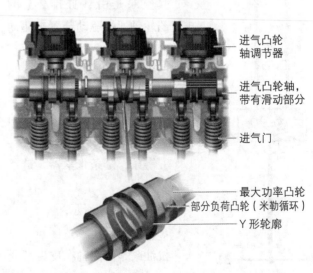

图中标注：进气凸轮轴调节器　进气凸轮轴，带有滑动部分　进气门　最大功率凸轮　部分负荷凸轮（米勒循环）　Y 形轮廓

图 2-5-18

353

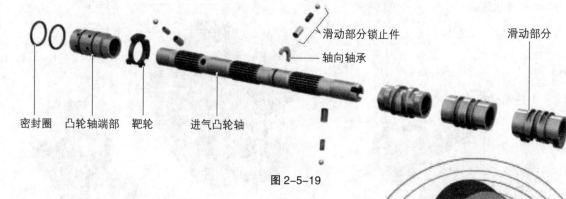

密封圈　凸轮轴端部　靶轮　　进气凸轮轴　　　　　　　滑动部分锁止件　　　　　滑动部分

轴向轴承

图 2-5-19

于是凸轮轴上的凸轮块就切换到较小升程了。激活线圈 2 的话，会切换到较大升程，如图 2-5-21 所示。

（1）凸轮调节器上的针脚连接，如图 2-5-22 所示。

说明：

针脚 1 线圈 / 挺杆 1 接地 = 切换到凸轮较小的外形上；

针脚 2 针脚 1+2 的供电；

针脚 3 线圈 / 挺杆 2 接地 = 切换到凸轮较大的外形上；

挺杆 1 位于凸轮调节器插头的对面。

7. 排气凸轮轴

凸轮轴是组合式的，每个凸轮轴有一个传感器靶轮，用于侦测当前凸轮轴位置。两个凸缘凸轮负责将凸轮轴在滑动轴承上轴向定位。

高压燃油泵是由气缸排 1 上的排气凸轮轴通过三弧凸轮来驱动的。

真空泵是由气缸排 2 上的排气凸轮轴通过驱动装置来驱动的。

（1）气缸排 1 上的排气凸轮轴，如图 2-5-23 所示。

（2）气缸排 2 上的排气凸轮轴，如图 2-5-24 所示。

8. 链条，链条张紧器，链条导向装置

如图 2-5-25 所示。

（1）机油泵驱动。

机油泵是由曲轴在皮带端通过 7mm 的套筒链来驱动的，该

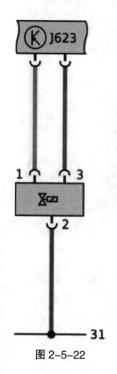

图 2-5-22

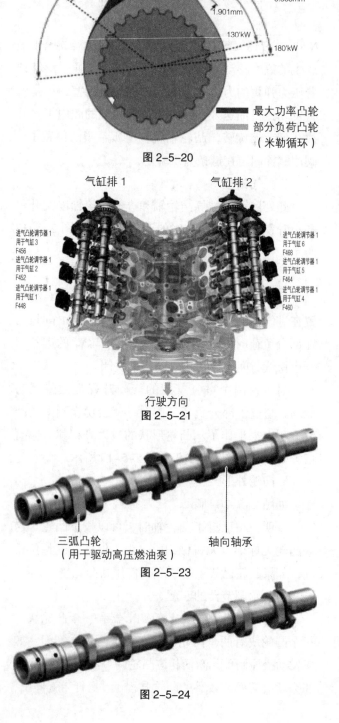

3.66'mm
5.568mm
1.901mm
130'kW
180'kW

▬ 最大功率凸轮
▬ 部分负荷凸轮
（米勒循环）

图 2-5-20

气缸排 1　　　　气缸排 2

进气凸轮调节器 1
用于气缸 3
F456
进气凸轮调节器 1
用于气缸 2
F452
进气凸轮调节器 1
用于气缸 1
F448

进气凸轮调节器 1
用于气缸 6
F468
进气凸轮调节器 1
用于气缸 5
F464
进气凸轮调节器 1
用于气缸 4
F460

行驶方向
图 2-5-21

三弧凸轮
（用于驱动高压燃油泵）　　　　轴向轴承
图 2-5-23

图 2-5-24

链条是通过聚酰胺板簧链条张紧器张紧的，无液压阻尼。这种简单而结实的结构成本很低，另外，还减少了循环机油量。

（2）正时机构。

为了给8mm正时链条导向，就使用了聚酰胺制的滑轨和张紧轨。链条张紧器通过弹簧力来工作，并加载上发动机机油压力，这也就有阻尼减震作用了。

（五）曲轴箱通风和燃油箱通风

尽管任务不同，但是这些系统

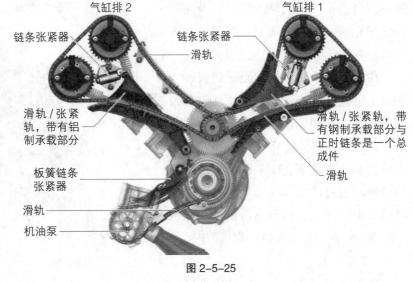

图 2-5-25

的功能特点是相同的。通风系统的作用，在于防止来自燃油箱或者发动机的气体进入大气。

但是也必须保证像发动机通风这样的系统，能以可控的方式来获得新鲜空气供给。

1. 曲轴箱通风

曲轴箱的通风是通过气缸排2来实现的。窜气是从缸体内的机油隔板后面提取的，窜气从这里经油底壳上部和缸体内的通道去往缸盖。通风模块用螺栓拧紧在气缸排2的气缸盖罩上，窜气就在这里被仔细净化。机油分离模块分离出的机油会被收集在模块的机油收集腔内，此处有一个重力阀，该重力阀在下述情形时就会打开：

①机油柱超过8mbar；

②发动机停机后；

③在发动机怠速时。

机油经缸盖和缸体内的回流通道流回油底壳内。在机油分离模块的出口，安装有压力调节阀，该阀是按150mbar的曲轴箱压力设计的。根据发动机的负荷（发动机运行过程中空气供给的压缩比），会把净化后的窜气引入废气涡轮增压器前或者节气门后。工作所需的自动机械式膜片阀集成在通气管总成[1]上，如图2-5-26所示。

注：1）总成指的是一组件或者一个部件。

（1）机油细分离器。

该系统的壳体内包含：机油加注盖支架，机油细分离器，压力调节阀，气缸盖罩的密封垫，安装螺栓和固定螺栓，分离出的机油的收

图 2-5-26

集腔，自动排气用的重力阀，以及用于分配净化后的窜气的阀总成接口。这个机油分离器是固定在气缸盖罩上的。

在通风模块中，窜气是通过机油加注盖下面的带冲击隔板的腔来实施机油细分离的。中间腔内有两个冲击器，窜气在冲击器内要流经纤维网，纤维网的作用就是分离油雾，于是就形成了极小的油滴。通过改变流动方向，这些小油滴因重力原因就会附到下游的冲击隔板上。滴下的机油汇集在机油收集腔内。

（2）功能。

在大容积缸盖内，窜气的流速就降下来了，缸盖起到机油粗分离器的作用。

冲击器是按照一定的容积流量设计的，一旦超过了这个容积流量，冲击器就会顶着弹簧力而打开，一部分窜气就被排掉了，如图2-5-27和图2-5-28所示。

2. 曲轴箱强制通风PCV

这款3.0L V6 TFSI发动机的曲轴箱强制通风系统布置在缸体上方。由于该系统安装在发动机热的区域，因此在温度不低于-40℃的情况下，可有效防止系统结冰。

为了保证发动机在所有负荷情况下都有充足的空气供给，可在不同位置抽取空气。为了方便操控，就把自动工作的止回阀安装在通风管中了。该通风系统是按照最大通风量为60L/min设计的，具体是使用直径为1.5mm的节流阀（该阀安装在进气点处）来实现的。

新鲜空气是从内V形内机油冷却器旁的接口引入的，新鲜空气取自发动机进气道，如图2-5-29所示。

3. 油箱通风（活性炭罐）

在发动机运行过程中，发动机控制单元会将活性炭罐内收集到的燃油蒸气抽走并送去燃烧。为此，发动机控制单元会激活活性炭罐阀，于是活性炭罐通

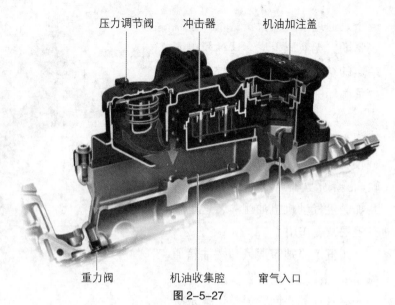

压力调节阀　　冲击器　　机油加注盖

重力阀　　机油收集腔　　窜气入口

图 2-5-27

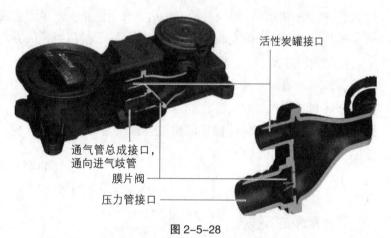

活性炭罐接口

通气管总成接口，通向进气歧管

膜片阀

压力管接口

图 2-5-28

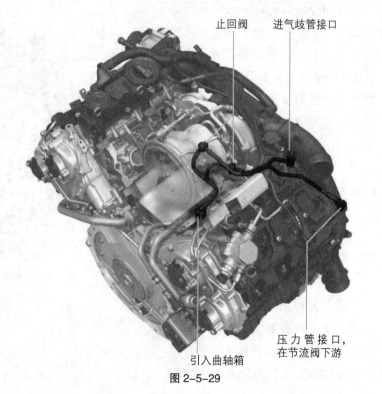

止回阀　　进气歧管接口

引入曲轴箱

压力管接口，在节流阀下游

图 2-5-29

向发动机进气道的通路就打开了。根据空气道内的压缩比情况，燃油蒸气会被引入不同位置（由止回阀来操控）。

在怠速和负荷较低时（空气道内局部真空），燃油蒸气会通过阀总成被引至曲轴箱通风系统处，再从这里被引至通风管总成，于是就进入了进气歧管。在涡轮增压器工作时，燃油蒸气是在涡轮的吸气侧引入的。

在进气歧管内没有真空产生的特性曲线范围内，油箱排出的空气会被引入涡轮增压器的压气机壳体内。这是通过一个文丘里喷嘴来实现的，该喷嘴利用了压气机压力侧和吸气侧之间的压力差。因空气气流加速了，就产生了真空，真空就被用来实现油箱通风。

"通气管总成"内有一个油箱通风压力传感器 1 G950，在活性炭罐阀下游。该压力传感器用于监测活性炭罐管路内是否有足够的真空。如果没有插好活性炭罐管路或者该管路泄漏了，那么就无法测量到压力差，于是故障指示灯就会亮起。该功能只在北美市场的车型上才有，世界其他地区的车型上无此传感器，只有个橡胶件，用于封闭，如图 2-5-30 所示。

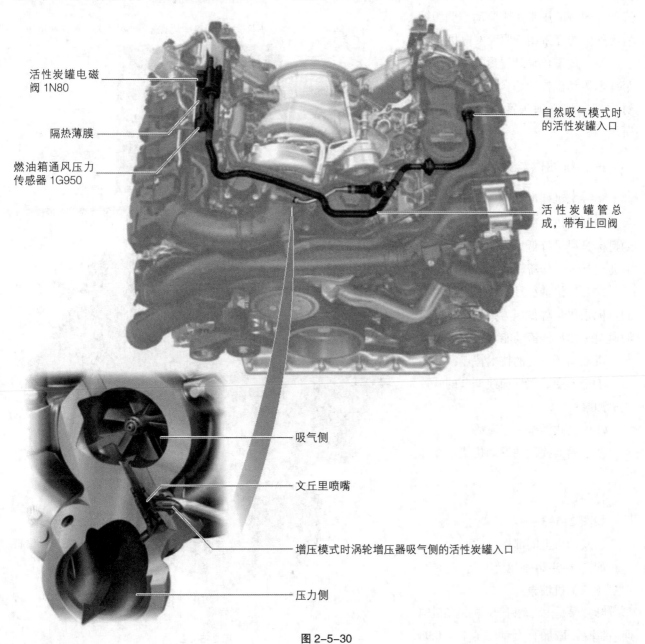

活性炭罐电磁
阀 1N80

隔热薄膜

燃油箱通风压力
传感器 1G950

自然吸气模式时
的活性炭罐入口

活性炭罐管总
成，带有止回阀

吸气侧

文丘里喷嘴

增压模式时涡轮增压器吸气侧的活性炭罐入口

压力侧

图 2-5-30

357

4. 真空供给

在发动机运行过程中，由真空泵来负责真空供给，该真空泵由气缸排 2 上的排气凸轮轴来驱动。

在发动机转速很低时，如果进气管路中有真空了，也仍会在气缸排 2 的进气歧管接口处提供真空（真空分配元件带有止回阀），如图 2-5-31 所示。

5. 皮带传动

辅助装置有曲轴减震器借助多楔皮带来驱动。该皮带传动装置是两件式的，内侧的皮带用于驱动空调压缩机，外侧的皮带用于驱动发电机。

整个皮带传动装置无须保养。两个皮带传动机构使用自动张紧装置来对皮带实施正确张紧，如图 2-5-32 所示。

三、机油供给系统

（一）机油循环

在开发机油循环系统时，最主要的目标是尽量降低压力损失。因此机油通道是按最佳流动能力来设计的。

在开发机油循环系统时，最主要的目标是尽量降低压力损失，因此机油通道是按最佳流动能力来设计的。

机油循环系统的技术特点：

① 全可变式特性曲线调节的叶片式机油泵；

② 可控式活塞冷却喷嘴；

③ 节温器控制的发动机机油冷却器。

1. 一览

如图 2-5-33 所示。

2. 发动机上的部件

如图 2-5-34 所示。

（二）机油泵

叶片泵是由发动机前端的链条机构通过曲轴来驱动的，传动比是 1 ：0.94

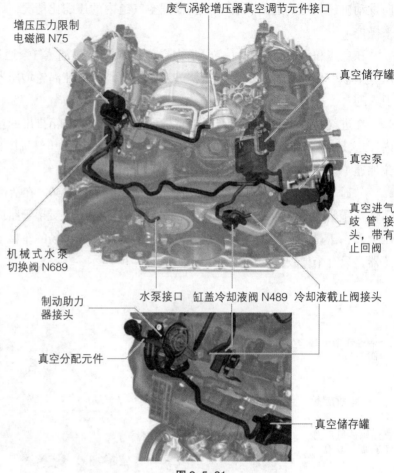

图 2-5-31

图 2-5-32

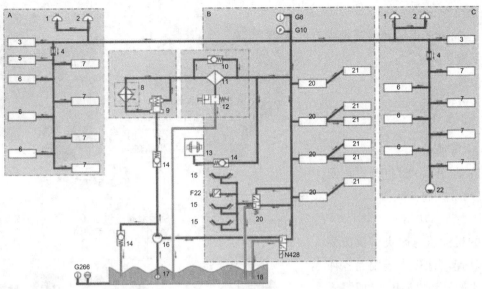

A.缸盖1　B.缸体　C.缸盖2　1.进气凸轮轴调节器　2.排气凸轮轴调节器　3.链条张紧器　4.节流阀　5.高压燃油泵　6.液压气门间隙补偿元件　7.凸轮轴轴承　8.机油/冷却液热交换器（发动机机油冷却器）　9.发动机机油冷却器的节温器　10.机油滤清器旁通阀　11.机油滤清器　12.机油排放阀　13.废气涡轮增压器　14.止回阀　15.活塞冷却喷嘴　16.机油泵　17.机油泵吸油滤网　18.油底壳　19.喷嘴阀　20.曲轴轴承　21.连杆轴承　22.真空泵　F22.机油压力开关　G8.机油温度传感器　G10.机油压力传感器　G266.机油油面高度/温度传感器　N428.机油压力调节阀

图 2-5-33

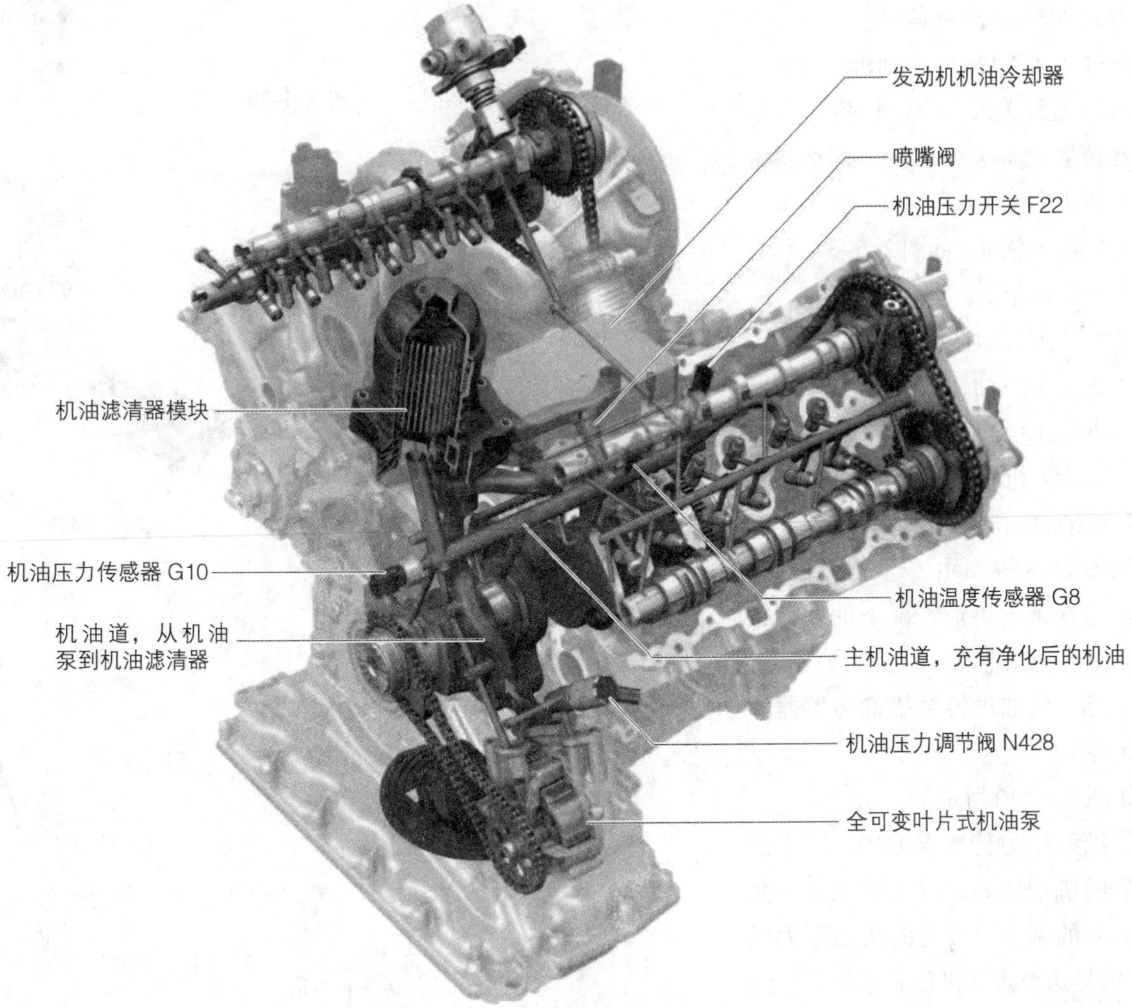

发动机机油冷却器

喷嘴阀

机油压力开关 F22

机油滤清器模块

机油压力传感器 G10

机油道，从机油泵到机油滤清器

机油温度传感器 G8

主机油道，充有净化后的机油

机油压力调节阀 N428

全可变叶片式机油泵

图 2-5-34

（Z32 曲轴 : Z34 泵链轮）。

使用的是 7mm 套筒链和板簧式链条张紧器，无液压阻尼。

1. 安装位置

如图 2-5-35 所示。

2. 结构

如图 2-5-36 所示。

过压阀在约 11 bar 时打开。止回阀在高于 0.12 bar 时打开。

3. 机油压力调节功能

所需要的机油压力取决于负荷要求和发动机转速。计算式要用到各种环境条件，比如发动机温度。所需要的机油压力是根据特性曲线计算出的。这需要考虑到各个独立系统的需求，比如凸轮轴调节器、废气涡轮增压器、连杆轴承和活塞冷却，且会确定出机油压力调节阀 N428 的信号。

通过激活 N428，发动机机油会被从主机油道输送入泵的控制腔，泵的调节环位置就会发生改变，那么供油量和机油压力也会改变。

（1）最大供油，如图 2-5-37 所示。

①占空比很低。

②无压力机油作用在旋转滑阀上。

（2）部分供油，如图 2-5-38 所示。

①占空比很高。

②有压力机油作用在旋转滑阀上。

4. 机油泵的压力特性曲线

如图 2-5-39 所示，这个特性曲线表示的是在最大供油情况下的发动机转速与压力变化情况。

（三）机油供给系统的传感器和执行元件

如图 2-5-40 所示。

①机油压力传感器 G10。用于测量当前的机油压力，以便实现全可变式机油泵的调节。测得的机油压力以 SENT 信号送至发动机控制单元。

②机油压力开关 F22。将喷嘴

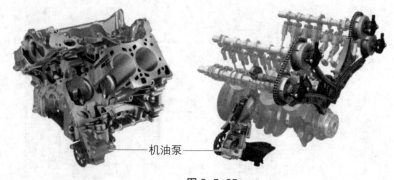

机油泵

图 2-5-35

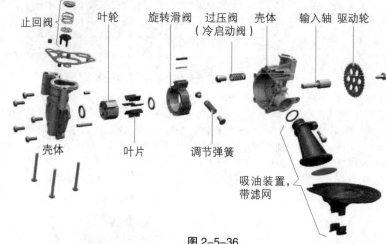

止回阀　叶轮　旋转滑阀　过压阀　壳体　输入轴　驱动轮
　　　　　　　　　　　　（冷启动阀）

壳体　　　叶片　　　调节弹簧

吸油装置，带滤网

图 2-5-36

图 2-5-37　　　　　　　图 2-5-38

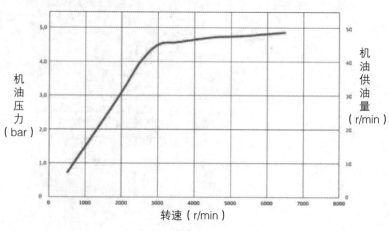

机油压力（bar）

机油供油量（r/min）

转速（r/min）

图 2-5-39

阀是否关闭这个信息反馈给发动机控制单元，在0.3~0.6 bar 时会切换。

③机油温度传感器 G8。NTC 电阻，用于测量主机油道内当前的机油温度。

④机油压力调节阀 N428。通过 12V 输入信号来操控 PWM，250Hz，0~1A。

失效保护：电控失效的话，机油泵就会以高压来输送机油。

⑤机油油面 / 机油温度传感器 G266。侦测发动机机油温度和发动机机油油面高度；机油油面高度和机油 温度信息借助 PWM 信号来传输。

（四）可控式活塞冷却喷嘴

发动机工作时，并不是在所有工作情形时都需要通过喷射的机油来冷却活塞顶的。因此活塞冷却是可控的。

活塞冷却是通过提高发动机机油压力来实现的。如果压力超过 2.5 bar（相对），那么喷嘴阀就会顶着压力弹簧的力而打开，并将发动机主机油道与接有活塞冷却喷嘴和机油压力开关 F22 的油道连接在一起了。这个喷嘴阀用螺栓固定在缸体上机油冷却器下方。

1. 喷嘴阀

如图 2-5-41 所示。

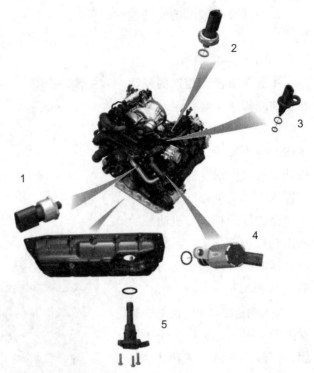

1.机油压力传感器G10 2.机油压力开关F22 3.机油温度传感器 G8 4.机油压力调节阀N428 5.机油油面/机油温度传感器G266

图 2-5-40

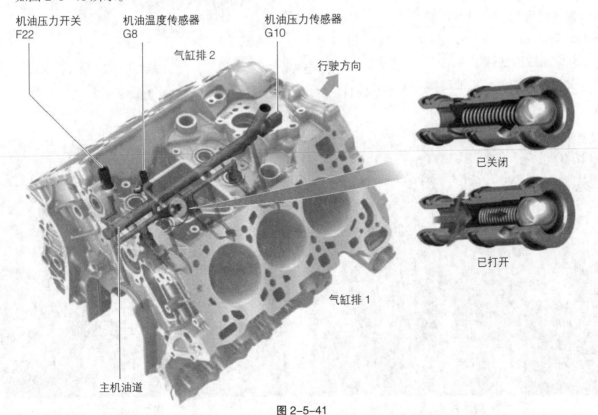

图 2-5-41

2. 活塞冷却喷嘴的安装位置

如图 2-5-42 所示。

（五）节温器控制的发动机机油冷却器

在发动机的大多数工作范围内，并不需要去冷却发动机机油。通过旁通支路来绕过机油冷却器，就可以降低整个循环管路的压力损失，机油泵的输出功率也变小了。另外，在冷启动时，可以缩短发动机机油的预热时间。

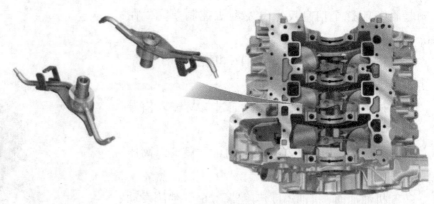

图 2-5-42

安装在发动机机油冷却器前的节温器，负责打开和关闭这个旁通支路。该节温器在温度达到约 110 ℃ 时开始打开，在发动机机油温度达到约 125℃ 时整个横断面全部打开。

1. 如图 2-5-43 所示

2. 旁通通道已关闭

发动机机油绕过机油冷却器而直接流向机油滤清器，如图 2-5-44 所示。

3. 旁通通道已打开

发动机机油流经机油冷却器，如图 2-5-45 所示。

机油滤清器模块
机油道，通向机油滤清器模块　发动机机油冷却器
气缸排 1
行驶方向
节温器
机油道，通向发动机机油冷却器　机油温度传感器 G8
机油压力开关 F22

图 2-5-43

图 2-5-44

图 2-5-45

（六）带有机油喷嘴的滚子摇臂

所有气门的滚子摇臂都配备有机油喷嘴。机油是通过液压气门间隙补偿元件上的一个孔，被送往滚子摇臂，并喷到滚子导轨上。

这样就降低了发动机的摩擦，如图 2-5-46 所示。

（七）机油滤清器模块

机油滤清器模块安装在发动机的内 V 形中，易于保养。在该模块的壳体内，有一个止回阀，该阀用于防止发动机停机后废气涡轮增压器内的发动机机油下降。这样的话，在发动机启动后，废气涡轮增压器的润滑点处就可非常迅速地建立起所需要的机油压力了。机油排放阀是用于在更换机油滤芯时将机油滤清器模块内的机油排放到油底壳内。机油滤清器模块的端盖内有一个机油滤清器旁通阀，该阀的工作压力约为 2.5bar（相对），如图 2-5-47 所示。

四、空气供给系统和增压系统

（一）一览

由于采用了 HSI 技术，发动机洁净空气侧是朝外的。气体路径设计得尽可能短，最有利于气体流动。所有空气管以及进气歧管都是采用合成材料制成的。为了改善噪声情况，在废气涡轮增压器和增压空气冷却器之间的压力管中集成有一个脉动消音器。

在节气门下游，空气分为两部分进入两个进气歧管，这两个进气歧管用螺栓拧在缸盖上。新鲜空气在这里经缸盖的共同气道（无进气歧管翻板）而去往各个气缸，如图 2-5-48 所示。

（二）缸盖内的空气气流

这款 3.0L V6 TFSI 发动机的进气歧管设计成两件式的，其外部件是通过法兰安装在压力管上的，用螺栓拧在缸盖上；其内部件是铸造在缸盖内的。喇叭状的进气道是整体式的，其上无进气歧管翻板。

同样，一体式排气歧管也是铸入的。该排气歧管对于节约燃油具有重要意义，因为下游的废气涡轮增压器就不必非得用燃油来冷却。

其他优点还有：

①重量轻；

②进入发动机舱的热量少；

③所需结构空间小；

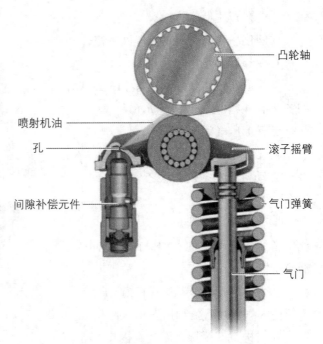

凸轮轴

喷射机油

孔

间隙补偿元件

滚子摇臂

气门弹簧

气门

图 2-5-46

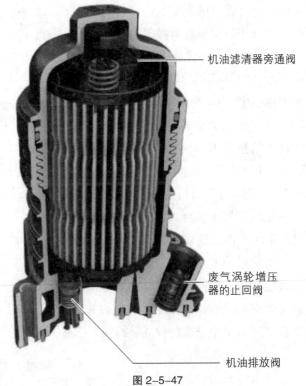

机油滤清器旁通阀

废气涡轮增压器的止回阀

机油排放阀

图 2-5-47

④材料费用低；

⑤催化净化器达到工作温度更快；

⑥冷却液预热快。

进气道和一体式排气歧管（IAGK），如图2-5-49和图2-5-50所示。

（三）废气涡轮增压器

废气涡轮增压器模块是这款3.0L V6 TFSI发动机的众多创新点之一，其开发目标如下：

①改善功率和扭矩，以及至少与上代配备压气机增压的发动机拥有相同的响应特性；

②废气涡轮增压器安置在内V形中，以便使得气道短且流动损失小；

③结构空间受限（因为在内V形中安装有机油滤清器和机油冷却器，向上还遵守行人保护的规定）；

④低于发动机舱内极限温度；

⑤将催化净化器直接安装在涡轮器的下游，以便让催化净化器快速达到正常工作温度。

废气涡轮增压器用螺栓直接拧在气缸排1的缸盖上。由于需要补偿长度，因此就通过一个弹性隔离元件连接到气缸排2，该隔离元件用弹簧夹连接到废气涡轮增压器上。废气涡轮增压器是通过夹紧法兰连接到缸盖上的。

涡轮器壳体能承受最高1000℃的废气温度。为了隔热，该壳体外面包裹着金属板皮的硅酸盐垫，这也就使得我们不必在内V形中采取各种隔热措施了。

1. 循环空气调节

如果驾驶员突然松开了加速踏板，那么废气涡轮增压器会因惯性而继续产生增压压力，这就会导致进气系统内产生噪声。为了避免这种噪声，就通过气缸排1上的减速超速循环空气阀N625来将废气涡轮增压器内从吸气侧到压力侧的旁通通道打开1~2s，具体说就是发动机控制单元将这个12V的阀接地了，

图2-5-48

图2-5-49

图2-5-50

如图 2-5-51 所示。

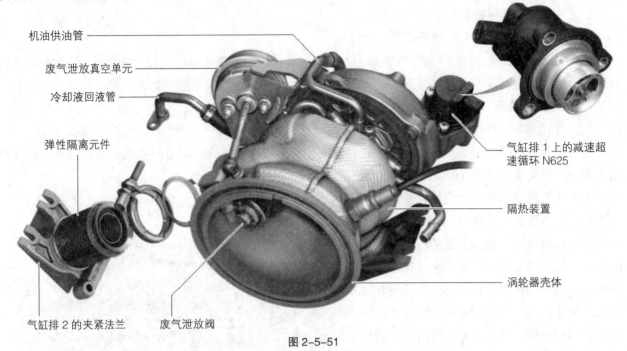

机油供油管

废气泄放真空单元

冷却液回液管

弹性隔离元件

气缸排 1 上的减速超速循环 N625

隔热装置

涡轮器壳体

气缸排 2 的夹紧法兰　　废气泄放阀

图 2-5-51

2. 增压压力调节

因内 V 形中空间所限以及温度条件，使用的是气动废气泄放控制，具体是通过真空来操控的。

真空操控的优点是，在发动机冷启动时就已经可以打开废气泄放阀了。这样的话，可以使得催化净化器快速预热到正常工作温度。由发动机控制单元通过增压压力限制电磁阀 N75 来操控真空单元。

（四）负荷传感器

基于压力而判断出负荷，这个是在发动机控制单元 J623 内通过分析进气歧管压力传感器 G71（节气门下游）以及增压压力传感器 G31（在节气门上游）的信号来得出的。两个传感器测量空气的压力和温度，通过 SENT 协议来将信号传给发动机控制单元，如图 2-5-52 所示。

1. 增压压力传感器 G31

增压压力传感器 G31 有两个功能。

（1）功能 1：测量增压压力，将其作为增压压力调节的输入参数。于是就可计算出增压压力限制阀 N75 的激活值，也就调节出所需要的增压压力。

进气歧管压力传感器 G71

增压压力传感器 G31

节气门控制单元 GX3

图 2-5-52

365

（2）功能 2：节气门上游的压力和温度信号，用作确定空气流量（流经节气门的）的输入参数。

2. 进气歧管压力传感器 G71

进气歧管压力传感器 G71 也是有两个功能。

（1）功能 1：测量节气门下游空气的压力和温度。发动机控制单元用这些测量值来侦测发动机的充气情况。由此就确定出流入燃烧室的空气量。通过这个所谓的充气情况侦测，就能计算出喷入的燃油量，于是就可以把 λ 值调节为 1。

（2）功能 2：节气门下游的压力和温度信号，用作确定空气流量（流经节气门的）的输入参数。

通过侦测节气门上游和下游的空气压力和温度，来实现对节气门的调节。因此，节气门就一直会被调节到能使得发动机获得所期望的新鲜空气流量规定值（所谓节气门操控）。

由于废气能量的原因，废气涡轮增压器内总是会有一些增压压力（基本增压压力），这就会造成节气门上游和下游的压力不同，因此 G71 信号用于侦测发动机充气状态就非常重要。在发动机负荷较高时，节气门开度较大，增压压力（最大 2.3bar）是由废气涡轮增压器产生的，这时主要是使用 G31 信号来侦测负荷，以便实现增压压力调节。

在发动机负荷和转速很低时，压力范围在 1~300mbar 之间，这取决于节气门的位置。

（五）双涡流技术

这款 3.0L V6 TFSI 发动机的动态响应特性归功于采用双涡流技术的废气涡轮增压器模块（当然还有别的因素了）。每侧气缸排的排气道将废气直接引至涡轮前，损失非常小。这样就防止了对面气缸排废气气流的相互干扰（窜扰）。

废气涡轮增压器模块安置在内 V 形中，这使得气道很短。催化净化器用螺栓直接拧在废气涡轮增压器的出口上。因此在发动机冷启动后，催化净化器可快速达到正常工作温度，如图 2-5-53 所示。

（六）内 V 形中的温度监控

涡轮器壳体最高可承受 1000 ℃ 的高温。为了防止内 V 形中温度过高，该壳体外面包裹着金属板皮的硅酸盐垫。

发动机罩盖温度传感器 G765 位于发动机装饰盖和隔热罩的下面，该传感器是一个负温度系数电阻，用于监控发动机舱内温度。发动机控制单元根据该传感器信号来计算并执行各种保护措施，如图 2-5-54 所示。

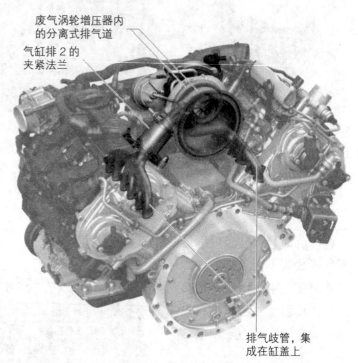

废气涡轮增压器内的分离式排气道

气缸排 2 的夹紧法兰

排气歧管，集成在缸盖上

图 2-5-53

发动机盖罩温度传感器 G765

隔热罩，在装饰罩下

图 2-5-54

五、冷却系统

在开发时，特别强调要让发动机能快速达到正常工作温度。这款 3.0L V6 TFSI 发动机配备有最新一代的创新温度管理系统。另外，整个系统设计时，要保证压力损失非常的小。为了达到这个目的，很多管路就被集成在发动机铸件内了。

这种新型温度管理使用了下述系统：

①可控式水泵；

②节温器控制式发动机机油冷却器；

③电加热式节温器（特性曲线控制式发动机冷却节温器 F265）；

④缸盖和缸体中单独的冷却循环管路。

（一）系统一览

1. 如图 2-5-55 所示

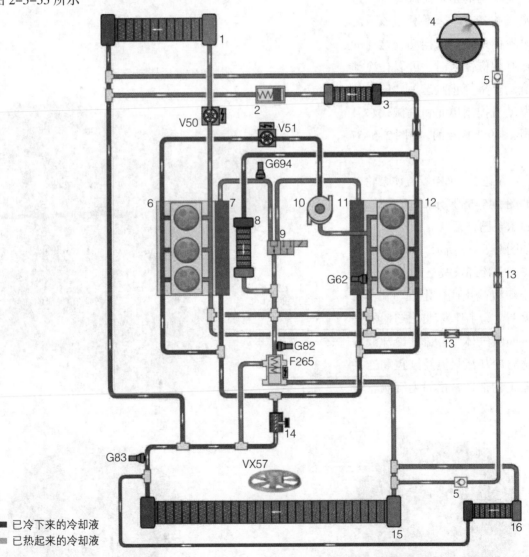

1.暖风热交换器 2.ATF冷却循环的冷却液节温器 3.ATF冷却器 4.冷却液膨胀罐 5.止回阀 6.气缸排1的缸盖 7.气缸排1附近的缸体 8.机油-冷却液热交换器（发动机机油冷却器）9.冷却液截止阀，通过缸盖冷却液阀N489来操控 10.废气涡轮增压器 11.气缸排2附近的缸体 12.气缸排2的缸盖 13.节流阀 14.水泵，通过机械式水泵N694来操控 15.冷却液散热器 16.冷却液辅助散热器+ F265.特性曲线控制的挂机冷却系统节温器 G62.冷却液温度传感器 G82.发动机出口冷却液温度传感器 G83.散热器出口冷却液温度传感器 G694.发动机温度调节传感器 V50.冷却液循环泵 V51.冷却液续动泵 VX57.散热器风扇

图 2-5-55

2.发动机冷却系统部件

如图 2-5-56 所示。

（二）可控式水泵

该水泵布置在发动机前面，通过多楔皮带一直在被驱动着。它将发动机左侧和右侧的冷却液输送入缸体和缸盖中的冷却液循环管路中。另外，缸盖的循环管路中还集成有废气涡轮增压器、发动机机油冷却器和驾驶室内暖风。

冷却液以对角方向纵向流经缸体；缸盖采用的是横流式冷却。可控式水泵配备有一个滑套，该滑套通过泵轮借助真空来推动，这样的话，在有相应需求时，可以让冷却液不流动（呈静止状态）。该水泵是由发动机控制单元和机械式水泵切换阀 N649 来操控的，如图 2-5-57 所示。

1.水泵已关闭（挡板盖住泵轮）

如图 2-5-58 所示。

2.水泵已打开

如图 2-5-59 所示。

（三）冷却液截止阀

冷却液截止阀固定在气缸排 2 的缸盖上。为了让发动机快速预热，可以中断从缸体到缸盖的冷却液液流。这时冷却液只流经缸盖和连接在缸盖上的部件，比如废气涡轮增

图 2-5-56

图 2-5-57

图 2-5-58

图 2-5-59

368

压器、机油冷却器以及驾驶室内暖风。

在缸体内的冷却液热起来后，冷却液截止阀才会打开。这个截止阀是一个机械式旋转活塞阀，当该阀被激活时，活塞会通过一个拉杆借助真空转动 90°。由发动机控制单元借助缸盖冷却液阀 N489（电磁阀）来激活。如果没有激活这个截止阀，那么该阀在弹簧力作用下保持打开状态，如图 2-5-60 所示。

1. 截止阀已打开

如图 2-5-61 所示。

2. 截止阀已关闭

如图 2-5-62 所示。

（四）冷却液节温器（特性曲线控制发动机冷却液节温器 F265）

该冷却液节温器安装在缸体前方，它负责调节小循环和大循环之间的冷却液分配，并将液流送往水泵。特性曲线控制式节温器根据工作条件（负荷）来调节发动机出口处的冷却液温度，该处温度是通过发动机出口冷却液温度传感器 G82 来测得的。这样的话，在部分负荷范围内时，冷却液温度会被调节到不超过 105 ℃，那么就减少了发动机内的摩擦了。在发动机负荷较大时，会将冷却液温度调至 90℃。

在达到开启温度时，节温器借助于蜡膨胀元件来打开朝向主散热器方向的横截面，与此同时，旁通通道的横截面就被关闭了。通过蜡芯内的一个加热元件可以按特性曲线来降低这个开启温度，这个加热元件是由发动机控制单元来操控的。执行元件是通过工作电压为 12V 的 PWM 信号来激活的，"PWM-high" 表示加热器上已加载上了电压，因此冷却液温度是较低的，如图 2-5-63 所示。

1. 节温器已打开

如图 2-5-64 所示。

冷却液截止阀

缸盖冷却液阀 N489

图 2-5-60

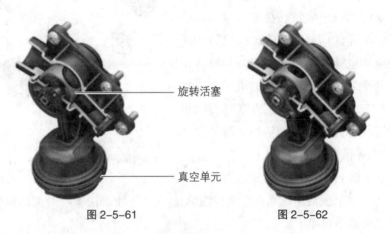

旋转活塞

真空单元

图 2-5-61　　　　图 2-5-62

特性曲线控制发动机冷却节温器 F265

图 2-5-63

2. 节温器已关闭

如图 2-5-65 所示。

3. 如图 2-5-66 所示

4. 这两个泵的结构是相同的

是用螺栓拧紧在发动机背面和气缸排 1 缸盖的链条盒盖上。泵由下述部件构成：

①电子控制式电机（带有保护电路和插头）；

②泵体（由叶轮和叶轮轴承构成）；

③静密封壳体（带有入口和出口接头）。

5. 电控

这两个泵是由发动机控制单元借助 PWM 信号来操控。因此，冷却液输送能力就可以与冷却回路相应的热力学特性相匹配了。集成在泵内的电子装置转换来自发动机控制单元的信号，确定出泵电机的转速，也就确定出供液量。另外，泵电子装置还能诊断泵的机械和电控状态，并把这些信息发送给发动机控制单元。产生的信号会被放置到 PWM 信号线上。

图 2-5-64　　　　　　　图 2-5-65

1.冷却液续动泵 V51（暖风热交换器的冷却循环管路）　2.冷却液循环泵 V50（废气涡轮增压器的冷却循环管路）

图 2-5-66

6. V50 的激活

这个激活请求来自空调控制单元。在有暖风需求时，智能启停模式中发动机停机时和在有余热需求时，都会激活该泵。

7. V51 续动功能

在某些工作条件下（比如车以最高车速行驶或者爬坡以及外部温度很高时），关闭发动机后，余热可能会导致冷却系统过热。泵 V51 的续动功能，就是用来防止出现这种过热的。

在关闭发动机后，泵 V51 会根据发动机控制单元内预存的特性曲线再运行一定的时间，与此同时电动散热器风扇也会工作。

8. 发动机工作时 V51 的功能

泵 V51 会根据发动机控制单元内预存的特性曲线来激活，用于帮助机械式主水泵。V51 在怠速到中等发动机转速这个范围会工作（当然是发动机已经达到了正常工作温度后）。

（五）发动机预热时的冷却液走向

1. 冷启动

可控式水泵由发动机控制单元来操控并切换为零供液（就是不供液了）。于是整个发动机内的冷却液就不流动了，于是冷却液就能更快速热起来，尤其是缸盖内的冷却液热得很快，因为缸盖上有一体式排气歧管。由于没有机油流经发动机机油冷却器，因此冷却液也会热得快，如图2-5-67所示。

2. 预热

由于缸盖内冷却液快速热起来，就通过水泵把缸盖循环管路打开了。为此，发动机控制单元要用到冷却液温度传感器G62的信号。

缸体内的冷却液继续保持静止状态（不流动），因为冷却液截止阀已激活，也就保持着关闭状态。于是缸体内的冷却液就快速地热起来了，如图2-5-68所示。

3. 达到正常工作温度的发动机

当缸体内达到正常工作温度时（约100℃，信号来自发动机温度调节传感器G694），冷却液截止阀就打开了，于是冷却液就流经缸盖和缸体了。根据发动机控制单元内预存的特性曲线，通过电加热式节温器来将发动机出口温度调节到90~105℃之间。为此，发动机控制单元要分析散热器出口温度传感器G82的信号。

在机油温度高于115℃时，机油冷却器节温器就打开，于是发动机机油就可以流经机油冷却器了，如图2 5 69所示。

六、燃油系统

（一）一览

在这款3.0L V6 TFSI发动机上，使用了工作压力为250 bar的高压燃油系统和7孔电磁阀式喷油阀。

1. 开发目标

①在整个工作范围内，通过内部混合来形成空气—燃油混合气。

②全世界通用且适用于燃油质量的大幅波动。

③通过降低复杂性和零件种类降低重量和成本（与MPI/FSI喷射系统相比）。

④喷射系统部件容易保养且易于拆装。

2. 喷油阀

新喷油阀在火花塞旁，处于燃烧室中间部位。这种喷油阀能在混合气过程中和工作行程中多次喷油，且可根据需要喷出非常少的燃油（3~5 mg），比如在催化净化器预热阶段。电磁阀式喷油阀由发动机控制单元以65V电压来操控。

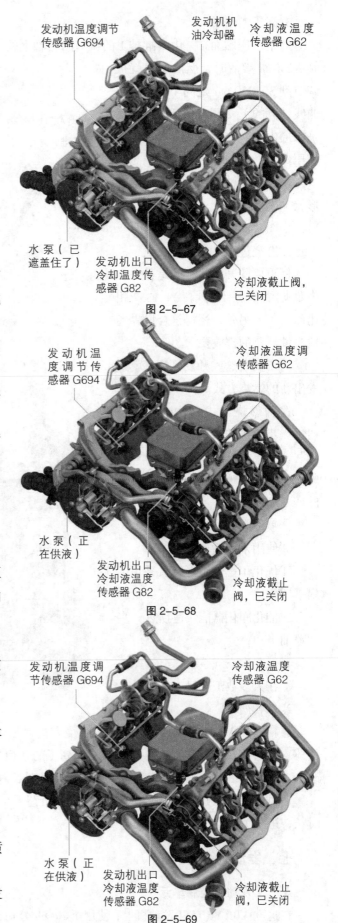

图 2-5-67

图 2-5-68

图 2-5-69

3. 高压燃油泵

这个高压燃油泵是由气缸排 1 的排气凸轮轴上的三弧凸轮来驱动的，如图 2-5-70 所示。当燃油计量阀 N290 被激活时，燃油压力就被调节到 30~250 bar 之间（根据特性曲线计算的）。如果未激活 N290（就是未通电），那么就不会产生燃油高压。

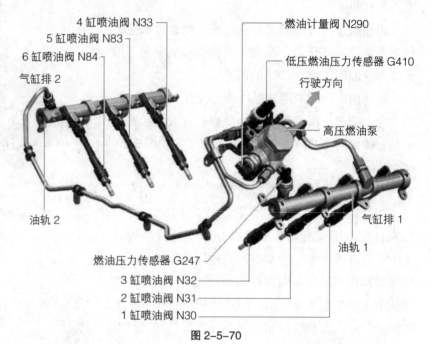

图 2-5-70

（二）喷油阀在中间的燃烧室形状

如图 2-5-71 所示。

1. 燃烧过程

最重要的开发目标就是进一步降低燃油消耗（与前代 EA837 相比而言）。另外，还得符合世界各地各种严苛的排放要求。

为了实现这些开发目标，就开发出新的燃烧方式。

这种燃烧方式是德国奥迪公司进一步改进的所谓"射流燃烧方式"，其技术特点如下：

①单一喷射系统（仅指 FSI）；

②喷油阀在中间；

③使用米勒循环；

④优化了燃烧室形状，采用了扁平活塞；

⑤催化净化器能快速预热（多次喷油）；

⑥无二次空气系统；

⑦在大多数工况时 $\lambda = 1$。

2. 米勒循环

图 2-5-71

这款 3.0L V6 TFSI 发动机上使用的燃烧方式是 EA888 系列 2.0L TFSI 发动机的 B 循环燃烧方式的一种变体。通过缩短压缩过程，再加上明显提高了的几何压缩比，压缩阶段和膨胀阶段的比例关系就发生了改变。这样的话就改进了效率。进气门开启持续时长越短且压缩比越高的话，效率就越高。

通过奥迪气门升程系统（AVS），在部分负荷系统上实现一个 130° 曲轴角的非常短的气门开启持续时长，进气关闭得早（凸轮轴调节）。

七、发动机管理系统

（一）发动机控制单元

在这款 3.0L V6 TFSI 发动机上，使用了 Bosch 公司最新一代的 MDG1，采用的是基于压力的负荷感知，如图 2-5-72 所示。

1. 任务

电子控制单元是主要控制元件，是发动机管理系统的核心部件。

（1）调节燃油供给、空气流量、燃油喷射装置和点火系统。

（2）支持 ISO 26262 的功能安全要求。

（3）因具有良好的扩展性和很强的性能，还可以操控排气系统、变速器和 / 或车辆功能。

图 2-5-72

（4）可用于柴油机和汽油机，也可用于其他燃料的情况。

（5）提供一种新型的防进入和防改动保护。

（6）满足目前和将来的世界各国对排放的要求。

2. 特点

（1）功能强劲的多核微处理器。

（2）新接口，比如 CAN-FD、以太网、PSI5。

3. 功能

该电子控制单元中的一个软件会处理进来的系统信息并操控各种功能模块。 这样的话，各个功能就联成网了，形成一个高效的总系统。要想完成这个任务，就使用了新型高效的微处理器。发动机控制单元中引入了多核结构，也为以后的创新留有了余地。该软件平台可以保证最大的功能灵活性。

（二）系统一览

如图 2-5-73 所示。

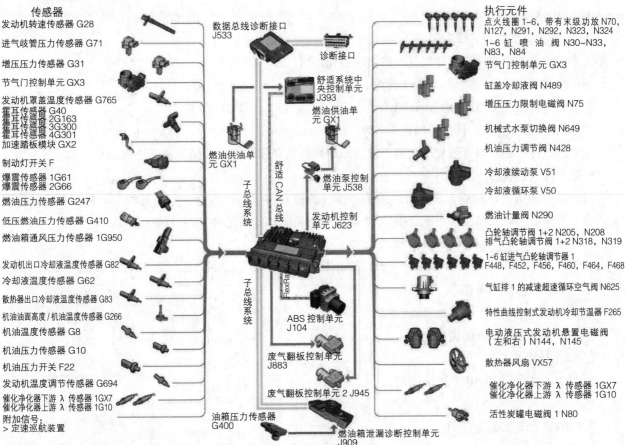

图 2-5-73

传感器

发动机转速传感器 G28
进气歧管压力传感器 G71
增压压力传感器 G31
节气门控制单元 GX3
发动机罩盖温度传感器 G765
霍耳传感器 G40
霍耳传感器 2G163
霍耳传感器 3G300
霍耳传感器 4G301
加速踏板模块 GX2
制动灯开关 F
爆震传感器 1G61
爆震传感器 2G66
燃油压力传感器 G247
低压燃油压力传感器 G410
燃油箱通风压力传感器 1G950
发动机出口冷却液温度传感器 G82
冷却液温度传感器 G62
散热器出口冷却液温度传感器 G83
机油液面高度 / 机油温度传感器 G266
机油温度传感器 G8
机油压力传感器 G10
机油压力开关 F22
发动机温度调节传感器 G694
催化净化器下游 λ 传感器 1GX7
催化净化器上游 λ 传感器 1G10
附加信号：
> 定速巡航装置

数据总线诊断接口 J533
诊断接口
舒适系统中央控制单元 J393
燃油供油单元 GX1
燃油供油单元 GX1
子总线系统
舒适 CAN 总线
燃油泵控制单元 J538
发动机控制单元 J623
子总线系统
FlexRay
ABS 控制单元 J104
废气翻板控制单元 J883
废气翻板控制单元 2 J945
油箱压力传感器 G400
燃油箱泄漏诊断控制单元 J909

执行元件

点火线圈 1~6，带有末级功放 N70，N127，N291，N292，N323，N324
1~6 缸喷油阀 N30~N33，N83，N84
节气门控制单元 GX3
缸盖冷却液阀 N489
增压压力限制电磁阀 N75
机械式水泵切换阀 N649
机油压力调节阀 N428
冷却液续动泵 V51
冷却液循环泵 V50
燃油计量阀 N290
凸轮轴调节阀 1+2 N205，N208
排气凸轮轴调节阀 1+2 N318，N319
1~6 缸进气凸轮轴调节器 1 F448，F452，F456，F460，F464，F468
气缸排 1 的减速超速循环空气阀 N625
特性曲线控制式发动机冷却节温器 F265
电动液压式发动机悬置电磁阀（左和右）N144，N145
散热器风扇 VX57
催化净化器下游 λ 传感器 1GX7
催化净化器上游 λ 传感器 1G10
活性炭罐电磁阀 1 N80

八、排气系统

（一）一览

由于车辆的配置不同，因此其声效也是不同的。不同之处，比如：

①顶棚形式：带 / 不带滑动天窗；

②车身结构：Limousine/Avant / Coupé / Cabriolet。

因此排气系统也有不同类型。但是排气系统的功能是相同的。如图 2-5-74 所示，展示的是 S4 Limousine 车上的排气系统。

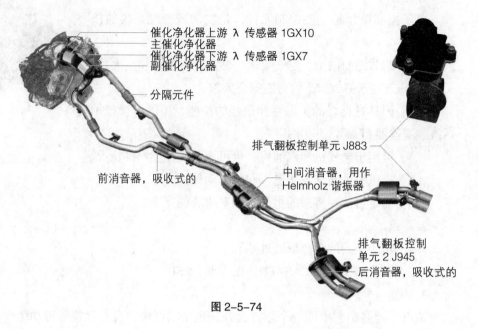

催化净化器上游 λ 传感器 1GX10
主催化净化器
催化净化器下游 λ 传感器 1GX7
副催化净化器
分隔元件
排气翻板控制单元 J883
前消音器，吸收式的
中间消音器，用作 Helmholz 谐振器
排气翻板控制单元 2 J945
后消音器，吸收式的

图 2-5-74

1. 催化净化器模块

该模块用法兰直接固定在废气涡轮增压器上，模块内包含有主催化净化器和副催化净化器。这两个催化净化器都是陶瓷式催化净化器。

2. λ 传感器

催化净化器上游 λ 传感器 1 GX10 的组成如下：

① λ 传感器 G39；

② λ 传感器加热器 Z19。

该宽频传感器用螺栓拧紧在废气涡轮增压器壳体内。

催化净化器下游 λ 传感器 1 GX7 的组成如下：

①催化净化器下游 λ 传感器 G130；

②催化净化器下游 λ 传感器加热器 Z29。

该阶跃式传感器在前置催化净化器下游，用螺栓拧紧在催化净化器模块的壳体内。

（二）排气翻板

出于声效原因，在后消音器上游左侧装有排气翻板。通过操控后消音器上游的一个翻板和后消音器下游的一个翻板，可选择让 4 个尾管中 1、2 或者 3 个关闭，这就增加了声效的选择了。

九、保养和检查

（一）保养信息和操作

如表 2-5-4 所示。

（二）专用工具和车间设备

1. T40330 托架

如图 2-5-75 所示，用于托住减震器。

2. T40331 凸轮轴固定工具

如图 2-5-76 所示，用于将凸轮轴

表 2-5-4

发动机机油规格	0-W20
更换机油	按保养周期指示器，根据具体的驾驶方式和使用条件，在 5 000km / 1 年和 30 000km/2 年之间
保养检查	30 000km/2 年
空气滤清器更换周期	90 000km
火花塞更换周期	60 000km/6 年
燃油滤清器更换周期	—
正时机构	链条 (终生不必更换)

固定在上止点。

3. T40357 压力工具

如图 2-5-77 所示，用于可靠地将轴密封圈安装在特性曲线控制发动机冷却节温器上。

4. VAS 6919 火花塞套筒接头 3/8

如图 2-5-78 所示，用于安装/拆卸带有六角或者双六角的 14mm 火花塞，通过冠状弹簧固定住火花塞。

5. T40362 固定销

如图 2-5-79 所示，用于固定住正时机构的张紧轮。

6. T40363 套筒

如图 2-5-80 所示，用于拆卸机油压力传感器 G10。

7. T40369 喇叭口形工具

如图 2-5-81 所示，用于可靠地将活塞安装入气缸。

8. T90000 套筒

如图 2-5-82 所示，用于松开和拧紧凸轮轴调节器的中央螺栓/调节阀。

9. VAS 261 001 环形扳手头

扳手宽度 41mm，如图 2-5-83 所示，用于拆装发动机上的凸轮轴调节器（用于钩形扳手 T90001）。

10. T90002 托架

如图 2-5-84 所示，用于拉紧凸轮轴调节器的中央螺栓。

11. VAS 5161A/38 转接装置

如图 2-5-85 所示，气门锁块的拆装工具（VAS 5161 A）连同导盘（VAS 5161A/38）。

12. VAS 6095/1-15 发动机支架

如图 2-5-86 所示，用于

图 2-5-75

图 2-5-76

图 2-5-77 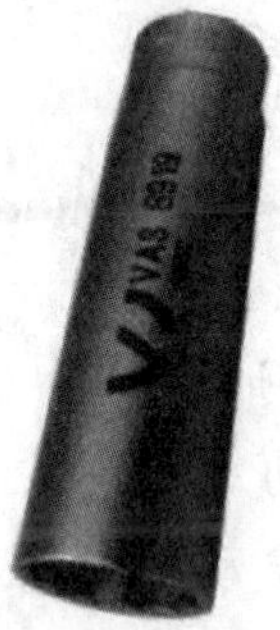　　　图 2-5-78 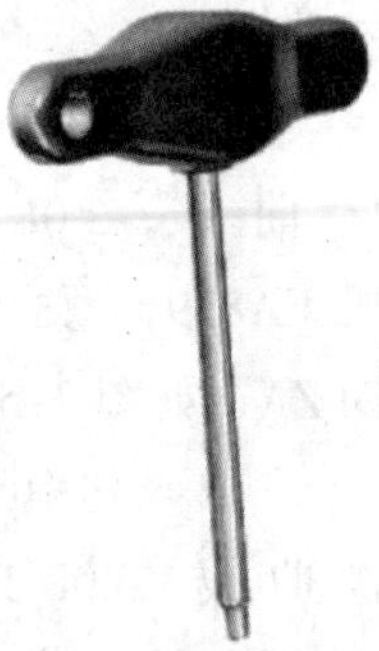　　　图 2-5-79

图 2-5-81

图 2-5-82

图 2-5-80

图 2-5-83

图 2-5-84

图 2-5-85

撑紧发动机／变速器支架 VAS 6095 上的发动机。

13. VAS 6606/25 检测转接头

如图 2-5-87 所示，用于检查 280 针和 336 针的发动机控制单元，与检测盒 VAS 6606 一同使用。

14. T90001 钩形扳手

如图 2-5-88 所示，在松开和拧紧调节阀时支住凸轮轴调节器。

图 2-5-86

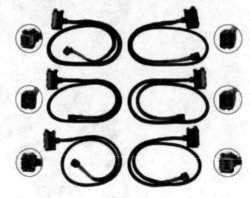

图 2-5-87

图 2-5-88

十、奥迪各车型技术特点

（一）奥迪 A7（4K）

1. 汽油发动机 — 柴油发动机

（1）扭矩—功率特性曲线，3.0L TFSI 发动机 EA839，发动机代码 DLZA，如图 2-5-89 所示。

（2）扭矩—功率特性曲线，3.0L TDI 发动机 EA897evo2，发动机代码 DDVB，如图 2-5-90 所示。

（3）如表 2-5-5 所示。

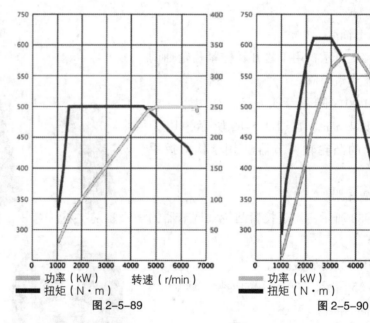

图 2-5-89

图 2-5-90

表 2-5-5

特点	技术数据	
发动机代码	DLZA	DDVB
结构形式	V6 发动机，90° V 形角	V6 发动机，90° V 形角
排量（cm³）	2995	2967
行程（mm）	89.0	91.4
缸径（mm）	84.5	830
每缸气门数	4	4
点火顺序	1-4-3-6-2-5	1-4-3-6-2-5
压缩比	11.2 : 1	15.5 : 1
功率（kW），转速（r/min）	250，5000~6400	210，3500~4000

特点	技术数据	
扭矩（N·m），转速（r/min）	500，1370~4500	620，2250~3000
燃油	高级无铅汽油 ROZ 95	柴油 EN 590
增压系统	废气涡轮增压器，带有废气泄放阀	单涡轮增压器，带有可变涡轮几何形状和电动调节器
发动机管理系统	Bosch MDG 1	Bosch MD1，带 OBD
最大喷油压力（bar）	250	2000
λ 调节 / 爆震调节	自适应 λ 调节，自适应爆震调节	
混合气形成	直喷	直喷
废气净化	2 个靠近发动机陶瓷催化净化器，催化净化器前、后有 λ 传感器	NO_x 存储式催化净化器，带有 SCR 涂层的柴油微尘过滤器
排放标准	EU6 plus/LEV3/Tier3	EU6 (AG)
结构设计	轻度混合动力 48V	轻度混合动力 48V

2. 燃油箱

燃油箱是塑料制的，可装燃油 63L，可选装 73L 的燃油箱。TFSI 发动机和 TDI 发动机所用的燃油箱，区别仅体现在内部机构上。

这两种燃油箱的下半部都装有一个油箱切断阀，其管的末端接油分离器上部。TSFI 发动机燃油箱需要多个防翻车漏油阀来负责通气，如图 2-5-91 所示。

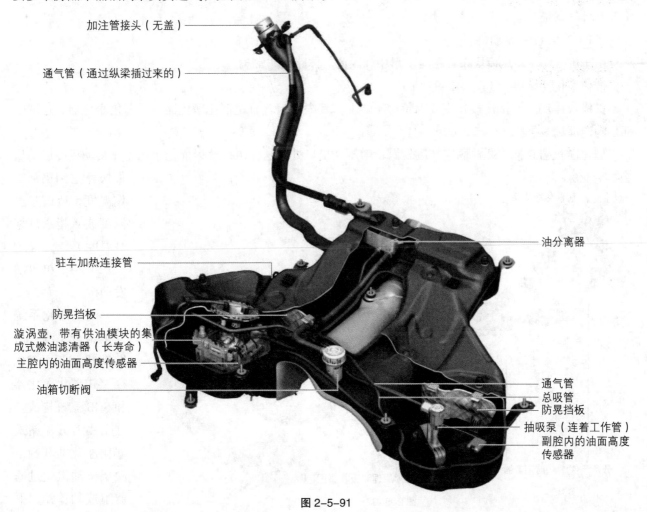

加注管接头（无盖）
通气管（通过纵梁插过来的）
油分离器
驻车加热连接管
防晃挡板
漩涡壶，带有供油模块的集成式燃油滤清器（长寿命）
主腔内的油面高度传感器
油箱切断阀
通气管
总吸管
防晃挡板
抽吸泵（连着工作管）
副腔内的油面高度传感器

图 2-5-91

（1）排空油箱模式。

在行驶过程中，由抽吸泵将燃油抽入副腔内。泵内产生的真空会将燃油从副腔输送入主腔，因此先排空副腔。

（2）实现不同的油箱容积。

不同的油箱容积是通过所谓的容积变化体来实现的，燃油箱的容积通过这个容积变化体就会发生变化。

（3）无盖式加注管接头。

在这款奥迪 A7（车型 4K）上，由于采用了新开发的车身形式和奥迪 TT 上就已采用的宽展式"臀部"，因此就采用了无盖式加注管接头技术。为了防尘，采用了双盖式系统。封盖 1 是防尘的，封盖 2 是防止漏油的。塑料密封件可防止燃油箱向外泄漏，如图 2-5-92 所示。

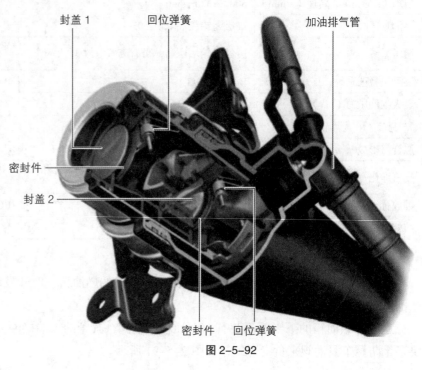

图 2-5-92

3. 排气系统

（1）3.0L TFSI 发动机。

由于废气涡轮增压模块布置在内 V 形中，因此气体路径非常短。

催化净化器模块，如图 2-5-93 所示。

该模块用法兰直接连接在废气涡轮增压器上，其内部包含有主催化净化器和后催化净化器，这两个都是陶瓷催化净化器。

催化净化器直接用螺栓固定在废气涡轮增压器出口处，这样可以使得催化净化器在发动机冷启动后很快就达到正常工作温度（所谓起燃温度或者指示灯熄灯温度）。

（2）3.0L TDI 发动机。

废气净化系统是个组合系统，由发动机附近的 NO_x 存储式催化净化器和 SCR 系统构成。这个由 NO_x 存储式催化净化器和 SCR 涂层柴油微尘过滤器组成的单元，下

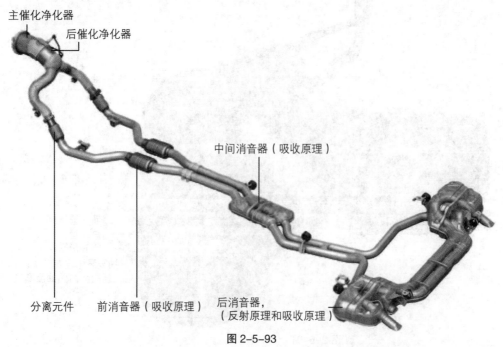

图 2-5-93

378

游接有一个阻拦式催化净化器，该阻拦式催化净化器带有SCR涂层和氧化式催化净化器，它有两个功用：一个是将在炭烟生成时产生的CO用含有贵金属的涂层氧化成CO_2；另一个是可靠防止NH_3出来。为了满足排放要求，在废气净化系统中还另集成了低压废气再循环系统。在这款奥迪A7（车型4K）上，TDI发动机使用的是单通道式排气系统，因为配置了SCR箱后就没有空间来放置双通道排气系统，中间消音器也不得不向后偏移，如图2-5-94所示。

4. 总成悬置

在这款奥迪A7（车型4K）上，两种发动机采用的都是三点式悬置，这包括两个可控式动力总成悬置以及一个液压式变速器悬置。

该系统能提高驾驶舒适性，具体说就是两个发动机悬置可以在怠速的软状态（悬置通电了）和行驶中的硬状态（悬置断电了）之间切换。

（1）V6 TFSI，如图2-5-95所示。

（2）液压式变速器悬置。

该液压式变速器悬置安装在变速器的后部，用于抵消驱动力，这个液压装置可改善震动舒适性，如图2-5-96所示。

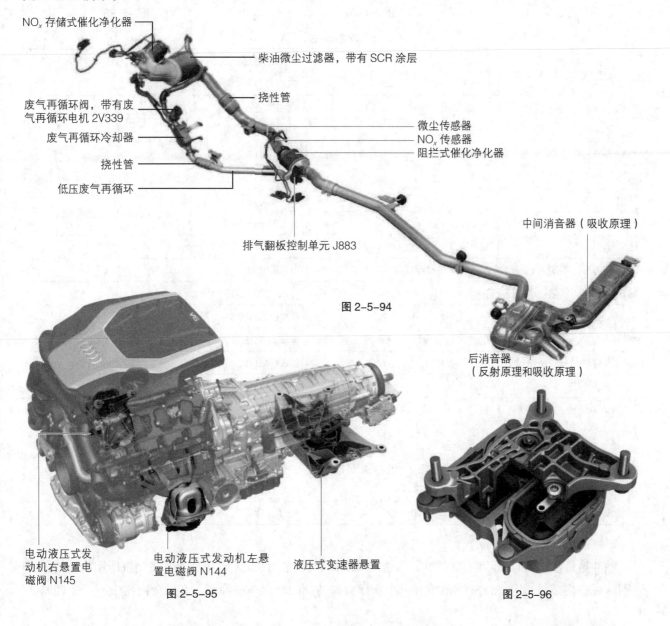

NO_x存储式催化净化器

柴油微尘过滤器，带有SCR涂层

废气再循环阀，带有废气再循环电机2V339

废气再循环冷却器

挠性管

挠性管

低压废气再循环

微尘传感器

NO_x传感器

阻拦式催化净化器

排气翻板控制单元J883

中间消音器（吸收原理）

图2-5-94

后消音器（反射原理和吸收原理）

电动液压式发动机右悬置电磁阀N145

电动液压式发动机左悬置电磁阀N144

液压式变速器悬置

图2-5-95

图2-5-96

（二）奥迪 A8（4N）

1. 汽油发动机—柴油发动机

（1）3.0L TFSI 发动机 EA839 扭矩—功率特性曲线，发动机代码 CZSE，如图 2-5-97 所示。

（2）3.0L TDI 发动机 EA897evo2 扭矩—功率特性曲线，发动机代码 DDVC，如图 2-5-98 所示。

（3）如表 2-5-6 所示。

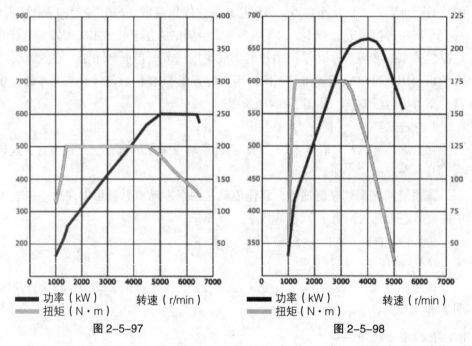

图 2-5-97　　　　　　　　　　　　　图 2-5-98

表 2-5-6

特点	技术数据	
发动机代码	CZSE	DDVC
结构形式	V6 发动机，90° V 形角	V6 发动机，90° V 形角
排量（cm³）	2995	2967
行程（mm）	89.0	91.4
缸径（mm）	84.5	83.0
每缸气门数	4	4
点火顺序	1-4-3-6-2-5	1-4-3-6-2-5
压缩比	11.2：1	16.0：1
功率（kW），转速（r/min）	250，5000~6400	210，4000
扭矩 N·m，转速（r/min）	500，1370~4500	600，1250~3250
燃油	高级无铅汽油 ROZ 95	柴油 EN 590
增压系统	废气涡轮增压器，带有废气泄放阀	单涡轮增压器，带有可变涡轮几何形状和电动调节器
发动机管理系统	Bosch MDG 1	Bosch MD1，带 OBD
最大喷油压力（bar）	250	2000
λ 调节/爆震调节	自适应 λ 调节，自适应爆震调节	
混合气形成	直喷	直喷
废气净化	2 个靠近发动机陶瓷催化净化器，催化净化器前、后有 λ 传感器	NO_x 存储式催化净化器，带有 SCR 涂层的柴油微尘过滤器
排放标准	EU 6 plus/LEV3/Tier3	EU6（ZD/E/F）
结构设计	轻度混合动力 48V	轻度混合动力 48V

2. 燃油箱

燃油箱是塑料制的，可装燃油 72L，可选装 82L 的燃油箱。TFSI 发动机和 TDI 发动机所用的燃油箱，区别体现在内部机构上。TFSI 燃油箱有一个带压力保持阀的防翻车漏油阀，在油分离器中有一个燃油加注切断阀。

在 TDI 燃油箱装有一个潜管。在 TDI/TFSI 燃油箱的下部装有一个防翻车漏油阀，该阀的导管末端在上部一方面是接油分离器，另一方面是接潜管。

TDI 燃油箱如图 2-5-99 所示。

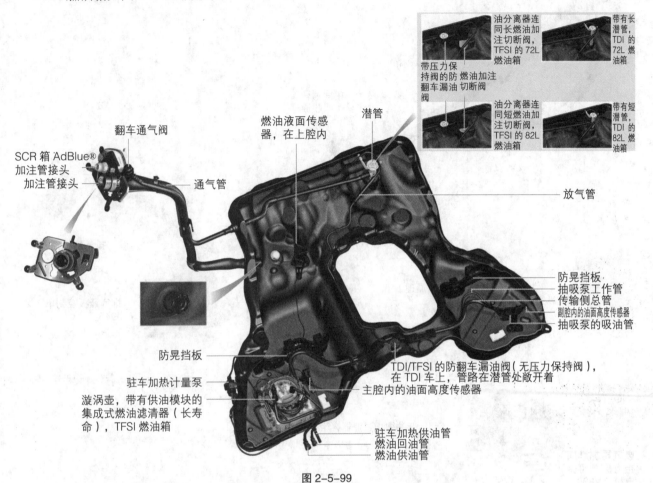

图 2-5-99

3. 3.0L TFSI 发动机的排气系统

由于废气涡轮增压模块布置在内 V 形中，因此气体路径非常短。

催化净化器直接用螺栓固定在废气涡轮增压器出口处，这样可以使得催化净化器在发动机冷启动后很快就达到正常工作温度（所谓起燃温度或者指示灯熄灯温度）。

催化净化器模块：该模块用法兰直接连接在废气涡轮增压器上，其内部包含有主催化净化器和后催化净化器，这两个都是陶瓷催化净化器，如图 2-5-100 所示。

排气翻板：J945 为了使得发动机具有相应的声效，两侧各有一个排气翻板，安装在后消音器下游。通过变动翻板的位置，可以封住两个尾管，这样就减小了车辆起步时的排气口噪声。

废气净化系统是个组合系统，由发动机附近的 NO_x 存储式催化净化器和 SCR 系统构成。这个由 NO_x 存储式催化净化器和 SCR 涂层柴油微尘过滤器组成的单元，下游接有一个阻挡式催化净化器，该阻挡式催化净化器带有 SCR 涂层和氧化式催化净化器，它有两个功用：一个是将在炭烟生成时产生的 CO 用含有贵金属的涂层氧化成 CO_2；另一个是可靠防止 NH_3 出来。为了满足排放要求，在废气净化系统中还另集成了低压废气再循环系统，如图 2-5-101 所示。

排气翻板控制单元是通过一个涡轮蜗杆机构来操纵排气翻板的。由于该机构是"自锁式的"，因此在检查翻板运动的灵活性前，必须得拆除伺服电机。

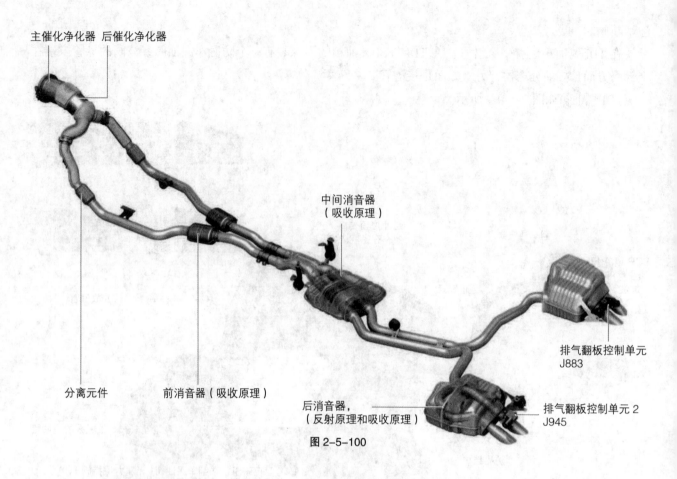

主催化净化器　后催化净化器

中间消音器
（吸收原理）

排气翻板控制单元
J883

分离元件　前消音器（吸收原理）

后消音器，
（反射原理和吸收原理）

排气翻板控制单元 2
J945

图 2-5-100

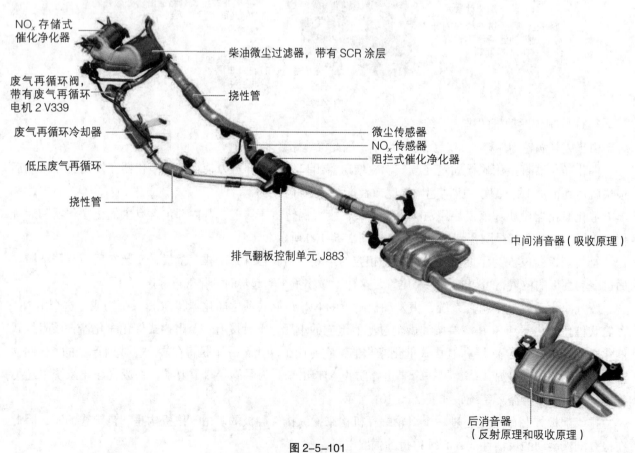

NO$_x$ 存储式
催化净化器

柴油微尘过滤器，带有 SCR 涂层

废气再循环阀，
带有废气再循环
电机 2 V339

挠性管

废气再循环冷却器

微尘传感器
NO$_x$ 传感器
阻拦式催化净化器

低压废气再循环

挠性管

中间消音器（吸收原理）

排气翻板控制单元 J883

后消音器
（反射原理和吸收原理）

图 2-5-101

4. 3.0L TFSI 发动机的悬置

3.0L TFSI 发动机采用的也是五点式总成悬置，区别仅在于，主动式发动机悬置换成了液压可控式发动机悬置。

这种液压悬置可以在"软"（怠速时）和"硬"（行车时）之间切换，如图 2-5-102 所示。

（1）液压发动机悬置，如图 2-5-103 所示。

（2）液压可控式变速器悬置，如图 2-5-104 所示。

液压可控式变速器悬置、变速器悬置阀 1 N262 和变速器悬置阀 2 N263 安装在变速器侧面，用于抵消总成的扭转震动。这种液压悬置可以在"软"（怠速时）和"硬"（行车时）之间切换。

（3）普通变速器悬置，如图 2-5-105 所示。

普通变速器悬置安装在变速器本体后部，用于抵消负荷变化引起的倾翻。

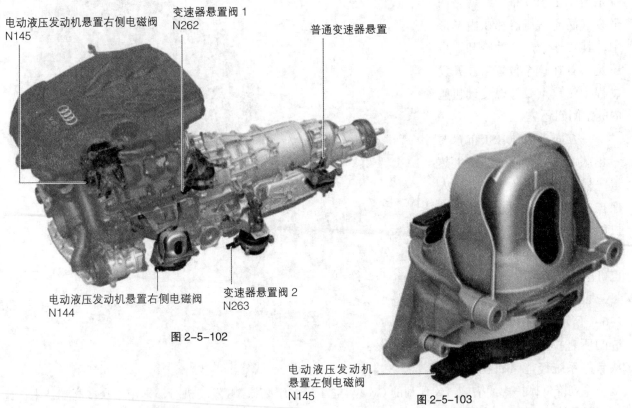

电动液压发动机悬置右侧电磁阀 N145

变速器悬置阀 1 N262

普通变速器悬置

电动液压发动机悬置右侧电磁阀 N144

变速器悬置阀 2 N263

图 2-5-102

电动液压发动机悬置左侧电磁阀 N145

图 2-5-103

变速器悬置阀 2 N263

图 2-5-104

图 2-5-105

第六节　EA824 4.0T 发动机

一、概述

奥迪公司的 V 形发动机家族又添新成员 4.0L V8 TFSI 发动机，这是第一款采用双涡轮增压器和 FSI 技术的八缸汽油发动机。该发动机是以 2012 年奥迪 A8 车上的 4.2L V8 FSI 自然吸气式发动机为基础开发的，因此许多技术基本是直接取自 4.2L V8 FSI 发动机。为了降低油耗，就将排量从 4.2L 降至 4.0L。

另一项"主动式"的减小排量的方法，就是关闭气缸。这样的话，发动机在部分负荷工况的工作效率就更高了。另一个主要特点就是所谓的 HSI 布置，就是两个废气涡轮增压器都在内 V 形中，其实连增压空气冷却器也还是布置在这个位置。在开发过程中，重点要考虑发动机舱内的空间问题。

一方面，这种 HSI 布置要考虑发动机舱盖下会产生热量；另一方面，还要遵守行人保护方面的法规要求。该发动机的功率谱是很宽的了，可用于奥迪的各种车型上。另外，也可用于大众品牌车上。

4.0L V8 TFSI 发动机，如图 2-6-1 所示，应用了奥迪模块构造的所有技术，这些技术涉及从启停系统经能量回收系统直

图 2-6-1

至一系列降低摩擦力的措施。匈牙利的 Gyor 奥迪工厂在组装该 V8 发动机时，采用了众多高端技术，比如所谓的镜片珩磨。

（一）奥迪的 8 缸发动机

奥迪公司很早就有大功率 8 缸发动机了。这也反映出品牌的高档要求和高档轿车对于大功率和运动性的特殊需求。奥迪公司的跑车和运动型多功能车（SUV）上也可能装备有 V8 发动机。

奥迪公司 8 缸发动机的起源，其实还该往前追溯很久。第一代的这种 8 缸发动机的开发，在霍希公司（汽车联盟股份公司的一个分支）就已经开始了，汽车联盟股份公司后来就演变成为奥迪股份有限公司。

1. 1927 年，德国第一台 8 缸发动机的车如图 2-6-2 所示。

图 2-6-2

茨维考的霍希工厂的 Horch 303 型车，是第一台配备了八缸直列发动机的豪华级车。该车自 1927 年开始生产，它是德国第一款成功批量生产的八缸发动机车。

该款直列八缸发动机是由 Paul Daimler（Gottlieb Daimler 的儿子）设计的，它配备有两根顶置凸轮轴。即便是最基本的一款活顶敞篷旅行车，也被视为是顶级奢华的象征。截至 1931 年停产，这款双凸轮轴发动机车型的销售量达到了惊人的 8490 辆。

这款八缸发动机尤其以其运动的平稳性而著称，其工作平稳性可以达到这个程度：急速时，发动机上可以直立着放一枚硬币而不倒。

2. 1933 年，霍希（Horch）公司的第一款 V8 发动机

萨克森的汽车联盟在 1933 的汽车展览会上首次展出了配备有 V8 发动机的一台霍希车。该发动机的排量为 3L，在 3200r/min 时的功率约为 46kW。

按照气缸数和排量，该车被称作"小"霍希 830。

随后，霍希 V8 系列车在 1935 年又出现了长轴距的霍希 830BL，该车是霍希工厂生产数量最多的车。该车一共生产了 6124 辆，其中的 50% 是普尔曼加长高级轿车，如图 2-6-3 所示。

图 2-6-3

3. 1988 年，进军高级轿车

在 1988 的巴黎艺术品展览会上，展出了一款奥迪 V8 车，该车是在内卡苏尔姆生产的。作为唯一的一款豪华级轿车，该车可以采用常时四轮驱动，如图 2-6-4 所示。

这种 V8 发动机最初机型，排量为 3562cm^3，功率为 185kW，5800r/min 时。

稍后又有一个变种，其排量是 4.2L，该发动机也用于后续的奥迪 A8 车。这种 V8 发动机的车，是奥迪品牌首次进军高级轿车领域。6 年后，在 1994 年初夏，这种 V8 发动机停产了。20 世纪 90 年代初，奥迪公司使用 V8 发动机车参加过德国旅行车大赛，获得两次冠军。

图 2-6-4

4. 2006 年，FSI 直喷

为了让奥迪的 V8 发动机也能用上汽油直喷技术，给 4.2L 的 V8 发动机配备了 FSI 汽油直喷装置，如图 2-6-5 所示。

这种发动机有两个变种：面向舒适的基本型（首次是用在 Q7 车上）和为满足运动性的高转速型（用在 2006 年奥迪 RS4 上的；309kW，7800r/min 时）。

为了用于奥迪 Q7，这种 V8 发动机（257kW，6800r/min）另行适配过。 圆滑的扭矩特性曲线（在额定转速下均如此）以及快速的响应能力，是该发动机的特点。因此，该发动机出色的不仅仅在于其功率大和扭矩大，由此而形成的车辆行驶性能在激烈的竞争环境中也很显眼。

5.2012年，涡轮增压和气缸关闭

4.0L V8 TFSI 发动机是第一款采用双涡轮增压器和 FSI 技术的 8 缸汽油发动机，该发动机有多种不同的功率，奥迪公司将其分别用于 C 级车和 D 级车中的不同车型上，如图 2-6-6 所示。

开发该发动机时，重点首先是放在降低燃油消耗上的，这是通过很多措施来实现的，比如关闭气缸。

图 2-6-5

图 2-6-6

（二）技术摘要

1.如图 2-6-7 所示

（1）8 缸 V 形发动机，夹角为 90°。

（2）FSI 汽油直喷。

（3）缸体是铸铝的。

（4）双涡轮增压器（双进气口式的），位于内 V 形中。

（5）排气歧管是双层气隙绝缘的。

（6）间接式增压空气冷却。

（7）气缸管理/气缸关闭（ZAS）。

（8）第二代温度管理（ITM 2）。

（9）横流冷却。

（10）发动机管理系统 MED 17 1.1，使用 p–N控制。

图 2-6-7

（11）能量回收系统（用于在车辆减速时回收能量）。

（12）启停系统。

（13）主动式发动机悬置，带有震动线圈激励器。

2.变种

4.0L V8 TFSI 发动机在奥迪的各种车型上均有采用。根据产品系列以及车是哪个市场的，发动机的特点是不同的。

如表 2-6-1 所示的就是变种、结构和适配方面的情况。

表 2-6-1

产品系列	C7[1]	D4[2]	
		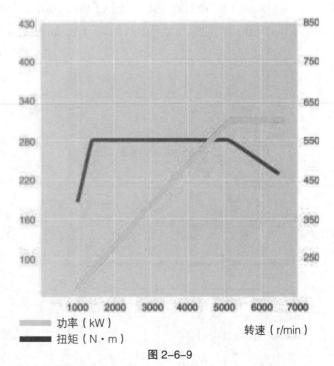	
车系	2012 年奥迪 S6、奥迪 S7 Sportback	2012 年奥迪 A8	2012 年奥迪 S8
发动机代码	CEUC	CEUA	CGTA
功率（kW）	309	309	382
扭矩（N·m）	550	600	650
不采用能量回收和启停系统的市场	亚洲、美国、加拿大、韩国、SAM[3]	亚洲、SAM[3]	亚洲、美国、加拿大、韩国
排放标准	EU 2 ddk、ULEV 2、Tier 2 BR、EU 5、EU 5 plus	EU 2 ddk、ULEV 2、Tier 2 BR、EU 5、EU 5 plus	ULEV 2、Tier 2 BR、EU 5 plus
发动机总重（kg）	219	219	224
变速器	DL511-7Q	AL551-8Q	AL551-8Q

注：1）这个图表示的是2012年奥迪 S6上的发动机；
　　2）这个图表示的是2012年奥迪 S8上的发动机；
　　3）SAM = 南美市场。

（三）技术数据

1. 2012 年奥迪 S6, S7 Sportback（C7 系列）

用在 C7 系列上的 4.0L V8 TFSI 发动机，只有一个功率级。

如图 2-6-8 所示发动机与 D4 系列上所使用的发动机，主要不同之处在于：

①两个涡轮增压器采用单侧空气进气；

②无转向助力泵；

③发动机盖罩的设计。

2. 扭矩—功率特性曲线

4.0L V8 TFSI 发动机，代码 CEUC，如图 2-6-9 和表 2-6-2 所示。

图 2-6-8

图 2-6-9

功率（kW）
扭矩（N·m）
转速（r/min）

表 2-6-2

发动机代码	CEUC
结构形式	8 缸 V 形发动机，90° V 形角
排量（cm³）	3993
功率（kW），转速（r/min）	309，5000~6400
扭矩（N·m），转速（r/min）	550，1400~5200
每缸气门数	4
点火顺序	1-5-4-8-6-3-7-2
缸径（mm）	84.5
行程（mm）	89
压缩比	10.1：1
发动机管理系统	Bosch MED 17 1.1，带 p-N 控制
燃油	高级无铅汽油 ROZ 95
排放标准	EU.2 ddk, ULEV.2, Tier.2 BR, EU.5, EU.5.plus
CO₂ 排放（g/km）	225
车系	S6.'12, S7.Sportback

3. 2012 年奥迪 A8, 2012 年奥迪 S8（D4 系列）

用在 D4 系列上的 4.0L V8 TFSI 发动机，有两个功率级。

如图 2-6-10 所示发动机与 C7 系列上所使用的发动机，主要不同之处在于：

①双侧空气进气（仅指 2012 年奥迪 S8）；

②有转向助力泵；

③发动机盖罩的设计；

④二次空气泵电机的安装位置不同（在发动机舱右侧）。

4. 扭矩—功率特性曲线

（1）4.0L V8 TFSI 发动机，代码 CEUA，如图 2-6-11 所示。

（2）4.0L V8 TFSI 发动机，代码 CGTA，如图 2-6-12 所示。

图 2-6-10

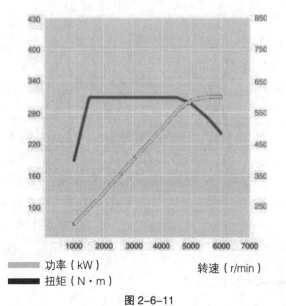

功率（kW）
扭矩（N·m）
转速（r/min）

图 2-6-11

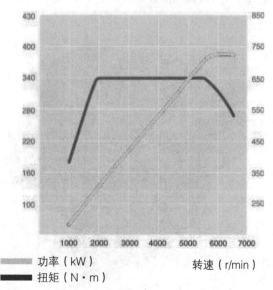

功率（kW）
扭矩（N·m）
转速（r/min）

图 2-6-12

388

（3）如表2-6-3所示。

表2-6-3

发动机代码	CEUA	CGTA
结构形式	8缸V形发动机，90° V形角	8缸V形发动机，90° V形角
排量（cm^3）	3993	3993
功率（kW），转速（r/min）	309，5000~6000	382，5800~6400
扭矩（N·m），转速（r/min）	600，1500~4500	650，1700~5500
每缸气门数	4	4
点火顺序	1-5-4-8-6-3-7-2	1-5-4-8-6-3-7-2
缸径（mm）	84.5	84.5
排量（mm）	89	89
压缩比	10.1：1	9.3：1
发动机管理系统	Bosch MED 17 1.1，带p-N控制	Bosch MED 17 1.1，带p-N控制
燃油	高级无铅汽油ROZ 95	高级无铅汽油ROZ 98
排放标准	EU2 ddk,ULEV.2,Tier.2 BR,EU.5, EU.5.plus	ULEV.2, Tier.2 BR, EU.5.plus
CO$_2$排放（g/km）	219	235
车系	A8'12	S8'12

二、发动机机械构造

（一）缸体

曲轴箱源于2012年奥迪A8上的4.2L V8 FSI发动机，是采用过共晶阿卢西尔（Alusil）高硅耐热铝合金经低压金属模铸而成。

机械负荷和热负荷超过4.2L V8 FSI发动机。为了应对这种超负荷情况，采用一种特殊的热处理方式。

根据发动机变种的不同（增压度的不同），这种热处理方式也有所不同。气缸工作面是机械加工出来并用镜片珩磨进行精加工。

缸体上有可控的活塞冷却喷嘴，它可喷出机油来进行冷却。

1. 如图2-6-13和表2-6-4所示

表2-6-4

缸体尺寸	
气缸间距（mm）	90
V形角	90°
缸径（mm）	84.5
高（mm）	228
长（mm）	460

用于盖罩的模块，带有机油供给接口

缸体

可控活塞冷却喷嘴

轴承支座

机油挡板

油底壳上部

油底壳下部

图2-6-13

2. 轴承支座

该轴承支座是用铝合金采用压力铸造方式制成的。其作用是封闭曲轴箱下部并承受曲轴轴承负荷。该支座对于整体刚性和发动机的声响特性影响很大。

冷却液是不流经该轴承支座的。但其上有机油孔和机油通道，用于传送压力机油。

与缸体的密封采用的是液态密封剂和弹性成型密封垫；与油底壳上部的密封采用液态密封剂。另外，机油滤清器模块集成在这个支座上。

为了加强该支座的强度，铸造时加入了5个球墨铸铁的轴套（曲轴轴承盖）。这些轴套另用螺栓以45°角与轴承支座拧在一起，如图2-6-14所示。

3. 内V形中的机油供给模块

在发动机的内V形中的一个盖罩下，有很多用于机油供给的油道。这个盖子是用螺栓直接拧在缸体上的。其中有金属密封垫，如图2-6-15所示。

4. 机油挡板

机油挡板将曲柄连杆机构与油底壳隔离开。这样的话，曲轴的曲柄臂就不会浸入发动机机油中，这样也就避免了发动机高转速时机油出现泡沫的可能。为了降低发动机总重，这个挡板是用塑料制成的，如图2-6-16所示。

5. 油底壳上部

如图2-6-17所示。

油底壳上部是发动机—变速器组合体的一部分，它用于提高动力总成的整体刚度。它与轴承支座和油底壳

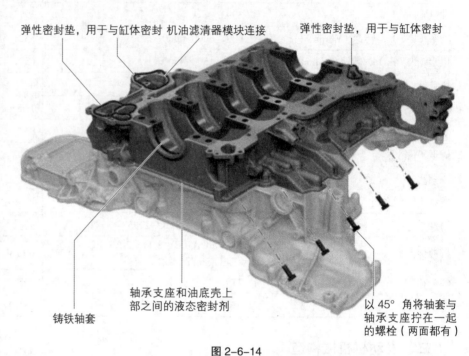

弹性密封垫，用于与缸体密封　机油滤清器模块连接　弹性密封垫，用于与缸体密封

铸铁轴套

轴承支座和油底壳上部之间的液态密封剂

以45°角将轴套与轴承支座拧在一起的螺栓（两面都有）

图2-6-14

涡轮增压器的机油供油管
涡轮增压器的机油回油管

机油压力开关，3级F447

活塞冷却喷嘴N522

曲轴箱通风装置
机油回流管（来自曲轴箱通风装置的机油细分离器）

内V形内机油供给模块的盖罩

机油回流管（来自曲轴箱通风装置的机油粗分离器）

涡轮增压器的机油回油管

涡轮增压器的机油供油管的滤网

涡轮增压器的机油供油止回阀

内V形内机油供给模块

金属密封垫

机油回流管（来自曲轴箱通风装置的机油分离器）

螺塞

活塞冷却喷嘴的控制阀

车辆行驶方向

图2-6-15

下部的无压力空间的密封，各自都是通过液态密封剂来实现的。有压力冲击的空间都是用弹性密封垫密封的。

接收轴承支座的脏机油到将洁净机油输送给轴承支座，这所有的机油通道，都在油底壳上部。

另外，油底壳上部还装有或者集成下述部件：

①旁通阀；

②机油冷却器；

③皮带张紧器；

④辅助散热器的节温器（空气—机油）；

⑤水泵支架；

⑥机油尺支架；

⑦发电机支架；

⑧从涡轮增压器和缸盖来的机油回流管；

⑨曲轴箱通风系统的机油回流截止阀。

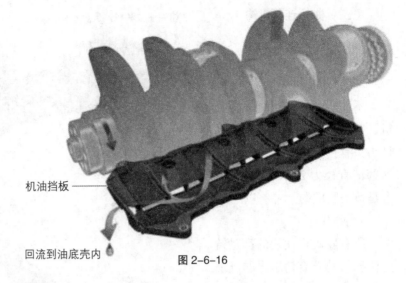

机油挡板

回流到油底壳内

图 2-6-16

辅助散热器的节温器（空气—机油）

连接机油滤清器

机油回流截止阀

机油尺导管支架

机油回流截止阀

机油冷却器

油底壳上部

图 2-6-17

6. 油底壳下部

如图 2-6-18 所示。

油底壳上部的下面与铝板制的油底壳下部是用螺栓连接的。油底壳下部集成有机油排放螺塞以及机油油位和机油温度传感器 G266。

（二）曲柄连杆机构

1.一览

如图 2-6-19 所示。

2.连杆

不论是哪种功率的发动机，其连杆都是分体式的。连杆小头有一个 13° 的梯形角。活塞销直径为 22mm。连杆衬套是黄铜制成的。

3.活塞

所有发动机使用的都是铸造活塞，其上有铸造出的压缩环的活塞环槽镶圈。309kW 的发动机和功率更大的发动机相比，其活塞还是有区别的。

主要差别就是活塞顶的形状设计。活塞销上有一层薄薄、看起来像金刚石似的炭层，其名字叫 DLC（金刚石状炭）。

（1）309kW 发动机的活塞，如图 2-6-20 所示。

（2）382kW 以上发动机的活塞，如图 2-6-21 所示。

4.曲轴

曲轴是锻造钢制的，有五道轴承。根据发动机类型的不同，使用不同材质的毛坯。根据发动机功率情况的不同，成品件会采用不同的精加工（终加工）方式，如表 2-6-5 所示。

5.轴承和机油供给

主轴承是无铅三元轴承，其机油供给是每个轴承上的两个通孔实现的（缸体上镰刀形的槽）。连杆轴承使用的是不同的材质，下轴瓦使用的材质与主轴承的材质一样（无铅三元）；上轴瓦使用的是无铅二元轴承，如图 2-6-22 所示。

机油油位和机油温度传感器 G266

机油排放螺塞

油底壳下部

图 2-6-18

梯形连杆，分体式的

各种不同形式的活塞（取决于具体是哪种发动机）

不同主轴承直径的曲轴（取决于具体是哪种发动机）

图 2-6-19

图 2-6-20   图 2-6-21

表 2-6-5

曲轴尺寸	
曲柄轴颈直径（mm）	90
主轴承直径（mm）	65（309kW）
	67（382kW 以上）
行程（mm）	39

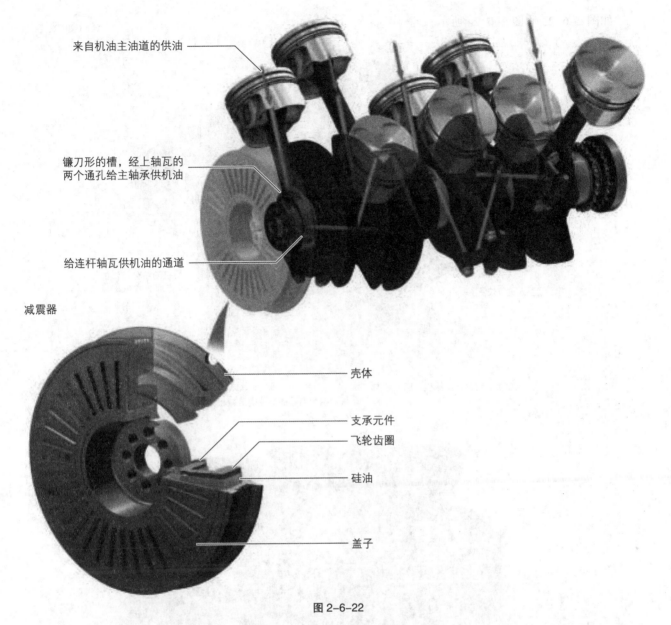

来自机油主油道的供油

镰刀形的槽，经上轴瓦的
两个通孔给主轴承供机油

给连杆轴瓦供机油的通道

减震器

壳体

支承元件

飞轮齿圈

硅油

盖子

图 2-6-22

功能：这个黏滞式减震器可以削弱转动震动。这种转动震动是由内燃机上的气体压力和离心力（机内燃烧和转动及震动惯性）而产生的。这种震动会使得壳体和飞轮齿圈之间发生相对转动。这就导致要对硅油实施剪切，这种剪切会作用在飞轮齿圈和壳体之间间隙的整个平面上，这种应变的总和，就产生了阻尼效应。

（三）曲轴箱通风

曲轴箱的通风是通过两个缸盖来进行的。通过单独的通道（这些通道通向进气管，然后进入增压空气管路模块），窜气就被引到曲轴箱通风模块中了。

曲轴箱通风模块处于发动机的内 V 形中，其作用如下：

①机油粗分离；

②机油细分离；

③通过压力调节阀调节压力；

④曲轴箱强制通风 PCV。

1. 总览

393

如图 2-6-23 和图 2-6-24 所示。

增压空气冷却模块

曲轴箱通风模块

内 V 形中机油供给模块的盖罩

将窜气引入进气歧管
（在全负荷工况）

将窜气继续引入到集气壳体内

机油细分离器的
机油回流截止阀

将窜气引入进气歧管

来自机油细分离器的机油回流通道

来自机油粗分离器的机油回流通道

机油粗分离器的机油回流截止阀

图 2-6-23

机油粗
分离器

由于窜气气流方向改变，
分离出较大的油滴

从机油粗分离器到油
底壳的机油回流通道

图 2-6-24

2. 机油粗分离

在第一个容积很大的腔内，窜气气流的方向会发生约 180° 的变化。由于较大的油滴运动迟缓，就会在内壁上反弹并流入机油粗分离器底部的集油腔内。此处有一个溢流孔，该孔连接在内 V 形内机油供给模块的罩盖上。

出来的机油在缸体内流动，经过油面以下一个回流通道进入油底壳。如果发动机在工作，那么由于曲轴箱和油雾分离器有压差，所以机油回流截止阀会自动关闭，这样就可防止未经处理的窜气流经机油细分离器。

来自机油粗分离器和机油细分离器的回流机油

机油回流到油底壳内

图 2-6-25

3. 机油回流截止阀

在机油回流通道内，有两个机油回流截止阀，其作用是防止吸入曲轴箱来的未经处理的窜气。阀内有弹簧加载的球阀，它会卡到油底壳上部，如图 2-6-25 所示。

4. 机油细分离

机油粗分离器出来的窜气，经机油细分离器进入两个腔内。此处有冲击器、压力调节阀、窜气阀以及曲轴箱强制通风阀。首先是在机油细分离器进行处理（就是净化）。

这个净化过程采用的就是冲击器原理，机油细分离器还与一个限压阀一同工作，该阀在窜气流量增大时会打开，以便限制通过整个系统的压力损失。

细分离器分离出的机油与粗分离器分离出的机油一样，也是通过内 V 形上的一个单独接口引回到油底壳内。此处也安装有一个止回阀。

经过了净化的窜气流经单级调压阀。根据空气供给系统内的压力情况，窜气被引经增压空气模块内集成的窜气阀或者曲轴箱通风模块。

一览如图 2-6-26 所示。

5. 净化过的窜气的引导

（1）怠速和较低部分负荷工况。

在怠速和较低部分负荷工况，空气供给系统内呈真空状态。净化过的窜气被引入增压空气冷却模块内。怠速和部分负荷工况的窜气阀就被这个吸入效应给打开了，如图 2-6-27 所示。

（2）全负荷工况。

如果在发动机的增压工况时增压空气道内产生了过压，那么增压空气模块内集成的窜气阀（该阀在部分负荷状态）就会关闭，净化了的窜气这时就通过集成在曲轴箱通风模块内的窜气阀被引至涡轮增压器前，如图 2-6-28 所示。

6. 曲轴箱通风（PCV）

通过曲轴箱通风模块将新鲜空气引入曲轴箱内。曲轴箱通风只在怠速和部分负荷时才发生。新鲜空气经"全负荷"窜气接口流入曲轴箱通风模块。

通过薄片阀和曲轴箱通风模块上的一个孔，一定量的空气就经内 V 盖板上的一个接口被引入曲轴箱了。

如果发动机处于增压工况，那么这个薄片阀会因压差的原因而关闭的。

空气走向如图 2-6-29 所示。

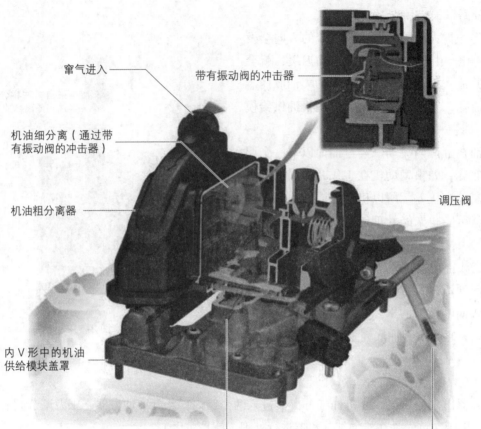

窜气进入

带有振动阀的冲击器

机油细分离（通过带有振动阀的冲击器）

机油粗分离器

调压阀

内 V 形中的机油供给模块盖罩

将分离出的机油引入到内 V 形中机油供给模块内

进入油底壳的机油回流通道

图 2-6-26

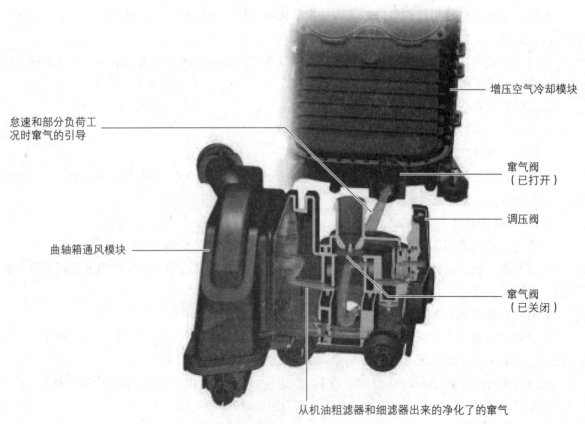

增压空气冷却模块

怠速和部分负荷工况时窜气的引导

窜气阀（已打开）

调压阀

曲轴箱通风模块

窜气阀（已关闭）

从机油粗滤器和细滤器出来的净化了的窜气

图 2-6-27

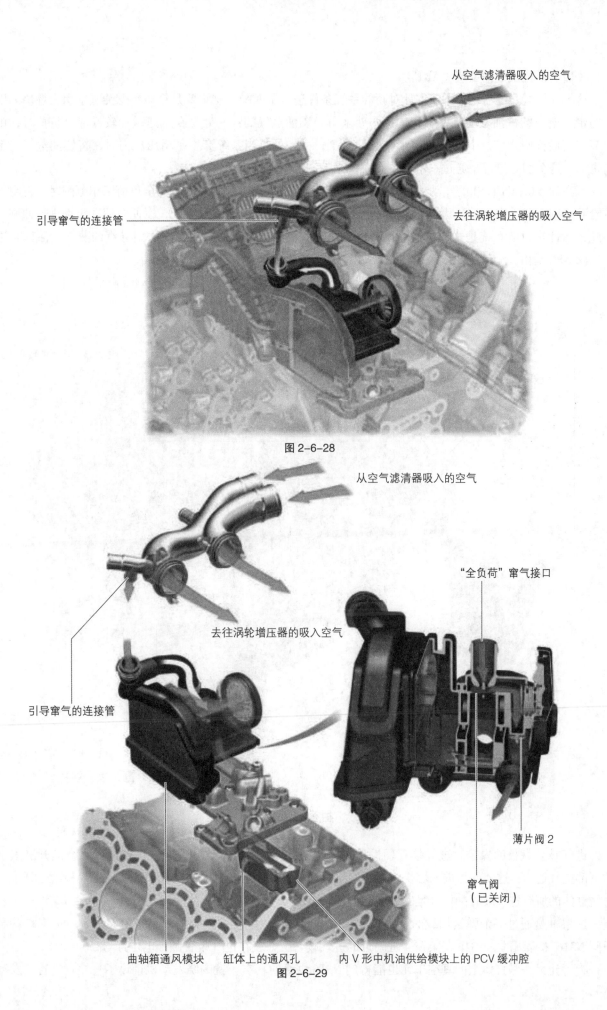

从空气滤清器吸入的空气

引导窜气的连接管

去往涡轮增压器的吸入空气

图 2-6-28

从空气滤清器吸入的空气

"全负荷"窜气接口

去往涡轮增压器的吸入空气

引导窜气的连接管

薄片阀 2

窜气阀
（已关闭）

曲轴箱通风模块　　缸体上的通风孔　　内 V 形中机油供给模块上的 PCV 缓冲腔

图 2-6-29

397

（四）活性炭过滤系统（AKF）

这个活性炭过滤系统（AKF）针对新的系统条件进行了匹配，这主要是针对将燃油蒸气引去燃烧。以前的带有增压的汽油发动机系统，是在两处来引导燃油蒸气的：一处是在怠速时和较低部分负荷时，由于节气门后面吸入空气而产生真空来吸燃油蒸气；另一处是当系统产生了增压压力时，将燃油蒸气引至涡轮前。这个引导过程是通过一个机械阀系统来控制的。

现在的 4.0L V8 TFSI 的发动机，其发动机管理系统是这样工作的：恰好在全负荷工作范围时，将空气供给系统调至几乎完全敞开状态（就是完全不节流了）。于是压差就过小了，以便对活性炭罐进行冲刷。因此，活性炭过滤系统是这样构造的：只在怠速时和较低部分负荷时，才会去引导汽油蒸气，活性炭罐电磁阀 N80 是由一个特性曲线来操控的，如图 2-6-30 所示。

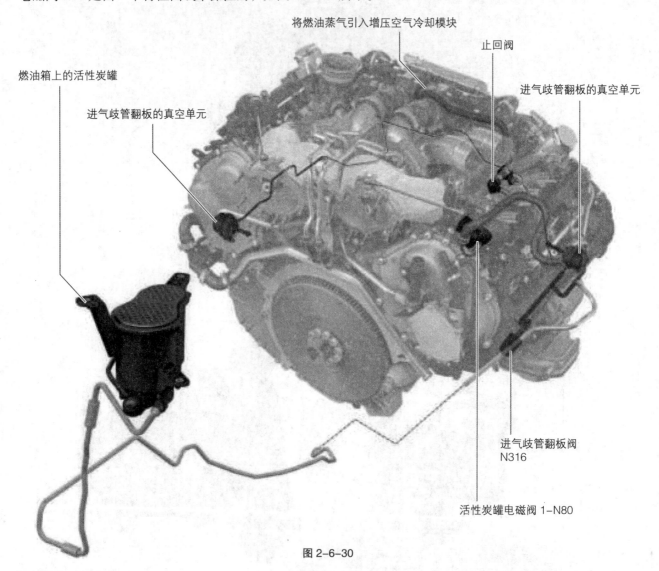

图 2-6-30

进气歧管翻板的操控。进气歧管翻板是集成在进气歧管上的。这些翻板在受操纵时，会隔开缸盖上的下部空气通道，这就使得进入燃烧室的空气呈滚动状运动，于是缸盖内的通道就被通道隔板给分开了。每侧缸体的所有进气歧管翻板，是安装在同一根轴上的。

这根轴是通过一个弹簧加载的真空单元来驱动的。进气歧管翻板的两个真空单元都是由进气歧管翻板阀 N316 来操纵的。N316 安装在 4 缸附近的进气歧管上，就在进气歧管翻板电位计 G336 旁。

为了让另一侧缸体上的真空单元也能得到 N316 供给的真空，就围绕发动机铺设了一根真空管。发动机控制单元根据进气歧管翻板电位计 G336 和 G512 来获知进气歧管翻板的位置信息。这两个电位计布置在真空单元对面，这样就可以检查两个轴是否工作正常。

（五）缸盖

4.0L V8 TFSI 的发动机的缸盖是新设计的。与 4.2L V8 FSI 发动机的缸盖相比，其挑战之处在于机械和抗热性能要求都高了。

本发动机系列中，功率不同的发动机，其缸盖都是相同的。唯一不同之处在于，功率大于 309kW 的发动机，其配气相位（凸轮轴行程长度）不一样。

最主要的不同之处就是进气侧和排气侧互换了位置（热侧向内，缩写为 HSI），这种布置使得发动机体积小巧、热力学性能更好且燃油的路径短（流动损失最小）。

4.0L V8 TFSI 的发动机对加速踏板动作的反应是非常快的。受热部件有豪华的绝缘层，尤其是歧管处，这使得内 V 形中的热性能很稳定。

新鲜空气的进气装置布置在缸体的外侧。

进气道内的可控式翻板使得流入的空气出现圆筒状旋转。强化了的涡旋状燃油—空气混合气会令燃烧室冷却一些，这就使得增压可以达到较高的压缩比，而不至于使得燃烧趋向于爆震了。

1. 技术特点

①铝制缸盖，带有两个组合式凸轮轴。

②四气门技术。

③气门盖罩有梯形框。

④进气和排气凸轮均有凸轮轴调节器。

⑤脉冲传感器（霍耳传感器），用于监控每个凸轮轴的位置。

⑥横流式冷却。

⑦进气门气门座之间和排气门气门座之间都是有冷却的。

⑧通过 AVS 来实现气门气缸关闭。

⑨三层气缸盖密封垫。

⑩用液体密封剂密封气缸盖罩。

⑪进气道带有隔板。

⑫火花塞布置在中间（在气门星形的中心）。

⑬喷油阀布置在侧面。

⑭燃油高压泵是由排气凸轮轴（三联凸轮）来驱动的。

⑮机械式真空泵是通过缸体 1 上的进气凸轮轴驱动的。

⑯止回阀用于防止发动机机油回流（压力通道漏光了油）。

⑰机油滤网用于隔离污物。

2. 气门机构

借助于滚子摇臂来完成气门的操作。由于有气缸关闭，所以滚子摇臂的几何形状是不同的。滚子较宽的滚子摇臂用于无气缸关闭功能的气缸，滚子较窄的滚子摇臂用于有气缸关闭功能的气缸。

其他特点：

①安静的气门间隙液压补偿机构。

②底座加强了的排气阀，注钠冷却。

③底座加强了的实心杆进气门。

④排气门导管是烧结粉末冶金的。

⑤进气门导管是黄铜的。

⑥简单气门弹簧，工作时应力相对小。

⑦气门升程11mm。

3.凸轮轴调节机构

进气和排气凸轮轴都是可以无级调节的。调节范围都是42°曲轴角。每个凸轮轴的位置由一个霍耳传感器来监控。发动机关闭后（机油压力下降），用一个锁紧销通过弹簧力来锁定凸轮轴调节器。

通过凸轮轴调节机构，借助于气门重叠可以实现内部废气再循环。这时既可以采用8缸模式，也可以采用4缸模式将废气引回。

4.结构

如图2-6-31所示。

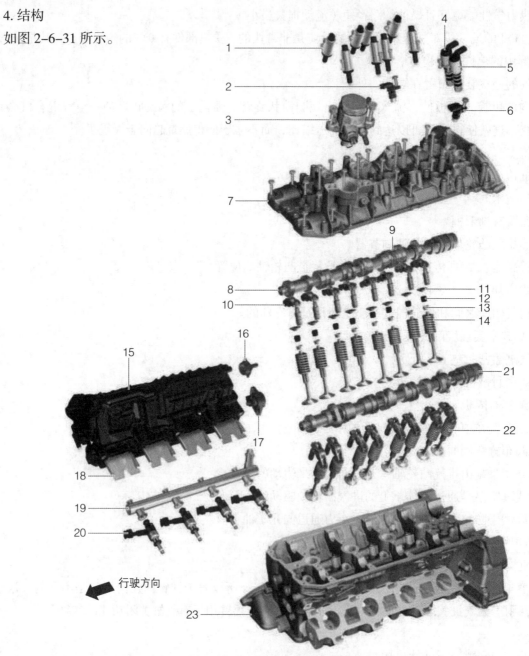

行驶方向

1.凸轮调节执行元件 2.霍耳传感器G40 3.高压燃油泵 4.凸轮轴调节阀1 N205 5.排气凸轮轴调节阀1 N318 6.霍耳传感器2 G163 7.气缸盖罩 8.进气凸轮轴 9.可移动凸轮 10.带有支承元件的滚子摇臂 11.气门弹簧座 12.气门杆密封件 13.气门锁块 14.气门弹簧 15.进气歧管 16.止回阀（带有连接真空泵的接口） 17.进气歧管翻板电位计G336 18.缸盖内的通道隔板 19.燃油轨 20.喷油阀 21.排气凸轮轴 22.排气阀 23.缸盖1

图2-6-31

（六）链传动机构

发动机配气采用链传动，这些链条布置在两个平面内，有 4 个链条。链传动机构布置在发动机动力输出侧。使用带有止回阀的液压张紧器来作为张紧系统。这些链条使用的都是滚子链。链条 A 是曲轴与中间齿轮（惰轮）之间的分配机构。

链条 B 和 C 是从中间齿轮到各个凸轮轴的缸盖驱动机构；链条 D 是驱动圆柱齿轮的，如图 2-6-32 所示。

配气相位的调整和检查，需要使用新的工具 T40264/1-3。要想固定住凸轮轴，就不可拆下气缸盖罩。

用于驱动附加装置的齿轮组：链条 D 驱动一个齿轮组，这个齿轮组驱动几乎所有附加装置。

（七）附加装置的驱动

1. 发电机

发电机采用一根五棱多楔皮带来驱动。有一个自动工作的皮带张紧器负责张紧，该张紧器有减震功能，如图 2-6-33 所示。

2. 其他附加装置

驱动是从曲轴开始，经链条 D、圆柱齿轮、齿轮组和插接轴，如图 2-6-34 所示。

3. 转向助力泵

在 2012 年奥迪 A8 车上，转向助力泵由发动机来驱动，路线是从曲轴开始，经链条 D、圆柱齿轮、齿轮组。

在 C7 系列车上，不必驱动转向助力泵，它使用的是电

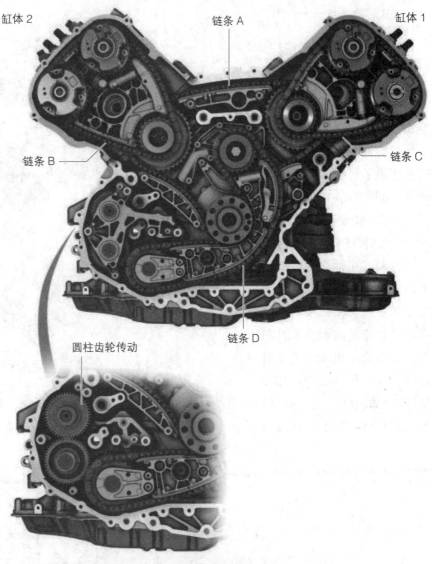

缸体 2　　链条 A　　缸体 1

链条 B　　链条 C

链条 D

圆柱齿轮传动

图 2-6-32

发电机

皮带张紧器

减震器

图 2-6-33

动机械式转向系统。

三、机油供给系统

（一）总图

4.0L V8 TFSI 发动机采用湿式油底壳润滑系统，而且首次在奥迪的 8 缸汽油发动机上使用了可控式活塞冷却喷嘴，如图 2-6-35 所示。

（二）机油泵

4.0L V8 TFSI 发动机配备的是可调式机油泵。该机油泵设计成可以两个压力级来工作的。另外，该泵不断地通过容积流量的调节来时刻适应发动机的机油需求（当然是以两个压力级了）。因此，

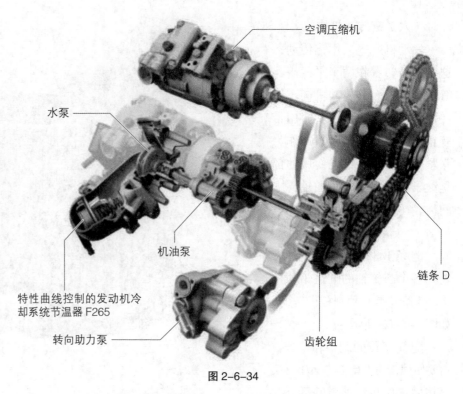

图 2-6-34

使用这种机油泵，可以降低燃油消耗量。同时，在发动机转速较低时，这个机油泵也可以在较低的压力级工作（所耗费的功率就变小了）。

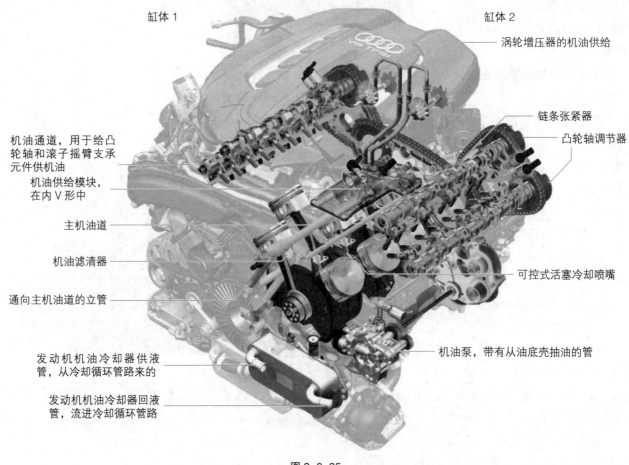

图 2-6-35

402

较低的压力大概是 2 bar，较高的压力可调到约 4.5bar。泵内的过压阀在压力约为 11bar 时会打开（冷启动阀）。

机油泵是用螺栓拧在支承横梁上的，它由圆柱齿轮通过一根插接轴来驱动（链条 D）。另外。机油泵的圆柱齿轮还驱动水泵，如图 2-6-36 所示。

1. 结构

从结构上讲，它是叶片泵，配有偏心支承的调整环（泵内腔的一个组件）。调整环旋转，就使得泵内腔的大小发生变化，于是供油能力（功率）也就发生了变化，系统内压力也发生改变。

有一个带有滤网和橡胶座的形状很特别的吸油管，它是用于在车辆横向加速度很大时来保证从油底壳内抽取发动机机油和泵正常工作的，如图 2-6-37 所示。

调整装置：当机油压力作用到配流面上时，调整环就会转动，这时流向配流面 2 的机油流由机油压力调节阀来掌控。这个反力由两个控制弹簧产生，弹簧力压在调整环的控制面 2 上。这两个弹簧采用专门的特性曲线。这样就可以保证在较低压力级时，也与较高压力级一样，均可获得准确的容积流量。

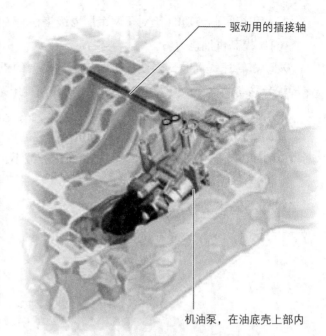

驱动用的插接轴

机油泵，在油底壳上部内

图 2-6-36

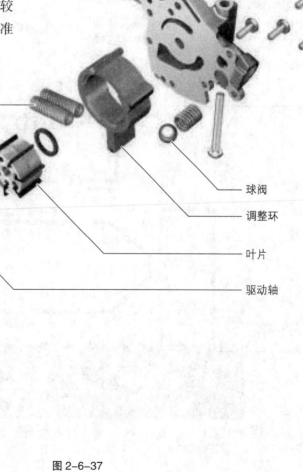

机油泵端盖

控制弹簧

球阀

调整环

叶片

驱动轴

机油泵壳体

带有滤网的吸油管

图 2-6-37

403

2. 容积流量调节功能（对于两个压力级来说是一样的）

（1）提高供油能力。

发动机转速提高时，因使用机油的部件需要的机油量也增大，所以系统内会有个压力降。于是控制弹簧就会移动调整环，使得泵内腔增大，于是泵的供油能力就增大了，如图 2-6-38 所示。

（2）降低供油能力。

发动机转速要是降低了，那么发动机所需要的机油量也就减少了，压力就会增大。增大的压力作用在调整环的配流面上，调整环就移动，使得泵内腔减小，于是泵的供油能力就降低了，如图 2-6-39 所示。

3. 机油压力调节的原理示意图

如图 2-6-40 所示。

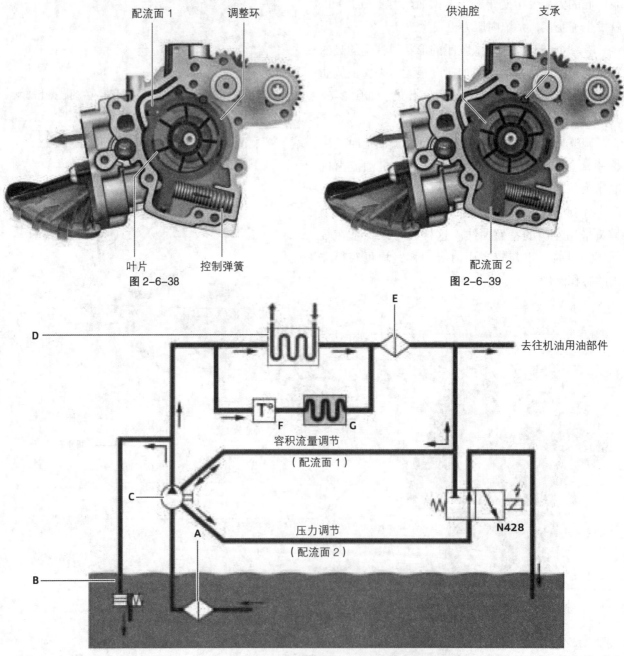

图 2-6-38

图 2-6-39

A.机油滤网　B.控制阀　C.机油泵　D.水—机油—冷却器　E.机油滤清器　F.节温器　G.空气—机油—热交换器（仅指功率高于309kW的发动机）　N428.机油压力调节阀

图 2-6-40

4. 机油压力调节功能

（1）较低压力级。

机油压力调节阀 N428 由发动机控制单元来接通，于是去往配流面 2 的机油通道就打开了。机油泵产生的机油压力现在就作用到两个配流面上了，这使得调整环发生较大转动。

泵腔这时就变小了，于是供应的机油也变少了。机油压力下降，机油泵这时也就以较小功率在工作了。这样就可以降低燃油消耗，如图 2-6-41 所示。

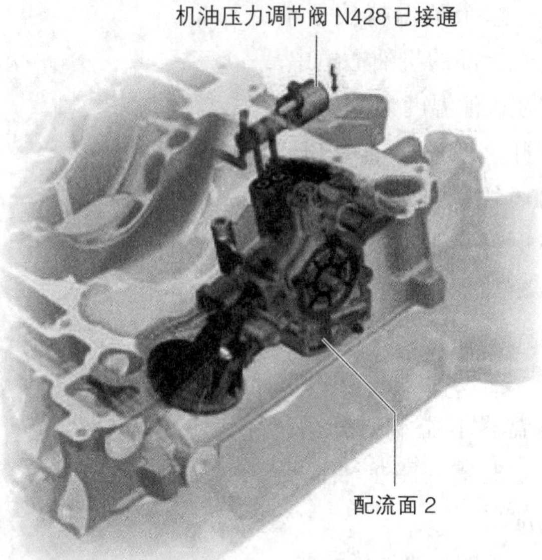

（2）较高压力级。

当发动机转速达到 4000r/min，就会切换到较高压力级，这时机油压力调节阀 N428 就切断了。作用在调整环的配流面 2 上的机油流就中断了，控制弹簧这时就将调整环压回了。于是泵内腔就变大了，机油泵的供油能力也增大了，机油压力也就被调节到较高压力级。配流面 2 压回的机油经 N428 被引入油底壳。

当发动机转速低于 3500r/min，会切换回较低压力级，如图 2-6-42 所示。

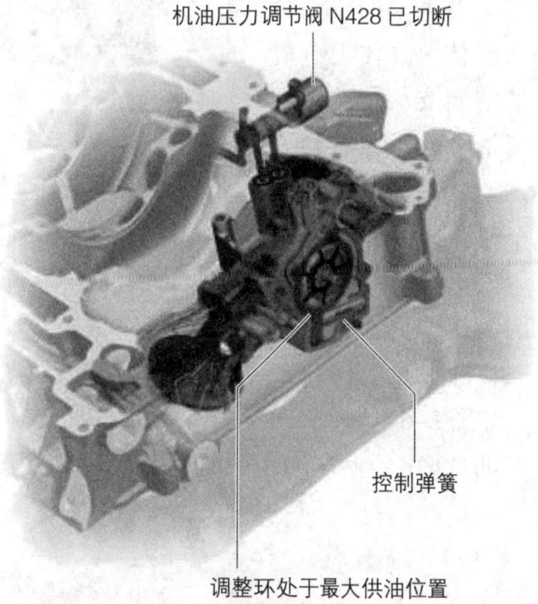

（三）机油冷却系统

机油泵供应的机油首先到达油底壳上部的机油通道系统。为此就必须经过一个止回阀，该阀的作用是防止机油循环管路中的机油泄光。机油再往前走就经过机油冷却器，该冷却器是水—油冷却器，以便合并到发动机的冷却循环管路中。

水—油冷却器用螺栓拧在油底壳上部的减震器下方。机油冷却器的机油再次流回到油底壳上部的机油通道中并流向支承横梁。

为了保护机油冷却器，还安装了一个旁通阀，当压力达到 2.5bar（相对）时，该阀打开，机油泄入机油冷却器的回油管内。

1. 一览

如图 2-6-43 所示。

2. 辅助机油冷却器

2012 年奥迪 S8 车的发动机，还多配了一个机油冷却器，它是个空气—机油冷却器，布置在车辆前端，用迎面风来实现冷却。与机油冷却器相比，辅助机油冷却器上不是总有机油流过。流经辅助机油冷却器的机油由节温器释放。

水—油冷却器用螺栓拧在油底壳上部的减震器下方。机油冷却器的机油再次流回到油底壳上部的机油通道中并流向支承横梁。

为了保护机油冷却器，还安装了一个旁通阀，当压力达到 2.5bar（相对）时，该阀打开，机油泄入机油冷却器的回油管内。

图 2-6-41

调整环处于最大供油位置
图 2-6-42

这个节温器位于油底壳上部的机油通道中，它在机油温度为110°时打开。辅助机油冷却器的通气是自动进行的。在更换机油时，辅助机油冷却器内的机油不会泄光。

辅助机油冷却器的节温器不能单独更换，必要时需要更换油底壳上部。

（四）机油滤清器

从油底壳上部（机油冷却器）来的机油会进入缸体，缸体上有机油滤清器支架。这个机油滤清器是个聚合物滤芯，放在一个塑料罩内。

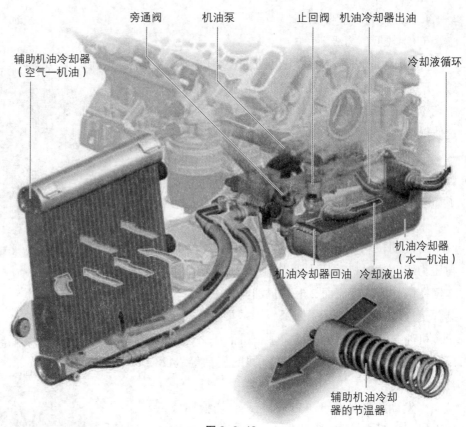

旁通阀　机油泵　止回阀　机油冷却器出油

辅助机油冷却器（空气—机油）

冷却液循环

机油冷却器（水—机油）

机油冷却器回油　冷却液出液

辅助机油冷却器的节温器

图 2-6-43

这个塑料罩在更换滤清器时与支承横梁拧在一起。

该滤清器悬置在一个易于维修的位置上。为了使得更换机油滤清器更容易，塑料罩上有一个放油螺塞，如图 2-6-44 所示。

1. 机油压力开关 F22 和 F378

如图 2-6-45 所示。

机油滤清器上方有两个机油压力开关，用于监控两个压力级。

图 2-6-44

机油压力开关 F22

压力减小的机油压力开关 F378

图 2-6-45

第三个机油压力开关用于监控活塞冷却喷嘴的机油压力。

2. 机油使用者

机油滤清器出来的洁净机油进入主机油道，如图 2-6-46 所示，所有机油使用者是从这里得到机油供应的：

①曲轴；

②活塞冷却喷嘴（可控的）；

③链传动（链条张紧器）；

④缸盖（气门机构，凸轮轴调节机构）；

⑤机油泵（机油压力调节）；

⑥废气涡轮增压器；

⑦真空泵。

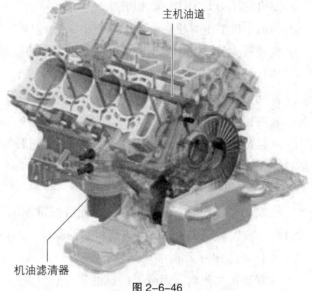

主机油道

机油滤清器

图 2-6-46

3. 辅助机油温度测量

测量的是通向主机油道的路径上的机油温度。为此就将机油温度传感器 2 G664（NTC）拧入立管中，如图 2-6-47 所示。

如果发动机机油温度超过 125°，那么发动机控制单元就会降低发动机功率，这可以保护曲柄连杆机构的无铅轴瓦。

如果发动机控制单元识别出传感器工作不可靠或者无信号，也会降低发动机功率。发动机控制单元内会有故障记录，某个故障灯会不亮。

（五）机油压力监控

由两个机油压力开关来监控机油压力，因为要实现两种机油压力，所以必须使用两个机油压力开关。

1. 信号走向

如图 2-6-48 所示。

通向主油道的立管　机油温度传感器 2 G664

图 2-6-47

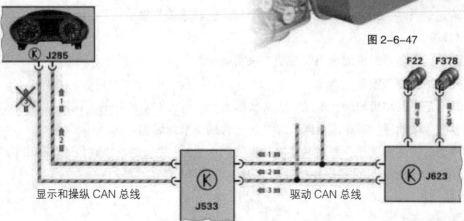

1.警告位，"红色油壶"　2.2个文本位　3.切换位=1　4.来自机油压力开关F22的信号　5.来自压力减小的机油压力开关 F378.的信号　F22.机油压力开关　F378.压力减小的机油压力开关　J285.组合仪表内控制单元　J533.数据总线诊断接口　J623.发动机控制单元

图 2-6-48

2. 机油压力开关的功能和信号

由两个机油压力开关来监控机油压力，压力减小的机油压力开关 F378 是监控到底是否还有机油压力。机油压力开关 F22 用于监控可调式机油泵的较高的那个压力级（只要机油泵工作在较高的压力级）。

（1）机油压力开关的信号。

发动机控制单元 J623 会分析机油压力开关信号（在以前的单级压力泵时，机油压力开关的信号由组合仪表内控制单元 J285 来读取并分析）。

一旦建立起相应的压力，机油压力开关就接地了。这两个机油压力开关直接连接在发动机控制单元 J623 上。

（2）机油压力监控过程。

在发动机工作时，发动机控制单元监控机油压力开关；在发动机关闭时，会进行可靠性验证。

（3）发动机关闭时的可靠性验证。

在发动机关闭时，闭合了的机油压力开关就不应当有信号，否则就是存在电气故障。

这时，如果 15 号线接通，那么组合仪表上会发出警报（"红色的油壶"连同文字"关闭发动机并检查机油油面高度"），如图 2-6-49 所示。

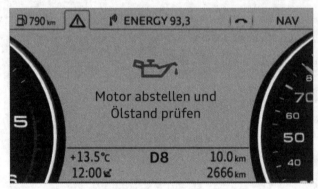

图 2-6-49

（4）发动机工作时的警告。

根据机油温度情况，当发动机转速高于某特定值时，就开始监控机油压力开关了。

（5）机油压力开关 F378（较低的压力级）。

一般是在发动机冷机时（不高于 60℃）监控这个机油压力开关；发动机怠速时也会监控这个机油压力开关。如果发动机已经达到正常的工作温度，只在转速增高时才会监控这个机油压力开关。

如果该开关没有接合，那么组合仪表上会发出警报（"红色的油壶"连同文字"关闭发动机并检查机油油面高度"）。

（6）机油压力开关 F22（较高的压力级）。

一旦可调式机油泵以较高的压力级来供油，且发动机转速超过了特性曲线的计算值（取决于机油温度），那么就会监控机油压力开关 F22。如果认为此时该开关没有接合，那么发动机电子系统指示灯 K149 就会亮起。另外，发动机转速会被限制。

在发动机转速受限时，组合仪表上就会有文字和黄色转速符号显示出来。

（7）故障分析。

发动机控制单元内会通过机油压力监控功能来实施诊断。

（六）可控式活塞冷却喷嘴

实际上，并不是在发动机的所有工况，活塞顶都需要喷射机油来冷却的。如果关闭了活塞冷却喷嘴，那么机油泵就要减少供油量（容积流量调节），这也有助于节约燃油。

活塞冷却喷嘴的接通和关闭，是由活塞冷却喷嘴阀 N522 来完成的。该阀位于缸体的内 V 形中。通过 N522 来液压操纵一个切换阀，该阀会让机油油流去往活塞冷却喷嘴。

1. 系统元件一览

如图 2-6-50 所示。

2. 功能

（1）活塞冷却喷嘴已接通。

如果发动机控制单元没有触发活塞冷却喷嘴控制阀N522，那么通向活塞冷却喷嘴的通道就是敞开着的，机油可以喷射到活塞顶。

在下述故障情形时，可以保证活塞顶在任何工作状态均能得到冷却：

①电缆故障、插头松动、电控阀卡住；

②液压切换阀卡住；

③触发错误；

④控制阀在活塞冷却喷嘴处于关闭位置时卡住（只有经过诊断才能识别，第3级机油压力开关F447，如图2-6-51所示）。

（2）活塞冷却喷嘴已关闭。

活塞冷却喷嘴已被切断了。为此需要在发动机控制单元内存放一个特性曲线。有机油流过才能实施这个切断过程。在激活活塞冷却喷嘴控制阀N522时，通道就打开了。

主油道来的机油到达切换阀的控制活塞上。因为现在活塞的两侧都作用着机油压力，所以切换阀内的弹簧力就起主要作用了，就把通向活塞冷却喷嘴的入口给封闭住了，如图2-6-52所示。

（3）通气功能。

通过切断活塞冷却

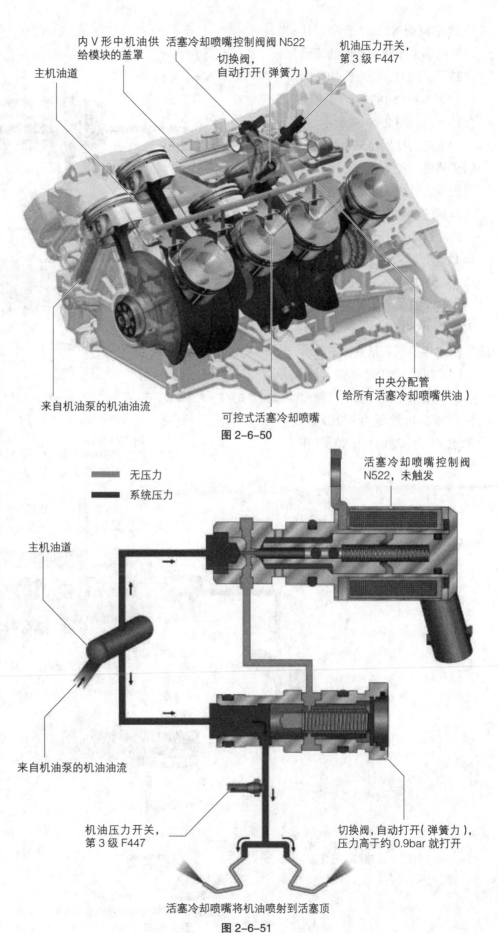

内V形中机油供给模块的盖罩　活塞冷却喷嘴控制阀阀N522切换阀，自动打开（弹簧力）　机油压力开关，第3级F447

主机油道

来自机油泵的机油油流

可控式活塞冷却喷嘴

中央分配管（给所有活塞冷却喷嘴供油）

图2-6-50

■ 无压力
■ 系统压力

活塞冷却喷嘴控制阀N522，未触发

主机油道

来自机油泵的机油油流

机油压力开关，第3级F447

切换阀，自动打开（弹簧力），压力高于约0.9bar就打开

活塞冷却喷嘴将机油喷射到活塞顶

图2-6-51

喷嘴控制阀 N522，就将去往切换阀第二个活塞面的油流给切断了。同时，活塞冷却喷嘴控制阀 N522 内的一个通道就会打开，如图 2-6-53 所示。

于是切换阀第二个活塞面的机油就无压力地排掉了，这些无压力的机油流入废气涡轮增压器的机油回流管中。

3. 机油压力开关，第 3 级 F447

如图 2-6-54 所示。

这个机油压力开关是拧在内 V 形中的罩盖上的，它用于测量切换阀和活塞冷却喷嘴之间的机油压力。

如果活塞冷却喷嘴已被激活，那么机油压力开关 F447 就会接合，其工作范围在

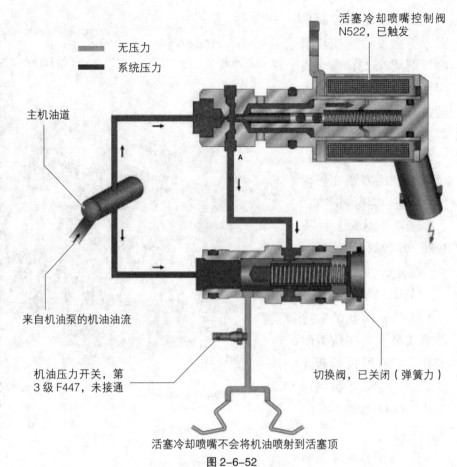

无压力
系统压力

活塞冷却喷嘴控制阀 N522，已触发

主机油道

A

来自机油泵的机油油流

机油压力开关，第 3 级 F447，未接通

切换阀，已关闭（弹簧力）

活塞冷却喷嘴不会将机油喷射到活塞顶

图 2-6-52

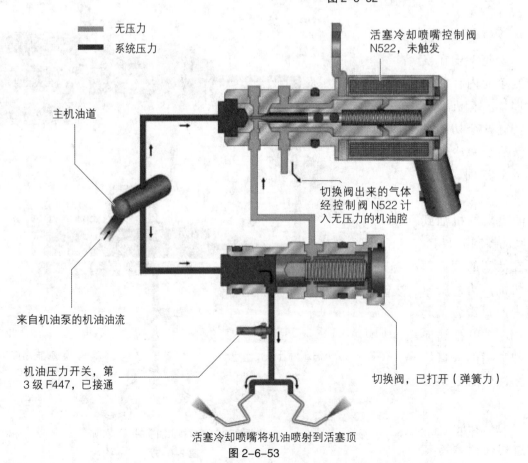

无压力
系统压力

活塞冷却喷嘴控制阀 N522，未触发

主机油道

切换阀出来的气体经控制阀 N522 计入无压力的机油腔

来自机油泵的机油油流

机油压力开关，第 3 级 F447，已接通

切换阀，已打开（弹簧力）

活塞冷却喷嘴将机油喷射到活塞顶

图 2-6-53

0.3~0.6bar。

如果发动机控制单元没有激活活塞冷却喷嘴控制阀 N522，那么通向活塞冷却喷嘴的通道就会打开（F447 是接合的）。

这样就可保证在触发错误或者导线有问题时，活塞顶在任何工作情况下都能得到冷却。

活塞冷却喷嘴控制阀 N522 在"活塞冷却喷嘴关闭位置"卡住的话，可以通过诊断来识别这种情况。

这时就无法进行冷却了，因此发动机功率有所降低。

4. 活塞冷却喷嘴控制阀 N522

活塞冷却喷嘴控制阀 N522 安装在缸体内 V 形中机油供给模块的盖罩上。

该阀通过主机油道上的一个接口来获取机油压力。

5. 活塞冷却喷嘴的功能范围

活塞冷却喷嘴接通的时刻点和持续时间长度，都是由特性曲线来确定的。这时发动机扭矩和发动机转速都用作计算值。

活塞冷却喷嘴在发动机转速超过 2500r/min 时会接通；另外在超过预存的扭矩（更具转速情况）时，活塞冷却喷嘴也会接通。

接通时刻点如图 2-6-55 所示。

机油压力开关，第 3 级 F447

内 V 形中的罩盖

来自主机油道的机油压力控制阀通电时去往切换阀的机油油流，活塞冷却喷嘴关闭着

从切换阀经未通电的控制阀进入涡轮增压器机油回腔的机油油流（切换阀通气），活塞冷却喷嘴接通着

图 2-6-54

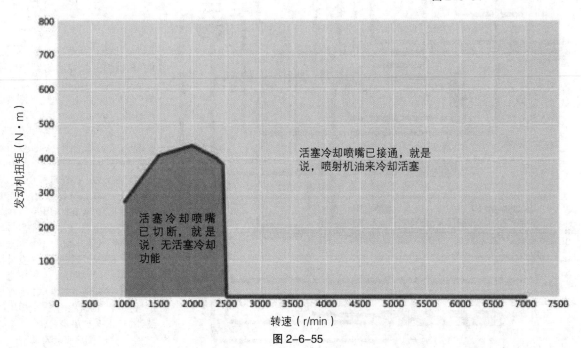

活塞冷却喷嘴已接通，就是说，喷射机油来冷却活塞

活塞冷却喷嘴已切断，就是说，无活塞冷却功能

转速（r/min）

图 2-6-55

四、冷却系统

（一）系统一览

根据发动机和车型的不同，会使用不同的冷却系统。比如散热器数量不同和结构不同，如图2-6-56所示。

1. 2012年奥迪S6、S7 Sportback（C7系列），不带和带有驻车加热

如图2-6-57所示。

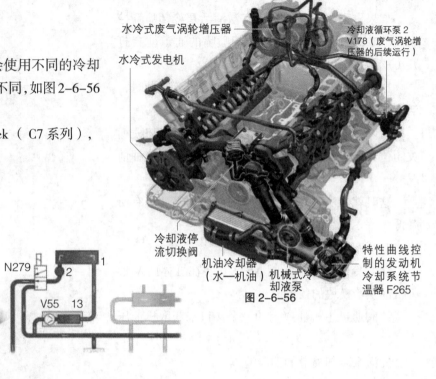

图2-6-56

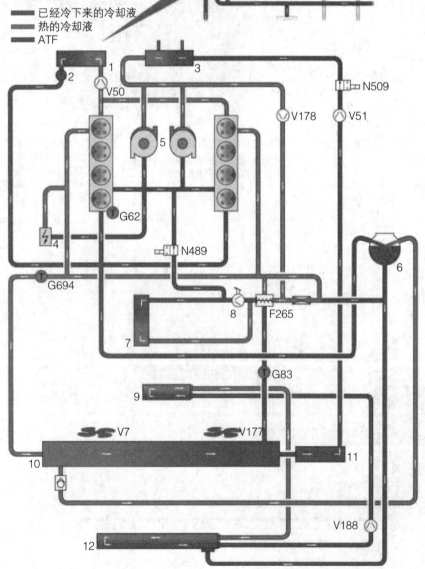

F265.特性曲线控制的发动机冷却系统节温器 G62.冷却液温度传感器 G83.散热器出口处的冷却液温度传感器 G694.发动机温度调节温度传感器 N279.暖风的冷却液切断阀 N489.缸盖冷却液阀 N509.变速器机油冷却阀 V7.散热器风扇 V50.冷却液循环泵 V51.冷却液续动泵 V55.循环泵 V177.散热器风扇2 V178.冷却液循环泵2 V188.增压空气冷却泵 1.暖风热交换器 2.放气螺塞 3.ATF热交换器 4.发电机 5.2个废气涡轮增压器 6.冷却液膨胀罐 7.发动机机油冷却器 8.冷却液泵 9.增压空气冷却器 10.冷却液散热器 11.冷却液辅助散热器 12.增压空气冷却用的散热器 13.驻车加热

图2-6-57

2.2012 年 奥 迪 A8，2012 年 S8（D4 系列），不带驻车加热

两种车型的冷却系统，除了一点外，都相同。这个不同之处涉及 ATF 的冷却和加热。

如图 2-6-58 所示为 2012 年奥迪 A8 的冷却系统。

3.2012 年 奥 迪 A8，2012 年 S8（D4 系列），带有驻车加热

如 图 2-6-59 所示。

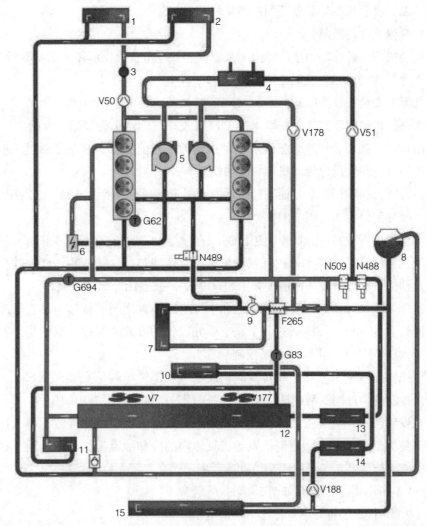

F265.特性曲线控制的发动机冷却系统节温器　G62.冷却液温度传感器　G83.散热器出口处的冷却液温度传感器　G694.发动机温度调节温度传感器　N279.暖风的冷却液切断阀　N488.变速器冷却液阀（仅指2012年A8）　N489.缸盖冷却液阀　N509.变速器机油冷却阀　V7.散热器风扇　V50.冷却液循环泵　V51.冷却液续动泵　V55.循环泵　V177.散热器风扇2　V178.冷却液循环泵2　V188.增压空气冷却泵　1.前部暖风热交换器　2.后部暖风热交换器　3.放气螺塞　4.ATF热交换器　5.增压空气冷却泵　6.发电机　7.发动机机油冷却器　8.冷却液膨胀罐　9.冷却液泵　10.增压空气冷却器　11.冷却液辅助散热器（仅指2012A8）　12.冷却液散热器　13.冷却液辅助散热器2　14.冷却液辅助散热器（仅指热带国家和2012年S8）　15.增压空气冷却用的散热器　16.驻车加热

图 2-6-58

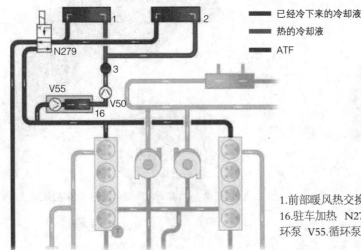

■ 已经冷下来的冷却液
■ 热的冷却液
■ ATF

1.前部暖风热交换器　2.后部暖风热交换器　3.放气螺塞 16.驻车加热　N279.暖风的冷却液切断阀　V50.冷却液循环泵　V55.循环泵

图 2-6-59

（二）发动机冷却液循环和冷却模块

1. 机械式冷却液泵

发动机冷却液循环由主冷却液泵来驱动，该泵负责提供所需要的冷却液容积流量，冷却液用于：

①冷却发动机和废气涡轮增压器；

②流经发动机机油冷却器。

水泵是机械驱动式的，是以 4.2L V8 FSI 发动机的水泵为基础开发的。

沿行驶方向看，该水泵安装在发动机附近的左前下方。该泵是通过一根轴由发动机来驱动的，该轴通过机油泵的刚性齿轮传动机构与曲轴相连。

沿行驶方向看，该泵是逆时针转动的。用于控制冷却液温度的节温器用法兰固定在水泵旁进液侧。

2. 冷却液停流切换阀（ITM）

创新温度管理系统（ITM）使用的是一个球阀。如果这个球阀关闭了，冷却液流动就被中断了。这时冷却液就停滞在整个发动机内，发动机机油急速变热，这就缩短了摩擦损失很大所持续的时间。在每次启动发动机后，如果冷却液温度低于 80℃ 的话，就会让冷却液停流。

这个切换阀用法兰安装在减震器和空气进气装置之间的缸体上，它与冷却液泵和缸体之间的压力侧冷却液管合为一体。该阀通过一个真空单元以气动方式来操控。真空是由真空泵来提供的，由一个电动转换阀（缸盖冷却液阀 N489）来控制。

切换阀、真空单元和电动转换阀构成了一个部件（就是安装在一起）。所有的切换动作都是由特性曲线来控制的。球阀激活的话，就处于"关闭"位置了，没有中间位置。

在发动机已达到正常工作温度时，如果又重新放开了冷却液流，那么这个切换阀会节拍动作，这样就可避免突然涌入的冷却液降低发动机缸体内的冷却液温度。可以借助于执行原件诊断来触发这个切换阀，以便实施诊断。也可以手动检查或者用手动真空泵来检查。

（1）切换阀已关闭，如图 2-6-60 所示。

（2）切换阀已打开，如图 2-6-61 所示。

图 2-6-60

图 2-6-61

真空单元　球阀

缸盖冷却液阀 N489

来自机械式冷却液泵

去往发动机

3.特性曲线控制的发动机冷却系统节温器F265

如图2-6-62所示。

这个节温器安装在冷却液泵的进液一侧，它是通过一个蜡膨胀元件根据温度来打开。另外，可以通过一个加热元件来降低开启温度。这个触发过程是由发动机控制单元来执行的，其内部存储有一个特性曲线。控制单元在计算时要用到的输入量有空气温度、发动机负荷、车速和冷却液温度。控制单元就是根据这些量来计算出膨胀元件的无级调节电加热情况的。

这个节温器的机械结构与环形滑阀式节温器是相同的，其结构和功能与6.3L FSI W12发动机上的类似。

（1）工作温度如表2-6-6所示。

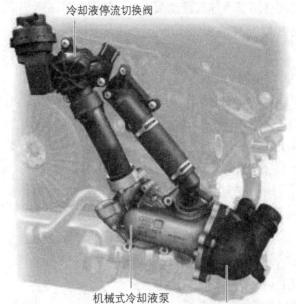

冷却液停流切换阀

机械式冷却液泵　　特性曲线控制的发动机冷却系统节温器F265

图2-6-62

表2-6-6

工作范围	−40~135℃
节温器开启温度（未通电）	（97±2）℃
节温器开启温度（已通电）	1)

注：1）取决于通电和外界温度（特性曲线）。

（2）节温器已关闭（旁通支路已打开），如图2-6-63所示。

（3）节温器已打开（旁通支路已关闭），如图2-6-64所示。

（三）变速器机油冷却/加热

创新温度管理系统（ITM）的另一个功能就是变速器机油（ATF）的冷却和加热。根据车型和发动机的不同，系统也有差别。

因此，这个冷却子系统就有两种结构形式：

①系统1：2012年奥迪S6，S7 Sportback，2012年S8；

②系统2：2012年奥迪A8（309kW发动机）。

1.系统1，用于2012年奥迪S6，S7 Sportback和2012年S8

只用于冷却变速器。为此，在ATF冷却循环管路上安装了一个电磁阀（变速器机油冷却阀N509）和一个泵（冷却液续动泵V51）。变速器机油冷却阀N509和冷却液续动泵V51都是由发动机控制单元J623来控制的。

在变速器机油温度超过96℃时，发动机控制单

来自旁通支路　　来自涡轮增压器、变速器冷却和膨胀罐

旁通支路节温器盘（较小的盘）

图2-6-63

去往冷却液泵　　来自涡轮增压器、变速器冷却和膨胀罐　　来自主散热器

节温器阀（环形滑阀）

图2-6-64

元就会接通冷却液续动泵 V51，如图 2-6-65 所示。如图 2-6-66 所示为 2012 年奥迪 S8 的情况。

变速器机油冷却阀 N509 在温度高于 92℃时打开，在温度低于 80℃时关闭。

2. 系统 2，用于 2012 年奥迪 A8（309kW 发动机）

在配备 309kW 发动机的 2012 年奥迪 A8 车上，除了冷却变速器机油外，还有一个"加热变速器机油"的功能。为此在管路上还有一个（第二个）电磁阀（变速器冷却液阀 N488）。

图 2-6-65

该阀安装在辅助散热器和变速器机油冷却器之间的冷却液管路中，由变速器控制单元来激活该阀。在无电状态（点火开关关闭）时，N488 和 ATF 冷却管路是打开着的。

功能：如果发动机处于冷态且点火开关已接通，那么变速器控制单元就会激活 N488，该阀也就关闭了。变速器机油冷却阀 N509 是由发动机控制单元来激活的，该阀仍保持关闭状态。

于是冷却液就处于"静止"状态（就是不流动），于是发动机就可快速升温了。如果发动机已经达到了正常工作温度，那么发动机控制单元内的"温度管理软件"就会发出"加热变速

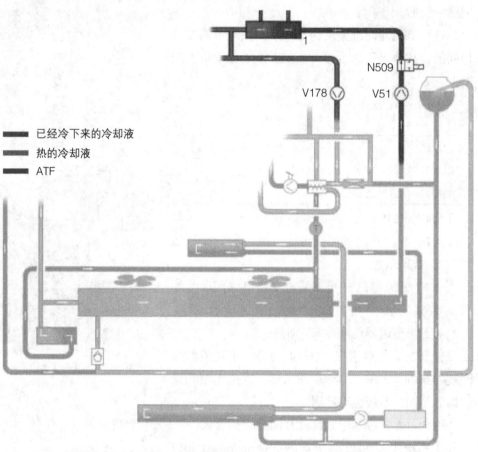

1.ATF热交换器　N509.变速器机油冷却阀　V51.冷却液续动泵　V178.冷却液续动泵2

图 2-6-66

器机油"这个指令。变速器控制单元激活 N509。于是，来自发动机的热的冷却液这时就流经 ATF 冷却器就把变速器机油加热了。

泵 V51 和 V178 这时是不工作的。如果变速器达到了 85℃这个理想温度，那么 N509 就又关闭了（两个阀都关闭了）。变速器机油温度超过 92℃时，N488 打开。于是，变速器机油就会凉下来。那两个泵还是不工作的。泵 V51 在变速器机油温度达到 96℃时会接通，在 92℃又关闭。如果变速器机油温度达到 120℃，那么泵 V178 就会接通。如果低于 110℃，该泵就又关闭了，如图 2-6-67 所示。

3. 发动机停机后的冷却

如果在发动机已达到正常工作温度的情况下停机，那么就需要有额外的冷却，以免发动机和部件过

热受损。

为此，泵 V51 和 V178 可以最多接通工作 10min。如果需要的话，散热器风扇也会接通工作的。具体是通过特性曲线来计算的。

4.废气涡轮增压器的润滑和冷却

如图 2-6-68 所示。

5.冷却液循环泵 2 V178

该泵（结构与 V51 相同）有两个功能：一个是冷却变速器机油；另一个是在急速时支持涡轮增压器冷却。

涡轮增压器冷却：在某些工作条件下（以最高车速行驶、爬坡和外界高温），在关闭发动机后，余热的积热效应可能会导致冷却系统开锅。冷却液循环泵 2 V178 的续动功能就是用于防止出现这种情况的。

在发动机关闭后，该泵根据发动机控制单元内存储的特性曲线，还会继续运行一定时间。如果变速器机油温度超过了 120℃，那么电动散热器风扇也会一同工作。在急速范围左右工作时，该泵用于帮助废气涡轮增压器冷却。

（四）增压空气冷却

增压空气的冷却是通过一个间接空气—水冷却器来实现，这个冷却器安装在内 V 形中的空气管路中。这个增压空气冷却循环管路是一个独立于主冷却循环管路的。但是这两个循环管路彼此是相连的，它们使用同一个冷却液膨胀罐。

与主冷却循环管路相比，这个增压空气冷却循环管路大多数情况下温度是较低的。发动机控制单元使用传感器 G763、G764 和 G71 的信号来监控增压空气冷却。增压

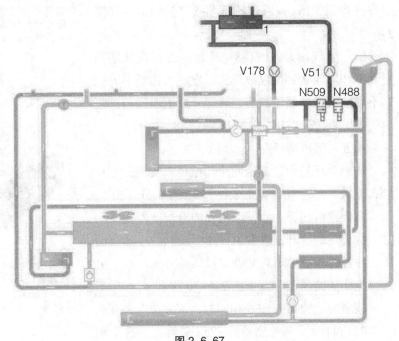

图 2-6-67

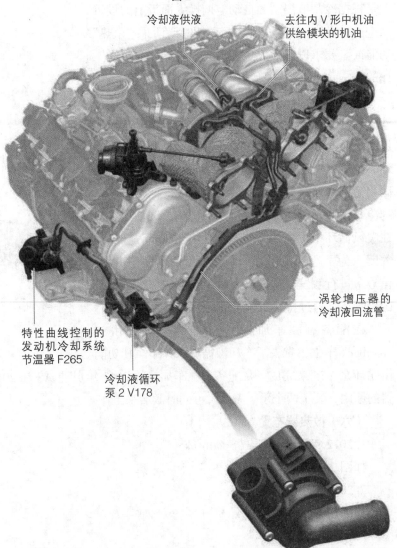

冷却液供液

去往内 V 形中机油供给模块的机油

涡轮增压器的冷却液回流管

特性曲线控制的发动机冷却系统节温器 F265

冷却液循环泵 2 V178

图 2-6-68

空气冷却泵 V188 是通过特性曲线来操控的，如图 2-6-69 所示。

增压空气冷却泵 V188：该泵将冷却液从增压空气冷却器输送到低温散热器。发动机控制单元根据不同的特性曲线（负荷、转速、环境温度与进气温度差）来操控增压空气冷却泵 V188 来工作。

（五）暖风循环

暖风循环是通过缸盖的冷却循环来实现的（自给式暖风），它与发动机的主冷却循环是分开的。

这样就可保证，当发动机内的冷却液停止流动时，也有热的冷却液供暖风使用。暖风的冷却液循环是通过冷却液循环泵 V50 来提供动力的。

冷却液循环泵 V50 如图 2-6-70 所示。

该泵的结构与 V51 是相同的，该泵在点火开关接通时由自动空调控制单元 J255 来触发。这个触发是根据冷却液温度和自动空调操纵面板上的设置来进行。当然，在点火开关已关闭时激活了"余热"功能或者要求以最大供热能力工作时，该泵也会工作的。

在发动机预热阶段，如果发动机缸体内的冷却液已经停止流动了的话，这时要是要求暖风工作，那么该泵会让一部分冷却液通过暖风热交换器来循环。在发动机完成预热运行后，该泵就又被关闭了，因为主冷却液泵接通了的话，就可以保证暖风循环的冷却液流动了。通过"余热"功能，该泵让热水在暖风循环中不断地循环流动，约 30min 后会自动关闭。为了达到并保持预设的温度，借助于 PWM 信号来进行触发，这样就可以调节泵的功率了。泵的控制还是通过特性曲线来进行的。

在配备有驻车加热的 2012 年奥迪 S6 和 S7 Sportback 车上，省去了冷却液循环泵 V50，其功能由循环泵 V55 来完成。在配备有驻车加热的 2012 年奥迪 A8 和 2012 年 S8 车上，因为车辆尾部有热交换器的原因，装了两个泵，需要时可同时激活来工作。

（六）散热器布置

1. 2012 年奥迪 S6，S7 Sportback

如图 2-6-71 所示。

2. 2012 年奥迪 A8

如图 2-6-72 所示。

3. 2012 年奥迪 S8

如图 2-6-73 所示。

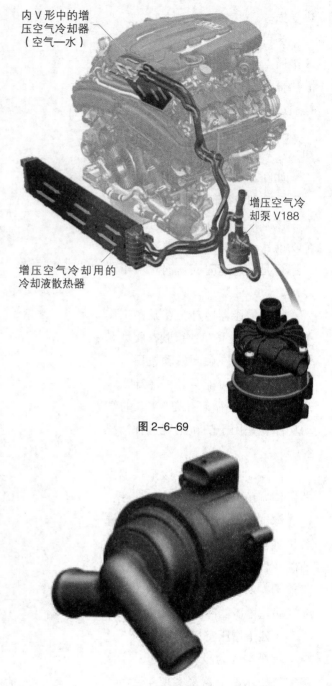

内 V 形中的增压空气冷却器（空气—水）

增压空气冷却泵 V188

增压空气冷却用的冷却液散热器

图 2-6-69

图 2-6-70

冷却液散热器（主散热器）　　　　　　　　　　　　　内 V 形中的增压空气冷却器　　　　　辅助散热器

散热器风扇 1+2，V7 和 V177

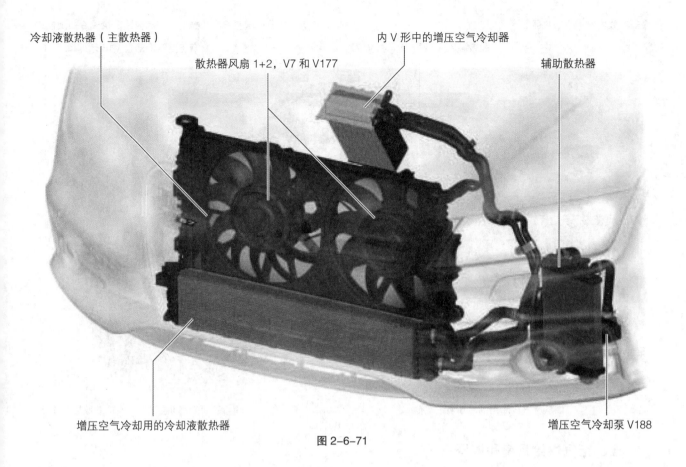

增压空气冷却用的冷却液散热器　　　　　　　　　　　　　　　　　　增压空气冷却泵 V188

图 2-6-71

冷却液散热器（主散热器）　　　　　　　　　　　内 V 形中的增压空气冷却器　　　变速器机油冷却阀 N509

散热器风扇 1+2，V7 和 V177　　　　　　　　增压空气冷却泵 V188

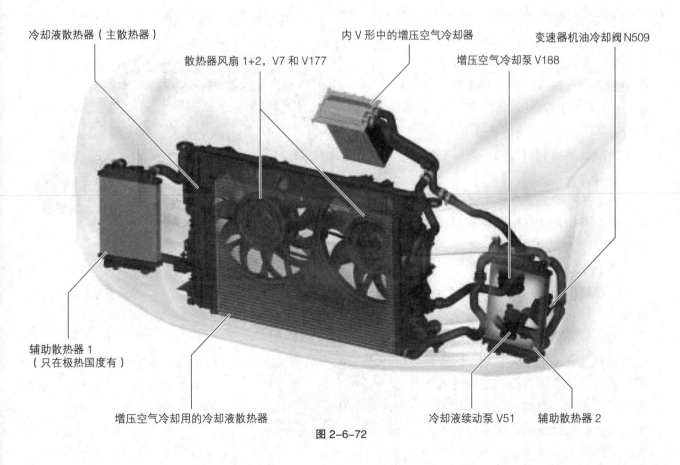

辅助散热器 1
（只在极热国度有）

增压空气冷却用的冷却液散热器　　　　　　　　　　冷却液续动泵 V51　　辅助散热器 2

图 2-6-72

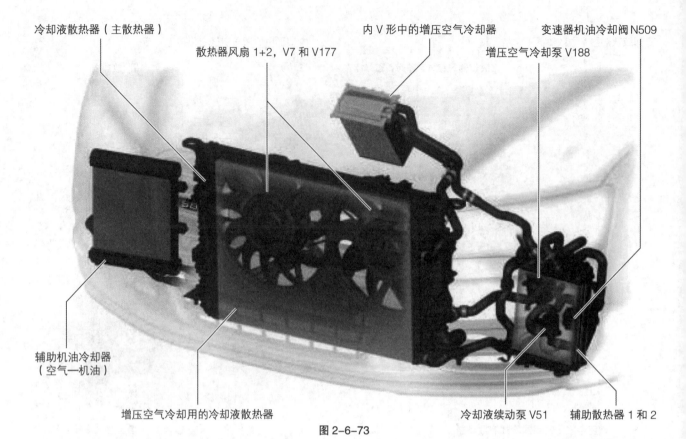

冷却液散热器（主散热器）

散热器风扇 1+2，V7 和 V177

内 V 形中的增压空气冷却器

变速器机油冷却阀 N509

增压空气冷却泵 V188

辅助机油冷却器（空气—机油）

增压空气冷却用的冷却液散热器

冷却液续动泵 V51

辅助散热器 1 和 2

图 2-6-73

五、空气供给系统和增压系统

（一）一览

由于把废气涡轮增压器移至内 V 形中了，所以空气供给系统位置也相应做了改变。抽入的空气是从车前端处（流经废气涡轮增压器前）吸入的，吸入的空气由空气滤清器来过滤。

根据发动机和车型的不同，空气导管布置也不同。吸入的空气经过废气涡轮增压器之后，空气经过节气门到达内 V 形中的空气—水增压空气冷却器。

两个节气门装在同一根轴上，由节气门控制单元 J338 来驱动。压缩了的吸入空气从增压空气冷却器经空气集气壳体到达发动机外侧的进气歧管。进气歧管上有进气歧管翻板，这些翻板与进气道的造型以及缸盖内的通道隔板配合工作（再加上活塞形状），来实现让空气呈滚动状运动并进入燃烧室，如图 2-6-74 所示。

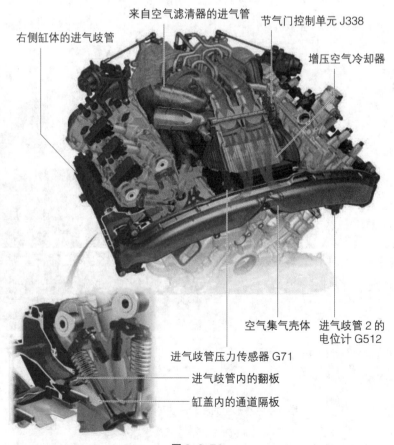

右侧缸体的进气歧管

来自空气滤清器的进气管

节气门控制单元 J338

增压空气冷却器

空气集气壳体

进气歧管 2 的电位计 G512

进气歧管压力传感器 G71

进气歧管内的翻板

缸盖内的通道隔板

图 2-6-74

1. C7 系列和 2012 年奥迪 A8 上的空气供给

C7 系列车的所有发动机以及 2012 年奥迪 A8 上 309kW 的发动机，配备的是单侧空气进气系统，吸入的空气是经空气滤清器模块引入的。

空气滤清器模块在车辆的右侧。洁净的空气从空气滤清器模块经两个分开的通道被引至两个涡轮增压器，如图 2-6-75 所示。

2. 2012 年奥迪 S8 上的空气供给

2012 年奥迪 S8 上配备的是双侧空气进气系统，就是说每侧的缸体使用其独立的空气滤清器模块（分布在车辆两侧）。

洁净的空气从相应的空气滤清器模块被引至两个涡轮增压器，如图 2-6-76 所示。

图 2-6-75   图 2-6-76

（二）双进气口废气涡轮增压器

在柴油发动机上，可变涡轮叶片技术（VTG）已经是普遍采用了；而在汽油发动机上，由于废气温度过高，因此就会出现问题。于是人们就另辟蹊径，去改善涡轮的相应特性。

使用这种双流式涡轮机体，两股排气歧管直至涡轮入口前都是分开着的。

以前的车用涡轮机体，基本上都是单流式的，就是说涡轮的进口截面中间是没有隔板的。

这个共同的进气区会使得冲击能量发生窜扰，影响附近气流流动，这就干扰到气缸的充气了，如图 2-6-77 所示。

不同发动机之间的区别：从外面看不出有什么区别，歧管、废气涡轮增压器的板件和涡轮是一样的（不论发动机是多大功率的）。发动机功率在 382kW 以上时，其压气机转子要大

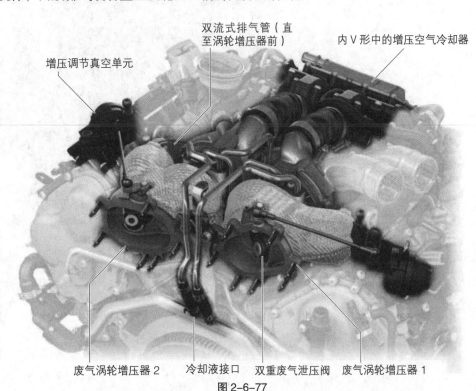

增压调节真空单元   双流式排气管（直至涡轮增压器前）   内 V 形中的增压空气冷却器

废气涡轮增压器 2   冷却液接口   双重废气泄压阀   废气涡轮增压器 1

图 2-6-77

一些，这是为了保证发动机增大了的空气需求。

1. 双进气口结构

每两个气缸的排气道在歧管和增压器壳体内都是彼此分开的，这两个排气道在涡轮的前面时才会合在一起的。这样可以避免废气气流相互影响，这样也就保证了快速形成所需力矩和出色的响应特性。

这种结构的好处：可使发动机从怠速就可以直接产生强劲而快速的扭矩。在转速为1000r/min时，4.0L V8 TFSI发动机就可产生约400N·m的扭矩。功率最大的发动机在转速为1750~5000r/min时，可恒定产生最大650N·m的扭矩。

还有一种550N·m的，转速范围是1400~5250r/min，额定转速是6000r/min或者5500r/min，如图2-6-78所示。

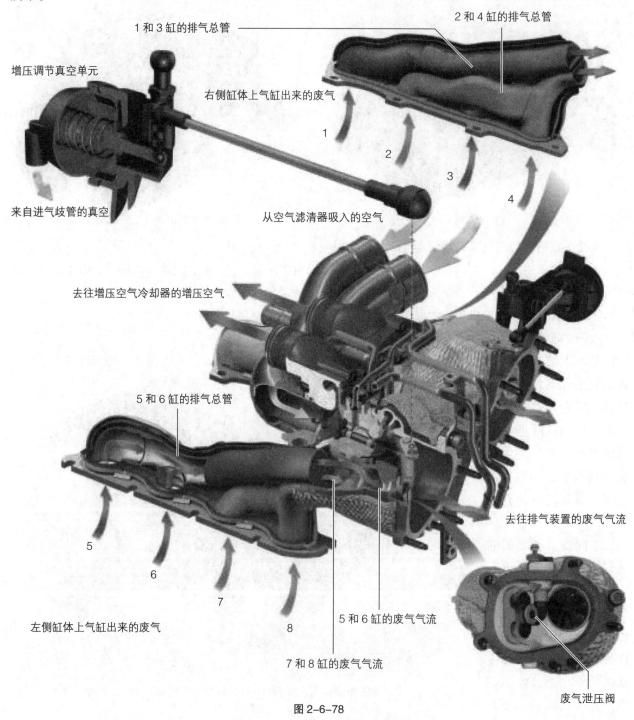

图 2-6-78

422

2. 排气歧管

两个排气歧管都是双重气隙绝缘式歧管。排气歧管除了涡轮增压器外，还配有一个点火顺序分隔装置。就是说，某些气缸的废气气流，在到达废气涡轮增压器前是分开输送的。

哪些废气气流要汇集在一起，这是由各个气缸的点火顺序决定的。

具体的气流汇集情况如下：

（1）缸体1：气缸1和3以及2和4。

（2）缸体2：气缸5和6以及7和8。

3. 空气供给系统的原理示意图

如图2-6-79所示。

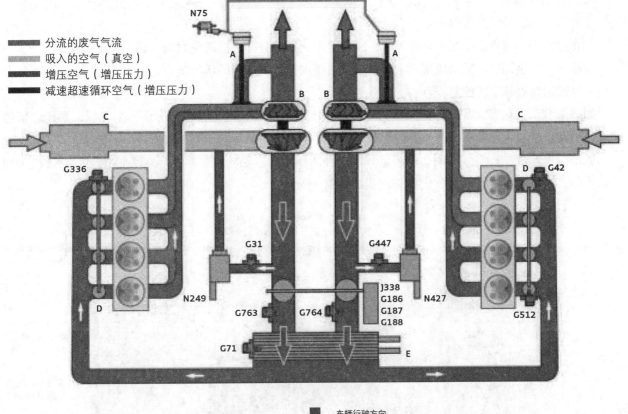

A.废气泄压阀 B.废气涡轮增压器 C.空气滤清器 D.进气歧管翻板 E.内V形内的增压空气冷却器 G31.增压压力传感器 G42.空气进气温度传感器 G71.进气歧管压力传感器 G186.电子油门的节气门驱动器 G187.电子油门的节气门驱动器的角度传感器1 G188.电子油门的节气门驱动器的角度传感器2 G336.进气歧管翻板电位计 G447.增压压力传感器2 G512.进气歧管翻板电位计2 G763.增压空气冷却器的温度传感器1 G764.增压空气冷却器的温度传感器2 J338.节气门控制单元 N75.增压压力限制电磁阀 N249.涡轮增压器循环空气阀 N427.涡轮增压器循环空气阀（缸体2上的）

图 2-6-79

4. 增压压力调节

汽油发动机采用了一种新的调节策略来实现增压压力调节。在以前，增压压力是借助于一个压力单元来调节的，就是说在增压压力过高时，借助于压力单元来将被弹簧力保持关闭着的废气泄压阀打开。所需要的压力是取自增压压力的，借助于电磁阀来针对压力单元调节进行控制。

现在，奥迪公司首次使用真空来进行增压压力的调节。为此，废气泄压阀就采用机械弹簧力来打开。如果需要产生增压压力，那么真空单元就会让翻板关闭。为此，两个真空单元同时由增压压力限制阀N75来给加上真空，如图2-6-80所示。

要想调节增压压力，需要获知传感器 G31 和 G447 的信号，这样才能把增压压力信息加入特性曲线计算中。传感器 G42 和 G71 用于计算空气重量。

这种调节方式的优点：

①催化净化器预热阶段的热损失小，因为发动机启动后，由于废气泄压阀是打开着的，热流直接就流向催化净化器了（不经过涡轮）。

②在部分负荷时，由于废气泄压阀是打开着的，所以排气背压很小。

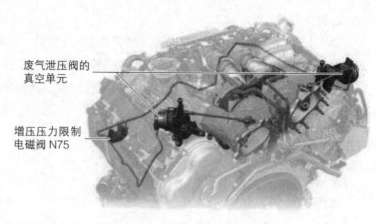

图 2-6-80

③在过渡到减速超速工况（反拖）时，废气泄压阀短时打开，以避免对涡轮转子进行制动。

增压压力的主调节量是期望扭矩。通过特性曲线来计算要调节的增压压力。

5.减速超速循环空气控制

如果节气门关闭了，那么因增压压力仍在作用着，就会在压气机循环中形成一个背压，涡轮增压器的压气机转子就被强力制动了。如果打开节气门，必须首先让涡轮增压器再次达到一定转速。

通过减速超速循环空气控制，就可以减小这种增压滞后。涡轮增压器循环空气阀 N249 和 N427 采用电磁控制，由发动机控制单元来触发，如图 2-6-81 所示。

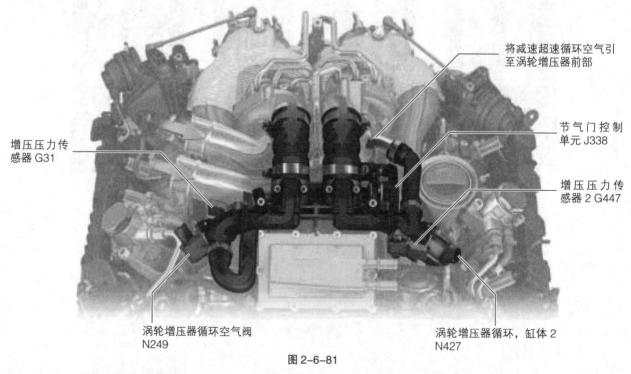

图 2-6-81

六、气缸关闭—按需停缸

（一）引言

大排量的汽油发动机，大多数情况下都是工作在较低负荷区，因此节流损失就很大，因为节气门的开度较小，这就导致发动机效率很低且单位燃油消耗很不理想。

在高负荷时，一台无节流损失的 4 缸发动机的单位燃油消耗比一台有节流损失的 8 缸发动机要低。

这就是要采用气缸关闭（也叫按需停缸）的根本原因，如图2-6-82所示。

因此，气缸关闭的基本要求是：被关闭气缸的气体交换阀必须保持关闭状态。否则，过多的空气就会进入排气装置内，发动机快速冷却下来。关闭4个气缸，那么由于减少了点火频率，8缸发动机的运行平稳性就下降了。此外，气缸的关闭和接通，应尽可能让人感觉舒适（避免出现负荷波动）。

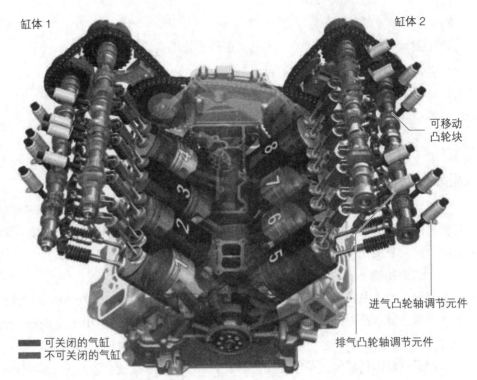

缸体1　　　　　缸体2

可移动凸轮块

进气凸轮轴调节元件

排气凸轮轴调节元件

▰▰ 可关闭的气缸
▰▰ 不可关闭的气缸

图2-6-82

1. 开发目标

（1）降低MVEG循环的油耗且显著降低用户驾车的油耗；在NEFZ循环中降低约5%的油耗。

①每千米的CO_2排放为10~12g。

②配备启停装置的车，CO_2排放每千米最高为24g。

（2）在4缸模式时要有尽可能大的负荷范围。

（3）在4缸模式等速行驶时（超过140km/h），车速要尽可能高。

（4）在4缸模式时，不能让乘员感觉不舒服。

2. 工作原理

气缸关闭是使用奥迪公司开发的可变气门升程系统（AVS）来实现的。根据点火顺序，总是将2、3、5和8缸关闭。在气缸关闭时，换气阀保持关闭状态。

在此期间，喷射系统和点火系统也一直是关闭着的。在气缸关闭期间，点火和燃烧后，排气阀是关闭着的，废气就被"包围在里面了"。

被关闭的气缸起着空气弹簧作用，已被关闭的气缸内的温度保持在一个较高水平。

发动机可能出现震动，但是这个震动会被新开发的"主动式发动机悬置"给基本吸收了。为了能在激活气缸关闭功能时不让乘员感觉到有不适的噪声，就采用了新开发的主动噪声控制（ANC）系统。

3. 组合仪表上的显示

如图2-6-83所示。

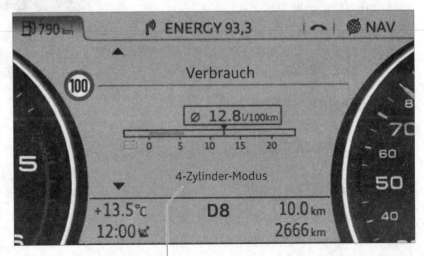

组合仪表上气缸关闭功能已激活的提示

图2-6-83

425

4.4 缸模式的使用条件

①发动机转速不能处于怠速水平（运行平稳的要求）。

②发动机转速在 960~3500r/min 之间。

③机油温度不低于 50℃。

④冷却液温度不低于 30℃。

⑤变速器最低在 3 挡位置。

⑥对于自动变速器来说，在 S 模式也可以使用 4 缸模式；在奥迪驾驶模式选择系统的"dynamic"状态时也可以使用 4 缸模式。

驾驶风格的识别：气缸关闭系统有自己的控制逻辑，该逻辑会监控加速踏板位置、制动踏板位置和驾驶员的转向动作。如果从这些数据中判断出是一个不规则模式，那么在某些情形时就会阻止出现气缸关闭，因为只关闭几秒钟的话，那么燃油消耗是会增大而不是降低的。

（二）功能

借助于可变气门升程系统 AVS（比如 2.8L V6 FSI 发动机上就使用了该系统），就可以实现气缸关闭了。但是 2.8L V6 FSI 发动机上的可变气门升程系统 AVS 只是用于完全展开或者关闭气门升程，而 4.0L V8 TFSI 发动机上的可变气门升程系统 AVS 不是用来调节气门升程的。

如果已经激活了气缸关闭功能，那么 2、3、5 和 8 缸就会被关闭了，但所有其他气缸是无法关闭的。只要激活了气缸关闭功能，就会有 4 个气缸被关闭，绝不会只关闭 1 个或 2 个或 3 个气缸。

1.8 缸模式

在这种工作模式时，气缸关闭功能是不工作的（没有激活的）。可变气门升程系统 AVS 的可移动凸轮块就位于气门工作着的位置，如图 2-6-84 所示。

8 缸模式时的点火顺序是：1-5-4-8-6-3-7-2。

2.4 缸模式

通过相应的凸轮调节元件的切换，其金属销就进入可移动凸轮块的槽内了。于是凸轮块就被移动了，这就使得滚子摇臂在一个"平凸轮"上运动。

这个所谓的平凸轮是没有凸起部位的，那么相应的气门也就不会有升起和下降的那种往复运动了。于是被关闭了的气缸上的所有气门就都静止不动了。点火系统和燃油喷射系统也都被关闭了。废气就被"包围在里面了"。

被关闭的气缸起着空气弹簧

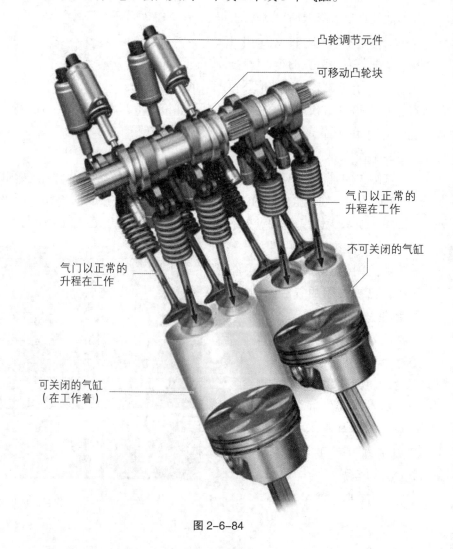

凸轮调节元件

可移动凸轮块

气门以正常的升程在工作

不可关闭的气缸

气门以正常的升程在工作

可关闭的气缸（在工作着）

图 2-6-84

作用，如图 2-6-85 所示。

4 缸模式时的点火顺序是：1-4-6-7。

3. 凸轮调节元件的布置

如图 2-6-86 所示。

4. 系统诊断

在出现故障时，其策略是：最重要的是要防止损坏发动机，第二是保持最大的可用性。因此，当某个气缸出现最严重故障时（气门无法操纵），要隔开喷射系统，让发动机以 7 缸模式来工作。

在应急工况，有一个发动机指示灯会亮起以提示用户。如果无法关闭气门，那么气缸关闭功能就失灵了，用户就可以知道现在是应急工况了。每个气缸关闭—气门升程—切换故障，都由一个亮起的发动机故障指示灯来指示。

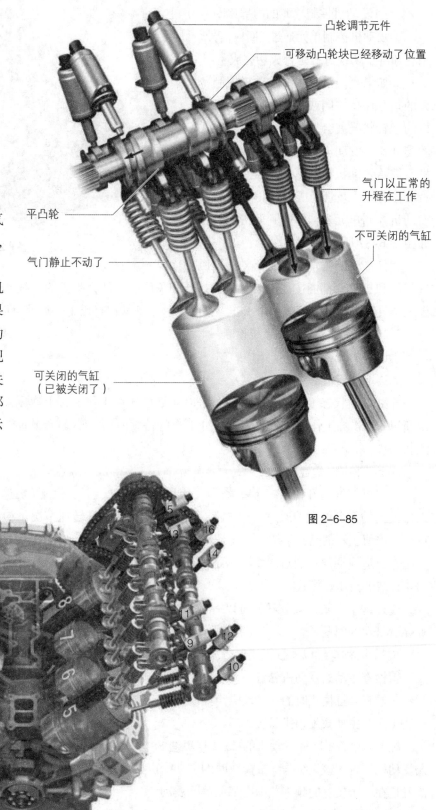

凸轮调节元件

可移动凸轮块已经移动了位置

平凸轮

气门以正常的升程在工作

气门静止不动了

不可关闭的气缸

可关闭的气缸
（已被关闭了）

图 2-6-85

图 2-6-86

1.2缸的进气凸轮调节器2 F453 2.2缸的排气凸轮调节器2 F455 3.2缸的进气凸轮调节器1 F452 4.2缸的排气凸轮调节器1 F454 5.3缸的进气凸轮调节器1 F456 6.3缸的排气凸轮调节器1 F458 7.3缸的进气凸轮调节器2 F457 8.3缸的排气凸轮调节器2 F459 9.5缸的排气凸轮调节器2 F467 10.5缸的进气凸轮调节器2 F465 11.5缸的排气凸轮调节器1 F466 12.5缸的进气凸轮调节器1 F464 13.8缸的排气凸轮调节器1 F478 14.8缸的进气凸轮调节器1 F476 15.8缸的进气凸轮调节器2 F479 16.8缸的排气凸轮调节器2 F477

（1）发动机控制单元的内部诊断。

①发动机控制单元通过"回应信号"来获知某个切换过程是否成功完成了。

②如果气门没有按照发动机控制单元的指令保持关闭或者打开，那么发动机的运转状况就会发生改变，由此造成的震动就由发动机转速传感器 G28 的信号反馈给发动机控制单元。当然也会一直监控着进气歧管的压力，如果有异常，发动机控制单元也会了解到此情况的，如图 2-6-87 所示。

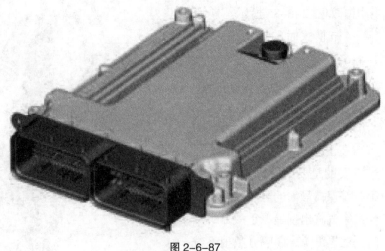

图 2-6-87

背景：气缸正常工作的话（就是说进气门和排气门都能按规定的时间点打开和关闭），那么吸入的空气和排掉的空气就呈现平衡状态。如果某个气缸的气门未按规定来工作，那么这种平衡就被打破了，那就可以怀疑是有故障了。

（2）售后服务方面的系统诊断。

①读取故障存储器。

②读取测量值。

气缸关闭状态（是以 8 缸模式还是以 4 缸模式在工作）；上次刷新以来，4 缸所占的百分比；上次刷新以来，4 缸工作的次数；当前 4 缸工作的持续时间 /（8 缸模式时）上次 4 缸工作持续时间；4 缸使能状态栏。

③下线检测 / 短途行驶。

④与可变气门升程系统 AVS 类似，售后服务中对于下线检测 / 短途行驶，也可以进行 4 → 8 → 4 缸工作模式的循环触发。通过这种方法，可以在低转速和高转速情况下检测切换是否可靠。有一个状态测量值，该值表示的是：系统正常还是不正常，是否满足所需要的使能条件，或者系统是否有故障。

⑤自适应通道：通过一个秘密适配通道，可以在精确的一个行驶循环内（下次的端子切换为止）关闭 4 缸或 8 缸工作模式。

通过这个方式，服务站就可以有针对性地启动 4 缸模式或者 8 缸模式来工作，这样就可以准确地去查寻所出现的问题了。

（3）必须持续以 4 缸模式运行来排查的项目举例。

①检查主动式发动机悬置。

②检查 4 缸模式时的"主动噪声控制"。

（三）主动式发动机悬置

配备 4.0L V8 TFSI 发动机的 2012 年奥迪 S8 车，除了气缸关闭功能外，还开发了一个重要部件：主动式发动机悬置。该系统与 4 缸模式时的主动噪声控制（ANC）系统一样，也是用于提高行驶舒适性的，具体就是在一个较宽的频率范围内都能消除震动。

以 2012 年奥迪 S8 车为例，其上就有一个普通的变速器悬置、两个可控式变速器悬置和这种新开发的主动式发动机悬置。

1. 奥迪公司的发动机悬置历史

如表 2-6-7 所示。

表 2-6-7

首次使用	1977	1989	2011
车辆	奥迪 100（C2） 5 缸汽油发动机	奥迪 100（C3） 5 缸 TDI 发动机	2012 年奥迪 S8（D4） 4.0L V8 TFSI 发动机
结构形式	液压发动机悬置 液压单元是按一定的减震频率设计的	可控式液压发动机悬置有两种切换状态：硬和软	主动式液压发动机悬置 在一个较宽的频率范围内都能消除震动
目标	改善震动舒适性	改善怠速	气缸关闭

2.一览

如图 2-6-88 所示。

3.总成悬置的作用

（1）将总成固定在车上。

（2）支承驱动力矩。

（3）隔离发动机震动。

（4）减小发动机震动。

4.结构

如图 2-6-89 所示。

5.作用原理

如果发动机工作在 4 缸模式，那么由于点火脉冲减半了，所以会使得车身震动更加剧烈。这个剧烈震动是通过产生反震动来抵消的。

反震动就是由主动式液压发动机悬置来产生的，其频率范围在 20~250Hz，如图 2-6-90 所示。

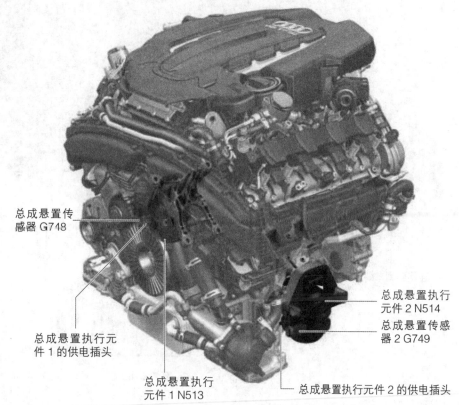

总成悬置传感器 G748

总成悬置执行元件 1 的供电插头

总成悬置执行元件 1 N513

总成悬置执行元件 2 N514

总成悬置传感器 2 G749

总成悬置执行元件 2 的供电插头

图 2-6-88

6.功能

从发动机传来的震动由总成悬置传感器 G748 和 G749 来测量，这两个传感器安装在车身处的发动机悬置旁。

传感器将测量值做一下换算，换算值就作为模拟电压信号（0.2~0.8V）发送给总成悬置控制单元 J931，这些电压值会被加入特性曲线中来考虑。另外，还有一个重要的输入量就是曲轴转速，发动机控制单元是通过一根单独的导线获知曲轴转速的。

曲轴的转速信号是直接传给发动机控制单元的。J931 将计算出的控制信号（PWM 信号）发送给总成悬置执行元件（N513，N514）。这样的话，就可以根据需要由主动式发动机悬置来产生一个反震动了。

如果这两种震动在合适的时间点彼此相遇的话，那么就消除了干扰震动。发动机悬置内的反震动是这样产生的：膜片环在做一定的上下运动，这个运动会被传递到液体腔内的液体（乙二醇）上；所产生

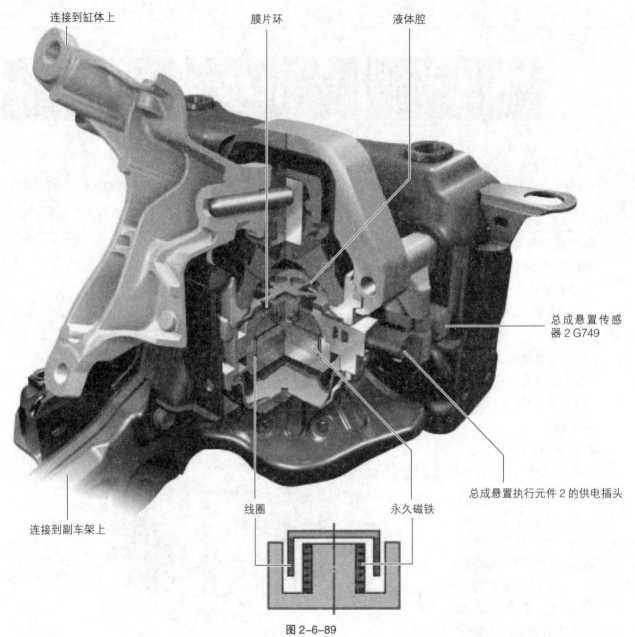

连接到缸体上　　　膜片环　　　液体腔

总成悬置传感器 2 G749

总成悬置执行元件 2 的供电插头

连接到副车架上　　　线圈　　　永久磁铁

图 2-6-89

的震动从这里被传递到发动机悬置。

　　膜片环与电磁线圈是刚性相连的。电磁线圈由总成悬置控制单元 J931 用正弦信号来操控。如果信号的频率或者振幅发生变化了，那么线圈上下运动的快慢也会发生变化，这样就能在发动机悬置内产生我们所期望的震动了。控制单元内对控制信号的计算是实时的。

　　（1）靠下的位置，如图 2-6-91 所示。

　　（2）靠上的位置，如图 2-6-92 所示。

　　7. 系统一览

　　如图 2-6-93 所示。

　　8. 功能图

　　如图 2-6-94 所示。

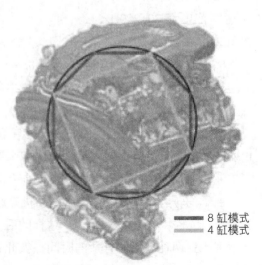

8 缸模式
4 缸模式

图 2-6-90

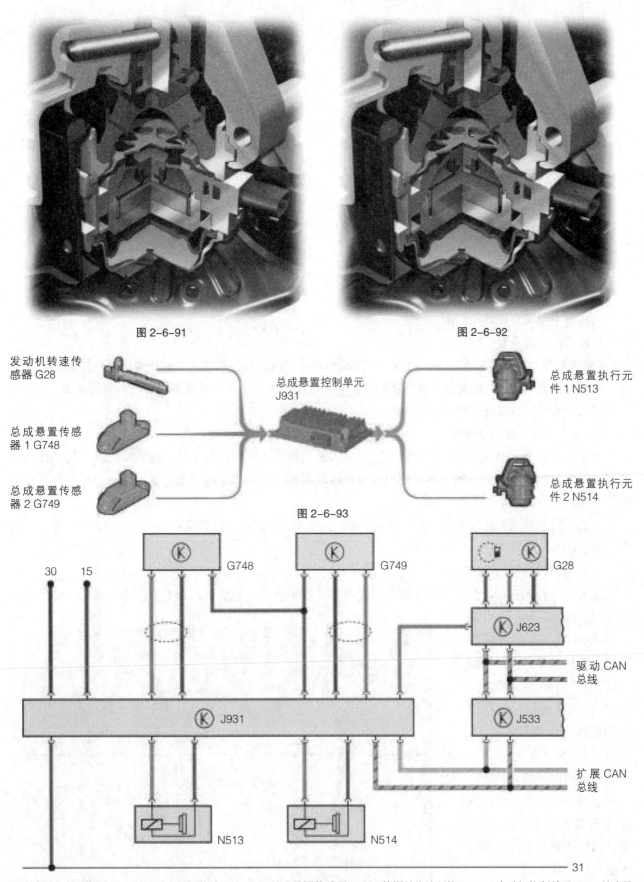

图 2-6-91

图 2-6-92

发动机转速传感器 G28

总成悬置传感器 1 G748

总成悬置传感器 2 G749

总成悬置控制单元 J931

总成悬置执行元件 1 N513

总成悬置执行元件 2 N514

图 2-6-93

30   15

G748

G749

G28

J623

驱动 CAN 总线

J931

J533

扩展 CAN 总线

N513   N514

31

G28.发动机转速传感器 G748.总成悬置传感器1 G749.总成悬置传感器2 J533.数据总线诊断接口 J623.发动机控制单元 J931.总成悬置控制单元 N513.总成悬置执行元件1 N514.总成悬置执行元件2

图 2-6-94

431

9. 诊断

（1）控制单元。

①总成悬置控制单元 J931。

②安装位置：左前车轮拱形板内。

③每个悬置的输出功率最大为 60W。

④诊断协议 UDS/ISO。

⑤传感器的输入信号。

（2）地址码 / 诊断内容。

①总成悬置。

②读取故障存储器。

③执行元件诊断。

④基本设定。

⑤读取测量值。

（四）主动噪声控制（ANC）系统

1. 从用户角度来看

8 缸发动机这种级别的车，不只是增大了发动机功率，舒适性能和噪声方面的要求也同样重要。

声响方面的一项重要变化就是在切换到 4 缸模式时所产生的，这种变化是用户所不能接受的。

因此就开发了本系统，用于抵消噪声。

（1）系统需要抵消哪些噪声？

由于发动机舱的减震非常好，所以从这里进入乘员舱内的噪声是很少的。绝大部分噪声还是排气系统所发出的，虽然此处的后消音器所使用的可控排气翻板已经减小了脉动噪声了。另一个噪声源就是运动型差速器。

路面、行车风或者其他外部因素所产生的噪声，是无法消除的。这些噪声最高可达 400Hz，噪声级最高可达 106dB。

（2）如何来抵消干扰噪声？

主动噪声控制（ANC）是采用反相声波原理来抵消噪声的。就是说，为了实现这个目的，会操纵音响系统的低音扬声器会发出一种声响，这种声响与噪声声响的频率相同，振幅与噪声实时相同但相位差了 180°。这样的话，两种声波相遇就可以相互抵消了，如图 2-6-95 所示。

乘员舱内声波的扩散，取决于很多因素。当然，肯定还有各种各样的匹配标准，以便让系统工作效率尽可能高。

还有各种各样的特性曲线，这些特性曲线是按照相

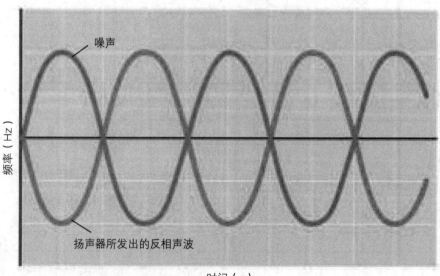

噪声

频率（Hz）

扬声器所发出的反相声波

时间（s）

图 2-6-95

应车辆的特性来匹配的。

（3）区分要素。

① 4 种不同的音响系统。

②不同的车身形式。

③不同的发动机功率。

④ 3 种车顶形状（滑动天窗，全景天窗，硬顶）。

尽管有很多干扰因素存在，但是该系统仍能将噪声级降低约 12dB，这相当于把噪声降了 75%。

2. 系统部件

主动噪声控制（ANC）系统是音响系统的扩展，ANC 调节单元集成在车辆的音响功放中。车内集成的低音扬声器就是执行元件。车内的车顶衬里中精心选定的点处，安装有 4 个麦克风。

此外，ANC 控制单元在计算输出信号时，还要用到发动机转速和现在激活着的气缸数。发动机转速信号直接来自发动机控制单元，是通过一条单独的导线传过来的。为此，发动机控制单元直接将发动机转速传感器 G28 的输入信号传给了 ANC 控制单元。

关于发动机现在是以 4 缸模式还是以 8 缸模式在工作，ANC 控制单元是从数据 CAN 总线获取的这个信息。该控制单元还会获取车门和滑动天窗是否打开的信息。

3. 功能

ANC 控制单元的特性曲线根据输入信号，会把 4 个低音扬声器和重低音扬声器各自的相位、频率和振幅都计算出来。

计算出的这 5 个 ANC 低音信号在功放中与音响系统的低音信号相叠加，并传给扬声器。

相应的噪声于是就被 4 个麦克风给记录下来，并通过单独导线发送到 ANC 控制单元。

4. 奥迪 S7 Sportback 车上的系统部件

如图 2-6-96 所示。

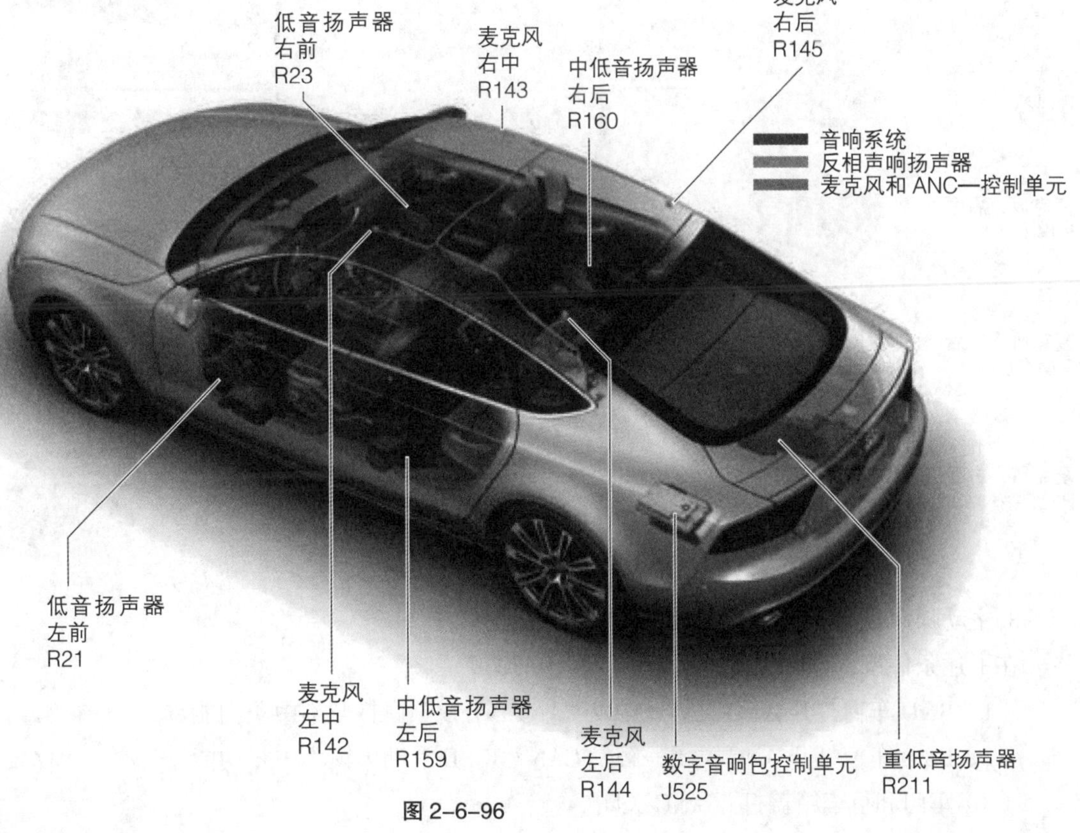

图 2-6-96

433

5. 工作原理

在接通了点火开关后，该系统就处于可用状态了。发动机启动后，该系统就被激活了。

即使发动机在以 8 缸模式工作，也会向扬声器发送信号。这是必需的，这样做是为了在切换到 4 缸工作模式时，让乘员感觉不出有什么过渡过程。

因此，该系统在工作时就得反应非常快，尤其是在某些特殊情况下更是要求反应要快，比如启停系统关闭了发动机时，或者音响系统内输出的噪声突然降低时。

主动噪声控制（ANC）系统一直都是处于激活状态的，不论此时音响系统是处于接通状态、关闭状态、声大、声小还是没声。

6. 系统诊断

该系统具备完全自诊断功能。

诊断仪通过地址码 47 音响系统来调用控制单元。

诊断时，可使用下述功能：

①读取故障存储器；

②编码（通过目标值对比），执行元件诊断（仅指在 B&O 系统上校正麦克风）；

③读取测量数据块；

④故障导航中的检查程序。

说明：检修完系统部件和清除了故障存储器后，可以通过"下线检测"（故障导航）来再次检查整个系统的功能。

7. 系统一览

如图 2-6-97 所示。

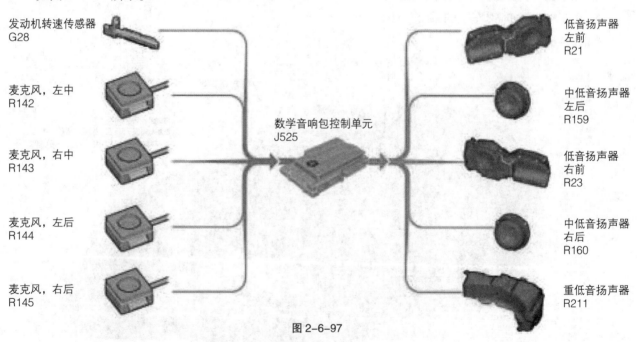

图 2-6-97

8. 主动噪声控制（ANC）系统 关闭

在下述条件下，可以关闭主动噪声控制（ANC）系统。

（1）B&O 车窗打开 ANC 关闭→触发 CAN / BOSE 车窗打开不中止功能。

（2）B&O 车窗打开 ANC 关闭→触发 CAN / BOSE 滑动天窗不中止功能。

（3）车门和行李箱盖打开 ANC 关闭。

（4）风噪作用到某个麦克风上。

①退回到3个扬声器模式。

②关闭多个扬声器。

③特性曲线的头10~20 h的自适应。

（5）发动机控制单元报告有故障→发动机指示灯亮起。

①比如，没有从4缸模式切换回8缸模式。

②霍耳传感器信号不可靠。

（6）无转速信号。

无主动噪声控制（ANC）功能。

（7）麦克风损坏。

通过中止功能来决定算法。

（8）车内的变化。

翻折后座椅。

（9）温度下的相位响应曲线。

（10）混装扬声器，比如安装了一个新的扬声器（新的扬声器在"试运行阶段"所表现的特性与车上已有的扬声器特性是不同的）。

（11）也可能按照备件电子目录订购的新扬声器是不同厂家生产的。

请注意：如果修改了发动机控制单元内的软件（刷新），那么随后必须进行 ANC 控制单元软件的自适应。

如果改动了排气系统，那就可能影响到 ANC 系统的正常工作。只可使用原装备件。

如果有用户抱怨他的车的发动机声音突然变大了，请记得去读取音响系统故障存储器，因为其原因可能就是 ANC 系统已关闭了。

同样，如果有某个部件的机械安装方面不对了的话，该系统也可能会关闭的（尽管所有部件在电气方面并无故障）。这是可以通过执行元件诊断的方法来帮助寻找故障原因的。

9. 售后服务方面可能出现的抱怨

售后服务方面可能出现的抱怨如下：

①车辆隆隆响；

②车辆声音过大；

③摇摆或性能不稳；

④ ANC 不工作。

七、燃油系统

（一）一览

燃油系统分为低压区和高压区两部分，这两部分在工作时都是采用按需调节的，无燃油回流管。

燃油箱内的预供油燃油泵 G6 由燃油泵控制单元 J538 来操控。免保养的燃油滤清器安装在燃油箱中的供油单元内。缸体两侧的高压燃油泵的燃油供给是由缸体一侧的高压燃油泵来实现的。

（二）高压区

高压区的工作压力在 20~120bar 之间变动。在压力达到 145bar 时，机械式的压力限制阀就会打开。两侧的缸体都有属于自己的高压管路，就是说，两侧缸体的高压管路之间，是没有连接的。这也就意味着，系统需要两个高压区燃油压力传感器了。

高压泵是由日立公司制造的，泵是由排气凸轮轴上的三联凸轮来驱动的。

（三）低压区

低压区的工作压力在 5~6.5bar 之间变动，工作时会尽量试图让这个压力尽可能低。

燃油在一定温度以上时就会开始沸腾。沸腾的燃油会引起高压泵供油故障，发动机也会因为供不上油而运行不稳。燃油温度取决于很多周围条件，比如环境温度、发动机舱温度、车速等。

所以，特性曲线在计算燃油温度时，是根据模型来的。另一个重要的计算值是发动机负荷。在特性曲线中来确定燃油箱内电动燃油泵的触发命令，且该命令被送至燃油泵控制单元 J538。

比如：在车行驶较快时，燃油压力会低些，因为输送燃油的部件可以由行车风来冷却。低压燃油压力传感器 G410 是用来检查是否达到固定压力值的，必要时会调整这个压力。这个传感器位于缸体两侧的高压泵旁。

（四）总图

如图 2-6-98 所示。

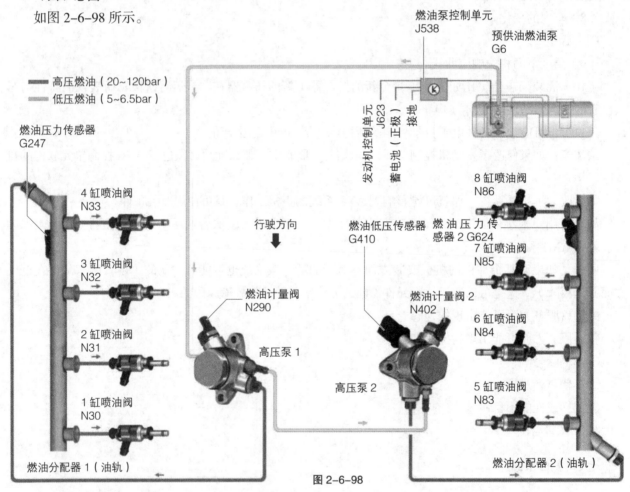

图 2-6-98

八、排气系统

（一）总图

如图 2-6-99 所示。

1. λ 传感器和催化净化器

λ 调节策略与其他的 TFSI 发动机是基本相同的。

（1）催化净化器上游的 λ 传感器是宽带传感器（Bosch LSU 4.9）。

（2）催化净化器下游的 λ 传感器是跳跃式传感器（Bosch LSF 4.2）。

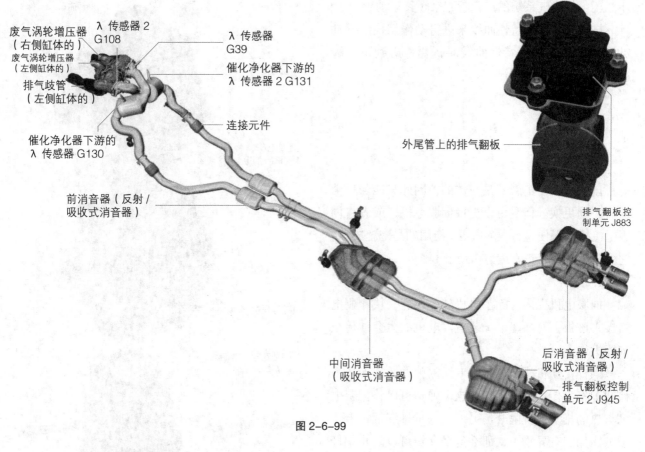

图 2-6-99

废气涡轮增压器
（右侧缸体的）

废气涡轮增压器
（左侧缸体的）

λ 传感器 2
G108

排气歧管
（左侧缸体的）

催化净化器下游的
λ 传感器 G130

前消音器（反射 /
吸收式消音器）

λ 传感器
G39

催化净化器下游的
λ 传感器 2 G131

连接元件

中间消音器
（吸收式消音器）

外尾管上的排气翻板

排气翻板控
制单元 J883

后消音器（反射 /
吸收式消音器）

排气翻板控制
单元 2 J945

两个催化净化器都是陶瓷催化净化器。

2.特色

不论哪种车型还是哪种发动机，其排气系统都是双流式的。由于空间问题，废气导管在涡轮增压器下游的区域是"交叉"布置的。

两个后消音器的外尾管上有排气翻板，其功用是调节所发出的噪声状况。在 2012 年奥迪 A8 车上，只有左侧消音器的外尾管上有排气翻板。奥迪公司首次使用伺服电机来操控排气翻板。

（二）排气翻板

4.0L V8 TFSI 发动机上还采用了电控排气翻板。一个好处就是可以进行系统诊断。

另外，不论发动机是以 4 缸模式还是 8 缸模式工作，都要满足噪声方面的所有要求。因为声响、背压 / 发动机功率方面的要求千差万别，所以 8 缸发动机车的排气系统与 4 缸发动机车的排气系统，设计是完全不同的。4.0L V8 TFSI 发动机的车上，排气系统就必须得能适应两种模式工作的需要。所以就采用了可控式排气翻板，如图 2-6-100 所示。

4 缸模式工作时，排气翻板是关闭着的。这时排气系统主要是降低 4 缸模式工作时所产生的低频噪声。要是没有排气翻板这个措施的话，那么乘员舱内就会有讨厌的隆隆声，只凭 ANC 系统是无法消除这种噪声的。

8 缸模式工作时，排气翻板是差不多完全打开着的，这样就能有效降低气流噪声和排气背压。另

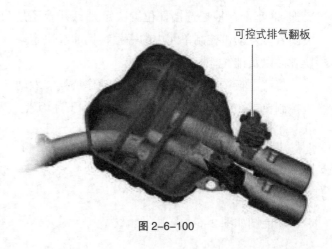

可控式排气翻板

图 2-6-100

外，还可使排气系统的声音听起来颇具运动感。

排气翻板按照特性曲线来进行动作切换。发动机控制单元在计算特性曲线时，要考虑到下述因素：

①发动机负荷；

②转速；

③所挂挡位；

④车速。

排气翻板与消音器是一体的，因此只能与后消音器一同更换。但是可以更换伺服电机，或者将伺服电机拆下以便进行故障查寻。使用的是陶瓷支承，它可防止翻板在正常应力作用下卡住。

1. 结构

伺服电机壳内，除了电机外，还有一块印刷电路板，该板上有功率电子装置。电机的力会被传至蜗杆机构上。

蜗杆传动机构通过一个专用的弹簧（碟形压力弹簧）将力传至排气翻板。这个弹簧可以将伺服电机与热的排气系统隔开。另外，一旦排气翻板卡住了（比如因有异物），那么这个弹簧可以防止蜗杆传动机构损坏。还有，卡住时，电子装置会切断伺服电机，如图 2-6-101 所示。

2. 功能

废气翻板由发动机控制单元来操控，采用 PWM 信号来发出"打开"或者"关闭"命令。这个线还传送电机诊断时的通信联系所用的 PWM 信号。

排气翻板的基本位置（怠速时）根据车型不同而不同。2012 年奥迪 S6、奥迪 S7 Sportback 和 2012 年奥迪 A8 车，翻板是打开着的；在 2012 年奥迪 S8 车上，根据选挡杆位置决定是打开着还是关闭着。发动机控制单元内的一根特性曲线决定切换脉冲以及排气翻板的基本位置。

排气翻板按照特性曲线来进行动作切换。发动机控制单元在计算特性曲线时，要考虑到下述因素：

①发动机负荷；

②转速；

③所挂挡位；

④车速。

功能图如图 2-6-102 所示。

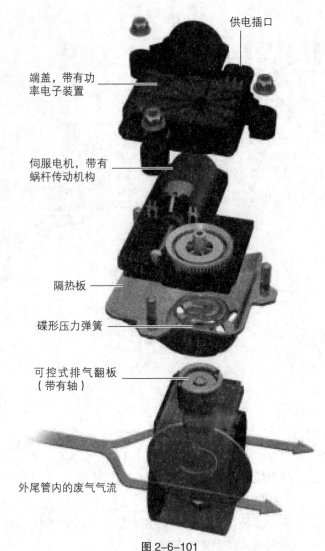

图 2-6-101

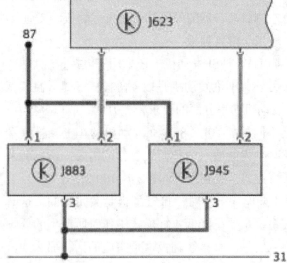

J623.发动机控制单元　J883.排气翻板控制单元　J945.排气翻板控制单元　1.正极线端子87　2.双向线（PWM）：从发动机控制单元到排气翻板控制单元的信号；发动机控制单元故障记录　3.接地

图 2-6-102

438

3. 诊断

如果出现电气故障，那么翻板就保持在原位（无论当时在哪个位置）。发动机控制单元自诊断后会记录下一个故障。故障既可能记录在发动机控制单元存储器内，也可能记录在伺服电机的故障存储器内。不提供其他诊断可能性。

还可以进行"机械诊断"，这需要将伺服电机与翻板分离。由于蜗杆传动机构的件是塑料制的，所以可能损坏。如果将伺服电机与翻板分离，就可以检查翻板的机械运动是否轻快。

4. 售后工作

可以更换伺服电机，该电机是用3个自锁螺母固定在翻板控制单元的隔热板上的。安装时不需要注意蜗杆传动机构的位置。这些件是这样设计的：它们在首次使用时（初始化阶段）就相互配合在一起了。这时弹簧就卡到翻板轴上了。插头插上且打开了点火开关时，初始化过程就开始了。

于是电机将翻板运动到两个止点位置并学习这两个位置。这样可以防止硬碰止点，这就避免了排气翻板的切换噪声。

在下述情况下进行初始化：

①交车后；

②识别出有故障或者重置后（拔下了插头）；

③35次行驶循环和一次重置后。

说明：只有在电机插头已断开，87号端子脱开时（总线不工作），才能清除发动机控制单元的故障存储器，随后才能清除电机的故障存储器。

（三）二次空气系统

使用二次空气系统，可以使得催化净化器在冷启动后，快速达到正常工作状态。根据发动机的不同，有几个件布置不同或者结构不同。在发动机冷启动后，二次空气系统会在一定时间内持续向排气门后部的排气系统内喷入空气。

废气中或者催化净化器内留存的未燃烧的碳氢化合物和一氧化碳会与喷入空气中的氧气发生反应，由此释放出的热量会使得催化净化器快速热起来。

1. C7系列和2012年奥迪A8

如图2-6-103所示。

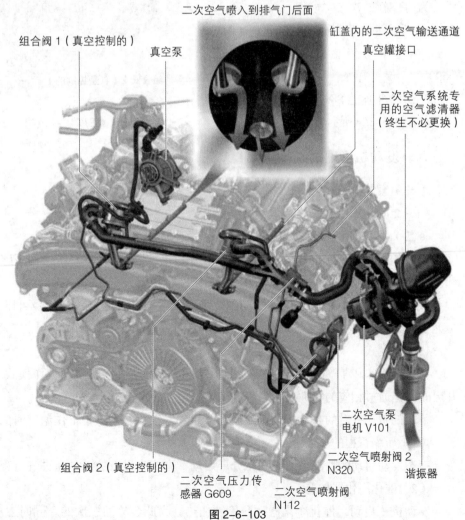

图2-6-103

二次空气喷入到排气门后面

组合阀1（真空控制的）　真空泵　缸盖内的二次空气输送通道　真空罐接口

二次空气系统专用的空气滤清器（终生不必更换）

二次空气泵电机V101

二次空气喷射阀2 N320

谐振器

组合阀2（真空控制的）

二次空气压力传感器G609

二次空气喷射阀N112

2.二次空气喷射阀

在发动机左侧（缸体两侧）有两个二次空气喷射阀 N112 和 N320，这两个阀用于触发两个组合阀。这两个阀用于切换真空，因此是由发动机控制单元以电控方式操控。真空的供给是由机械驱动的真空泵来提供的。

3.脱水器

在极端情形时（比如车辆驶过水坑），污水和喷水可能会到达阀 N112、N320 和 N75 上，那么潮气可能会通过通气开口进入真空系统的内部，此潮气可能会损坏系统内的部件。

因此，在真空管路中装有两个过滤元件，用于吸收潮气。

4.系统诊断

为了对二次空气系统进行诊断，安装了二次空气压力传感器 G609。

5.2012 年奥迪 S8

如图 2-6-104 所示。

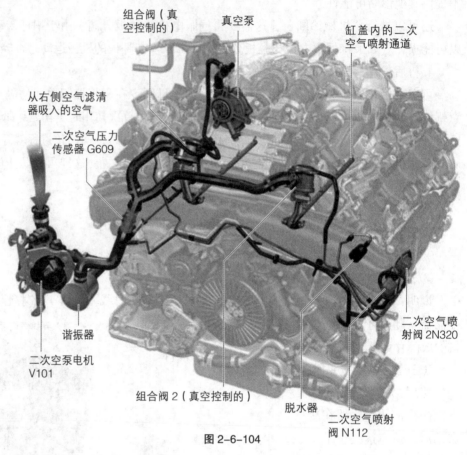

图 2-6-104

九、发动机管理系统

（一）系统一览

如图 2-6-105 所示。

（二）发动机管理系统 MED.17.1.1

4.0L V8 TFSI 发动机使用的是 Bosch MED.17.1.1 发动机管理系统。用于感知负荷的参数是压力传感器和温度传感器信号。该发动机控制单元是 UDS 控制单元。

该控制单元内有一个用于侦测周围环境空气压力的传感器，其信号可以与相应测量值对比，该控制单元使用驱动 CAN 总线来进行通信，请参见相应车辆的拓扑结构图。

1.工作模式

与所有 FSI 和 TFSI 发动机一样，4.0L V8 TFSI 发动机也有多种工作模式。燃油压力的大小和喷油阀开启时间是通过相应的特性曲线来确定的。

下面的叙述针对的是从发动机冷启动开始到发动机达到正常工作温度时的情形。

（1）压缩行程的喷油。

冷态发动启动的喷油是以"高压分层启动"方式来进行的，是在进气行程喷油的。

（2）催化净化器加热。

发动机一启动，催化净化器就开始被加热，为此会喷油三次的。同时二次空气的喷入也会帮助加快

传感器

节气门控制单元 J338
电子油门操纵装置的角度传感器 G187、G188

制动灯开关 F
霍耳传感器 1~4 G40，
G163、G300、G301
加速踏板位置传感器 G79
加速踏板位置传感器 2 G185
爆震传感器 1~4 G61、G66、
G198、G199
燃油低压传感器 G410

二次空气压力传感器 G609

冷却液温度传感器 G62

散热器出口处的冷却液温度传感器 G83

机油温度传感器 2 G664

发动机温度调节传感器 G694

发动机转速传感器 G28

机油油面高度和机油温度传感器 G266

进气歧管翻板电位计 G336
进气歧管翻板电位计 2 G512
空气进气温度传感器 G42
进气歧管压力传感器 G71
燃油压力传感器 G247
燃油压力传感器 2 G624
发动机罩盖温度传感器 G765

增压压力传感器 G31
增压压力传感器 2 G447
增压空气冷却器温度传感器 1+2 G763、G764
制动助力器压力传感器 G294
λ 传感器 1+2 G39、G108
催化净化器下游 λ 传感器 G130
催化净化器下游 λ 传感器 2G131
机油压力开关 F22：
压力减小的机油压力开关 F378
机油压力开关，3 级 F447

附加信号：
车速调节系统
车速信号
发动机控制单元上的启动请求(无钥匙启动 1 和 2)
接线柱 50
来自安全气囊控制单元的碰撞信号

发动机控制单元 J623

执行元件

燃油泵继电器 J17
燃油泵控制单元 J538
燃油预供油泵 G6

增压压力限制电磁阀 N75

活塞冷却喷嘴控制阀 N522
点火线圈 1~8，带末级功放 N70、N127、N291、N292、N323~N326
电子油门驱动器 G186

1~8 缸喷油阀 N30~N33、N83~N85

特性曲线冷却节温器 F265

变速器机油冷却阀 N509

二次空气喷射阀 1+2 N112、N320
涡轮增压器循环空气阀 N249
涡轮增压器循环空气阀（缸体两侧）N427
进气歧管翻板阀 N316

缸盖冷却液阀 N489

冷却液续动泵 V51
增压空气冷却泵 V188
凸轮轴调节阀 1+2 N205、N208
排气侧凸轮轴调节阀 1+2 N318、N319
燃油计量阀 1+2 N290、N402
机油压力调节阀 N428
2 缸进气凸轮调节器 1+2 F452、F453
2 缸排气凸轮调节器 1+2 F454、F455
3 缸进气凸轮调节器 1+2 F456、F457
3 缸排气凸轮调节器 1+2 F458、F459
一次空气泵驱动电动机 V101、J299
5 缸进气凸轮调节器 1+2 F464、F465
5 缸排气凸轮调节器 1+2 F466、F467
8 缸进气凸轮调节器 1+2 F476、F477
8 缸排气凸轮调节器 1+2 F478、F479
冷却液循环泵 2 V178
冷却液续动泵 V51

活性炭罐电磁阀 1 N80
排气翻板控制单元 1+2 J883、J945
λ 传感器加热器 1+2 Z19、Z28
催化净化器下游 λ 传感器加热器 Z29、Z30
燃油箱泄漏诊断控制单元 J909
散热器风扇控制单元 J293
散热器风扇 V7
散热器风扇控制单元 2 J671
散热器风扇 2 V177
附加信号
空调压缩机
总成悬置控制单元 J931
数字音响包控制单元 J525

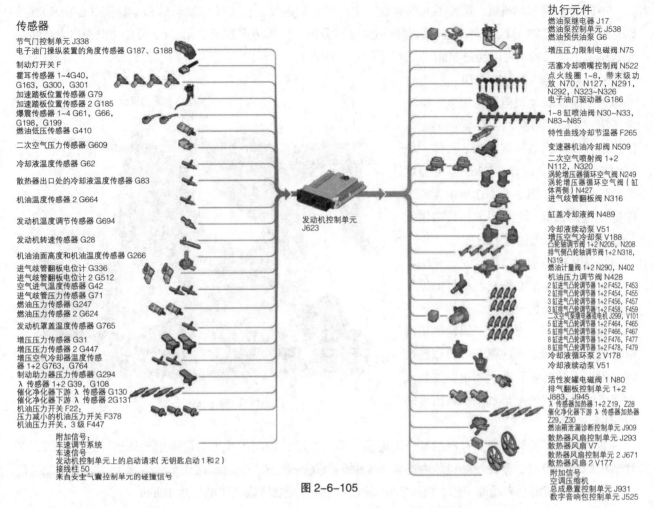

图 2-6-105

这个加热过程。这个"喷油三次"最多可持续 1min（由特性曲线控制）。

（3）预热运行。

随后发动机就开始预热了，这时要喷油两次，直至冷却液温度达到 70℃。

（4）均质模式。

如果冷却液温度超过 70℃，那么就转入均质模式。这时在进气行程喷油一次。

2. 声响执行系统

声响执行系统由固体传声控制单元 J869 和固体传声执行器 J214 组成，如图 2-6-106 所示。固体传声控制单元 J869 内存储有各种各样的声音文件，这些声音文件会根据车辆和工作参数（负荷、转速、车速）来播放并传至执行器。

执行器会产生固体声响，这种声响会经由车身和前挡风玻璃传入乘员舱内。这个执行器使用一个专用支架安装在玻璃根部的左下方，它就是系统的"音叉"。

前挡风玻璃附近：固体传声执行器 J214

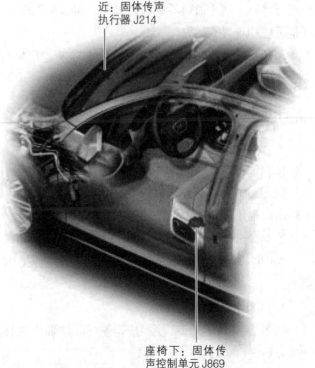

座椅下：固体传声控制单元 J869

图 2-6-106

不同的车辆和发动机，需要不同的激励，来产生和谐的发动机声响。发动机和车身信息存在 CAN 数据总线（驱动 CAN 总线）上，这些数据被用来进行分析。固体传声控制单元 J869 可自动识别出自己装在什么车上了。驾驶员可以通过 MMI 来选择不同的声响设置。

3. 发动机舱内的温度管理

为了感知发动机舱内的温度，就安装了发动机盖罩温度传感器 G765。该传感器在发动机装饰盖罩内、缸体一侧的涡轮增压器的附近。G765 是负温度系数传感器，如图 2-6-107 所示，其工作温度范围最高可达 180℃，其功用就是感知涡轮增压器附近的温度。

发动机盖罩温度传感器 G765

在某几种情形时，比如说，车辆在大负荷工作后突然必须在红绿灯前停车等候，或者在高速公路上高速行车后交通不畅或堵车了，那么由于涡轮增压器附近散发出热量多，这就会形成积热效应，附近安装的催化净化器也会过热。这就可能会损坏内 V 形和前围板附近的部件。

图 2-6-107

如果超过了特性曲线上存储的某个温度值，那么发动机控制单元就会接通电动风扇。这样的话，在发动机舱盖关着时，会在发动机舱内产生一个强制气流，就把产生的积热从车底引走了。即使发动机已停机，风扇也可能会启动而工作。根据实际需要，风扇可能会持续工作最长达 10min。

失效时的影响：如果该传感器失效了，故障存储器内会记录一个故障。这时会使用 180℃这个替代值来进行计算，两个散热器风扇会以最大功率来工作。这个传感器只能由发动机控制单元来进行电气检查，就是只能检查是否短路。

该传感器不是 OBD2 诊断（可信度诊断，比如与其他温度信号进行对比）的组件。这个传感器要是有故障，组合仪表上不会有提示，发动机功率也不会降低。

十、维修保养

（一）专用工具和车间设备

1. T40272

如图 2-6-108 所示，在 2012 年奥迪 A8 和 2012 年 S8 车上转动曲轴用的。

2. T40269

如图 2-6-109 所示，在凸轮轴调节器附近装配链传动机构的。

3. T40048

如图 2-6-110 所示，更换皮带侧的曲轴轴用油封的。

4. VAS 6095/1-13

如图 2-6-111 所示，与 VAS 6095 和 VAS 6095/1 合用，4.0L

图 2-6-108

V8 TFSI 发动机支架。

　　5. T40264

　　如图 2-6-112 所示，固定凸轮轴的。

　　6. T40257

　　如图 2-6-113 所示，在 2012 年奥迪 S6 和 S7 Sportback 车上转动曲轴的。

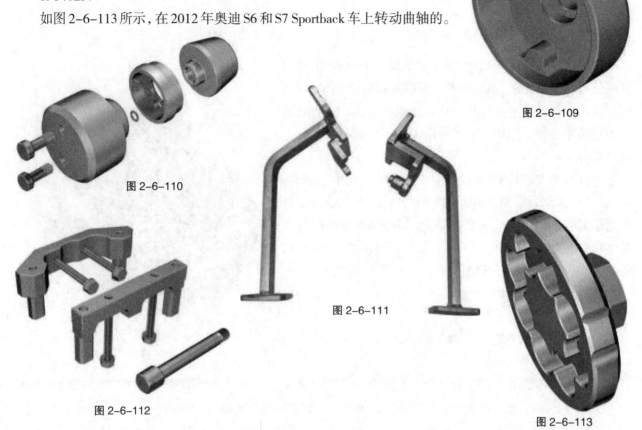

图 2-6-109

图 2-6-110

图 2-6-111

图 2-6-112

图 2-6-113

（二）保养内容（以 2012 年奥迪 S8 为例）

　　如表 2-6-8 所示。

表 2-6-8

长寿命保养的机油更换周期	按保养周期指示器最多 30 000 km/2 年 发动机机油规格：VW 50 400
非长寿命保养的机油更换周期	15 000 km/1 年，先到为准 发动机机油规格：VW 50 400 或 50 200
更换机油滤清器	每次更换机油时
发动机机油更换量	8.3L(包括更换滤清器)
抽取／排放机油	两种方式均可以
电子机油油面高度显示检测的刻度值（无机油尺）	调整环规定值（上刻度值）: 185 机油最大刻度和最小刻度之差规定值（下刻度值）: 0~21
更换空气滤清器	90 000km
火花塞	60 000 km/6 年
燃油滤清器	终生免更换
正时链条	终生免更换
正时链条张紧器	终生免更换
多楔皮带	终生免更换
多楔皮带张紧系统	终生免更换

第七节　EA825　4.0T 发动机

一、概述

（一）介绍

这款新一代 EA825 系列 V8 发动机是由 Porsche 公司和奥迪公司合作开发的。其结构源于新型 EA839 系列 V6 发动机，这不仅在生产上有优势，且因相似的原因，在售后服务中也带来方便。比如，很多专用工具在这两种发动机上可以通用。

这款新型 V8 发动机最先是用在了大众集团内的 Bentley 和 Porsche 品牌车上。对于奥迪品牌来讲，这款新型 V8 发动机首先是用在了奥迪 A8（车型 4N）上，功率等级 4.338 kW。其他功率等级和车辆后续还有。这款发动机由 Porsche 公司位于 Zuffenhausen 的新发动机厂生产，如图 2-7-1 所示。

图 2-7-1

（二）发动机说明和特点

1. 特点

（1）8 缸 V 形发动机，V 形角为 90°。

（2）铝制缸体。

（3）链条驱动的气门正时机构。

（4）四气门技术，两根顶置凸轮轴（DOHC），滚子摇臂，可变气门正时。

（5）带有增压空气冷却的废气涡轮增压器（最大增压压力 2.2bar，绝对）。

（6）废气净化系统采用双催化净化器、λ 传感器和汽油微粒滤清器（取决于排放标准）。

（7）按需调节的高压和低压燃油系统。

（8）气缸关闭系统 COD。

（9）间接式增压空气冷却。

（10）全电子直喷系统 FSI，带有电子油门 E-Gas。

（11）自适应 λ 调节。

（12）特性曲线点火系统，带有单火花点火线圈。

（13）气缸可选自适应爆震调节。

（14）温度管理系统。

2. 与前代（EA824）相比

（1）低转速时扭矩更大。

（2）响应特性更好。

（3）效率明显提升。

（4）功率和扭矩有所提升。

（5）燃油消耗降低了。

（6）负荷符合各国专门的排放标准。

（7）温度管理（新的冷却模型）。

（8）发动机摩擦降低了。

（9）喷油系统有改进。

3. 新 V8 发动机的亮点

如图 2-7-2 所示。

（三）技术数据

发动机全负荷工作图，如图 2-7-3 和表 2-7-1 所示。

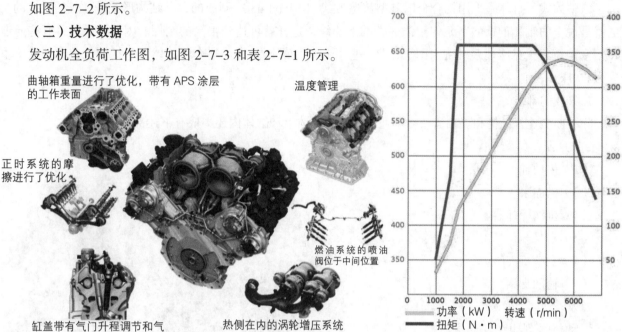

曲轴箱重量进行了优化，带有 APS 涂层的工作表面

温度管理

正时系统的摩擦进行了优化

燃油系统的喷油阀位于中间位置

缸盖带有气门升程调节和气缸关闭功能

热侧在内的涡轮增压系统

图 2-7-2

图 2-7-3

功率（kW） 转速（r/min）
扭矩（N·m）

表 2-7-1

特点	技术数据
发动机代码	CXYA
结构形式	8 缸 V 形发动机
排量（cm³）	3996
行程（mm）	86.0
缸径（mm）	86.0
气缸间距（mm）	82
每缸气门数	4
点火顺序	1-3-7-2-6-5-4-8
压缩比	11.0：1
功率（kW），转速（r/min）	338，5500
扭矩（N·m），转速（r/min）	660，1850~4500
燃油	高级无铅汽油 ROZ 95
增压系统	废气涡轮增压（双涡轮），带有增压空气冷却（最大增压压力 2.2 bar，绝对）
发动机管理系统	BOSCH MG1CS008
发动机重量（kg）	231
废气净化	双管式排气系统，带有前置催化净化器和主催化净化器（三元催化净化器）
排放标准	EU6 DG（PR. 号 4BF）
点火顺序切换 V4（2、3、5、8 缸关闭了）	1-7-6-4

二、发动机机械部分

（一）缸体

该整体式气缸体是采用铝合金以砂型铸造方式（AlSi9Cu3）制成的，其结构形式是"长裙式"的。也就是说，曲轴箱的壁向下延伸到油底壳的上边缘，这样就可达到很高的刚性。因结构原因，有些通道必须塞满填料（见冷却系统剖面图），且一些开口要用螺塞封住。整个气缸体（包括轴承盖和螺栓）重量为39.1kg。

1. 集成的部件

除了曲柄连杆结构和机油道及冷却通道外，在缸体上和缸体内还集成有下述部件。

（1）活塞喷嘴。

（2）传动轴。

（3）机油泵。

（4）机油冷却器。

（5）水泵。

（6）发动机支座。

（7）辅助支架。

2. 发动机号

发动机号刻印在发动机前端气缸排1下面的突出部位。另外，真空泵盖上有一个不干胶标签，其上有发动机代码和流水号，如图2-7-4所示。

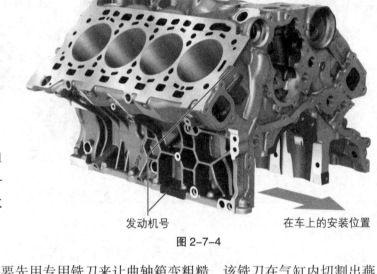

发动机号　　　　　在车上的安装位置

图2-7-4

3. 大气等离子喷涂APS

为了能形成足够坚实的铁工作表面，要先用专用铣刀来让曲轴箱变粗糙，该铣刀在气缸内切割出燕尾形螺纹。这样形成的切槽可保证APS层的可靠附着。

随后，将旋转着的等离子喷枪伸入气缸，借助电弧放电产生等离子体。使用压缩空气将粉状涂层材料喷入等离子体内，粉状物被熔化并甩到粗糙的缸壁上并在缸壁上变硬，填充了切槽后就形成了工作层（抗磨层）。在30s内涂了几层后，就形成了一个铁层（在这个具体示例中大约相当于滚动轴承钢100Cr6），该层用珩磨方式加工至最终约150mm的厚度，如图2-7-5和图2-7-6所示。

图2-7-5

工作层 = 气缸工作表面

气缸体

图2-7-6

446

4. 曲轴的轴承

曲轴的上轴承是曲轴箱的一部分，下轴承连同灰口铸铁轴承盖使用纵向螺栓和横向螺栓来连接，如图 2-7-7 所示。

5. 油底壳上部

油底壳上部是由铝合金压铸而成的。为了保证在安装时的精确定位，使用了定位销。

6. 油底壳下部

油底壳下部是由铝板制成的。其上集成有机油排放螺塞以及机油油面高度/机油温度传感器。

7. 正时链条护盖

该护盖是采用铝合金压铸而成的。拆卸它时，需要用辅助螺栓将其压离曲轴箱。护盖上有发动机转速传感器和曲轴径向轴用密封圈。

8. 皮带轮一侧的密封法兰

该密封法兰也是铝合金制成，它用于容纳机油尺导管以及曲轴径向轴用密封圈，如图 2-7-8 所示。

（二）曲柄连杆机构

1. 曲轴

曲轴是锻造而成的，采用 5 道轴承来支承，从而可保证发动机工作时无震动。

气缸排彼此成 90°角，相对气缸的连杆使用曲轴的同一个连杆轴颈，如图 2-7-9 所示。

2. 曲轴轴承

（1）上部/下部主轴承，如图 2-7-10 所示。

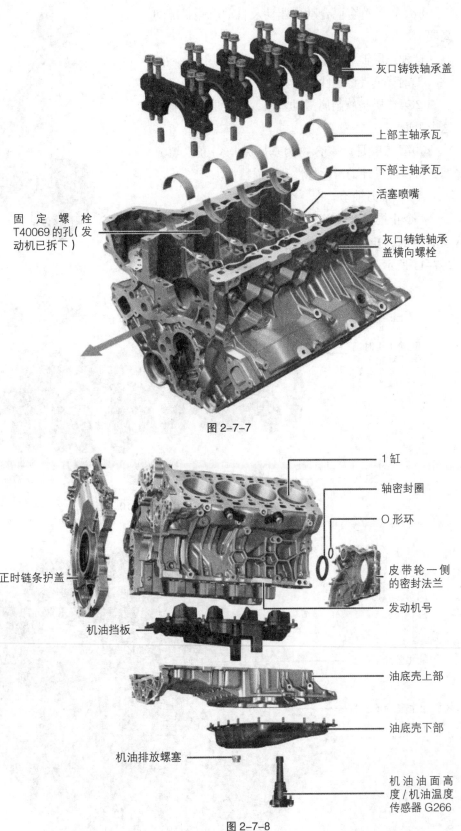

灰口铸铁轴承盖

上部主轴承瓦

下部主轴承瓦

活塞喷嘴

固定螺栓 T40069 的孔（发动机已拆下）

灰口铸铁轴承盖横向螺栓

图 2-7-7

1 缸

轴密封圈

O 形环

皮带轮一侧的密封法兰

发动机号

正时链条护盖

机油挡板

油底壳上部

油底壳下部

机油排放螺塞

机油油面高度/机油温度传感器 G266

图 2-7-8

Irox 轴承符合混合动力驱动及自动启停工况的高要求。

这种三层轴承的结构：

①钢背负责稳定性；

②第二层是软金属滑动基层，第三层会附着在这个上面；

③第三层是以聚合物为基底并均匀嵌入填充剂，可保证最佳的滑动特性和磨损特性。

（2）推力轴承。

4个止推垫片（上和下）安装在第四道曲轴轴承的两面。止推垫片的润滑油槽朝向曲轴，如图2-7-11所示。

图 2-7-9

上部主轴瓦

齿轮（正时机构驱动轮）

下部主轴瓦

第1道曲轴轴承（皮带轮侧）

链轮（机油泵驱动轮）

图 2-7-10

止推垫片（下）

止推垫片（上）

轴承盖

上部主轴瓦

图 2-7-11

3. 活塞

出于声响方面的考虑，铸造活塞在安装时轴线朝压力侧偏移0.5mm。因压缩比和正时方面的需要，活塞顶的气门凹座大小是不同的（进气门的大，排气门的小）。活塞压力侧的壁比对面要窄（对面的负荷要小些）。压力侧刚性非常高，这使得在优化负荷时能让活塞获得特定的磨损形态。

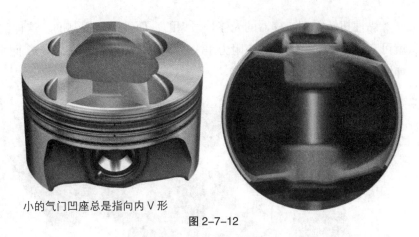

小的气门凹座总是指向内 V 形　　　图 2-7-12

在压力侧的对面，活塞明显软些，这样就能更好来适应气缸形状。由于采用了这种组合形式，因此气缸排1（右侧气缸排）和气缸排2（左侧气缸排）就采用了不同的活塞，如图 2-7-12 和图 2-7-13 所示。

（1）活塞环。

①上活塞环（压缩环）安装在活塞环槽镶圈内，矩形活塞环。

②气环。

③三件式刮油环。

（2）活塞销。

合金钢制成的活塞销有涂层，且淬火处理过。活塞销直径为 22 mm。

图 2-7-13

4. 连杆

这种裂解式梯形连杆是采用高强度钢制成的，活塞销直径为 22 mm。连杆小头衬套采用铜合金制成的，连杆轴承宽为 22.3 mm。

两个轴瓦是相同的。轴承是三元轴承，钢为基体，中间层是铋—青铜合金，薄薄的抗磨层是晶体铋。连杆在发动机纵向上是非对称安装的，如图 2-7-14 所示。

图 2-7-14

连杆的装配：在装配连杆时，要注意安装位置。两个装配标记必须彼此对齐，尖对尖，如图 2-7-15 和图 2-7-16 所示。每台发动机上只可安装重量级别相同的连杆。

5. 皮带轮/减震器

皮带轮/减震器是用螺栓固定在曲轴上的，一个定位销负责将其定位在正确位置。减震器和曲轴端之间装有一个钻石涂层摩擦垫圈，用于防止转动。

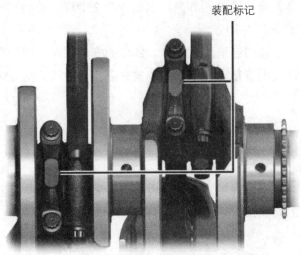

图 2-7-15

黏性扭转震动减震器的壳体是锻钢的，而齿圈是铝制的。这样的话，就可实现最大的截面模数（阻力矩），这是相对于受离心力变形而言的，如图2-7-17所示。

XX=较大的连杆小头的重量级别
YY=较小的连杆小头的重量级别
图2-7-16

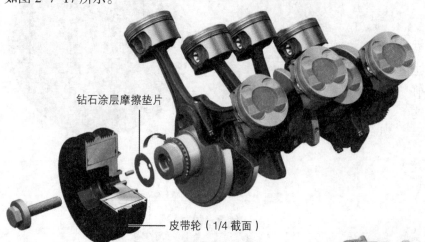

钻石涂层摩擦垫片

皮带轮（1/4截面）

图2-7-17

6.侦测曲轴转速

发动机转速传感器G28安装在正时链条护盖内，它负责扫描装在从动盘上的磁环，如图2-7-18所示。

（三）缸盖

缸盖是按4气门技术构造的。缸盖内只有气门和其操纵机构。排气侧朝向内V形布置。

由于允许的公差非常小，因此每个缸盖与气缸盖罩（凸轮轴壳体）是配对的。某个部件损坏的话，整个总成都得更换，如图2-7-19所示。

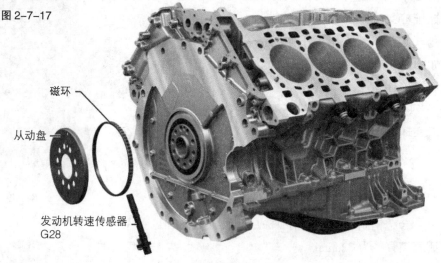

磁环

从动盘

发动机转速传感器G28

图2-7-18

1.隔音

气缸盖罩上双体式隔音垫就是用于降噪的，可大大降低来自喷油阀和高压泵的大于2500 Hz的高频噪声，如图2-7-20所示。

说明：请注意缸盖上部件的安装顺序，因为有些部件被隔音垫盖住了，那么放好隔音垫后就无法安装这些部件了。

2.气缸盖罩附件

如图2-7-21所示。

3.气缸盖密封垫

采用三层式金属卷边密封垫来密封缸体与缸盖之间的间隙，该密封垫只有一种厚度规格，如图2-7-22所示。

4.气门机构

如图2-7-23所示。

图2-7-19

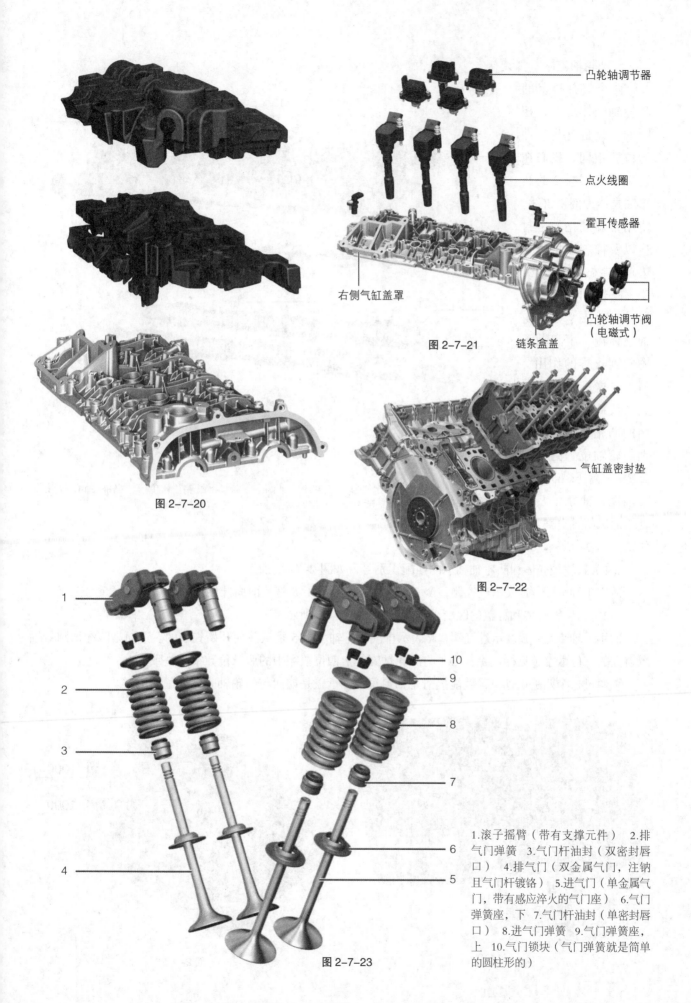

凸轮轴调节器

点火线圈

霍耳传感器

右侧气缸盖罩

凸轮轴调节阀
（电磁式）

图 2-7-21

链条盒盖

图 2-7-20

气缸盖密封垫

图 2-7-22

1

2

3

4

10

9

8

7

6

5

图 2-7-23

1.滚子摇臂（带有支撑元件） 2.排气门弹簧 3.气门杆油封（双密封唇口） 4.排气门（双金属气门，注钠且气门杆镀铬） 5.进气门（单金属气门，带有感应淬火的气门座） 6.气门弹簧座，下 7.气门杆油封（单密封唇口） 8.进气门弹簧 9.气门弹簧座，上 10.气门锁块（气门弹簧就是简单的圆柱形的）

5.凸轮轴壳体

两个气缸排上的凸轮轴壳体功能是相同的，只是有些部件的位置不同。我们在这里以气缸排2的凸轮轴壳体为例来讲述。使用常温硬化的密封垫以及橡胶成型密封垫来密封缸盖。

凸轮轴采用5道滑动轴承支承在凸轮轴壳体内，中间轴承还起到止推的作用。另外，这里还安装有点火线圈、关闭气缸用的凸轮调节器、识别凸轮轴位置的霍耳传感器、高压燃油泵、喷油阀、油轨以及曲轴箱通风机油分离器，如图2-7-24所示。

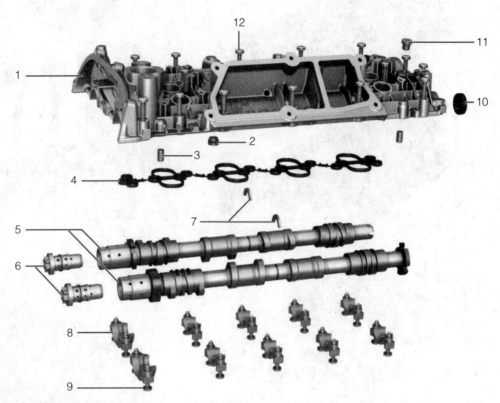

1.气缸盖罩 2.截止阀 3.定位销 4.密封垫 5.凸轮轴 6.凸轮轴调节器控制阀 7.轴向轴承（止推轴承） 8.轴承盖 9.凸轮轴轴承螺栓 10.堵塞 11.密封螺塞 12.气缸盖罩螺栓

图 2-7-24

（1）凸轮轴壳体和凸轮轴轴承的匹配识别号，如图2-7-25所示。

适用于轴承盖：E表示进气侧，A表示排气侧。轴承1~5是从前面开始查取的。

（2）凸轮轴壳体和缸盖的匹配识别号，如图2-7-26所示。

适用于轴承盖：E表示进气侧，A表示排气侧。轴承1~5是从前面开始查取的。下面是匹配识别号轴承盖上的三位数字（见标记），必须与凸轮轴壳体上四位数字中的后三位数字相一致。

①通过这个匹配识别号，就能搞清楚知道每个轴承盖是如何与凸轮轴壳体匹配的了。

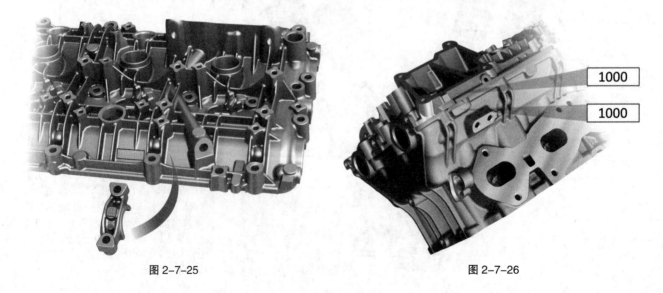

图 2-7-25　　　　　　　　　　　　　　　　　图 2-7-26

②在组装时，请务必注意正确匹配。

③两组四位数必须一致：××××＝××××。

④通过这个匹配识别号，就能搞清楚每个凸轮轴壳体是如何与缸盖匹配的了。

⑤在组装时，请务必注意正确匹配。

6. 凸轮轴

这四根凸轮轴都是组合式凸轮轴，每根凸轮轴由一根基轴加上一个压装的端头构成。凸轮块是装在轴向花键上的。凸轮块中有两个是固定安装着的，另两个则是可以移动的。可以动的凸轮块有两种凸轮轮廓，用于相应的气门，这样就可以实现气缸盖关闭这个功能了。

高压燃油泵由排气凸轮轴通过四联凸轮来驱动。每根凸轮轴还装备有一个传感器靶轮，用于探测凸轮轴位置。凸轮轴的轴承是在基轴上的，凸轮轴的中间有个槽，用于轴向轴承。

气缸排 2 上的排气凸轮轴，如图 2-7-27 和图 2-7-28 所示。

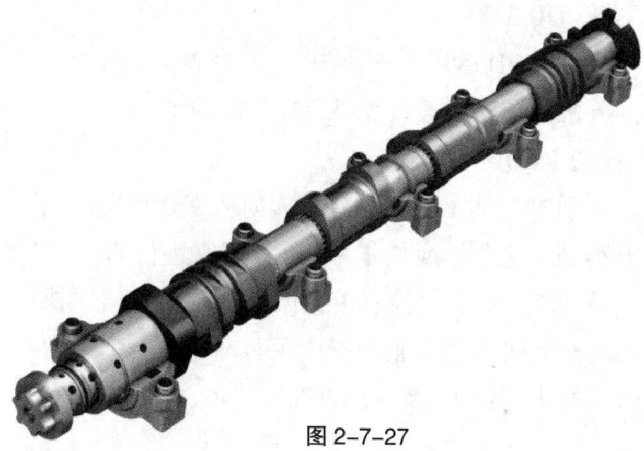

7. COD（按需停缸，Cylinder on Demand）

这款 EA825 发动机配备有气缸管理系统。使用该系统可在比如发动机负荷很小时来关闭气缸（每个气缸排各有 2 个气缸会被关闭）。关闭了这些气缸的话，其他气缸的节流损失就会很小，工作效率也就更高了，由此可节省燃油并降低排放。

将要关闭的气缸的换气气门不再打开，这就是气缸被关闭了。另外，这些气缸的燃油供给和点火过程也被停止了。

换气气门的关闭是通过 AVS 系统来实现的，为此，系统的执行器按照点火顺序来进行操控，于是就把 2、3、5 和 8 缸的可移动凸轮块置于"零升程"位置。

①全部气缸都工作时的点火顺序：1-3-7-2-6-5-4-8。

②半数气缸工作时的点火顺序：1-7-6-4。

乘员基本是感觉不到半数气缸工作的，因为可能出现的震动会被主动式发动机悬置几乎完全吸收掉了。

可关闭气缸一览，如图 2-7-29 所示。

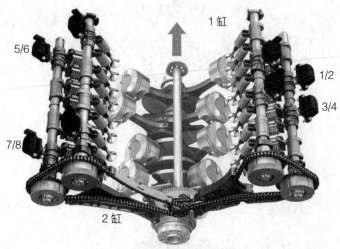

图 2-7-27

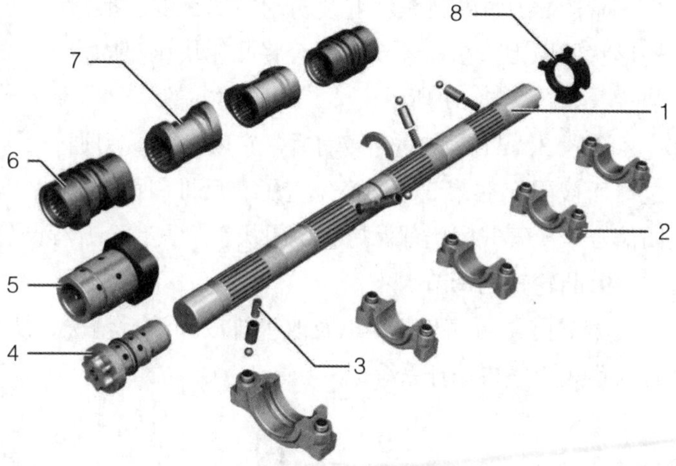

1.基轴 2.轴承盖 3.弹簧-球锁止装置 4.凸轮轴调节器控制阀 5.轴端头，带有用于驱动高压燃油泵的四联凸轮 6.凸轮块，可移动的（用于关闭气缸） 7.凸轮块 8.传感器靶轮

图 2-7-28

1.2缸排气凸轮调节器1 F454 2.2缸进气凸轮调节器1 F452 3.3缸排气凸轮调节器1 F458 4.3缸进气凸轮调节器1 F456 5.5缸排气凸轮调节器1 F466 6.5缸进气凸轮调节器1 F464 7.8缸排气凸轮调节器1 F478 8.8缸进气凸轮调节器1 F476

图 2-7-29

8. COD 策略

（1）COD 启用 / 停用条件，如表 2-7-2 所示。气缸关闭时，废气就被留在气缸内了。

（2）COD 功能。

下面这个例子讲述的就是如何从零升程切换到全升程的。这个切换是分为 3 个阶段来进行的。

阶段 1：发动机控制单元激活凸轮调节器，执行器销子就进入到切换滑槽内了。凸轮块由弹簧力通过球被固定住了，换气阀就都关闭了，如图 2-7-30 所示。

阶段 2：如果凸轮轴继续转动，那么因切换滑槽形状的原因，执行器销子就会将凸轮块压离固定装置，如图 2-7-31 所示。

阶段 3：凸轮块发生移动后，它就由弹簧力通过球而被固定在第 2 个切换位置了。反推斜面会把执行器销子压回。这样的话，就在执行器内感应出收回信号。换气气门仍都保持着关闭状态，只有全升程凸轮的轮廓才会打开它们，如图 2-7-32 所示。

9. 凸轮轴的调节

为了提高功率和扭矩以及改善排放和油耗情况，所有凸轮轴都配备了凸轮轴调节装置，另外还配备有内置式废气再循环系统。

表 2-7-2

发动机冷却液温度	35～85 ℃
发动机扭矩	85～220 N·m，具体取决于发动机转速
挡位	D
不工作的挡位	1～3
蓄电池电压	＞9.6 V
催化转换器加热	不工作
排气翻板	不工作
通过诊断来阻止	λ 传感器诊断 催化净化器诊断 燃油箱通风诊断
燃油箱通风高负荷 ＞12	不工作
一个 COD 循环的最长时间	300s

这种液压式凸轮轴调节器一直都在工作着，其调节范围是 50° 曲轴角，如图 2-7-33 所示。

（1）进气凸轮轴调节器，如图 2-7-34 所示。

进气凸轮轴调节器在发动机关闭后，会被锁销借助弹簧力锁定在"延迟"位置上。

（2）排气凸轮轴调节器，如图 2-7-35 所示。

排气凸轮轴调节器在发动机关闭后，会被锁销借助弹簧力锁定在"提前"位置上。

能在发动机关闭时锁定在这个提前位置上，就需要有一个回位弹簧。

图 2-7-30

图 2-7-31

图 2-7-32

454

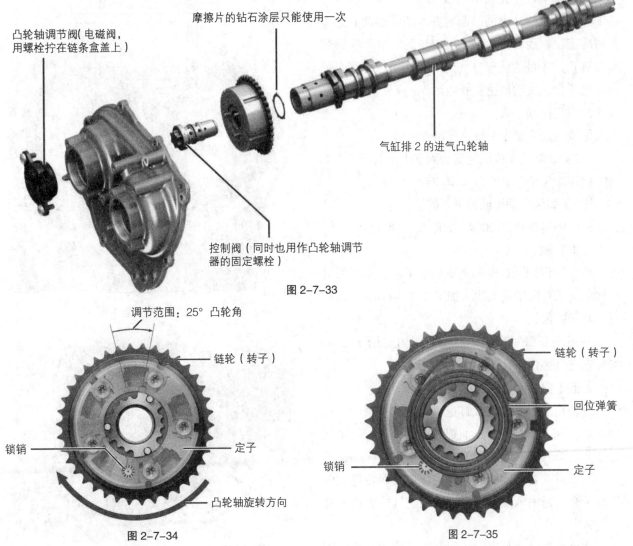

凸轮轴调节阀(电磁阀，
用螺栓拧在链条盒盖上）

摩擦片的钻石涂层只能使用一次

气缸排 2 的进气凸轮轴

控制阀（同时也用作凸轮轴调节
器的固定螺栓）

图 2-7-33

调节范围：25° 凸轮角

链轮（转子）

锁销

定子

凸轮轴旋转方向

图 2-7-34

链轮（转子）

回位弹簧

锁销

定子

图 2-7-35

（四）正时机构

这款 EA825 发动机的正时机构位于发动机输出侧。曲轴上的齿轮驱动中间齿轮，从这里再通过单排套筒链来驱动凸轮轴。

这个中间齿轮被设计成"张紧齿轮"，它负责防止出现噪声，如图 2-7-36 所示。

1. 发动机的基本设定如图 2-7-37 所示。

当 1 缸处于上止点且曲轴可以锁定时，发动机

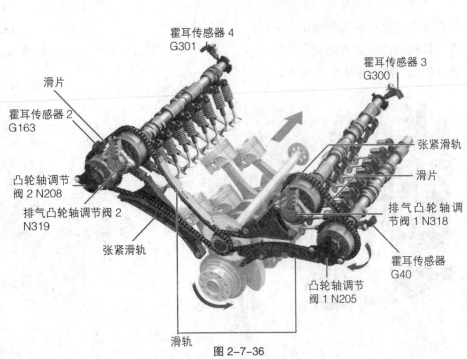

霍耳传感器 4
G301

霍耳传感器 3
G300

滑片

霍耳传感器 2
G163

凸轮轴调节
阀 2 N208

排气凸轮轴调节阀 2
N319

张紧滑轨

张紧滑轨

滑片

排气凸轮轴调
节阀 1 N318

霍耳传感器
G40

凸轮轴调节
阀 1 N205

滑轨

图 2-7-36

就是处于基本设定位置了。凸轮轴调节器上的标记必须与凸轮轴壳体上的凸起对齐。凸轮轴调节器需要精准定位，因为链轮是三椭圆形的。借助这种椭圆形链轮，才可能将来自气门机构的动态力降至最小，也才会让发动机更安静地运行。

2. 锁定曲轴

可按下述来锁定曲轴，分两种情形。

（1）如果发动机已经安装到车上了的话。

使用固定销 T10492，如图 2-7-38 所示。

（2）如果发动机已拆下了的话。

使用固定螺栓 T40069，如图 2-7-39 所示。

3. 贯穿轴

该轴的作用是让曲轴来驱动水泵，它是采用滑动轴承支承在曲轴箱上的，如图 2-7-40 所示。

4. 张紧齿轮

要想安装张紧齿轮，需要使用固定销 T40362 来对它进行预张紧，如图 2-7-41 所示。

（五）曲轴箱通风系统

曲轴箱通风是通过气缸盖罩上方来实现的。每个气缸盖罩上拧有一个机油细分离器模块。每个气缸排上过滤后的窜气也是单独引走的。

引入点在各自的废气涡轮增压器的涡轮进气侧前方（全负荷引入点）以及缸盖的进气歧管内（部分负荷引入点）。

这个引入过程是通过止回阀来操控的，止回阀会根据空气供给系统内的压力情况自动打开或者关闭。从机油细分离器到废气涡轮增压器涡轮前接口的通气管上有一个止回阀，另一个止回阀安装在相应的机油细分离器模块内，如图 2-7-42 所示。

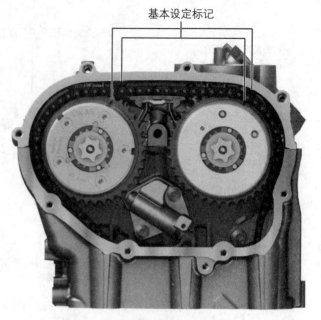

基本设定标记

图 2-7-37

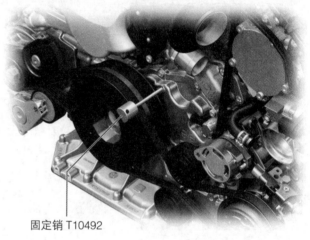

固定销 T10492

图 2-7-38

固定螺栓 T40069
发动机支架

图 2-7-39

图 2-7-40

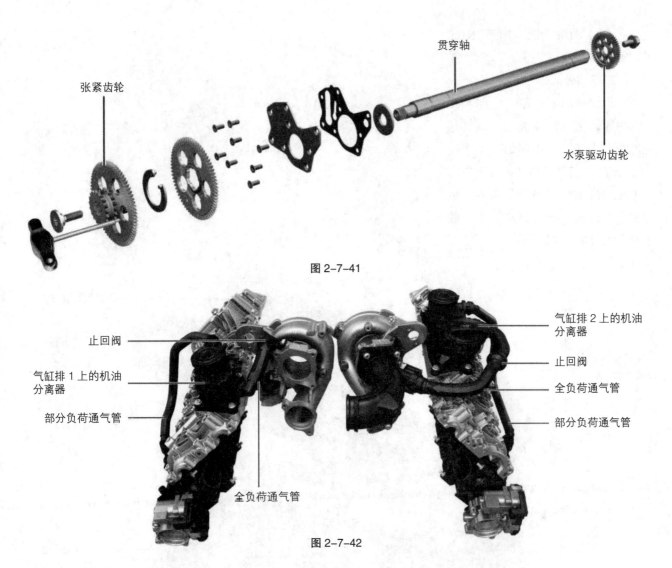

张紧齿轮

贯穿轴

水泵驱动齿轮

图 2-7-41

止回阀

气缸排 1 上的机油
分离器

部分负荷通气管

气缸排 2 上的机油
分离器

止回阀

全负荷通气管

部分负荷通气管

全负荷通气管

图 2-7-42

曲轴箱内的通风是通过阀体来实现的。该系统必须能以约 100r/min 的速度将曲轴箱内的窜气排走，且不会带有大量机油，如图 2-7-43 所示。

1. 部分负荷时的窜气排出

在两个气缸排上，已净化了的窜气从机油细分离器进入相应的进气歧管。在空气温度较低且流速较高时，窜气气流会被加热后送进进气歧管，这是为了防止在极端条件下出现冻结。

为此，在通气管与进气歧管的连接处装了一个 PTC 加热元件。PWM 控制是由发动机控制单元按照需要根据特性曲线计算出来的。

（1）曲轴箱通风加热电阻 N79 气缸排 1（右），如图 2-7-44 所示。

图 2-7-43

（2）曲轴箱通风加热电阻2
N483气缸排2（左）。

2. 机油分离器

曲轴箱出来的窜气经曲轴箱内的通道进入缸盖腔内，窜气从此处进入气缸盖罩内的一个缓冲腔，该处就安装着机油细分离器。在发动机运行着时，分离出的机油汇集在机油细分离器的集油腔中，如图2-7-45所示。

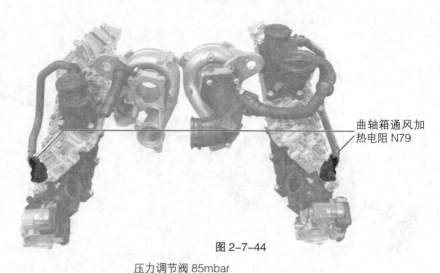

曲轴箱通风加热电阻 N79

图 2-7-44

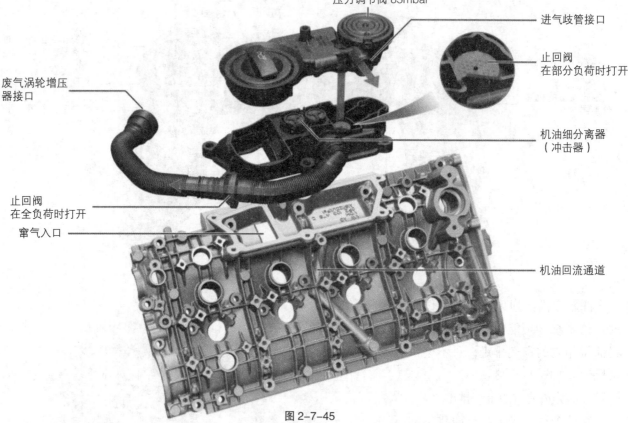

压力调节阀 85mbar

进气歧管接口

止回阀
在部分负荷时打开

废气涡轮增压器接口

机油细分离器
（冲击器）

止回阀
在全负荷时打开

窜气入口

机油回流通道

图 2-7-45

当发动机不工作时或者是机油油面高度超过某特定值时，重力阀就会打开，机油就会流回发动机了。另外，重力阀还会在压力波动强烈（比如负荷突然变化）时防止机油从油底壳进入机油细分离器，如图2-7-46所示。

3. 机油回流

机油分离器分离出的冷凝物会被收集到下方的气缸盖罩的盘中，这些冷凝物会通过钻出的通道被引至深处的进气侧，随

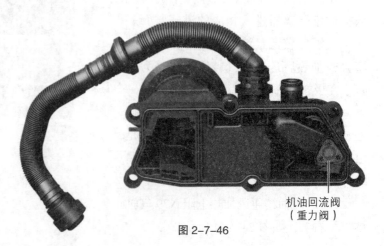

机油回流阀
（重力阀）

图 2-7-46

后经机油排放阀进入缸盖的阀腔，如图 2-7-47 和图 2-7-48 所示。

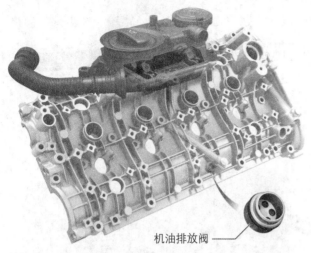

机油排放阀

图 2-7-47

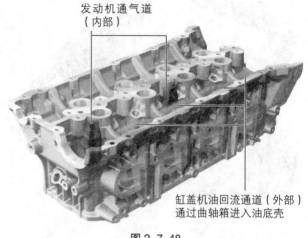

发动机通气道
（内部）

缸盖机油回流通道（外部）
通过曲轴箱进入油底壳

图 2-7-48

机油通过单独的回流通道进入油底壳。引入点在机油油面下，如图 2-7-49 所示。

（六）曲轴箱通风

曲轴箱的新鲜空气吸取点位于气缸排 2 的节气门前部。空气是在发动机左侧的上部油底壳上方的接口处被吸入曲轴箱的。

如果有增压压力存在，那么曲轴箱强制通风就在进行。引入曲轴箱的空气气流随后会受到曲轴箱连接管特定管径的限制。在某些工作条件时，比如，为了避免在混合气适配进行中发生窜气，曲轴箱通风阀 N546 就会通上电，从而就切断了新鲜空气气流。

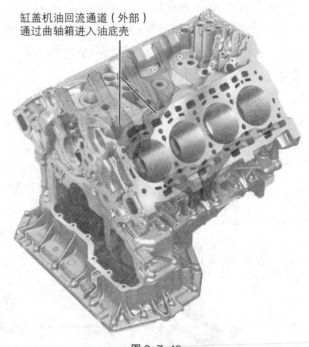

缸盖机油回流通道（外部）
通过曲轴箱进入油底壳

图 2-7-49

新鲜空气
进气管

曲轴箱通
风阀 N546

节气门前的新
鲜空气取气点

图 2-7-50

为保险起见，安装了两个止回阀。如果空气系统和曲轴箱之间的压差过大，那么止回阀就会关闭。否则的话，曲轴箱内就会产生较高的负压（真空）。

这两个止回阀分别位于 N546 内和曲轴箱上接口处，如图 2-7-50~ 图 2-7-52 所示。

（七）燃油箱通风系统

为了改善均匀分布程度并提高扫气流量，就把燃油箱通风系统设计成双流式的。根据活性炭罐电磁阀的操控情况，活性炭罐内的燃油蒸气会被均匀分配到两个气缸排上，如

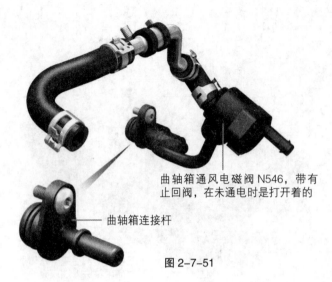

曲轴箱通风电磁阀 N546，带有
止回阀，在未通电时是打开着的

曲轴箱连接杆

图 2-7-51

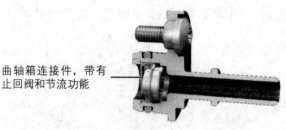

曲轴箱连接件，带有
止回阀和节流功能

图 2-7-52

图 2-7-53 所示。

　　如果进气歧管内存在负压（真空）的话，那么活性炭罐是通过进气歧管内的止回阀来进行通风的。在有增压压力时，通风是在废气涡轮增压器前部的进气侧来进行的，如图 2-7-54 所示。

　　燃油箱通风抽吸泵：为了能在增压压力工况时高效地把燃油蒸气输送至废气涡轮增压器的进气侧，需要两个抽吸泵来辅助。抽吸泵是按照文丘里管原理来工作的，如图 2-7-55 所示。

　　废气涡轮增压器进气侧（真空）和压力侧各接有一个抽吸泵。一旦进气侧和压力侧的压差足够大了，

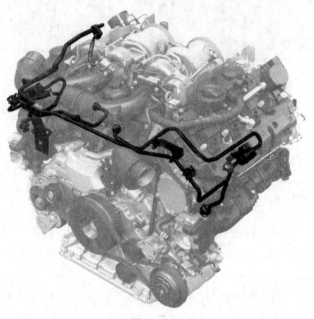

图 2-7-53

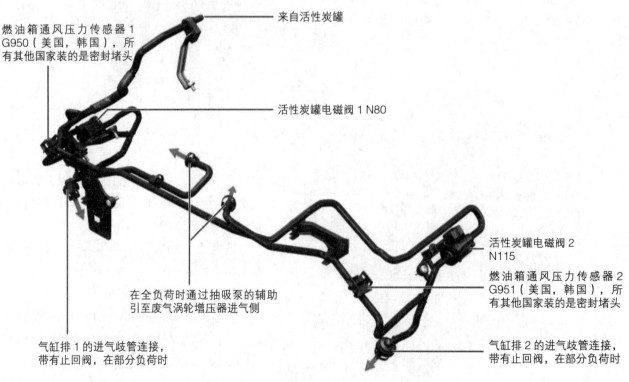

来自活性炭罐

燃油箱通风压力传感器 1
G950（美国，韩国），所
有其他国家装的是密封堵头

活性炭罐电磁阀 1 N80

活性炭罐电磁阀 2
N115

燃油箱通风压力传感器 2
G951（美国，韩国），所
有其他国家装的是密封堵头

在全负荷时通过抽吸泵的辅助
引至废气涡轮增压器进气侧

气缸排 1 的进气歧管连接，
带有止回阀，在部分负荷时

气缸排 2 的进气歧管连接，
带有止回阀，在部分负荷时

图 2-7-54

比如说在全负荷时，就会产生一个"载流"。这个载流就能将活性炭罐中的燃油蒸气抽出并送至废气涡轮增压器的进气侧，如图2-7-56所示。

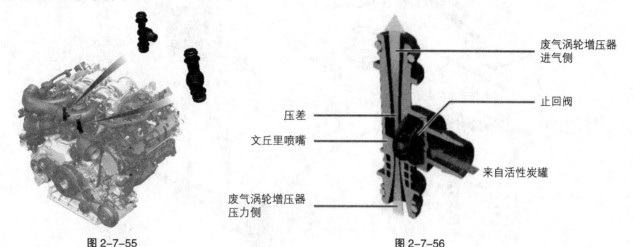

图 2-7-55

图 2-7-56

（八）真空系统

气缸排2的进气凸轮轴驱动一个单叶片泵来产生真空，如图2-7-57所示。

①机械式水泵，在发动机预热阶段让曲轴箱内冷却液处于不流动状态。

②废气涡轮增压器的真空单元，用于关闭废气泄放阀来调节增压压力。

③制动助力器。

增压压力调节器V465和V546是电控气动式压力转换器，它们按照发动机控制单元指令（PWM）来调节计算出的（特性曲线）真空压力。

这也就确定出了废气泄放阀的开启度（开启行程）。这两个调节器在未受操控的情况下是打开着的。

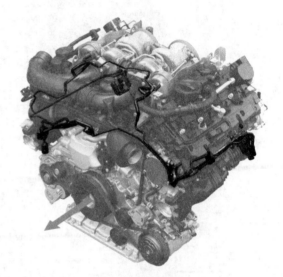

图 2-7-57

机械式水泵切换阀N649是一个电控阀，它只有两个状态，开或关，如图2-7-58所示。

废气泄放阀真空单元之间的压力平衡：如果两个增压压力调节器特性曲线存在差别，那么因真空单元的操控不同，会使得废气涡轮增压器的压力状况不同，也就会产生不受欢迎的噪声（增压器喘震）。借助两个废气涡轮增压器真空单元之间的一根真空连接管，就可以来平衡这个压力。

三、机油供给系统

（一）机油循环

该款发动机的机油循环是按很大机油流量来设计的，以便能保证较好的冷却能力。与前代发动机相比，使用了输油能力更强的机油泵。

使用活塞冷却喷嘴来对活塞实施冷却，该喷嘴一直处于打开状态，将机油直接喷到活塞顶的冷却通道内。

1. 一览

如图2-7-59所示。

2. 发动机上的部件布置

如图2-7-60所示。

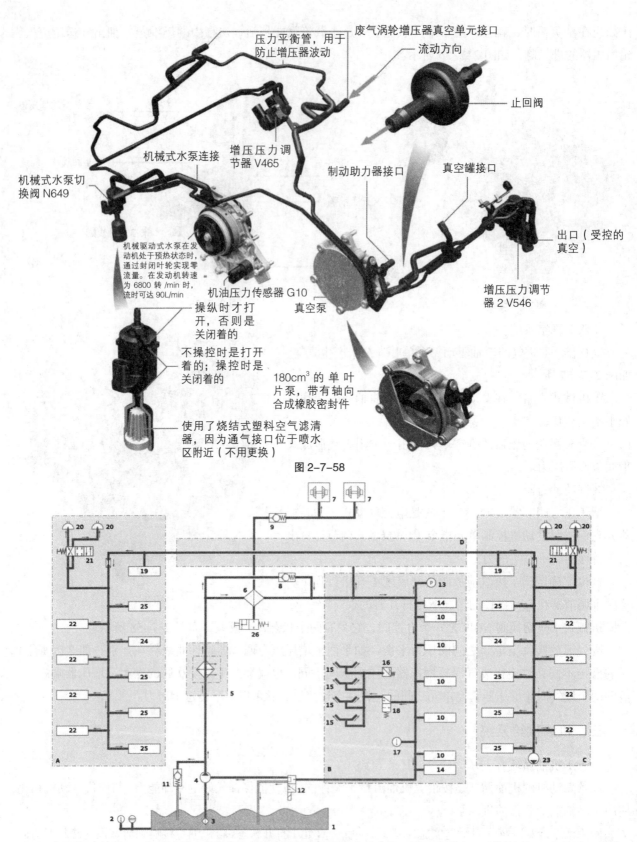

图 2-7-58

A.缸盖1 B.缸体 C.缸盖2 D.缸盖油道 1.油底壳 2.机油油面高度/机油温度传感器 G266 3.机油入口（带滤网） 4.机油泵 5.机油—水热交换器（机油冷却器） 6.机油滤清器 7.废气涡轮增压器 8.旁通阀 9.废气涡轮增压器止回阀 10.连杆轴承 11.过压阀（冷启动阀） 12.机油压力调节阀 N428 13.机油压力传感器 G10 14.中间轴承 15.活塞冷却喷嘴机油道 16.机油压力开关 F22 17.机油温度传感器 G8 18.活塞冷却喷嘴控制阀 N522 19.链条张紧器 20.凸轮轴调节器 21.凸轮轴调节阀 22.凸轮轴轴承 23.真空泵 24.高压燃油泵 25.液压气门间隙补偿元件 26.机油排放阀

图 2-7-59

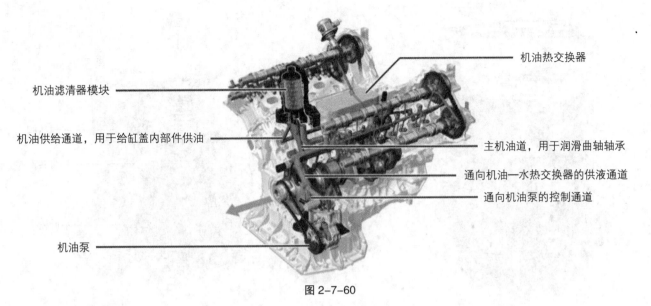

机油热交换器

机油滤清器模块

机油供给通道，用于给缸盖内部件供油

主机油道，用于润滑曲轴轴承

通向机油—水热交换器的供液通道

通向机油泵的控制通道

机油泵

图 2-7-60

（二）机油泵

1. 驱动

由曲轴通过免保养的链条机构来驱动机油泵，此处使用的是 7mm 套筒链。

链条张紧是通过机械式链条张紧器来实现的，具体说就是板簧来实现的。由于链轮轴距较大以及发动机内部空间受限，就在拉力侧（链条紧边）使用了导轨，如图 2-7-61 所示。

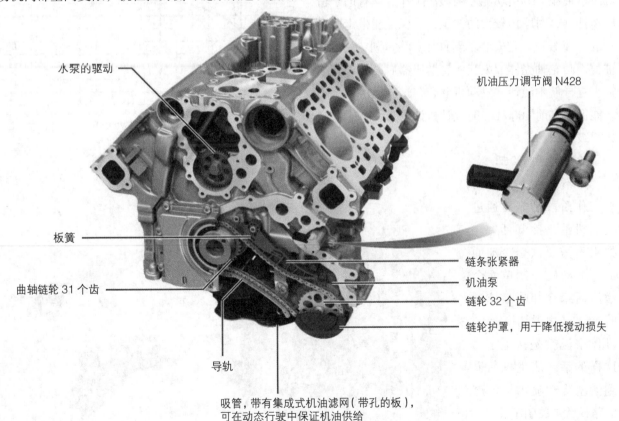

水泵的驱动

机油压力调节阀 N428

板簧

曲轴链轮 31 个齿

导轨

吸管，带有集成式机油滤网（带孔的板），可在动态行驶中保证机油供给

链条张紧器

机油泵

链轮 32 个齿

链轮护罩，用于降低搅动损失

图 2-7-61

2. 机油泵

这个全可变叶片泵结构非常小巧，它是用螺栓拧在曲轴箱上的。需要使用金属卷边密封垫，因为会合点处的各个机油通道彼此需要分隔开，如图 2-7-62 和图 2-7-63 所示。

图 2-7-62

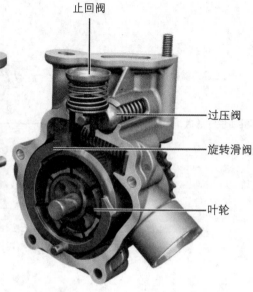

图 2-7-63

3. 机油泵的工作范围

主机油道机油压力规定值，如图 2-7-64 所示。

说明：在新车上，只有在行驶了 1000 km 后，双级机油压力调节功能才会激活工作。这有助于适应新件磨合时摩擦较大的情况，也保证能带走磨合时的金属微粒。在安装了新件比如发动机／短机、缸盖、凸轮轴壳体、废气涡轮增压器后，必须在故障查寻导航中激活"发动机磨合"这个程序，这样才能保证在前 1000 km 时只让机油压力调节中的高压力级工作。

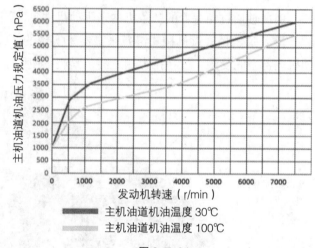

—— 主机油道机油温度 30℃
—— 主机油道机油温度 100℃

图 2-7-64

（三）活塞冷却

并不是在发动机所有工作阶段都需要通过喷射机油来冷却活塞。如果不需要这个冷却的话，发动机控制单元会激活活塞冷却喷嘴控制阀 N522（电磁切换阀），具体来说就是接地了。这样的话，从主机油道到活塞冷却喷嘴机油道的路径就被关闭了。

如果这个机油道被关闭了，机油压力就通过活塞冷却喷嘴卸掉了，如图 2-7-65 所示。由机

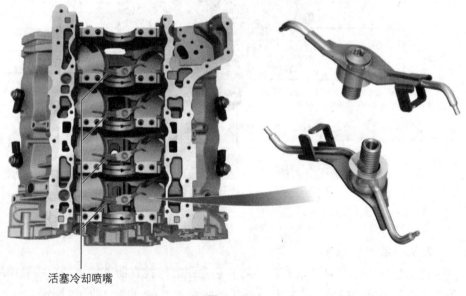

活塞冷却喷嘴

图 2-7-65

油压力开关 F22 来为发动机控制单元提供这个反馈信息，该开关拧入机油道内，在 0.3~0.6 bar 时会打开。

活塞冷却喷嘴的工作范围：在机油温度超过 10℃时，特性曲线工作才会被激活，如图 2-7-66 所示。

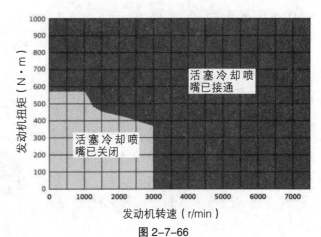

图 2-7-66

（四）机油循环管路上的传感器和执行元件

机油循环管路中的传感器和执行元件如图 2-7-67 所示。

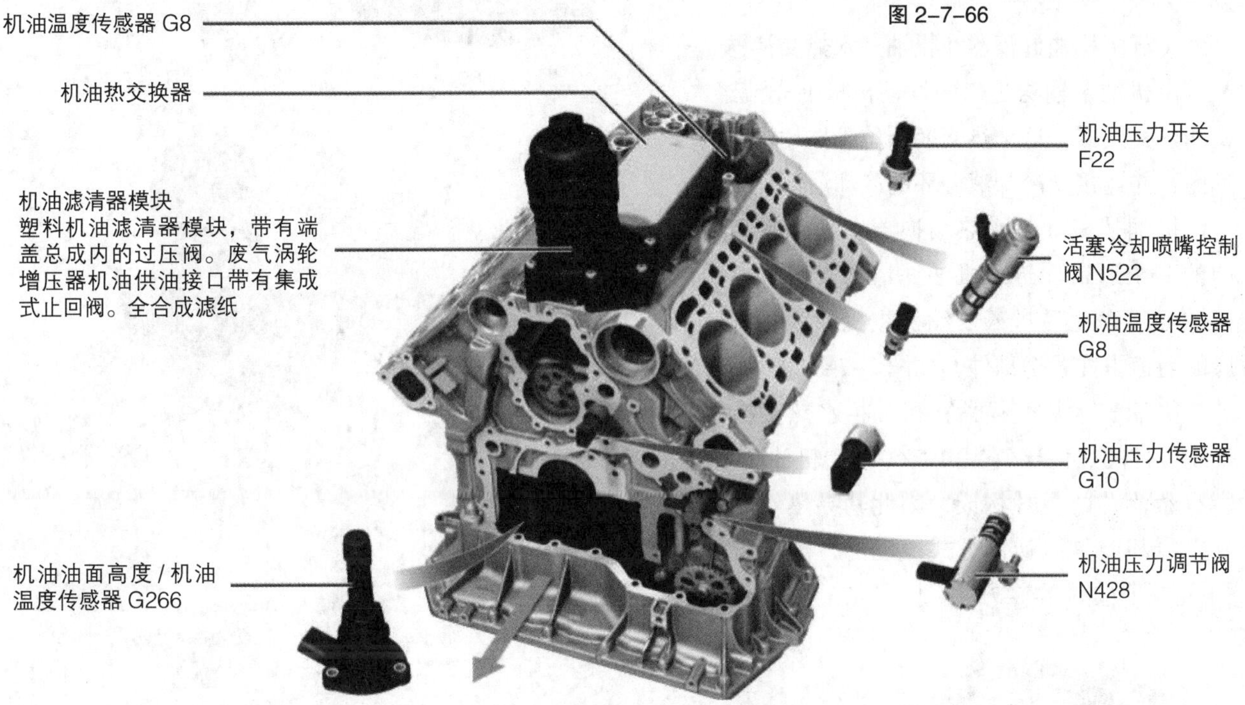

机油温度传感器 G8

机油热交换器

机油滤清器模块
塑料机油滤清器模块，带有端盖总成内的过压阀。废气涡轮增压器机油供油接口带有集成式止回阀。全合成滤纸

机油油面高度 / 机油温度传感器 G266

机油压力开关 F22

活塞冷却喷嘴控制阀 N522

机油温度传感器 G8

机油压力传感器 G10

机油压力调节阀 N428

图 2-7-67

说明：机油温度传感器 G8、机油压力传感器 F22 和活塞冷却喷嘴控制阀 N522 在隔热罩下方。

1. 机油温度传感器 G8

如图 2-7-68 所示。

机油温度传感器 G8 也在发动机的内 V 形中。该 NTC 元件用于测量发动机主机油道内机油的温度。这个信号主要是作为发动机控制单元的输入量来计算机油压力调节的。

另外，主机油道内的机油温度会决定活塞冷却喷嘴是否工作。比如，当机油温度超过了 120 ℃ 的话，即使发动机转速很低，活塞冷却喷嘴也会工作的。

2. 机油油面高度 / 机油温度传感器 G266

如图 2-7-69 所示。

发动机控制单元会对 G266 的信号进行分析。测得的机油温度值和机油油面高度值用于计算机油更换周期。机油温度值和机油油面高度值信

图 2-7-68

息是通过 PMW 信号发送给发动机控制单元的。该传感器使用 12V 电压来工作。

3. 活塞冷却喷嘴控制阀 N522

如图 2-7-70 所示。

该电磁阀使用 12V 电压来工作。要想激活该电磁阀（也就是要想关闭活塞冷却喷嘴的机油道），发动机控制单元会把该控制阀接地。也就是说，如果该阀失效了，那么它是处于打开着的位置（这是故障—安全结构设计）。

（五）机油滤清器和机油—水热交换器

由机油泵输送过来的发动机机油先流经机油热交换器，这个热交换器位于发动机的内 V 形内，并连接到冷却液循环的冷却液侧。

机油从机油—水热交换器出来，流经缸体内的一个通道而进入机油滤清器模块。发动机机油经过净化后进入发动机主机油道，再经相应的通道去往各个部件，如图 2-7-71 所示。

机油—水热交换器：机油 - 水热交换器可实现极佳的热传导。它由 19 个（10 个机油 /9 个水）带有紊流片的叠片构成，因此其导热效果非常好。冷却液是以逆流方式流动的，流量可高达 60L/min，如图 2-7-72 和图 2-7-73 所示。

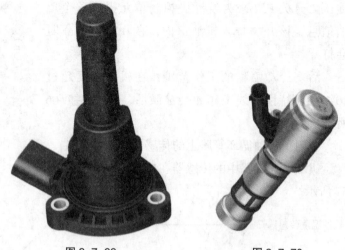

图 2-7-69　　　　　　　图 2-7-70

图 2-7-71

图 2-7-72

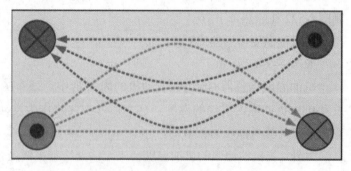

图 2-7-73

（六）机油滤清器模块

机油滤清器模块由塑料制成，安装在发动机内 V 形中的机油—水热交换器前，因此，更换机油滤清器就非常方便了。为了反射掉来自气缸排 2 上涡轮增压器的辐射热，用优质钢板制成的隔热板来隔开机油滤清器模块，如图

2-7-74 所示。

在壳体盖上有一个旁通阀，该阀在机油滤清器堵塞时会把机油引走。滤清器壳体上还有两个阀：止回阀，用于防止涡轮增压器的机油流回油底壳；机油排放阀，在拧开机油滤清器盖时会打开，这样在更换机油滤清器时机油就能流回油底壳了。

（七）气缸盖罩内的机油供给

通过缸体内主机油道来为气缸盖罩供应压力机油。机油从这里经缸盖内靠正时机构侧的通道去往气缸盖罩的主机油道，如图 2-7-75 所示。

在主机油道中，通过旁通孔来为凸轮轴轴承、液压补偿元件、高压燃油泵以及气缸排 2 上的真空泵供应机油。通过气缸盖罩的主机油道来为大的凸轮轴轴承以及凸轮轴调节器供应机油。

四、辅助系统的驱动

发电机和空调压缩机分别由各自的皮带来驱动着。这两个皮带机构是由曲轴减震器来驱动的，如图 2-7-76 所示。皮带机构通过自动张紧装置来张紧，无须保养。

1. 启动 / 发电机多楔皮带张紧装置（皮带张紧减震器）

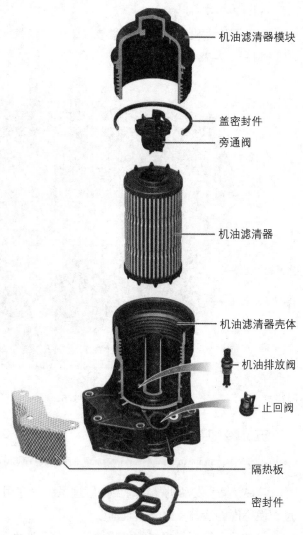

图 2-7-74

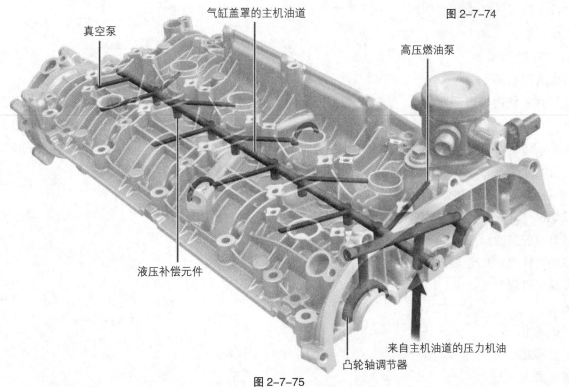

图 2-7-75

如图 2-7-77 所示。

2. 空调压缩机多楔皮带张紧装置（皮带张紧减震器）

如图 2-7-78 所示。

图 2-7-77

减震器
张紧轮，上
启动 / 发电机
多楔皮带张紧装置
空调压缩机
惰轮
张紧轮，下　减震器
图 2-7-76

图 2-7-78

五、冷却系统

（一）系统一览

这款新 V8 发动机配备有温度管理系统，它用于让发动机、车辆暖风和变速器快速热起来，具体是通过切换不同的冷却支路来实现的。

目的除了能提供更好的舒适性外，更重要的是可以降低燃油消耗量和排放。

1. 系统一览

如图 2-7-79 所示。

2. 温度管理系统

温度管理系统用于协调发动机、变速器和乘员舱内的预热情况，使之变得最为合理。降低排放是其主要目的。在发动机预热阶段，机械式水泵和电动水泵 V50、V51 和 V467 都是不工作的，且阀 N509 和 N488 是关闭着的。所有列出的这些部件会根据特性曲线计算按需要来操控工作，从而实现所需要的冷却液液流。目的除了能提供更好的舒适性外，更重要的是可以降低燃油消耗量和排放。

（1）特性曲线在计算时需要用到很多输入参数。

①发动机冷却液温度。

②环境空气温度。

③发动机转速、发动机扭矩、发动机功率。

④发动机机油温度。

⑤车速。

⑥暖风需求。

⑦行驶模式。

⑧散热器出口温度。

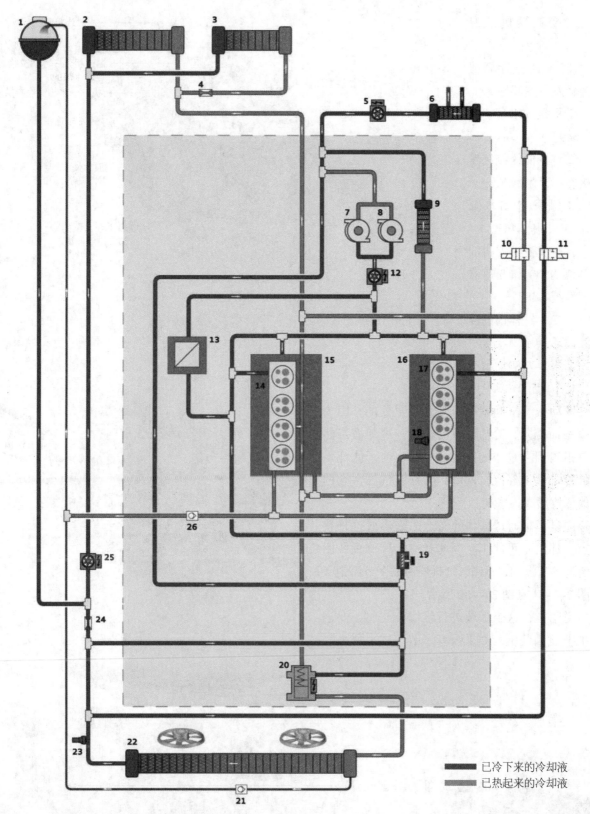

1.膨胀罐 2.前部暖风热交换器 3.后部暖风热交换器 4.节流阀 5.高温循环水泵 V467 6.ATF冷却器 7.气缸排1（右侧）废气涡轮增压器 8.气缸排2（左侧）废气涡轮增压器 9.发动机机油冷却器（发动机机油热交换器） 10.变速器机油冷却阀 N509（由自动变速器控制单元 J217 来操控） 11.变速器冷却液阀 N488（由发动机控制单元 J623 来操控） 12.冷却液续动泵 V51 13.启动/发电机 14.右侧缸盖 15.右侧缸体 16.左侧缸体 17.左侧缸盖 18.发动机温度传感器 G407 19.水泵（机械驱动的）有阻塞功能（冷却液不流动），由机械式水泵切换阀 N649 来操控 20.特性曲线控制发动机冷却节温器 F265 21.止回阀 22.散热器 23.散热器出口冷却液温度传感器 G83 24.节流阀 25.冷却液续动泵 V50 26.止回阀

图 2-7-79

⑨变速器机油温度。

（2）根据计算情况会触发下述部件。

①机械式水泵切换阀 N649。

②特性曲线控制发动机冷却节温器 F265。

③触发电动水泵 V50、V51 和 V467。

④触发变速器机油冷却阀 N509 和变速器冷却液阀 N488。

（二）缸体内的冷却液循环

如图 2-7-80 所示。

1. 节流销

发动机气缸间壁的冷却是很重要的，因为其横截面受限，冷却液不易流过。冷却液当然总是沿着阻力最小的路径流动了。为了能让足够的冷却液流经气缸间壁，必须在气缸水套的其他部位形成狭窄点。

但是，想通过缸体的铸造法来形成这种狭窄点，那是不可能了。因此就在相应位置使用了所谓的节流销，每侧气缸排使用两个节流销，如图 2-7-81 和图 2-7-82 所示。

说明：在这个区域进行维修工作时，要记得把节流销装上。如果没有了节流销，那么气

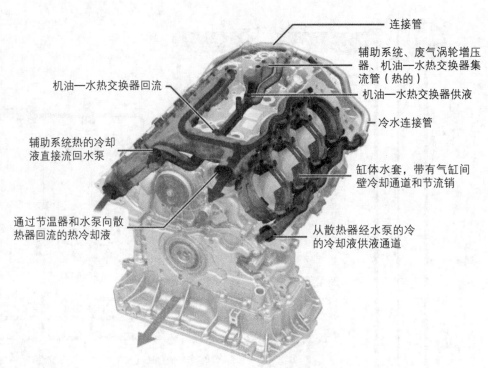

连接管
辅助系统、废气涡轮增压器、机油—水热交换器集流管（热的）
机油—水热交换器回流
机油—水热交换器供液
冷水连接管
辅助系统热的冷却液直接流回水泵
缸体水套，带有气缸间壁冷却通道和节流销
通过节温器和水泵向散热器回流的热冷却液
从散热器经水泵的冷的冷却液供液通道

图 2-7-80

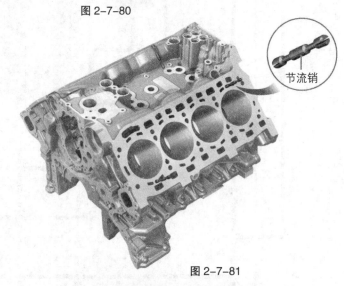

节流销

图 2-7-81

缸体水套

节流销

间壁冷却

图 2-7-82

缸间壁冷却就无法正常工作了，气缸间壁就可能过热，从而会引起部件变形，损坏了的气缸盖密封垫会导致冷却液漏入燃烧室。

（三）缸盖的冷却结构

（1）缸盖相对于冷却系统上的其他部件来讲，对于冷却的要求更高。缸体和缸盖之间的冷却液分配比例为 20：80。每个缸盖每分钟冷却液流量可高达 150L，如图 2-7-83 所示。

（2）燃烧室侧的视图，如图 2-7-84 所示。

（四）发动机上的部件

1. 发动机上的部件

（1）前部视图，如图 2-7-85 所示。

（2）变速器侧视图，如图 2-7-86 所示。

2. 冷却液续动泵 V51

续动泵 V51 位于发动机的变速器侧，通过固定板用螺栓拧在气缸排 1 的气缸盖链盒盖上。在发动机负荷很高时，废气涡轮增压器需要更强的冷却能力，这时就会激活该泵来工作。另外，在关闭了发动机之后，该泵还会运行一段时间，这可防止涡轮增压器积热。此外，电动散热器风扇也会运行。温度管理系统会根据发动机转速、发动机扭矩、环境温度以及冷却液温度进行计算，以便去激活 V51。

（1）续动时间在 10~45min（取决于发动机工况）。

（2）供液量 500L/h。

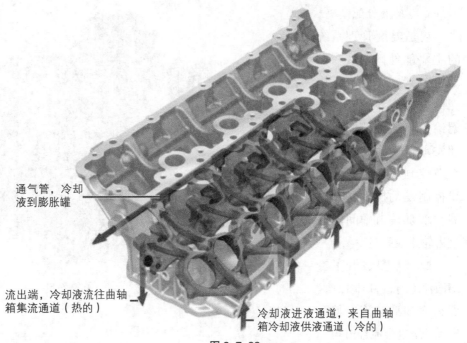

通气管，冷却液到膨胀罐

流出端，冷却液流往曲轴箱集流道（热的）

冷却液进液通道，来自曲轴箱冷却液供液通道（冷的）

图 2-7-83

排气侧

排气门座圈的环流

进气门座圈的环流

进气侧

图 2-7-84

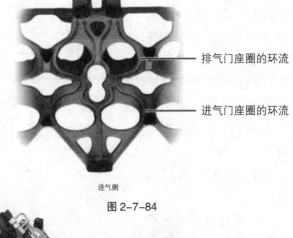

机械式水泵切换阀 N649

散热器回流（冷的）

冷却液分配模块

发动机温度传感器 G407

散热器供液（热的）

特性曲线控制发动机冷却节温器 F265

图 2-7-85

3. 冷却液分配模块

它是温度管理系统的主要部件,安装在发动机前端。在分配模块壳体内,冷却液流被分配给散热器、辅助装置和发动机。此处还装着真空控制水泵和特性曲线控制发动机冷却节温器。水泵是由中间轴通过齿轮来驱动的。

如果水泵放开了冷却液流(封盖打开了),那么冷却液会流经整个发动机,也会流经缸盖。就是说,在这种发动机上,是不能实现"分路式冷却"的。缸体和缸盖之间的冷却液分配比例为 20∶80。由于这个原因,整个发动机就安装了一个温度传感器(G407),位置在气缸排 2 的相应处,如图 2-7-87 和图 2-7-88 所示。

4. 节温器(特性曲线控制发动机冷却节温器 F265)

如图 2-7-89 和图 2-7-90 所示。

特性曲线计算出的冷却液温度,可以按需求在 94~106 ℃ 之间进行调节。如果这个温度高于 94 ℃ 了,那么发动机控制单元会借助 PWM 信号来操控特性曲线控制发动机冷却节温器去工作。

图 2-7-86

废气涡轮增压器冷却液供液管
废气涡轮增压器冷却液回流管
横管冷却液管
变速器冷却液管
暖风供液管
暖风回流管
冷却液续动泵 V51

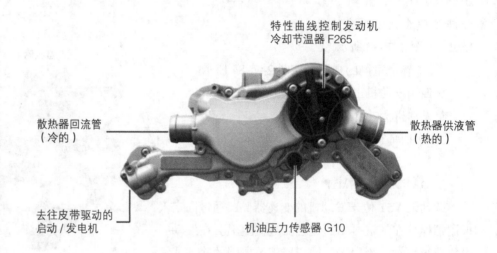

图 2-7-87

特性曲线控制发动机冷却节温器 F265
散热器回流管(冷的)
散热器供液管(热的)
去往皮带驱动的启动 / 发电机
机油压力传感器 G10

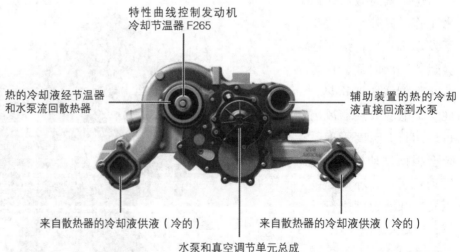

图 2-7-88

特性曲线控制发动机冷却节温器 F265
热的冷却液经节温器和水泵流回散热器
辅助装置的热的冷却液直接回流到水泵
来自散热器的冷却液供液(冷的)
来自散热器的冷却液供液(冷的)
水泵和真空调节单元总成

为了保护发动机,在下述情况下会降低冷却液温度,也就是说不激活 F265。

①行驶模式是"运动";

②车速 > 200 km/h；

③发动机扭矩 > 595 N·m；

④发动机温度 > 119 ℃；

⑤系统故障。

5. 机械式水泵的调节策略

（1）可控式机械水泵在下述条件时会被激活工作。

①冷却液温度在 –10~80 ℃之间；

②环境温度 > 10 ℃；

③发动机扭矩 < 500 N·m，在所有气缸都工作时；

④发动机扭矩 < 150 N·m，在半数气缸工作时，取决于发动机冷却液温度和发动机转速；

⑤发动机启动后 < 600s。

（2）阻止激活的条件。

①冷却液温度 > 80 ℃；

②发动机转速 > 3250r/min。

在发动机预热阶段如果有车内加热要求的话，那么机械式水泵会被阻塞，而冷却液续动泵 V50 会被接通，于是 V50 就会把缸盖内的冷却液送往热交换器，如图 2-7-91 所示。

图 2-7-89

特性曲线控制发动机冷却节温器 F265

冷却液分配模块

水泵和真空调节单元总成，在发动机转速为 6800r/min 时，输送量为 490L/min

密封件

图 2-7-90

可控式机械水泵 N649

泵轮

真空调节单元

驱动齿轮

盖板

图 2-7-91

（五）变速器的冷却循环

1. 如图 2-7-92 所示

2. 根据实际需求情况，变速器冷却循环可以实现 3 种不同的系统状态

如图 2-7-93 所示。

（1）冷却液静止（就是不流动）。

① N509 通上电（阀被关闭了）。

② V488 断电（阀被关闭了）。

③ V467 不工作。

（2）ATF 加热。

① N509 通上电（阀被关闭了）。

② N488 通上电（阀被打开了）。

③ V467 工作。

（3）ATF 冷却。

① N509 断电（阀被打开了）。

② N488 断电（阀被关闭了）。

③ V467 工作。

3. 变速器机油冷却阀 N509 和变速器冷却液阀 N488

如图 2-7-94 所示。

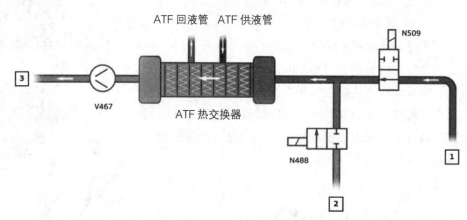

图 2-7-92

1. 来自散热器出口 2. 来自发动机的热的冷却液 3. 去往集流管（热的），发动机 N488. 变速器冷却液阀 N509. 变速器机油冷却阀 V467. 高温循环水泵

图 2-7-93

这两个特性曲线控制的切换阀，用于控制发动机流向 ATF 冷却器的热的冷却液以及从主散热器流向 ATF 冷却器的冷的冷却液，这两个阀都使用 12V 电。如果想要接通这两个阀，相应的控制单元就需要把这两个阀接地。

阀 N509 由自动变速器控制单元 J217 来实施切换，切换后该阀就关闭了。这个切换请求来自温度管理系统。在未通电时，该阀处于打开的状态。

阀 N488 由发动机控制单元 J623 来实施切换。在未通电时，该阀处于关闭的状态。

4. 高温循环水泵 V467

如图 2-7-95 所示。

该泵的结构与泵 V50 和 V51 是相同的。它的任务是让变速器循环管路中的冷却液循环起来。根据需求情况，变速器冷却循环可以实现 3 种不同的系统状态。

说明：阀 N488 和 N509 外观相似，极易弄混，但零件号是不同的。

图 2-7-94

图 2-7-95

六、空气供给系统

（一）空气供给一览

如图 2-7-96 所示的是奥迪 A8（车型 4N）上的空气供给系统情况。

根据车型和发动机功率级别，有不同结构形式的空气供给系统。此处展示的是奥迪 A8（车型 4N）上的空气供给系统情况，带有一个空气滤清器。空气导管负责将吸入的空气分配给两个废气涡轮增压器。

（二）进气侧

在空气导管和废气涡轮增压器连接处（也就是过渡处）装有一个涡旋件，该件会使得空气气流在进入增压器前稳定下来。另外，空气气流会朝风扇叶片方向轻微旋转，这可改善空气进气的声响情况，如图 2-7-97 所示。

（三）压力侧

在废气涡轮增压器内被压缩了的空气经脉动阻尼器被送往增压空气冷却器，这可以改善气流噪声。连接管将废气涡轮增压器的两个出口彼此连接起来。这个措施会削弱异步的压力震动，防止出现压气机喘震，如图 2-7-98 和图 2-7-99 所示。

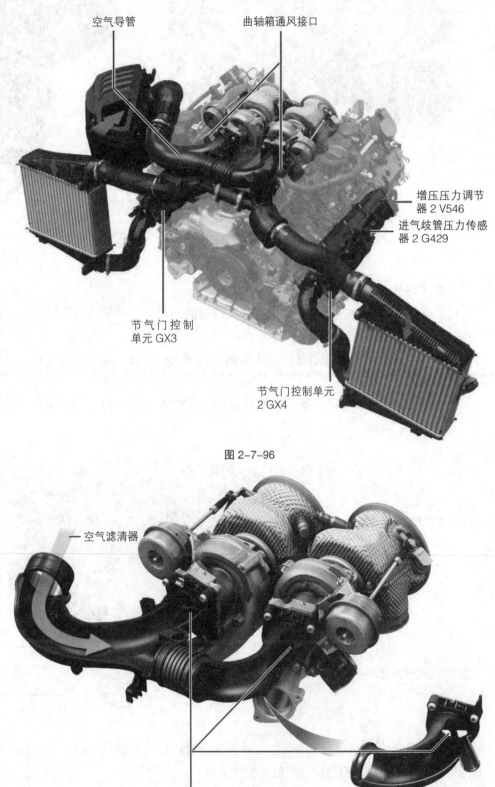

空气导管　曲轴箱通风接口

增压压力调节器 2 V546

进气歧管压力传感器 2 G429

节气门控制单元 GX3

节气门控制单元 2 GX4

图 2-7-96

空气滤清器

涡旋件

图 2-7-97

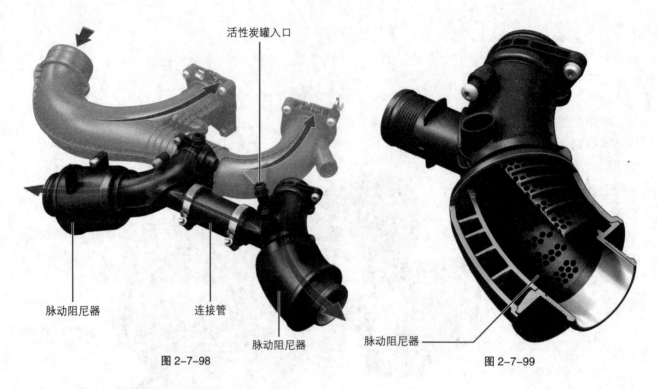

图 2-7-98

图 2-7-99

活性炭罐入口

脉动阻尼器　　　　连接管

脉动阻尼器

脉动阻尼器

（四）进气歧管

进气歧管用螺栓拧在缸盖上。每个进气歧管前部装有一个节气门控制单元。这款 EA825 发动机不需要有进气歧管翻板。

两个进气歧管上都有用于活性炭罐和曲轴箱通风的接口。当进气歧管内存在真空时，就会吸入燃油蒸气或者净化了的窜气。

第 3 个接口用于制动助力器，但是气缸排 1 上的进气歧管的这个接口无任何功能，如图 2-7-100 所示。

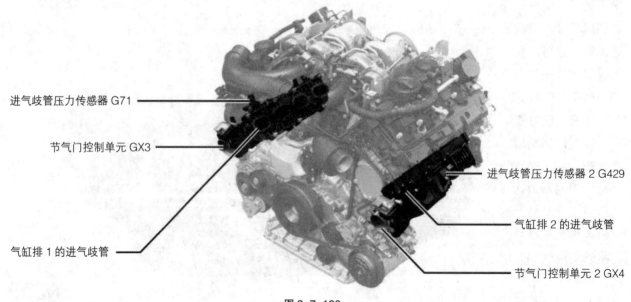

进气歧管压力传感器 G71

节气门控制单元 GX3

气缸排 1 的进气歧管

进气歧管压力传感器 2 G429

气缸排 2 的进气歧管

节气门控制单元 2 GX4

图 2-7-100

进气歧管压力传感器用于测量空气的进气歧管内压力和进气温度。发动机控制单元利用节气门下游的传感器的信号来测知空气质量流量（充气系数）。

发动机控制单元利用节气门上游的传感器的信号计算并调节所需的增压压力，信号是通过 SENT 协议传送至发动机控制单元的，如图 2-7-101 所示。

（五）节气门控制单元 GX3（J338），GX4（J544）

每个进气歧管的上游都安装有一个节气门控制单元，节气门位置通过非接触式转角传感器（霍耳传感器）来进行识别。这种传感器是按冗余原则来工作的，也就是说，节气门位置的反馈信息是由两个彼此独立且转向相反的传感器来实现的。

节气门的驱动执行器是个带有双级减速装置的直流电机。节气门就这样保持在了两个机械止点之间。节气门位置是根据加速踏板位置和所需发动机扭矩而计算出来的，如图2-7-102所示。

说明：在节气门单元上，是没有节气门位置传感器这个主清单术语的。

七、增压系统

（一）双管式排气歧管

1. 排气歧管在内V形中的布置

如图2-7-103和图2-7-104所示。

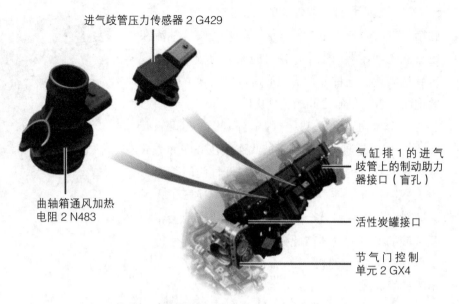

图 2-7-101

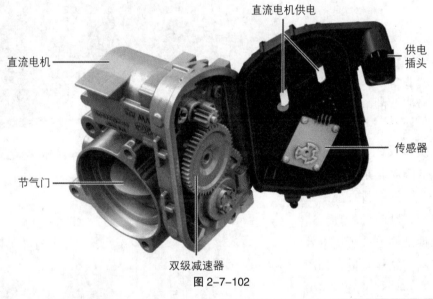

图 2-7-102

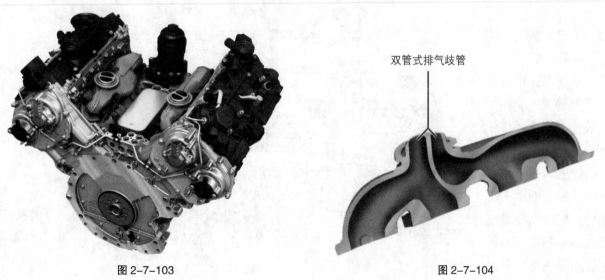

图 2-7-103

图 2-7-104

排气歧管设计成双管式的，通过这种分开方式，两个气缸就合成一个废气气流。分开的废气气流在废气涡轮增压器内也是在各自的通道内输送的，直至到达涡轮。这种分开式的通道可以在换气时更有效地防止各个气缸之间的负面影响。

一个气缸排上，某些气缸之间的点火间隔有180°。如果是通过排气歧管彼此连接在一起的话，那么这些气缸的压力冲击波（在打开气门时就会产生）就会相互干涉。这样就会直接影响换气了，因为新鲜空气充入量就会变少的。双管式设计会将相互干涉的气缸的气体彼此分开来，这样就能使得发动机在低转速时的扭矩明显提高。

图 2-7-105

（二）双涡流增压器

由于增压器布置在发动机的内 V 形中央位置上，因此气道就非常短，那么涡轮增压器的响应就更为直接了。涡轮的转向是相反的：气缸排 1 上的涡轮是逆时针转动，气缸排 2 上的涡轮是顺时针转动。这种结构方式可更有效利用结构空间，如图 2-7-105~ 图 2-7-107 所示。

（三）废气涡轮增压器的固定

废气涡轮增压器是采用螺旋卡箍（V 形带箍）固定在排气歧管上的，两个部件之间的密封是采用密封圈（云母圈）来实现的。废气涡轮增压器热的一侧以及排气歧管用隔热罩包着，

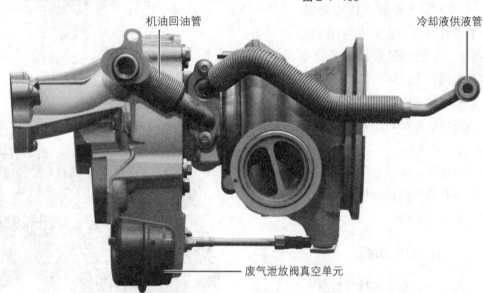

机油回油管　　　　　　　　冷却液供液管

废气泄放阀真空单元

图 2-7-106

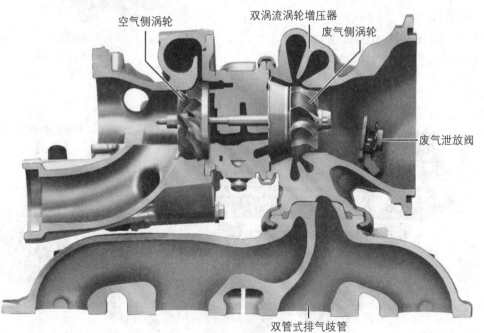

空气侧涡轮　　　双涡流涡轮增压器　　废气侧涡轮

废气泄放阀

双管式排气歧管

图 2-7-107

478

从而可保护内 V 形中的周围部件，并保留住废气能量中的大部分，如图 2-7-108 和图 2-7-109 所示。

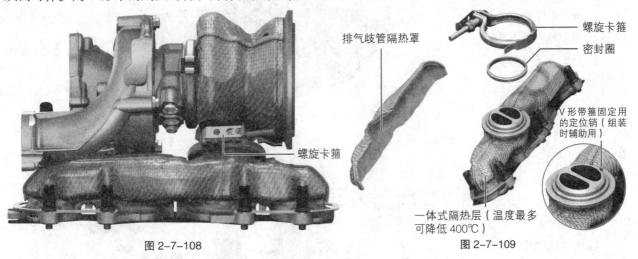

排气歧管隔热罩

螺旋卡箍

螺旋卡箍

密封圈

V 形带箍固定用的定位销（组装时辅助用）

一体式隔热层（温度最多可降低 400℃）

图 2-7-108　　　　　　　　　　图 2-7-109

（四）废气涡轮增压器的油液供给

废气涡轮增压器集成在机油循环以及冷却液循环上，以便让涡轮轴和轴承能得到润滑和冷却。

在热的发动机停机后，冷却液还会在废气涡轮增压器内循环一定的时间，这样可防止积热，从而保护部件，如图 2-7-110~图 2-7-112 所示。

机油供油管

机油回油管

冷却液从液管

废气涡轮增压器下面聚烃硅氧塑料软管的隔热层

冷却液回流管

图 2-7-110　　　　　　　图 2-7-111　　　　　　　图 2-7-112

（五）内 V 形中的隔热

由于整个废气热平衡系统都在发动机的内 V 形中，因此其周围部件必须要防止过热。为了隔热，除了有排气歧管和废气涡轮增压器上的隔热罩外，内 V 形中还有隔热板。另外，发动机装饰盖下面也有隔热板，尽可能在装好此隔热板后再让发动机去工作。只有当所有部件都正确安装后，才能保证凉的空气流经内 V 形。

内 V 形中的所有供液管也是用耐热材料（不锈钢、硅树脂）制成的，有一部分还另装有隔热罩。发动机盖罩温度传感器 G765 用于监控内 V 形中的温度情况，如果这个 NTC 元件测知温度过高了，那么发动机控制单元随后会采取措施来降温，如图 2-7-113 所示。

八、排气系统

（一）无汽油微粒滤清器的排气系统

1. 此处展示的排气系统是用于 PR 号 EU6 AD/E/F（7CN）、EU6 plus（7MM）、ULEV125（7MU）、

EU4（7GH）

在 λ 调节方面，前置催化净化器上游使用的是宽频传感器，下游使用的是阶跃式传感器。因空间所限，这个前置催化净化器在车底部分还跟着一个催化净化器，如图2-7-114 所示。

2. λ 传感器

催化净化器下游的 λ 传感器 1 GX7 组成如下：

① 催化净化器下游的 λ 传感器 G130；

② 催化净化器下游的 λ 传感器 1 的加热器 Z29 。

催化净化器上游的

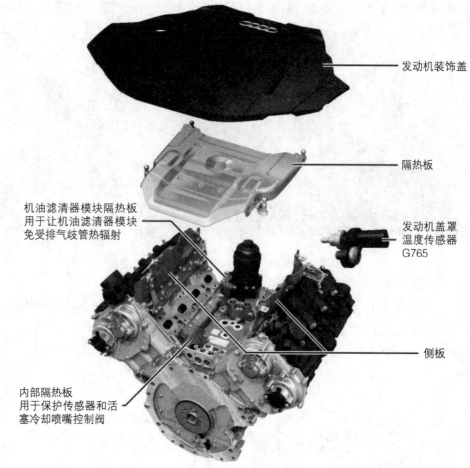

发动机装饰盖

隔热板

机油滤清器模块隔热板
用于让机油滤清器模块
免受排气歧管热辐射

发动机盖罩
温度传感器
G765

侧板

内部隔热板
用于保护传感器和活
塞冷却喷嘴控制阀

图 2-7-113

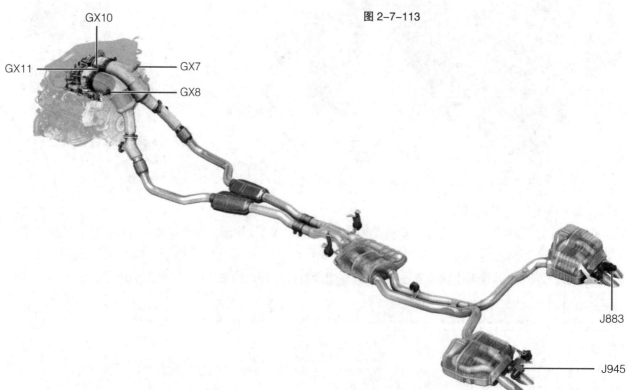

GX10

GX11

GX7

GX8

J883

J945

GX7.催化净化器下游的 λ 传感器1（气缸排 1） GX8.催化净化器下游的 λ 传感器2（气缸排 2） GX10.催化净化器上游的 λ 传感器1（气缸排 1） GX11. λ 传感器（宽频 λ 传感器）J883.排气翻板控制单元（右）J945.排气翻板控制单元 2（左）

图 2-7-114

λ 传感器 2 GX10 组成如下：

① λ 传感器 G39；

② λ 传感器加热器 Z19（宽频 λ 传感器）。

（二）有汽油微粒滤清器的排气系统

1. 此处展示的排气系统是用于 PR 号 EU6BG（7CS）、C6b 2 级（7CR）、C6b 无 RDE（4BD）、EU6 AJ/K/L（7CQ）

为了能满足此处所列的排放标准，就需要使用汽油微粒滤清器。所有排气系统的 λ 调节都是相同的，如图 2-7-115 所示。

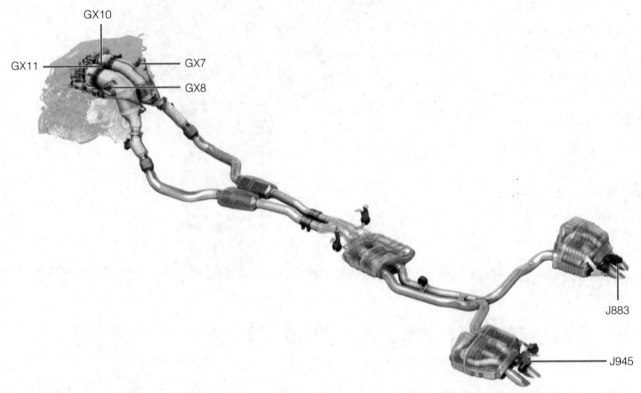

GX7.催化净化器下游的 λ 传感器1（气缸排 1） GX8.催化净化器下游的 λ 传感器2（气缸排 2） GX10.催化净化器上游的 λ 传感器 1（气缸排 1） GX11.λ 传感器（宽频 λ 传感器） J883.排气翻板控制单元（右）J945.排气翻板控制单元 2（左）

图 2-7-115

2. 汽油微粒滤清器

如图 2-7-116 所示。

在这种排气系统上，每侧气缸排的三元催化净化器和下游无涂层汽油微粒滤清器安装在同一个壳体内。

按照要求，安装了微粒滤清器技术所需的传感器，发动机管理系统也做了相应匹配。

九、燃油系统

燃油由电动燃油泵按需要来为发动机提供。该系统是没有燃油回流的，因此它的工作压力是可变的，在 3~5.5 bar 之间。所需的燃油量是由发动机控制单元计算出来的。供应的燃油量正好能让系统内部不产生气阻。

为了监控低压，就在低压管路上安装了一个压力传感器（G410）。由于这款 V8 发动机对于燃油需求要求较高，因此每侧气缸排上各装有一个高压燃油泵。每侧气缸排有自己的高压供油系统，这两个系统在高压侧是彼此不相连的。

1.高压系统

（1）一览，如图2-7-117所示。

（2）喷油系统。

高压燃油泵由滚子挺杆和四联凸轮（安装在排气凸轮轴上发动机正时侧）组成，该泵产生的最大压力为250bar。在压力达到300bar时，泵内的压力限值阀就会打开了。不通电时该泵是打开着的（故障安全），就是说若没通电，该泵就以预供油压力（油箱内电动泵产生的压力）在工作，如图2-7-118所示。

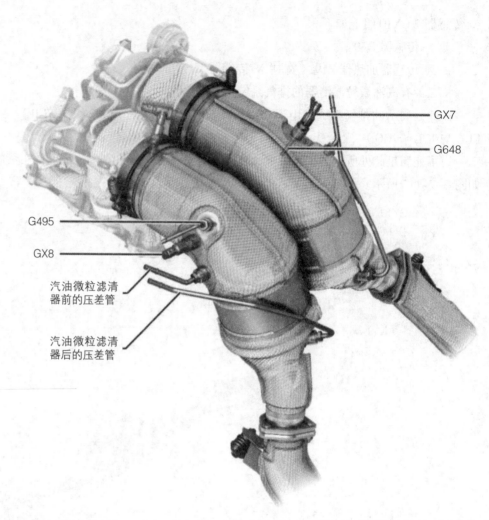

G495.废气温度传感器3（在气缸排2的汽油微粒滤清器前） G648.废气温度传感器4（在气缸排1的汽油微粒滤清器前） GX7.催化净化器下游的λ传感器1（气缸排1） GX8.催化净化器下游的λ传感器2（气缸排2）

图2-7-116

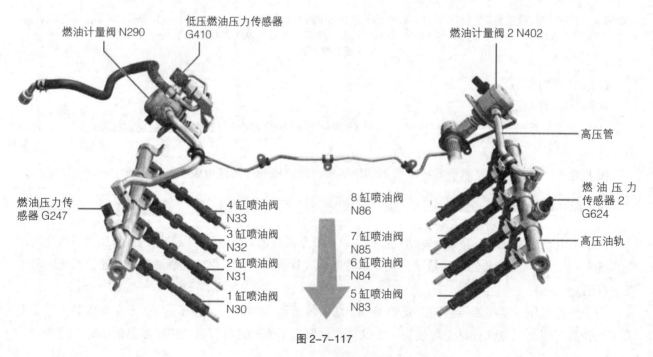

图2-7-117

482

2.高压喷油阀

高压喷油阀直接安装在火花塞旁，这种中间布置方式，再加上喷油孔直径和喷束形态都针对气缸特性做了匹配，就可以提供尽可能均匀的燃油分配了，这也就改善了相应特性和燃烧状况，如图2-7-119和图2-7-120所示。

① 7孔喷油阀。

② 喷油孔直径0.19 mm。

③ 针阀升程0.07 mm。

④ 最高65V工作电压。

⑤ 喷油时间0.3~6 ms。

⑥ 最多可喷油3次（取决于发动机转速）。

⑦ 喷油压力70~250 bar。

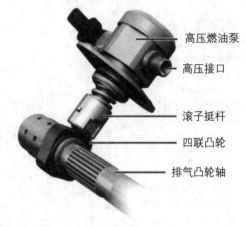

图2-7-118

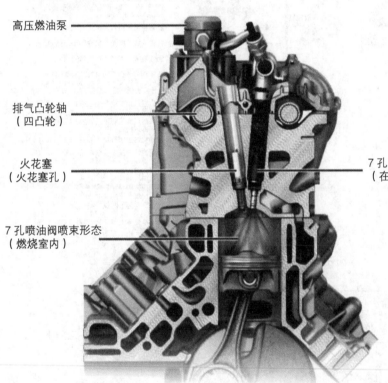

图2-7-119

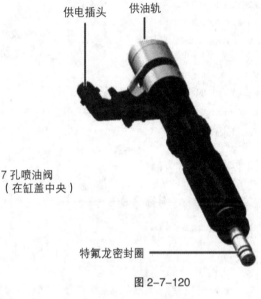

图2-7-120

喷油孔如图2-7-121所示，喷油孔横截面如图2-7-122所示。

十、发动机管理系统

（一）系统一览（如图2-7-123所示）

（二）发动机控制单元

这款EA825发动机的中央控制机构是发动机控制单元J623和发动机管理系统BOSCH MG1。这个发动机控制单元处理进来的系统信息，并操控不同的功能群来工作，它是车辆网络的一个用户，如图2-7-124和图2-7-125所示。

图2-7-121

图2-7-122

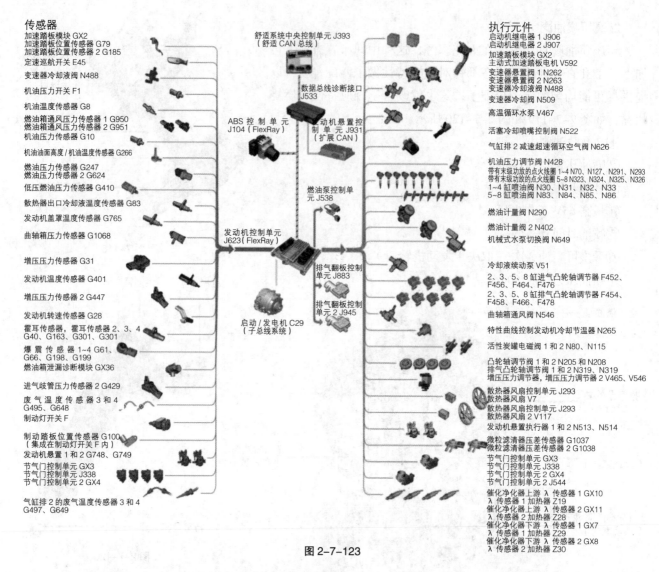

传感器

加速踏板模块 GX2
加速踏板位置传感器 G79
加速踏板位置传感器 2 G185
定速巡航开关 E45
变速器冷却液阀 N488
机油压力开关 F1
机油温度传感器 G8
燃油箱通风压力传感器 1 G950
燃油箱通风压力传感器 2 G951
机油压力传感器 G10
机油油面高度 / 机油温度传感器 G266
燃油压力传感器 G247
燃油压力传感器 2 G624
低压燃油压力传感器 G410
散热器出口冷却液温度传感器 G83
发动机盖罩温度传感器 G765
曲轴箱压力传感器 G1068

增压压力传感器 G31
发动机温度传感器 G401
增压压力传感器 2 G447
发动机转速传感器 G28
霍耳传感器，霍耳传感器 2、3、4 G40、G163、G301、G301
爆震传感器 1~4 G61、G66、G198、G199
燃油箱泄漏诊断模块 GX36
进气歧管压力传感器 2 G429
废气温度传感器 3 和 4 G495、G648
制动灯开关 F
制动踏板位置传感器 G100 （集成在制动灯开关 F 内）
发动机悬置 1 和 2 G748、G749
节气门控制单元 GX3
节气门控制单元 J338
节气门控制单元 2 GX4

气缸排 2 的废气温度传感器 3 和 4 G497、G649

舒适系统中央控制单元 J393 （舒适 CAN 总线）

数据总线诊断接口 J533

ABS 控制单元 J104（FlexRay）

发动机悬置控制单元 J931 （扩展 CAN）

燃油泵控制单元 J538

发动机控制单元 J623（FlexRay）

排气翻板控制单元 J883

排气翻板控制单元 2 J945

启动 / 发电机 C29 （子总线系统）

执行元件

启动机继电器 1 J906
启动机继电器 2 J907
加速踏板模块 GX2
主动式加速踏板电机 V592
变速器悬置阀 1 N262
变速器悬置阀 2 N263
变速器冷却液阀 N488
变速器冷却阀 N509
高温循环水泵 V467
活塞冷却喷嘴控制阀 N522
气缸排 2 减速超速循环空气阀 N626
机油压力调节阀 N428
带有末级功放的点火线圈 1~4 N70、N127、N291、N293
带有末级功放的点火线圈 5~8 N323、N324、N325、N326
1~4 缸喷油阀 N30、N31、N32、N33
5~8 缸喷油阀 N83、N84、N85、N86
燃油计量阀 N290
燃油计量阀 2 N402
机械式水泵切换阀 N649
冷却液续动泵 V51
2、3、5、8 缸进气凸轮轴调节器 F452、F456、F464、F476
2、3、5、8 缸排气凸轮轴调节器 F454、F458、F466、F478
曲轴箱通风阀 N546
特性曲线控制发动机冷却节温器 N265
活性炭罐电磁阀 1 和 2 N80、N115
凸轮轴调节阀 1 和 2 N205 和 N208
排气凸轮轴调节阀 1 和 2 N319、N319
增压压力调节器，增压压力调节器 2 V465、V546
散热器风扇控制单元 J293
散热器风扇 V7
散热器风扇控制单元 J293
散热器风扇 2 V117
发动机悬置执行器 1 和 2 N513、N514
微粒滤清器压差传感器 G1037
微粒滤清器压差传感器 2 G1038
节气门控制单元 GX3
节气门控制单元 J338
节气门控制单元 2 GX4
节气门控制单元 2 J544
催化净化器上游 λ 传感器 1 GX10
λ 传感器 1 加热器 Z19
催化净化器上游 λ 传感器 2 GX11
λ 传感器 2 加热器 Z28
催化净化器下游 λ 传感器 1 GX7
λ 传感器 1 加热器 Z29
催化净化器下游 λ 传感器 2 GX8
λ 传感器 2 加热器 Z30

图 2-7-123

数据总线诊断接口 J533

J623

C29

FlexRay

子总线系统

C29.启动/发电机 J623.发动机控制单元
图 2-7-124

图 2-7-125

484

十一、不同功率等级之间的技术差别

（1）在奥迪 D5 上使用了功率等级 4 和 5 的发动机。功率等级 5 是以奥迪 S8 为代表的。在奥迪 D5 上，不同的发动机功率主要是通过不同的发动机软件来实现的。硬件方面的差别有：

①活塞（功率等级 4 的压缩比高一些，是 11.0∶1；功率等级 5 的是 10.1∶1）；

②进气（功率等级 4 的是单进气，功率等级 5 的是双进气）；

③扭转减震器有所改动。

（2）在奥迪 RS Q8 车型 4M 上，使用了功率等级 5+ 的发动机，其差别如下。

曲柄连杆机构（为了更坚固）。

①活塞 → 压缩比 9.7∶1，活塞销直径更大（功率等级 4/5 的直径为 22mm，功率等级 5+ 的直径为 23mm），活塞高度更大（因点火压力更大一些），活塞环组件也大一些；

②连杆 → 增大了强度，由于活塞高度增大而缩短了 3mm；

③曲轴。

（3）气门正时机构。

①正时链条。

②气缸排 1 上的张紧导轨。

③气缸排 1 上的链条张紧器。

（4）废气涡轮增压器和歧管 → 压气机修改 / 增大了。

①组件和压力损失修改了。

②内 V 形中的隔热罩。

（5）冷却系统（修改了，以使适应更高的冷却需求）。

①冷却液分配器。

②冷却供液接头。

喷油阀 → 设计成更大流量的了。

与车辆相关的软管 / 管路布置（燃油 / 水 / 空气 / 真空）。

扭转减震器，功率等级 5 = 功率等级 5+，但与功率等级 4 的不同火花塞。

十二、保养和检查

（一）保养信息和工作（如表 2-7-3 所示）

表 2-7-3

发动机机油加注量（包括滤清器，指更换后的加注量，L）	4.3
保养周期	按保养周期显示来进行，取决于驾驶方式和使用条件，在 15 000km/1 年和 30 000km/2 年之间
发动机机油规格	VW50400
是否允许抽取发动机机油	不允许（只能排放机油）
电子式机油油面高度显示（调整环规定值 /min 到 max 规定值）	上刻度值：110 下刻度值：0…21
空气滤清器更换周期	90 000km
燃油滤清器更换周期	不必更换

火花塞更换周期	60 000km/6 年
多楔皮带更换周期	—
正时机构	链条终生不必更换
正时张紧系统	终生不必更换

（二）新的车间设备和专用工具

1. 垫块 T40019/4

如图 2-7-126 所示，是油封拉拔器 T40019 的附件，用于压出曲轴。

2. 适配器 T40320/4

如图 2-7-127 所示，用于把轴油封安装在曲轴皮带轮一侧。

3. 清洁工具 T90006

如图 2-7-128 所示，用于清洁 V6 和 V8 TFSI 发动机的喷油阀通道。

4. 导板 VAS 5161/43

如图 2-7-129 所示，用于在发动机已经安装好时来拆装气门杆油封。

5. 适配器 T90005

如图 2-7-130 所示，该适配器与 T10055 一同使用，用于拆卸喷油阀。

6. V8 TFSI 发动机支架 VAS 6095/1–17

如图 2-7-131 所示，该支架与发动机 / 变速器支架 VAS 6095A、ASE 456 004 01 000 和通用支架 VAS 6095/1、ASE 456 050 00 000 （取决于发动机，8 缸 TFSI 发动机支架）一起使用。

7. V8 TFSI 发动机支架 VAS 6095/1–17A

该支架做了技术修改，但前代产品在适配后仍可继续使用。

8. V8 TFSI 发动机支架 VAS 6095/1–18

如图 2-7-132 所示，该支架与发动机 / 变速器支架 VAS 6095A、ASE 456 004 01 000 和通用支架 VAS 6095/1、ASE 456 050 00 000 （取决于发动机，8 缸 TFSI 发动机支架）一起使用。

V8 TFSI 发动机支架 VAS 6095/1–18A，该支架做了技术修改，但前代产品在适配后仍可继续使用。

图 2-7-126

图 2-7-127

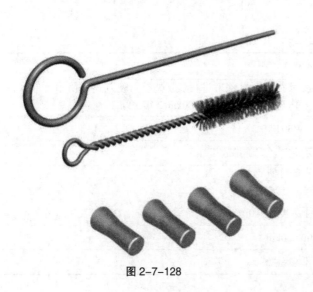

图 2-7-128

图 2-7-129

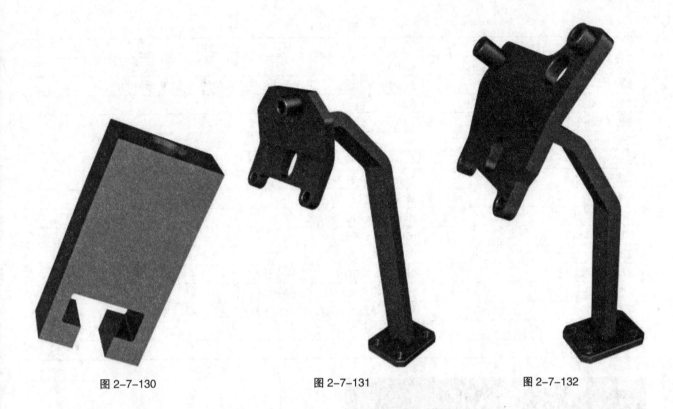

图 2-7-130　　　　　　　　　　图 2-7-131　　　　　　　　　　图 2-7-132

第八节　5.2L V10 发动机

一、技术数据

1. 5.2L V10 FSI 发动机扭矩—功率曲线图（发动机标识字母 CSPA）

如图 2-8-1、图 2-8-2 和表 2-8-1 所示。

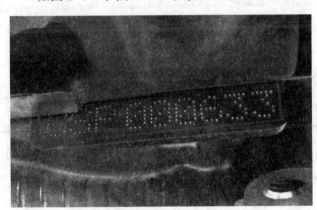

图 2-8-1

2. 5.2L V10 FSI 发动机"增强版"扭矩—功率曲线图（发动机标识字母 CSPB）

如图 2-8-3、图 2-8-4 和表 2-8-2 所示。

二、5.2L V10 FSI 发动机的变化

（1）5.2L V10 FSI 发动机，如图 2-8-5 所示。

（2）带空气导管的供气系统，如图 2-8-6 所示。

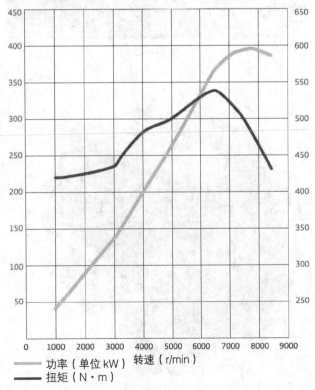

　　　功率（单位 kW）　转速（r/min）
　　　扭矩（N·m）

图 2-8-2

表 2-8-1

特征	技术数据
发动机标识字母	CSPA
结构	成 90° V 形角度，采用干式油底壳润滑的 10 缸 V 形发动机
排量（cm³）	5204
冲程（mm）	92.8
缸径（mm）	84.5
每缸气门数	4
点火顺序	1-6-5-10-2-7-3-8-4-9
压缩比	12.5：1
功率（kW）	8250r/min 时为 397
扭矩（N·m）	6500r/min 时为 540
燃油	95 号高级无铅汽油
发动机管理系统	2x Bosch MED 17.1.1 主从设计
空燃比 / 爆震控制	自适应空燃比控制，自适应爆震控制
混合气制备	组合式（双）直接喷射（FSI）和进气管（MPI）喷射装置
废气排放标准	EU 6+（W）
CO_2 排放值（g/km）	275

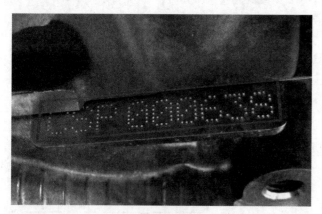

图 2-8-3

图 2-8-5

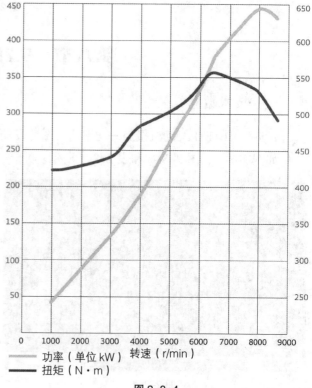

功率（单位 kW）　转速（r/min）
扭矩（N·m）

图 2-8-4

（3）冷却液补偿罐，如图 2-8-7 所示。

（4）干式油底壳润滑机油箱，如图 2-8-8 所示。

（5）双喷射系统，如图 2-8-9 所示。

（6）气缸切断功能，气缸按需运行，如图 2-8-10 所示。

（7）经过调整的冷却回路，如图 2-8-11 所示。

表 2-8-2

特征	技术数据
发动机标识字母	CSPB
结构	成 90° V 形角度，采用干式油底壳润滑的 10 缸 V 形发动机
排量（cm³）	5204
冲程（mm）	92.8
缸径（mm）	84.5
每缸气门数	4
点火顺序	1-6-5-10-2-7-3-8-4-9
压缩比	12.5 : 1
功率（kW）	8250r/min 时为 449
扭矩（N·m）	6500r/min 时为 560
燃油	95 号高级无铅汽油
发动机管理系统	2x Bosch MED 17.1.1 主从设计
空燃比 / 爆震控制	自适应空燃比控制，自适应爆震控制
混合气制备	组合式（双）直接喷射（FSI）和进气管（MPI）喷射装置
废气排放标准	EU 6+（W）
CO_2 排放值（g/km）	289

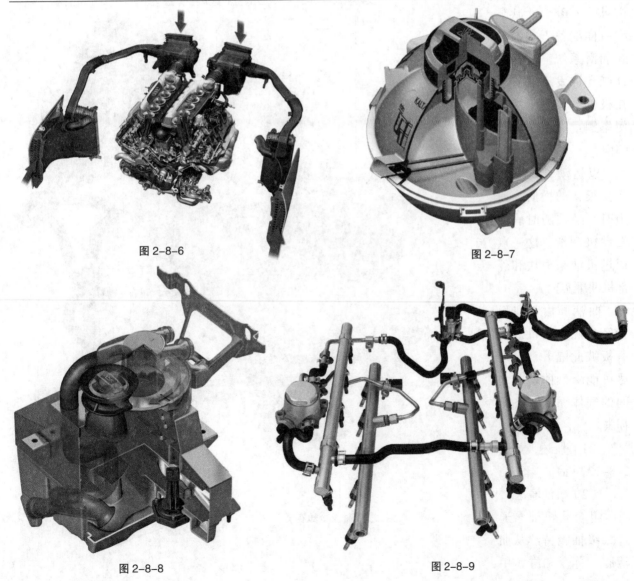

图 2-8-6

图 2-8-7

图 2-8-8

图 2-8-9

图 2-8-10

图 2-8-11

三、机油循环

5.2L V10 FSI 发动机同新款 R8 的上代车型一样配备干式油底壳润滑系统。这种设计能允许发动机安装在极低的位置，从而使车辆重心更加贴近路面。

以运动方式驾驶产生很大的横向加速力时，必须随时确保发动机润滑。这一点通过机油泵模块和外部机油罐实现。

曲柄腔由刃口形状经过优化的机油防溅板彼此隔开，以便尽可能降低曲柄腔之间的气体循环和飞溅损失。

（1）概述，如图 2-8-12 所示。

（2）机油输送。

组合式机油泵通过二级抽吸持续从曲柄腔、链盒和缸盖中

发动机油冷却器　　立式机油滤清器模块　　机油箱

机油散热器

组合式机油及冷却液泵

图 2-8-12

抽吸发动机机油。

　　它输送机油经过两个机油—冷却液热交换器后进入机油箱，如图 2-8-13 所示。

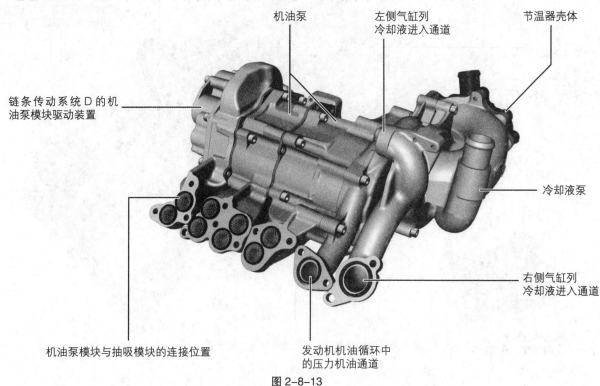

机油泵

左侧气缸列
冷却液进入通道

节温器壳体

链条传动系统 D 的机
油泵模块驱动装置

冷却液泵

右侧气缸列
冷却液进入通道

机油泵模块与抽吸模块的连接位置

发动机机油循环中
的压力机油通道

图 2-8-13

　　（3）干式油底壳润滑机油箱。

　　吹漏气通过机油箱上部件中集成的旋流分离器与机油分离。吹漏气从机油箱中排出，然后通过节气门后方的机油精分离器被导入进气管。分离出的机油在机油箱下部件中汇集。机油在那里从泵的抽吸侧吸入，然后通过主机油滤清器被输送至轴承，如图 2-8-14 所示。

四、曲轴箱的通风和排气

　　曲轴箱通过气缸盖罩排气，其中有一个较大的接触室承担重力机油分离器功能。机油精分离器采用的是带旁通阀的三级记

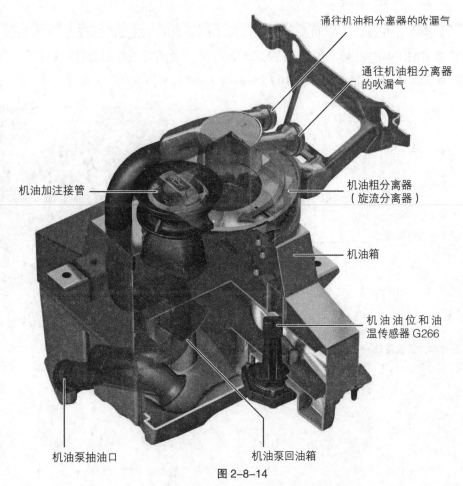

通往机油粗分离器的吹漏气

通往机油粗分离器
的吹漏气

机油加注接管

机油粗分离器
（旋流分离器）

机油箱

机油油位和油
温传感器 G266

机油泵抽油口

机油泵回油箱

图 2-8-14

录式旋流分离器，如图 2-8-15 所示。

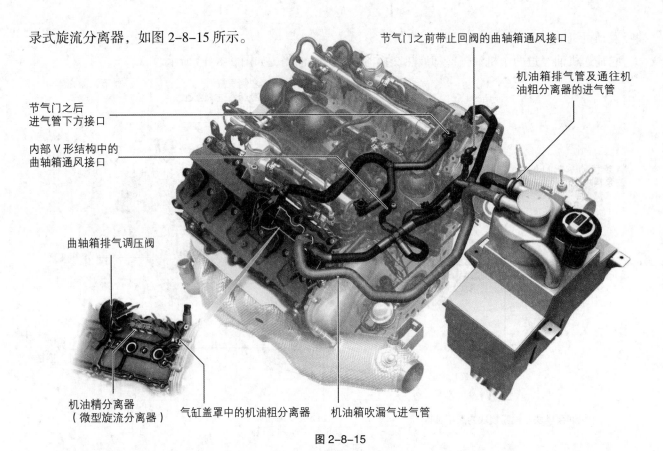

节气门之前带止回阀的曲轴箱通风接口

机油箱排气管及通往机油粗分离器的进气管

节气门之后进气管下方接口

内部 V 形结构中的曲轴箱通风接口

曲轴箱排气调压阀

机油精分离器（微型旋流分离器）

气缸盖罩中的机油粗分离器

机油箱吹漏气进气管

图 2-8-15

五、AKF 系统

由于 5.2L V10 发动机配有 cylinder on demand（气缸按需运行 /COD）系统，所以发动机需要两个活性炭罐（AKF）电磁阀。在 COD 模式下运行时，激活的气缸列会将油箱排气引入进气管，同时未激活的气缸列关闭 AKF 阀，如图 2-8-16 所示。

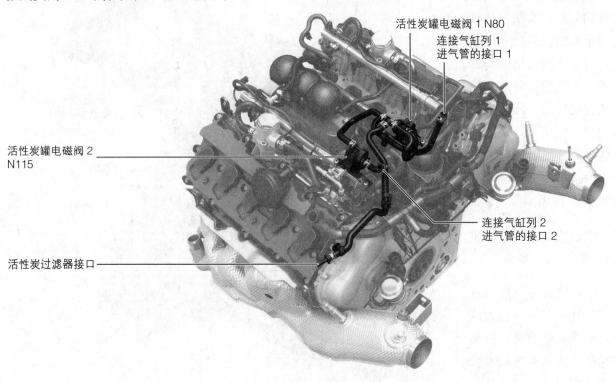

活性炭罐电磁阀 1 N80
连接气缸列 1
进气管的接口 1

活性炭罐电磁阀 2
N115

连接气缸列 2
进气管的接口 2

活性炭过滤器接口

图 2-8-16

六、空气供给

发动机空气供给通过侧翼，并在负荷要求较高时额外借助空气滤清器盒的可开关式旁通风门实现。后者打开时，发动机通过后窗玻璃下方（后扰流板之前）的进气格栅吸入空气。

气流在行驶过程中由侧翼经额外的出风口进入发动机舱，防止舱内积热。同时空气流经用于自动变速器油冷却及机油冷却的两个辅助水冷却器。

（1）概述，如图 2-8-17 所示。

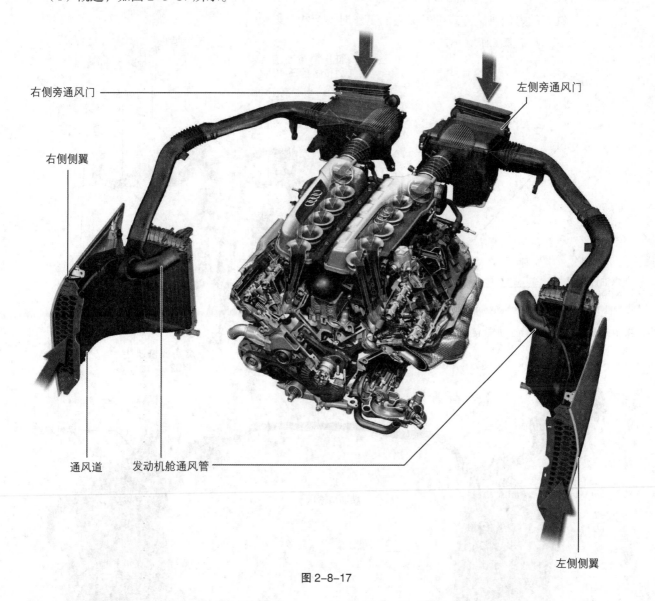

图 2-8-17

（2）降噪。

为满足法定噪声许可的要求，空气滤清器的进气侧翼中针对每个气缸列各装有一个旁通风门。它们在发动机启动时关闭，以改善怠速运行和起步过程中的噪声排放。旁通风门在空气质量流量大于 140 kg/h 时打开，在空气质量流量小于 120 kg/h 时重新关闭。

为了充分调动发动机功率，旁通风门在超出存储的发动机特性曲线时必须开启。旁通风门通过真空罐进行操纵。

七、燃油供应系统

MPI 喷射系统拥有一个独立的压力传感器，低压燃油压力传感器 G410。压力通过燃油箱中的燃油供油泵 G6 按需供应。后者由燃油泵控制器 J538 通过发动机控制器促动，如图 2-8-18 所示。

Hitachi（日立）公司生产的燃油高压泵通过进气凸轮轴的双凸轮驱动。

视发动机转速及请求（特性曲线）而定，它可在 350r/min 的转速下产生约 100 bar 系统压力，在约 3000r/min 的转速下产生最高 200 bar 系统压力。

两个气缸列的燃油供给方式可确保它们工作时不会相互影响。

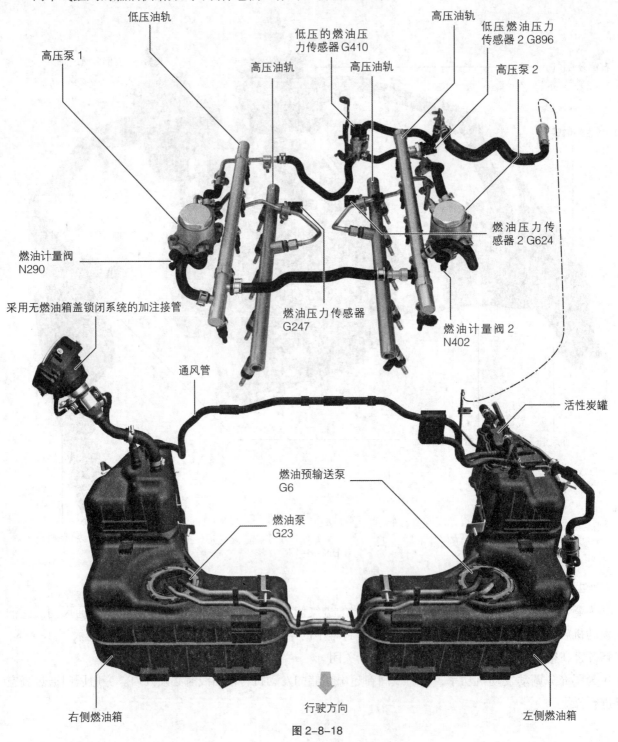

图 2-8-18

八、双喷射系统

奥迪 R8 首次采用双喷射系统，将进气管喷射和直接喷射的优点合二为一。传统的进气管喷射系统在进气门之前就已完成油气混合。这有助于改善混合气质量、降低颗粒物排放并减少气缸中的燃油冷凝现象。直接喷射系统则能通过气缸内壁上薄薄的燃油膜改善冷却效果并降低爆震倾向。

其他优点还包括极短的喷射时间以及系统出色的效率。智能型发动机控制系统能够根据发动机负荷选择合适的系统：从纯进气管喷射，到视情况调整两种喷射方式之间的分配，如图 2-8-19 所示。其结果是功率输出得到改善的同时，燃油消耗和排放也能随之降低。

组合喷射工作特性曲线如图 2-8-20 所示。

九、气缸切断功能，气缸按需运行

当主动气缸切断功能激活时，某个气缸列通过由软件关闭喷射装置和点火开关而被阻止。

发动机无硬件变化。气缸切断功能激活不会通过显示告知驾驶员，如图 2-8-21 所示。

（一）气缸切断许可条件

（1）发动机达到工作温度（冷却液温度 > 45 ℃）。

（2）选择 3 挡或更高的挡位。

（3）车速 > 27 km/h。

（4）发动机转速介于 1000~4500r/min 之间。

（5）低水平至中等水平发动机负荷，最大加注量约 65 %（视发动机转速而定）。

（6）最大扭矩 180~200 N·m。

（7）尾气催化净化器平均温度为气缸列切断许可的控制参数（温度 > 350 ℃；无温度传感器，而是采用建模计算）。

（二）不执行气缸切断的例外情况

因路面坡度略微升高而承受较大负荷或者沿陡坡向下滑行时，气缸切断功能无法运行。

达到一定转向角度、加速踏板的位置发生一定变化或者踩下制动器时，气缸切断功能暂时禁止运行（例如驶经环岛）。

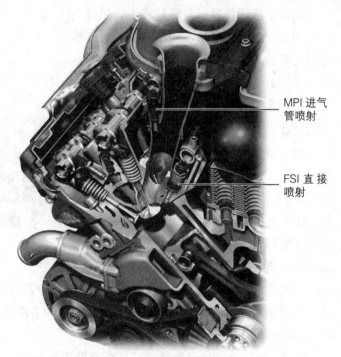

图 2-8-19

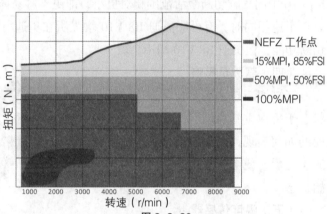

图 2-8-20

图 2-8-21

加速踏板的位置反复变化或者频繁转向时（例如在市区行驶），气缸切断的可能性会随之降低。

（三）气缸列切换算法

通过建模算出的尾气催化净化器平均温度是气缸切断模式持续时间的控制参数。

当气缸切断期间尾气催化净化器中的温度低于约 350 ℃ 的最低温度时，两个气缸列（发动机气缸全开模式）将被同时激活约 2s。随后只要另一个气缸列中的尾气催化净化器温度超过 350 ℃，气缸切断模式便会立即转换到该气缸列，如图 2-8-22 所示。

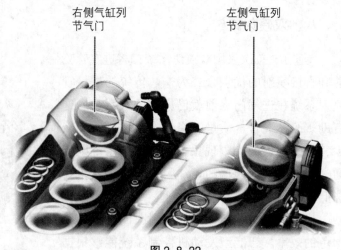

图 2-8-22

为避免两个气缸列之间发生横向流动（通过窜漏管路），两个气缸列的节气门会同时接通。

为避免频繁开关，只有满足许可所需的物理条件并预测气缸将会切断足够长的时间时，气缸切断才能获得许可。

奥迪 R8 V10 的负荷点通过延长变速器速比而发生了推移（转速更低，负荷更高）。相应的，奥迪 R8 V10 中的气缸切断激活范围相对更小，即更不容易体验到。

车速相同时，有可能奥迪 R8 V10 增强版在奥迪行驶模式选择的 dynamic（动态）模式下会激活气缸切断功能，但奥迪 R8 V10 却不会。

（四）驾驶员影响

气缸切断技术无驾驶员适应功能，初始状态于每次重新启动后设置。无论驾驶员之前的如何表现，以均匀的驾驶方式行驶最多 30 s 之后，便会恢复与车辆启动时相同的初始状态。

（五）温度传感器

V10 和 V10 增强版的每个气缸列分别装有一个温度传感器，作为 SENT 传感器，如图 2-8-23 所示。其电子装置隐藏在传感器的插头中。该传感器用于监控尾气催化净化器温度以防止过热，同时能够计算出气缸列切断的平均温度（cylinder on demand/ 气缸按需运行）。

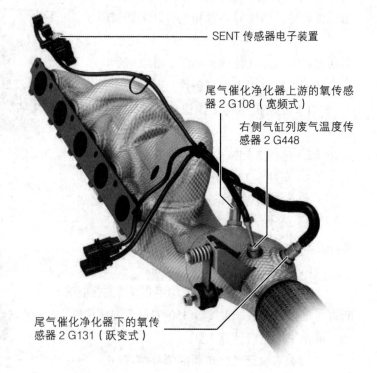

图 2-8-23

十、冷却循环

（一）一览

如图 2-8-24 所示。

（二）冷却液补偿罐

冷却系统加注 G13 和蒸馏水，容积约 24L。为便于识别冷却液液位，冷却液补偿罐配有浮标量尺。量尺必须在发动机冷却状态下从冷却液补偿罐边缘伸出约 1cm（1 个槽）。

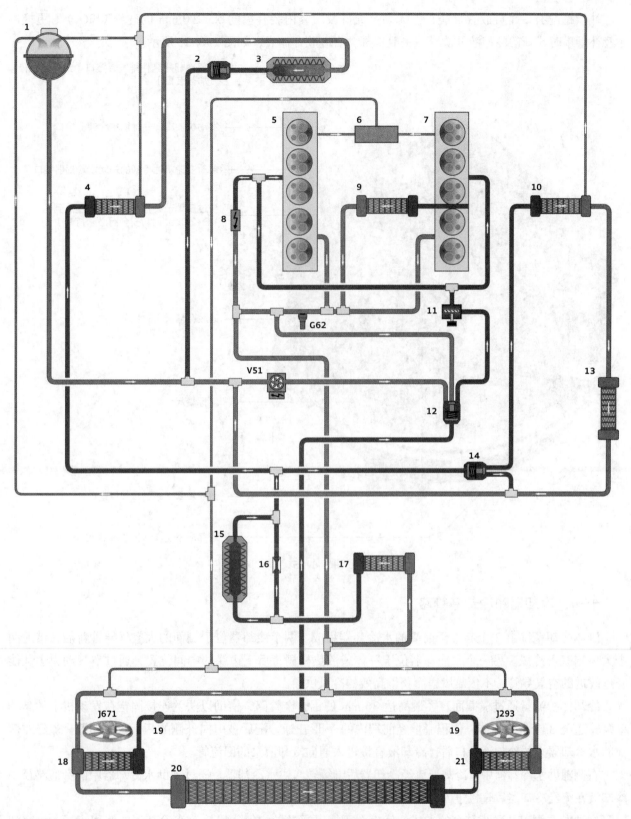

1.冷却液补偿罐 2.用于自动变速器油冷却的冷却液调节器 3.变速器油冷却器（自动变速器油热交换器）4.自动变速器油冷却的
辅助水冷却器（空气/水）5.气缸列1气缸盖 6.曲轴箱排气系统 7.气缸列2气缸盖 8.液冷式发电机 9.发动机油冷却器（水/油）
10.左侧发动机机油辅助水冷却器（空气/水）11.冷却液泵 12.冷却液调节器 13.发动机油冷却器2（水/油）14.发动机油冷却器冷
却液调节器 15.前轴主减速器 16.节流阀 17.暖风热交换器 18.右侧辅助水冷却器（空气/水）19.排气螺栓 20.主水冷却器 21.左
侧辅助水冷却器（空气/水）G62.冷却液温度传感器 J293.散热器风扇控制器 J671.散热器风扇控制器2 V51.冷却液继续循环泵

图 2-8-24

补偿罐配有一个硅胶存储袋，但无须补充硅胶。袋内装有黏度 0.5~2.0 mm 的硅胶（SiO_2）。更换冷却液补偿罐时，新的冷却液补偿罐中一般也都含有硅胶存储袋，如图 2-8-25 所示。

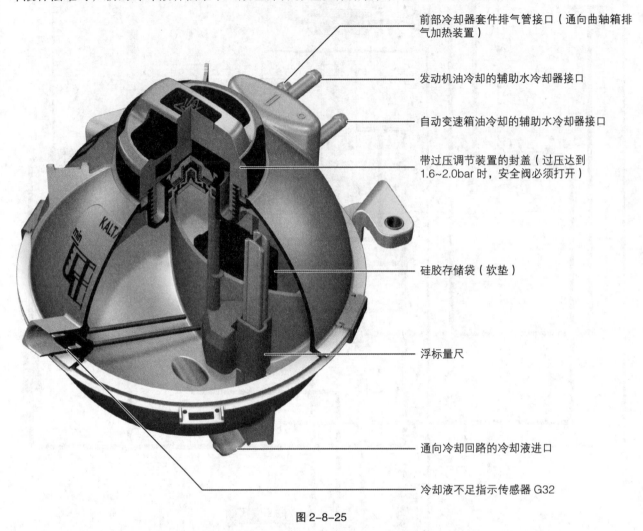

前部冷却器套件排气管接口（通向曲轴箱排气加热装置）

发动机油冷却的辅助水冷却器接口

自动变速箱油冷却的辅助水冷却器接口

带过压调节装置的封盖（过压达到 1.6~2.0bar 时，安全阀必须打开）

硅胶存储袋（软垫）

浮标量尺

通向冷却回路的冷却液进口

冷却液不足指示传感器 G32

图 2-8-25

十一、冷却器和冷却液管路

流体冷却系统由 3 个布置于前端的水冷却器组成。两个冷却器位于侧面的大空气导管背后，借助两个大风扇获得冷风。另一个水冷却器位于一体式散热格栅背后下边缘的中间位置，通过空气动力学性能经过改进的空气导管，不依靠风扇而获得高效的冷风供给。

冷却体积流量通过横截面直径最高达 36 mm 的铝合金管路，借助以法兰连接固定在发动机上的高功率泵输送至 3 个水冷却器。体积流量经前端内的 Y 形三通分配后被引向外侧的两个水冷却器。流经左侧辅助水冷却器上的冷却液出口后，冷却液直接进入通向冷却液泵的回流管。

右侧辅助水冷却器中，冷却液流经冷却器后继续转入主水冷却器。通过辅助水冷却器中的旁通路径，冷却液在流经冷却器后直接进入回流管返回发动机。

这种左右侧串并联相结合的方式，优点在于能以通过量均匀分配 3 个水冷却器的体积流量。该冷却系统未采用创新的温度管理系统。

（一）概述

如图 2-8-26 所示。

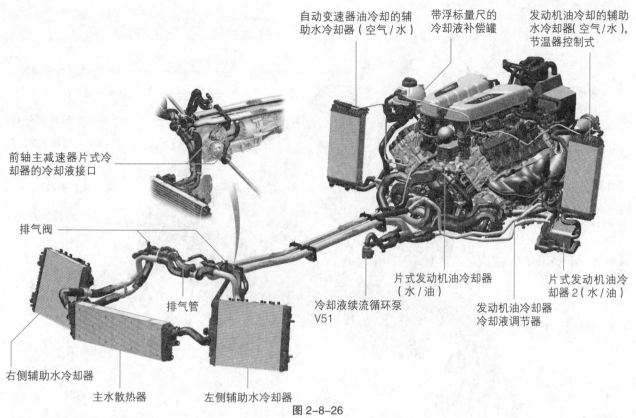

自动变速器油冷却的辅助水冷却器（空气／水）

带浮标量尺的冷却液补偿罐

发动机油冷却的辅助水冷却器（空气／水），节温器控制式

前轴主减速器片式冷却器的冷却液接口

排气阀

片式发动机油冷却器（水／油）

冷却液续流循环泵 V51

发动机油冷却器冷却液调节器

片式发动机油冷却器 2（水／油）

排气管

右侧辅助水冷却器

主水散热器

左侧辅助水冷却器

图 2-8-26

（二）空转冷却

为了对承受较高热负荷之后的动力总成进行空转冷却，两个风扇和单独的空转泵在发动机关闭后都会根据温度和时间被促动。

经过风扇冷却的空转体积流量通过冷却液管路流向发动机，以确保气缸盖较高的温度能够快速降低。

十二、排气装置

行驶过程中的听觉体验主要由发动机／传动系噪声、包括滚动噪声在内的滚动舒适性以及风噪组成。

与此相比，跑车的发动机声效必须能够点燃激情。它在奥迪 R8 中有着运动型中置发动机设计的显著烙印。

加速踏板的每次操作、发动机转速和扭矩的每次变化，都伴随着激动人心且劲爆有力的调制声效，它不仅符合动力总成的性能展现，更能强化其感观效果。所有这些，构成了真正意义上的发动机声效设计的一项必要前提。

车内空间后方紧邻的高性能 5.2L V10 FSI 发动机拥有一流的声学基因。其声音特征以部分负荷运行时有力克制的发动机声效以及全负荷条件下充满运动感的震撼声效而见长。转速和负荷发生变化时，该声效会随之进行调制，从而令驾驶员持续获得 V10 发动机对自身性能充满信心的声音反馈。

（1）排气装置如图 2-8-27 所示。

（2）奥迪 R8 的排气装置采用反射消音器设计，由以下部件组成。

① 2 个带尾气催化净化器上游氧传感器的前尾气催化净化器。

② 2 个温度传感器。

③ 2 个尾气催化净化器下游的氧传感器。

④ 2 个安装在主消音器中的主尾气催化净化器。

⑤ 2 个废气风门。

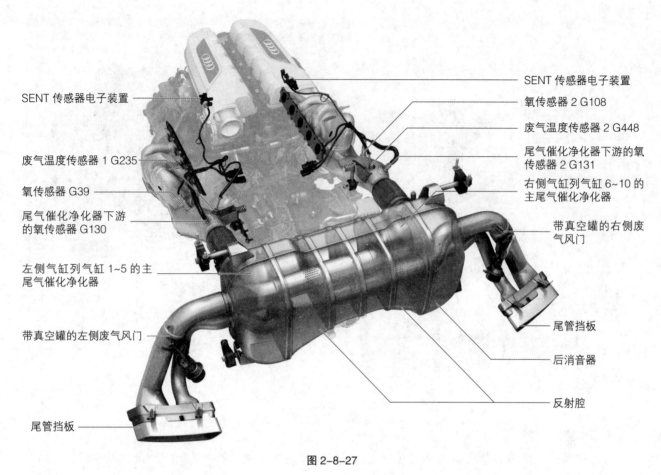

SENT 传感器电子装置

SENT 传感器电子装置

氧传感器 2 G108

废气温度传感器 2 G448

废气温度传感器 1 G235

尾气催化净化器下游的氧
传感器 2 G131

氧传感器 G39

右侧气缸列气缸 6~10 的
主尾气催化净化器

尾气催化净化器下游
的氧传感器 G130

带真空罐的右侧废
气风门

左侧气缸列气缸 1~5 的主
尾气催化净化器

尾管挡板

带真空罐的左侧废气风门

后消音器

反射腔

尾管挡板

图 2-8-27

消音器中的内管有一点特别之处，即右侧气缸列的废气气流从左侧尾管排出，而左侧气缸列的废气气流则从右侧尾管排出。

第九节　2.5L R5 TFSI EA855 EVO 系列发动机

一、概述

在多年前的 1976 年，德国奥迪公司就把第一台 5 缸汽油发动机用于奥迪 100 C2（车型 43）上了。自那时起，这种发动机就成为产品线中的固定成员。这种发动机在系列生产中（也包括在赛车中）使用都是很成功的。另外，这种发动机声效独特，也使其获得了独特的地位，直到现在仍能给人以动人心魄的驾驶体验。生产中甚至还采用了柴油机机型。这个辉煌的时代一直持续至 1997 年，此后这种 5 缸发动机才被新型 V6 TFSI 发动机所取代。

但是，这种发动机又回来了。2009 年这种发动机又大量用于奥迪 TT RS。自 2010 年起，由发动机新闻记者组成的评奖委员会连续 7 次把这种 5 缸发动机评为该级别的"年度发动机"。

EA855 EVO 系列中的这种新型 2.5L R5 TFSI 发动机取代了以前所用的 EA855 系列的 2.5L R5 TFSI 发动机，首次用在了奥迪 TT RS（车型 FV）上，还计划用于其他奥迪车型以及大众集团的其他车型上，如图 2-9-1 所示。

（一）发动机说明和特点

如图 2-9-2 所示。

（1）直列 5 缸汽油发动机。

（2）铝缸体。

（3）每缸4气门，双顶置凸轮轴（DOHC）。

（4）废气涡轮增压器带有增压空气冷却器（最大增压压力2.35 bar绝对压力）。

（5）双管排气系统，带有一个靠近发动机的前置催化净化器，前置催化器前部的一个连续式λ传感器，前置催化净化器后的一个阶跃式λ传感器，连续的λ调节。

（6）可变气门行程调节，奥迪气门升程系统（AVS）在排气侧。

（7）增压空气直接冷却。

（8）全电子式发动机管理系统，有电子油门（E-Gas）双系统：直喷（250 bar）。

（9）可选气缸进气歧管喷射。

（10）自适应λ调节。

（11）特性曲线控制点火装置，带有单点点火线圈。

（12）可选气缸自适应式爆震调节。

（13）智能式温度管理系统。

与前代发动机相比，最主要区别如下：

（1）重量降低了26 kg。

（2）摩擦功率降低了。

（3）结构空间降低使得安装长度减小了（具体

图2-9-1

图2-9-2

是指后部链条驱动和采用单道式皮带驱动）。

（4）功率和扭矩都增大了。

（5）燃油消耗降低了。

（6）MPI/FSI喷射系统。

（7）温度管理（可控式水泵）。

（8）智能式温度管理系统。

重量减轻主要是如下几个措施造成的：曲轴箱是铝制的，油底壳上部是镁制的，铝制黏性减震器，重量优化过的曲轴，铝螺栓的广泛使用。

（二）技术数据

2.5L R5 TFSI发动机的功率—扭矩特性曲线（发动机代码DAZA），如图2-9-3和表2-9-1所示。

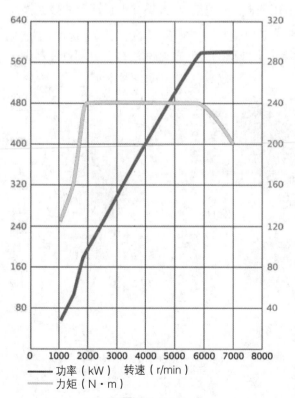

—— 功率（kW）　转速（r/min）

—— 力矩（N·m）

图2-9-3

表 2-9-1

特点	技术数据
发动机代码	DAZA
结构形式	5 缸直列发动机
排量（cm³）	2480
行程（mm）	92.8
缸径（mm）	82.5
缸距（mm）	88
每缸气门数	4
点火顺序	1-2-4-5-3
压缩比	10.0：1
功率（kW），转速（r/min）	294，5850~7000
扭矩（N·m），转速（r/min）	480，1700~5850
燃油	高级无铅汽油 ROZ 98
增压系统	废气涡轮增压器，带有增压空气冷却器（最大增压压力 2.35 bar 绝对）
发动机管理系统	Bosch MED 17.1.62
发动机重量（按 DIN GZ）（kg）	160
废气净化	带有一个靠近发动机的前置催化净化器，前置催化器前部的一个连续式 λ 传感器，前置催化净化器后的一个阶跃式 λ 传感器
排放标准	EU6 plus / LEV3 / Tier 3

二、发动机机械部分

（一）缸体

曲轴箱由灰口铸铁改为铝合金，重量由此减轻 18.8kg。这种"长裙式"曲轴箱采用"Rotacast"加工方式制成。为了提高强度，主轴承盖经激光处理过，并另用横向螺栓固定。另外，水泵螺旋线以及高压燃油泵模块是集成在曲轴箱内的。

气缸工作表面是采用 APS 加工方式（大气等离子喷涂）来处理的。气缸之间还有气缸间壁冷却，如图 2-9-4 所示。

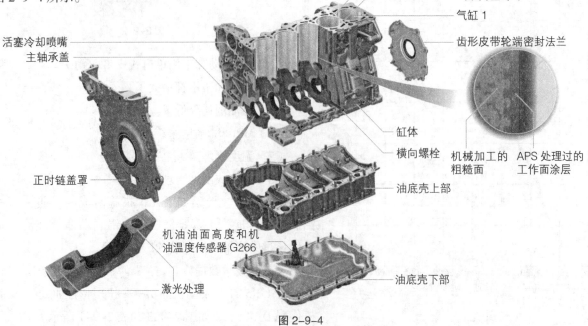

图 2-9-4

（二）正时机构罩（正时链盖罩）

（1）重量减轻 0.6kg。

（2）柔性连接在缸盖上。

（3）结构高度降低了。

（4）固定中间轴转速传感器 G265。

（三）油底壳上部和油底壳下部

油底壳上部是镁合金制成，由此可减轻 1.9 kg。另外，还通过轴承盖螺栓增大了强度。

油底壳下部还能减轻 1.0 kg，它从钢板件改成铝板件。

整个机油供油系统经过优化，不采用干式油底壳润滑也可满足赛车工况。

（四）曲柄连杆机构

1. 曲轴

如图 2-9-5 所示。

尽管功率超过前代发动机，但是曲轴的重量仍降低了 1.5kg。

曲轴是采用 42CrMoS4 锻造并调质而制成的。

为了减小摩擦，曲轴主轴承直径从 58mm 降为 52mm。为了进一步降低重量，在曲拐臂上有孔。

2. 轴瓦

由于轴承负荷增大了，EA855 EVO 发动机曲轴上的轴瓦就采用了 Irox 涂层。

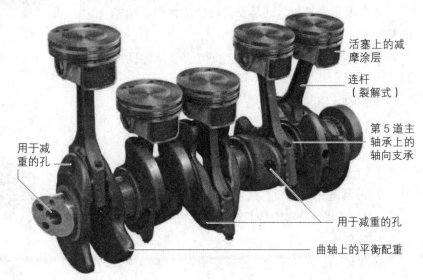

活塞上的减摩涂层

连杆（裂解式）

第5道主轴承上的轴向支承

用于减重的孔

曲轴上的平衡配重

用于减重的孔

图 2-9-5

负荷增大的原因如下：

（1）燃烧压力增大了。

（2）温度升高了。

（3）轴承尺寸变小了。

（4）曲轴挠度更大了。

（5）乙醇成分高的燃油使得机油被稀释了。

（6）智能启停系统。

3. 上 / 下主轴承

主轴瓦组成如下：

（1）钢背（约 2.25mm）。

（2）非常薄的纯铝层（用作附着层，1~3μm）。

（3）AlSn10Si3CuCr 合金（用作原始支承材料，约 0.25mm）。

（4）聚合物层 [约 70 % 酰亚胺 + 氮化硼（硬颗粒）+ 三氧化二铁，用作耐磨层]。

（5）在第 5 道轴承上有轴向支承。

4. 上 / 下连杆轴承

连杆轴瓦组成如下：

（1）钢背（约 1.1 mm）。

（2）非常薄的纯铝层（用作附着层，1~3μm）。

（3）AlSn7Si2.7Cu1.5合金（用作原始支承材料，约0.3mm）。

（4）聚合物层（约70%酰亚胺＋二硫化钼，用作耐磨层）。

（五）活塞和连杆

如图2-9-6所示。

1. 活塞

活塞顶是扁平的，这是发动机能达到很高功率的基础。

（1）环绕的冷却通道，这使得活塞顶温度可降低30℃。

（2）非对称活塞形状。

（3）压缩环布置在浇铸的活塞环槽镶圈内。

（4）活塞杆带有抗磨的减摩涂层。

（5）气门凹座增大了。

（6）活塞销的轴线与活塞中心错开了0.5mm。

（7）活塞和活塞销是配对的。

2. 活塞环

活塞环1：矩形环[上部环支承在活塞环槽镶圈内（压缩环）]。

活塞环2：锥形环。

活塞环3：三件式刮油环。

3. 活塞销

活塞销使用棒料切削而成并有涂层。

独特之处在于其加工精度和专用的涂层。涂层是氮化钼（银色的），该涂层比DCL涂层能承受更大的负荷，用于比如第三代EA888系列发动机。

4. 连杆

是锻造的裂解式连杆，材质为46MnVS5，双T形结构。

连杆小头没有衬套。表面精车并滚压处理。

（六）缸盖

与前代发动机相比，缸盖做了多处修改。由于峰值压力负荷非常高，所以除了使用超高强度的缸盖螺栓外，还使用了5层式的缸盖密封垫。由于废气排气量大，因此排气侧使用了新型的气门杆密封圈。

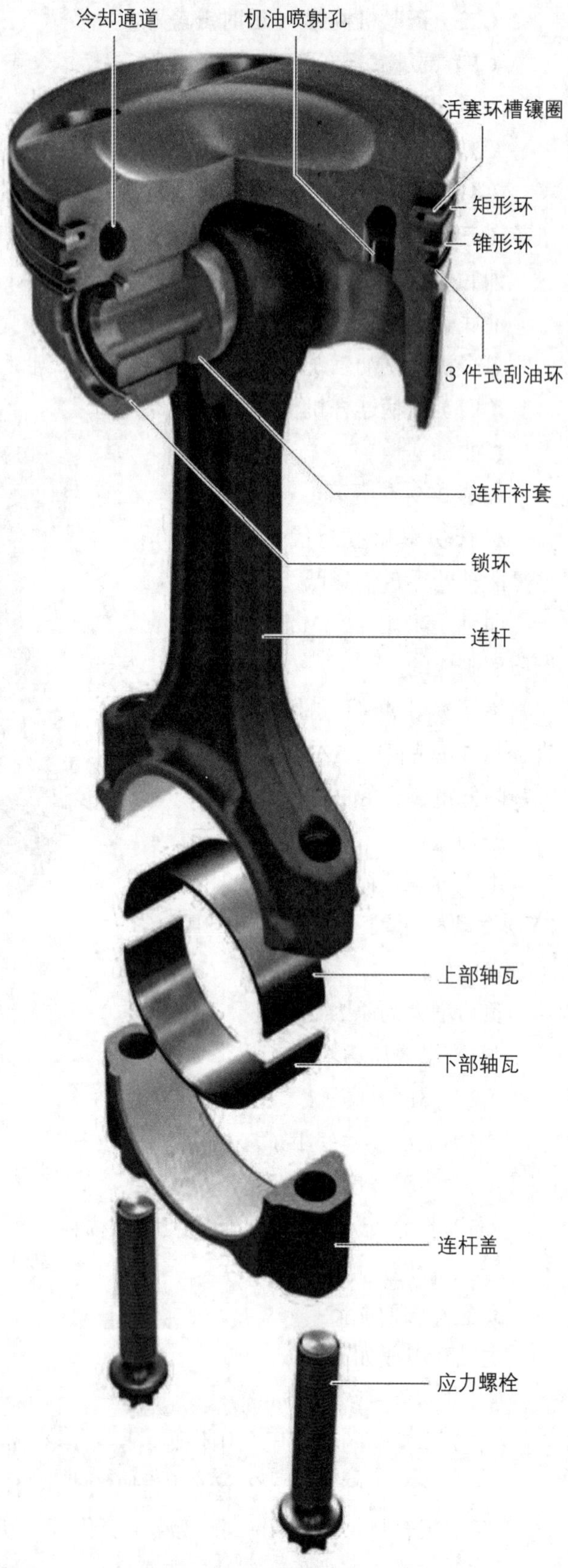

另一个重大改变是凸轮轴的支承，这改进了摩擦情况。这是首次将奥迪气门升程系统应用到了5缸发动机的排气侧。

冷却通道　机油喷射孔
活塞环槽镶圈
矩形环
锥形环
3件式刮油环
连杆衬套
锁环
连杆
上部轴瓦
下部轴瓦
连杆盖
应力螺栓

图2-9-6

还有一个变化是将燃油泵驱动移至链条机构中，这样可减少传入凸轮轴机构中的震动。优点是可以更快速地调节凸轮轴。

缸盖的排气侧，如图2-9-7所示。

1.结构

缸盖的进气侧，如图2-9-8所示。

图 2-9-7

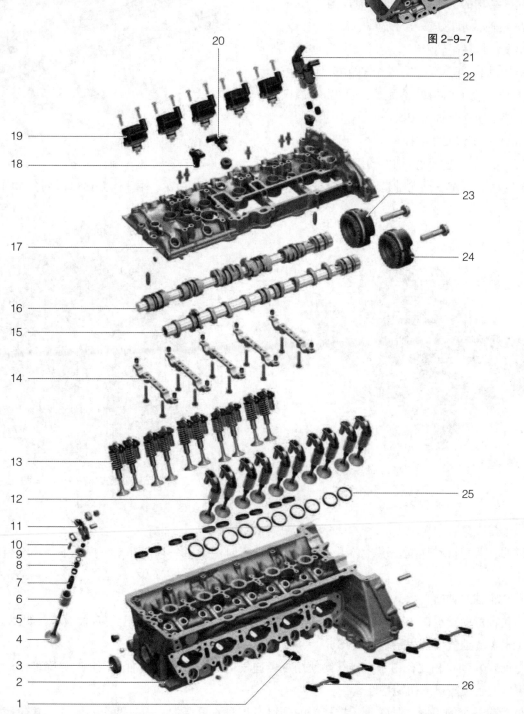

图 2-9-8

1.发动机温度调节传感器 G694 2.缸盖 3.密封盖（防冻塞）4.气门头 5.气门杆 6.气门弹簧 7.气门导管 8.气门杆油封 9.上部弹簧座 10.支承元件 11.滚子摇臂 12.进气门 13.排气门 14.凸轮轴轴承桥 15.进气凸轮轴 16.排气凸轮轴 17.气缸盖罩 18.霍耳传感器 G40 19.排气凸轮轴调节器 20.霍耳传感器3 G300 21.排气凸轮轴调节阀 1 N318 22.凸轮轴调节阀 1 N205 23.排气凸轮轴调节器 24.进气凸轮轴调节器 25.气门座圈 26.通道隔离板

2.凸轮轴

凸轮轴在气缸盖罩中是支撑在巴氏合金轴承上的（滑动轴承支承），如图2-9-9示。

两根凸轮轴借助于轴承桥用螺栓与气缸盖罩连接在一起。

这种结构的优点是安装时没有应力。另外，全部凸轮轴轴承形成一个刚性极高的组合体，这使得发动机在高转速时所受影响小。

链传动机构后面的第一个轴颈要大一些。缸盖本身构成了对面的轴瓦。一旦出现损坏，那么就得更换整个缸盖了。

3.AVS凸轮轴的支承

与以前的奥迪直列汽油发动机不同，这款新型5缸发动机的AVS凸轮轴是支撑在轴基体上的，如图2-9-10所示。第3代EA888系列，如图2-9-11示。

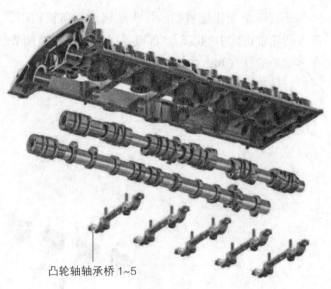

凸轮轴轴承桥1~5

图2-9-9

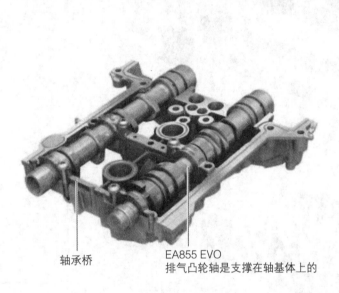

轴承桥

EA855 EVO
排气凸轮轴是支撑在轴基体上的

图2-9-10

第3代EA888系列
排气凸轮轴是支撑在AVS凸轮块上的

图2-9-11

那个是支撑在凸轮块上的。这个的好处是摩擦减小了。

说明：要想拆卸气缸盖罩，必须先取下凸轮轴正时链条；一旦前部支承损坏了，那么就得更换整个缸盖。

4.凸轮轴的轴向支承

凸轮轴侧面支承在3缸和4缸之间轴承桥的轴瓦上。为此，凸轮轴上装有轴承环，如图2-9-12示。

（七）奥迪气门升程系统（AVS）

与前代发动机相比，由于在排气侧使用了奥迪气门升程系统，燃油消耗是明显降低了。另外，该系统还可以改善发动机的扭矩特性。

与以前系统的不同之处在于，排气门的开启行程是不可调的。通过两个不同的凸轮轮廓来改变气门开启的持续时长（就是打开的持续时间）。

1.工作原理

该系统与凸轮轴调节机构一同工作。与进气凸轮轴和排气凸轮轴的相位调节机构（进气侧调节角最大可达 50° 曲轴角；排气侧调节角最大可达 42° 曲轴角）以及排气侧改变气门开启的持续时长（就是打开的持续时间）一起，可以有效将气缸内残余废气减至非常少。

使用奥迪气门升程系统能实现如下幅度之间的切换：200° 曲轴角的气门开启持续时长（用于低负荷和部分负荷的节油工况）和 270° 曲轴角的气门开启持续时长（用于全负荷时的快速响应和高功率），如图 2-9-13~ 图 2-9-15 所示。

说明：在维修时，如果因凸轮块滑动过远而导致钢球或弹簧丢失，可以补定。如果凸轮块滑离花键，那就必须更换整个凸轮轴了（凸轮块在每个位置都得匹配）。在供货状态时，新凸轮轴上的凸轮块处于功率凸轮轮廓位置。功率凸轮轮廓 270° 曲轴角如图 2-9-14 所示，部分负荷凸轮轮廓 200° 曲轴角如图 2-9-15 所示。

2. 排气凸轮轴的构造

凸轮块是推到带花键的轴基体上的，用钢球和弹簧来定位。每个凸轮块使用一个双执行器来实施调节，执行器可在两个

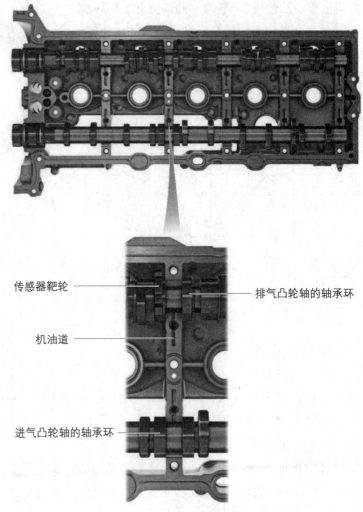

图 2-9-12

传感器靶轮
排气凸轮轴的轴承环
机油道
进气凸轮轴的轴承环

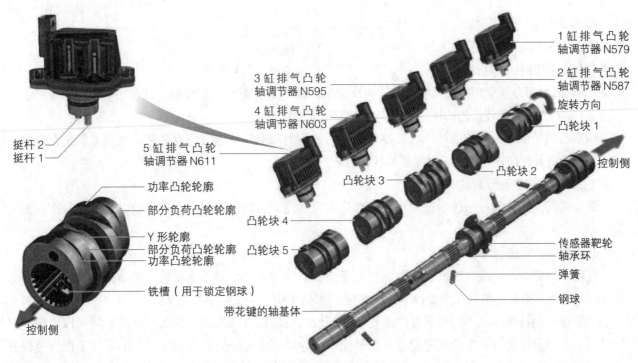

挺杆 2
挺杆 1

功率凸轮轮廓
部分负荷凸轮轮廓
Y 形轮廓
部分负荷凸轮轮廓
功率凸轮轮廓
铣槽（用于锁定钢球）
带花键的轴基体

控制侧

3 缸排气凸轮轴调节器 N595
4 缸排气凸轮轴调节器 N603
5 缸排气凸轮轴调节器 N611

凸轮块 4
凸轮块 5
凸轮块 3

1 缸排气凸轮轴调节器 N579
2 缸排气凸轮轴调节器 N587
旋转方向
凸轮块 1
凸轮块 2
控制侧
传感器靶轮
轴承环
弹簧
钢球

图 2-9-13

方向上移动凸轮块。凸轮块中间部分有 Y 形轮廓。

在这个轮廓上，根据触发情况，排气凸轮轴调节器（执行器）的某些挺杆会缩回，于是凸轮块就向相应方向移动了。

排气凸轮轴调节器的匹配情况如表 2-9-2 和图 2-9-16 所示。

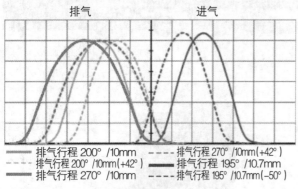

图 2-9-16

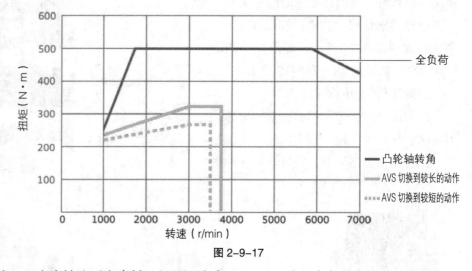

图 2-9-14 　　　　图 2-9-15

表 2-9-2

连接	状态和功能
A1	线圈 1 接地 = 挺杆 1= 凸轮块切换到功率凸轮轮廓上
A2	线圈 2 接地 = 挺杆 2
A3	端子 87 供电 = 凸轮块切换到部分负荷凸轮轮廓上

3.AVS 工作范围

在发动机关机后，所有凸轮块都停在部分负荷凸轮轮廓上。随后要想切换到功率凸轮轮廓上的话，是通过特性曲线确定的切换点在转速为 3800r/min 和燃烧室平均压力为 11 bar 时实施的。

如图 2-9-17 所示。如果机油温度低于 –10 ℃，那么就不会发生切换，转速高

图 2-9-17

于 4000 r/min 也不会发生切换。只有当转速再次降低且机油温度高于 –10 ℃ 时，才会再次发生这个切换。

（1）AVS 切换到较长的动作。

功率凸轮轮廓——较长的动作。在整个全负荷范围内和响应特性方面有优势，改善低转速范围时的扭矩，因为这种气门正时设计可以提高低转速时的扫气效率。

（2）AVS 切换到较短的动作。

部分负荷凸轮轮廓——较短的动作。在部分负荷油耗、启动特性和未处理排放以及运行噪声方面有优势。

4. 故障时的系统状态

在发生故障时，系统会试图让所有气缸处于同一个动作时长。如果这是较短的动作时长状态，那么充气率还会适度降低，但这在正常行车时几乎是觉察不出来的，如表 2-9-3 所示。

如果在发动机维修后，并非所有的凸轮都处于较短的动作时长状态，那么发动机依然可以启动，但是在接下来的怠速阶段，发动机可能运行不平稳，因为调节是按较短的动作来进行的。如果把转速提升到 1200~1800r/min，那么系统会来回切换两次并再次回到较短的动作时长状态。因此，在安装排气凸轮轴

表 2-9-3

系统/传感器	故障存储记录		应急运行/功率降低		转速下降			可恢复正常吗? DCY		灯	
	有	无	是	否	是	否	DRZ	是	否	MIL	EPC
较长的凸轮	X			X	X		X	X		X	X
较短的凸轮	X			X	X		X	X			X
混合工作模式	X			X	X		X	X		X	X

时要注意：所有凸轮块都要处于较短的动作时长状态。

5. 排气门的气门杆油封

由于废气排气量大，因此排气侧使用了新型的气门杆密封圈，这种新油封比旧的要长一些，它除了正常功能外，还用作气门弹簧垫，因此无法将其从气门导管上脱滑下来，如图 2-9-18 所示。

6. 气缸盖密封垫

如图 2-9-19 所示。

（1）5 层式结构，带有上、下两层光板。

（2）集成高度 1.3 mm。

（3）缸盖油孔有节流功能。

7. 缸盖隔音

为了减少发动机产生的噪声，直接在气缸盖罩上安装了一个隔音件，它是用聚醚聚氨酯泡沫制成的，如图 2-9-20 所示。

（八）正时机构

这套两级正时机构位于变速器侧。初级机构 A 中是借助于 8mm 齿链由曲轴驱动机油泵和中间轴。中间轴是个组合构件，它驱动凸轮轴以及燃油系统的高压泵和真空泵。

高压燃油泵的驱动装置从缸盖移到了缸体上。

在次级机构中，中间齿轮是通过 8mm 滚子链来驱动的。

整个链条机构因弯曲半径和传动比而在摩

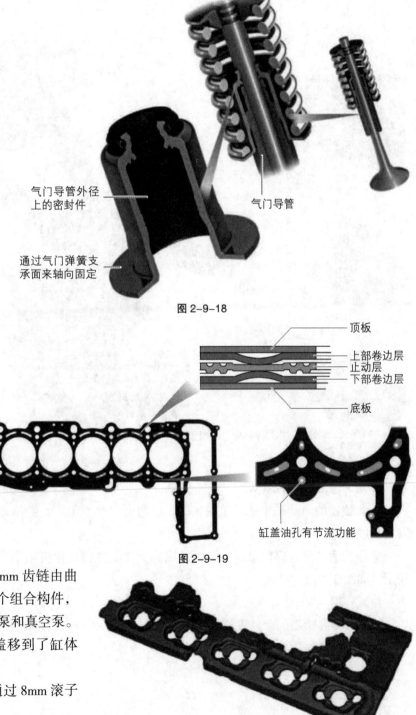

气门导管外径上的密封件

气门导管

通过气门弹簧支承面来轴向固定

图 2-9-18

顶板

上部卷边层
止动层
下部卷边层

底板

缸盖油孔有节流功能

图 2-9-19

图 2-9-20

擦方面进行了优化。发动机结构长度可减小 2 mm，如图 2-9-21 所示。

优点：

（1）改进了对凸轮轴所产生的震动情况，链传动机构受力也减小了。

（2）燃油管路较短（与在缸盖上时相比而言）。

（3）就行人保护方面而言能更好地一体化（与发动机舱盖的距离）。

（4）即使将来燃油压力更高了，此系统仍能使用。

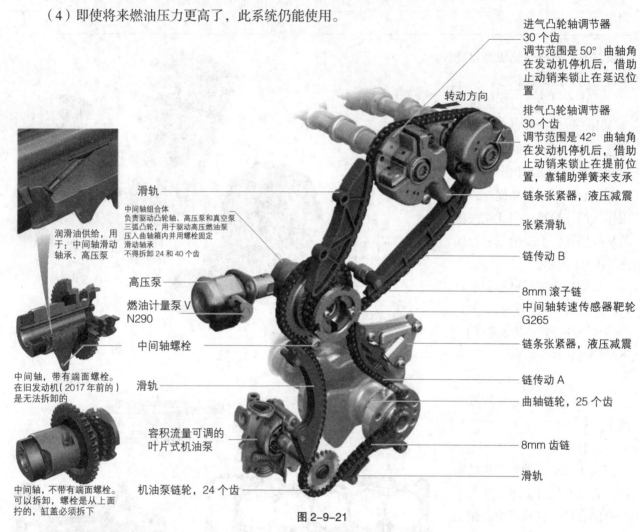

进气凸轮轴调节器
30 个齿
调节范围是 50° 曲轴角
在发动机停机后，借助
止动销来锁止在延迟位置

排气凸轮轴调节器
30 个齿
调节范围是 42° 曲轴角
在发动机停机后，借助
止动销来锁止在提前位置，靠辅助弹簧来支承

转动方向

链条张紧器，液压减震

张紧滑轨

链传动 B

8mm 滚子链
中间轴转速传感器靶轮
G265

链条张紧器，液压减震

链传动 A

曲轴链轮，25 个齿

8mm 齿链

滑轨

滑轨

中间轴组合体
负责驱动凸轮轴、高压泵和真空泵
三弧凸轮，用于驱动高压燃油泵
压入曲轴箱内并用螺栓固定
滑动轴承
不得拆卸 24 和 40 个齿

润滑油供给，用于：中间轴滑动轴承、高压泵

高压泵

燃油计量泵 V
N290

中间轴螺栓

滑轨

容积流量可调的
叶片式机油泵

机油泵链轮，24 个齿

中间轴，带有端面螺栓。
在旧发动机（2017 年前的）
是无法拆卸的

中间轴，不带有端面螺栓。
可以拆卸，螺栓是从上面
拧的，缸盖必须拆下

图 2-9-21

（九）辅助装置的驱动

辅助装置的驱动采用的是单向式的，这与前代车型不同。做这种改动，目的是为了缩短动力总成的安装长度。

这样的话，就可以保证能将动力总成集成在横置模块化机构中，而不必对车辆前部的结构做大的改动了，如图 2-9-22 所示。

1. 减震器

该减震器是铝制的，减震的阻尼是通过浮在黏性机油中的钢圈来实现的，如图 2-9-23 所示。

2. 发动机的结构长度

如图 2-9-24 所示。

（十）曲轴箱通风系统

1. 系统一览

如图 2-9-25 所示。

水泵驱动
φ113mm

发电机驱动
φ65mm

减震器
φ161mm

多楔式皮带

皮带张紧器总成
φ65mm

空调压缩机驱动
φ122mm

导向辊
φ70mm

图 2-9-22

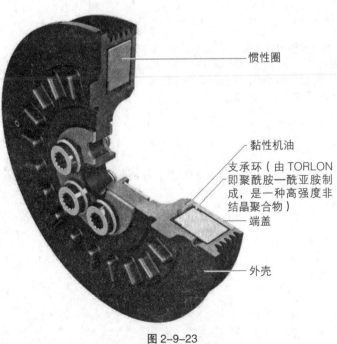

惯性圈

黏性机油

支承环（由 TORLON
即聚酰胺—酰亚胺制
成，是一种高强度非
结晶聚合物）

端盖

外壳

图 2-9-23

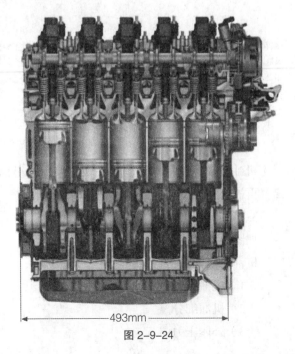

493mm

图 2-9-24

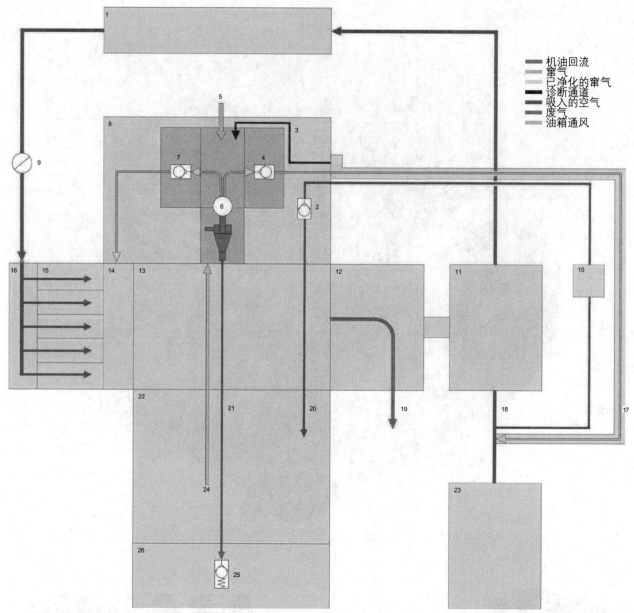

机油回流
窜气
已净化的窜气
诊断通道
吸入的空气
废气
油箱通风

1.增压空气冷却器 2.止回阀 3.诊断通道 4.止回阀 5.燃油箱通风 6.压力调节阀 7.止回阀 8.机油分离模块 9.节流阀 10.曲轴箱通风阀 N546 11.压气机 12.涡轮 13.缸盖 14.进气道 15.进气歧管下部 16.进气歧管上部 17.增压工况时的通气管 18.进气管 19.排气端 20.曲轴箱强制通风管 21.机油回流 22.曲轴箱 23.空气滤清器壳体 24.窜气 25.重力阀 26.油底壳

图 2-9-25

2. 窜气经链盒流入缸盖

气流在此处转向而形成第一次机油粗分离。

机油分离模块用法兰固定在气缸盖罩的上面。窜气中的发动机机油在这个分离模块中被分离，然后窜气再被送往燃烧空气。

3. 机油分离模块

如图 2-9-26 所示。

机油分离模块执行下述功能：

（1）机油粗分离。

（2）机油细分离。

（3）缸体压力调节。

512

（4）窜气容积流量分配。

①借助于止回阀。

②废气涡轮增压器进气方向。

③进气歧管方向。

（5）曲轴箱强制通风。

（6）活性炭滤清器入口。

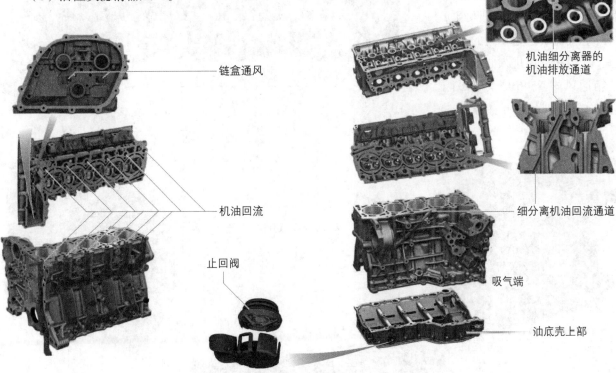

凸轮轴轴承 4

机油细分离器的
机油排放通道

链盒通风

机油回流

细分离机油回流通道

止回阀

吸气端

油底壳上部

图 2-9-26

4. 机油回流

机油粗分离器分离出的机油，经粗分离器 4 个腔底部的孔直接流入缸盖，由此流回油底壳。机油细分离器分离出的机油，经过模块内的一个单独通道被输送到发动机的细机油回流通道，该通道穿过缸盖以及缸体，终止于油底壳上部的重力阀处。当发动机关闭后，如果回流通道内收集到一定量机油，该阀会打开。

5. 已净化的窜气的引出

通过机油分离模块来实现窜气的容积流量分配，根据空气供给系统内的压力总体情况，或者引向废气涡轮增压器涡轮进气侧，或者直接引入缸盖的进气通道中，如图 2-9-27 和图 2-9-28 所示。

PCV 阀
曲轴箱通风阀
N546 带有集成的
止回阀（朝进气歧
管方向是关闭的）

活性炭罐入口

活性炭罐电磁阀 1 N80

管路连接到废气
涡轮增压器，保
证加州空气资
源委员会 CARB
的要求

窜气入口，通
向废气涡轮增
压器吸气侧

进气歧管

复式旋风分离器　膜片式压力调节阀　阀体，带有：
100mbar　　　　　　　　　PCV—阀膜片、曲轴箱通风止回阀

机油分离模块

图 2-9-27

6. 曲轴箱通风（PCV）

如图 2-9-29 所示。

为了给曲轴箱通风，就从进气段抽取新鲜空气，新鲜空气经曲轴箱通风阀 N546 被引入机油分离模块内，新鲜空气在此处还要流经一个膜片阀（止回阀）。新鲜空气经气缸盖罩内的独立通道、缸盖和缸体进入曲轴箱。曲轴箱通风阀 N546 是个电磁阀，它在未通电时是打开着的。

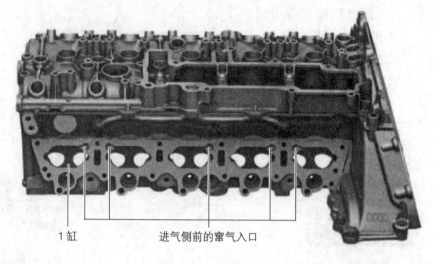

1 缸　　　　进气侧前的窜气入口

图 2-9-28

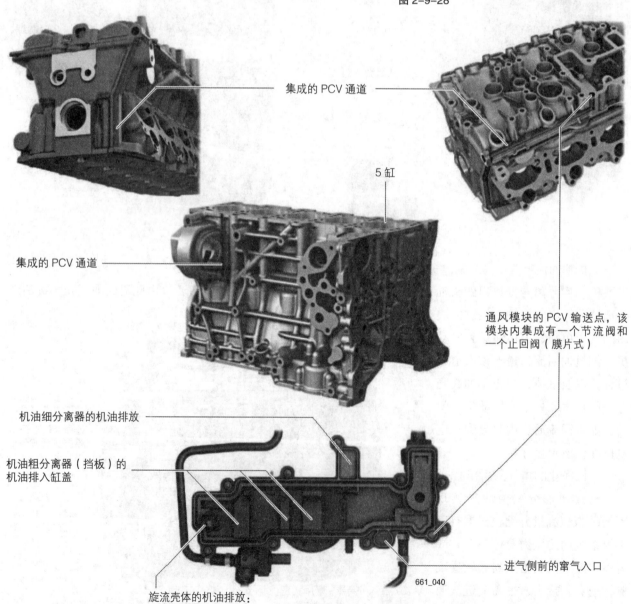

集成的 PCV 通道

集成的 PCV 通道

5 缸

通风模块的 PCV 输送点，该模块内集成有一个节流阀和一个止回阀（膜片式）

机油细分离器的机油排放

机油粗分离器（挡板）的机油排入缸盖

进气侧前的窜气入口

661_040

旋流壳体的机油排放：
窜气流经旋风装置前，这些机油聚焦在旋风式分离器腔内。在旋风式分离器上游还有挡板和 2 个膜片阀，机油粗分离也发生在此处

图 2-9-29

N546 在下述情况时应是关闭的。

①减速超速切断。

②主动混合气自适应。

③怠速。

④部分负荷。

为此，根据发动机转速、空气质量和进气歧管压力用特性曲线计算出 N546 的触发信号。

7. 活性炭罐入口

活性炭罐电磁阀 1 N80 在未通电时是关闭着的，活性炭罐的质量流量由发动机控制单元通过 N80 的占空比来进行调节。

（1）为此需要分析下述输入量。

①进气歧管压力。

②环境压力（发动机控制单元内的传感器）。

③发动机负荷。

④蓄电池电压。

⑤活性炭罐负荷（通过 λ 调节器来分析）。

（2）发动机工作时，N80 在下述情况时是关闭的。

①减速超速切断。

②智能启停模式时的停车阶段。

③端子 15 断电。

④各种诊断。

8. 机油分离模块

该模块连同底部的机油粗分离器一同在缸盖内，窜气在此处流入。

在挡板上完成粗分离后，窜气就流经旋风式分离器去进行细分离。

净化后的窜气这时经压力调节阀进入通风模块，窜气在此处以受控方式经膜片阀被排向废气涡轮增压器方向或者进气道方向，如图 2-9-30 和图 2-9-31 所示。

图 2-9-30

9. 重式旋风分离器

（1）旁通阀，容积流量过大时会打开。

（2）2 个止回阀（缸体内压力过大时关闭）。

窜气流入旋风式分离器的腔内。如果在发动机强力工作时通气量很大的话，旁通阀就会打开。于是一部分窜气就流过旋风式分离器，这是必须的，只有这样才能使得曲轴箱内不产生压力。在窜气流入旋风式分离器前，窜气必须还要穿过上游的粗分离器，窜气在这里流经两个膜片阀，这里收集的机油随后进入旋风式分离器自己的机油回流管中。

系统内的功能故障会引起机油消耗过高（因机油分离不彻底或发动机运行工况差）。可以在机油尺处测量压力来对系统进行检查，具体就是看 PCV 阀的工作情况。如果系统完好，那么在发动机怠速运行时，

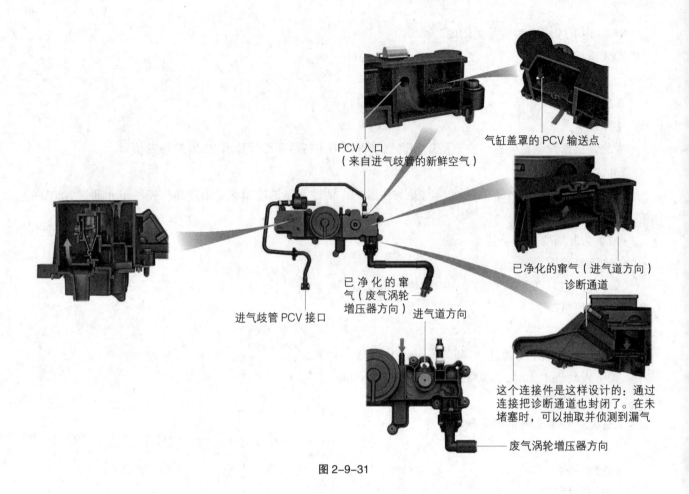

气缸盖罩的 PCV 输送点

PCV 入口
（来自进气歧管的新鲜空气）

已净化的窜气（进气道方向）
诊断通道

进气歧管 PCV 接口

已净化的窜气（废气涡轮增压器方向）　进气道方向

这个连接件是这样设计的：通过连接把诊断通道也封闭了。在未堵塞时，可以抽取并侦测到漏气

废气涡轮增压器方向

图 2-9-31

这个压力应在 –85~120 mbar 之间。测压力时可以使用涡轮增压器检测仪 V.A.G 1397 A 。

三、机油供给系统

发动机的机油循环是按照很高的机油流通量来设计的，以便更好地满足冷却需要。相比于前代发动机，现在采用了一个供油能力更大的机油泵。

采用活塞冷却喷嘴来对活塞进行冷却，这个喷嘴是常开的，向活塞顶的冷却通道内喷机油。

（一）一览

如图 2-9-32 所示。

部件在发动机上的布置如图 2-9-33 所示。

（二）机油泵

如图 2-9-34 所示机油泵位于油底壳上部的上方，用螺栓拧在缸体上。机油泵是由曲轴借助齿链来驱动的，于是就产生了一个增速比，因此该泵的最高转速可达 7200 r/min。与前代发动机相比，泵的供油量也提高了。为了让发动机满足严格的排放值（EU6AG），可以将该泵的功能扩展成双级压力调节式的。

机油泵的结构是叶片式的，带有可翻转的滑阀（调节滑阀）。该滑阀可以借助机油压力顶着调节弹簧力而转动，于是泵腔发生变化，泵的供油量也就跟着发生变化了。为此而需要的机油压力是从主机油道分来的，该机油压力被引至泵控制腔内的旋转滑阀控制面上。这个泵调节过程可保证总是能输送足够的发动机机油，而不需要大幅提升机油压力。

1. 机油循环中的传感器

这款 EA855 EVO 系列的 2.5L TFSI 发动机使用的不是可变式机油压力调节。但是在开发时，所有的

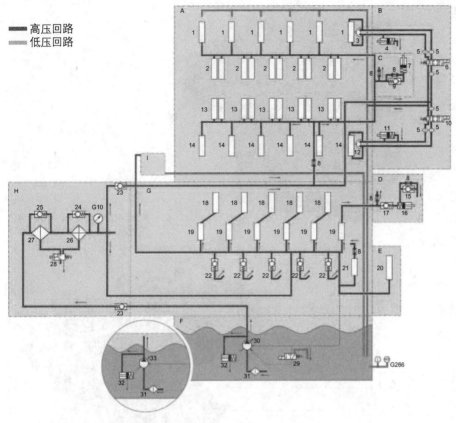

图例：
■ 高压回路
■ 低压回路

A.缸盖 B.气缸盖罩 C.链条张紧器 D.链条张紧器（初级） E.真空泵 F.油底壳 G.曲轴箱 H.机油模块 I.废气涡轮增压器 1.排气凸轮轴轴承 2.排气侧支承元件 3.排气凸轮轴调节器 4.排气凸轮轴调节器锁止机构 5.机油滤网 6.排气凸轮轴调节器控制阀 7.链条张紧器（次级） 8.节流阀 9.链条张紧器内的止回阀 10.进气凸轮轴调节器控制阀 11.进气凸轮轴调节器锁止机构 12.进气凸轮轴调节器 13.进气侧支承元件 14.进气凸轮轴轴承 15.链条张紧器过压阀 16.链条张紧器（初级）17.链条张紧器内的止回阀 18.连杆轴承 19.曲轴主轴承 20.真空泵轴承 21.中间轴轴承 22.活塞冷却喷嘴（开启压力1.5~1.8bar，关闭压力 最低1.4bar）23.机油模块内的止回阀 24.机油冷却器旁通阀 25.机油滤清器旁通阀 26.机油/冷却液热交换器（发动机机油冷却器）27.机油滤清器 28.机油滤清器模块内的机油排放阀 29.低压控制阀 30.具有双级压力调节的机油泵 31.机油泵的抽油滤网 32.冷启动阀 33.具有单级压力调节的机油泵 G10.机油压力传感器 G266.机油油面高度/机油温度传感器

图 2-9-32

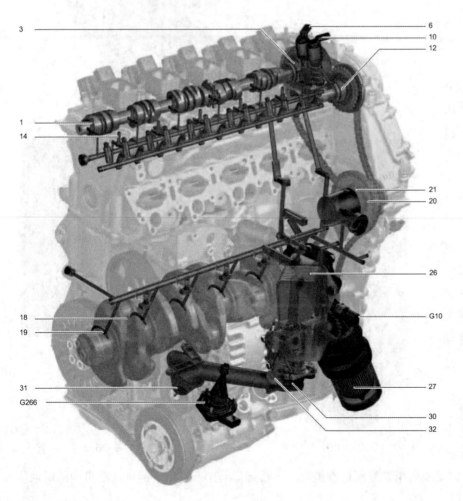

1.排气凸轮轴轴承 3.排气凸轮轴调节器 6.排气凸轮轴调节器控制阀 10.进气凸轮轴调节器控制阀 12.进气凸轮轴调节器 14.进气凸轮轴轴承 18.连杆轴承 19.曲轴主轴承 20.真空泵轴承 21.中间轴轴承 26.机油/冷却液热交换器（发动机机油冷却器）27.机油滤清器 30.具有双级压力调节的机油泵 31.机油泵的抽油滤网 32.冷启动阀 G10.机油压力传感器 G266.机油油面高度/机油温度传感器

图 2-9-33

部件都是有的，以便在需要时能实现全可变式机油压力调节。

为此仅需在发动机缸体上再加装一个用于机油泵调节的控制阀就可以，相应的浇口在开发发动机时已经予以考虑了。

2. 机油压力传感器 G10

如图 2-9-35 所示。

G10 拧在机油滤清器支架内，它用于测量主机油道内的机油滤清器下游的机油压力和机油温度。这个机油压力传感器是为了可靠性和功能性而安装的，根据它的信号可以在发动机控制单元内对实际的机油压力进行分析。该传感器内的电子装置将获取的信号借助 SENT 协议传送给发动机控制单元。该传感器的供电电压是 5V。

3. 机油油面高度 / 机油温度传感器 G266

如图 2-9-36 所示。

由发动机控制单元来对 G266 的信号进行分析。机油温度和机油油面高度的测量值用于计算机油换油周期。机油温度和机油油面高度的信息借助 PWM 信号传至发动机控制单元。该传感器的供电电压是 12V。

（三）机油滤清器支架 / 机油冷却器

机油滤清器支架用法兰固定在缸体上，该支架内部在输送来自机油泵的机油；另外，还有部分冷却液也从这里流过。密封是通过橡胶密封垫来实现的。

在机油滤清器支架的下部，滤清器壳体用螺栓与滤芯固定着。机油冷却器用法兰固定在机油滤清器支架侧面。机油滤清器支架内用螺栓固定着机油压力传感器 G10，它用于测量发动机内的机油压

控制通道，将来自主机油道的压力机油引至泵的控制腔

泵供油

链轮（不得松开螺栓）

转子

叶片

调节滑阀

调节弹簧

过压阀（冷启动阀）10bar

图 2-9-34

图 2-9-35

图 2-9-36

力，如图 2-9-37 和图 2-9-38 所示。

机油冷却器

机油压力传感器
G10

滤清器壳体

图 2-9-37

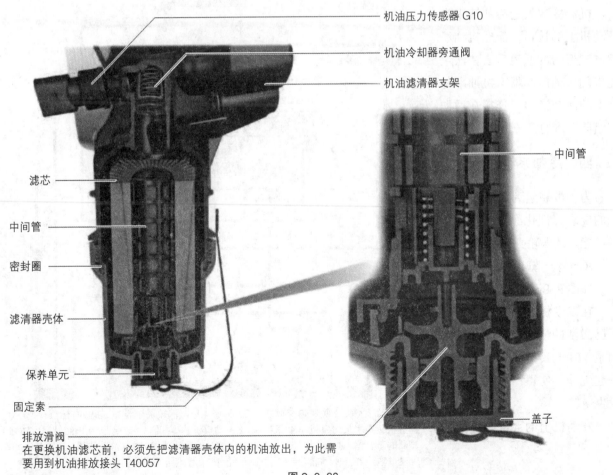

机油压力传感器 G10

机油冷却器旁通阀

机油滤清器支架

中间管

滤芯

中间管

密封圈

滤清器壳体

保养单元

固定索

盖子

排放滑阀
在更换机油滤芯前，必须先把滤清器壳体内的机油放出，为此需
要用到机油排放接头 T40057

图 2-9-38

（四）机油循环

机油泵输送的机油流经缸体上的一个机油通道而进入机油滤清器支架，机油在这里首先流经止回阀，该阀可防止发动机机油通道内的机油空运行，因此在发动机启动后可以尽快建立起机油压力。

随后，发动机机油由外向内流经机油滤清器滤芯。净化过的机油随后从机油滤清器支架进入机油冷却器，然后再流回机油滤清器支架。机油油流在此处分岔了。

首先，从这里开始给缸体供应机油；另一股机油用于给缸盖供应机油。为了让机油能去往缸盖，就在机油滤清器支架上另装了一个止回阀。在机油滤清器支架上还有第三个阀，就是冷却器旁通阀，如果该阀打开了，机油滤清器支架的一部分机油就会绕过机油冷却器而去往发动机。

冷却液循环如图 2-9-39 所示。

机油冷却器的冷却液来自发动机上的接口，流经机油滤清器支架内的通道后去往法兰连接的机油冷却器。机油冷却器上的冷却液出口连接在通向节温器壳体的管子上。

四、冷却系统

为了可靠达到 EU6 排放标准的要求，催化净化器布置在尽可能靠近涡轮壳体附近。

（一）一览

如图 2-9-40 所示。

在发动机已停机且续动运行已激活的情况下，冷却液续动泵 V51 与冷却液截止阀 N82 一起工作，使得冷却液的流向发生逆转。

发动机上的部件布置如图

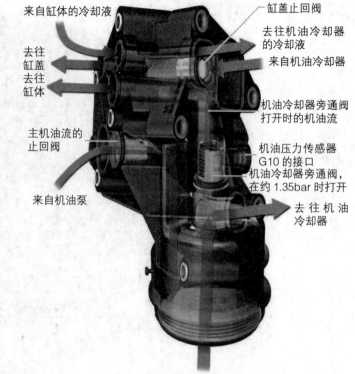

通过机油滤清器过滤后的发动机机油

图 2-9-39

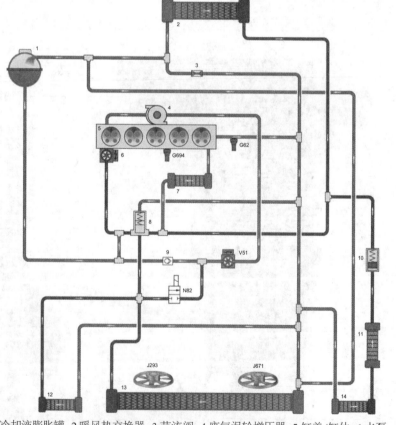

1.冷却液膨胀罐 2.暖风热交换器 3.节流阀 4.废气涡轮增压器 5.缸盖/缸体 6.水泵，可通过机械式水泵切换阀N649来控制 7.发动机机油冷却器 8.节温器 9.止回阀 10.ATF冷却器的节温器 11.ATF冷却器 12.冷却液的辅助散热器 13.冷却液散热器 14.冷却液的左侧辅助散热器 J293.散热器风扇控制单元 J671.散热器风扇控制单元2

图 2-9-40

2-9-41 所示。

（二）智能式温度管理系统（ITM）

智能式温度管理系统 ITM 的任务是让发动机尽快预热。为了能在预热过程中控制发动机的热流，就使用了可控式水泵。

为了监控发动机温度，使用了两个温度传感器。为了防止发动机停机后损坏部件，使用了一个电动附加水泵来防止出现积热。由发动机控制单元来负责智能式温度管理系统 ITM 的调节。

1. 水泵

水泵是由曲轴通过多楔皮带永久驱动着的。

在发动机冷启动和预热过程中，智能式温度管理系统 ITM 会使得发动机缸体内的冷却液停住不动（就是不流动）。为此，借助真空将调节挡板逆着压力弹簧的力拉至泵轮上，于是泵就无法输送冷却液了。

用于实现这个切换的真空是通过机械式水泵切换阀 N649 来控制的。环境温度和发动机启动温度在 –16~60 ℃（在缸盖内测得的）之间时，该泵就不工作，如图 2-9-42 和图 2-9-43 所示。

2. 冷却液循环中的传感器

如图 2-9-44 所示。

（1）发动机温度调节传感器 G694。

使用负温度系数电阻（NTC）来确定 3 缸燃烧室

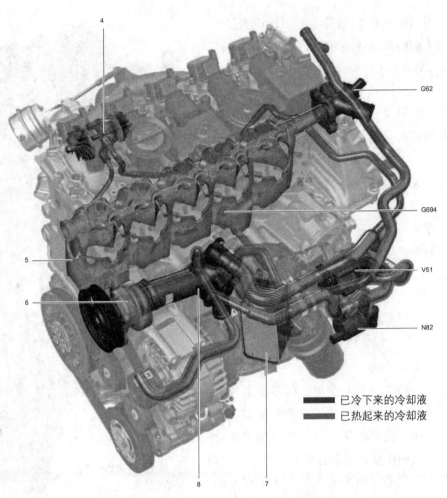

4.废气涡轮增压器 5.缸盖/缸体 6.水泵，可通过机械式水泵切换阀N649来控制 7.发动机机油冷却器 8.节温器 G62.冷却液温度传感器 G694.发动机温度调节传感器 N82.冷却液截止阀 V51.冷却液续动泵

■■■■ 已冷下来的冷却液
■■■■ 已热起来的冷却液

图 2-9-41

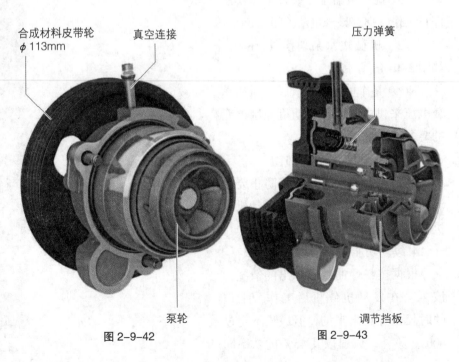

合成材料皮带轮 φ113mm　真空连接　压力弹簧

泵轮　　调节挡板

图 2-9-42　　　　图 2-9-43

附近缸盖内的部件温度，该传感器并未由冷却液环绕冲刷。温度测量范围：-40~180℃。

发动机控制单元需要用该传感器的信号来计算冷却液续动泵 V51 的续动运行时间。

（2）冷却液温度传感器 G62。

G62 用于测量缸体内冷却液温度，它固定在缸盖的出口处。发动机控制单元需要用该传感器的信号来让冷却液停止流动（指在发动机预热时）。

另外，该信号还用于计算各种特性曲线和诊断。

3. 冷却液循环的执行元件

（1）冷却液截止阀 N82，如图 2-9-45 所示。

N82 是个电磁阀，在不通电时它是关闭着的，它集成在冷却液循环管路中。需要的话，发动机控制单元会让该阀接地，它就打开了。

只有在这个状态时，才能在发动机不工作时从散热器抽取已凉的冷却液去对废气涡轮增压器进行冷却。要求打开 N82 的指令发出后，冷却液续动泵 V51 就被激活了。如果 V51 再次停止工作，那么该阀也就关闭了。

（2）机械式水泵切换阀 N649，如图 2-9-46 所示。

N649 是个电动转换阀，它采用车载电压来供电，根据发动机控制单元的要求来接地。

（3）冷却液续动阀 V51。

这个电动辅助水泵用于防止废气涡轮增压器过热。已热了的发动机停机时，该水泵才会工作。

4. 续动功能

根据按特性曲线计算出的情况，该泵会在发动机停机后工作，工作的时长是计算出来的，但最长不超过 600s。另外，风扇以其 45% 的功率同

冷却液温度传感器 G62

发动机温度调节传感器 G694

图 2-9-44

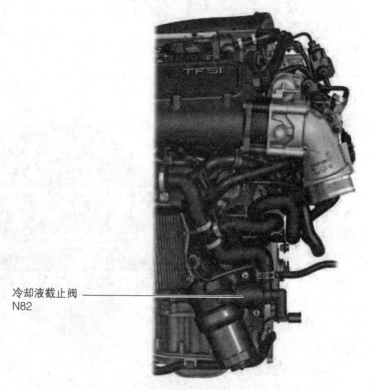

冷却液截止阀 N82

图 2-9-45

时工作，但风扇并非一定与 V51 一同工作。

此外，V51 工作时，冷却液截止阀 N82 会始终打开着。一旦 V51 被发动机控制单元激活（PWM），那么 V51 就始终以全功率在工作，如图 2-9-47 所示。

为了保证冷却系统可靠加注和排气，可以用车辆诊断仪在基本设定中激活维修位置，这样冷却系统的阀就打开了。如果使用 VAS 6096/2 来给冷却系统排气，可在系统中产生比以前更大的真空。受系统制约，开车行驶而让车热起来并再次检查冷却液液面是必不可少的，因为只有在试车时，变速器冷却循环的节温器才会打开。

机械式水泵切换阀 N649
水泵的皮带轮
空调压缩机

图 2-9-46

五、空气供给系统和增压系统

（一）一览

空气供给系统的设计，首先要满足这几点：空气流量最大，节流损失很小，空气路径短而直接。增压空气冷却器布置在车辆正面的下部区域，这就完全处于风的冲击区域了，也就提高了冷却能力。

空气质量（重量）信息通过两个压力/温度传感器来获取：节气门上游的是增压压力传感器 G31，节气门

冷却液续动泵 V51

图 2-9-47

下游的是进气温度传感器 G42/进气歧管压力传感器 G71。这两个传感器都是借助 SENT 协议来传送信号的。

（二）进气歧管

进气歧管由两部分构成，是用铝合金通过砂型铸造工艺制成的。在进气歧管下部集成有一个气动操控的翻板装置，该翻板装置与涡旋式进气道一起工作，就可以形成使得混合气混合得极为均匀的充气运动。

另外，此处还装有 MPI 系统的部件。

进气歧管上部设计成一个空气收集器，此处用螺栓固定着节气门控制单元。

进气歧管翻板真空单元通过一个电动转换阀（进气歧管翻板阀 N316）来操控。如果发动机控制单元未给 N316 通上电，那么进气歧管翻板就在真空单元内的弹簧力作用下而关闭着，新鲜空气就只能通过缸盖内的涡旋式进气道而进入燃烧室（对分式进气歧管）。

在正常工况下，进气歧管翻板在怠速和较低的部分负荷时是关闭着的。

在催化净化器加热的工况，不超过中等转速时进气歧管翻板是关闭着的。在这两种情况时，用于计算进气歧管翻板位置的一个重要的因素就是空气质量（重量）。

进气歧管翻板电位计 G336 负责监控进气歧管翻板位置，如图 2-9-48 和图 2-9-49 所示。

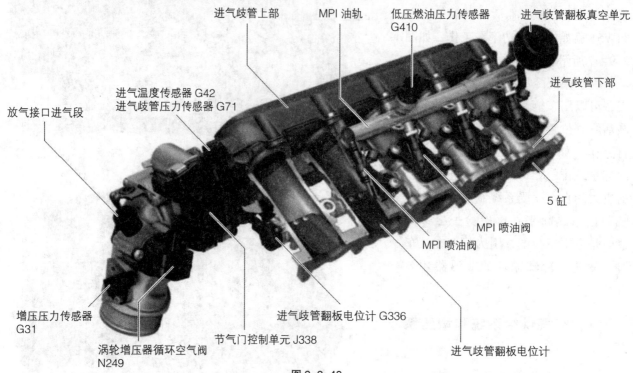

图 2-9-48

（三）增压系统

1. 废气涡轮增压器模块

弯管式废气涡轮增压器是铸钢制成的，它可承受高达 1000 ℃ 的废气温度。为了防止超过这个温度，使用了模型支持式废气温度调节装置，这样也就省去了前代发动机安装的废气温度传感器。废气涡轮增压器模块采用夹紧法兰技术固定在缸盖上，这样可以很好地补偿热膨胀。

涡轮增压器总成、压气机和涡轮是按照让其在一个比较宽的工作范围内都能高效工作来开发的，如图 2-9-50 和图 2-9-51 所示。

结果就是：与前代发动机相比，转子的旋转方向发生了变化。

最佳的废气涡轮增压器入流条件以及非常小的废气涡轮增压

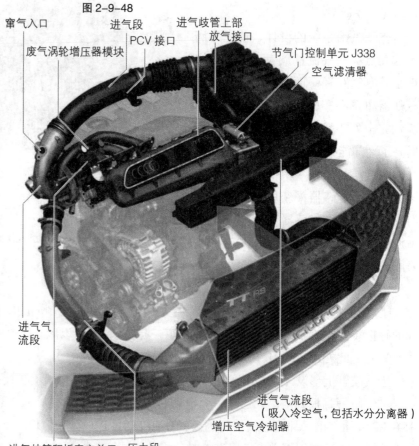

图 2-9-49

器惯性，可以实现最高的平均压力以及低转速时良好的瞬时反应特性。

催化净化器的入流情况也得到了改善。为了可靠地满足 EU6 排放标准，该催化净化器被布置在离涡轮壳体尽可能近的地方。

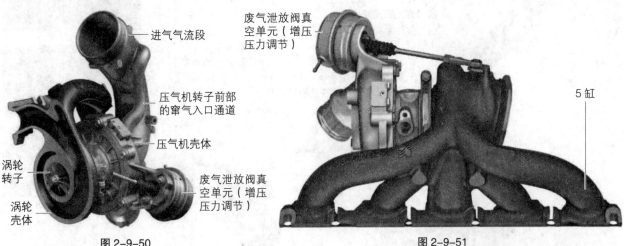

图 2-9-50

进气气流段

压气机转子前部的窜气入口通道

压气机壳体

涡轮转子

涡轮壳体

废气泄放阀真空单元（增压压力调节）

废气泄放阀真空单元（增压压力调节）

5 缸

图 2-9-51

2. 增压压力的调节

增压压力（最大 2.35 bar 绝对压力）的调节，是通过废气泄放阀来完成的，该阀在需要时由真空单元来打开，而该真空单元是由增压压力限制电磁阀 N75 来控制的，如图 2-9-52 所示。在没有通电激活时，废气泄放阀是打开着的。涡轮增压器循环阀 N249 安装在节气门控制单元的前部。

机油和冷却液接口如图 2-9-53 所示。

六、排气系统

（一）一览

如图 2-9-54 所示。

就消音装置而言，有两种不同的排气装置：一种是标配的 RS 排气装置；另一种是选装的 RS 运动型排气装置（带有黑色的尾管盖板）。从主催化净化器到前消音器后面这段，排气系统设计成双侧式结构。

根据具体的市场，催化净化器模块下游安装有两个后置催化净化器或者仅装有排气管。

（二）催化净化器模块

为了可靠达到 EU6 排放标准的要求，金属前置催化净化器布置在尽可能靠近涡轮壳体附近，它通过一个 V 形带箍与废气涡轮增压器模块连接在一起。

隔离元件也属于催化净化器模块范围内的。

增压压力限制电磁阀 N75

废气泄放阀真空单元（增压压力调节）

图 2-9-52

机油供油管

冷却液供液管

冷却液回液管

机油回油管

图 2-9-53

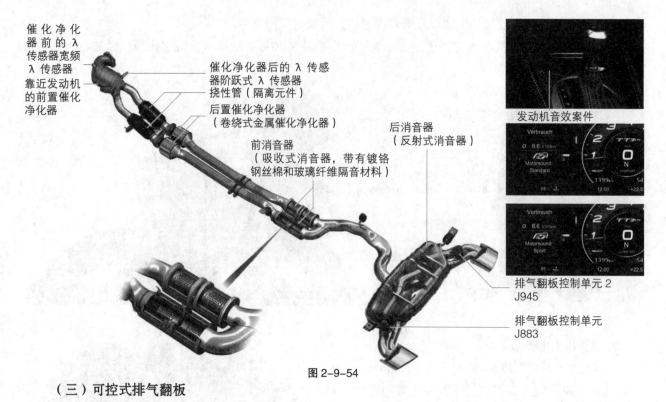

图 2-9-54

发动机音效案件

排气翻板控制单元 2
J945

排气翻板控制单元
J883

（三）可控式排气翻板

在奥迪 drive select 处于 Comfort（舒适）这个模式时，排气翻板在怠速转速时是关闭着的。随着转速升高，右侧翻板就打开。如果转速继续升高，那么稍迟后左侧翻板也会打开。

在负荷较大时，两翻板都会提前打开，以便在排气系统中获得浑厚的声效。

在 Sport（运动）模式时，切换点出现在较低转速范围，就是说翻板会提前打开。

不论是标配的 RS 排气装置还是选装的 RS 运动型排气装置，驾驶员都可以通过中控台上的发动机音效按键来操控排气翻板。

七、燃油系统

（一）一览

这款 EA855 EVO 系列的 2.5L R5 TFSI 发动机，配备的是组合式按需调节的 FSI/MPI 喷射系统。该系统源于 EA888 系列 1.8L 和 2.0L TFSI 发动机。

由于采用了这种喷射系统，就能满足所要求的废气排放极限值了。另外，与前代发动机相比，还降低了燃油消耗。

FSI 喷射系统的最大系统压力可达 250 bar，MPI 喷射系统的最大系统压力可达 7 bar。

单柱塞式高压泵通过链条机构中间轴的三弧凸轮来驱动，如图 2-9-55 所示。

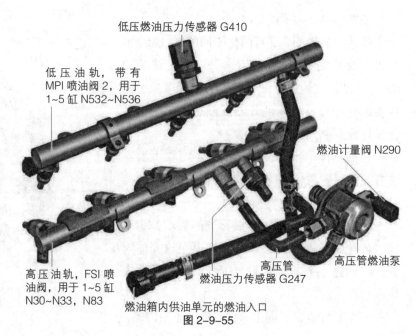

低压燃油压力传感器 G410

低压油轨，带有 MPI 喷油阀 2，用于 1~5 缸 N532~N536

燃油计量阀 N290

高压管

高压管燃油泵

高压油轨，FSI 喷油阀，用于 1~5 缸 N30~N33，N83

燃油压力传感器 G247

燃油箱内供油单元的燃油入口

图 2-9-55

（二）喷油阀

1. FSI 喷油阀

如图 2-9-56 所示。

这种电磁喷油阀工作压力可达 250 bar，安装在缸盖上，将燃油直接喷入燃烧室。由发动机控制单元来负责通电，最大电压可达 65V，从而可以实现多次喷射并可输送非常少的油量。

2. MPI 喷油阀

如图 2-9-57 所示。

MPI 喷油阀安装在进气歧管翻板上游的进气歧管中，由发动机控制单元来负责接地，持续地把燃油喷入进气门前的空气流中，其供电电压是 12V。

图 2-9-56

（三）中间轴转速传感器 G265

如图 2-9-58 和图 2-9-59 所示。

发动机控制单元在计算每缸的喷油时间时，需要用到高压燃油泵的位置和转速信息。

中间轴的转速和位置（也就是三弧凸轮的转速和位置）使用霍耳传感器来监控，以前是用凸轮轴传感器来执行这个功能。

图 2-9-57

中间轴传感器靶轮

图 2-9-58

中间轴转速传感器 G265

图 2-9-59

（四）燃烧方式

1. 与前代发动机相比研发目标如下

（1）提高发动机功率。

（2）降低燃油消耗。

（3）符合所要求的排放标准。

可通过组合式的 FSI/MPI 喷射系统来满足上述要求。与进气歧管翻板配合使用，可以提高喷油参数的选择自由度，这样可降低固体颗粒排放，以满足未来的排放极限值要求。

在低转速范围内，FSI 喷射系统可以让换气与混合气形成分开。与进气凸轮轴和排气凸轮轴的相位调节机构以及排气侧 AVS 系统改变气门开启的持续时长（就是打开的持续时间）功能一起，可以有效将气缸内残余废气减至非常少。就这方面而言，把进气凸轮轴相位调节范围从 42° 曲轴角扩至 50° 曲轴角，改善还是不小的。

通过提高废气涡轮增压器功效，也有助于在较低转速范围时实现较高的充气效率。

在中等转速范围时，这种新式废气涡轮增压器最能达到高效。在较高转速范围时，进气段、压力段和排气段彼此能紧密配合且压力随时最小。另外，这时的 MPI 喷射系统可以保证供应所需的燃油量，如图 2-9-60 所示。

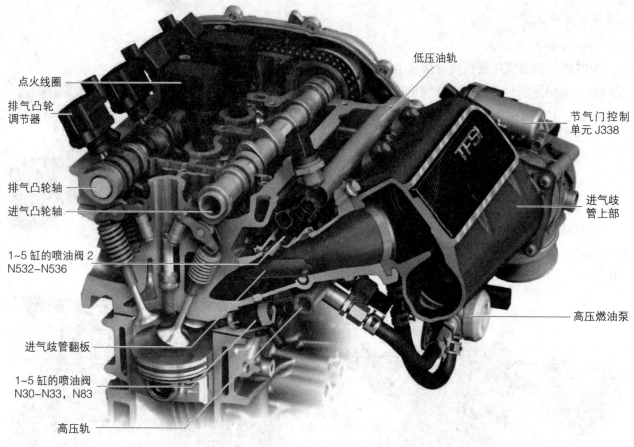

图 2-9-60

2. 其他措施

（1）通过下述措施提高废气涡轮增压器的功效。

①充分地将排气压力脉动用到涡轮上。

②针对压力损失修改了排气歧管设计。

③改变了转子的旋转方向。

（2）残余气体非常少。

（3）混合气非常均匀。

（4）采用 ITM 而让发动机快速预热。

（5）改善了燃烧室的散热能力，从而就降低了爆震趋势。

（6）压缩比增大。

（五）工作模式

（1）高压单次喷射。

（2）高压双次喷射。

（3）双喷射系统（进气歧管喷射和直喷）。

1.发动机启动

（1）冷却液温度低于45℃：高压双次分层喷射，在压缩行程喷油；

（2）冷却液温度高于45℃：单次分层喷射，在压缩行程喷油。

2.预热和催化净化器加热

发动机在全负荷时运行：5％进气歧管喷射和95％直喷。

3.应急运行功能

发动机在部分负荷时运行：

（1）冷却液温度高于30℃：50％进气歧管喷射和50％喷射。

（2）在怠速范围附近时，进气歧管翻板保持关闭状态。

八、发动机管理系统

（一）系统一览

如图2-9-61所示。

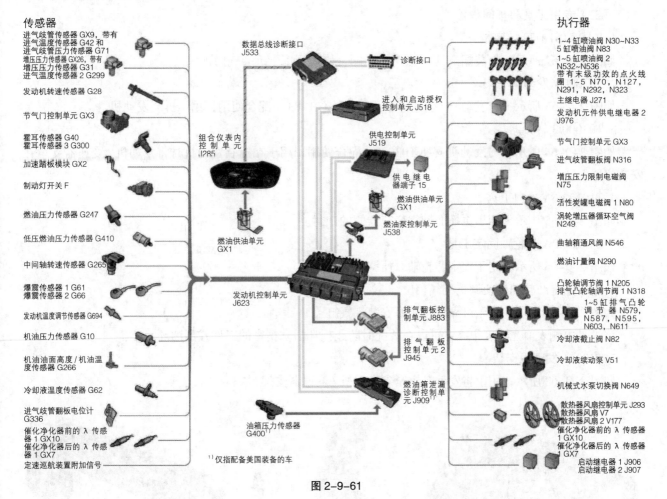

传感器

进气歧管传感器GX9，带有
进气温度传感器G42和
进气歧管压力传感器G71
增压压力传感器GX26，带有
增压压力传感器G31
进气温度传感器2 G299
发动机转速传感器G28
节气门控制单元GX3
霍耳传感器G40
霍耳传感器3 G300
加速踏板模块GX2
制动灯开关F
燃油压力传感器G247
低压燃油压力传感器G410
中间轴转速传感器G265
爆震传感器1 G61
爆震传感器2 G66
发动机温度调节器传感器G694
机油压力传感器G10
机油油面高度/机油温度传感器G266
冷却液温度传感器G62
进气歧管翻板电位计G336
催化净化器前的λ传感器1 GX10
催化净化器后的λ传感器1 GX7
定速巡航装置附加信号

数据总线诊断接口
J533
诊断接口
进入和启动授权控制单元J518
组合仪表内控制单元J285
供电控制单元J519
供电继电器端子15
燃油供油单元GX1
燃油泵控制单元J538
燃油供油单元GX1
发动机控制单元J623
排气翻板控制单元J883
排气翻板控制单元2 J945
燃油箱泄漏诊断控制单元J909[1]
油箱压力传感器G400[1]

[1]仅指配备美国装备的车

执行器

1~4缸喷油阀N30~N33
5缸喷油阀N83
5缸喷油阀2 N532~N536
带有末级功效的点火线圈1~5 N70，N127，N291，N292，N323
主继电器J271
发动机元件供电继电器2 J976
节气门控制单元GX3
进气歧管翻板阀N316
增压压力限制电磁阀N75
活性炭罐电磁阀1 N80
涡轮增压器循环空气阀N249
曲轴箱通风阀N546
燃油计量阀N290
凸轮轴调节阀1 N205
排气凸轮轴调节阀1 N318
1~5缸排气凸轮调节器N579，N587，N595，N603，N611
冷却液截止阀N82
冷却液续动泵V51
机械式水泵切换阀N649
散热器风扇控制单元J293
散热器风扇V7
散热器风扇2 V177
催化净化器前的λ传感器1 GX10
催化净化器后的λ传感器1 GX7
启动继电器1 J906
启动继电器2 J907

图 2-9-61

九、保养和检查

（一）保养信息和操作（如表2-9-4所示）

表 2-9-4

发动机机油规格	0-W30
发动机机油加注量，包括滤清器 L（更换量）	7.1
发动机机油标准	灵活机油保养（欧洲各国和日本）：VW 504 00 固定机油保养（美国和加拿大）：VW504 00 其他：VW502 00
是否允许抽取机油	允许
更换机油	按保养周期指示器，根据具体的驾驶方式和使用条件，在 15 000km/1 年和 30 000km/2 年之间
保养检查	30 000km/2 年
空气滤清器更换周期	90 000 km
燃油滤清器更换周期	—
火花塞更换周期	60 000km/6 年
多楔皮带更换周期	终生不必更换
正时机构	链条（终生不必更换）

（二）专用工具和车间设备

1. VAS 5161A/39 导向板

如图 2-9-62 所示，与装配工具 VAS 5161A 配合使用，用于拆装气门锁块。

2. T03000A 发动机支架

如图 2-9-63 所示，与发动机 / 变速器千斤顶 V.A.G 1383 A 配合使用，用于拆装发动机。

3. T03000/3 转接器

如图 2-9-64 所示，与发动机支架 T03000A 配合使用，用于在拆装发动机时将发动机 / 变速器支承在安装位置上。

4. T10122/6A 导向工具

如图 2-9-65 所示，用于更换曲轴靠变速器侧的油封。

5. T40264/2A 凸轮轴固定工具

如图 2-9-66 所示，用于固定凸轮轴以便调整配气相位。

6. 用于固定凸轮轴以便调整配气相位

如图 2-9-67 所示，用于可靠地将活塞安装入气缸盖。

该工具内侧表面光洁度很高，可以在装配时防止损坏活塞精密的三件式刮油环。

7. T40371 发动机支架

如图 2-9-68 所示，用于将发动机撑紧到发动机 / 变速器支架 VAS 6095A 上。

| 图 2-9-62 | 图 2-9-63 | 图 2-9-64 |

8. T40376/1 气门杆油封按压工具

如图 2-9-69 所示，用于安装进气侧的新气门杆油封。

9. T40376/2 气门杆油封按压工具

如图 2-9-70 所示，用于安装排气侧的新气门杆油封。

图 2-9-65   图 2-9-66   图 2-9-67

图 2-9-68   图 2-9-69   图 2-9-70

第十节　奥迪发动机经典故障案例

一、2015 年一汽奥迪 A3 发动机故障灯报警

车型：一汽奥迪 A3。

年款：2015 年。

发动机型号：CSS。

故障现象：客户进店检查发动机故障灯报警，并且偶尔空调不制冷。

故障诊断：

（1）用诊断仪检测，发动机控制单元报有 P222900：空气压力传感器 1 对正极短路被动 / 偶发的故障，如图 2-10-1 所示。空调控制单元报有 B10F000：由于压缩机被发动机关闭功能受限被动 / 偶发的故障，如图 2-10-2 所示。

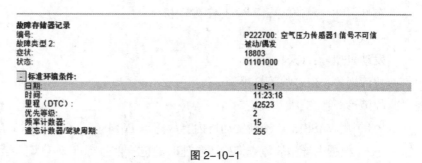

故障存储器记录	
编号：	P222700: 空气压力传感器1 信号不可信
故障类型 2：	被动/偶发
症状：	18803
状态：	01101000
标准环境条件：	
日期	19-6-1
时间	11:23:18
里程（DTC）	42523
优先等级	2
频率计数器	15
遗忘计数器/驾驶周期	255

图 2-10-1

（2）空调控制单元报的故障是因为发动机故障，所以才关闭压缩机，首先解决发动机故障灯问题。

（3）根据故障码进行检测，因为是偶发故障，检测时发现压力传感器的供电、接地以及线之间的连接都没有问题，拆下涡轮增压器到节气门的空气管路，没有损坏，密封圈完好，判断应该不是因为空气系统泄压导致，电器元件偶发有可能，试换压力传感器 G31。

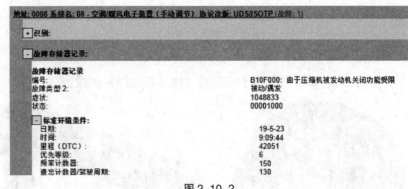

图 2-10-2

（4）故障又在 1 周之后出现，又检查进气道的密封性，更换进气接口密封圈，路试。

（5）在路试过程中发现车辆加速无力，涡轮增压正常介入，但是增压压力不强，与客户沟通，客户表示以为是正常现象，没在意。

（6）检测涡轮增压，发现泄压阀可以被拉动，但是拉动行程不足，检测真空阀开启没问题，真空足够。

（7）根据原理图分析。对涡轮增压输出的真空充足，对泄压阀门调整的距离还不足够，可能原因有两种：第一，可能是泄压阀的轴承卡死，导致开启不完全；第二，有可能是真空膜盒泄漏导致无法拉动连杆。将连杆螺栓拆掉，拉动连杆，泄压阀可以正常拉动，故真空膜盒未损坏部件，它与涡轮增压器一体，所以更换涡轮增压器，如图 2-10-3 所示。

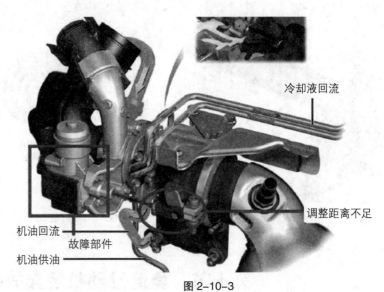

图 2-10-3

故障原因：涡轮增压器上的真空膜盒漏真空导致涡轮增压压力不足，导致发动机进气压力传感器 G31 故障。

故障排除：更换涡轮增压器。

故障总结：在客户描述故障时，应该有自己的理解，要找到客户没有发现的问题，以免判断不足，导致走弯路。

二、2018 年一汽奥迪 A3 EPC 故障灯报警

车型：一汽奥迪 A3，配置 1.4T 发动机。

年款：2018 年。

发动机型号：CSS。

故障现象：EPC 故障灯报警。

故障诊断：

（1）用 VAS6150C 诊断发动机内有故障码 P014800：燃油输送故障，如图 2-10-4 所示。

（2）根据引导型故障查询检测怠速时的电压信号标准 5~11V，实测只有 4.1V，判定为信号电压不够。

测量怠速时的燃油力为 220kPa 左右，偏低。

（3）检测 J538 到燃油泵的线路插头供电接地均正常，试更换 J538，故障依旧，电路图如图 2-10-5 所示。

（4）电路查询 J623 到 J538 线路正常供电，电压为 5.2V，试找到一个正常的车辆进行对比，发现正常的车辆电压有 6.2V 左右，怀疑电脑板可能有问题，试更换电脑板，故障依旧。

（5）读取 J623 的各个传感器的数据，均未见异常。

（6）对发动机电脑板的搭铁进行打磨，故障消失。

故障排除：电脑板搭铁接触不良导致信息传递的过程中有损失。

故障总结：根据故障码按引导型故障进行检查，信号电压偏低，替换了执行、控制元件，也考虑是否有其他的信息偏差导致 J623 输出信号不准确，当时检查接地的时候未发现有松动，未拆下打磨处理。

三、2018 年一汽奥迪 A3 行驶过程中 EPC 灯亮

车型：一汽奥迪 A3。

年款：2018 年。

故障现象：行驶过程中 EPC 灯亮加油无力。

故障诊断：

（1）使用诊断仪 6150C 检查发现发动机电脑有故障，如图 2-10-6 所示。

（2）根据引导提示出去试车，发现涡轮增压不工作，根据电脑检查相关内容，可能的故障原因：增压压力低于标准值。

①增压压力调节器 V465 损坏；

②废气涡轮增压器与进气歧管之间泄漏；

③增压压力调节连杆损坏；

④废气涡轮增压器中的废

故障存储器记录

编号：		
故障类型 2:		P014800: 燃油输送故障
症状：		被动/偶发
状态：	4178	
	11101000	

标准环境条件：
日期：	19-4-16	
时间：	8:29:39	
里程（DTC）:	295	
优先等级：	2	
频率计数器：	3	
遗忘计数器/驾驶周期：	255	

高级环境条件：
发动机转速：	838.0	r/min
标准负荷值：	21.960785	%
车速：	0	km/h
冷却液温度：	25	℃
进气温度：	27	℃
环境气压：	1000	mbar
端子30电压：	11.614	V

20 96 28 11 D7 4E 20 15 9F 52 AB 13 94

动态环境数据：
00 55 11 CE 13 B9 11 A4 AB A0 11 CA
07 9E 24 FC 01 68

根据OBD的未学习计数器	40	
燃油高压，标准值	10.0	MPa
燃油高压，实际值	10.5815	MPa
燃油高压，控制器输出值	0.0425	MPa
燃油低压，规格	504.9	kPa
燃油泵，规格	67.041016	%
电动燃油泵燃压匹配值，模态	195.0	kPa
燃油箱油位	36.0	l

图 2-10-4

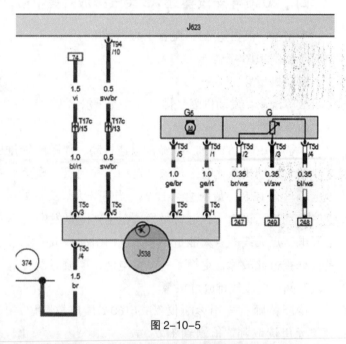

图 2-10-5

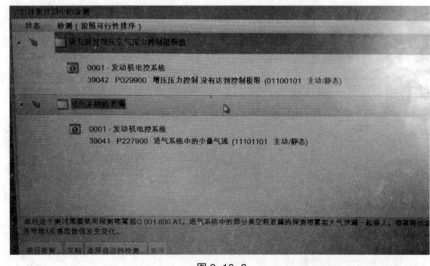

图 2-10-6

533

气旁通阀泄漏；

⑤废气涡轮增压器损坏；

⑥增压压力传感器 G31 损坏；

⑦在燃油质量差的国家，故障还有可能是由尾气催化净化器堵塞引起。

（3）在检查过程中发现废气涡轮增压器与节气门连接之间的硬管松动（如图 2-10-7 所示），拆除硬管检查硬管胶圈及固定卡扣没有发现损坏，将硬管安装到正确位置，出去试车问题排除。

故障原因：生产线上节气门到废气涡轮器之间硬管松动导致报警。

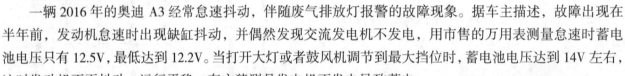

图 2-10-7

故障排除：硬管重新安装到正确位置。

四、2016 年一汽奥迪 A3 废气排放灯亮

车型：一汽奥迪 A3，配置 1.4T 发动机。

年款：2016 年。

发动机型号：CSS。

故障现象：发动机废气排放灯亮。偶尔出现发动机怠速缺缸抖动。

故障诊断：

一辆 2016 年的奥迪 A3 经常怠速抖动，伴随废气排放灯报警的故障现象。据车主描述，故障出现在半年前，发动机怠速时出现缺缸抖动，并偶然发现交流发电机不发电，用市售的万用表测量怠速时蓄电池电压只有 12.5V，最低达到 12.2V。当打开大灯或者鼓风机调节到最大挡位时，蓄电池电压达到 14V 左右，这时发动机不再抖动，运行平稳。车主猜测是发电机不发电导致蓄电池亏电，点火线圈点火能量不够，进而引起缺缸故障。在其他奥迪经销商处查过此故障，更换了一个蓄电池，但故障没有解决，并且使用一段时间后，废气排放灯报警。

故障
P030000: 检测到不发火
P030100: 气缸1 检测到不发火
P030200: 气缸2 检测到不发火
P030300: 气缸3 检测到不发火
P030400: 气缸4 检测到不发火

诊断技师首先用诊断仪 VAS6160A 读取故障码，仅在发动机控制单元里读取到"检测到不发火"，以及 1~4 气缸检测到不发火的故障码。读取故障发生时的环境条件：均出现在发动机怠速运转期间，且发动机已达到工作温度，端子 30 电压约为 12.5V。接着用诊断仪读取测量值，每 1000 转的燃烧中断次数，此时所有气缸均没有出现缺缸的现象。需要通过试车来让缺缸故障再现，如图 2-10-8 和图 2-10-9 所示。

图 2-10-8

高级环境条件：		
发动机转速	738.0	r/min
标准负荷值	8.235294	%
车速	0	km/h
冷却液温度	99	℃
进气温度	48	℃
环境气压	1020	mbar
端子30电压	12.51	V
动态环境数据	20 96 28 11 AC 00 30 12 8C 00 00 02 9C 13 38 05 12 16 02 14 10 10 00 86	
根据OBD的未学习计数器	40	
通过节气门的质量流量	4.8	kg/h
平均喷射时间	0.668	ms
发动机操作状态	Leerlauf	
Param_TestProgrChann87	5	
相对负荷值	12.46875	%
发动机扭矩	13.4	Nm

此车配备了能量管理系统，

图 2-10-9

组成部件有发电机、数据总线诊断接口（网关）J533、蓄电池管理器 J367 和蓄电池。车主描述的怠速时蓄电池电压最低达到 12.2V 不属于故障。发电机装备有一个 LIN 调节器，J533 向其发送 LIN 信息，这些信息会根据车载电网状态预先确定电压额定值，额定电压 12.2~15V，接着调节器会调节额定电压。在激活了能量回收系统时，发电机充电电压下降，此时充电电压可能降低至 12.2 V，以降低发动机负荷及燃油消耗。根据车主的描述，故障的出现、消失与用电情况或蓄电池电压有关，所以排查

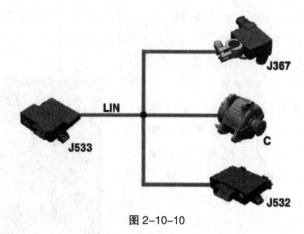

图 2-10-10

故障的方向还是先确定在发电机、蓄电池等相关部件这一块，如图 2-10-10 和图 2-10-11 所示。

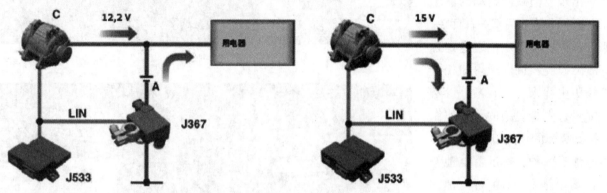

图 2-10-11

通过长距离试车后发现，当蓄电池电量大于或等于 80% 且车辆用电器均关闭时，缺缸故障现象即会出现；而蓄电池电量小于 80% 时，不会出现缺缸现象。分别读取故障出现时和没有故障时的相关控制单元测量值（发动机怠速，所有用电器关闭）。

蓄电池电量 ≥ 80%：

蓄电池电压：12.2~12.8V；

蓄电池电流：–14~–22A；

交流发电机电流：0A；

能量回收请求：激活；

1~4 缸每 1000 转的燃烧中断次数十几次到几十次。

蓄电池电量 < 80%：

蓄电池电压：12.5~13.5V；

蓄电池电流：–1~1A；

能量回收请求：激活；

交流发电机电流：17~25A；

1~4 缸每 1000 转的燃烧中断次数为 0。

当打开车门或者打开近光灯（或者打开其他大功率用电器）时，电压升至 13.5V 以上，蓄电池电流为 5~10A，交流发电机电流为 35~40A，1~4 缸每 1000 转的燃烧中断次数为 0。另一种使电压升高的方法是在 J533 的编码中，将选项"[LO]_ EM_Recuperation"改成"未激活"，即关闭了能量回收功能，这样发电机一直处于 13.5V 以上的发电状态，发动机不会出现缺缸。由此可见，缺缸故障现象的出现受到蓄

电池电量、能量回收状态、交流发电机工作电压的共同影响，并且在蓄电池电量值为 80% 时，交流发电机电流呈阶跃式变化，会突然出现发电机完全不发电的情况（发电机电流值为 0A）。根据公式，发电机电流 = 蓄电池电流 + 用电器电流，正常车辆在怠速（且关闭所有用电器）时，蓄电池电流在 0A 左右，既不被充电也不放电，发电机由 J533 控制，为车载电网提供所需电能（如点火线圈、喷油嘴、燃油泵、日间行车灯等）。废气排放故障灯出现的时间是在更换蓄电池之后出现，但缺缸抖动的情况在更换蓄电池前后都一直存在。那么，在更换蓄电池之前是否有故障码呢？询问后得知相关维修历史并未记录在案。诊断技师只好先将更换的蓄电池作为排查故障的切入口。此款 A3 蓄电池有 3 种，标准蓄电池、EFB 蓄电池和 AGM 蓄电池，如图 2-10-12 和图 2-10-13 所示。在配备汽油发动机和启动停止系统的车辆会采用 EFB 蓄电池和 AGM 蓄电池。于是给车辆分别更换全新的 EFB 蓄电池和 AGM 蓄电池，并在诊断

图 2-10-12

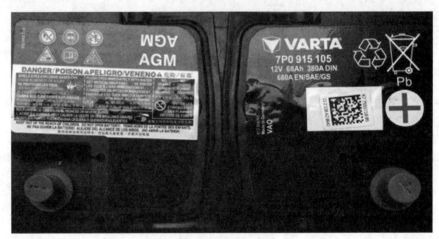

图 2-10-13

仪中执行蓄电池匹配，试车后故障依旧。

　　蓄电池更换后未能排除故障，那是不是受到其他相关部件影响呢？诊断技师用示波器 VAS 6356 测量蓄电池管理器 J367 LIN 线上的波形（交流发电机 C、蓄电池管理器 J367、网关 J533 三者的 LIN 线连接方式为星形连接），分别记录蓄电池电量 80% 上下的波形，将幅值、脉宽、形状等，与其他正常车辆对比，未见异常。接着，用诊断仪执行交流发电机检测。启动车辆，打开近光灯，关闭所有用电器，诊断结果显示发电机的热状态、机械状态、电气状态均正常。断开蓄电池负极，用万用表测量相关导线电阻，阻值均小于 1Ω。随后又仔细处理了相关接地点，包括变速器壳体接地连接点、左前纵梁接地点、蓄电池管理器接地点、蓄电池管理器与蓄电池负极接触面、J533 接地点，但故障仍然存在。能够测量的能量回收管理系统的部件已经检测完毕，最后只得更换新的蓄电池管理器、新的发电机、符合底盘号的全新网关，以及更换这三个部件的 LIN 导线及针脚，重新匹配 J533 和蓄电池，可是故障现象和故障码在试车后再次出现。

　　问题处理到这里，需要回到发动机缺缸这个故障本身。发动机有没有存在单纯的缺缸故障呢？在此之前，需要确定能量管理系统出现问题到底会不会引起发动机缺缸。诊断技师做了如下试验：将另一台配置接近的对比车辆充电至蓄电池电量达到 90%，怠速并关闭所有用电器，未出现缺缸现象，相关测量

值也正常；将发电机皮带拆下，让发动机怠速运转并关闭所有用电器，这时立即会出现缺缸现象，读取发动机测量值，1~4 缸每 1000 转的燃烧中断次数一直在增加；读取 J533 测量值，蓄电池电压 12.2V，蓄电池电流 –20A，交流发电机电流 0A。这意味着，当车辆完全由蓄电池供电时，发动机的确会出现怠速不稳、缺缸的现象。

由此可以确定故障应该是由于某个部件或某个控制单元的故障影响了 J533 的正常工作，J533 关闭了交流发电机。读取 J533 测量值，在发电机限制（alternator restriction）这一选项中条目较多，都显示"未激活"，但仅有"发动机的发电许可状态"这一栏显示"发动机控制单元请求"。这样，故障的排查又回到了发动机本身。

查询发动机就绪代码（此车的就绪代码类型为"ABC 12345678"），显示"000 11100001"。不正常的第 1、2、3、8 位，其含义对照功能说明均指向前后氧传感器，如图 2-10-14 所示。将前后氧传感器拆下目测检查，发现氧传感器头部明显发白；拆下火花塞检查，火花塞头部些许潮湿，积炭不严重；拆卸节气门，仅少许积炭、机油；用内窥镜检查，每个气缸内干燥无异常；用气缸压力 VAG1763 表检测气缸压力，测量值均在标准范围内；用压力测试仪 VAG1687 未检测到发动机存在漏气点；发动机无漏油、漏水情况。

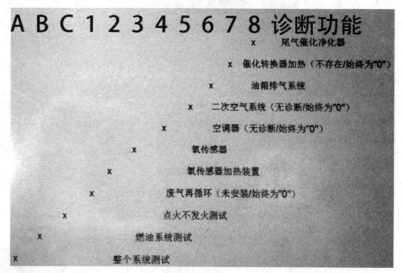

图 2-10-14

重新执行就绪代码，各位全部正常，没有影响排放的部件。氧传感器等部件异常的外观可能是发动机工作不良造成的。这时读取测量值，当蓄电池电量在 80% 以上时，交流发电机电量不再为 0。随着蓄电池电量的变化（从 99% 至 80%），交流发电机电流从 5A 慢慢增长到 20A，蓄电池电流从 –14A 慢慢向 0A 变化，能量回收处于激活，并且发动机仅有偶尔缺缸的情况出现，此测量值与正常值还有一定差异。但试车一段时间后，故障码再次出现，缺缸现象较为严重。这时，维修出现了分歧。一种观点是：发动机缺缸后，就绪代码的值改变，并且缺缸后的发动机处于不稳定的工作状态，而发电机不发电仅仅是缺缸后其中一种故障现象；另一种观点是：J533 抑制发电机发电，导致怠速不稳，进而引起缺缸故障，虽然执行了就绪代码，且影响排放的相关部件都是正常，发动机控制单元向网关发送的一些信息被刷新，但是一段距离的试车后，学习值又恢复到故障时的状态，发电机不发电并再次引起缺缸。发动机控制单元识别不发火的传感器主要是曲轴位置传感器和凸轮轴位置传感器，为了补偿传感器靶轮偏差或者发动机独特的运转特性，必须对断火识别进行匹配。成功匹配是可靠断火识别的前提，即便曲轴转速有较小的波动，也能识别到断火现象。诊断技师通过引导型故障查询执行"断火识别的匹配"，并通过。对发动机缺缸故障进行分析，断火可能原因的概括如图 2-10-15 所示。

接下来进行了如下工作：用示波器 VAS 6356 测量凸轮轴位置传感器和曲轴位置传感器的波形，未见异常；用万用表 VAG 1526E 测量电压降，在故障出现时和没有故障时，发电机正极、点火线圈供电电压均没有出现压降；用万用表 mV 挡测量保险丝，对比正常车辆，无明显用电异常的用电器；更换继电器和保险丝座 SB、SC 的相关继电器；逐个拔下不影响发动机工作的保险丝或控制单元插头，观察电压、电流，无明显变化；更换发电机正极线，并且用泵线连接蓄电池负极与发动机缸体；燃油油压测量值及表压正常，

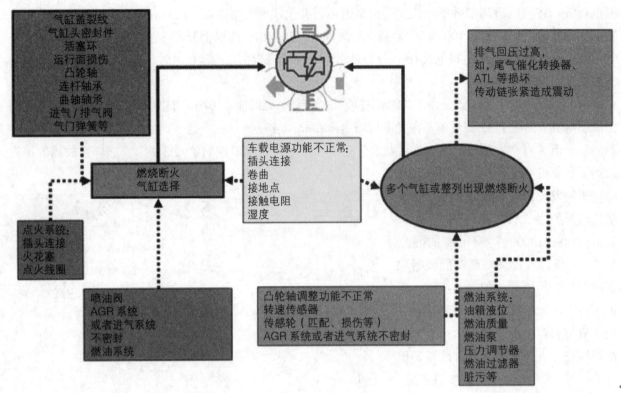

图 2-10-15

排空油箱，更换汽油及汽油滤清器；更换火花塞及点火线圈；更换发动机控制单元 J623；更换车载电网控制单元 J519。然而缺缸的情况依然如故。排查故障进行到这里，已经排除了大部分可能造成发电机不发电或者发动机缺缸的情况。接下来，诊断技师推测是不是车辆在混装线上（出厂前）就出现了某些配置错误安装的问题。用诊断仪在线检查车辆配置，没有异常。用大众集团全球统一的备件目录查询系统 ETKA，仔细查询符合本车底盘号的车辆控制单元和相关零部件的零件号，逐一比对后发现蓄电池是错误的。目前车辆安装的是 EFB 蓄电池，零件号为 6R0 915 105B。而 ETKA 核对出来正确的蓄电池零件号为 1S0 915 105A，如图 2-10-16 所示。重新订购正确零件号的蓄电池，匹配后试车，故障依旧。

究竟是哪里出现了问题？若想排查故障有新的突破，只有找到相同配置的对比车。通过与若干台对比车的比较发现，相关控制单元的编码、匹配均没有问题，在诸多测量值中也没有有价值的发现。但是在 J533 关于蓄电池的匹配数据中找到了端倪。故障车的蓄电池技术显示"EFB"，一部分对比车显示"EFB"，另一部分对比车显示"Wet"（湿式蓄电池），如图 2-10-17 和图 2-10-18 所示。重

图 2-10-16

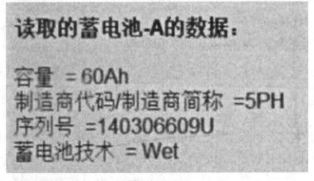

读取的蓄电池-A的数据：

容量 = 60Ah
制造商代码/制造商简称 = 5PH
序列号 = 140306609U
蓄电池技术 = Wet

图 2-10-17

538

新匹配故障车的蓄电池，按照湿式蓄电池匹配（尽管 1S0 915 105A 的蓄电池外壳上印有"EFB"），试车并连续观察数天，未再发现发动机缺缸或者发电机不发电的情况，故障终于排除。

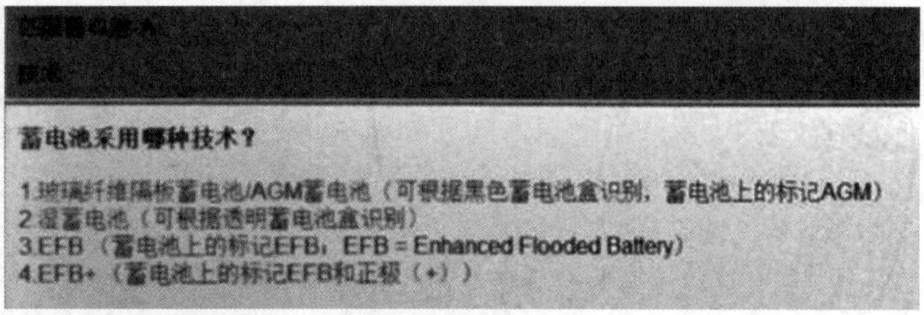

蓄电池采用哪种技术？

1.玻璃纤维隔板蓄电池/AGM蓄电池（可根据黑色蓄电池盒识别，蓄电池上的标记AGM）
2.湿蓄电池（可根据透明蓄电池盒识别）
3.EFB（蓄电池上的标记EFB；EFB = Enhanced Flooded Battery）
4.EFB+（蓄电池上的标记EFB和正极（+））

图 2-10-18

故障原因：

（1）此车配备了能量管理系统，组成部件有发电机、数据总线诊断接口（网关）J533、蓄电池和蓄电池管理器 J367。发电机装备有一个 LIN 调节器，J533 向其发送 LIN 信息，这些信息会根据车载电网状态预先确定电压额定值，额定电压在 12.2~15V 之间，接着调节器会调节额定电压。

（2）能量回收能够正常工作的限制条件较多，在数据总线诊断接口（网关）J533 测量值的"EM_Recuperation_Precondition"选项中可以读取具体的限制条件。当能量回收处于未激活状态时，发电机会以至少 13.5V 的充电电压工作；当能量回收激活时（正常车辆大部分状态是处于激活状态），发电机电压会稳定在 12.2~15V 之间。

（3）升级代码 01A196 可解决部分 A3 1.4T 车型缺缸故障，但此车不在可升级的底盘号范围内。升级提示"软件版本管理 SVM 报告了一项未知故障，ERP0215E"。

（4）此年款的 A3 一共安装有 3 种蓄电池，分别是：零件号为 1S0 915 105A 的 EFB 蓄电池；零件号为 6R0 915 105B 的 EFB 蓄电池；零件号为 7P0 915 105 的 AGM 蓄电池。订购并安装了错误型号蓄电池会引起能量回收系统工作异常的情况。从另一个角度也可发现，不同蓄电池型号的车辆，其 J533 的零件号也不一样，这决定了能量回收系统在出现故障时存在工作差异。

故障排除：订购零件号为 1S0 915 105A 的 EFB 蓄电池，重新匹配蓄电池，在蓄电池技术一栏选择"湿式蓄电池"。

故障总结：此年款的 A3 一共安装有 3 种蓄电池，分别是：零件号为 1S0 915 105A 的 EFB 蓄电池；零件号为 6R0 915 105B 的 EFB 蓄电池；零件号为 7P0 915 105 的 AGM 蓄电池。订购并安装了错误型号蓄电池会引起能量回收系统工作异常的情况。随后，诊断技师又做了一些试验后发现，不同蓄电池型号的车辆，其 J533 的零件号不一样，发动机控制单元软件版本也不一样，这决定了能量回收系统在出现故障时的工作差异。例如，零件号为 1S0 915 105A 的 EFB 蓄电池仅能够以"湿式蓄电池"进行匹配，如果强行按照"EFB"匹配，会出现两种情况：第一种情况是 J533 直接关闭能量回收，发电机一直处于 13.5V 以上的发电状态，蓄电池一直被充电，无缺缸现象；第二种即故障车所表现出来的情况，可能原因是发动机控制单元软件版本太低，且没有合适的升级文件对其升级，或者这个零件号的 J533 本身存在软件设计缺陷。此故障的出现是由多种因素引起的。首先是蓄电池零件号错误，而且未按照车辆出厂匹配数据来匹配；其次发动机电脑软件版本太低。这两个因素造成此零件号的 J533 在能量回收出现故障时，会关闭发电机，从而引起缺缸。因此在更换蓄电池后，一定要记下原先的蓄电池匹配信息，错误的蓄电池类型可能导致奇怪的故障。

五、2015 年一汽奥迪 A3 空调偶尔不制冷

车型：一汽奥迪 A3。

年款：2015 年。

故障现象：客户反映空调偶尔不制冷而进店检查。

故障诊断：

首先对空调进行测试，发现制冷效果正常。用 VAS6150B 对电控系统进行检测，发现地址码 01 发动机电控系统有故障存在，故障码：P222700，空气压力传感器 1，信号不可信，被动 / 偶发，频次 2 次。地址码 08 空调暖风电子装置有故障存在，故障码：B10F000，由于压缩机被发动机关闭而功能受限，被动 / 偶发，频次 10 次，如图 2-10-19 所示。

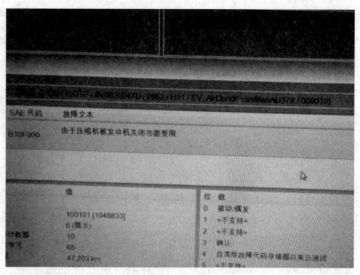

图 2-10-19

根据以上两个故障码大致可以判断空调系统各部件不存在功能性故障，不制冷的原因是压缩机被发动机关闭，那么故障的重点就在于空气压力传感器的信号问题，如图 2-10-20 所示。

空气压力传感器也叫海拔高度传感器，主要作用是来侦测车辆所行驶的环境状况，识别出外界空气压力的系数，将所侦测的数据反馈给发动机控制单元 J623，而 J623 根据该信号的数据来作为对喷油量进行修正的依据之一。如果外界空气系数稀薄，那么意味着进气压力会变小，进气量也随之降低，发动机控制单元就会降低喷油量，

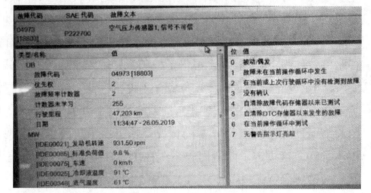

图 2-10-20

使可燃混合气保持正常配比。通常这种情况下，发动机的功率就会降低。为了满足发动机的正常工作，降低相应的负荷，这个时候发动机就会要求关闭一些舒适性的功能，比如空调压缩机。然而空气压力传感器安装在发动机控制单元内部，无法进行单独的维修和更换。首先走引导型功能测试，结果是更换 J623。询问客户车辆的使用情况，得知该车一直在平原地区使用，也没有进行过相应的极端驾驶。打开机舱盖对发动机及 J623 进行目测检查发现，发动机上面的部分线束有潮湿的现象，特别是发动机控制单元所直接相连的线束。断开发动机控制单元的插头，在插头 T60 当中发现有大量的油液存在（如图 2-10-21 所示），进行仔细的观察发现这些油液是发动机润滑油。根据该现象分析，原因可能是发动机润滑系统当中的压力传感器或者电磁阀击穿导致机油外泄所致。根据该思路进行检查，发现位于发动机曲轴皮带轮处有相应的机油存在，并且在发动机底护板处也有大量机油。举升车辆，拆下发动机护板进行检查，发现位于涡轮增压器下方至油底壳之间都有机油存在。拆下相应的遮挡附件进行检查，发现位于气缸体上面的机油压力传感器 F378 的外部保护皮处有机油在滴。拆下机油压力传感器 F378，用真空表 VAS6213 对其进行压力测试发现该传感器已经击穿，如图 2-10-22 所示。由于"虹吸"效应，最终到达 J623。

故障排除：更换机油压力传感器 F378，对发动机的线束进行处理。跟踪客户车辆的使用情况，建议更换发动机电脑 J623。

故障总结：事后与客户沟通得知，关于机油泄漏的情况客户在修理厂已经进行过维修，当时被告知是油底壳螺丝没有装好所致。由于错误的诊断和维修，导致被加压的机油随着时间的积累流向了他处，最终致使发动机的电控单元被污染损坏。严谨的诊断，合理的维修方案，不仅可以降低客户的维修成本，同时也是一次性修复率的根本，也是客户满意的来源。

图 2-10-21

图 2-10-22

六、2015 年一汽奥迪 A4L 不好启动

车型：一汽奥迪 A4L（B8）。

年款：2015 年。

故障现象：客户反映车辆不好启动，需要连续多次打火才能启动着。

故障诊断：

（1）客户反映车辆停放后不好启动，需要连续多次打火才能启动。用诊断仪 VAS6150E 读取 01 发动机控制单元内无故障记录存储，车辆启动正常。由于车辆经过长距离行驶，无法重现故障，与客户沟通后同意将车辆停放在店内进一步检查。

（2）根据经验对低压燃油压力进行测试，将 VAS6551 接入燃油管路中，打开点火开关燃油压力瞬间 590kPa，启动车辆后油压 510kPa，查询 Elsa Pro 低压燃油压力标准值为 430kPa 过压，将车辆停放进一步观察燃油压力保持，十分钟后压力无任何变化，由于客户反映长时间停放故障重复出现。

（3）将车辆停放一晚上进一步观察压力降，第二天压力显示为 470kPa，Elsa 标准压力为停放十分钟后保持 300 kPa 过压。燃油压力均正常，这时启动车辆故障再现，启动困难，连续打火后才启动着。再次熄火后启动正常。重新整理思路，分析影响凉车启动的因素，油压、混合气、点火，先易后难。接着检查混合气，发动机启动准备控制单元主要依据水温进行喷油脉宽设定，配比混合气。用诊断仪 VAS6150E 读取水温通道 IDE00025，凉车水温显示 90℃，如图 2-10-23 所示。实际环境温度为 27℃，拔下水温传感器插头未见腐蚀漏水，水温传感器为负温度系数热敏电阻，利用专用工具 VAG1630 接入传感器插头模拟水温 30℃，停放后试车启动正常。

故障原因：凉车启动发动机温度较低，燃油雾化差，混合不充分需要配比较浓的混合气，水温传感器自身损坏，造成水温信号误差，凉车喷油量少，混合气稀，启动困难。

故障排除：更换水温传感器。

故障总结：水温传感器的作用是把冷却水温度转换为电信号，输入 ECU 后有：

（1）修正喷油量：当低温时增加喷油量。

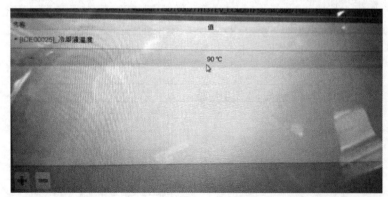

图 2-10-23

（2）修正点火提前角：低温时增大点火提前角；高温时，为防止爆燃，推迟。

（3）影响怠速控制节气门动作：低温时 ECU 根据水温传感信号控制怠速控制节气门动作，提高速转。

（4）影响 EGR 阀、二次空气泵。

七、2018 年一汽奥迪 A4L 低功率版怠速抖动，开空调抖动加剧

车型：一汽奥迪 A4L（B9），配置 2.0T 发动机

年款：2018 年。

故障现象：怠速时车内震动感很明显，打开空调后震动感加强。

故障诊断：

前期维修尝试：

（1）经过反复对比其他多台同型号车辆，确认该车的震动感比其他车辆明显。使用诊断仪检查车辆各系统中无相关故障记录，读取测量值无明显异常。

（2）先后在用户不知情的情况下尝试更换了低压喷油阀、两侧液压悬置、火花塞、点火线圈、曲轴箱压力调节阀、发动机控制单元，清洗了节气门和 FSI 喷油阀，但震动感并未改善。

（3）检查燃油泵供油压力和供油量、曲轴箱负压均无异常。

（4）尝试断开发动机氧传感器、空气流量传感器、增压压力传感器、凸轮轴位置传感器等所有传感器，震动感无明显变化。

（5）尝试将发动机怠速转速调高每分钟 50 转后震动感略有改善。

（6）尝试断开变速器与发动机的飞轮连接，拆下多楔皮带，均无效果。

（7）更换发动机总成，故障无改善。

现场故障分析：

（1）使用诊断仪监测了抖动发生时的发动机转速、进气、喷油、混合气匹配及失火率，怠速状态下无明显异常，但是将发动机转速提升至 1500r/min 以上让其自然降速，在降速的末期，发动机转速会有异常的下降，并迅速回升，同时车辆会有一次明显的震动。例如，稳定怠速状态下，打开空调，发动机转速约 800r/min，操作加速踏板将转速提升至 2000r/min，松开加速踏板让发动机转速自然下降，在下降至 800r/min 后，短暂停留，会继续下降至 750r/min，但是立刻回升至 800r/min，同时车辆会有明显的震颤。对比车转速下降平滑，无异常波动，无震颤。

（2）震颤发生时刻，节气门开度会有明显的波动，推测原因为发动机控制器识别到怠速异常下降，调节节气门，干预进气量，以稳定怠速。

（3）使用 DiagRA 记录了故障车相应的数据，并绘制图形如图 2-10-24 所示。

对比车数据如图 2-10-25 所示。

（4）考虑到震颤发生时刻在加油门之后，猜想会不会是排气不畅导致的尾气淤积呢？尝试替换三元催化器，怠速抖动消失，松开加速踏板震颤消

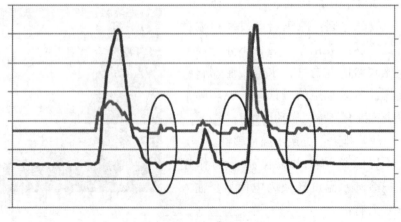

图 2-10-24

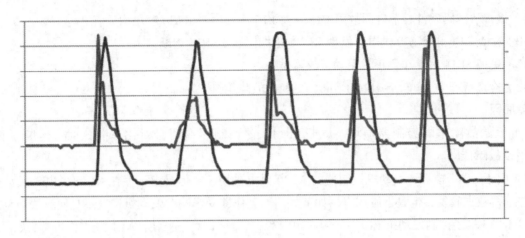

图 2-10-25

失。安装原三元催化器，故障再次出现。

故障原因：三元催化器内部堵塞，导致排气不畅，引起发动机抖动，怠速性能降低。

故障排除：更换三元催化器。

八、2017 年一汽奥迪 A4L 更换发动机控制器后无法启动

车型：一汽奥迪 A4L（B9）。

年款：2017 年。

故障现象：车辆无法启动，发动机存故障码 P0562，供电电压过低。怀疑发动机控制器故障，倒换故障控制器至对比车后，两台对比车均无法再启动。对比车换回原控制器仍无法启动，原故障车更换全新控制器后也无法启动。

故障诊断：

（1）A 车，2017-9-19，故障：P0562，供电电压过低。经销商检查称线路和供电正常，决定更换控制器。

（2）B 车，2017-9-19，经销商将 A 车控制器倒换至该车测试，以确认故障，B 车无法启动，伴随 P0562，证实故障转移。但是 B 车的控制器安装至 A 车后，A 车故障依旧。

（3）C 车，时间不明，经销商将 A 车控制器倒换至该车测试，C 车出现与 B 车相同现象。

（4）经销商对各车辆进行恢复，各控制器归原位，但是三车均已无法启动，A 车更换全新控制器后，P0562 消失，但是车辆依旧无法启动，且均出现多个故障码，部分故障码环境条件出现 2047 年 15 月、104 万公里等异常。

故障排除：

（1）A、B、C 三车中，A 为原始故障车，B 为试乘试驾车，C 为商品车，以 B 车为首发处理对象。

（2）点火开关能正常接通，启动机能运转→防盗系统及启动控制系统正常。

（3）尝试启动过程中，发动机剧烈抖动，尾气极为刺鼻，但不是纯粹汽油味，说明点火和喷油也正常响应。

（4）检查故障记录，存在 P1579 节气门未匹配、P1564 节气门供电过低故障码，主动静态。

（5）记录启动过程中的数据流，燃油压力正常、火花塞点火正常、节气门全程保持开度 4%（对比车 11%）。而且对于加速踏板的动作，节气门无响应，实际值与规定值偏离甚远，说明节气门工作出现问题。

（6）使用 ODIS 手动进行节气门匹配，但是匹配的前提为发动机控制器无故障码，匹配无法进行。

（7）尝试通过发动机控制器软件刷写重置电脑清除故障码，刷写无法进行，ECU 报内部故障。

（8）使用 SVM 在线编码重置 ECU，编码正常完成，故障码依旧。

（9）检查故障码条件，节气门故障 P1579 及 P1564 发生时 KL30 电压均只有 8V。

（10）检查 ECU 的 KL30 供电，发现 KL30 主供电保险 SB14 熔断。

（11）更换 SB14 后，车辆正常启动，故障排除。

（12）检查 A 车及 C 车，SB14 均熔断，更换后故障均排除。

故障原因：

（1）原始故障车的控制器损坏，熔断 SB14，该控制器在两台对比车测试时，熔断了两辆车的 SB14，引发故障传染。

（2）由于 SB14 损坏，发动机控制器的 KL30 供电被切断，但是由于存在 KL15 供电，发动机控制器能开机并进行数据收发，但是下游用电器如节气门，工作即受影响，发动机进气不足便无法启动。

（3）KL15 端子控制发动机 ECU 不参与，由 J393 控制 J329 接通，所以 KL15 工作正常，如图 2-10-26 所示。

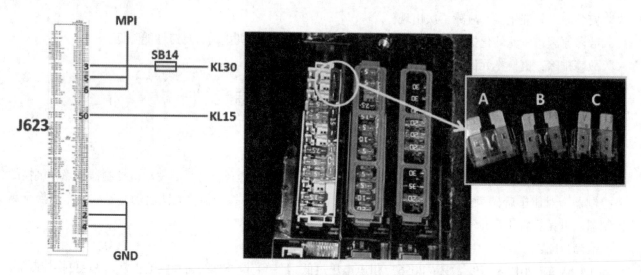

图 2-10-26

故障排除：更换 KL30 主供电保险 SB14。

故障总结：在处理供电问题时请仔细检查供电线路，避免乌龙。

九、2017 年一汽奥迪 A4L 废气灯报警

车型：一汽奥迪 A4L（B9）。

年款：2017 年。

故障现象：一汽奥迪 A4L 废气灯报警。

故障诊断：

（1）客户反映废气灯报警，启动车辆废气灯确实点亮报警，用诊断仪 6150B 检测发现地址码 01 有节气门气流过低和节气门脏污等故障码，拆掉节气门，发现节气门确实太脏，随后建议客户清洗节气门，清洗完过后，匹配节气门试车，未再次报警。客户回到家再次出门办事时故障灯再次报警，邀约客户来店，诊断仪检测有 P201500 进气管风门位置 / 运行控制传感器，不可信信号，如图 2-10-27 所示。

（2）检查此车未发现有加装，在线对比数据和断电，故障依旧。查询此车 TPI 和 SOST 都未发现相关指导文件。

（3）分析引起该故障可能原因有以下几点：

①进气管风门位置 / 运行控制传感器 G336 或电路故障。

②进气管风门阀或其真空管路故障。

③进气歧管故障等。

（4）检查进气管风门位置／运行控制传感器未发现有损坏现象，检查插头及线束未发现故障，替换G336试车故障依旧。

（5）检查进气管风门阀或其真空管路，用真空测试仪检查管路未发现异常现象，检查真空管外观未发现变形破损等现象，替换风门阀试车故障再次出现。

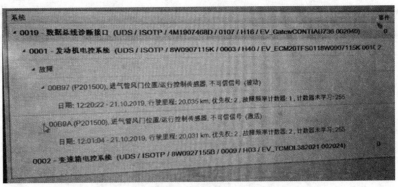

图 2-10-27

（6）检查进气歧管，由于第三代 EA888 空挡加油门进气管风门不会动作，所以传统的测试无法让风门动作。用真空测试仪连接真空单元抽真空至抽不动为止，然后用诊断仪 6150b 读取增压风门实际开度值为 0%，对比正常车为 99%，至此种种迹象表明进气歧管的嫌疑最大。由于替换进气歧管工作量大，又没有合适的车替换，怎么办呢？后来想了想把进气管风门位置／运行控制传感器 G336 拆掉，发现对应的风门轴不动，对比正常车抽真空时是会动作的，判断进气歧管损坏，把检查结果告知客户后订货。到货后更换，匹配进气管风门，诊断仪提示故障未匹配成功，而且还报原来的故障码，此时急躁而又懵圈，问题出在了哪？重新梳理思路，没错啊，是不是卡住了，还是风门位置没放在零位置？我们用真空测试仪抽真空后试车故障不再出现，故障排除。

故障原因：分析车辆，由于进气歧管内部风门连动机构断裂脱落，导致进气管风门位置／运行控制传感器不可信废气灯报警。

故障排除：更换进气歧管。

十、2014 年一汽奥迪 A4L EPC 灯亮，熄火后无法启动

车型：一汽奥迪 A4L（B8）。

年款：2014 年。

故障现象：客户反映车辆加不上油，仪表上 EPC 灯亮，胎压灯、TPMS 灯亮，发动机不能超过 4000r/min。

故障诊断：车辆到店后熄火再次启动，不能正常着车。然后用专用诊断仪 VAS6154 进行检测：01 发动机电控系统有以下故障码，如图 2-10-28 和图 2-10-29 所示。

故障原因：结合故障现象和故障码分析，故障可能和传感器参考电压 A 过低有关。发动机控制单元的某一个针脚给几个特定的传感器提供电压，这个电压被称为参考电压，参考电压是发动机电脑程序设计好的模拟电压，一般为5V。参考电压分为两种：参考电压 A 和参考电压 B。此车在发动机控制单元的

0001 - 发动机电控系统 (UDS / ISOTP / 8T2907115 / 0005 / H13 / EV_ECM20TFS0218T2907115 / 001006)		
故障代码	SAE 代码	故障文本
03BF5 [15349]	P063800	节气门控制单元, 不可信信号
03C66 [15462]	P268100	冷却液旁通阀启动, 断路
03BEA [15338]	P012200	节气门电位计, 信号太小
03BEC [15340]	P022200	节气门驱动器的角度传感器2, 信号太小
03C0D [15373]	P064200	传感器参考电压"A", 过低
0431A [17178]	U112300	数据总线接收到的故障值
0001 - ESP		

图 2-10-28

以下触点上传感器参考电压 A 为：A35（T105/35）、A54（T105/54）、B32（T91/32）和 B33（T91/33）。查询电路图，如图 2-10-30 和图 2-10-31 所示。

由电路图得知，A35（T105/35）针脚为以下传感器提供参考电压：霍耳传感器 G40，燃油压力传感器 G247，增压压力调节位置传感器 G581，发动机转速传感器 G28，进气压力传感器 G71，发动机温度调节伺服元件 N493。A54（T105/54）针脚为节气门控制单元 J338 的插针 T6/2 提供参考电压。怀疑以上部件中某一个内部短路，造成参考电压过低。然后用万用表测量节气门 T6/2 号针脚电压为 2.46V，正常应为 5.00V。说明供电电压过低，依次拔下电路图中所涉及的传感器插头，当拔下发动机温度调节伺服元件 N493 时，电压变为 5.00V，参考电压恢复正常，此时车辆可以启动，发动机运转平稳，说明发动机温度伺服元件 N493 内部短路，拉低了参考电压，拆解发动机温度伺服元件 N493，发现内部进水导致短路，如图 2-10-32 和图 2-10-33 所示。

故障排除：更换发动机温度调节伺服元件 N493。

控制单元	结果		
0001 - 发动机电控系统 (UDS / ISOTP / 8T2907115 / 0005 / H13 / EV_ECM20TF			
故障代码	SAE 代码	故障文本	
03C0D [15373]	P064200	传感器参考电压"A", 过低	
0431A [17178]	U112300	数据总线接收到的故障值	
0457D [17789]	P00B700	发动机冷却装置, 不足够	
0425A [16986]	P00B700	发动机冷却装置, 不足够	
039FE [14846]	P256300	增压压力调节器位置传感器, 不可信信号	
03BED [15341]	P063800	节气门控制单元, 不可信信号	
0001 - ESP			

图 2-10-29

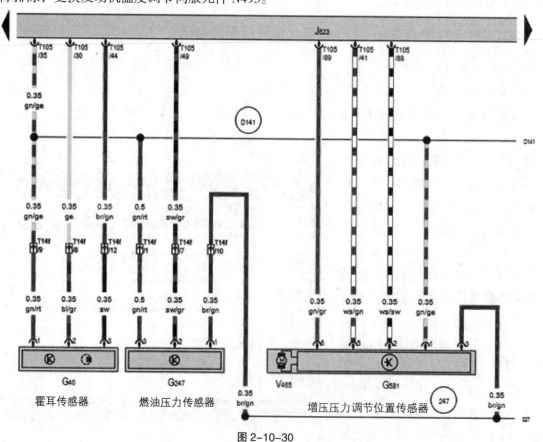

图 2-10-30

546

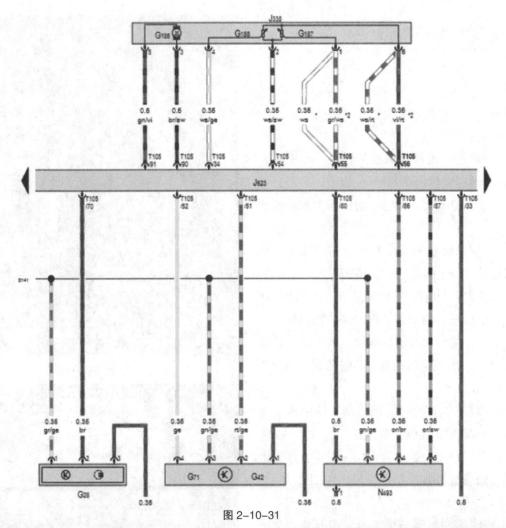

图 2-10-31

图 2-10-32

图 2-10-33

十一、2013 年一汽奥迪 A4L 加速无力

车型：一汽奥迪 A4L（B8）。

年款：2013 年。

故障现象：车辆加速无力。

故障诊断：

（1）车辆进厂维修路试故障存在，车速提升到 60km/h 时转速表达到 2500r/min 以上，且提速缓慢。诊断仪检测存故障 P02990：增压压力未达到极限。

（2）根据故障现象与故障码分析可能为：涡轮增压器与进气管之间漏气；增压循环空气阀 N429 损坏；增压压力限制电磁阀 N75 损坏或者之间连接软管损坏；增压压力调节罐或压力罐拉杆损坏；废气涡轮增压器中的废气旁通阀泄漏；增压压力传感器 G31 损坏；三元催化堵塞排气不畅导致；涡轮增压器自身原因。

（3）外观连接软管未发现异常。使用作动器诊断功能，测试 N75 能够正常工作。测试 N249 能够动作。拆下 N75 和 N249 检查均无损坏。检查增压压力调节罐发现外观有挤压变形，如图 2-10-34 所示。

图 2-10-34

（4）建议客户将调节罐更换，在拆装调节罐时发现后部三元催化局部严重堵塞，如图 2-10-35 所示，通过清洗疏通三元催化，更换调节罐后路试，故障仍然存在。

（5）询问客户，客户说明之前右前侧出过事故，后来就出现该故障现象。由于调节罐变形联想到可能涡轮增压器受外力影响导致叶轮卡死，于是将涡轮增压器拆下后发现中间连接处变形，叶轮卡死，如图 2-10-36~图 2-10-38 所示，从而增压压力不足。更换增压器，故障排除。

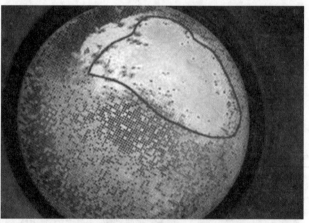

图 2-10-35

故障原因分析：由于事故撞击导致涡轮增压器内部变形卡滞，从而提速时增压压力不足。

故障排除：更换涡轮增压器及清洗三元催化，故障排除。

十二、2019 年一汽奥迪 A4L 废气灯亮

车型：一汽奥迪 A4L（B9）。

年款：2019 年。

图 2-10-36

图 2-10-37

图 2-10-38

故障现象：客户反映废气灯亮。

故障诊断：

（1）诊断仪读取 01 发动机电子控制单元故障：P045600 油箱排气系统，识别到微量泄漏，如图 2-10-39 所示。

（2）检查油箱加油盖密封圈正常并且安装到位，如图 2-10-40 所示。

（3）拆卸 AKF 阀进行密封性检测正常。

（4）拆卸炭罐进行密封检测正常。

（5）检查所有管路连接部位都安装到位。

（6）对管路密封性检测时发现有泄漏，泄漏点为 AKF 阀前端传感器，拆卸传感器检查密封圈未见明显损坏，更换密封圈后再次检测发现故障排除，如图 2-10-41 和图 2-10-42 所示。

故障原因：查询 Elsa 得知油箱压力传感器 G400,用于测量活性炭罐通风管内的真空。测得 250Pa 的真空将系统视为密封，如果未产生真空，则燃油系统泄漏，发动机控制单元存储该故障。需

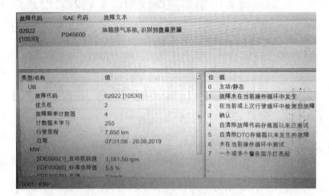

图 2-10-39

图 2-10-40

图 2-10-41

图 2-10-42

要对燃油真空系统进行密封性检查。

十三、2015年一汽奥迪A4L打不燃，打燃后立马熄火

车型：一汽奥迪A4L（B8）。

年款：2015年。

故障现象：出现故障时车辆打不燃，打燃后就熄火，仪表多个故障灯亮。不出现故障时车辆工作正常。

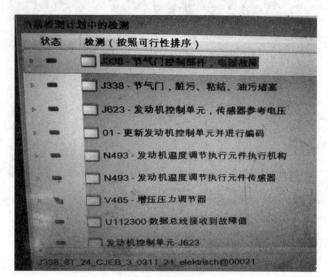

图 2-10-43

故障诊断：

（1）利用VAS6160A检测，在地址码01中有故障码，如图2-10-43所示。

（2）该车节温器泄漏较为严重，因之前遇见过节温器插头遭腐蚀后也会不着车，尝试拔下插头后，启动车辆，故障依旧。

（3）更换节温器，故障依旧。

（4）根据故障J338节气门脏污、黏结、油污堵塞，清洗节气门，故障依旧。

（5）更换节气门，故障依旧。

（6）更新并对发动机编码，报发动机控制单元损坏。先对发动机电脑板升级01A208，故障依旧。

（7）测得发动机传感器参考电压"A"T105/35针脚电压为0.8V，不正常，正常电压为5V。发动机T105/35针脚电路图如图2-10-44和图2-10-45所示。

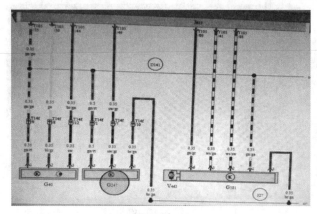

图 2-10-44

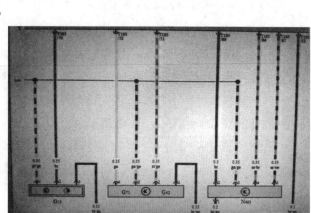

图 2-10-45

（8）测得发动机电脑板的供电搭铁均正常。

（9）更换发动机电脑板，故障现象当时未出现，短途试车未见故障，停放两天试车，故障重现。

（10）发动机电脑板报编码不正确，更新控制单元需进行XCHG01A001重新编码，重新编码后，故障依旧。

（11）回想之前测量有关传感器参考电压"A"的传感器线束通断正常，测得几个传感器的参考电压均为0.8V，全部不正常。

（12）分析参考电压为什么会不正常，有可能是发动机线束及传感器有短路现象，而且未报故障。于是逐个拔下其他传感器插头，当拔下进气压力传感器时，发现里面进水如图2-10-46所示。再次测量参考电压为5V，正常。

（13）更换进气压力传感器，故障排除。

故障原因：

（1）燃油泵故障。

（2）节气门故障。

（3）防盗功能检测不正常。

（4）发动机电脑板故障。

（5）发动机线路故障。

（6）发动机传感器、执行器故障等。

故障排除：更换进气压力传感器后故障排除。

故障总结：有关传感器参考电压故障，一定要将其连接的所有部件逐一检查，避免诊断出错。

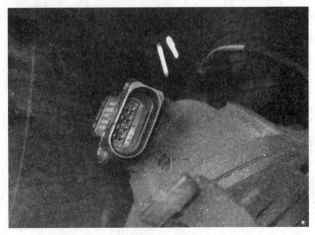

图 2-10-46

十四、2012 年一汽奥迪 A4L 车辆前挡除雾效果差

车型：一汽奥迪 A4L（B8）。

年款：2012 年。

发动机型号：CADA。

故障现象：车辆行驶中前挡除雾效果差。

故障诊断：

（1）客户到店时空调处于正常状态，用诊断仪读取 08 系统，无故障码。询问客户故障时出风很大，也是对前挡吹，判断是空调制冷出现问题导致，第二次由于客户在出现故障后马上来店检修，读取压缩机切断记录发现在倒数第三个切断显示 5（代表因为发动机转速过低导致压缩机切断），如图 2-10-47 所示。

（2）根据切断情况读取 01 系统故障码，没有发现相关故障。根据发动机转速过低情况可以简单归纳：

2.2	最后压缩机切断状态	12
2.3	倒数第一个压缩机切断状态	7
2.4	倒数第三个压缩机切断状态	5
3.1	降低压缩机输出的当前请求	0
3.2	降低压缩机输出的计数器	0
65.3	新鲜空气鼓风机-V2温度输出级	40.0
65.4	新鲜空气鼓风机-V2诊断状态显示	00000000
66.1	流经新鲜空气鼓风机-V2的有效电流	3.000
66.3	新鲜空气鼓风机-V2的供电电压（实际值）	5.7
66.4	新鲜空气鼓风机-V2的供电电压（规定值）	5.8

图 2-10-47

①传感器执行器类故障（因为没有故障码暂时排除）。

②进气系统故障曲轴负压问题（目测进气正常车辆没有漏气的现象）。

③汽油压力问题（车辆汽油满箱，连接油压表压力正常）。

④车辆电压不稳定（车辆启动时打开前大灯，在跨接启动点长时间测电压会在 13.4~14.2V 有波动）。

（3）对车辆电压进一步测量，单独车辆发电机输出 B+ 的壳体之间电压在开灯的情况下电压 13.5V 相比跨接点电压更稳定，分析是不是启动线束有问题，测线束电压降有 1.2V，说明线束有虚接故障，如图 2-10-48 所示。

图 2-10-48

（4）更换线束后电压降 0.1V，电压恢复稳定为 14.2V，客户试车一段时间后空调一直正常，故障排除。

故障原因：由于电压不稳定导致发动机运行不稳定，J255 就切断压缩机保证车辆可以行驶。

故障排除：更换启动机线束。

故障总结：根据日常维修经验，启动线束在正常情况下电压降应该小于 0.5V，超过 1V 必须建议客户更换。

十五、2018 年一汽奥迪 A4L 故障灯报警

车型：一汽奥迪 A4L（B9）。

年款：2018 年。

发动机型号：DKR。

故障现象：客户反映故障灯报警。

故障诊断：接车后仪表故障灯报警，连接 VAS6150 在发动机控制单元内存有 P201500：进气管风门位置/运行控制传感器不可信信号，如图 2-10-49 所示。

根据引导型功能故障查询，如图 2-10-50 和图 2-10-51 所示。

更换故障引导引起该故障的原因如下，如图 2-10-52 所示。

发现进气管风门切换真空罐未吸合，拔下真空罐处的真空管用手感觉真空管内无真空，检查真空泵至进气管风门切换电磁阀处有真空，由于特定日期内生产的配备 EA888 Gen3 发动机的奥迪 B9、Q5、C7 进气翻板真空电磁阀可能卡滞（行动召回 24DS），因此对换电磁阀后根据引导型功能故障查询发现还是没有真空，因此判断原车电磁阀没有问题，通过 Elsa 查询电路图，如图 2-10-53 所示。

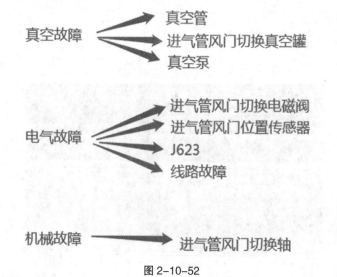

图 2-10-52

图 2-10-49

图 2-10-50

图 2-10-51

电磁阀 N316 针脚 1 号线是正极，使用万用表检查电压正常，针脚 2 号线使用发动机控制单元控制的搭铁线，检查线路未发现异常，检查 N316 至发动机控制单元的线束无断路及短路，通过 VAS6150 电脑作动器诊断能感觉到 N316 内"嗒嗒"的声音，说明发动机能对 N316 执行控制，检查了 N316 的真空管无损坏，再排除线路、N316 及真空管的情况下替换了 J623 后检查依旧没有真空。此时该故障陷入僵局，于是找了一辆同款车型，进行

数据对比，发现也是没有真空。这时分析：难道是条件没有满足？于是带上诊断仪进行路试，在路试中通过加油门或是急加油门进气管风门切换真空罐能够吸合，进气风的标准位置及实际位置能吻合，因此判断引导型检测计划是错误的，于是对故障车进行路试，发现进气阀门水温标准位置及实际位置无法吻合。对进气管风门切换真空罐进行真空测试，通过手动真空泵 VAS 6213 抽取真空发

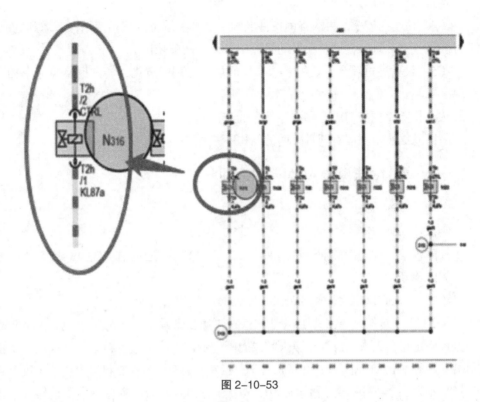

图 2-10-53

现 VAS6213 无法建立真空，根据 Elsa 维修手册提示，因此判断进气管风门切换真空罐损坏，因无法单独更换需更换进气歧管总成。订货后更换，路试故障排除。

故障排除：更换进气管。

十六、2014 年一汽奥迪 A4L 发动机水温有时偏高，EPC 报警，转速受限不超过 4000r/min

车型：一汽奥迪 A4L（B8）。

年款：2014 年。

故障现象：发动机水温有时偏高，EPC 报警，转速受限不超过 4000 r/min。

故障诊断：

（1）该车 40 629km 因为节温器漏水更换过节温器，行驶至 45 335km 客户表示发动机水温有时偏高，EPC 报警，转速受限不超过 4000 r/min。

（2）VAS6150D 检测，01 有故障码 P00B700：发动机冷却装置不足够被动 / 偶发。查询无 TPI，尝试执行引导型故障查询，N493 工作正常。根据 2018 年 SOST 建议更换节温器，车辆行驶至 47 357km，再次出现发动机水温有时偏高，EPC 报警，转速受限不超过 4000 r/min。

（3）VAS6150D 检测，01 有故障码 P00B700：发动机冷却装置不足够被动 / 偶发。再次执行引导型故障查询，依旧提示更换节温器。查询案例平台，有类似案例，尝试断开 N493 的 4 号、5 号针脚故障再现。拆卸节温器，插上插头执行元件诊断，发现该车滑阀未完全处于打开状态，如图 2-10-54 所示。

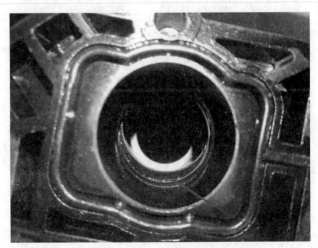

图 2-10-54

（4）该车为四驱，再次咨询备件老师，老师表示可以替换使用，考虑到之前已经更换过两个节温器，不可能运气这么好。尝试替换发动机控制单元，故障依旧。

（5）最后通过综合专业组老师和其他技术经理的意见，尝试更换与原车相同零件号的节温器，故障排除。

故障排除：更换与原车相同零件号的节温器。

故障总结：节温器有两种，内部结构不一样。

十七、2018 年奥迪 A5 发动机漏油

车型：奥迪 A5。

年款：2018 年。

故障现象：发动机漏油，机油油位黄灯亮，该车辆已经在外地 4S 店经过维修依旧有漏油。

故障诊断：

（1）经检查确定为平衡轴链条张紧器螺丝垫片附近漏油。

（2）由于该车已经在其他 4S 店更换过平衡轴张紧器，首先检查该张紧器拧紧力矩是否达到 85N·m，经检查确定扭力无误。清洗干净张紧器周围的油迹，涂上白色粉笔灰检查发现机油缓慢地从张紧器垫片处漏出（如图 2-10-55 所示），怀疑是否未更换垫片，查询备件资料发现垫片不可单定（如图 2-10-56 所示），与张紧器为一个备件提供，故该假设不成立。拧出张紧器检查缸体未发现异常，怀疑还是张紧器和垫片的问题，在查询备件时发现张紧器后有描述要配合使用 D 154 103 A1 密封剂（如图 2-10-57 和图 2-10-58 所

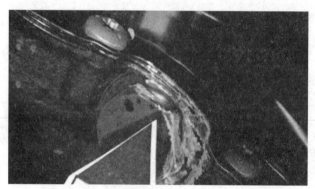

图 2-10-55

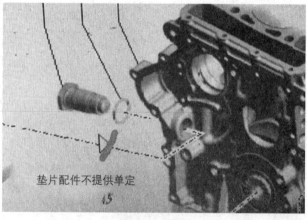

垫片配件不提供单定

图 2-10-56

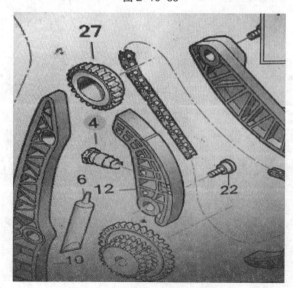

图 2-10-57

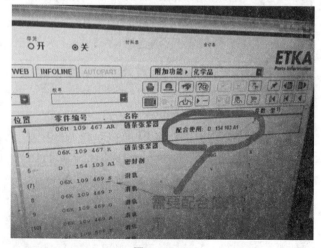

图 2-10-58

554

示），检查拆下的张紧器未发现有密封剂痕迹。订货后更换张紧器加密封圈并且让密封圈凝固后故障排除。

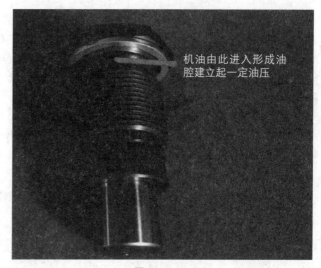

机油由此进入形成油腔建立起一定油压

图 2-10-59

故障原因：通过分析故障点发现张紧器内部有油孔用来润滑张紧器与挡块，机油从缸体流向张紧器进油孔并在进油孔附近（垫片至螺纹）形成油压（如图 2-10-59 所示），导致如果张紧器垫片与缸体有轻微的不密封也会漏油，而如果在垫片处打黑胶，因为黑胶硬化时间较长，在没有完全硬化的情况下如果启动内部油压就会击穿黑胶，故要使用原厂配合使用的密封胶。

故障排除：更换平衡轴链条张紧器及使用专用密封胶密封。

十八、2019 年奥迪 A5 仪表 OBD 报警，启停功能故障

车型：奥迪 A5。

年款：2019 年。

故障现象：2019 年奥迪 A5 新车上路行驶约 200km，仪表 OBD 灯报警，同时有启停功能故障。

故障诊断：

（1）经车间 VAS 6150C 诊断，该车搭载 EA888 GEN3 CYRB 2.0l TFSI 185kW 发动机，发动机控制单元 J623 内有故障码：P044100 油箱排气系统通过量不正确，主动静态，如图 2-10-60 所示。

（2）燃油箱通风系统功能图示，如图 2-10-61 所示。

（3）燃油箱通风系统的任务是防止碳氢化合物挥发到周围环境中。燃油箱内的燃油表面所产生的蒸气会被存储到一个活性炭罐中。在发动机工作时，这些燃油蒸气会通过一个电磁阀被送入进气歧管内。如果蒸发排放系统空气吹扫流量发生故障，该故障码会出现。

（4）根据该车底盘号查询 TPI 无相关软件升级等维修指导，因该车为进口车，但在国产车型上同样

故障存储器记录
编号：
故障类型 2：
症状：   21406
状态：   11101101
P044100：油箱排气系统 通过量不正确
主动/静态

标准环境条件：
日期：   19-4-8
时间：   16:11:00
里程（DTC）：   276
优先等级：   2
频率计数器：   1
遗忘计数器/驾驶周期： 255

图 2-10-60

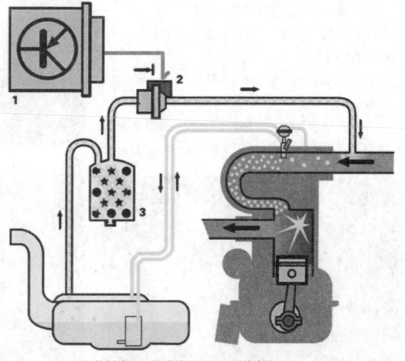

1.控制单元 2.燃油箱通风阀 3.活性炭罐
图 2-10-61

装备 EA888 GEN3 发动机有相关类似维修指导，截图如图 2-10-62 和图 2-10-63 所示。

（5）参考以上指导文件，根据引导型故障查询检查炭罐电磁阀未发现泄漏、常通，电磁阀有作动声音，尝试替换 AKF 阀，重新生成就绪代码，油箱排气系统步骤做不过去，就绪代码无法生成。

（6）检查活性炭罐与电磁阀连接管路，从电磁阀连接管路处使用手动真空泵 VAS 6213 充气模式向管路加压，发现压力能够建立，对比其他同车型，而压力是无法建立的，因此怀疑管路或炭罐内部阻塞。

（7）拆卸右后翼子板内衬，检查炭罐及管路，发现问题：其一，至 AKF 电磁阀通风管出厂时安装失误，管路挤压在车身与炭罐顶部之间，未正确与炭罐连接（如图 2-10-64 所示）；其二，该通风管路生产线防尘保护封堵也未取下，如图 2-10-65 所示。

（8）诊断至此，故障点已明确，同时也联想到 A8 D4 油箱排气通风问题（TPI 号 2033164）与此同出一辙，截图如图 2-10-66 所示。

油箱排气通风问题建议检查要点：

①查找相关 TPI，部分故障是由于软件导致，同时应检查节气门开度，是否脏污。

②引导型故障查询，电磁阀是否常通、泄漏，是否有作动声音。

③检查炭罐及相关管路是否阻塞，炭罐是否漏炭颗粒连带引起 AKF 阀内部因炭颗粒卡滞堵塞。

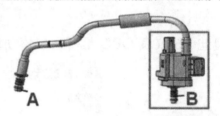

产品技术信息　　　　　　　　　代号：**2050838/5**
中国市场：C7C8B8B9Q3Q5A3 发动机相关故障灯报警　　发布日期：2019-3-26

用户陈述/服务站结论
发动机相关故障灯报警。
有指向活性碳罐电磁阀的故障码：P044100：油箱排气系统 通过量不正确。
可能同时伴随其他故障码。

技术背景
活性炭罐电磁阀卡滞堵塞。

图 2-10-62

售后服务解决方案
1.引导型故障诊断，确认燃油通风系统故障
2.将AKF电磁阀连带管一起取下，A端充气（小于70kPa），将B端放入水中
3.当出现气泡漏气情况时，确认异物进入，需要同时更换活性炭罐电磁阀和活性炭罐，并且将活性炭罐作为主件，AKF电磁阀作为副件索赔，索赔给活性碳罐厂家；
如不出现气泡，则仅索赔AKF电磁阀，索赔厂家为电磁阀厂家。
4.请务必拍摄气泡照片或视频并上传系统索赔和Feedback系统，照片和视频将作为索赔重要依据。

图 2-10-63

图 2-10-64

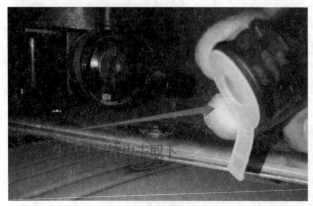

图 2-10-65

图 2-10-66

556

故障排除：取下通风管封堵，重新正确连接至炭罐上，重新生成就绪代码，故障排除。

故障总结：建议加强生产线上质量管理流程监控。

十九、2011 年奥迪 A5 废气灯亮，怠速时严重抖动

车型：奥迪 A5。

年款：2011 年。

发动机型号：CAL。

故障现象：废气灯亮，怠速时抖动严重。

故障诊断：

（1）诊断仪检测存有气缸 3 失火的故障记录。

（2）分析单缸失火的可能原因有：

①火花塞、点火线圈、喷油嘴损坏、进气门积炭过多。

②发动机内部机械损坏（缸压不足、气门弹簧断裂、气门口密封不严、气门摇臂损坏、摇臂挺杆损坏）。

（3）按照先易后难的原则首先使用替换法排除了火花塞、点火线圈。

（4）使用 VAG1381 检测缸压正常，之后拆卸进气道检查进气门处无积炭，替换喷油嘴，故障现象依旧。

（5）使用示波器检查点火线圈工作状态正常，可以测量到电压波形，排除电脑版控制点火故障。

（6）用示波器检查喷油嘴喷油波形正常，拆卸喷油嘴检查 3 缸的喷油嘴油轨内部未发现有堵塞，使用诊断仪进行动作诊断检测正常排除 3 缸内部不喷油。

（7）排除电路和油路问题后可以确认故障点在气路上，检查进气歧管内部未发现 3 缸歧管堵塞，进一步检查需要拆卸气缸盖梯形架检查气门及凸轮轴，因为拆卸时间比较长，与客户沟通后客户同意将车子停在我站进一步拆解检查。

（8）接着拆下气缸盖的梯形架检查凸轮轴和气门结构，发现 3 缸进气门摇臂轴承明显松动。

（9）根据检查的结果判断是摇臂轴承磨损导致间隙变大，因为摇臂的间隙过大造成气门打开或关闭时的开启时间、开启的行程异常，因而导致 3 缸失火。

图 2-10-67

（10）更换摇臂后试车故障排除。因为进气侧有 AVS，所以气门摇臂滚轮比排气侧窄，与 B8 的排气 AVS 在排气侧一样也会产生摇臂间隙变大的情况，如图 2-10-67 所示。

故障排除：更换松动的进气门摇臂。

二十、2019 年一汽奥迪 A6L 启停着火后发动机抖

车型：一汽奥迪 A6L（C8）配置 2.0L 高功率发动机。

年款：2019 年。

故障现象：启停着火后发动机抖，有时甚至导致失火。

故障诊断：

（1）新车几百公里，出现多次发动机抖动现象。尤其是启停熄火后再次着火容易发生。抖动严重时

可导致发动机熄火。

（2）用 VAS6150 检测，01 发动机电控装置内存有故障：P001100：气缸列 1，凸轮轴滞后点火调节目标未达到偶发。

（3）检查发动机曲轴位置传感器、凸轮轴位置传感器正常。发动机机油压力怠速时 120kPa 正常，转速 3700 r/min 时 350kPa 正常。检查机油滤芯和机油内没有过多铁屑。

（4）检查排气凸轮轴调节阀 N318 和进气凸轮轴调节阀 N205 正常。检查凸轮轴轴承桥和凸轮轴没有异常磨损。替换两个凸轮轴调整阀（3 位 4 通阀）试车后故障依旧。

（5）分解 3 位 4 通阀发现 2 个阀的阀芯都无法一次性出入，有卡滞现象。进气侧螺纹扣处有螺纹铁屑，如图 2-10-68 所示。排气侧滑阀接触面有轻微划伤，如图 2-10-69 和图 2-10-70 所示。使用 2000 号砂纸涂抹一些机油，轻微打磨 两个阀芯划伤和棱角处，清洗干净后可以顺利无阻碍地进出阀座。装车后试车故障排除。

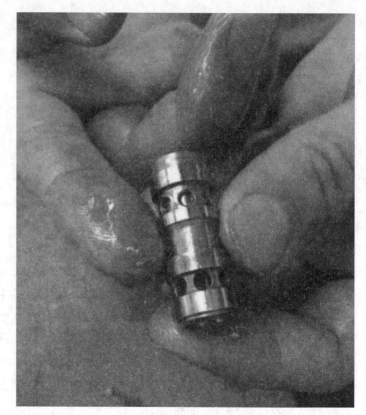

图 2-10-68

故障原因：发动机启停熄火时机油压力降低，着火后负荷增加，凸轮轴调节时滑阀卡住，调节轮无法达到目标角度，影响气门开启时刻和点火正时，引起发动机抖动。

故障排除：打磨凸轮轴调节阀阀芯。

故障总结：专用工具 T10352 可能店内没有合适的，可以给两个凸点拔出，分别磨细一点儿后就可以正常使用了。

图 2-10-69

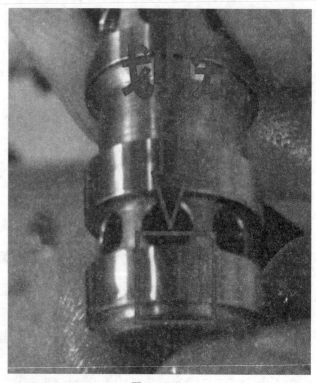

图 2-10-70

二十一、2005 年一汽奥迪 A6L 启动时发动机异响

车型：一汽奥迪 A6L（C6）。

年款：2005 年。

发动机型号：BAT。

故障现象：冷启动或停车 20 分钟以上再启动发动机时，有四五秒啪嗒异响。

故障诊断：

（1）将车辆停放一晚上冷启动时，能明显听到两侧缸盖有气门拍缸盖的声音，多次测试发现，停放 20 分钟以上启动也会出现同样的声音。

（2）确定声音来自两侧缸盖，属于金属机械碰撞声，右侧比左侧声音大。做基础检查机油油位正常，全程 4S 店保养。火花塞正常，点火线圈正常，缸压正常，冷启动没有失火，诊断仪诊断没有任何相关故障码。

（3）分析故障原因是冷启动时机油压力不足导致的。检测机油压力 140kPa 正常（标准 120~160 kPa）。检查机油滤芯底座正常，检查凸轮轴调节阀正常。拆检进气道下的机油关断阀和喷嘴阀发现密封不严，如图 2-10-71 和 图 2-10-72 所示。更换后启动发动机声音持续时间减少到 2~3s。虽然声音仍存在，但可以说明检查方向正确，问题出在机油压力方面。

（4）抬下发动机，检查凸轮轴没有磨损，滚子摇臂正常。检查正时链条及挡板正常。此时用工具转动发动机，发现右侧的进气凸轮轴调节轮每转动一个角度就会快速地旋转，左侧没有此现象，如图 2-10-73 和图 2-10-74 所示。

图 2-10-71

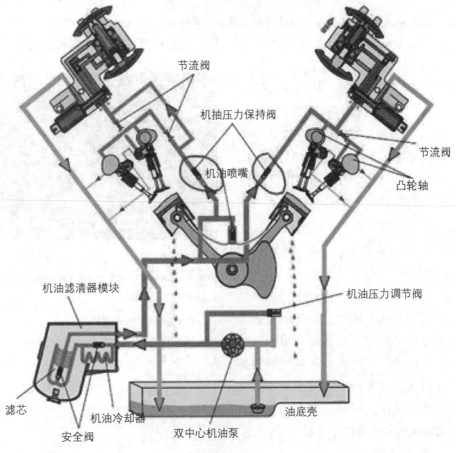

图 2-10-72

图 2-10-73	图 2-10-74

分解调节轮发现内部已经严重磨损，且凸轮轴调节锁止销的塑料片已经丢失了。

故障原因：造成此车这个现象的两个故障点都是机油压力供给系统出现问题导致的，首先更换机油关断阀，保证缸盖供给部分的机油在发动机熄火后不会全部回流；进气凸轮轴调节轮的磨损导致调节轮内无法存留机油，在停放较长时间后启动，缺少机油的缓冲作用，发出金属敲击的声音。

故障排除：更换机油关断阀、两侧进气凸轮轴调节轮。

二十二、2019年一汽奥迪A6L仪表报警：驾驶系统故障

车型：一汽奥迪A6L（C8）。

年款：2019年。

故障现象：客户反馈行驶中仪表报警，驾驶系统：故障！请联系服务站，如图2-10-75所示。

故障诊断：

（1）接车检查，故障确实存在。与客户反馈情况完全一致。

（2）用诊断仪检测在地址码01有相关故障记录，如图2-10-76所示。

（3）查询TPI无相应指导方案，在2019年第一期SOST有相关的指导方案，如图2-10-77所示。

（4）依据SOST指导，故障指向涡轮增压器。但是经过对比分析，发现两者故障码一样，但是两者的表现不一致。分析：SOST的处理方案适用吗？为慎重起见，重新对故障进行分析，依据引导测试计划进行测试，首先分析高度传感器F96的数值（在发动机控制器中），与增压压力传感器G31分析并互相比，如图2-10-78所示。

图 2-10-75

图 2-10-76

☐ 国产EA888 Gen3 发动机——涡轮增压器

关键词：CUJ*,CUH*,CYY*CWN*,EPC报警，涡轮增压器，P码

DTC	中文描述	DFCC	涉及零件
P0045	气缸列1/增压器1增压压力调节气门断路	14849	V465
P00AF	废气涡轮增压器调整装置1卡滞	15202 15226 26979	V465
P0234	增压压力控制超出控制极限	14913	V465
P0299	增压压力控制 没有达到控制极限	14914	V465
P0642	传感器基准电压"A"过低	15373	V465
P2563	增压压力调节影位置传感器不可信信号	14846	V465
P2564	增压压力调节阀特位置传感器信号太小	15424 10515	V465
P2565	增压压力调节阀位置传感器过大信号	15423	V465
P334A	增压压力促动器电气故障	14851	V465
P0238	增压压力传感器，过大信号（激活）	15212	V465

图 2-10-77

措施：信息
测量以下数值：

> 增压压力增压压力传感器-G31：
> 0.0hPa

> 空气压力-F96-：
> 1010.0hPa

图 2-10-78

（5）从数据对比来看，增压压力传感器 G31 的数值与空气压力传感器 F96 数值相差很大，正常情况下，在点火开关打开状态下，这两个值应显示为大气压力约为 1000hPa。由此分析为增压压力传感器 G31 存在故障。为此尝试更换，再次启动车辆测试，故障依然存在。

（6）接下来按照引导继续进行查询诊断（电路图如图 2-10-79 所示），测量增压压力传感器 G31 供电情况。测量插头供电与发动机搭铁电压为 5.4V（目标正常值：4.5~5.5V），正常。测量插头信号电压也是 5.4V，在正常值范围之内。测量插头供电与插头搭铁电压为 0V，正常值为 4.5~5.5V，电压不正常。

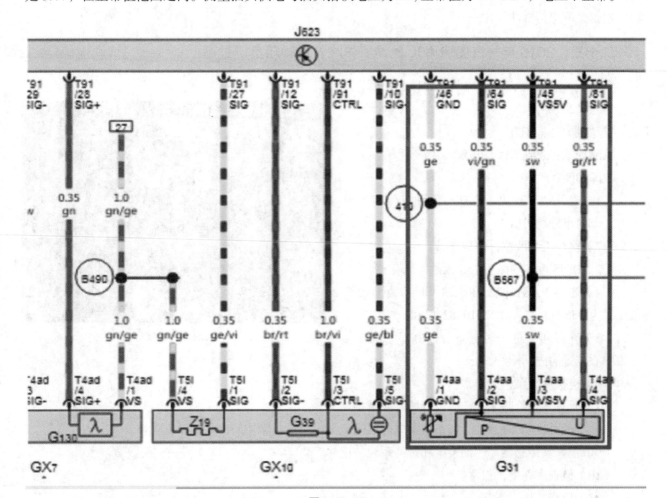

图 2-10-79

（7）随后测量增压压力传感器 G31 的连接线路发现问题所在：T91/46 与 G31/1 存在断路情况，如图 2-10-80 和图 2-10-81 所示。

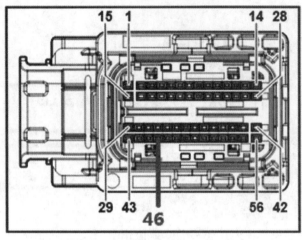

图 2-10-80

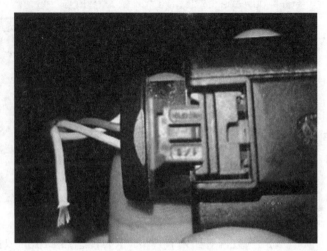

图 2-10-81

故障原因：增压压力传感器 G31 的连接线路断路。

故障排除：修复线路。

故障总结：针对新车或行驶里程较少的车辆在接待和维修时必须重视、严谨。TPI 和 SOST 方面有指导方案的优先采纳，但需要认真核实甄别。考虑问题应从原理基础入手，细致入微进行分析，不能因车辆里程较少疏忽基础性工作。

二十三、2016 年一汽奥迪 A6L 发动机异响，曲轴箱负压过高

车型：一汽奥迪 C7 PA，配置 3.0T 发动机。

年款：2016 年。

发动机型号：CTD。

故障现象：怠速时发动机舱传出敲击声。

故障诊断：

（1）确认故障现象，怠速时发动机舱传出敲击声，车内车外均可听到。

（2）检查机油液位，油位正常。

（3）ODIS 读取诊断报告，无故障码存储。

（4）通过 VAG1397A 在机油尺口检测曲轴箱负压，为 –35.1kPa，如图 2-10-82 所示。

（5）气缸列 1 的正时链条盖板由于负压过大导致中心位置向内凹陷约 5mm。

图 2-10-82

（6）检查真空泵，无异常。

（7）所有真空管路无异常，没有堵塞或破裂。

（8）发动机运转时，正时链条盖板向内凹陷，与正时链条摩擦发出高频摩擦噪声。

（9）检查氧传感器，燃油系统和排气系统，正常。

（10）检查火花塞，正常。

（11）检查缸压，正常。

（12）将曲轴箱排气管与缸盖罩盖连接处断开，在排气管端测得负压为 –54.2kPa，如图 2-10-83 所示。

（13）电磁阀 N548 断电，强制通风管断开，把强制通风管从进气管中拔出或者将电磁阀 N548 断电，曲轴箱负压均无明显变化。

（14）将强制通风管完全堵上，负压无明显变化。

（15）通过压缩空气把新鲜空气通过强制通风管送入曲轴箱，根据送入空气量的多少，负压有相应变化。

图 2-10-83

（16）打开机油加注口旋盖或者机油液位测量尺处的堵塞，所抱怨的发动机异响消失。检查燃烧室状态，可看到大量机油残存，考虑到缸压正常，推断气门油封和活塞环密封应该没有问题，推断燃烧室的机油残留是以机油蒸气的形式通过进气门进入燃烧室，如图 2-10-84 和图 2-10-85 所示。

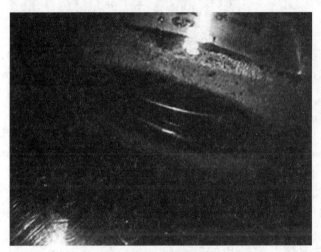

图 2-10-84

图 2-10-85

（17）原车与对比车一次性对调机械增压器、曲轴箱通风机油细分离器模块和曲轴箱排气管，故障发生转移，原车故障消失，曲轴箱压为 –14.2kPa；仅将机械增压器换回各自车辆，故障仍在对比车，即故障不随增压器的对调而转移；再将机油细分离器模块换回各自车辆，故障仍在对比车，即故障不随机油细分离器模块的对调而转移；最后将曲轴箱排气管换回各自车辆，故障发生转移，即故障会随曲轴箱排气管的对调而转移。

（18）可确认原车曲轴箱排气管损坏，导致原车发动机曲轴箱负压过大而产生异响。

（19）拆检曲轴箱排气管，发现故障车曲轴箱排气管末端的密封环缺失，如图 2-10-86 所示。

故障原因：曲轴箱排气管接口处的密封环缺失会导致从粗分离器过来的曲轴箱气体不经过细

图 2-10-86

分离器模块的分离，也不经过弹簧膜片的压力调节，而直接去往增压器，从而导致曲轴箱负压过大，进而导致正时链条盖板处向内凹陷变形，与正时链条发生摩擦，产生异响，同时未经细分离的机油蒸气会在燃烧室内残存累积，如图 2-10-87 所示。

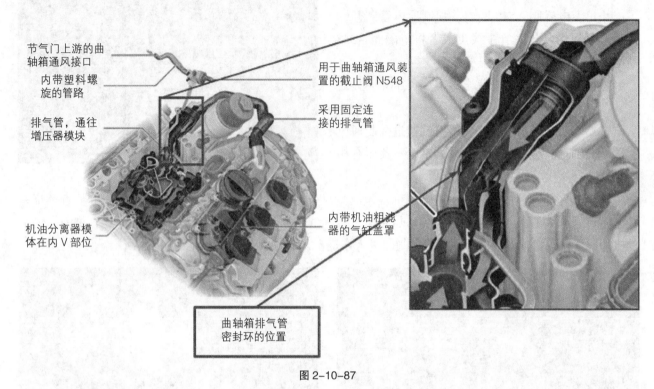

节气门上游的曲轴箱通风接口

内带塑料螺旋的管路

排气管，通往增压器模块

机油分离器模体在内 V 部位

用于曲轴箱通风装置的截止阀 N548

采用固定连接的排气管

内带机油粗滤器的气缸盖罩

曲轴箱排气管密封环的位置

图 2-10-87

故障排除：更换曲轴箱排气管，故障排除。

故障总结：确认故障现象，确认故障发生工况。分析工作原理，梳理可能的故障点，根据故障现象进行排查。完善基本检查，如相关液位检查、相关压力检查、燃烧室状态等。进行替换式排查时，勿遗漏某一环节。梳理相关结构原理，积累分析经验。

二十四、2016 年一汽奥迪 A6L 仪表冷却液报警，发动机舱冒白烟

车型：一汽奥迪 A6L，配置 3.0T 发动机。

年款：2016 年。

故障现象：仪表冷却液报警，发动机舱冒白烟。

故障诊断：

（1）首先检查冷却液液位，结果发现冷却液水壶损坏，导致冷却液流失，如图 2-10-88 所示。如图 2-10-89 所示，与以往我们所遇到的损坏现象不一样，水壶漏水一般都是有裂纹或者是从接缝处泄漏，但是故障车明显是炸裂的一样。诊断仪检测发动机控制单元内报有故障码，如图 2-10-90 所示。

检查发现故障码发生的里程数是一致的，但是发生的时间是不同的，同时检查其他控制单元发现发动机舱内的控制单元基本都报有温度过高的故障，而且车辆的里程数也是一样的，都是 18 625km。通

图 2-10-88

过故障码分析车辆里程数没变化，但是各个控制单元的报故障码时间是分先后的，所以推断当时车辆应该是在原地怠速着车时水温高导致。询问客户，车辆是在行驶一段时间后，客户将车辆停下锁车后出现的冒白烟现象，并没有原地怠速着车，询问其水温等客户均没注意。

（2）分析水壶炸裂的原因，要么是水壶内压力太高，要么是水温太高。首先检查水壶盖是否不泄压（如图 2-10-91 所示），将其压力增加到 150 kPa 左右，水壶盖内安全阀自动打开，泄压正常。检查水泵节温器等正常，电子扇工作正常，客户描述行驶仪表无报警，水温正常。检查冷却系统相关部件后试车未发现异常，水温不高，水壶盖也能正常泄压。

（3）检查冷却循环连接图，如图 2-10-92 所示中 20 是冷却液水壶，与之相连接的三根水管左面红色是小循环回路的排气管，中间蓝色是与水箱及增压空气冷却液泵回路相连水管，右侧蓝色水管是大循环回路的排气管。检查水壶上两根排气管，当加大发动机转速时，红色及蓝色都会有气体及少量冷却液排出，但是小循环的红色水管特别热，而水壶损坏处是在小循环回路排气管下方，如图

图 2-10-89

P1B1C00: 冷却液泵 机械故障	P011700: 发动机冷却液温度传感器1 信号太小	P017C00: 气缸盖温度传感器 对地短路
主动/静态	被动/偶发	被动/偶发
21421	15314	15331
00100111	00100000	00100000
19-5-14	19-5-14	19-5-14
9:45:33	10:04:20	10:18:42
18625	18625	18625
2	2	2
1	3	1
255	255	255

图 2-10-90

图 2-10-91

2-10-92 所示 23 和 24 是两根排气管的止回阀，此阀是单向阀，冷却液流动方向是通的，反之是不通的，如图 2-10-93 所示。

检查红色水管发现两个方向全都是长通的。新的部件只有向水壶方向是通的（如图 2-10-94 所示），所以此车小循环回路排气管单向阀损坏。更换此水管试车，故障排除。

故障原因：因为排气管内单向阀损坏，导致热气不能及时排出，造成水壶内温度过高，水壶破裂。

故障排除：更换小循环回路排气管。

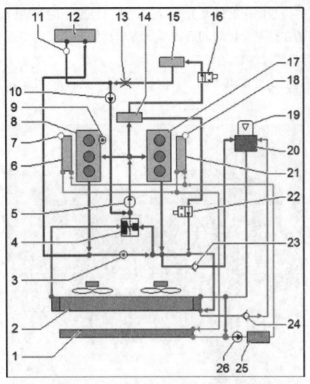

图 2-10-92

图 2-10-93

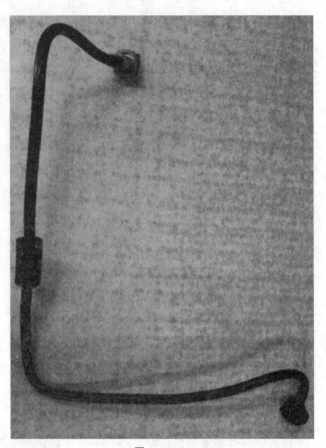

图 2-10-94

二十五、2006 年一汽奥迪 A6L 废气灯亮，偶发性熄火

车型：一汽奥迪 A6L（C6）。

年款：2006 年。

发动机型号：BDW。

故障现象：客户反映行驶中废气灯点亮，偶发性熄火。

故障诊断：

用诊断仪 VAS6154 进行检测，发动机电控系统中有混合气过浓的故障码。读取 1、2、3、32、33 组数据流，混合气确实过浓，并且消音器尾部有较重的汽油味。所以初步怀疑可能是燃油系统的问题，此车的燃油系统采用的是歧管喷射，没有高压泵，所以怀疑可能是喷油器泄漏造成的混合气过浓。把喷油器以及燃油轨从进气歧管上拆下，然后用钥匙点火，没有发现喷油嘴有汽油漏出，启动车辆，6 个喷油器喷油量都比较均匀，并没有发现泄漏。然后拿出油压表测量一下燃油系统的压力，竟然达到了 960kPa（如图 2-10-95 所示）。这就太不正常了，此车没有高压系统，正常油压应为 400kPa 左右。油压的高低是由汽油滤芯内部的压力调节阀来调节的。所以尝试更换汽油滤芯，结果故障依旧。还有什么会造成油压过高呢？

566

此时又把唯一的可能性放在了燃油泵上，更换完燃油泵，油压变成了600kPa，还是高，不正常。此时维修陷入了僵局，该换的都换了，为什么压力还是高？此时推断：可不可能是因为回油管回油不畅而造成的压力高呢？然后尝试着把汽油滤芯的回油管拔掉，着车，压力恢复正常，400kPa（如图2-10-96所示）。可以确定是回油管的回油不畅而造成的汽油压力高。拆下燃油箱，取下回油管，发现管路已经被压扁，如图2-10-97所示。

故障排除：更换汽油泵及回油管。

故障原因：由于回油管被压扁，回油不畅而造成汽油压力高。

图 2-10-95

图 2-10-96

图 2-10-97

二十六、2012 年一汽奥迪 A6L 发动机尾气排放检测故障灯报警

车型：一汽奥迪 A6L（C6）。

年款：2012 年。

发动机型号：CCE。

故障现象：发动机尾气排放故障指示灯亮，用 VAS6060 读取故障码为"气缸列 1 传感器 1 不可信信号，静态"。分析该故障可能的原因有氧传感器故障、氧传感器至发动机电脑的线束故障、混合气调校故障（过浓或者过稀的混合气均有可能导致氧传感器误报警）。

故障诊断：

（1）根据以上分析首先考虑氧传感器自身的故障，于是替换两侧前氧传感器并删除故障码。删除故障后无法立马再现故障，于是用诊断仪执行"生成就绪代码"，结果就绪代码在生成过程中由于检测到故障而中断，然后读取故障码"气缸列1混合器过浓""气缸列1-2凸轮轴调节器超出上限"。

（2）由于新生成了故障，且均与之前的故障有相关性，决定将以上故障综合考虑，考虑是否由于凸轮轴的角度调节异常导致混合气过浓进而氧传感器检测到错误的数值。决定首先排除凸轮轴调节器的故障。

（3）替换两侧凸轮轴调节器后重新执行"生成就绪代码"，结果得出的故障依旧，且多次执行均得出相同结果，到此诊断陷入僵局。

（4）由于暂无进展，遂询问客户故障发生的相关细节，结果得知该车之前在外拆装分解了发动机，于是考虑是否修理厂在装配时未按照标准操作执行导致正时系统故障。检查正时系统，发现无论如何三个点都无法同时固定，确定该正时系统故障，建议重新调整正时系统。经客户同意后调整正时，查询Elsa严格按照操作步骤完成正时调整，重新执行"生成就绪代码"，结果正常，进行长距离试车也没有再出现故障，确认故障排除。

故障原因：未按照标准操作流程进行维修导致该故障。

故障排除：按照标准操作进行重新装配，故障排除。

二十七、2013年一汽奥迪A6L高温维修完后又出现低温

车型：一汽奥迪A6L（C7）。

年款：2013年。

发动机型号：CNY。

故障现象：车辆高温，维修后又出现低温。

故障诊断：

（1）客户进店保养，未反映任何关于水温不正常的故障现象，车间维修技师保养检查时发现该车水泵泄漏，报至客户以后，客户在店外自行购买了水泵来店进行更换。

（2）水泵更换以后试车发现该车水温高温报警，发动机电脑未记录任何故障，初步判断原因：

①节温器未能正常打开；

②水泵未能泵水；

③冷却液管路堵塞；

④水温传感器故障或冷却液介质本身故障等。

（3）水温高温报警后用手触摸水箱上下水管发现温度差异较大，由于该车是换完水泵后出现高温，首先使用VAS6213测量水泵的保压情况（如果不保压会出现持续泵水造成车辆凉车升温慢，如果金属罩卡滞在伸出位置则不泵水会造成高温），经测试发现水泵可以正常保压。

①可控式水泵。

由发动机控制单元发指令来操控这个水泵，具体是用一个电磁阀来接通或者切断真空来实现的。该泵工作时，由于调节滑阀被泵轮盖住了，所以可以使得冷却液静止（不流动），如图2-10-98所示。这时发动机内冷却液流完全被阻塞住了。这种工况可降低该泵所消耗的驱动功率。在转速和负荷较高时短时接通的话，有助于保护发动机。冷却液流的接通是采用节拍式的（接通、切断、接通，就是时断时续）。这样做的目的：发动机预热运行后，在混合阶段过程中实现缓慢的（逐渐的）温度补偿。

②功能。

抽出负压室（真空室）内的空气，就会在调节滑阀活塞上产生一个力。该力经调节滑阀的导向杆逆着弹簧力，经叶轮压在缸体上。于是压力侧的泵出口处就会出现节流作用。其上安装有三个回位弹簧，如果真空供给出现问题了，这些回位弹簧也能保证让该泵提供最大供液量，如果冷却液温度低于20℃，那么该泵就不会工作，因为那会损坏密封件和膜片。当发动机再次启动时，该泵也不会触发去工作。

（4）接着检查真空管路及电磁阀 N489 是否正常，检查发现电磁阀 N489 在断电的情况下属于常通状态，判断为不正常（正常状态是此阀门断电时处于关闭状态，水泵未抽真空，金属罩处于缩回状态，水泵正常泵水），更换电磁阀后水温不再高温，交车。

奥迪 C7 V6 FSI 发动机特点，创新型热量管理（ITM），在 2.5L FSI、2.8L FSI、3.0T FSI 发动机上的创新型热量管理重要部件，如图 2-10-99 和图 2-10-100 所示。

（5）客户提车后第二天再次进店反映车辆在行驶中水温表会由 90℃下降至 70℃ 的情况，经过路试发现故障现象确实存在。分析水温下降的可能原因：

①节温器未能完全关闭导致一部分冷却液参与大循环；

②水温传感器故障或发动机电脑故障等。

（6）首先更换节温器，试车发现故障未能排除，再次分析该车整个维修过程和所有更换过的配件，决定拆下水泵（客户自行在外购买的配件），发现该水泵与正常车辆水泵有不同之处：水泵叶轮形状不一样，多一个叶轮，且扇叶直径不同，如图 2-10-101 所示。左侧正常水泵 7 个叶轮，扇叶直径小；右侧故障水泵 8 个叶轮，扇叶直径大。

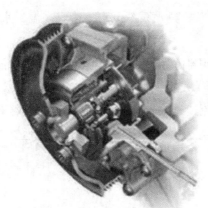

调节滑阀活塞　回位弹簧

导向杆　　　调节滑阀

图 2-10-98

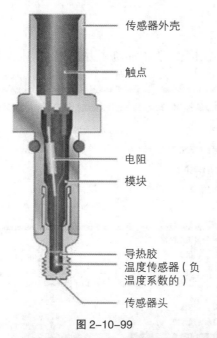

传感器外壳

触点

电阻

模块

导热胶
温度传感器（负温度系数的）

传感器头

图 2-10-99

图 2-10-100

图 2-10-101

569

（7）更换水泵后故障排除。

故障原因：水泵真空控制电磁阀常通导致水泵不泵水，造成高温；水泵泵水量过大导致冷却液温度下降，造成低温。

故障排除：更换水泵真空控制电磁阀排除高温故障，更换水泵排除低温故障。

故障总结：当发动机温度降到节温器关闭的时候，此时大循环已经关闭，为什么还会导致水温继续下降呢？水泵泵水量较大会导致冷却液流速过快，对水温造成的影响会这么大？

二十八、2016 年一汽奥迪 A6L 下高速原地再起步偶尔耸车

车型：一汽奥迪 A6L（C7）。

年款：2016 年。

发动机型号：CLX。

故障现象：下高速原地再起步偶尔耸车。

故障诊断：

（1）车辆进厂检查起步耸车，诊断仪检查 01 中油轨压力过低。02 中没有故障码，如图 2-10-102 所示。

（2）查询历史维修记录发现上一次维修我站给清洗的节气门、进气道、喷油嘴（同一问题耸车）。

（3）从故障码分析故障发现在 113km/h 时，有几种可能：一是上一次清洗喷油嘴没有删故障码；二是供油系统有问题；三是变速器传动机构。

（4）为了能排查出故障原因，我们在站里依次检查了变速油正常，炭罐和炭罐电磁阀正常，低压油管没有受到挤压，测量低压压力为 550kPa 正常。

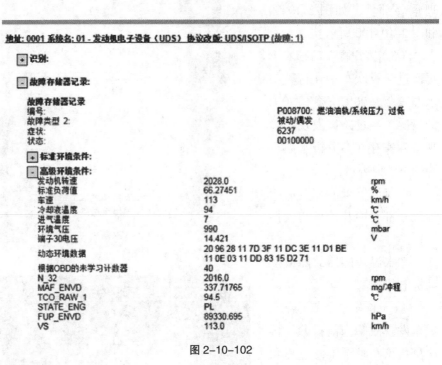

图 2-10-102

（5）为了证实客户反映的问题我们一起和客户上高速试车，在行驶 150km 下高速后试车没有故障再现，又在乡道行驶了半个小时，在返回收费站起步时发生明显耸车现象。在耸车时 4 缸偶发失火，怀疑是火花塞或点火线圈问题。在服务区我们为此车更换了新的火花塞对倒了点火线圈再次试车，又行驶了一百多公里时故障再次出现，并且 01 中出现故障码油轨压力过低是在 120km/h 发生的。

（6）重新捋顺思路，我们是不是忽略了油轨压力过低这个不起眼的故障？因为故障每次都出现在高速行驶后，有可能是噎油了（老师傅的说法）。不能再高速试车了，已经 300 多公里了，人也乏了。

（7）到站后我们又测量了低压，压力正常。读取加油时的高压测量值为 6500kPa，和替换车对比压力有点儿低。为了更快地找到故障点，我们互倒了高压泵删除了故障码。又一次上了高速全程 120~130km/h 看能不能出现油轨压力过低的故障码。一共跑了 260km 故障没有出现，故障码也没有出现，耗时一天的故障终于确定了。得感谢我站技术总监一直陪同试车捋顺思路。

故障排除：更换高压泵。

故障总结：一提到耸车，大家一定会想是变速器或失火。一开始要是把油轨压力过低作为重点工作就没有那么复杂了。

二十九、2013 年一汽奥迪 A6L 打开点火开关后仪表提示"关闭发动机并检查机油油位"

车型：一汽奥迪 A6L（C7），配置 2.0T 发动机。

年款：2013 年。

发动机型号：CDZ。

故障现象：

（1）打开点火开关 6s 后仪表提示"关闭发动机并检查机油油位"，几秒后接着显示"机油油位OK"，如图 2-10-103 和图 2-10-104 所示。

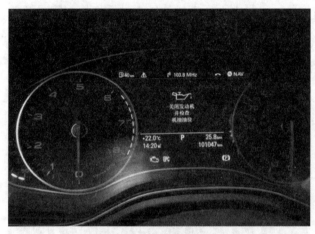

图 2-10-103

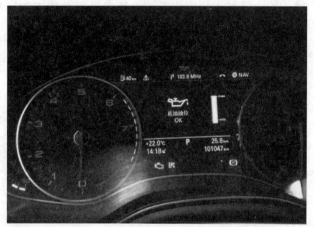

图 2-10-104

（2）如果直接启动发动机后仪表显示一切正常，试车发动机低速或高速运转仪表显示一切正常。

故障诊断：

（1）由于仪表报警故障现象是在发动机刚大修后磨合观察阶段发现的，以为机油确实没有加够，T40178检查并添加机油到上限后发现故障报警依然存在。

（2）VAS6150 检查 01 中无故障码，由于仪表提示让检查机油油位，先检查发动机机舱盖开关显示正常，满足机油油位正常显示条件。怀疑是不是修发动机时碰到了机油油位传感器，试更换正常传感器后故障依旧。检查机油油位传感器相关线路正常。开始怀疑是否发动机控制单元或者仪表出了问题，故障排查进入了复杂化。

（3）重新捋顺调整排查思路后发现原来根据仪表提示检查机油油位的思路跑偏，仪表上除了文字提示"关闭发动机并检查机油油位"外，上面那个红色报警灯是提示机油压力的。按照说明书上仪表上文字显示的意思应该是"关闭发动机！机油压力过低"（如图 2-10-105 所示），按照仪表上文字提示表面意思

🛢️ 发动机油压力

🛢️ **关闭发动机！机油压力过低**

关闭发动机，不得继续行驶。请检查机油油位
⇨ **180** 页。

– 如果发动机油油位过低，那么请添加发动机油
⇨ **181** 页。只有当指示灯熄灭时，才能继续行驶。

– 如果发动机油油位正常，但是指示灯依然发亮，请关闭发动机，不得继续行驶。请让专业人员处理。

ⓘ 提示

机油压力警告并不是机油油位显示。因此，您应定期检查机油油位。

图 2-10-105

排查思路被误导了。

（4）按照检查机油压力思路分析由于发动机是刚大修的，能不能是机油压力有问题呢？拆卸机油压力低压开关后连接 VAG1342 机油压力表检查怠速时机油压力 190kPa（如图 2-10-106 所示），2000r/min 时 250kPa，3700r/min 时 350kPa。机油压力符合 Elsa 标准。

（5）试更换低压机油压力开关 F378 后故障依旧，更换高压机油压力开关 F22 后故障排除。

故障排除：更换高压机油压力开关。

故障总结：排查车辆故障时不要被表面现象误

图 2-10-106

导，该故障仪表文字提示"关闭发动机并检查机油油位"，实际上面还有机油压力过低红灯报警，开始混淆了仪表机油压力过低报警和机油液位过低报警的区别，导致走了一些弯路。

三十、2019 年一汽奥迪 A6L 组合仪表中发动机启动系统故障报警

车型：一汽奥迪 A6L（C8）。

年款：2019 年。

故障现象：组合仪表中发动机启动系统故障报警。

故障诊断：

（1）车辆组合仪表中启动系统黄色报警灯亮起并且驾驶员信息栏提示"发动机启动系统：故障！请联系服务站"故障现象，但是车辆可以正常发动机启动和熄火，如图 2-10-107 所示。

（2）通过诊断仪 VAS6150C 检测 46 舒适系统中控制单元有 B143C29（症状号：65638）进入 / 启动认可按钮不可信信号主动 / 静态故障记录。

（3）对 B143C29 进行故障导航，需要操作 E408 并且通过测量值观察 E408 微动开关变化发现端子 15-2 一直都是未按下（不正常），如图 2-10-108 所示。

考虑车辆是刚提新车，怀疑生产时 E408 插头没有安装到位，所以按照 Elsa 维修手册拆卸检查，通过检查没有发现异常（E408 供电插头及针脚都正常）。

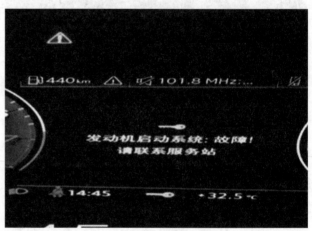

图 2-10-107

```
+ 服
  务: DiagnServi_ReadDataByIdentMeasuValue (进
     入/启动认可按钮)

措施: 信息
 - 操作部件进入及启动许可按钮 E408。

 - 检查所有数值是否都切换为"已操
作"。

端子15〈微动开关〉：未按下
端子15 - 1〈微动开关〉：未按下
端子15 - 2〈微动开关〉：未按下
```

图 2-10-108

（4）由于拆卸检查 E408 及供电插头没有发现异常，所以替换 E408 并且删除故障记录进行试车。试车结果发现故障车辆的故障现象没有再现，并且故障记录也没有再现，以为处理好了；由于考虑到该车新车（刚提还没有出店门）怕后期再出问题，并且考虑到上一代 C7 也有相关故障现象（通过相关 TPI 指示该报警和故障码出现是由于 E408 内个别微处开关没有按到，并且累计达到一定次数才能再现的）；为了进一步确认是否 E408 问题，把故障车 E408 倒在试驾车，发现其故障现象没有发现转移，所以不一定

是 E408 问题。

（5）重新整理思路并且再次读取两辆车 46 中测量值观察 E408 微动开关变化，发现故障车辆端子15-2 微动开关依旧显示为按下而试驾车显示都正常，说明不是 E408 本身问题。

（6）排除 E408 后，通过电路图和报的故障码（E408 不可信信号）分析，要么是 J393 问题，要么结合测量值 E408 内的端子 15-2 微动开关与 J393 之间信号线问题，电路图如图 2-10-109 所示。

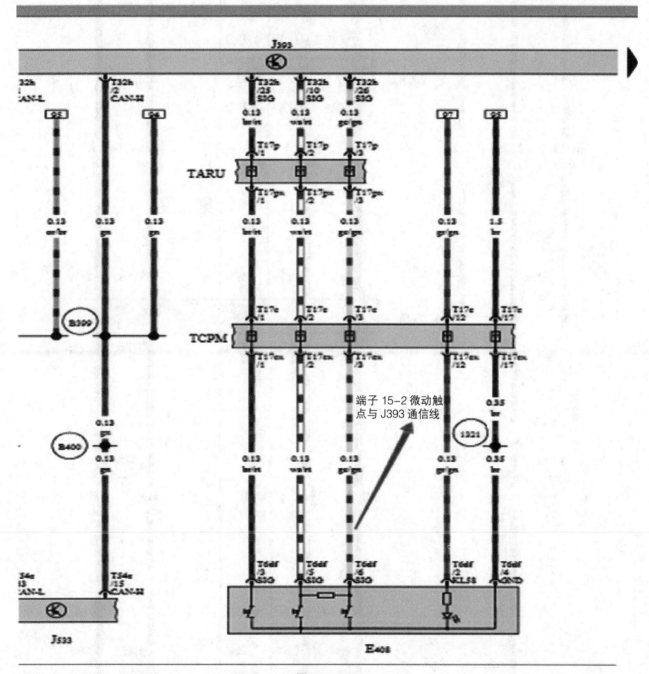

图 2-10-109

（7）由于考虑到车辆是新车加上其他功能都正常，只是仪表中报警再加上 J393 是防盗系主控单元，所以先考虑检测外部线路；结合电路图检查 J393 与 15-2 微动触点那根绿黄线，由于这根绿黄线从仪表台到后备箱比较长的并且线绕法也比较复杂，再加是新车（拆多了客户无法接受），所以进行分段检查和测量，如图 2-10-110 所示。

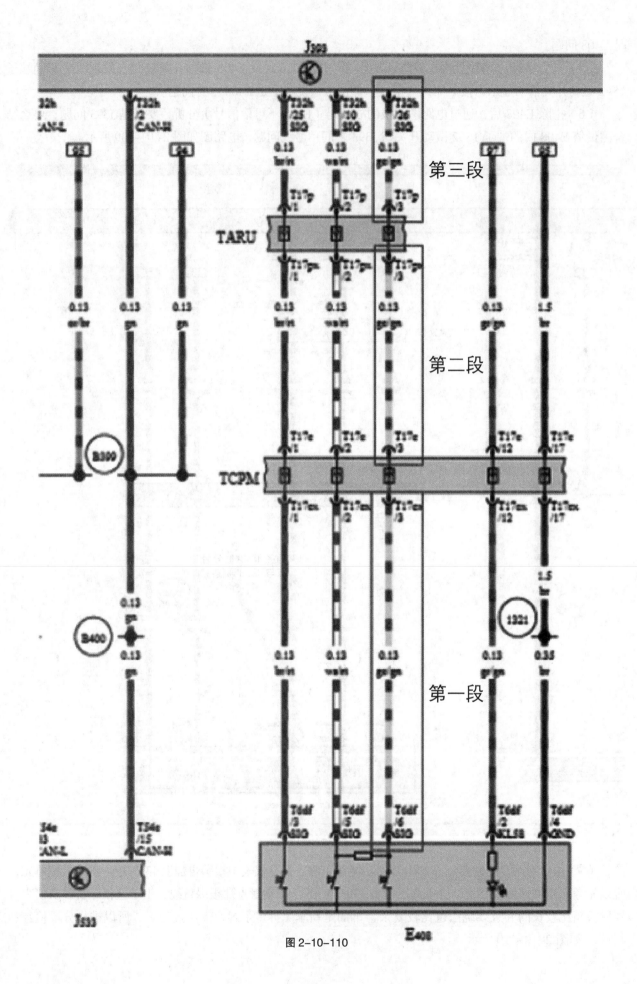

图 2-10-110

574

检查第二段时发现，右侧 A 柱下部连接插头 TARU 处有一根绿黄线断了（通过查询恰好是 J393 与 15-2 微动触点那根绿黄线）。

（8）由于线断 TARU 内针脚比较近（差不多齐根断不好接），所以更换 TARU 插头内 T17ex/3 带线针脚，通过试车和读取测量值都恢复正常，如图 2-10-111 所示。

故障原因：由于右侧 A 柱下部连接插头 TARU 中 T17ex/3 线很细并且线绷得很紧，造成插 TARU 插头时拉断了，造成故障现象。

故障排除：由于线断 TARU 内针脚比较近（差不多齐根断不好接），所以更换 TARU 插头内 T17ex/3 带线针脚，通过试车和读取测量值都恢复正常。

故障总结：一般遇到启动系统故障尤其涉及 E408 故障记录，我们往往会想的是 E408 本身问题或者客户操作按太轻造成定向思维，如果比较粗心，技师往往会只考虑这里就给出结论；就像这个车如果只看到替换 J408 后故障现象和故障码暂时不再现

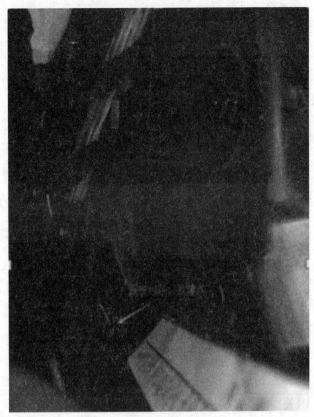

图 2-10-111

认为处理好，不进一步确认就会造成重复维修。在检测电器线路故障时可采用分段测量，避免不必要的拆装而造成客户抱怨。更换部件时一定要查找问题的具体原因，考虑问题要全面，避免重复维修。在检查维修故障时应熟悉部件构造及工作原理以快速找到故障点，学会读取数据流变化来帮助分析故障。

三十一、2015 年一汽奥迪 A6L 发动机故障灯亮

车型：一汽奥迪 A6L（C7），配置 2.0T 发动机。

年款：2015 年。

发动机型号：CDZ。

故障现象：发动机故障灯亮，怠速混合气浓。

故障诊断：

（1）诊断仪检测故障码为混合气浓，读取数据流显示为 –25%。

（2）检测空气进气口至节气门之间的管路没有发现泄漏现象。

（3）更换空气滤芯、空气流量传感器、氧传感器，现象未改变。

（4）尝试更换火花塞，清洗喷油嘴清洗活塞顶部积炭，试车故障依旧，检查摇臂未见异常。

（5）检查空气滤芯壳体时发现此款发动机空气滤芯壳体中间通气孔为封死，而更换的空气滤芯壳体中间为敞开的，更换中间通气孔为堵死的空气滤芯壳体后试车故障现象消失，如图 2-10-112 所示。

图 2-10-112

故障原因：

（1）备件订错货将混合动力车的空气滤芯壳当成普通 2.0T 的空气滤芯壳使用。

（2）由于普通 2.0T 不带二次空气，所以中间的接孔是封死的，带二次空气的是连通的，所以在车辆怠速时会导致进入发动机的气量增多，发动机检测出混合气过稀，为了保证发动机的正常运转就会调整喷油量，最终在反复调整后导致混合气过浓。

故障排除：更换空气滤芯壳。

故障总结：

（1）本车应该适用 L4GD 133 838 的空气滤芯壳，但实际适用的是 L4GD 133 838 B 的空气滤芯壳。

（2）本次案例是典型的人为故障，所以大家在安装车辆部件时应相互对比一下。

三十二、2017 年奥迪 A8L 发动机怠速异响

车型：奥迪 A8L，配置 3.0T 发动机。

年款：2017 年。

发动机型号：CREG。

故障现象：发动机怠速时有"哒哒"异响。

故障诊断：

（1）发动机怠速时异响（热车，水温达到 90℃），每次异响 4~10s，异响间隔 30~50s，该异响在车内关闭车窗时几乎听不到，在发动机舱附近可听到。

（2）检查车辆外观，无异常。

（3）读取故障码，无相关故障存储。

（4）读取发动机测量值，未发现异常。

（5）机油液位及压力正常。

（6）根据声音方位，判断该声音来自发动机中上部。

（7）断开 AVS 调节电磁阀插头，异响无变化。

（8）断开机械增压器皮带，异响无变化。

（9）使用听诊器逐一听取发动机中上部各位置处震动声响情况，在低压油轨上听到声响与客户抱怨的"哒哒"异响的频次最为接近，为验证此声音与客户抱怨的相关性，进行下述检查：

①在发动机控制单元测量值中实时读取 MPI 和 FSI 喷射次数。

②稳定怠速时，MPI 喷射次数逐渐增加，FSI 喷射次数不增加，此时有"哒哒"声响。

③突然急加油时，MPI 喷射切换为 FSI 喷射，MPI 喷射次数不再增加，从听诊器中听到的低压油轨震动声响同步消失，此时"哒哒"声响也同时消失，验证了客户所抱怨的声音来自 MPI 喷射。

④在相同配置的对比车上也听到了客户所抱怨的"哒哒"声响，进行同样的操作，同样发现，当 MPI 喷射切换为 FSI 喷射，MPI 喷射次数不再增加，从听诊器中听到的低压油轨震动声响同步消失，此时"哒哒"声响也同时消失，同样验证了客户所抱怨的声音来自 MPI 喷射。

（10）最终结论，客户抱怨的"哒哒"异响是 MPI 系统正常工作的正常声响。

故障原因：该发动机配备双喷射系统，在低转速小负荷时，一直是 MPI 喷射系统在工作，MPI 喷嘴的喷射动作会引起一定的震动，该震动在一定程度上会在缸体和低压油轨中传递并引起空气噪声，即客户抱怨的"哒哒"噪声，该噪声为 MPI 正常工作产生的正常声响，无法避免。

故障排除：MPI 系统正常工作的正常声响，无须处理，向客户解释说明其工作原理。

故障总结：

（1）确认故障现象，确认故障发生工况。

（2）使用听诊器初步判断大概的声响范围，然后结合测量值及工况变换过程中抱怨的变化情况确认声响的相关性。

（3）震动源处的震动可沿着传递路径不断传递，所以在某一处发现有类似频次的震动后不可着急下结论，还需不断验证该处是否就是震动源。

（4）需与对比车进行对比确认，最后得出最终结论。

三十三、2017 年奥迪 A8 燃油表不准

车型：奥迪 A8，配置 3.0T 发动机。

年款：2017 年。

发动机型号：CRE。

故障现象：客户反映车辆经常加满油后燃油表升不到顶。

故障诊断：

（1）用 VAS6150B 检测无故障码，查阅发现有相关 TPI（2050701/4）燃油存量传感器 3（G237）存在延迟漂浮，需更换改良型传感器，型号为：4H0 201 317 AA。

（2）更换新的传感器后断开蓄电池头进行复位，复位后燃油表显示 2 格油量，然后将车辆开到油站，加满油后油表仍是未能显示满油（显示为 6 格，满油为 8 格），车辆回店后再次进行断电复位，断电复位后油表则能显示 8 格满油。

（3）车辆交给客户使用一段时间后仍是出现燃油表升不到顶现象，约客户回店诊断仪检测无故障码。读取燃油存量传感器油污电阻未能读出该数据块，对燃油存量传感器 1 和 2 进行清洗测试，清洗传感器后故障不能解决，更换燃油存量传感器 1 和 2，故障仍是不能解决。分析车辆已更换了 3 个油量传感器后故障仍是不能解决，其中燃油存量传感器 3 是根据 TPI 提供的零件型号进行更换的，更换时已核对过零件型号确认无误。

（4）分析油箱内部结构是否存在异常或某个燃油存量传感器仍存在故障，使用诊断仪读取同款车型对比 17 仪表数据块得知：燃油存量传感器 1 所负责的油腔满油为 34.5L，电阻值为 60Ω；燃油存量传感器 2 所负责的油腔满油为 19.0L，电阻值为 60Ω；燃油存量传感器 3 所负责的油腔满油约为 30.0L，电阻值约为 120Ω，油箱没油时 3 个燃油存量传感器电阻值均约为 270Ω，如图 2-10-113 和图 2-10-114 所示。

（5）有了燃油存量传感器相关的标准数据后，则可以使用抽油桶抽空油箱再模拟加油。这个过程用诊断仪读取观察燃油存量传感器数据的变化，在抽油过程中 3 个燃油存量传感器电阻值均会有相应的变化。

名称	值
▲ [IDE03474]_计算容量	
燃油存量传感器1	67 Ohm
燃油存量传感器2	60 Ohm
燃油存量传感器3	271 Ohm
燃油存量传感器4	65,535 Ohm [无法使用]
传感器1质量	10
传感器2质量	10

图 2-10-113

[IDE03474]_计算容量	
燃油存量传感器1	67 Ohm
燃油存量传感器2	60 Ohm
燃油存量传感器3	116 Ohm
燃油存量传感器4	65,535 Ohm [无法使
传感器1质量	10

图 2-10-114

在加油的过程中发现燃油存量传感器3的电阻值定在270Ω没有变化，此时用力摇动车辆尾部发现燃油存量传感器3的电阻值由270Ω变为160Ω，通过此数据可以判定燃油存量传感器3仍存在延迟浮/发卡现象，需重新更换燃油存量传感器3。

（6）分析车辆第一次更换燃油存量传感器3的时候去油站加满油后油表只显示6格油量，车辆开回店进行断电复位后油表则能显示满油，是因为在加油的过程中燃油存量传感器3仍存在延迟漂浮/发卡现象，加油后打开点火开关时仪表控制单元识别到燃油存量传感器3电阻为270Ω（空），所以油表不能显示满油，当车辆在开回店的时候路上颠簸令燃油存量传感器3浮子上升，车辆在行驶过中即使燃油存量传感器3浮子上升了，油表也不会显示上升满油，当重新断电复位时燃油存量传感器3的浮子已经上升了，所以断电复位后油表则能显示8格满油。

故障排除：拆装油箱，重新更换燃油存量传感器3（4H0 201 317 AA）。

三十四、2013年奥迪A8L有时难启动

车型：奥迪A8L。

年款：2013年。

发动机型号：CWG。

故障现象：车辆停放一段时间后再次启动不好着车。

故障诊断：

（1）车辆进厂检修故障现象存在，诊断仪检测到发动机单元内存在偶发性故障码P008700R燃油油轨/系统压力过低偶发，怀疑燃油供给系统存在泄压，如图2-10-115所示。

图2-10-115

（2）举升车辆检查供油管路无明显外部损伤，用诊断仪读取发动机测量值怠速时油压正常，控制器占空比数值正常，急加速时压力没明显落差。用专用工具VAS6550检查燃油保压能力10min后系统压力在正常范围内。

（3）检查维修记录发现客户买车至今未更换过燃油滤清，怀疑滤清过油不畅，于是更换滤芯试车，故障未排除。分别倒换油泵与控制器，故障现象依旧。

（4）供油系统部件均未发现故障，这时怀疑是否是控制电路存在故障。查阅电路图油泵控制器由继电器J17控制。如果存在信号断路或供电断路电脑会存储相应故障码，但实际检测并没有。判断继电器可能长时间工作导致接触点烧蚀接触不良，如图2-10-116所示。检测继电器发现故障点，更

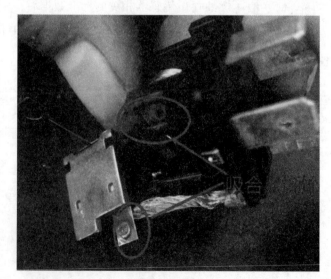

图2-10-116

换后路试故障排除，后期跟进故障未再出现。

故障原因：继电器长期工作会使接触表面烧蚀，当通电后虽然能吸合，但烧蚀后的触点电阻过大使得控制器达不到所需电压，从而油泵不能正常工作。

故障排除：更换燃油泵继电器，故障排除。

三十五、2018 年奥迪 A8（D5）仪表显示电力系统故障

车型：奥迪 A8（D5）。

年款：2018 年。

发动机型号：CZS。

故障现象：行驶过程中仪表显示电路系统故障。

故障诊断：

（1）车辆进厂检修故障现象存在，诊断仪检测到发动机单元内存在故障码 P0A9400：DC/DC 变矩器丢失电源静态，如图 2-10-117 所示。

目标数据库版本：————
装备代码：00 00 00 00 00 00 00 00 00 00 00 00
系统简称：J1120

□ **故障存储器记录**（数据源：车辆）：

故障存储器记录
编号：　　　　　　　　P0A9400：DC/DC变矩器 丢失电源
故障类型 2：　　　　　主动/静态
症状：　　　　　　　　32772
状态：　　　　　　　　00100111

□ **标准环境条件**：

图 2-10-117

（2）使用万用表测量发现 48V 电网电压为 0，通过测量值发现高压蓄电池电压为 45V，各个单元格电压均 3.5V 以上属于正常。尝试触发 48V 电网，无法匹配。判定 48V 电网没电，由于 48V 供电路故障，导致高压蓄电池内部继电器工作断电。

（3）D5 车型中的 48V 电网包括 C29 启动发电机、高压蓄电池 A6、稳压器 A7 以及相关导线。检查线路均无破损，连接均正常。通过诊断检查发电机 C29，由于为存在故障码，系统默认正常。蓄电池 A6 通过测量值，确定正常。最终怀疑 A7 变压器存在故障。但倒换变压器，故障无法排除。

（4）此时无法明确故障点，只好将其他两个用电设备倒换，当换完发电机 C29 时故障排除。检查故障件时发现发电机 C29 内部短路，电阻测量值如图 2-10-118 所示。

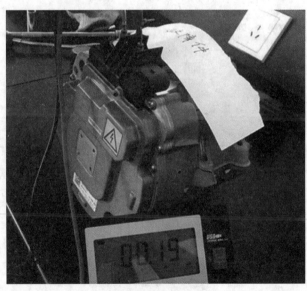

图 2-10-118

故障原因：由于 C29 内部线路故障导致发电机不能正常工作，从而导致整个 48V 电网无法正常运行。

故障排除：更换发电机 C29 故障排除。

故障总结：

（1）48V 电气系统中只要存在一个部件或线路故障，高压蓄电池 A6 就会断开继电器进行保护。

（2）当 48V 断电后，启动发电机时，发电机是无电压输出的。

（3）断开 48V 电网后再次激活可能会无法匹配，这时需检查 12V 电气系统电压是否正常，必要时给蓄电池充电。

三十六、2013 年奥迪 A8L 转速限制 1500r/min

车型：奥迪 A8L，配置 3.0T 发动机。

年款：2013 年。

发动机型号：CGW。

故障现象：奥迪 A8L 转速限制 1500r/min，EPC 灯报警。

故障诊断：车辆进店检查发动机转速限制 1500r/min，EPC 灯报警。用 VAS6150C 检查，发动机系统里存有故障节气门电位计，过大信号（P012300），怀疑是不是节气门本身存在故障导致转速限制 1500r/min，替换节气门控制单元 J338 故障依旧，无法清除，排除节气门本身故障。根据引导型功能指引，检查节气门 J338 插头未见腐蚀，针脚无弯曲断裂。根据电路图 2-10-119 所示，测量节气门插头第 2 号脚，电压为 5.0V，在正常范围之内，测量 2 号脚与 6 号脚之间电压也为 5.0V，也在正常范围之内。用 VAS6150C 读取节气门测量值发现 G187 电压为 4.73V，G188 电压为 4.23V，并且随着加速踏板的踩下，电压并不随着变化，怀疑是不是节气门中间滑动变阻器没有工作导致电压没有变化，测量发动机电脑板 T60/28 到节气门 T6E/1 线路不存在断路，测量 T60/13 到节气门 T6E/4 时发现，当测量在 T6E/4 针脚底部时线路相通，

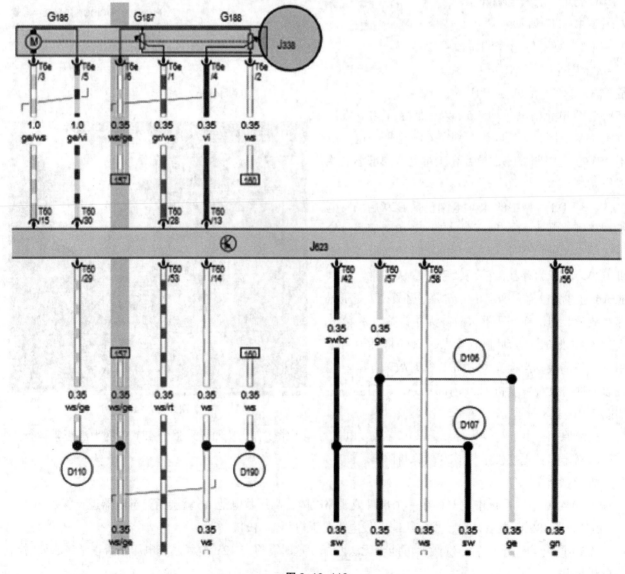

图 2-10-119

580

当测量在插针顶部时线路不通，将插针捅出查看，发现节气门 J338 插头 T6E/4 针脚线路松脱（如图 2-10-120 所示），导致电压无变化。重新接上针脚，故障排除。

故障原因：针脚脱落导致节气门无法正常工作。

故障排除：处理针脚。

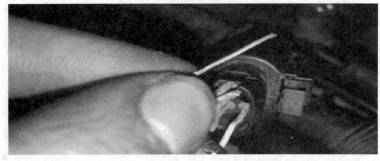

图 2-10-120

三十七、2019 年奥迪 A8L 加满油箱行驶时偶尔仪表显示燃油报警灯

车型：奥迪 A8L。

年款：2019 年。

发动机号：CZSA。

故障现象：客户反映加满油箱行驶时偶尔仪表显示燃油报警灯，续航里程为零。

故障诊断：

（1）因此故障灯偶尔亮起，客户称出现故障时录了视频，维修技师观看后发现出现过此故障。

（2）技师用 6150C 诊断仪检查读取故障码为：G393 燃油表传感器 4 –0046 舒适系统中央模块 65707B117A1A 燃油存量传感器 4 电阻过低（00001000 被动 / 偶发），如图 2-10-121 所示。诊断仪引导型功能进行检测（如图 2-10-122 所示），首先检查 G393 插头无异常。根据电路图测量线路导通正常，如图 2-10-123 所示。

图 2-10-121

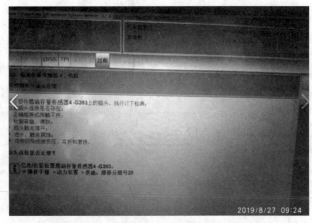

图 2-10-122

（3）维修技师拆下 G393 燃油传感器，根据指导手册测量传感器数据正常，与试驾车替换了 G393 燃油传感器。让客户试用 1 周，故障又出现了。排除 G939 引起的故障。

（4）客户再次进店检修故障，技师拆下油泵盖板；检查线束发现故障点为燃油传感器线束受挤压绝缘层破与车身偶尔接触，如图 2-10-124 所示。

故障原因：因 G393 燃油传感器线束短，受挤压绝缘层破与车身偶尔接触，造成仪表中燃油报警灯亮。

故障排除：对线束用绝缘胶布包裹并用海绵隔开车身锋利的边沿。

故障总结：此故障主要是因生产过程中线束走线设计不合理，造成线束受损偶尔与车身搭铁造成的。

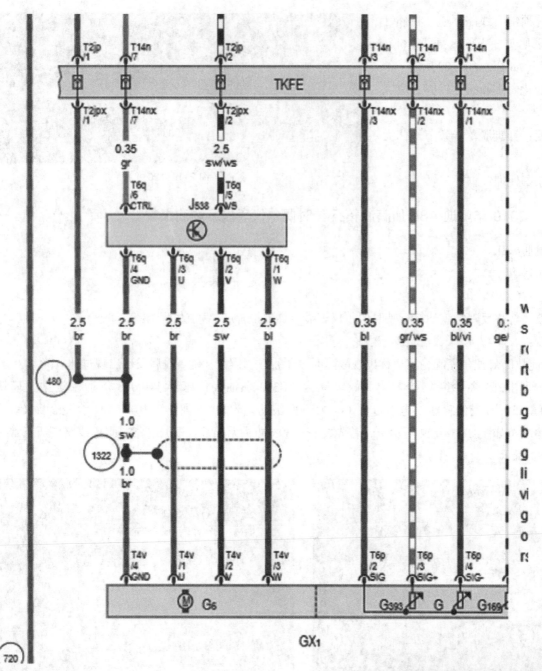

图 2-10-123

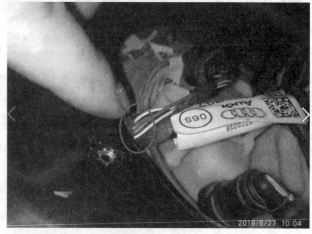

图 2-10-124

三十八、2018 年奥迪 A8L 废气灯报警

车型：奥迪 A8L。

年款：2018 年。

故障现象：仪表发动机废气灯报警。

故障诊断：启动车辆，仪表废气灯报警，发动机工作平稳。使用 VAS6150D 检测：P017D00：气缸盖温度传感器 对正极短路主动 / 静态；根据引导检查 G62 水温传感器、插头以及线路。首先检查水温传感器插头针脚正常，目测机舱内线束也没有被老鼠咬破的痕迹。由于水温传感器不好测量电阻，把替换车的传感器拆下，插上去故障依旧。最后测量线路，发现 2 号针脚到电脑版的线断路，但根据电路图发现这根线还有一个转换插头，当时怀疑是不是中间的转换插头有问题，根据电路图查找此转换插头在曲轴皮带轮附近，找到插头时发现插头没有固定到位，导致线束和发电机皮带的惰轮发生摩擦，把线束磨破（如图 2-10-125 和图 2-10-126 所示），从而导致故障出现。拆下前面的进气管路，维修线束，并重新固定，故障排除。

图 2-10-125　　　　　　　　　　　　　　图 2-10-126

故障原因：线束和发电机皮带的惰轮发生摩擦，把线束磨破，从而导致故障出现。

故障排除：维修线束，并重新固定，故障排除。

三十九、2019 年一汽奥迪 Q2L 启动无反应，仪表防盗灯报警，变速器报警

车型：一汽奥迪 Q2L。

行驶里程：603km。

年款：2019 年。

故障现象：客户致电我厂反映车辆无法启动，启动无反应，变速器报警，需要救援。

故障诊断：

（1）技师到达现场后测试同客户描述一样，启动无反应，发现仪表防盗灯亮起（如图2-10-127所示），同时报变速器故障可以继续行驶，简单检测变速器位于P挡，钥匙遥控功能正常，打开大灯，按压喇叭，蓄电池电压正常，诊断仪检测主要故障码为：

①钥匙没有信号，主动静态；

②钥匙不可信信号；

③变速器控制单元停用（时间最早）；

④发动机控制单元停用；

⑤5F信息电子设备部件保护启用，主动静态，引导无详细检测计划，只有故障防启动锁检测计划，如图2-10-128所示。

图2-10-127

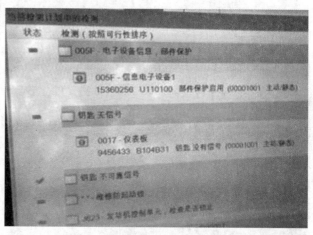

图2-10-128

（2）由于在外作业设备无法在线匹配钥匙，拆开钥匙未发现其异常，同时怀疑钥匙问题引起防盗锁死，故让客户拿另一把钥匙测试，结果两把钥匙都不能正常启动，两把钥匙不可能同时出现问题，在此客户反映之前已经出现过一次，再多次开关车门，按压遥控器后能正常启动，现场测试在多次按压遥控器后车辆可以启动。此时怀疑钥匙信号存在干扰，由于无法判定是否由外界因素引起，只能先从车内排除，逐步检查。此车加装有倒车影像及行车记录仪，且供电接在原车保险丝SC39、SC42上，经店内人员查询SC39为车门控制单元，SC42为J519供电保险，由于之前维修过类似加装导致的故障，与客户沟通恢复原车状态，清除所有故障试用观察段时间。

（3）第二天早上客户致电我站故障再次出现，现象与之前相同，与客户沟通让其进站做详细检查。车辆在进站后诊断仪读取故障码与之前相同，根据检测计划做钥匙匹配，在做钥匙匹配时系统提示无法识别钥匙，多次测试依然无法匹配，利用Service key系统读取数据与车辆相同，检测钥匙发射频率正常，检查钥匙识别线圈及插头未发现异常，给车辆做断电后匹配完成，在停放一段时间后测试故障再现，查询ELsa Pro无相关指导。想到其他班组遇到过Q2因645继电器烧蚀引起启动无反应，拆开继电器发现确实有烧蚀，于是与试驾车替换了645继电器，多次测试故障依旧，此时感觉走进了误区没了思路，觉得还是钥匙问题。考虑为何一直会报钥匙不可信信号，难道是钥匙真的损坏了？又为何另一把钥匙也是一样？

（4）带着疑问想，有两种可能会造成以上现象：①D2线圈识别不到钥匙信号（线圈损坏或线路存在虚接，已经拆卸检查排除D2线圈的线束虚接问题）；②钥匙发出的信号不正确，钥匙损坏（两把钥匙同时出现问题概率很小）。正考虑替换D2识别线圈时，发现客户在点火锁处加装有装饰品（金属的钻戒装饰品），且贴在识别线圈上，如图2-10-129所示。

难道是它干扰了钥匙信号？取下加装饰品，车辆停放一段时间测试车辆启动正常，为了验证把装饰品再次贴上，启动几次后故障再现，取下装饰品开关钥匙启动正常。此时确定是装饰品干扰钥匙信号线圈识别不到钥匙信号导致的故障。交给客户1周后回访故障未再出现，确定故障排除。

故障排除：去除装饰品。

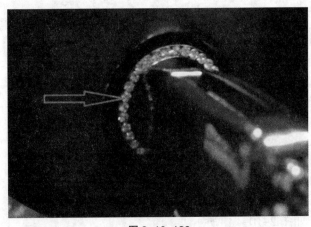

图 2-10-129

四十、2016 年一汽奥迪 Q3 机油压力偶尔报警

车型：一汽奥迪 Q3。

年款：2016 年。

故障现象：客户反映机油灯偶尔报警。

故障诊断：

（1）用诊断仪读取故障码 01 中有 P164D 00 低压机油压力开关 F378，功能失效。根据故障导航查询检测 F378 供电 12.7V，供电正常，打开点火开关和启动车辆怠速测量 F378 电阻正常，电路图如图 2-10-130 所示。

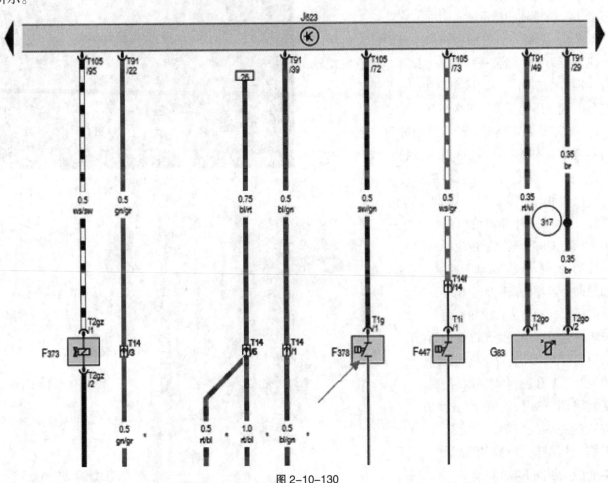

图 2-10-130

（2）接着故障导航继续往下排查故障，检测机油压力，在机油温度达到 92℃时使用 VAG1342 检测怠速时机油压力为 80~90kPa，机油压力是正常的。本着由简到难的思路替换机油低压压力开关 F378，

读取测量值打开点火开关，机油压力开关状态是打开的，启动后怠速时是关闭的，和之前没有替换时读取的参数是一致的。低压机油压力开关F378作用：

①在达到较低机油压力时此开关闭合，监控是否建立起机油压力。

②开关失效，则会存储故障码并且仪表中机油压力警报灯亮起。由此可以排除线路和F378的可能性，多次测量机油压力一直在80~90kPa之间，如图2-10-131所示。

图2-10-131

③在机油压力较高时开关闭合，监控第二级机油压力是否建立。开关失效，则发动机转速被限制在4000r/min，EPC报警。

（3）这可能是哪一块出现问题了呢？于是查询TPI发现2054076/1和故障现象故障码惊人的相似，让检查凸轮轴是否有磨损，拆检凸轮轴发现凸轮轴和轴承座确实有磨损（如图2-10-132所示），订货更换凸轮轴和轴承座及附件。

（4）更换完凸轮轴和轴承座及附件，再次读取机油压力和测量值一切正常，试车也没有发现异常，准备交车前再一次试车，在一次启停工作后，红色的机油压力报警灯再次亮起。

（5）紧接着分析是什么原因导致红色机油压力灯亮起，如图2-10-133所示，排除线路、F378及凸轮轴，剩下的只有机油泵了。机油泵的工作原理：滑动装置位于两段式外部齿轮机油泵中，从而能够让两个泵齿轮沿纵向移动，实现两段式泵动力控制。如果两个齿轮的高度完全相等，泵以最大的动力运行；如果两个齿轮一起被推动，则泵以更小的动力运行。滑动装置由机油泵内的控制活塞和控制口移动，控制活塞将调节过的油液导向滑动装置的左侧或右侧，滑动装置根据油压纵向移动。控制活塞由油压控制阀N428驱动。

（6）多次测量发现机油压力偶尔比较低，仅仅只有50kPa

图2-10-132

用于降低油压的机油压力开关F378（50kPa）

机油压力开关F22（233kPa）

活塞冷却喷嘴控制阀N522

辅助装置托架

机油压力控制阀N428

可调式外部齿轮机油泵

阶段3机油压力开关F447

未净化的机油　　已净化的机油　　可控式活塞冷却喷嘴

图2-10-133

左右，这肯定是不正常的，与此同时机油报警灯再次亮起。于是拆卸机油泵发现机油泵在顺时针旋转时有泄压情况，机油泵吸入抛丸，在冷启动阀内，造成冷启动阀打开后无法100%回位关闭，油压在此间隙被卸掉，引起仪表机油压力报警。抛丸是一种表面处理工艺，主要用于去除表面毛刺及提高材料寿命。EA888 Gen3发动机使用的零件中，使用抛丸工艺的有铝铸件（缸盖、油底壳上体等）及铁铸件（缸体）。零件的结构越复杂，抛丸越容易残留在其内腔或油道内，最终在发动机运行过程中卡滞在机油泵冷启动阀内。

（7）更换机油泵后多次试车故障排除。

故障排除：更换机油泵。

故障总结：检查故障时要多次检测，细心用心，以免出现重复维修。

四十一、2016年一汽奥迪Q5车辆经常出现亏电，打不着车

车型：一汽奥迪Q5。

年款：2016年。

发动机型号：CHU。

故障现象：车辆无法启动，仪表灯闪烁，蓄电池已严重亏电。

故障诊断：此车为救援车辆，车主反映车辆此段时间经常出现亏电打不着车，停车大概1周车辆就会出现没电打不着车。连接充电器为此车充电，蓄电池电量饱和后启动正常，用VAS 6150诊断仪检测系统里存储的故障码都是电压过低，此时怀疑此车可能存在放电。测量放电的方法有：

①用万用表V.A.G.1526E测量放电；

②用测试仪VAS6356电流钳测量放电状态；

③利用诊断仪执行J533网关引导型功能里静电流检测。

连接测试仪VAS6356执行静电流测试，发现此车确实存在放电现象，检查此车发现加装件也比较多（行车记录仪、倒车影像、开门提示、GPS定位模块），首先依次拆除这些加装件，直到恢复原车状态，测试放电现象依然存在。排除了加装件的干扰，然后全车上锁开始准备检查原车线路及模块，此时测试仪还有一个现象，当静电流接近于正常值0.05A时，电流会突然上升至3A左右，升升降降之后会稳定在0.158A左右一种持续放电的状态，当电流上升的时候，后部的稳压器、J393、J540内部会发出"啪啪"作响的声音。根据此现象，捋了一下思路，当总线系统刚要休眠的时候总是在被某一个部件唤醒，阻碍总线系统进入休眠，从而造成了一个持续放电的状态。

先从保险丝入手，测量各个保险丝电压降均未发现异常，然后开始一边逐步依次拔下各个控制单元插头，一边观察静电流是否会变小，当检查完网关J533时，发现右侧副驾驶座椅固定螺栓有锈蚀的痕迹。继续探究，地毯下部还有湿湿的水分存在，掀开右前部地毯发现蓝牙电话控制模块R36已锈迹斑斑（如图2-10-134所示），拔下蓝牙电话模块R36插头，静电流瞬间也恢复到0.015A正常值左右。

故障原因：因为蓝牙模块进水内部线路板短路，总线系统无法进入休眠状态，造成持续放电。

图2-10-134

故障排除：更换蓝牙电话模块 R36，修复腐蚀插头。

四十二、2017 年一汽奥迪 Q5 发动机 1500r/min 时异响

车型：一汽奥迪 Q5。

年款：2017 年。

故障现象：客户共 3 次进站反映车辆在换挡时，车辆前部发出"嗡嗡"短暂的噪声（第一次判断为正常声音，第二次在没有判断出异响位置时故障消失）。

故障诊断：

（1）第三次进厂，技术经理与客户一同试车，确定噪声出现时声音较小且很短暂。不能准确判断异响部位，车速超过 60km/h 以后异响被掩盖，初步怀疑是变速器或轴承、轮胎异响。

（2）经过多次试车后，找到了异响发生时的规律，出现在发动机转速 1500r/min（低速换挡转速）。无论在降速或加速时都会出现"嗡嗡"异响，每次出现 1s 左右。

（3）随后根据异响条件和规律反复试车，在降速时将挡位挂入 N 挡时噪声仍然存在，并且异响不随车速增加而增大。

（4）因此可以判断出异响与变速器、轴承、轮胎无关。

（5）随后 P 挡原地缓慢加油门至 1500r/min，异响仍可以出现。

（6）不断地进行原地试车，打开发动机舱，噪声完全被发动机工作声音掩盖，无法判断异响位置。

（7）停车熄火，举升车辆检查底盘及排气系统，未发现问题，接着启动车辆试车而异响消失。将车辆停放至凉车，再次试车异响又可以频繁出现，组织维修人员对噪声进行总结分析，初步判定为是由于发动机舱某处共振所产生异响。

（8）利用异响分析仪测量节温器、发电机、压缩机、机爪垫、燃油管、凸轮轴、排气管软连接等位置，如图 2-10-135 所示。

（9）根据噪声反馈情况，节温器与燃油管位置均可以听到异响出现，但声音并不明显。

（10）根据维修经验，感觉异响的声音类似于 C6 燃油滤清器共振异响，所以首先检查的方向确定在燃油管路上。

图 2-10-135

（11）启动车辆后，拔掉燃油泵保险，将发动机转速控制在 1500r/min。反复测试异响不再出现，插回保险异响出现。由此可以准确地判断异响与燃油管路中的油压有关。

（12）进一步检查高压泵—燃油泵之间的管路发现，在发动机舱空气滤芯壳体后部位置的燃油低压管与炭罐排气管重叠接触。

（13）重新调整燃油管路位置，调整间隙，经过两天的多次试车故障没有再现，如图 2-10-136 所示。

故障排除：调整燃油管路的间隙，油管接触特定条件下产生共振异响。

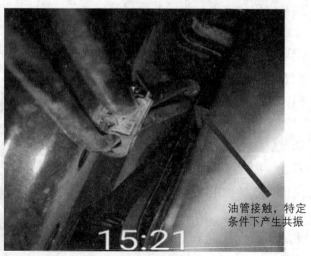

油管接触，特定条件下产生共振

图 2-10-136

故障总结：本案例中的异响声音小，时间短，检查难度高。利用好检测设备是本案例的突破口，加上维修经验的积累及巧妙方法的运用，故障方可得到快速解决。

四十三、2016 年一汽奥迪 Q5 废气监控灯报警

车型：一汽奥迪 Q5。

年款：2016 年。

故障现象：客户反映发动机废气灯报警，加油无力。

故障诊断：

（1）客户反映发动机废气灯报警，加油无力。

（2）使用诊断仪检测到故障码 P256300：增压压力调节器位置传感器不可信信号主动静态，P00AF00：废气涡轮增压器调整装置 1 卡滞主动静态，如图 2-10-137 所示。做测试计划结果更换涡轮增压器，如图 2-10-138 所示。

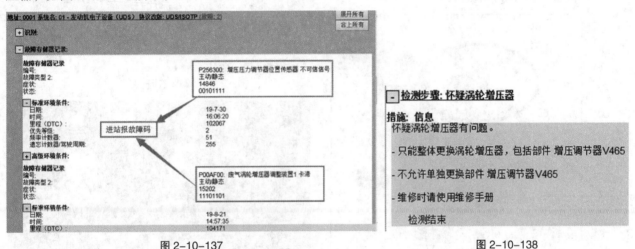

图 2-10-137   图 2-10-138

（3）更换涡轮增压器后试车，废气灯再次亮起，读取故障码记录 P023400：增压压力控制超出控制极限主动静态，P00AF00：废气涡轮增压器调整装置 1 卡滞主动静态，如图 2-10-139 所示。

（4）对比进站时的故障码，仍然有报 P00AF00：废气涡轮增压器调整装置 1 卡滞主动静态，测试计划作动器诊断 V465 可以正常动作（如图 2-10-140 和图 2-10-141 所示），怀疑

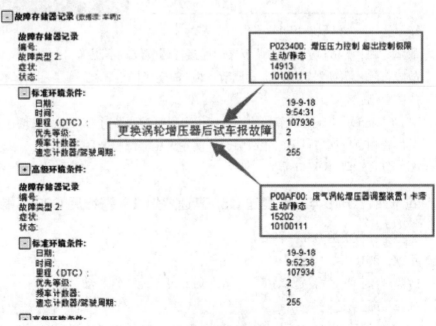

图 2-10-139

V465 连接杆之间的调节距离有偏差，查询 Elsa 无关于 V465 连接杆的调节说明，遂尝试将连接杆逆时针调整 360°，试车废气灯依旧亮起，如图 2-10-142 和图 2-10-143 所示。再次读取故障码报 P256300: 增压压力调节器位置传感器不可信信号主动静态，说明调节有效果，于是将连接杆又顺时针调整 180° 试车故障排除。

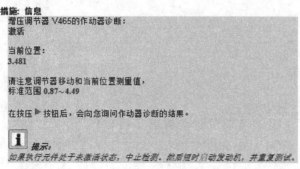

图 2-10-140

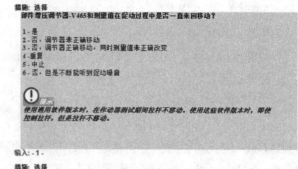

图 2-10-141

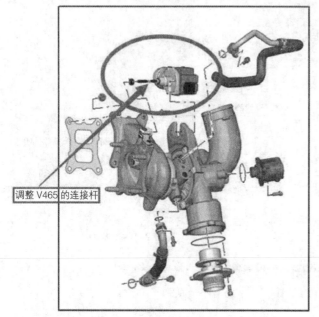

图 2-10-142

图 2-10-143

故障原因：V465 增压压力调节器的连接杆调节位置不正确。

故障排除：更换涡轮增压器及调节 V465 的连接杆。

故障总结：

（1）V465 增压压力调节器的连接杆位置逆时针调节过松时报故障增压压力调节器位置传感器不可信信号，位置顺时针调节过紧时报故障废气涡轮增压器调整装置卡滞。

（2）增压器厂家提升品控。

四十四、2018 年一汽奥迪 Q5L 高速"熄火"滑行后 C29 不能正常启动

车型：一汽奥迪 Q5L，轻混。

年款：2018 年。

故障现象：高速滑行发动机"熄火"后 C29 不能正常启动。

故障诊断：

（1）使用 VAS6150D 读取故障，如图 2-10-144 所示。查询 SOST 及 TPI 没有发现相关的维修指导。

检测计划

检测计划 1

C29_4M_13_CVZA_1_1015_21_Startergenerator_00021
　故障列表：
　控制单元地址
　0001
SYS_8T_24_CJEB_1_0311_21_KL50Rueck_Signal_00021
　故障列表：
　控制单元地址
　0001
SYS_4M_E87_1_0714_21_Funktionseinschraenkung_00021
　故障列表：
　控制单元地址
　0008
LIN_4M_J533_XXX_1_0914_21_unplausibel_00021
　故障列表：
　控制单元地址
　0001
LIN_4M_J533_XXX_2_0914_21_kk_00021
　故障列表：
　控制单元地址
　0001
A1_8W_XXXX_1_0317_21_Ladezustand_00000
　故障列表：
　控制单元地址
　0080

故障
P10F000：启动机发电机许可导线 断路

故障
P305200：启动机启动，端子50返回信息 对正极短路

故障
B10CE00：能量管理使鼓风机减速

故障
U046900：启动发电机控制单元 不可信信号

故障
U012000：启动发电机控制单元 无通信

故障
P0A7D00：混合动力/高电压蓄电池 充电电平低

图 2-10-144

通过引导型故障查询，提示更换启动发电机 C29，如图 2-10-145 所示。

（2）更换 C29 后路试发现启停功能故障不能使用，故障码与之前的一致，为静态故障。于是怀疑该车辆高速"熄火"故障与启停功能故障为同一故障，即发动机"熄火"后 C29 不能启动；查询电路图后检查线束发现 C29 插头和 J623 旁边连接插头存在故障，如图 2-10-146 所示。

（3）使用专用工具 VASVAS1978B 对该故障进行线束维修，并对车身主要电源连接点进行紧固检查，包括蓄电池 A 正/负接线端、蓄电池 A1 正/负接线端、发动机舱启动跨接点、发动机接地连接点、保险盒 SB 接线端；检查无异常后进行短途试车，启停功能和滑行"熄火"功能均未发生故障，于是将车辆交给客户使用。

（4）用户使用 2 天后，电话反馈故障又发生 2 次，再次到店检查，故障码与之前一致。对故障发生时候环境条件进行分析，发现端子 30 电压过低，导致车辆"熄火"后不能启动，如图 2-10-147 所示；

检测步骤：分析故障存储器

措施：信息
还存在以下故障存储器条目之一
"U012000 启动机发电机控制器；无通信"
"U046900 启动机发电机控制器；信号不可信"
"U10DB00本地数据总线3；电气故障"

请首先处理这些故障存储器条目。

措施：信息
更换起动机发电机-C29

检测步骤：快退

措施：信息

提示：
在完成功能测试后，不要忘记撤销为进行测试所需的所有措施（脱开插头连接、接出保险丝等），以便将车辆恢复到其初始状态！

根据引导型故障查询更换启动发电机C29

图 2-10-145

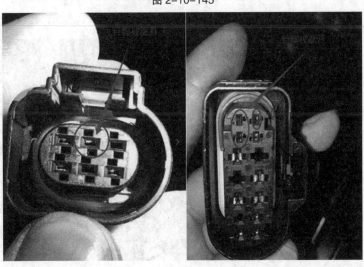

图 2-10-146

591

使用蓄电池检测仪、VAS6150D添加蓄电池 A 检查计划、读取蓄电池历史数据，发现蓄电池电量为 61%；将蓄电池 A 充电后试车 40km，故障再次发生，故障码多出了机油压力故障（偶发）。

（4）拆掉加装设备，进行控制单元在线数据对比，无异常。查询电路图，将启动发电机 C29 的连接导线全部跨接掉后试车，故障没有排除。

（5）倒换蓄电池 A 后试车，故障没有排除；倒换蓄电池 A1 后，故障没有排除。

図 2-10-147

（6）倒换发动机控制单元 J623 后试车，故障依然存在，如图 2-10-148 和图 2-10-149 所示。

图 2-10-148

图 2-10-149

（7）将收集到的故障信息重新整理，可以排除备件故障，根据各次的诊断故障码，导致故障的原因最大可能在供电部分，C29 控制通信部分的线路部分可以排除，故障还可能存在于 C29 主电源线及车身搭铁，于是再次将主要连接点拆卸检查，最后发现发动机与车身搭铁之间的紧固螺母上有一层"胶"存在虚接（如图 2-10-150 和图 2-10-151 所示），打磨处理右前车身大梁处的接地点后试车 300 km，故障

图 2-10-150

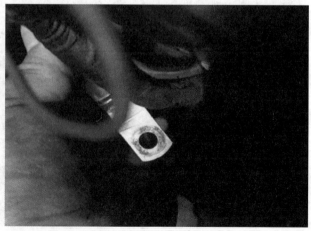

图 2-10-151

没有再现。

故障原因：发动机与车身负极连接线存在虚接，C29 启动时电量不足，无法启动，同时发动机接地存在虚接，蓄电池没有被充电，所以导致蓄电池电量过低。

故障排除：打磨处理接地线端面，重新安装紧固。

故障总结：

（1）对于接线端子连接状况的检查，务必逐一拆装检查确认。

（2）"熄火"滑行控制策略。

（3）理解"熄火"滑行的控制端和执行元件是一样的，只是工作的激活条件不一样。

四十五、2019 年一汽奥迪 Q5L 尾气排放灯报警

车型：一汽奥迪 Q5L，配置 2.0T 发动机。

年款：2019 年。

发动机型号：DKU。

故障现象：车辆行驶一段路程后 EPC 报警。

故障诊断：

（1）客户到店反映提车到家后当天晚上尾气排放灯报警，到店检查发现有燃油压力故障以及氧传感器电气故障，询问客户得知车辆提车后没有第一时间添加燃油故产生燃油压力故障码，清码后短途试车未发现异常，交车客户。

（2）客户第二天再次致电反映故障灯再次亮起，这次到店故障码与第一次进店故障码一样，气缸列 1 传感器 2 电压过低（主动/静态）、气缸列 1 传感器 2 加热电路电气故障（主动/静态），如图 2-10-152 所示。根据引导提示检查后氧传感器线路电压电阻正常提示更换发动机电脑，初步怀疑传感器故障，对调氧传感器后多次试车后故障再现，故障码依旧，对调发动机电脑试车故障依旧，故障码总是电气故障，故障规律是车辆要行驶一段时间故障码再次出现，车辆已经测试过氧传感器线路未发现异常，最后氧传感器飞线测试故障依旧，车辆实际值对比未发现异常。

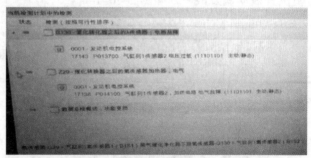

图 2-10-152

（3）最后把故障车辆所有零件跟同一配置车型对比时发现故障车辆氧传感器零件号、形状与相同车型配置车辆氧传感器不一样，询问技师得知在对调氧传感器时就发现该现象，当时没有在意，再次询问配件部得知故障车辆上安装氧传感器零件号（8W0906265S），该零件号是安装在 Q5L 高功率 DKW185kW，故障车辆为低功率 DKU140 kW，氧传感器零件号应该是 8W0906262G，如图 2-10-153 所示。生产线氧传感器零件号安装错误导致。最后对调相同配置相同零件号氧传感器，

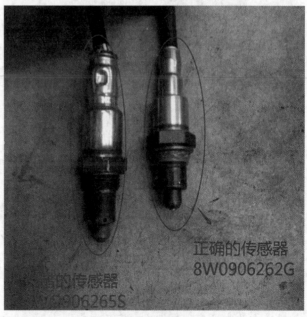

图 2-10-153

试车故障排除。

故障排除：更换后氧传感器。

故障总结：在维修更换零件过程中零件要对比安装，借助备件系统查询零件号。

四十六、2018 年一汽奥迪 Q5L 新车打不着车

车型：一汽奥迪 Q5L。

年款：2018 年。

发动机号：CWN。

故障现象：车辆无法启动，启动车辆时启动机没有反应。

故障诊断：

（1）客户刚刚购买 Q5L 行驶 512km 出现无法启动抛锚，向我店请求救援。我店工作人员赶到现场启动车辆没有反应，故障确实存在。

（2）启动时启动机不工作，用 VAS6150D 检测发现 01 发动机电子设备有 P26F000：启动机继电器 1 卡在关闭位置被动偶发故障，如图 2-10-154 所示。

地址：0001 系统名：01 - 发动机电子设备 协议改版：UDS/ISOTP (故障：1)

+ 识别：

- 故障存储器记录：

故障存储器记录	
编号：	P26F000： 启动机继电器1 卡在关闭位置
故障类型 2：	被动/偶发
症状：	5454
状态：	01100000

+ 标准环境条件：

+ 高级环境条件：

图 2-10-154

（3）根据故障码检查启动继电器 1，发现该继电器有进水的迹象，如图 2-10-155 和图 2-10-156 所示。

图 2-10-155

图 2-10-156

（4）更换启动继电器 1 车辆故障排除。

故障原因：

（1）故障排除后思考启动继电器进水的原因，询问客户最近车辆使用的情况，客户描述说年前对车辆进行了一次彻底的清洗，洗完车放到车位一直都未用，今天使用无法启动。加之前两天本地出现过一次强降雪，客户车辆在露天车位停放也未人为清雪，为此继电器的水可能由此而来。

（2）我们为此又专门查看了启动继电器的安装位置，发现其上部的流水隔板上有漏塞，如图 2-10-157 所示。继电器的安装位置距隔板漏塞较近，在洗车和积雪融化后有进水的可能。我们在维修时发现发动机压力舱内还有一个地方可安装继电器支架，此位置进水的概率小，如图 2-10-158 所示。

图 2-10-157

图 2-10-158

故障排除：更换启动继电器 1 并调整安装位置，如图 2-10-159 所示。

故障总结：希望厂方能改进继电器支架的安装位置或改进流水槽盖板的结构。

四十七、2018 年一汽奥迪 Q5L 行人保护系统故障

车型：一汽奥迪 Q5L。

年款：2018 年。

发动机型号：CWN。

故障现象：车辆启动后仪表上行人保护系统故障指示灯报警，如图 2-10-160 所示。

故障诊断：

（1）故障车辆进店后用户对刚买新车不长时间就出现行人保护故障抱怨较大。

（2）检查车辆前部未发现碰撞痕迹，VAS6150 检查 15 安全气囊控制单元中故障码：B10381B: 行人保护行程 1 电阻过高，如图 2-10-161 所示。

进行故障导航检查相关线路时发现问题，发动机舱进老鼠把行人保护装置触发器 1 线束插头咬断，导致行人保护系统故障，非车辆质量原因，用户抱怨平息，如图 2-10-162~ 图 2-10-164 所示。

故障原因：发动机舱进老鼠把行人保护装置触发器 1 线束插头咬断，导致行人保护系统故障。

故障排除：更换行人保护装置触发器。

图 2 10 160

图 2-10-160

地址: 0015 系统名: 15 - 安全气囊 协议改版: UDS/ISOTP (Ereignisse: 1)

☐ 识别：

☐ **故障存储器记录** (数据源: 车辆)：

故障存储器记录

编号：	B10381B: 行人保护行程1电阻过高
故障类型 2:	主动/静态
症状：	9451547
状态：	10001001

☐ **标准环境条件：**

图 2-10-161

595

图 2-10-162

图 2-10-163

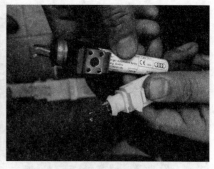
图 2-10-164

四十八、2013 年一汽奥迪 Q5 车辆无法启动

车型：一汽奥迪 Q5。

年款：2013 年。

故障现象：车辆正常做完换油服务保养后，发动机无法启动。

故障诊断：

（1）启动车辆时发动机可以正常运转，但无法启动。外观检查发动机点火系统无异常；检查发动机供油系统，发现高压泵前端供油管在启动时无燃油流经（供油异常）。

（2）用诊断仪 6150B 检测发动机系统，有故障码：燃油泵模块促动，对正极短路（静态）。如图 2-10-165 所示。

（3）根据故障码，拆下燃油泵控制单元 J538，检查控制单元及插头均未发现异常；检查燃油泵插头处未见异常（烧蚀、腐蚀等）。

图 2-10-165

（4）将以上元件恢复后，尝试启动发动机，此时发动机可以正常启动。熄火后再次启动发动机时故障再现。

故障原因：结合故障现象和故障码，分析故障点可能有以下几点：

①燃油泵控制单元 J538 内部短路；

②燃油泵控制单元 J538 线束短路；

③燃油泵故障。

查询 Elsa Pro，相关电路图如图 2-10-166 和图 2-10-167 所示。

首先测量了燃油泵控制单元 J538 的供电（T6an/5 针脚）和搭铁（T6an/4 针脚）均正常，经测量也未发现短路现象。接着拆开流水槽左侧的继电器盒（J623 安装位置），测量发动机控制单元 J623（T94/76 针脚）到燃油泵控制单元 J538（T6an/6 针脚）的信号线，经反复测量未发现断路和短路现象。经过以上测量后，决定试换燃油泵控制单元 J538，经试换后故障依旧。这时考虑排除了控制单元和线路问题，只能是燃油泵故障导致不供油从而无法启动发动机。更换燃油泵后发动机启动正常，清除故障码，反复启动多次并试车均未发现异常，测量燃油泵压力、流量均正常。但是车辆放置几小时后，准备交车时发现故障再现，发动机无法启动。重新梳理思路，决定重点还是放在线路上，当拔开发动机控制单元 J623 到燃油泵控制单元 J538 信号线的过渡插头 T17q/3（如图 2-10-168 所示）时发现插头表面有水渍，如图 2-10-169 所示。

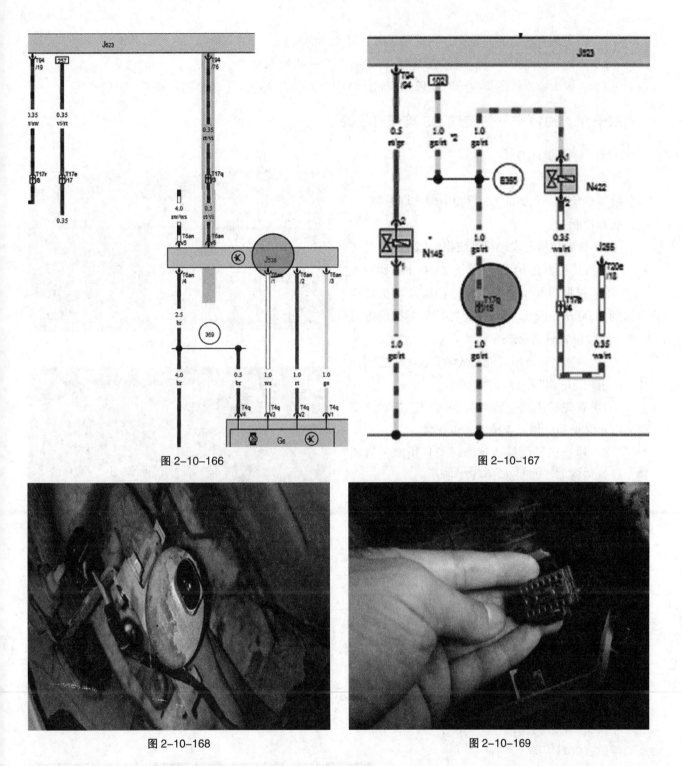

图 2-10-166

图 2-10-167

图 2-10-168

图 2-10-169

　　拔下其他插头未见异常，说明水只能是内部进入，而且肯定是防冻液，此时第一时间想到了冷却液截止阀 N422，当拔下 N422 插头时发现已经腐蚀。查询 Elsa Pro 冷却液截止阀 N422 的电路图发现，发动机控制单元 J623 与 N422 之间的供电线过渡插头 T17q/15 与发动机控制单元 J623 到燃油泵控制单元 J538 信号线之间的过渡插头 T17q/3 是一个插头。因为冷却系统内部有压力，所以防冻液会通过损坏的冷却液截止阀 N422 插头流在线束中，通过过渡插头 T17q 流在燃油泵控制器线束中，进而造成线路对正极短路故障。跨接 T17q/3 针脚到 T6an/6 针脚之间的线束，多次启动并试车，故障排除。

　　故障排除：更换冷却液截止阀 N422，处理插头，跨接线束。

　　故障总结：

597

（1）该案例有一定的偶发性，测量导线时有可能不准确。

（2）测量导线时要尽可能地考虑周全，不要放过每一根线和每一个插头。

（3）建议大家维修此类故障时要思路清晰，考虑全面，以免造成走弯路和一些不必要的麻烦。

四十九、2011年一汽奥迪Q5废气灯报警

车型：一汽奥迪Q5。

年款：2011年。

故障现象：一汽奥迪Q5行驶中废气灯报警。

故障诊断：

（1）诊断仪检测发动机系统报：P201500进气管风门位置传感器，不可信，如图2-10-170所示。

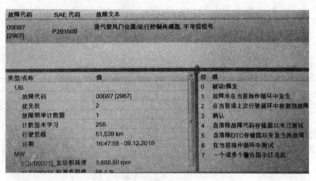

图2-10-170

（2）根据引导型故障查询，读取发动机转速增加到3000r/min时，位置传感器数据标准位置为99%，实际位置只能到66%。

（3）根据引导推断可能的故障有：①传感器；②进气道内部；③吸力包真空不足。

（4）首先检测真空，通过油门加速查看真空阀可以正常切换，用真空枪保压也正常。

（5）检查进气翻板传感器时发现机滤上有磁铁，靠近传感器，如图2-10-171所示。

（6）这时怀疑是否由磁铁引起，把磁铁都取下用诊断仪检测，发动机转速增加到3000r/min，标准位置为99%，实际位置能到99%，但发动机怠速时，标准位置为0%，实际位置为32%。

（7）引导型功能，走匹配风门位置传感器，成功完成后数据正常，反复试车，无故障存储。

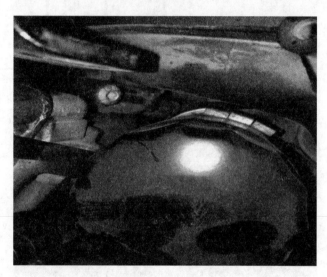

图2-10-171

故障原因：由磁铁对传感器干扰造成。

故障排除：与客户沟通取下机滤上的磁铁。

五十、2011年一汽奥迪Q5仪表MMI显示加油液位低

车型：一汽奥迪Q5。

年款：2011年。

发动机型号：CADA。

故障现象：仪表MMI显示加油液位低。

故障诊断：

（1）试车确认故障确实存在，在MMI和仪表都有显示，如图2-10-172所示。

（2）用机械油尺测量机油的液位正常。

（3）用VAS6150检测发现01诊断地址有一个故障码，如图2-10-173所示。

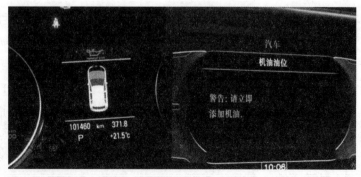

图2-10-172

（4）根据引导功能和维修手册分析测量 G266 的相关线路（如图 2-10-174 所示），点火开关关闭，断开 G266 连接插头

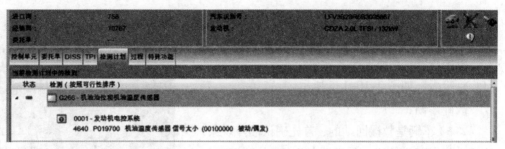

图 2-10-173

测试线路 2 号脚到地电阻为小于 1Ω，3 号脚到 J623 发动机控制单元 T60 的 38 号脚电阻也是小于 1Ω，打开点火开关，测试 G266 连接插头 1 号脚有 12V 的实电电源，3 号脚有 12V 的信号电，以上说明 J623 和相关线路都是正常的。

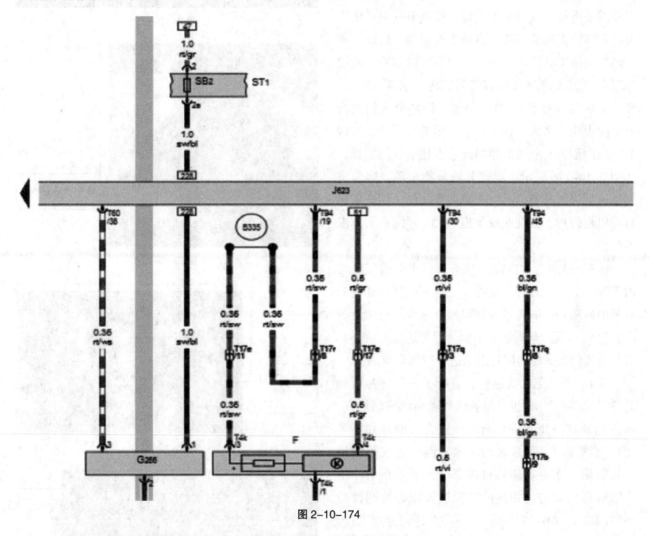

图 2-10-174

（5）根据以上的分析确认为 G266 发动机机油油位传感器故障。

故障排除：更换 G266 发动机机油油位传感器，故障排除。

故障总结：遇到故障时不要盲目下手，先了解其基本结构以及组成的相关元件，结合诊断仪和维修手册，以先易后难的原则查找。

五十一、2018 年一汽奥迪 Q5 仪表发动机灯、EPC 灯报警

车型：一汽奥迪 Q5。

年款：2018 年。

发动机型号：CUH。

故障现象：车辆加速无反应，仪表废气监控灯、EPC 灯报警，如图 2-10-175 所示。

故障诊断：

（1）车辆是救援回站的，首先确认故障现象，然后进行诊断仪检测，检查发动机内有故障码存储，P254500 节气门控制功能失效；P063800 节气门控制单元不可信信号。

（2）分析故障提示，测试计划内节气门功能失效需要进行节气门基本设定，检查节气门线束插头，重新插拔安装，并完成基本设定后，启动车辆故障现象依旧。然后分析节气门不可信信号，此故障现象原因大部分都是节气门脏污会出现 EPC 报警。车辆目前行驶 6000 多公里，即使节气门脏污也不能影响这么大，还是对节气门进行拆解，发现节气门内翻板有一类似塑料碎片卡住节气门翻板，如图 2-10-176 所示。观察分析异物来源，因为进气道包括进气歧管大部分都是此类材料，用户车辆行驶里程较短，出现此现象抱怨大，不同意大范围拆解检查。

（3）只能通过内窥镜检查，首先对进气歧管内部观察，没发现有破损处，观察到进气门处也未有其他残留物，顺着进气管路检查未发现故障点，恢复启动车辆，车辆着车正常。但是还是不放心，卡在节气门处的塑料碎片怎么进入进气系统的呢？

（4）为避免二次返修，分析了一下碎片所处的位置，车辆工作时进气系统气流单向流进燃烧室，前段是通过增压器进行增压，这么大的碎片不可能通过增压器。又顺着增压器管路向进气歧管处检查管路，重点看塑料材质部分，最后在增压压力散热器出口与之相连的谐振腔发现个特圆溜的小眼（如图 2-10-177 所示），不注意还以为加工孔。但拆掉软管接头，通过反射镜从内部观察破损面较大（如图 2-10-178 所示），将碎片安放此处对比，吻合。

是什么原因出现内部破损的呢？仔细推敲观察，发现在发动机底护板处于安装状态时，正好有一个护板螺钉安装此处，再检查护板有刮擦痕迹，原因明了了。

图 2-10-175

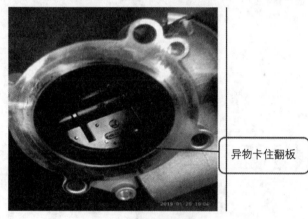

异物卡住翻板

图 2-10-176

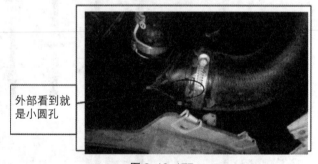

外部看到就是小圆孔

图 2-10-177

通过反射镜观察到的破损位置

图 2-10-178

故障原因：此车应该是通过马路边石较高台阶时，边石与底护板干涉，使底护板带动固定螺钉向上运动，螺钉顶压进气压力管谐振腔顶压处螺钉大小的圆孔，内部碎片脱落被吸入，卡在节气门翻板处。

故障排除：更换进气压力管谐振腔。

故障总结：通过反射镜观察到的碎片位置外部看就是小圆孔。

五十二、2018 年奥迪新 Q7 行驶中熄火

车型：奥迪 Q7（4M）。

年款：2018 年。

故障现象：奥迪新 Q7 行驶中熄火。

故障诊断：用 VAS6150B 对车辆进行诊断，01 发动机电控系统内有故障码存在，如图 2-10-179 所示。

根据检测计划的过程进行保险丝检查发现 ST1/SB16 的 30A 保险丝已经熔断，该保险丝是直接给燃油泵促动模块 J538 进行供电的。更换保险丝删除故障码后，重新启动发动机发现可以顺利启动，但是运转大约 5s 的时长后发动机再次出现抖动，接着熄火。再次启动发动机依然可以启动，但是 5s 的时长后再次抖动熄火，此时的故障现象符合客户的实际反映。那么，是什么原因导致的呢？难道保险丝再次熔断了？带着疑问检查保险丝发现并未熔断。重新调取故障码发现 01 发动机电控系统中存储有以下故障，如图 2-10-180 所示。

故障存储器记录

编号：	P025C00：燃油泵促动 对地短路
故障类型 2：	主动/静态
症状：	14994
状态：	10100111

图 2-10-179

故障存储器记录

编号：	P304400：燃油泵 短路
故障类型 2：	主动/静态
症状：	15000
状态：	01100101

图 2-10-180

此时关于 J538 的故障记录已经消失，出现的故障码也发生了改变，换为了汽油泵的问题。再次执行监测计划发现也没有相应的诊断结果。根据故障码：P304400：燃油泵 短路的字面含义分析是燃油泵的供电线路或者燃油泵本身出现了问题。拆下后排座椅及相应的附件对汽油泵的线路进行检查，发现插头连接完好，针脚无腐蚀、虚接和扩张。拔下 J538 的插头也未发现异常。调出电路图，控制逻辑如图 2-10-181 所示，端子插头布置如表 2-10-1 所示。

根据电路图和针脚定义用专用工具 VAS1594C 配合万用表对 J538 的线路进行测量，供电为蓄电池电压，无短路现象，搭铁正常。去往汽油泵的线路无短路、断路问题，发动机可以进行短时间启动，可以说明 J623 的控制信号正常，断掉发动机控制单元测量针脚 T91/59 到 J538 的 T14/7 的线路用二极管挡位测量：导通，测量对正及对地的电阻为无穷大，正常。根据以上诊断结果可以判断外部的线路是正常的。由于汽油泵 G6 是由 J538 进行控制的，那么故障是由 J538 损坏导致的还是汽油泵 G6 出现了问题？由于 J538 无法直接进行准确的判断，况且在实际的维修工作中该控制单元的故障概率极低，综合因素考虑，也是本着由易到难的原则，决定先着重对汽油泵进行检查。首先，用万用表二极管挡位针对汽油泵的 四个针脚进行测量发现：针脚 1、2、3、4 都相互导通，这个结果就不合乎常理了，正常的是 1、2、3 针脚为油泵内部线圈供电是相互导通的，第 4 针脚为地线，不能与其他 3 个针脚相导通，这就说明了 G6 内部线束或自身存在对地短路的现象，同时也与 01 发动机电控系统内所存储的故障码形成了相互印证。用专用工具 T10202 拆下汽油泵 G6 进行检查发现，第 3 个针脚的黄色导线已经破皮损坏，如图 2-10-182 所示，同时位于第 1 针脚的红色线束外皮也有磨损痕迹，如图 2-10-183 所示。

故障原因：模拟汽油泵在油箱中的安装位置发现，汽油泵的线束与其壳体上的地线接线柱紧密相挨，

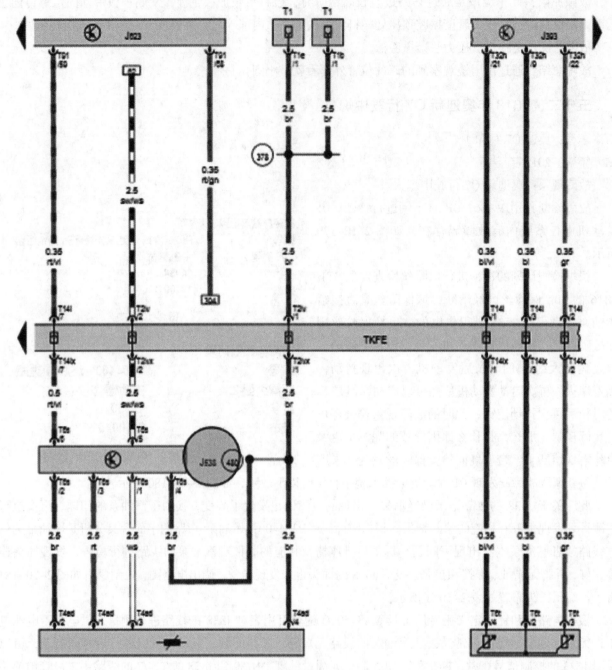

图 2-10-181

表 2-10-1

T6s（A）	名称
1	燃油预输送泵 G6
2	燃油预输送泵 G6
3	燃油预输送泵 G6
4	总线端 31，通往 62 右侧 C 柱上的接地点
5	总线端 87，来自保险丝座 1ST1，在保险丝座 B SB 中
6	发动机控制器 J623

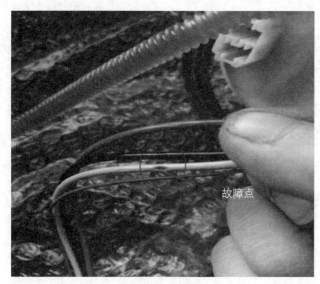

图 2-10-182

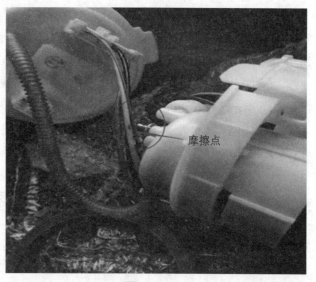

图 2-10-183

汽油泵工作时会产生震动，从而直接导致地线接线柱与电源线摩擦，随着时间的积累，当电源线外部的绝缘层破损时，地线与电源线就会相连，从而导致汽油泵短路，无法工作。而车辆中的保护装置也会切断，这也说明了给 J538 进行供电的保险丝会熔断的原因。当保险丝进行更换后发动机可以短时启动的原因也得到了合理的解释（在特定条件下，当黄色导线不与地线连接时）。

故障排除：在备件库得知汽油泵的内部线束厂家不进行单独供货，于是就订购了新的汽油泵总成。在备件装车前首先对汽油泵的线路走向做了些许调整：用塑料扎带把汽油泵的线束和汽油管路捆绑在一起，如图 2-10-184 所示，使其远离壳体上面的地线接线柱。这样就可以避免车辆在后期使用中类似故障的再次发生。

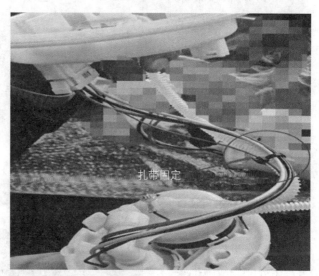

图 2-10-184

故障总结：在实际的维修过程中，我们多数会遇到汽油泵随着使用周期的增长会出现供油压力不足，或者是机械故障的问题，像单纯电器方面引发的问题只是个例。我们要做的就是用数据进行小心求证，找到故障诱发的根本原因。同时也要根据故障诱发的原因做出相应的改善措施，因地制宜，才能避免车辆在后期的使用中相同的故障再次发生。这样不仅提升了客户对奥迪品牌品质的认可度，同时也体现了奥迪以心悦心的服务理念。

五十三、2017 年奥迪 Q7 低速行驶中收油再加油时出现"当当"异响

车型：奥迪 Q7，配置 3.0T 发动机。

年款：2017 年。

发动机型号：CREC。

故障现象：低速行驶中收油再加油时出现"当当"异响。

故障诊断：

（1）检查车辆外观以及底盘，无异常；车辆无加装无改装；无相关维修历史；无故障码存储。

（2）尝试再现故障。

①低速行驶，收油后再加油，在驾驶室内可听到明显的"当当"异响，并可初步判断该异响来自车辆前部，车速在20~50km/h的范围内都可再现，在D2~D5挡位内都可以再现。

②举升机举升车辆，启动发动机，挂入D挡，多次重复收油再加油的过程，在发动机底部可多次听到"当当"的异响；打开发动机舱盖，在发动机上部，可以更明显地听到"当当"异响，判断异响来自发动机上部。

（3）拆掉发动机空气滤清器上部罩盖，再次尝试再现故障，发现每次"当当"异响发生时，进气翻板都在进行关闭状态与打开状态之间的切换，推断进气翻板在状态切换过程中与空气导流管的左侧波纹管产生干涉卡滞进而导致"当当"异响。

（4）断开控制进气翻板切换的真空阀的真空管路，再次尝试再现故障，故障排除；重新连接真空管路，拆下空气导流管的左侧波纹管，再次尝试再现故障，故障同样排除；确认异响是进气翻板在状态切换过程中与空气导流管的左侧波纹管产生干涉卡滞导致。

（5）检查左侧波纹管，发现左侧波纹管的接口发生了翘曲变形，如图2-10-185所示。

（6）再次安装原车波纹管，并用手动真空泵驱动真空阀动作（模拟抱怨情况），发现进气翻板由关闭位置切换到打开位置的过程中被翘曲变形的波纹管卡住，如图2-10-186所示。

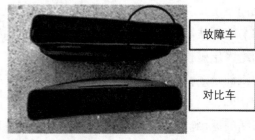

故障车

对比车

图2-10-185

（7）将正常车辆无翘曲变形的左侧波纹管安装在该车上，再次试车，进气翻板在进气切换时不再产生异响，故障排除。

（8）空气导流管的波纹管无法单独订件更换，更换空气导流管。

图2-10-186

故障原因：左侧波纹管的接口发生了翘曲变形，进气翻板在状态切换过程中与空气导流管的左侧波纹管产生干涉卡滞进而导致"当当"异响，如图2-10-187所示。

故障排除：更换空气导流管，故障排除。

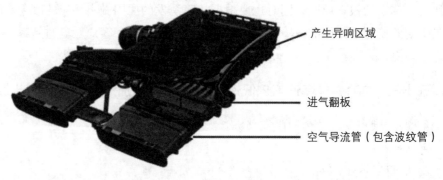

产生异响区域

进气翻板

空气导流管（包含波纹管）

图2-10-187

故障总结：确认故障现象，确认故障发生工况。异响发生时，从多个位置听取异响发生情况，判断大概位置，最后逐步缩小范围确认故障点。

五十四、2012 年奥迪 Q7 无法启动

车型：奥迪 Q7，配置 3.0T 发动机。

年款：2012 年。

发动机型号：CJT。

故障现象：一辆 2012 年款 Q7（4L）搭载 CJT 3.0T 机械增压发动机，因车辆无法启动抛锚，经拖车施救回店内维修。实车测试，启动发动机，启动机驱动发动机运转有力，但就是无法正常着车，可以先排除蓄电池及启动系统类故障。

故障诊断：

（1）经车间 ODIS 诊断，发动机控制单元内存有：P0652 传感器参考电压 B 过低故障记录。

（2）传感器参考电压的含义是指发动机控制单元内部电压调节器提供的 5V 参考电压，5V 参考电压经过电阻和内部监测点给发动机的多个传感器提供 5V 供电。假设传感器或 5V 参考电压的线束对地短路，发动机控制单元内部监测点测量到该点的电压为 0V，控制单元会存储参考电压之类的故障码。发动机控制单元内部电阻的作用是传感器或 5V 供电对地短路时，防止损坏发动机控制单元。

（3）经 ODIS 引导型故障查询，建议检查发动机控制单元 J623 A14（T60/14）、A35（T60/35）、B63（T94/63）连接线路或相关传感器。

（4）查询 Elsa Pro 电路图，A14 连接：G28（发动机转速传感器）、J338（节气门控制单元）；服务技术部 A35 连接：G410（低压的燃油压力传感器）、G40（霍耳传感器）、G163（霍耳传感器 2）、G71（进气管压力传感器）、G247（燃油压力传感器）；B63 连接：J808（调节风门控制单元）、G31（增压压力传感器）、G447（增压压力传感器 2）、G336（进气管风门电位计）、G512（进气管风门电位计 2）。

（5）A14、A35 线路上连接 G28、G40、G163，因缺失发动机曲轴、凸轮轴转速信号导致车辆无法启动。

（6）因 J623 内始终存储：P0652 传感器参考电压 B 过低，分析引起该故障的原因有：发动机电脑（内部电压调节器损坏）、线路短路、某传感器内部短路。

（7）因线路连接传感器较多，一时拆卸较繁杂，秉着由简到繁的原则，在 G40 处测得参考电压为 0V，仔细分析电路图，发现 B63 处有插接点 T17d/4（17 芯插头连接，排水槽电控箱左侧接线站，如图 2-10-188 所示），脱开 T17d 插头，测量 T17d/4 电压，有 5V 参考电压，同时再次测量 G40 处，意外发现同样存在 5V 电压。

（8）由以上测量可以得出两个结论：一是该车故障出在 T17d/4 连接的线路或传感器上；二是 A14/A35/B63 处参考电压均由发动机电脑内部电压调节器的参考电压 B 给出，某一分支出现短路故障，均会导致整个线路瘫痪。

（9）在 T17d 插头保持插上的情况下，拆卸机械增压器，逐一脱开 J808、G31、G447、G336、G512 传感器连接插头，在 G40 处测得电压为 0V，可以确定问题出在 T17d/4 连接的线路上。

（10）逐一排查 J808、G31、G447、G336、G512 线路，发现 G336 线路破损，与发动机缸体接触造成短路。

故障排除：修复 G336 处线束。

故障总结：

（1）A14/A35/B63 处参考电压均由发动机电脑内部电压调节器的参考电压 B 给出，某一分支出现短路故障，均会导致整个线路瘫痪。

（2）针对此类传感器参考电压故障，需仔细查阅 Elsa Pro 电路图，将线路连接原件逐一罗列整理出来，再结合测量，快速、有效地找到故障点。

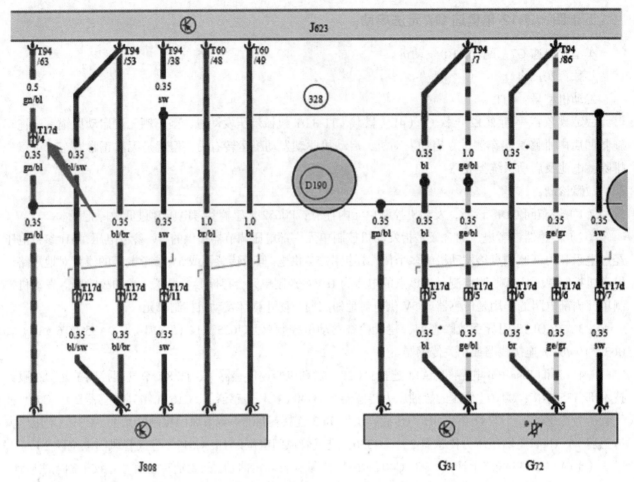

图 2-10-188

五十五、2012 年奥迪 Q7 发动机水温升温迅速，无暖风

车型：奥迪 Q7（4L）。

年款：2012 年。

发动机型号：CJT。

故障现象：发动机水温升温迅速，无暖风。

故障诊断：

（1）客户由于水温高，导致缸体变形严重而更换发动机总成。

（2）更换发动机后，水温仍然升温迅速，无暖风。

（3）根据以往经验，怀疑水循环中单向阀损坏，直接对换带单向阀管路，无效。

（4）水温快速上升原因。

①水循环中有空气，导致水温升温迅速。

②节温器未打开。

（5）由于已经更换发动机，于是先进行排气；利用 VAS6096 排气多次，暖风有改善，但水温仍不正常。在排气中，VAS6096 负压始终无法达到绿区——空气压力不够。

（6）对水循环通断检查，大循环及小循环正常，增压空气冷却器正常，如图 2-10-189 所示。

（7）拆下节温器进行检查，发现其中的蜡已泄漏，更换新的节温器，试车，故障得到解决。

故障原因：水循环内空气未排干净造成水温快速升温，并且温度过高后损坏节温器。

606

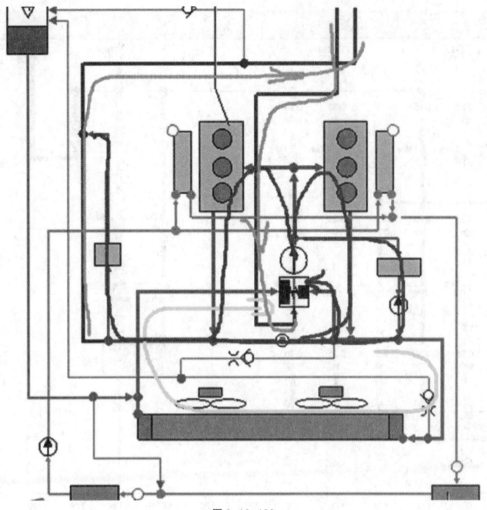

图 2-10-189

解决措施：用专用工具 VAS6096 进行防冻液排空气并更换节温器。

故障总结：若冷却系统中的空气过多，则水泵不能正常泵水，致使小循环不能正常工作，而若小循环不正常，更换再多的节温器也不能解决问题；注意请用专用工具 VAS6096 进行防冻液排空气。

五十六、2013 年奥迪 Q7 发动机故障灯点亮

车型：奥迪 Q7，配置 3.0T 发动机。

年款：2013 年。

故障现象：奥迪 Q7 发动机故障灯偶尔点亮。

故障诊断：

（1）该车处理完不挂挡后试车发现废气灯有时亮起，用 VAS6150 检测 05 地址码有一个故障码存储：进气歧管风门电位计 2 电气故障（偶发）。

（2）气缸列 2 的进气歧管风门调节反馈信号是进气歧管风门电位计 2 G512 提供的。当发动机电脑激活进气管风门阀门电磁阀 N316 后，进气歧管风门进行调节，并由风门电位计反馈信号。原地急踩加速踏板再放开，检查进气歧管风门调节情况，发现风门调节正常。

（3）清除故障后，试车故障再次出现，故障码变为静态。

（4）尝试原地测试进气歧管风门的调节情况，发现风门无法调节，故障码用诊断仪无法清除。

（5）查询电位计 2 G512 相关电路图（如图 2-10-190 所示），执行进气歧管风门电位计 2 电气故障

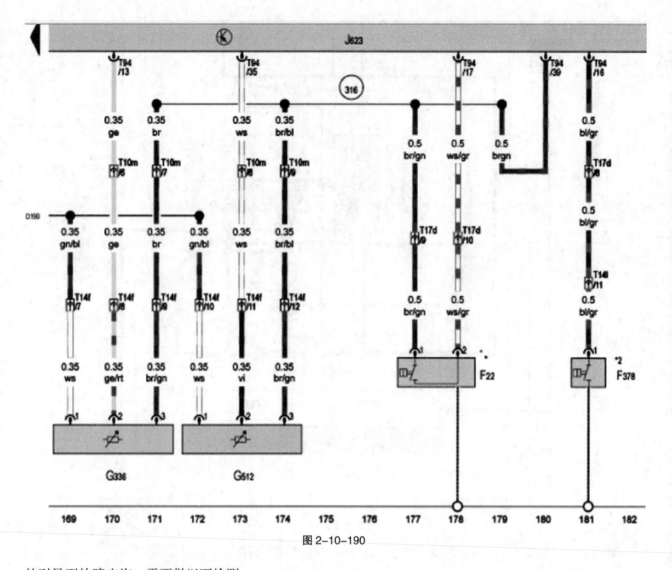

图 2-10-190

的引导型故障查询，需要做以下检测。

①电位计调节提供信号的电压是否在范围：0.2~5V（也就是说电位计 2 G512 在供电正常情况下，电位计输出端 2 会有 0.2~5V 电压）。

②测量电位计信号线有无对地或对正极短路。

③需要检查电位计供电是否正常。

（6）连接 VSA1598/42、VSA1598/39 测量电位计调节提供到发动机电脑 T94/35 端子信号的电压为 0V，不在正常电压范围。检查电位计 5V 供电和接地正常。测量电位计信号线有时发现对地短路的现象，有时又正常，正常时电压为 0.54V。

（7）接下来要确定短路是在电脑端还是电位计接线上。由于短路为偶发故障，所以需要反复试车，出现静态故障时才能测量。出现静态故障时拔下排水槽电控箱左侧接线 T10m/8，测量为电位计端信号的电压为 0V，可以判断是电位计故障或线路短路。

（8）更换进气歧管风门电位计 2 G512 故障依旧。

（9）用接线替换电位计 2 号线到水槽电控箱左侧接线 T10m/8 的接线故障排除，由此可以判断是电位计到水槽电控箱左侧接线 T10m/8 的信号线有时对地短路引起。

故障原因：电位计 G512 到发动机控制单元的信号线有时对地短路。

故障排除：用接线替换电位计 2 号线到水槽电控箱左侧接线 T10m/8 的接线。

五十七、2017 年奥迪 S6 行驶挡位大于等于 3 挡，发动机转速 1200r/min 左右时缺火抖动

车型：奥迪 S6，配置 4.0T 发动机。

年款：2017 年。

故障现象：仪表亮发动机故障灯，行驶时有时抖动。

故障诊断：客户反映仪表亮发动机故障灯，车辆行驶时有时抖动。试车发现车辆在行驶时轻加油门在 3 挡开始，4 挡、5 挡，每个挡位的 1200r/min 左右时，1 缸就会开始缺火，缺火的时候只要再加油门或者踩制动就会停止缺火。使用 VAS6150C 进行检测发现地址码 01 发动机里面记录故障码："P030000：检测到不发火 主动 / 静态""P030100：气缸 1 检测到不发火"（如图 2-10-191 所示），地址码 BA 里面记录故障码："C113107：安装支承促动器 1 机械故障"，查询该发动机的资料 SSP607 发现该发动机有断缸功能，试着把 5 缸的调节电磁阀拔了，让其无法实现断缸，发现试车时就不抖了。

故障存储器记录

编号：	P030100：气缸1 检测到不发火
故障类型 2：	主动/静态
症状：	10591
状态：	11101101

+ 标准环境条件：

- 高级环境条件：

发动机转速	1263.0	r/min
标准负荷值	30.98039273	%
车速	50	km/h
冷却液温度	96	℃
进气温度	48	℃
环境气压	1000	mbar
端子30电压	13.688	V
动态环境数据	20 96 28 11 A4 4D 01 11 C8 16 A8 11 CE 16 A0 11 97 0F 28 11 98 0F E5 16 88 05	
根据OBD的未学习计数器	40	
燃油泵，规格	30.07965	%
燃油低压，实际值	580.0	kPa
燃油低压，规格	579.2	kPa
气缸列1氧传感器1，空气过量系数实际值	0.9472656	
气缸列1氧传感器2，空气过量系数实际值	0.9934082	
选档杆位置	5 (1 0 1 0 0 0 0 0)	

图 2-10-191

由于 4.0T 脚垫具有断缸切换时消除震动的功能，怀疑是否是其影响到，更换后试车抖动依旧。

4 缸模式的使用条件：

①发动机转速不能处于怠速水平（运行平稳的要求）。

②发动机转速在 960~3500r/min。

③机油温度不低于 50℃。

④冷却液温度不低于 30℃。

⑤变速器最低在 3 挡位置。

⑥对于自动变速器来说，在 S 模式也可以使用 4 模式；在奥迪驾驶模式选择系统的"dynamic"状态时也可以使用 4 缸模式。

作用原理：如果发动机工作在4缸模式，那么由于点火脉冲减半了，所以会使得车身震动更加剧烈。这个剧烈震动是通过产生反向震动来抵消的。反向震动就是由主动式液压发动机悬置来产生的。其频率范围是20~250Hz。车辆在怠速时不抖动，加速时也不会抖动，查询SOST指导文件发现有针对4.0T单杠缺火的01A034和01A225，尝试升级后没有效果。拆下1到4缸火花塞发现1、2缸火花塞比其他缸的黑（如图2-10-192所示），对调1缸火花塞点火线圈后试车，还是1缸缺火。测量1到4缸缸压，发现1、2缸比3、4缸高，测量曲轴箱负压-14.6kPa正常（标准-15kPa左右）（如图2-10-193所示），测量低压预供油压力正常，读取怠速时混合比发现非常好在0左右，节气门开度正常，试车1缸缺火时，混合气立刻变稀到+25%。

图2-10-192

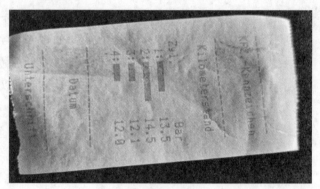

图2-10-193

由于4.0T发动机的喷油嘴在缸盖侧面，检查需吊装发动机才能拆装工程量巨大，但是目前能影响到缺火数据的，点火、缸压都排除了，只差喷油嘴。尝试吊装发动机拆装喷油嘴检查，发现1缸的进气管较其他缸积炭厚（如图2-10-194所示），喷油嘴也是，拆下清洗后与3缸喷油嘴对调试车抖动排除。

故障原因：由于1缸喷油嘴堵塞喷油量不够，在发动机特定转速下缺火抖动。

故障排除：吊装发动机拆卸喷油嘴清洗喷油嘴。

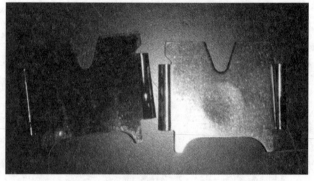

图2-10-194

故障总结：任何故障大家检查时，都要根据基本原理从简单基本的开始排除。

五十八、2012年奥迪R8热车后发动机下部有吹哨声

车型：奥迪R8。

年款：2012年。

发动机型号：BUJ。

故障现象：奥迪R8热车后发动机下部有吹哨声。

故障诊断：

（1）验证故障，此车冷启动时没有此声，当水温接近90℃的时候开始出现吹哨声，将发动机转速提高一点儿后就没有此声了。确认声音是从发动机前部下面传出的。发动机前部没有漏油痕迹。没有外力损坏和维修过的痕迹。

（2）怀疑曲轴前油封漏气，使用清洗剂向曲轴皮带轮后面喷，观察发动机运转状态和氧传感器数据流没有明显变化。

（3）使用听诊器检查发动机右侧的助力泵、发电机和左侧的空调泵，声音不明显。

（4）拆下发电机皮带测试，声音仍存在。确认声音就是发动机发出的，并非外围件。检查曲轴皮带轮与发动机缸体之间没有摩擦痕迹。

（5）拆下曲轴皮带轮测试，发动机怠速提高了，没有吹哨声了。但发动机由于漏气严重且失去了皮带轮的动平衡，导致发动机抖动厉害。

（6）查询资料分析故障在曲轴前油封的可能性大，将机油加油口盖打开没有任何变化。也有可能是曲轴皮带轮。因为曲轴皮带轮带有黏性减震器。

（7）黏性减震器的作用为了能阻止曲轴自由端出现扭转震动（该震动是因气缸燃烧顺序不同而造成的），就使用了所谓的"震动减震器"。黏性减震器主要由两个金属环构成，金属环通过阻尼介质（弹性橡胶）连在一起，如图 2-10-195 和图 2-10-196 所示。V10 FSI 发动机上装有一个黏性减震器，它可以降低曲轴的扭转震动。一种黏性机油被作为阻尼介质注入皮带轮的圆圈内。这种黏性机油可以削弱减震元件和皮带轮壳体之间的相对运动，这样就可减小曲轴的扭转震动，还减小了皮带轮转动的不均匀性，同时，还能大大降低多楔皮带的负荷。

多楔皮带槽　　减震器壳体　　减震元件　　挡盖

曲轴的平衡配重　　　　　　　　定位销

图 2-10-195　　　　　　　　　图 2-10-196

再次拆下曲轴皮带轮检查没有任何破裂或漏油及损坏的痕迹。更换曲轴前油封故障排除。

故障原因：

（1）此车是干式油底壳，通过打开机油加油口盖的方式无法彻底改变曲轴箱的压力。

（2）故障点是曲轴前油封漏气发出的吹哨声。但是此款发动机的这个故障使用常规发动机的诊断方法有些不适用，需要根据资料分析后逐一排除。

（3）由于发动机前部空间狭小（如图 2-10-197 所示），使用专用工具时，一定要插到极限不能动为止，否则不能完全将油封拔出，如图 2-10-198 所示。

故障排除：更换曲轴前油封。

图 2-10-197　　　　　　　　　图 2-10-198

第三章 传动系统

第一节 四轮驱动系统

一、概述

强大的牵引力：配备冠状齿轮中间差速器和可选车轮扭矩调节（扭矩矢量控制）的四轮驱动与所有RS车型一样，2010年奥迪RS和2013年奥迪RS 4 Avant也配备了全时四驱装置，可将331kW的发动机功率完美传至路面。这两种车型使用相同的传动系统，其中间差速器是新开发的，称为冠状齿轮中间差速器。

这种小巧而轻便的差速器，可以让前桥和后桥之间动力的分配瞬间（无延迟）完成，动力的分配均匀且工作范围宽。最大可以把70%的扭矩分配给前桥，最大可以把85%的扭矩分配给后桥。

自锁式冠状齿轮中间差速器与可选车轮扭矩调节（扭矩矢量控制）功能一同工作，该功能可以对全部的四个车轮进行扭矩干预。如果弯道内侧车轮在以运动方式驾车时负荷降得过低，那么在出现打滑前会对该车轮进行轻微制动。另外，还可选装运动型差速器，它借助于两个纵向重合度将力矩在两个后轮之间动态分配。

发动机动力经7挡运动型双离合器变速器0B5 S tronic来传递。具体应用在2010年奥迪RS 5和2013年奥迪RS 4 Avant时，有其特殊之处。

（一）传动系统一览

最新一代的quattro系统配备有冠状齿轮差速器和可选车轮扭矩调节（扭矩矢量控制），最早是用在了奥迪RS 5车上的，该系统在奥迪RS 4 Avant也使得该车获得了出色的行驶动力学性能。

S tronic（7挡双离合器变速器0B5）将运动性、行驶动力性和驾驶舒适性结合在了一起，可以获得良好的总体效率。这种变速器是这两种RS车型的理想变速器。

7挡双离合器变速器0B5 S tronic的特点和改进处，自2010年第22周起，做了一些改进，如图3-1-1所示。

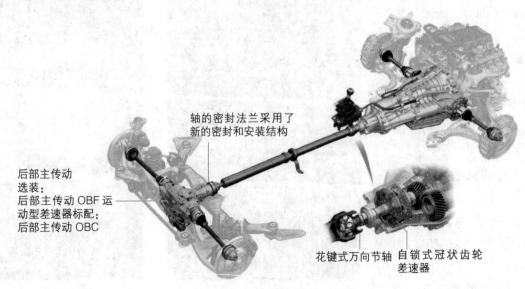

轴的密封法兰采用了新的密封和安装结构

后部主传动
选装：
后部主传动 OBF 运动型差速器标配：
后部主传动 OBC

花键式万向节轴　自锁式冠状齿轮差速器

图 3-1-1

（二）quattro 四驱系统

2010 年，为了庆祝 quattro 30 周年，德国奥迪公司推出了新一代全时四驱系统，配备有冠状齿轮差速器和可选车轮扭矩调节（扭矩矢量控制），当时是用于奥迪 RS 5 车上的，与纵置发动机配合使用。

该系统使用了奥迪独有的两项创新技术，这使得奥迪公司在竞争中巩固了其领先地位。

这两项创新技术首次是在高性能 Coupé 奥迪 RS 5 上亮相的。奥迪 RS 4 Avant 上也使用了这种 quattro 四驱系统。针对奥迪 RS 5，有相应的奥迪售后服务 TV 节目（2010 年第 3 和 4 季度），是专门介绍该技术的。

（三）冠状齿轮差速器，可选车轮扭矩调节（扭矩矢量控制）

与其前代一样，冠状齿轮差速器也是属于自锁式中间差速器，可实现非对称动态扭矩分配功能。冠状齿轮差速器超过前代产品之处在于，具有更好的扭矩分配功能（这可改善牵引力）以及更好的整合能力（相对于通过制动干预的电子调节系统而言）。冠状齿轮差速器的其他优点是体积小巧且重量轻。

这种差速器重仅 4.8kg，比以前的相关型号轻了约 2kg。基本扭矩分配是：后桥占 60%，前桥占 40%。在运动行驶方式的工作范围内（非对称动态扭矩分配），后桥最大扭矩分配可占 85%，前桥最大扭矩分配可占 70%。奥迪 RS 5 如图 3-1-2 所示。

图 3-1-2

可选车轮扭矩调节（扭矩矢量控制）。德国奥迪公司将冠状齿轮差速器与扭矩矢量控制结合在了一起，这就涉及奥迪公司开发的一个 ESC 控制单元软件。扭矩矢量控制是在电子横向差速器锁（已经在前驱车上应用很长时间了）的基础上开发而来的。

其新颖之处在于，可以对四个车轮中的每个车轮都实施制动干预。在快速转弯行驶时，ESC 控制单

613

元要分析弯道内侧车轮载荷的减小情况和弯道外侧车轮载荷的加大情况。

这样的话，就可以比较准确地确定出各个车轮上的驱动力了。

通过有针对性地进行制动干预，驱动力矩就转至弯道外侧车轮上了，因此车辆的行驶动力学性能就得到了提高。车辆的行驶响应特性长久保持中性状态（就是不极端），那就表示转弯和加速时的转向不足在很大程度上被抑制了，且 ESC 调节干预来得也晚些（如果需要这个干预的话），如图 3-1-3 所示。

图 3-1-3

奥迪 RS 5 和奥迪 RS 4 Avant 上的运动型差速器，目前有下述要求：

（1）每 60 000km 更换机油。

（2）每 60 000km 或更早更换 ATF（如果相应的 7 挡双离合器变速器 0B5MTF 温度计数器超过了时间极限值的话）。

二、冠状齿轮差速器

（一）冠状齿轮差速器结构和功能

自锁式中间差速器的基本机构就是一个冠状齿轮传动机构，它带有两个冠状齿轮和四个直齿圆柱齿轮（负责传递驱动扭矩并作为行星齿轮使用）。总体来说，本结构基本与变速器中主传动的锥齿轮差速器是一样的。

但其特色在于，这两个冠状齿轮的分度圆直径是不同的，这样也才能实现我们所期望的非对称扭矩分配。圆柱行星齿轮的轴支承在差速器壳体上。

在这两个冠状齿轮的背面各有一个多片式离合器，冠状齿轮就支承在各自的多片式离合器上。这两个多片式离合器的内片与冠状齿轮刚性连接（形状配合式的），外片与差速器壳体刚性连接（形状配合式的）。螺纹环用作多片式离合器的支座，并锁住自锁式冠状齿轮差速器。

变速器输出扭矩传到差速器壳体内。四个轴将扭矩传至行星齿轮，行星齿轮再将扭矩传至两个冠状齿轮上。一个冠状齿轮将扭矩传至前桥，另一个冠状齿轮将扭矩传至后桥。齿间的挤压力通过冠状齿轮会在多片式离合器上产生一个轴向力，多片式离合器负责实现差速器的锁止。

为了明白自锁式冠状齿轮差速器的力的分配，我们首先得注意两种效应：基本力矩分配和动态力矩分配。在车辆行驶过程中，动态力矩分配总是叠加到基本力矩分配上的。

冠状齿轮差速器是这样设计的：差速器输出的驱动力（往前桥和后桥）是不同的。所以我们才称之为"非

（四）运动型差速器后部主传动 0BF

每个人对"驾驶"的定义是不同的。要想体验奥迪 RS 5 和奥迪 RS 4 Avant 车极其出色的行驶动力学性能，那么除了其他的用于提高行驶动力学性能的选装系统外，运动型差速器也是一个很好的选择。

（五）更换 ATF 和机油

RS 车型经常必须承受赛车那种苛刻的条件，部件和机油的负荷都是非常大的。因此，关于 RS 车型的保养工作和保养周期就有专门的要求了，如图 3-1-4 所示。

图 3-1-4

对称扭矩分配"。

非对称自锁式中间差速器有 4 种不同的工作状态：

（1）在发动机正常牵引车辆时将最大扭矩传至前桥。

（2）在超速减速（反拖）时将最大扭矩传至前桥。

（3）在发动机正常牵引车辆时将最大扭矩传至后桥。

（4）在超速减速（反拖）时将最大扭矩传至后桥。

在这 4 个工况中，差速器的锁止作用是各不相同的。这 4 个工况中力矩分配在设计时就确定好了，以便在发动机正常牵引车辆和超速减速（反拖）时实现我们所期望的行驶特性，如图 3-1-5 所示。

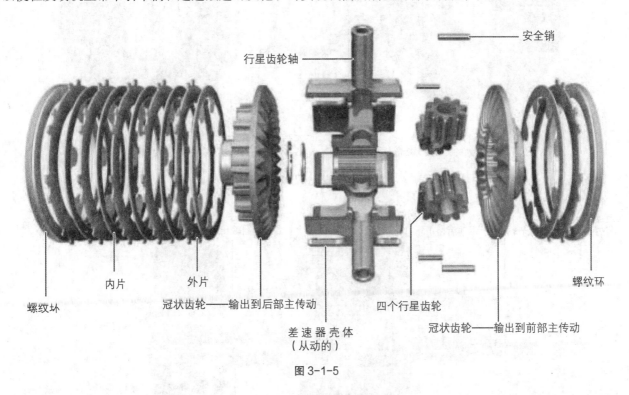

图 3-1-5

说明：生产商已经用螺纹环将多片式离合器调整成无间隙且有一定的接合力矩状态了。螺纹环用焊点焊住了，以防止其转动，因此不能松开螺纹环了。另外，薄板壳体也是焊接的，以保证无法打开冠状齿轮（打开了也就损坏了）。

（二）非对称基本分配

两个冠状齿轮的分度圆直径不同，这就能产生非对称力矩分配。齿数比约为 40：60，这也就形成了非对称力矩分配（后桥分配的多一些）。我们把这种由部件几何形状所决定的力矩分配称作非对称基本分配。分度圆直径不同，就会形成不同长度的杠杆力臂，因此传递出的力矩比就是约 60：40。

也就是说，总驱动力矩的约 40% 被传至前桥差速器，约 60% 被传至后桥差速器，如图 3-1-6 所示。

这个基本分配在任何工作状态都是这样的，然后再叠加上动态力矩分配。这两种分配联合工作，

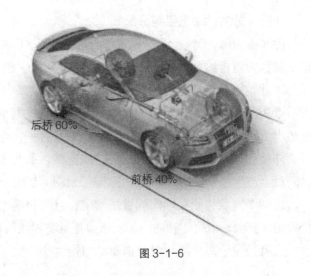

图 3-1-6

就形成了非对称式动态力矩分配，如图 3-1-7 和图 3-1-8 所示。

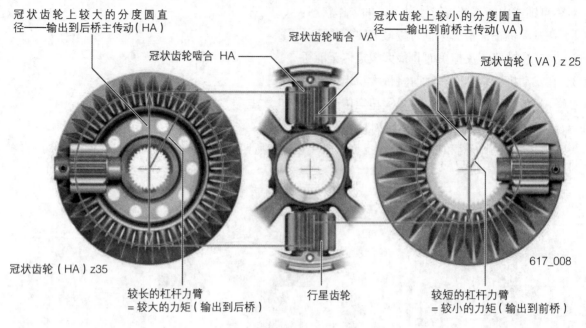

冠状齿轮上较大的分度圆直径——输出到后桥主传动（HA）

冠状齿轮啮合 HA

冠状齿轮上较小的分度圆直径——输出到前桥主传动（VA）

冠状齿轮啮合 VA

冠状齿轮（VA）z 25

617_008

冠状齿轮（HA）z35

较长的杠杆力臂＝较大的力矩（输出到后桥）

行星齿轮

较短的杠杆力臂＝较小的力矩（输出到前桥）

图 3-1-7

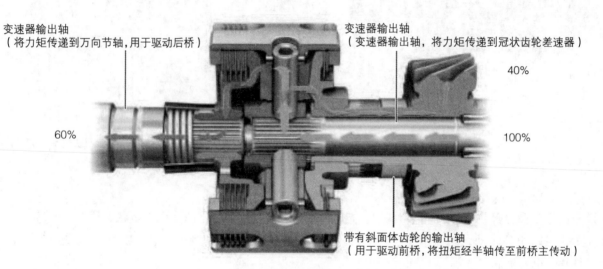

变速器输出轴（将力矩传递到万向节轴，用于驱动后桥）

变速器输出轴（变速器输出轴，将力矩传递到冠状齿轮差速器）

40%

60%

100%

带有斜面体齿轮的输出轴（用于驱动前桥，将扭矩经半轴传至前桥主传动）

图 3-1-8

（三）非对称动态扭矩分配

除了有 40：60 这个非对称基本力矩分配外，差速器中还产生一个锁紧力矩（大小与驱动力矩成比例）。这个锁紧力矩再加上基本力矩分配，最终就形成了两个车桥上各自需要的力矩分配。

因此，冠状齿轮差速器在前桥和后桥之间的牵引力发生改变之前就已经锁紧了。如果某个车桥上失去了牵引力，那么驱动力矩（在锁紧范围内且根据车轮的牵引力要求）会立即被传到另一个车桥上。如果超出了工作范围，那么就由 ESC 干预来提供一个辅助力矩（也就是前驱力）。

功能：一旦力矩被传入冠状齿轮差速器，那么由于齿轮形式和结构的原因，在行星齿轮和冠状齿轮之间就会产生一个轴向力。又由于齿轮几何形状的原因，在两个冠状齿轮上会形成大小不同的轴向力。

这两个冠状齿轮在轴向就被压紧了，且将相应的多片式离合器也压靠在了一起。于是就产生一个接合力矩（其大小取决于轴向力），该力矩就将冠状齿轮与差速器壳体连接在一起了（可以传递力了）。

这就是说，离合器片组根据驱动力矩大小产生了一定的预紧。由此就形成了相应的锁紧作用，这个锁紧作用用闭锁值来定义。闭锁值，用来描述两个输出之间的输出力矩差（这个力矩差就是差速器锁紧作用产生的）。

1. 力矩分配 15 : 85

如图 3-1-9 所示。

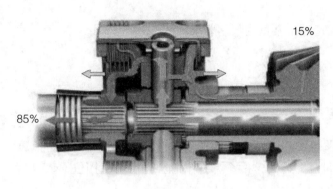

图 3-1-9

如果后桥失去了牵引力但还没有超过牵引力极限，那么最多可以将牵引力矩的 70% 传递到前桥上（就是前桥最大可以传递 70% 的力矩）。如果已经超过了牵引力极限，那么后桥上的车轮就会打滑得更厉害。如果车轮打滑超过了一定的程度，ESC 调节就会进行干预，并会产生一个辅助力矩。辅助力矩、基本力矩分配和锁紧作用会在前桥上产生相应的驱动力矩。

（四）工作说明

如果前桥失去了牵引力但还没有超过牵引力极限，那么最多可以将牵引力矩的 85% 传递到后桥上（就是后桥最大可以传递 85% 的力矩）。

如果已经超过牵引力极限了，那么前桥上的车轮就会打滑得更厉害了。如果车轮打滑超过了一定的程度，ESC 调节就会进行干预，并会产生一个辅助力矩。辅助力矩、基本力矩分配和锁紧作用会在后桥上产生相应的驱动力矩。

2. 力矩分配 70 : 30

如图 3-1-10 所示。

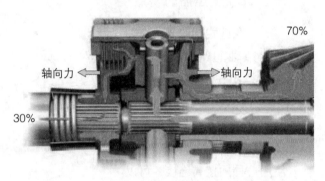

图 3-1-10

自锁式冠状齿轮差速器完全是自行在工作，不用保养且不需要驾驶员来做什么。

1. 冠状齿轮差速器与扭矩矢量控制结合在一起使用

四驱系统可以让驾驶员体验到更好的行驶动力性、行驶安全性和行驶舒适性。尽管如此，关于四驱系统还是要注意下述这些内容。

（1）自锁式冠状齿轮差速器不能与 100% 的机械式差速锁相比。如果某个车桥或者某个车轮在空转，那么只有当 ESC 系统通过制动干预（EDS 干预）而产生了辅助力矩后，才会有驱动力。只有当发动机转速差和发动机扭矩超过一定值时，EDS 干预才会发生。驾驶员必须有针对性地踩加速踏板，制动干预才能建立起相应的辅助力矩。这个辅助力矩会在还有牵引能力的车轮上产生一个驱动力矩。冠状齿轮差速器就按我们已经说过的那样来帮助力矩分配。在高强度且持续时间较长的 EDS 干预时，制动器可能会过热，为了避免这个过热，在制动盘温度（该温度是由 ES 控制单元计算出的）超过一定值时，EDS 功能就会被关闭了。一旦制动器又凉下来，那么 EDS 功能就会自动再接通。

（2）前桥和后桥之间持续不断地进行较大的转速同步（平衡），再加上负荷较大的话，会损坏冠状齿轮差速器。

（3）在奥迪 RS 5 和奥迪 RS 4 Avant 车上，雪地防滑链只能用在某些轮辋—轮胎组合且只能装在前车轮上。应注意使用说明书和车轮／轮胎目录中的提示和规定。

（4）如果拆下了万向节轴，那么就不会有驱动力或者只有非常小的驱动力，因为中间差速器无法建立足够大的辅助力矩。

（5）只能也只允许在四轮转毂试验台上来检测性能。

（6）制动检测完全可以在一个慢速运行（不超过6km/h）的制动器试验台上来进行。驱动力必须由试验台来提供。

（7）不允许在抬起前桥或者后桥的情况下牵引车辆，见使用说明书。

2.牵引

若要牵引装备有0B5变速器的车，需注意自动变速器上常见的限制要求：

（1）选挡杆置于位置N。

（2）牵引车速不超过50km/h。

（3）牵引距离不超过50km。

3.原因

在发动机不工作时，机油泵是不工作的，因此变速器内的某些部件就无法得到润滑。如果牵引车速超过了50km/h，那么变速器和双离合器的转速就会过高，因为这两个部件中总会挂着某一挡位。牵引车辆时疏忽的话，会导致变速器严重受损。

三、0B5变速器的特点

（一）花键式万向节轴

万向节轴的这种插接式连接，首次是用在了2010年奥迪A8车上。将万向节轴装到变速器上时，只需将万向节插上并锁定就行了。

使用这种插接式连接，可以减重约0.6kg，且可大大缩短拆装时间。这种插接式连接在以后所有的变速器开发中都要采用，如图3-1-11所示。

说明：万向节是万向节轴的组件，无法单独更换。可以使用专用工具来更换橡胶碗。

弹性套筒是用弹簧钢制成的。弹性套筒的一端有带卡钩的弹性元件。这些卡钩将弹性套筒固定在万向节毂的凹槽内，如图3-1-12所示。

弹性套筒的另一端有弯曲的弹性元件，安装万向节轴时，弹性元件会卡在轴头的槽内，如图3-1-13所示。

在万向节轴已经拆下的状态时，弹性套筒通过弹性元件的弹

凹槽

变速器输出轴，带有插接花键

卡夹

弹性套筒

万向节（万向节轴的组件）

图3-1-11

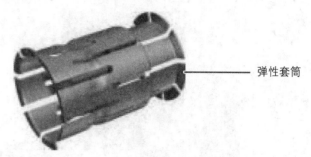

图 3-1-13

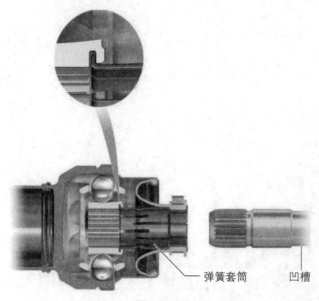

图 3-1-12

力卡在万向节毂上,如图 3-1-14 所示。

为保证弹性套筒在安装时别从万向节毂上松脱了,在放置并推上万向节轴时要多加小心。

在安装轴头时,一旦卡钩通过了,它就会卡住了,就无法从凹槽中滑出了。

(二)ATF 滤清器(压滤器)

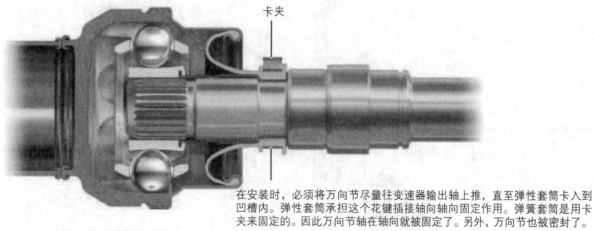

在安装时,必须将万向节尽量往变速器输出轴上推,直至弹性套筒卡入到凹槽内。弹性套筒承担这个花键插接轴向轴向固定作用。弹簧套筒是用卡夹来固定的。因此万向节轴在轴向就被固定了。另外,万向节也被密封了。

图 3-1-14

1. ATF 可换式滤清器

如图 3-1-15 所示。

自 2010 年第 22 周起(车型年 2011),0B5 变速器上开始使用带有滤芯的 ATF 滤清器模块了。这个 ATF 滤清器模块集成在 ATF 管路连接件内,包含有一个滤芯。在更换 ATF 时,必须同时更换这个滤芯。ATF 滤清器(压滤器)现在位于 ATF 冷却器的回液管内,这样就可以过滤 ATF 冷却器和管路内的污物了。

这种新的滤清器模块的过滤能力更好,重量轻且节省空间。

2. ATF 管路滤清器

如图 3-1-16 所示。

在 2010 年第 22 周以前,ATF 滤清器(压滤器)是集成在 ATF 滤清器的供液管内的。

该滤清器没有保养周期要求。

说明:该滤芯不得与水接触。即使非常少的水量,也会导致滤芯材质溶解。溶解后的材质会进入机电一体模块内,导致功能故障。滤清器壳体和端盖有各种形式的,请留意电子备件目录和维修手册上的规定。

(三)更换 MTF

在这两种 RS 车型上,0B5 变速器都要传递高达 331kW 的功率。要传递这么大的功率,MTF 会非常热的。

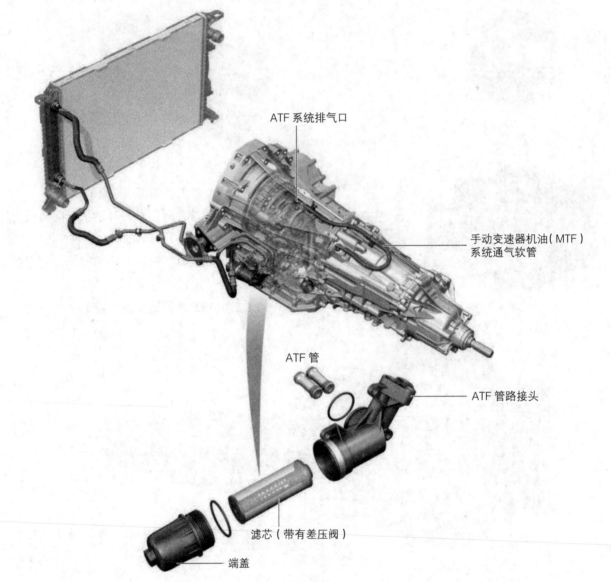

ATF 系统排气口

手动变速器机油（MTF）系统通气软管

ATF 管

ATF 管路接头

滤芯（带有差压阀）

端盖

图 3-1-15

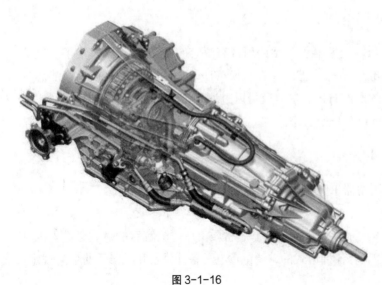

图 3-1-16

MTF 中加入了添加剂，以满足对机油性能的要求。这种添加剂在高温时会发生分解，于是机油也就失去了所需要的特性。因此，在机油承受了相应的热负荷后，必须更换 MTF，以防止变速器过度磨损或者损坏。MTF 是 Manual Transmission Fluid 的缩写，指传动装置内纯机械部件用的润滑油。对于 0B5 变速器来说，指齿轮副、前桥主传动和带有中间差速器的分动器所用的润滑油。

为了确定 MTF 的热负荷，RS 车型上的 0B5 变速器有 MTF 温度监控功能。

在奥迪 RS 5 和奥迪 RS 4 Avant 上，MTF 目前的更换周期一般是每 30 000 km。

与此相对的是，ATF 每 60000 km 更换一次。一旦 MTF 温度监控功能确定出现在 MTF 的热负荷很大，那么故障存储器内就会记录下"P0897 变速器机油变质"。在这种情况下就必须要更换 MTF 了，即使自上次更换 MTF 后行驶里程没到 30 000 km 也必须更换 MTF，如图 3-1-17 所示。

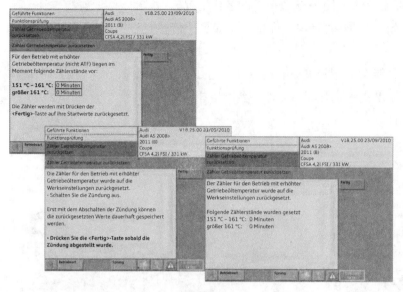

图 3-1-17

各自的温度区间时 MTF 温度持续了多少分钟）。在本例中，时长都是 0 分钟，这表示到现在为止，MTF 温度还没有达到危险值范围。此处没有显示温度计数器的下温度范围。

菜单再往下进行，就将所有的温度计数器状态（也是看不见的）重置了。温度计数器也被称作温度间隔。

2. 机油供给系统放油螺塞

如图 3-1-19 和图 3-1-20 所示。

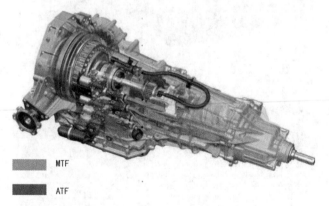

图 3-1-19

MTF，要彻底清洗触点。

（四）MTF 温度监控

0B5 变速器与奥迪 RS 5 或奥迪 RS 4 Avant 上的大功率发动机配合使用，有一个特点：它借助于单独的温度传感器（变速器机油温度传感器 2 G754）来进行 MTF 温度监控，并专门分析这些测量值。

1. 更换 MTF 后重置温度计数器

有一点很重要，更换 MTF 后，需要重置温度监控系统的温度计数器。在车辆诊断仪上，就有这个重置功能，用于重置温度计数器，如图 3-1-18 所示中灰底的选项。

启动了这个重置功能的话，就会显示出两个温度范围和时长（表示在

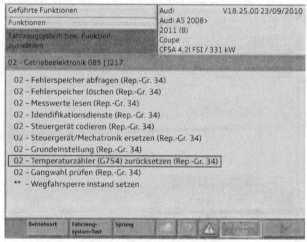

图 3-1-18

说明：在排放 MTF 时，传感器的触点很容易接触到 MIF，必须避免这种接触，因为 MTF 中含有磷酸盐，这会导致触点腐蚀。如果触点接触了

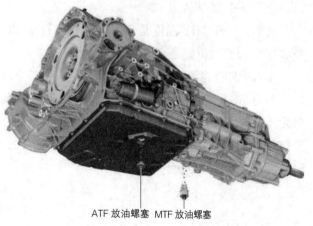

ATF 放油螺塞　MTF 放油螺塞

图 3-1-20

以下两个原因，使得车辆必须配备 MTF 温度监控功能。

（1）要确定进入 MTF 内的热量，以便评估 MTF 在热负荷下的老化情况。

（2）在 0B5 变速器的 MTF 供给系统内有塑料件和电气元件，比如挡位传感器 G676 和两个变速器输入转速传感器 1 和 2（G632 和 G612）。

这些电气元件和塑料在温度较高时可能会损坏和失效。在温度超过了一定的极限值时，就会启动一个所谓的"降温功能"，以便阻止 MTF 温度进一步升高。另外，会产生相应故障记录。

（五）变速器机油温度传感器 2 G754

1. 有两种类型的 G754

（1）类型 1。

在车型年 2011 前，G754 装在变速器中间壳体上，如图 3-1-21 所示。

（2）类型 2。

自车型年 2011 起，G754 集成在 MTF 放油螺塞内，如图 3-1-22 所示。

变速器机油温度传感器 2 G754 是一个 NTC 电阻。NTC 是负温度系数的意思。负温度系数电阻的阻值是随着温度升高而减小的（热敏电阻）。

说明：如果使用的是类型 2 的 G754，那么在更换 MTF 时放油螺栓可能会掉入机油内或者 MTF 可能会接触 G754。MTF 中含有会腐蚀 G754 触点的成分，那就会使得测量值不准了。

如果 G754 触点（或插头）接触了 MTF，一定要彻底清洗并晾干，然后再插上使用。

2. MTF 温度测量值

要想读取 MTF 温度值，可以在功能 / 部件选择菜单中使用"G754 变速器机油温度传感器 2，温度"这个选项。为了更好地评估测量结果，这个程序中会显示 3 个温度值。正常情况下，这 3 个温度值彼此差别不会很大。

这些值彼此之间的这种关系是数值可靠的保证，如图 3-1-23 和 3-1-24 所示。

比如：一个 MTF 温度是 80℃，同时 ATF 温度是 25℃，那么数值就是有问题的了。

（六）MTF 温度组合

奥迪 RS 5 或奥迪 RS 4 Avant 上的变速器控制单元还多了一项软件功能：MTF 温度监控。MTF 温度监控功能侦测变速器机油温度传感器 2 G754 的测量值并对其进行分析。

类型 1

图 3-1-21

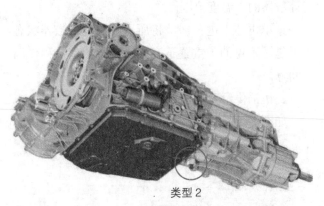

类型 2

图 3-1-22

Geführte Fehlersuche	Audi	V18.25.01 06/10/2010
Funktions-/Bauteilauswahl	Audi A5 2008> 2011 (B)	
Funktion bzw. Bauteil auswählen	Coupe CFSA 4,2l FSI / 331 kW	

+ Antrieb (Rep.-Gr. 10 - 39)
  + 7-Gang-Doppelkupplungsgetriebe 0B5 (S tronic)
    + 01 - Eigendiagnosefähige Systeme
      + 02 - Getriebeelektronik 0B5 | J217
        + 02 - Teilsysteme, Randbedingungen
          J217 - Getriebesteuergerät, Versorgungsspannung (Rep.Gr. 34)
          J217 - Getriebesteuergerät, J533, Kommunikation (Rep.Gr. 34)
          J217 - Datenbus, unplausible Botschaften (Rep.Gr. 34)
          J217 - Getriebesteuergerät, Druckaufbau (Rep.Gr. 34)
          J217 - Getriebesteuergerät, Temperatur (Rep.Gr. 34)
          G754 - Getriebeöltemperaturgeber 2, Temperatur (Rep.Gr. 35)
          J217 - Signal für Anlasssperre -P/N- (Rep.Gr. 34)
          J217 - Funktionseinschränkung durch Motor (Rep.Gr. 34)
          J217 - SG für automatisches Getriebe, falscher Softwarestand

| Betriebsart | Sprung | | | | | | | |

图 3-1-23

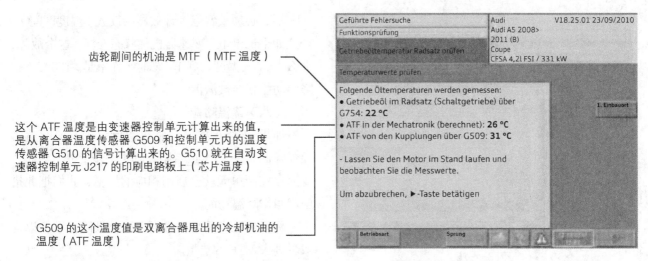

齿轮副间的机油是 MTF（MTF 温度）

这个 ATF 温度是由变速器控制单元计算出来的值，是从离合器温度传感器 G509 和控制单元内的温度传感器 G510 的信号计算出来的。G510 就在自动变速器控制单元 J217 的印刷电路板上（芯片温度）

G509 的这个温度值是双离合器甩出的冷却机油的温度（ATF 温度）

图 3-1-24

这些测量值同在一个 MTF 温度组合内进行统计学分析。为了进行这个分析，要确定五个温度范围，分成所谓的温度区间，如表 3-1-1 所示。

每个温度区间有一个时长计数器，用于记录 MTF 温度在各个温度范围内持续的时间长度。由此，我们就知道 MTF 和部件的热负荷或者负荷有多大了。

表 3-1-1

TEMP INTERVAL 01	−60~120℃
TEMP INTERVAL 02	121~130℃
TEMP INTERVAL 03	131~150℃
TEMP INTERVAL 04	151~161℃
TEMP INTERVAL 05	＞162℃

（七）温度区间

温度区间在车辆自诊断时，是在"变速器机油温度升高时运行计数器"和"过热计数器"的测量值中显示，如图 3-1-25 和图 3-1-26 所示。

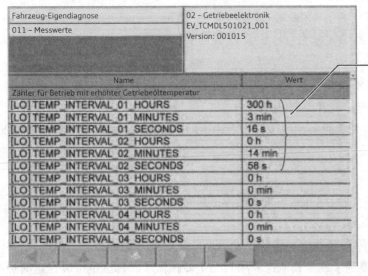

在本例中，MTF 温度在温度区间 1（−60~120℃）持续了 300h、3min 和 16s；在温度区间 2（121~130℃）持续了 14min 和 58s
变速器自上次温度区间重置以来温度没有超过 130℃

图 3-1-25

温度监控中，重要的是温度区间 04 和 05。在这两个温度区间中，都各有一个时间限制值。温度区间 04 的这个时间限制值是 2 小时；温度区间 05 的这个时间限制值是 10 分钟。

这两个温度区间任一个超过了其时间限制值的话，变速器控制单元就会记录下"变速器机油状态变坏"这个故障。

组合仪表上不会给出提示或者警告的。如果记录下该故障，那么必须更换 MTF。切勿忘记！更换

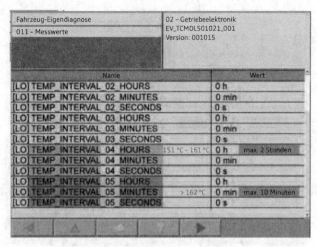

Fahrzeug-Eigendiagnose	02 – Getriebeelektronik
011 – Messwerte	EV_TCMDL501021_001
	Version: 001015

Name	Wert	
[LO] TEMP_INTERVAL_02_HOURS	0 h	
[LO] TEMP_INTERVAL_02_MINUTES	0 min	
[LO] TEMP_INTERVAL_02_SECONDS	0 s	
[LO] TEMP_INTERVAL_03_HOURS	0 h	
[LO] TEMP_INTERVAL_03_MINUTES	0 min	
[LO] TEMP_INTERVAL_03_SECONDS	0 s	
[LO] TEMP_INTERVAL_04_HOURS	151 ℃ – 161 ℃	0 h	max. 2 Stunden
[LO] TEMP_INTERVAL_04_MINUTES	0 min	
[LO] TEMP_INTERVAL_04_SECONDS	0 s	
[LO] TEMP_INTERVAL_05_HOURS	0 h	
[LO] TEMP_INTERVAL_05_MINUTES	> 162 ℃	0 min	max. 10 Minuten
[LO] TEMP_INTERVAL_05_SECONDS	0 s	

图 3-1-26

MTF 后，必须重置温度计数器的读数（温度区间）。

如果记录下"变速器机油状态变坏"这个故障，那么当 MTF 温度达到 151℃时（而不是 >163℃），降温功能就会被激活。

（八）降温功能

如果达到了 MTF 的临界温度范围，那么就必须要降低 MTF 温度或者阻止其进一步上升。为此，变速器控制单元就会启用相应的措施，我们把此措施就叫作降温功能。

降温功能启用后，最高车速就被降低了，以便减少进入 MTF 的热量。

1.降温功能是这样来工作的

当 MTF 温度超过 163℃，最高车速就会被降下来，先被降低了 20km/h。这个干预过程是在达到车速极限值时通过降低发动机功率来实现的。这个车速下降过程是逐渐进行的，每秒降 1km/h（在 20s 内降低了 20km/h）。

2.降温功能的具体工作示例

一辆车在以 260km/h 的车速行驶，且 MTF 温度超过了 163℃。现在最高车速要按前述先被降至 240km/h，对 MTF 温度监控 2min，该温度应在这 2min 内最少要降低 2℃。如果不是这样的话，最高车速就会被再降 20km/h。在本例中，最高车速就是 220km/h 了。

如果在这 2min 内，MTF 温度降低的数值大于 2℃，那么当前的车速极限值就先保持不变。会继续以 2min 的节拍监控着这个温度。在 2min 的节拍结束时，再决定是继续降低车速还是保持不变。

当 MTF 温度降至 147℃以下时，就会取消对最高车速的这个限制。最高车速限制这个功能只能将车速限制到 210km/h（最低车速调节极限值）。

如果降温功能激活了，那么故障存储器会记录有"P06AA 内部温度传感器 2 温度过高"这个信息。组合仪表上不会有故障提示。

一般来说，驾驶员会注意到这个车速限制并可能会寻求服务站帮助。他们的抱怨可能会是这样的：有时功率上不去（没劲），无法达到最高车速或者类似的描述。

如果故障存储器记录有上述故障信息，那么服务站应该检查下述事项并跟驾驶员解释降温功能的情况。

3.分为两种情形

情形 1：温度区间 04 或 05 使用不足 50%。

要是这样的话，直接清除故障存储器，然后跟驾驶员解释降温功能的情况就行了。

情形 2：温度区间 04 或 05 使用超过了 50%。

除了跟驾驶员解释降温功能并清除故障存储器外，建议更换 ATF。这时要弄清马上就更换 MTF 是否有意义。如果 30 000km 的 MTF 更换里程要到了或者其他保养项目马上就该做了，那么也可以在这时更换 MTF。

（九）安全功能

如果是已经启用了降温功能，但是 MTF 温度还是在上升的且超过 180℃的时间超过了 30s，那么故障存储器会记录有"P0218 超过了变速器机油的最高温度"这个信息。组合仪表会显示右边这个黄色变速器符号，同时还有"变速器故障：继续行驶受限！"。

出现这种情况，说明热负荷过大了，这时不仅是 MTF 无法再使用了，变速器内的电气元件和塑料件应该也有损坏了，这时必须更换变速器了。

变速器故障：继续行驶受限！如图 3-1-27 所示。

图 3-1-27

（十）换挡操纵机构

运动程序（行驶级 S）的挡位选择操作逻辑有所变化。从挡位 D 向 S（或者从 S 向 D）切换时，只需向后轻推一次选挡杆就会退出挡位 D 了。这时选挡杆就会弹回到挡位 D/S。挡位位置图也针对这种新操作逻辑做了适配。

1. 对于用户来说的优点

（1）在装备有奥迪 drive select 的车上，可以不依赖奥迪 drive select 的模式来选择运动程序 S。

（2）在运动程序 S 中也可以选择 tiptronic 模式。

2. 挡位位置图和挡位显示器集成在中控台的装饰框架内

显示单元 Y26 是个单独部件，是从下面安装的，如图 3-1-28 所示。

图 3-1-28

四、可选车轮扭矩调节（扭矩矢量控制）

（一）引言

可选车轮扭矩调节（扭矩矢量控制）用于改善车辆在弯道行驶时的牵引力，能明显提高行驶动力性。可选车轮扭矩调节（扭矩矢量控制）是 ESC 控制单元内的一个软件功能。

该技术是在前驱车的电子差速锁的基础上进一步发展而来的。

在四轮驱动（quattro）的情形时，扭矩矢量控制可以对所有四个车轮的扭矩实施控制（通过制动干预的方式）。

行驶物理学原理告诉我们，弯道外侧车轮上所传递的最大驱动力矩 MA 随着横向加速度的增大而增大，而内侧车轮所传递的最大驱动力矩在等量减

小。如图 3-1-29 所示表示的就是这个特性。

造成这个的原因，就是离心力的作用，离心力会改变车辆的重心，其作用线会偏向弯道外侧。于是在车上就产生了所谓的侧倾力矩，这种力矩会作用在车轮上。侧倾力矩降低了弯道内侧车轮负荷，但是同时增大了弯道外侧车轮负荷。因此，弯道内侧车轮所能传递的力矩就会比弯道外侧车轮的要小，如图 3-1-30 所示。

车桥上的开式差速器总是以大致 1：1 的比例来将驱动力矩分配到同一车桥的两个车轮上，如图

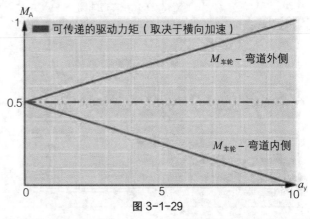

图 3-1-29

3-1-31 所示。在车辆转弯时，如果弯道内侧车轮上最大可传递力矩减小了，那么弯道外侧车轮能传递的力矩只会等量增大（虽然此处较大的有效车轮负荷允许该车轮传递明显大得多的驱动力矩）。

弯道内侧车轮决定了可以传递的力矩。如果弯道内侧车轮无法传递驱动力矩，那么传动系的整个驱动力矩传递也就中断了。

离心力　扭矩/侧倾力矩

弯道外侧重力　　　　　弯道内侧重力

图 3-1-30

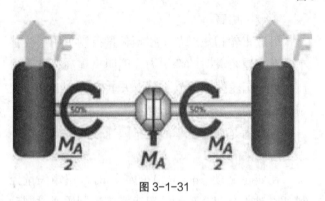

图 3-1-31

（二）工作原理和功能

在车辆转弯行驶时，通过有针对性地对弯道内侧车轮实施制动干预，建立起一个辅助力矩，这样就可将额外的驱动力矩传至弯道外侧车轮上。系统会对车轮负荷做出反应，不会对车轮打滑做出反应。车辆在转弯行驶时，当车轮打滑还没有达到临界打滑前，该系统就会启动并实施制动干预。在车辆转弯行驶时，该系统会计算弯道内侧车轮上负荷的减小以及弯道外侧车轮负荷的增大情况。这些计算是主要以转向角传感器和横向加速度传感器的测量值为基础来进行。

ESC 控制单元由此来确定出弯道内侧车轮所需制动压力的大小。这个制动压力为 5~15bar，比较小，这也使得制动器的负荷较小，如图 3-1-32 所示。

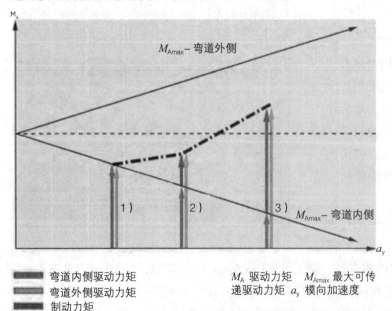

M_{Amax}－弯道外侧

M_{Amax}－弯道内侧

1）　2）　3）

弯道内侧驱动力矩
弯道外侧驱动力矩
制动力矩

M_A 驱动力矩　M_{Amax} 最大可传递驱动力矩　a_y 横向加速度

3-1-32

扭矩矢量控制可以让车辆的行驶动力性能非常出色，同时车辆的行驶舒适性也高。

图 3-1-32 中，1）没有制动干预时的弯道行驶。

由于可以传递的驱动力矩取决于弯道内侧车轮，因此弯道外侧车轮所能传递的最大驱动力矩也只能等于弯道内侧车轮传递的驱动力矩。

图 3-1-32 中，2）和 3）有制动干预时的弯道行驶。

制动干预发生作用时，会在负荷降低的弯道内侧车轮上产生一个制动力矩。这个制动力矩起辅助力矩作用，并提高了弯道内侧车轮上的总力矩，因为现在需要额外的驱动力矩来克服这个制动力矩。

因此，弯道外侧车轮上的驱动力矩也跟着增大了，该力矩等于弯道内侧车轮上的总力矩。

1. 直线行驶

两侧车轮上的车轮负荷和驱动力矩是同样大小的，如图 3-1-33 和图 3-1-34 所示。

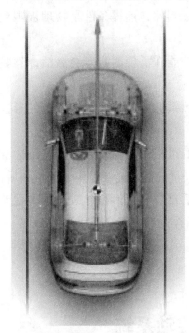

图 3-1-33

图 3-1-34

2. 在有负荷下的弯道行驶

因离心力的作用，车轮负荷向弯道外侧车轮偏移，如图 3-1-35 和图 3-1-36 所示。

ESC 的制动干预作用到弯道内侧前、后车轮上，这就阻止了弯道内侧车轮的空转（打滑），也就防止了驱动力矩的"中断"。弯道外侧车轮上的牵引力仍保持着，且通过制动干预将驱动力矩传至弯道外侧车轮。

弯道外侧有较大的牵引能力

弯道内侧车轮的牵引能力较小

图 3-1-35

弯道外侧有较大的牵引能力，还会绕车辆竖轴线产生一个转矩（横摆力矩）。这个横摆力矩使得车辆拐入弯道里。于是车辆就可以获得较高的转弯车速，且有精准、灵活而响应甚佳的驾驶特性（行驶动力学性能）。这就明显提高了车辆的操纵性。

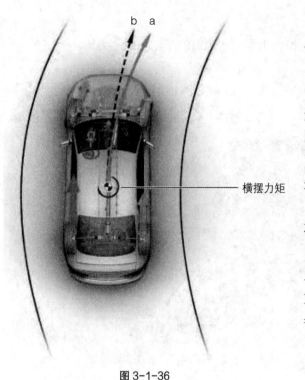

横摆力矩

图 3-1-36

如图 3-1-36 所示，a 有调节干预时，同样的转弯半径所需的转向角要比没有调节干预时要小。

b 与 a 同样条件和转向角时无调节干预情况下的转向半径。这就是说：同样车速在该弯道行驶时，转向角肯定要大些才行。当然，前提条件是物理极限允许的情况下。

扭矩矢量控制功能在需要时肯定会激活，驾驶员是无法把它关闭的。

如果道路的摩擦系数非常小，那么扭矩矢量控制功能就不会被激活。

如果车辆配备的是后部主传动 0BC（这是标准型主传动），那么扭矩矢量控制功能会作用于前桥和后桥；如果车辆配备的是后部主传动 0BF（这是运动型差速器），那么扭矩矢量控制功能仅会作用于前桥。

第二节　一汽奥迪 A4L（8W）传动系统

一、一览

如图 3-2-1 所示。

奥迪 A4（车型 8W）仍采用其前代车型 B8（车型 8K、8T、8F）的驱动结构，前驱和四驱所用的手动变速器和自动变速器是新开发的，这些变速器中有些已经以稍有不同的形式用在了奥迪 A6 ultra（车型 4G）和奥迪 Q7（车型 4M）上。

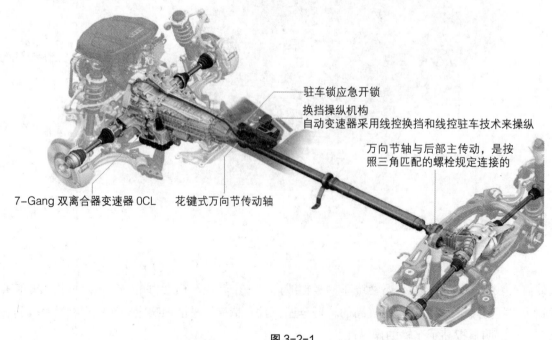

驻车锁应急开锁
换挡操纵机构
自动变速器采用线控换挡和线控驻车技术来操纵

万向节轴与后部主传动，是按照三角匹配的螺栓规定连接的

7-Gang 双离合器变速器 0CL　　花键式万向节传动轴

图 3-2-1

1. 万向节传动轴前部的安装

万向节传动轴是通过花键与变速器输出轴相连的。

2. 后桥传动

（1）标配。

①后部主传动 0DB，用于扭矩不高于 400 N·m 的发动机。

②后部主传动 0D2，用于扭矩高于 400 N·m 的发动机。

（2）选装。

后部主传动 0D3，运动型差速器首次用在了奥迪 S4 上（自 2016 年第二季度起）。

（3）运动型差速器 0D3 是在运动型差速器 0BF 的基础上改进而来的。

运动型差速器 0D3 主要做了以下修改：

①修改了变速器壳体，以便与后桥相配；

②焊接式冠状齿轮；

③新轴油和 ATF；

④传感器缩短了（这使得距排气系统的间隙增大了）；

⑤行驶动态控制系统是在底盘控制单元 J775 内（不是在全轮驱动控制单元 J492 内了），控制单元 J492 仅是执行 J775 的命令；

⑥各种轻结构措施。

3. 万向节传动轴后部的安装

万向节传动轴与后部主传动，是按照三角匹配的螺栓规定连接的。

二、6 挡手动变速器 0DJ/0CS

奥迪 A4（车型 8W）上安装的手动变速器，主要开发特点是轻结构、结构空间更好且效率更高。

除了大大减轻了重量外，变速器的后部也非常狭窄。这种狭窄结构，可以使得车身通道的宽度相应减小，那也就增大了驾驶员和副驾驶员脚坑空间。

一个突出特点就是省却了半轴。

6 挡手动变速器 0DJ（ML322 6F）前驱和 6 挡手动变速器 0CS（ML402 6F）前驱，如图 3-2-2 所示。

对于配备有 0DJ/0CS 变速器的车来说，根据发动机的不同，其最高车速可能在 5 挡或 / 和 6 挡时才能达到。

6 挡手动变速器 0DJ 和 6 挡手动变速器 0CS 的结构是相同的，不同之处主要是变速器前部壳体的材质选择：在 0DJ 变速器上，两部分壳体都是镁制的；在 0CS 变速器上，前部壳体是铝制的，后部壳体（变速器端盖）

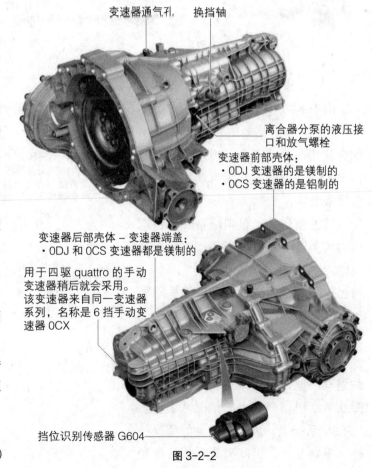

变速器通气孔　换挡轴

离合器分泵的液压接口和放气螺栓

变速器前部壳体：
· 0DJ 变速器的是镁制的
· 0CS 变速器的是铝制的

变速器后部壳体 – 变速器端盖：
· 0DJ 和 0CS 变速器都是镁制的

用于四驱 quattro 的手动变速器稍后就会采用。该变速器来自同一变速器系列，名称是 6 挡手动变速器 0CX

挡位识别传感器 G604

图 3-2-2

也是镁制的。

0DJ 变速器的两部分壳体都是镁制的，因此该变速器就较轻；0CS 变速器由于前部壳体是铝制的，因此该变速器所能传递的扭矩就大一些，如图 3-2-3 所示。

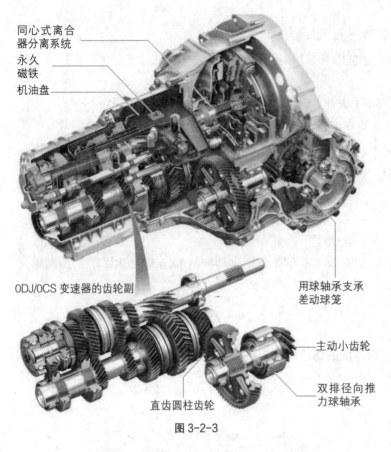

同心式离合器分离系统
永久磁铁
机油盘

0DJ/0CS 变速器的齿轮副

用球轴承支承差动球笼

主动小齿轮

双排径向推力球轴承

直齿圆柱齿轮

图 3-2-3

齿轮副的机油润滑结构很特殊，这样的话，机油加注量就可以非常少了。另外，车辆运行时所需的机油液面高度也大大降低了，这也会明显降低搅动损失和拖动损失。为此，主动锥齿轮轴上的圆柱齿轮会把变速器机油（MTF）输送到机油盘内，机油盘再将机油分配到各个润滑点。

这种润滑结构，再加上低黏度的 MTF 和低摩擦的齿轮副轴承，可以大大提高效率并能大幅度降低燃油消耗。

通过直齿圆柱齿轮（其摩擦损失很小）将动力传递到主动锥齿轮轴上。短的主动锥齿轮轴与冠状齿轮成90°工作，无轴向偏距，因此也就能在锥齿轮传动中采用低摩擦的斜齿和低黏度的 MTF（变速器油）。另外，在售后服务中，可以用常规方式来检修主传动。

锥齿轮轴的轴承采用的是单排径向推力球轴承，这样的话，轴承预紧力就会很小了，那么运行就非常轻快了。

（一）离合器模块

由于不同的发动机有不同的要求，因此离合器模块要做相应变化。

在 0DJ 变速器与 1.4L TFSI 发动机配合使用时，其离合器模块是配备有传统的双质量飞轮和无自调机构的离合器压盘的。

其他型号发动机则配备带有自调机构的离合器压盘和离心摆式双质量飞轮。

TAC 离合器压盘的棘轮机构如图 3-2-4 所示。

1.SAC 离合器压盘

SAC 是 "Self Adjusting Clutch" 的缩写，就是自调试离合器的意思。SAC 系统根据分离力的情况来工作。在 SAC 系统上，离合器压盘的磨损补偿可重新复位，因此离合器从动盘和

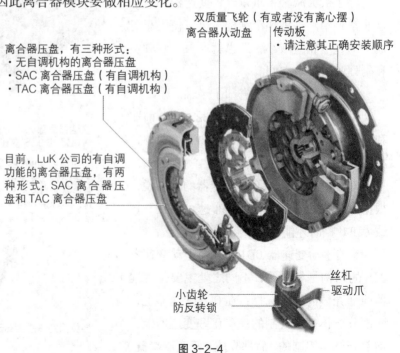

离合器压盘，有三种形式：
·无自调机构的离合器压盘
·SAC 离合器压盘（有自调机构）
·TAC 离合器压盘（有自调机构）

目前，LuK 公司的有自调功能的离合器压盘，有两种形式：SAC 离合器压盘和 TAC 离合器压盘

双质量飞轮（有或者没有离心摆）
离合器从动盘
传动板
·请注意其正确安装顺序

丝杠
驱动爪

小齿轮
防反转锁

图 3-2-4

离合器压盘就可以单独更换了。

2.TAC 离合器压盘

TAC 是 "Travel Adjusting Clutch" 的缩写，意思是行程调节离合器。TAC 系统会根据离合器磨损情况来按离合器行程进行调节。在 TAC 系统上，离合器压盘的磨损补偿不能重新复位，因此离合器从动盘和离合器压盘只能一同更换了。TAC 离合器用于扭矩比较大的发动机上，因为 TAC 系统对轴向震动不那么敏感。

3.功能

调节发生在离合器接合和脱开过程中。如果离合器压盘的摩擦面与双质量飞轮之间的距离因离合器磨损而相应减小了，那么离合器行程就会调节，这个行程变化会触动棘轮机构，棘轮机构与丝杠连接在一起，于是就转动了斜面环，于是就补偿了磨损。

（二）离合器操纵

新变速器系列配备了所谓的 CSC 离合器分离机构。CSC 是 "Concentric Slave Cylinder" 的缩写，意思是同心式离合器分泵。离合器分泵与分离轴承构成了一个功能单元，只能一起更换。

1.CSC 离合器分离机构的优点

（1）运动部件少，因此在整个寿命内可一直保持同样大小的操纵力。

（2）精确的轴向分离改善了离合器的接合和分离状况（舒适性提高了）。

（3）所需安装空间小。

2.未操纵离合器 / 离合器已接合

如图 3-2-5 所示。

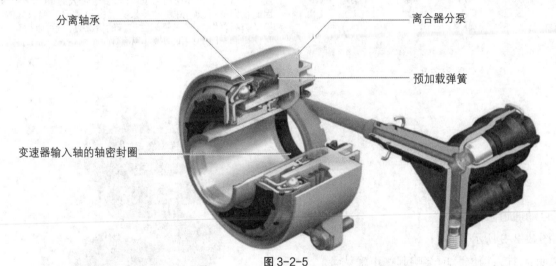

图 3-2-5

3.已操纵离合器 / 离合器已脱开

如图 3-2-6 所示。

（三）自动变速器换挡操纵机构

奥迪 A4（车型 8W）使用了最新一代的奥迪换挡操纵机构，是纯粹的线控换挡。也就是说，驻车锁也是全自动控制的，从这个意义上讲，我们也可称之为线控驻车（PBW）。从换挡操纵机构到变速器就没有换挡拉索了。该换挡操纵机构在奥迪 Q7

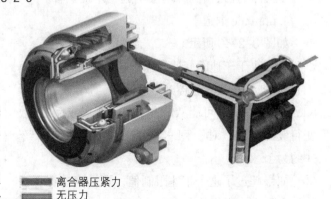

图 3-2-6

（车型 4M）和奥迪 R8（车型 4S）上就使用了，以后还会用在 C 级车上。

操作方式非常直观，与人们习惯了的自动变速器车上的操作逻辑基本一致。但是每次操纵后，选挡杆总是回到自动通道或者 tiptronic 通道的基本位置处。

驻车锁一般是通过自动驻车功能（Auto-P 功能）来自动接合或者脱开的，但是驾驶员可以通过 P 按键来手动使之接合。

1. 基本换挡图

如图 3-2-7 所示。

选挡杆可能的换挡位置。

自动模式时的基本位置 X 或 tiptronic 模式时的基本位置 T。

这些位置信息（A1、A2 等）会根据选挡杆位置显示在车辆诊断仪的测量值中。

2. 换挡图

如图 3-2-8 所示。

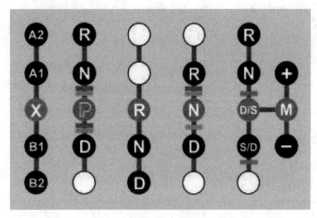

图 3-2-8

○ 不用换挡就可以选择的位置
● 可选挡位
● 选挡杆基本位置和当前挡位
■ 软件锁：通过操纵开锁按键 E681 来解除
■ 软件锁：通过操纵制动踏板来解除 [1]
■ 机械锁，由选挡杆电磁铁 N110 来操控，通过操纵开锁按键 E681 来解除自动通道

注：1）橙色的软件锁在挡位 N 时，要经过大约 1s 后才会被激活。因此我们就可以不踩制动器来实现由 D 到 R 或者反之的快速切换了。这样的话，在车辆陷住这样的情况时，就可以把车"晃出"，且使得调车时的挡位切换非常容易。

tiptronic 通道

自动通道

图 3-2-7

3. 自动通道

如图 3-2-9 所示。

说明：挂入挡位 R 时会响起一声确认音。

4. tiptronic 通道

如图 3-2-10 所示。

5. 取决于车速的变速器保护功能

对于 AL552 变速器来说，只有当车速不高于 8 km/h 时，车辆才可能从前进变换为倒车或反之（改变行驶方向）；对于 DL-382 变速器来说，这个车速约为 15 km/h。

如果超过了这个车速限制值，那么变速器保护功能会阻止改变行驶方向。

图 3-2-9

图 3-2-10

6. 部件一览

如图 3-2-11 所示。

7. 选挡杆开锁按键 E681，开锁按键

按键 E681 用于解除软件锁，并脱开选挡杆锁 N110。为了可靠和诊断的需要，该按键由两个开关元件构成。如果 E681 出故障了，那它就被默认为已经按动了（已开锁）。 标为红色和蓝色上的锁就都解除了，且随后会记录下一个故障，组合仪表上也会显示故障。要想脱离挡位 P 和 N，除了要按动这个开锁键，还要踩下制动踏板。

8. 驻车锁按键 E816，P 按键

P 按键用于手动激活驻车锁。只有当车速低于一定值（AL552 < 3 km/h， DL382 < 2 km/h ，自动驻车 Auto P< 1 km/h）时，才能激活驻车锁。

为了可靠和诊断的需要，该按键由 3 个开关元件构成。该按键

的切换位置通过两个接口传至选挡杆传感器控制单元 J587。如果 E816 损坏，那么组合仪表上会有提示信息，驻车锁就只能通过自动驻车 Auto P 功能来上锁了。

9. 信息交换

换挡操纵机构和变速器之间是通过网关来进行数据交换的。选挡杆传感器控制单元 J587 使用信息娱乐 CAN 总线来通信；变速器控制单元 J217 使用 FlexRay 总线来通信。

如果 J587 有故障而导致通过换挡操纵机构无法再操纵变速器了，可以这样来挂入挡位 P、R、N 和 D：在车辆静止且踩下制动踏板时，同时按下两个翘板开关。

10. 信息流

J587 判断出选挡杆位置以及两个按键式开关的信号，并把这些信息传送至变

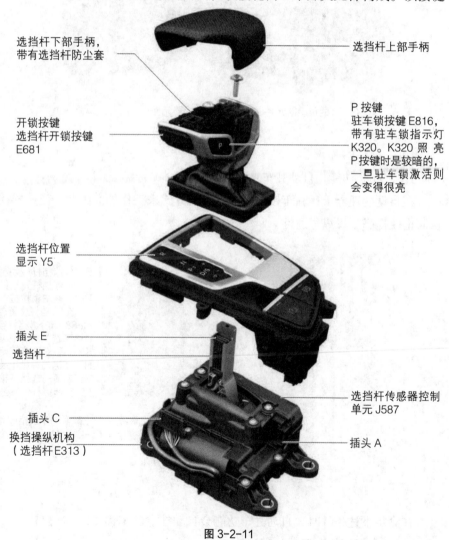

选挡杆下部手柄，带有选挡杆防尘套 — 选挡杆上部手柄

开锁按键
选挡杆开锁按键 E681 — P 按键
驻车锁按键 E816，带有驻车锁指示灯 K320。K320 照亮 P 按键时是较暗的，一旦驻车锁激活则会变得很亮

选挡杆位置显示 Y5

插头 E
选挡杆 — 选挡杆传感器控制单元 J587

插头 C
换挡操纵机构（选挡杆 E313） — 插头 A

图 3-2-11

速器控制单元。变速器控制单元根据驾驶员意愿来挂上相应挡位，并把所挂挡位信息传给 J587。J587 随后再操纵相应的选挡杆锁（N110/ V577）、选挡杆位置显示发光二极管 Y5 和驻车锁指示灯 K320。在选定了某一挡位时，这个信息流就会有一个短时延迟，直至相应的挡位符号亮起。

11.双离合器变速器上的特点

在配备有 DL382 系列双离合器变速器的奥迪 A4（车型 8W）上，J587 还多了两个用于操控的驻车锁保持电磁铁 N486，如图 3-2-12 所示。

说明：如果是 0D5 变速器（AL552）的话，那么驻车锁只有在发动机工作着时才能脱开（P-OFF），这是因为 0D5 变速器配备的是机械驱动式 ATF 泵，该泵只有在发动机工作时才能输送 ATF 油。

如果是 DL382 变速器的话，要想脱开驻车锁（P-OFF），就不需要发动机工作着了，因为这种变速器是采用电动 ATF 泵和蓄压器来输送 ATF 的，那么输送 ATF 就不需要依靠发动机工作了，在接通点火开关时就可以脱开驻车锁了。

12.功能图，换挡操纵机构

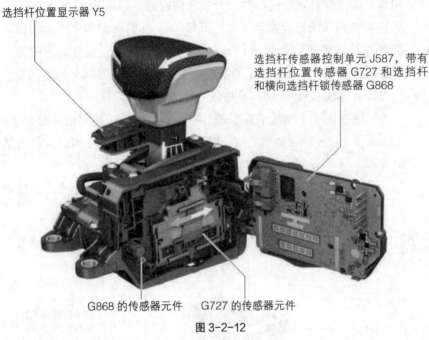

选挡杆位置显示器 Y5

选挡杆传感器控制单元 J587，带有选挡杆位置传感器 G727 和选挡杆和横向选挡杆锁传感器 G868

G868 的传感器元件　　G727 的传感器元件

图 3-2-12

如图 3-2-13 所示。

13. Auto P 功能（自动驻车功能）

在自动变速器上，驻车锁是以电动液压方式来工作的。因此，变速器控制单元就能自动操纵驻车锁，从而也就提高了操纵舒适性。

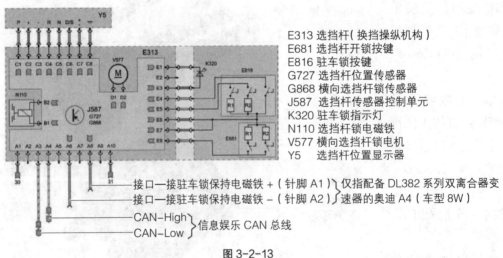

E313 选挡杆（换挡操纵机构）
E681 选挡杆开锁按键
E816 驻车锁按键
G727 选挡杆位置传感器
G868 横向选挡杆锁传感器
J587 选挡杆传感器控制单元
K320 驻车锁指示灯
N110 选挡杆锁电磁铁
V577 横向选挡杆锁电机
Y5 　选挡杆位置显示器

接口—接驻车锁保持电磁铁 +（针脚 A1）｝仅指配备 DL382 系列双离合器变
接口—接驻车锁保持电磁铁 -（针脚 A2）｝速器的奥迪 A4（车型 8W）

CAN-High｝信息娱乐 CAN 总线
CAN-Low

图 3-2-13

在满足下述条件时，自动驻车功能会自动挂上驻车锁（P-ON 位置）：

（1）车辆停住，车速 <1 km/h。

（2）挡位 E、D、S、R 或 M 处于工作状态。

（3）发动机已熄火，端子 15 处于切断状态。

在奥迪 A4（车型 8W）上，一旦车速低于 2 km/h（DL382）或 3 km/h（AL552），那么也可以由驾驶员按压 P 按键来挂入驻车锁。

如果发动机在工作着且在踩下制动踏板并按下开锁按键时选择了挡位 E、D、S、R、N 或 M，那么驻车锁会自动脱开（P-OFF 位置）。

（四）激活挡位 N（P-OFF 位置）

如果想短时让驻车锁不起作用去移动车辆（比如说在洗车间），那么可以阻止驻车锁自动挂入。

前提条件是：换挡操纵机构、P 按键和变速器功能正常。

1. 配备 AL552 变速器（tiptronic）的车

要想激活 P-OFF 位置，必须在发动机工作着时选择挡位 N，并随后关闭发动机。这样的话，在关闭了点火开关时，30min 内，驻车锁不会再挂了。

2. 配备 DL382 变速器（S tronic）的车

配备 DL382 变速器的话，发动机是否工作都不影响 P-OFF 位置的操作。要想激活 P-OFF 位置，必须在点火开关接通时选择挡位 N。这时驻车锁就脱开了（P-OFF），且在关闭了点火开关时，30min 内，驻车锁不会再挂入。

3. 所有变速器

在 29min 后，组合仪表上会出现这个提示：请启动发动机，以便保持在挡位 N，另外还会有警报音。如果您不按这个提示来操作，那么在 30min 后，驻车锁就会挂入了，系统也就关闭了。如果在这段时间内识别出了车速信号（> 1 km/h），那么这个时间段就会自动延长，延长时间取决于行驶时间，直至系统识别出车辆停驶过至少 5min 了。

在保持着 P-OFF 位置的过程中，控制单元在工作，总线在工作，保持电磁铁在工作，都需要消耗电流。因此，这个保持过程持续时间较长的话，蓄电池就会在持续放电，最后可能会导致驻车锁自动就挂上了。

如果需要长时间保持在 P-OFF 位置，应该操纵驻车锁的应急开锁装置。

三、7 挡双离合器变速器 0CK/0CLS tronic

这两款 7 挡双离合器变速器，都是在 0CK 变速器基础上改进而来的，0CK 变速器在 2014 年就已经用于奥迪 A6 ultra（车型 4G）上了。

用在奥迪 A4（车型 8W）上时，0CK 变速器的功能范围有所扩展，还采用了若干优化措施。

主要变化有：引入了一种四驱 quattro、线控换挡技术和采用线控驻车技术的电动液压操作驻车锁。

这种新 S tronic 变速器的另一个引人注目的地方是采用黑色塑料制成的 ATF 底壳。

（一）7 挡双离合器变速器 0CK，前驱

如图 3-2-14 所示。

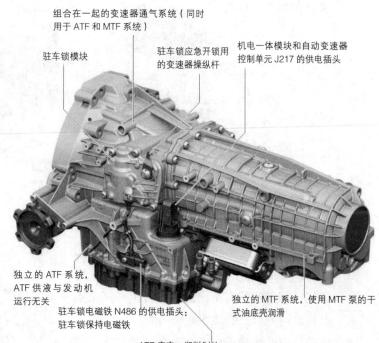

组合在一起的变速器通气系统（同时用于 ATF 和 MTF 系统）

驻车锁模块

驻车锁应急开锁用的变速器操纵杆

机电一体模块和自动变速器控制单元 J217 的供电插头

独立的 ATF 系统，ATF 供液与发动机运行无关

驻车锁电磁铁 N486 的供电插头：驻车锁保持电磁铁

独立的 MTF 系统，使用 MTF 泵的干式油底壳润滑

ATF 底壳，塑料制的
变速器必须要小心地降落到 ATF 底壳上，要保证大面积接触
为了保证不损坏 MTF 泵，必须防止变速器"向后倾斜"

图 3-2-14

（二）特点一览

如图 3-2-15 所示。

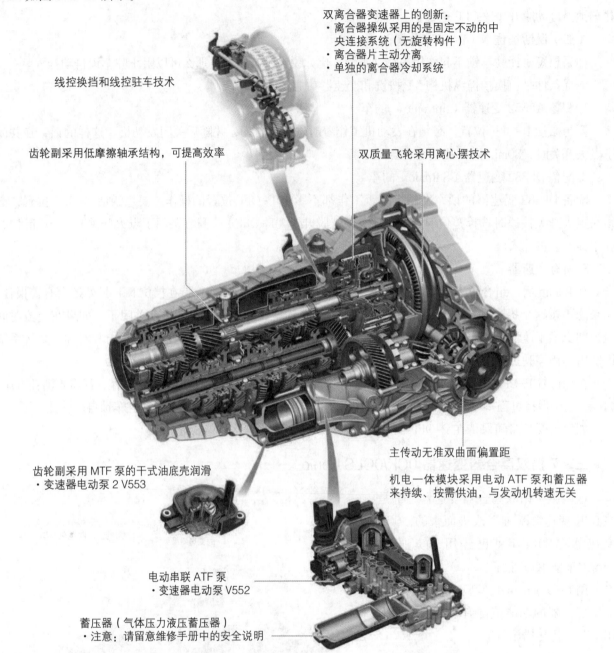

线控换挡和线控驻车技术

双离合器变速器上的创新：
- 离合器操纵采用的是固定不动的中央连接系统（无旋转构件）
- 离合器片主动分离
- 单独的离合器冷却系统

齿轮副采用低摩擦轴承结构，可提高效率

双质量飞轮采用离心摆技术

齿轮副采用 MTF 泵的干式油底壳润滑
- 变速器电动泵 2 V553

主传动无准双曲面偏置距

机电一体模块采用电动 ATF 泵和蓄压器来持续、按需供油，与发动机转速无关

电动串联 ATF 泵
- 变速器电动泵 V552

蓄压器（气体压力液压蓄压器）
- 注意：请留意维修手册中的安全说明

图 3-2-15

（三）7 挡双离合器变速器 0CL ， 全驱

Quattro 四驱用的变速器 0CL，除了四驱部件外，其余部分与前驱用变速器 0CK 是完全一样的，如图 3-2-16 和图 3-2-17 所示。

自锁式中间差速器有不同的形式（生产厂家不同），但是这两种形式的特性是相同的。

在配备有 0CK 变速器或者 0CL 变速器的车上，最高车速是在 6 挡时达到的。7 挡是用来降低发动机转速和燃油消耗的。

图 3-2-16

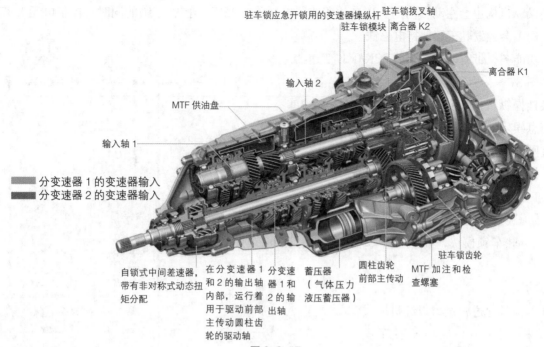

驻车锁应急开锁用的变速器操纵杆 驻车锁拨叉轴
驻车锁模块 离合器 K2
离合器 K1

输入轴 2

MTF 供油盘

输入轴 1

分变速器 1 的变速器输入
分变速器 2 的变速器输入

自锁式中间差速器，带有非对称式动态扭矩分配

在分变速器 1 和 2 的输出轴内部，运行着用于驱动前部主传动圆柱齿轮的驱动轴

分变速器 1 和 2 的输出轴

蓄压器（气体压力液压蓄压器）

圆柱齿轮前部主传动

驻车锁齿轮

MTF 加注和检查螺塞

图 3-2-17

四、线控驻车（PBW）驻车锁

（一）7 挡双离合器变速器 0CK/0CL 上的驻车锁

0CK 变速器和 0CL 变速器都属于 DL382 系列。DL382 系列变速器有手动拉索操纵式驻车锁（奥迪 A6 ultra，车型 4G）和现在奥迪 A4（车型 8W）上使用的新式电动液压操纵驻车锁（线控驻车）。驻车锁机械部分的基本工作原理仍与原来一样，但是增加了必要的电动液压元件，如图 3-2-18 所示。

机电一体模块是按照 DL382 线控换挡和线控驻车结构来开发的，因此机电一体模块与手动机械系统之间并无本质不同。

装备有 DL382 系列双离合器变速器的奥迪 A4（车型 8W）车，其主要特点是：驻车锁的操控不是仅通过机电一体模块，而

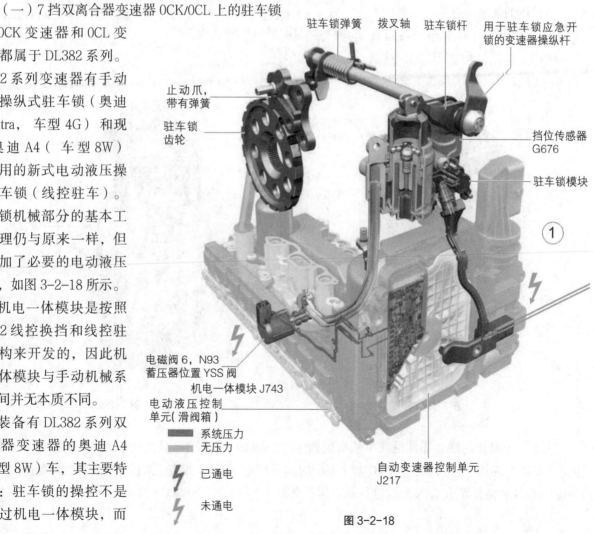

驻车锁弹簧 拨叉轴 驻车锁杆 用于驻车锁应急开锁的变速器操纵杆

止动爪，带有弹簧

驻车锁齿轮

挡位传感器 G676

驻车锁模块

①

电磁阀 6，N93
蓄压器位置 YSS 阀
机电一体模块 J743
电动液压控制单元（滑阀箱）

系统压力
无压力

已通电

未通电

自动变速器控制单元 J217

图 3-2-18

是换挡操纵机构也会主动参与的。在自动变速器控制单元 J217 操控驻车锁的同时，控制单元 J587（换挡操纵机构）会触发驻车锁保持电磁铁。

1.功能图，带有线控驻车的 0CK/0CL 变速器

如图 3-2-19 所示。

换挡操纵机构和变速器之间，是使用信息娱乐 CAN 总线和 FlexRay 总线通过网关来实现信息交换的。

2.换挡操纵机构

（1）选挡杆传感器控制单元 J587，如图 3-2-20 所示。

（2）驻车锁模块，如图 3-2-21 所示。

3.功能

驻车锁是通过弹簧力以纯机械式的方式来挂上的（P-ON）。驻车锁脱开（P-OFF）是由驻车锁模块通过机电一体模块的液压压力来实现的。驻车锁模块的活塞内有一个专用的上锁机构，用于另行对驻车锁各位置（P-ON 或 P-OFF）进行锁定，这就提高了线控驻车系统的操作安全性。

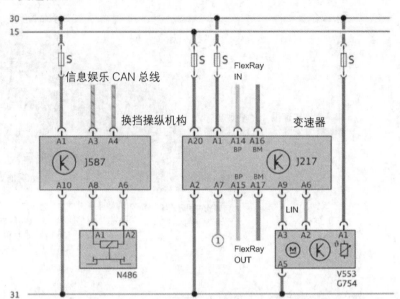

G754 变速器机油温度传感器 2，MTF温度传感器　J217自动变速器控制单元，变速器控制单元　J587 选挡杆传感器控制单元　N486 驻车锁电磁铁，驻车锁保持电磁铁　V553 变速器电动泵 2，MTF泵　BP FlexRay总线，正BM FlexRay总线，负启动机控制信号（P/N信号）

图 3-2-19

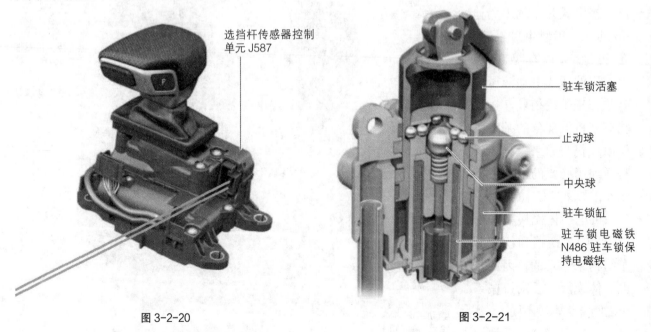

图 3-2-20　　　　　　　　　　　　　　　　图 3-2-21

这个上锁机构的核心部件是驻车锁电磁铁 N486。N486 由换挡操纵机构（J587）来按照变速器控制单元（J217）的指令进行操控。J587 将 N486 的实际状态反馈给 J217。J217 和 J587 之间通过网关使用 FlexRay 总线和信息娱乐 CAN 总线进行双向信息交换。

下面将展示驻车锁或者驻车锁模块的各种功能状态。

①②A ②B ③ ④A ④B ④C ④D ④E

①驻车锁已挂上了（P-ON）。

初始状态。

车已停（总线休眠），驻车锁已挂上了（P-ON）。

整个液压系统无压力且也未通电。当N93处于未通电状态时，驻车锁缸通向油底壳的开口是打开着的。驻车锁弹簧将止动爪压入驻车锁齿轮的齿槽内，这就把驻车锁保持在ON位置了（也就是驻车锁挂上了）。驻车锁保持电磁铁未激活。止动球也没有起锁定作用，因为中央球并没有把力施加到止动球上。

②驻车锁已脱开（P-OFF），如图3-2-22所示。

③让驻车锁保持在脱开状态，通过激活挡位N，如图3-2-23所示。

说明：在挡位N时，只有当点火开关关闭时，驻车锁模块才是无压力的（车间/洗车装置用的特殊功能）。

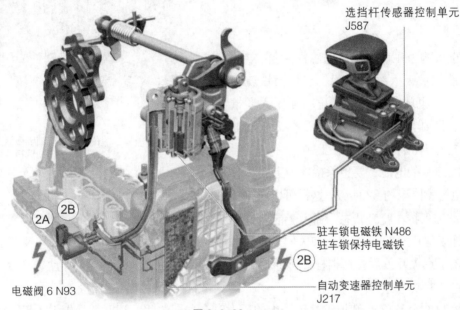

图 3-2-22

在挡位N且点火开关接通时，驻车锁模块上作用有系统压力。

②A 脱开驻车锁（P-ON → P-OFF），如图3-2-24所示。

要想脱开驻车锁，首先要切断驻车锁保持电磁铁（N486）。随后变速器控制单元J217会给电磁阀6 N93通上电，于是该阀将系统压力引至驻车锁缸。活塞作用力就大于驻车锁弹簧力了，那么驻车锁就脱开了。如果挡位传感器G676识别出位置P-OFF了，那么驻车锁保持电磁铁就被激活。

②B 把驻车锁保持在脱开状态（P-OFF），如图3-2-25所示。

在位置P-OFF时，机油压力就持续作用在驻车锁活塞上，例外情况见③。为了防止出现不必要的压力降，驻车锁活塞

系统压力
无压力

已通电

未通电

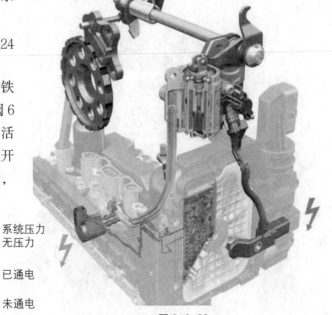

图 3-2-23

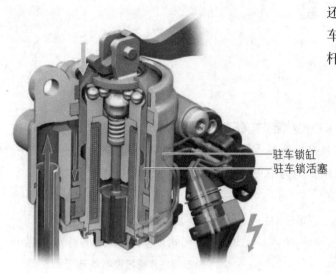

图 3-2-24

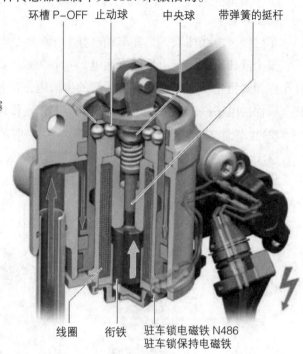

还另有一套锁止机构负责锁止。这个锁止机构由驻车锁保持电磁铁 N486 来操控，而 N486 是由选挡杆传感器控制单元 J587 来激活的。

环槽 P-OFF　止动球　中央球　带弹簧的挺杆

线圈　衔铁　驻车锁电磁铁 N486
驻车锁保持电磁铁

图 3-2-25

功能锁止机构 / 驻车锁保持电磁铁：给 N486 通上电，衔铁就被吸入线圈内了。于是衔铁就顶着挺杆向上压中央球，这样就把止动球压入环槽 P-OFF 内了，只要 N486 一直通着电，那么止动球就被保持在这个环槽内了。要想上锁，首先需给 N486 通上约 1.2 A 的电流；要想保持这个上锁状态的话，这个电流就降至约 620 mA。这样可以防止线圈过热，并减少电流消耗。

③ 把驻车锁保持在脱开状态，通过激活挡位 N，如图 3-2-26 所示。

可以这样来保持 P-OFF 位置：在关闭点火开关前或者在关闭发动机前选择挡位 N（避开了 Auto-P 功能）。在关闭了点火开关后，选挡杆传感器控制单元 J587 仍处于激活状态（续动），会继续给驻车锁保持电磁铁 N486 供电。

变速器控制单元 J217 在卸掉了蓄压器内的压力时会立即关闭。这时，位置 P-OFF 就单独由 N486 或者由锁止机构来保持了，就是把驻车锁活塞锁定在 P-OFF 位置。

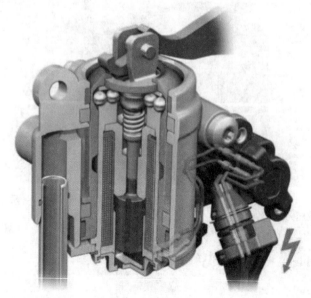

图 3-2-26

这个 P-OFF 位置有时间限制。

④ 挂入驻车锁（P-OFF → P-ON）。

初始状态在车辆停住时关闭发动机，并通过 Auto-P 功能挂入驻车锁。"挂入驻车锁"这个过程包括④A ~ ④E这几个步骤。

④A 如图 3-2-27 所示。

要想挂入驻车锁，必须先切断驻车锁保持电磁铁，这样的话，操纵杆才可能运动。

④B 如图 3-2-28 所示。

④B 电磁阀 6 N93 被切断，随后该阀就打开了驻车锁缸通向油底壳的开口，驻车锁缸内的压力就卸掉了，于是驻车锁就被驻车锁弹簧挂入了（P-ON）。

④C④D 如图 3-2-29 所示。

④C 如果挡位传感器 G676 识别出位置 P-ON，

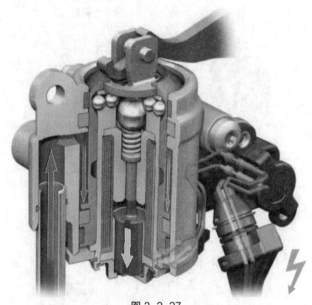

图 3-2-27

那么选挡杆传感器控制单元 J587 就会给驻车锁电磁阀 N486 通上电。于是就锁定在 P-ON 位置了，驻车锁也就不会因故障而脱开了。

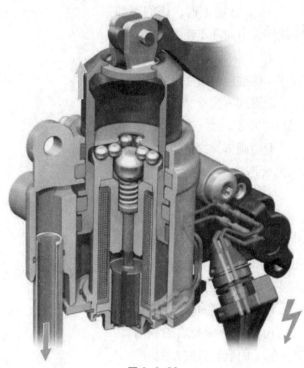

图 3-2-28

④D 这时，蓄压器内的压力因换挡执行器交替激活而主动卸掉了。如果卸压了，那么只要没有其他的或者内部操作阻碍的话，变速器控制单元 J217 就会关闭了。控制单元 J587 仍继续工作，为驻车锁保持电磁铁 N486 供电。

④E 如图 3-2-30 所示。

N486 由 J587 一直供电，直至网关让总线休眠

图 3-2-29

为止，随后 J587 就关闭了。驻车锁这时就处于初始状态了。

4. 驻车锁已挂入（P-ON）

电磁阀 6 N93 如图 3-2-31 所示。

电磁阀 6 N93 工作时有两个邻近的切换位置。

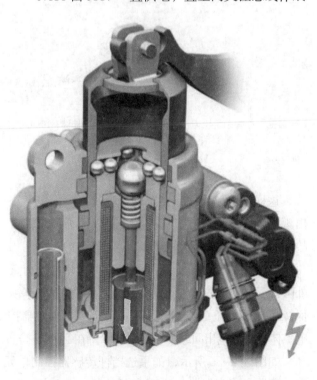

图 3-2-30

（1）已通电时，该阀就将系统压力引向驻车锁缸。

（2）未通电时，该阀就打开驻车锁缸通向油底壳的开口。

电磁阀 6 N93 未通电，如图 3-2-32 所示。

电磁阀 6 N93 已通电，如图 3-2-33 所示。

（二）驻车锁的工作安全性

系统是这样设计的：通过两种方式来让 P-OFF 位置保持在免出故障的系统状态。第一种方式是通过系统压力的液压方式；第二种方式是通过锁止机构（该机构由驻车锁保持电磁铁 N486 来操纵）的电动机械方式。

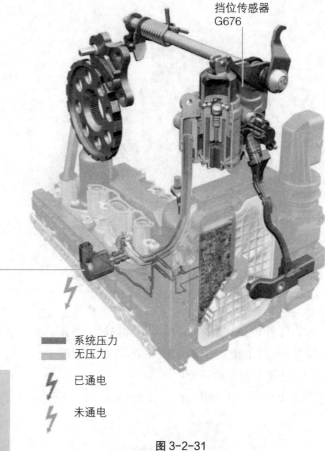

挡位传感器 G676

电磁阀 6 N93 蓄压器位置 VSS

■ 系统压力
▨ 无压力

⚡ 已通电

⚡ 未通电

图 3-2-31

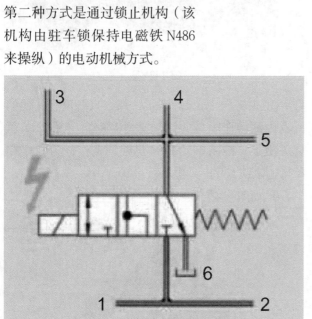

1.来自蓄压器的系统压力 2.通向换挡执行器控制机构 3.通向驻车锁缸 4.通向离合器控制机构 5.通向离合器控制机构 6.通向油底壳

图 3-2-32

这样就可以保证，在车辆行驶过程中如果系统出现故障了，那么驻车锁并不会仅仅因为一个简单故障就挂上了（就是不会因此就上锁了）。

如图 3-2-34 所示，如果机电一体模块的压力意外降低了，那么驻车锁保持电磁铁 N486 会将驻车锁保持在 P-OFF 位置。由于 N486 是由选挡杆传感器控制单元 J587（换挡操纵机构）来激活的，因此，即使机电一体模块供电出问题了，也仍能保持在 P-OFF 位置。

如图 3-2-35 所示，如果选挡杆传感器控制单元 J587 对 N486 的供电出了问题，那么机电一体模块以电动液压方式来保持 P-OFF 位置。

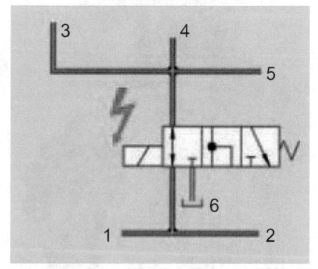

1.来自蓄压器的系统压力 2.通向换挡执行器控制机构 3.通向驻车锁缸 4.通向离合器控制机构 5.通向离合器控制机构 6.通向油底壳

图 3-2-33

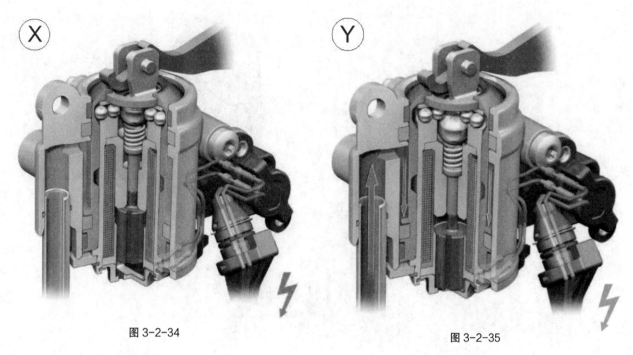

图 3-2-34　　　　　　　　　　　　　　　　　图 3-2-35

（三）驻车锁机械构造

如图 3-2-36 所示。

驻车锁的机械部分直接取自前代变速器，采用了很多自动变速器用的工作原理。

位置 P-OFF

驻车锁弹簧

锥形滑阀，带有弹簧

支座，固定不动的

止动爪，带有弹簧

如果驻车锁齿轮处于图示位置，
那么止动爪就可顺利卡入齿内

驻车锁齿轮

图 3-2-36

（四）挡位传感器 G676

驻车锁的位置由变速器控制单元 J217 通过挡位传感器 G676 来监控。

采用线控换挡的 DL382 上的传感器 G676，其结构与采用选挡杆拉索（拉索式换挡）的 DL382 上的传感器是一样的。在采用线控换挡的 DL382 上，传感器信号仅用于判定驻车锁的位置。该传感器的名称取自第一代变速器，如图 3-2-37 所示。

如果驻车锁齿轮处于"齿靠齿"状态，那么锥形滑阀就处于预张紧状态，只有当车辆稍微移动后才能把止动爪卡入齿内。出于安全考虑，驻车锁齿轮和止动爪的几何形状是这样设计的：当车速超过约 3 km/h 时，止动爪就无法再卡入了。

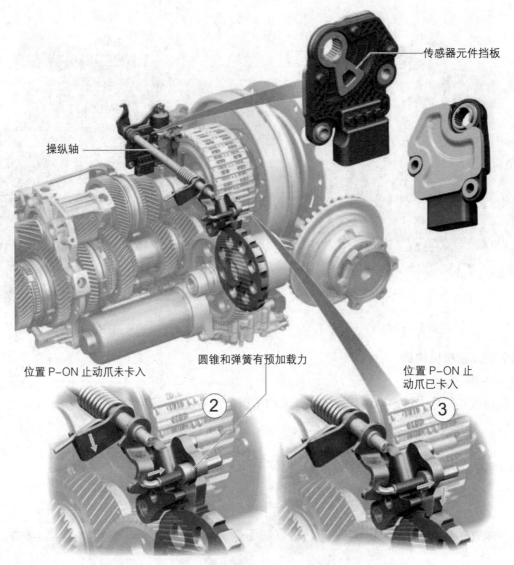

传感器元件挡板

操纵轴

位置 P–ON 止动爪未卡入

圆锥和弹簧有预加载力

位置 P–ON 止动爪已卡入

②

③

图 3-2-37

驻车锁齿轮会锁住前部主传动的主动锥齿轮轴。如果在单侧抬起车辆前部，那么对面的齿轮上的锁止也就不起作用了，这是由前桥差速器的补偿特性造成的。

（五）驻车锁的应急开锁

在正常工作时，驻车锁是通过电动液压方式来操控的。要想以电动液压方式脱开驻车锁，发动机就必须工作着且线控驻车系统的 ATF 供给和供电都正常，如图 3-2-38 所示。

要想把驻车锁保持在脱开位置（OFF 位置）上，也是需要有足够的 ATF 压力或者驻车锁保持电磁铁要有足够的供电。

应急开锁机构用于在出故障时，脱开驻车锁或者将驻车锁保持在 P-OFF 位置足够长时间（如果需要保持这么长时间的话）。

在下述情形时，需要使用驻车锁应急开锁机构：

（1）必须把车辆拖走。

（2）因故障，无法通过电动液压方式来脱开驻车锁。

（3）车上供电不足时还想调车 / 移动车辆。

（4）发动机不工作但还想调车 / 移动车辆（比如在维修车间时）。

（5）在安装完应急开锁机构部件后想检查功能。

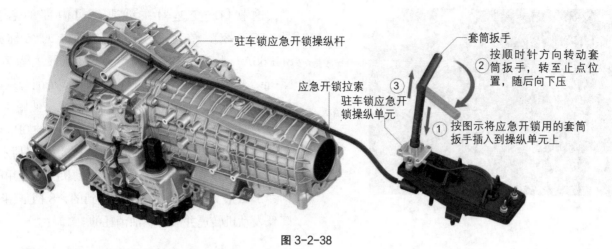

图 3-2-38

③关闭应急开锁机构（P-ON位置）

如图 3-2-39 所示，如果操纵了驻车锁应急开锁机构，那么组合仪表上就会亮起黄色的变速器指示灯，挡位显示器会显示挡位 N。另外，组合仪表上还会出现这个提示内容：有溜车危险！请拉紧驻车制动器。

双手抓住套筒扳手，小心地向上拉出。这时请用一只手引导套筒扳手，以免套筒扳手损坏周围部件。如果费劲，请顺时针轻微转动，就容易拉出扳手了。

图 3-2-39

如果配备的是 0D5 变速器（AL552），那么驻车锁只能在发动机工作着时脱开（P-OFF），这是因为 0D5 变速器使用的是机械驱动式 ATF 泵，该泵只有在发动机工作时才会输送润滑油。

如果配备的是 DL-382 变速器，那么要想脱开驻车锁（P-OFF）就不需要发动机工作了，因为这种变速器使用的是电动 ATF 泵和蓄压器来输送润滑油的。ATF 的输送就与发动机是否工作无关了，只要接通点火开关，就可以脱开驻车锁。

说明：绝对不可向回转动（就是逆时针转动）套筒扳手，那样会损坏操纵单元的。

1.降低固体传声

应急开锁拉索如图 3-2-40 所示，相对于操纵杆的定位方式很有特点。应急开锁拉索的端部有一个刚性杆和一个蘑菇状盘，该盘无接触地围绕着操纵杆。因此，变速器的固体传声就不会传到拉索上，也就基本不会传到车内了。只有当操纵了应急开锁机构时，这个蘑菇状盘才会与操纵杆接触。

2.应急开锁机构的安装位置

在奥迪 A4（车型 8W）上，驻车锁应急开锁机构是通过驾驶室内的一根拉索来操作的。应急开锁机构位于中控台上的饮料罐托架下。

3.驻车锁应急开锁（P-OFF位置）

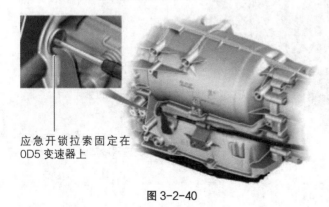

应急开锁拉索固定在
0D5 变速器上

图 3-2-40

注意，在操纵驻车锁应急开锁机构时，必须要防止车辆溜车。

所要使用的套筒扳手和螺丝刀，在随车工具中。取下橡胶垫后，用螺丝刀撬下盖板，如图 3-2-41 所示。

五、8 挡自动变速器 0D5

8 挡自动变速器 0D5 是在 8 挡自动变速器 0BK 的基础上开发而来的，最早是用在了奥迪 A8（车型 4H）上。

橡胶垫

盖板

图 3-2-41

这款 0D5 变速器在奥迪公司内部的名称是 AL552-8Q，在生产商 ZF 公司内的名称是 8HP65A。此变速器的设计输入扭矩最大为 700 N·m；用在奥迪 A4（车型 8W）时，是配合发动机扭矩在 400N·m 以上的大功率发动机来使用。

下面列出了与奥迪 Q7（车型 4M）上的 0D5 变速器的主要不同之处，如图 3-2-42~图 3-2-44 所示。

如果 05D 变速器与 3.0L TDI 发动机配合使用的话，那么最高车速是在 7 挡时达到的，8 挡是用于降低发动机转速并减少燃油消耗的。

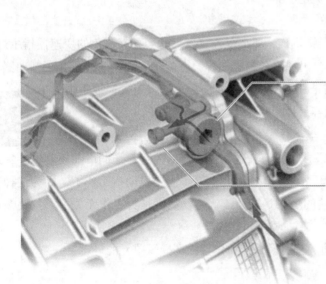

ATF 系统机油腔的通气装置和前部主传动的机油腔的通气装置合在一个集流室内了。两个机油系统之间的压力平衡，是通过从变扭器钟形壳体到集流室的一个孔来实现的

变速器钟形壳体上没有通气管

图 3-2-42

无快速接头的单件式应急开锁拉索

在 3.0LV6TDI 发动机上，通向 ATF 冷却器的 ATF 管是塑料制的冷却液循环管路没有变速器冷却阀 N509

图 3-2-43

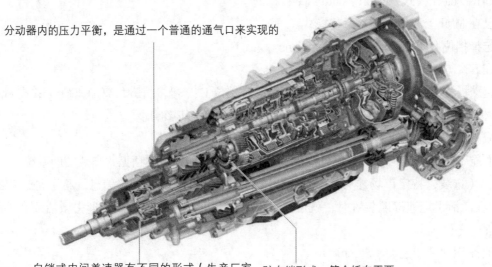

分动器内的压力平衡，是通过一个普通的通气口来实现的

自锁式中间差速器有不同的形式（生产厂家不同），但是这两种形式的特性是相同的

驻车锁形式，符合轿车需要

图 3-2-44

在运输或者对已拆下的变速器进行检修时，前部主传动内的机油和 ATF 有可能（比如变速器倾斜角度很大的话）通过共用的变速器通气装置而混在一起。

线控换挡和线控驻车，如图 3-2-45 所示。

0D5 变速器上的线控驻车技术，与奥迪 A8（车型 4H）上的 0BK/0BL 变速器基本一致。

换挡操纵机构和变速器之间，是使用信息娱乐 CAN 总线和 FlexRay 总线通过网关来实现信息交换的。

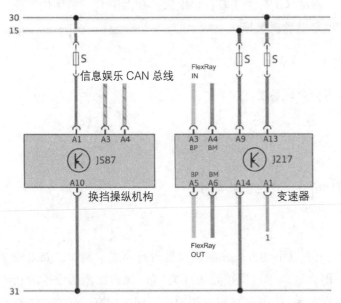

J217.自动变速器控制单元，变速器控制单元 J587.选挡杆传感器控制单元，换挡操纵机构 BP FlexRay.总线，正 BM FlexRay.总线，负 1.启动机控制信号（P/N信号）

图 3-2-45

六、变速器功能和特性

（一）变速器功能

1.惯性滑行模式[1]

如果满足惯性滑行模式的前提条件，那么变速器就会激活该模式。在惯性滑行模式时，发动机和变速器之间的动力传递就被断开了（传递力的离合器脱开了）。但是车辆并不是像我们常见那样进入减速超速状态（就是发动机反拖），而是利用现有的动能在滑行且无发动机制动作用。如果采取有预见性的这种行车方式的话，可以节省燃油。

如果装备的是 S tronic（0CK/0CL）的话，那么是通过脱开当前传递动力的离合器（K1 或 K2）来实现惯性滑行的。在惯性滑行模式时，变速器会根据车速的降低来选择合适的挡位。这样的话，在恢复动力传递时，离合器接合就会让人觉得很舒服并挂入正确挡位。

如果装备的是 tiptronic 变速器（0D5），那么是通过脱开离合器 D 来实现惯性滑行的。

2.激活惯性滑行模式

必须满足下述前提条件，才会激活惯性滑行模式：

（1）奥迪 drive select 模式 comfort、auto 或 efficiency。

（2）必须已在 MMI 上激活了惯性滑行模式。

（3）必须选择挡位 D，tiptronic[2] M 或 efficiency 模式 E。

（4）车速在 55~160 km/h 之间[3]。

（5）负加速踏板坡度最大为 0% 加速踏板角度值［在挡位 D：慢慢将脚移离加速踏板；在 efficiency 模式时，加速踏板坡度（就是脚移离加速踏板的速度的快慢）无任何影响］[4]。

（6）上坡或下坡的坡度只能非常小。

（7）定速巡航不能在激活状态[5]。例外情况：如果 ACC 带有 PEA（预见式高效辅助系统）。

（8）由 PEA（选装，特定市场才有）来激活，PEA 使用导航系统的道路信息。与也是选装的 ACC 配合使用，PEA 在激活了定速巡航装置时，就可以有前瞻性且高效地来按行驶情形去激活或者关闭惯性滑行模式了。

（9）仅指配备 DL382 变速器（S tronic）。

在减速超速状态（就是发动机反拖）和当前可用的最高挡位（比如说在 3 挡时以相应低速行车）时，使用翘板开关 Tip+ 在车速较低时也可激活惯性滑行模式（即使通过加速踏板，也不能再激活惯性滑行模式了）。

注：1）由于各市场的特殊性，惯性滑行模式并非在所有市场上都有。

2）在 tiptronic 模式时，在可用的最高挡，可以通过翘板开关 Tip+ 来激活惯性滑行模式。

3）车速调节范围根据发动机—变速器组合情况有所不同。在特定条件下，即使车速较低，也可以使用翘板开关 Tip+ 来激活惯性滑行模式。

4）仅指挡位 D：负加速踏板坡度稍大些的话，最大为 0% 加速踏板角度值（在挡位 D：稍微快些将脚离加速踏板），那么车辆就进入减速超速状态（就是发动机反拖）。

5）定速巡航装置可以接通，但不可激活。

3.关闭惯性滑行模式

如果操纵了下述的操纵元件的任一个，惯性滑行模式就被关闭了：

（1）加速踏板。

（2）制动踏板。

（3）翘板开关 Tip-。

如果左侧所列的某一条件不再满足了，那么惯性滑行模式也会被关闭。

ACC 与 PEA 配合使用也可以关闭惯性滑行模式。

4.惯性滑行模式的操纵说明

如果满足规定的条件，那么可以通过翘板开关 Tip+ 以手动方式来激活惯性滑行模式。例如，如果先前通过短促踩下制动踏板而关闭了惯性滑行模式，那么可以通过操控翘板开关 Tip+ 来再次激活惯性滑行模式。在满足上述条件时，可以通过操纵翘板开关 Tip- 和 Tip+ 来在减速超速（发动机反拖）和惯性滑行（发动机不反拖）之间随意切换。

5.在 D/S 时的点动换挡

使用方向盘上的翘板开关（方向盘 tiptronic），可以在挡位 D/S 随时手动换挡。通过操控方向盘 tiptronic，变速器在一定时间内可以切换到手动模式（tiptronic 模式）。

如果车辆正常而持续地行驶了约 8s，那么变速器就又切换回挡位 D 或 S。

在下述情况下，这个 8s 的倒计时就被中止了：

（1）运动式行车。

（2）转弯行驶。

（3）减速超速（发动机反拖）。

（4）用方向盘 tiptronic 继续切换其他挡位。

通过下述几种方法，可以提前返回到自动换挡模式：

（1）将选挡杆向回拉一个挡位（位置 B1）；

（2）将选挡杆换入 tiptronic- 通道并再次换入自动通道。

（3）长时间操纵翘板开关 Tip+（长拉＋）。

如果是 0D5 变速器，那么可以用车辆诊断仪的适配功能来激活或者关闭 D 或 S 挡的点动换挡功能。

6. 方向盘 tiptronic 功能的特点

（1）长时间操纵翘板开关 Tip-，就会切换到可能的最低挡（长拉－）。

（2）长时间操纵翘板开关 Tip+，变速器就会从暂时的 tiptronic 模式切换回自动模式。

（3）如果换挡操纵机构有系统故障，那么在车辆静止并已踩下制动踏板的同时，操纵两个翘板开关，可以选择 P、R、N 和 D。

（4）通过翘板开关 Tip+ 可以在规定条件下激活惯性滑行模式；通过翘板开关 Tip- 可以随时中止惯性滑行模式。在车速很低时也能激活惯性滑行模式，通过翘板开关 Tip- 可以随时中止惯性滑行模式。

7. 起步控制程序（Launch-Control-Programm）

在配备有 S tronic（0CK/0CL）的奥迪 A4（车型 8W）上，有起步控制程序（Launch Control Programm）可供使用。使用该程序，可以让车辆在从静止起步时获得最大加速度。

8. 高效辅助，并非所有市场都配备此功能

高效辅助系统可以帮助驾驶员有预见性地来行车，从而能节约燃油，如图 3-2-46 所示。

在 MMI 上，车辆＞驾驶员辅助系统＞高效辅助系统中，有"智能惯性滑行"（仅指自动变速器）和"预见性提示"（仅指带有导航系统的车）。

在装备有自动变速器的车上，必须选择 Intelligenter Freilauf 这个选项，才会激活惯性滑行模式。如果另外还选择了 Prädiktive Hinweise 这个选项，那么 PEA（预见式高效辅助系统）就激活了，该系统除了驾驶员提示外，还会影响惯性滑行模式的激活和关闭。

（二）奥迪 drive select

借助奥迪 drive select，可以选择不同的车辆行驶特性。

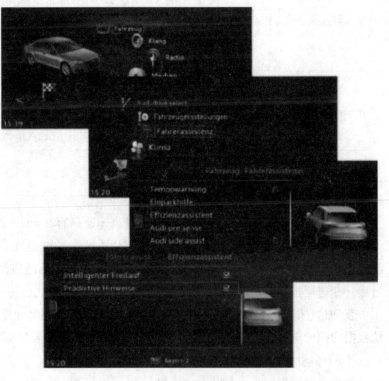

图 3-2-46

变速器控制单元对不同的奥迪 drive select 模式是如何反应的？

变速器的工作特性是按照市场要求为用户设定的，因此，我们在这里只展示不同模式之间的典型不同之处，如表 3-2-1 所示。

表 3-2-1

模式	变速器工作特性
efficiency（高效）	在 efficiency 模式时，变速器的工作特性是按照一个固定的换挡程序来执行的，不去识别驾驶员的驾驶风格。这时会提早换高挡、延迟换低挡，以达到节省燃油和减少 CO_2 排放的目的。另外，发动机输出功率也降低了，这使得变速器控制单元就可以降低离合器压紧力，这也有助于节省燃油和减少 CO_2 排放。在 efficiency 模式时，惯性滑行模式的激活与加速踏板坡度无关。在 efficiency 模式时，tiptronic 功能和挡位 S 都是可用的。如果在关闭发动机前激活了挡位 S，那么在随后启动发动机时，efficiency 模式（E）会自动激活[1]。挡位显示器上显示时都会带有 E（E1～7 或 8）
comfort（舒适）	在该模式时，变速器工作特性强调舒适、换挡柔和、发动机转速低。与 auto 模式一样，挡位选择会考虑驾驶员的驾驶风格
auto（自动）	在挡位 D 和 S 时的驾驶员驾驶风格识别：在挡位 D 和 S 时，会识别驾驶员的驾驶风格。判定驾驶风格是根据这些参数来进行的，制动踏板和加速踏板的操纵情况、车速以及一定时间内的横向和纵向加速度。因此，驾驶员的驾驶风格要是经济节约式的话，那么就会提前换高挡而延迟换低挡；驾驶员的驾驶风格要是运动式的话，那么就会延迟换高挡而提前换低挡。驾驶员具体采用高效、经济、运动或者手动方式驾车的情况，可以使用车辆诊断仪来读取
	挡位 D：换挡以舒适为主，会考虑到驾驶员的驾驶风格，换挡时刻选择与驾驶风格相应
	挡位 S[1]：在运动模式（运动程序）时，换挡时刻就具有运动特性，且适应发动机功率情况。换挡时刻的确定会考虑到驾驶员的驾驶风格。换挡持续时间和换挡时刻各有不同，从以标准运动程序的行驶，到针对操纵性设置的短促而明显的换挡过程
dynamic（动态）	如果选定了这个动态模式，那么变速器控制单元就会激活运动程序（挡位 S）。在动态模式时，tiptronic 功能和挡位 D 都是可用的。如果在关闭发动机前激活了挡位 D，那么在随后启动发动机时，挡位 D 会再次激活[1]。如果驾驶员想使用挡位 S，那么他必须选择该挡位
individual（个性化）	在个性化模式时，驾驶员可以任意选择变速器的工作特性，而与车辆其他系统无关

注：1）根据排放要求，在重新启动车辆时，总是选择挡位 D 或者 E 的。

说明：在某些发动机—变速器组合中，最高车速只有在 auto（自动）和 dynamic（动态）模式时才能达到。

如果导航系统有相应的数据可供使用的话（这个功能是选装的，某些市场上才会有），自动变速器就会使用道路数据来选择挡位。变速器控制单元会处理前面的道路信息，比如弯道的曲率或者弯道的长度。当然，变速器控制单元还要判断车辆是在高楼林立的区域之内还是之外行驶着。

获知这些信息，可以减少换挡频次，使得变速器控制单元更容易选择或者预选正确的挡位。基于导航数据的挡位选择，可以通过车辆诊断仪在专门的适配功能中激活或者关闭。

（1）牵引配备自动变速器的车辆。

如果必须牵引配备了自动变速器的车辆，应注意奥迪车上对自动变速器常见的限制内容：

①激活驻车锁的应急开锁装置；

②牵引车速不得超过 50 km/h；

③牵引距离不得超过 50 km。

如果需要抬起前桥来牵引车辆，请留意使用说明书上的规定。

（2）原因。

在发动机不工作时，机油泵是不工作的，那么变速器内的某些部件就无法充分润滑了。

对于双离合器变速器来说，在牵引车速超过 50 km/h 时，可能导致转速过高（具体取决于挂入的是哪个挡位了）。如果不注意牵引条件，就可能严重损坏变速器。

（3）变速器指示灯和驾驶员提示信息。

变速器可以按优先等级给出很多提示信息和故障提示，这些内容可显示在组合仪表上，如图 3-2-47~图 3-2-49 所示。

图 3-2-47　　　　　　图 3-2-48　　　　　　图 3-2-49

第三节　奥迪 A6（4A）传动系统

奥迪 A6（车型 4A）的传动系统与奥迪 A7（车型 4K）几乎是一样的，与 B9 系列车型［比如奥迪 A4（车型 8W）］、奥迪 Q5（车型 FY）以及奥迪 Q7/SQ7（车型 4M）有很多共同点。

奥迪 A6/A6 Avant（车型 4A）只提供自动变速车型。前轮驱动车最大发动机扭矩可达 400 N·m。根据发动机型号以及用户需求，可配备下面的全轮驱动形式：

（1）quattro，配备有 ultra 技术。

（2）quattro，配备有自锁式中间差速器。

（3）quattro，配备有运动型差速器。

1. 采用 ultra 技术的 quattro 四驱

全轮驱动。采用 ultra 技术的 quattro 四驱可与最大扭矩为 500 N·m 的发动机配合使用。

对于最大扭矩不高于 400 N·m 的发动机，可以采用下述的变速器—发动机组合：带有全轮驱动离合器 0CJ 的 7 挡双离合器变速器 0CJ 和后部主传动 0B0。

对于最大扭矩不高于 500 N·m 的发动机，可以采用下述的变速器—发动机组合：带有全轮驱动离合器 0CX 的 7 挡双离合器变速器 0HL 和后部主传动 09R。

这种组合最早是用在了奥迪 A7（车型 4K）上。

2. 一览，自动变速器

根据发动机型号，可能装备如表 3-3-1 所示变速器。

3. 一览，后部主传动

根据 quattro 结构形式和用户要求，可装备如表 3-3-2 所示后部主传动。

如图 3-3-1 所示的是 V6 3.0L TFSI 发动机配备 S tronic 以及采用 ultra 技术的 quattro 四驱全轮驱动系统的情况。

表 3-3-1

PR 号[1]	生产厂家用名称	售后服务用名称	营销用名称	驱动形式
G1C	DL382-7F	7 挡双离合器变速器 0CK[2]	S tronic	前驱
G1D	DL382-7A	7 挡双离合器变速器 0CJ[2]	S tronic	采用 ultra 技术的 quattro 四驱
G1D	DL382+-7A	7 挡双离合器变速器 0HL	S tronic	采用 ultra 技术的 quattro 四驱
G1G	DL552-8Q	8 挡自动变速器 0D5	tip tronic	采用自锁式中间差速器的 quattro 四驱 采用运动型差速器的 quattro 四驱（选装）

注：1）生产号/装备。
2）稍后会采用（刚上市时是没有的）。

表 3-3-2

PR 号[1]	生产厂家用名称	售后服务用名称	相应的变速器	quattro 结构形式
GH1	HL 195.S3M	后部主传动 0G2	0D5	采用自锁式中间差速器的 quattro 四驱
GH2	HL 195.T2M	后部主传动 0D3	0D5	采用运动型差速器的 quattro 四驱（选装）
GH4	HL 165.U1M	后部主传动 0B0[2]	0CJ	采用 ultra 技术的 quattro 四驱
GH4	HL 195.U1M	后部主传动 09R	0HL	采用 ultra 技术的 quattro 四驱

注：1）生产号/装备。
2）稍后会采用（刚上市时是没有的）。

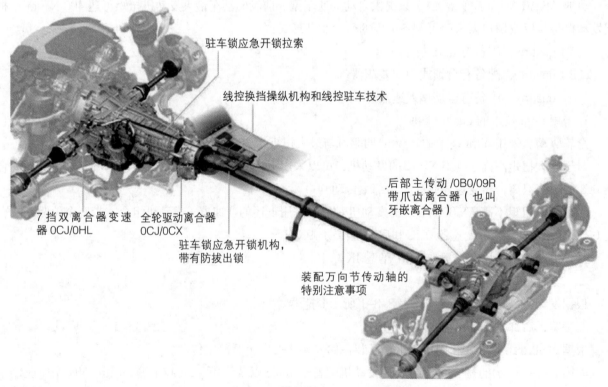

图 3-3-1

第四节　奥迪 A7（4K）传动系统

一、一览

奥迪 A7（车型 4K）的传动系统与 B9 系列车型［比如奥迪 A4（车型 8W）、奥迪 Q5（车型 FY）和奥迪 Q7/SQ7（车型 4M）］有许多共同之处。

奥迪 A7（车型 4K）上传动系统的改进和新特点如下。

1. 7 挡双离合器变速器 0HL S tronic

这款 7 挡双离合器变速器 0HL 是个新事物。

这是用于采用 ultra 技术的 quattro 四驱的 DL382 系列变速器中的一种新产品。采取了专门的措施将传递扭矩从 400 N·m 提高到 500 N·m。

为了将这么高的扭矩传至后桥，就将 0HL 变速器与全轮驱动离合器 0CX 和后部主传动 09R 配合使用。

2. 采用 ultra 技术的 quattro 四驱

这个级别的车（C8 系列）的一个新颖之处就是采用了 ultra 技术的 quattro 四驱系统。为了扩大这个全轮驱动系统的应用范围，就将其设计成可与最高扭矩为 500 N·m 的发动机配合使用。

在这款奥迪 A7 上，根据发动机型号和用户需求，可使用下述全轮驱动：

（1）采用 ultra 技术的 quattro 四驱。

（2）采用自锁式中间差速器的 quattro 四驱。

（3）采用运动型差速器的 quattro 四驱。

后续车型会采用前驱和混合动力驱动。

3. 一览，自动变速器

如表 3-4-1 所示，

根据发动机型号，可能装备下述变速器。

表 3-4-1

PR 号[1]	生产厂家用名称	售后服务用名称	营销用名称	驱动形式
G1C	DL382-7F	7 挡双离合器变速器 0CK[2]	S tronic	前驱
G1D	DL382-7A	7 挡双离合器变速器 0CJ[2]	S tronic	采用 ultra 技术的 quattro 四驱
G1D	DL382+-7A	7 挡双离合器变速器 0HL	S tronic	采用 ultra 技术的 quattro 四驱
G1G	AL552-8Q	8 挡自动变速器 0D5	tip tronic	采用自锁式中间差速器的 quattro 四驱 采用运动型差速器的 quattro 四驱（选装）

注：1）生产号/装备。

2）稍后会采用（刚上市时是没有的）。

4. 一览，后部主传动

根据 quattro 结构形式和用户要求，可装备下述后部主传动。如表 3-4-2 所示。

表 3-4-2

PR 号[1]	生产厂家用名称	售后服务用名称	相应的变速器	全轮驱动形式
GH1	HL 195.S3M	局部主传动 0G2	0D5	采用自锁式中间差速器的 quattro 四驱
GH2	HL 195.T2M	局部主传动 0D3	0D5	采用运动型差速器的 quattro 四驱（选装）
GH4	HL 165.U1M	局部主传动 0B0[2]	0CJ	采用 ultra 技术的 quattro 四驱
GH4	HL 195.U1M	局部主传动 09R	0HL	采用 ultra 技术的 quattrolh 四驱

注：1）生产号/装备。

2）稍后会采用（刚上市时是没有的）。

如图 3-4-1 所示，表示的是 V6 3.0L TFSI 发动机配备 S tronic 以及采用 ultra 技术的 quattro 四驱全轮驱动系统的情况。

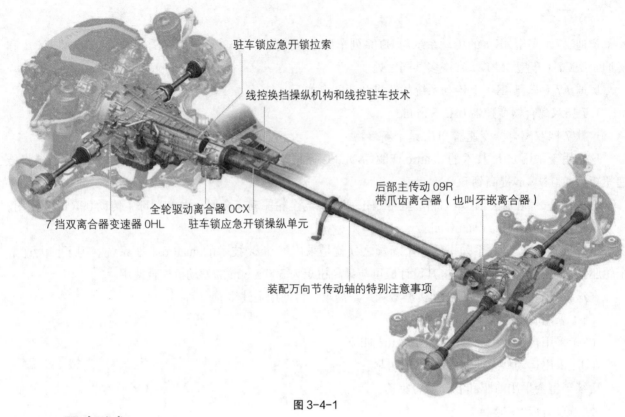

图 3-4-1

二、驱动形式

1. 采用 ultra 技术的 quattro 四驱 / 全轮驱动离合器

根据配备的发动机情况，使用 quattro ultra 的奥迪 A7（车型 4K）上装备有全轮驱动离合器 0CJ 或 0CX 。这两种离合器的结构和工作原理都是相同的，区别仅在于可传递的接合力矩是不同的。

全轮驱动离合器 0CJ 用于最大接合力矩不高于 800 N·m 时。

全轮驱动离合器 0CX 用于最大接合力矩不高于 1200 N·m 时。

为了让全轮驱动离合器 0CX 能传递更大的接合力矩，就增加了两个离合器摩擦片组。由于有这个变化，因此全轮驱动离合器 0CX 就比全轮驱动离合器 0CJ 要稍长些。

全轮驱动离合器 0CX VTK1201 如图 3-4-2 和图 3-4-3 所示。

控制单元 J492 可以在组合仪表上显示两个不同的驾驶员信息。

全轮驱动：故障！可以继续行驶。请去服务站如图 3-4-4 所示。

含义：存在故障。用户可以继续开车行驶，应尽快驶往服务站去排除故障。全轮驱动可能无法使用。

全轮驱动：过热。请改变驾驶方式。如图 3-4-5 所示。

含义：由于采用极具运动的方式来驾驶车辆，导致全轮驱动离合器的温度过高了。请减少以运动方式来驾车，以便让离合器冷却下来。在这个温度降下来之前，全轮驱动无法使用。当这个温度再次降至正常水平时，这个显示内容会消失，全轮驱动又可以使用了。

生产厂家内部名称：VTK120 = 接合力矩为 1200 N·m 的分配式离合器。全轮驱动离合器 0CX VTK080 = 接合力矩为 800 N·m 的分配式离合器，全轮驱动离合器 0CJ。

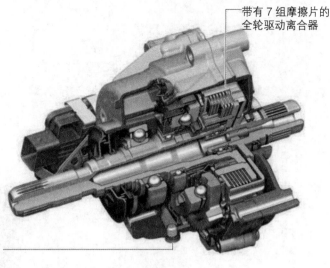

带有 7 组摩擦片的
全轮驱动离合器

ATF 加注和检查螺塞
拆下减震器后才能够着

ATF 排放螺塞

图 3-4-3

全轮驱动控制单元 J492
带有全轮驱动离合器执行器 V622 和
全轮驱动离合器位置传感器 G969

图 3-4-2

图 3-4-4　　　　图 3-4-5

2. 采用 ultra 技术的 quattro 四驱 / 后部主传动

根据配备的发动机情况，使用 quattro ultra 的奥迪 A7（车型 4K）上装备有后部主传动 0B0 或 09R。这两种主传动的结构和工作原理都是相同的，区别仅在于可传递的驱动力矩是不同的。

为了让主传动 09R 能传递更大的驱动力矩，相比于主传动 0B0，主要是对下述部件做了改动：

（1）冠状齿轮传动机构尺寸加大了（冠状齿轮直径为 φ195 mm，而主传动 0B0 上的冠状齿轮直径为 φ 165 mm）。

（2）差速器的尺寸加大了（球体直径为 φ 90 mm，而主传动 0B0 上的球体直径为 φ 80 mm）。

（3）爪齿离合器的尺寸加大了（直径、轴等）。

（4）轴承、法兰轴、壳体的尺寸加大了。

（5）左侧法兰轴轴承带有两个滚针轴承。

（6）使用了导流板，以便准确供油。

后部主传动 09R 如图 3-4-6 所示。

3. 带有自锁式中间差速器的 quattro 四驱

在扭矩超过 500 N·m 的发动机上，8 挡自动变速器 0D5 是与全驱 quattro 和自锁式中间差速器配合使用的。

与后部主传动 0G2（配备标准差速器）一起使用，这种全轮驱动结构就称为带有自锁式中间差速器的 quattro 四驱。

作为选装的话，这种 8 挡自动变速器 0D5（带有自锁式中间差速器）可与运动型差速器（后部主传动 0D3）配合使用。这种全轮驱动结构就称为带有运动型差速器的 quattro 四驱。

4. 带有运动型差速器的 quattro 四驱

运动型差速器 0D3/0BX 是在运动型差速器 0BF 基础上改进而来的，是属于第二代产品。运动型差速器 0D3 上的主要改进之处是：

（1）变速器壳体针对后桥做了适配。

（2）焊接的冠状齿轮和多种轻结构措施。

机油排放螺塞　机油加注和检查螺塞
导流板，用于准确供油

全轮驱动离合器执行器 2 V623　万向节传动轴转速传感器 G970

图 3-4-6

（3）新机油和 ATF。

（4）传感器缩短了（以便与排气系统保持更大间隙）。

（5）J775 和 J187 双控制单元结构。

（6）运动型差速器控制单元名称变了（以前叫 J492，现在叫 J187）。

（7）诊断地址变了（以前是 0022，现在是 0032）。

运动型差速器的主要硬件（力矩分配单元、液压控制系统、传感器和执行元件）与第一代基本相同。

根据发动机的不同，有两种不同形式（生产厂家不同）的中间差速器，但是这两种的特点是相同的；自锁式中间差速器，带有非对称动态力矩分配功能，如图 3-4-7 所示的是 JTEKT 公司制造的，另一种是 AAM 公司制造的。

5. 运动型差速器双控制单元结构

第二代运动型差速器最重要的变化就是双控制单元结构。

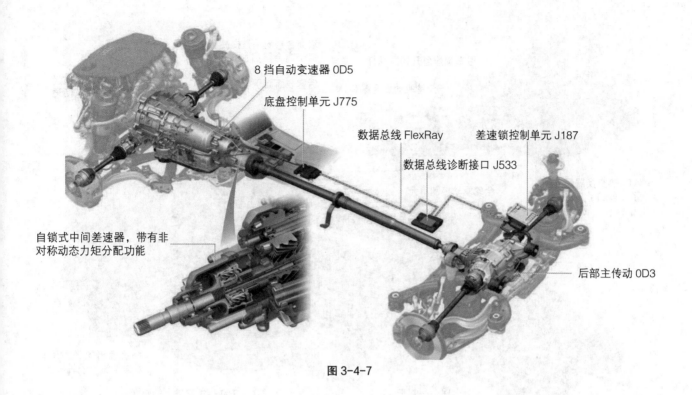

图 3-4-7

在第一代运动型差速器（0BF/0BE）上，全轮驱动控制单元 J492 负责计算力矩的重新分配以及对执行元件的控制。

在第二代运动型差速器（0D3/0BX）上，是由底盘控制单元 J775 来负责计算运动型差速器力矩的重新分配的。J775 集中接收及分析行驶状态并计算出力矩重新分配的值，该值经 FlexRay 总线被传至差速锁控制单元 J187。J187 根据该值计算出执行元件的相应触发和所需的力矩分配情况。因此，J187 只是个"执行"控制单元。采用这种双控制单元结构，可以让力矩重新分配更灵敏、速度更快（与第一代相比而言），归根到底也就改善了车辆的行驶动态调节状况。

力矩分配的显示：驾驶员可以将分配到车轮上的驱动力矩以定性的方式显示在 MMI 显示屏的图表中，为此需要选择下述菜单：车辆 > 显示车辆 > quattro。

三、变速器功能——自动变速器

DL382 变速器的功能与 B9 系列车型以及奥迪 Q5（车型 FY）上的几乎是一样的。

AL552 变速器的功能与奥迪 Q7（车型 4M）和奥迪 A8（车型 4N）的几乎是一样的。

四、7 挡双离合器变速器 0HL

0HL 变速器是变速器系列 DL382 的一个改进型，由于采取了专门的措施，因此就将额定力矩值从 400 N·m 提升到 500 N·m。为了能把这么大的力矩传至后桥，就让 0HL 变速器与全轮驱动离合器 0CX 配合使用，如图 3-4-8 所示。

DL382 变速器系列目前包含下述变速器类型：

DL382 - 7F，7 挡双离合器变速器 0CK。

DL382 - 7Q，7 挡双离合器变速器 0CL。

DL382 - 7A，7 挡双离合器变速器 0CJ。

DL382+ - 7A，7 挡双离合器变速器 0HL。

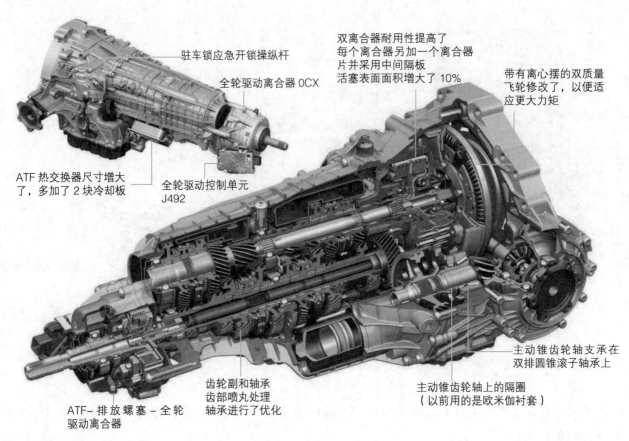

驻车锁应急开锁操纵杆

全轮驱动离合器 0CX

双离合器耐用性提高了
每个离合器另加一个离合器
片并采用中间隔板
活塞表面面积增大了 10%

带有离心摆的双质量
飞轮修改了，以便适
应更大力矩

ATF 热交换器尺寸增大
了，多加了 2 块冷却板

全轮驱动控制单元
J492

主动锥齿轮轴支承在
双排圆锥滚子轴承上

齿轮副和轴承
齿部喷丸处理
轴承进行了优化

主动锥齿轮轴上的隔圈
（以前用的是欧米伽衬套）

ATF– 排放螺塞 – 全轮
驱动离合器

齿轮传动系 1 的输入端
齿轮传动系 2 的输入端

图 3-4-8

其他改动之处：

（1）ATF 的入口改变了。

（2）软件修改了。

（3）ATF 泵的转速提高了。

1. DL382 变速器

详见自学手册 SSP644 和 657 以及下述奥迪售后视频节目：

（1）STV_0354，26.10.2014，7 挡双离合器变速器 0CK － S tronic 第 1 部分 / 结构和功能。

（2）STV_0355，26.10.2014，7 挡双离合器变速器 0CK － S tronic 第 2 部分 / 售后服务和车间实践。

（3）STV_0415，23.03.2016，7 挡双离合器变速器 0CK/0CL － S tronic 第 3 部分 / 线控驻车。

（4）STV_0414，23.03.2016，7 挡双离合器变速器 0CK/0CL － S tronic 第 4 部分 / 线控驻车（售后服务和车间实践）。

2. 变速器机油系统

0HL 变速器有两个机油系统：一个是 ATF 系统，用于双离合器变速器和电控液压控制系统； 另一个是 MTF 系统，用于齿轮副和前部主传动（与 0CK 变速器一样）。ATF 有换油周期；MTF 在变速器寿命内是不必更换的。

全轮驱动离合器 0CX 有自己的 ATF 机油系统，其 ATF 在变速器寿命内也是不必更换的。全轮驱动离合器机油系统的特点，详见奥迪售后视频节目 STV_0501_ 采用 ultra 技术的 quattro 四驱第 2 部分 / 保养和实际操作。

五、自动变速器的换挡操纵机构

奥迪 A7（车型 4K）上使用的是最新式带有全线控换挡（SBW）的换挡操纵机构，就是说驻车锁也是全自动操纵的了。从这方面讲，也可称"线控驻车"（PBW）。变速器和换挡操纵机构之间没有换挡拉索了，如图3-4-9所示。

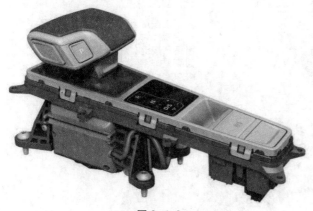

图 3-4-9

随着 C 级车采用了这种换挡操纵结构，现在纵置发动机系列车全部装备有该技术和操纵结构。

C8 系列车用的换挡操纵机构是全新设计的，在保留了全部功能的情况下，还实现了更加小巧、轻便且成本低。

这种新型换挡操纵机构（E313 选挡杆）是一个总成件，包括下述部件：

（1）J587 选挡杆传感器控制单元。

（2）G868 选挡杆横向锁传感器。

（3）G727 选挡杆位置传感器。

（4）V577 选挡杆横向锁电机。

（5）N110 选挡杆锁止电磁铁。

这些部件中的某个要是损坏了的话，就只能更换这个总成件了。

关于这种换挡操纵机构的结构和操纵方式的信息如下。

1. 功能图——换挡操纵机构

如图3-4-10和图3-4-11所示。

注：仅在变速器系列 DL382 上才有：

接口，接驻车锁电磁铁 N486 +（针脚 A1）；

接口，接驻车锁电磁铁 N486 -（针脚 A2）。

2. 换挡操纵机构 - 类型

换挡操纵机构除了在右置方向盘车和左置方向盘车上有不同外，在用于 tiptronic（AL522）变速器和 S tronic 变速器（DL382）上也是不同的。

在配备有 DL382 系列变速器的车上，控制单元 J587 多出两个接口，如图3-4-12所示，用于操控驻车锁电磁铁 N486。

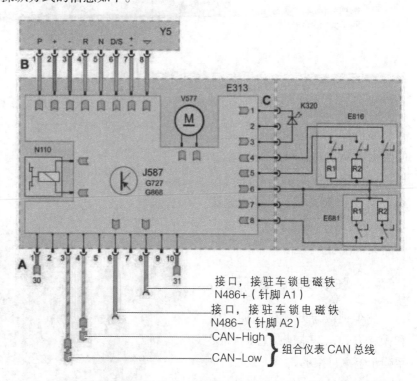

接口，接驻车锁电磁铁
N486+（针脚 A1）

接口，接驻车锁电磁铁
N486-（针脚 A2）

CAN-High
CAN-Low 组合仪表 CAN 总线

E313. 选挡杆（换挡操纵机构） E681. 选挡杆开锁按键 E816. 驻车锁按键
G727. 选挡杆位置传感器 G868. 选挡杆横向锁传感器
J587. 选挡杆传感器控制单元 N110. 选挡杆锁止电磁铁 V577. 选挡杆横向锁电机
Y5. 选挡杆位置显示器 A，B，C. 插头

图 3-4-10

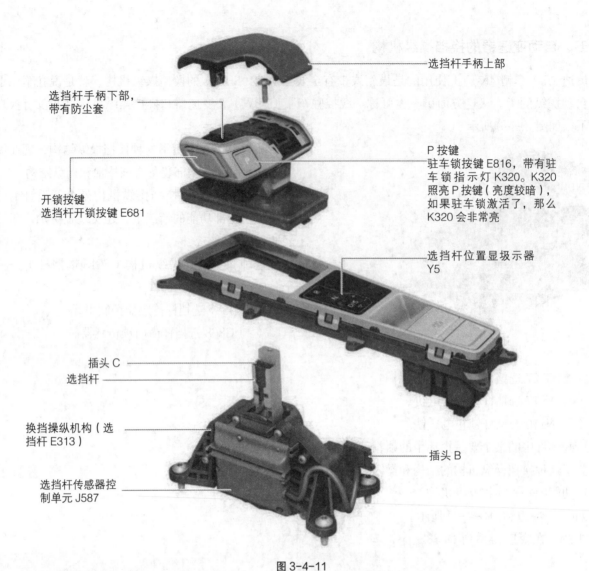

选挡杆手柄上部

选挡杆手柄下部,
带有防尘套

P 按键
驻车锁按键 E816,带有驻
车锁指示灯 K320。K320
照亮 P 按键(亮度较暗),
如果驻车锁激活了,那么
K320 会非常亮

开锁按键
选挡杆开锁按键 E681

选挡杆位置显坂示器
Y5

插头 C
选挡杆

换挡操纵机构(选
挡杆 E313)

插头 B

选挡杆传感器控
制单元 J587

图 3-4-11

3. 信息交换

换挡操纵机构与变速器之间的数据交换是通过网关来进行的。选挡杆传感器控制单元 J587 通过组合仪表 CAN 总线、自动变速器控制单元 J217 通过 FlexRay 总线与网关 J533 进行通信。

六、驻车锁的应急开锁

驻车锁应急开锁机构的结构和操纵方式,基本就是直接从 B9 系列车上拿过来的。

用在奥迪 A7(车型 4K)上时,操纵单元和套筒扳手经过改进,因此就改善了操纵性能,如图 3-4-13 所示。

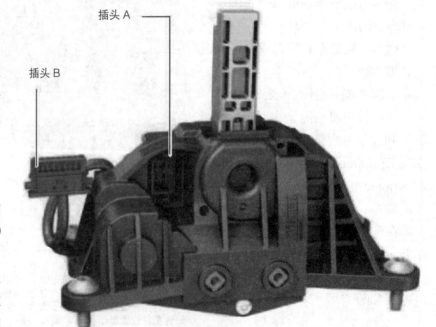

插头 A

插头 B

图 3-4-12

套筒扳手

驻车锁应急开锁操纵杆

①按图示将套筒扳手插入到操纵单元上
②③按顺时针方向转动套筒扳手，转至止点位置，
在该位置处向下压约5 mm，以便卡住

驻车锁应急开锁操纵单元

图 3-4-13

1.驻车锁应急开锁的特点［与 B9 系列 和 Q5（车型 FY）相比较而言］

应急开锁杠杆在变速器上的位置发生了变化，这样就便于布置应急开锁拉索、降低了操纵力且改善了声响特性。

应急开锁用的套筒扳手配备有防拔出锁，它与操纵单元上相应的突起配合使用，就可在工作位置（P-OFF）仅拉出约5 mm（为了松开锁）。随后可旋回并拔下套筒扳手（P-ON 位置）。这就可防止无意中将处于工作位置的套筒扳手完全拉出和应急开锁机构弹回，如图 3-4-14 所示。

2.应急开锁机构的安装位置

应急开锁的操纵单元位于中控台上的饮料罐托架下，如图 3-4-15 所示。

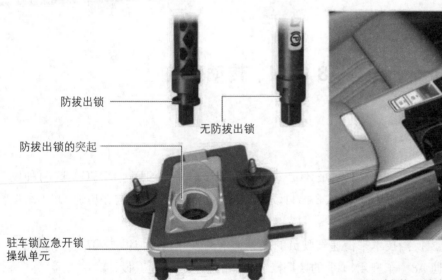

防拔出锁

无防拔出锁

防拔出锁的突起

驻车锁应急开锁
操纵单元

图 3-4-14

图 3-4-15

要想够着这个操纵单元，需先拆下橡胶垫和盖板，拆盖板时需要使用螺丝刀。

需要注意的是，套筒扳手不是垂直插的，而是偏约13° 插上的，如图 3-4-16 所示。

3.驻车锁应急开锁（P-OFF 位置）

如图 3-4-17 所示。

≈13°

图 3-4-17

注意，在操纵驻车锁前，必须要防止车辆溜车。

请您注意：不要损坏套筒扳手和操纵机构上的突起，请留意使用说明书中的安全提示。

4.关闭应急开锁机构（P-ON 位置）

将套筒扳手拉出至防拔出锁位置（约 5 mm）并回转至止点位置，这时就可以取下套筒扳手了。

注意：绝对不可逆时针转动套筒扳手，那样会损坏操纵单元和套筒扳手的。

图 3-4-16

第五节　奥迪 A8（4N）传动系统

一、一览

如图 3-5-1 所示。

在这讲述的是上市时的技术情况，具体说就是 3.0L TFSI（CZSE）或 3.0L TDI（DDVC）这两种发动机与 8 挡自动变速器 0D5 配合使用的情况。这款 8 挡自动变速器和相应的传动机构在奥迪 Q7（车型 4M）上已经使用过了。

换挡操纵机构纯粹是通过线控换挡技术来传递驾驶员的操纵请求的，其结构与奥迪 Q7（车型 4M）上的换挡操纵机构是一样的。奥迪 A8（车型 4N）上的换挡操纵机构的新颖之处是其设计。

该变速器针对奥迪 A8（车型 4N）进行了调整和改进，驻车锁的应急开锁与奥迪 Q7（车型 4M）上是一样的，仅是奥迪 A8 变速器针对奥迪 A8（车型 4N）进行了调整和改进。

驻车锁的应急开锁与奥迪 Q7（车型 4M）上是一样的，仅是针对奥迪 A8 进行了适配。

1.ATF 温度调节

ATF 温度调节是通过阀 N509 来控制的。

2.后部主传动

与奥迪 Q7（车型 4M）上一样，各种后部主传动是通过 4 点式支承安装在副车架上。径向橡胶金属

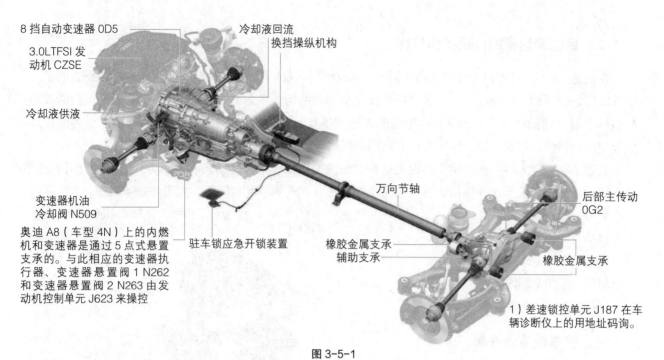

8 挡自动变速器 0D5

3.0LTFSI 发动机 CZSE

冷却液回流

换挡操纵机构

冷却液供液

变速器机油冷却阀 N509

奥迪 A8（车型 4N）上的内燃机和变速器是通过 5 点式悬置支承的。与此相应的变速器执行器、变速器悬置阀 1 N262 和变速器悬置阀 2 N263 由发动机控制单元 J623 来操控

驻车锁应急开锁装置

万向节轴

橡胶金属支承辅助支承

后部主传动 0G2

橡胶金属支承

1）差速锁控制单元 J187 在车辆诊断仪上的用地址码询。

图 3-5-1

支承（不包括附加支承）必须按照维修手册安装在规定位置。

（1）后部主传动 0G2。

开放式差速器。

（2）后部主传动 0D3，如图 3-5-2 所示。

运动型差速器（选装）。

0D3

图 3-5-2

行通信。

新特点：在奥迪 A8（车型 4N）上，驾驶员首次可以在 MMI 显示屏上以图表方式来显示各个车轮上驱动力矩的分配情况。具体操作时在 MMI 菜单中选择菜单项"车辆 > 显示车辆 >quattro"。车轮上显示的箭头就表示驱动力矩的分配，如图 3-5-3 所示。

3. 运动型差速器

运动型差速器 0D3 是在运动型差速器 0BF 基础上开发的新一代差速器（第二代）。在该第二代差速器上，由两个控制单元来负责操控差速器。底盘控制单元 J775 通过 FlexRay 总线将计算出的两后轮之间的力矩变动情况发送给差速锁控制单元 J187，J187 激活运动型差速器锁，来实施力矩转移。可通过奥迪 driveselect 模式的选择来影响运动型差速器的工作特性。ATF 和轴油不需保养更换（并无保养周期）。选挡杆传感器控制单元 J587 通过数据 CAN 总线与组合进行通信，通过数据总线接口 J533（网关）和 FlexRay 总线与变速器控制单元进

图 3-5-3

二、自动变速器的换挡操纵机构

在奥迪 A8（车型 4H）上就已经采用全线控换挡操纵机构了，就是说驻车锁也是全自动操纵的了。从这方面讲，也可称"线控驻车"。这种换挡操纵机构的结构是专为奥迪 A8 而开发的，因为以前的线控换挡结构是通过选挡杆拉索来操纵驻车锁的或者还配备有行驶挡位传感器。自此之后开发了很多配备这种全线控换挡操纵机构的车型，它们使用的换挡操纵机构的结构和操纵方式都是一致的。

奥迪 A8（车型 4N）现在使用的也是这种最新的换挡操纵机构的结构和操纵方式，只是针对奥迪 A8 的内部做了适配。关于这种换挡操纵机构的结构和操纵方式的车型和信息，如图 3-5-4 所示。

奥迪 Q5（车型 FY）。

奥迪 A5（车型 F5）。

奥迪 A4（车型 8W）。

奥迪 R8（车型 4S）。

奥迪 Q7（车型 4M）。

三、驻车锁应急开锁

驻车锁应急开锁机构在结构上与奥迪 Q7（车型 4M）相同，其操纵机构位于驾驶员脚坑处的盖板下。借助于随车工具中的套筒扳手就可以可靠地给驻车锁开锁（P-OFF 位置）。

在操纵驻车锁应急开锁机构前，必须要防止车辆溜车，如果不再需要驻车锁处于开锁状态了，应该让驻车锁再次锁止（P-ON 位置）。在完成应急开锁部件的组装工作后，需要按维修手册检查应急开锁功能。

1.给驻车锁应急开锁（P-OFF 位置）

（1）取下盖板。

（2）将套筒扳手插入操纵机构上，位置①，如图 3-5-5 所示。

（3）将套筒扳手顺时针转动 140°（到位置②），同时向下按压（位置③），如图 3-5-6 所示。

2.给驻车锁应急上锁（P-ON 位置）

将套筒扳手向上从操纵机构上拔出，位置④，如图 3-5-7 所示。装上盖板。

说明：不得旋回套筒扳手，那样会损伤应急开锁机构。

如果驻车锁已经被应急开锁了，那么组合仪表上会亮起黄色的变速器指示灯并显示挡位 N。另外还有文字提示"有溜车危险！无法挂入 P 挡。请拉紧驻车制动器"，如图 3-5-8 所示。

四、8 挡自动变速器 0D5

8 挡自动变速器 0D5 是 8 挡自动变速器 0BK 的升级版。0BK 变速器在 2010 年最先用在了奥迪 A8（车型 4H）上。

选挡杆开锁按键 E681　选挡杆　驻车锁按键 E816（也叫 P 按键），带有驻车锁指示灯 K320

选挡杆位置显示器 Y5

选挡杆 E313，包含选挡杆传感器控制单元 J587　从选挡杆到车的插头　接选挡杆位置显示器的插头

图 3-5-4

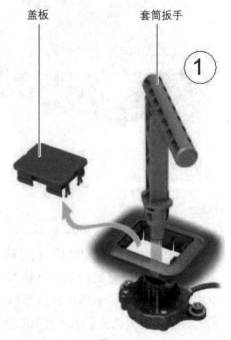

盖板　套筒扳手

①

图 3-5-5

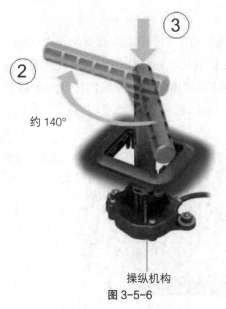

约140°

操纵机构

图 3-5-6

图 3-5-7

图 3-5-8

0D5 变速器首次是用在了 2016 年的奥迪 Q7（车型 4M）上，它在奥迪公司内部的名称是 AL552-8Q，在其制造商 ZF 公司的名称是 8HP65A。该变速器的输入扭矩高达 700N·m。

0D5 与 0BK 相比而言的改进之处详见自学手册 SSP632 奥迪 Q7（车型 4M）。

0D5 变速器的软件仍与以前一样使用导航系统的数据，还支持智能启停系统、驻车脱开功能以及惯性滑行模式。

与以前一样，仍可通过奥迪 driveselect 来影响变速器特性。

用在奥迪 A8（车型 4N）上的改进之处如下：

（1）以前那个分动器内通过半轴来驱动的 MTF 泵，现在取消了。

（2）前部主传动的主动齿轮使用了双排径向推力球轴承，摩擦就减小了。

（3）前部主传动使用了新的低黏度油。

（4）液压冲击蓄能器（缩写是 HIS）被变速器机油辅助液压泵 1 V475 所取代了。这个辅助液压泵用于保证 ATF 的稳定供给，它支持智能启停功能，并能实现在惯性滑行（就是空载）时，让内燃机根据情况关闭。

1. 一览

如图 3-5-9 所示。

如果行星齿轮 / 分动器之间的双向轴密封圈发生泄漏了，那么漏油孔流出的不是 ATF 就是 MTF。自 2017 年 4 月起，所有 8 挡有级式自动变速器的这个油封都是可以更换的了。

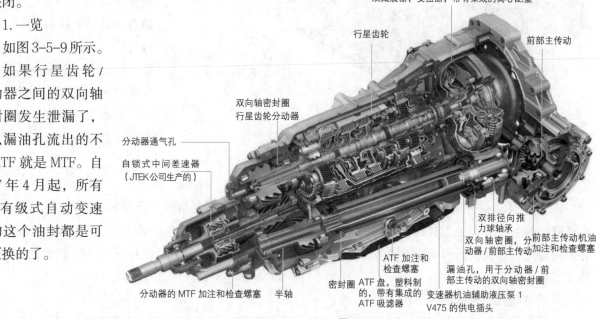

图 3-5-9

2.ATF 和 MTF 系统

奥迪 A8（车型 4N）的 0D5 变速器有 36 个彼此分开的机油系统，加注有不同的机油，如图 3-5-10 所示。在不带 MTF 泵的变速器上，分动器的润滑是通过浸在 MTF 池（机油池）内工作的齿轮来负责的。机油储油腔被齿轮甩出的机油注满并分配机油，如图 3-5-11 所示。

图 3-5-10

ATF 加注和检查螺塞

前部主传动机油加注和检查螺塞

MTF 加注和检查螺塞（分动器的）

机油储油腔

图 3-5-11

STURACO 是一种机油添加剂，它可降低中间差速器过大的张力，这样可改善行驶舒适性。请按照电子备件目录（ETKA）的备件号来选用变速器机油。

变速器通气：ATF 通气集流腔分动器通气前部主传动和 ATF 机油系统是通过集流腔来通气的，通气管从此处进入变扭器钟形壳体，如图 3-5-12 所示。分动器是通过自己的通气盖来通气的。变速器通气用于在变速器热起来或者冷下去进行压力平衡。为了保证压力平衡，必须保证通气开口不堵。

在运输和检修变速器时，如果变速器倾斜过大，那么轴油和 ATF 可能会经由共同的变速器通气部位混在一起。

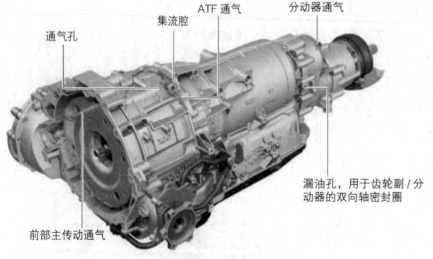

通气孔

集流腔

ATF 通气

分动器通气

漏油孔，用于齿轮副/分动器的双向轴密封圈

前部主传动通气

图 3-5-12

3.ATF 供给和液压系统

在配备有 MHEV 装备的车上，0D5 变速器是通过两个 ATF 泵来供应 ATF 的，就是机械驱动的 ATF 泵和电动的变速器机油辅助液压泵 1 V475［该泵取代了以前的液压冲击蓄能器（缩写是 HIS）］。这两个泵通过 ATF 吸滤器抽取 ATF。这个辅助液压泵能实现在惯性滑行（就是空载）时，让内燃机根据情况关闭。

（1）机械驱动的 ATF 泵，如图 3-5-13 所示。

该 ATF 泵与 0BK 变速器上使用的双行程叶片泵是相同的，详见自学手册 SSP457 上的第 25 页。这款机械驱动的 ATF 泵是通过连传动机构（深红色部分）经变扭器由内燃机来驱动的。如果这个 ATF 泵达到必要的转速（也就相当于变速器输入转速约为 500r/min），那么该泵自己就可满足 ATF 供给而不需要辅助液压泵来帮助。

（2）变速器机油辅助液压泵 1 V475

辅助液压泵 V475 用于帮助机械驱动的 ATF 泵来保证变速器的智能启停功能和惯性滑行功能的 ATF

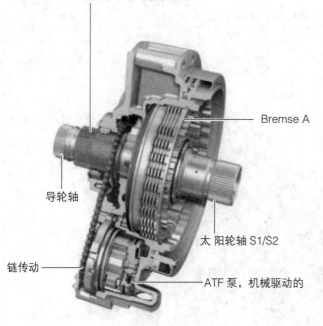

带有花键的泵驱动毂，用于连接变扭器

Bremse A

导轮轴

太阳轮轴 S1/S2

链传动

ATF 泵，机械驱动的

图 3-5-13

供给。

如果因部件过载保护或者因故障导致辅助液压泵不能供油了，那么上述的功能也就不能实现了。

如果车辆处于惯性滑行状态（空载）且内燃机已关闭了，那么机械驱动的 ATF 泵就停止工作了（不会供油了）。

在这种情况下，辅助液压泵会以最大能力来负责整个的 ATF 供给。这样就能保证变速器能有足够的润滑，并可根据车速来保持并调整挡位。

如果 V475 出故障了，那么会显示这个黄色的变速器指示灯，如图 3-5-14 所示。

图 3-5-14

辅助液压泵 V475 在 ATF 温度处于 20~125℃之间时工作，它工作时有 3 个功率级（就是 3 个工作挡位）。该泵通过 LIN 总线来与变速器控制单元 J217 进行通信，如图 3-5-15 所示。V475 负责让 ATF 供给能可靠而迅速工作，这样的话有助于驻车锁脱开且能让车辆迅速起步。如果机械驱动的 ATF 泵达到了必要的转速，那么它自己就能提供系统压力了，这时辅助液压泵会从 LIN 总线获得指令而停止供应 ATF 了。

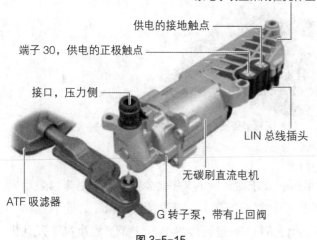

泵电子装置集成在壳体上

供电的接地触点

端子 30，供电的正极触点

接口，压力侧

LIN 总线插头

无碳刷直流电机

ATF 吸滤器

G 转子泵，带有止回阀

图 3-5-15

4. 机电一体模块

如图 3-5-16 所示。

奥迪 A8（车型 4N）上 0D5 变速器的机电一体模块在其制造商 ZF 公司被称作 E26/29，与奥迪 Q7e tronquattro（车型 4M）上的 0D7 变速器的机电一体模块是相同的。

0D5 变速器传感器、执行元件和电动液压驻车锁的设计都与 0BK 变速器上的是相同的。液压冲击蓄能器（缩写是 HIS）被变速器机油辅助液压泵 1 V475 所取代。

说明：对机电一体模块要实施静电保护。

5.ATF 温度调节

ATF 热交换器与奥迪 Q7（车型 4M）上一样，是并联在发动机的冷却液大循环上的，就是说有冷却液流过。冷却液循环由 ATF 热交换器通过阀 N509 来控制。

（1）发动机预热阶段（N509 已关闭）。

在发动机预热阶段，会给阀 N509 通上电，该阀就关闭了。这样的话，就没有冷却液流经 ATF 热交换器了。于是冷却液就不需要加热 ATF 了，发动机就能很快地达到其正常工作温度了。发动机控制单元的温度管理系统会决定什么时候打开阀 N509。打开阀 N509 需要用到的参数有外部温度、发动机温度、ATF 温度、发动机转速和自动空调对热的需求情况。

（2）ATF 的加热和冷却（N509 已打开）。

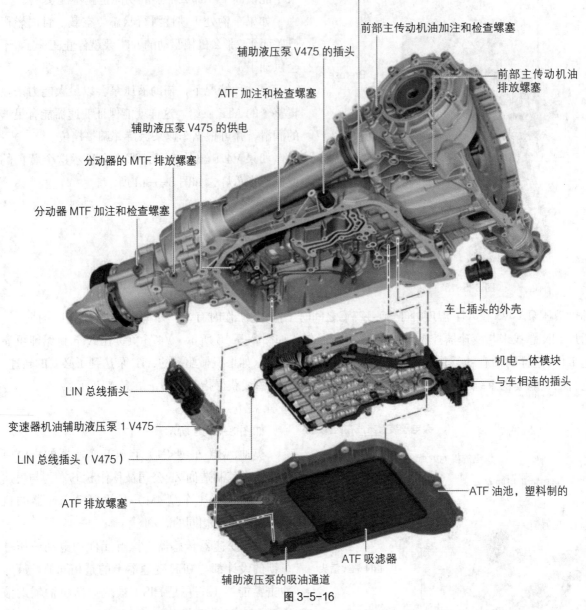

双向轴油封的漏油孔，
分动器 / 前部主传动

前部主传动机油加注和检查螺塞

辅助液压泵 V475 的插头

ATF 加注和检查螺塞

前部主传动机油
排放螺塞

辅助液压泵 V475 的供电

分动器的 MTF 排放螺塞

分动器 MTF 加注和检查螺塞

车上插头的外壳

机电一体模块
与车相连的插头

LIN 总线插头

变速器机油辅助液压泵 1 V475

LIN 总线插头（V475）

ATF 油池，塑料制的

ATF 排放螺塞

ATF 吸滤器

辅助液压泵的吸油通道

图 3-5-16

当发动机达到其正常工作温度且有足够热量能满足所有要求时，阀 N509 就会打开，于是来自发动机大循环管路的热的冷却液就会流经 ATF 热交换器，那么 ATF 就被加热了，其黏度就降低了，也就提高了变速器的效率。只要发动机冷却液温度比 ATF 温度高，就会对 ATF 进行加热。一旦 ATF 温度高于发动机冷却液温度了，那么 ATF 会把热量释放到冷却液中并冷却，如图 3-5-17 和图 3-5-18 所示。

（3）N509 变速器机油冷阀。

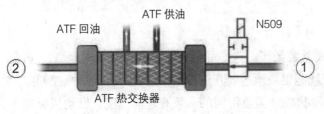

ATF 供油

ATF 回油

N509

ATF 热交换器

图 3-5-17

①未通电是打开着的。

②通电就是关闭着的。

③用变速器控制单元 J217 来操控。变速器控制单元 J217 从发动机控制单元的温度管理系统接收命令去打开或者关闭 N509。

④通过故障导航来进行执行元件检测。

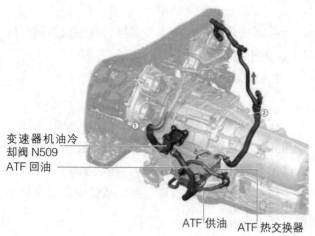

变速器机油冷
却阀 N509
ATF 回油

ATF 供油　ATF 热交换器

图 3-5-18

说明：如果 ATF 冷却器泄漏了，那么乙二醇和冷却液就会进入 ATF。即使非常少的冷却液也会影响到离合器的调节。乙二醇检测可以检查出乙二醇（即使量非常少都能检查出来），可以排除这个原因。

6. 数据交换——功能图

变速器控制单元（J217）通过 FlexRay 数据总线系统来与车辆周边设备进行通信。与换挡操纵机构（选挡杆传感器控制单元 J587）的通信是通过 J533（网关）和组合仪表 CAN 总线来进行的。

奥迪 A8（车型 4N）上 8 挡自动变速器 0D5 的功能图，如图 3-5-19 所示。

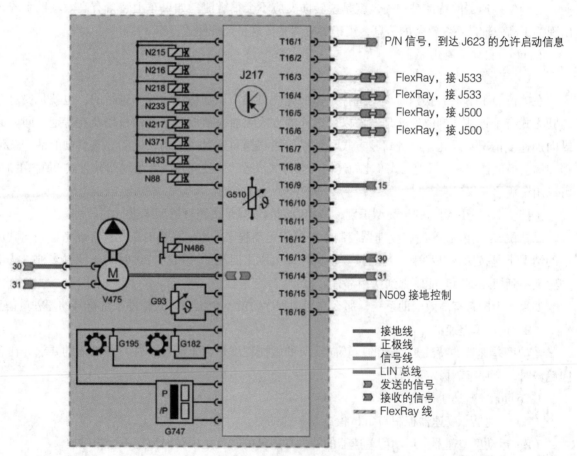

G93.ATF温度传感器　G182.变速器输入转速传感器　G195.变速器输出转速传感器　G510.控制单元内的温度传感器　G747.驻车锁传感器　J217.自动变速器控制单元　J500.转向助力控制单元　J533.数据总线诊断接口（网关）　J623.发动机控制单元　N88.电磁阀1　N215.压力调节阀1，制动器A　N216.压力调节阀2，制动器B　N217.压力调节阀3，离合器C　N218.压力调节阀4，离合器D　N233.压力调节阀5，离合器E　N371.压力调节阀6，锁止离合器　N433.压力调节阀7，系统压力　N486.驻车锁电磁铁　N50.9变速器机油冷却阀　V475.变速器机油辅助液压泵1

图 3-5-19

五、变速器和运动型差速器影响的功能

driveselect 通过奥迪 driveselect 可以选择不同的车辆特性模式。通过奥迪 driveselect 按键或者通过

MMI 可以选择下述的奥迪 driveselect 模式。

讲述变速器控制和运动型差速器对不同奥迪 driveselect 模式所做出的反应。变速器特性根据不同市场针对用户做了匹配，因此在这里只讲述基本差别，如图 3-5-20 所示。

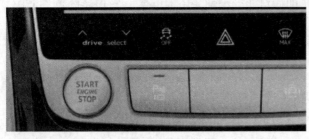

图 3-5-20

该模式有助于降低燃油消耗和 CO_2 排放。

（2）运动型差速器。

运动型差速器的特性是均衡，就是说转向反应不会很敏捷。如果车上装备有高效辅助系统，那么会出现关于高效辅助系统符号的信息，用于提醒驾驶员这是经济模式行车。

1. efficiency（经济）模式

（1）变速器。

在挡位显示为 E（E1-8）。换挡时刻的选择是按照固定的换挡程序来进行的，而不管驾驶员是什么驾驶类型，尽量早换高挡，尽量晚换低挡。另外，发动机功率会降低，变速器控制系统也会相应减小离合器压力。

2. auto（自动）模式

（1）变速器。

在挡位 D 和 S 时，换挡时刻的选择是按照驾驶员类型识别特性曲线来进行的，也就是要对驾驶员的驾驶方式有个评估。具体说就是考虑以什么样的方式踩加速踏板和制动踏板以及在特定时间内的横向和纵向加速度情况。因此，经济驾驶方式时就提前换高挡和延迟换低挡；运动方式驾驶的话，就延迟换高挡和提前换低挡。各种驾驶方式（比如经济驾驶方式、运动驾驶方式或者手动驾驶方式）所占的时间份额，可以用车辆诊断仪读取。

①挡位 D：考虑到驾驶员类型识别，换挡时刻的选择是按照舒适型来进行的。

②挡位 S：在挡位 S 时，变速器控制系统处于运动程序状态。换挡时刻的选择在考虑到驾驶员类型识别的情况下是按照运动型来进行并按发动机功率范围来匹配的。换挡持续时间长度有多种，从正常的几乎感觉不到换挡到短时能感觉到换挡都有。

如果车上配备有高效辅助系统，那么在运动程序时就不会出现高效辅助系统符号的驾驶员信息。

（2）运动型差速器。

运动型差速器的特性是均衡的。转向反应的敏捷程度是为了满足中性行驶性能的要求。在有过度转向趋势时，会使车辆稳定下来。

3. Comfort（舒适）模式

（1）变速器。变速器控制与 auto 模式是一样的。

（2）运动型差速器。运动型差速器的特性是适度的，就是说转向反应不会很敏捷。

4. dynamic（动态）模式

（1）变速器。如果选择了 dynamic 模式，变速器控制单元就会激活运动程序（挡位 S）。在模式 dynamic 时，可以随时切换到挡位 D。如果在关闭发动机前激活挡位 D，那么随后启动发动机时，会再次激活挡位 D。如果驾驶员想使用挡位 S，那么需要驾驶员选择该挡位。

（2）运动型差速器。力矩分配情况会使得转向反应非常灵活，有轻微过度转向趋势。只有在明显转向过度时，驱动力矩才会稳定地分配到后轮上。

5. individual（个性化）模式

菜单项"传动装置"综合了发动机、变速器和运动型差速器。通过这个菜单选项可以选择高效、均衡或者运动这些特色。这些特色对应着下面的奥迪 driveselect 模式。

（1）高效相当于奥迪 Driveselect 中模式 efficiency。

（2）均衡相当于奥迪 Driveselect 中模式 auto。

（3）运动相当于奥迪 Driveselect 中模式 dynamic。

6. 智能惯性滑行模式（空载模式）

通过 8 挡自动变速器 0D5 内的变速器机油辅助液压泵 1 V475，首次实现可在惯性滑行模式（空载模式）时关闭内燃机，这样可以更加节约燃油。但某些事件可能会禁止发动机关闭，比如：

①尚未达到特定的发动机温度；

②空调有相应的请求时；

③ESC 调节请求发动机运行；

④在发动机控制系统处于例行自适应期间；

⑤在柴油微尘过滤器还原过程中。

如果满足所列的工作条件，那么发动机和变速器间力的传递就会被断开，车辆在惯性滑行模式（空载模式）会利用动能而滑行，而不会有发动机的制动作用。挡位显示中只会显示挡位 D 或者 E，具体是几挡就不显示了（隐去了）。但是，在动力传递断开时，后台仍是根据车速在跟踪着具体挡位的。

变速器中的 5 个换挡元件使用下面这些断开元件：

①挡位 8：>3000r/min 变速器输出转速：离合器 D；

②挡位 8：<3000r/min 变速器输出转速：制动器 A；

③挡位 7、6、5、4：离合器 D；

④挡位 3、2：离合器 E；

⑤挡位 1：离合器 C。

为了能在内燃机关闭时保持和跟踪挡位，就要用到变速器机油辅助液压泵 1 V475，该泵在内燃机关闭时负责供应所需的 ATF。

4 挡和 7 挡有个特点：若是车辆处于这两个挡位，那么就需要脱开离合器 D 来激活惯性滑行模式（空载模式）。

但是在跟踪挡位时，是要跳过 4 挡和 7 挡的，因为这两个挡位在离合器 D 脱开时可能会达到变速器临界转速。

也就是说，如果在 8 挡位置实施了惯性滑行模式（空载模式）且车辆逐渐慢下来了，那么就会保持 8 挡运行直至可以切换入 6 挡。4 挡也会是这个样子，这时会保持 5 挡运行直至可以切换入 3 挡。

说明：在车辆处于发动机关闭着的惯性滑行模式（空载模式）时，在踩加速踏板时能感觉出加速迟缓，因为在加速前需要启动内燃机并让断开元件接合。

（1）工作条件（接通条件）。

①智能惯性滑行模式（空载模式）必须通过 MMI 显示屏来激活。

②ESC 已激活。

③已挂入挡位 D 或 E。

④车速在 160~55km/h 之间。

⑤车在惯性滑行（未踩加速踏板）。

⑥路面坡度 <3% 和梯度 <4%，路面倾斜度由制动电子系统内的纵向加速度传感器来侦测。

⑦通过高效辅助系统根据情况激活：如果车上装备有导航系统和选装的自适应驾驶辅助系统，那么高效辅助系统就可在主动调节车速时，根据具体情况来激活惯性滑行模式（空载模式）了。

（2）关闭条件。

①梯度或斜度>10%。

②车速：>170km/h，<8km/h（在未踩下制动踏板时）。

③踩下了加速踏板。

④踩下了制动踏板>30km/h，<30km/h，一旦制动灯接通的话在超过了规定的制动压力极限值时。

⑤ESC已关闭。

⑥已挂入挡位S。

⑦通过tiptronic通道激活了tiptronic模式或者通过方向盘tiptronic操纵了Tip。

⑧通过高效辅助系统根据情况关闭：如果车上装备有导航系统和选装的自适应驾驶辅助系统，那么高效辅助系统就可在主动调节车速时，根据具体情况来关闭惯性滑行模式（空载模式）了。这取决于车速，比如车辆马上要进入居民点或者环形交通路线并穿行。如果本车紧跟前面另一辆车行驶，惯性滑行模式（空载模式）也会被禁止使用。

⑨因部件过载或者故障而导致变速器机油辅助液压泵1 V475无法输送机油。

7. 智能启停系统

智能启停系统在每次接通点火开关时都会被激活，该系统有助于节省燃油并减少CO_2排放。如果满足智能启停工作模式的前提条件，那么在车速超过22km/h时若踩下制动踏板，发动机就熄火了。这些前提条件中，有一个是选挡杆不可处于挡位R。在需要时，发动机会再次自动启动。

这时需要启动时间非常短且要很快就得为车辆起步做好准备。在配备MHEV装备的奥迪A8（车型4N）上，由变速器机油辅助液压泵1 V475来负责这个快速起步准备。如果因部件过载或者故障而导致这个辅助液压泵无法输送机油，那么智能启停系统就会被关闭而不可使用了。

8. 驻车脱开功能

驻车脱开功能取决于具体的市场。在把车辆停住以及车辆在静止状态时，驻车脱开功能会让发动机和变速器之间的动力传递中断。于是发动机怠速扭矩就会被降至最低，因为发动机这时就不需要在变扭器上耗费扭矩了。

这样可节省燃油并减少CO_2排放。另外，发动机的怠速扭矩小也使得其运行安静而轻柔。由于这些原因，因此驻车脱开功能会尽可能处于激活状态（见接通和关闭条件）。

（1）接通条件。

①换挡元件（制动器、离合器）已充分适配完毕。

②ATF温度>20℃。

③坡度<4%（路面倾斜度由制动电子系统内的纵向加速度传感器来侦测）。

④在挡位D或R。

⑤未踩下加速踏板。

⑥踩下了制动踏板。

（2）关闭条件。

①在挡位S或tiptronic模式。

②制动已松开。

③除非是车辆由电动机械式驻车制动器固定住了或者起步辅助功能已激活。

④踩下了加速踏板因部件过载或者故障而导致变速器机油辅助液压泵1 V475无法输送机油。

⑤识别出有挂车。

9.下坡辅助功能

下坡辅助功能会帮助驾驶员在下坡路段行车时保持车速恒定。具体说就是变速器会选择一个适合该坡路的挡位，以便通过发动机制动作用来保持与实施制动时刻相应的车速。在物理极限范围内可能会需要另外通过制动踏板来校正车速。一旦坡度变小或者踏下加速踏板，那么下坡辅助功能会再次关闭。

在相应的坡度时，下坡辅助功能在挡位 D 和 S 踩下制动踏板或者在定速巡航装置工作时会被激活。

说明：下坡辅助功能也无法超越物理极限，因此不是在任何情况下都能保持车速恒定的，驾驶员应做好随时制动的准备。

10.方向盘 tiptronic 功能的特点

（1）长时间操纵点动开关 Tip- 会切换到尽可能低的挡位（长拉 –）。

（2）长时间操纵点动开关 Tip+ 会暂时从 tiptronic 模式切换回自动模式（长拉 +）。

（3）如果换挡操纵机构有故障，那么在车辆静止且踩下制动踏板时，可同时操纵两个点动开关（>1s）来选择挡位 P、R、N 和 D。

（4）"在 D/S 时的手动换挡"功能可以实现随时通过手动来换挡。

（5）"通过 Tip+ 激活惯性滑行"这个功能被关闭了，这是因为想让奥迪 A8（车型 4N）的方向盘 tiptronic 的功能布局清晰明确。通过操纵 Tip– 则仍与以往一样，可以结束惯性滑行模式（空载模式）。

说明：方向盘 tiptronic 功能的点动开关是方向盘选装装备（取决于具体市场）。

第六节　奥迪 Q2（GA）传动系统

一、一览

奥迪 Q2（车型 GA）的结构采用了横置发动机模块化平台（MQB）。根据发动机—变速器组合，奥迪 Q2 可以采用前驱，也可采用全驱。

全驱的车，使用的是久经考验的 quattro 驱动技术。根据发动机功率的不同，使用带有全驱离合器的后部主传动 0BR 或者带有全驱离合器的后部主传动 0CQ。

除了大家熟知的 6 挡手动变速器和双离合器变速器 0CW 以及 0D9 外，还有 7 挡双离合器变速器 0GC，该变速器可用于前驱，也可用于全驱，如图 3-6-1 所示。

1.后部主传动

带有 quattro 和超过 400 N·m 输出扭矩的发动机的奥迪 Q2 车上，配备的是带有全驱离合器的后部主传动 0CQ。

带有 quattro 和扭矩稍小些发动机的奥迪 Q2，配备的是全驱离合器的后部主传动 0BR。

这两种主传动使用的都是全轮驱动离合器 0CQ，它是一种第五代电动液压控制式全轮驱动离合器。

2.驻车锁应急开锁

将选挡杆护套从中央副仪表台上摘下，就能够得到驻车锁应急开锁释放杆了，如图 3-6-2 所示。将螺丝刀刃口插入黄色的释放杆中并向后压，这时再按锁止按钮，就可以将选挡杆从位置 P 移出了，通过选挡杆拉索就松开了驻车锁。

3.换挡操纵机构

如图 3-6-3 所示换挡操纵机构在形式、操纵和设计方面，与奥迪 A3（车型 8V）上的换挡操纵机构是一样的。

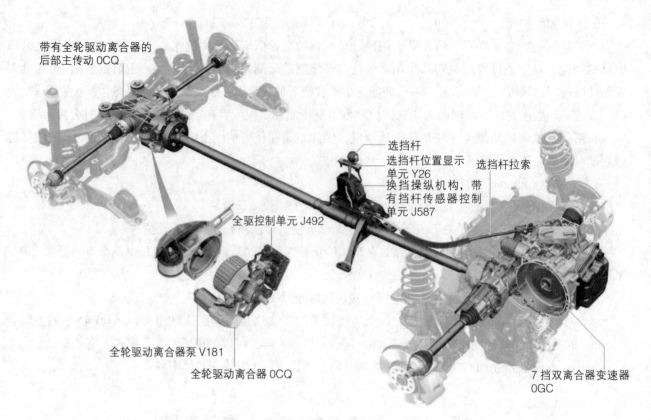

带有全轮驱动离合器的
后部主传动 0CQ

选挡杆

选挡杆位置显示
单元 Y26

选挡杆拉索

换挡操纵机构，带
有挡杆传感器控制
单元 J587

全驱控制单元 J492

全轮驱动离合器泵 V181

全轮驱动离合器 0CQ

7 挡双离合器变速器
0GC

图 3-6-1

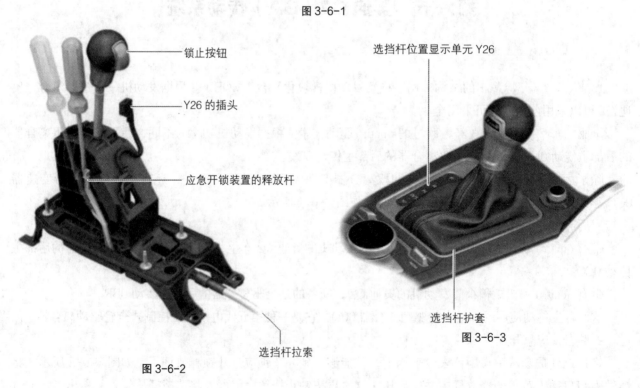

锁止按钮

Y26 的插头

应急开锁装置的释放杆

选挡杆拉索

图 3-6-2

选挡杆位置显示单元 Y26

选挡杆护套

图 3-6-3

二、7 挡双离合器变速器 0GC

7 挡双离合器变速器 0GC，如图 3-6-4 所示，是在 7 挡双离合器变速器 0BH、0DL 和 0DE 的基础上开发而来的。

在奥迪公司内部，前驱型 0GC 变速器的名称是 DQ381-7F，全驱型 0GC 变速器的名称是 DQ381-7A。0GC 变速器用于输入扭矩不超过 420 N·m 的情形时。

7挡双离合器变速0GC，用于全轮驱动　驻车锁杆　ATF 冷却器

压力机油滤清器，
终生不必更换

离合器盖　变速器通气装置

变速器油辅助液
压泵 1 V475 的供
电插头，4 针的

齿轮副

伞齿轮机构
通气装置

机电一体模块 J743
的供电插头，16 针的
低摩擦转动导向部分，
用于离合器 K1 和 K2

MTF 加注和
检查螺塞

ATF 主机油泵
传动齿轮
机电一体模块
J743

变速器油辅助
液压泵 1 V475

MTF 排放螺塞　伞齿轮机构　变速器输入轴毂　离合器 K2 离合器 K1 ATF 主机油泵

图 3-6-4

（一）0GC 变速器

相对于其前代型号，主要改进集中在提高效率方面。

（1）水平式压力机油滤清器。

（2）驱动轴和差速器采用低摩擦轴承。

（3）离合器转动导向部分、离合器盖和变速器输入轴毂之间以及驱动轴轴承处采用低摩擦油封。

（4）使用低黏度 ATF，降低齿轮副的摩擦损失。

（5）液压系统抗泄漏能力更强，这就使得所需的压力可以低些，因此消耗的泵功率也小。

（6）ATF 供油系统采用双泵系统。

（二）机电一体模块 J743

7挡双离合器变速器的机电一体模块 0GC 是浸在 ATF 油池内工作的，其结构与 7 挡双离合器变速器 0BT 上的机电一体模块基本一致。

通过使用滑阀来减少泄漏损失。液压系统中增加了压力调节阀。

N218，它通过辅助液压泵 1 V475 来控制 ATF 的供给。

（三）齿轮副

奇数挡 1、3、5、7 布置在分变速器 1 中；偶数挡位 2、4、6 和 R 布置在分变速器 2 中。

（四）机电一体模块 J743

齿轮副、双离合器和机电一体模块 J743 使用的是同一个 ATF 供油系统。机电一体模块有其专用的机油腔，该腔内注满 ATF（高至溢流缘），因此所有的电磁阀都是浸在机油中来工作的，这样可保证电动液压控制单元的通气彻底和电磁阀线圈的冷却。

齿轮副机油腔内的 ATF 高度降至最低位置，这是为了避免不必要的搅动损失，如图 3-6-5 和图 3-6-6 所示。

1.变速器机油辅助液压泵 1 V475

如图 3-6-7 所示。

辅助液压泵 V475 由双中心泵和电机组成。该泵由一个 4 针插头来供电。泵的电子系统通过 CAN 总

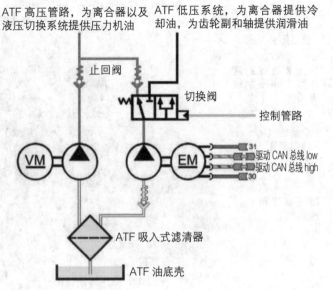

机电一体模块机
油腔内的 ATF 液
面高（溢流缘）

齿轮副的
ATF 液面高
（溢流管）

图 3-6-5

ATF 高压管路，为离合器以及
液压切换系统提供压力机油

ATF 低压系统，为离合器提供冷
却油，为齿轮副和轴提供润滑油

止回阀

切换阀

控制管路

VM

EM

31
驱动 CAN 总线 low
驱动 CAN 总线 high
30

ATF 吸入式滤清器

ATF 油底壳

VM.内燃机，驱动主机油泵 EM.电机，驱动辅助液压泵

图 3-6-6

线从机电一体模块 J743 来获取指令。该泵在有需要时，会为下述功能提供帮助。

（1）在智能启停工况时为离合器 K1 和 K2 提供 ATF。

（2）为离合器冷却提供 ATF。

（3）在惯性滑行模式时为液压切换系统提供 ATF。

（4）为齿轮副和轴润滑提供 ATF。

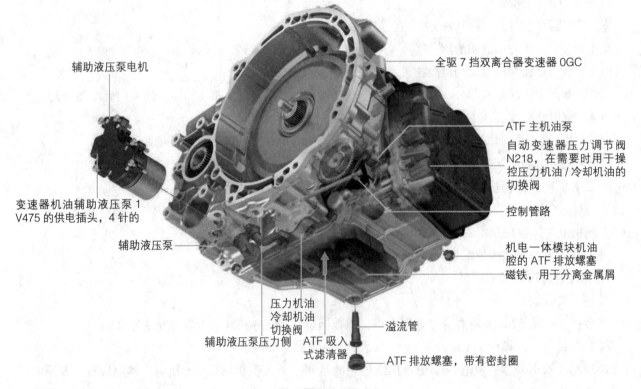

辅助液压泵电机

全驱 7 挡双离合器变速器 0GC

ATF 主机油泵

自动变速器压力调节阀
N218，在需要时用于操
控压力机油 / 冷却机油的
切换阀

控制管路

机电一体模块机油
腔的 ATF 排放螺塞

磁铁，用于分离金属屑

变速器机油辅助液压泵 1
V475 的供电插头，4 针的

辅助液压泵

压力机油
冷却机油
切换阀

溢流管

辅助液压泵压力侧 ATF 吸入
式滤清器

ATF 排放螺塞，带有密封圈

图 3-6-7

2.压力机油 / 冷却机油切换阀

辅助液压泵的供油方式是由一个液压操纵的方向阀来控制的，这个方向阀由机电一体模块 J743 内的压力调节阀 N218 来操控。

在未激活状态，切换阀将辅助液压泵的供液引向机电一体模块 J743 的高压管路内并为变速器提供压力机油。如果通过压力调节阀 N218 激活了切换阀，那么辅助液压泵的供液就被引向低压管路，用于为离合器进行冷却和为变速器提供润滑了。跟随 3/2 方向阀的止回阀因反向作用着高压而保持关闭状态。

3. ATF 主机油泵

这个 ATF 主机油泵是通过一个直接与双离合器相连的齿轮来驱动的（是一种固定的机械驱动）。由于使用了滑阀之类的措施减少了泄漏损失，因此这个主机油泵可以设计得更小且更高效。

为了平衡最大功率以及实现智能启停功能或者惯性滑行功能，就使用了辅助液压泵 V475 来支持主机油泵。

ATF 主机油泵用于实现下述任务：

（1）为离合器 K1 和 K2 提供 ATF。

（2）为离合器冷却提供 ATF。

（3）为液压切换系统提供 ATF。

（4）为齿轮副和轴润滑提供 ATF。

说明：机电一体模块机油腔和齿轮副的 ATF 液面高是通过机电一体模块机油腔的溢流槽以及通过溢流管来调节的。机电一体模块机油腔，在行车中是通过电磁阀分出机油来充满的。

（五）变速器功能和影响变速器控制的功能

1. 奥迪 drive select

奥迪 drive select 可用来选择车辆不同的行驶模式。奥迪 Q2 上有 efficiency、comfort、auto、dynamic 和 individual 这几种模式可供选用。

变速器特性根据具体市场，按用户要求进行适配。因此，我们在这里只能展示各模式间典型的不同之处了。

在 efficiency 模式时，换挡点处在低转速区域且在 D 挡也能实现惯性滑行模式（只要条件满足的话），请参见使用说明书。使用该模式可以帮助驾驶员以省油的方式驾车行驶。

在 comfort 模式和 auto 模式时，换挡点的选择是以舒适性为主、性能均衡且适于日常使用的。

在 dynamic 模式时，换挡点处于较高转速区。

在 individual 模式时，驾驶员可以在奥迪 drive select 的 comfort、auto 或者 dynamic 模式下自由选择发动机—变速器性能匹配而不必考虑车辆系统。

2. 其他功能

除了奥迪 drive select 外，变速器控制还可以参与其他车辆功能，比如：

①强制降挡功能；

②手动换挡（tiptronic 模式）；

③起步控制程序（仅指 0GC /0D9 变速器）；

④惯性滑行模式；

⑤智能启停系统；

⑥下坡辅助功能。

大家应熟知这些功能了，这些功能一方面可提高舒适性，另一方面提高行车效率。

（六）售后服务

1. 使用车辆诊断仪

介绍 7 挡双离合器变速器 0GC 和全驱离合器 0CQ 的诊断内容。在车辆诊断仪上选择相应的地址码，就可以使用诊断功能了。

2. 地址码 0002 变速器电子装置

使用地址码 0002 变速器电子装置，就可以与自动变速器控制单元进行对话了，可以通过 0GC 变速器的查询诊断结果和选挡杆传感器情况。另外，列出的诊断功能也可以用于评估和操纵 0GC 变速器。

（1）识别服务。

（2）检查 SVM 控制单元配置，具体检查的是软件的有效性、车辆编码和适配通道。

（3）故障存储器，读取 / 清除。

（4）机电一体模块的基本设定。

①重置安装信息。

②变速器基本设定，机电一体模块自学习值被重置，执行了离合器和换挡执行器的快速适配。

③变速器的自适应行车。

（5）更换机电一体模块，更换了机电一体模块后，要进行下述工作。

①防盗器自适应。

②检查机电一体模块的编码。

③变速器基本设定。

（6）读取测量值。

（7）给控制单元编制代码。

（8）适配安装信息，该工作应在完成下述内容后来进行。

①软件升级。

②更换控制单元。

③更换选挡杆。

④检修方向盘翘板开关。

⑤更换了某个控制单元，比如发动机的、ABS 的或者网关。

（9）检查机油油面高度，通过显示 ATF 温度来帮助检查 ATF 液面高度。

3. 地址码 0022 全轮驱动电子装置

全轮驱动控制单元 J492 可以用车辆诊断仪通过地址码 0022 全轮驱动电子装置来选定，并可通过全轮驱动离合器 0CQ 来查询诊断结果。另外，列出的诊断功能也可以用于评估和操纵全轮驱动离合器 0CQ。

（1）控制单元识别。

（2）检查 SVM 控制单元配置，具体检查的是软件的有效性、车辆编码和适配通道。

（3）故障存储器，读取 / 清除。

（4）执行元件诊断，要想激活执行元件诊断，内燃机必须运转着、ATF 温度＜60℃且车辆必须是停着不动的。

如果激活了执行元件诊断，那么在车速达到 6 km/h 前，全轮驱动离合器一直是接合着的。如果在已激活执行元件诊断的情况下开车行驶时把方向盘打死，那么动力传动系就受力了，车辆后桥会抖动。

如果车速达到 6 km/h，那么全轮驱动离合器就脱开了，通过动力传动系明显放松就能感觉出来，表示全轮驱动离合器在执行其基本功能。

（5）基本设定，通过基本设定来将全轮驱动离合器泵 V181 与已存储在全轮驱动控制单元 J492 内的特性曲线相匹配。

（6）读取测量值。

（7）更换控制单元，包括了更换控制单元的所有工作步骤。

4. 全轮驱动的应急工况

在全轮驱动控制单元 J492 的印刷电路板上有两个温度传感器，用于监控电子部件的温度。离合器片的温度会被计算出来，按照超过的温度极限值，会让全轮驱动离合器停止工作，这时不会有警报灯提示信息的。

5.更换全轮驱动离合器泵 V181

在更换了全轮驱动离合器泵 V181 后，首先要校正全轮驱动离合器的机油油面高度。随后需要在车辆停住的情况下进行基本设定并再次校正机油油面高度。最后需要进行执行元件诊断。

6.变速器警报指示灯

如果组合仪表上出现这个红色的变速器指示灯，就提醒驾驶员不得再继续开车行驶了，如图 3-6-8 所示。

如果组合仪表上出现这个黄色的变速器指示灯，那么一般是可以开车继续行驶的，这时会有相应的提示信息来提示驾驶员该怎么做，如图 3-6-9 所示。

图 3-6-8

图 3-6-9

7.牵引

如果必须牵引配备有自动变速器的奥迪 Q2，必须符合奥迪规定的常用限制条件：

（1）将驻车锁应急开锁。

（2）将选挡置于挡位 N。

（3）牵引车速不得超过 50 km/h。

（4）牵引距离不得超过 50 km。

（5）如果要抬起车桥来牵引，那只能抬起前桥。

8.原因

当发动机不工作时，就无法驱动机油泵了，那么变速器上某些部件就无法得到润滑。牵引时如不注意这些条件，可能会导致变速器严重损坏。

第七节　奥迪 Q3（F3）传动系统

一、一览

如图 3-7-1 所示。

（一）变速器

奥迪 Q3（车型 F3）上市时，有下述变速器可供选择，具体则取决于具体市场上的发动机—变速器组合了。

①6 挡手动变速器 02Q（MQ350-6F）；

②6 挡手动变速器 0BB（MQ350-6A）；

③6 挡双离合器变速器 0D9（DQ250-6F）；

④7 挡双离合器变速器 0GC（DQ381-7F）；

⑤7 挡双离合器变速器 0DL（DQ500-7A）；

⑥8 挡自动变速器 09P（AQ450-8A）。

所有这些变速器都是德国大众集团久经考验的知名变速器，与横置发动机配合使用。

手动变速器是通过拉索来实现换挡的，其离合器是通过离合器总泵和离合器分泵来液压操纵的。

在 2003 年，6 挡双离合器变速器 02E 首次用于奥迪车。0D9 变速器采用同一结构，自 2013 年起用于奥迪车，它支持的发动机扭矩高达 350 N·m。7 挡双离合器变速器 0GC 自车型年 2017 起用于奥迪 A3（车型 8V）和奥迪 Q2（车型 GA），自此后该变速器用于发动机扭矩高达 420 N·m 的车型上。7 挡双离合器变速器 0DL 首次是用在了车型年 2016 的奥迪 RS3 和车型年 2017 的奥迪 TTRS 上。0DL 变速器结构与 7 挡双离合器变速器 0BT 相同，用于发动机扭矩高达 600 N·m 的车型上。

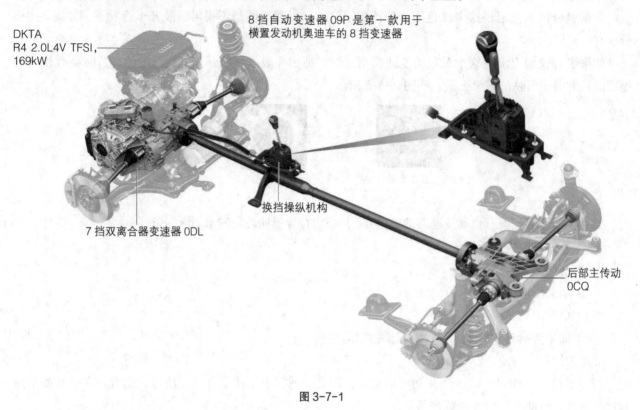

图 3-7-1

1.7 挡双离合器变速器 0DL

（1）生产厂家内部名称：DQ 500-7A。

（2）名义 / 最大发动机扭矩：500 N·m/600 N·m。

（3）两个机油冷却式多片式离合器，电动液压操纵的。

（4）两个分变速器采用全同步挡。

（5）机电一体模块集成有控制单元以及传感器和执行器。

（6）液压系统和变速器使用共同的机油系统。

（7）由永久机械驱动式机油泵来为液压控制系统和变速器润滑供应机油。

2. 后部主传动 0CQ

（1）可传递的发动机扭矩 > 400 N·m。

（2）全轮驱动装置可体内装有全轮驱动离合器 0CQ。

该离合器是第五代可调式全轮驱动离合器。

（二）自动变速器的换挡操纵机构

如图 3-7-2 所示。

奥迪 Q3（车型 F3）上自动变速器换挡操纵机构采用大家熟知的操作逻辑 P、R、N、D/S。左置

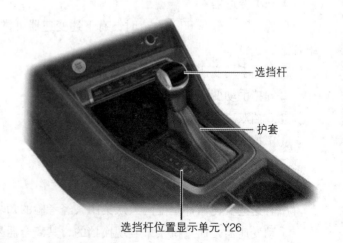

图 3-7-2

方向盘车和右置方向盘车的形式是不同的。在右置方向盘车上，tiptronic 通道是在左侧，显示单元在右侧。

另外，要注意双离合器变速器的换挡操纵机构和 8 挡自动变速器 09P 的换挡操纵机构的不同。

双离合器变速器 0D9、0GC 和 0DL 的换挡操纵机构与奥迪 A1 Sportback（车型 GB）上的换挡操纵机构是相同的。

配备有 8 挡自动变速器 09P 的奥迪 Q3（车型 F3）上的换挡操纵机构在结构上是相同的，由于 09P 变速器带有多功能开关（该开关是用于将所选行驶挡位报告给变速器控制单元的），那么换挡操纵机构的功能有所减少。

1. 驻车锁应急开锁

要想给选挡杆锁开锁，必须打开中控台上的选挡杆护套。换挡操纵机构壳体上的一个开口处可以看到黄色的应急开锁装置。用一把螺丝刀向下按压应急开锁装置，那么选挡杆锁就开锁了。

应急开锁装置在下述情况时会用到：

①选挡杆锁电磁铁出故障时；

②在车载供电系统电压不足而想调车 / 让车运动时。

注意：在操纵驻车锁应急开锁机构前，必须保证车辆不发生溜车。

2. 6 挡手动变速器 02Q

如图 3-7-3 所示。

（1）生产厂家内部名称 MQ 350-6F。

（2）名义 / 最大发动机扭矩 350 N·m。

（3）单片干式离合器，采用液压操纵。

（4）全同步挡。

（5）倒车灯开关。

（6）变速器空挡位置传感器（用于自动启停功能）。

图 3-7-3

3. 6 挡手动变速器 0BB

如图 3-7-4 所示。

（1）生产厂家内部名称 MQ 350-6A。

（2）名义 / 最大发动机扭矩 350 N·m。

（3）单片干式离合器，采用液压操纵。

（4）全同步挡。

（5）倒车灯开关。

（6）变速器空挡位置传感器（用于自动启停功能）。

4. 6 挡双离合器变速器 0D9

如图 3-7-5 所示。

（1）生产厂家内部名称 DQ 250-6F。

（2）名义 / 最大发动机扭矩 250 N·m/350 N·m。

（3）两个机油冷却式多片式离合器，电动液压操纵的。

图 3-7-4

（4）两个分变速器采用全同步挡。

（5）机电一体模块集成有控制单元以及传感器和执行器。

（6）液压系统和变速器使用共同的机油系统。

（7）通过温度管理来对机油系统的温度进行调节。

（8）由永久机械驱动式机油泵来为液压控制系统和变速器润滑供应机油。

5.7 挡双离合器变速器 0GC

如图 3-7-6 所示。

（1）生产厂家内部名称 DQ 381-7F。

（2）名义 / 最大发动机扭矩 380 N·m/420 N·m。

（3）两个机油冷却式多片式离合器，电动液压操纵的。

（4）两个分变速器采用全同步挡。

（5）机电一体模块集成有控制单元以及传感器和执行器。

图 3-7-5

（6）液压系统和变速器使用共同的机油系统。

（7）通过温度管理来对机油系统的温度进行调节。

（8）由永久机械驱动式机油泵和变速器机油辅助液压泵 1 V475 来为液压控制系统和变速器润滑供应机油。

图 3-7-6

自动变速器控制单元 J217 位于右前车轮拱板下方的翼子板内。多功能开关 F125 连着拉索，用于将所选行驶挡位告知控制单元 J217，如图 3-7-7 所示。

该变速器的行星齿轮副可以实现 8 个挡位，这些挡位由 4 个多片式离合器、1 个带式制动器 B1、1 个多片式制动器 B2 以及 1 个单向离合器来实现切换。

09P 变速器配备有电磁驱动的变速器机油辅助液压泵 1 V475，该泵可使得

二、8 挡自动变速器 09P

8 挡自动变速器 09P 的生产厂家内部名称是 AQ450-8A，它是从 6 挡自动变速器 09G 发展而来的。09P 变速器的开发者和生产者是日本的 AISIN AW 集团公司。

该变速器首次是用在了北美（NAR）和墨西哥市场上 2017 车型年的 VW Tiguan 车上的。该变速器目前也仅用于北美市场上的奥迪 Q3（车型 F3）上。

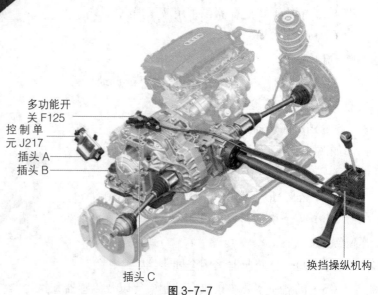

多功能开关 F125
控制单元 J217
插头 A
插头 B
插头 C
换挡操纵机构

图 3-7-7

变速器能支持自动启停系统。

1.换挡矩阵：09G 变速器

如表 3-7-1 所示。

表 3-7-1

阀	N217	N218	N233	N371	N216	N88	
换挡元件	离合器1	离合器2	离合器3	离合器4	制动器1	制动器2	
1挡	○	—	—	—	—	*	○
2挡（N89）	○	—	—	—	○	—	○
3挡（N89）	○	—	○	—	○	—	—
4挡	○	—	—	○	—	—	—
5挡	○	○	—	—	—	—	—
6挡	—	○	—	○	—	—	—
7挡	—	○	○	—	—	—	—
8挡	—	○	—	—	○	—	—
R挡	—	—	○	—	—	—	—

注：○ 使用着。

  — 未使用。

  * 在tiptronic模式时，制动器2锁住单线离合器，可利用发动机制动。

2.功能图

如图 3-7-8 所示。

3.换挡矩阵：多功能开关F125

如图 3-7-9 所示。

这个多功能开关换挡矩阵表示出了在相应挡位上哪些触点接通了。

4.功能图，配备 09P 变速器的车的换挡操纵机构

在配备有 8 挡自动变速器 09P 的奥迪 Q3（车型 F3）上，其换挡操纵机构在结构上与双离合器变速器的换挡操纵机构是相同的。由于 09P 变速器配备有多功能开关（该开关用于将所选挡位告知变速器控制单元），因此换挡操纵机构的功能有所减少，该换挡操纵机构功能仅限于 P 信号和识别 tiptronic 模式以及用于 Tip+ 和 Tip- 的频率调制信号。

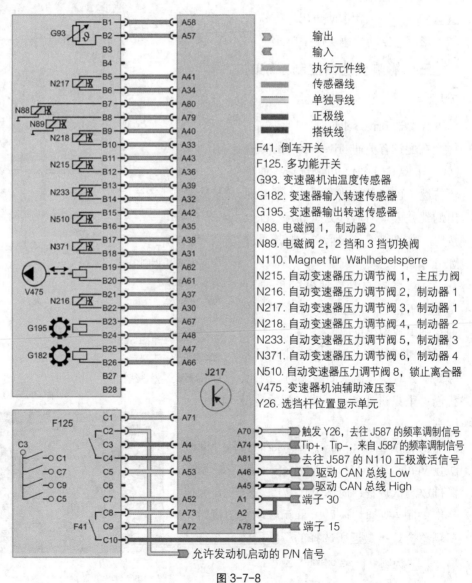

G93．变速器机油温度传感器

输出
输入
执行元件线
传感器线
单独导线
正极线
搭铁线

F41．倒车开关
F125．多功能开关
G93．变速器机油温度传感器
G182．变速器输入转速传感器
G195．变速器输出转速传感器
N88．电磁阀 1，制动器 2
N89．电磁阀 2，2 挡和 3 挡切换阀
N110．Magnet für Wählhebelsperre
N215．自动变速器压力调节阀 1，主压力阀
N216．自动变速器压力调节阀 2，制动器 1
N217．自动变速器压力调节阀 3，制动器 1
N218．自动变速器压力调节阀 4，制动器 2
N233．自动变速器压力调节阀 5，制动器 3
N371．自动变速器压力调节阀 6，制动器 4
N510．自动变速器压力调节阀 8，锁止离合器
V475．变速器机油辅助液压泵
Y26．选挡杆位置显示单元

A70 — 触发 Y26，去往 J587 的频率调制信号
A74 — Tip+，Tip-，来自 J587 的频率调制信号
A81 — 去往 J587 的 N110 正极激活信号
A46 — 驱动 CAN 总线 Low
A45 — 驱动 CAN 总线 High
A1 — 端子 30
A78 — 端子 15
— 允许发动机启动的 P/N 信号

图 3-7-8

选挡杆位置显示单元 Y26 是通过频率调制信号来激活的，该信号是通过单独导线从变速器控制单元传过来的。

换挡操纵机构的所有功能和连接都是由自动变速器控制单元 J217 来检查和诊断的，如图 3-7-10 所示。

a.E313，选挡杆（换挡操纵机构）的构成；

b.F319，选挡杆开关（锁止在 P）；

c.J587，选挡杆传感器控制单元；

d.G727，选挡杆位置传感器；

e.N110，选挡杆锁止电磁铁。

如果这些部件中的某个要是损坏了，那只能更换这个大总成了。

Y26，选挡杆位置显示单元；

N376，点火钥匙防拔出锁磁铁；

J217，自动变速器控制单元。

三、影响变速器控制系统的功能

1.奥迪 drive select

在配备有奥迪 drive select 的奥迪 Q3（车型 F3）上，可以选择各种车辆特性（也就是驾驶模式）。下面列出的驾驶模式可通过奥迪 drive select 按键，如图 3-7-11 所示，或者通过 MMI 来选择。

在配备有自动变速器的奥迪 Q3（车型 F3）上，变速器控制系统对各种驾驶模式做出反应。

变速器特性是根据各个市场的特殊要求针对用户需求而匹配的。因此，我们这里只讲述各个模式之间的典型区别。

根据 WLTP（Worldwide Harmonized Light-Duty Vehicles Test Procedure，全球统一轻型车辆排放测试规程，简称 WLTP），端子 15 完成一次关闭 / 接通切换后，重新启动发动机时，车辆总会处于最近所选择的行驶模式且在行驶挡 D。唯一例外的是 offroad 这个模式。

（1）offroad。

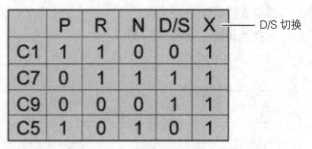

	P	R	N	D/S	X
C1	1	1	0	0	1
C7	0	1	1	1	1
C9	0	0	0	1	1
C5	1	0	1	0	1

D/S 切换

图 3-7-9

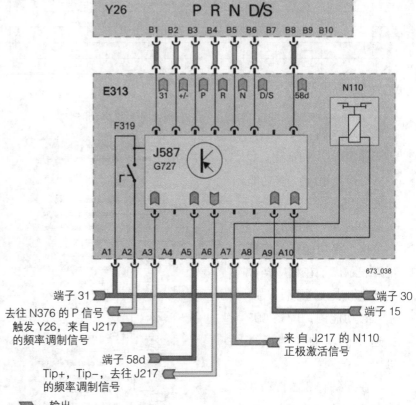

端子 31

去往 N376 的 P 信号

触发 Y26，来自 J217 的频率调制信号

端子 58d

Tip+，Tip−，去往 J217 的频率调制信号

端子 30

端子 15

来自 J217 的 N110 正极激活信号

输出

输入

执行元件线

单独导线

正极线

搭铁线

图 3-7-10

Drive select 按键

图 3-7-11

在 offroad 模式时，变速器控制系统通过适配功能来支持越野行车。行驶挡显示是 D，D1-6、D1-7 或 D1-8。

行驶挡选择是根据固定的换挡程序来进行的。挡位保持时间长（就是换挡迟）。行驶挡 S 不可用，但在 tiptronic 模式（手动换挡模式 M）时可以手动换挡。

在 tiptronic 模式 M1-6、M1-7 或 M1-8 时，强制升挡就被停用了。发动机工作至转速极限时不会升挡，这样可避免反复换挡（我们不希望出现这种反复换挡）。

停用强制升挡功能可使得发动机在最高转速时让车辆停在坡上。即使在短时失去牵引力时，也能保持挡位，这样在车轮上又获得最大牵引时，能保证有最大的驱动力矩可供使用。

在下坡行驶时，通过停用强制升挡，可以充分利用发动机制动效应。为了防止发动机转速过高，在达到特定发动机转速时会升挡。

在端子切换后（端子 15 关闭 / 接通），那么重新启动发动机时是在 auto 模式和行驶挡 D。

（2）efficiency。

行驶挡显示为 E，E1-6 或 E1-7。换挡时刻选择是按照固定的换挡程序来进行的，尽可能提前升挡且尽可能延迟降挡（在降低发动机功率的情况下）。

这样对燃油消耗和 CO_2 排放均有益。

在 efficiency 模式时，tiptronic 模式以及行驶挡 S 均可使用。

（3）comfort。

变速器控制系统的状态与模式 auto 时是一样的。

（4）auto。

行驶挡 D，D1-6、D1-7 或 D1-8：换挡时刻选择是按照舒适目的来进行的。

行驶挡 S，S1-6、S1-7 或 S1-8。在行驶挡 S 时，变速器控制系统处于运动程序状态。换挡时刻选择是强调运动性的，并会与发动机的功率相适应。换挡时间短促并可感觉出在换挡。

（5）dynamic。

如果选择了 dynamic 模式，那么变速器控制系统就会激活运动程序（行驶挡 S）。在 dynamic 模式时，可随时切换到行驶挡 D。

（6）individual。

在 individual 模式时，驾驶员可不依赖于其他车辆系统来自由选择变速器特性。

菜单项驱动系统包括发动机、变速器和自动启停系统。通过这个菜单项可以选择经济、均衡或者运动这几种形态。

这几种形态对应着下述 奥迪 drive select 模式：

①经济对应奥迪 drive select 的 efficiency 模式；

②均衡对应奥迪 drive select 的 auto 模式；

③运动对应奥迪 drive select 的 dynamic 模式。

2. 惯性滑行模式（空载模式）

配备有自动变速器和奥迪 drive select 的车，有惯性滑行模式（空载模式）可供使用。在处于惯性滑行模式（空载模式）时，如果满足下述前提条件的话，离合器在减速超速时会脱开，传往发动机的动力会中断。于是车辆就以所谓的惯性滑行模式在运动了，这可以节约燃油并减少尾气排放。只有当 efficiency 模式被激活且选择了行驶挡 D 时，才会激活惯性滑行模式（空载模式）。

（1）惯性滑行模式（空载模式）工作需满足下述条件。

①车速在 16~130 km/h 之间。

②加速踏板位置0%，只要识别出加速踏板位置0%且最后一次换挡已完成了，那么传往发动机的动力立即就会中断。

③梯度或斜度<8%，这个坡度是通过制动器电子系统内的纵向加速度传感器侦测而得的。

（2）关闭条件。

①踩动了制动踏板。

②操纵了tiptronic方向盘上的"Tip-"。

③脱离了行驶挡D。

④车速调节装置被激活或者处于激活状态。已接通但未激活的车速调节装置不是关闭条件。

⑤梯度或斜度>10%。

⑥下坡时车速大于车速调节装置设定的车速。

在惯性滑行模式（空载模式）工作过程中，变速器控制单元借助车速来预选一个合适的挡，这样就使得离合器能在任何时候舒适地接合了。

在惯性滑行模式（空载模式）工作过程中，发动机转速降至怠速转速。如果惯性滑行模式（空载模式）是在较高车速时工作了，那么发动机会花费1~2s来达到所需的同步转速。

3. 自动启停系统

特定的市场才会有自动启停系统，该系统有助于节省燃油，从而也就减少了CO_2排放。当车辆停住时（比如在红绿灯处），该系统会自动将发动机关闭。一旦发动机被自动启停系统关闭了，那么组合仪表上会出现自动启停模式指示灯。

（1）手动变速器，如图3-7-12所示。

6挡手动变速器
02Q（MQ350-6F）

倒车灯开关F4

变速器空挡位置传感器G701

图3-7-12

手动变速器要想执行这个功能，需要用到变速器空挡位置传感器G701。变速器处于空挡位置（就是说未挂入任何挡位），是在自动启停模式时关闭发动机的前提条件之一。如果车辆停住且自动启停模式的所有其他条件都满足了，那么只要变速器处于空挡位置且驾驶员将脚移离离合器踏板，那么发动机就会关闭了。

发动机关闭时，组合仪表上会亮起指示灯。如果踩动离合器踏板，那么发动机就会再次启动，指示灯也会熄灭。

（2）奥迪Q3（车型F3）的变速器支持自动启停系统，如图3-7-13所示。

（3）自动变速器。

配备有自动变速器的车必须选择行驶挡P、N或D，这样才能执行自动启停功能。

如果满足自动启停模式的所有条件，那么踩动了制动踏板且

图3-7-13

产生了足够大的制动压力时，车辆在停住前的车速低于7 km/h时就会关闭发动机了。为此，变速器必须中断发动机与变速器之间的动力传递。一旦发动机关闭了，组合仪表上会亮起指示灯。

如果在车辆停住前，驾驶员将脚移离制动踏板，那么发动机会再次启动且指示灯会熄灭。如果驾驶员将脚放在制动踏板上，那么在车辆停住前发动机一直保持关闭状态，直至车辆停住，只有在驾驶员将脚移离制动踏板时才会再次启动。

4.方向盘tiptronic功能的特点

"D/S挡的tiptronic功能"，使用该功能可以随时执行手动换挡。在处于奥迪drive select模式E时以及车辆在惯性滑行时，该功能也是可用的。为此，通过操纵电动开关，变速器控制单元会切换到手动模式（tiptronic模式），有一定时长限制。

在此过程中，选挡杆位置显示器Y26上会亮起D/S符号，组合仪表上会出现M1-6、M1-7或M1-8这样的挡位显示。

在下述情况下，这个约8s的倒计时会中断：

①以运动方式驾驶车辆；

②转弯行驶；

③减速超速工况；

④用方向盘tiptronic选择了某个挡位。

如果车辆保持正常而稳定的行驶状态达到约8s，那么会再次切换回行驶挡D或S。

5.自适应车速辅助和自适应驾驶辅助

这两个系统会干预自动变速器的变速器控制系统，它们会调节车辆的纵向运动。自适应驾驶辅助系统还能调节车辆的横向运动。这就是所谓的车道保持中间位置功能（也叫车道引导功能），该功能用于保证车辆行驶在车道中央。

如果纵向调节激活了，那么就会调节车速且必要时会调节与前车的车距。车辆可被调节至停住，也可再次起步行驶。

在此过程中，挡位会按照车速来切换，车辆停住时传往发动机的动力会中断（就是离合器脱开了）。

四、售后服务

1.牵引

（1）在自动变速器车上操纵驻车锁应急开锁装置。

（2）牵引速度不超过50 km/h。

（3）牵引距离不超过50 km。

2.变速器指示灯

（1）如图3-7-14所示。

如果组合仪表上出现这个红色的变速器指示灯，就是警告驾驶员不得继续开车行驶了。

（2）如图3-7-15所示。

如果组合仪表上出现这个黄色的变速器指示灯，表示可以继续开车行驶。有相应的驾驶提示来提醒驾驶员应该做什么。

图3-7-14

3.诊断

自动变速器的电气/电子部件以及控制和调节过程是可以进行诊断的。

借助车辆诊断仪使用地址码02就可以查询诊断结果。

图3-7-15

第八节 奥迪 Q5（FY）传动系统

一、一览

奥迪 Q5（车型 FY）传动系统的改动和新特点早已在奥迪 A4（车型 8W）和 A5（车型 F5）上使用过了。相应的备注可指示您在何处可以找到这些信息。

全轮驱动方面，将来会根据发动机型号和用户需求采用下述全驱结构：

① ultra quattro 四驱技术；

② 带有中间差速器的 quattro 四驱；

③ 带有运动型差速器的 quattro 四驱。

如图 3-8-1 所示，展示的是配备有 7 挡双离合器变速器 0CJ 以及 ultra quattro 四驱技术时的传动系统情况。

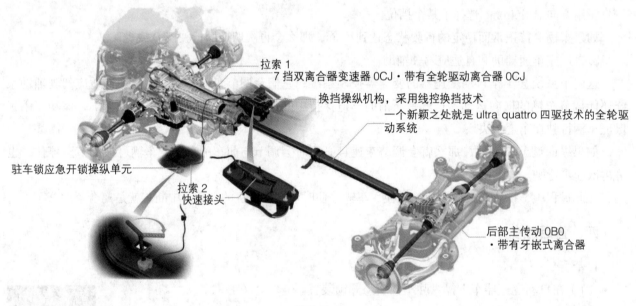

图 3-8-1

1. 驻车锁应急开锁

应急开锁拉索是分体式的（两件式的）。在换挡操纵机构附近有一个快速接头，它负责将这两根拉索连接在一起。这个操纵部件位于驾驶员侧的地毯下面，操纵与奥迪 A4（车型 8W）上的类似。

2. 手动变速器和自动变速器一览

根据发动机型号，有下述变速器可用，如表 3-8-1 所示。

表 3-8-1

PR 号	生产厂所用名称	售后服务中所用名称	营销时所用名称	驱动结构
G0K	ML322-6F	6 挡手动变速器 0DJ，带有 ESS[1]	—	前驱
G0L	ML402-6A	6 挡手动变速器 0CX，带有 ESS[1]	—	Uttra quattro 四驱技术
G1D	DL382-7A	7 挡双离合器变速器 0CJ	S-tronic	Uttra quattro 四驱技术
G1G	AL552-8Q	8 挡自动变速器 0D5	tiptronic	带有自锁式中间差速器的 quattro 四驱 带有运动型差速器的 quatrro 四驱（选装）

注：1）ESS = 喷油润滑。

3.后桥主传动

根据 quattro 结构和用户需求，有下述后桥主传动可用，如表 3-8-2 所示。

表 3-8-2

PR 号	生产厂所用名称	售后服务中所用名称	配合使用的变速器	quattro 结构
GH1	HL195.S2M	后部主传动 0D2	0D5	带有自锁式中间差速器的 quattro 四驱
GH2	HL195.T2M	后部主传动 0D3	0D5	带有运动型差速器的 quattro 四驱（选装）
GH4	HL165.U1M	后部主传动 0B0	0CJ/0CX	Ultra quattro 四驱技术

二、Ultra quattro 四驱技术

1.系统简介

quattro 代表着出色的牵引力、行驶动力学性能和安全性。这种 ultra 技术使得这些典型的 quattro 特性中又增加了高效这个内容。

Ultra quattro 四驱技术是一种常时全轮驱动系统，带有后桥主动调节力矩分配这个功能。集成在 ESC 控制单元内的电子差速锁 EDS（所有被驱动车轮）和车轮力矩矢量控制都属于该系统，能改善牵引力和行驶动力学性能。该系统包含一个电子调节的全轮驱动离合器、带有离合执行器的全轮驱动控制单元和一个集成在后部主传动中的带有执行器的爪齿离合器（也叫牙嵌离合器）。

Ultra quattro 四驱技术的特色在于全轮驱动离合器与后部主传动中的牙嵌式离合器之间的完美配合。脱开这两个离合器，就可以让万向节传动轴和后部主传动部件不工作并减少拖动损失，从而就大大降低了燃油消耗并减少了 CO_2 排放。

在全轮驱动控制单元内，通过一个智能型全轮控制策略来持续地计算着行驶状态，并根据具体情况来把驱动力矩分配到后桥上。为了实现这个计算，全轮驱动控制单元是通过 FlexRay 总线与很多其他控制单元内联网，并按 10 ms 的节拍来接收和分析所有与车辆行驶状态相关的数据。如果识别出不需要全轮驱动的行驶状态（也就是全轮驱动此时并无优势），那么就会切换到前驱状态；如果识别出全轮驱动的行驶状态有优势，那么在 200 ms 内就会接通后桥传动（也就把适合于这个行驶状态的驱动力矩分配过来了）。

这个控制策略是智能的，它在大多数情况下，会提前约 500 ms 就计算好了，就是说如果需要全轮驱动了，那全轮驱动模式早就开始工作了。

2.配备 2.0LTFSI 发动机时的传动系统

如图 3-8-2 所示。

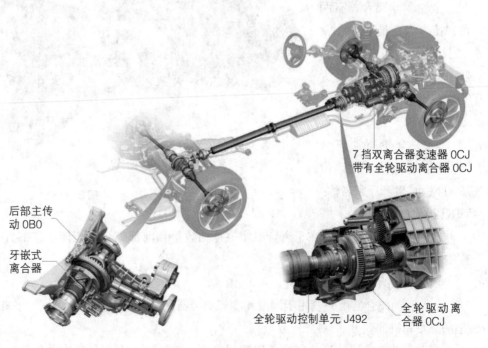

7 挡双离合器变速器 0CJ
带有全轮驱动离合器 0CJ

后部主传动 0B0

牙嵌式离合器

全轮驱动控制单元 J492

全轮驱动离合器 0CJ

图 3-8-2

3.系统部件。

全轮驱动离合器

这个全轮驱动离合器通过法兰连接在变速器上。它与下述部件一起构成了一个封闭的单元：

（1）全轮驱动控制单元 J492，如图 3-8-3 所示。

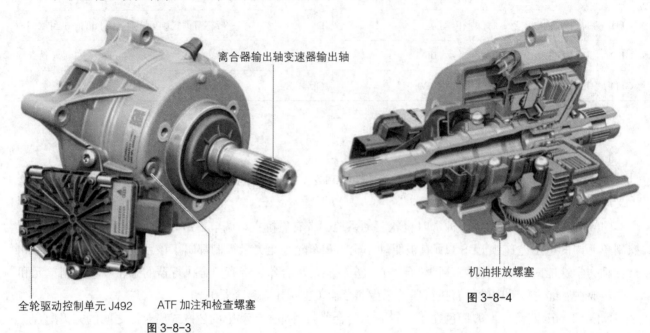

离合器输出轴变速器输出轴

全轮驱动控制单元 J492　　ATF 加注和检查螺塞

图 3-8-3

机油排放螺塞

图 3-8-4

（2）全轮驱动离合执行器 V622。

（3）全轮驱动离合器位置传感器 G969，如图 3-8-4 和图 3-8-5 所示。

全轮驱动离合器有两种，接合力矩是不同的：

（1）全轮驱动离合器 0CJ，接合力矩最高为 800 N·m，生产厂家名称：VTK080。

（2）全轮驱动离合器 0CX，接合力矩最高位 1200 N·m，生产厂家名称：VTK120。

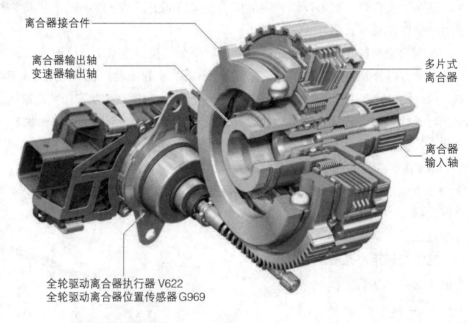

离合器接合件

离合器输出轴
变速器输出轴

多片式
离合器

离合器
输入轴

全轮驱动离合器执行器 V622
全轮驱动离合器位置传感器 G969

图 3-8-5

这两种离合器的不同在于离合器摩擦片的数量和前部离合器壳体（这部分壳体针对更大的接合力矩有所改动）。

4.机油供给，润滑／冷却

全轮驱动离合器由一套用于润滑和冷却离合器摩擦片的机油系统组成。该机油系统分成两个机油腔：机油腔 A 和机油腔 B。

有一个带有机油计量开口的专用控制机构，该机构一方面负责在全轮驱动时润滑和冷却全轮驱动离合器，另一方面在前驱时负责让机油腔 B 内的机油油面尽可能低（这是为了尽量减少机油搅动所消耗的功率）。

具体工作过程如下：在车辆行驶时，外摩擦片支架一直在被驱动运转着，于是机油就被甩入集油盘内并被输送至机油腔 A。

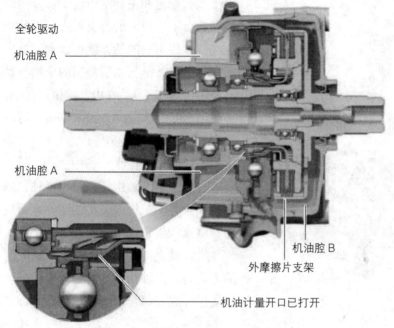

全轮驱动
机油腔 A
机油腔 A
机油腔 B
外摩擦片支架
机油计量开口已打开

图 3-8-6

（1）全轮驱动，如图 3-8-6 所示。

操纵了离合器，机油计量开口也就自动打开了，离合器由机油腔 A 来供应机油。ATF 在离合器摩擦片会由内向外流过，机油会进入机油腔 B。机油从这里再次被输送至机油腔 A，这是个机油循环过程。

（2）前轮驱动，如图 3-8-7 所示。

在前轮驱动模式时，这个离合器是完全脱开着的。在这个位置时，机油计量开口是关闭着的，且机油腔 A 和 B 之间的机油循环也就中断了。这时外摩擦片支架上的机油就被尽可能地输送至机油腔 A 中。

5. ATF 加注 / 检查机油油面高度

ATF 加注和检查螺塞通到机油腔 A 中。当机油腔 A 和 B 中的机油油面位于检查螺塞的下边缘处时，机油油位高度就是正确的，如图 3-8-8 所示。

就像先前说过那样，机油腔内的油面高度可能会有很大差异，因此在加注机油时和检查机油油面高度前，必须让这两个机油腔内的机油油面高度相等。

为了能让两个机油腔内机油油面高度相等，拧有机油排放螺塞的壳体是这样设计的：只要把机油排放螺塞松开 4~5 圈，就能让机油油位达到预期。

全轮驱动离合器 0CJ 和 0CX

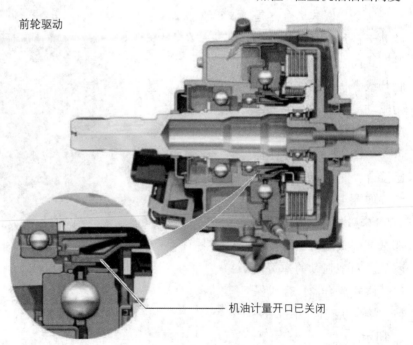

前轮驱动
机油计量开口已关闭

图 3-8-7

加注的机油可终生使用，不必更换。假如因维修原因而更换了 ATF，必须重置"机油老化自适应值"，具体见维修手册和车辆诊断仪。

6. 后部主传动 0B0

Ultra quattro 四驱技术的一个特色，就在于后部主传动中使用了爪齿离合器。全轮驱动离合器在脱开时，通过这个牙嵌式离合器，可以使得冠状齿轮传动机构（冠状齿轮和主动锥齿轮）和万向节传动轴与传动

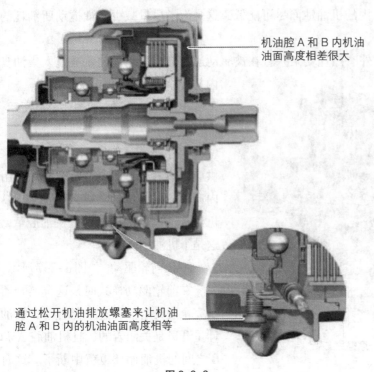

机油腔 A 和 B 内机油油面高度相差很大

通过松开机油排放螺塞来让机油腔 A 和 B 内的机油油面高度相等

图 3-8-8

连接或者分离，如图 3-8-10 所示。

这个牙嵌式离合器是借助于精致而高效的电动机械式离合器操纵装置来脱开或者接合的。使用全轮驱动离合器执行器 2 来操控离合器。

（1）牙嵌式离合器已接合。

如果离合器执行器 V623 未激活（未通电），那么牙嵌式离合器是接合着的。两个强劲的弹簧使得牙嵌式离合器接合或保持在接合状态，如图 3-8-11 所示。

系分离（也就是这些件就停住不动了），如图 3-8-9 所示。

由于前驱模式时，冠状齿轮传动机构（冠状齿轮和主动锥齿轮）和万向节传动轴会产生很大的拖曳损失，因此让这些件停住不动的话，就可以大大节省燃油了（当然是与以前使用的全轮驱动系统相比而言了）。在内部测试试验中，平均节省燃油约为 0.3L/100 km（与不分离的情形相比而言）。

7. 牙嵌式离合器

右侧的法兰轴由三根轴（半轴、蜗杆轴和法兰轴）构成。半轴与差速器内的右侧冠状齿轮连接在一起，另一端安放在蜗杆轴上。这个蜗杆轴以形状配合的方式与法兰轴相连。半轴与蜗杆轴可以通过牙嵌式离合器以形状配合的方式

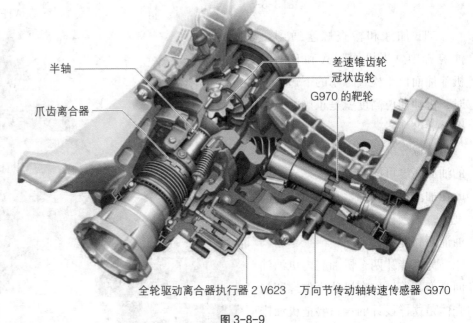

半轴

爪齿离合器

差速锥齿轮
冠状齿轮
G970 的靶轮

全轮驱动离合器执行器 2 V623 万向节传动轴转速传感器 G970

图 3-8-9

在牙嵌式离合器接合的状态时，驱动力就会从半轴被传送到法兰轴上了。

（2）牙嵌式离合器脱开，保持脱开状态。

Ⓐ如图 3-8-12 所示，如果给离合器执行器 2 V623 通上了电，那么它就会把分离杆压入蜗杆轴的花键内，于是就操纵了分离机构。那么蜗杆轴的旋转运动就会在分离杆上产生一个行程，这个行程会顶着弹簧力而将操控爪齿从花键中压出，于是牙嵌式离合器就脱开了。

Ⓑ如图 3-8-13 所示，大约转动 4 圈后，牙嵌式离合器就完全脱开了。于是分离机构就使得分离杆从

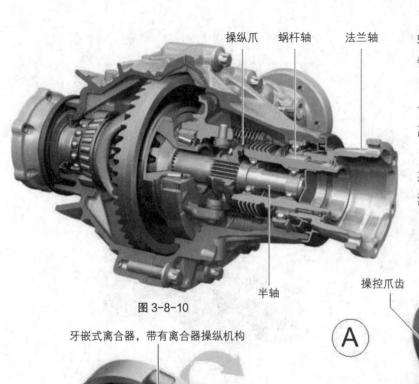

操纵爪　蜗杆轴　法兰轴

半轴

图 3-8-10

牙嵌式离合器，带有离合器操纵机构

弹簧

蜗杆轴

全轮驱动离合器执行器 2V623

图 3-8-11

蜗轮蜗杆机构上自动脱开并将分离杆锁定在该位置上了。

只要离合器执行器 2 V623 在用一个非常小的保持电流接通着，那么分离杆也就会一直被锁定在这个位置上。

如果牙嵌式离合器处于脱开状态，那么管状齿轮和主动锥齿轮就与法兰轴断开了。

（3）牙嵌式离合器 接合。

在牙嵌式离合器接合前，转速差

操控爪齿

Ⓐ

分离杆

图 3-8-12

Ⓑ

分离杆定位自锁

图 3-8-13

是通过可控式全轮驱动离合器来消解。

为了让牙嵌式离合器接合，可以让离合器执行器 2 V623 断电。于是分离杆被拉回，分离机构也就松开了，这时操控爪齿在弹簧力作用下被迅速压入花键中，牙嵌式离合器就接合了，如图 3-8-14 所示。

8. 从全轮驱动切换到前轮驱动

（1）全轮驱动行驶。

在全轮驱动模式时，后部主传动内的牙嵌式离合器是接合着的，全轮驱动离合器将全轮驱动控制

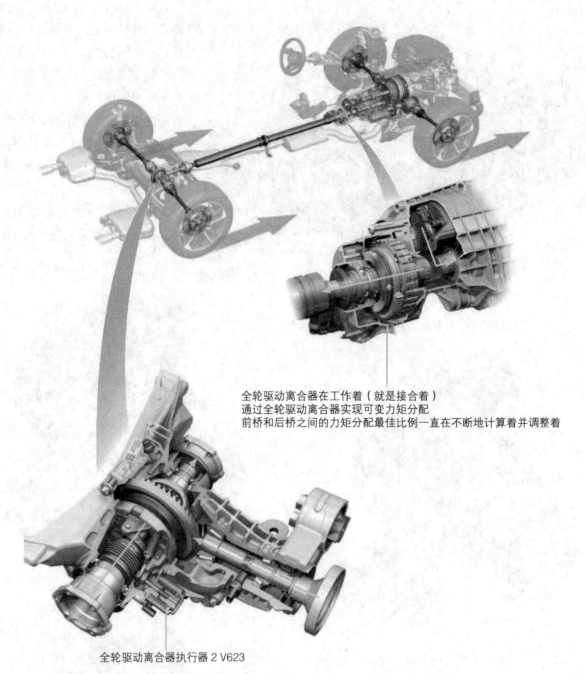

全轮驱动离合器在工作着（就是接合着）
通过全轮驱动离合器实现可变力矩分配
前桥和后桥之间的力矩分配最佳比例一直在不断地计算着并调整着

全轮驱动离合器执行器 2 V623

图 3-8-14

单元计算出的驱动力矩传到万向节轴上，也就传至后桥上了。

（2）关闭并切断全轮驱动模式。

如果识别出不需要全轮驱动的行驶状态（也就是全轮驱动此时并无优势），那么就会切换到高效的前轮驱动模式，如图 3-8-15 所示。

（3）全轮驱动离合器脱开。

首先是脱开全轮驱动离合器并分析前轮驱动的行驶状态。如果确定行驶状态无变化，那么后桥内的牙嵌式离合器就会脱开。

牙嵌式离合器脱开，如图 3-8-16 所示。

要想让爪齿离合器脱开，就要给离合器执行器 2 V623 通上一定的电流，于是离合器执行器 2 就把分离杆压到蜗杆轴的花键上了，这就操纵了分离机构。

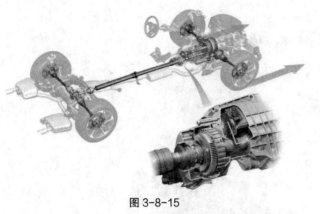

图 3-8-15

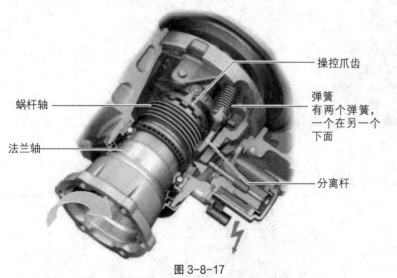

全轮驱动离合器执行器 2 V623
已激活，通上了一定的电流

图 3-8-16

这时分离机构通过法兰轴和蜗杆轴的转动顶着弹簧力推动操控爪齿，于是牙嵌式离合器的爪齿就分开了，直至离合器脱开，如图 3-8-17 所示。

操控爪齿

蜗杆轴

弹簧
有两个弹簧，
一个在另一个
下面

法兰轴

分离杆

图 3-8-17

（4）全轮驱动模式已被切断，前轮驱动模式，如图 3-8-18 所示。

在前轮驱动模式时，全轮驱动离合器和牙嵌式离合器都是脱开着的，万向节轴、冠状齿轮和主动锥齿轮都是断开了。这些部件静止不动，可以减少很大的拖动损失，并降低了燃油消耗。

（5）全轮驱动离合器脱开着。

在前轮驱动模式时，为了让全轮驱动离合器内的拖动损失尽可能小，采用了专门的措施以及让离合器摩擦片间的孔隙较大来保证离合器摩擦片间的摩擦很小。另外，ATF 尽量远离旋转的部件，以便减少搅动损失。

（6）牙嵌式离合器。

大约转动 4 圈后，牙嵌式离合器就完全脱开了。于是分离机构就使得分离杆从蜗轮蜗杆机构上自动脱开并将分离杆锁定在该位置上了。离合器执行器 2 V623 上的这个小的保持电流就足以保持在这个功能位置上了。

9. 从前轮驱动切换到全轮驱动

（1）接通全轮驱动模式。

要想接通全轮驱动模式，就必须让牙嵌式离合器再次接合。为此，需要先将万向节轴和冠状齿轮加速到大致同步转速，因此全轮驱动离合器就会一直接合着，直至基本达到同步转速。

万向节轴转速传感器 G970 和车轮转速传感器负责传送所需的转速信息，如图 3-8-19 所示。

在马上就要达到同步转速时，离合器执行器 2 V623 就被关闭了，于是分离杆被拉回，分离机构也就松开了，这时牙嵌式离合器在弹簧力作用下被迅速压入齿中，牙嵌式离合器就接合了。

（2）全轮驱动行驶。

一旦牙嵌式离合器接合了，那么全轮驱动离合器就会传递计算出的接合力矩。

10. 全轮驱动策略

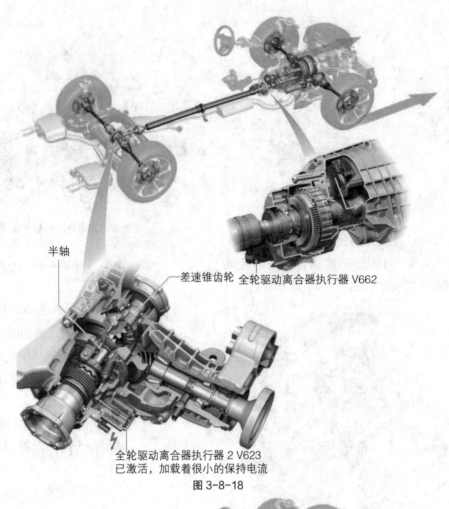

半轴

差速锥齿轮　全轮驱动离合器执行器 V662

全轮驱动离合器执行器 2 V623
已激活，加载着很小的保持电流

图 3-8-18

全轮驱动离合器已激活
万向节轴加速

万向节轴转速传感器 G970

全轮驱动离合器执行器 2 V623

图 3-8-19

全轮驱动控制单元 J492 配备有一个智能型全轮控制策略，该控制策略会利用到很多数据和信息，这些数据和信息是按 10 ms 的节拍来接收和分析的。该控制单元为此通过 FlexRay 总线与如图 3-8-20 所示的控制单元联网。该控制策略的功用是在行驶状况做此要求前，全轮驱动模式就已经被激活了，因此这个控制策略是以预见性方式来工作的。

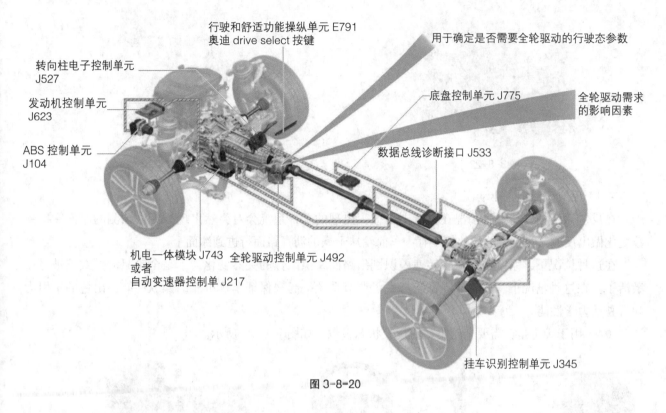

行驶和舒适功能操纵单元 E791
奥迪 drive select 按键

用于确定是否需要全轮驱动的行驶态参数

转向柱电子控制单元 J527

发动机控制单元 J623

ABS 控制单元 J104

底盘控制单元 J775

全轮驱动需求的影响因素

数据总线诊断接口 J533

机电一体模块 J743 或者 全轮驱动控制单元 J492
自动变速器控制单 J217

挂车识别控制单元 J345

图 3-8-20

具体说，就是通过接收和分析右侧所列的行驶参数和影响因素来实现的。

（1）预先确定是否有全轮驱动的需要。

通过分析下页所示的行驶参数，就可最多提前 500 ms 确定出车轮的附着极限，由此就可确定出是否有全轮驱动的需要，提前的时间也足够在达到附着极限前就激活全轮驱动模式。

（2）全轮驱动需求的影响因素。

某些因素对是否激活全轮驱动模式以及全轮驱动模式使用占比具有决定性影响。

①驾驶员类型。

全轮驱动和前轮驱动的使用占比基本上就取决于驾驶员驾驶方式是运动式还是经济节约式。

②奥迪 drive select ，如图 3-8-21 所示。

在 dynamic 模式时，车辆总是以全轮驱动模式来起步，与 drive select 的其他模式相比，全轮驱动模式的激活界限值要低一些，且在全轮驱动模式时的保持时间要长一些。在 allroad 和 lift/off road 模式时，全轮驱动模式是一直处于激活状态的。

③ESC状态。在ESC模式 offroad 和 ESC OFF时，全轮驱动模式是一直处于激活状态的。

④挂车模式 ，如图 3-8-22 所示。

在挂车模式时，车辆总是以全轮驱动模式来起

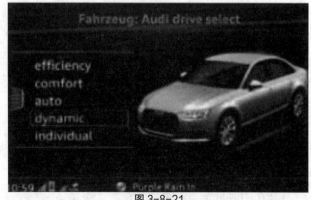

图 3-8-21

步，且在车辆低速时也一直保持全轮驱动状态。

⑤车外温度／摩擦系数，如图3-8-24所示。

在温度较低或者道路摩擦系数很小的情况下，车辆低速时也一直保持全轮驱动状态。

图3-8-22

图3-8-23

（3）反应激活全轮驱动模式。

在反应激活模式（这种情况在实际中是很少出现的），系统会对突然出现的无法预测的路面摩擦系数变化做出反应。举例说这样的例子有：车前轮从干燥的沥青路面行进到冰面上。

在这种情况下，系统根据车轮转速差识别出路面摩擦系数的突然变化，于是全轮驱动模式就被迅速激活了。在这种情况下，全轮驱动系统与底盘调节系统一起来保证车辆可靠的操纵性能、出色的牵引力和行驶动力学性能。

（4）用于确定是否需要全轮驱动的行驶状态参数，如图3-8-24所示。

发动机转速　　加速踏板／制动踏板行程　　转向角　　传动系统模式

车速　　横向／纵向加速度　　车轮负荷模式　　摩擦系数识别

图3-8-24

（5）系统基本反应。

制动时，全轮驱动离合器会脱开。

下述情况时，全轮驱动使用占比比较低：

①在高速公路和快速路上行驶时；

②在直行或者恒定车速行驶时。

下述情况时，全轮驱动使用占比比较高：

①路面上摩擦系数较低时（冬季／潮湿）；

②在中、低车速时加速。

在下述情况下，全轮驱动模式会保持激活状态：

当车辆以动态方式在弯曲街路上持续行驶（即使沥青路面干燥且附着力很强）。

三、7挡双离合器变速器0CJ

0CJ变速器是变速器系列DL382的改进型，除了全轮驱动部件外，与线控换挡7挡双离合器变速器0CK是一样的，如图3-8-25所示。

① DL382-7x变速器系列目前包含下述变速器类型：

DL382-7F，7挡双离合器变速器0CK；

DL382-7Q，7挡双离合器变速器0CL；

DL382-7A，7挡双离合器变速器0CJ。

② 该型号有或者没有线控换挡。

③ 该型号只有带线控换挡的。

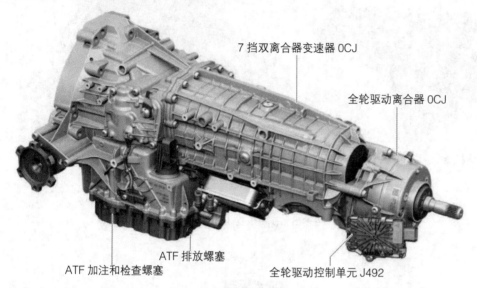

图3-8-25

- 7挡双离合器变速器0CJ
- 全轮驱动离合器0CJ
- ATF排放螺塞
- ATF加注和检查螺塞
- 全轮驱动控制单元J492

全轮驱动离合器0CJ是一个独立装置，它通过法兰连接在0CJ变速器上。0CJ变速器作为奥迪原装备件时总是不带全轮驱动离合器而供货的。

变速器机油系统如图3-8-26所示。

0CJ变速器有两个机油系统：一个是ATF系统，用于双离合器变速器和电控液压控制系统；另一个是MTF系统，用于齿轮副和前部主传动（与0CK变速器一样）。ATF有换油周期；MTF在变速器寿命内是不必更换的。

全轮驱动离合器0CJ有自己的ATF机油系统，其ATF在变速器寿命内也是不必更换的。

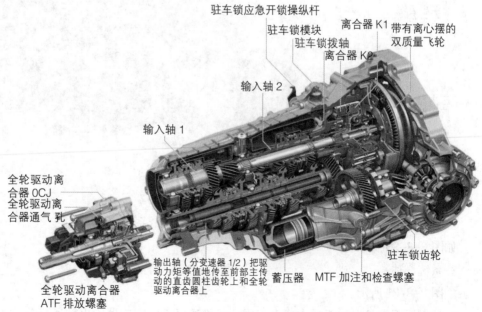

- 驻车锁应急开锁操纵杆
- 驻车锁模块
- 驻车锁拨轴
- 离合器K2
- 离合器K1 带有离心摆的双质量飞轮
- 输入轴2
- 输入轴1
- 全轮驱动离合器0CJ
- 全轮驱动离合器通气孔
- 全轮驱动离合器ATF排放螺塞
- 输出轴（分变速器1/2）把驱动力矩等值地传至前部主传动的直齿圆柱齿轮上和全轮驱动离合器上
- 蓄压器
- MTF加注和检查螺塞
- 驻车锁齿轮

图3-8-26

四、带有喷油润滑的6挡手动变速器

奥迪Q5（车型FY）上的这款手动变速器属于最新的MLxx2-6x系列变速器，它已在奥迪A4（车型

8W）和 奥迪 A6（车型 4G）使用了。在上市时，这种变速器就以极其高效而著称。自 2016 年第 34 生产周起，该变速器配备了喷油润滑系统。因没有了机油搅动损失，喷油润滑系统也就大大提高了变速器效率。

1.6 挡手动变速器 0DJ

如图 3-8-27~ 图 3-8-29 所示。

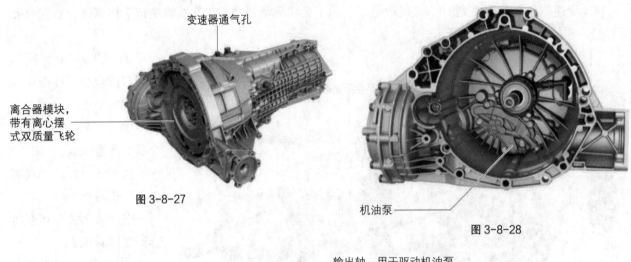

变速器通气孔

离合器模块，
带有离心摆
式双质量飞轮

图 3-8-27

机油泵

图 3-8-28

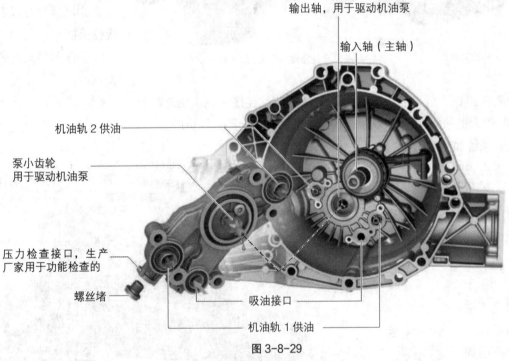

输出轴，用于驱动机油泵

输入轴（主轴）

机油轨 2 供油

泵小齿轮
用于驱动机油泵

压力检查接口，生产
厂家用于功能检查的

螺丝堵

吸油接口

机油轨 1 供油

图 3-8-29

2.6 挡手动变速器 0CX 和车辆停住不动时的喷油润滑系统

如图 3-8-30 所示。

3. 系统详述

如图 3-8-31 所示。

喷油润滑系统是以纯机械方式来工作的。机油泵是由变速器输出轴通过花键（Torx）来驱动的。只有当车辆在行驶时，变速器输出轴才会转动，因此在车辆停住不动时，就不会输送机油了。一旦车辆开始行驶，那么机油泵就会把机油输送至两个机油油轨内和空心的变速器输出轴内。这两个机油油轨是带有喷嘴的，喷嘴会把机油准确喷到直齿圆柱齿轮和伞齿轮传动的齿轮啮合部位，以实现润滑与冷却。

少量压力机油通过机油泵输入轴和泵小齿轮上的孔被输送到变速器空心的输出轴内。机油从这里经

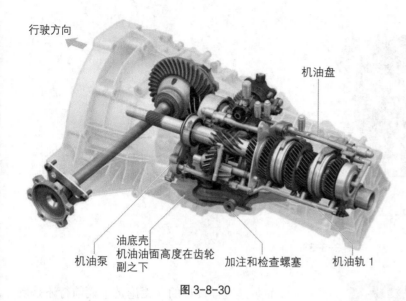

行驶方向

机油盘

油底壳
机油油面高度在齿轮
副之下
机油泵　加注和检查螺塞　机油轨 1

图 3-8-30

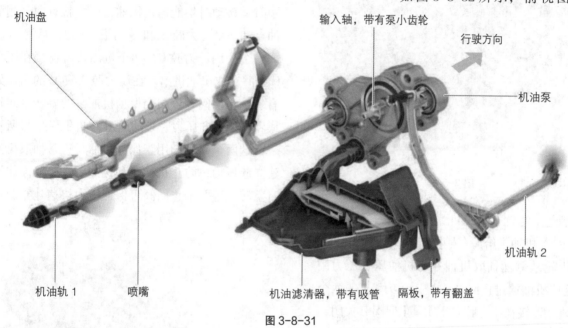

机油盘

输入轴，带有泵小齿轮

行驶方向

机油泵

机油轨 1　喷嘴

机油滤清器，带有吸管　隔板，带有翻盖

机油轨 2

图 3-8-31

图 3-8-32

横孔被引至滑动齿轮轴承上。

输入轴上的滑动齿轮轴承也是从内经横孔获得机油供给的。

机油来自变速器壳体后部的机油盘，该机油盘收集甩出的机油（这些机油是被输送到主轴后部轴承上和空心的输入轴内的）。

4. 车辆行驶时的喷油润滑

车辆在行驶时，机油泵为两个机油轨和输出轴供应机油。

该系统是这样设计的：即使在车速很低时，也能为各个润滑点提供足量的机油。

如图 3-8-32 所示，前视图如图

3-8-33 所示。

5. 横向加速度很大，左转弯

由于变速器几何形状的原因，当车辆驶过左转弯路且横向加速度很大时，机油就可能向右涌动，导致机油泵无法抽取足量的机油了。在这种情况下，隔板和翻盖就会起到把机油拦住的作用，使得油底壳内存留有足够的机油。这个翻盖就类似于一个单向阀，可防止机油向左运动，如图 3-8-34 所示。在车辆直行时，这个翻盖就向下挂着，机油可无阻碍地从一侧流向另一侧，这就可保证机油泵的连续机油供给了。

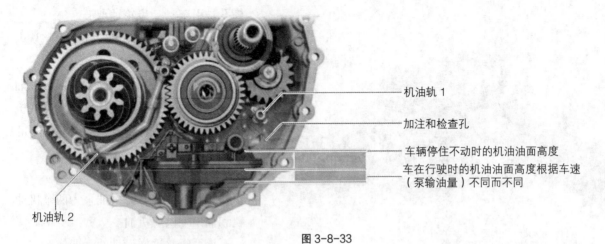

机油轨 1

加注和检查孔

车辆停住不动时的机油油面高度

车在行驶时的机油油面高度根据车速
（泵输油量）不同而不同

机油轨 2

图 3-8-33

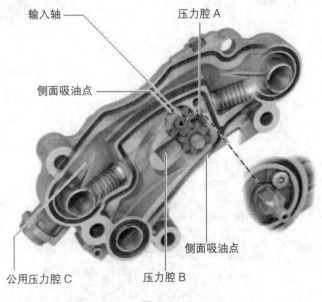

翻盖

隔板

图 3-8-34

在车辆起步时就能保证润滑了。

（1）机油供给，车辆前行时。

齿轮从侧面抽取机油并将机油压入压力腔
A。这些机油通过止回阀 A 进入压力腔 C（两个
机油轨就连接在压力腔 C 上）。止回阀 B 关闭，
使得机油泵从两个侧面吸油点抽吸机油，如图
3-8-36 所示。

（2）去往变速器输出轴的机油供给。

机油泵的输入轴和泵小齿轮都是中空的。
少量压力机油通过横孔进入机油泵的空心输入
轴内并经泵小齿轮直接进入变速器输出轴内。

（3）机油供给，车辆倒行时。

齿轮从侧面抽取机油并将机油压入压力腔
B。这些机油通过止回阀 B 进入压力腔 C（两个
机油轨就连接在压力腔 C 上）。止回阀 A 关闭，
使得机油泵从两个侧面吸油点抽吸机油，如图 3-8-37 示。

变速器输出轴的机油供给与前边所述是相同的。

6. 机油泵

机油泵是这样设计的：无论是车辆前行还是倒
行，均可供应机油。为了让机油泵在逆时针转动和
顺时针转动时均能输送机油，该泵就有两个侧面吸
油点和两个压力腔 A 和 B。两个压力腔 A 和 B 会合
成一个公用压力腔 C，两个机油轨就连接在压力腔
C 上并获取机油供给。在压力腔 A 和 B 的出口处各
有一个止回阀，该阀会根据机油泵的旋转方向打开
或者关闭通向压力腔 C 的通道，如图 3-8-35 所示。

这两个止回阀用于保证机油泵正常抽取机油并
建立起压力，防止机油轨和机油泵在车辆停住不动
时空转。这两个止回阀可保证压力快速建立起来，

输入轴

压力腔 A

侧面吸油点

侧面吸油点

公用压力腔 C

压力腔 B

图 3-8-35

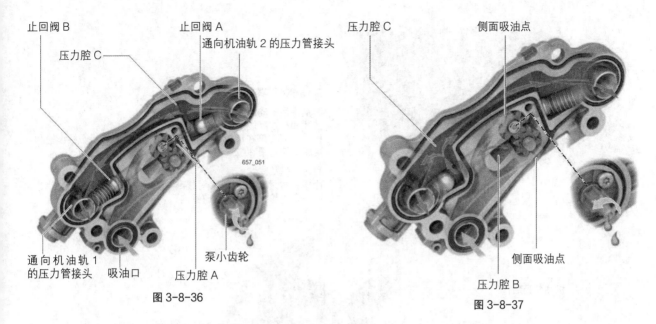

止回阀 B

压力腔 C

止回阀 A

通向机油轨 2 的压力管接头

压力腔 C

侧面吸油点

通向机油轨 1
的压力管接头　　吸油口

泵小齿轮

压力腔 A

图 3-8-36

657_051

侧面吸油点

压力腔 B

图 3-8-37

7. 机油系统

奥迪 Q5（车型 FY）上的手动变速器都配备有喷油润滑系统。

带有喷油润滑系统的变速器和不带有喷油润滑系统的变速器相比，前者所需的机油加注量明显要少，机油加到机油加注和检查螺塞孔的下边缘即可。

变速器机油和机油滤清器不需要定期保养，在变速器使用寿命内不需要更换。

6 挡手动变速器 0DJ 如图 3-8-38 和图 3-8-39。

8.6 挡手动变速器 0CX ultra quattro 四驱技术

带有 quattro 四驱的手动变速器（0CX 变速器）到 2017 年年中才用于奥迪 Q5。奥迪 A4（车型 8W）大约在 2016 年 9 月就已经配备 0CX 变速器了，如图 3-8-40 示。

0CX 变速器：都配备了喷油润滑系统；MTF 机油系统免保养；都配备有 ultra quattro 四驱技术；目前只与全轮驱动离合器 0CX 配合使用；作为奥迪原装备件时总是不带全轮驱动离合器而供货的。

MLxx2-6x 变速器系列目前包含下述变速器类型：

ML332-6F，6 挡手动变速器 0DJ；

ML402-6F，6 挡手动变速器 0CS；

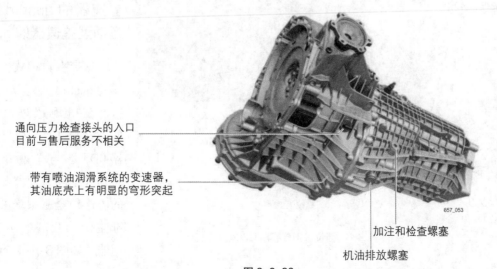

通向压力检查接头的入口
目前与售后服务不相关

带有喷油润滑系统的变速器，
其油底壳上有明显的弯形突起

加注和检查螺塞

机油排放螺塞

657_053

图 3-8-38

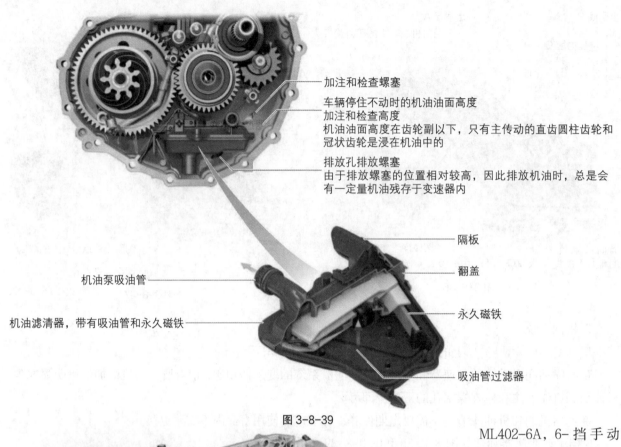

加注和检查螺塞

车辆停住不动时的机油油面高度
加注和检查高度
机油油面高度在齿轮副以下，只有主传动的直齿圆柱齿轮和
冠状齿轮是浸在机油中的

排放孔排放螺塞
由于排放螺塞的位置相对较高，因此排放机油时，总是会
有一定量机油残存于变速器内

隔板

翻盖

机油泵吸油管

永久磁铁

机油滤清器，带有吸油管和永久磁铁

吸油管过滤器

图 3-8-39

全轮驱动控制单元 J492

护盖
在运输和搬动时起保护作用

全轮驱动离合器 0CX
接合力矩最大 1200N·m
独立的一个单元，有自己的免保养 ATF 机油系统

挡位识别传感器 G604

图 3-8-40

ML402-6A，6- 挡手动变速器 0CX。

变速器 0DJ 和 0CS 在约 2016 年 9 月前都是没有喷油润滑系统的，在这个时间点后就只有配备喷油润滑系统的了。0CX 变速器都是带有喷油润滑系统的。

五、带有自锁式中间差速器的 quattro / 带有运动型差速器的 quattro

1.带有自锁式中间差速器的 quattro

在扭矩超过 500 N·m 的发动机上，8 挡自动变速器 0D5 是与全驱 quattro 和自锁式中间差速器配合使用的。这种全驱系统可选装后部主传动 0D3 - 运动型差速器，如图 3-8-41 示。

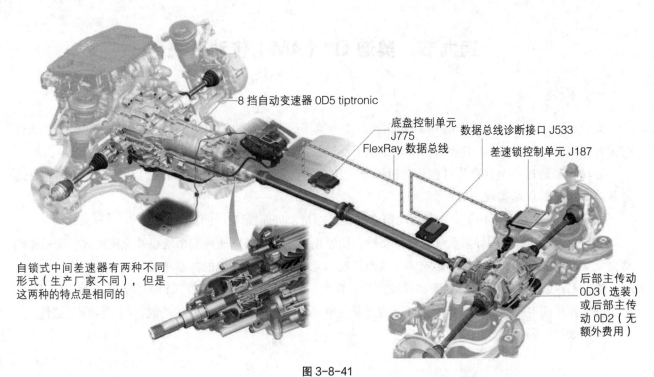

8 挡自动变速器 0D5 tiptronic

底盘控制单元 J775
FlexRay 数据总线

数据总线诊断接口 J533

差速锁控制单元 J187

自锁式中间差速器有两种不同
形式（生产厂家不同），但是
这两种的特点是相同的

后部主传动
0D3（选装）
或后部主传
动 0D2（无
额外费用）

图 3-8-41

2. 带有运动型差速器的 quattro

运动型差速器 0D3 是在运动型差速器 0BF 基础上改进而来的，属于第二代产品。运动型差速器 0D3 上的主要改进之处是：

（1）变速器壳体针对后桥做了适配。

（2）焊接的冠状齿轮和多种轻结构措施。

（3）新机油和 ATF。

（4）传感器缩短了（以便与排气系统保持更大间隙）。

（5）J775 和 J187 双控制单元结构。

（6）运动型差速器控制单元名称变了（以前叫 J492，现在叫 J187）。

（7）诊断地址变了（以前是 22，现在是 32）。

运动型差速器的主要硬件（力矩分配单元、液压控制系统、传感器和执行元件）与第一代基本相同。

3. 双控制单元结构

第二代运动型差速器最重要的变化就是双控制单元结构。

在第一代运动型差速器（0BF/0BE）上，全轮驱动控制单元 J492 负责计算力矩的重新分配以及对执行元件的控制。

在第二代运动型差速器（0D3/0BX）上，是由底盘控制单元 J775 来负责计算运动型差速器力矩的重新分配的。J775 集中接收及分析行驶状态并计算出力矩重新分配的值，该值经 FlexRay 总线被传至差速锁控制单元 J187。J187 根据该值计算出执行元件的相应触发和所需的力矩分配情况。因此，J187 只是个"执行"控制单元。

采用这种双控制单元结构，可以让力矩重新分配更灵敏、速度更快（与第一代相比而言），归根到底也就改善了车辆的行驶动态调节状况。

4. 变速器功能，自动变速器

S-tronic 变速器和 Tiptronic 变速器的功能几乎是相同的。

第九节　奥迪 Q7（4M）传动系统

一、概述

奥迪 Q7（型号 4M）的 quattro 四轮驱动概念借鉴了纵置全时四轮驱动平台的成熟技术。最具代表性的是 8 挡自动变速器 0D5。其前桥主减速器位于变矩器前面，并且具有一个内置分动箱。

分动箱是通过一个具有非对称动态扭矩分配功能的自锁式中央差速器实现的，后桥主减速器则是通过开放式差速器 0D2 实现的。

相比奥迪 Q7（型号 4L），这种驱动概念减轻了重量，进而提高了工作效率。

0D5 变速器软件利用导航系统数据，支持启动停止系统、空挡怠速控制系统以及怠速模式。变速器调整会受奥迪驾驶模式选择系统的影响。变速器控制单元是防盗锁止系统的共享单元。

奥迪 Q7 变速器采用的是 100% "线控换挡" 技术。创新之处在于换挡操纵机构和操作方案。

驻车锁采用电控液压方式操作，可以通过紧急解锁装置来解锁。自动 P 挡功能提高了操作舒适性。

如图 3-9-1 所示。

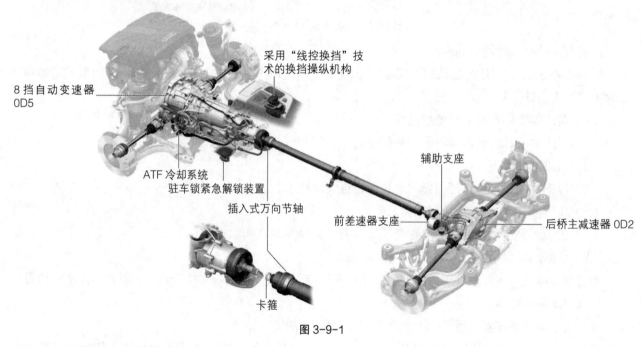

图 3-9-1

1.安装前万向节轴

万向节轴通过插接花键与变速器输出轴相连。

2.后桥主减速器 0D2

该主减速器是在主减速器 0BC 的基础上进一步改进而成的。主减速器 0D2 的壳体结构使得其不需要另外的装配支架，只需借助一个四点式支座即可安装到副车架上。

前部橡胶金属支座被压入变速器壳体中并拧紧在副车架上。它是用一个按照 Z 方向作用的辅助支座支撑的。这种结构设计可以有针对性地减震。

3.安装后万向节轴

根据三角匹配螺栓连接规定在后桥主减速器上安装万向节轴。

如图 3-9-2 所示。

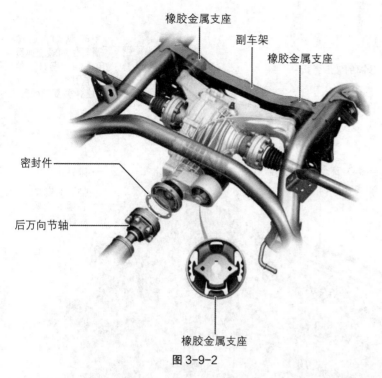

橡胶金属支座
副车架
橡胶金属支座
密封件
后万向节轴
橡胶金属支座

图 3-9-2

二、8 挡自动变速器 0D5

8 挡自动变速器 0D5 是在 8 挡自动变速器 0BK 的基础上进一步改进而成的，最早是应用于奥迪 A8（型号 4H）。

0D5 变速器出厂时在奥迪内部的名称是 AL552-8Q。在制造商采埃孚股份公司的名称是 8HP65A。它适用于初始最大扭矩为 700 N·m 的发动机。

0D5 变速器相比 0BK 变速器的主要革新在于：

（1）带有内置离心摆的双减震器变矩器。

（2）采用改良型换挡元件的加强型齿轮组，制动器和离合器的膜片安装取决于发动机配置，制动器 B 由一个单向作用气缸触发，制动器 A 和 B 的膜片套件配有用于膜片主动分离的波形弹簧。

（3）机电控制模块带有改良型液压接口和指向行驶方向的车辆插头连接。

（4）塑料制的 ATF 油底壳带有内置 ATF 抽吸滤清器，其 ATF 放油螺塞采用卡口接头代替以前的螺纹。

（5）用于 ATF、分动箱和前桥主减速器的 3 个供油装置的组合式排气装置。

（6）传统的变矩器自动变速器第一次采用支持怠速模式的变速器软件。

（7）空挡怠速控制系统的功能得到了进一步改良。

此外，0D5 变速器软件与 0BK 变速器一样，都会利用导航系统数据，支持启动停止系统。

变速器调整会受奥迪驾驶模式选择系统的影响。

变速器控制单元是防盗锁止系统的共享单元。ATF 供油装置冷却系统通过发动机热量管理系统调节。

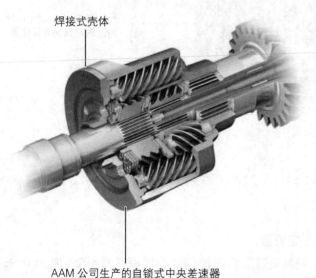

焊接式壳体

AAM 公司生产的自锁式中央差速器
图 3-9-3

1. 分动箱

0D5 变速器的分动箱可以选择安装 AAM 公司或 JTEKT 公司生产的自锁式中央差速器，如图 3-9-3 和图 3-9-4 所示。

这两种差速器都具有非对称动态扭矩分配功能，都会根据不同的牵引动力，没有任何延时地向前桥传递最多 70% 或向后桥传递最多 80% 的驱动扭矩，同时不需要进行 ESC 调节干预。

机械式中央差速器直接与动态车轮扭矩控制系统共同作用，从而改善了快速过弯时的牵引性能和行驶动态性能。

2. 制动器 A 和 B 的膜片主动分离

制动器 A 和 B 的膜片之间装有波形弹簧。因此可以保证在制动器分离状态下留有间隙，从而尽量降低拖曳扭矩。这有利于节省燃油并减少二氧化碳排放量,如图 3-9-5 所示。

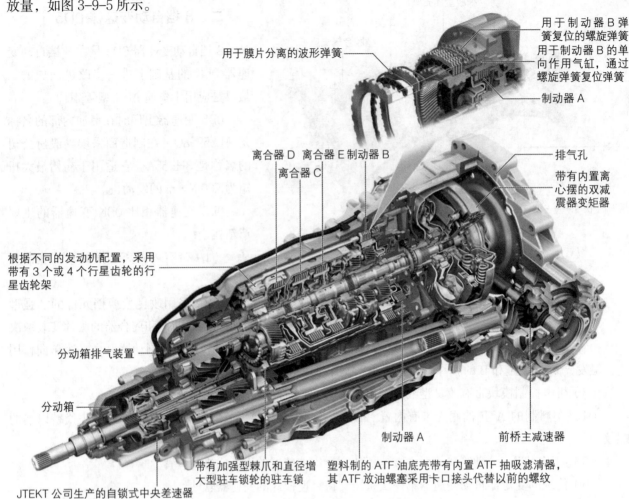

用于膜片分离的波形弹簧

用于制动器 B 弹簧复位的螺旋弹簧
用于制动器 B 的单向作用气缸,通过螺旋弹簧复位弹簧
制动器 A

离合器 D 离合器 E 制动器 B
离合器 C

排气孔
带有内置离心摆的双减震器变矩器

根据不同的发动机配置,采用带有 3 个或 4 个行星齿轮的行星齿轮架

分动箱排气装置

分动箱

JTEKT 公司生产的自锁式中央差速器

带有加强型棘爪和直径增大型驻车锁轮的驻车锁

塑料制的 ATF 油底壳带有内置 ATF 抽吸滤清器,其 ATF 放油螺塞采用卡口接头代替以前的螺纹

制动器 A

前桥主减速器

图 3-9-4

用于膜片分离的波形弹簧

用于制动器 B 弹簧复位的螺旋弹簧

用于制动器 B 的单向作用气缸,通过螺旋弹簧复位弹簧

制动器 A

图 3-9-5

三、带有内置离心摆的双减震器变矩器

0D5 变速器的变矩器是带有内置离心摆的双减震器变矩器。

从外面无法判断,但变矩器会滚动或抖动,可以根据安装非常松散的离心摆引发的典型的嘎吱声来判断。这并不意味着变矩器已损坏。一旦开始运行,即使转速较低,离心力也会向外压摆动质量,此时就不会再发出任何噪声了。

4 个摆动质量通过根据转速消除发动机旋转震动的减震器，进一步扩充双减震器变矩器的传统工作方式。这都是在离心力和轴承座圈形状的共同影响下实现的。因此，在低转速下，只需要一个小离心力就能加强摆动，而在高转速下则需要较大的离心力。摆动质量和轴承座圈形状与发动机相匹配，摆动可以抵消发动机的旋转震动，如图 3-9-6 和图 3-9-7 所示。

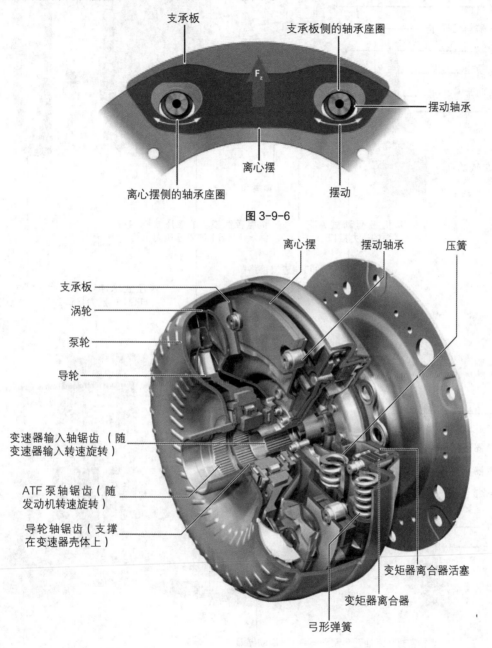

图 3-9-6

图 3-9-7

四、机电控制模块

如图 3-9-8 所示。

0D5 变速器的机电控制模块在制造商采埃孚股份公司的名称是 E26/29。它是在应用于奥迪 A8（型号 4H）的 0BK 变速器的机电控制模块 E26/6 的基础上进一步改进而成的。机电控制模块 E26/29 与机电控制模块 E26/6 的主要区别在于制动器 B 的改良型液压接口、ATF 散热器以及指向行驶方向的车辆插头连接。

传感器和执行器以及电控液压式驻车锁和液压式脉冲存储器（HIS）的位置分布都相同，换挡元件的触发也相同。

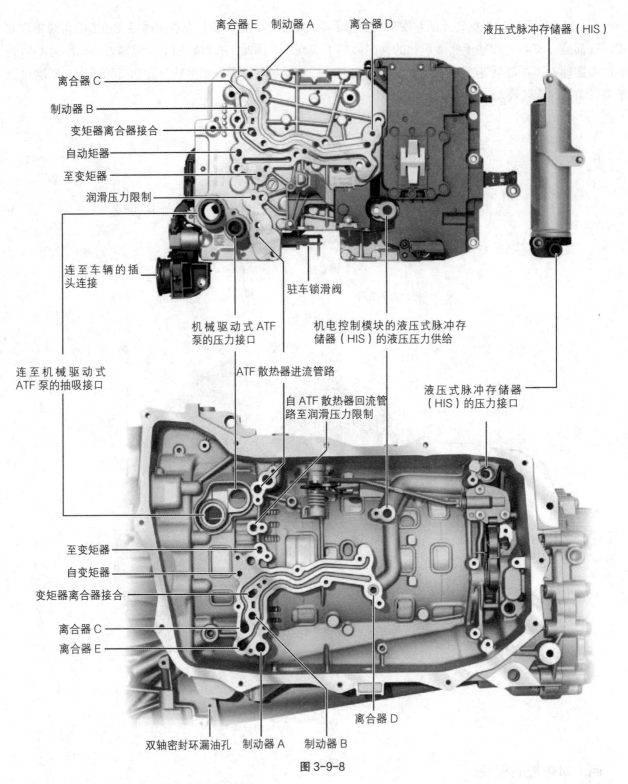

离合器 E　制动器 A　离合器 D　　液压式脉冲存储器（HIS）

离合器 C

制动器 B

变矩器离合器接合

自动矩器

至变矩器

润滑压力限制

连至车辆的插头连接

机械驱动式 ATF 泵的压力接口

驻车锁滑阀

机电控制模块的液压式脉冲存储器（HIS）的液压压力供给

连至机械驱动式 ATF 泵的抽吸接口

ATF 散热器进流管路

自 ATF 散热器回流管路至润滑压力限制

液压式脉冲存储器（HIS）的压力接口

至变矩器

自变矩器

变矩器离合器接合

离合器 C

离合器 E

离合器 D

双轴密封环漏油孔　制动器 A　制动器 B

图 3-9-8

五、ATF 和变速器油的供油装置

1. 奥迪 Q7 的 0D5 变速器有 3 个相互独立的供油装置

如图 3-9-9 所示。

塑料制的 ATF 油底壳减轻了重量。它与 ATF 抽吸滤清器构成了一个单元，在更换机电控制模块或液压式脉冲存储器时必须一同换下。ATF 油底壳通过加强肋实现了充分的稳定性，因而变速器可以平整地停放在 ATF 油底壳上。

710

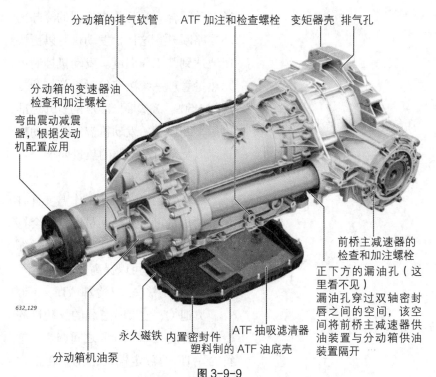

分动箱的排气软管　ATF 加注和检查螺栓　变矩器壳　排气孔

分动箱的变速器油
检查和加注螺栓

弯曲震动减震
器，根据发动
机配置应用

前桥主减速器的
检查和加注螺栓

正下方的漏油孔（这
里看不见）
漏油孔穿过双轴密封
唇之间的空间，该空
间将前桥主减速器供
油装置与分动箱供油
装置隔开

632_129

永久磁铁　内置密封件
塑料制的 ATF 油底壳

ATF 抽吸滤清器

分动箱机油泵

图 3-9-9

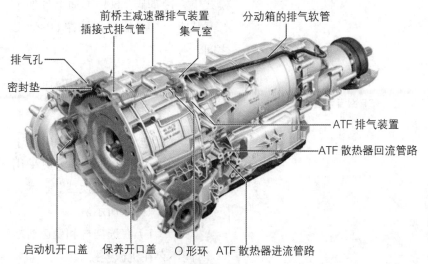

前桥主减速器排气装置
插接式排气管　　集气室

分动箱的排气软管

排气孔

密封垫

ATF 排气装置

ATF 散热器回流管路

启动机开口盖　保养开口盖　O 形环　ATF 散热器进流管路

图 3-9-10

变速器油冷却阀 N509

漏油孔。它穿过双轴密封环密封
唇之间的空间，该空间将 ATF 供
油装置与分动箱供油装置隔开

前桥主减速
器放油螺塞

ATF 散热器

ATF 放油螺塞采用卡口接头代替
以前的螺纹，不允许重复使用

分动箱放油螺塞

图 3-9-11

ATF 放油螺塞不再采用通用螺纹，而是改用卡口接头。不允许重复使用，在检查机油油位时必须更换。

2.组合式变速器排气装置

插入集气室的排气管用一个 O 形环与集气室隔绝。密封垫可以防止运行原料进入变矩器壳。

在加热或冷却变速器时，通过变矩器壳中的排气孔进行必要的压力补偿。为了确保可以正常进行压力补偿，必须保持排气孔畅通，如图 3-9-10 和图 3-9-11 所示。

提示：搬运和操作变速器时，如果变速器严重倾斜，可能导致变速器油和 ATF 通过共同的变速器排气装置混合。

3.ATF 冷却系统

ATF 冷却系统被平行整合在发动机冷却液循环回路中，通过变速器油冷却阀 N509 控制。

冷却阀 N509 由变速器控制单元 J217 操控。变速器控制单元 J217 从发动机控制单元热量管理系统接收到打开或关闭冷却阀 N509 的指令。

如果 ATF 散热器密封不严，乙二醇会随冷却液一同渗入 ATF。即使只是极少量的冷却液，也会对离合器调节系统造成不利影响。可以通过乙二醇测试排除这一原因。

4.与冷却液循环回路的连接

如图 3-9-12 所示为 3.0LV6 TDI 发动机的冷却液循环回路的剖面图。

（1）如图 3-9-13 所示。

（2）启动阶段。

冷启动时，冷却阀 N509 会

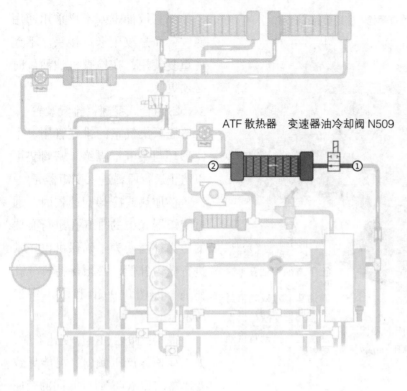

图 3-9-12

ATF 散热器　变速器油冷却阀 N509

通电并闭合。ATF 热交换器的冷却循环回路断开。这样，发动机可以更快速地达到其工作温度。发动机控制单元热量管理系统决定何时重新打开冷却阀 N509。冷却阀 N509 的打开标准包括车外温度、发动机温度、发动机转速以及全自动空调的热量要求。

（3）加热 ATF。

一旦发动机达到其工作温度且有足够的热量可以加热乘员区，就会打开冷却阀 N509 并加热 ATF。通过降低 ATF 的黏度，可以提高变速器效率。

（4）正常模式 / 冷却 ATF。

奥迪 Q7 上市时搭载的发动机的冷却液温度在 80~90℃ 之间调节。这符合 ATF 的额定温度范围。在正常模式下，冷却阀 N509 不通电且处于打开状态，ATF 温度保持在 80~90℃ 之间。

六、换挡操纵机构

（一）创新

奥迪 Q7 的创新之处在于换挡操纵机构和操作方案采用的是 100%"线控换挡"技术，如图 3-9-14 所示。

（1）在选挡杆和变速器之间不存在机械连接。

（2）换挡操纵机构探测驾驶员要求，并以纯电子方式传输至变速器，同时没有机械退挡层面。

（3）驻车锁通过电控液压方式操控并自动激活自动 P 挡功能。

（4）机械式紧急解锁装置可以在出现故障时解锁驻车锁，以使车辆能够移动。

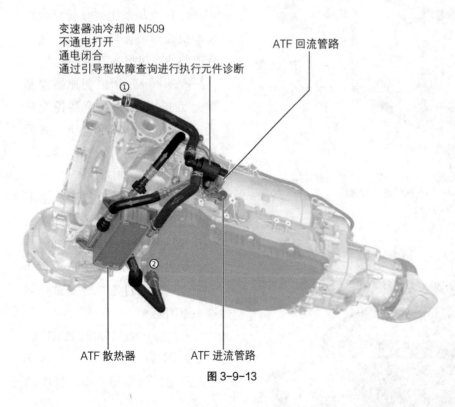

变速器油冷却阀 N509
不通电打开
通电闭合
通过引导型故障查询进行执行元件诊断

ATF 回流管路

ATF 散热器　　ATF 进流管路

图 3-9-13

100%"线控换挡"技术最早是用于奥迪 A8（型号 4H）。

1. 相比奥迪 A8（类型 4H）的创新之处在于操作方案

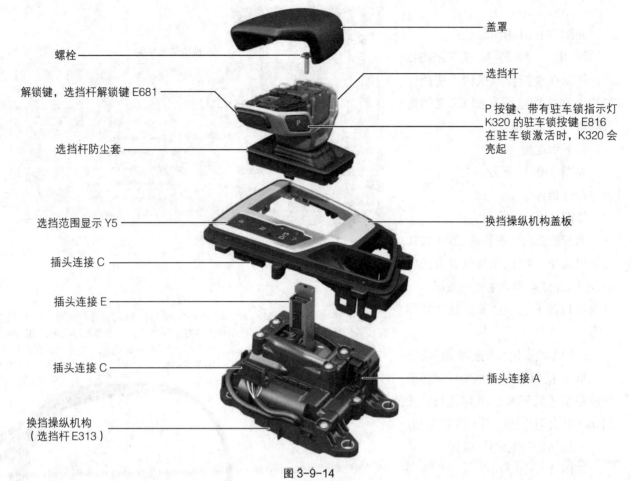

图 3-9-14

螺栓

解锁键，选挡杆解锁键 E681

选挡杆防尘套

选挡范围显示 Y5

插头连接 C

插头连接 E

插头连接 C

换挡操纵机构
（选挡杆 E313）

盖罩

选挡杆

P 按键、带有驻车锁指示灯
K320 的驻车锁按键 E816
在驻车锁激活时，K320 会
亮起

换挡操纵机构盖板

插头连接 A

（1）通过自动换挡槽只能选择 R 挡、N 挡、D 挡和 S 挡。

（2）只能通过 P 按键手动激活驻车锁。选挡杆上没有 P 挡位置。

（3）启用 tiptronic 功能（手动模式 M）时，必须将选挡杆压入 tiptronic 换挡槽内（只有在激活 D 挡或 S 挡时才可行）。

（4）解锁键（选挡杆解锁键 E681）与以往一样位于选挡杆内，采用的是冗余设计。

2.驻车锁按键 E816，P 按键

如果要手动激活驻车锁，驾驶员必须按下 P 按键。驻车锁的激活前提是车速低于 1 km/h。P 按键由 3 个换挡元件构成，这样确保了可靠性并且可以进行故障诊断。

其换挡状态通过两个接口、插头连接 E 传输至选挡杆传感器控制单元 J587。如果 P 按键损坏，组合仪表上会显示相应信息，在发动机停止运行后会检查自动 P 挡功能。

3.信息流

换挡操纵机构和变速器之间通过信息娱乐 CAN 网关 FlexRay 交换数据。选挡杆传感器控制单元确定选挡杆位置以及按键信号，并将其传输至变速器控制单元。

变速器控制单元根据驾驶员要求挂入相应挡位，并将所挂挡位信息传输至选挡杆控制单元。然后该控制单元会触发选挡杆锁电磁铁 N110、选挡范围显示 Y5 发光二极管以及驻车锁指示灯 K320。该信息流会导致选挡时相应挡位符号的亮起有短时的延迟。

4.换挡操纵机构功能图

如图 3-9-15 所示。

713

5.VAS 642 001

如图 3-9-16 所示。

使用 Y 形转接头 VAS 642 001 可以在换挡操纵机构（选挡杆 E313）和选挡范围显示 Y5 之间进行测量。

6.显示逻辑

如图 3-9-17 所示。

7.选挡杆

如图 3-9-18 所示。

出现故障时，解锁键 E681 被认为是已按下。红色和灰色表示已取消，故障存储器中会生成一条记录。可以通过踩下制动踏板退出 P 挡和 N 挡。

8.随车速变化的变速器保护功能

从 D 挡切换为 R 挡或反向切换只能在车速低于 8 km/h 时进行。变速器保护功能在车速达到 8 km/h 时会阻止切换至 1 挡和 R 挡。

9.选挡杆锁电磁铁 N110

如图 3-9-19 所示。

选挡杆也被当作来操作 MMI 的符合人体工学的扶手。为了避免在操作 MMI 时不小心移动选挡杆，需要向前将选挡杆锁定在 D 挡和 S 挡。

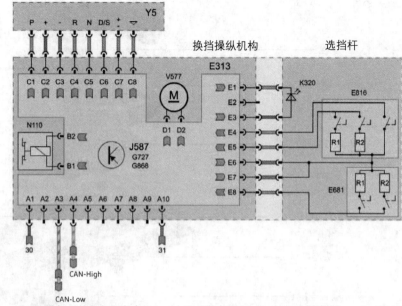

E313 选挡杆（换挡操纵机构）　E681 选挡杆解锁键　E816 驻车锁按键　G727 选挡杆位置传感器　G868 选挡杆横向锁传感器　J587 选挡杆传感器控制单元　K320 驻车锁指示灯　N110 选挡杆锁电磁铁　V577 选挡杆横向锁电机　Y5 选挡范围显示

图 3-9-15

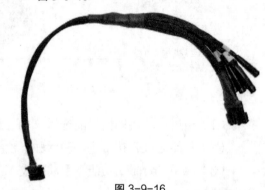

图 3-9-16

			E D				怠速时的组合仪表显示
			E 1-8	S 1-8			高效模式下的组合仪表显示
			M 1-8	M 1-8			切换至 D/S 挡时的组合仪表显示
R	N	P	D 1-8	S 1-8	M 1-8	M 1-8	组合仪表显示
R	N	P	D/S	D/S	+﹣	+﹣	选挡范围显示 Y5 指示灯

图 3-9-17

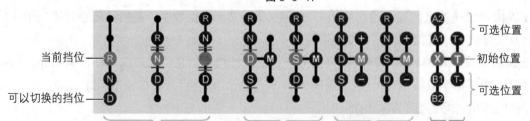

选挡杆位于自动换挡槽，tiptronic 换挡槽被锁止　　选挡杆位于自动换挡槽，tiptronic 换挡槽可用，D/S 切换　　选挡杆位于自动换挡槽，tiptronic 功能激活　tiptronic 换挡槽，手动模式 M　　选挡杆位置

图 3-9-18

挂入 D/S 挡时，选挡杆锁电磁铁 N110 通电，锁止销卡入选挡杆锁止杆。此时选挡杆只能从初始位置向后拉入位置 B1，从而从 D 挡切换至 S 挡或从 S 挡切换至 D 挡。

为了避免产生噪声，在切换至 tiptronic 换挡槽时，N110 仍保持通电状态，但是会取消锁止销的锁定。因为当选挡杆被压入 tiptronic 换挡槽时，锁止杆会松开，切换回自动换挡槽时，会重新恢复锁定效果。

按下解锁键 E681 时，会切断 N110 的供电并取消锁定。

10. 选挡杆横向锁

为了防止选挡杆意外移动到 tiptronic 换挡槽，会将其横向锁定在 P 挡、R 挡和 N 挡。

11. P/R/N 挡，选挡杆横向锁，激活

锁止凸轮卡入安置选挡杆的十字件锁止槽内。选挡杆无法移动到 tiptronic 换挡槽。

12. D/S 挡，选挡杆横向锁，未激活

挂入 D 挡或 S 挡时，会取消横向锁。锁止凸轮通过蜗杆传动从锁止槽中转出。

选挡杆此时可以移动到 tiptronic 换挡槽。

13. 选挡杆机构

如图 3-9-20 和图 3-9-21 所示。

14. 选挡杆复位

在发动机停止运行时，如果选挡杆位于 tiptronic 换挡槽，则它会自动复位到自动换挡槽。为此，电机 V577 会沿复位方向将复位轴旋转一整圈。此时复位盘会在选挡杆上产生一个轴向冲程，并将其复位到自动换挡槽。选挡杆是位于 tiptronic 还是自动换挡槽，会通过选挡杆位置传感器 G727 进行识别。复位选挡杆后，选挡杆锁电机会沿锁止方向旋转复位轴并横向锁止选挡杆。

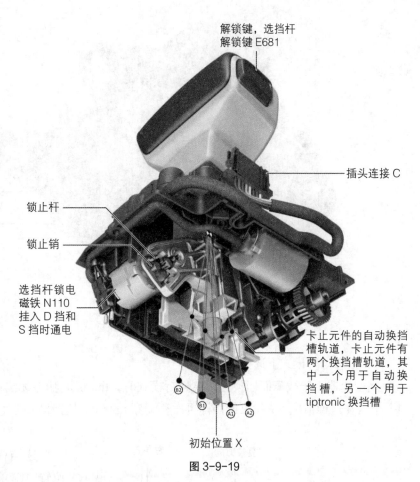

解锁键，选挡杆解锁键 E681

插头连接 C

锁止杆

锁止销

选挡杆锁电磁铁 N110 挂入 D 挡和 S 挡时通电

卡止元件的自动换挡槽轨道，卡止元件有两个换挡槽轨道，其中一个用于自动换挡槽，另一个用于 tiptronic 换挡槽

初始位置 X

图 3-9-19

选挡杆横向锁电机 V577 复位轴沿两个旋转方向工作。为此电机 V577 需要通电，同时电流方向（极性）决定着所需的旋转方向

蜗杆传动

复位轴，带有轴向复位盘和锁止凸轮

解锁方向

选挡杆横向锁传感器 G868 的电磁铁 选挡杆横向锁传感器是一个霍耳传感器。控制单元可以根据该霍耳传感器识别到的电磁铁运动确定选挡杆锁的位置

锁止凸轮，选挡杆被锁止

图 3-9-20

锁止方向

电磁铁
选挡杆横向锁传感器 G868（霍耳传感器）
电磁铁位于传感器 G868 侧面
电磁铁移动时，通过霍耳传感器向选挡杆
传感器控制单元发送信号：横向锁未激活

十字件锁止槽

图 3-9-21

15. 紧急运行模式下选挡杆的复位

当变速器由于故障而切换至紧急运行模式时，tiptronic 功能无法再启用，选挡杆会复位到自动换挡槽并锁止。在这种情况下，如果选挡杆再次移动到 tiptronic 换挡槽，则会重新复位选挡杆，如图 3-9-22 所示。

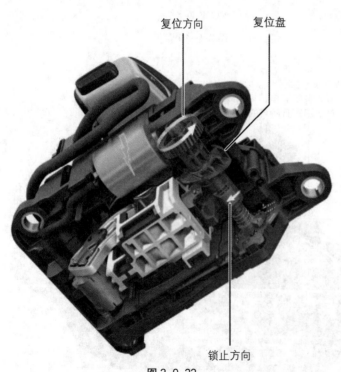

复位方向　复位盘

锁止方向

图 3-9-22

（二）选挡杆位置传感器 G727

选挡杆位置传感器 G727 用于探测选挡杆位置。G727 由两个传感器组成，其中一个传感器用于自动换挡槽，另一个传感器用于 tiptronic 换挡槽。选挡杆传感器控制单元 J587 根据传感器信号探测选挡杆位置，并将其发送给变速器控制单元 J217。

变速器控制单元 J217 由此确定所需挡位，并将激活的挡位信息发回给选挡杆传感器控制单元 J587。

根据这些反馈信息会触发相应的选挡范围显示 Y5 发光二极管、P 按键 E816 和电磁铁 N110。

1. 这样探测选挡杆位置

选挡杆的纵向和横向运动通过两个菱形传感器元件传递到一个滑阀上。这些传感器元件会根据选挡杆位置影响这两个传感器的磁通量。

选挡杆传感器控制单元 J587 根据传感器信号生成下列选挡杆位置：

（1）自动换挡槽：A2 - A1 - X（初始位置）- B1 - B2，如图 3-9-23 所示。

（2）tiptronic 换挡槽：T+ -T（初始位置）-T-，如图 3-9-24 所示。

2. 选挡杆位于自动换挡槽

3. 选挡杆位于 tiptronic 换挡槽

初始位置 X

带传感器元件的滑阀

自动换挡槽传感器

支承板

插头连接 A

包含选挡杆传感器控制单元，选挡杆
位置传感器和选挡杆横向锁的电路板

选挡杆横向锁传感器 G868

tiptronic 换挡槽传感器

选挡杆横向锁传感器 G868 的电磁铁　传感器元件，用于自动换挡槽

自动换挡槽模拟传感器

图 3-9-23

初始位置 T

T+

T-

支承板以及带传感器
元件的滑阀的位移

tiptronic 换挡槽模拟传感器　tiptronic 换挡槽传感器元件

图 3-9-24

通过卡止元件本身的 tiptronic 换挡槽轨道将选挡杆移动限制在向前位置（T+）和向后位置（T-）上。

4. 自动 P 挡功能

驻车锁是通过电控液压方式操控的。这样无须驾驶员进行任何操作，变速器控制系统就可以自行挂入驻车锁。

当满足下列条件时，会自动挂入驻车锁：

（1）D 挡或 R 挡已激活。

（2）车辆静止（车速 <1 km/h）。

（3）通过"关闭点火开关"让内燃机停止了运行（接线端 15= 断开）。

5. 激活 N 挡（P–OFF 位置）

为了让车辆可以不挂入驻车锁移动，例如驶过洗车机，可以阻止驻车锁自动挂入。其前提是换挡操纵机构、P 按键和变速器功能均正常。如果不满足这些前提，在"点火开关关闭"时会启用自动 P 挡功能。为了激活 N 挡，必须在发动机运转状态下选择该挡位，并在挂入 N 挡时关闭发动机。

然后就不会挂入驻车锁（P–OFF 位置）。自动 P 挡功能会被禁用 30 min。

在 29 分钟后，组合仪表中会显示即将挂入驻车锁，在 30 min 后，会挂入驻车锁。

激活 N 挡时以及打开车门时，组合仪表上会显示下列信息：

①挂入 P 挡；

②车辆会滑动；

③车门只能在挂入 P 挡时关闭；

④警告音（仅限打开车门时）。

在这种情况下，车辆无法从外部锁止。当车辆位于 P-OFF 位置时，为了避免车辆滑动，必须将其锁止。

为了保持挂出驻车锁（P-OFF 位置）的状态，变速器控制单元、选挡杆控制单元和驻车锁会消耗大约 800 mA 的电流。

如果需要延长 P-OFF 位置停留时间，必须操作驻车锁紧急解锁装置。

6. 自由进退和快速调车

以稳定状态行驶的车辆，可以通过在前进和倒车（自由进退）之间快速灵敏切换，重新恢复自由。

每次从 D 挡向 R 挡切换或反向切换都会通过 N 挡实现。为了取消选挡杆纵向锁，通常必须踩下制动器并按下解锁键，从 N 挡切换至 D 挡或从 N 挡切换至 R 挡。

为了使车辆能够自由进退或快速调车，只有在静止状态以及挂入 N 挡大约 1s 后，才能激活软件锁。按下解锁键 E681 且挂入 N 挡的静止时间不超过 1s 时，只有车速低于 8 km/h 且不踩下制动器，才能从 D 挡向 R 挡切换或反向切换。

7. 诊断，执行元件诊断

对换挡操纵机构的电气 / 电子部件进行诊断。根据地址码 81 可以查询诊断结果。

下列部件可以进行执行元件诊断：

①选挡范围显示 Y5；

②选挡杆锁电磁铁 N110；

③选挡杆横向锁电机 V577。

8. 切换至 D/S 挡

在挂入 D 挡或 S 挡时，可以随时通过操作方向盘 tiptronic 开关手动换挡。为此，变速器控制单元会在限定时间内切换至手动模式 M（tiptronic 模式）。

在此期间，选挡范围显示 Y5 中的 D/S 符号会亮起，组合仪表中会显示挡位信息 M 1- 8。

如果在大约 8s 内保持正常稳定的行驶状态，则会重新切换至 D 挡或 S 挡。在下列情况下，会中断这 8s 的倒计时：

①运动型驾驶风格；

②转弯行驶；

③断油滑行模式；

④带有方向盘 tiptronic 开关的其他换挡操纵机构。

按住 Tip+ 1s 以上，即可立即从手动模式 M 切换回 D 挡或 S 挡。D 挡切换功能可以用车辆诊断测试仪通过一次有针对性的匹配来激活或关闭。

9. 挂入 R 挡

当车速超过 8 km/h 时，软件锁会阻止挂入倒车挡。

挂入倒车挡时，组合仪表会发出一个信号音，显示屏上会显示一个大的白色 R。调车时，一旦前行车速低于 8 km/h，就会中断反复发出的信号音。

（三）驻车锁紧急解锁装置

在正常模式下，可以以电控液压方式操作或解锁驻车锁。以电控液压方式解锁驻车锁时，发动机必须运转，如果要保持在 P-OFF 位置，必须保证充足的供电。

在下列情况下，如果需要延长 P-OFF 位置停留时间，必须操作紧急解锁装置来解锁驻车锁：

①在必须拖车时；

②当功能失效而无法以电控液压方式解锁驻车锁时；

③在车载电压不足的情况下需要调车 / 移动车辆时；

④在发动机不运行的情况下需要调车 / 移动车辆时，例如前往维修站。

如果根据当前状况不再需要停留在驻车锁 P-OFF 位置，必须重新锁止驻车锁并移动到 P-ON 位置。

完成紧急解锁装置部件的装配工作后，必须检查紧急解锁装置，请参见右侧提示。

驻车锁紧急解锁装置是借助一根减震拉索实现的。相应的操纵机构位于驾驶员侧脚垫下方。

注意，在操作驻车锁紧急解锁装置之前，必须先锁定车辆以防止其滑动。

1. 紧急解锁驻车锁（P-OFF 位置）

（1）取下盖板。

（2）将用于紧急解锁装置的套筒扳手插入操纵机构中，如图 3-9-25 所示的序号 1。

（3）顺时针将套筒扳手旋转 90°（序号 2），同时向下压，如图 3-9-26 所示的序号 3。

注：如图 3-9-27 所示。

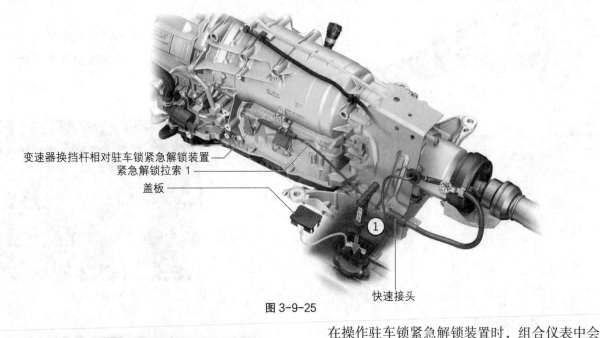

变速器换挡杆相对驻车锁紧急解锁装置

紧急解锁拉索 1

盖板

快速接头

图 3-9-25

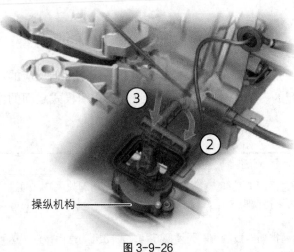

操纵机构

图 3-9-26

在操作驻车锁紧急解锁装置时，组合仪表中会亮起黄色的变速器指示灯并显示 N 挡。此外，组合仪表上还会显示提示信息："滑动危险！无法挂入 P 挡。请踩下驻车制动器。"

图 3-9-27

2. 锁止驻车锁（P-ON 位置）

向上从操纵机构中拔出套筒扳手序号 4，如图 3-9-28 所示。

提示：不得往回旋转套筒扳手，否则可能损坏紧急解锁机构。

安装盖板。

3.减少固体声传递

其中一个特点是展示了紧急解锁拉索相对变速器换挡杆的位置。紧急解锁拉索末端有一根刚性杆和一个蘑菇状盘，环绕变速器换挡杆但无接触。这样可以避免固体声从变速器传递到拉索进而传递到车内空间。只有在操作紧急解锁装置时，该盘和变速器换挡杆才会接触。

4.快速接头

为了简化变速器的拆装工作，紧急解锁拉索由两部分组成，这两个部分通过一个快速接头连接在一起，如图3-9-29所示。

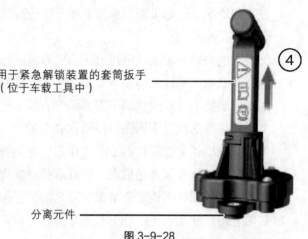

用于紧急解锁装置的套筒扳手
（位于车载工具中）

分离元件

图 3-9-28

必须注意的是，在未操作紧急解锁装置时，拉索盘不允许与变速器换挡杆接触，必须留有足够的间隙，如图3-9-30所示。用于快速连接的支架中的分离元件以及操纵机构中的分离元件可以减少固体声传递。

提示：拆卸和安装变速器后或完成对紧急解锁装置部件的装配工作后，必须按照维修手册进行功能检测。

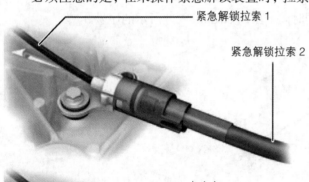

紧急解锁拉索 1

紧急解锁拉索 2

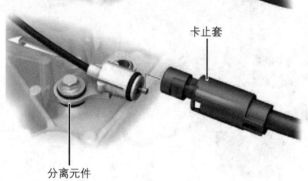

卡止套

分离元件

图 3-9-29

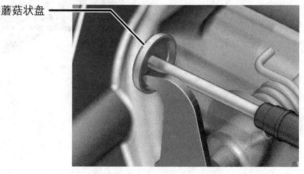

蘑菇状盘

图 3-9-30

六、变速器功能

1.奥迪驾驶模式选择系统

使用奥迪驾驶模式选择系统可以设定各种不同的模式。

本部分介绍的是，针对奥迪驾驶模式选择系统设定的各种不同模式，变速器控制系统是如何反应的。

变速器调整是根据不同国家版本按照客户需求匹配的。出于这个原因，在此只会介绍模式之间的偏向性差异，如表3-9-1所示。

表 3-9-1

模式	变速器调整
简单越野（钢制悬架）	在越野模式下，变速器控制系统通过匹配的功能支持野外行驶。无须识别驾驶风格，通过指定的换挡程序进行选挡。长时间保持模拟 S 挡。S 挡不可用，但可以手动切换至 tiptronic 模式（手动模式 M） 在 tiptronic 模式下，变速器强制换高挡功能被禁用。无须换高挡，发动机一直运转直至达到转速极限，从而避免意外来回换挡

模式	变速器调整
超级越野/简单越野（空气悬架）	禁用强制换高挡功能，可以在坡道行驶时让发动机保持最高转速。即使有短时间的牵引力损失，仍能保持挡位，从而在车轮恢复全牵引状态时，提供全部的驱动扭矩 下坡行驶时，通过禁用强制换高挡功能，可以充分利用发动机制动作用。为了防止发动机超速运转，在达到规定的发动机转速之前会换高挡
全路况	全路况模式不影响变速器调整
高效	在高效模式下，无须识别驾驶风格，通过指定的换挡程序进行变速器调整。尽早换高挡和尽晚换低挡可以节省燃油并减少二氧化碳排放量。此外还可以降低发动机效率，变速器控制系统会由此降低离合器压力。这又再次对油耗和二氧化碳排放量有着积极影响。在高效模式下，tiptronic 功能和 S 挡均可用。如果在关闭发动机前激活了 S 挡，在下次启动发动机时会自动激活高效模式（E）[1]。如果驾驶员要切换至 S 挡，必须自行手动选择。在挡位显示中会显示 E（E1~8）
舒适	发动机调整特别强调通过轻柔换挡和低发动机转速提高舒适性。在自动模式下，在识别驾驶风格后进行选挡
自动	挂入 D 挡和 S 挡时的驾驶风格识别：挂入 D 挡和 S 挡时，会根据驾驶员的驾驶方式进行驾驶风格识别。驾驶风格识别标准包括制动和加速踏板的踩下方式、车速以及特定时间内的横向和纵向加速度。经济的驾驶方式是尽早换高挡和尽晚换低挡。运动的驾驶方式则是尽晚换高挡和尽早换低挡。使用车辆诊断测试仪可以读出高效、经济、运动或手动模式分别所占比例
自动	D 挡：换挡以舒适为导向，会进行驾驶风格识别，并根据驾驶风格选择匹配的换挡点
自动	S 挡[1]：在运动模式（运动程序）下，换挡点被调整为运动并在发动机的功率范围内。换挡点调整需要进行驾驶风格识别。在正常的运动模式下，换挡时间和换挡点会不断变化，直到完成适合于处理过程的调整，换挡流程较短且可以感觉到
动态	选择动态模式后，变速器控制单元会激活运动程序（S 挡） 在动态模式下，tiptronic 功能和 D 挡均可用。如果在关闭发动机前激活了 D 挡，在下次启动发动机时会重新激活 D 挡[1]。如果驾驶员要切换至 S 挡，必须自行手动选择
个性化	在个性化模式下，驾驶员可以自由选择变速器调整，不受其他车辆系统的影响

注：1）由于排放标准的限定，在重新启动时，基本上会切换至 D 挡或 E 挡的行驶程序。

2. 基于导航数据的选挡

一旦有合适的导航系统数据可用（选装以及视市场而定），0D5 变速器就会利用相应的路线数据进行选挡。变速器控制系统此时会处理预先规划的行驶路线信息，例如弯道的弯曲度或弯道长度。同时，变速器控制系统还会判断是否在小区内行驶。

利用这些信息，可以降低换挡频率并方便变速器控制系统随时准备好选择正确挡位。基于导航数据的选挡，可以使用车辆诊断测试仪通过一次有针对性的匹配来激活或关闭。

3. 怠速模式

搭载 8 挡自动变速器 0D5 的奥迪车型首次引入怠速模式，这是与传统的变矩器自动变速器相结合的成果。一旦满足运行条件，在 40~170km/h 的车速范围内，发动机和变速器之间的动力传递就会断开。这发生在挂入 5~8 挡时。车辆利用怠速时的运动能量，在没有发动机制动作用的情况下滑动。这样可以在上述车速范围内节省燃油。

在怠速时，发动机以怠速运转，挡位显示中仍仅显示 D 挡、E 挡或 M 挡，不会显示具体的挡位。变速器的每个挡位分别需要 3 个换挡元件来产生动力啮合。由于 5~8 挡需要离合器 D，因此它是怠速模式的分离元件。根据车速通过关闭相应的换挡元件来跟踪挡位。

挡位跟踪的其中一个特点是涉及 7 挡。由于在离合器 D 分离、制动器 A 和离合器 C 接合时，变速器转速可能达到临界，因此在挡位跟踪时不会选择 7 挡。在 8 挡怠速模式下，会尽可能保持该挡位，以便直接切换至 6 挡。驾驶员在怠速状态下踩下加速踏板，可以感觉到应答性能延时，因为在即将加速前，离合器 D 必须接合。

（1）换挡矩阵图。

换挡矩阵图显示了 5~8 挡换挡元件的触发情况，如图 3-9-31 所示。0D5 变速器的换挡图与变速器 0BK 和 0BL 的相同。

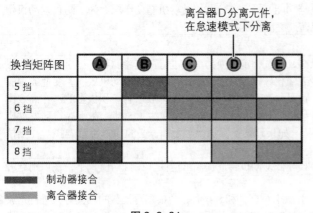

图 3-9-31

（2）运行条件。

①怠速模式必须在信息娱乐系统中激活。

②必须选择 D 挡或高效模式。

③车速在 55~160km/h 之间。

④断油滑行模式（不踩下加速踏板）。

⑤上坡 <3% 且下坡 <4%，路面倾斜度通过制动器电子装置的纵向加速度传感器探测。

⑥车速调节装置未激活。例外：带 PEA（预测式高效驾驶辅助系统）的 ACC（自适应巡航控制系统）。

⑦受 PEA 的影响（选装，视市场而定）。PEA 利用导航系统的线路数据。在同样是选装的自适应巡航控制系统的共同作用下，在车速调节装置激活状态下，PEA 能够根据情况激活怠速模式。

⑧对于 D 挡，驾驶员采用经济的驾驶方式，缓慢松开加速踏板。如果驾驶员迅速松开加速踏板，将无法进入怠速模式。对于高效模式，驾驶员松开加速踏板。

（3）关闭条件。

①下坡或上坡 >10%。

②车速 >170 km/h 或 < 40 km/h。

③踩下制动或加速踏板。

④选择 S 挡。

⑤通过 tiptronic 换挡槽或 tiptronic 开关 Tip- 激活 tiptronic 模式。

⑥车速调节装置激活。定速巡航装置开启但车速调节装置未激活时，不符合关闭条件。例外：带 PEA（预测式高效驾驶辅助系统）的 ACC（自适应巡航控制系统）。

⑦PEA 利用导航系统的线路数据。在同样是选装的 ACC 的共同作用下，PEA 能够根据情况中断怠速模式的激活。这取决于车速。例如，当车辆位于小区或环形道路前面并直接驶过时。当车辆驶近其他道路使用者时，也会中止怠速模式。

⑧越野模式激活。

（4）通过 Tip+ 激活怠速模式。

在断油滑行模式下，在满足上述条件时，通过 tiptronic 开关 Tip+ 激活怠速模式。由于短时踩下制动器导致怠速模式失效时，可以通过操作开关 Tip+ 重新激活。其前提是满足怠速模式运行条件且换挡程序不允许换高挡。如果通过操作 Tip+，换挡程序允许换高挡，则会换高挡，例如从 D7 切换至 M8。

4.空挡怠速控制系统

在停车和静止状态下，会通过空挡怠速控制系统断开发动机和变速器之间的动力传递。发动机怠速扭矩可以由此降至最低程度，因为发动机不必再像变矩器自动变速器一样克服变矩器扭矩工作。

这有利于节省燃油并减少二氧化碳排放量。此外，发动机以低怠速扭矩运行更平稳、更安静。出于这一原因，一旦符合运行条件，在发动机启动后就会立即激活空挡怠速控制系统。

（1）挂入 1 挡和 R 挡时的空挡怠速控制系统。

在发动机启动后，一旦确保了 ATF 压力供给，制动器 A 就会接合，制动器 B 启动（半联动位置）。空挡怠速控制系统此时尚未激活（P 挡或 N 挡）。满足条件时，驾驶员踩下制动器或选择 D 挡或 R 挡，会激活空挡怠速控制系统。如果选择了 D 挡，1 挡的离合器 C 暂时不会接合。如果选择了 R 挡，R 挡的离合器 D 同样暂时不会接合。

一旦驾驶员松开制动器，就会挂入 D 挡，制动器 B 和离合器 C 接合（挂入 R 挡时制动器 B 和离合器 D 接合）。此时，已经启动的制动器 B 会在压力骤升的情况下接合，同时离合器 C 和 D 会在压力温和上升的情况下接合。采用这种方式可以舒适地建立动力啮合。其他起步过程通过变矩器进行。

（2）启动停止模式激活时的空挡怠速控制系统。

在启动停止模式激活且发动机静止状态下，按照指示操作直至发动机启动，会激活空挡怠速控制系统。为了加速 ATF 建压，液压脉冲存储器（HIS）会辅助制动器 A 接合以及制动器 B 启动。

其他过程通过空挡怠速控制系统的上述功能进行。

（3）通过空挡怠速控制系统停车。

通过略微踩下制动器停车时，通常会在车辆即将静止前从 2 挡降至 1 挡。这样可以使驾驶员几乎感觉不到 2 到 1 挡的降挡过程。

为了防止停车时发动机停转，在发动机怠速转速达到变速器输入转速之前，变矩器离合器基本上会一直分离。

随着车速不断减小，发动机怠速转速会低于变速器输入转速。由此引起的变矩器打滑是产生变矩器扭矩的原因，发动机必须通过提高负荷来吸收这一扭矩。

（4）运行条件。

①完全匹配换挡元件（制动器、离合器）。

②完全 ATF 温度高于大约 20℃。

③完全上坡 < 4%（通过制动器电子装置的纵向加速度传感器探测上坡）。

④完全 D 挡或 R 挡。

⑤完全不踩下加速踏板。

⑥完全踩下制动踏板。

（5）关闭条件

①S 挡或 tiptronic 模式。

②松开制动器（除非车辆是通过电控机械式驻车制动器锁止的或起步辅助系统激活）。

③踩下加速踏板。

（6）换挡矩阵图。

这一摘取的换挡矩阵图一目了然地显示了 1 挡、2 挡和 R 挡的换挡元件的触发情况。其中介绍了变速器 0BK 和 0BL 的换挡过程，这与 0D5 变速器一致。

为了避免产生变矩器扭矩，在出现变矩器打滑现象时，在 2 挡就已通过分离离合器 E 激活空挡怠速控制系统。如果驾驶员在车辆静止前松开了制动器，2 挡的离合器 E 或 1 挡的离合器 C 会根据车速接合，如图 3-9-32 所示。

空挡怠速控制系统可以用车辆诊断测试仪通过一次有针对性的匹配来激活或关闭。

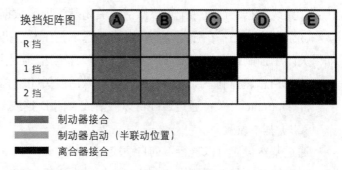

图 3-9-32

5.启动停止系统

启动停止系统有利于节省燃油和减少二氧化碳排放量。

在启动停止模式下，例如遇到红灯停车时，发动机会自动关闭。在此停止阶段，点火开关会保持接通状态。发动机会根据需要自动重新启动。

这要求极短的启动时间和迅速的起步准备阶段。为了完全满足这些要求，0D5 变速器配有一个液压脉冲存储器（HIS）。要了解该脉冲存储器的功能。

6.下坡辅助系统

下坡辅助系统可以在车辆下坡时为驾驶员提供辅助。在 D 挡和 S 挡踩下制动踏板或激活定速巡航装置，即可激活该系统。

变速器会根据坡道选择合适的挡位。在物理和驱动技术限制范畴内，下坡辅助系统会尝试维持制动时设定的车速。

可能还需要通过制动踏板来校准车速。一旦离开坡道或踩下加速踏板，下坡辅助系统就会重新关闭。下坡辅助系统无法克服物理极限，因此并不是在任何情况下都能保持恒定车速。驾驶员必须随时做好制动准备。

七、保养

1.牵引

如果要牵引配备 0D5 变速器的车辆，必须注意下列有关自动变速器的常见限制条件：

（1）操作驻车锁紧急解锁装置。

（2）最大牵引速度 50 km/h。

（3）最大牵引距离 50 km。

（4）不抬起前桥或后桥来牵引车辆。

原因：当发动机静止时，不会驱动机油泵，变速器内某些零件无法润滑。如不遵守这些牵引条件，可能导致变速器损坏。

提示：请注意操作手册中有关牵引主题的详细说明和提示。

2.诊断、基本设置、匹配、警告提示

（1）诊断。

对 0D5 变速器的电气 / 电子部件以及控制和调节流程进行诊断。根据地址码 02 可以查询诊断结果。

（2）匹配。

下列功能可以用车辆诊断测试仪在匹配中激活或关闭：

①单个挡位显示：通过匹配单个挡位显示，可以在组合仪表中单独显示或隐藏 D 挡和 S 挡。在手动模式 M（tiptronic 模式）下，挡位显示始终保持激活状态。

②路线数据：通过匹配可以激活或关闭基于导航数据的选挡。

③强制换高挡：在强制换高挡激活状态下，在发动机达到极限转速之前，会切换至下一个更高挡位。如果关闭了强制换高挡，发动机会一直运转直至达到极限转速，而不会换高挡。

④空挡怠速控制系统：通过匹配可以激活或关闭空挡怠速控制系统。

⑤Tiptronic 开关：通过匹配可以激活或关闭 D 挡或 S 挡切换。

（3）基本设置。

通过基本设置可以进行下列自适应：

①车辆静止状态下的快速自适应，例如在更换 ATF、更换制动器 / 离合器或机电控制模块后。

②复位所有自适应值，可以读取并一次性复位离合器的所有自适应值。无法复位单个自适应值。

（4）变速器指示灯。

如图 3-9-33 所示，当组合仪表中的变速器指示灯亮起黄色时，通常表示车辆可以继续行驶，会显示相关信息来提示驾驶员如何操作。

如图 3-9-34 所示，如果组合仪表中的变速器指示灯亮起红色，则表示车辆无法继续行驶。

图 3-9-33

图 3-9-34

第十节　奥迪 Q8（4M）传动系统

一、一览

这款奥迪 Q8 在上市时配备的是 8 挡自动变速器 0D5 和后部主传动 0G2 。这种传动结构设计在 05D 变速器内使用的是自锁式中间差速器，在后桥上使用的是开放式差速器，此结构在奥迪 Q7 （车型 4M）上就已经使用了，如图 3-10-1 所示

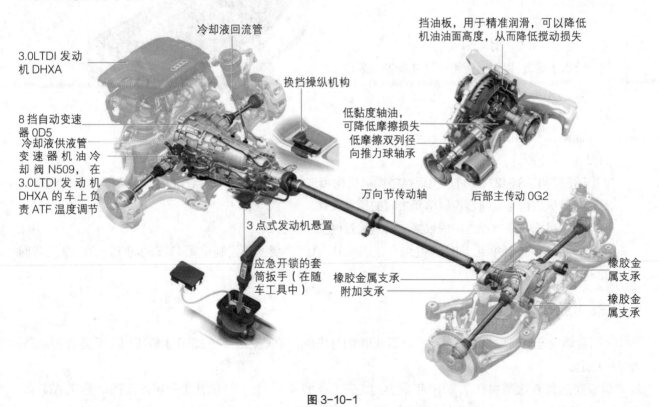
图 3-10-1

根据发动机型号情况，这款奥迪 Q8 在稍后可选装运动型差速器。

8 挡自动变速器 0D5 与奥迪 A8（车型 4N）上使用的变速器基本一样。

换挡操纵机构是直接取自奥迪 A8（车型 4N）的，通过完全的线控换挡技术来传递驾驶员的操纵意愿。

驻车锁应急开锁的形式与奥迪 Q7（车型 4M）上的相同，只是针对奥迪 Q8 进行了适配。

1.驻车锁应急开锁

驻车锁应急开锁装置的结构和使用与奥迪 Q7（车型 4M）上的应急开锁装置是相同的。

注意：在操纵应急开锁装置前，必须要停好车辆，防止溜车。

2.后部主传动 0G2

奥迪 Q8 上市时只提供后部主传动 0G2，该主传动使用的是开放式差速器，工厂内部名称是 HL195.S3。

后部主传动 0G2 是通过 4 点式悬置安装在副车架上的。径向黏结橡胶支承安装到规定位置处。

后部主传动 0G2 有提高效率的措施。

二、自动变速器的换挡操纵机构

奥迪 Q8 上的换挡操纵机构是直接取自奥迪 A8（车型 4N）的，因此奥迪 Q8 上使用的是最新的奥迪换挡操纵机构。

这就是说，驻车锁也是全自动操控的了。从这方面讲，也可称"线控驻车"。

这种换挡操纵机构技术首次是用在了 2016 年型的奥迪 Q7（车型 4M）上，现在与相应的操纵方式一起也用于下面这些车型上：

（1）奥迪 R8（车型 4S）。

（2）奥迪 A4（车型 8W）。

（3）奥迪 Q5（车型 FY）。

（4）奥迪 Q7（车型 4M）。

（5）奥迪 A8（车型 4N）。

该设计做了修改，以便适应相应的内部结构要求。

1.一览

如图 3-10-2 和图 3-10-3 所示。

2.功能图，换挡操纵机构

如图 3-10-4 所示。

图 3-10-2

Y 形适配器 VAS 642 001 可以实现换挡操纵机构（选挡杆 E313）和选挡杆位置显示 Y5 之间的测量。

3.换挡操纵机构与变速器控制单元之间的信息交换

换挡操纵机构与变速器之间的数据交换是通过网关来进行的。

选挡杆传感器控制单元 J587 通过组合仪表 CAN 总线、变速器控制单元 J217 通过 FlexRay 总线与网关 J533 进行通信。

三、8 挡自动变速器 0D5

8 挡自动变速器 0D5 是 8 挡自动变速器 0BK 的升级版，0BK 变速器在 2010 年最新用在了奥迪 A8（车型 4H）上。

0D5 变速器首次是用在了 2016 年的奥迪 Q7（车型 4M）上，它在奥迪公司内部的名称是 AL552-8Q，在其制造商 ZF 公司的名称是 8HP65A。该变速器的输入扭矩高达 700 N·m。

0D5 变速器的软件仍与以前一样使用导航系统的数据，还支持智能启停系统、驻车脱开功能以及惯性滑行模式。与以前一样，仍可通过奥迪 drive select 来影响变速器特性。

用于奥迪 Q8 上的 0D5 变速器与用在奥迪 A8（车型 4N）上的相同，有如下特点：

（1）分动器内的机油泵取消了。

（2）前部主传动的主动齿轮使用了双排径向推力球轴承，摩擦就减小了。

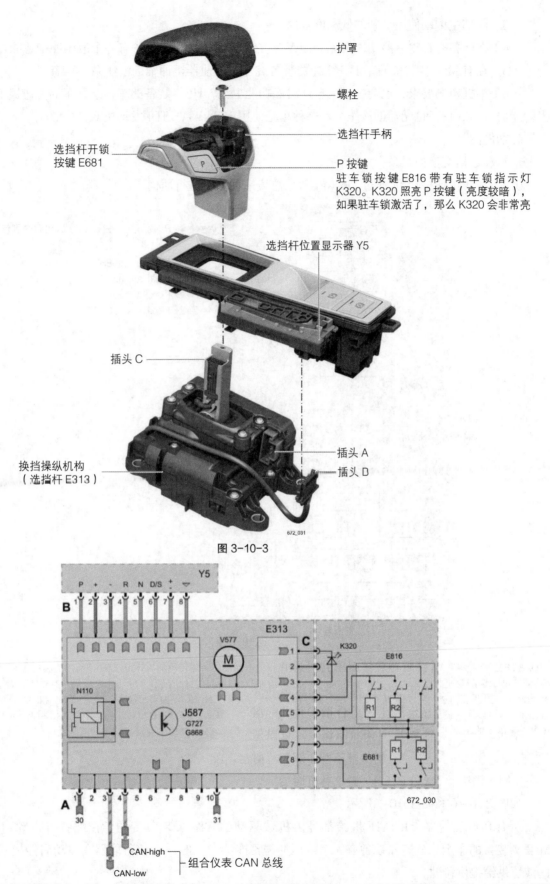

护罩

螺栓

选挡杆手柄

选挡杆开锁
按键 E681

P 按键
驻车锁按键 E816 带有驻车锁指示灯
K320。K320 照亮 P 按键（亮度较暗），
如果驻车锁激活了，那么 K320 会非常亮

选挡杆位置显示器 Y5

插头 C

插头 A

插头 D

换挡操纵机构
（选挡杆 E313）

672_031

图 3-10-3

Y5

P + - R N D/S ↑ ↓

B

E313

V577

C K320

E816

N110

J587
G727
G868

E681

672_030

A

30   31

CAN-high ——组合仪表 CAN 总线
CAN-low

E313.选挡杆（换挡操纵机构）　G727.选挡杆位置传感器　G868.选挡杆横向锁传感器　J587.选挡杆传感器控制单元　N110.选挡杆锁
电磁铁　V577.选挡杆横向锁电机　E681.选挡杆开锁按键　E816.驻车锁按键　K320.驻车锁指示灯　Y5.选挡杆位置显示器

图 3-10-4

（3）前部主传动使用了新的低黏度轴油。

（4）在配备有自动启停功能但无 MHEV 装备的车上，变速器装备有一个液压冲击蓄能器（HIS）。

（5）在有 MHEV 装备的车上，变速器装备有一个变速器机油辅助液压泵 1 V475。

（6）根据市场要求，也会提供无自动启停功能也无 MHEV 装备的车，这种车的变速器上既无液压冲击蓄能器（HIS），也无辅助液压泵。这种车是使用 183 kW V6 TDI 发动机 CVMD 的。

1.功能图

信息和数据交换如图 3-10-5 所示。

0D5 变速器的控制单元通过 FlexRay 数据总线来与车辆进行通信。

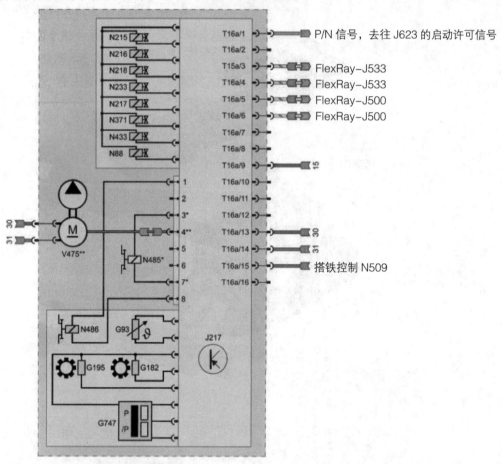

G93.ATF温度传感器　G182.变速器输入转速传感器　G195.变速器输出转速传感器　G510.控制单元内的温度传感器　G747.驻车锁传感器　J217.自动变速器控制单元　J500.转向助力控制单元　J533.数据总线诊断接口　N88.电磁阀 1　N215.压力调节阀 1，制动器 A　N216.压力调节阀 2，制动器 B　N217.压力调节阀 3，离合器 C　N218.压力调节阀 4，离合器 D　N233.压力调节阀 5，离合器 E　N371.压力调节阀 6，锁止离合器　N443.压力调节阀 7，系统压力　N485*.蓄能器电磁阀（仅用于无MHEV装备而有液压冲击蓄能器的车上）　N486.驻车锁磁铁　N509.变速器机油冷却阀　V475**.变速器机油辅助液压泵1（仅用于有MHEV装备的车）

图 3-10-5

2.ATF 供给

如图 3-10-6 和图 3-10-7 所示。

所有 0D5 变速器上的 ATF 供给都是由机械驱动的 ATF 泵来负责的。在配备有自动启停功能但无 MHEV 装备的车上，变速器装备有一个液压冲击蓄能器（HIS），该蓄能器在自动启停模式会对变速器的液压供给提供帮助。

在有 MHEV 装备的车上，变速器用一个变速器机油辅助液压泵 1 V475 取代了液压冲击蓄能器。该液压泵承担液压冲击蓄能器的任务，且在内燃机因处于惯性滑行模式而关机时负责变速器的液压供给。

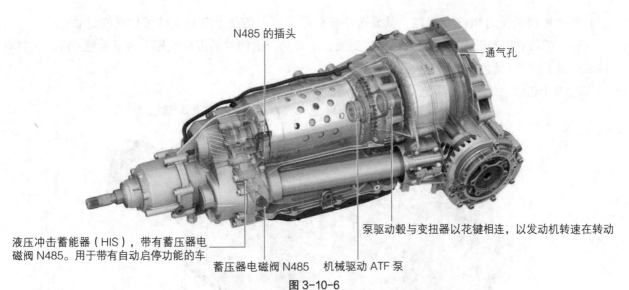

N485 的插头

通气孔

液压冲击蓄能器（HIS），带有蓄压器电磁阀 N485。用于带有自动启停功能的车

蓄压器电磁阀 N485　机械驱动 ATF 泵

泵驱动毂与变扭器以花键相连，以发动机转速在转动

图 3-10-6

通气孔

变速器机油辅助液压泵 1 V475，用于带有 MHEV 装备的车

双列径向推力球轴承

辅助液压泵 V475 的供电插头，这是有 MHEV 装备车上的变速器的显著特征

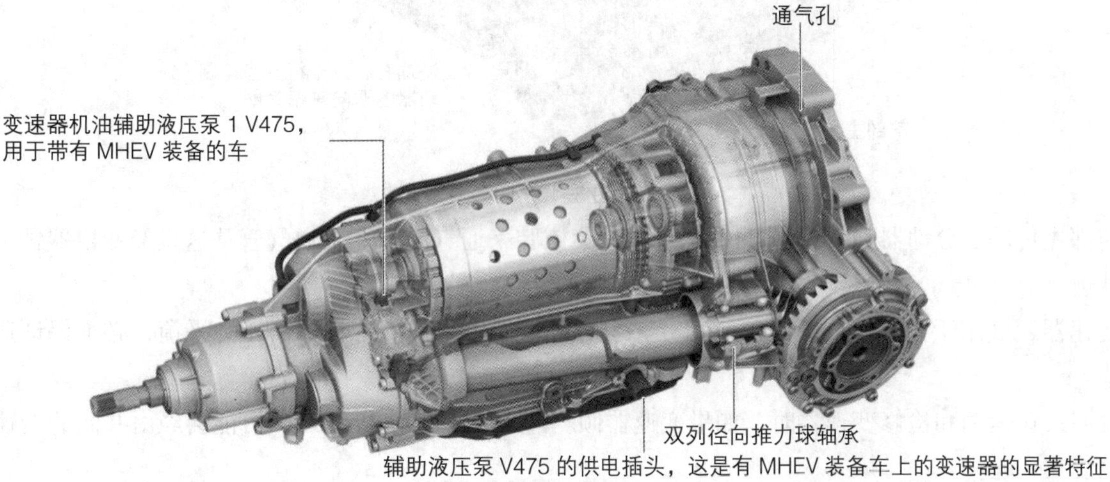

图 3-10-7

3. 机油系统 / 润滑

奥迪 Q8 上的 0D5 变速器根据发动机情况，会有 2 个或者 3 个彼此分开的机油系统。

（1）3 个机油系统，如图 3-10-8 所示。

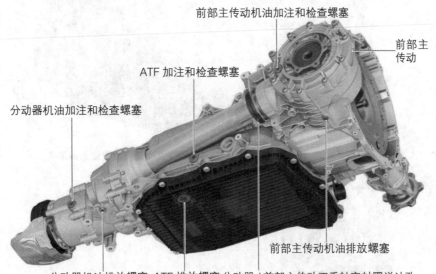

前部主传动机油加注和检查螺塞

前部主传动

ATF 加注和检查螺塞

分动器机油加注和检查螺塞

前部主传动机油排放螺塞

分动器机油排放螺塞　ATF 排放螺塞 分动器 / 前部主传动双重轴密封圈溢油孔

图 3-10-8

有 3 个机油系统的 0D5 变速器，其显著特征就是前部主传动上有双重轴密封圈的溢油孔。

这种新的低黏度轴油无保养周期，不需更换，不可与以前的轴油混合使用。为了避免弄混，将这种新轴油染成了红色 / 紫色。

（2）3 个机油系统的变速器通气，如图 3-10-9 所示。

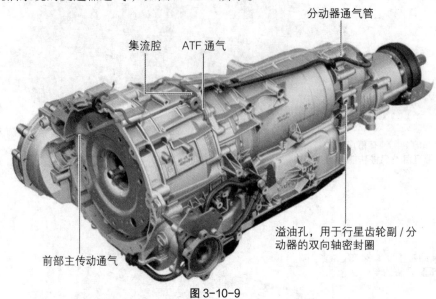

集流腔　ATF 通气

分动器通气管

溢油孔，用于行星齿轮副 / 分动器的双向轴密封圈

前部主传动通气

图 3-10-9

前部主传动、分动器和 ATF 机油系统是通过集流腔来通气的。一个通气管从这里经变扭器钟形壳体通向外边。

变速器通气用于在变速器热起来或者冷下去时进行压力平衡。为了保证压力平衡，必须保证通气开口不堵。

说明：在运输和检修变速器时，如果变速器倾斜过大，那么轴油和 ATF 可能会经由共同的变速器通气部位混在一起。

（3）2 个机油系统，如图 3-10-10 所示。

有 2 个机油系统的 0D5 变速器，其显著特征就是前部主传动上没有双重轴密封圈的溢油孔。

机油储油腔

很容易看出，这个位置处无溢油孔

图 3-10-10

这两个机油系统的机油加注、检查和排放螺塞是相同的。

分动器的润滑。奥迪 Q8 上的 0D5 变速器都不使用机械泵来对分动器进行润滑（旧型的 8 挡自动变速器就是这样的）。现在的分动器润滑不是使用机油泵而是通过在油底壳内转动的齿轮来实现的。图中所示的机油储存腔里充满齿轮甩出的机油，其作用就是分配这些机油。

（4）2 个机油系统的变速器通气，如图 3-10-11 所示。

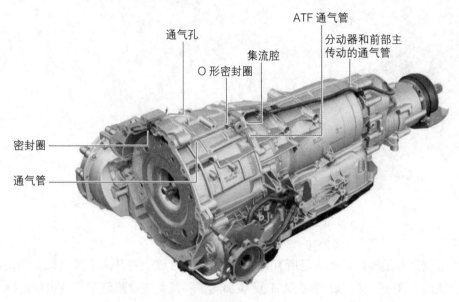

图 3-10-11

在这种变速器上，没有从前部主传动到集流腔的通气道。

前部主传动的通气是经半轴套管并经分动器通气装置而实现的像 ATF 机油系统通气那样汇集入集流腔了。通气管从这里经变扭器钟形壳体通向外边。

4. ATF 温度调节

根据发动机—变速器组合，奥迪 Q8 上 05D 变速器内的温度调节有两种方式。

（1）单路式：用于与下述发动机组合时。

3.0 TFSI 发动机，EA839 系列；

3.0 TDI 发动机，EA897 evo 2 系列；

3.0 TDI 发动机，EA897 系列。

ATF 热交换器与奥迪 Q7（车型 4M）上一样，是并联在发动机的冷却液大循环上的。冷却液循环由 ATF 热交换器通过阀 N509 来控制。

（2）双路式：用于与下述发动机组合时。

2.0 TFSI 发动机，EA888 第三代系列。

在这种发动机上，ATF 冷却器可以选择两种不同的冷却液循环来供液。一个循环是通过阀 N509 来控制的，它与发动机冷却液大循环是并联的；另一个与发动机冷却液小循环是并联的。

（3）单路式 ATF 温度调节。

示例：3.0L TDI 发动机，发动机代码 DHXA，EA897 evo 2 系列。

①发动机预热阶段（N509 已关闭），如图 3-10-12 所示。

在发动机预热阶段，会给阀 N509 通上电，该阀就关闭了。这样的话，就没有冷却液流经 ATF 热交换器了，于是冷却液就不需要加热 ATF 了，发动机就能很快地达到其正常工作温度了。

发动机控制单元的温度管理系统会决定什么时候打开阀 N509。打开阀 N509 需要用到的参数有：外部温度、发动机温度、ATF 温度、发动机转速和空调对热的需求情况。

② ATF 的加热和冷却（N509 已打开），如图 3-10-13 所示。

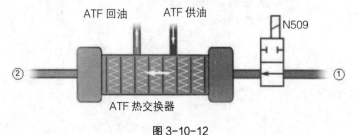

图 3-10-12

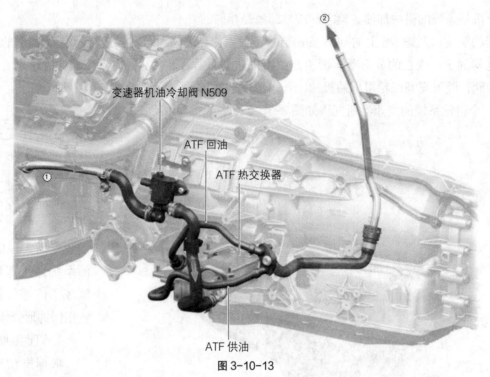

图 3-10-13

　　当发动机达到其正常工作温度且有足够热量能满足所有要求时，阀 N509 就会打开。于是来自发动机大循环管路的热的冷却液就会流经 ATF 热交换器，那么 ATF 就被加热了，其黏度就降低了，这也就提高了变速器的效率。只要发动机冷却液温度比 ATF 温度高，就会对 ATF 进行加热。一旦 ATF 温度高于发动机冷却液温度，那么 ATF 会把热量释放到冷却液中并冷却。

　　（4）双路式 ATF 温度调节。

　　示例：2.0L TFSI 发动机，发动机代码 DMFA，EA888 第三代系列。

　　①启动阶段。

　　在冷启动时，会给阀 N509 通上电，该阀就关闭了。阀 N488 也是关闭的。这样的话，就没有冷却液流经 ATF 热交换器了。于是冷却液就不需要加热 ATF 了，发动机就能很快地达到其正常工作温度了。发动机控制单元的温度管理系统会决定什么时候打开阀 N509 和 N488。打开 N509 和 N488 需要用到的参数有：外部温度、发动机温度、ATF 温度、发动机转速和空调对热的需求情况，如图 3-10-14 所示。

　　②ATF 加热。

　　当发动机达到其正常工作温度且有足够热量能满足所有要求时，阀 N488 就会打开。于是来自发动机小循环管路的热的冷却液就会流经 ATF 热交换器，那么 ATF 就被加热了，其黏度就降低了，这也就提高了变速器的效率。在这个加热阶段，阀 N509 一直保持关闭状态。

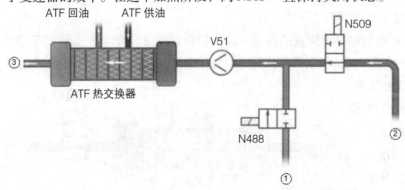

图 3-10-14

　　③正常工况 / ATF 冷却。

　　在正常工况时，阀 N509 和 N488 均未通电，阀 N509 是打开着的，阀 488 是关闭着的。ATF 热交换器中流过的冷却液温度保持在 80~90℃ 之间，ATF 温度就接近冷却液温度了，也就在规定值范围内了。如果需要的话，泵 V51 可以辅助冷却循环，如图

3-10-15 所示。

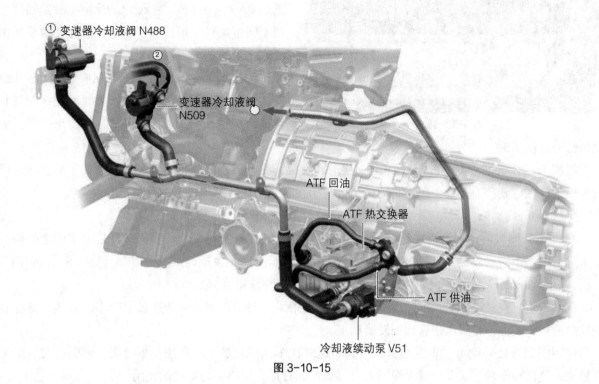

① 变速器冷却液阀 N488

② 变速器冷却液阀 N509

ATF 回油

ATF 热交换器

ATF 供油

冷却液续动泵 V51

图 3-10-15

a. N509 变速器机油冷却阀：

未通电是打开着的。

通上电是关闭着的。

用变速器控制单元 J217 来操控。变速器控制单元 J217 从发动机控制单元的温度管理系统接收，命令去打开或者关闭 N509。

通过故障导航来进行执行元件检测（地址码 02）。

b. N488 变速器机油冷却阀：

未通电是关闭着的。

通上电是打开着的。

用发动机控制单元来控制。温度管理系统判定切换状态。

通过故障导航来进行执行元件检测（地址码 01）。

c. V51 冷却液续动泵：

用发动机控制单元来控制。温度管理系统判定切换状态。

通过故障导航来进行执行元件检测（地址码 01）冷却液泵 2。

说明：如果 ATF 冷却器泄漏了，那么乙二醇和冷却液就会进入 ATF。即使非常少的冷却液也会影响到离合器的调节。乙二醇检测可以检查出乙二醇（即使量非常少都能检查出来），可以排除这个原因。

四、影响变速器控制的功能

1. 奥迪 drive select

如图 3-10-16 所示。

通过奥迪 drive select 可以选择不同的车辆特性和模式。通过奥迪 driveselect 按键或者通过 MMI 可以选择下述的奥迪 drive select 模式。

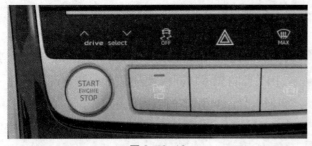

图 3-10-16

本部分为您讲述奥迪 Q8 的变速器控制对不同奥迪 drive select 模式所做出的反应。变速器特性根据不同市场针对用户做了匹配,因此在这里只讲述模式之间的基本差别。

使用车辆诊断仪可以读取相应奥迪 drive select 模式行驶的时间比例。这个行驶时间比例对驾驶员类型识别无影响,因此不可从这里得出驾驶员的驾驶风格的任何结论。

根据 WLTP,端子 15 完成一次关闭 / 接通切换后,重新启动发动机时,车辆总会处于最近所选择的行驶模式且在行驶挡 D。唯一例外的是 offroad 这个模式。

(1)offroad。

在 offroad 模式时,变速器控制系统通过适配功能来支持越野行车。行驶挡选择是根据固定的换挡程序来进行的,不对驾驶员类型进行识别。挡位保持时间长(就是换挡迟),类似于行驶挡 S。行驶挡 S 不可用,但在 tiptronic 模式(手动换挡模式 M)时可以手动换挡。

在 tiptronic 模式(M1-8)时,强制升挡就被停用了。发动机工作至转速极限时不会升挡,这样可避免反复换挡(我们不希望出现这种反复换挡)。

停用强制升挡功能可使得发动机在最高转速时让车辆停在坡上。即使在短时失去牵引力时,也能保持挡位,这样在车轮上又获得最大牵引力时,能保证有最大的驱动力矩可供使用。

在下坡行驶时,通过停用强制升挡,可以充分利用发动机制动效应。为了防止发动机转速过高,在达到特定发动机转速时会升挡。

在端子切换后(端子 15 关闭 / 接通),重新启动发动机时,带有空气悬架的车是在 allroad 模式和行驶挡 D,带有钢质悬架的车是在 auto 模式和行驶挡 D。

(2)allroad。

allroad 模式对变速器特性无影响。

(3)efficiency。

行驶挡显示为 E(E1-8),换挡时刻选择是按照固定的换挡程序来进行的,不对驾驶员类型进行识别,尽可能提前升挡且尽可能延迟降挡(在降低发动机功率的情况下)。

这样对燃油消耗和 CO_2 排放均有益。

在 efficiency 模式时,tiptronic 模式以及行驶挡 S 均可使用。

如果车上装备有效率辅助系统,那么系统符号会主动出现,用以提醒驾驶员以经济驾驶方式去驾驶。

(4)comfort。

变速器控制系统的状态与模式 auto 时是一样的。

(5)Auto。

在挡位 D 和 S 时,换挡时刻选择是按照驾驶员类型识别特性曲线来进行的。

为此需要分析驾驶员的驾驶风格,具体考虑的是驾驶员以什么样的方式来操控加速踏板和制动踏板,以及在一定时间段内横向及纵向加速度的情况。

因此,您若以经济方式来驾车,那么就会提前换升挡并延迟降挡。

你若以运动方式来驾车,那么就会延迟升挡并提前降挡。

行驶挡 D(D1-8):换挡时刻选择是在参考了驾驶员类型识别的情况下按照舒适目的来进行的。

行驶挡 S(S1-8):在行驶挡 S 时,变速器控制系统处于运动程序状态。换挡时刻选择是在参考了驾驶员类型识别的情况下是强调运动性的，并会与发动机的功率相适应。换挡时间各不相同，从正常的几乎感觉不到换挡到短促可感觉出在换挡。

如果车上装备有效率辅助系统，那么在运动程序状态，系统符号不会出现去提醒驾驶员。

（6）dynamic。

如果选择了 dynamic 模式，那么变速器控制系统就会激活运动程序（行驶挡 S）。在 dynamic 模式时，可随时切换到行驶挡 D。

（7）Individual。

在 individual 模式时，驾驶员可不依赖于其他车辆系统来自由选择变速器特性。

菜单项驱动系统包括发动机、变速器和自动启停系统。通过这个菜单项可以选择经济、均衡或者运动这几种形态。

这几种形态对应着下述奥迪 drive select 模式：

经济对应奥迪 drive select 的 efficiency 模式；

均衡对应奥迪 drive select 的 auto 模式；

运动对应奥迪 drive select 的 dynamic 模式。

2. 惯性滑行模式（空载模式）

奥迪 Q8 上所有型号的 D5 变速器都支持惯性滑行模式。在配备有 MHEV 装备的车上，变速器机油辅助液压泵 1 V475 可以实现让内燃机关闭。

在未配备 MHEV 装备的车上，在惯性滑行时，不关闭发动机，因为需要发动机来驱动机械驱动式 ATF 泵工作，以便能在惯性滑行过程中保持 ATF 供给。

在配备有 MHEV 装备的车上，关闭发动机可以节约燃油。但是，有些事件可能会阻止发动机关闭，比如：

发动机尚未达到一定温度；

有来自空调的相应请求；

因 ESC 调节而需要发动机运行；

发动机控制系统正在进行自适应调整；

柴油颗粒过滤器正在进行还原反应。

如果满足下述的工作条件，那么发动机和变速器之间的动力传递就会被切断了。车辆在惯性滑行时就使用现有的动能而在无发动机制动作用的情况下运动了。这时挡位显示其上仅显示行驶挡 D 或 E，不显示具体是几挡。

根据车速情况，在断开动力传递时会在后台跟踪具体的挡位。

变速器内的 5 个换挡元件按下述起分离元件作用：

8 挡：＞3000 r/min 变速器输出转速离合器 D；

8 挡：＜3000 r/min 变速器输出转速制动器 A；

7、6、5、4 挡：离合器 D；

3、2 挡：离合器 E；

1 挡：离合器 C。

为了能在内燃机关闭时跟踪挡位，就要用到变速器机油辅助液压泵 1 V475。V475 负责在内燃机关闭时供应 ATF。

4 挡和 7 挡的情况有些特殊：如果车辆在这两个挡位之一上运行，那么脱开离合器 D 会激活惯性滑行模式。

但是在挡位跟踪时会越过 4 挡和 7 挡，因为处在这两个挡位时，如果离合器 D 脱开了，那么可能会导致变速器转速达到危险的临界转速的。

这就是说，如果在 8 挡时激活了惯性滑行模式且车辆在逐渐慢下来了，那么会一直保持在 8 挡，直至可以切换到 6 挡为止。在 4 挡时，也是这个样子，会一直保持在 5 挡，直至可以切换到 3 挡为止。

说明：在发动机关闭的惯性滑行模式时，踩加速踏板时可以感觉到加速迟缓，因为加速前可能需要启动内燃机且还得让相应的分离元件接合。

（1）工作条件。

智能惯性滑行模式必须在 MMI 显示屏上已激活；

ESC 已激活；

已选了行驶挡 D 或 E；

车速在 55~160 km/h 之间；

减速超速状态（未踩动加速踏板）；

上坡坡度 <3%，下坡坡度 <4%，这个坡度是通过制动器电子系统内的纵向加速度传感器侦测而得的。

由效率辅助系统根据具体情况来激活：

如果车上配备有导航系统和选装的自适应驾驶辅助系统，那么在车速调节系统已激活时，效率辅助系统会根据具体情况来激活惯性滑行模式。为此，效率辅助系统会使用导航系统的道路数据和正面摄像头的数据。

（2）关闭条件。

上坡或下坡坡度 >10%；

车速：>170 km/h，<8 km/h（在未操纵制动器时）；

操纵了加速踏板；

操纵了制动踏板：>30 km/h 在制动灯亮起时，<30 km/h 在超过了规定的制动压力限值时；

ESC 被关闭了；

选择了行驶挡 S；

通过 tiptronic 通道激活了 tiptronic 模式或者操纵了 tiptronic 方向盘上的 Tip-。

由效率辅助系统根据具体情况来关闭：

如果车上配备有导航系统和选装的自适应驾驶辅助系统，那么在车速调节系统已激活时，效率辅助系统会根据具体情况来关闭惯性滑行模式。

这种情况取决于车速，比如，当车辆马上进入居民区或者环形交通处时。车辆靠近其他道路使用者时，惯性滑行模式也会被关闭。

在配备有 MHEV 装备的车上，如果因过载保护或者损坏而导致变速器机油辅助液压泵 1 V475 无法提供支持的话。

3. 自动启停功能

要想支持自动启停功能，变速器需要有液压冲击蓄能器（HIS）或者变速器机油辅助液压泵 1V475。如果车上的变速器无液压冲击蓄能器（HIS）或者变速器机油辅助液压泵 1 V475，那么也就不会有自动启停功能了。

因此，是否有自动启停功能，取决于具体市场上的发动机—变速器组合。

每次接通点火开关时，自动启停功能会自动激活。该功能有助于节省燃油，从而也就减少了 CO_2 排放。

如果满足自动启停模式工作条件，那么踩动了制动踏板且车速低于 22 km/h 时就会自动关闭发动机了。这些条件之一是选挡杆不能位于行驶挡 R。

在需要时，发动机会自动重新启动。这要求启动时间非常短且能快速起步。

在这款奥迪Q8上，这个快速起步能力是通过液压冲击蓄能器（HIS）或者变速器机油辅助液压泵1 V475（指MHEV）来保证的。

如果液压冲击蓄能器（HIS）或者变速器机油辅助液压泵1 V475不能工作，那么自动启停功能也就关闭了而无法使用。

4.驻车脱开功能

所有0D5变速器都能执行驻车脱开功能，与液压冲击蓄能器（HIS）或者变速器机油辅助液压泵1 V475无关。但是驻车脱开这个功能并非在所有市场都有。

在把车辆停住以及车辆在静止状态时，驻车脱开功能会让发动机和变速器之间的动力传递中断，具体说，就是变速器内相应的离合器脱开了。

于是发动机怠速扭矩就会被降至最低，因为发动机这时就不需要在变扭器上耗费扭矩了。

这样可节省燃油并减少CO_2排放。另外，发动机的怠速扭矩小也使得其运行安静而轻柔。由于这些原因，驻车脱开功能会尽可能处于激活状态（见接通和关闭条件）。

如果要起步行驶，那么离合器会再次接合，从而保证有动力传递。

（1）接通条件（就是工作条件）。

换挡元件（制动器、离合器）已充分适配完毕。

ATF温度 > 约20℃。

坡度 < 4%（路面倾斜度由制动电子系统内的纵向加速度传感器来侦测）。

在挡位D或R。

未踩下加速踏板。

踩下了制动踏板。

（2）关闭条件。

在挡位S或tiptronic模式。

制动已松开（除非是车辆由电动机械式驻车制动器固定住了或者起步辅助功能被激活了）。

踏下了加速踏板。

在配备有液压冲击蓄能器（HIS）的车上，离合器调节针对液压冲击蓄能器（HIS）进行了匹配。如果液压冲击蓄能器（HIS）失效的话，那么驻车脱开功能也就被关闭了。

在配备有变速器机油辅助液压泵1 V475的车上，离合器调节针对变速器机油辅助液压泵1 V475进行了匹配。如果变速器机油辅助液压泵1 V475失效的话，那么驻车脱开功能也就被关闭了。

识别出有挂车。

5.下坡辅助功能

下坡辅助功能会帮助驾驶员在下坡路段行车时保持车速恒定。具体来说就是变速器会选择一个适合该坡路的挡位，以便通过发动机制动作用来保持与实施制动时刻相应的车速。在物理极限范围内可能会需要另外通过制动踏板来校正车速。

一旦坡度变小或者踩下加速踏板，那么下坡辅助功能会再次关闭。

在相应的坡度时，下坡辅助功能在挡位D和S踩下制动踏板或者在定速巡航装置工作时会被激活。

6.方向盘tiptronic功能的特点

长时间操纵点动开关Tip-会切换到尽可能低的挡位（长拉-）。

长时间操纵点动开关Tip+会暂时从tiptronic-模式切换回自动模式（长拉+）。

如果换挡操纵机构有故障，那么在车辆静止且踏下制动踩板时，可同时操纵两个点动开关（>1 s）

来选择挡位 P、R、N 和 D。

在 D/S 时的手动换挡功能可以实现随时通过手动来换挡。

"通过 Tip+ 激活惯性滑行" 这个功能被关闭了，这是因为想让奥迪 Q8（车型 4M）的方向盘 tiptronic 的功能布局清晰明确。通过操纵 Tip- 则仍与以往一样，可以结束惯性滑行模式（空载模式）。

7. 售后服务

（1）牵引。

如果要牵引配备有 0D5 变速器的车，那么就需要注意自动变速器奥迪车上常见的限制内容了：

操纵驻车锁应急开锁装置；

牵引车速不超过 50 km/h；

牵引距离不超过 50 km；

不可抬起前桥或者后桥来牵引车辆。

（2）原因。

在发动机不工作时，就无法驱动机油泵了，变速器内的一些件就无法获得润滑了。如果忽视这些牵引条件，可能会严重损伤变速器。

8. 变速器指示灯

如果组合仪表上出现这个红色的变速器指示灯，就是警告驾驶员不得继续开车行驶了，如图 3-10-17 所示。

如果组合仪表上出现这个黄色的变速器指示灯，表示可以继续开车行驶，如图 3-10-18 所示。

图 3-10-17　　　　　图 3-10-18

有相应的驾驶提示来提醒驾驶员应该做什么。

9. 诊断

0D5 变速器的电气 / 电子部件以及控制和调节过程是可以进行诊断的。

借助车辆诊断仪使用地址码 02 就可以查询诊断结果。

说明：下坡辅助功能也无法突破物理极限，因此并非在任何情况下都能保持车速恒定，驾驶员需随时准备制动。

第十一节　奥迪 R8（4S）传动系统

一、概述

奥迪 R8（4S 车型）中两款 V10 发动机的发动机功率一律通过换挡迅速的 7 挡双离合器变速器 0BZ 传递。

奥迪 R8（4S 车型）出色性能的基础，是沿用自上代车型的中置发动机及 quattro 全时四驱设计，以及前轴主减速器内全新开发的全轮驱动离合器。新款前轴主减速器内装有一个电动液压促动式膜片离合器，它能完全自由、可变地分配前轴驱动力。

未促动全轮驱动离合器时，驱动力几乎 100 % 传递至后轴，机械差速锁可改善后车轮上的牵引力。

根据行驶状况、驾驶员意愿和气候条件，最高 550 N·m 的扭矩可瞬间通过主动齿轮轴传递至前轴主减速器。

这种自由、可变的前轴扭矩分配能够有针对性地对行驶动态性产生影响。

配合车轮选择扭矩控制系统和其他动态行驶系统，驾驶俨然成了一项充满激情的体验。

借助奥迪行驶模式选择，用户可选择不同的变速器及全轮驱动离合器调校方式。

由此，车辆可带来从舒适平衡到极富运动感的不同行驶动态性体验。

新增的性能模式（V10 选配，V10 增强版标配）可随时提供极富运动感的变速器及行驶动态性扩展调校方式。

如图 3-11-1 所示。

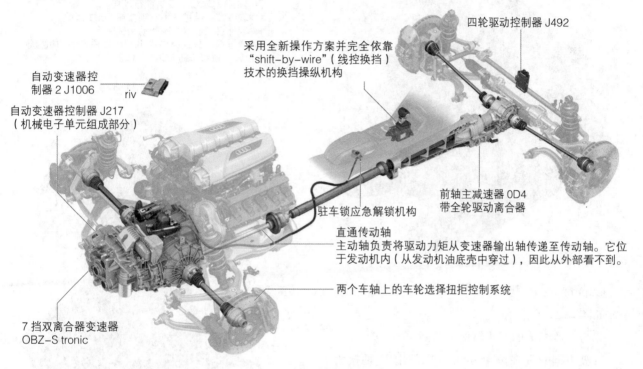

四轮驱动控制器 J492

采用全新操作方案并完全依靠"shift-by-wire"（线控换挡）技术的换挡操纵机构

自动变速器控制器 2 J1006 riv

自动变速器控制器 J217（机械电子单元组成部分）

前轴主减速器 0D4 带全轮驱动离合器

驻车锁应急解锁机构

直通传动轴
主动轴负责将驱动力矩从变速器输出轴传递至传动轴。它位于发动机内（从发动机油底壳中穿过），因此从外部看不到。

两个车轴上的车轮选择扭拒控制系统

7 挡双离合器变速器 OBZ-S tronic

图 3-11-1

二、换挡操纵机构

奥迪 R8（4S 车型）采用的是奥迪 B 级和 C 级车型系列最新一代的奥迪换挡操纵机构，完全依靠"shift-by-wire"（线控换挡）技术。

操作方案非常直观，基本上符合用户熟悉的自动挡车辆操作逻辑。

驻车锁一般通过自动驻车功能挂入或退出，但也可由驾驶员操作 P 按钮挂入。

选挡杆在每次操作后始终返回自动挡位槽或 tiptronic 挡位槽 M 的基本位置。

1. 基础挡位示意图

如图 3-11-2 所示。

选挡杆可能的换挡位置：自动模式下的基本位置 X 或者 tiptronic 模式下的基本位置 T。位置说明（A1、A2 等）根据选挡杆位置显示在车辆诊断测试仪的测量值中。

2. 挡位图

如图 3-11-3 所示。

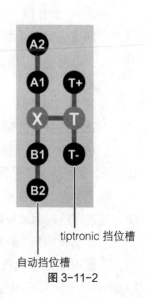

tiptronic 挡位槽

自动挡位槽

图 3-11-2

提示：挂入行驶挡 R 时，车辆会发出一声确认音。

3. 自动挡位槽

如图 3-11-4 所示。

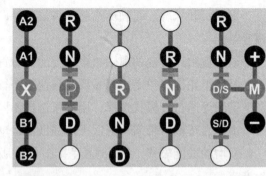

○不改变行驶挡的情况下可选择的位置
●可选行驶挡
●选挡杆基本位置及当前行驶挡
▬软件锁：通过按下解锁按钮 E681 解除
▬软件锁：通过踩踏制动踏板解除
▬通过选挡杆锁电磁铁 N110 发挥作用的机械锁，
通过按下解锁按钮 E681 解除

图 3-11-3

图 3-11-4

4. tiptronic 挡位槽

如图 3-11-5 所示。

5. 与车速相关的变速器保护功能

行驶方向只能在车速 8 km/h 以下由 D 切换为 R，反之同理。

车速 8 km/h 以上时，变速器保护功能会阻止行驶方向逆向转换（动力相应传递至另外的子变速器）。

图 3-11-5

6. 部件一览

如图 3-11-6 所示。

7. 选挡杆解锁按钮 E681，解锁按钮

按钮 E681 用于解锁选挡杆锁。为确保可靠性并便于诊断，它由 2 个开关元件组成。发生故障时，按钮 E681 被视为处于已按下状态。

红色和蓝色的锁止功能解除，车辆生成故障存储器条目并在组合仪表中显示故障信息。行驶挡 P 和 N 可通过踩踏制动踏板退出。

8. 驻车锁按钮 E816，P 按钮

P 按钮用于手动激活驻车锁。激活只有在车速 < 1 km/h 时执行。为确保可靠性并便于诊断，按钮 E816 由 3 个开关元件组成。它的开关状态会通过 2 个接口发送至选挡杆传感装置 J587。E816 发生损坏时，组合仪表中会显示一条信息，同时驻车锁只能通过自动驻车功能挂入。

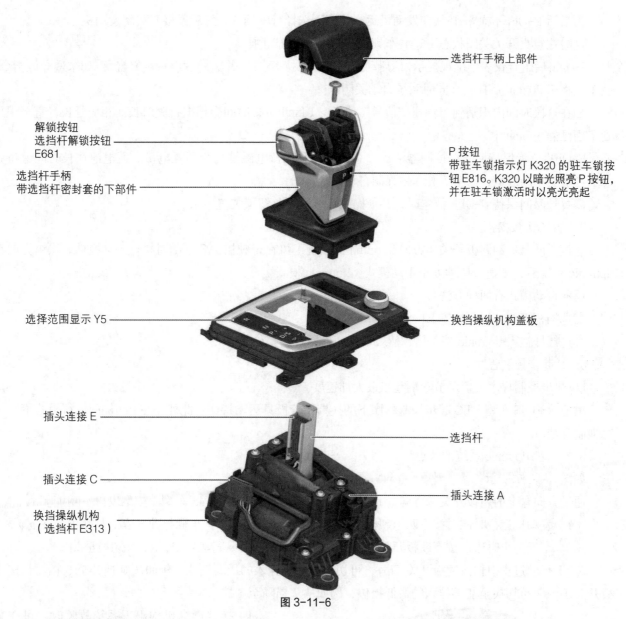

选挡杆手柄上部件

解锁按钮
选挡杆解锁按钮
E681

P 按钮
带驻车锁指示灯 K320 的驻车锁按
钮 E816。K320 以暗光照亮 P 按钮，
并在驻车锁激活时以亮光亮起

选挡杆手柄
带选挡杆密封套的下部件

选择范围显示 Y5

换挡操纵机构盖板

插头连接 E

选挡杆

插头连接 C

插头连接 A

换挡操纵机构
（选挡杆 E313）

图 3-11-6

三、变速器功能

1. 自动驻车功能

0BZ 变速器配备的驻车锁以电动液压方式驱动，因此变速器控制系统可自动操纵驻车锁，从而提高操作舒适性。

满足以下条件时，自动驻车功能自动挂入驻车锁（P-ON 位置）：

①车辆静止，车速 < 1 km/h；

②行驶挡 D、S、R 或 M 其中之一处于激活状态；

③发动机关闭，端子 15 关闭。

在奥迪 R8（4S 车型）中，车速小于 1 km/h 时也可由驾驶员按下 P 按钮挂入驻车锁。

当发动机运行并选择行驶挡 D、S、R、N 或 M 时，驻车锁自动退出（P-OFF 位置）。

2. 激活行驶挡 N（P-OFF 位置）

为使车辆能够短时间不挂驻车锁移动，例如经过通道式洗车装置时，用户可阻止驻车锁自动挂入。

前提条件是换挡操纵机构、P 按钮以及变速器功能正常。

为激活 P-OFF 位置，必须在发动机运行状态下选择行驶挡 N，然后紧接着关闭发动机。

这时在点火开关关闭状态下，驻车锁将在 20 min 内禁止挂入。

19 min 后组合仪表中出现提示"请启动发动机以保持 N 挡"，并额外发出一声警告音。如未遵守该指令，驻车锁将于 20 min 后挂入，同时系统自动关闭。

如在这段时间内识别到车辆速度信号（速度 > 1 km/h），时间会根据行驶时长而相应延长，直至识别到车辆已静止 5min 以上。

P-OFF 位置保持期间，控制器活动、总线运行和保持电磁铁均会消耗电量。蓄电池在长时间保持状态下可能会不断放电，以至于驻车锁强制自动挂入。

需要长时间保持 P-OFF 位置时，必须操纵驻车锁应急解锁装置。

3. D/S 挡短按换挡

通过方向盘上的翘板开关（方向盘 tiptronic 系统）可在行驶挡 D/S 下随时执行手动换挡。操纵方向盘 tiptronic 系统后，变速器持续处于手动模式（tiptronic 模式）。

返回自动模式有两种方法：

①选挡杆后拉 1 挡（位置 B1）；

②选挡杆挂入 tiptronic 挡位槽，然后重新切换回自动挡位槽。

4. LC 起步控制程序

LC 起步控制程序负责调节车辆起步最大加速度。

奥迪 R8（4S 车型）LC 起步控制程序下的换挡调校极具运动特征。此外，在 tiptronic 运行模式下会执行强制升挡。

5. 方向盘 tiptronic 系统的特点

如图 3-11-7 所示。

通过方向盘上的翘板开关（方向盘 tiptronic 系统）可在奥迪 R8（4S 车型）中触发以下功能。

（1）发动机运行时同时按下两个翘板开关，可切换至行驶挡 N（车辆行驶过程中及静止状态下）。

（2）车辆静止时通过按下翘板开关 Tip+ 并踩踏制动器，可从行驶挡 P、R、N 切换至 M1。

（3）行驶过程中长按翘板开关 Tip+，可切换至能够挂入的最高挡位，例如从 3 挡升至 5 挡。长按翘板开关 Tip-，可切换至能够挂入的最低挡位，例如从 7 挡降至 3 挡。

（4）换挡操纵机构出现系统故障时，可在车辆静止状态下踩踏制动器并按下翘板开关 Tip+ 而挂入行驶挡 D。同时按下两个翘板开关则可挂入 N 挡。此情况下无法挂入 R 挡。

tiptronic 翘板开关的这些附加功能通过以冗余方式传输两个翘板开关的开关指令而实现。开关指令一方面通过 CAN 数据总线传输至自动变速器控制器 J217，另外借助两条单独的导线传输至自动变速器控制器 2 J1006。信息从那里会再次通过 CAN 数据总线发送至 J217。

6. 自由滑行模式

满足自由滑行模式要求的前提条件时，变速器可激活自由滑行。自由滑行模式通过断开当前处于动力接合状态下的离合器而实现。发动机与变速器

图 3-11-7

之间的动力连接由此切断。车辆并非像通常那样进入发动机减速滑行模式，而是在无发动机制动作用的条件下，利用现有动能滑行。该模式配合预判性驾驶方式，可节省燃油消耗。

前轴主减速器中的全轮驱动离合器在自由滑行模式下同样也会断开。

（1）激活自由滑行模式。

激活自由滑行模式必须满足以下运行条件：

①奥迪驾驶模式选择 comfort（舒适）或 auto（自动）模式；

②行驶挡 D；

③车速介于 55~230 km/h 之间；

④加速踏板倾斜度由较小的负值变化为 0 %（脚非常缓慢地离开加速踏板）；

⑤路面平坦或略带上下坡坡度；

⑥定速巡航功能未激活；

⑦气缸切断功能未激活；

⑧自动启停系统未手动关闭。

（2）取消自由滑行模式。

操纵以下某个操作元件时，自由滑行模式取消：

①加速踏板；

②制动踏板；

③翘板开关 Tip- 相邻的某项运行条件不再满足时，自由滑行模式也会取消。

在能够挂入的最高挡位下，可按下翘板开关 Tip+ 手动激活自由滑行。借助 Tip- 和 Tip+ 可在上述前提条件的框架之下任意切换减速滑行和自由滑行两种模式。

四、奥迪驾驶模式选择——变速器调校

在配备奥迪驾驶模式选择系统的奥迪 R8（4S 车型）中，驾驶员可视配置而定体验不同车辆系统展示的性能及行驶动态性。

除了已知的奥迪驾驶模式选择模式舒适—自动—动态—个性化，奥迪 R8（4S 车型）额外拥有性能模式。性能模式具体又分为三种子模式：雪地、湿滑、干燥。动态行驶系统由此可根据路况有针对性地调整轮胎与路面之间的摩擦系数。

选择性能模式时，奥迪驾驶模式选择系统会调用电控行车稳定系统（ESC）。

1.舒适—自动—动态模式

如图 3-11-8 所示。

舒适和自动模式在变速器调校方面没有区别。换挡点和换挡过程偏向舒适性。

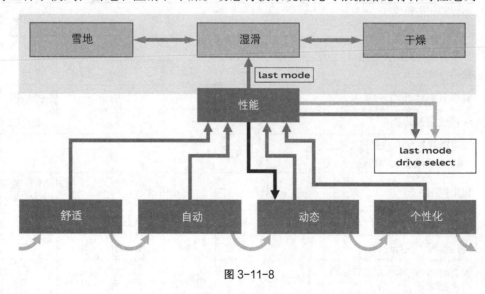

图 3-11-8

动态模式下变速器选择运动程序 S。运动程序中换挡点对应的发动机转速升高，换挡时间缩短。由此

可以更好地发挥发动机性能，同时用户能明显感觉到换挡过程。

在个性化模式下，驾驶员可不受其他车辆系统制约而自由选择变速器调校。

（1）性能模式。

性能模式下变速器采用运动增加型调校。这意味着变速器最大限度地支持发动机性能发挥，而舒适性则居次要地位。换挡转速很高的同时，换挡时间非常短而且能够明显感觉到。

性能模式只能通过方向盘上的性能按钮激活和操作。通过性能按钮，性能模式可在任何奥迪驾驶模式选择模式下直接激活或停用。

提示：请注意，接通性能模式时 ESC 和 ASR（驱动防滑控制系统）的稳定功能会受到限制。只有当驾驶技能和交通状况允许时，才可接通性能模式。存在甩尾危险！

（2）性能按钮。

性能按钮是一个带调节环的按钮开关。通过调节环可在雪地、湿滑和干燥三种模式之间进行选择。不过这些模式对于变速器而言并无区别，如图 3-11-9 所示。

性能模式在 V10 增强版中属于标配，在 V10 中可以选装。

奥迪驾驶模式选择按钮

性能按钮，带选择雪地、湿滑和干燥模式的调节环

图 3-11-9

2.奥迪驾驶模式选择变速器调校概览

如表 3-11-1 所示。

表 3-11-1

奥迪驾驶选择模式 变速器调校和功能	舒适		自动		动态 = 运动驾驶模式		性能：不区分 dry（干燥）、 wet（湿滑）、snow（雪地）	
行驶挡	D	M	D	M	S	MS	S+	MS+
换挡特性曲线	正常	—	正常	—	运动		运动增强	—
M 模式强制升挡	—	可以	—	可以	—	不可以	—	不可以
M 模式强制降挡	—	可以	—	可以	—	不可以	—	不可以
加速踏板特性曲线经过更改， 提高怠速及起步转速	正常				运动		运动增强	
起步控制程序	不可以		不可以		可以。采用 M 模式强制升挡功能，换挡过程极具 运动特征且换挡时间极短			
降挡时节气门部分开启	不可以	可以	不可以	可以	可以			
换挡过程 / 换挡时间	A	C	A	C	B	C	B	D
按下 tiptronic 翘板开关后返回 自动模式	不可以	—	不可以	—	不可以	—	不可以	—
发动机自动启停运行模式	可以				不可以			

744

奥迪驾驶选择模式 变速器调校和功能	舒适	自动	动态 = 运动驾驶模式	性能：不区分 dry（干燥）、 wet（湿滑）、snow（雪地）
自由滑行模式	可以		不可以	
气缸切断功能	可以		不可以	

注：A.通过发动机扭矩干预以偏向舒适性的方式跨挡换挡。

B. 通过最大发动机扭矩干预以优化换挡时间的方式跨挡换挡。

C. 通过最大发动机扭矩干预快速跨挡换挡，专门针对 tiptronic 运行模式进行调校。

D. 通过最大发动机扭矩干预以及在升挡时利用发动机惯性扭矩以最快方式跨挡换挡。

五、驻车锁止装置的应急开锁装置

正常模式下驻车锁通过电动液压方式操纵。以电动液压方式退出驻车锁时，发动机必须处于运行状态，从而生成足够的自动变速器油压。保持在驻车锁 OFF 位置时，同样必须存在足够的自动变速器油压或者足够的驻车锁保持电磁铁供电电压。

应急解锁装置用于需长时间保持驻车锁 OFF 位置时退出驻车锁并保持 P–OFF 位置。

驻车锁应急解锁装置可在以下情况下操纵：

①必须对车辆进行牵引的一般情况；

②驻车锁因功能失效而无法以电动液压方式解锁时；

③车辆在车载电压不足的情况下需要调车 / 移动时；

④发动机未运行而车辆必须调车 / 移动时，例如在修理厂中；

⑤在应急解锁装置的部件上完成装配工作后进行功能检测时。

1.驻车锁应急解锁（P–OFF 位置）

在奥迪 R8（4S 车型）中，驻车锁通过   条拉线从车辆内部空间应急解锁。

套筒扳手和螺丝刀包含在随车工具内。

警告：操纵驻车锁应急解锁装置之前，必须固定车辆以防其自行移动！操纵驻车锁应急解锁装置后，组合仪表中会亮起黄色的变速器指示灯并显示行驶挡 N。此外，组合仪表内出现提示："Vehicle may roll away! P cannot be selected. Please apply parking. 会溜车！无法挂入 P 挡。请踩下驻车制动器。"解除应急解锁（P–ON 位置）时按相反顺序操作。

2.操作

（1）从杯架中取出衬垫。

（2）用螺丝刀拆除盖板。拧出螺栓，按压解锁连接件（箭头），取出盖板，如图 3–11–10 所示。

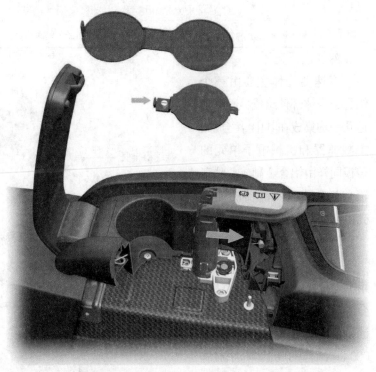

图 3–11–10

（3）打开套筒扳手，然后将其卡入操纵机构，如图 3–11–11 所示。

（4）将套筒扳手翻转至如图 3–11–12 所示位置。

图 3-11-11

操纵机构————————行驶方向

图 3-11-12

六、变速器概览

1. 概览

如表 3-11-2、图 3-11-13 和图 3-11-14 所示。

表 3-11-2

名称	制造商	DL800-7A
	维修服务	0BZ
	销售	S tronic
开发 / 生产	奥迪股份有限公司英戈尔施塔特 / 大众卡塞尔工厂	
变速器类型	全同步三轴接合套变速箱，带 7 个前进挡和 1 个倒车挡，配合中置发动机设计的电动液压操纵式变速器，带后轴主减速器差速锁和前轴主减速器变速器输出轴	
双离合器	两个依次布置的湿式膜片离合器，电动液压操纵，油冷设计	
控制	机械电子单元 +2 个额外的电动液压模块（驻车锁模块和辅助液压模块），通过带电动液压驻车锁线的线控换挡装置操纵，线控换挡技术双控制器设计，离合器 K1/K2 分别采用单独的离合器冷却系统。自动换挡模式拥有多种换挡程序，tiptronic 程序可实现手动换挡	
速比设计	配合 397kW V10 发动机采用 6+E 设计（7 挡采用长速比以降低油耗） 配合 449kW V10 增强版发动机采用 7 挡设计	
重量	包含自动变速器油和双质量飞轮在内 141kg	

2. 变速器壳体

变速器壳体主要由三个铝合金壳体部件组成，所有油道几乎均集成在其中。离合器、主减速器和机械电子单元的盖板同样由铝合金制成。驻车锁盖板和内带吸滤器的油底壳由高品质塑料制成。

3. 变速器供油系统

0BZ 变速器的所有功能组共享一套供油系统。双离合器变速器专用自动变速器油的保养更换周期目前为 60 000 km，自动变速器油滤清器应一同更换。检查及更换自动变速器油时请注意维修手册和车辆诊断测试仪的说明。

自动变速器油冷却器防护板　　驻车锁应急解锁拉线

变速器排气

变速器型号铭牌零件号 / 序列号

带滤芯和热保护层的自动变速器油滤清器

图 3-11-13

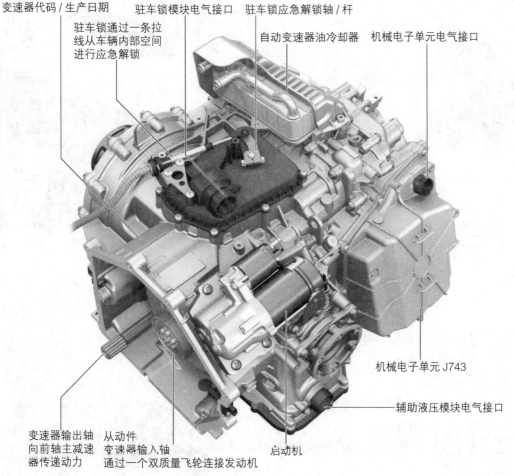

变速器代码 / 生产日期
驻车锁模块电气接口
驻车锁应急解锁轴 / 杆

驻车锁通过一条拉
线从车辆内部空间
进行应急解锁

自动变速器油冷却器
机械电子单元电气接口

机械电子单元 J743

辅助液压模块电气接口

变速器输出轴
向前轴主减速
器传递动力

从动件
变速器输入轴
通过一个双质量飞轮连接发动机

启动机

图 3-11-14

4. 变速器各总成

如图 3-11-15 所示。

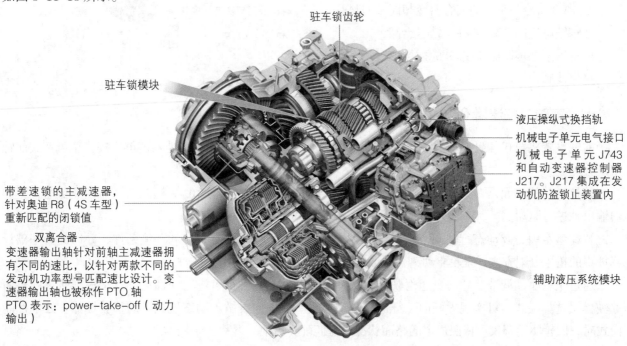

驻车锁齿轮

驻车锁模块

液压操纵式换挡轨

机械电子单元电气接口

机械电子单元 J743
和自动变速器控制器
J217。J217 集成在发
动机防盗锁止装置内

带差速锁的主减速器,
针对奥迪 R8(4S 车型)
重新匹配的闭锁值

双离合器

变速器输出轴针对前轴主减速器拥
有不同的速比,以针对两款不同的
发动机功率型号匹配速比设计。变
速器输出轴也被称作 PTO 轴
PTO 表示：power-take-off(动力
输出)

辅助液压系统模块

图 3-11-15

（1）驻车锁模块，如图 3-11-16 所示。

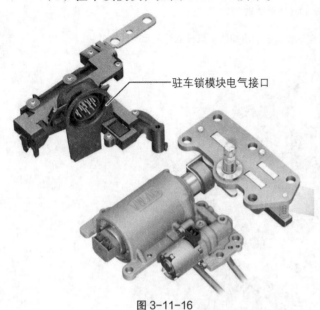

驻车锁模块电气接口

图 3-11-16

图 3-11-17

驻车锁及应急解锁操纵机械组件；

驻车锁液压操纵液压缸；

驻车锁传感器 G747；

驻车锁电磁铁 N486 驻车锁保持电磁铁；

驻车锁电磁阀 N573 驻车锁挂入阀。

（2）自动变速器控制器 2 J1006 新的安装位置，如图 3-11-17 所示。

（3）辅助液压系统模块，如图 3-11-18 所示。

ATF 泵；

K2 离合器冷却系统的离合器冷却阀 2 N448；

驻车锁电磁阀 2 N574 驻车锁退出阀；

离合器温度传感器 2 G659 的插接位置；

自保持阀。

辅助液压模块电气接口

图 3-11-18

七、前轴主减速器 0D4

前轴主减速器 0D4 针对奥迪 R8（4S 车型）而全新开发。这款前轴主减速器能够实现完全可变式前轴扭矩分配。

其核心功能单元是一个电动液压控制式膜片离合器，其输入轴持续由 7 挡双离合器变速器通过变速器输出轴进行驱动。

智能型牵引力及动态行驶调节装置会持续检查行驶状态、驾驶员意愿和环境条件，并以此为基础计算理想的扭矩分配方式。全轮驱动离合器会将计算出的扭矩迅速分配至前轴。

通过全轮驱动调节装置与奥迪驾驶模式选择系统联网，驾驶员可进行个性化设置。根据所选的奥迪驾驶模式选择模式，可实现无倾向（舒适和自动模式）或偏向灵敏（动态模式）的行驶性能。处于性能模式时，四轮驱动调校可依照规定的路面状况进行匹配（雪地、湿滑、干燥）。

扭矩分配由此与路面状况实现最佳匹配，从而能够取得最快"单圈时间"。

新款前轴主减速器和专门的扭矩分配调校不仅能够在车辆加速时获得各项最佳数值，同时还可确保在所有路面条件（摩擦系数）下出色的行驶动态性。

　　变速器输出轴的速比经过选择，使前车轮的驱动速度相比后车轮的驱动速度超前 2%~3%。该超前量有助于在任何行驶状况下都将驱动扭矩向前轴转移。

　　根据牵引力及动态行驶调节状态，最高可向前轴主减速器传递 550N·m 的离合器扭矩。调节过程持续进行且极为迅速，从格外偏向后轴直至均衡的扭矩分配方式。在极端行驶状况下，前轴甚至有可能承受 100% 的可传递驱动力。

　　为促进新款 quattro 全时四轮驱动系统实现理想的扭矩分配协同效果，新调校的后轴机械式差速锁对牵引力和行驶动态性进行了改善。

1. 一览

　　如图 3-11-19 和图 3-11-20 所示。

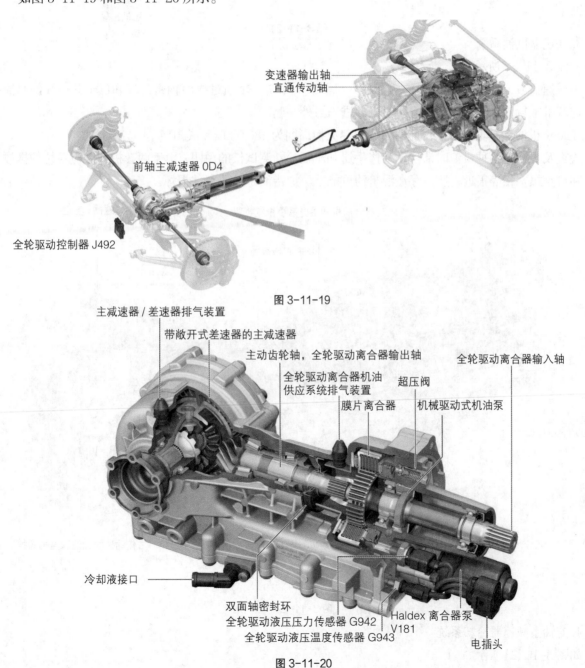

图 3-11-19

图 3-11-20

2. 变速器截面图

如图 3-11-21 所示。

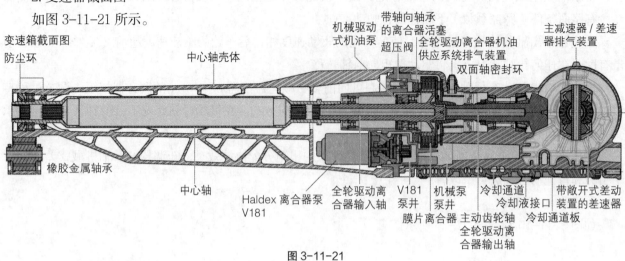

图 3-11-21

3. 变速器供油系统

如图 3-11-22 所示。

主减速器 0D4 拥有油腔分离的两套独立机油供应系统。轴通过双面轴密封环和位于其中间的漏油孔可实现双重密封效果，从而防止泄漏时机油进入另外一侧。

Haldex 机油和车轴润滑油目前适用的保养更换周期为 180 000 km 或 10 年。

检查及更换这两种机油时请注意维修手册和车辆诊断测试仪的说明。由于两套机油供应系统的排放、加注和检查螺塞相隔很近，所以存在混淆的可能性。加错油将导致部件损坏。

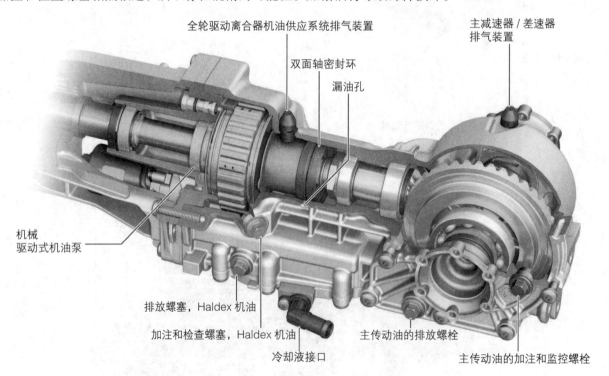

图 3-11-22

4. 前轴主减速器冷却系统

如图 3-11-23 所示。

全轮驱动离合器主要依靠滑差运行，可传递最高 550 N·m 的离合器扭矩。

在主减速器中，该离合器扭矩按照 2.77：1。功率要求较高时，两套机油供应系统中会产生相应的温度。

为了将机油的热应力保持在尽可能低的水平，同时在持续较高的功率请求下确保系统可用率，前轴主减速器拥有一套冷却系统。

通过冷却通道板，发动机冷却回路中的冷却液持续流经两套机油供应系统所在的变速器底面并将热量带走。

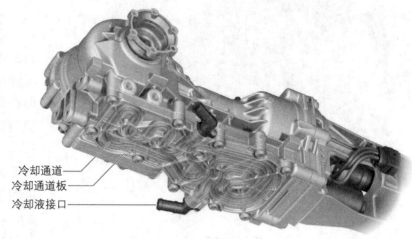

冷却通道
冷却通道板
冷却液接口

图 3-11-23

全轮驱动液压温度传感器 G943 监控 Haldex 机油的温度。如果 Haldex 机油超出规定的温度极限值，则不再促动 Haldex 离合器。

5. 部件一览

如图 3-11-24 所示。

主减速器 0D4 的工作原理和液压控制系统在很大程度上与第五代 Haldex 离合器相同。

奥迪 R8 中全轮驱动离合器的工作重点在于有针对性地影响和改善行驶动态性。

为了能够更好地调节离合器，它配有一个压力传感器和一个温度传感器。

由于离合器主要依靠滑差运行，因此离合器的润滑和冷却需要面对更高的要求。为了满足这些要求，膜片离合器拥有一个单独的机械驱动式机油泵。这个机油泵通过输入轴驱动，可持续根据车速输送相应体积的机油。这部分机油可确保离合器持续获得润滑和冷却。

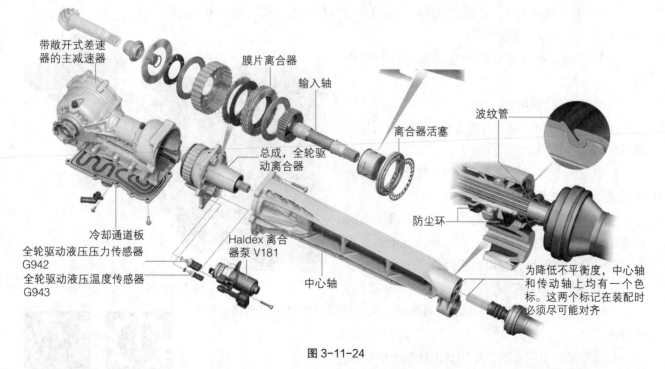

带敞开式差速器的主减速器
膜片离合器
输入轴
离合器活塞
波纹管
总成，全轮驱动离合器
防尘环
冷却通道板
全轮驱动液压压力传感器 G942
全轮驱动液压温度传感器 G943
Haldex 离合器泵 V181
中心轴
为降低不平衡度，中心轴和传动轴上均有一个色标。这两个标记在装配时必须尽可能对齐

图 3-11-24

传动轴装配如图 3-11-25 所示。传动轴通过键齿将驱动力矩传递至中心轴。橡胶防尘套可防止污垢和湿气侵入键齿。

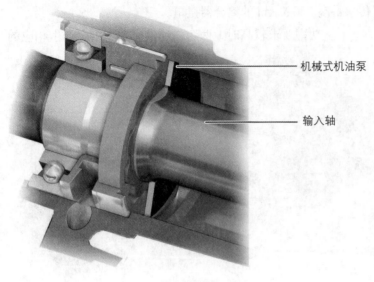

机械式机油泵

输入轴

图 3-11-25

为此，橡胶防尘套必须如图所示按规定装配。

6.四轮驱动控制器 J492

全轮驱动控制器 J492 拥有一个动态行驶软件，可根据行驶状况和所选的奥迪驾驶模式选择模式计算并提供所需的全轮驱动离合器液压压力。为此软件要用到有关当前行驶状态的大量信息，这些信息由 ESC 控制器、发动机控制器和变速器控制器等其他控制器提供。数据交换通过底盘 CAN 实现。

离合器压力和由此产生的离合器扭矩通过泵转速（＝泵功率）调节。

奥迪 R8（4S 车型）中的全轮驱动离合器系统借助一个油压传感器和一个油温传感器运行。

①全轮驱动液压压力传感器 G942；

②全轮驱动液压温度传感器 G943。

两个传感器可实现非常精准的全轮驱动调节并扩展诊断可能性和部件保护。

全轮驱动控制器 J492 位于行李箱外壳背后、启动机蓄电池旁边，如图 3-11-26 所示。

（1）诊断地址码 22。

（2）底盘 CAN 总线用户。

（3）针对所有发动机配置提供同一款控制器。基础软件出厂前通过发动机功率参数加以匹配。此外，控制器和获得的学习值会分配给相应的车辆。

（4）更换控制器时，必须遵守车辆诊断测试仪"更换控制器"功能中的说明。

①从旧控制器中读取学习值。

②新控制器的基础软件中包含功率特有的参数。

③传输旧控制器的学习值。

（5）通过"基本设置"功能删除车辆识别号、功率特有的参数和学习值。

应急运行方案：全轮驱动系统会根据存在的故障切换至不同的应急运行程序。

（1）无法采集某些特定的信号时，将无法保证完整的动态行驶调节功能。在这种情况下只会有限地促动全轮驱动离合器以改善牵引力。

（2）发生严重故障时，全轮驱动系统将被关闭。

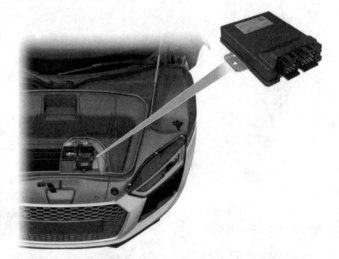

图 3-11-26

（3）存在非常高的功率请求而超过规定温度值时，暂时将不再促动全轮驱动离合器。

在所有情况下组合仪表中均会出现相应提示。

图 3-11-27　　图 3-11-28

变速器指示灯：如图 3-11-27 所示，组合仪表中出现黄色的变速器指示灯时，车辆通常可继续移动。相关的驾驶员提示会告知驾驶员需要做什么。

如图 3-11-28 所示，组合仪表中出现红色的变速器指示灯时，要求驾驶员勿继续行驶。

八、奥迪驾驶模式选择——全轮驱动调校

借助奥迪驾驶模式选择系统，驾驶员可选择不同的全轮驱动离合器调校方式（全轮驱动调校），从而体验不同的行驶动态性。

通过奥迪驾驶模式选择系统选择全轮驱动调校方式。

1. 舒适 / 自动

舒适和自动模式在全轮驱动调校方面没有区别。行驶性能保持均衡，车辆在动态行驶临界范围内以中性至略低于控制曲线的状态行驶。

2. 动态

动态模式下的行驶性能相比舒适和自动模式更具运动特征且更加突出后轴。车辆在动态行驶临界范围内以中性至略高于控制曲线的状态行驶。

3. 性能

性能模式提供极富运动感的行驶动态性，可在赛道上充分加以体验。

全轮驱动调校在该模式下的匹配目标，是留下令人印象深刻的驾驶体验并取得出色的"单圈时间"。

驾驶员在性能模式下可通过调节环有针对性地根据三种不同的路面摩擦系数而匹配车辆调校及全轮驱动调校。激活性能模式时会设置上次激活的调校方式（last mode），如表 3-11-3 和图 3-11-29 所示。

表 3-11-3

雪地	适合很低的摩擦系数，例如积雪覆盖的路面
湿滑	适合相对降低的摩擦系数，例如潮湿的（沥青）路面
干燥	适合高摩擦系数，例如干燥的（沥青）路面

全轮驱动控制器持续获取路面的摩擦系数状态。基于此可不断调整全轮驱动控制。借助雪地、湿滑和干燥这三种"摩擦系数模式"，全轮驱动控制器可使用相应存储的摩擦系数来计算全轮驱动控制所需的预控值。全轮驱动控制由此变得反应更快且更加精准。

提示：请注意，接通性能模式时 ESC 和 ASR 的稳定功能会受到限制。只有当驾驶技能和交通状况允许时，才可接通性能模式。存在甩尾危险。

4. 制动器检测

在试验台上检测制动器时必须激活行驶挡 N。挂入行驶挡 N 时全轮驱动离合器处于断开状态。

5. 拖行

车辆只能双轴着地滚动牵引。不允许抬起前轴牵引，否则前轴主减速器将被损坏。最长牵引距离为 50 km。最大牵引速度为 50 km/h。

奥迪驾驶模式选择按钮

性能按钮，带选择雪地、湿滑和干燥模式的调节环

图 3-11-29

第十二节　奥迪 TT（FV）传动系统

一、一览

如图 3-12-1 所示。

奥迪 TT 的传动系统基本上还是沿用了 2013 车型年的奥迪 A3（型号 8V）的技术，这些技术已经经过了时间的检验。该图表示的是采用 6 挡双离合器变速器 0D9 – S tronic 和第五代 Haldex 耦合器 0CQ 的四驱车的情况。

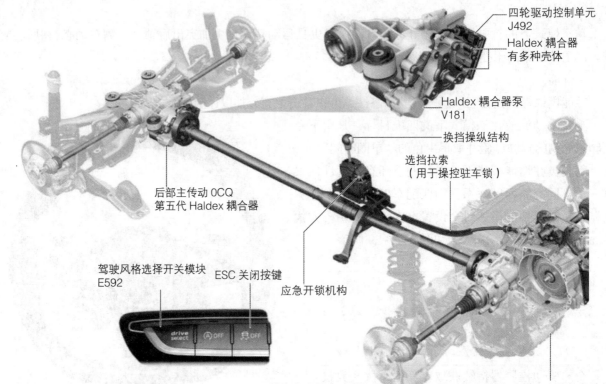

图 3-12-1

Haldex 耦合器有多种壳体：各种形式之间的区别主要在于四轮驱动控制单元 J492 的加强筋和螺栓连接点。螺栓连接点变化会改变控制单元的安装位置，并保障加强筋所影响的结构空间。请参见电子备件目录 ETKA 来正确选择标识字母。

6 挡双离合器变速器 0D9 与奥迪 A3（型号 8V）上一样，也是与发动机温度管理系统连在一起工作，它以软件方式来支持智能启停系统：变速器的机电一体模块控制单元参与防盗锁的工作。如果更换了变速器或者机电一体模块，那么必须对机电一体模块进行匹配（自适应）并释放防盗锁。这时要用到车辆诊断仪中的更换机电一体模块这个功能。

除了与四驱 quattro 配合使用的 0D9 变速器外，上市时每种发动机还可配有 6 挡手动变速器 02Q 和 0FB（都是用于前驱车）。稍后还会有与四驱 quattro 配合使用的 0FB 变速器。

二、四驱 quattro

Haldex 耦合器的软件经过了专门的匹配，以便用于奥迪 TT 车。使用这种改进了的软件不但改善了行驶动力性，也提高了效率。

Haldex 耦合器的软件更充分地利用与动态行驶相关的测量值并持续计算着精确的行驶状态、评估着驾驶员意愿以及确定着路面摩擦系数。这样的话，就能为各种不同的行驶状态匹配出最为理想的后桥力矩了。

另外，ESC 的调节过程以及力矩矢量控制（就是可选车轮力矩控制）也可以一同加入 Haldex 耦合器的操控中。该软件可以预先识别出 Haldex 耦合器现在是否就要接合或者脱开了，这就可以大大缩短反应时间了。

为了能更充分地发挥这个新技术的潜能，四驱 quattro 与奥迪 drive select 系统是联合工作的。

通过奥迪 drive select 可以在不同的车辆配置之间来选择相应的模式。每种配置都有相应的 Haldex 耦合器状态与之对应。

1.auto/comfort（自动 / 舒适）

Haldex 耦合器状态与奥迪 A3（型号 8V）的行驶特性和四驱特征的牵引力相一致。

2.dynamic（动态）

这时支持车辆的灵活转向特性了。在车辆拐入弯道时，Haldex 耦合器就已经开始工作了。这样就缩短了加速驶离弯道时耦合器接合的反应时间。在过度转向和负荷变化时，发动机力矩变化就减小了。

3.efficiency（高效）

这种状态与 auto/comfort（自动 / 舒适）相比就是节省燃油，自然 CO_2 排放也就低了，Haldex 耦合器的操控就受限制了。这不会对四驱 quattro 有不利影响的，因为在需要使用四驱前，力矩就已经分配到后桥了。在需要时（比如加速、强制降挡或者按下了 ESV 关闭按键）会立即暂时切换到 auto/comfort（自动 / 舒适）模式的。

在 individual（个性化）模式中，驾驶员可以自由选择 Haldex 耦合器的特性，这时与其他车辆系统就无关了。

4. 手动变速器和奥迪 drive select

配备手动变速器的车，efficiency 这个模式在换挡显示中另用 E 来表示。

三、6 挡双离合器变速器 0D9 – S tronic

在奥迪 TT（型号 FV）上市时，0D9 变速器仅用于四驱 quattro 车。稍后它也用于前驱车。0D9 变速器与自 2003 年起大众集团使用的 6 挡双离合器变速器 02E 是一样的。

四驱 quattro 车上都有奥迪 drive select，这是标配。

除了大家熟知的变速器功能如启动锁、选挡杆锁、软件换挡锁、驻车锁、tiptronic 模式和强制降挡外，也会详细讲解换挡操纵机构、空转模式、下坡辅助功能、Launch-Control 程序和起步辅助功能。

如图 3-12-2 所示。

1. 换挡操纵机构

0D9 变速器的换挡操纵机构与奥迪 TT 车的内部进行了匹

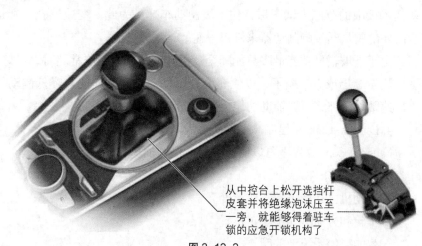

从中控台上松开选挡杆皮套并将绝缘泡沫压至一旁，就能够看着驻车锁的应急开锁机构了

图 3-12-2

配。换挡操纵机构在结构和操作逻辑上与奥迪A3（型号8V）的相同。除了有P、R、N、D、S诸挡外，还可以通过选挡杆或者方向盘上的翘板开关手动切换到tiptronic模式。所选的行驶级以及激活的挡位可以在奥迪虚拟驾驶舱上显示。

2. 空转模式

要想激活空转模式，必须选择efficiency这个模式并切换到选挡杆位置D。在挡位显示器上显示的是E（代表efficiency这个模式），而不是显示的D。

空转模式是纯软件功能。在空转模式时，一旦满足系统的接通条件，那么在超速减速（惯性滑行）时，离合器会主动脱开，以便切断通向发动机的动力。

于是车辆就在没有发动机制动效果的情况下滑行了（利用汽车动能），而此时发动机仍在继续怠速运行。在空转时，挡位显示器上不显示当前的挡位。

在efficiency这个模式时，换挡时刻也向低转速范围移动了。与空转功能一同工作，可以降低油耗并减少CO_2排放。

在空转阶段，会根据车速来匹配合适的挡位，以便能随时让离合器舒适地接合。

当空转阶段结束时，在负责相应挡位的离合器接合前，会将发动机转速主动调到同步转速的。

（1）接通条件。

①车速在20~130km/h之间。

②加速踏板位置为0%（刚一识别出加速踏板位置为0%且最后一次换挡已结束，就会主动脱开离合器）。

③路面坡度小于8%（坡度通过制动器电子装置的纵向加速度传感器来获知）。

（2）关闭条件。

①踩动了制动器。

②操纵了方向盘上tiptronic的TIP-。

③脱离了选挡杆位置D。

④激活了定速巡航装置（已设定好了定速巡航装置但未激活的话，就不算是关闭条件了）。

⑤行驶在坡度超过15%的路段上。

⑥下坡时车速超过了定速巡航装置所设定的车速。

3. 下坡辅助功能

驾车行驶在下坡路段时，下坡辅助功能可为驾驶员提供帮助。选挡杆在D/S位置时踩下制动踏板或者装备有定速巡航装置的车设定了车速时，下坡辅助功能就被激活了。下坡辅助功能会在物理极限和驱动技术极限的范围内试图保持住下坡制动车速。为此，变速器会选择适合于下坡的挡位。必要时，也可能需要驾驶员通过脚制动器来修正车速。

由于下坡辅助功能最多只能降至3挡，因此在坡路非常陡时，最好是切换到tiptronic模式。这样就能手动降至2挡或者1挡了，以便充分利用发动机制动功能，降低制动器负荷。一旦坡度降低了或者踩下了加速踏板，那么下坡辅助功能会再次被切断。

4. Launch-Control程序

Launch-Control程序可以使车辆获得最大加速。

（1）前提条件。

①发动机已达到正常工作温度。

②车轮和方向盘处于摆正位置。

③智能启停系统已关闭。

④起步辅助功能已关闭。

⑤发动机在运行时再次短促按压一下 ESC 关闭按键。

⑥在位置 S、tiptronic 通道或者通过奥迪 drive select 选择了 dynamic 模式。

⑦将制动踏板用力踩下并保持 1s。

⑧将加速踏板踩到底并保持住。

⑨将脚移离制动器。

在使用完 Launch-Control 程序后,变速器温度会急剧上升。因此该程序在随后的几分钟内可能会无法使用了。经过一段冷却后,该程序就又可以使用了。

使用 Launch-Control 程序,会使得传动系统部件承受最大负荷,这也就会增大磨损。

5.起步辅助功能

起步辅助功能利用 ESC 系统和驻车制动器,可以帮助驾驶员防止车辆不经意间溜车。

车上都有坡道起步辅助功能和集成的起步辅助功能,这属于标配。也可以选装起步辅助系统。该系统要想实现其功能,前提条件是关好驾驶员车门、系上驾驶员安全带且发动机在运转。

坡道起步辅助功能在坡度超过 5% 时踩下制动踏板就可以使用了。

停在坡道上时,当前的制动压力由 ESC 调节阀来保持。在想要起步而松开了制动踏板时,这个压力能保持约 1.5s。一旦牵引力矩达到足够让车辆运动起来了,那么制动器就松开了。

这个功能使得在坡路上起步变得容易,因为它阻止了车辆的溜车。坡道起步辅助功能在倒车时也是可用的。

集成的起步辅助功能在拉紧了驻车制动器时会工作。一旦有足够大的驱动力矩,驻车制动器就会松开了,以便让车辆起步。只有在系上了驾驶员安全带后,集成的起步辅助功能才会工作。

起步辅助系统就是把坡道起步辅助功能和集成的起步辅助功能集合在了一起。该系统通过中控台上的一个按键来激活,其工作与时间和坡度没关系。首先,在保持车辆不动时由 ESC 调节阀形成的制动压力先保持住。ESC 调节阀所消耗的电流使它热起来。为了不超过该阀的允许温度,起步辅助系统就会操控电动驻车制动器来工作。驻车制动器现在可以持久地接管这个制动力。

一旦牵引力矩达到足够让车辆运动起来,那么驻车制动器就松开了,于是车辆就开始移动了。

对于集成的起步辅助功能和起步辅助系统来说,只要电动驻车制动器在工作,那么大家熟知的车辆的"蠕动"就会被制止。

第十三节　奥迪传动系统经典故障案例

一、2018 年一汽奥迪 A3 挡位挂不上去,换完挡杆座后也挂不上去,且出现各个指示灯闪烁

车型:一汽奥迪 A3。

年款:2018 年。

故障现象:挡位挂不上去,换完挡杆座后也挂不上去,且出现各个指示灯闪烁。

故障诊断:

(1)第一次进店时 02 变速器中报 U010300:选挡杆无通信。检查插头及动作测试未发现异常。由于是新车客户,抱怨较大,直接给客户更换挡杆座。

(2)换完挡杆座 1 个月后客户再次进店反映挡位挂不上去,而且这次还发现空调面板及驻车辅助控制面板各个指示灯闪烁。

（3）查看故障码，发现此次 02 变速器中没有相应的故障码，但是客户依旧反映挡位挂不上，挡杆也是刚换完的。查看诊断报告发现当 16 方向盘电子控制单元中出现 B116229：选挡杆停车位置锁止开关不可信信号时，08 空调控制单元中报 U101100：供电电压过低，泊车辅助系统中报 B10FF12：停车辅助设备指示灯对正极短路。查看电路图（如图 3-13-1 所示），查找此三个系统的相关性，发现三个控制单元中都是在中央通道上面共用一个搭铁点（如图 3-13-2 所示）。找到此搭铁点用手晃动线路时故障会再现。

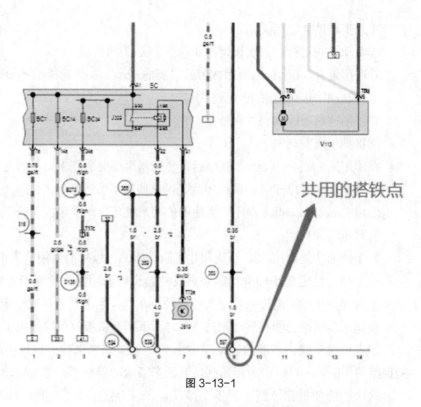

共用的搭铁点

图 3-13-1

故障原因：搭铁点螺丝未固定牢固造成虚接引起线路问题。

故障排除：将搭铁螺丝锁紧。

故障总结：一个控制单元有故障码的出现，同时每次都伴有别的控制单元故障出现时，应当查找相应控制单元的一些相关性，这样对于故障点的确定会有很大的帮助。

二、2019 年一汽奥迪 A4L 行驶中有时不能换挡或挡位偶尔无法切换，并且仪表会报警，仪表显示变速器故障

车型：一汽奥迪 A4L（B9）。

年款：2019 年。

故障现象：车辆行驶过程中偶尔会亮起变速器黄色故障灯，同时伴随挡位无法切换，该情况持续十几秒后恢复正常。

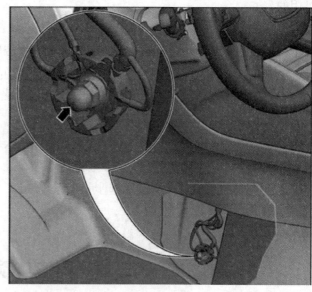

图 3-13-2

故障诊断：

（1）连接诊断仪进行快速测试 VAS6150B 检测在 02 变速器电控系统中有故障存储器记录"P071800 变速器输入转速传感器 1 断路偶发"（如图 3-13-3 所示）。造成该故障的原因可能是由于：

①变速器输入转速传感器 1 G632 损坏；

②自动变速器控制单元损坏；

③传感器和控制单元之间的电气连接损坏。

（2）自动变速器控制单元 J217 通过一个 9 芯插头连接与齿轮组中的挡位调节器模块相连，转速调节器连接在挡位调节器模块上；根据引导型故障查询，先将 ATF 泵锁闭 / 泄压，将变速器油放出，拆下变速器油底壳，露出机械电子单元，使用拆卸工具 T40305/1 将连接挡位调节器模块的 9 芯连接导线从连接

齿轮组壳体的插头连接上断开，检查该插头无腐蚀及虚接情况；接下来通过检测适配器 VAS6609/19 将之前已断开的 9 芯插头连接与分线盒 VAS6606 连接在一起，使用装配工具 T40305/2 将检测适配接头与挡位调节器模块相连；然后在检测盒上拆除触点 2 和 3 的插接电桥，在检测盒上调换触点 2 和 3 的布线，利用测量辅助工具套件 V.A.G.1594 中相应的导线连接触点 2 的输出端和触点 3 的输入端。布线调整过之后，打开点火开关，重新读取变速器电控系统的故障存储器，此时发现故障存储器记录变为"P187E00"，但是没有存在关于输入转速传感器的故障，因此可以判断转速传感器和控制单元之间的通信正常。

（3）经查询，在 2019 年第二期 SOST 中（如图 3-13-4 所示），有针对该故障的相关维修工作技术指导；

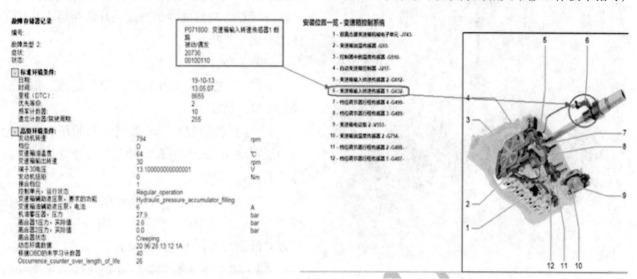

图 3-13-3

根据以上关于挡位调节器插头的针脚调换结果，可以判断出此故障是变速器输入转速传感器 G632 损坏所导致，而传感器与挡位调节器是一体件，需更换挡位调节器，如图 3-13-5 所示。

故障原因：变速器挡位调节器内部线路故障。

故障排除：必须按照 Els aPro 维修指导文件以及螺栓力矩操作，更换变速器挡位调节器。

故障总结：注意该调节器位于变速器内部，拆卸和安装变速器齿轮组时必须要保证齿轮组与变速器壳体呈垂直放置，避免损伤轴密封环及轴承；挡位调节器有 4 个行程活塞，每个活塞底部

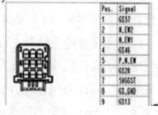

图 3-13-4

都有一个密封圈，安装时一定要注意看看密封圈是否正确安装到位或者被遗漏及漏装，避免出现由于密封圈错误安装导致换挡时出现泄压的情况发生，这样会为后续工作带来很大的困扰。同时必须检查变速器输入转速传感器 G632 信号轮是否可以转动。

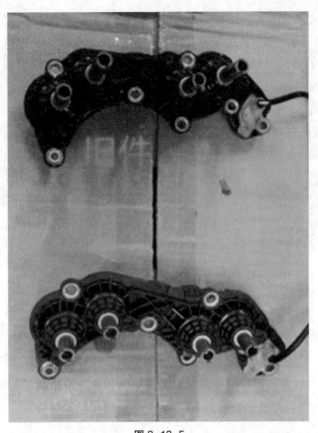

图 3-13-5

三、奥迪 A4 低速直行或转弯行驶时车身有共振感

车型：奥迪 A4 allroad。

发动机号：CYR。

故障现象：低速直行和转弯时车身震动，底盘有异响传出。客户来店检查，经和客户试车发现低速转弯带点方向行驶时车身震动异常明显，并且还伴随异响"咔咔"声。

故障诊断：

（1）首先升车检查底盘，没有刮擦、拖底、松旷等异常情况。

（2）查轮胎型号、轮毂尺寸和胎压，发现轮胎胎压不均匀、轮胎有条内外装反，排除后试车故障依旧。

（3）再次试车。一名技师在外部跟随车辆在外试听，听着异响在中部发出，用举升机升起车，打方向低速行驶，无故障现象。

（4）接上电子听诊器，分别连接全轮驱动离合器、变速器、后差速器试车。全轮驱动离合器部位声音震动明显。

（5）紧接着升车检查全轮驱动离合器 ATF 油位、变速器 ATF 油位、MTF 油位、后差速器油位，均在正常位置。

（6）A4L allroad 搭配的是适时四轮驱动，全轮驱动离合器是电控多片离合器式。这套智能四驱判断是否四驱需要收集的数据有：发动机转速、车速、加速踏板 / 制动踏板行程、转向角、横向 / 纵向加速度、传动系统模式、驾驶员类型、驾驶模式等。

（7）低速行驶和打方向转弯时都是四驱，怀疑全轮四轮驱动离合器、传动轴、后差速器。首先拔掉 J429 插头，断开四轮驱动，试车，故障消失。这就表明这和四轮驱动有直接关联。用 VAS 6150B 走诊断，进 J429 引导型功能，作动器测试检查全轮驱动系统功能测试（该检测会对整个四轮驱动系统进行检测）、全轮驱动离合器作动器 1（针对全轮驱动离合器进行检测）、全轮驱动离合器 2（针对爪齿离合器功能检测）、全轮驱动离合器作动器 2 V623（针对后轴减速器上电磁铁进行功能检测），测试都完全正常。

（8）因之前用电子听诊器检测全轮驱动离合器部位声音震动明显，怀疑全轮驱动离合器。因全轮驱动离合器是靠其中的 ATF 油润滑工作，所以首先要排除 ATF 油，更换全轮驱动 ATF 油，用 VAS 6150B 重置"机油老化自适应值"，试车，故障排除。

全轮驱动离合器油位检查方法：全轮驱动离合器内部机油系统分成两个油腔 A 腔和 B 腔，因 A 腔和 B 腔油液液位高度有很大差异，所以为了能让两个机油腔内机油油面高度相等，拧有机油排放螺塞的壳体是这样设计的：只要把机油排放螺塞松开 4~5 圈，就能让机油油位达到预期，才能观察到最准确的油位。加注机油时，为了使自动变速器油流入全轮驱动离合器的所有油室，必须将自动变速器油放油螺塞（如图 3-13-6 中 2 所示）旋出约 5 圈（如图 3-13-6 中 a）。将自动变速器油放油螺塞（如图 3-13-6 中 2）拧到极限位置，然后再重新旋出 5 圈。使 A 腔和 B 腔油位自行调节油位。用变速器油加注手动泵 VAS 6617 和适配器 VAS 6617/11 缓慢注入自动变速器油。如果全轮驱动离合器内的油位达到注油孔的下沿，则 ATF 油位正常。

故障排除：由于该车行驶里程刚 60 000km，全轮驱动离合器内 ATF 油质量下降影响摩擦片的摩擦系数，产生异响和共振，更换全轮驱动离合器 ATF 油后故障排除。

故障总结：利用专业的工具，通过分析工作原理可有效地排除故障。

四、2013 年一汽奥迪 A4L 挂挡不走

车型：一汽奥迪 A4L（B8）。

年款：2013 年。

发动机型号：CDZ。

故障现象：该车检修挂挡不走。

故障诊断：

（1）该车检修挂挡不走。现场救援，验证故障现象存在。车辆启动时正常启动，挂挡不走。仪表报警，胎压报警，启停不能用，发动机故障灯亮，制动系统故障。仪表上未显示挡位，换挡杆处挡位显示正常，如图 3-13-7 所示。反复换挡，并多次关闭点火开关重新打开。又正常显示挡位，挂挡车辆可以行驶。

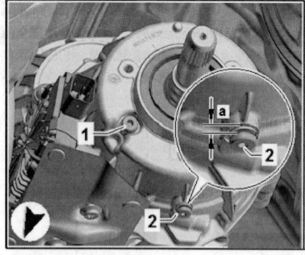

1.ATF加油螺塞 2.ATF放油螺塞

图 3-13-6

图 3-13-7

（2）进店后诊断仪检测变速器有很多故障码。与多个控制单元无通信，偶发。同时很多控制单元里也有故障码，与变速器控制单元无通信，偶发，如图 3-13-8 所示。

（3）初步怀疑变速器控制单元及相关线路故障。拔掉变速器控制单元处插头未见进水烧蚀现象。观察变速器后盖近期拆过，询问客户之前在修理厂换过变速器电脑，怀疑线路或变速器电脑故障。

（4）从简单到难，先检测电路。查询 Elsa 电路图（如图 3-13-9~图 3-13-11 所示），根据电路图对线路进行检测。检查保险丝正常。在变速器插头处对线束检查。供电正常，搭铁正常。对其他针

```
故障存储器记录
编号:              U010000  发动机控制单元,无通信
故障类型 2:         被动/偶发
症状:              2264
状态:              00101100
故障存储器记录
编号:              U012100  ABS制动器控制单元,无通信
故障类型 2:         被动/偶发
症状:              2265
状态:              00101100
故障存储器记录
编号:              U015500  仪表板控制单元,无通信
故障类型 2:         被动/偶发
症状:              2300
状态:              00101100
故障存储器记录
编号:              U014600  诊断接口ECU,无通
故障类型 2:         被动/偶发
症状:              2305
状态:              00101100
故障存储器记录
编号:              U012800  与电动驻车制动器控制单元无信息交换
故障类型 2:         被动/偶发
症状:              2309
状态:              00101100
故障存储器记录
编号:              P170100  停用变速器控制单元
故障类型 2:         被动/偶发
症状:              2310
状态:              00101100
故障存储器记录
编号:              U021200  失去与转向柱控制单元的通信,无通信
故障类型 2:         被动/偶发
症状:              5676
状态:              00101100
故障存储器记录
编号:              U012600  转向角传感器,无通信
故障类型 2:         被动/偶发
症状:              5677
状态:              00101100
故障存储器记录
编号:              U010000  发动机控制单元,无通信
故障类型 2:         被动/偶发
症状:              7066
状态:              00101100
```

图 3-13-8

脚进行测量时发现 5 号针脚不正常。万用表测量有 2.3V 左右电压，但使用试灯测量时试灯不亮，怀疑此处电压为虚电。根据电路图在排水槽左侧 T17R 白色插头 13 针脚进行测量，该插头及针脚正常。在此处试灯是亮的。怀疑此处到变速器电脑处线路有问题。拔下变速器插头，剥开线束外部波纹管。发现在发动机后部发动机线束分开到变速器插头处线束被接过，如图 3-13-12 所示。接线不规范。怀疑接线不规范导致线束电阻过大，影响信号传输。使用原厂线束及线束接头重新对几根线进行接线。接线后测量正常。删除故障码多次试车观察两天未见故障再现。

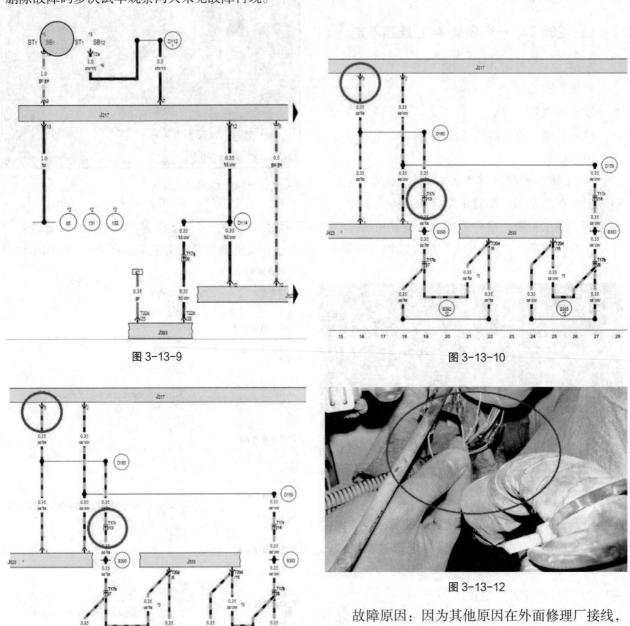

图 3-13-9

图 3-13-10

图 3-13-11

图 3-13-12

故障原因：因为其他原因在外面修理厂接线，接线不符合规范，导致线束电阻过大，影响信号传输。

故障排除：对损坏线束部位重新接线。

故障总结：维修要根据 Elsa 及厂家维修要求使用专用工具维修，防止造成人为故障。

五、2018 年一汽奥迪 A4L 变速器报警

车型：一汽奥迪 A4L（B9）。

年款：2018 年。

故障现象：2018 年一汽奥迪 A4L B9 变速器报警。

故障诊断：

（1）诊断仪读取故障码故障存储（P18C500 驻车锁止电磁阀机械故障，主动 / 静态）。

（2）查询 Elsa 对比发现驻车锁应急解锁拉线位置安装错误，如图 3-13-13 和图 3-13-14 所示。

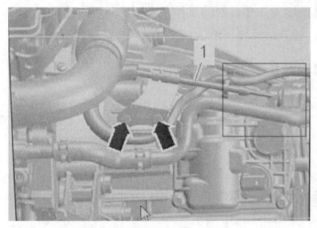

图 3-13-13

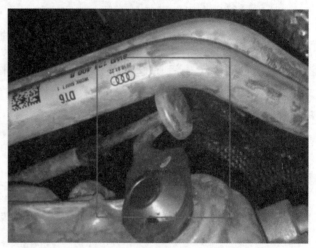

图 3-13-14

故障原因：维修人员装配不认真。

故障排除：按照 Elsa 调整驻车锁应急解锁拉线位置。

六、2019 年一汽奥迪 A4L 变速器故障

车型：一汽奥迪 A4L（B9）。

年款：2019 年。

故障现象：变速器故障灯报警，起步时没有 1 挡。

故障诊断：

（1）客户反映变速器灯报警（如图 3-13-15 所示），车辆行驶时没有 1 挡。进店检查故障存在，试车起步时没有 1 挡直接 2 挡起步行驶。使用诊断仪检查车辆，读取故障码：地址码 02 变速器有 P071800 变速器输入转速传感器 1 断路的故障。查询 TPI 无相关技术指导。

（2）根据故障引导检查变速器输入转速传感器 1 G632 断路，造成该故障可能的原因有：变速器输入转速传感器 1 G632 损坏。传感器和控制单元之间的电气连接损坏。自动变速器控制单元损坏。

（3）自动变速器控制单元 J217 通过一个 9 芯插头连接与齿轮副中的挡位调节器模块相连。转速传感器连接在挡位调节器模块上。首先借助拆卸工具 T40305/1 将连接挡位调节器的 9 芯连接导线从连接齿轮副壳体的插头连接上断开。对 9 芯插头连接检查，未发现插头有针脚弯折、滑脱、接触不良及触点腐蚀的现象。

图 3-13-15

（4）根据故障引导，接下来通过检测适配器 VAS6606/19 将之前断开的 9 芯插头连接与分线盒 VAS6606 连接在一起。为此将测试适配插头与 9 芯连接导线相连，并借助装配工具 T40305/2 将检测适配接头与挡位调节器模块相连。此检测步骤是为了检查 G632 是否损坏。由于没有专用工具 VAS6606/19（工具订购目录未查到该工具），只能先与试驾车对调变速器阀体（阀体包含 J217），对调后故障依旧，因此诊断故障是转速传感器 G632 内部损坏。

（5）按照厂家指导手册，此变速器可以深度维修，可以单独更换 G632。按照维修手册更换 G632 及相关附件故障解决。

故障排除：更换变速器输入转速传感器 1 G632。

故障总结：由于专用工具不足，造成维修工作量的增大。在日常的工作中专用工具可以帮助便捷及准确地查找故障点。由此可见专用工具使用的重要性。检查故障要仔细认真。

七、2018 年一汽奥迪 A6L 由于变速器故障导致挂 R 挡位无法倒车行驶

车型：一汽奥迪 A6L，配置 3.0T 发动机。

年款：2018 年。

故障现象：由于变速器故障导致挂 R 挡位无法倒车行驶。

故障诊断：

（1）使用 VAS6150B 检测及查询 02 变速器系统中有相关故障码"P17D400/ 分变速器 1 中的阀门 3 机械故障；P17D800/ 由于离合器温度造成扭矩受限"，如图 3-13-16 所示。

02 变速器电控系统（0B5 S tronic第2代）

故障存储器记录			故障存储器记录		
编号：	P17D400: 子变速器1中的阀3 机械故障		编号：	P17D800: 由于离合器温度造成扭矩受限	
故障类型 2:	被动/偶发		故障类型 2:	被动/偶发	
症状	18765		症状	23235	
状态：	100000		状态：	100000	
□ 框环境条件：			□ 框环境条件：		
日期	2019/9/12		日期	2019/9/12	机电控制单元上的N435出现故障时，离合器2(K2)可以传递扭矩，通过图中时间及里程数可以看出发生故障时，7分钟内只跑到1km
时间	17:23:32		时间	17:30:33	
里程（DTC）：	96253		里程（DTC）：	96254	
优先等级：	2		优先等级：	6	
频率计数器：	1		频率计数器：	6	
遗忘计数器/驾驶周期：	39		遗忘计数器/驾驶周期	39	
高级环境条件：			高级环境条件：		
发动机转速	686	r/min	发动机转速	680	r/min
变速器输入转速	686	r/min	变速器输入转速	680	r/min
变速器输出转速	6	r/min	变速器输出转速	23	r/min
发动机扭矩	12	Nm	发动机扭矩	52	N·m
变速器油温度	110	℃	变速器油温度	114	℃
加速踏板位置	0	%	加速踏板位置	2	%
离合器状态	Kupplung 2 kann Moment übertragen	离合器2可以传递扭矩	离合器状态	Kupplung 2 kann Moment übertragen	

图 3-13-16

（2）从自学手册 ssp429 中可以得知，分变速器 1 中的阀门 3 用于激活离合器阀 K1，如图 3-13-17 和图 3-13-18 所示。

（3）根据引导型故障查询（GFS）提示，需要先检查 ATF 油液位，因为若 ATF 油液位不足，也可

能会引发故障"P17D400"。经检查，ATF 油液位正常，但放出的油液有明显的焦煳味道，从焦煳味道大致分析出，离合器可能存在烧煳的情况。考虑两个故障码优先等级出现的先后顺序，P17D4 故障在前，P17D8 故障在后，该故障有可能是由于机电液压控制单元内的 N435 存在电气故障或机械故障直接导致离合器阀 K1 ATF 油通过量过低、无法接合，此时机电控制单元识别到离合器 K1 故障，进入了应急状态由离合器 K2 接合工作以偶数挡行驶，但 K2 长时间行驶的情况下导致离合器散热不足，机电控制单元检测到离合器 K2 温度过高，从而引发故障"P17D8 由于离合器温度造成扭矩受限"。

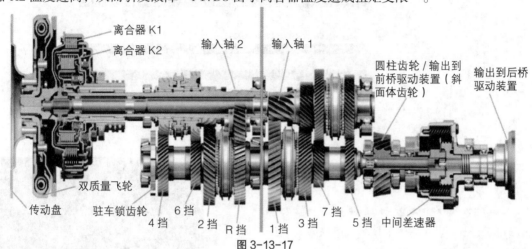

图 3-13-17

（4）经查询，针对以上两个故障有相关变速器 0B5 第 2019 I 期 SOST 培训，且症状号也符合该 SoST 维修指导，如图 3-13-19 和图 3-13-20 所示。

（5）根据以上 SOST 显示，针对故障码 P17D4，是由机电控制单元内的 N435 故障所致，需更换机械电子单元；而故障码 P17D8 需更换离合器总成。

故障原因：由于经过离合器分解后分析，发现离合器 K2 烧损（如图 3-13-21 所示），锁定故障点离合器。烧损的原因是机电单元上的阀门 1 N435 出现故障，润滑不足。

故障排除：更换机械电子单元和离合器。

故障总结：此车故障看起来是一个比较难下手的故障，通过一定分析找到突破口之后，还是比

图 3-13-18

较简单的故障。在这个故障中有一个知识点是非常值得我们去学习的，N435 分变速器 1 内的阀 3 发生故障的情况下导致油压系统问题，这个知识点不难理解，为我们日后诊断类似故障提供了一个有效快捷的思路。

当然，同时也提醒我们在以后维修车辆的时候一定要小心，仔细解读故障码发生的时间、里程数、各个环境状况等便于以后维修方便。

功能受限以及 P17D8(23255)或 P17D4 (18765)-0B5 变速器 Audi服务技术部第2019-1期Bo5T

□ 0B5 变速器功能受限

▶ 故障现象：变速箱应急报警，功能受限

▶ 车间诊断：

▶ 情况1：02地址有故障码 P17D8，且 其症状号为 23255

代码	症状号（十六进制）	症状号（十进制）	文本
P17D800		23255	由于离合器温度导致扭矩限制

▶ 情况2：02地址有故障码 P17D4 或 P17D4& P17D5

代码	症状号（十六进制）	症状号（十进制）	文本
P17D400		18765	分变速箱 1 中的阀门 3 机械故障

代码	症状号（十六进制）	症状号（十进制）	文本
P17D500		18766	分变速箱 2 中的阀门 3 机械故障

▶ 维修方案：

▶ 如果符合TPI描述，且故障码与症状号都一致

▶ 目前，按照TPI 2052218 /3 更换机械电子单元 （每次维修务必在线查询最新版本TPI）

图 3-13-19

功能受限以及 P17D8(23255)或 P17D4 (18765)-0B5 变速器 Audi服务技术部第2019-1期Bo5T

▶ 注意：

✓ 如果P17D8/ P17D4/ P17D5 的症状号与TPI 不一致，不能按照该TPI维修：建议执行引导型故障查询

✓ 如果P17D8/ P17D4/ P17D5不是主要故障码，不能按照该TPI维修：建议对主要故障码执行引导型故障查询

✓ 如果符合下表任何一组（无其他故障码，症状号一致），则按照TPI2050034 更换离合器 （MJ16-MJ18）

P代码	DFCC症状
P17D8	23235
P17CF	23235

P代码	DFCC症状
P17D8	23235
P17D0	18446

✓ 如果是MJ 10-MJ12年型，注意TPI 2039534，检修零件

注：每次维修务必在线查询最新版本TPI

图 3-13-20

图 3-13-21

八、2017 年一汽奥迪 A6L 更换变速器后无法维修防启动锁

车型：A6L，配置 1.8T 发动机。

年款：2017 年。

发动机型号：CYYA。

故障现象：更换变速器后无法维修防启动锁，无法识别钥匙，仪表故障灯报警，如图 3-13-22 所示。

故障诊断：

（1）无法维修防启动锁，无法识别钥匙有以下几种可能。

①一汽大众奥迪服务器网络故障（断网）：用诊断仪在线测试网络正常。

②变速器控制单元与该车不匹配：在线对比 ETKA 查询变速器控制单元没有问题。

图 3-13-22

③车辆防盗系统有故障：用 6150B 检查防盗系统无相关故障记录，只是维修防启动锁时无法识别车钥匙，如图 3-13-23 所示。

图 3-13-23

④遥控器钥匙电池电量低或是有信号干扰：遥控器指示灯工作正常，测量电池电压正常；拆除车主后加装钥匙外壳，故障无法排除；查询配置表车辆未配备无钥匙进入功能（如图 3-13-24 所示），但实

766

际故障车有无钥匙进入功能，要么配置表有误，这个概率不大，其次车辆后加装无钥匙进入功能；进一步拆装检查确认车主后加装了无钥匙进入故障，如图 3-13-25 所示。

故障原因：后改装无钥匙进入功能导致钥匙识别故障。

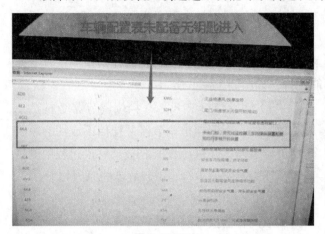

图 3-13-24

图 3-13-25

故障排除：建议恢复原车状态，重新维修防启动锁。

故障总结：私自加装改装原车线路有抛锚风险，须谨慎。

九、2018 款一汽奥迪 A6L 0CK 变速器报警，报控制单元停用故障码偶发

车型：一汽奥迪 A6L（C7），配置 2.0T 发动机。

年款：2018 年。

发动机型号：CUHP。

故障现象：2018 年一汽奥迪 A6L 0CK 变速器报警，报控制单元停用故障码偶发。

故障诊断：

（1）目前我店有 4 辆 2018 年 C7 2.0T 0CK 变速器报控制单元停用故障码偶发。

（2）通过对 3 辆进店维修客户及 1 辆报警车辆进行救援，对驾驶习惯进行问询发现，这些客户在故障发生前都有一种相同的习惯。

①由于我们北方较冷，客户习惯在车辆着车状态下拿着遥控钥匙长时间离开车辆。

②钥匙长时间不在车内，仪表显示未识别到钥匙。

③当再次上车关闭车辆并且重新启动就有可能出现变速器报警故障码（变速器控制单元停用 偶发）。

④我店对 4 辆车辆客户进行驾驶习惯纠正，在后续回访中未再出现此类故障。

故障原因：有可能是在着车状态防盗系统识别到钥匙不在车内后，客户重新进入车辆关闭发动机并重新启动后 J271 控制单元与 J393 之间存在防盗信息不匹配，造成变速器故障灯点亮，并存储变速器控制单元停用。

十、2019 年一汽奥迪 A6L 0CK 变速器报警，变速器输入转速传感器 1 断路

车型：一汽奥迪 A6L（C7），配置 2.0T 发动机。

年款：2019 年。

故障现象：客户抱怨行驶中变速器报警，尾气排放灯报警，R 挡延时行车，前进挡 2 挡锁挡不换挡。

故障诊断：

（1）接车试车客户描述故障不再现，挡位均正常，只有尾气排放灯报警，使用 VAS6150B 读取 01 发动机报 P162400 要求故障灯打开激活，偶发。读取 02 变速器报 P071800 变速器输入转速传感器 1 断路，被动 / 偶发，故障频次 18 次，优先等级 1 级；P187B00 挡位调节器 2 挂挡不成功，被动 / 偶发，故障频次 3 次，优先等级 3 级。根据以上信息及优先等级分析尾气排放灯报警是由于变速器 P071800 变速器输入转速传感器 1 断路引起。

（2）根据经验先对变速器 ATF 及 MTF 液位进行检测，检测结果正常，执行检测计划检测检查变速器输入转速传感器 1 G632，由于偶发故障检测程序不能进行，如图 3-13-26 所示。

措施：信息
检测中止，因为目前不存在有关变速器输入转速传感器1 G632的电气故障。
当故障（P071800 - 变速器输入转速传感器1，断路）重复出现时，按如下方式操作：
奥迪售后服务企业（除了中国和美国）：
请通过产品技术信息（编号2033392）的强制呈报义务通过DISS向奥迪产品支持部门或您的进口商求助。
中国和美国的奥迪售后服务企业：
请通过已知的联系途径联系您的进口商。
自由经销商企业：
请注意网站上的提示：
https://erwin.audi.com
帮助、技术信息

检测结束

图 3-13-26

（3）随后分析 P187B00 挡位调节器 2 挂挡不成功故障码，引起挡位调节器 2 挂挡不成功的原因是挡位调节器 2 在执行 2-R 挡拨叉移动过程中测量值与预期的额定值不符。引起故障的原因如下：

① ATF 液位过低。
②双离合器损坏。
③齿轮箱中机械故障。

④机电单元故障，其中 ATF 液位已排除，为排除双离合器及齿轮箱机械故障和机电单元故障，可以执行变速器液压系统测试，测试过程中会检测双离合器及 4 个挡位调节器工作是否正常，检测结果正常，如图 3-13-27~ 图 3-13-29 所示。

措施：信息
正在进行液压测试基本设置！

- 请稍候。

主压力阀-N217的实际电流：50.5 mA
传感器 G545 上的压力：0.0 bar
传感器 G546 上的压力：0.0 bar
ATF泵转速：616 rpm
挡位调节器行程传感器1：9.3 mm
挡位调节器行程传感器2：-9.3 mm
挡位调节器行程传感器3：-0.2 mm
挡位调节器行程传感器4：-0.2 mm

开始时间：14:40:11

图 3-13-27

措施：信息
离合器咬合点的匹配已成功进行

接下来关闭点火开关6秒钟

信息：
匹配后的下部和上部匹配点：
离合器1（bar）= 02.97, 12.80
离合器2（bar）= 03.21, 12.80

图 3-13-28

措施：信息
已通过液压测试成功检测变速器辅助液压泵 V552 和液压蓄能器。测得的挡位调节器运动和离合器上的压力显示无异常。

由此可以判断液压系统目前无故障

图 3-13-29

（4）通过以上检测，由于车辆里程较少且是偶发故障，客户不同意进一步拆检建议，查看变速器软件版本原车 0001 版本，使用 02A216 对变速器版本升级至 0002 版本交车。

（5）交车 1 天后故障再现，故障与之前一致，经过协商客户同意进一步拆检建议，于是对变速器输入转速传感器 1 G632 进行电阻测量，发现其电阻值为无穷大。其内部已断路，如图 3-13-30 和图 3-13-31 所示。

故障原因：由变速器输入转速传感器 1 G632 断路引起，挡位调节器 2 实际无功能故障，查阅 SSP 未找到关于 0CK 变速器输入转速传感器 1 G632 的功能说明，在 SSP643 R8 车型 42 和 4S 上的 7 挡双离合器变速器 0BZ 上看到了关于变速器输入传感器 1 G632 的功能说明，由于接收不到 G632 的转速信号 K1 变速器应急关闭，也就印证了车辆的故障表现，不换挡前进挡 2 挡锁挡 R 挡延时，如图 3-13-32 所示。

故障排除：更换挡位调节器（输入传感器 1 G632 集成在挡位调节器上面）。

图 3-13-30

图 3-13-31

分变速器 2

变速器输入转速传感器1 G632
输入轴1的转速传感器

变速器输入转速传感器2 G612
输入轴 2 的转速传感器

这两个转速传感器用于精确侦测离合器的输出转速(G632 = 离合器 K1；G612 = 离合器 K2)。与 G182 的信号一起，就可以精确计算离合器的打滑情况了。

传感器 G632 和 G612 的信号：

* 用于微打滑控制
* 用于离合器适配
* 用于确定换挡的同步转速
* 用于计算变速器输出转速

如果这两个传感器中的一个失效，那么相应的分变速器就被关闭了。变速器控制单元 1 J743 进入相应的应急运行程序。

图 3-13-32

十一、2019 年奥迪 A7（4K） 变速器报警

车型：奥迪 A7（4K）。

年款：2019 年。

故障现象：变速器报警。

故障诊断：

（1）地址 002 存储故障码驻车锁止电磁阀电气故障（静态），如图 3-13-33 所示。

图 3-13-33

图 3-13-34

（2）地址 0081 存储故障码驻车锁止电磁阀 对地短路（静态），如图 3-13-34 所示。

（3）查询电路图得知 N486 驻车锁止电磁阀与选挡杆 E313 通过两条导线直接相连。

（4）断开 N486 驻车锁止电磁阀读取故障码没有改变。

（5）测量 N486 两根导线，其中负极导线处于长接地状态，正常车辆 N486 未工作时非接地状态。

（6）尝试断开在变速器后部接头，测量 N486 负极导线为非接地状态，故障点锁定为变速器后部插头至 E313 之间连接线。

（7）断开 E313 插头读取地址 002 存储故障码 驻车锁止电磁阀 电气故障（偶发）。诊断仪中有提示选挡杆 E313 通过数据总线发送信息，表明驻车锁电磁阀 N486 存在电气故障。

（8）测量 N486 负极导线为接地状态，判断为线束有对地破损并且对地短路。

（9）仔细检查线束发现位于 J492 附近线束与 J492 外壳产生对地短路，如图 3-13-35 和图 3-13-36 所示。

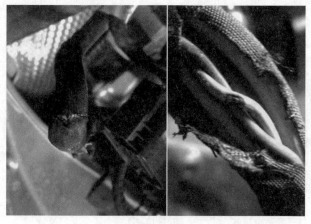

图 3-13-35　　　　　　　　　　　　　　　　　　图 3-13-36

故障原因：线束与 J492 控制单元间距过近，造成车辆行驶时线束晃动与 J492 外壳摩擦造成线束破损并对地短路。

故障排除：修复线束，并且对布线位置进行改动。

十二、2019 年奥迪 A7 变速器报警

车型：奥迪 A7。

年款：2019 年。

故障现象：新车 300 km 变速器报警，清除故障码后急制动就会再次报警。

故障诊断：

（1）使用诊断仪检测，0002 变速器电控系统内存有故障码 P18C400：驻车锁止电磁阀不可信信号，被动/偶发；P17F600：驻车锁止电磁阀电气故障，主动/静态。如图 3-13-37 所示。0081 选挡杆内存有故障码 P17F400：驻车锁止电磁阀对地短路；P17F500：驻车锁止电磁阀断路；P17F600：驻车锁止电磁阀 电气故障；P17F600：驻车锁止电磁阀电气故障。如图 3-13-38 所示。

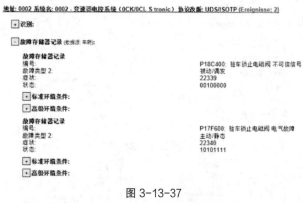

图 3-13-37

（2）可能导致此故障出现的原因有：换挡杆控制单元；驻车锁电磁阀；线路及插头。

（3）根据故障引导检查线路和插头全部正常，查看电路图，驻车锁电磁阀 N486 受换挡杆控制单元 J587 控制，替换 J587 试车故障依旧。

图 3-13-38

770

图 3-13-39

驻车锁保持电磁铁N486与　　　　驻车锁保持电磁铁N486单独工作
液压油同时工作，保持驻车锁解开　　保证驻车锁解开

图 3-13-40

（4）由于替换驻车锁电磁阀 N486 比较复杂（如图 3-13-39 所示），实际此车出现故障时并没被驻车锁锁止，测量电磁阀阻值为 6Ω（标准范围 3 ~10Ω）。仔细分析故障现象，每次急制动都会再现故障，怀疑故障原因可能出现在会产生相互运动的部位，由 N486 工作原理（如图 3-13-40 所示）可知，N486 在解锁时由油压和电磁铁共同工作拉动驻车锁连杆，随后由 N486 单独工作，小电流保持球阀锁止状态。没有部件会受惯性影响，所以故障点在此的可能性很小。

（5）重新查看线路和插头，发现在变速器支架处的线束与变速器支架有接触（如图 3-13-41 所示），查看接触面已经被磨破搭铁（如图 3-13-42 所示）。

图 3-13-41

图 3-13-42

用电布包好后试车故障没再现，将此线人为搭铁仪表立即报警。确认故障点为线路搭铁导致。

故障原因：变速器线束与变速器支架产生相对运动，磨破线束、搭铁。

故障排除：磨破处做防水处理，包扎好后，将线束走向重新固定，防止再有相对摩擦的地方。

故障总结：最近还遇到 C8 也有此故障，建议改进线束布局。

十三、2012 年奥迪 A8L 组合仪表提示运动型差速器故障

车型：A8L（D4）。

年款：2012 年

发动机型号：CMD。

故障现象：2012 年奥迪 A8L 组合仪表提示运动型差速器故障。

故障诊断：

（1）试车确认故障，VAS6150B 对四轮驱动控制单元（J492）进行检测读取故障记忆为：油压和油温传感器 G437 无信号、偶发。

（2）引导型故障查询对油压和油温传感器 G437 无信号、偶发做故障引导显示需检查油压和油温传感器 G437，油压和油温传感器 G437 至四轮驱动控制单元（J492）之间连接线束是否正常。

（3）拆解检查油压和油温传感器 G437 至四轮驱动控制单元（J492）之间连接线束无短路、断路，油压和油温传感器 G437 与四轮驱动控制单元（J492）连接插头无破损、无进水痕迹。

（4）试换油压和油温传感器 G437 执行基本设置路试故障再现，VAS6150B 对四轮驱动控制单元（J492）进行检测读取故障记忆为：油压和油温传感器 G437 无信号、偶发。

（5）将车辆举升拆解检查发现油压和油温传感器 G437 至四轮驱动控制单元（J492）之间连接线束与空气泵固定架有干涉，油压和油温传感器 G437 连接线束已破损（如图 3-13-43 和图 3-13-44 所示），对线束重新固定包扎后路试故障排除。

故障排除：重新固定包扎油压和油温传感器 G437 连接线束。

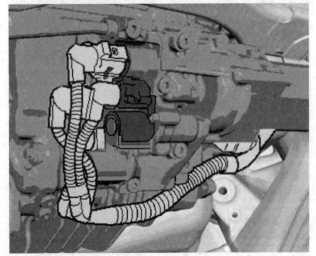

图 3-13-43

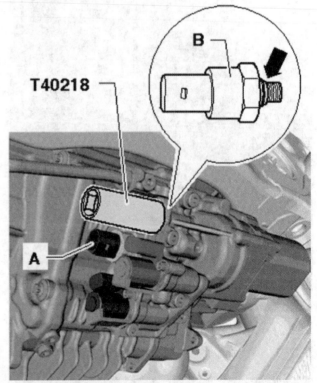

A.油压和油温传感器 2，G640，黑色插头接口　B.油压和油温传感器，G437，棕色插头接口

图 3-13-44

十四、2013 年奥迪 A8L 无法启动或者启动发卡

车型：奥迪 A8L（D4）。

年款：2013 年。

故障现象：启动时启动机处有"咔咔"声，启动时启动机"咔"一声运作后卡死。

故障诊断：

（1）针对故障现象，更换了启动机，故障没有解决。检查原车启动机齿，并无磨损破损迹象。同时检查飞轮齿，齿形正常且飞轮圆度正常。

（2）故障码，发动机中：50 信号线断路或对地断路。分析此故障码并无意义，还是由于没有顺畅启动造成的。

（3）尝试用抢修车跨接电源，故障现象消失。因此怀疑是蓄电池不好，更换新蓄电池后故障依旧。

（4）测量启动时启动机处的压降，启动电压降到 6V，怀疑可能是启动机线束问题。检查启动机线束各节点，无烧蚀虚接现象，紧固各搭铁点，未发现异常。在正极跨接桩头与启动机处制作跨接电源线，故障依旧。因此排除启动机线束问题。说明其压降是启动机卡死产生的。

（5）读取启动时发动机转速，转速正常。检查启动继电器正常，更换后无效。尝试用手捏合两启动继电器，发动机顺畅启动，故障消失。打开启动机继电器外壳，观察启动时继电器工作情况，发现两启动继电器在短时吸合后断开或来回跳动。因此判断其故障是由启动继电器吸合时间过短造成的。因此主要分析排查此原因。

（6）根据启动电路图（如图 3-13-45 所示），测量连接 J623 的 50 反馈线，无断路短路现象。飞线后，故障依旧。

（7）继续分析启动继电器吸合时间过短的原因：发动机电脑板、线束。为了验证，尝试拔下启动机插头，连接试灯观察，启动时试灯亮起 3s 后熄灭，说明此时启动机信号正常，此时再次观察继电器，发现继电器吸合时间也正常了。说明发动机电脑板给启动继电器的信号是正常的。为什么拔下启动机插头后，继电器吸合时间就正常了？怀疑是启动继电器下游线束上负载过高。连接启动继电器下游的用电设备就一个启动机，且更换过，因此可能是线束问题。飞线跨接验证，故障依旧。

（8）测量两启动继电器控制信号线，继电器 2 号脚在启动时应该是接地信号，实测时发现 J53 接地信号电阻过大。外修发动机电脑，并未检查出问题。

（9）故障总结，线束和发动机信号没有问题，但故障只在发动机转动识别到转速后出现。为何发动机一转动后启动继电器会断开，是不是识别到了其他不符合启动的信号，且此信号只在发动机开始转动后监测到？查找发动机启动转动时所要采集的

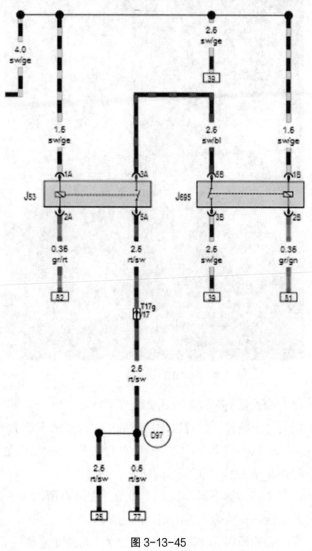

图 3-13-45

信号和前提。发现线索，PN 信号不正常。PN 信号原理图如图 3-13-46 所示。

查看 PN 信号的作用，如图 3-13-47 所示。

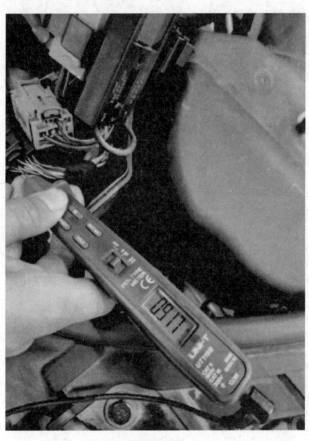

图 3-13-46

防启动锁信号（P/N 信号）描述

当自动变速器上和发动机控制单元之间的离散导线信号与 CAN 信号不一致时，有关 P/N 信号的故障则被输入。

离散导线的 P/N 信号可能采用以下信号电压：

- 在 P 或 N 位置上的信号电压为 0 V。
- 挂入行驶档时信号电压大于 2.2 V，对地测量。

ℹ️ 提示：

P/N 信号仅在自动变速器上存在。

对于带有手动变速箱的车辆，防启动锁信号由离合器踏板开关生成。

图 3-13-47

（10）测量故障车插头 T17F/12 处的 PN 信号，P 挡，未启动时为 0.9V（如图 3-13-48 所示），启动后 1.6V。对比正常车，均为 0.6~0.9V（如图 3-13-49 所示）。由此发现故障车 PN 信号不正常。

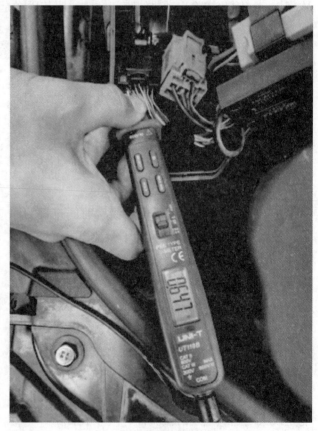

图 3-13-48

图 3-13-49

为验证故障现象是由此信号不正常导致，尝试将 T17F/12 针脚接地，即将 PN 信号接地，将多余的电压信号短路掉，此时启动发动机正常，故障现象消失。

（11）排查 PN 信号不正常的原因，将 J217 至 J623 的 PN 信号断开，制作飞线连接，故障依旧，因此怀疑是 J217 内部信号问题。

（12）拆下阀体检查（如图 3-13-50 所示），未发现明显异常，变速器油无异常。处理内部部分油泥后装回，故障不再出现，问题解决。

故障原因：此车已行驶 180 000km，变速器内部已产生了部分油泥和离合器片磨损铁屑，这些物质吸

图 3-13-50

附在阀体甚至线路板处，对变速器电脑板的 PN 信号产生了影响，使 PN 信号在 P 挡或者 N 挡时大于正常值。发动机在启动时，通过 CAN 线读取的变速器挡位信号正常，其他启动条件均满足，因此能启动。但在发动机开始转动时，发动机电脑板会通过一根离散导线读取变速器的 PN 信号是否正常，再次验证，防止在挡位中启动。此时，PN 信号过大，发动机电脑板无法获取一个正确的 PN 信号，因此中断启动。发动机停止转动后，由于此时启动要求信号还在，因此发动机又再次转动尝试启动。此过程发生时间迅速，因此出现总成继电器来回吸合，电机打齿的故障现象。

故障排除：拆装机械电子单元处理，建议更换机械电子单元。

十五、2018 年一汽奥迪 Q5L 全轮驱动故障

车型：一汽奥迪 Q5L。

年款：2018 年。

发动机型号：CWN。

故障现象：行驶过程中仪表显示全轮驱动故障。

故障诊断：根据客户描述行驶几分钟后，仪表报警：全轮驱动：故障！你可以继续驾驶，联系服务站。如图 3-13-51 所示。经过试车后再现故障。

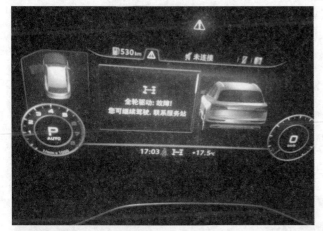

图 3-13-51

使用诊断仪测量故障，发现四轮驱动电子设备有全轮驱动离合器 2 卡在关闭位置（10101111）主动静态，如图 3-13-52 所示。

根据引导查询故障，提示故障存储器包含下列条目：C05ED00 - 29725 全轮驱动离合器 2 卡在关闭位置，全轮驱动控制单元 J492 识别到后轴主减速器的松开机械机构内有故障，该故障阻止全轮驱动离合器 2 脱开。

故障原因：全轮驱动离合器促动器 2 V623 机械损坏、全轮驱动离合器 2（爪形离合器）损坏、

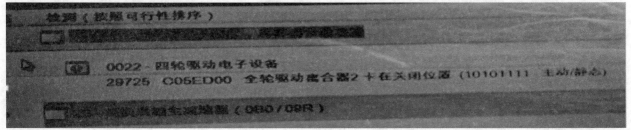

图 3-13-52

后轴主减速器中的差速器损坏、全轮驱动离合器损坏、全轮驱动控制单元 J492 损坏。首先检测差速功能，举升车辆，右后轮向前向后转动车轮超过 3km/h，各保持 10s，检测正常。接下来启动作动器诊断，以检测全轮驱动离合器 2。全轮驱动离合器 2 的检测是在升起的汽车上，通过转动右后车轮进行的转动右侧（沿行驶方向）后车轮，直至识别到至少 6 km/h 的速度，然后保持该速度。通过作动器测试全轮驱动离合器 2 在转动右侧（沿行驶方向）后车轮多圈后，使后轴主减速器内的离合器 2（爪形离合器）分离，使得传动轴停住。作动器测试期间全轮驱动离合器 2（爪形离合器）未像预期那样分离，或传动轴未停住。重复测试结果一样。接着启动检测，全轮驱动离合器作动器 2 的作动器诊断，全轮驱动离合器作动器 2 V623 必须提前从后轴主减速器上拆下，全轮驱动离合器作动器 2 V623（电磁铁）的电枢上下运动约 5mm，拆下 V623 发现运作正常，根据提示更换后轴主减速器。当将 V623 拿下来时，用手可以轻松将分离杆来回拨动没有任何的阻力，用手按压分离杆，模拟 V623 通电时的工作状态，转动后轮使其分离。首先试出的故障状况是：离合器咔嚓异响，同时后轮变沉重。再用力转动就轻松。之后再重复试了几次，发现有时候当手的力不再施加力给分离杆时，分离杆不回位，仍然保持在接合状态（两驱状态下）。爪齿离合器中的 V623 断电情况下，蜗杆轴与控制爪齿接合状态，一同旋转。当 V623 通电时，V623 的推杆就会按压分离杆压向蜗杆轴，使蜗杆轴与控制爪齿分离状态，当再次断电时，分离杆在弹簧的作用下回位，蜗杆轴与控制爪再次齿接合。爪齿离合器内部某个部件出现机械故障，分离杆不能迅速回位，导致故障（爪齿离合器为保修件，需返厂，不能拆开检测，无法确定精确的故障部位）。

故障排除：更换爪齿离合器。

十六、2018 年一汽奥迪 Q5L 仪表显示"全轮驱动：故障！您可以继续行驶，请联系服务站"

车型：一汽奥迪 Q5L，配置 2.0T 发动机。

年款：2018 年。

发动机型号：CWN。

故障现象：车辆正常行驶过程中，车辆能明显感觉有震动，同时仪表显示故障灯报警，如图 3-13-53 所示。

故障诊断：

图 3-13-53

C05DD00 ($74F5 / 29941) 全轮驱动离合器1 卡在开启位置
DTC 文本：4WD/AWD Clutch "A" Performance/Stuck Disengaged
DTC 环境条件

日期	16:04:11 - 28.04.2019
行驶里程	5,643 km
优先权	2
故障频率计数器	2
计数器未学习	255
蓄电池电压	11.933 V
电机电流	-34.9746 A
内部系统状态	3
执行器角度，实际值	0.328125
车速	54.96 km/h
处理器的工作量	78 %
堆栈式存储器	0
发动机转速	1,593 r/min
工作时间	8 min
环境温度	26 ℃
末级温度	99 ℃
端子15信号状态	
[LO]_HW KL15 Debounce Time	50 ms
[LO]_Combined KL15	1
[LO]_HW KL15 Filtered	1
[LO]_HW KL15 Raw	1
[LO]_SW KL15	1
[LO]_SW KL15 Timeout	0

图 3-13-54

（1）在 0022 四轮驱动电子设备内读取故障记录，如图 3-13-54 和图 3-13-55 所示。

①检阅故障条件分析：全轮驱动离合器 1 执行器 V622 故障记录时间在 4.28，全轮驱动离合器 2 执行器 V623 故障记录时间在 4.29。

②原理分析：前驱切换四驱的控制逻辑是在车辆行驶条件满足的情况下，J429 首先控制 V622 将斜

C05EC00 ($7563 / 30051) 全轮驱动离合器2 卡在开启位置
DTC 文本: 4WD/AWD Clutch "B" Performance/Stuck Disengaged
DTC 环境条件

日期	10:37:50 - 29.04.2019
行驶里程	5,654 km
优先权	2
故障频率计数器	1
计数器未学习	255
蓄电池电压	13.151 V
电机电流	1.3320 A
内部系统状态	3
执行器角度，实际值	11.187500
车速	6.15 km/h
处理器的工作量	78 %
堆栈式存储器	0
发动机转速	808 r/min
工作时间	29 min
环境温度	22 ℃
末级温度	91 ℃
端子15信号状态	
[LO]_HW KL15 Debounce Time	50 ms
[LO]_Combined KL15	1
[LO]_HW KL15 Filtered	1
[LO]_HW KL15 Raw	1
[LO]_SW KL15	1
[LO]_SW KL15 Timeout	0

图 3-13-55

③ ATF 油位和质量不正常；

④全轮驱动离合器执行器 V622 机械损坏。

（3）从简至繁的顺序进行了检查，首先检查了 ATF、MTF 油的油品及油位正常，因该车可以继续行驶，

正在进行用于校准全轮驱动离合器的离合器促动器的基本设置

全轮驱动离合器作动器-V622的耗电量: 0.0 A

☒ 请稍候 -

基本设置状态: 未激活

图 3-13-56

盘式离合器接合，将变速器的动力输出给中间传动轴，同时 J429 采集传感器 G970 得知传动轴的转速，J104 采集后轮车辆转速一致时，控制 V623 接合后部牙嵌式离合器，完成前驱切换四驱。从以上两点分析来看，可以快速将故障点锁定在全轮驱动离合器 1 卡在开启位置上。

（2）查询无相关 TPI、SOST 指导文件，经引导型诊断，针对故障记录 C05DD00 全轮驱动离合器 1 卡在开启位置，说明全轮驱动离合器执行器 V622 的电机轴角度位置在有效范围之外或者角度校准值无效。出现该故障可能的原因有：

①由于前轴上的损坏导致过载；

② V622 未执行校准；

所以暂时排除因前轴上的损坏导致过载的可能，因客户不让进一步拆卸检查，无法判定是否全轮驱动离合器执行器 V622 机械损坏故障，尝试针对 V622 执行校准，如图 3-13-56 所示。

作动器 V622 执行基本设置时，耗电量为 0 A，拔下 J429 插头检查供电、搭铁正常。难道 J429 内部故障导致四轮驱动离合器无法驱动 V622 和

图 3-13-57

图 3-13-58

V623？尝试替换 J429，故障依旧。

（4）在重新装回全轮驱动离合器控制单元 J429 时，发现故障车如图 3-13-57，正常车如图 3-13-58所示。

J429 通过全轮驱动离合器 1 执行器 V622 的驱动力通过旋转蜗杆带动斜盘式离合器，对离合器进行接

合、脱离控制，但传动蜗杆伸出的长度相比正常车要短，执行器 V622 电机无法与传动蜗杆相连，所以导致仪表显示四轮驱动故障。

V622 与蜗杆连接处，该车 V622 与蜗杆没有相连，是因全轮驱动离合器内部故障导致蜗杆伸出的长度不够

图 3-13-59

故障原因：V622 与蜗杆连接处，该车 V622 与蜗杆没有相连，是因全轮驱动离合器内部故障导致蜗杆伸出的长度不够，如图 3-13-59 所示。

故障排除：更换带控制器的前轮驱动离合器。

故障总结：掌握相关原理上的控制逻辑，便于故障点的锁定。在维修过程中要注意细节，结合实际情况最终明确故障原因。

十七、2013 年一汽奥迪 Q5 无法挂挡

车型：一汽奥迪 Q5。

年款：2013 年。

故障现象：挡位无法从 P 挡挂出，只能用应急才能挂挡。

故障诊断：

（1）读取 02 故障码为"P093100 换挡锁止电磁阀控制电路 对正极短路主动/静态"，如图 3-13-60 所示。

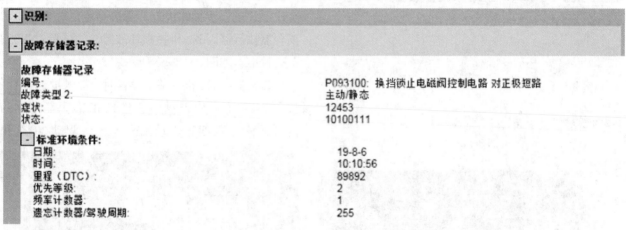

图 3-13-60

（2）试车发现，车辆启动后，不挂挡仪表变速器故障灯不会亮，一踩下制动踏板，故障灯就报警，且挡位杆上的电磁阀不工作。

（3）根据引导做检测计划（如图 3-13-61 所示），发现不管制动踏板处于什么位置，N110 始终不工作。检测计划给出结论，可能故障存在于 N110 或者 J217 内，由于 J217 比较贵，先与其他车互换了 N110，发现故障依旧。

（4）查询 Elsa Pro（电

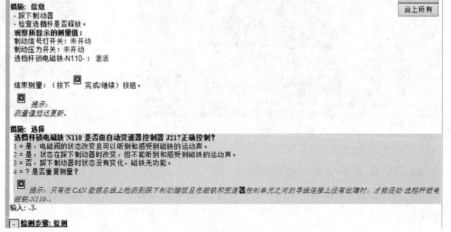

图 3-13-61

778

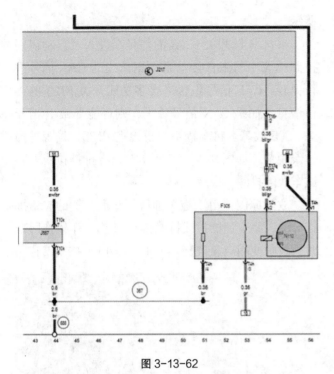

图 3-13-62

路图如图 3-13-62 所示），发现 N110 就两根线，随即测量相关线路未发现异常，再次走检测计划（如图 3-13-63 所示），引导提示："如果在传动系 CAN 总线上检测到制动踏板踩下，则 4 芯插头连接的针脚 2 上的 选挡杆锁电磁铁 N110 会从自动变速器控制器 J217 切换至接地。如果电磁阀内没有电流通过，启动解除。"

（5）用万用表测量制动踏板踩下时，J217 的针脚 2 并没有接地，电压始终在 12.5V 左右，对比其他正常车，当制动踏板踩下时，针脚 2 上的电压马上降至 0V，可以确定 J217 内部有故障。

（6）更换 J217，故障排除。

故障原因：J217 内部无法正常接地，导致 N110 无法释放。

故障排除：更换 J217。

措施：信息

选挡杆锁电磁铁 N110 将选挡杆锁在 P 位置，不用电源。如果在传动系 CAN 总线上检测到制动踏板踩下，则 4 芯插头连接的针脚 2 上的 选挡杆锁电磁铁 N110 会从 自动变速器控制器 J217 切换至接地。如果电磁阀内没有电流通过，启动解除。
- 检测连接 选挡杆锁电磁铁 N110 的导线连接是否对正极或对地短路和断路。
- 检查电磁阀是否断路。
- 如果在导线或电磁铁上没有故障，更换机电装置。

检测结束

图 3-13-63

十八、2011 年奥迪 Q7 车辆无法挂挡

车型：奥迪 Q7。

年款：2011 年。

发动机型号：CJT。

故障现象：车辆拖回来，仪表不显挡位，将车辆应急挂挡到 R 挡时，车辆向前行驶。

故障诊断：

（1）用 6150C 读取故障码，J217 无通信，检查 J217 保险丝正常供电正常。

（2）准备将副驾座椅拆除检查 J217 电脑版，发现地板胶潮湿，有进水的现象，J217 已经被水泡湿透了，将电脑版的水分清除干净，测量 J217 的供电时发现电压只有 8V，然后就检查被水泡过的线束，发现线束节点处发生氧化快断了（如图 3-13-64 所示），将线束维修好后，仪表显示挡位了，但是一直显示的是 S 挡，此时车辆无法启动。

（3）用 6150C 将故障码全部清除，就剩下 F305 变速器位置 P 开关(对地短路,静态)无法清除，如图 3-13-65 所示。

（4）怀疑 J217 或者 F305 有问题，将 F305 全面检查后都正常，看故障文档提示，如图 3-13-66

图 3-13-64

当前检测计划中的检测

状态　检测（按照可行性排序）

☐ F305 - 挡位开关 P（维修分组号37）

① 0005 - 进入及其起动许可
230 7 变速箱位置 P 开关（对地短路 静态）

☐ E370 - 乘客侧车外门把手控制按钮（维修分组号96）

☐ E372 - 右后车外门把手控制按钮（维修分组号96）

☐ N200 - 乘客侧侧面安全气囊触发器

☐ J799 - 右前座椅通风控制单元

☐ J255 - 查询故障存储器（维修分组号87）

☐ J794 - 软件版本管理，检查（维修分组号91）

图 3-13-65

P 挡开关 -F305

功能：

P 挡开关 -F305 - 包括两个微型开关（B）和一个串联布置的 470 Ohm 电阻器。在 P 挡时，如果锁止按钮未按下且防启动锁启动，则 P 挡开关关闭。

在选挡杆处于 'P' 挡（未踩下制动器）的情况下，当未按下选挡杆锁止电磁阀 -N110- 且也未操作紧急释放时，第一个开关关闭。在选挡杆处于 P 挡的情况下，当未按下选挡把手上的按钮时，第二个开关关闭。

当 P 挡开关 F305 关闭时，进入及启动识别开关 E415 上的触点 B6 将通过 470 Ohm 电阻器切换到接地。

故障检测：

来自 P 挡开关 -F305 的信号在进入及启动识别控制单元中与来自传动系数据总线的 CAN 信号进行比较。CAN 信号包含来自多功能开关 -F125 的挡位信息。如果 CAN 信号丢失，则可能导致 P 挡开关 -F305 故障。

图 3-13-66

所示。

来自 P 挡开关 F305 的信号在进入及启动识别控制单元中与来自传动系数据总线的 CAN 信号进行比较。CAN 信号包含来自多功能开关 F125 的挡位信息，如果 CAN 信号丢失，则可能导致 P 挡开关 F305 故障。将车辆举起再检查 F125，发现排挡拉线脱落（如图 3-13-67 所示），将排挡拉线安装试车故障排除。

故障原因：由于拖车师傅不知道车辆的应急排挡开关，将变速器拉线拆除排到 N 挡，车辆拖回来时，技师使用应急排挡挂入 R 挡，由于拉线没有完

图 3-13-67

全脱离，排挡时使变速器挂入 S 挡，F305 挡位与 F125 挡位不匹配导致该故障。

故障排除：将车辆地板胶拆下烘烤，线束水分清除干净，维修线束，更换 J217，安装排挡拉线。

故障总结：遇到这种问题时不要盲目地去检查故障，首先了解部件的功能，表面看起来是电路问题，实际上是很多机械故障也会报电路故障，拖回来的车辆一定要检查仔细，车辆在拖的过程中做了什么一定要询问仔细，避免造成很多麻烦。

十九、2012 年奥迪 Q7 行驶时加油不起不会换挡，多个故障灯点亮，无法挂出 P 挡

车型：奥迪 Q7。

年款：2012 年。

发动机型号：CJTC。

故障现象：行驶时加油不起不会换挡，多个故障灯点亮，无法挂出 P 挡（拖车回厂），检查故障重现时发现组合仪表有多个故障灯点亮无挡位指示，换挡手柄也无挡位指示，如图 3-13-68 所示。

图 3-13-68

故障诊断:

（1）检查故障能够重现。

（2）用诊断仪检查发现有多个故障码，而且多个不同地址里都有一个共同点，都说与变速器控制单元失去通信且都是静态的，如图 3-13-69 所示。

▲ 发动机电控系统 (01 - 发动机电子设备) (4L0910551R　0010　3.0I V6 TFSI　4L0907551　H08)

　▷ 49409　0　U0101　变速器控制单元 无通信 (静态)

　▷ 53271　0　U1017　ABS制动器控制单元 请读取故障代码 (静态)

▲ 左后车门电子设备 (62 - 车门电子控制装置，左后) (4F0959795P　0362　TSG HL　4F0959795P　H11)

　▷ 2126　8　中央控制门锁按钮，外部车门把手 (不可信信号 静态)

▲ 右后车门电子设备 (72 - 车门电子控制装置，右后) (4F0959795P　0362　TSG HR　4F0959795P　H11)

　▷ 2126　8　中央控制门锁按钮，外部车门把手 (不可信信号 静态)

▲ 制动电子装置 (03 - ABS/ESP 型号25 E1) (4L0910517M　0020　ESP ALLRAD MK25E1　4L0614517L　H02)

　▷ 1315　4　变速器控制单元 (无信号/通信 静态)

▷ 水平高度控制系统 (34 - 自适应型悬架装置) (4L0910553J　7860　LUFTFDR.-CDC　H04　4L0907553E　H04)

　▷ 263　4　变速器 (无信号/通信 静态)

▲ 驾驶员侧座椅调整装置 (36 - 座椅调整装置，驾驶员侧) (4F0959760D　0064　MEM-FS　4F0959760D　H08)

　▷ 16347　14　控制单元 (损坏 间歇性问题)

▲ 泊车辅助系统 (76 - 听觉泊车辅助系统，8通道) (4L0910283C　0500　Parkhilfe 8-Kan H03　4L0919283C　H03)

　▷ 1315　4　变速器控制单元 (无信号/通信 静态)

▲ 数据总线诊断接口 (19 - 数据总线诊断接口) (4F0907468P　0047　GW-BEM 4CAN-M　4F0907468F　H06)

　▷ 1315　4　变速器控制单元 (无信号/通信 静态)

▲ 轮胎充气压力监控2 (4C - 轮胎压力监控器II) (4F0910274B　0110　J793 RKA+　H04　4F0907274　000)

　▷ 1316　13　制动器控制单元 (请读取故障代码 静态)

　▷ 1315　4　变速器控制单元 (无信号/通信 静态)

图 3-13-69

（3）CAN 总线驱动数据诊断结果都为与变速器控制单元通信不正常，如图 3-13-70 所示。

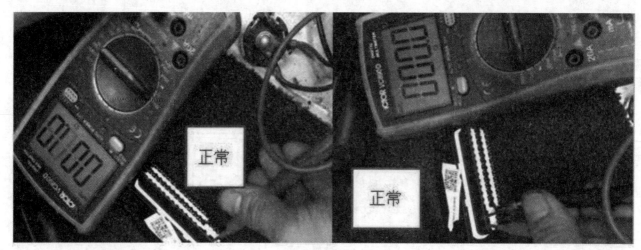

CAN通信驱动数据	采取测量器				
CAN通信		地址	ID	测量值	值
0＝通信不正常		0019	5.2	驱动CAN总线状态	A-CAN启用
1＝通信正常		0019	125.1	发动机电控系统	发动机1
完成继续		0019	125.2	变速箱电控器件	变速箱0
		0019	125.3	制动电子器件	ABS 1
		0019	125.4	发动机电控系统Ⅱ	
		0019	126.1	安全气囊	安全气囊1
		0019	126.2	水平高度控制系统	水平高度1
		0019	126.3	大灯范围控制	照明距离1
		0019	126.4	驻车制动器	
		0019	127.1	转向角	发电机接通1
		0019	127.2	轮胎压力监控器Ⅱ	轮胎_2 1
		0019	127.3	车轮减震电子设备	

图 3-13-70

（4）根据以上故障现象和故障诊断码分析可能的原因（能引起变速器控制单元不通信有 J217 变速器控制单元的电源和接地、数据通信线路、J217 本体损坏）。

（5）测试 T52 端子的 1 号和 2 号脚为接地，对车身接地电阻为小于 1Ω 正常，数据线路正常，如图 3-13-71 所示。

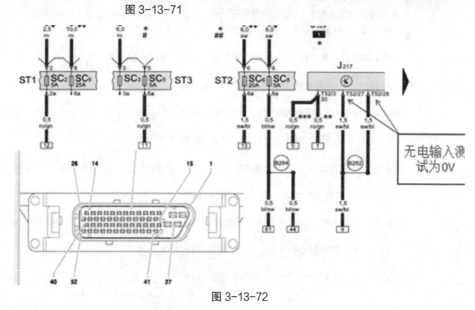

图 3-13-71

（6）当测试 T52 的 27 和 28 脚时发现无电源输入，但测试保险丝有电源，保险丝完好无损，如图 3-13-72 所示。

（7）测试保险丝到 T52 的 27 号和 28 号脚电阻无穷大说明断路（此时工程量比较大，需要拆装座椅和部分地毯），检查发现 B282 的节点上线路存在氧化断路的现象，如

图 3-13-72

图 3-13-73 所示。

（8）处理修复连接线路节点 B282 故障排除，挡位指示均正常，如图 3-13-74 所示。

故障排除：修复 J217 变速器控制单元 T52 的 27 号和 28 号脚到 SC 保险丝盒的 B282 节点线路。

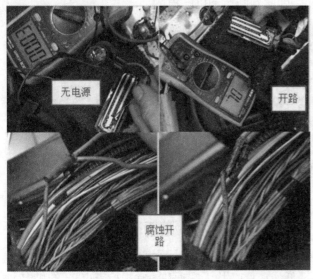

图 3-13-73　　　　　　　　　　　　　　　　　　　　　图 3-13-74

二十、2011 年奥迪 Q7 发动机不能启动，变速器灯报警

车型：奥迪 Q7。

年款：2011 年。

发动机型号：CJT。

故障现象：发动机不能启动，变速器灯报警。

故障诊断：

（1）该车发动机大修后，车辆不能启动，启动机没有转动且电磁开关也没有动作。

（2）诊断仪检查，发动机系统中没有故障码，02 中有故障码：P072000 变速器输出转速传感器，电路电气故障，静态；P071500 变速器输入传感 1，电路电气故障，静态；P0700900 行驶挡位传感器，断路，静态。05 中有故障码：F305 对正极短路，静态。在测试功能中，检测 F125 的功能，正常。但该故障码不能清除。测量两个转速传感器和 F125 到 J217 的线路，均正常。尝试将故障车辆的 J217 装到正常车辆上，故障码全部变为偶发，清除故障码后再刷新，已没有任何故障码。将 J217 装回原车，02 中只有故障码：U010000 发动机控制单元，无通信，静态，如图 3-13-75 所示。

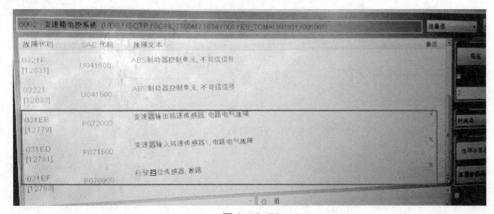

图 3-13-75

（3）因现在已没有 F125 的故障码，读取发动机 170 组中的数据流（如图 3-13-76 所示），在启动时，端子 50 启动机要求测量反馈导线端子 50R，启动机继电器 1 和 2 均由断开变为接通，这证明发动机控制单元已发出了接通启动机继电器的指令并且收到了已接通的反馈信号。拆下继电器盒盖，在启动时，两个启动继电器有动作的声音，用试灯测量，灯能点亮。因此判断启动机已损坏。

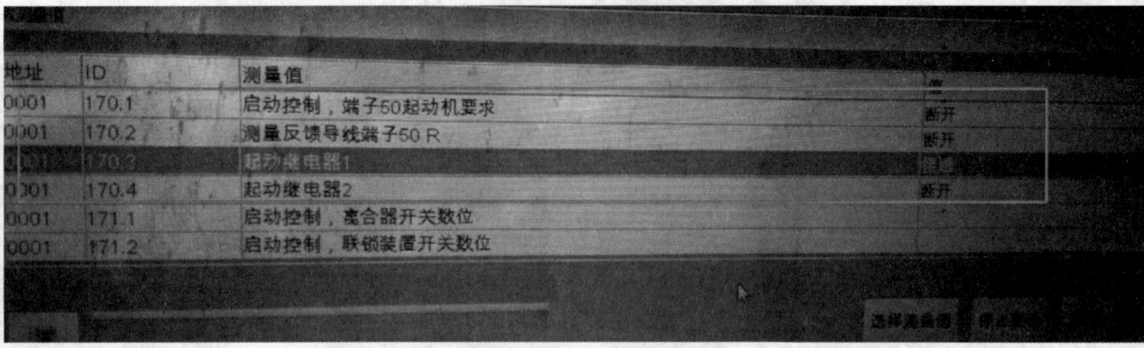

地址	ID	测量值	
0001	170.1	启动控制，端子50起动机要求	断开
0001	170.2	测量反馈导线端子50 R	断开
0001	170.3	起动继电器1	接通
0001	170.4	起动继电器2	断开
0001	171.1	启动控制，离合器开关数位	
0001	171.2	启动控制，联锁装置开关数位	

图 3-13-76

（4）更换新的启动机后，发动机已能正常启动，但组合仪表中变速器故障灯报警，挂挡时变速器有严重冲击，在 D 挡时显示为 D3，变速器系统还是有故障码：发动机控制单元无通信，静态。用 1598/38 测量 J217 的 CAN 线电压均正常，若断 CAN 高线或 CAN 低线，J217 均无法通信。常规检查 J623 的供电、搭铁和 CAN 线，均正常。尝试与正常车辆互换 J533，故障依旧，尝试互换 J623，故障解决。

故障原因：诊断仪与发动机和变速器控制单元均能正常通信，在发动机系统中的数据状态已收到了变速器的相关信息，但已验证发动机没有单独发送相关信息到变速器，此点以前还未曾遇到过。

故障排除：更换启动机和发动机控制单元。

第四章 底盘系统

第一节 一汽奥迪 A3L 底盘系统

一、总体结构

奥迪 A3 Limousine 均衡的运动型特性引人注目。这种特性的基础就在于精确匹配的车桥负荷分配（前桥 59%，后桥 41%），这其中，更向前靠的前桥起到了巨大的作用。本车底盘开发的一个重要目标就是尽可能多地利用 2013 年奥迪 A3 上的底盘部件。

此外，在奥迪的超级战略中，重点放在了轻结构上。车桥部件有一部分是铝制的。由于车轮偏置距较小，所以相对于 2013 年奥迪 A3 来说，前桥和后桥的轮距都增大了。

二、底盘种类

奥迪 A3 Limousine 车可以选用底盘如图 4-1-1 和表 4-1-1 所示。

图 4-1-1

表 4-1-1

动态底盘	动态底盘是奥迪 A3 Limousine 车的标配
运动底盘	运动底盘是选装的，配备运动底盘的车，底盘降低 15mm，且按运动特性进行了匹配（都是相对于普通底盘而言）
S line 底盘	S line 运动底盘也是选装的，与普通底盘相比，高度降低了 25mm，比运动底盘更具运动特性了。如果将 S line 运动底盘作为 S line 运动包的一个组件订购的话，那么车辆要使用 18 英寸车轮
坏路底盘	坏路底盘是选装的，用于路况较差的一些特定市场。与普通底盘相比，高度升高了 15mm
带有电子减震调节的底盘	这种底盘也是选装的，用于发动机功率超过 103kW 的车。该底盘基于在其他奥迪车型上已经使用了的奥迪磁流变减震系统

三、轮胎压力监控显示

与 2013 年奥迪 A3 一样，奥迪 A3 也使用了大家熟知的第二代轮胎压力监控显示系统，是选装装备。

该系统的结构、功能、操控、驾驶员信息以及维修和诊断，都与其他奥迪车型上已经使用了的这种系统是一样的，如图 4-1-2 所示。

图 4-1-2

第二节　一汽奥迪 A4L（8W）底盘系统

一、总体结构

奥迪 A4（车型 8W）是新开发的（与前代车型的底盘相比），如图 4-2-1 所示。奥迪 Q7（车型 4M）是第一款采用新式纵置模块（MLBevo）平台的车，而 A4 则是第二款采用该平台的车。

开发的基本目标是保持轻结构，同时解决较高的驾驶舒适性和出色的行驶动力学性能之间的矛盾。

奥迪 A4（车型 8W）有下述几种底盘可供选择，如表 4-2-1 所示。

图 4-2-1

表 4-2-1

底盘类型	特点
标准底盘（1BA）[1]	标准底盘是标配的
运动底盘（1BE）[1]	这种底盘是选装的。行车高度比标准底盘的车低约 23mm。这种底盘出色的运动特性，是通过使用相应的弹簧、减震器和稳定杆来实现的
坏路底盘（1BR）[1]	坏路底盘 1BR 在某些市场是标配，在某些市场是选装。行车高度比标准底盘的车高约 13mm
坏路底盘（1BB）[1]	坏路底盘 1BB 只为中国市场提供，行车高度与普通底盘相同
带有电子减震器的运动底盘（1BQ）[1]	这种底盘带有电子减震器，也是选装的。各种减震特性是通过不同的减震控制特性曲线来实现的。行车高度与运动底盘 1BE 是相同的
带有电子减震器的底盘（1BL）[1]	这种底盘带有电子减震器，也是选装的，该底盘稍后才会上市。与运动底盘 1BQ 的区别在于，这种底盘的调节是以舒适为主要目的的。行车高度比标准底盘的车低约 10mm

注：1）生产控制号。

786

二、车桥和定位

1.前桥

如图 4-2-2 所示。

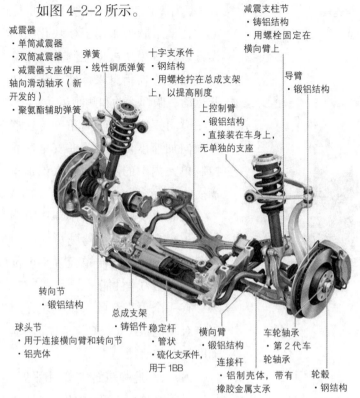

减震器
- 单筒减震器
- 双筒减震器
- 减震器支座使用轴向滑动轴承（新开发的）
- 聚氨酯辅助弹簧

弹簧
- 线性钢质弹簧

十字支承件
- 钢结构
- 用螺栓拧在总成支架上，以提高刚度

减震支柱节
- 铸铝结构
- 用螺栓固定在横向臂上

上控制臂
- 锻铝结构
- 直接装在车身上，无单独的支座

导臂
- 锻铝结构

转向节
- 锻铝结构

球头节
- 用于连接横向臂和转向节
- 铝壳体

总成支架
- 铸铝件

稳定杆
- 管状
- 硫化支承件，用于 1BB

横向臂
- 锻铝结构

连接杆
- 铝制壳体，带有橡胶金属支承

车轮轴承
- 第 2 代车轮轴承

轮毂
- 钢结构

图 4-2-2

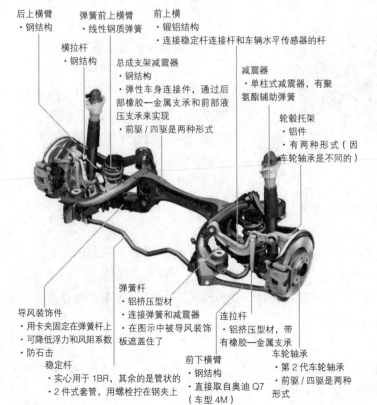

后上横臂
- 钢结构

横拉杆
- 钢结构

弹簧前上横臂
- 线性钢质弹簧

总成支架减震器
- 钢结构
- 弹性车身连接件，通过后部橡胶—金属支承和前部液压支承来实现
- 前驱/四驱是两种形式

前上横
- 锻铝结构
- 连接稳定杆连接杆和车辆水平传感器的杆

减震器
- 单柱式减震器，有聚氨酯辅助弹簧

轮毂托架
- 铝件
- 有两种形式（因车轮轴承是不同的）

导风装饰件
- 用卡夹固定在弹簧杆上
- 可降低浮力和风阻系数
- 防石击

稳定杆
- 实心用于 1BR，其余的是管状的
- 2 件式套管，用螺栓拧在钢夹上

弹簧杆
- 铝挤压型材

连接弹簧和减震器
- 铝挤压型材，在图示中被导风装饰板遮盖住了

连拉杆
- 铝挤压型材，带有橡胶—金属支承

前下横臂
- 钢结构
- 直接取自奥迪 Q7（车型 4M）

车轮轴承
- 第 2 代车轮轴承
- 前驱/四驱是两种形式

图 4-2-3

前桥的开发是基于纵置模块（MLBevo）平台的。奥迪 A4（车型 8W）上使用的也是五连杆式车桥，该结构在其他奥迪车型上早已经证明是成功的了。

系统部件在结构和功能上，与奥迪 Q7（车型 4M）上的前桥基本一致。

2.后桥

如图 4-2-3 所示。

新式五连杆后桥的开发是基于纵置模块（MLBevo）平台的。系统部件在结构和功能上，与奥迪 Q7（车型 4M）上的后桥基本一致。

3.定位

前桥上，可以通过改变转向横拉杆的长度来对左、右侧的前束值进行单独调节。横向移动总成支架的话，可以在很小范围内调整前轮外倾角。

五连杆式后桥上，车轮单面前束值和单面外倾角值都是可以调节的。

（1）后桥，如图 4-2-4 所示。

（2）前桥，如图 4-2-5 所示。

三、带有电子减震器的底盘/运动底盘（1BL/1BQ）

该系统是基于奥迪 A4（车型 8K）上使用过的电子减震器系统的。主要改进之处是使用了底盘控制单元 J775(包含了调节软件)。另外，以前独立的系统元件车身加速度传感器，现在也与绕 x 轴和 y 轴的力矩（侧倾力矩和俯仰力矩）传感器一同集成在 J775 内了。

使用的是 CDCivo 减震器（continuously-damping control internal evolution 的缩写，意思是连续阻尼控制内部改进）。名称中补充的这个"internal"字样，是指把电磁阀集成到减震器内了；补充的"evolution"是指最新一代技术改进的减震器。控制单元通过

PWM 信号来操控相应的电磁阀,于是就形成了一个活塞阀的旁通支路。根据阀的开口截面的不同,减震器在伸长和压缩阶段的阻尼力也会跟着变化,这个控制过程可以针对某个车轮来实施(就是想要操控哪个车轮就能操控哪个车轮,可任选)。

弹簧杆,总成支架连接点处的外倾调节(被导风装饰件遮挡住了)

横拉杆,总成支架连接点处的前束调节(在图中看不到)

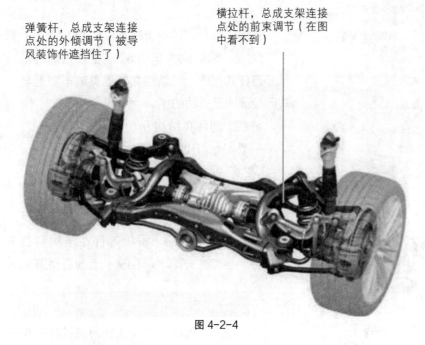

图 4-2-4

行驶方向

后外倾角均衡

前束调节

图 4-2-5

为了确定出到底需要多大的阻尼力,调节软件采用了模块化结构设计。竖直模块根据控制单元内部集成的传感器信息来评估车辆的提升运动、俯仰运动和侧倾运动。

横向模块利用转向角度传感器和横向加速度传感器(在安全气囊控制单元内)的测量数据来识别车辆横向动力学性能。

纵向模块通过分析制动压力测量值(来自 ESC)和驾驶员期望力矩(来自发动机控制单元)来评价车辆纵向动力学性能。

有一个更高级的系统模块,用于应对其他系统(ESC、EPB、制动辅助等)的活动。

另外,车速和路面状态(不平度,是通过控制单元 J775 内的车身加速度传感器测量值而确定的)也参与这个调节过程,如图 4-2-6 所示。

1. 底盘控制单元 J775

与奥迪 Q7(车型 4M)一样,这款奥迪 A4 车上也使用了底盘控制单元 J775 来进行减震器调节。就是说,J775 取代了水平调节控制单元 J197 的这个功能。

另外,用于探测车辆垂直方向(z)的加速度值、绕车辆纵轴(x 方向,侧倾运动)和绕车辆横轴(y 方向,俯仰运动)的传感器,也包含在该控制单元内。

由于该控制单元还承担着为运动型差速器计算车辆行驶动力学性能的功能,因此该控制单元有两种型号。在配备有运动型差速器但没有减震调节的车上,控制单元内就省去了上述那些传感器。在没有配备运动型差速器和减震调节的车上,就不安装该控制单元了。该控制单元安装在车上的前部中央通道处,它使用 FlexRay 数据总线来进行通信,如图 4-2-7 所示。

2. 系统形态

电子减震调节有三种不同的阻尼特性。根据在奥迪 driveselect 上选定的设置,就会激活相应的特性曲线,以便实现均衡、舒适或者运动这些行驶特性,如图 4-2-8 所示。

接通了点火开关(端子 15),阻尼阀就会被通上短促脉冲,以便激活调节并给阀通气。在车辆停住且端子15接通时，阻尼阀会被通上约400mA的电流（阻尼力很小，"软"特性）。如果通上约1.9A的电流，就可获得最大的阻尼力。

如果某一减震器无法激活，或者无法获取某个车辆水平传感器的测量值，那么调节系统就会关闭了。

左后车辆水平传感器
G76

左后减震器（带有阻尼调节阀）
N338

组合仪表内控制单元
J285

左前车辆水平传感器
G78

左前减震器（带有阻尼调节阀）
N336

右前减震器（带有阻尼调节阀）
N337

右前车辆水平传感器
G289

驾驶和舒适功能操纵单元1
B791上的按键（也可在MMI上设置行驶程序）

底盘控制单元
J775

右后车辆水平传感器
G77

右后减震器（带有阻尼调节阀）
N339

图 4-2-6

这些阻尼阀是这样设计的：在不工作状态（就是没激活），仍能保持中等大小的阻尼力（相当于基本减震状态）。这样的话，虽然舒适性有所降低，但不影响车辆的动态行驶特性。系统关闭了的话，会显示相应的黄色图形（减震器符号）和文字内容来提示驾驶员的。

图 4-2-7

图 4-2-8

3.售后服务内容

控制单元J775是在线编码的。电子减震调节有三种基本设定。

（1）学习伸张止点。

将车辆置于举升器上举升，直至车轮都完全脱离与地面接触，减震器完全伸张至止点位置了。车辆水平传感器相应的测量值会被存储到该控制单元内，如图4-2-9所示。

（2）学习高度传感器的零位。

789

这个过程与其他带有自适应空气悬架或者减震调节的奥迪车一样（学习调节位置）。车轮中心到翼子板凹口的距离在四个车轮处均要测量并传给车辆诊断仪。该控制单元会存储下车辆水平传感器的相应测量值。车辆水平传感器的测量值，再加上减震器伸张止点的数据，就可以判定减震器内活塞的位置了，如图 4-2-10 所示。

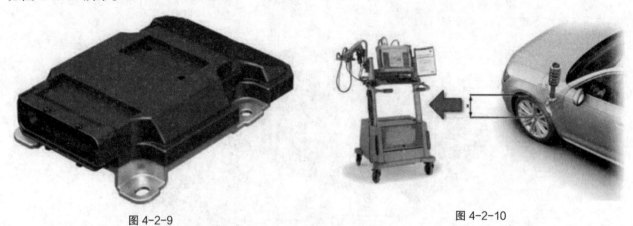

图 4-2-9　　　　　　　　　　　　　　　　图 4-2-10

（3）校准惯性传感器。

这个基本设定用于校准控制单元内的这些传感器：测量侧倾运动、俯仰运动以及 z 方向的车身加速度传感器。

这个基本设定可以单独使用，也可以与其他设定一同来使用。通过执行元件诊断，可以检查阻尼阀的激活情况。

在试验台上检查减震器的话，应该在关闭了点火开关时来进行，这时减震器就是没通电状态，就以基本减震状态（中等大小的阻尼力）来检测了。

四、制动装置

在开发车轮制动器时，重点放在了轻结构上。与前代车型相比，根据所配发动机的不同，制动装置最多能轻 5kg。制动摩擦衬块现在不含铜了。与前代车型一样，电动机械式驻车制动器是奥迪 A4 车的标配。

第九代 ESC 系统是 RobertBosch 公司的产品，直接取自奥迪 Q7（车型 4M），只是调节软件针对奥迪 A4 重新做了改进。与前代车型不同的是，制动管路的布置形式由双管路对角布置改为前桥制动器 / 后桥制动器分开的形式了。

1.前桥

如表 4-2-2 所示。

表 4-2-2

发动机	1.4L TFSI（110kW） 2.0L TFSI（125，140kW） 2.0L TDJ（90~120kW）	2.0L TDI（140kW） 3.0L TDI（160kW）	2.0L TFSI（185kW） 3.0L TDI（200kW）
车轮最小尺寸（英寸）	16	16	17
制动器类型	Conti FN-57 浮动式制动钳	Conti 4MF 42-42 固定式制动钳	Conti 4MF 42-42 固定式制动钳
活塞数目	1	4	4
制动盘直径（mm）	314	318	338
制动盘厚度（mm）	25	30	30

（1）16 英寸车轮制动器 ContiFN-57，如图 4-2-11 所示。

（2）17英寸车轮制动器Conti4MF42-42，如图4-2-12所示。

图 4-2-11

图 4-2-12

2.后桥

如表4-2-3所示。

表 4-2-3

发动机	1.4LTFSI（110kW） 2.0L TFSI（125，140kW） 2.0L TDI（90~140kW） 3.0L TDI（160kW）	2.0L TFSI（185kW） 3.0L TDI（200kW）
车轮最小尺寸（英寸）	16	17
制动器类型	TRW PC42 EPBi 浮动式制动钳	TRW PC43HE EPBi 固定式制动钳
活塞数目	1	1
制动盘直径（mm）	300	330
制动盘厚度（mm）	12（实心的）	22（内通风式的）

（1）16英寸车轮制动器TRWPC42EPBi，带有实心制动盘，如图4-2-13所示。

图 4-2-13

图 4-2-14

（2）16英寸车轮制动器TRWPC43HEEPBi，带有内通风式制动盘，如图4-2-14所示。

3.电动机械式驻车制动器（EPB）

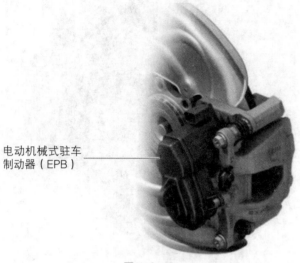

电动机械式驻车
制动器（EPB）

图4-2-15

如图4-2-15所示。

与前代车型一样，电动机械式驻车制动器是奥迪A4车的标配。其结构、功能以及售后服务内容与奥迪A7 Sportback（车型4G）上的是一样的。调节软件集成在ESC控制单元内。

4.制动助力器（BKV）和制动总泵

奥迪A4上使用的是8/9英寸的"单速率特性曲线"制动助力器，左、右置方向盘车均可使用。制动灯开关直接取自奥迪Q7（车型4M），该开关安装在制动总泵上，是一个霍耳传感器。由发动机上的一个机械驱动的真空泵来负责真空供给。

在配备1.4LTFSI发动机的车上，是没有机械驱动的真空泵的，这时使用的是来自进气歧管内的真空，如图4-2-16所示。

5.踏板机构

图4-2-16

图4-2-17

如图4-2-17所示。

踏板机构是全新开发的。为了改善传声方面的效果，所有踏板都是采用封闭截面型材制造的。这套踏板机构，重点仍是放在轻结构上，因此其铝制制动踏板就比前代车型上的制动踏板轻了约50%。由于采用了自动变速器车专用的支座，因此与手动变速器相比，重量可减轻约400g。SLine车的踏板上使用的是不锈钢盖罩，该装置也作为附件提供。

6.ESC

如图4-2-18所示。

奥迪A4上使用的两种ESC9.0都是RobertBosch公司生产的。配备有AAC（自适应定速巡航）的车辆，有一个大功率6活塞式液压泵和三个压力传感器（用于另行测量制动管路内的制动压力）；未配备ACC的车上，使用的是一个2活塞式液压泵。这两种ESC装置已经用于奥迪Q7（车型4M）上了，用于A4时

图 4-2-18

和 ESC 的调节介入就会受到限制了，以便让车以更具运动性来行驶。如果按压 ESC 按键的时间超过了 3s，那么 ASR 和 ESC 就被彻底关闭了，如图 4-2-19 所示。

对调节软件做了相应的匹配。

ESC 单元安装在发动机舱内的左侧（在发动机控制单元的下方）。ESC 要使用安全气囊控制单元内的传感器测量值（纵向加速度、横向加速度和横摆率）。将来传感器电子控制单元 J849 或者 ESP 传感器控制单元 J419 都会被取代了。车轮转速的有源式转速传感器也是直接取自奥迪 Q7（车型 4M）。ESC 售后保养内容，与奥迪 A7 Sportback（车型 4G）和 Q7（车型 4M）上的是一样的。

7. 操纵和驾驶员信息

奥迪 A4 使用的是两级操纵结构。短促按压 ESC 按键（<3s），就会激活运动模式，这时 ASR

图 4-2-19

五、转向系统

1. 一览

这款奥迪 A4 与前代车型一样，配备的也是电动机械式转向器（EPS），转向柱是机械可调式。三辐式方向盘是基本装备且也作为选装提供。动态转向系统也是选装装备。

转向系统，带有选装装备动态转向装置，如图 4-2-20 所示。

图 4-2-20

2. 转向柱

如图 4-2-21 所示。

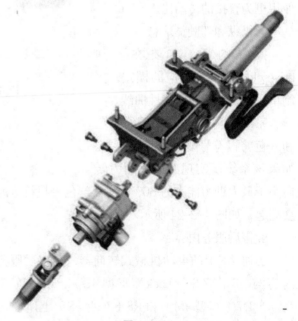

图 4-2-21

机械可调式转向柱在结构和功能上，与奥迪 Q7（车型 4M）上的是一样的。与奥迪 Q7（车型 4M）相比，安装位置有变化，调节范围有变化（轴向 / 垂直方向：60mm/50mm），这些变化是通过相应匹配的支架以及不同的限位元件来实现的。如果装备了动态转向这个选装装备的话，那么所使用的转向柱就有专门连接尺寸。

3.电动机械式转向器（EPS）

结构和功能：这种轴平行式电动机械转向器，在结构上与 VW 车型 Passat、Tiguan 和 Touran 以及 LamborghiniGallardo 使用的转向器基本一致。奥迪 A4 上的转向器与上述大众车型相比的不同之处在于：前者的转向角传感器不是安装在转向机构中，而是安装在转向柱上的开关模块中，如图 4-2-22 所示。

图 4-2-22

奥迪 A3（车型 8V）和 TT（车型 FV）上使用的电动机械式转向器，其转向助力是通过电机驱动的另一个转向齿轮来实现的；而在奥迪 A4 上，则是通过滚珠丝杠传动来把力传递到齿条上的，就像奥迪 R8（车型 4S）上那样的。该转向器的功能与 A6、A7 Sportback（车型 4G）、A8（车型 4H）和 Q7（车型 4M）上的转向器是一样的。与这些车型不同的是，奥迪 A4 上的球形螺母的驱动是由与齿条平行布置的电机通过皮带机构来实现的。在 A6、A7 Sportback（车型 4G）、A8（车型 4H）和 Q7（车型 4M）上，电机则是以同心方式"包围着"齿条，如图 4-2-23 所示。

选择这种轴平行式布置，主要是考虑结构空间因素：同心式布置的安装高度约为 120mm，而轴平行式布置的安装高度仅约为 60mm。奥迪 A4 上的电动机械式转向器有两种型号，区别在于传动比不同。

在配备有动态转向的车上，使用更为直接的传动比。

4.操纵和驾驶员信息

操纵的话，需要在奥迪 driveselect 上选择相应的模式，控制单元内预设了三个特性曲线。

系统故障以大家熟悉的黄色和红色警报符号显示给驾驶员看。如果该系统所实现的最大助力转向小于最大助力能力的 60%，那么红色警报符号就会亮起，如图 4-2-24 所示。

5.售后服务内容

奥迪 A4 上的电动机械式转向器，其售后服务内容与 A6、A7 Sportback（车型 4G）、A8（车型 4H）、Q7（车型 4M）和 R8（车型 4S）上所使用的转向器是一样的。

新颖之处在于：更换了转向器后，不再需要去

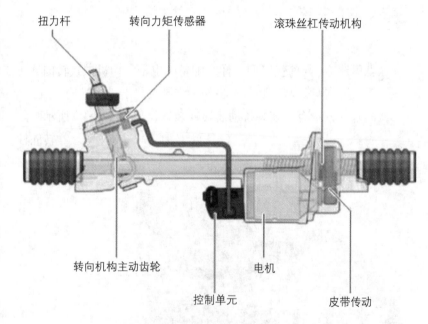

扭力杆　转向力矩传感器　滚珠丝杠传动机构

转向机构主动齿轮　电机

控制单元　皮带传动

图 4-2-23

图 4-2-24

进行最大转向止点的自学习了，这个步骤在随后的行车中会自动而反复地进行。由于可以做自适应值归零的基本设定，因此可以把正在使用的转向器装到另一辆车上去使用。转向器总成在售后服务中只能整体更换，因为转向器总成与总成支架一起对车身刚度具有重要影响，如图 4-2-25 所示。

图 4-2-25

6. 方向盘

奥迪 A4 上首次使用了世界通用线条设计，有明确的不同标识。基本型、运动型、设计型、设计选择型和 Sline 型，提供的是不同的三辐方向盘。一般来说，从方向盘外表的安全气囊模块和方向盘圈的设计就能看出区别来。安全气囊模块有两种结构形式：圆形的和梯形的。

安全气囊模块的圆形设计，主要用于 Sline 和运动型，带或者不带扁状方向盘圈。其他区别体现在选装上了，比如镀铬装饰件、皮革、加热和 tiptronic 翘板开关等。另外，还有不同的开关形式可供选择，如表 4-2-4 所示。

表 4-2-4

方向盘	装备	方向盘	装备
	方向盘带有圆形安全气囊模块		方向盘带有圆形安全气囊模块和扁状方向盘圈
	方向盘带有梯形安全气囊模块		

7. 动态转向系统

动态转向系统在奥迪 A4 上是选装装备。奥迪 A4 是奥迪车中第一个配备了第二代动态转向系统的车型。第二代动态转向系统的结构和工作原理与第一代的大体是一样的。

（1）执行机构的改进。

减速传动比（转向机构主动齿轮的转角与电机转角之比）由 1 : 50 改为 1 : 30。因此，最大调节速度就从约 450° /s 增至 650° /s，与此同时电机最大转速也从 4500r/min 降至 3200r/min。在有稳定转向干预时，声响特性和动态特性都得到了改善。

新的二体式壳体比第一代执行机构的壳体轻约 400g。防灰尘和防水密封性也得到了改善。减速机构腔和电机腔是完全分开的。

电机空心轴的机械锁是新设计的。现在用比例磁铁取代了"数字化"电磁铁，这对用户来说好处是没有了上锁噪声，电流消耗也降低了。

（2）动态转向执行机构，如图 4-2-26 所示。

（3）电机的改进。

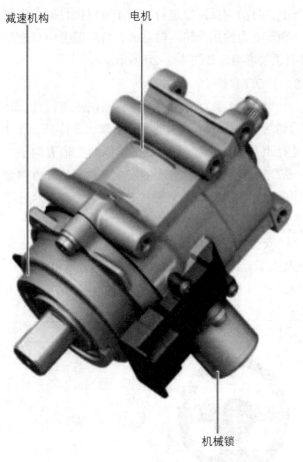

减速机构　　　电机

机械锁

图 4-2-26

最大力矩由 1.1N·m 提升至 1.4N·m。转子位置传感器配备了双倍数量的磁极组，因此传感器分辨率就从 15° 提升至 7.5° 了。

（4）主动转向控制单元 J792 的改进，如图 4-2-27 所示。

图 4-2-27

该控制单元通过 FlexRay 数据总线来进行通信。现在不再使用三个单独的供电插头来连接了，而是使用一个单件式插排来连接。使用一个双核处理器。

（5）售后保养内容。

在售后维修保养方面，第二代动态转向系统与第一代是一样的。如果必须要更换执行机构的话，那么就必须更换整个执行机构 / 转向柱这个总成了；如果需要更换转向柱，那么完好的执行机构仍可再次使用。

六、自适应定速巡航（ACC）

这款奥迪 A4 上使用的是第四代 ACC。此前奥迪 Q7（车型 4M）使用过这项最新技术，A4 则是奥迪车中第 2 个使用该技术的车。A4 上这款 ACC 系统在结构、功能以及操纵和售后服务内容方面，与 Q7 车型（4M）上是一样的。

奥迪 A4 车上也有基于 ACC 的辅助系统，该系统是在奥迪 Q7（车型 4M）上首次采用的。奥迪 A4 上使用辅助系统，主要是为了提高效率和减少 CO_2 排放，尤其是对于带有 ACC 的预见式高效辅助系统和高效（efficiency）模式时。

由驾驶员设定的与前车的时间间隔可以通过该系统在一定范围内修改（可变时间间隔）。在某些情形下，把变速器切换到惯性滑行状态更为高效（即使正在跟车行驶）。

在以前，只有当探测到前面没有车辆且导航数据分析表明道路、车速限制和环境状况适合时，才可以激活惯性滑行状态。

一览，如图 4-2-28 所示。

右侧车距调节传感器 G259 和车
距调节控制单元 J428（主）

左侧车距调节传感器 G258 和车
距调节控制单元 2J850（从）

图 4-2-28

第三节　奥迪 A6（4A）底盘系统

一、一览

如图 4-3-1 所示。

与前代车型相比，奥迪 A6（车型 4A）的底盘是全新设计的。A8、A7（车型 4K）和 Q7（车型 4M）上已经使用过的技术和调节系统可让人感觉更为舒适，运动性更好。可提供钢质弹簧和可调或者不可调减震器的悬架，也能提供带有电子减震器的空气弹簧悬架（aas）。

前桥和后桥采用的是动作精准的轻结构五连杆结构。渐进式转向系统属于标配，它可以节省转向力。奥迪 A8（车型 4N）上引入的动态全轮转向系统，在奥迪 A6（车型 4A）上也是可以选装的。

大尺寸的制动装置在各种方式驾车行驶时，都能提供足够的制动能力。第九代 ESC 工作性能极佳，能为车辆提供所有相关调节功能。

内容丰富的方向盘种类以及车轮／轮胎种类，可满足进一步的个性化需求。由于这款新奥迪 A6（车型 4A）的底盘开发也是以 MLBevo 平台为基础的，因此奥迪 A7（车型 4K）上大多数系统部件都是可以直接拿来用的。

1. 奥迪 A6（车型 4A）有下述几种底盘可供选择

图 4-3-1

（1）带有钢质弹簧悬架和不可调减震器的底盘（1BA）。

这种底盘是标配。

（2）带有钢质弹簧悬架和不可调减震器的运动底盘（1BE）。

这种底盘是选装的，悬架、减震器和稳定杆更强调运动性，行车高度比 1BA 低约 20mm。

（3）带有钢质弹簧悬架和可调减震器的底盘（1BL）。

这种底盘是选装的，行车高度比 1BA 低约

10mm。

（4）坏路底盘（1BR）。

这种底盘行车高度更高些（比1BA高约13mm），悬架、减震器和稳定杆也做了专门匹配，更适于在不舒适的路段使用。

（5）带有空气悬架和可调减震器的底盘（自适应空气悬架1BK）。

这种底盘是选装的，行车高度在模式"Auto"（正常高度）时比1BA底盘低约20mm，相当于运动底盘。

二、车桥和车轮定位

1.前桥

如图4-3-2所示。

图 4-3-2

前代车型使用的梯形连杆后桥被新开发的五连杆式后桥所取代了，其基础是MLBevo平台。quattro四驱的后桥直接取自奥迪A7（车型4K），但弹簧、减震器重新做了相应调整。

前驱的后桥，其副车架、轮毂支架以及车轮轴承在轮毂支架上的连接结构都是新开发的。控制臂、稳定杆接头直接取自quattro四驱的后桥。弹簧、减

图 4-3-4

前桥采用业经考验过的五连杆结构，设计特色在于轻结构，其基础是MLBevo平台。由于轴荷相当，就直接把奥迪A7（车型4K）的前桥拿来用了。但是针对奥迪A6（车型4A）的特殊需要，对弹簧、减震器和稳定杆做了相应调整。

2.后桥

如图4-3-3所示。

图 4-3-3

震器重新做了相应调整，如图4-3-4所示。

3.后桥

在前驱的后桥上，车轮轴承在轮毂支架上的连接方式从螺栓改为螺母了，副车架的短轴上现在配有外螺纹，如图4-3-5所示。轮毂支架的几何形状与奥迪Q5（车型FY）上的是相同的。

这种新的连接方式以后也会用到奥迪Q5（车型FY）上，这样的话这两个车型上的轮毂支架就统一了。

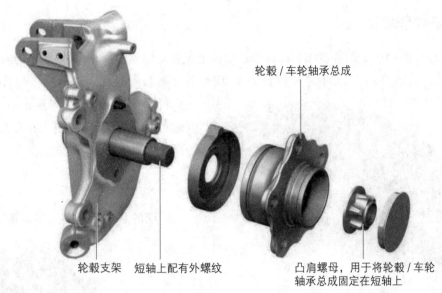

轮毂 / 车轮轴承总成

轮毂支架　短轴上配有外螺纹　　凸肩螺母，用于将轮毂 / 车轮
　　　　　　　　　　　　　　　　轴承总成固定在短轴上

图 4-3-5

三、自适应空气悬架（aas）

1.结构和功能

如图 4-3-6 所示。

在这款奥迪 A6（车型 4A）上，自适应空气悬架是选装的。其系统结构与奥迪 A7（车型 4K）上是相同的，系统部件是直接拿过来用的，也使用了底盘控制单元 J775（EFP2.0）。除了空气悬架和减震器调节软件外，控制单元 J775 还包含有传感器，用于侦测垂直加速度（车辆高度方向加速度）以及俯仰力矩和侧倾力矩（绕车辆纵轴和横轴的力矩）。这样的话就省去了以前系统所需的用于侦测车身加速度的传感器。

调节软件通过 FlexRay 总线从安全气囊控制单元 J234 来获取偏摆率（绕汽车竖轴线的力矩）测量值以及横向加速度。调节策略与奥迪 A7（车型 4K）是相同的，售后服务内容也是相同的。

右前空气弹簧支柱，带有减震调节阀 N337　　底盘控制单元 J775，包含空气弹簧和减震调节软件以及用于侦测车辆动态的传感器　　蓄压器　右后空气弹簧支柱，带有减震调节阀 N339　　空气弹簧

空气供给单元，带有压缩机 V66 和电磁阀体

右前车辆水平传感器 G289

左后空气弹簧支柱，带有减震调节阀 N338

左前空气弹簧支柱，带有减震调节阀 N336　　左前车辆水平传感器 G78　　右后车辆水平传感器 G77　　蓄压器　左后车辆水平传感器 G76

图 4-3-6

四、电子减震调节

奥迪 A6（车型 4A）上的底盘 1BL，其前、后桥上配备有钢质弹簧和可调式减震器。调节软件在底盘控制单元 J775（EFP2.0）内。带有钢质弹簧的 MLBevo 车上装备有 CDCivo 减震器，如图 4-3-7 所示。

名称中补充的这个"i=internal"字样，是指把电磁阀集成到减震器内了。补充的"evo=evolution"，是指最新一代技术改进的减震器。

图 4-3-7

车型上使用的是不同的。

电动机械式转向系统（EPS）、转向柱、动态转向系统以及方向盘，是直接取自奥迪 A7（车型 4K）的，如图 4-3-8 所示。

五、转向系统

使用的是全新开发的转向系统，该系统与前代

图 4-3-8

1.动态全轮转向

如图 4-3-9 所示。

在奥迪 A8 上首次使用的动态全轮转向系统，现在在 quattro 四驱的奥迪 A6（车型 4A）上也可选装了。

就结构和功能、操纵以及售后服务内容方面来讲，奥迪 A6（车型 4A）上的动态全轮转向系统与奥迪 A8 上的动态全轮转向系统是一样的。

六、制动系统

这款奥迪 A6（车型 4A）上配备了大尺寸制动装置。与当前的 MLBevo 平台车一样，奥迪 A6（车型 4A）上的前桥和后桥车轮制动器也是采用单独制动管路的。

车轮制动器、制动助力器、电动机械式驻车制

动态转向执行器

主动转向控制单元 J792

后轮转向模块，带有后轮转向控制单元 J1019

电动机械式转向器，带有转向助力控制单元 J500

底盘控制单元 J775

图 4-3-9

动器和 ESC 都是直接取自奥迪 A7（车型 4K）。

1. 前桥制动系统

如表 4-3-1 所示。

表 4-3-1

发动机	2.0L TDI（150kW）	2.0L TFSI（180kW）	3.0L TDI（170，210kW）	3.0L TFSI（250kW）
最小车轮尺寸（英寸）	16	17	17	18
制动器型号	Continental 固定钳制动器（42-30）	Continental 固定钳制动器（42-30）	AKE 固定钳制动器（30-36-38）	AKE 固定钳制动器（30-36-38）
活塞数量	4	4	6	6
制动盘直径（mm）	318	338	350	375
制动盘厚度（mm）	30	30	34	36

（1）前轮 Continental4 活塞固定钳制动器，如图 4-3-10 所示。

（2）前轮 AKE6 活塞固定钳制动器，如图 4-3-11 所示。

图 4-3-10

图 4-3-11

2. 后桥制动系统

如表 4-3-2 所示。

表 4-3-2

发动机	2.0L TDI（150kW）	2.0L TFSI（180kW） 3.0L TFSI（250kW） 3.0L TDI（170，210kW）
最小车轮尺寸（英寸）	16	17
制动器型号	TRW PC42HE EPBi 浮动钳制动器	TRW PC43HE EPBi 浮动钳制动器
活塞数量	1	1
制动盘直径（mm）	300	330
制动盘厚度（mm）	12	22

后轮 TRWEPBi43 制动器带有电动机械式驻车制动器，如图 4-3-12 所示。

如图 4-3-12

第四节　奥迪 A7（4K）底盘系统

一、一览

如图 4-4-1 所示。

与前代车型相比，奥迪 A7（车型 4K）的底盘是全新设计的。A8（车型 4N）和 Q7（车型 4M）上已经使用过的技术和调节系统可让人感觉更为舒适，运动性更好且更为安全。可提供钢质弹簧和可调或者不可调减震器的悬架，也能提供带有电子减震器的空气弹簧悬架。前桥和后桥采用的是动作精准的轻结构五连杆结构。

渐进式转向系统属于标配，它可以节省转向力。奥迪 A8 上引入的动态全轮转向系统，在奥迪 A7（车型 4K）上也是可以选装的。

大尺寸的制动装置即使在以动感十足的方式驾车行驶时，也能提供足够的制动能力。

第九代 ESC 工作性能极佳，能为车辆提供所有相关调节功能。

图 4-4-1

内容丰富的方向盘种类以及车轮 / 轮胎种类，可满足进一步的个性化需求。

奥迪 A7（车型 4K）有下述几种底盘可供选择：

（1）带有钢质弹簧悬架和不可调减震器的底盘（1BA）。

这种底盘是标配。

（2）带有钢质弹簧悬架和可调减震器的底盘（1BL）。

这种底盘是选装的，行车高度与 1BA 底盘相同。

（3）带有钢质弹簧悬架和不可调减震器的运动底盘（1BE）。

这种底盘是选装的，悬架、减震器和稳定杆更强调运动性，行车高度比 1BA 低约 10mm。

（4）带有空气悬架和可调减震器的底盘（自适应空气悬架 1BK）。

这种底盘是选装的，行车高度在模式"Auto"（正常高度）时比 1BA 底盘低约 10mm。

二、车桥和车轮定位

1.前桥

如图 4-4-2 和图 4-4-3 所示。

前桥采用业经考验过的五连杆结构，设计特色在于轻结构。主要部件都采用铝结构，其基础是 MLBevo 平台，该平台也是当前的 A4、Q5、Q7 和 A8 的开发基础。

2.后桥

如图 4-4-4 和图 4-4-5 所示。

前代车型使用的梯形连杆后桥被新开发的五连杆式后桥所取代。其基础是 MLBevo 平台，该平台也是当前的 A4、Q5、Q7 和 A8 的开发基础。

图 4-4-2

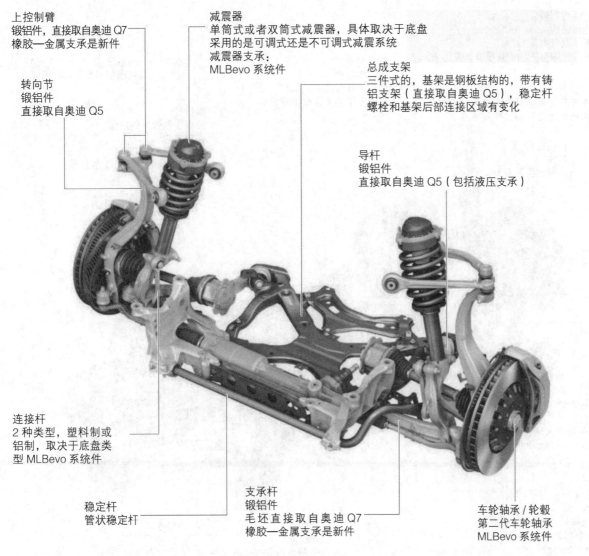

上控制臂
锻铝件，直接取自奥迪 Q7
橡胶—金属支承是新件

减震器
单筒式或者双筒式减震器，具体取决于底盘
采用的是可调式还是不可调式减震系统
减震器支承：
MLBevo 系统件

转向节
锻铝件
直接取自奥迪 Q5

总成支架
三件式的，基架是钢板结构的，带有铸
铝支架（直接取自奥迪 Q5），稳定杆
螺栓和基架后部连接区域有变化

导杆
锻铝件
直接取自奥迪 Q5（包括液压支承）

连接杆
2 种类型，塑料制或
铝制，取决于底盘类
型 MLBevo 系统件

稳定杆
管状稳定杆

支承杆
锻铝件
毛坯直接取自奥迪 Q7
橡胶—金属支承是新件

车轮轴承 / 轮毂
第二代车轮轴承
MLBevo 系统件

图 4-4-3

通过连杆几何形状的配置，使得纵向力支承和侧向力支承很好地隔离开了。弹性支承采用了高阻尼混合材质和集成式中间套，这样在辅助弹簧刚性非常小时就能达到很高的径向刚度。

液压减震的横梁支座是标配，它使得车桥与车身很好地被隔离开了。采用摩擦很小的车轮轴承，这有助于减小滚动阻力。

3. 车轮定位

车轮定位 / 调节，与其他 MLBevo 车型是一样的，调节点也是相同的（不论是钢质弹簧底盘还是自适应空气悬架底盘）。

前束的调节在横拉杆总成支架的螺栓连接点处进行，如图 4-4-6 和图 4-4-7 所示。

说明：在进行车轮定位前，应检查转向适配器（在无动态全轮转向的车上）或者后桥上的转向单元是否已经正确安装在总成支架上了。

如果不是这样，会导致车辆在弹簧悬架收缩和回弹时，左、右车轮前束角变化不同。

图 4-4-4

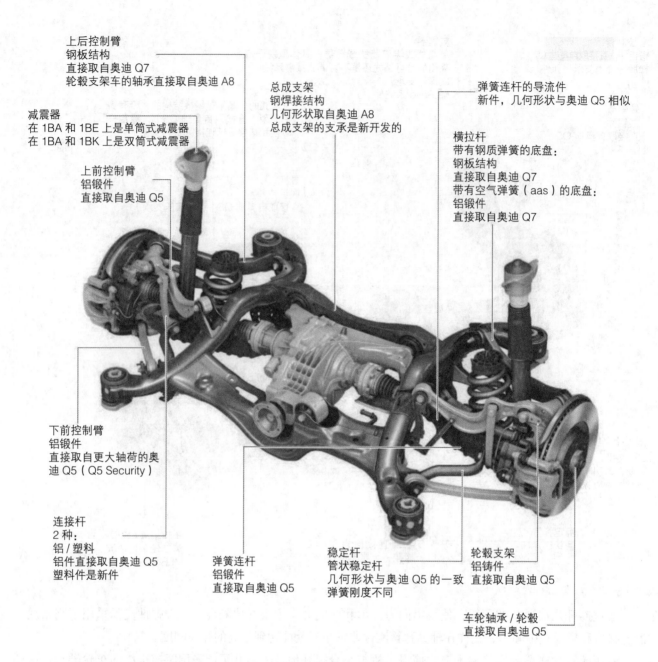

上后控制臂
钢板结构
直接取自奥迪 Q7
轮毂支架车的轴承直接取自奥迪 A8

总成支架
钢焊接结构
几何形状取自奥迪 A8
总成支架的支承是新开发的

弹簧连杆的导流件
新件，几何形状与奥迪 Q5 相似

减震器
在 1BA 和 1BE 上是单筒式减震器
在 1BA 和 1BK 上是双筒式减震器

横拉杆
带有钢质弹簧的底盘：
钢板结构
直接取自奥迪 Q7
带有空气弹簧（aas）的底盘：
铝锻件
直接取自奥迪 Q7

上前控制臂
铝锻件
直接取自奥迪 Q5

下前控制臂
铝锻件
直接取自更大轴荷的奥
迪 Q5（Q5 Security）

连接杆
2 种：
铝 / 塑料
铝件直接取自奥迪 Q5
塑料件是新件

弹簧连杆
铝锻件
直接取自奥迪 Q5

稳定杆
管状稳定杆
几何形状与奥迪 Q5 的一致
弹簧刚度不同

轮毂支架
铝铸件
直接取自奥迪 Q5

车轮轴承 / 轮毂
直接取自奥迪 Q5

图 4-4-5

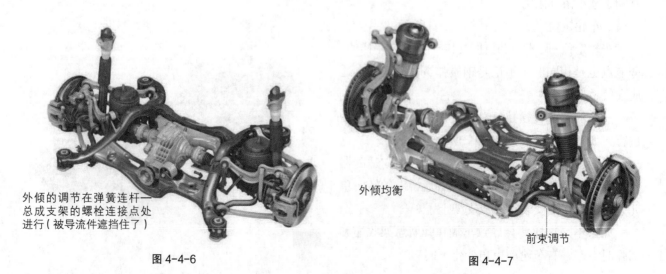

外倾的调节在弹簧连杆—
总成支架的螺栓连接点处
进行（被导流件遮挡住了）

外倾均衡

前束调节

图 4-4-6

图 4-4-7

804

三、自适应空气悬架（aas）

1.结构和功能

如图 4-4-8 所示。

右前空气弹簧支柱，
带有减震调节阀
N337

底盘控制单元 J775，
包含空气弹簧和减震
调节软件以及用于侦
测车辆动态的传感器

蓄压器

空气弹簧

右后空气弹簧支柱，
带有减震调节阀

空气供给单元，带有压
缩机 V66 和电磁阀体

右前车辆水平传感器
G289

左前空气弹簧支柱，
带有减震调节阀
N336

左前车辆水平传感器
G78

右后车辆水平传感器
G77

蓄压器

左后车辆水平传感器
G76

左后空气弹簧支柱，
带有减震调节阀
N338

图 4-4-8

在这款奥迪 A7（车型 4K）上，自适应空气悬架是选装的。其系统结构与奥迪 Q5 上的 aas 基本一致，也使用了底盘控制单元 J775（EFP2.0）。

除了空气悬架和减震器调节软件外，控制单元 J775 还包含传感器，用于侦测垂直加速度（车辆高度方向加速度）以及俯仰力矩和侧倾力矩（绕车辆纵轴和横轴的力矩）。这样的话就省去了以前系统所需的用于侦测车身加速度的传感器。

调节软件通过 FlexRay 总线从安全气囊控制单元 J234 来获取偏摆率（绕汽车竖轴线的力矩）测量值以及横向加速度。空气供给单元压缩机与奥迪 Q5 上的一样（两级无 Boost 功能），电磁阀体也是相同的。车辆水平传感器也是直接取自奥迪 Q5。空气吸气是从左侧车轮拱板处获取的。使用了两个铝制蓄压器，总容积约为 4.4L，这两个蓄压器安装在侧围边梁的后部区域，最大系统压力约为 1800kPa。

奥迪 A7（车型 4K）是第一款将蓄压器布置在侧面边梁内的奥迪车。蓄压器是固定在托板上的，安装时需要从后车轮拱形板处推入边梁（门槛）内。托板在车轮拱形板内是用螺栓固定在边梁端面上的，如图 4-4-9 所示。

这种结构设计可有效利用边梁内部空间（这部分空间本来是无法利用的），也就节省了其他地方的空间了。

另一项改进是后桥的空气弹簧。气囊活塞的内部由活性炭构成，这个内部通过几何形状而形成特定的弹簧特性曲线。这个活性炭块收缩的话就会有吸附能力了，就是说，其表面可以吸附空气分子。这样的话，就可使得空气弹簧的几何容积增大约 1/3，相应的悬架舒适性也提高了，如图 4-4-10 所示。

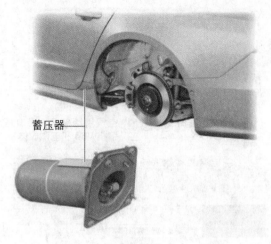

图 4-4-9

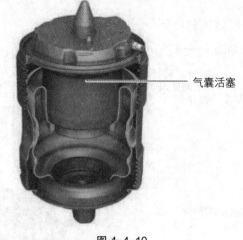

气囊活塞

图 4-4-10

前桥弹簧支柱座的结构形式也是新的。在以前，该支柱座是钢制的，而现在使用的是塑料/铝混合材质。主要承受负荷的内壳，是铝制的，外部包着塑料。这种轻结构可以使每辆车的重量减轻约 1.4kg。弹簧支柱空气接口处的剩余压力保持阀可将压力保持在不低于 200~300kPa 的水平，如图 4-4-11 所示。

2. 调节策略

如图 4-4-12 所示。

与以前一样，驾驶员在奥迪 A7（车型 4K）上也可借助奥迪 driveselect 来按自己需求设置弹簧和减震特性。相应的，底盘控制单元内存储有三种不同的特性曲线可供使用。在选择了 efficiency 时，就激活了一种均衡特性（就像是设定了 auto 模式那样）。

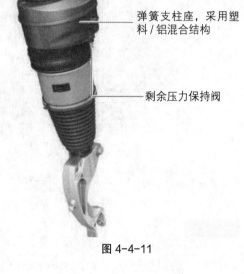

弹簧支柱座，采用塑料/铝混合结构

剩余压力保持阀

图 4-4-11

售后服务内容：售后服务内容与其他奥迪车型（Q5、Q7 和 A8）现有系统是一样的。在激活了运输模式时，阻尼力就会非常大了，以便降低运输车所引起的车辆运动。

在激活了装载模式时，还会设定并调节较高高度，以便获得尽可能大的离地间隙。如果在完成了运输/装载后未使用车辆诊断仪进行操作，那么在车辆行驶

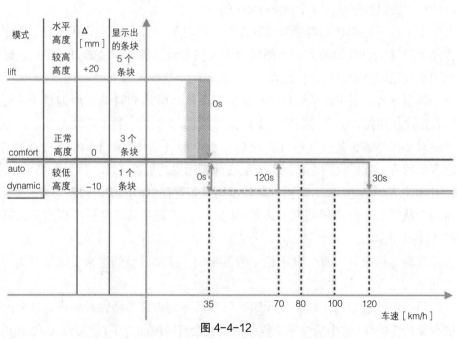

图 4-4-12

了约100km后或者车速超过100km/h时，这些模式会自动再次关闭。

四、电子减震调节

奥迪 A7（车型 4K）上的底盘 1BL，其前、后桥上配备有钢质弹簧和可调式减震器。调节软件在底盘控制单元 J775（EFP2.0）内。带有钢质弹簧的 MLBevo 车上装备有 CDCivo 减震器。名称中补充的这个"i=internal"字样，是指把电磁阀集成到减震器内了。

补充的"evo=evolution"是指最新一代技术改进的减震器。

一览，如图 4-4-13 所示。

图 4-4-13

五、转向系统

这款奥迪 A7（车型 4K）使用的是在奥迪 Q5（车型 FY）上已成功使用过的电动机械式转向系统，渐进式转向系统是标配的。动态全轮转向系统是选装的，如图 4-4-14 所示。

奥迪 A7（车型 4K）标配使用的是机械可调式转向柱（纵向可调约 60mm，垂直方向可调约50mm）。这种转向柱的结构和功能与 A4（车型8W）和 Q5（车型 FY）上的是相似的。可以选装电动可调式转向柱，这种转向柱直接取自奥迪 A8（车型 4N）。配备有动态全轮转向的车，其转向柱要短些，以便容纳动态转向执行器。右置方向盘车和左置方向盘车的转向中间轴的几何形状是不同的，如图 4-4-15 所示。

图 4-4-14

奥迪 A7（车型 4K）上有双辐真皮方向盘、运动式真皮方向盘和运动轮廓真皮方向盘。

标配的是双辐真皮方向盘，带有 12 个多功能按键。所有方向盘和选挡杆球形把手上的真皮颜色与所选的仪表板表面颜色是一致的。

可以选装带有翻板开关和 / 或方向盘加热的方向盘。

运动轮廓方向盘是最具运动特性的类型，其方向盘圈下端扁平且轮廓感更强烈。

（1）标配，如图 4-4-16 所示。

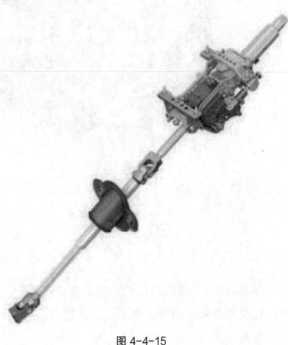

图 4-4-15

（2）运动真皮方向盘，带有翘板开关，如图 4-4-17 所示。

（3）运动轮廓真皮方向盘，如图 4-4-18 所示。

动态全轮转向，如图 4-4-19 所示。

图 4-4-16　　　　　　　　　　图 4-4-17　　　　　　　　　　图 4-4-18

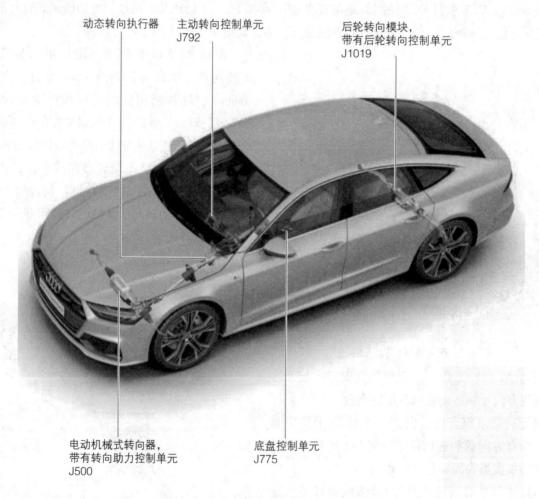

图 4-4-19

在奥迪 A8 上首次使用的动态全轮转向系统，现在在奥迪 A7（车型 4K）上也可选装了。就结构和功能、操纵以及售后服务内容方面来讲，奥迪 A7（车型 4K）上的动态全轮转向系统与奥迪 A8 上的动态全轮转向系统是一样的。

六、制动系统

如表 4-4-1 所示。

表 4-4-1

	前轿		后轿
发动机	3.0L TDI（210kW）	3.0L TFSI（250kW）	3.0L TDI（210kW） 3.0L TFSI（250kW）
最小车轮规格（英寸）	17	18	17
制动器型号	AKE 固定钳制动器 （30-36-38）	AKE 固定钳制动器 （30-36-38）	TRW EPBi 43
活塞数量	6	6	1
制动盘直径（mm）	350	375	330
制动盘厚度（mm）	34	36	22

前轮的 AKE 固定钳制动器　　后轮的 TRW EPBi 43 制动器
带有电动机械式驻车制动器

　　这款奥迪 A7（车型 4K）上配备了大尺寸制动装置，可提供较大的后制动功率储备。与当前的 MLBevo 平台车 A8、Q7、Q5 和 A4 一样，奥迪 A7（车型 4K）上的前桥和后桥车轮制动器也是采用单独制动管路的。

　　使用的是串联式制动助力器，尺寸为 8/9 英寸。左置方向盘车和右置方向盘车用的都是它。

　　在配备有 48V 供电网的车上，安装了一个行程传感器（取代了制动灯开关），该传感器的 PWM 信号用于能量回收，如图 4-4-20 所示。

图 4-4-20

与奥迪 Q7 和 A8 一样，这款奥迪 A7 上使用的也是第九代 ESC。根据车辆的装备情况，是用 2 或 6 活塞的液压泵来产生制动压力。在配备基本装备的车上，使用的是 2 活塞式泵，并配有一个用于侦测制动预压力的压力传感器。配备有 ACC 的车上，

使用的是 6 活塞式泵，这时还另有 2 个压力传感器，用于侦测两个制动管路内的压力。工作原理、数据通信、操纵、驾驶员信息以及售后服务内容，与奥迪 A8（车型 4N）上

图 4-4-21

的是相同的。奥迪 A8 上新采用的功能"车轮松开识别 / 警报"也用于奥迪 A7 上了，如图 4-4-21 所示。

七、车轮和轮胎

在基本装备的奥迪 A7（车型 4K），配备的是 18 英寸铸铝车轮，可选装 18~21 英寸铸铝或者锻铝车轮。轮胎可使用 225/55R18~255/35R21。不提供泄气保用轮胎。18 英寸和 19 英寸冬季车轮可使用防滑链。

轮胎应急套件 Tire Mobility System（TMS）是标配的。可选装应急备用车轮。订购了出厂时就有的冬季车轮和装备有应急备用车轮时，会配备千斤顶。

轮胎压力监控：除了作为标配的轮胎压力显示系统，奥迪 A7（车型 4K）还可以选装第三代轮胎压力监控系统。

该系统的结构和功能与奥迪 Q7（车型 4M）和奥迪 A8（车型 4N）上的是相同的，如图 4-4-22 和图 4-4-23 所示。

间接测量式的轮胎压力监控系统：通过分析车轮转速传感器的测量值，来确定并判断轮胎周长和震动。软件集成在 ABS 控制单元 J104 内。

直接测量式的轮胎压力监控系统：通过分析轮胎压力传感器的测量值，来直接识别失压情况。

轮胎压力监控控制单元 J502 内还包含有天线，用于接收轮胎压力传感器的无线信号。

图 4-4-22

图 4-4-23

第五节　奥迪 A8（4N）底盘系统

一、概述

如图 4-5-1 所示。

奥迪 A8（车型 4N）的底盘是全新设计的，采用的新技术和调节系统使得该底盘更加舒适、运动性更好且更安全。提供的所有底盘均装备有空气悬架和电子减震器。前桥和后桥都采用动作精准的五连杆式结构，很多件是铝制的。步进转向（渐进式转向）在基本装备的车上就能减小转向的费力程度。德国奥迪公司首次选装的动态全轮转向系统将动态转向系统与后轮转向系统结合在一起了。该系统还大大改善了车辆主观和客观方面的行驶动力学性能。

图 4-5-1

制动系统有很高的制动功率储备。可选装陶瓷制动装置。配备第九代 ESC，因此系统功能强大，可实现所有相关调节。有多种方向盘、车轮和轮胎可供选配，这就更强化了个性化的特点。奥迪 A8（车型 4N）上的 ACC 首次作为新型驾驶员辅助系统"自适应式驾驶辅助系统"的组成部分。

奥迪 A8（车型 4N）上都配备带有 quattro 四驱的底盘。

具体有下述几种底盘类型：

（1）带有空气悬架和可调减震的底盘（自适应空气悬架，1BK），这种底盘是标配。

（2）带有空气悬架和可调减震的运动型底盘（运动型自适应空气悬架，2MA），这种底盘是选装的，其悬架和减震更强调运动型体验。

二、车桥

（一）前桥

前桥采用业经考验过的五连杆结构，设计特色在于轻结构。所有重要部件均为铝制，如图 4-5-2 所示。

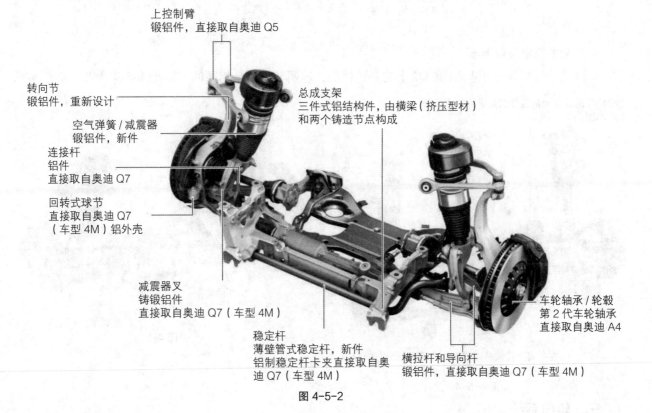

图 4-5-2

（二）后桥

如图 4-5-3 所示。

前代车型采用的是梯形连杆式后桥，现在新车被新开发的五连杆式后桥所取代了。通过连杆几何形状的配置，使得纵向力支承和侧向力支承很好地隔离开了。弹性支承采用了高阻尼混合材质和集成式中间套，这样在辅助弹簧刚性非常小时就能达到很高的径向刚度。

液压减震的横梁支座是标配，它使得车桥与车身很好地被隔离开了。采用摩擦很小的车轮轴承，这有助于减小滚动阻力。

可选装后轮转向系统（这是作为动态全轮转向系统的一部分），在这种装备上，传统的转向横拉杆被一个执行单元所取代了。

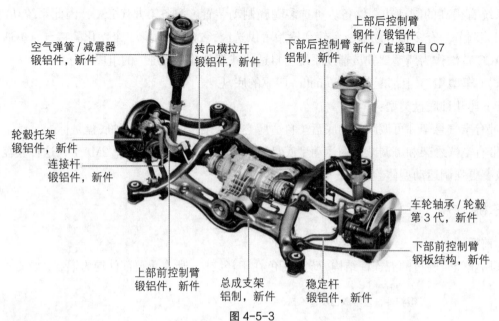

空气弹簧 / 减震器
锻铝件，新件

转向横拉杆
锻铝件，新件

上部后控制臂
钢件 / 锻铝件
新件 / 直接取自 Q7

下部后控制臂
铝制，新件

轮毂托架
锻铝件，新件

连接杆
锻铝件，新件

车轮轴承 / 轮毂
第 3 代，新件

下部前控制臂
钢板结构，新件

上部前控制臂
锻铝件，新件

总成支架
铝制，新件

稳定杆
锻铝件，新件

图 4-5-3

（三）车轮定位和调节

车轮定位和调节与奥迪 A4 和 Q7 上的是一样的，连调节点都是相同的，如图 4-5-4 和图 4-5-5 所示。

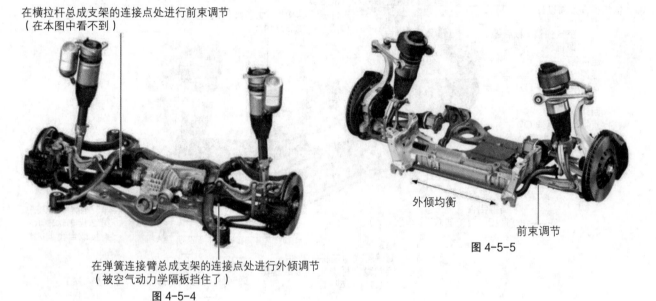

在横拉杆总成支架的连接点处进行前束调节
（在本图中看不到）

在弹簧连接臂总成支架的连接点处进行外倾调节
（被空气动力学隔板挡住了）

图 4-5-4

外倾均衡

前束调节

图 4-5-5

三、转向系统

（一）一览

如图 4-5-6 所示。

这款奥迪 A8 使用的是在奥迪 Q7（车型 4M）上已成功使用过的电动机械式转向系统，电动可调节转向柱也是标配的。奥迪 Q7（车型 4M）上首次使用了全轮转向系统，在该系统基础上进一步开发，就形成了奥迪 A8（车型 4N）上使用的新的动态全轮转向系统（是选装的）。有多种方向盘可供选择，以满足个性化要求。

（二）系统部件

1. 电动机械式转向系统 EPS

如图 4-5-7 所示。

奥迪 A8（车型 4N）上使用的电动机械式转向系统，其结构、工作原理以及售后服务方面都与奥迪 Q7（车型 4M）上的是相同的。转向助力控制单元 J500 通过 FlexRay 总线的通道 A 进行通信。这种渐进式转向系统是标配。

图 4-5-6

图 4-5-7

2. 转向柱

如图 4-5-8 所示。

所有的奥迪 A8（车型 4N）上都配备有电动可调节转向柱。水平调节范围约为 60mm，垂直调节范围约为 50mm。两个调节电机的控制单元是直接安装在转向柱上的。在发生撞车事故时，转向轴相对于套管会发生移动，具体说是通过管套管结构（与前代车型上的转向柱一样）来实现的。最大移动距离约为 80mm。右置方向盘车和左置方向盘车使用的转向柱是相同的。在配备有动态全轮转向系统的车上，转向柱要短些，因为这时需要在转向柱下部末端连接上动态转向的执行机构。由于奥迪 A8（车型 4N）上不再提供手动变速器了，因此电子转向柱锁就只在对防盗有较高要求的市场（瑞典和英国）才会有了。这样的话，总共就有 4 种转向柱。

图 4-5-8

3. 方向盘

如图 4-5-9 所示。

使用的方向盘是 4 辐式，方向盘圈直径为 375mm。如果是标配的话，安全气囊护盖是塑料制的。所有方向盘都配备有多功能开关。所有选装方向盘都配备有 Tiptronic 操纵杆（铝质）。还可选装各种方向盘颜色以及方向盘加热装置。

图 4-5-9

四、动态全轮转向

（一）一览

如图 4-5-10 所示。

动态全轮转向是一个新系统，它首次是用在了奥迪 A8（车型 4N）上，是选装系统。该系统是在首次应用于奥迪 Q7（车型 4M）上的全轮转向系统基础上进一步开发而来的。其新颖之处是把后轮转向系统与动态转向系统结合在一起了，这样的话，驾驶员可独立将后轮和前轮转一定的角度。这就大大改善了车辆主观和客观方面的行驶动力学性能，比如：

①转弯半径更小；

②转向更省力；

③明显改善了灵活性（尤其在低车速和中等车速时）；

④改善了行驶稳定性（尤其在变换车道和规避时）；

⑤改善了响应特性，车辆反应时间降低了。

图 4-5-10

这个动态转向系统的硬件和结构，与奥迪 A4（车型 8W）上使用的第二代动态转向系统是相同的。主动转向控制单元 J792 通过 FlexRay 总线的通道 A 来进行通信。后轮转向系统的硬件和结构与奥迪 Q7（车型 4M）上的后轮转向系统相同。与奥迪 Q7（车型 4M）上的后轮转向系统相比，执行装置的安装位置扭转了，尺寸也小了一些。后轮转向控制单元 J1019 也是通过 FlexRay 总线的通道 A 来进行通信。

1.动态转向的执行装置

如图 4-5-11 所示。

图 4-5-11

在装备有普通转向系统的车上，转向传动比与行驶稳定性之间需要有个妥协。一般而言，较小的转向传动比再加上较小的驾驶员施加的转向力，可以让驾驶员获得一个非常直接的"转向感"。驾驶员在改变行驶方向时能明显清楚地转向运动，车辆表现为具有运动性和灵活性。就行驶稳定性方面来讲，无动态全轮转向系统的车辆反应非常直接，在某些行驶情形时表现得"很灵敏"。比如：在车辆高速直行时，方向盘上的很小转动，就可能引起车辆明显失稳。

2.后桥转向单元

如图 4-5-12 所示。

轴距对行驶稳定性的影响也非常大。轴距较大

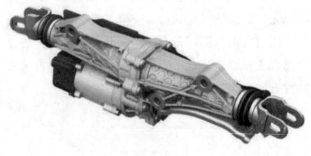

图 4-5-12

814

的车辆，行驶稳定性更好；轴距较小的车辆，则反应灵敏乃至不稳定。

转向传动比/直接性和轴距是转向系统设计中要考虑的两个标准，它们是相互作用的。如果把直接转向传动比与短轴距结合在一起的话，那么车辆将会是非常灵敏乃至不稳的。在驶入和驶出停车位时以及以低速行驶在多弯道的路段时，车辆灵活是个优点；但在车辆高速行驶时，车辆会马上变得不稳定了，一般的驾驶员会很难或者根本无法控制车辆了。

通过动态全轮转向系统在需要时就可以平衡直接转向传动比与行驶稳定性之间的冲突了。

在此例中，转弯半径保持不变，就是说车辆的直接性保持不变。通过虚拟增大轴距，明显提高了行驶稳定性，如图4-5-13所示。

如图4-5-14所展示的就是这种关系的示例。通过动态转向在前轮上实现了一个更大的转向角（比驾驶员输入的要大），与此同时，后轮也朝同一方向转动。

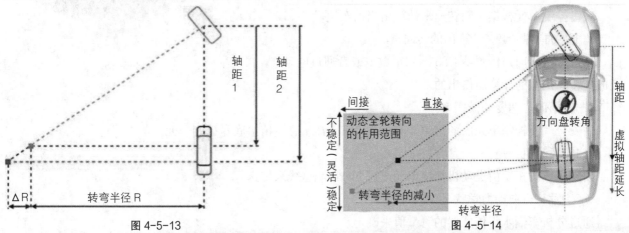

图 4-5-13　　　　　　　　　　　　　　　　　图 4-5-14

所谓动态全轮转向系统，就是在基本转向系统（电动机械式转向系统 EPS）中增加了动态转向系统和后轮转向系统。前轮和后轮所需要的转向角都由底盘控制单元 J775 来进行中央控制。把规定转向角转换成前轮和后轮执行装置所要求的电流值，这个工作是由转向助力控制单元 J500、后轮转向控制单元 J1019以及动态转向（主动转向）控制单元 J792 分别完成的，如图4-5-15所示。

图 4-5-15

这些控制单元都是通过 FlexRay 通道 A 来传递数据的。在奥迪 A8（车型 4N）上，动态转向系统和后轮转向系统不是单独提供的，只能作为动态全轮转向包的一部分来提供。

（二）基本功能

底盘控制单元内包含有调节软件。规定转向角值的确定，主要是基于下面这些内容：相应的行驶状态（车辆动力学状况）、驾驶员的操作以及奥迪 driveselect 中所选的驾驶程序。另外，还会考虑到相应的驾驶员辅助系统是否正在工作中。

1. 底盘控制单元 J775

如图 4-5-16 所示。

2. 通过分析下面这些重要参数来获知车辆动力学状况

（1）车速。

底盘控制单元根据车轮转速来计算出当前车速。

（2）方向盘转角 / 计算出的转向角。

通过分析转向角传感器 G85 的测量数据或者通过电动机械式转向机构的计算而得出的。

图 4-5-16

（3）横向加速度和横摆率。

由安全气囊控制单元内的传感器测得并经 FlexRay 总线传给底盘控制单元。

（4）发动机扭矩。

内燃机实时扭矩由发动机控制单元通过 FlexRay 总线来传送。

（5）垂直方向动力学状况。

通过分析车辆水平传感器的测量值来确定。

驾驶员所施加的转向运动和驾驶员对加速踏板的操纵也是调节的重要输入量。

在调节开始时，底盘控制单元 BJ775 先判断方向盘是否处在倾斜状态，也就是在车辆直行时，转向角传感器的偏离量有多大。这个偏离值会在随后的所有转向角测量值中予以考虑，但并不用于校正方向盘位置。

通过选择行驶程序（运动、均衡、舒适），可以改变动态全轮转向的调节特性。

在带挂车运行时（由挂车识别控制单元 J345 来识别），不允许使用动态模式。

调节的一个主要任务，就是在前轮和后轮上同步转向角，这就保证了前轮和后轮对转向做出同步响应。后轮最大转向角可达 5°。

如图 4-5-17 所示列出了重要的输入和输出信息以及底盘控制单元实施调节时所涉及的控制单元。

底盘控制单元内包含有各系统的调节软件，这些系统之间内部也相互交换信息。因此，动态全轮转向的调节软件也接收来自自适应空气悬架的车辆高度信息。

接通点火开关（端子 15 接通）时，就会进行例行的可靠性检测。在发动机启动后且车处于静止状态时，如果驾驶员转动方向盘，那么后轮会反向转动最大可达 0.5°，如果车辆开始行进了，那么就会计算后轮转向角（会考虑到虚拟路缘的）。后轮的转角只能转到不撞击到路缘上这个程度。在车辆行驶过程中，计算后轮转角以及设置前轮转向传动比还要考虑到车速。具体计算由底盘控制单元基于一个复杂的计算模型来完成，要考虑到路面摩擦系数、轮胎特性和动态转向以及后轮转向的调节能力。

比如：若需要的话，后轮的转向角会减小，以避免后轮转向造成的超过了后轮的最大摩擦系数的情况发生。动态转向系统和后轮转向系统持续不断地将其负荷信息传给底盘控制单元，因此调节软件就能够只将能执行的转向角调节要求发送给前轮和后轮。规定的转向角既可由底盘控制单元来监控，也可由动态转向和后轮转向控制单元来监控。在车辆静止且点火开关关闭（端子 15 关闭）时，后轮会转至中间位置且保持在这个位置上，如图 4-5-18 所示。

（三）特殊行驶状态时的功能

在特殊行驶状态时，还会激活专为此而开发的功能，比如在转向不足和过度转向的情况就是这样的。如果驾驶员在过度转向时实施反向转向动作，那么根据车速范围会把后轮转至中间位置并保持在这个位置上，直至过度转向结束。同样，在转向不足时，后轮转向角也会发生相应变化，以便将车辆保持在车道上。

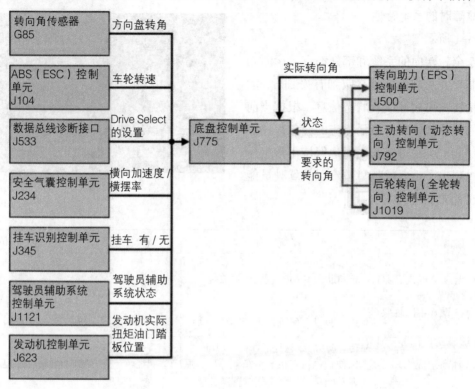

图 4-5-17

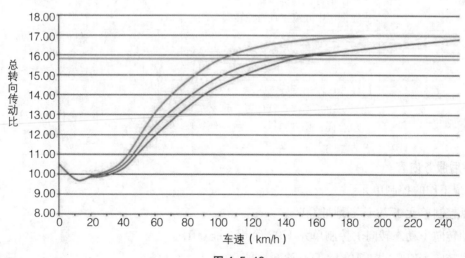

图 4-5-18

在左、右车轮处于摩擦系数不同的路面时，比如右侧车轮在干路面上，左侧车轮在湿路面上，若实施制动，那么就会有稳定的转向介入。这会明显降低车辆误转向或者偏向一边。

在达到行驶动力学极限范围时，后轮转向角就受限了。

前轮和后轮上确定下来的转向角由动态转向和后轮转向经 FlexRay 数据总线传给 ESC。ESC 在随后的调节中会考虑到这些信息的。

（四）操纵和显示

驾驶员可以使用奥迪 driveselect 来调节转向系统的特性。具体来说，有三种不同的转向特性曲线可供使用（舒适、均衡、运动）。如果激活了 efficiency（高效）模式的话，激活的就是"舒适"这个转向特性曲线。如果选择了 individual（个性化）这个模式，那么可按需要来选择这三种特性曲线的任一种。与转向系统相关的显示，只有在有故障时才会出现，如图 4-5-19 所示。

（五）故障时的系统特性

如表 4-5-1 所示。

参与动态全轮转向的系统和部件都有自诊断功能。底盘控制单元总在不断地接收到有关 EPS、动态转向和后轮转向可用性或者状态信息。根据当前出现的故障的严重程度，会激活相应的应急程序，系统的全部功能也会尽可能长时间地保持正常工作状态。下表中列出了重要的故障情形以及驾驶员能看到的显示或者文字提示。

图 4-5-19

表 4-5-1

系统功能失常 / 故障	系统反应	激活警报灯	中间显示屏的文字提示
EPS： 1. 未适配转向止点位置或者某些输入信号不可靠	1. 转向助力 ≤ 61% 直至排除故障	黄色	
2. 在一个端子 15 循环中出现某些故障	2. 转向助力 ≤ 61% 直至关闭端子 15	黄色	转向系统：故障！可以继续行驶
3. 可能导致危险情形的故障	3. 转向助力 =20% 还能保持 约 1min，以便让司机有机会将车辆停住，后轮转向系统摆至中间位置并关闭	红色	转向系统：故障！请停住车辆
动态转向：全部	不再有可变传动比了 （应急运行：固定传动比） 后轮摆至中间位置且后轮转向关闭	黄色	转向系统：故障！ 改变驾驶方式 转弯半径增大
后轮转向： 1. 非全部损坏，车轮仍能调节	1. 后轮摆至中间位置且后轮转向关闭	黄色	转向系统：故障！ 改变驾驶方式 转弯半径增大
2. 全部损坏，车轮无法调节	后轮保持在相应位置处： 如果车轮并不在直行位置，那么车辆就会向一侧"斜行"，另一侧转弯半径减小	Rot	转向系统：故障！ 请停住车辆 注意侧面车距

（六）售后服务内容

参与该系统工作的控制单元：

（1）底盘控制单元 J775 诊断地址 0074。

（2）主动转向（动态转向）控制单元 J792 诊断地址 001B。

（3）助力转向（EPS）控制单元 J500 诊断地址 0044。

（4）后轮转向（全轮转向）控制单元 J1019 诊断地址 00CB。

售后服务内容与奥迪 Q7（车型 4M）上的电动机械式转向系统以及后轮转向系统以及奥迪 A4（车型 8W）上的动态转向系统是一样的。

底盘控制单元 J775 的基本设定 / 校准，与奥迪 Q7（车型 4M）上的操作是相同的。需要注意的是，根据车辆的装备情况，有时必须给车辆上的其他系统做基本设定。

注意：上述控制单元的软件版本必须彼此兼容。

五、制动系统

这款奥迪 A8（车型 4N）上配备了大尺寸制动装置，可提供较大的后制动功率储备。与最新的 Q7、Q5 和 A4 上一样，奥迪 A8 上的前桥和后桥车轮制动器也是采用单独管路的（所谓双回路制动系统，就是前、后轮独立制动）。

（一）前轮制动器

如表 4-5-2 所示。

表 4-5-2

发动机	3.0L TDI（183/210kW）	3.0L TFSI（250kW）	选装陶瓷制动器
最小车轮规格（英寸）	17	18	20
制动器型号	AKE 固定钳制动器（30-36-38）	AKE 固定钳制动器（30-36-38）	AKE 固定钳制动器（4×27-6×28，5mm）
活塞数量	6	6	10
制动盘直径（mm）	350	375	420
制动盘厚度（mm）	34	36	40

1. 普通前轮制动器

如图 4-5-20 所示。

2. 前轮陶瓷制动器

如图 4-5-21 所示。

（二）后轮制动器

如表 4-5-3 所示。

图 4-5-20　　　　　　　图 4-5-21

表 4-5-3

发动机	3.0L TDI（183/210kW）	3.0L TFSI（250kW）	选装陶瓷制动器
最小车轮规格（英寸）	17	18	19
制动器型号	TRW EPBi 43	TRW EPBi 44	TRW EPBi 44 CSiC
活塞数量	1	1	1
制动盘直径（mm）	330	350	370
制动盘厚度（mm）	22	28	30

1. 普通后轮制动器

如图 4-5-22 所示。

2. 后轮陶瓷制动器

如图 4-5-23 所示。

（三）制动助力器

这款奥迪 A8（车型 4N）在上市时只提供普通的气动式制动助力器，如图 4-5-24 所示。

无论是左置方向盘车还是右置方向盘

图 4-5-22　　　　　　　图 4-5-23

车，使用的都是 TRW 公司生产的规格为 9/9 英寸的串联式制动助力器。制动踏板行程由制动总泵上的一

图 4-5-24

个霍耳传感器来侦测并由 ABS 控制单元 J104 来处理。如果车上装备的是普通的尾灯，那么制动灯是由舒适系统中央控制单元 J393 根据踏板行程信号来激活的。如果车上装备的是自适应制动灯，就会利用 ESC 液压单元上的压力传感器的测量值来相应地改变制动灯的亮度。ESC 控制单元内存储有制动踏板行程相对制动压力的规定比值。如果识别出故障，舒适系统中央控制单元 J393 根据来自 ESC 控制单元的相应信息激活制动灯。

如果传感器失效或者信号不可靠，那么就用 ESC 液压单元内制动压力传感器的测量值作为替代信号。

（四）电动机械式驻车制动器（EPB）

电动机械式驻车制动器在结构、功能和售后服务方面都与车型 Q5 和 Q7 上的相同。执行装置通过蜗杆传动来作用到制动衬块上。执行装置内的行星齿轮是通过电动机械式来驱动的。用于操控电机的软件包含在 ABS 控制单元 J104 内，如图 4-5-25 所示。

紧急制动功能方面的操纵逻辑在新的 MLBevo 平台车（A4、Q5、Q7、A8）上有所改变。在行车过程中，如果操纵了电动机械式驻车制动器按键 E538，是由 ESC 来对后轮实施制动。在车辆停住时，制动功能就被"交给"EPB 了，且后轮制动器拉紧。只有在液压装置有故障或者 ESC 有故障时，才会通过激活 EPB 来实施制动。在车速高于 15km/h 时，如果松开了按键，这个紧急制动液就立即中止了。在车速低于 15km/h 时，如果短暂操纵该按键，那么 ESC 会实施制动，直至车辆停住。驾驶员始终是车辆的"主人"，可在任何时候通过操纵加速踏板来中止已实施的制动，如图 4-5-26 所示。

图 4-5-25

（五）ESC

1. 结构和功能

这款奥迪 A8（车型 4N）上使用的是 ESP9。根据车辆装备情况，通过 2 个柱塞的液压泵或者 6 个柱塞的液压泵来建立制动压力。如果车上的是基本装备，那么就使用 2 个柱塞的液压泵，同时有一个压力传感器用于侦测制动预压力。如果车上装备有 ACC，那么使用的就是 6 个柱塞的液压泵，还多出 2 个压力传感器，用于测量两个制动管路内的压力。稍后将采用的辅助功能会使用带有两个压力传感器的 ESC 单元。数据通信是通过 FlexRay 总线来完成的。如果车上只配备有 FlexRay 通道 A，那么 ABS 控制单元 J104 就通过这个通道来进行通信；如果车上装备有 ACC、变道辅助系统或者横向辅助系统，使用通道 B。如果同时有通道 A 和 B，那么 ABS 控制单元 J104 通过这两个通道来通信。ABS 控制单元 J104 从安全气囊控制单元 J234 处获知横摆率、纵向加速度和横向加速度的测量值，如图 4-5-27 所示。

图 4-5-26

基本工作原理与奥迪 Q7（MLBevo 平台）上的 ESC 是相同的。在奥迪 A8（车型 4N）上，当 48V 供电网进行能量回收时，ESC 要承担一项重要功能：ABS 控制单元计算出发电机规定力矩，并把这个要求发送给发动机控制单元。

图 4-5-27

在引入新平台前，其他单元是通过 ECD 接口来实现减速要求（减速力矩）的。在引入了 MLBevo 平台后，就有多种接口（软件模块）了。现在，发动机控制单元使用传动系协调程序来协调各种控制单元的驾驶员辅助 / 舒适要求，并把减速力矩发送给 ESC。ESC 现在"仅"是个执行器，通过建立起制动压力来产生所要求的制动力矩。

如果车上装备有动态全轮转向系统，那么在制动时，ESC 会利用左侧路面和右侧路面不同的摩擦系数计算出校正车辆"跑偏"的转向角。这个转向校准任务被"委派"给主动转向控制单元 J792 并阻止后轮转向控制单元 J1019 去激活后轮转向。

2. 操纵和驾驶员信息

驾驶员可以通过操纵 ESC 按键来对调节特性施加影响。操纵时间 < 3s 会激活运动模式，这时 ASR 会被关闭，确认后的 ESC 调节参数就允许驾驶员以运动方式来驾驶车辆了。如果驾驶员按住该按键的时间超过了 3s，ESC 就会被彻底关闭，直至点火开关关闭或者再次操纵了 ESC 按键。显示屏上会把运动模式已激活或者系统关闭的信息显示给驾驶员看。在某些情况下（其他车辆系统有故障），会强制接通已被关闭的 ESC。与奥迪 Q7（车型 4M）上一样，奥迪 A8（车型 4N）在下坡时若是制动器温度过高了也会有警报提示。另外 ESC 在真空压力不足时，还会主动建立制动压力来帮助制动助力系统，如图 4-5-28 所示。

3. 售后服务内容

售后服务内容与奥迪 Q7（车型 4M）上的 ESC 相同。作为备件的话，有两种型号：

（1）带有接 FlexRay 通道 A 的接口，有 3 个压力传感器。

（2）带有接 FlexRay 通道 A 和 B 的接口，有 3 个压力传感器。

可以订购带有控制单元的 ESC 液压单元总成（预充注），也可仅订购控制单元。

图 4-5-28

4. 车轮松动警报

在这款新奥迪 A8（车型 4N）上，车轮松动警报系统首次作为标配提供。松动的车轮会产生震动，震动会传至车上，通过传感器可以识别出这种震动。对车轮转速信号进行专门的分析就可确认车轮是否松动。如果一个或者多个车轮松动，组合仪表显示屏上会出现指示灯和驾驶员提示。如果只有一个车轮松动了，那么会显示该车轮的位置。在每次警报后，该功能会开始所谓的车轮检查，这时组合仪表上会有文字提示和黄色符号来告知驾驶员。

如果车轮松动警报一直无法使用，那么组合仪表上会有文字提示和黄色符号来告知驾驶员。

每次车辆起步时，该功能都会自动初始化。车轮松动警报不需用户或服务站进行任何操作，如图 4-5-29~ 图 4-5-31 所示。

在车轮松动时行车，根据驾驶方式和行车时间

图 4-5-29

长度，可能会对下述部件造成轻伤乃至重伤：

①轮辋；

②车轮螺栓；

③车轮轴承；

④制动盘和制动衬块。

一定要检查这些部件是否有表面损伤。建议必须更换车轮螺栓。

图 4-5-30　　　　　　图 4-5-31

说明：车轮松动警报也只能在系统极限内工作，无法代替驾驶员和服务站所应该做的定期检查，该功能只有在车轮真的松动时才能发出警报，而车轮若是松动了，那随时都可能掉落的。

六、自适应空气悬架（aas）

（一）一览

如图 4-5-32 所示。

在奥迪 A8（车型 4N）上，带有电子减震调节的空气悬架是标配。有两种型号的空气悬架：自适应空气悬架和运动型自适应空气悬架。其区别在于调节特性不同。系统结构与奥迪 Q7 和 Q5 上的 aas 系统基本一致。奥迪 A8（车型 4N）上没有在后桥采用弹簧 / 减震器分开布置的结构，而仍采用了前代车型所使用的空气弹簧支柱，也仍使用底盘控制单元 J775。

该控制单元内除了有空气弹簧和减震器的调节软件外，还包含有用于探测垂直加速度（车辆高度方向上的加速度）和俯仰力矩 / 侧倾力矩（绕车辆纵轴和横轴的力矩）的传感器。这样的话，就省去了以前系统所需的用于探测车身加速度的传感器。调节软件通过 FlexRay 总线从安全气囊控制单元来获取横摆率（绕车辆竖轴线的力矩）测量值以及横向加速度测量值。

图 4-5-32

（二）空气供给单元

如图 4-5-33 所示。

空气供给单元由电机、压缩机和电磁阀体组成，安装在车辆后部的底板上。奥迪 A8（车型 4N）使用了有两个压缩级的双柱塞式压缩机，这种压缩机首次是用在了奥迪 Q7（车型 4M）上的。最高系统压力约为 1800kPa。在奥迪 A8（车型 4N）上不能实现奥迪 Q7（车型 4M）上的 Boost 功能。由于弹簧的行程较小以及车辆总重也较小，奥迪 A8（车型 4N）即使无 Boost 功能也能实现所需要的调节速度。

电机是采用脉冲宽度调制（PWM）信号来操控的，这样可保证电机能以更平稳姿态来启动和停止。该电机与奥迪 Q7（车型 4M）上的是相同的。电磁阀体在结构和功能上与奥迪 Q5 上的是相同的。空气滤清器直接取自奥迪 Q5/Q7，空气是从行李箱抽取的，因此使用了新的进气消音器。

（三）前桥空气弹簧支柱

空气弹簧气囊是用天然橡胶制成的，采用聚酰胺来加强强度。该气囊使用弹性卡箍固定在气囊活塞和减震器支座上，由此而形成的空间就成了气室。在弹簧收缩和弹起时，空气弹簧气囊在气囊活塞上"展开"，气囊活塞的几何形状决定了弹簧特性。通过一个位于空气接口的专用阀（剩余压力保持阀）可将气室内的空气压力保持在不低于约 300kPa，这样就可以防止气室无空气而导致空气弹簧气囊受机械损伤（尤其是褶皱处）。减震调节阀布置在减震器管内，它由空心活塞杆从上面通电激活。减震力（阻尼力）取决于激活电流的电流强度，电流越大，那么阻尼力也就越大，如图 4-5-34 所示。

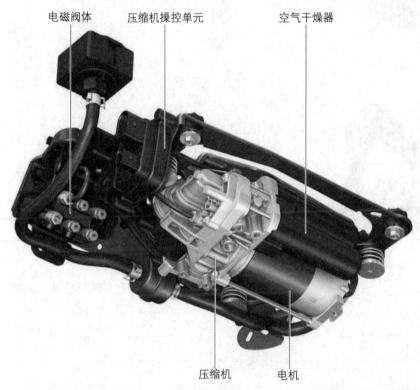

图 4-5-33

电磁阀体　压缩机操控单元　空气干燥器　压缩机　电机

通过增加的"外部"空气容积，如图 4-5-35 所示，明显地增大了整个空气容积，这就明显改善了悬架的乘坐舒适性，且响应特性也更敏感了。

空气弹簧气囊也是用天然橡胶制成的，采用聚酰胺来加强强度。结构与前桥上的减震支柱和减震器是一样的。后桥减震器上也有剩余压力保持阀，用于将空气弹簧内的空气压力保持在不低于约 300kPa。

（五）蓄压器

蓄压器为铝制，容积为 4.5L，安装在行李

（四）后桥空气弹簧支柱

后桥上也使用空气弹簧支柱。

气囊活塞

带有剩余压力保持阀的空气接口

空气弹簧气囊

图 4-5-34

箱内的左侧,如图 4-5-36 所示。

(六)车辆水平传感器

车辆水平传感器用于侦测四个车轮位置处的车辆高度。其结构和功能与现在的其他奥迪车型上的传感器是一样的,区别仅在于支架和杠杆形状,如图 4-5-37 所示。

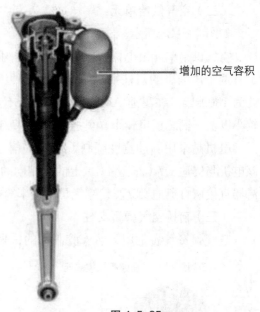

增加的空气容积

图 4-5-35

1. 运动型自适应空气悬架(2MA)的调节特性如图 4-5-38 所示。

2. 自适应空气悬架(1BK)的调节特性如图 4-5-39 所示。

说明:如果识别出有挂车了,那么会自动降至 dynamic 高度。如果是在模式 comfort 时接上了挂车,那么车辆可被升至较高高度(模式 lift),但不能降至 comfort 高度以下。

(七)故障时的系统特性

在控制单元损坏时,如果无法再激活某个减震

图 4-5-36

图 4-5-37

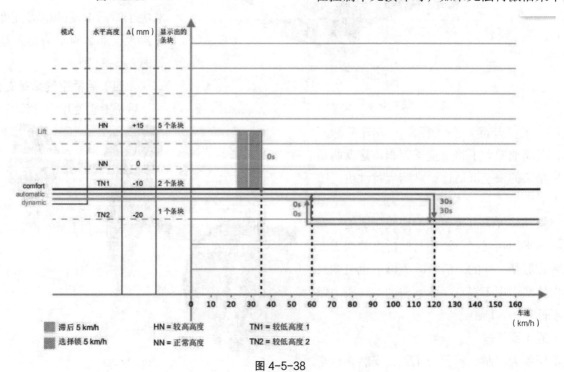

图 4-5-38

824

器或者两个车身水平高度传感器不再能提供测量值了，那么调节系统就会关闭。减震器阀是这样设计的：在中性（未通电）状态，能实现中等大小的阻尼力（相当于基本减震）。这样的话，尽管舒适性受损，但车辆仍能保持行驶稳定性。系统关闭时，会有大家熟知的黄色象形图（减震器符号）和相应的文字提示来提醒驾驶员的。如果只是一个车辆水平传感器无法提供信号了，那么会从另一个传感器测量值中生成一个替代信号，调节系统仍能工作，如图4-5-40所示。

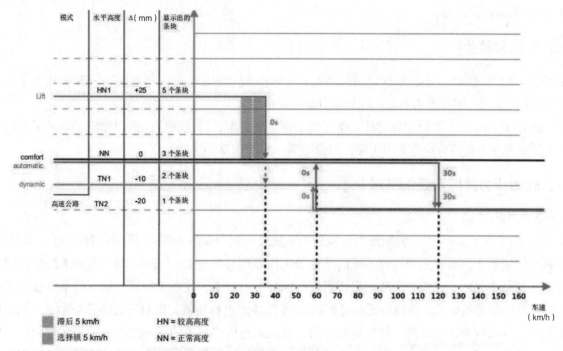

图 4-5-39

图 4-5-40

（八）售后服务内容

底盘控制单元 J775 是空气悬架和减震系统的"控制中心"，在车辆诊断仪上可以通过地址码 0074 底盘控制系统来调用它。

通过这个准确校正过的车辆高度，就可以进行轴荷校准了。具体来说，就是一个轴一个轴地来给空气悬架"放气"。根据电磁阀的通电时间长度和由此造成的相应车桥悬架高度的下降程度（是通过车辆水平传感器测得的），底盘控制单元就确定出真正的轴荷了。知道桥荷对于实现减震器的舒适调节具有重要意义。

对新控制单元进行在线编码后，必须执行基本设定。具体步骤与配备 aas 的奥迪 Q5 和 Q7 上的是相同的。

首先，用举升器将车辆举起，直至车轮与地面脱离接触（减震器处于完全伸出状态）。车辆水平传感器的测量值会与减震器活塞位置相匹配并存储在控制单元内。

随后把车辆降至空载位置。底盘控制单元会将悬架调至一定的高度（基准高度）。通过测量四个车轮中心翼子板开口的距离来确定出车辆的准确高度。这些测量值可通过诊断仪键盘来通知控制单元，控制单元因此就能"识别出"车辆的实际高度并计算出修正系数，以便调节这个规定高度。

最后一步是校准底盘控制单元内的惯性传感器。这需要有个前提条件：控制单元已将悬架精确调节至正常高度了。控制单元随后将车辆垂直方向加速度以及绕 x 轴和 y 轴的横摆率的内部传感器测量值与停在水平面上且处于正常高度的车辆进行匹配。

在更换了空气弹簧支柱或者拆卸/安装或者更换了车辆水平传感器的话，也同样需要执行上述基本设定。

基本功能检测可通过执行元件诊断来进行。这将检查压缩机功能、减震器阀的操控、蓄压器的充气状况以及相关电磁阀的功能。

七、车轮和轮胎

在奥迪 A8（车型 4N）上，根据发动机情况，17~19 英寸的是标配。可选装 18~20 英寸的车轮。轮胎从 235/60R17 到 265/40R20 都有。不提供泄气保用轮胎。

Tire Mobility System（轮胎应急套件，缩写为 TMS）是标配，可选装应急备用车轮。如果买车时订购了冬季车轮或者车上配备有应急备用车轮，那会随带一个千斤顶。

八、轮胎压力监控系统（RDK）

（一）结构和功能

在奥迪 A8（车型 4N）上，轮胎压力监控显示系统是标配，如图 4-5-41 所示。奥迪 A8（车型 4N）可选装第三代轮胎压力监控系统，该系统的结构和工作原理与奥迪 Q7（车型 4M）上的系统是相同的。天线集成在控制单元内，该模块安装在后桥附近的纵梁上。与第二代系统相比，第三代系统省去了安装在车轮拱板处的传感器单元。控制单元通过扩展 CAN 总线来进行通信。轮胎压力传感器除了侦测轮胎压力和轮胎内空气温度外，还侦测车轮的旋转方向，这是通过传感器内的双向离心开关来实现的。车辆起步时（离心开关接通），这些传感器就会发送信号。编码的无线信号中包含有各传感器的身份编码、压力和温度值、车轮的转动方向以及电池的使用寿命。

当车速 >30km/h 时，控制单元在接到无线信号后就会开始确定轮胎压力传感器的位置。

通过分析信号的强度来判断所接收到的信号是来自前轮还是后轮的哪个传感器。由于距离关系，接收到的后轮传感器的信号明显比前轮传感器信号要强。由于同一轴上的车轮可向不同方向旋转，分析这个信息就可以确定无线信号到底是左侧车轮传感器还是右侧车轮传感器发出的。如果轮胎压力正常的话，这些传感器在车辆行驶过程中每隔约 30s 发出一次信号。如果侦测到快速失压（每分钟不低于 20kPa）或者轮胎压力降至 1500kPa 以下了，那么传感器就会短时切换到快速发送模式，这时发送信号的时间间隔是约 1s 发送一次。如果在车辆处于静止时出现了这种状态，那么即使车辆不动也照样会发出信息的，这时离心式开关也变得更加敏感了。在车辆停住不动后，传感器还会继续发送信号约 5min。

图 4-5-41

（二）操纵和驾驶员信息

系统的操纵与奥迪 Q7（车型 4M）上是相同的。更换了车轮、改变了车轮位置或者轮胎压力发生改变了，需要存储这个压力以便用于监控。在车速高于 30km/h 时，驾驶员选择"存储压力"后，一般只需几分钟就能完成这个自适应过程。如果尚无法正常工作，那 10 分钟内就会显示系统有故障，如图 4-5-42 所示。

驾驶员在显示屏上可以看到各种状态信息。在重新启动车辆后，如果控制单元识别出新的/以前未知的传感器或者传感器位置有变化而驾驶员又没有先激活"存储压力"，那么会显示信息提醒驾驶员去存储压力。

在失压时会提醒驾驶员检查轮胎压力。如果只涉及某个车轮，还会显示出该车轮的位置。

如果选择了轮胎压力监控菜单，那么在行车过程中，就会显示各个车轮当前的轮胎压力和温度。在车辆停住不动以及车速＜25km/h时，会显示相

图 4-5-42

应提示。根据状态情况，压力测量值会以不同颜色显示出来。如果已确认了监控压力且无失压现象（正常情况），那么显示内容是绿色字体；如果尚未存储这个压力或者有失压，那么文字是黄色的；在压力<1500kPa 时显示是红色的。

（三）售后服务内容

该系统可通过地址码 0065 来调用。在更换了轮胎压力监控控制单元后，对新控制单元必须进行在线编码。在设定了轮胎压力规定值后，必须激活"存储轮胎压力"这个功能，以便能对压力进行监控。

1. 轮胎压力监控控制单元 J502

如图 4-5-43 所示。

可使用便携式轮胎压力监控系统检测仪 VAS6287 来检查轮胎压力传感器的功能。

2. 便携式轮胎压力监控系统检测仪 VAS6287

如图 4-5-44 所示。

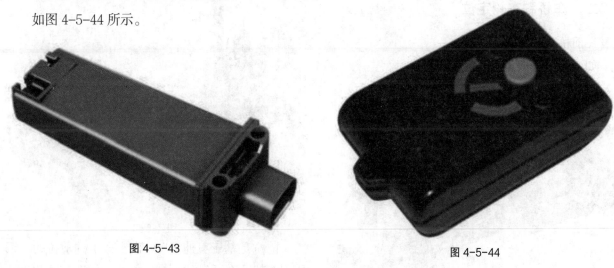

图 4-5-43　　　　　　　　　　　　　　　　　图 4-5-44

第六节　奥迪 Q2（GA）底盘系统

一、总体结构图

如图 4-6-1 所示。

奥迪 Q2 的底盘基本上是采用了奥迪其他车型上已经验证过的技术，当然也使用了高端车型上的部件 / 功能。前桥是麦弗逊车桥。配备 quattro 驱动的车采用了多连杆式后桥，前驱车采用的是组合连杆式车桥。

可以选装带有电子减震器的主动式底盘，这属于高端选装装备了。

大家熟知的奥迪 A3（车型 8V）上使用的电动机械式转向系统（EPS）也用在了奥迪 Q2 上，还使用了电动机械式驻车制动器（EPB）。渐进式转向系统是标配。

为了增强个性化，还有多种方向盘以及车轮和轮胎可供选用。

用户可以选装 ACC，这就是说，以前用于高端车的功能，现在在奥迪 Q2 上也会有。

在奥迪 Q2 上，有前驱底盘和 quattro 四驱底盘。可提供如下这些底盘类型，如表 4-6-1 所示。

图 4-6-1

表 4-6-1

底盘类型	特点
动态底盘 （弹簧/减震器组合 PR 号：G01/G02/G03/G04/G95）[1]	动态底盘是基本装备，它配备的是钢质弹簧和不可调式减震器，可实现均衡的底盘特性
运动底盘 （弹簧/减震器组合 PR 号：G31/G32/G33/G34）[1]	这种底盘是选装装备，是以动态底盘为基础的。弹簧、减震器和稳定杆具有更强的运动特性。与动态底盘相比，高度要低 10mm
配备可调节减震器的底盘	这种底盘是选装装备。奥迪车这是首次把可调节底盘与组合连杆式后桥结合在一起使用。底盘高度与动态底盘相同

注：1) 生产控制号。

二、车桥和车轮定位

1. 前桥

如图 4-6-2 所示。

图 4-6-2

图 4-6-3

前桥是基于奥迪 A3（车型 8V）的前桥的。钢质副车架是新开发的，横向控制臂针对较高的奥迪 Q2 做了匹配。横向控制臂的支承元件的弹性力学特性做了修改。减震器轴承使用的是奥迪 TT（车型 FV）上用的滑动轴承。

2. 后桥

（1）前驱车

如图 4-6-3 所示。

所有的前驱车型，使用的都是组合连杆式（就是扭转梁式）后桥，该车桥是基于配备运动底盘的奥迪 A3（车型 8V）上的车桥的，所需的轮距是通过新开发的转向节主销来实现的。

（2）配备 quattro 全驱的车

如图 4-6-4 所示。

所有 quattro 车型配备的都是奥迪 A3（车型 8V）上的多连杆式后桥，不同之处在于，使用的是奥迪 TT（车型 FV）上的轮毂支架（轮距更大些）。

3.车轮定位和调整

车轮定位和调节与奥迪 A3（车型 8V）是一样的，连调节点都是相同的。

图 4-6-4

三、电子减震调节系统 DCC（Dynamic Chassis Control，动态底盘控制）

电子减震调节系统（DCC）在奥迪 Q2 是属于选装的，该系统的机构和工作原理与其他奥迪车型上使用的基本一样。该系统可与组合连杆式后桥一起使用，这在奥迪车上还是头一次。

在行驶状态时，减震调节系统一直处于激活状态，驾驶员是无法将其关闭的。车辆停住不动时，阻尼阀不会触发。

驾驶员可以通过奥迪 driveselect 来调节阻尼特性，通过开关面板上单独的开关来操作，或者直接在 MMI 上来操作。最后选定的设置在端子 15 切换时保持有效。

电子减震调节可实现三种不同的减震阻尼特性。根据在奥迪 driveselect 中选定的设置，可激活均衡式、舒适式或者运动式特性曲线。

最大阻尼力在加载 1.9A 电流时产生。

1.一览

如图 4-6-5 所示。

2.故障时的系统表现

在控制单元出故障而无法激活减震器时，或者两个车辆水平高度传感器的测量值无法获取时，调节系统就关闭了。

阻尼阀的结构设计是这样的：在中性状态（就是未激活时），会产生中等大小的阻尼力（基本减震）。尽管舒

左后减震器，带有阻尼调节阀 N338

后部的车辆水平高度传感器 G76

后部车身加速度传感器 G343

组合仪表内控制单元 J285

左前减震器，带有阻尼调节阀 N336

左前车身加速度传感器 G341

左前车辆水平高度传感器 G78

右前车身加速度传感器 G342

右后减震器，带有阻尼调节阀 N339

电子调节减震器控制单元 J250

右前车辆水平高度传感器 G289

右前减震器，带有阻尼调节阀 N337

图 4-6-5

适性受损，但是车辆仍保持动态稳定。

系统关闭时，会有大家熟知的图形（减震器符号）和相应的文字来提示驾驶员。

如果某个车辆水平高度传感器的信号无法获取了，那么会从另一个传感器的测量值中产生一个替代信号，调节系统仍保持激活状态。

3.维修保养内容

可以用车辆诊断仪通过地址码 0014 车轮减震电子系统来与电子减震调节系统进行联系。

新控制单元在线编完代码后，必须进行基本设定。为此需要用举升器举升车辆，要举升到车轮完全脱离地面（减震器完全伸开了）。

车辆水平高度传感器的测量值会与减震器的活塞匹配并存储到控制单元内。

在更换了一个减震器或者车辆水平高度传感器后，必须进行上述的基本设定。

要想进行总体的功能检查，可以使用执行元件诊断。具体就是激活各个阻尼阀并显示电流强度的实际值和规定值。不能超过某个特定的差值。

四、制动装置

奥迪 Q2 上配备了尺寸较大的制动装置，该装置在任何形式情况下都有足够的备用能力。电动机械式驻车制动器（EPB）以及 ESC 是直接取自奥迪 A3（车型 8V）。

与奥迪 A3 上不同的是，在奥迪 Q2 上短促按压（<3s）ESC 按键，激活的不是 Sport 模式，激活的是 Offroad 模式，这样在需要时就可改善牵引力。

维修保养内容和诊断功能与奥迪 A3（车型 8V）上的 ESC/EPB 是一样的。在动态组件包内包含有涂了红漆的制动钳，如表 4-6-2 所示。

表 4-6-2

车轮制动装置	前桥	后桥
最小车轮尺寸（英寸）	16	15
制动器类型	TRW 浮动支座制动器	Continental 浮动支座制动器
活塞数目	1	1
活塞直径（mm）	57	38
制动盘直径（mm）	312	272
图示		

五、转向系统

奥迪 Q2 上配备的是电动机械式转向系统（EPS），其结构、工作原理和维修保养内容都与奥迪 A3（车型 8V）上的 EPS 是一样的。

开发了专用的转向特性曲线，它可通过奥迪 driveselect 来激活。

机械可调式转向柱也与奥迪 A3（车型 8V）上的类似。这个等级的车上不提供电动调节转向柱。

1.电动机械转向系统（EPS）

如图 4-6-6 所示。

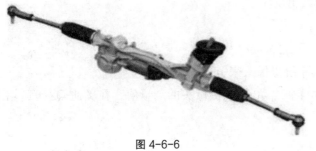

图 4-6-6

2. 方向盘

标配是三辐条式 PUR 方向盘。也提供选装方向盘(13种),从三辐条真皮方向盘到带有扁平轮圈、多功能按键和 tiptronic 的三辐条式真皮方向盘都有,如图 4-6-7 所示。

图 4-6-7

六、自适应定速巡航（ACC）

1. 系统一览

如图 4-6-8 所示。

奥迪 Q2 是第一款使用 Continental 公司生产的 ACC 的奥迪车。与以前奥迪车使用的 ACC 系统一样,控制单元、传感器和接收器是集成在一个结构单元内的。奥迪 Q2 上有一个传感器单元,它安装在保险杠附近靠下的中间位置。控制单元通过专用 CAN 总线（子总线系统）与驾驶员辅助系统正面摄像头相连,与车是通过扩展 CAN 总线来连接的。

驾驶员操控的话,与别的奥迪车上是一样的。如果车上装备有奥迪 driveselect,那么 ACC 行驶程序会与选定的设置相匹配。也可以通过 individual 来让 ACC 实现个性化设置。

图 4-6-8

如果车上未装备有奥迪 driveselect,那么就通过 MMI 上的一个菜单来选择 ACC 行驶程序。

2. 右侧车距调节传感器 G259 和车距调节控制单元 J428

该传感器有两个雷达发射单元和三个接收单元。一个接收单元专门分析垂直信号,这就在近距离（不超过 40m）产生一个水平方向约 ±45° 的雷达探测区。最大作用距离约为 170m。水平探测区在近距离之外约 ±9°。

反射镜不是加热式的。ACC 的工作范围为 0~200km/h,目标车速可在 30~200km/h 之间进行设置,如图 4-6-9 所示。

3. ACC 辅助功能

在奥迪 Q2 可实现下述这些 ACC 辅助功能（别的奥迪车型已用过了）。

（1）ACC Stop&Go（ACC 停停走走功能）。

奥迪 Q2 车在 3s 内就能重新起步,但没有其他奥迪车

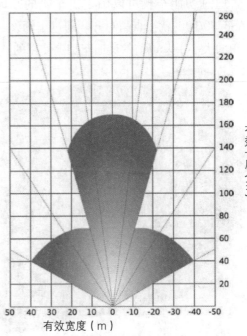

有效长度（m）

有效宽度（m）

图 4-6-9

型上用的起步延时功能。ACC 对静止不动的物体不会做出反应。

（2）车距显示 / 车距报警。

（3）堵车辅助。

车辆纵向是由 ACC 来引导，横向是由驾驶员辅助系统摄像头来引导。

像奥迪 A4（车型 8W）和奥迪 Q7（车型 4M）那样整合 ACC 和摄像头的测量值，在奥迪 Q2 上的堵车辅助功能上是无法实现的。

（4）弯道行驶时的调节特性。

为了避免出现行驶动力学方面的极限情形，ACC 在加速时不会进一步提高转弯车速了（如果需要的话）。奥迪 Q2 上的 ACC 不会对车辆导航系统预测的道路数据进行分析利用。弯道行驶时预测的车速调节 [奥迪 A4（车型 8W）和奥迪 Q7（车型 4M）上都有这个功能]，在奥迪 Q2 上也是无法实现的。奥迪 Q2 在转弯行驶时，是根据行驶动力学数据来调节车速的。

（5）Boost 功能。

（6）超车辅助。

（7）起步监控。

奥迪 Q2 的起步监控只是通过分析 ACC 雷达信号来实现。

（8）变道辅助。

（9）禁止右车道超车。

4. 维修保养内容

奥迪 Q2 上的 ACC 系统元件也是有自诊断能力的。车距调节控制单元 J428 可以在车辆诊断仪上用地址码 0013 来联系。

该系统是以对识别出物体的统计学分析为基础，来监控雷达传感器的水平和垂直设置。

维修保养方面的一个重要改进，就是取消了传感器的手工校准（不需要这一步了）。如果统计学分析认为传感器没有对准，那么就会给测量值加上一个补偿值，系统可以进行约 ±6° 的校准补偿，如图 4-6-10 所示。

通过初始车辆可以确定出车辆的几何轴线。为此校准装置的反光镜（VAS6430/1 与 ACC 反光镜 VAS6430/10）就按直角对齐。通过车辆诊断仪来激活 ACC，根据反射镜反射的雷达信号就可以确定出偏离角的大小了。以前的奥迪车型上使用的 ACC 系统这时就需要机修工拧动调节螺栓来对 ACC 进行精确调节，在奥迪 Q2 上就不需要这一步了。ACC 控制单元会确定出修正值，并"以电子方式"对校准进行补偿，如图 4-6-11 所示。

用于调节雷达传感器的反光镜如图 4-6-12 所示。

调节雷达传感器详见最新维修手册以及车轮定位仪和车辆诊断仪的程序中。

以前使用的反光镜是 VAS6430/3，现在在奥迪 Q2 上必须使用新的、稍大些的反光镜 VAS6430/10 了。

图 4-6-10

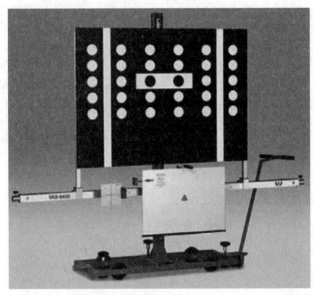

图 4-6-11

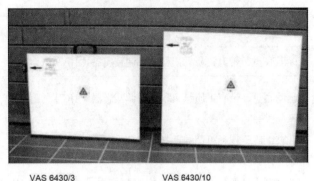

VAS 6430/3   VAS 6430/10

图 4-6-12

七、车轮和轮胎

在奥迪 Q2 上，标配的是 16 英寸的钢车轮。德国奥迪公司提供 16~8 英寸车轮作为选装。上市时，针对各种发动机的轮胎从 205/60R16 到 215/50R18 都有。不提供应急运行轮胎。

Tire Mobility System（缩写 TMS，轮胎应急套件）是标配，可选装应急车轮。如果订购有出厂时就有的冬季车轮以及装备有应急车轮（选装的），那么车上就有千斤顶。奥迪 Q2 的车轮螺栓拧紧力矩是 140N·m。

在奥迪 Q2 上，大家熟知的第二代轮胎压力监控系统（RKA+）是标配。该系统在结构、功能、操纵和驾驶员信息以及保养内容和诊断方面，都与现在其他型号奥迪车上使用的是一样的。

第七节　奥迪 Q3（3F）底盘系统

一、一览

如图 4-7-1 所示。

奥迪 Q3（车型 F3）的底盘与前代车型不同，是全新设计的，其基础是横置发动机模块化平台（MQB）。底盘可配备钢质弹簧和不可调以及可调减震器。

前桥使用麦弗逊结构，后桥是多连杆结构的。奥迪 Q2（车型 GA）上的基本车桥部件都可以直接拿来使用了，因为这两个车型在结构设计上是属于同样的载荷级别的。

根据配置的发动机情况，车辆使用 16 英寸或 17 英寸车轮制动器。

电控机械式驻车制动器也是直接取自奥迪 Q2（车型 GA）。电动机械式转向器负责所需的转向助力，可选装渐进式转向系统（步进式转向系统）。

ESCMk100 工作能力极强，可用于所有相关调节。

标配是 17 英寸钢车轮，可选装 17~19 英寸的铝车轮。还有一系列方向盘以及车轮和轮胎可满足进一步个性化的需求。

奥迪 Q3（车型 F3）上可提供下述几种底盘，如表 4-7-1 所示。

图 4-7-1

表 4-7-1

底盘类型	特点
标准底盘，带有钢质悬架和不可调减震器（1JA）	该底盘属于标配
运动底盘，带有钢质悬架和不可调减震器（1JC）	该底盘是选装的，其弹簧、减震器和稳定杆都针对运动特性进行了匹配。车辆底盘高度与标准底盘是相同的
带有钢质悬架和可调减震器的底盘（1JP）	该底盘是选装的，车辆底盘高度与标准底盘是相同的，驾驶员可以选择 3 种不同的底盘特性设置
带有钢质悬架和不可调减震器的底盘，用于北美市场（1JN）	该底盘用于北美市场，车辆底盘高度与标准底盘相比，前桥提高了 18.5mm，后桥提高了 13.5mm

二、车桥

1.前桥

如图 4-7-2 所示。

前桥采用业经考验过的麦弗逊悬架结构，其重点放在轻结构上。其基础是横置发动机模块化平台（MQB），这也是大众集团其他车型的开发基础。总成支架、转向节、车轮轴承、轮毂以及稳定杆连接件都是直接取自奥迪 Q2（车型 GA）。

轮距稍大一些，这是通过改变了（就是加长了）横向控制臂和稳定杆来实现的。两块塑料盖板用开口铆钉从下面固定在横向控制臂上，这也有助于实现良好的风阻系数。

2.后桥

如图 4-7-3 所示。

后桥基于业经考验的多连杆结构，该结构已用于奥迪 A3 和 Q2 上了，其基础是横置发动机模块化平台（MQB）。

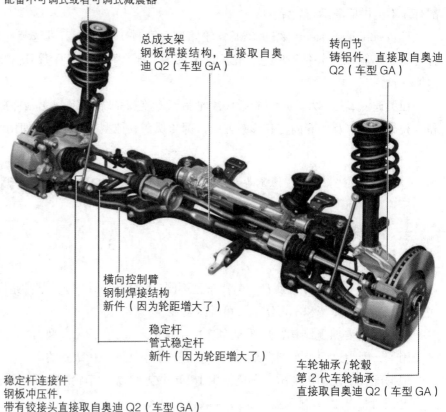

减震器
液力双筒式气压减震器，根据底盘类型，配备不可调式或者可调式减震器

总成支架
钢板焊接结构，直接取自奥迪 Q2（车型 GA）

转向节
铸铝件，直接取自奥迪 Q2（车型 GA）

横向控制臂
钢制焊接结构
新件（因为轮距增大了）

稳定杆
管式稳定杆
新件（因为轮距增大了）

稳定杆连接件
钢板冲压件，
带有铰接头直接取自奥迪 Q2（车型 GA）

车轮轴承 / 轮毂
第 2 代车轮轴承
直接取自奥迪 Q2（车型 GA）

图 4-7-2

与奥迪 Q2（车型 GA）相比，轮距增大了，这是通过改变了轮毂托架的接合形状来实现的。总成支架支承、转向器、车轮轴承、轮毂以及稳定杆连接件均是直接取自奥迪 Q2（车型 GA）。

3.底盘调节

前桥上，可在转向横拉杆处对前束值进行单独调节。外倾角值可以通过在一定范围内横向移动总成支架来调整。后桥上，前束值和外倾角值都是可以单独调节的。

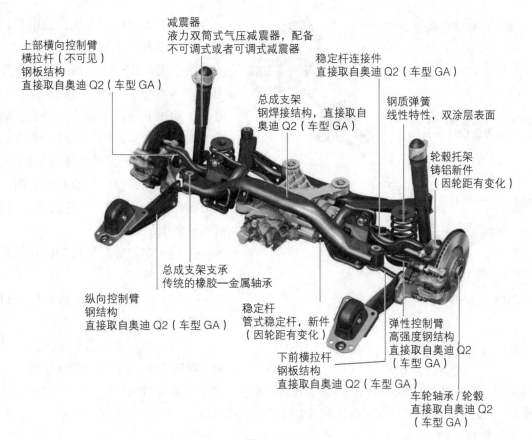

减震器
液力双筒式气压减震器，配备
不可调式或者可调式减震器

上部横向控制臂
横拉杆（不可见）
钢板结构
直接取自奥迪 Q2（车型 GA）

稳定杆连接件
直接取自奥迪 Q2（车型 GA）

总成支架
钢焊接结构，直接取自
奥迪 Q2（车型 GA）

钢质弹簧
线性特性，双涂层表面

轮毂托架
铸铝新件
（因轮距有变化）

总成支架支承
传统的橡胶—金属轴承

纵向控制臂
钢结构
直接取自奥迪 Q2（车型 GA）

稳定杆
管式稳定杆，新件
（因轮距有变化）

弹性控制臂
高强度钢结构
直接取自奥迪 Q2
（车型 GA）

下前横拉杆
钢板结构
直接取自奥迪 Q2（车型 GA）

车轮轴承/轮毂
直接取自奥迪 Q2
（车型 GA）

图 4-7-3

三、配备电子减震调节的底盘

这种减震调节系统在结构、功能、操纵以及维修保养方面，都与奥迪 Q2（车型 GA）上是相同的。

可调减震器以及调节软件针对奥迪 Q3（车型 F3）做了匹配，如图 4-7-4 所示。

四、转向系统

如图 4-7-5 所示。

奥迪 Q3（车型 F3）上采用的是前代车型上业经考验过的电动机械式转向系统（EPS），左置方向盘车带有平行轴传动机构。该转向系统在模块战略方面（MQB）进行了修改，但是在结构和功能以及维修保养方面与前代车型上的系统区别很小。

右前车辆水平高度传感器
G289

驾驶模式选择按键
E735

右后减震器，带有阻尼
调节阀
N339

右前减震器，带有
阻尼调节阀
N337

组合仪表内
控制单元
J285

电子调节减震器控制单元
J250

右前车身加
速度传感器
G342

后部车身加速度
传感器
G343

左前车身加速度传感器
G341

左后减震器，带有
阻尼调节阀
N338

左前减震器，带有阻尼调节阀
N336

后部车身水平高度传感器
G76

左前车身水平高度传感器
G78

图 4-7-4

835

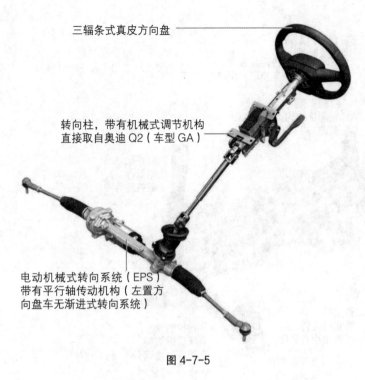

三辐条式真皮方向盘

转向柱，带有机械式调节机构
直接取自奥迪 Q2（车型 GA）

电动机械式转向系统（EPS）
带有平行轴传动机构（左置方
向盘车无渐进式转向系统）

图 4-7-5

在右置方向盘的车上，使用的是前代车型上用的带有双小齿轮传动机构的电动机械式转向系统（EPS），该系统首次是用在了奥迪 A3（车型 8V）。该转向系统也在模块战略方面（MQB）进行了修改，但是在结构和功能方面与前代车型上的系统是相同的。

选装方面，有两种型号的步进式转向（也叫渐进式转向系统，用于右置方向盘车和左置方向盘车），是双小齿轮式 EPS，因此就共有四种类型了：

（1）EPS，带有平行轴传动机构，用于左置方向盘车（LL）。

（2）EPS，带有双小齿轮传动机构，用于右置方向盘车（RL）。

（3）EPS，带有双小齿轮传动机构和渐进式转向系统，用于左置方向盘车。

（4）EPS，带有双小齿轮传动机构和渐进式转向系统，用于右置方向盘车。

机械可调式转向柱包括转向锁是直接取自奥迪 Q2（车型 GA）。

方向盘如表 4-7-2 所示。

奥迪 Q3（车型 F3）上使用的是三辐条式真皮方向盘，方向盘轮圈直径为 375mm。

标配的方向盘，其中间呈别针状的部分是黑色的；选装的话，这部分是镀铬的（电镀表面）。

选装方向盘可选择各种多功能开关、点动开关和扁平轮圈。

圆形轮圈的方向盘可以选装方向盘加热装置。另外，S-Line 方向盘上的中间辐条上还有 S 菱形（可选圆形轮圈和扁平轮圈）。

另一个区别是手把区使用带微点真皮。

S-Line 方向盘有颜色对比接缝。

表 4-7-2

方向盘	装备
	标配
	选装方向盘，全装备时带有扁平轮圈、点动开关以及多功能开关
	S-Line 方向盘，手把区使用带微点真皮和有颜色对比接缝

五、制动装置

前桥和后桥上根据配备的发动机情况，使用 16 英寸或 17 英寸盘式制动器。驻车制动器使用的是奥迪 Q2（车型 GA）和 A3（车型 8V）上采用过的第三代电动机械式驻车制动器（EPB）。

制动回路是对角式的。

制动衬块磨损识别 / 显示在各个市场上都是标配的（比如 ECE 市场和中国市场）。

1. 前桥的车轮制动器

如表 4-7-3 和图 4-7-6 所示。

表 4-7-3

发动机	1.4L TFSI（110kW） 1.5L TFSI（110kW） 2.0L TDI（110kW）	2.0L TFSI（137kW） 2.0L TFSI（169kW） 2.0L TDI（140kW）
最小车轮直径（英寸）	16	17
制动器类型	TRW PC 57 浮动支座制动器	TRW C60 浮动支座制动器
活塞数目	1	1
制动盘直径（mm）	312	340
制动盘厚度（mm）	25	30

在某些市场（比如北美和中国），车轮制动装置可能与此处所给出的规格不同。比如：162kW 的 2.0L TFSI 发动机仅在中国市场才有，这种车配备的是 16 英寸制动装置。

前桥使用的是 TRWC60 浮动支座制动器，后桥使用的是表中所列的 FNc-M42 装置。170kW 的 2.0L TFS 发动机仅在北美市场才有，这种车配备的是 17 英寸制动装置。

2. 后桥的车轮制动器

如表 4-7-4 和图 4-7-7 所示。

图 4-7-6

表 4-7-4

发动机	1.4L TFSI（110kW） 1.5L TFSI（110kW） 2.0L TFSI（137kW） 2.0L TDI（110kW） 2.0L TDI（140kW）	2.0L TFSI（137kW）
最小车轮尺寸（英寸）	15	17
制动器类型	Continental FNc-M42/12/11-EPB 浮动支座制动器	Continental FNc-M42/12/11-EPB 浮动支座制动器
活塞数目	1	1
制动盘直径（mm）	300	310
制动盘厚度（mm）	12	22

3. 制动总泵，制动助力器

左置方向盘车配备的是 11 英寸单个制动助力器。右置方向盘车因包装原因，配备的是 8/8 英寸串联

图 4-7-7

式制动助力器。根据车轮制动装置情况，使用两种不同的串联式制动总泵（活塞直径 23.81mm 的用于 16 英寸制动装置；活塞直径 25.4mm 的用于 17 英寸制动装置）。中国市场上的国产车可能不是这个样子的。制动压力的建立是按照单速率特性曲线来进行的。

制动灯开关安装在制动助力器上，它是个霍耳传感器。

制动助力器，如图 4-7-8 所示。

图 4-7-8

4.ESC

奥迪 Q3（车型 F3）上使用的是 ESCMk100，该系统已用于奥迪 A3（车型 8V）和 Q2（车型 GA）上了。其结构、工作原理以及维修保养内容，都与上述车型上的是相同的。根据市场的不同和车辆装备的不同，分为四种型号：

①无自适应车速辅助 / 驾驶辅助且无行人保护；

②无自适应车速辅助 / 驾驶辅助且有行人保护；

③有自适应车速辅助 / 驾驶辅助和自动变速器且有行人保护；

④有自适应车速辅助 / 驾驶辅助和自动变速器且无行人保护。

随后就只在滑转系统较大时才会有调节干预，这样可提高越野路面上的驱动力。长时间按压该按键（>3s），那么在当前这个 15 号端子循环中就关闭了 ESC 调节。

在售后服务中，控制单元和液压总成彼此是可以分开的，控制单元可以单独更换。与其他奥迪车型一样，这个工作也需要在 ESD 工作站中来进行，这是为了防静电。

Q3（车型 F3）上的 ESC 的维修保养内容与 Q2（车型 GA）和 A3（车型 8V）上的是相同的。

配备有自适应车速辅助 / 驾驶辅助、手动变速器且有行人保护的车，使用的是型号 1 的。配备有自动变速器的车，其车速可被调节到车辆停住，这需要有专用的软件和硬件适配，以保证在车速 < 30km/h 时也能有良好的调节 / 制动舒适性。为了实现行人保护功能，给 ESC 液压总成配备了更大的泵，以便能快速建立起压力。

奥迪 Q3（车型 F3）上使用的是有源式车轮转速传感器。后轮上的传感器还负责识别车轮转动方向。

驾驶员在奥迪 Q3（车型 F3）上还可以选择 ESC 普通模式和 ESC-offroad 模式。短促按压 ESC 按键（≤ 3s），就可以激活 ESC-offroad 模式。

ESC 单元如图 4-7-9 所示。

图 4-7-9

六、车轮、轮胎和轮胎压力监控系统

奥迪 Q3（车型 F3）上标配的是 17 英寸钢制车轮，带有全车轮装饰盖。可选装 17~19 英寸车轮。轮胎从 215/65R17 到 235/50R19 都有。

不提供具有应急运行特性的轮胎（泄气保用轮胎）。轮胎应急条件 Tyre Mobility System（TMS）是标配的。

配备有 145/85R18 轮胎的 4.0Jx18 应急备用车轮是选装的。配备有应急备用车轮的话，也会配备千斤顶。

17 英寸冬季车轮可以装雪地防滑链。

轮胎压力监控显示系统 + 是标配。

第八节　奥迪 Q5（FY）底盘系统

一、总体结构

如图 4-8-1 所示。

这款奥迪 Q5 的底盘是基于 MLBevo 平台的，也就是基于其他奥迪车型 A4（车型 8W）、Q7（车型 4M）上已考验过的技术。该底盘的主要开发目标是降低车辆自重，这方面主要是靠底盘部件来实现的。这首先意味着灵活性和行驶动力学性能变得更好了。底盘采用了相应的设计，可以提供所需要的运动学和弹性运动学特性，从而可以让驾驶员体验极具运动特点的驾驶体验。另一个同样重要的开发目标是实现非常好的行驶舒适性，这方面也是明

图 4-8-1

显超过前代车型的。这款奥迪 Q5 有前驱型的，也有 quattro 四驱型的。该款车首次配备了自适应空气悬架（aas）。

这时，奥迪 driveselect 上就可以另外再多激活几个新模式了。与奥迪 Q7（车型 4M）一样，这款带有 aas 的奥迪 Q5 也可以通过降低车后部的方式来方便装载和卸载货物。

奥迪 Q7 上已经使用了的电动机械式转向系统（EPS）也用于本车，电动机械式驻车制动器（EPB）也是这样。如果车辆装备的是自动变速器，那么可以选装转向传动比可变的奥迪动态转向系统，这时转向机构的传动比就更直接了。为了满足个性化需求，有很多种方向盘以及车轮、轮胎可供选用。可选装 ACC，因此在奥迪 Q7 和 A4 上用的基于 ACC 的功能，在这款奥迪 Q5 上也能实现。

这款奥迪 Q5 可配前驱底盘，也可配 quattro 四驱底盘。可选用下述底盘，如表 4-8-1 所示。

表 4-8-1

底盘类型	特点
标准底盘，用于前驱车（2MF）[1]	普通底盘是基本装备，带有钢质弹簧和不可调减震器。该底盘可实现均衡的底盘特性
普通底盘，用于 quattro 四驱车（1BA）[1]	
带有自适应空气悬架和可调减震的底盘（1BK）[1]	这种底盘是选装装备。通过奥迪 drive select 来激活各种模式

注：1）生产控制号。

二、车桥和车轮定位

1.前桥

如图 4-8-2 所示。

前桥是基于奥迪 A4（车型 8W）和 Q7（车型 4M）的，但是稍有不同，主要原因是奥迪 Q5 的车桥负荷是不同的（是另一个负荷组了）、专用的运动学/弹性运动学设计以及轻结构措施。

2.后桥

如图 4-8-3 所示。

这款奥迪 Q5 配备的是五连杆式后桥，是基于奥迪 A4（车型 8W）上的。

前驱车和 quattro 四驱车后桥的区别在于总成支架和轮毂支架。

3.车轮定位/调节

车轮定位/调节，与奥迪 Q7（车型 4M）和 A4（车型 8W）是一样的，调节点也是相同的。

减震器
双筒式减震器

导杆
锻铝件，新件
（因负荷组、
运动学原因）

总成支架
三件式的，基架是钢板结构的，带有铸铝支架（与奥迪 A4 类似），转向器连接区域的形状有变化

上控制臂
锻铝件，直接取自奥迪 Q7

球销节
铝壳体是新件
（轻结构）

稳定杆
管状稳定杆，带有硫化橡胶支承

减震器支承铝结构，与奥迪 Q7 上的结构相同（制造方法不同）

轮毂，车轮轴承与奥迪 A4 的结构相同

稳定杆的连接杆
锻铝件

支承杆
锻铝件，新件（因负荷组、运动学原因）

转向节
锻铝件，新件（因负荷组、车轮直径）

图 4-8-2

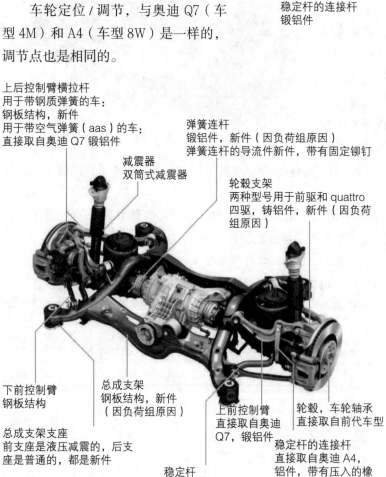

上后控制臂横拉杆
用于带钢质弹簧的车：
钢板结构，新件
用于带空气弹簧（aas）的车：
直接取自奥迪 Q7 锻铝件

弹簧连杆
锻铝件，新件（因负荷组原因）
弹簧连杆的导流件新件，带有固定铆钉

减震器
双筒式减震器

轮毂支架
两种型号用于前驱和 quattro 四驱，铸铝件，新件（因负荷组原因）

下前控制臂
钢板结构

总成支架
钢板结构，新件
（因负荷组原因）

上前控制臂
直接取自奥迪 Q7，锻铝件

轮毂，车轮轴承直接取自前代车型

总成支架支座
前支座是液压减震的，后支座是普通的，都是新件

稳定杆
新件，管状稳定杆

稳定杆的连接杆
直接取自奥迪 A4，铝件，带有压入的橡胶金属支承

图 4-8-3

三、自适应空气悬架（aas）

在这款奥迪 Q5 上，自适应空气悬架是选装的。与奥迪 Q7（车型 4M）上的 aas 相比，主要区别在于使用了无 Boost 功能的空气供应单元。这款奥迪 Q5 使用了一个容积约为 7L 的蓄压器。

基本工作原理与奥迪 Q7 上使用的系统是一样的，操纵和保养内容也与奥迪 Q7 上的一致，如图 4-8-4 所示。

1.调节策略

如图 4-8-5 所示。

奥迪 driveselect 的各个模式是对应着特定的底盘高度。comfort（舒适）和 automatic（自动）模式是初始状态（基本高度），这两种模式的区别在于减震器的调节策略不同，减震器在 comfort 模式时会提供更加舒适的行驶特性。如果车辆行驶速度不低

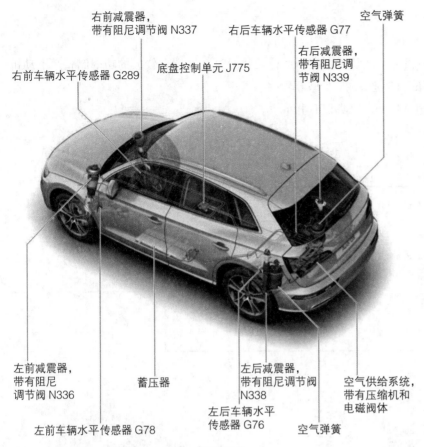

右前减震器，带有阻尼调节阀 N337

右后车辆水平传感器 G77

空气弹簧

右前车辆水平传感器 G289

底盘控制单元 J775

右后减震器，带有阻尼调节阀 N339

左前减震器，带有阻尼调节阀 N336

蓄压器

左后减震器，带有阻尼调节阀 N338

空气供给系统，带有压缩机和电磁阀体

左前车辆水平传感器 G78

左后车辆水平传感器 G76

空气弹簧

图 4-8-4

于 120km/h 的时间达到了 30s 或者不低于 160km/h 的时间达到了 20s，那么就会自动退出基本高度，在这种情况下，aas 会使底盘高度下降 15mm。这样就可改善空气动力学性能，也就节省了燃油。如果随后驾驶员降低了车速，那么车速在达到或者低于特定限值时（70km/h 或 35km/h）的一定时间后（对于 70km/h 来说是 120s；对于 35km/h 来说是立即），底盘高度会被重新调整回初始状态（基本高度）。

装载高度只有在车辆停住不动时才能调节，在车速达到 5km/h 时会自动退出装载高度。随后，当前选定的奥迪 driveselect 模式就被激活了，车辆高度也会按这个模式来相应调整。

在车速达到 35km/h 时会立即退出 lift（升起）模式并切换到 allroad（全路况）模式。allroad 模式在车速达到 80km/h 时也会这样切换，底盘就切换到基本高度了。如果随后车在速度达到或者超过 120km/h 情况下行驶了 30s（或者车在速度达到或者超过 160km/h 情况下行驶了 20s），那么底盘高度会再次降低 15mm。这个特点与 comfort 和 automatic 模式时一样。另外，在 allroad 模式时，如果车速低于特定限值（对于 70km/h 来说是

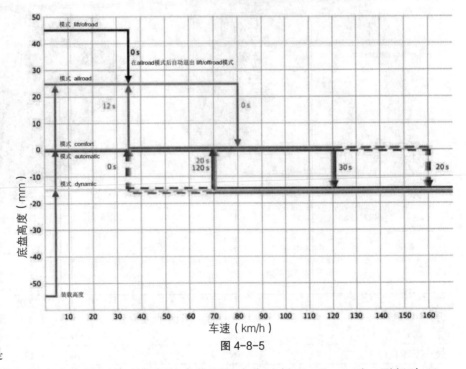

图 4-8-5

20s；对于 35km/h 来说是立即），底盘会被调节到相邻较高位置。在车速低于 35km/h 时，再行驶 12s，就会设置成 allroad 底盘高度（+25mm）。

在挂车模式时，底盘高度是不允许降至较低的程度（–15mm）和装载高度的，这是为了避免挂车接合器上的支承负荷波动的。

四、制动装置

这款奥迪 Q5 装备了大尺寸制动装置，该装置可在任何行驶状况时都保持有较大的功率储备。电动机械式驻车制动器 EPB 和 ESC 是直接取自奥迪 A4（车型 8W）的。

维修保养和诊断功能，都与奥迪 A4 上的 ESC/EPB 相同。

1. 前桥

如表 4-8-2 和图 4-8-6 所示。

表 4-8-2

发动机类型	2.0L TDI（110/140 kW）	2.0L TDI（140kW） 2.0L TFSI（185kW）	3.0L TFSI（260kW）
最小车轮直径（英寸）	16	17	17
制动器类型	Continental 4MN 42/30/11 浮动式制动钳	Continental 4MN 42/30/11 浮动式制动钳	Akebono AHP6-30 （30-36-38） 浮动式制动钳
活塞数量	4	4	6
制动盘直径（mm）	318	338	350
制动盘厚度（mm）	30	30	34

2. 后桥

如表 4-8-3 和图 4-8-7 所示。

图 4-8-6

图 4-8-7

表 4-8-3

发动机类型	2.0L TDI（110/140kW）	2.0L TDI（140kW） 2.0L TFSI（185kW） 3.0L TFSI（260kW）
最小车轮直径（英寸）	16	17
制动器类型	TRW PC 42HE EPBi 浮动式制动钳	TRW PC 43HE EPBi 浮动式制动钳
活塞数量	4	4
制动盘直径（mm）	300	330
制动盘厚度（mm）	12	22

五、转向系统

这款奥迪 Q5 上配备的是电动机械式转向系统（EPS），该系统的结构、工作原理和维修保养方面与奥迪 Q7（车型 4M）上的是一样的。由于奥迪 Q5 上的车桥负荷要小于奥迪 Q7 的，因此所使用的电机功率也就要小一些。奥迪公司开发出了专用的转向特性曲线，可通过奥迪 driveselect 来激活。

标配使用的是机械可调式转向柱，可以选装电动可调式转向柱。要想使用动态转向系统的话，还有相应的专用转向柱。转向柱在结构和功能上与奥迪 A4（车型 8W）和奥迪 Q7（车型 4M）上的是一样的，微小的不同之处体现在供货商的不同，如图 4-8-8 所示。

图 4-8-8

其他装备系列的方向盘，配有镀铬圈，视觉差别很容易看出来。与 S-line 装备配合使用的方向盘上有 S 标识、颜色对比接缝和把手处的带微点真皮，给人以运动特色的感觉，如图 4-8-10 所示。

图 4-8-10

还有一种专用运动型设计的方向盘圈扁平的方向盘，也算增加了方向盘的种类，如图 4-8-11 所示。

装备双离合器变速器或者自动变速器的车，其方向盘上有翘板开关。选装的方向盘加热系统首次用于奥迪 Q5，但是只用于圆圈的方向盘上。

1. 方向盘

标配的是三辐式多功能真皮方向盘，可选装两种扩展多功能方向盘（带或不带方向盘加热功能），如图 4-8-9 所示。

图 4-8-9

图 4-8-11

六、自适应定速巡航系统（ACC）

系统一览如图 4-8-12 所示。

这款奥迪 Q5 上使用的 ACC 系统就是奥迪 A4（车型 8W）上使用的系统，相应的功能与奥迪 A4 上的是相同的。

七、车轮和轮胎

这款奥迪 Q5 有很多车轮和轮胎可供选用，其中的车轮尺寸在 17~20 英寸之间，轮胎尺寸为 235/65R17 至 255/45R20。

17 英寸冬季车轮适合装防滑链。不提供具有应急功能（指轮胎没气时仍能行驶一定距离）的轮胎。

轮胎应急套件（英语叫 Tire Mobility System，缩写为 TMS）是标配。可选装 18 英寸折叠式备用车轮。

右侧车距调节传感器 G259 和车距调节 控制单元 J428（主控制器）　左侧车距调节传感器 G258 和车距调节 控制单元 J850（从控制器）

图 4-8-12

如果车辆出厂时就有冬季车轮且带有折叠式备用车轮，车上就有千斤顶。

在这款奥迪 Q5 上，标配是大家熟知的第二代轮胎压力监控显示系统（RKA+），该系统的结构、功能、操纵和驾驶员信息以及维修保养和诊断等，与其他型号奥迪车上用的系统是相同的。

第九节　奥迪 Q7（4M）底盘系统

一、概述

全新奥迪 Q7 是舒适的伴侣，在市内快速道上行驶时，其安静又稳重地行驶着，并具有极高的滚动舒适性，同时也受到了极大的认可。在弯曲的公路上，它易操控，既精确又敏捷，并能驰骋到路的尽头。与前款车型相比，这款大型 SUV 的重心降低 50mm，其中包括降低发动机的安装位置。

底盘采用众多新设计。前桥和后桥悬架采用了五摆臂设计，它们取代了前款车型的双横摆臂车桥。全新的橡胶支座以及后桥上的分体式弹簧和减震器响应十分灵敏。全新的电控机械式助力转向标配 Servotronic 功能，高效工作。它负责直接转向响应，实现个别全新的驾驶员辅助系统。与前款车型相比，全新奥迪 Q7 的底盘轻了 100 多千克。例如，车轮悬架的摆臂现在由铝和高强度钢制成。前桥的传动轴设计成空心，摆动轴承使用锻造铝。

用户期望的话，奥迪可以提供四轮驱动转向系——另一项指导性的创新。

使用标配的钢制弹簧，全新奥迪 Q7 就能提供卓越的舒适性。使用自适应空气悬架使得行驶更加平稳，它通过全新研发的中央底盘控制单元进行管理，控制所有车身调节系统。奥迪全新研发的空气悬架以及主动式减震器可以根据情况调整车身高度和车身舒适度。全新奥迪 Q7 在投放市场时标配 18 英寸的车轮，轮胎规格为 255/60。期望的话，奥迪和 quattro 股份有限公司（quattroGmbH）可以提供大量其他车轮，最大的规格为 21 英寸。大型、内部通风制动盘制动这辆 SUV，在前桥上装备铝制六活塞式制动钳。更加完善的地方还有，电控机械式驻车制动器配备舒适停车和起步功能，其作用于后车轮。

电子坡道缓降辅助系统使得这套纷繁的装备得以完整。新一代 ESC 和 ACC 构成实现众多辅助系统的基础。

如图 4-9-1 所示。

二、车桥和四轮定位

（一）前桥

如图 4-9-2 所示。

前桥开发基础是模块化纵置平台（MLB），而且还在奥迪 Q7 上使用早已在其他奥迪车型上得到认证的五横摆臂车桥方案。

（二）后桥

如图 4-9-3 所示。

后桥开发基础同样是模块化纵置平台（MLB）。
在奥迪 Q7 上使用全新开发的五摆臂车桥。通过一如既往的轻量化结构，后桥重量比前款车型轻了 40kg。

图 4-9-1

弹簧
带线性特性的钢制弹簧

减震器
· 带聚氨酯附加弹簧的双管减震器
· 为 Q7 量身定做
· 为上部减震支柱轴承全新研发的轴向滑动轴承

减震支柱
· 铸铝结构
· 用螺栓拧紧在支撑臂上

万向节
· 球形万向节作为横摆臂与摆动轴承的连接件
· 铝制外壳

导向臂
十字斜撑钢结构用螺栓拧紧在副车架上，用于提高强度

上层摆臂
· 锻造铝结构
· 直接装到车身上，无单独的轴承座摆动轴承
· 锻造铝结构
· 2 种型号，取决于车桥负荷（车轮轴承宽度）

连杆
· 带橡胶金属轴承的铝制外壳
车轮轴承
· 第二代车轮轴承
· 2 种不同车轮轴承宽度（40.5mm 和 42mm）的型号

稳定杆
· 管式稳定杆
· 经过硫化处理的轴承元件

副车架
· 铝合金焊接结构，采用铸造节点和 IHU 型材

支撑臂
· 锻造铝结构
· 钢结构

轮毂

图 4-9-2

转向横拉杆
钢结构

弹簧
带线性弹簧特性的钢制弹簧

副车架
· 钢结构
· 弹性车身连接，通过后部橡胶金属轴承以及前部液压轴承实现
· 根据车桥负荷有 3 种型号：负荷组 3、负荷组 4 和连后桥转向系的负荷组 4

后部上横摆臂 2 种型号：
· 钢结构（标准）
· 锻造铝结构，针对自适应空气悬架、后桥转向系和配备"大"钢制弹簧（大车桥负荷）的车辆

前部下横摆臂
· 钢结构

连杆
· 挤压铝合金件，带橡胶金属轴承

稳定杆
· 管式稳定杆
· 两件式轴瓦，通过螺栓与钢制卡箍相连

流线型饰板
· 通过夹子固定在下悬架臂上
· 降低浮力

悬架臂
· 变形的挤压铝型材
· 连接弹簧和减震器
· 图片中被流线型饰板盖住

减震器
· 带聚氨酯附加弹簧的双管减震器
前部上横摆臂
· 锻造铝结构
· 连接稳定杆和连杆以及车身高度传感器连杆
车轮支架
· 锻造铝件
· 根据不同的车轮轴承有两种型号
车轮轴承
· 第二代车轮轴承
· 根据车桥负荷有两种型号（不同的外部直径）

平衡重
· 拧紧在副车架上
· 图中被盖住

图 4-9-3

（三）四轮定位 / 底盘调整

对于前桥，通过更改转向横拉杆长度来单独调节左侧和右侧的前束值。横向移动副车架可以将外倾角限定在很窄的极限范围内。在转向横拉杆与副车架的螺栓连接点上调节前束，如图4-9-4所示。对于五摆臂后桥，可以调节单个前束值和单个外倾角值，如图4-9-5所示。

在悬架臂与副车架的螺栓连接点上调节
外倾角（被流线型饰板盖住）

图4-9-4

前束调节

图4-9-5

提示：必须注意，在后桥上首先调节外倾角，再调节前束值。这一点非常重要，因为外倾角调节也会小幅度地更改前束值。

三、配备空气弹簧和电子减震器控制装置的底盘（自适应空气悬架）

（一）概述

如图4-9-6所示。

奥迪Q7可以选装采用不同布局/协调关系的两种自适应空气悬架底盘。生产控制编号（PR编号）1BK代表"自适应空气悬架"，PR编号2MA代表"运动型自适应空气悬架"。

该系统基于之前用在其他奥迪车型上的ass系统。主要创新在于使用底盘控制单元J775。该控制单元包含用于空气悬架和减震器的调节软键，将来也会包含针对其他底盘调节系统的相应调节算法。这种高度集成的平台实现将多种型号的底盘集成到可扩展的控制单元结构中，从而减少车上的硬件型号。但是可能在不同型号的底盘上使用同一个硬件以及所需的安全方案。

底盘控制单元J775
·包含空气悬架和减震器的调节软件，以及用于确定车辆运动性的传感器

右后减震调节阀N339

空气供给装置以及压缩机和电磁阀体

右前空气弹簧支柱和减震器右前减震调节阀N337

蓄压器

左后减震调节阀N338

空气弹簧

左后车身高度传感器G76

左前车身高度传感器G78

蓄压器

空气管路聚酰胺管

右前车身高度传感器G289

左前空气弹簧支柱和减震器左前减震调节阀N336

左前车身高度传感器G78

图4-9-6

（二）结构和功能

1. 底盘控制单元 J775

如图 4-9-7 所示。

自奥迪 Q7 起，底盘控制单元将用在未来车型上，它基于模块化纵置平台，用作通用底盘调节系统控制单元。

在奥迪 Q7 上，该控制单元包含奥迪为悬架和减震器调节系统研发的调节软件。此外，这些用于记录车辆高度方向（z）上的加速度值、记录车辆纵轴（x 方向，摇晃运动）和车辆横轴（y 方向，俯仰运动）偏转率的传感器集成在该控制单元中。

该控制单元安装在车辆前部，位于中控台下方的空调下面。

通过 FlexRay 进行通信。

图 4-9-7

2. 空气供给单元

如图 4-9-8 所示。

压缩机和电机作为驱动装置和电磁阀体是一个紧凑的整体，安装在同一个支架上。这整个单元固定在车身尾部右侧区域内的车辆外侧上。

压缩机 / 电机单元额外通过弹簧元件安装在支架上。从震动技术角度考虑，支架通过橡胶轴承固定在轴承位置上，与车身分离。整个单元配有特制饰板，防石击和其他损伤。

3. 压缩机和电机

如图 4-9-9 所示。

为了生成所需的空气压力，使用全新研发的两级式 "Twin" 压缩机。该压缩机的驱动是通过电机完成的。电机的控制系统是新设计。取代之前使用的机械式继电器，现在通过周期性脉宽调制信号（PWM 信号）控制该电机。

压缩机　　　电机　　电磁阀体

图 4-9-8

通过这种控制系统实现平稳地启动和关闭电机，以降低车载电网的峰值负荷。一个同样安装（卡止）在同一个支架上的特制控制单元制备控制信号。

底盘控制单元和该控制装置之间的数据传输通过独立的 CAN 总线（专用 CAN）实现。

压缩机通过两个活塞压缩空气。

压缩第一级的活塞（小直径）与其连杆直接连在驱动轴的偏心盘上。压缩第二级活塞（大直径）安装在压缩第一级的连杆上。因此，两个活塞共同朝着一个方向移动。在压缩第一级活塞密封期间，压缩第二级的活塞吸气。

压缩第一级产生 400~600kPa 的压力，压缩第二级提供约 1800kPa 的系统压力。一个温度模型为此构成基础。最长接通时长约为 4min，控制电子装置使用额外的安全功能，这项功能在最坏情况下最长在6min 后关闭压缩机。

4. 电磁阀体

电磁阀体由 5 个电磁阀构成，它们连接空气供给单元与空气弹簧和蓄压器，以及连接空气弹簧和蓄压器，如图 4-9-10 和图 4-9-11 所示。

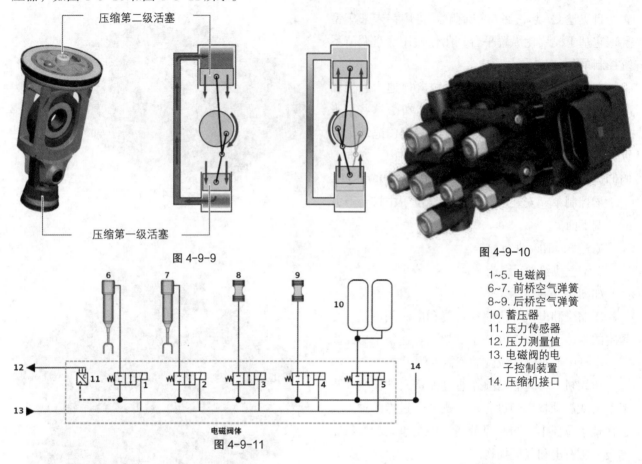

图 4-9-9

压缩第二级活塞

压缩第一级活塞

图 4-9-10

1~5. 电磁阀
6~7. 前桥空气弹簧
8~9. 后桥空气弹簧
10. 蓄压器
11. 压力传感器
12. 压力测量值
13. 电磁阀的电
　　子控制装置
14. 压缩机接口

电磁阀体

图 4-9-11

电磁阀体内集成了一个压力传感器。

电磁阀体内的 2/2 通阀门（1~5）打开或锁止通向蓄压器和空气弹簧的通路。图片展示的阀门处于中间位置，即未受电子控制的状态。这些阀门在不通电的情况下处于关闭状态。当识别到调节需求时，会控制相应的电磁阀，以便给匹配的空气弹簧加注空气或排出空气。

在布置蓄压器时，它在相应接通电磁阀时测量蓄压器内的压力和空气弹簧内的压力。

5. 蓄压器

如图 4-9-12 所示。

出于包装原因，在奥迪 Q7 上使用两个独立的蓄压器，每个容量为 5L。蓄压器模块安装在车辆右侧和左侧的后部脚部空间内，并通过一根管路相互连通。它们由铝制成。

这些蓄压器优先在车辆静止以及低速行驶期间的调节过程中使用，以改进车辆声学系统。当车速高于约 30km/h 时，会加注蓄压器，并优先通过用压缩机生成压力来完成调节过程。一般而言，当蓄压器的压力至少比待调节空气弹簧中的压力高出约 300kPa 时，才会用蓄压器完成调节过程。

图 4-9-12

6. 前桥空气弹簧支柱

如图 4-9-13 所示。

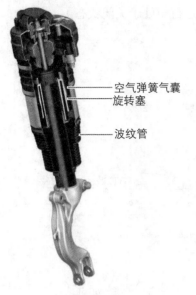

空气弹簧气囊
旋转塞

波纹管

图 4-9-13

空气弹簧气囊由天然橡胶和聚酰胺材质的坚固支架构成。用夹紧卡箍将它的下部固定在减震管上，将它的上部固定在减震器支座上。由此形成的封闭空间构成气囊。当弹簧伸缩时，空气弹簧气囊在旋转塞上"滚动"。旋转塞的几何结构确定了弹簧特性。通过空气接口上的特制阀门（剩余压力保持阀）将气囊内的空气压力限制在 300kPa 左右。这样处理首先防止滚动波纹管区域内的空气弹簧气囊因气囊中无空气而出现机械损伤。

7. 后桥空气弹簧

如图 4-9-14 所示。

空气弹簧气囊由天然橡胶和聚酰胺材质的坚固支架构成。它通过夹紧卡箍固定在旋转塞和空气弹簧的底板上。通过底板和空气弹簧上部件的几何形状确定车上的安装位置，并实现防扭转保护。

8. 进气 / 排气

为了满足声学要求，使用一个减震器，通过该减震器吸入空气以及再次通过这个减震器排出空气。该减震器安装在车辆后部，在右侧车辆的轮罩前，在车内受到保护，如图 4-9-15 所示。

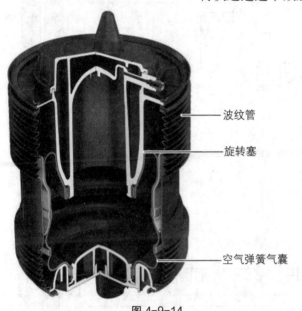

波纹管

旋转塞

空气弹簧气囊

图 4-9-14

当车速高于约 30km/h 时，加注蓄压器。

2. 通过蓄压器提高平衡位置（以前桥为例）

如图 4-9-17 所示。

这些蓄压器优先在车辆静止以及低速行驶期间的调节过程中使用，以改进车辆声学系统。一般而言，当蓄压器的压力至少比待调节空气弹簧中的压力高出约 300kPa 时，才会用蓄压器完成调节过程。

这张气动图以前桥上提高平衡位置

图 4-9-15

（三）系统功能

1. 加注蓄压器

如图 4-9-16 所示。

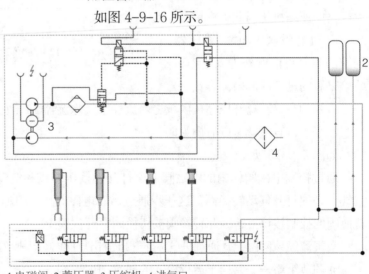

1.电磁阀　2.蓄压器　3.压缩机　4.进气口

图 4-9-16

为例，展示了阀门接通情况。控制电磁阀体内的电磁阀1和2，压缩机不运行（处于关闭状态）。

空气从蓄压器10流经打开的电磁阀1和2，流入空气弹簧6和7。

3. 通过压缩机提高平衡位置（以前桥为例）

如图4-9-18所示。

当车速高于约30km/h时，优先通过压缩机产生压力来完成调节过程。为此控制电磁阀体内相应的电磁阀，并打开压缩机与空气弹簧的管路。在所示例子中，通过压缩机的增压功能产生压力，从而提高前桥上的平衡位置。

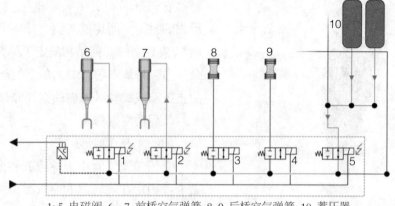

1~5. 电磁阀 6、7. 前桥空气弹簧 8~9. 后桥空气弹簧 10. 蓄压器

图 4-9-17

这个增压功能是主要的新设计，在需要时，可以极其快速地建立压力。这项功能使用蓄压器压力。蓄压器内的压缩空气为此被导入压缩机压缩第二级的进气装置中。因此，再次提高压缩第一级11中存在的压力。当蓄压器中的压力不足以完成调节操作时（压力高于500kPa），就会激活这个增压功能。当蓄压器内的压力在调节期间低于500kPa时，并不会中断调节过程，而是直接结束。

通过这个增压功能提高压缩机的效率。没有这个功能时，需要更大规格的压缩机（因此也更重）。

启动电磁阀13时，蓄压器内压缩的空气可能额外进入压缩机压缩第二级的进气区域内。

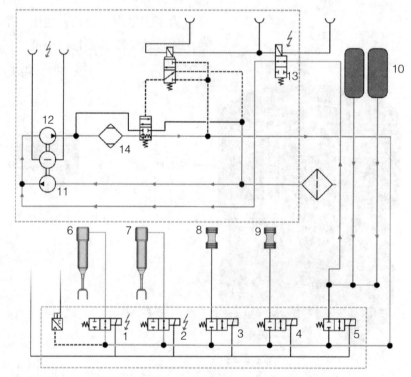

1~5. 电磁阀 6、7. 前桥空气弹簧 8、9. 后桥空气弹簧 10. 蓄压器
11. 压缩第一级 12. 压缩第二级 13. 增压功能电磁阀 14. 空气除湿器

图 4-9-18

压缩的空气在离开压缩机区域之前流经空气除湿器14，它用于抽出空气中的湿气。

4. 平衡位置降低（以后桥为例）

如图4-9-19所示。

通过控制电磁阀体内的电磁阀1~4打开连接压缩机和空气弹簧的管路。为了排出空气弹簧中的压缩空气，必须打开气动转换阀。这一步通过启动电磁阀12实现。该电磁阀打开，接着压力猛冲作用到气动转换阀的控制接口上，因此转换阀被切换到打开位置上。

空气流经该阀门，并通过进气/排气口溢出。此时，干燥的空气流经除湿器，并带走那边存储的湿气。

5. 调节策略——无挂车运行模式的底盘1BK

一般而言，调节算法根据底盘型号加以区分。额外区别在于带挂车运行模式和无挂车运行模式。

在挂车运行模式下，一般而言，不会降低车身高度，以防作用到挂车连接器上的支撑负荷发生波动，如图4-9-20所示。

接着以上述调节策略为例，进行阐述。原则上，调节系统实现6种不同车身高度。在处于基础车身高度的情况下，切换到"offroad（越野）"模式时，抬起车身25mm。一旦车速达到或超出80km/h，就会自动关闭该模式。接着当车速降低且数值达到35km/h时，就会重新自动用"offroad"模式下的车身高度行驶。最高平衡位置（+60mm）在激活"lift"模式时达到。当车速达到30km/h时，自动关闭该模式，接着激活"offroad"模式。

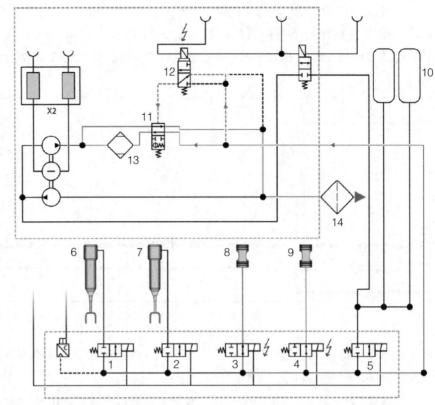

1~5.电磁阀　6、7.前桥空气弹簧　8、9.后桥空气弹簧　10.蓄压器　11.气动转换阀
12.电磁阀　13.空气除湿器　14.进气和排气口

图 4-9-19

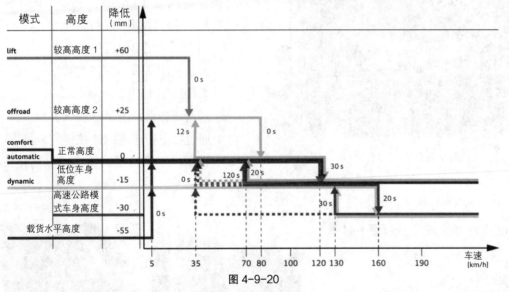

图 4-9-20

有两种模式使用基础车身高度，即"comfort"模式和"auto"模式。在"comfort"模式下调节悬架和减震器时，力求实现极高的行驶舒适度。当车速达到120km/h，不论是在"auto"模式下，还是在"comfort"模式下，都会在30s后降低平衡位置15mm（"dynamic"模式的平衡位置）。

当车速再次降低并达到70km/h时，在"comfort"模式下，20s后重新以基础车身高度行驶；在"auto"模式下，120s后重新以基础车身高度行驶。当因车速达到160km/h而降低到"dynamic"模式下的车身高度时，在"auto"模式以及"dynamic"模式下会再次降低车身15mm（高速公路行驶车身高度）。紧接着当车速降低到130km/h时，会在30s中重新回到"dynamic"模式下的车身高度。奥迪Q7还简化了车辆载物操作。车辆尾部比基础车身高度降低55mm。当驾驶员没有重新关闭载物车身高度时，一旦车速达到2km/h，就会自动关闭，此时会以最后一次设定的平衡位置行驶。

6. 底盘 2MA（运动型底盘）的调节策略

基础车身高度的平衡位置比底盘 1BK 的低 15mm。"dynamic"模式下的平衡位置比 1BK 同样低 15mm，然而"comfort"模式下的平衡位置没有再降低，如图 4-9-21 所示。

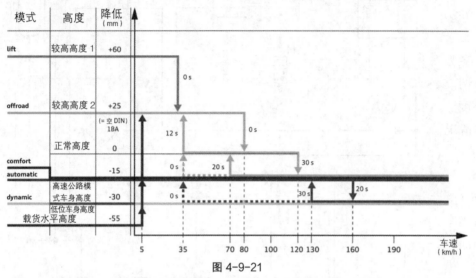

图 4-9-21

（四）操作和驾驶员信息

在奥迪 Q7 上实现不同模式的悬架和减震调节，只能通过在奥迪驾驶模式系统中选择相应模式来进行操作。驾驶员可以根据期望在舒适（comfort）、运动（dynamic）和协调（auto）减震模式之间做选择。在越野条件下行驶时，也可以选择相同名字的模式"offroad"；如果行驶路段要求更高，则可以打开"lift"模式。为了简化车辆装卸货物操作，可以降低车辆尾部。

在选择"efficiency"时，实现"auto"模式。在进行个性化设定时，结合不同汽车系统的常见不同设置，如图 4-9-22 所示。

图 4-9-22

降低车辆后尾部是为了简化车辆装货操作。当处于"auto"模式下的平衡位置时，会将尾部降低约 55mm。

用于激活尾部降低的条件：

①已关闭所有车门；

②接线端 15 接通；

③蓄压器已加满足够的气。

通过按下行李箱内的按键完成操作。

当满足下列情况时，会重新将尾部提升到初始位置：

①按下按键；

②在奥迪驾驶模式选择系统中选择另一个模式；

③车速超出 2km/h 时。

通过按键中的指示灯向驾驶员显示相应的系统状态。指示灯会在降下期间以及处于降低状态时亮起。当蓄压器内的压力过低时，指示灯短时闪烁 3 次，如图 4-9-23 所示。

出现系统故障时，会向驾驶员显示常见的黄色或红色警报符号，并配上文本信息，如图 4-9-24 所示。

图 4-9-23

（五）保养范围

1.诊断地址码

如图 4-9-25 所示。

在车辆诊断测试仪上，可以在地址码 74 "底盘控制系统"中进入该系统。控制单元 J775 参与组

图 4-9-24

图 4-9-25

件保护。在线进行编码。

2.重新匹配调节位置

在安装/拆卸或更换控制单元后，必须在编码后重新匹配车辆的调节位置，并且必须校准控制单元中的传感器。这些可以通过用车辆诊断测试仪进行单独基本设置来实现，但是也可以启动整个流程。

在整个流程执行期间，车辆必须静止停放（当车门关闭时，车内不得有人）。当车辆四轮悬空停放在举升机上且减震器置于进入止挡位置时，就会开始匹配调节位置。分析并存储车身高度传感器测量值。

接着重新将车辆四轮着地，并通过控制单元自动将车辆置于定义的车身高度位置。

机修工在这个位置测量高度尺寸，并在车辆诊断测试仪中输入各个车轮位置。

接着，该控制单元以非常小的公差范围调节正常车身高度，并激活调节系统。

然后自动执行车桥负荷校准工作。

在设定正常车身高度后，校准控制单元内的传感器。此时必须将车辆静止停放在平面上。在成功校准之后，可以使用所有调节位置。

在执行下列操作之后匹配调节位置，如图 4-9-26 所示。

（1）更换底盘控制单元 J775。

（2）拆卸/更换一个或多个车身高度传感器。

（3）对底盘进行过操作，其中包括将车身高度传感器连杆拧紧到车桥支架的螺栓上。

（4）更换/拆卸和安装减震器。

3.执行元件诊断

下列执行元件诊断可供使用。

（1）车辆降低操作的执行元件诊断。

检测空气弹簧气囊、软管连接、车身高度传感器的信号/调节方向。

（2）减震器阀门通电的执行元件诊断。

电子控制减震器。

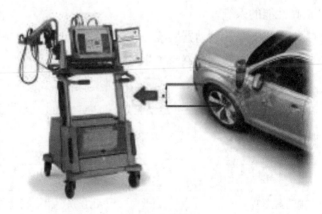

图 4-9-26

（3）增压功能系统测试的执行元件诊断。

检测增压功能的电磁阀。

（4）蓄压器—压缩机系统测试的执行元件诊断。

检测压缩机控制系统的压力建立和蓄压器电磁阀。

调车辅助工具 VAS741013 如图 4-9-27 所示。

4.汽车运送

为了能够运送空气弹簧内完全无空气的汽车，使用全新的专用工具"调车辅助工具 VAS741013"。将该工具推入车辆下方排空空气弹簧的位置上，其中一个轮子在车轮前，另一个轮子在相应车轮的后面。通过操纵脚踏板，轮子前后滚动，直至车轮被抬起并离开地面。接着可以通过工具滚轮以及其余车轮移动车辆。套件中包含 4 个所示的调车辅助工具。

注意：使用这个工具后，不允许再用发动机移动或行驶车辆。

5.装载模式

激活装载模式后，以较高车身高度行驶，实现最大离地高度。

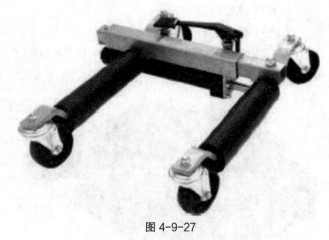

图 4-9-27

可以用车辆诊断测试仪重新关闭装载模式。当车速超过 100km/h 或行驶 50km 之后，会自动关闭。

6.运输模式

激活运输模式后，不再进行调节过程，减震器调节系统被关闭。启动发动机后，重新进行调节。

四、制动装置

（一）概述

奥迪 Q7 配备了大规格的制动装置，它提供高储备功率。前桥车轮制动器配备了轻量化铝合金制动钳以及轻量化制动盘。制动钳强度得以提升，实现直接以及运动的制动感。所有制动摩擦片现在已经满足最高环保标准"不含铜"，这个标准于 2021 年法律明文规定实施。

制动盘的漆层提升了车辆出色的外观。

而且奥迪 Q7 现在也配备电子驻车制动器 EPB。踏板机构和制动助力器都是全新开发的产品，它们最主要的开发目标是优化重量。使用 Robert Bosch AG 公司生产的全新 ESC 系统（ESP9）为相关调节功能带来高性能的系统。

（二）车轮制动器装置

1.前桥车轮制动器

如表 4-9-1 所示。

表 4-9-1

发动机配置	V6 3.0 TFSI 245kW V6 3.0 TDI 200kW 7 座车	V6 3.0 TDI 200kW 5 座车
最小车轮尺寸（英寸）	18	17
制动器类型	AKE 固定钳式制动器	AKE 固定钳式制动器
活塞数量	6	6
活塞直径（mm）	30/36/38	30/36/38
制动盘直径（mm）	375	350

2.车轮制动器 AKE（固定钳式制动器）

如图 4-9-28 所示。

3.后桥车轮制动装置

如表4-9-2和图4-9-29所示。

图4-9-28

图4-9-29

表4-9-2

发动机配置	V6 3.0 TFSI 245kW V6 3.0 TDI 200kW 7座车	V6 3.0 TDI 200kW 5座车
最小车轮尺寸（英寸）	18	17
制动器类型	TRW PC44HE	TRW PC43HE
活塞数量	1	1
活塞直径（mm）	44	43
制动盘直径（mm）	350	330

4.电控机械式驻车制动器（EPB）

如图4-9-30所示。

奥迪Q7上的主要新设计是装备了电控机械式驻车制动器。系统在结构、功能、操作以及保养范围方面符合最新的奥迪车型。执行器控制软件集成在ABS控制单元J104中。

（三）制动助力器、制动主缸、踏板机构

不论是左置方向盘车辆市场，还是右置方向盘车辆市场，奥迪Q7都使用尺寸为9/9英寸的串联式制动助力器（BKV）。TRW公司生产的这个制动助力器是全新开发的产品。与Q7前款车型上的9/10英寸BKV相比，使用铝合金制作外壳，大大减轻了重量。这个制动灯开关借鉴了横置发动机平台（奥迪A3、Q3、TT），固定在串联式制动主缸上。新设计在于制动回路的分配：在奥迪Q7上，前桥和后桥车轮制动器构成独立的制动回路（即所谓的黑白分配，在前款车型上采用对角线分配方式），

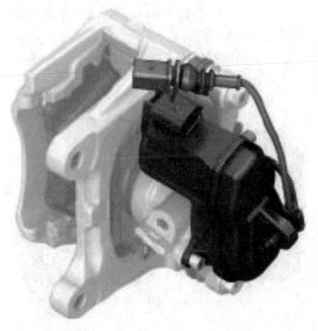

图4-9-30

如图 4-9-31 所示。

图 4-9-31

踏板机构属于新设计，主要聚焦于减轻重量。用于支承踏板的轴承座采用铸造铝结构，并通过螺栓拧紧在模块横梁上。制动踏板由铝合金型材制成，加速踏板模块采用塑料结构。这些踏板悬挂布置如图 4-9-32 所示。

图 4-9-32

（四）ESC

1. 系统组件

在奥迪 Q7，与 ESP9 配套使用的是 Robert Bosch AG 公司生产的新一代 ESC。在液压机组中有一个 6 活塞泵在工作，它与全新的液压阀协同工作，实现对建压动态性的高要求。根据车辆装备存在两个 ESC 型号，从物理上加以区分：对于配备 ACC 的车辆，使用带 3 个压力传感器的液压机组。其中，一个压力传感器测量液压系统内的预压力，另外两个压力传感器测量两个制动回路中的压力。在未配备 ACC 的车辆上，只需测量预压力。ESC 通过 FlexRay 从安全气囊控制单元 J234 中获得调节过程所需的车辆运动性信息（横向和纵向加速度，偏转率）。在奥迪 Q7 上，相应的传感器属于控制单元的组成部分，如图 4-9-33 所示。

奥迪 Q7 使用带转动方向识别功能的主动式转速传感器。它们在结构和功能上符合最新奥迪 A6 和 A7 车型上使用的传感器。

转向角传感器是一个磁传感器，它安装在转向柱开关模块中，并通过 FlexRay 进行通信。该传感器是奥迪 A6 和 A7 车型所用传感器的衍生品。保养范围是相同的，如图 4-9-34 所示。

图 4-9-33

图 4-9-34

2. 工作原理

ESC 在奥迪 Q7 上也实现了应用于最新奥迪 A6、A7 和 A8 车型上的基础和附加功能。除此之外，与其他驾驶员辅助系统和安全系统联网。因此，首次使用在奥迪 Q7 上的系统"挂车辅助系统和转弯辅助系统"可以要求 ABS 控制单元 J104 进行主动式制动干预。

奥迪 Q7 标配辅助功能"坡道保持控制 HillHoldControl（HHC）"。保持时间约为 2s，接着重新松开制动器，驾驶员在需要时必须自行制动。

"起步辅助"功能在奥迪 Q7 上进一步得到了研发。通过操纵开关激活该功能后，当驾驶员通过操纵行车制动器停止车辆时，车辆可以保持在静止状态。当重新挂入前进挡起步时，该功能仍保持激活状态。如果在停车后重新倒车起步且此时的车速超过 2km/h 左右，就会自动关闭起步辅助系统。这项新设计明显改善了调车和驻车过程中的舒适性。当前行的车速超出 10km/h 左右时，会自动重新激活该功能，如图 4-9-35 所示。

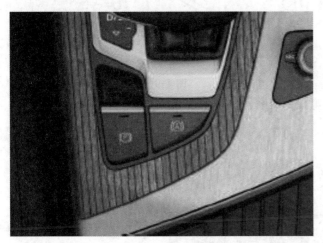

图 4-9-35

3. 操作和驾驶员信息

短按 ESC 按键（<3s）后激活越野模式。在这个模式下会限制 ASR 和 ESC 的调节干预。此时选择调节参数时，牵引为主要考量。

当按下 ESC 按键 3s 以上时，会完全关闭 ASR 和 ESC，如图 4-9-36 所示。

图 4-9-36

如果下坡期间车轮制动器的温度较高，会有一个新功能警告驾驶员这一点。当驾驶员在下坡期间没有选择合适的变速器挡位时，首先是制动器温度会急剧上升，以便通过传动系实现最佳减速。

如果制动助力器提供的助力功率过低，则 ESC 通过主动建立制动压力来实现额外的制动力。这项功能作为"经过改良的液压制动助力器 OHBV"，是奥迪车型上所用 ESC 系统的组件。当制动助力器的真空供给系统或制动助力器本身出现损坏时，对"ESC 辅助"的要求就会提高。接着，通过黄色 ESC 警告符号形式通知驾驶员这一信息。当这个警告持续亮起时，就必须前往特约维修站进行检测。如果驾驶员长时间忽视这个警告提示（在驾驶员制动规定的次数后），这个警告符号在奥迪 Q7 上首次从黄色变成红色，如图 4-9-37 所示。

4. 保养范围

奥迪 Q7 的 ESC 保养范围大体上与最新奥迪 A6、A7 和 A8 车型的相符。

控制单元和液压机组在售后服务中可以分离，因此可以单独予以更换。条件是使用操作设备 VAS6613，从而防止控制单元的电子部件产生静电。

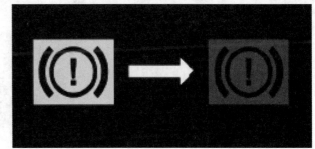

图 4-9-37

在对制动装置进行排气后，必须在线编码这个新控制单元，并校准转向角传感器 G85（作为转向柱电子装置的组件）。

接着执行另外三项基本设置：

（1）对连接的液压管路进行换错检查（为此，车辆必须停放在举升机上）。

（2）对电子驻车制动器（EPB）进行基本设置。

为此先完全地打开制动器一次，接着重新关闭（完成3次打开和关闭过程）。

（3）对轮胎压力监控显示（RKA）进行基本设置。

通过针对系统功能测试的执行元件诊断来完成这个检测计划。

转向角传感器 G85 在断开接线端 30 后不丢失其校准数据。

操作设备 VAS6613 如图 4-9-38 所示。

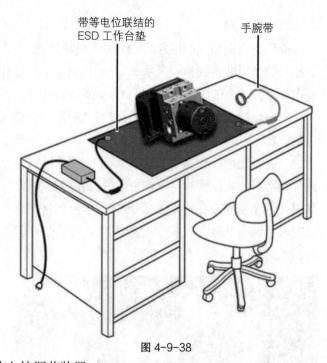

图 4-9-38

五、转向系

（一）概述

奥迪 Q7 现在配备电控机械式转向系（EPS）。研发了专用转向系特性曲线，可以用奥迪驾驶模式选择系统进行设定。标配机械可调式转向柱，可选装电控调节装置。

标配装备包括一个全新研发的四辐方向盘。对于个性化装备，有 2 个三辐方向盘作为选装装备可供选择，如图 4-9-39 所示。

（二）系统组件和操作

1.电动助力转向系统（EPS）

这个电控机械式转向系在结构和功能原理以及保养范围方面与早前用于最新奥迪 A6、A7 和 A8 车型上的系统相符合，如图 4-9-40 所示。

只能通过在奥迪驾驶模式选择系统中选择相应模式来进行操作。根据选项 "auto" "dynamic" 或 "comfort" 激活相应的转向系特性曲线，这些特性曲线实现协调、动态或以舒适性为导向的转向助力。在选择 "个性化" 模式时，驾驶员可以在三个特性曲线中任意选择一个，在选择 "efficiency" 和 "allroad" 时，会激活 "auto"（协调）模式的特性曲线。在

方向盘
四辐方向盘作为标记装备
三辐方向盘作为选装装备

转向柱
机械可调式 / 电腔调节式（选装）
高度调节：±20mm
纵向调节：±34mm

电动助力转向系统（EPS）
使用 Q7 专用特性曲线

图 4-9-39

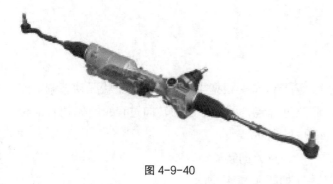

图 4-9-40

2.转向柱

如图 4-9-42 所示。

图 4-9-42

选择"offroad/lift"时，会使用"comfort"（以舒适性为导向）模式的特性曲线，如图 4-9-41 所示。

图 4-9-41

这些机械式和电控式转向柱在结构和功能原理上与最新奥迪 A6 和 A7 车型上使用的转向柱相符。主要细节改动如下：通过将踏板机构连接到模块横梁上，且不再连在转向柱上，转向柱可以设计得更加精细。结合使用其他轻量化措施，包括转向轴，可以实现减轻约 2kg 的重量。

改进了转向锁止装置的固定方式，以提高防盗安全性。

用于控制电子转向调节装置的控制单元通过插头连接与转向柱相连（在 A6 和 A7 上，是通过螺栓拧紧）。

现在，电气接口直接插在转向柱上。

3.方向盘

标配装备包括一个四辐方向盘。有两种型号的三辐方向盘可供选装。方向盘有多色可选，与接缝颜色配套。所提供的所有方向盘套均为皮制。区别在于使用的饰板。由于奥迪 Q7 只装备 tiptronic，因此所提供的所有方向盘均使用 tiptronic 操纵杆。可选装带加热装置的四辐方向盘和三辐平底方向盘，如图 4-9-43 所示。

四辐方向盘

三辐圆底方向盘

三辐平底方向盘

图 4-9-43

六、四轮驱动转向系

（一）概述

对于奥迪车型，四轮驱动转向系首次作为奥迪 Q7 的选装装备。根据当前车速和行驶状况动态调节前束，旨在改进行驶运动性和行驶舒适性。一般而言，调节过程包含两个不同的转向过程，即先朝着前轮转向的反方向转动，再朝着相同转动方向转动，如图 4-9-44 所示。

图 4-9-44

反方向转动前轮和后轮的主要目标是改进低速操作，并缩小行驶车道。对于驾驶员而言，这个操作就降低了同等弯道半径和相同车速下的转向需求，因此主观上更易操纵车辆，并更加敏捷。为了全面利用这些优点，只在低速范围（最高约为60km/h）内激活反向转向功能。

图中以最小弯道为例，显示了四轮驱动转向系的优点。半径 R2 是使用四轮驱动转向系时达到的，明显比使用传统转向系时可能出现的半径（R1）小。

2.同向转动（一同转动）。

（1）前转车辆的第一个转向过程。

如图 4-9-46 所示，驾驶员用方向盘进行弯道行驶，并改变行驶方向，前桥车轮被转入。前车轮通过转入车轮时导致轮胎与地面接触面发生的（强制）变形来传递侧向力。

为了能够绕着车辆竖轴做侧滑运动，必须对后桥车轮上施加相应的侧向力助力。

如图 4-9-47 所示，只有当侧向力因车辆重量偏向弯道外侧而改变方向时，才能形成横向加速度。

通过只改变前桥的行驶方向生成相对大的偏航力矩（绕着车辆竖轴的力矩），直至将车辆调成固定不变的状态。结果可能是降低舒适性，直至出现不稳定的行驶状态。例如，当驾驶员为了避开某个障碍物而大力转向时，绕着车辆竖轴意外出现的震

1.反方向转动

如图 4-9-45 所示。

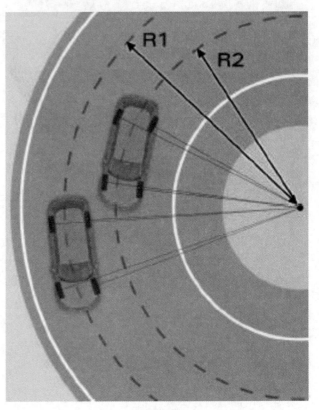

图 4-9-45

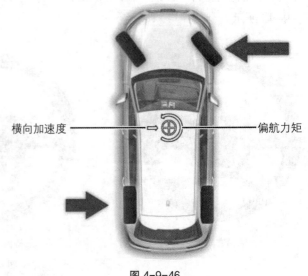

横向加速度　　　　偏航力矩

图 4-9-46

860

图 4-9-47

动过程会对行驶稳定性产生负面影响。

（2）对车辆后桥进行转向时的第二个转向过程。

如图 4-9-48 所示，驾驶员用方向盘进行弯道行驶，并改变行驶方向，前桥车轮被转入。系统对施加的转向过程做出反应，即随着后桥车轮同向转向。因所有四个车轮的轮胎与地面接触面发生（强制性）变形，除了与前桥车轮平行，相同方向上的后桥车轮施加的侧向力也会被激活。得出的偏航力矩明显比只使用前转车轮的车辆更低。通过在两个车桥上实时形成侧向力大大减弱了纯前转车辆上常见的效应——即从施加的转向运动过渡到固定不变的状态。更加协调、更加舒适地改变方向，降低了偏转震动风险。

如图 4-9-49 所示，已经达到了固定不变的状态，驾驶员将车辆行驶到规定的弯道上。

在低车速范围内使用反向转向后桥车轮功能时，在其他更高转速范围内同向一同转动。

除了已经阐明的优点，系统还限制了突然避让时的偏转率。在突然避让的情况下，过度转动后桥车轮可以提高行驶稳定性。

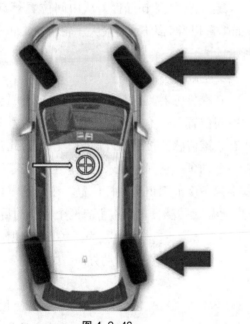

图 4-9-48

图 4-9-49

配备传统转向系车辆的避让过程／车道变换，如图 4-9-50 所示。

配备四轮驱动转向系车辆的避让过程／车道变换，如图 4-9-51 所示。

（二）技术实现

通过主动式调节元件更改后桥车轮的前束值。车轮支架上的转向横拉杆与传统后桥一样，安装在橡胶金属轴承上。与传统车桥不同的是，转向横拉杆不是直接固定在副车架上，而是在此与橡胶金属轴承两侧固定在调节元件上。

调节元件、驱动装置和电子调节系统构成的整个单元固定在副车架上，同时转动车轮相同的转向角。

图 4-9-50 　　　　　　　　图 4-9-51

图 4-9-52

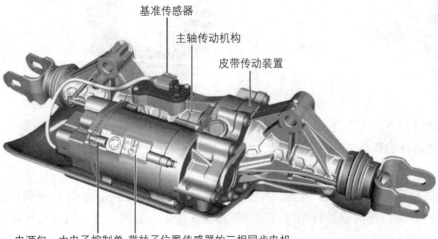

基准传感器

主轴传动机构

皮带传动装置

电源包：由电子控制单　带转子位置传感器的三相同步电机
元和功率输出级构成

图 4-9-53

由于前束角度最多更改约5°，因此不像前桥一样需要使用摆动轴承。通过摆臂与车轮支架之间轴承元件的弹性实现改动角度，如图4-9-52所示。

（三）系统组件

1.主轴传动机构

如图4-9-53所示。

电机通过驱动皮带驱动螺杆螺母。螺杆螺母的转动运动转换成螺杆的直线运动。相连的转向横拉杆将这种直线运动传递到车轮支架上，车轮一同向右或向左转动（取决于电机的转动方向）。该系统通过螺杆和螺杆螺母的传动比和使用的梯形螺纹实现自锁。

只能在调节过程中激活该电机，其余时间保持关闭状态。只能通过螺纹驱动自锁力生成保持力。

螺杆最大调节行程（从中间位置算起）约为9mm，它相当于约5°的最大车轮转角，如图4-9-54所示。

2.基准传感器

基准传感器测定零位位置，即螺杆驱动装置的"中间位置"：不在转向位置或是处于不偏不倚的状态。该传感器按照霍耳原理工作。为此，螺杆配有一个轴颈，它固定在永久磁铁上。在零位区域内以小幅角度范围识别螺杆位置。在真正霍耳传感器的"上游"，传感器电路板上有两个额外的霍耳开关。

这些开关用于识别螺杆运动方向，如图4-9-55所示。

3.电机

驱动装置使用的是一个三相交流无刷同步电机。通过AC/DC转换器在控制单元中生成三相电流。

电机中内置一个转子位置传感器。这个传感器十分精确地记录转子的位置，如图4-9-56所示。

4.后桥转向系控制单

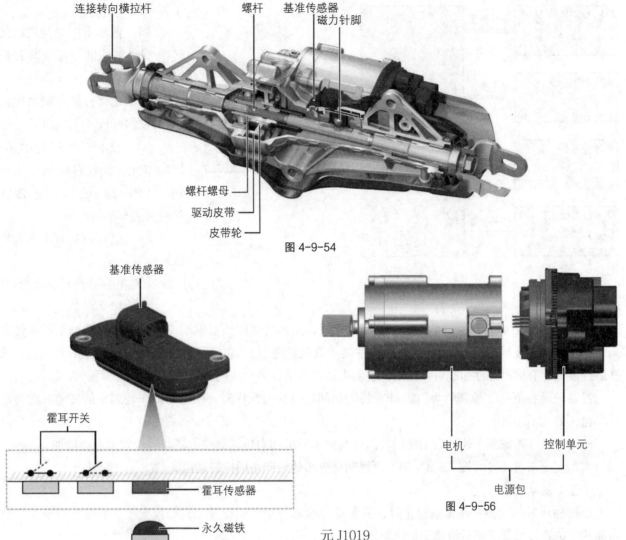

图 4-9-54

图 4-9-55

图 4-9-56

元 J1019

控制单元和触发单元构成了一个复杂的密封单元，通过螺栓与电机连接在一起，防溅水和湿气。该控制单元作为小电阻终端共享单元连接在 FlexRay 上。根据定义的输入端信息计算电机所需的触发电流。AC/DC 转换器提供用于触发电机的交变电压。

（四）总系统的功能

一般而言，后桥转向系的功能需要下列测量值/信息，如图 4-9-57 所示。

（1）车轮速度。

ABS 控制单元 J104 将车轮速度以信息形式发送到 FlexRay 上。后桥转向系控制单元 J1019 由此确定车辆参考速度，这个速度值作为冗余与由 ESC 确定的车辆参考速度进行比较。

（2）转向角。

转向角传感器 G85 记录转向角，同时以信息形式发送到 FlexRay 上。该控制单元根据车速和前桥车轮转向角的这两个"指导性信息"测定后桥上所需的转向角。

1.接线端 15 接通时的特性

打开点火开关时（通过 FlexRay 传输接线端 15 的信息），控制单元检测是否存在运行后桥转向系的

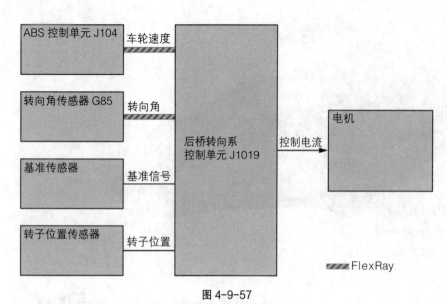

图 4-9-57

下列条件。

（1）前桥上的电控机械式转向系产生的助力比最高转向助力高出20%。

（2）已经连接车辆蓄电池（接线端30），并且功能正常。

（3）没有对换控制单元/转向单元（比较存储的车辆识别号VIN与通过FlexRay接收到的当前车辆的VIN）。

（4）已正确匹配/编码后桥转向系。

2.驾驶员进行转向运动时的特性

通过编码控制单元在控制单元中存储特性曲线，这些特性曲线根据车速和前桥转向角确定后桥转向角。这些特性曲线根据所追求的转向/行驶性能（驾驶员期望）加以区别。根据驾驶员选择的驾驶模式选择系统设置，有多种特性曲线可供使用，它们支持以舒适性为导向的行驶性能至运动型行驶性能。

当驾驶员在低速（最高约为60km/h）行驶期间进行转向操作时，朝着与前车轮相反的转动方向转动后车轮，最大不超过5°。

此时，额外考虑到车速，后车轮的转向角与前车轮的转向角（驾驶员转动的转向角）会增加。

当车速更高时（自大约70km/h起），用明显更小的转向角同向转动后车轮。

（五）基本功能

车辆静止时的特性：在车辆静止时，后车轮每次都位于中间位置（初始位置）。通过分析基准传感器和转子位置传感器的测量值确定精确的位置。

例外情况：由于复位力不足，无法完全复位。

所述特性主要是装载状态（车重较高）以及车道特性（摩擦系数较高）造成的。在这种情况下，在下一个行驶循环中复位至精确的中间位置，向驾驶员显示"失调"这个信息（参见操作和驾驶员信息）。

（六）附加功能/特殊运行状态

其他车辆系统的要求：自动泊车辅助系统（PLA）以及挂车调车辅助系统（ARA）"授权"后桥转向角位置。此时由上述控制单元确定精确的转向角规定，接着通过后桥转向系控制单元J1019实现。

ESC也会影响后桥转向系。ESC会中断后车轮的转向运动，当这样做有助于行驶稳定性时。

（七）操作和驾驶员信息

驾驶员也可以通过在奥迪驾驶模式选择系统中选择车辆特性来直接干涉后桥转向系的功能。根据选择的设置，系统支持运动、协调或舒适的转向特性。

在选择"个性化"模式时，驾驶员可以在三个特性曲线中任意选择一个，在选择"efficiency"和"allroad"时，会激活"auto"（协调）模式的特性曲线。

在选择"offroad/lift"时，会使用"comfort"（以舒适性为导向）模式的特性曲线。

在分配模式与相应的车辆特性/特性曲线时，后者与前桥电控机械式转向系（EPS）的一致，如图4-9-58所示。

只有在系统出现故障时，才会向驾驶员显示后桥转向系的信息。根据故障程度显示黄色或红色警告符号。该警告符号与前桥电控机械式转向系的常见符号相一致。新设计在于附注"调整驾驶方式。弯道变大"以及"停车，注意侧面间距"。这些文本只在后桥出现故障时激活显示。

图 4-9-58

（八）保养范围

安装生产控制编号（PR 编号）为 0N5 的后桥转向系。

诊断地址码为 CB。

供货时，处于初始位置（零位位置）。早在系统供应商处就已经确定 / 校准了初始位置。为此在售后服务期间无须对系统进行操作。至于与相应的汽车相匹配只能通过调整后桥车轮的前束值实现。调整方法：与未配备后桥转向系的车辆一样，用相同的方法转动规定的偏心螺栓。

安装和拆卸 / 更换转向系模块：在售后服务中，只能以整个模块形式提供后桥转向系。没有规定单个组件的拆卸 / 更换方法。

在安装该模块时，必须注意精确定位。使用专用工具确保这一点。

在截稿排印之前，有关该工具的详情及其应用尚在制定中。

如果没有精确定位该模块，则可能导致转向横拉杆在车辆左右两侧 z 方向上的连接点位置不同。这会导致车辆在进行弹簧伸缩调节时，右侧和左侧后车轮的前束角不同。

使用这个模块后在线编码全新的控制单元。此时从车辆数据库中下载车辆特定数据组。

之后调整后桥前束值时，需要四轮定位电脑。

在开始四轮定位之前，用车辆诊断测试仪通过基本设置"主动转向至齿条中间位置"调整转向系的精确中间位置。此时将十分精确地确定齿条中间位置，这是因为公差范围比"正常运行模式"下的小得多。

接着故障存储器中生成一条记录，并激活黄色警告符号。在设定前束后，关闭并打开接线端 15 一次，接着关闭基本设置，删除故障存储器记录，最后关闭警告符号，如图 4-9-59 所示。

对换模块后，必须执行基本设置"复位 / 匹配 VIN"，接着必须在线编码控制单元。

提示：请注意，出现"方向盘倾斜"这种索赔时，也可能是因系统受限，导致没有精确调整后桥转向系的初始位置。

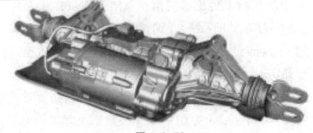

图 4-9-59

七、自适应巡航控制系统（ACC）

（一）系统一览

在奥迪 Q7 上首次使用第四代 ACC。首先通过改动结构和扩展功能大大提升舒适性，同时提高了系统可用性，因此现在因传感器视野不足而关闭系统的操作明显延迟，而且也通过改良硬件调动了常见的系统限值。例如以较小的幅度反射雷达信号，这在隧道行驶时会导致误解，而且几乎不会导致关闭该系统。

对静止的车辆做出反应，就是其中一项新功能。此外，ACC 测量值是新功能"效率预测辅助系统和堵车辅助系统"的主要基础。

在奥迪 Q7 上也实现了带两个雷达装置的主控制单元 / 副控制单元方案——这个方案之前已经运用于 A6、A7 和 A8 车型（包括 S 和 RS 车型）。每个雷达装置和之前一样，使用一个自身的控制单元，该控制单元与雷达装置构成一个结构单元。通过 FlexRay 进行数据交换，如图 4-9-60 所示。

提示：与其他所有辅助系统一样，ACC 也会在特定的系统限值范围内工作。驾驶员负责交通情况。

（二）车身系统组件和基础功能

右侧自动车距控制传感器 G259 和自动车距控制单元 J428（主控制单元）。

左侧自动车距控制传感器 G258 和自动车距控制单元 2J850（副控制单元）。

两个雷达的物理结构是一样的，区别在于控制单元软件的功能。主要新设计在于使用 6 个水平方向上的雷达发送 / 接收单元以及一个垂直方向上的附加发送 / 接收单元。因此可以

右侧自动车距控制传感器 G259 和自动车距控制单元 J428（主控制单元）　左侧自动车距控制传感器 G258 和自动车距控制单元 J850（副控制单元）

图 4-9-60

在附近得出一个雷达视野范围 / 探测范围：水平方向上为 ±22°，垂直方向上为 ±3°。探测范围可以扩大至约 250m。通过安装在车上的传感器也可以扩大视野。例如可以更容易"瞄到"前行车队，而且还可以在系统限值范围内识别到相邻车道上相距更大距离的车辆。

雷达射线的扩展特性如图 4-9-61 所示。

ACC 主控制单元和 ACC 副控制单元是独立的控制单元 / 传感器，它们在相应的雷达视野内相互独立地探测雷达反射。通过 Flex Ray 交换信息。此时，副控制单元向主控制单元提供测量值。在主控制单元中汇总两个传感器的信息。向驾驶员提供功能［ACC、堵车辅助系统、奥迪预防式整体安全系统（奥迪 PreSense）等］以及显示驾驶员信息只由主控制单元实现。为了帮助理解探测和调节过程的复杂度，下列数据可以帮上忙：ACC 系统在实现其功能时，需要与其他 22 个控制单元交换数据。此时，ACC 主控制单元接收和处理约 1000 个信号 / 信息，本身发送约 500 个信号 / 信息。而 ACC 副控制单元可以同时最多探测 32 个对象。如图 4-9-62 和图 4-9-63 所示。

1. ACC 基础功能

物理功能原理当然也适用于第四代 ACC。传感

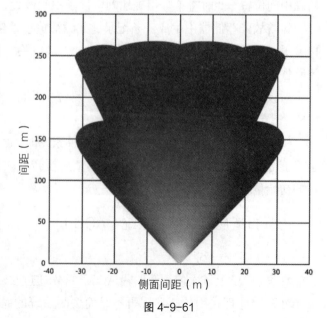

图 4-9-61

器前的目标反射雷达信号，接着分析反射的信号组成部分的振幅和频率。根据多普勒效应确定相对速度和距离。

图 4-9-62

可以用操作杆通过熟悉的方式操作 ACC。

新设计在于实现 5 种间距设置，用于识别前行车辆（之前是 4 种）。同样属于新设计的还有 ACC 操纵杆上的 LIM 按键因此可以在 ACC 运行模式和限速模式之间切换。

如果车辆使用奥迪驾驶模式选择系统，则可以联结 ACC 行驶程序与相应的设置。

备选方法：通过"个性化"设置可以独立配置 ACC。

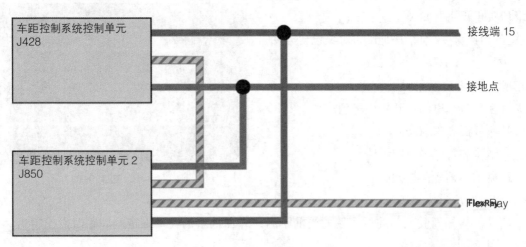

图 4-9-63

如果没有装备奥迪驾驶模式选择系统，则可以通过自身的菜单选择 ACC 行驶程序。

ACC 的相关驾驶员显示在大体上与最新配备 ACC 的奥迪车型的一致。如图 4-9-64 和图 4-9-65 所示。

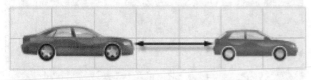

图 4-9-64

2. ACC 附加功能

如图 4-9-66 所示。

在奥迪 Q7 上实现下列 ACC 附加功能：

① ACC Stop&Go 停走功能；

②车距显示 / 车距警告功能；

③避让辅助系统；

④转弯辅助系统；

⑤堵车辅助系统；

⑥弯道行驶时的调节性能；

⑦增压功能；

图 4-9-65

⑧超车辅助系统；

⑨起步监控系统；

⑩换道辅助系统；

⑪防止在右侧车道超车。

除此之外，ACC 提供用于实现效率预测辅助系统和前部版奥迪预防式整体安全系统/功能的主要信息。

图 4-9-66

3. ACC Stop&Go 停走功能

如图 4-9-67 所示。

奥迪 Q7 上的 ACC 还首次延迟至"静止车辆"对象探测的时间点。为此必须满足下列条件：

① ACC 识别到车辆，并归为静止对象；

②摄像头也识别并归类了这辆车；

③ ACC 和摄像头之间识别到的对象已经合并完成；

④车辆在自身车道范围内；

⑤无法在自身车道内绕开静止车辆；

⑥行驶速度最高为 50km/h。

（三）结构和功能的系统组件

1. 车距显示/车距警告功能

如图 4-9-68 所示。

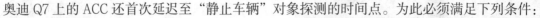

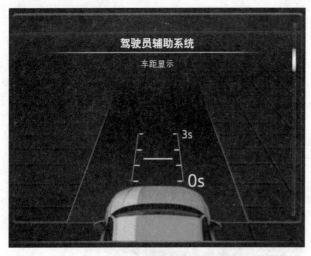

图 4-9-67

这个新功能告知驾驶员与前行车辆的当前距离，并在低于驾驶员设定的间距时发出警告。前提条件是 ACC 不是由驾驶员激活的。

（1）车距显示，如图 4-9-69 所示。

图 4-9-68

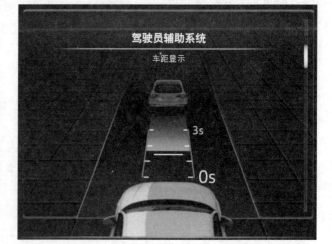

ACC 分析雷达传感器的测量值。一旦车速超出 60km/h，就会在组合仪表的显示器上以图画形式显示与前行车辆的距离。

（2）车距警告，如图 4-9-70 所示。

图 4-9-69

驾驶员可以在 MMI 上对车距警告阈值进行设定，设定范围介于 0.6~3.0s。当 ACC 识别到低于设定的车距时，就会在组合仪表显示屏上显示警告。

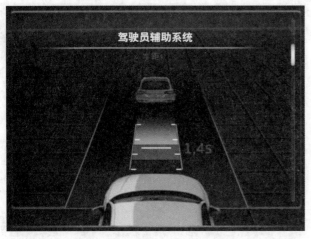

图 4-9-70

得有效帮助，实现离开自身车道并以合适的安全距离从前行车辆旁边驶过。当 ACC 识别到无法进行避让且肯定会造成碰撞时，就不再激活避让辅助系统，如图 4-9-71 所示。

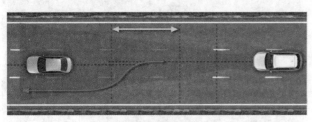

图 4-9-71

这项功能使用雷达信号和前部摄像头数据，用于探测车流量、车道标记和对象车辆。

通过操作行驶方向操纵杆开启"监控"对向交通情况。此时在 ACC 控制单元中分析这些数据，即使关闭了 ACC。该功能在 2~10km/h 的车速范围内处于激活状态。

当识别到碰撞危险时，ACC 控制单元向 ESC 控制单元发出建立制动压力的请求。接着，会在自身车道上制动车辆，直至停下来。如果车辆已经离开了自身车道，则会关闭转弯辅助系统，如图 4-9-72 所示。

提示：避让辅助以及转弯辅助这些功能是奥迪前部预碰撞安全系统的组成部分。

4. 堵车辅助系统

（1）功能。

这项新功能减轻了驾驶员在遇到堵车情况以及以 65km/h 以内的速度缓行时的负担。这项功能相当于是已经熟知的 Stop & Go 停走功能配备了额外的车辆横向移动功能。换言之就是在某一前行车队（至少有两辆前行车辆）后方的中间位置领航驾驶车辆。但是这并不意味着必须在自身车道上才能领

2. 避让辅助系统

这项新功能支持驾驶员完成避让过程。ACC 控制单元根据 ACC 测量值以及前部摄像头的数据计算出合适的避让车道。此时会考虑到相对速度、与前行车辆的距离、车辆宽度和横向偏移量。

避让辅助系统在车速处于 30~150km/h 范围内时进行警告耸车，无论是否打开了 ACC。

只有当驾驶员自己准备并进行避让时，才会激活。因此由驾驶员确定避让方向。ACC 控制单元"授权"电控机械式转向系的助力转向控制单元 J500 提供定义的转向力矩（最高为 3N·m）。驾驶员获

3. 转弯辅助系统

向左转弯（在右置方向盘市场上是向右转弯）存在风险，因为必须横穿对向车道。根据事故统计，与对向车辆碰撞是主要事故原因。转弯辅助系统是专门为此研发的，用于提升向左转弯（在右置方向盘市场上是向右转弯）的安全性。

图 4-9-72

航驾驶车辆，如图 4-9-73 所示。

（2）系统限值。

在特定前提条件下，无法执行上述功能。当出现下列情况时，就无法执行上述功能：

①在特定时间内探测不到方向盘上有平衡力矩（驾驶员双手离开方向盘）；

②车道的转弯半径 <150m；

③可供使用的车道宽度不足；

④探测到的前行车道长度不足；

⑤车辆与车道边缘的距离过小。

当达到或低于系统限值时，会向驾驶员发出声音和视觉接管请求。当驾驶员没有对这个请求做出反应时，即没有准备好接管转向操作，ACC 会启动舒适制动过程（减速度约为 $-2m/s^2$），直至车辆被 ESC 停下来。当达到静止状态时，亮起警告闪烁灯，如图 4-9-74 所示。

5. 堵车辅助系统

（1）功能。

如图 4-9-75 所示，显示了信号传输路径。

ACC 控制单元处理雷达传感器、超声波传感器（用于探测起步就绪状态）的测量值，以及驾驶员辅助系统前部摄像头 R242 的测量值。ACC 控制单元根据这些信息计算出自身车辆前方的车流量（车距和车速、相对速度），以及车道 / 行驶车道长度和宽度。为了在计算得出的车道上精确领航驾驶车辆，ACC 测定转向系、驱动电机和 ESC 所需的调节要求。此时，ACC 控制单元将转向系的一般调节要求发送给驾驶员辅助系统前部摄像头 R242。该摄像头计算具体的数据（转向方向、转向角），并将其发送给助力转向控制单元 J500 使用。

如果通过分析超声波传感器信号以及摄像头测量值识别到已经起步就绪，可以继续行驶，那么 ACC 会将具体的加速要求发送给发动机控制单元。当 ACC 发出必要的加速和减速要求时，发动机控制单元内的一个专用软件做出决定，即通过更改发动机力矩来落实这些要求。

图 4-9-73

图 4-9-74

助力转向控制单元 J500 读取转向力矩传感器 G269 的测量值，并将其发送给驾驶员辅助系统的前部摄像头 R242。它根据测量值分析得出是否存在反向转向记录，以及驾驶员是否手握方向盘。ACC 控制单元时刻从摄像头那儿获知该信息。如果驾驶员在定义的时间间隔内没有手握方向盘，那么在发出声音和视觉警告信息后，必要时向 ESC 发送制动要求（参见系统限值）。

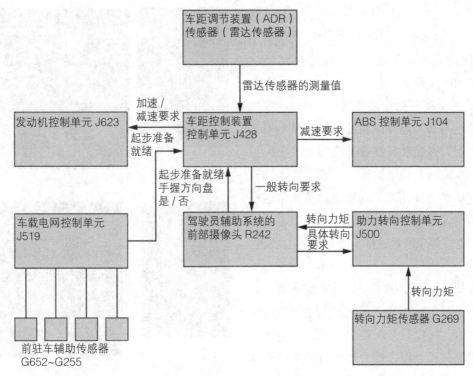

图 4-9-75

（2）操作和驾驶员信息。

激活堵车辅助系统的前提条件是打开和关闭 MMI 中的功能，如图 4-9-76 所示。

如果打开并激活了 ACC，则通过操作转向操作杆上的按键打开堵车辅助系统，如图 4-9-77 所示。

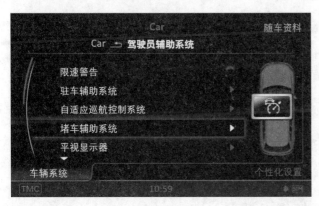

图 4-9-76

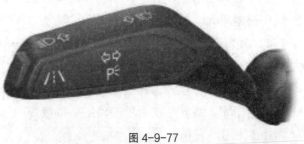

图 4-9-77

如果识别到了堵车情况，则这个系统会向驾驶员显示准备就绪信息。识别堵车情况的操作指的是探测前行车辆，既通过 ACC 探测，也通过驾驶员辅助系统的前部摄像头探测，如图 4-9-78 所示。

当激活了堵车辅助系统时，驾驶员会在组合仪表显示器上获得一个视觉显示。额外激活 MMI 显示器上的"Car""驾驶员辅助系统"时，还会生产一张对应的图片。两侧绿线表明车辆主动式横向移动，如图 4-9-79 所示。

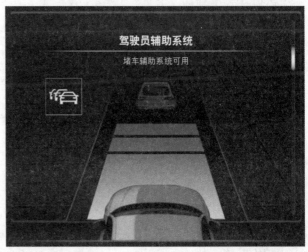

图 4-9-78

871

如果需要驾驶员操作，则会在组合仪表显示器上生成声音和视觉显示。额外激活 MMI 显示器上的"Car""驾驶员辅助系统"时，还会显示一个相应的要求，如图 4-9-80 所示。

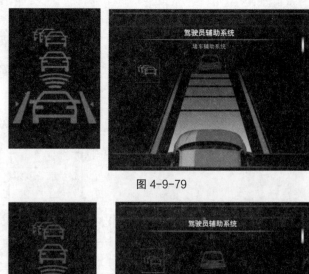

图 4-9-79

6. 带 ACC 的效率预测辅助系统

这项新功能与升级版导航系统和平视显示器结合使用，首次作为选装装备在德国市场上供应，正在不断扩展国家型号。该辅助系统主要扩展了现有 ACC 调节系统。通过使用效率预测辅助系统可以在 ACC 调节过程中考虑到限速、路段走向（弯道、十字路口、环形道路等）以及地形拓扑结构（上坡道、下坡路段）。

除了减轻驾驶员的负担，使用这个辅助系统还能预测驾驶方式，它协调加速、匀速行驶 / 空转模式和减速 / 制动运行状态，以实现车辆高效运行方式。此时，驾驶员可以跟之前一样，通过在奥迪驾驶模式选择系统中选择特定调节特性（包括舒适性至动态性）来满足个人期望。

图 4-9-80

7. ACC 控制单元主要与下列系统进行通信

以实现额外的功能内容：

（1）驾驶员辅助系统前部摄像头 R242：该摄像头提供交通标志识别数据。

（2）发动机控制单元：发动机控制单元在考虑到行驶阻力的前提下计算空转和滑行曲线，接着发送给 ACC 控制单元。在考虑到周围环境（限速、弯道）的前提下，ACC 控制单元计算出加速度额定值或空转要求，并发送给发动机控制单元。发动机控制单元通过实现相应的发动机力矩来落实这个要求，并继续将这个空转要求发送给变速器控制单元。

（3）奥迪驾驶模式选择系统：驾驶员通过选择驾驶风格来确定调节参数。

（4）MMI：驾驶员在菜单中确定是否按照限速规定和 / 或路段走向（尤其是弯道行驶）进行调节。

为了能够使用空转模式，必须在效率辅助系统菜单中激活功能"智能空转"。

（5）ESC：如果通过单独降低发动机力矩无法实现所需的减速操作，则会"授权"给 ESC。

如图 4-9-81 所示，显示了信号传输路径。

使用带 ACC 的

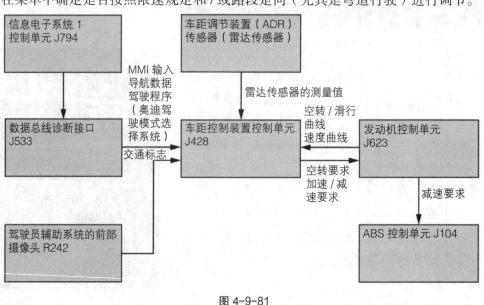

图 4-9-81

872

效率预测辅助系统时，必须打开 ACC，如图 4-9-82 所示。

如果激活了菜单项"按照路段走向调节"，ACC 就会调节弯道速度。此时根据选择的驾驶程序在弯道行驶期间实现定义的横向加速度。如果设定的期望速度过高，ACC 就会降低弯道行驶时的速度。需要时，可以与弯道行驶的调节特性相反，大大降低车速（例如从 100km/h 降低至 50km/h），如图 4-9-83 所示。

在关闭并打开接线端 15 后，驾驶员执行的效率辅助系统设置 / 智能空转、接受限速和按照路段走向调节操作仍然有效。

当驾驶员打开 ACC 时，组合仪表中央显示器的状态显示栏上会短时（约 5s）显示在上一个行驶循环中执行的激活操作，即激活带 ACC 的效率预测辅助系统，如图 4-9-84 所示。

图 4-9-82

图 4-9-84

8. 根据接受的限速设定期望的速度

在下一次转换限速之前，会一直按照驾驶员设定的期望速度行驶。之后采用由下一个限速规定给出的速度限值。驾驶员在现有的限速规定内还可以设定与之不相同的期望车速（可以更高）。这个期望车速在下一次转换限速时仍生效。

图 4-9-83

（四）保养范围

第四代 ACC 系统的组件同样具有自诊断功能。可以用车辆诊断测试仪通过诊断地址码 13 与车距控制系统控制单元（主控制单元）J428 进行通信，通过诊断地址码 8B 与车距控制系统控制单元 2（副控制单元）J850 进行通信，如图 4-9-85 所示。

系统根据静态分析识别到的对象监控雷达传感器的水平和垂直调整。当水平调节角度高于 ±2.0° 或垂直调节角度高于 ±2.0° 时，就会关闭该系统。

在售后服务期间，每次都调节两个雷达传感器。如果在车上执行了特定工作，那么也需要调节这些雷达传感器。用常见调节装置 VAS6430/1 和 ACC 系统反射镜 VAS6430/3 按照熟知的流程进行调节。唯一的创新是使用了全新的调节工具。取代之前使用的 3.5mm 内六角扳手，现在使用带 Torx 接头 T20 的工具，如图 4-9-86 所示。

图 4-9-85

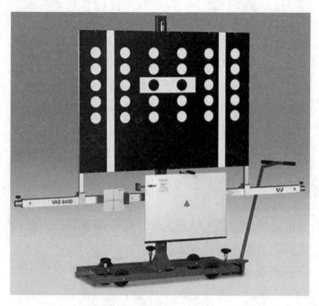

图 4-9-86

在订购冬季车轮以及折叠式车轮时，出厂时就配备千斤顶。

（二）轮胎压力监控显示

在奥迪 Q7 上，已经为人熟知的第二代轮胎压力监控显示作为基础装备提供。该系统在结构和功能、操作和驾驶员信息以及保养和诊断范围方面，与之前用于其他奥迪车型上的系统相一致，如图 4-9-87 所示。

（三）轮胎压力监控系统

奥迪 Q7 可以选装第三代直接进行测量的轮胎压力监控系统。

1. 结构和功能

后部轮胎压力监控天线 R96 在第三代系统上集成在轮胎压力监控控制单元 J502 中。该控制单元固定在后桥副车架后侧上部横梁上。它通过扩展 CAN 进行通信。轮胎压力传感器 G222~G226 跟之前一样，与轮胎气门芯拧紧在轮胎内侧。当车速超过 25km/h 左右时，通过内部微动开关激活相应的传感器。

通过无线电信号（根据国家为 433MHz 或 315MHz）传输测得的轮胎压力和温度值。这根天线接收信号，控制单元分析这些信号。当车辆静止时，传感器处于停用状态，如图 4-9-88 所示。

每个传感器有一个自身的识别码（ID），它是所发送无线电信号的组成部分。该控制单元独立"匹配"那些属于相应车辆的传感器（ID）。控制单元通过分析接收电平（区分前桥和后桥）以及与同样用无线电信号发送过去的转向方向（区分车辆左侧和右侧）确定传感器在车上的位置，如图 4-9-89 所示。

八、车轮和轮胎

（一）概述

作为奥迪 Q7 的基础装备，使用尺寸为 18 英寸的车轮。也可选装 18~21 英寸的车轮。轮胎产品（255/60R18 至 285/40R21）满足市场上投放的发动机配置要求。

对于特定市场，也可以提供 19~20 英寸规格的零压续跑轮胎，既可以标配，也可以是选配，同时也可以提供 20 英寸尺寸、带加固侧围的越野轮胎。

轮胎应急套件（TMS）是标配装备。奥迪 Q75 座车也可以选装尺寸为 6.5J×20 的铝合金折叠车轮。

图 4-9-87

图 4-9-88

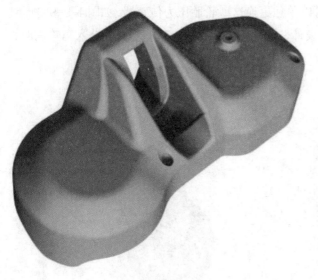

图 4-9-89

为了能够监控轮胎压力，控制单元必须知道轮胎压力的额定值。当激活"保存轮胎压力"时，在接下来的行驶期间将最新设定的轮胎压力和温度分配给相应的传感器（以及由此产生的车辆轮胎位置）。接下来，这些值作为额定值。

当出现下列情况时，必须每次都执行这项功能：

①轮胎压力发生变化。

②更换了车轮。

③车轮使用新传感器。

（2）显示轮胎压力，如图 4-9-91 所示。

由于传感器在车辆静止时不处于激活状态，因此显示的前提条件是行驶车辆。在选择这个菜单项时，显示在 4 个运转车轮上当前测得的轮胎压力和温度。如果轮胎压力值显示为黄色字体颜色，则说明当前测量值比额定值低。如果当前测量值十分低，则会用红色字体颜色输出这个值。

（3）警告文本信息，如图 4-9-92 所示。

如果当前轮胎压力低于额定值，则会向驾驶员显示警告符号。

当当前轮胎压力达到边界值时，会额外输出文本信息。如果只涉及一个车轮，则会给出它在车上的位置。

3.保养范围

轮胎压力监控系统具有自诊断功能，可通过诊断地址码 65 访问。识别到系统故障时，向驾驶员显示警告符号和文本内容，且故障存储器中生成故障记录。

更换该控制单元后进行在线匹配，如图 4-9-93 所示。

2.操作和驾驶员信息

驾驶员在 MMI 上有两个操作选项：保存轮胎压力；显示轮胎压力。

（1）保存轮胎压力，如图 4-9-90 所示。

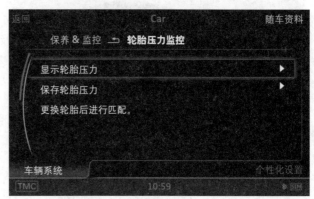

图 4-9-90

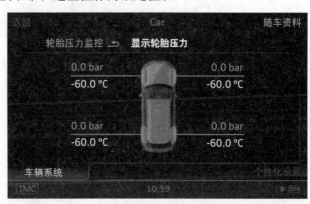

图 4-9-91

图 4-9-92

在售后服务期间，如果轮胎气门芯没有损坏，则可以单独更换这些轮胎压力传感器，如图4-9-94所示。

提示：轮胎气门芯和传感器之间的连接经过重新设计，因此在将传感器—气门芯单元装入车轮内时，必须尤为注意正确安装。

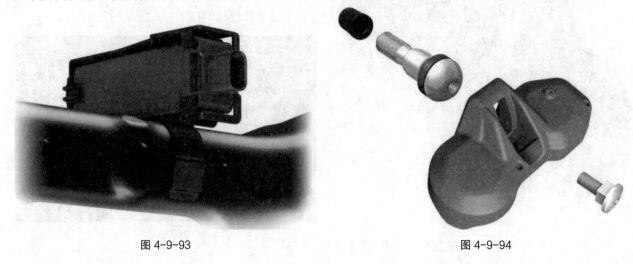

图4-9-93　　　　　　　　　　　　　　　　　图4-9-94

第十节　奥迪Q8（4M）底盘系统

一、一览

如图4-10-1所示。

奥迪Q8的底盘是基于MLBevo平台的，该平台也是奥迪A4、A5、Q5、A6、A7、Q7和A8的开发基础。由于车桥负荷以及车辆尺寸方面的原因，奥迪Q8采用了奥迪Q7（车型4M）上主要的MLBevo系统部件。

基本装备是带有电子减震器的钢质弹簧底盘，选装的有自适应空气悬架（aas）和运动型自适应空气悬架。

另一个选装装置是全轮转向系统，该系统首次是用在了奥迪Q7（车型4M）上。

对于相应发动机来说，奥迪Q8上使用的是18英寸车轮制动器，而不是像奥迪Q7（车型4M）那样使用的是17英寸制动装置。车轮从基本型的18英寸到选装的22英寸都有。

奥迪Q8上仅提供带有quattro四驱的底盘，具体如表4-10-1所示。

图4-10-1

表 4-10-1	
底盘类型	特点
带有钢质悬架和可调减震器的底盘（1BL）	该底盘属于标配
带有空气悬架和可调减震器的底盘（自适应空气悬架，1BK）	该底盘是选装的，在模式 auto 时车辆底盘高度比标准底盘低约 15mm
带有空气悬架和可调减震器的运动底盘（自适应空气悬架，2MA）	该底盘是选装的，顾名思义，该底盘的减震更针对动态 / 运动的行驶特性。底盘高度与自适应空气悬架（1BK）相同

二、车桥

1. 前桥

如图 4-10-2 所示。

前桥采用业经考验过的五连杆结构，主要部件与奥迪 Q7（车型 4M）上的是相同的。之所以能这样，是因为这两种车型的轮距是相同的。

2. 后桥

如图 4-10-3 所示。

奥迪 Q8 采用的是五连杆式后桥。与前桥一样，主要部件与奥迪 Q7（车型 4M）上的是相同的。这两种车型的轮距也是相同的。也可选装奥迪 Q7（车型 4M）上用过的全轮驱动系统。

图 4-10-2   图 4-10-3

三、自适应空气悬架（aas）

带有电子减震调节的空气悬架在奥迪 Q8 上是选装的，有两种型号，自适应空气悬架和运动型自适应空气悬架，区别体现在内部结构、减震器设计以及阻尼力的调节方面。这两种空气悬架调节特性（按车速和模式来调节水平高度）是相同的，系统结构与奥迪 Q7（车型 4M）上的 aas 是一致的。

系统部件是直接拿过来用的，也使用了底盘控制单元 J775（用作控制中心）。

该控制单元直接取自奥迪 A8（车型 4N）。奥迪 Q8 上 aas 在结构、操纵以及维修保养方面，都与奥迪 Q7（车型 4M）上的 aas 是一致的。这两种车型上的工作原理也是相同的，区别仅在于调节特性。

1. 一览

如图 4-10-4 所示。

2. 自适应空气悬架（1BK）和运动型自适应空气悬架（2MA）的调节特性

这两种自适应空气悬架的底盘采用相同的调节策略，如图 4-10-5 所示。

图 4-10-4

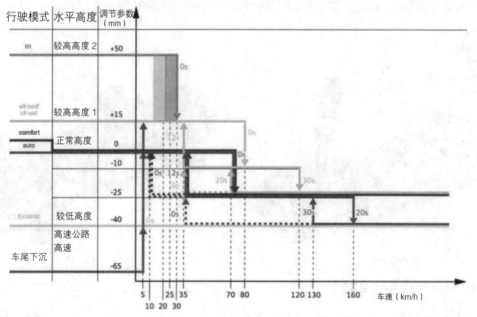

选择锁　■ 选择锁滞后 XXs= 调节前等待时间

图 4-10-5

空气悬架底盘的调节策略。驾驶员通过在奥迪 driveselect 上选择相应的行驶模式来决定车辆的行车高度（水平高度）以及行驶动力学特性。在选定的行驶模式下，各种不同的底盘高度可以根据车速情况自动来调节。作为示例，让我们看一下在模式"auto"时的调节情况。如果车辆当前是处在另一个水平高度的话，那么当在车辆静止或者在车速不高于 70km/h 时选择了该模式，那么就会通过改变空气弹簧内的空气体积来调节至正常高度。如果接下来车速超过了 70km/h，那么底盘高度会立即降低 25mm。

如果车速继续升高至不低于 160km/h 并保持了 20s，那么底盘高度会再降 15mm（到高速公路高度了）。如果随后车速再次下降且车辆在 130~35km/h 之间行驶了 30s，那么底盘高度会升高 15mm 而回到原来的高度。如果车速降至 35~10km/h，那么底盘高度会立即升高 15mm。如果车速低于 10km/h 了，那么车辆底盘就又升至模式"auto"所确定的正常高度了。这个降低过程，除了考虑到舒适方面的要求和行驶动力

878

学方面的要求外，主要是改善空气动力学特性，从而节省燃油。

四、转向系统

奥迪 Q8 上使用的就是奥迪 Q7（车型 4M）上成功使用过的电动机械式转向系统（EPS）。

奥迪 Q8 上的电动机械式转向系统（EPS）在结构、功能和维修保养方面与奥迪 Q7（车型 4M）上的是一样的。转向传动比针对奥迪 Q8 的特殊要求进行了修改。未配备全轮转向的车采用了可变转向传动比（$i=14.6$ 在中间位置时），这是通过标配的步进式转向系统（渐进式转向系统）来实现的（奥迪 Q7 车型 4M：$i=15.8$ 在无渐进式转向的恒定转速比）。在配备有全轮转向的车上，电动机械式转向系统（EPS）的转向传动比（$i=13.3$）没变化，直接就取自奥迪 Q7（车型 4M）了。

机械可调转向柱是标配，可选装电动可调转向柱。两种转向柱都是直接取自奥迪 Q7（车型 4M）。

调节范围在水平约为 68mm，垂直约为 40mm。由于在这款奥迪 Q8 上不提供手动变速器，因此电控转向柱锁只用于对防盗有较高要求的市场（瑞典和英国）。

选装的全轮转向系统在结构、功能、操纵以及维修保养方面，与奥迪 Q7（车型 4M）上的是一样的，如图 4-10-6 所示。

系统部件：方向盘，如表 4-10-2 所示。

使用的是多功能运动型真皮方向盘，三幅式，方向盘轮圈直径为 375mm。标配的方向盘，其中间呈别针状的部分是黑色的；选装的话，这部分是镀铬的（电镀表面）。方向盘根据内饰情况分为三种不同颜色。

所有选装的方向盘都有 Tiptronic 拨杆。圆形轮圈的方向盘可以选装方向盘加热装置。

另外，S - Line 方向盘可选下部扁平的轮圈。

图 4-10-6

表 4-10-2

方向盘	装备
	标配方向盘
	选装方向盘，带有 Tiptronic 拨杆并带有中间别针状配件
	S-Line 方向盘，轮圈下部扁平，手把区有微点

五、制动装置

奥迪 Q8 上的制动装置是基于奥迪 Q7（车型 4M）上的 18 英寸制动装置的。

与当前的 A8、Q7、Q5 和 A4 一样，奥迪 Q8 上的前桥和后桥车轮制动器也是采用单独制动管路的（所谓的黑 / 白系统）。

也可选装涂红漆的制动钳。北美市场因有特殊要求，所以该市场上的制动装置部件可能与此处所列的不同。

1. 车轮制动装置

如表 4-10-3 所示。

表 4-10-3

发动机 2.0L TFSI（180kW） 3.0L TFSI（250kW） 3.0L TDI（170，183，210kW）	前桥	后桥
最小车轮直径（英寸）	18	18
制动器类型	AKE 固定钳制动器	ZF TRW 浮动钳制动器 PC 44 HE
活塞数量	6	1
活塞直径（mm）	30—36—38	44
制动盘直径（mm）	375	350
制动盘厚度（mm）	36	28

前桥上的 AKE 固定钳制动器，如图 4-10-7 所示。

后桥上的 TRW 浮动钳制动器，如图 4-10-8 所示。

图 4-10-7

图 4-10-8

2. 制动助力器

如图 4-10-9 所示。

奥迪 Q8 上使用的是串联式制动助力器，尺寸为 9/9 英寸，左置方向盘车和右置方向盘车用的都是它。该制动助力器直接取自奥迪 Q7（车型 4M）。

在配备有 48V 供电网（轻度混合动力）的车上，安装了一个踏板行程传感器（取代了制动灯开关），该传感器的信号用于在制动过程中调节能量回收。

图 4-10-9

3.电动机械式驻车制动器（EPB）

如图 4-10-10 所示。

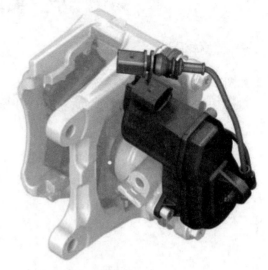

图 4-10-10

奥迪 Q8 上的电动机械式驻车制动器也是直接取自奥迪 Q7（车型 4M）。另外，奥迪 Q8 上的调节软件也是在 ABS 控制单元 J104 内。

奥迪 Q8 上与电动机械式驻车制动器相关的操纵和维修保养内容也是与奥迪 Q7（车型 4M）一样的。

4.ESC

如图 4-10-11 所示。

与其他奥迪车一样，奥迪 Q8 上使用的也是 ESP9，使用 6 个活塞的液压泵来产生制动压力。在不带雷达传感器和激光扫描装置（自适应驾驶辅助）的车上，通过一个制动压力传感器来确定制动预压力；在带有自适应驾驶辅助的车上，另有两个传感器用于侦测两个制动管路内的制动压力。数据通信都是通

图 4-10-11

过 FlexRay 总线来完成的。如果车上仅有 FlexRay 通道 A，那么 ABS 控制单元 J104 就会通过该通道来进行通信；如果既有通道 A 也有通道 B，那么通信是通过这两个通道来进行的。

六、车轮、轮胎和轮胎压力监控系统

这款奥迪 Q8 上标配的是 19 英寸锻铝车轮，可选装 20~22 英寸的车轮。轮胎从 265/55R19 到 285/40R22 都有。

不提供具有应急运行特性的轮胎（泄气保用轮胎）。

轮胎应急套件 Tyre Mobility System（TMS）是标配的。配备有 195/70R20 轮胎的 6.5J×20 应急备用车轮是选装的，这是直接取自奥迪 Q7（车型 4M）的。

订购了出厂时就有的冬季车轮和装备有应急备用车轮时，会配备有千斤顶。

轮胎压力监控显示系统是标配的。

可以选装第三代轮胎压力监控系统（直接测量式系统），该系统的结构和功能与奥迪 Q7（车型 4M）上的是相同的。

天线是集成在控制单元内的，整个模块是安装在后桥的总成支架上的，这与奥迪 Q7（车型 4M）上的是相同的。

第十一节 奥迪R8（4S）底盘系统

一、总体设计

如图4-11-1所示。

奥迪R8提供以下几款底盘，如表4-11-1所示。

图 4-11-1

表 4-11-1

底盘型号	特征
基本型底盘（1BA）[1]	基本型底盘配备钢制悬架和不可调减震器
运动型底盘（1BE）[1]	运动型底盘作为选装件提供。配备运动型底盘的车辆与调校已偏向运动的基本型底盘相比，其底盘调校更具运动感。这一点通过采用另外的减震器和稳定杆实现
配备电子减震器调节系统的底盘（2MN）[1]	这款底盘也是选装设备。其基础是已在其他奥迪车型中采用的奥迪电磁悬挂系统 车辆的平衡位置在配合所有三款底盘时保持一致

注：1）生产控制编号。

二、车轴和四轮定位

1.前轴

如图4-11-2所示。

奥迪R8（4S车型）同样采用了在上代车型中获得充分验证的双横摆臂车轴设计。

2.后轴

如图4-11-3所示。

奥迪R8（4S车型）同样采用了在上代车型中获得充分验证的双横摆臂车轴设计。

3.四轮定位和调整

在前轴上，通过改变前束杆长度可以分开调节左右两侧的前束值。

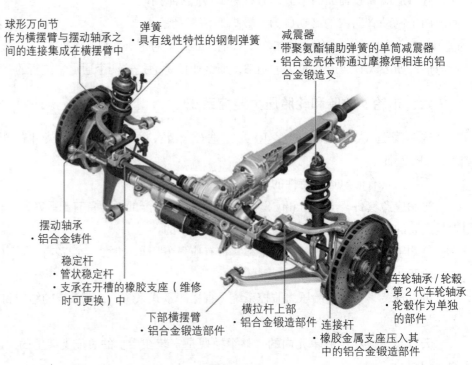

球形万向节
· 作为横摆臂与摆动轴承之间的连接集成在横摆臂中

弹簧
具有线性特性的钢制弹簧

减震器
· 带聚氨酯辅助弹簧的单筒减震器
· 铝合金壳体带通过摩擦焊相连的铝合金锻造叉

摆动轴承
· 铝合金铸件

稳定杆
· 管状稳定杆
· 支承在开槽的橡胶支座（维修时可更换）中

下部横摆臂
· 铝合金锻造部件

横拉杆上部
· 铝合金锻造部件

连接杆
· 橡胶金属支座压入其中的铝合金锻造部件

车轮轴承/轮毂
· 第2代车轮轴承
· 轮毂作为单独的部件

图 4-11-2

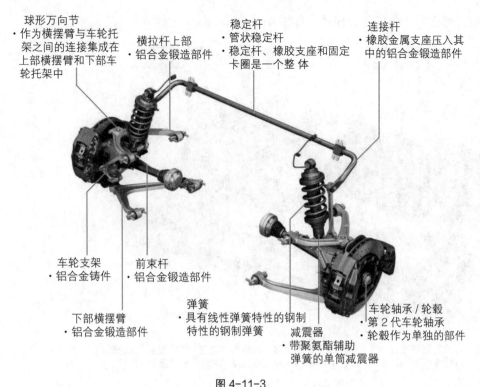

球形万向节
· 作为横摆臂与车轮托架之间的连接集成在上部横摆臂和下部车轮托架中

横拉杆上部
· 铝合金锻造部件

稳定杆
· 管状稳定杆
· 稳定杆、橡胶支座和固定卡圈是一个整体

连接杆
· 橡胶金属支座压入其中的铝合金锻造部件

车轮支架
· 铝合金铸件

前束杆
· 铝合金锻造部件

下部横摆臂
· 铝合金锻造部件

弹簧
· 具有线性弹簧特性的钢制特性的钢制弹簧

减震器
· 带聚氨酯辅助弹簧的单筒减震器

车轮轴承/轮毂
· 第2代车轮轴承
· 轮毂作为单独的部件

图 4-11-3

后轴的各前束值同样通过转向横拉杆调节。

变化之处在于前、后轴正确车轮外倾值的调节。该调节通过隔板（垫板）针对车辆左右两侧单独进行，隔板借助螺栓拧在法兰复合结构中下部横摆臂与车身的横向摆臂接触面之间。

前轴上的垫板使用在前、后各两个固定点上。

后轴上的垫板只使用在下部横向摆臂与车身之间的后部旋接点上。

垫板拥有不同的厚度（1mm、2mm 和 3mm）。

重要的是，前轴下部横向摆臂的两个固定点上要调整相同的尺寸。每个固定点一般情况下最多允许使用2个垫板。

（1）前轴车轮外倾角调节，如图 4-11-4 所示。

（2）后轴车轮外倾角调节，如图 4-11-5 所示。

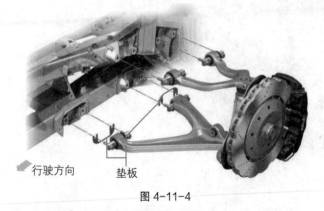

行驶方向　垫板

图 4-11-4

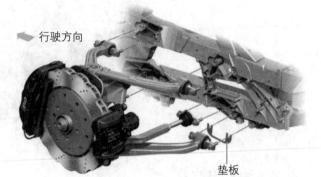

行驶方向

垫板

图 4-11-5

4. 配备电子减震器调节系统（2MN）的底盘

作为选装配置提供的电子减震器调节系统基于已在其他奥迪车型中采用的奥迪电磁悬挂系统。控制器 J250 安装在副驾驶员座椅后方的脚踏板上，如图 4-11-6 所示。

根据所选的 driveselect 设置，减震器调节系统可实现运动（动态模式）、舒适（舒适模式）或均衡（自动模式）的行驶性能。保养范围参照已固定采用的各系统的保养范围。

避震器检测：通过特殊的检测模式，可自动识别在相应的测试台上进行的减震器测试。也可以使用车辆诊断测试器手动激活测试模式。

通过分析车辆水平高度传感器的测试值，可以自动识别测试台的操作。如果识别到某个车轴上的车轮在规定的频率范围内发生纵向震动，检测模式将被激活。此时，相关的减震器通过控制器被大约 1A 的恒定电流操控，以此实现规定的减震力。

如果车轮不再出现摆动，那么再次脱离测试模式，如图 4-11-7 所示。

左后车辆高度
传感器 G76　　带减震器调节阀的
　　　　　　　左后减震器 N338　　左前车辆高度
　　　　　　　　　　　　　　　传感器 G78　　带减震器调节阀的
　　　　　　　　　　　　　　　　　　　　　　左前减震器 N336

右后车辆高度　　带减震器调节阀的　　电子调节式减震　　右前车辆高度　　带减震器调节阀的右
传感器 G77　　右后减震器 N339　　器控制器 J250　　传感器 G289　　前减震器 N337

图 4-11-6

图 4-11-7

三、制动装置

1. 前轴制动装置

如表 4-11-2 所示。

表 4-11-2

	传统制动装置 （R8 V10 基础配置）	陶瓷制动装置 （R8 V10 增强版基础配置，R8 V10 选装配置）
最小车轮尺寸（英寸）	18	19
制动器类型	采用固定式制动钳的制动器，Brembo 公司	采用固定式制动钳的制动器，Brembo 公司
活塞数量	8	6
制动盘直径（mm）	365	380
制动盘厚度（mm）	34	38

（1）传统 18 英寸制动装置，如图 4-11-8 所示。

（2）19英寸陶瓷制动装置，如图4-11-9所示。

图 4-11-8

图 4-11-9

2. 后轴制动装置

奥迪R8首次采用电控机械式制动器（EPB），如表4-11-3所示。

表 4-11-3

	传统制动装置 （R8 V10 基础配置）	陶瓷制动装置 （R8 V10 增强版基础配置，R8 V10 选装配置）
最小车轮尺寸（英寸）	18	19
制动器类型	采用固定式制动钳的制动器，Brembo 公司	采用固定式制动钳的制动器，Brembo 公司
活塞数量	4	4
制动盘直径（mm）	356	356
制动盘厚度（mm）	32	32

带EPB的传统后部制动装置属于基础配置，如图4-11-10所示。

3. 电控机械式驻车制动器EPB

如图4-11-11所示。

图 4-11-10

电控机械式驻车制动器 EPB ——

图 4-11-11

奥迪R8（4S车型）的重要革新之一是采用了电控机械式驻车制动器。

其中，EPB作动器与制动摩擦片和壳体共同构成了一个单独的浮动式制动钳。在结构、功能、操控以及保养范围方面，该作动器均与奥迪 A7 Sportback（4G 车型）中的作动器相同。

4. 制动助力器（BKV）、制动主缸、踏板机构

根据配备的车轮制动器（传统制动装置或陶瓷制动装置），奥迪 R8 中采用了速比不同的两种制动助力器（BKV）型号，如图 4-11-12 所示。

串联式制动主缸为全新开发部件。制动液储液罐沿用了奥迪 R8（42 车型）。制动助力器（BKV）沿用了奥迪 A7 Sportback（4G 车型）。脚踏板机构是新开发产品，如图 4-11-13 所示。

图 4-11-12

5. 电子稳定控制系统 ESC

（1）概述。

如图 4-11-14 所示。

硬件方面，奥迪 R8 沿用了 Robert BoschAG 为奥迪 A7 Sportback 2015 年款提供的 ESC9.0。调节软件则针对奥迪 R8 而经过匹配。ESC 单元安装在行李箱内车辆右侧。

ESC 使用传感器电子装置控制器 J849 的测量值，该控制器沿用了奥迪 A7 Sportback（4G 车型），同时针对奥迪 R8 而经过匹配。

主动式车轮转速传感器同样沿用了奥迪 A7 Sportback（4G 车型）。ESC 的保养范围与奥迪 A7 Sportback（4G 车型）中的 ESC 相同。

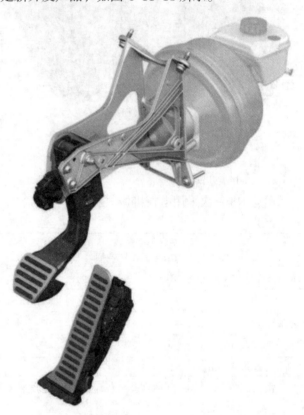

图 4-11-13

（2）操作。

奥迪 R8 同样采用两级式操作方案。短按 ESC 按钮（＜3s）可激活运动模式。此时 ASR 和 ESC 的稳定功能会受到限制，以实现运动感更强的驾驶方式。

长按 ESC 按钮（超过 3s），ASR 和 ESC 将完全关闭，如图 4-11-15 所示。

图 4-11-14

通过多功能方向盘上的专用操作按钮而激活的性能模式，构成了车辆的一项重要革新。

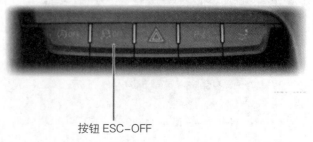

按钮 ESC-OFF

图 4-11-15

根据环境条件和与此相关的轮胎/路面摩擦系数（干燥、雪地和湿滑模式），如图4-11-16所示，行驶性能或行驶动态性可进行相应调整。基于此，ESC的调节性能也会发生变化。

选择了其中的某项模式后，上述具有优先级的ESC操作逻辑仍继续存在。这样即使激活了性能模式，也依然可选择ASR和ESC的完整功能、运动模式或者彻底关闭。

四、转向系统

1.概述

如图4-11-17所示。

奥迪R8现在同样配备了电控机械式转向系统。动态转向系统作为选装配置提供。机械可调式转向柱为全新开发部件。它由钢结构与铝合金转向柱组成，连接在模块横梁上。轴向和垂直方向的调节行程分别为60mm和50mm。配备选装动态转向系统时，会采用拥有相应连接尺寸的型号。

此外，车辆采用两款新开发的运动型三辐多功能方向盘。

性能按钮，带选择雪地、湿滑和干燥模式的调节环

图 4-11-16

图 4-11-17

2.电控机械式转向系统EPS

轴向平行电控机械式转向系统的基本结构与最新大众车型Passat、Tiguan、Touran以及兰博基尼Huracán采用的转向系统相同。与上述大众车型的区别在于奥迪R8的转向角传感器并未安装在转向器中，而是位于转向柱开关模块内。

A3（8V车型）、TT（FV车型）和Q3（8U车型）采用的电控机械式转向系统通过第2个电动式转向小齿轮实现转向助力，而奥迪R8通过滚珠丝杠传动装置向齿条传递动力。

该转向系统在功能方面类似于A6（4G车型）、A7 Sportback（4G车型）、A8（4H车型）和Q7（4M车型）采用的转向系统。与这几款车型的区别在于奥迪R8借助皮带传动装置通过平行于齿条布置的电机驱动球形螺母。

在A6（4G车型）、A7 Sportback（4G车型）、A8（4H车型）和Q7（4M车型）中，电机同心"包覆"在齿条之外。选择这种轴向平行布置主要出于安装空间考虑。采用同心布置必须考虑约120mm的安装高度，而轴向平行布置只需约60mm。

保养范围方面，奥迪R8的转向系统同样类似于A6（4G车型）、A7 Sportback（4G车型）、A8（4H车型）和Q7（4M车型）已经采用的系统。

通过选择奥迪驾驶模式选择中相应的模式进行操作。控制器中为此编制了3种特性曲线。第4种特性曲线在激活性能模式时使用。

如图4-11-18和图4-11-19所示。

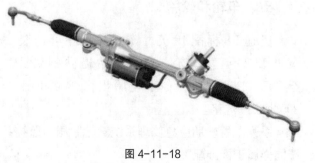

图 4-11-18

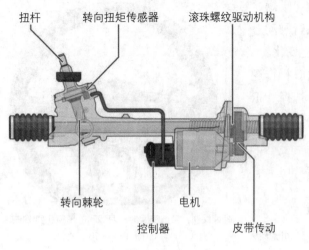

扭杆　　转向扭矩传感器　　滚珠螺纹驱动机构

转向棘轮　　电机

控制器　　皮带传动

图 4-11-19

4.方向盘

（1）奥迪 R8 标配真皮方向盘，如图 4-11-21 所示。

奥迪 R8 采用了两款新开发的方向盘。奥迪 R8V10 配备带两个外围按钮"driveselect"（驾驶模式选择）和"STARTENGINESTOP"（发动机启停）的多功能增强版运动型真皮方向盘。

奥迪驾驶模式选择按钮　　发动机启停按钮

图 4-11-21

五、车轮和轮胎

奥迪 R8 标配 19 英寸车轮。另外可选装 19 英寸和 20 英寸车轮。夏季轮胎提供 245/35R19 至 305/30R20 规格。冬季轮胎提供 245/35R19 至 295/30R20 规格。

系列配置轮胎应急修理系统。轮胎压力监控系统同样属于标准配置。

3.动态转向系统

动态转向系统在奥迪 R8 中作为选装配置提供。在结构、功能和保养范围方面，该系统与已在其他奥迪车型中采用的系统相同，如图 4-11-20 所示。

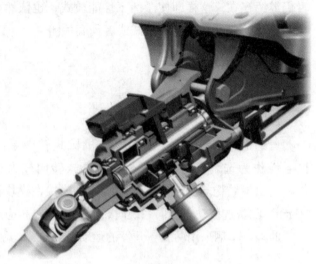

图 4-11-20

（2）奥迪 R8 高性能真皮方向盘，如图 4-11-22 所示。

奥迪 R8 V10 增强版标配带 4 个外围按钮（额外增加发动机声效按钮和性能模式按钮）的多功能增强版高性能真皮方向盘。这款方向盘在奥迪 R8V10 中作为选装配置提供。

奥迪驾驶模式选择按钮　　发动机启停按钮

性能按钮，带选择雪地、湿滑和干燥模式的调节环　　发动机声效按钮

图 4-11-22

轮胎压力监控系统（RDK）如图 4-11-23 所示。

奥迪 R8 标配已在 A8（4H 车型）、RS6（4G 车型）和 RS7Sportback（4G 车型）中采用的轮胎压力监控系统。其结构、功能、操控、驾驶员信息以及保养和诊断范围均与所述的奥迪车型相同。

奥迪 R8 中的轮胎压力监控系统（RDK）用于监测轮胎压力。为此，驾驶员设置的压力值要通过在 MMI 中操作 "STORETYREPRESSURES"（存储轮胎压力）选项发送给轮胎压力监控控制器。

安装在轮胎内部的轮胎压力传感器会定期测量轮胎压力和温度。车辆静止以及行驶期间，与控制器相连的发送单元（触发发送器）会要求这些传感器发送数据电报。传感器通过一条高频传输信道以遥测方式将数据发送至集成在控制器内的接收天线。驾驶员可在 MMI 中调出压力及温度状态。

轮胎压力监控发送单元
G431~G434

轮胎压力传感器
G222~G226

轮胎压力监控控制器
J502
内部集成轮胎压力接收天线
R96

图 4-11-23

第十二节　奥迪 TT（FV）底盘系统

一、总体结构

如图 4-12-1 所示。

奥迪 TT 底盘的开发重点主要在于其运动特性，再加上动态而精准的操控特性。其结果就是这样一种豪华底盘，其前桥是基于麦弗逊结构的，后桥是新开发的四连杆式的。用户可以选择标准底盘、运动底盘和带有电子减震调节的底盘。

这种运动型的基本特色，标配的渐进式转向机构就起作用了。矢量扭矩控制功能对于优良的操纵性贡献也是极大的。前桥上使用的超大尺寸的内通风式制动装置，后桥上采用的电动机械式驻车制动器，都是适合于运动特性的总体结构的。

图 4-12-1

奥迪 TT 可提供如下这些种类的底盘，如表 4-12-1 所示。

表 4-12-1

底盘类型	特点
标准底盘（1BA）[1]	标准底盘是基本装备，它配备的是钢弹簧和不可调的减震器
运动底盘（1BV）[1]	运动底盘是选装的，配备有运动底盘车，其底盘高度要比配备标准底盘的车低 10mm，且突出其运动型底盘特性
带有电子减震调节的底盘（1BL）[1]	这种底盘也是选装的，它是基于其他奥迪车型已经使用了的磁致流减震系统的。其宸盘高度与标准底盘是一致的
带有电子减震调节的运动底盘（2MV）[1]	带有电子减振调节（技术上与1BL一样）的运动底盘与无调节的运动底盘（1BV）高度一致
带有电子减震调节的底盘（1BQ）[1]	这种底盘是专门用于奥迪 TTS，这时是标配的。它的高度与运动底盘（2MV）相同

注：1）生产控制号。

二、车桥和四轮定位

1. 前桥

如图 4-12-2 所示。

前桥的开发是基于横置发动机模块化平台（MQB）的。奥迪 TT 的前桥仍是使用其前代车型（型号 8J）上已经验证过的麦弗逊式结构。

为了获得良好的动态行驶特性，奥迪 TT 有其专用的底盘特色。

2. 后桥

如图 4-12-3 所示。

后桥的开发也是基于横置发动机模块化平台（MQB）的。奥迪 TT 的后桥仍是使用其前代车型（型号 8J）上已经验证过的多连杆结构（前驱和四驱都是这样的）。

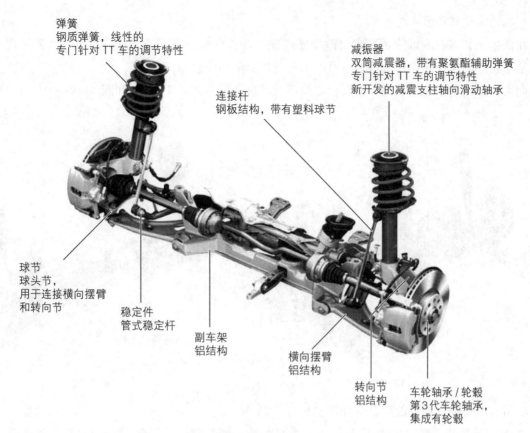

弹簧
钢质弹簧，线性的
专门针对 TT 车的调节特性

减振器
双筒减震器，带有聚氨酯辅助弹簧
专门针对 TT 车的调节特性
新开发的减震支柱轴向滑动轴承

连接杆
钢板结构，带有塑料球节

球节
球头节，
用于连接横向摆臂
和转向节

稳定件
管式稳定杆

副车架
铝结构

横向摆臂
铝结构

转向节
铝结构

车轮轴承 / 轮毂
第 3 代车轮轴承，
集成有轮毂

图 4-12-2

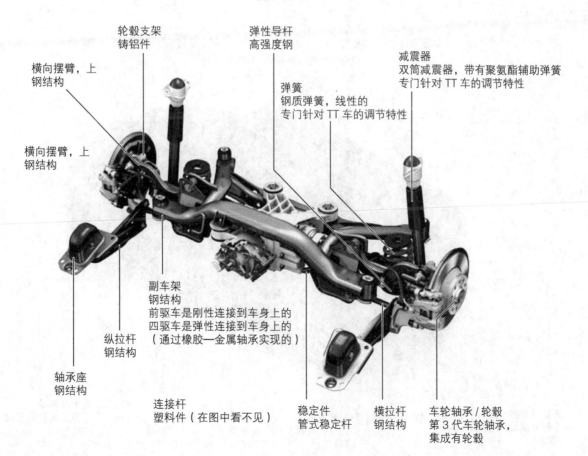

轮毂支架
铸铝件

弹性导杆
高强度钢

减震器
双筒减震器，带有聚氨酯辅助弹簧
专门针对 TT 车的调节特性

横向摆臂，上
钢结构

弹簧
钢质弹簧，线性的
专门针对 TT 车的调节特性

横向摆臂，上
钢结构

副车架
钢结构
前驱车是刚性连接到车身上的
四驱车是弹性连接到车身上的
（通过橡胶—金属轴承实现的）

纵拉杆
钢结构

轴承座
钢结构

连接杆
塑料件（在图中看不见）

稳定件
管式稳定杆

横拉杆
钢结构

车轮轴承 / 轮毂
第 3 代车轮轴承，
集成有轮毂

图 4-12-3

3. 四轮定位和调节

在前桥上，左、右前束值可通过改变转向横拉杆长度来分别调节。横向推动副车架可以在很小范围内确定车轮外倾角在四连杆后桥上，可以单独调整前束和外倾角。

前束调节在弹性导杆和副车架螺栓连接点处进行调节，如图 4-12-4 和图 4-12-5 所示。

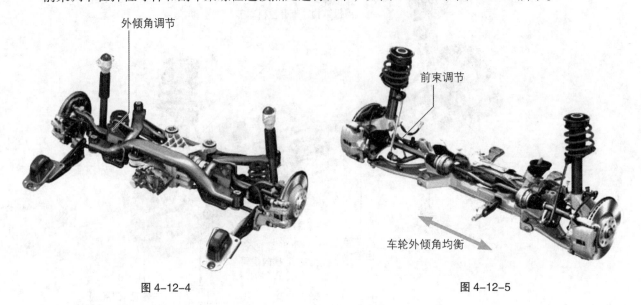

图 4-12-4　　　　　　　　　　　　　　　　　　　　图 4-12-5

4. 带有电子减震调节的底盘（1BL，1BQ，2MV）

这种底盘是选装的，它是基于其前代奥迪车型（型号8J）已经使用了的磁致流减震系统的，如图 4-12-6所示。

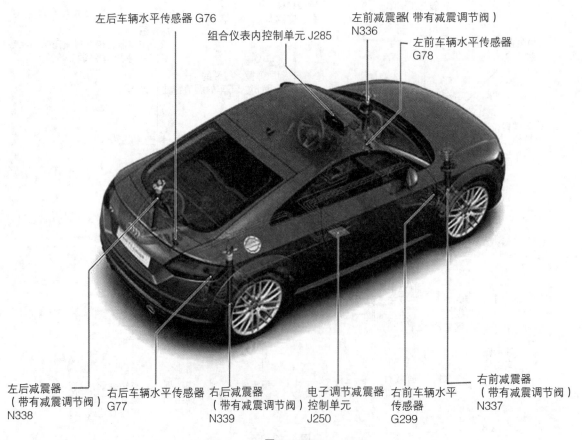

图 4-12-6

减震特性：在奥迪 TT 上可以实现三种不同的减震特性。操纵的话，只能通过在奥迪 driveselect 来选择相应的模式来实现。驾驶员可以根据自己的意愿，来选择舒适性的（comfort）、运动性的（dynamic）和均衡性的（auto）。

　　在选择了 effciency 模式时，其减震特性就是 auto 时的模式。根据所需衰减度，减震器活塞中的线圈会被控制单元功放加载上最大可达 5A（衰减度最大）的电流。在车辆静止时（车速信号 =0），不会有持续的电流加载，如图 4-12-7 所示。

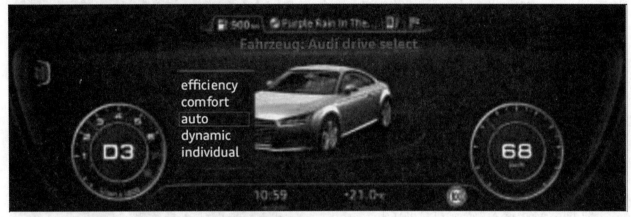

图 4-12-7

5. 特殊功能

（1）温度模型，如图 4-12-8 所示。

　　与前代车一样，本车上也有一个专门的软件，用于管理减震器、磁致流减震液以及减震器活塞中的线圈和导线等温度。该软件又做了进一步开发，以便更精确地来确定温度的影响，并能更精确地调节减震器的控制电流。

　　基本工作过程与 SSP381"奥迪 TTCoupé07 底盘"中的描述是一样的。各个线圈电阻的基本值在停车至少 3 小时后接通点火开关时（15 号线接通）来确

图 4-12-8

定。在经过了这么长的停车时间后，上述的减震器元件才能与环境温度一致，也才能将外界温度的精确值来作为温度模型的原始数据来使用。

　　在车辆的这个停车时间且 15 号线接通过程中，控制单元会周期性地将诊断脉冲（约 2A，持续不到 1ms，大约每秒钟一次）发送给减震器线圈，以便测量线圈的电阻值。温度模型从这些电阻值中来确定出相应的减震器温度。如果车辆的"15 号线关闭"这个信息少于 3h，那么控制单元在"15 号线接通"后会根据上次关闭点火开关（15 号线关闭）前计算的温度值来确定出当前的减震器温度（当然还要考虑到车辆实际的停车时间长度）。

　　（2）温度监控和关闭。

　　如果确定出的减震器温度值超过了约 110℃，那么就会逐渐切断减震器加载的电流，以保护电气和机械部件。如果温度达到约 120℃，那么电流就彻底被切断了。这种状况极少出现，只有在长时间大电流激励减震器（因此就使得减震器负荷很大，温度也就很高了），才会出现这种情况。

　　就是控制单元本身，也是有温度监控的，包含在温度模型的计算范围内的。在行车过程中，工作电流的持续存在会使得控制单元内的部件和导线热起来。如果温度超过了 120℃，那么就会激活 auto 模式，

这时驾驶员就无法选择其他模式了。如果温度在随后低于100℃了，那么整个系统功能就又都可使用了。

（3）出故障时的系统表现。

减震器调节就整个系统来说，是有自诊断能力的。如果识别出有系统故障，那么组合仪表上会给驾驶员一个故障提示。根据具体的故障情况，系统可能会部分关闭乃至完全关闭。

如果某减震器不受电控了，那么其他三个完好的减震器仍是可以控制的。但是这时驾驶员就无法改变模式了，这时会以auto模式来工作。如果驾驶员已经关闭了ESC，那么这时ESC会自动被激活。如果识别出某个车辆水平传感器损坏且无测量值可以使用的话，也会是上述这种系统表现。

如果是两个减震器出问题的话，那么系统就关闭了，也就不再有调节过程了。如果驾驶员已经关闭了ESC，那么这时ESC会自动被激活。

如果识别出两个车辆水平传感器损坏且无测量值可以使用的话，也会是上述这种系统表现。

如果根本就无法对减震器进行电控了（比如因存在相应的控制单元故障），那么减震器仍可实现最小的阻尼力。尽管随后将底盘设置得非常舒适，但是其行驶性能仍保持着动态特性，如图4-12-9所示。

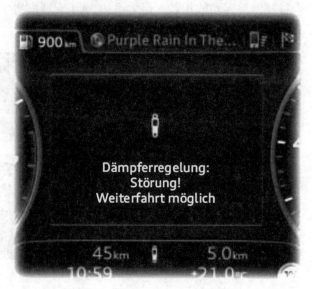

图 4-12-9

6. 售后服务内容

（1）诊断地址。

在车辆诊断仪中，该系统是通过地址码14（车轮减震器）来使用的。控制单元J250负责元件保护，如图4-12-10所示。

（2）系统初始化，重新学习正常位置。

完成下述工作后，需要进行系统初始化：

①更换了J250；

②拆下或者更换了一个或多个车辆水平传感器；

③更换或者拆装过减震器。

控制单元内存储有车辆水平传感器的特性曲线。在进行系统初始化时，会通知控制单元车轮位置处的车辆高度与车辆水平传感器测量值之间的对应关系。如果控制单元知道了这种对应关系，就能将车辆水平传感器所有测量值转换成具体的车辆高度了。另外，控制单元内还存储有车辆的空载状态，如图4-12-11所示。

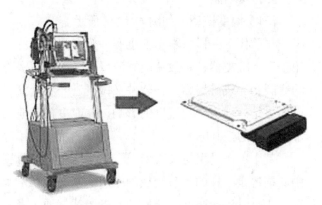

图 4-12-10

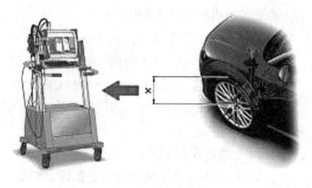

图 4-12-11

（3）执行元件诊断。

通过执行元件诊断，可以选择性地激活减震器，具体说就是给减震器加上约2A的电流。

（4）冷启动。

该功能可以用车辆诊断仪来激活，原则上包括"停车至少3h后接通15号线时"所需要进行的工作。

减震器会被通上电流，并确定出减震器活塞内线圈的电阻值。这些电阻值随后会与测得的环境温度（车外温度）进行匹配。这种匹配就是以后通过温度模型来计算温度的基础。

同样，要是更换了一个或者多个减震器，也得执行该功能。新减震器的线圈因为公差的原因，其电阻值与存储在控制单元内的值是不同的。当然，条件是新减震器尽量接近环境温度了。如果不执行该功能，那么在以后的行驶中可能会影响到舒适性。

在更换了控制单元后，必须执行这个冷启动功能，因为新控制单元还无法知道减震器的电阻值。

在下次起车时（车停了至少 3h），系统会自动匹配线圈的阻值，就可再次保证正常的舒适性了。

（5）减震器检查，如图 4-12-12 所示。

在相应的检测台上检测减震器的话，专用检测模式可以自动识别检测情况。也可以通过车辆诊断仪手动来激活检测模式。

对检测台工况的自动识别，是通过分析车辆水平传感器的测量值来实现的。

如果侦测到某车桥上车轮的垂直震动在某一频率范围内，那么就会激活检测模式。这时，控制单元就会给相应的减震器加载上一个约 1A 的恒定电流，以便实现规定的阻尼力。如果不再有车轮的垂直震动，那么检测模式就自动再次退出了。

（6）装载模式和运输模式。

图 4-12-12

与配备自适应空气悬架（aas）的车不同，奥迪 TT 上的磁致流减震器在激活装载模式和运输模式不激活专门的系统设置或者模式。

三、制动系统

奥迪 TT 上的制动系统是在其前代车型制动系统的基础上进一步开发而来的。量产时前桥上使用的是 16 英寸和 17 英寸制动装置，后桥上使用的是 15 英寸、16 英寸和 17 英寸制动装置。在发动机型号相当时，这些制动装置比其前代产品（8J）制动能力要好。使用的制动活塞直径都加大了。

因此可以获得运动式的踏板感觉（空行程短、压力点固定）。首次在奥迪 TT 上使用了电动机械式驻车制动器（EPB）。制动助力器和脚踏板机构直接取自奥迪 A3（型号 8V）。

奥迪 TT 还配备了 Continental 公司的 ESCMK100，这个在奥迪 A3（型号 8V）已经采用了。

因此可以获得运动式的踏板感觉（空行程短、压力点固定）。首次在奥迪 TT 上使用了电动机械式驻车制动器（EPB）。制动助力器和脚踏板机构直接取自奥迪 A3（型号 8V）。

奥迪 TT 还配备了 Continental 公司的 ESCMK100，这个在奥迪 A3（型号 8V）已经采用了。

1. 前桥制动系统

如表 4-12-2、图 4-12-13 和图 4-12-14 所示。

表 4-12-2

发动机型号	2.OL TFSI（169 kW） 2.OL TDI（135 kW）	2.OL TFSI（228 kW）
最小车轮直径（英寸）	16	17
制动器类型	浮动式制动器 TRW PC57WE	固定式制动器 Conti 4MF 42/30/11
活塞数量	1	4
活塞直径（mm）	57	42
制动盘直径（mm）	312	338

图 4-12-13

图 4-12-14

2. 后桥制动系统

如表 4-12-3 和图 4-12-15 所示。

表 4-12-3

发动机型号	2.OL TDI（135 kW）	2.OL TFSI（169 kW）	2.OL TFSI（228 kW）
最小车轮直径（英寸）	15	16	17
制动器类型	浮动式制动器 Conti FNc-M38/10/11	浮动式制动器 Conti FNc-M38/12/11	浮动式制动器 Conti FNc-M42/22/11
活塞数量	1	1	1
活塞直径（mm）	38	38	42
制动盘直径（mm）	272	300	310

图 4-12-15

3. 电动机械式驻车制动器（EPB）

如图 4-12-16 所示。

奥迪 TT 上的一项重要改进就是配备了电动机械式驻车制动器（EPB）。其功能和操纵以及售后服务内容，与奥迪 A3（型号 8V）上的是一样的。

4. 制动助力器，制动总泵

如图 4-12-17 所示。

在奥迪 TT 左置方向盘车上，使用的是 11 英寸（2.0L TDI 发动机是 10 英寸）单膜片式制动助力器。右置方向盘车因结构原因，使用的是 7/8 英寸串联膜片式制动助力器。稍后车上会配备顶级发动机 2.0L TFSI（221kW），其右置方向盘发动机采用的是 8/8 英寸制动助力器。这种顶级发动机的制动助力器，其转换比和入口都是专门用于奥迪 TT 车的。所有奥迪 TT 车的制动压力建立都是制动器以单一特性而产生的。

图 4-12-16

图 4-12-17

5. 脚踏板机构

如图 4-12-18 所示。

脚踏板机构是新开发的，在奥迪 A3（型号 8V）上就已经采用了。踏板是悬置的。加速踏板和制动踏板用的是同一个塑料踏板支座，以便减轻重量。

图 4-12-18

四、电子稳定控制系统（ESC）

1. 一览

如图 4-12-19 所示。

奥迪 TT 上使用的是 Continental 公司的 ESCMK100。该 ESC 系统软件和硬件都是在前代车型上使用的 ESCMK60 进一步开发而来的。ESC 单元安装在发动机舱内的右侧纵梁上。

2. 操纵

如图 4-12-20 所示。

短促（小于 3s）按压 ESC 关闭按键，可以激活运动模式。这时四驱车上的 ASR 功能就被关闭了。如果是前驱车的话，在需要时 ASR 是可以激活的（但是受限），起稳定作用的 ESC 调节干预的参数就会相应地进行匹配，于是就可以以运动方式来驾驶车辆。如果按压 ESC 关闭按键的时间长于 3s，那么 ASR 和 ESC 就完全被关闭了。

图 4-12-19

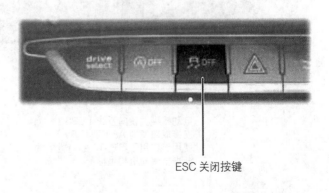

ESC 关闭按键

图 4-12-20

3. 转速传感器

如图 4-12-21 所示。

奥迪 TT 上使用的是有源转速传感器，其结构和功能与奥迪 A3（型号 8V）上和奥迪 Q3（型号 8U）上使用的传感器是一样的。

图 4-12-21

五、转向系统

1. 一览

如图 4-12-22 所示。

奥迪 TT 上配备了第三代电动机械式转向系统，该系统在奥迪 A3（型号 8V）已经采用了。为奥迪 TT 车开发了专用的转向特性曲线。为了保证具有很高的转向舒适性，奥迪 TT 上标配有渐进式转向机构，该机构在奥迪 A3（型号 8V）上就已经使用了（取决于发动机）。

机械式可调转向柱也是直接取自奥迪 A3（型号 8V）。该标配装置使用了新开发的三辐式方向盘，采用了新的运动型设计。还有很多选装的方向盘，可满足个性化需求。

方向盘
标准装备：三轮式方向盘，带有用于奥迪 TT 的运动型轮网；
带有用于奥迪 TTS 的赛车型轮网
各色选装装备

转向柱
机械可调式
高度调节：±25mm
纵向调节：±30mm
连接取自 Audi A3（型号 8V）

电动机械式转向系统（EPS）
连接取自奥迪 A3（型号 8V）
使用专门用于奥迪 TT 的特性曲线
渐进式转向机构是标配

图 4-12-22

2. 电动机械式转向系统（EPS）

电动机械式转向系统（EPS）在结构、功能以及售后服务内容方面，与奥迪 A3（型号 8V）采用的是一样的，如图 4-12-23 所示。

图 4-12-23

（1）操纵。

只能通过奥迪 driveselect 选择相应的模式来操纵。

选择了 auto、dynamic 或者 comfort，也就激活了相应的转向特性曲线，相应地就实现了均衡的、动态的或者舒适的转向特性了。

如果选择了 individual，那么驾驶员可以自由选择这三种特性曲线中的一种；要是选择了 efficiency，那么自动就会激活 auto 模式，如图 4-12-24 所示。

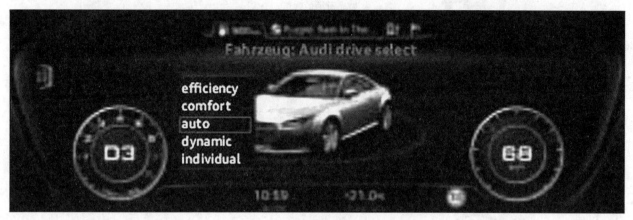

图 4-12-24

（2）渐进式转向机构。

渐进式转向机构在奥迪 TT 上是标配。渐进式转向机构通过齿条装置上的特殊形状来实现可变转向传动比。在车辆直线行驶以及绕中线有小幅转向运动时，转向传动比是最大的。具体说就是方向盘转了约 14° 的话，前车轮会回转约 1°（转向传动比约为 14）。随着转向回转越来越大，转向传动比就会变小，也就越来越直接了。这就使得奥迪 TT 在城市交通中和弯曲的地方公路上转向时耗费的力气小且转向精确。

这就减少了驾驶员的转向动作幅度，在以运动方式驾车行驶时能明显提高车辆的行驶动力学性能。

在转向角较大时（比如在城市中心区行车或者泊车时），转向传动比会剧降，以便明显降低驾驶员的转向工作量。如图 4-12-25 和图 4-12-26 所示，就可清楚看出，使用渐进式转向机构的话，在将前轮转向至止点位置的过程中，方向盘的转动量大大减小了。

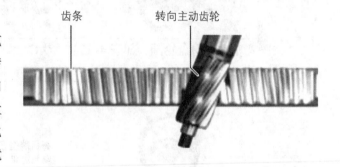

齿条　　　　转向主动齿轮

图 4-12-25

图 4-12-26

转向传动比

小齿轮角（°）

3. 方向盘

奥迪 TT 使用的是新开发的方向盘。通过在可见部分采用铝、塑料和皮革的组合，可以形成颇具运动特色的外观效果。

有两种不同形式的方向盘轮圈，这就多了一个差别特征。运动型轮圈和赛车轮圈不光是外观不同，触感也是不同的。

（1）运动型方向盘轮圈，如表 4-12-4 所示。

表 4-12-4

方向盘	装备情况
	标配 ● 入门型多功能方向盘 ● 光滑纳帕软革
	选装 ● 入门型多功能方向盘 ● 光滑纳帕软革 ● tiptronic
	选装 ● 入门型多功能方向盘 ● 光滑 / 打孔纳帕软革 ● S line 标识
	选装 ● 入门型多功能方向盘 ● 光滑 / 打孔纳帕软革 ● S line 标识 ● tiptronic

（2）赛车型方向盘轮圈，如表 4-12-5 所示。

表 4-12-5

方向盘	装备情况
	标配 ● 高端型多功能方向盘 ● 光滑纳帕软革
	选装 ● 高端型多功能方向盘 ● 光滑纳帕软革 ● tiptronic
	选装 ● 高端型多功能方向盘 ● 光滑 / 打孔纳帕软革 ● S line 标识
	选装 ● 高端型多功能方向盘 ● 光滑 / 打孔纳帕软革 ● S line 标识 ● tiptronic

（3）赛车型方向盘轮圈（用于 TTS），如表 4-12-6 所示。

表 4-12-6

方向盘	装备情况
	标配 ●高端型多功能方向盘 ●光滑纳帕软革，带 S 折痕 ● TTS 标识
	选装 ●高端型多功能方向盘 ●光滑纳帕软革，带 S 折痕 ● TTS 标识 ● tiptronic

4.轮胎压力监控显示

奥迪 TT 上使用的是大家熟知的第二代轮胎压力监控显示，这是基本装备（标配）。该系统在结构、功能、操纵和驾驶员信息以及售后服务和诊断内容方面，与在奥迪其他车型上使用的是一样的，如图 4-12-27 所示。

六、车轮和轮胎

奥迪 TT 上标配的车轮是 17 英寸的（TTS 使用的是 18 英寸的）。可选装 17~19 英寸车轮；轮胎规格是从 225/50R17 到 245/35R19。

轮胎应急修理包是标配的。可选装 3.5J×19 应急车轮。千斤顶是选装的且需订购了出厂时就有的动机车轮以及有应急车轮时才有（各国情况是不同的）。

图 4-12-27

第十三节　奥迪底盘系统经典故障案例

一、2018 年一汽奥迪 A3 打方向时异响

车型：一汽奥迪 A3，配置 1.4T 发动机。

发动机型号：CSSU。

行驶里程：8300km。

故障现象：车内左右转动方向盘，换向时"咯咯"异响。

故障诊断：

（1）经销商将方向机与副车架的螺丝松开并按 Elsa 的标准扭紧螺丝，试车故障声音未消除。

（2）维修人员通过拆卸转向柱、拉杆球头等连接后，初步判断转向机异响。

故障处理：

（1）与经销商确认，故障可以再现。

（2）冷车时左右打方向盘换向操作，车内可听见"咯咯"异响。

（3）热车时左右打方向盘换向操作，异响声音减轻，但是依旧有异响声音。

（4）断开转向柱与转向机连接，打方向盘无异响，排除转向柱原因。

（5）车外搬动车轮换向操作，异响声音依旧出现。

（6）拆下转向机左、右拉杆球头连接，车内打方向盘换向操作，异响依旧出现，听诊器在转向机壳体上能听到明显"咯咯"声音，因此判断转向机发出异响声音。

（7）依据质保与厂家资料分析转向机，发现转向机伺服电机附近的调整螺母脱出壳体表面0.7mm（标准<0.1mm），此处异常脱出，因此是重点分析原因，如图4-13-1所示。

（8）在调整螺母脱出的症状下，会导致转向机内齿条、齿轮、压块之间的间隙增大，在齿条做换向动作时齿条在压块与齿轮间跳动，发出撞击异响声音，如图4-13-2所示。

（9）通过维修调节调整螺母减小适配间隙。首先在调整螺母刻度与壳体上做标记，如图4-13-3中A，使用17mm套筒力矩扳手调整螺母，顺时针转动扳手到约50N·m力矩时停止转动，在调整螺母与壳体上标记如图4-13-3中B，然后已标记如图4-13-3中B为基准逆时针向回转动2~3刻度，如果调整后无改善，将螺母调整回标记如图4-13-3中A，调节螺母后，试车异响消失。

故障原因：转向机零件出厂时无异响，使用一段时间有异响，是因为在调整螺母后面的膜片（膜片弹簧厚度0.8mm）在装配时夹在螺母与压块间，导致间隙增加0.8mm后调整正常出厂，在使用中膜片回到正常位置后，压块与螺母间隙增大0.8mm，导致齿条与压块、齿轮间隙增大，齿条机构换向行程时与压块、齿轮之间相互撞击发出"咯咯"异响。

故障排除：

（1）通过检查转向机调整螺母位置平度现象，在高出转向机标准高度0.1mm时，调节转向机调整螺母使压块、齿条、齿轮间的间隙调整合格，消除异响声音。

（2）在调节无效的情况下，建议更换转向机

调整螺母脱出壳体0.7mm，正常用手摸能感觉到凸出感

图4-13-1

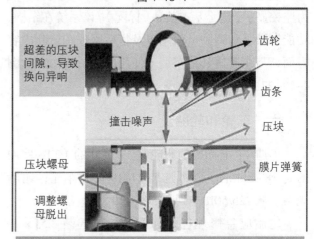

左右晃动方向盘能明显感觉转向机的间隙撞击

图4-13-2

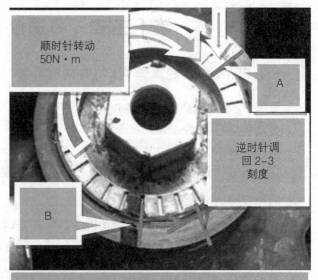

首先做标记A，调节螺母时要轻，使用扭矩扳手顺时针转动达到50N·m后，做标记B，逆时针转动回2~3刻度

图4-13-3

总成。

故障总结：此案例能很准确判断故障在转向机上，以往经验更换转向机后故障消除，在 Elsa 内没有相关的 TPI 指导，因此建议更新转向机异响的 TPI 维修指导。通过断开各部件的连接，做换向操作可排除各部件是否正常。调整螺母脱出时，用手或卡片测量都能感觉到凸出转向机壳。

二、2017 年一汽奥迪 A3 仪表驻车制动报警，EPB 驻车制动开关闪烁

车型：一汽奥迪 A3。

发动机型号：CSS 发动机。

行驶里程：18 880km。

故障现象：车辆启动后，仪表显示驻车制动报警，EPB 驻车制动开关闪烁。

故障诊断：

（1）确认故障现象，车辆启动后仪表驻车制动报警，中控台处手制动开关 EPB 指示灯处于闪烁状态，操作无响应反馈，如图 4-13-4 所示。

（2）诊断仪检测，03 主控单元有故障存储：C100E01 右侧停车制动器电机供电电压电气故障，被动 / 偶发；C10E129 驻车制动器电机不可信信号，主动 / 静态。执行测试计划，对于故障码 C10E129 驻车制动器电机，不可信信号，解释为当两个驻车电机处于不同的位置时，就会记录该故障；当制动器冻住或移动滞涩时，也会生成该故障记录。发现了两个驻车电机不同的状态。继续执行测试计划，显示左侧驻车制动电机 V282 已打开，右侧驻车电机 V283 故障，接着尝试通过按下机电式驻车制动器按钮 E538 来闭合驻车电机。操作开关后还是显示右侧驻车电机故障。

图 4-13-4

（3）举升车辆检查右后轮驻车电机，在操作驻车制动开关时，左侧电机有正常工作声音，右侧电机只有"咔"的一声反馈后就不再动作了，初步分析右侧驻车电机故障。在将驻车电机从制动分泵分解检查时，从连接处滴落出制动液，完全拆开后发现，右侧驻车制动分泵与驻车制动电机连接腔内渗漏制动液，已经腐蚀驻车制动电机内部，造成卡滞损坏。

故障原因：右侧驻车制动分泵与驻车制动电机连接腔内渗漏制动液，造成驻车制动电机内部结构腐蚀，卡滞损坏。

故障排除：更换右侧驻车制动器电机、右侧制动分泵。

三、2019 年一汽奥迪 A4L 行驶中方向盘红灯报警

车型：一汽奥迪 A4L（B9）。

发动机型号：CWNA。

行驶里程：19 200km。

故障现象：组合仪表红灯报警。

故障诊断：客户反映行驶中组合仪表显示方向盘红灯报警，重新启动又恢复正常，用诊断仪读取故障码，如图 4-13-5 所示。

地址: 0044 系统名: 44 - 动力转向装置 协议改版: UDS/ISOTP (故障: 2)

☐ **识别:**

☐ **故障存储器记录:**

故障存储器记录
编号: U140000: 功能故障 由于电压不足
故障类型 2:   被动/偶发
症状: 10496
状态: 00001000

   ☐ **标准环境条件:**

   ☐ **高级环境条件:**

故障存储器记录
编号: U140A00: 端子30 断路
故障类型 2:   被动/偶发
症状: 44032
状态: 00001000

   ☐ **标准环境条件:**

   ☐ **高级环境条件:**   图 4-13-5

故障原因: 首先查询无相关 TPI, 无 SOST, 用诊断仪 6150C 读取故障码: 端子 30 断路, 被动 / 偶发。

对故障原因进行分析:

（1）保险丝虚接。

（2）线束插头虚接。

（3）搭铁线接触不良。

查询维修手册端子 30 位置在蓄电池正极, 如图 4-13-6 和图 4-13-7 所示。

安装位置, 蓄电池 A 上的主保险丝座

1. 蓄电池 A 上的主保险丝座

A. 蓄电池保险丝座中的保险丝 4（30）.S176, 80A, 通往继电器和保险丝座 2.SR2., 保险丝座 F 上的保险丝 2.SF2., 保险丝座 F 上的保险丝 3.SF3.

A. 蓄电池保险丝座上的保险丝 4（30）.S176., 300A, 总线端 30 的导线分配器 3.TV28. 的电源, 通往继电器盒保险座 1.SR1. 和继电器保险丝座 2.SR2.

仅用于天然气发动机车型

B. 蓄电池保险丝中的保险丝 1（30）.S162., 125A, 通往转向辅助控制器 j500.

C. 蓄电池保险丝座中的保险丝 2（30）.S163., 150A, 通往 B302 主导线索中的接正连接 6（30）

D. 蓄电池保险丝座中的保险丝 3（30）.S164., 200A, 通往 B272 主导线索中的接正连接（30）/B298 主导线索中的接正连接 2（30）

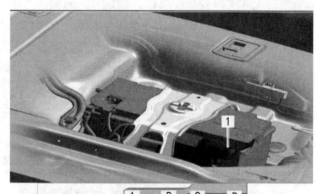
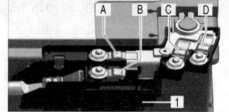

图 4-13-6   图 4-13-7

拆卸断电保护器,检查保险丝正常,无烧蚀,无虚接,电压为蓄电池电压 12.5V,查询电路图,如图 4-13-8 所示。

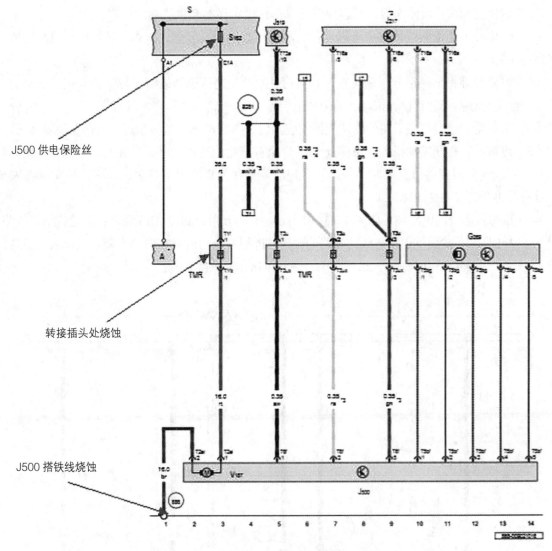

J500 供电保险丝

转接插头处烧蚀

J500 搭铁线烧蚀

图 4-13-8

S162 保险丝到 J500 之间有转接线 TMR 和搭铁线 686 都在右侧纵梁上,拆卸右前轮胎和翼子板内衬发现 686 接地点烧蚀,摇晃搭铁线发现线路虚接,如图 4-13-9 所示。

故障排除:打磨处理烧蚀接触点,更换 J500 线束及车身搭铁线。

四、2016 年奥迪 A5 仪表中 ABS 侧滑灯报警

车型:奥迪 A5。

发动机型号:NDU。

行驶里程:52 140km。

故障现象:客户反映车辆放置一段时间后行驶

J500 搭铁线烧蚀

图 4-13-9

后 ABS 侧滑灯，胎压灯报警。

故障诊断：

（1）维修技师接到故障车后，与客户路试车辆，确实存在客户描述的故障。

（2）维修技师用诊断仪读取故障码为：右前轮转速信号不可信，静态。读取四车轮数据流，右前轮数据为 0km/h。

（3）维修技师将车辆举升车辆检查，右前轮悬架及轮速传感器故障无异常，并用清洗剂清洗右前轮轴承，右前轮传感器安装到位，试车，故障依旧。

（4）右前轮传感器与左后轮传感器调换安装到位，再次试车，故障依旧。排除传感器故障。

（5）维修技师打开发动机盖准备检查 ABS 泵至右前轮传感器线路，发现发动机盖有老鼠的脚印及吃的东西，判断老鼠可能将线路咬断了。询问客户故障是在什么情况下发生的，客户称车辆在家车库停放一段时间后再开时仪表亮故障灯了。

（6）维修技师查询电路图（如图 4-13-10 所示），用万用表测量 ABS 泵至右前轮传感器线路不导通，如图 4-13-11 所示。然后重点排查线路短路的位置，拆掉左前轮内衬和玻璃水壶发现线束已被老鼠咬断，如图 4-13-12 和图 4-13-13 所示，接通线束，装到位试车，故障排除。

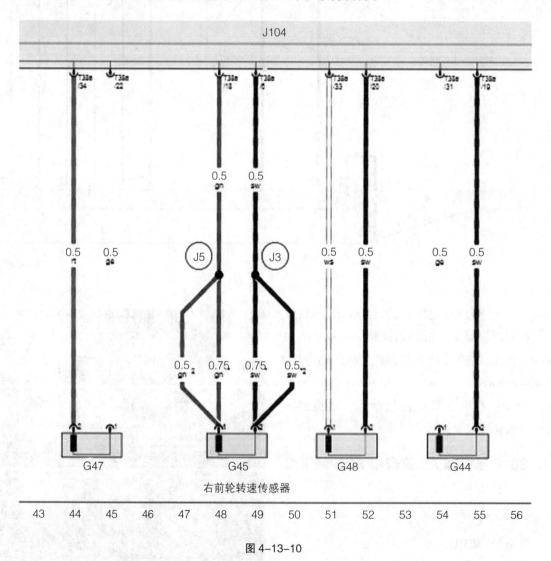

图 4-13-10

故障原因：ABS 泵至右前轮传感器线束被老鼠咬断。

图 4-13-11

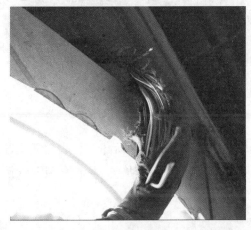
图 4-13-12

图 4-13-13

故障排除：接通线束，试车故障排除。

故障总结：在日常工作中排查车辆异响故障时，一定询问客户故障发生的时间、情况及特点，这有助于故障的排除。

五、2017 年一汽奥迪 A6L 低温环境下冷车转向沉

车型：一汽奥迪 A6L（C7）。

发动机型号：CYYA。

行驶里程：5300km。

故障现象：车辆放置一晚后，冷启动后打方向沉，不回位。

故障诊断：

（1）基于用户抱怨描述，为了更好地再现故障，现场分析前将车辆停放室外一夜（最低气温 -15℃），现场分析时室外温度为 -0.5℃；在平坦路面行驶车辆，用户抱怨情况可以再现，左右打方向时，在整个转向区间内均可感觉到转向沉，打方向到转向极限后松开方向盘，方向盘主动回位缓慢或不回位，故障发生期间没有异响。

（2）根据以上故障现象有如下判断：

①转向机故障；

②轮胎损坏或胎压不足；

③底盘其他零部件损伤；

④四轮定位数据不正确；

⑤方向盘到转向机之间的旋转部件存在卡滞等。

（3）分别对以上可能的故障原因进行分析排查。

①转向机故障分为两种：机械损伤和软件问题。举升车辆检查转向机的外观，无破损和锈蚀，安装位置正常，无拆卸痕迹，供电和信号插头连接正常。之前有经销商找正常车辆对调了转向机，无效。因此，可先将转向机的原因排除。

②轮胎是四季胎，花纹磨损正常，胎压符合车辆标识规定。

③对车辆的底盘零部件进行检查，主要检查有无磕碰和明显弯折变形痕迹，未发现异常。

④检查四轮定位数据，稍有偏差，调整到标准范围内执行完。

进行②③④检查操作后，试车，故障依旧存在。

⑤方向盘到转向机之间有转向柱和转向中间轴，断开转向中间轴与转向机之间的十字轴连接，小角度转动方向盘，可依然感觉到沉；断开转向中间轴与转向柱之间的十字轴连接，小角度转动方形盘，无异常感觉。

（4）由以上检查可确定：卡滞来自转向中间轴，查看转向中间轴的结构可看出能够产生卡滞的位置有上下两端的十字轴连接和与橡胶护套接触位置。

（5）拆下转向中间轴检查之前，首先松开转向中间轴的三个安装螺栓，释放应力后重新按照Elsa规定扭矩拧紧。由于此时车辆温度已升高，故将车辆恢复重新放置室外一夜，如图4-13-14和图4-13-15所示。

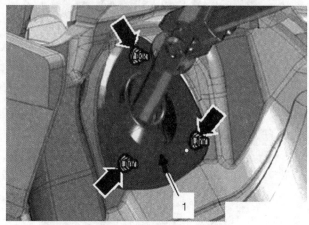

图 4-13-14　　　　　　　　　　　　　　　　　　图 4-13-15

（6）第二天早上再次测试，故障依旧，拆下转向中间轴检查，转动十字轴无卡滞，表面无锈蚀，手动转动橡胶护套时可明显感觉到卡滞，轴管与罩盖联动（正常情况下罩盖不动），且护套与轴管接触位置有类似橡胶颗粒的黑色粉末，如图4-13-16所示。

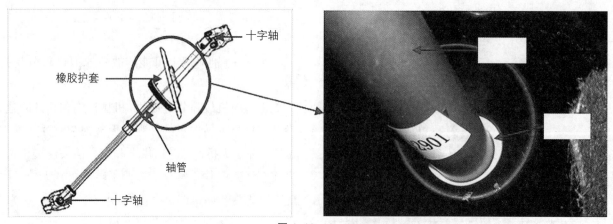

图 4-13-16

（7）反复转动橡胶护套，卡滞逐渐减轻至消失。为了验证低温对其影响，将转向中间轴再次放置室外阴凉处约4小时后取回，又可感觉到卡滞。

（8）判断用户抱怨故障由转向中间轴引起，更换转向中间轴后故障消失。

故障原因：转向中间轴的橡胶护套与轴管在低温环境下卡滞引起用户抱怨。

故障排除：更换转向中间轴，如无明确信息建议将备件放置室外环境测试后再安装到车辆上。

故障总结：

（1）该故障在去年初冬北方地区开始出现，若综合之前出现的转向异响（润滑）故障可着重分析转向中间轴。但用户对转向沉抱怨很大，为了稳妥对涉及的各个方面都进行了检查排除。用于零件替换的对比车一定要是正常车辆，替换零件前要认真进行测试。

（2）通过诊断仪可读取 J500 内的测量值，主要关注转向角、转向力矩和助力电机扭矩。

（3）SSP317 中对主动回位功能有描述。由于车轮定位参数的原因，在转向车轮上就产生一个回位力。由于转向系统和车桥内部的摩擦，这个回位力一般是非常小的，不足以将车轮转到直线行驶位置。通过对转向力矩、车速、发动机转速、转向角、转向速度和控制单元内存储的特性曲线的分析，控制单元就可计算出回位所需要的力矩（由电机产生）。启动电机，于是车轮回到直线行驶位置。因此，回位过程中助力电机会产生正向力矩促使车辆回正。

（4）读取测量值过程中可对比助力转向电机扭矩大小和方向。

六、2018 年一汽奥迪 A6L 电子手刹偶尔报警

车型：一汽奥迪 A6L（C7）。

发动机型号：CYYA。

行驶里程：8000km。

故障现象：电子手刹灯偶尔报警。

故障诊断：

（1）客户进店反映车辆行驶过程中电子手刹系统经常报警，熄火等一会儿再启动故障自己消失。

（2）诊断仪检测 53 驻车制动器内有 U140500 端子 15，不可信信号，偶发故障，如图 4-13-17 所示。

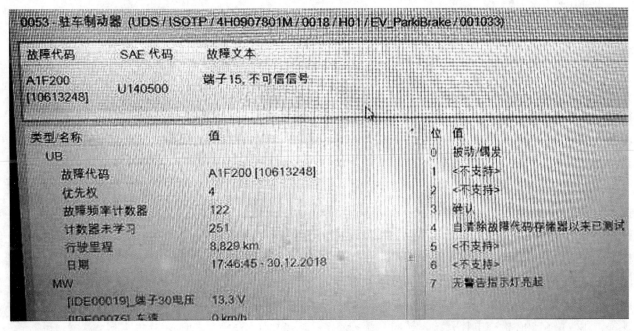

图 4-13-17

（3）根据引导型故障查询检查 J540 插头针脚正常。测量 30 号供电、15 号供电及接地正常。

（4）询问客户得知车辆刚买回家没多长时间就偶尔出现故障，且越来越频繁。分析可能为出厂时自带故障。

（5）一般偶发电器故障原因。

①车身搭铁虚接；

②控制器系统供电故障；

③控制器内部控制故障。

供电线路未见异常，首先处理 J540 控制器车身搭铁点。交车，客户使用观察 1 周后故障再次出现。

（6）调换 J540 试车一段时间故障依然存在。分析端子 15 号不可信故障原因 SF 区域供电只有 J540 报不可信，证明 15 号上游控制正常，尝试模拟故障现象，只有在断开 J540 的 15 号保险时系统会报此故障，拆下保险丝座检查发现保险底座虚接，如图 4-13-18 所示。

（7）维修处理保险丝底座，试车故障排除。

故障原因：可能为出厂时线路装配底座扩张。

故障排除：维修处理 J540 的 15 号供电底座插头。

图 4-13-18

故障总结：检查偶发故障时尽可能模拟出故障现象，了解工作过程。减少车辆重复维修。

七、2015 年一汽奥迪 A6L 打方向重

车型：一汽奥迪 A6L（C7）。

发动机型号：CNY。

行驶里程：208 000km。

故障现象：客户反映车辆在打方向时方向盘重。

故障诊断：在接到车辆后，对车辆进行测试，发现车辆确实存在打方向重的现象，不过不是客户所描述的一直很重，而是时轻时重。第一反应是车辆的十字轴存在问题，导致车辆在打方向时存在时重时轻的现象，况且车辆已经 20 多万千米了，十字轴的可能性要大。将车辆升起后，将十字轴两端拆掉，用手摆动万向节，两端均可以轻松转动，不存在一端比较难转动的现象，而且主驾脚垫也没有接触到十字轴。排除十字轴导致转向时轻时重的可能性后，怀疑是不是方向机本身存在问题。检查方向机外观，没有发现内拉杆、外拉杆处有弯曲受力现象，用 VAS6150C 检查电控系统，转向系统内不存在故障，没有故障并不代表转向机就是完好的，

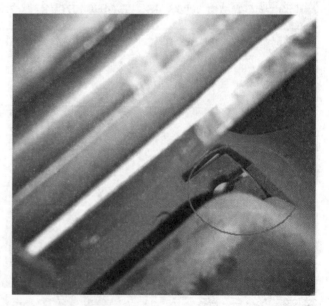

图 4-13-19

会不会是内部齿轮导致打方向时轻时重？为了验证这一点用扳手单独转动方向机，较为轻松就可以转动，最主要的是在转动的时候没有出现时轻时重的现象，排除方向机的可能性。十字轴下部的部件排除完毕，看来问题还是出在十字轴上部部件，十字轴上方无非就是转向柱，正准备跟客户报方向柱时，为了防止

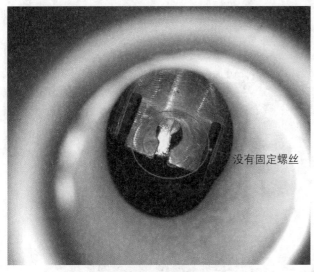

图 4-13-20

故障点

图 4-13-21

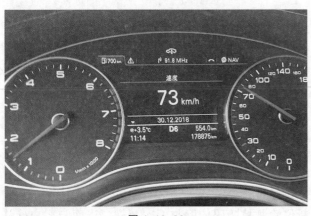

图 4-13-22

是安装不当导致，决定将十字轴复位后再进行测试。这次为了能捕捉到其他信息，特意找了个安静的停车场，打方向测试时发现，在车辆打方向较重时，转向柱处有摩擦的声音。仔细观察发现转向柱盖板与方向盘在转动时产生摩擦，每当方向盘转到这个角度时，两者摩擦，从而使方向盘转动起来比较费力。将方向盘拆下后发现方向柱盖板上端螺丝正常安装，只是下部螺丝固定处断裂，导致下部盖板没有固定到位，这才使得方向盘在转动时与方向柱盖板产生摩擦，从而使转向阻力增大。拆卸时发现没有固定螺丝，如图 4-13-19 和图 4-13-20 所示，故障点如图 4-13-21 所示。

故障原因：方向柱盖板固定底座脱落，导致方向柱盖板无法固定到位，与方向盘摩擦使得转向阻力增大，给车辆造成转向重的困扰。

故障排除：由于损坏部件不单独提供，所以更换方向柱总成。

八、2016 年一汽奥迪 A6L 行驶一段时间后仪表上空气悬架黄灯报警

车型：一汽奥迪 A6L（C7）。

发动机型号：CLX。

行驶里程：78 300km。

故障现象：客户反映行驶一段时间后仪表上空气悬架黄灯报警，有时左侧半边车身会低于右边，有一次只有报警，点火开关重新关闭，打开又正常了，如图 4-13-22 所示。

故障诊断：

（1）用 6150B 检测有故障码，如图 4-13-23 所示。根据故障码做导航要求检测 N338，如图 4-13-24 所示。查询自学手册了解 N338 的作用和工作原理，如图 4-13-25 和图 4-13-26 所示。检测 N338 电阻、导线、供电都正常。将两后避震对换，也就是将 N338 与 N339 对换。如果试车后故障发生转移就可以确定故障。检测分配阀至左后避震的空气管路，无破损、挤压，空气管路接口无漏气，重新做默认位置匹配，记录高度停放 8 小时后，车身高度没有下降，试车后故障未报警。建议客户车子拿回去试试。

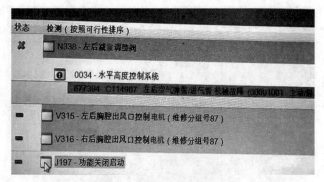

控制单元	结果	
0034 水平高度控制系统 (UDS/ISOTP/4G0907553P) 0782/HW		
故障代码	SAE 代码	故障文本
A5612 [677394]	C114907	左后空气弹簧/进气管,机械故障
A560A [677386]	C104600	水平高度控制系统

图 4-13-23

状态	检测(按照可行性排序)
✖	□ N338 - 左后减震调整阀
❶	0034 - 水平高度控制系统
	677394 C114907 左后空气弹簧/进气管 机械故障 (30001001) 主动
▬	□ V315 - 左后胸腔出风口控制电机(维修分组号87)
▬	□ V316 - 右后胸腔出风口控制电机(维修分组号87)
🖰	□ J197 - 功能关闭启动

图 4-13-24

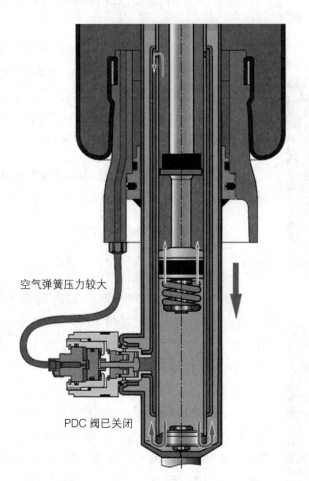

PDC 阀已打开

空气弹簧压力较大时的压缩过程

由于控制压力(空气弹簧压力)及液体流过 PDC 阀的阻力增大了。大部分液体(取决于控制压力)必须流过底阀,因而减震力(阻尼力)就增大了。

空气弹簧压力较大

PDC 阀已关闭

图 4-13-25

　　(2)开了1周客户再次进店,故障依旧,用诊断仪检测故障码依旧与上次一样。当面与客户确认故障现象及故障出现时的环境条件,客户描述每次出现故障都是后排坐满3个人,在高速上行驶100km/h以上,一个小时以上才会报警。更换分配阀,根据客户描述条件,车间里带3人坐后排去高速上行驶118km/h后避震报警,下服务区检测四轮无下降,故障码一样,数据都正常,如图4-13-27所示。点火开关重新关闭,打开后故障消失。

空气弹簧压力较小时的压缩过程

活塞被向下压，阻尼力由底阀和（在一定程度上）液体流过该阀的阻力所决定。

活塞杆压出的机油一部分经底阀流入储油腔，另一部分机油经工作腔 1 内的孔流向 PDC 阀。

由于控制压力（空气弹簧压力）及液体流过 PDC 阀的阻力变小了，因而减震力（阻尼力）就减小了

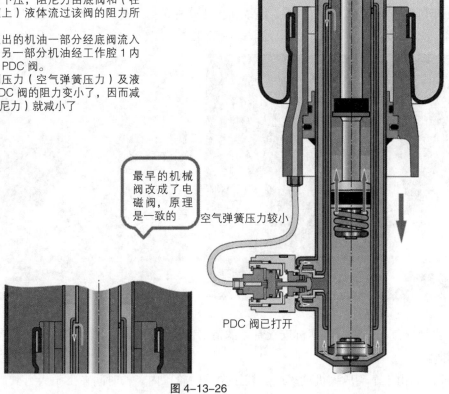

最早的机械阀改成了电磁阀，原理是一致的

空气弹簧压力较小

PDC 阀已打开

图 4-13-26

地址	ID	测量值	值
0034	IDE02940	系统压力	0.3
0034	IDE03123	上次在左前空气弹簧气囊中测得的压力	6.7
0034	IDE03124	上次在右前空气弹簧气囊中测得的压力	6.7
0034	IDE03126	上次在右后空气弹簧气囊中测得的压力	5.5
0034	IDE03125	上次在左后空气弹簧气囊中测得的压力	5.5
0034	IDE01759	Audi驱动选择	自动
0034	IDE02001	左前轮罩边缘车身高度	391.0
0034	IDE02002	右前轮罩边缘车身高度	385.0
0034	IDE02003	左后轮罩边缘车身高度	396.0
0034	IDE02004	右后轮罩边缘车身高度	392.0
0034	IDE03056	左前减震器阀电流	0.0
0034	IDE03058	右前减震器阀电流	0.0
0034	IDE03060	左后减震器阀电流	0.0
0034	IDE03062	右后减震器阀电流	0.0
0034	IDE02947	左前高度偏离匹配汽车高度	-3
0034	IDE02948	右前高度偏离匹配汽车高度	5
0034	IDE02949	左后高度偏离匹配汽车高度	0
0034	IDE02950	右后高度偏离匹配汽车高度	1
0034	IDE03057	左前减震器脉宽调制信号值	50.0
0034	IDE03059	右前减震器脉宽调制信号值	50.0
0034	IDE03061	左后减震器脉宽调制信号值	50.0

图 4-13-27

（3）结合故障码回想整个维修过程，故障码为左后空气弹簧或进气管，机械故障。左后避震，左后进气管路不漏气，分配阀换新的，N338与339对换，数据也正常。既然为机械故障，机械部件的概率较高，回想到Q7车辆报机械故障，由于进水，压缩机上干燥瓶故障，想这个车会不会也有可能是这个情况，拆下空气压缩机检查发现确实进水了。排放阀N113处水迹，如图4-13-28所示。干燥剂，如图4-13-29所示。

图4-13-28　　　　　　　　　　　　　　　　　图4-13-29

（4）更换空气压缩机、压缩机进气管、滤清器。拆开管路吹干净水汽。按照Q7中TPI描述处理后试车故障排除。

故障原因：由于车辆压缩机进气口安装在左后内轮罩内，长时间在下雨天行驶高速路上，水汽吸入压缩机，干燥瓶吸附饱和后无法将水和气分离。进入管路中形成气阻，进气不畅，诊断仪检测到就报进气机械故障。注：在维修过程中客户的描述很重要，特别是偶发故障，在条件允许下要与客户详细沟通，有助于故障的排除和模拟故障现象。

故障排除：更换空气压缩机、压缩机进气管、滤清器。

九、2018年一汽奥迪A6L仪表板上安全气囊故障灯、ESP灯点亮

车型：一汽奥迪A6L（C8）。

发动机型号：DKW。

行驶里程：3537km。

故障现象：下雪天，客户到店反映安全气囊灯、ESP灯点亮，如图4-13-30所示。

故障诊断：

（1）用诊断仪VAS6150B读取故障码：地址01发动机控制单元故障码：U041600 ESP不可信信号（被动/偶发）；地址03制动器控制单元故障码：C052A00转向角传感器G85偏差（被动/偶发）；地址15安全气囊控制单元故障码：B13BCF2多重碰撞制动器 没有功能（主动/静态）。如图4-13-31所示。

图4-13-30

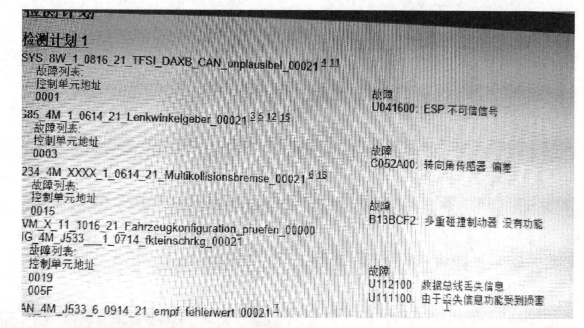

图 4-13-31

（2）根据引导型故障提示，故障原因可能是安全气囊控制单元 J234 和 ABS 控制单元 J104 通信失败，执行 SVM 车辆配置检查，显示正常。

（3）客户反馈路面积雪加速打滑后出现故障提示，考虑可能是由于车辆打滑引起报警。对系统故障码清除后发现，地址码 15 气囊控制单元内故障无法清除。

（4）再次执行地址码 15 故障引导 SVM 车辆配置检查，显示控制单元正常。故障依旧。

（5）关闭点火开关，将 ABS 控制单元插头断开，重新连接，清除故障码，故障依旧。

（6）执行蓄电池 A 断电后，故障码可清除。试车故障排除。

故障原因：由于雨雪天气，导致路面极其湿滑。车辆电子车身稳定系统检测到车辆侧滑，正常干预后无法稳定车辆，导致 ESP 系统报警。ESP 系统无法正常工作后，引起 J234 系统内存储"多重碰撞制动器没有功能"故障码，导致安全气囊故障灯点亮。

故障排除：执行车辆断电，恢复数据。

故障总结：ESP 系统无法准确识别雨雪天气，在特殊路面上行驶时，ESP 系统无法调节，稳定车辆后，导致系统报警，进而引起安全气囊系统报警。最好设置一定程序调低这种天气条件下的灵敏度，降低报警级别。

十、2019 年一汽奥迪 A6L 方向机故障灯有时灯亮又自动熄灭

车型：一汽奥迪 A6L（C8）。

故障现象：方向机故障灯有时灯亮又自动熄灭。

故障诊断：

（1）诊断仪诊断为数据总线故障 FlexRay 数据总线严重故障，经多次试车都无法再现故障，故障码如图 4-13-32 所示。

（2）查故障重点放在方向机及线束，首先对方向机插头外观检查未发现有进水情况，检查车辆底盘及线束外观未发现刮擦、碰撞现象。

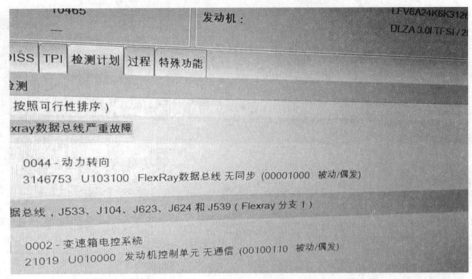

图 4-13-32

（3）对方向机数据总线检查电压正常，后断开发动机舱右侧 TMR 插头，对 TMR 插头到方向机插头进行测量电阻时发现总线 H 和 L 电阻在摇晃 J500 端线束插头时出现异常，分解 J500 端线束插头检查发现为数据总线 L 线插头内部虚接现象，如图 4-13-33 所示。

图 4-13-33

故障原因：经确认为数据总线 L 线插头内部虚接现象，造成车辆行驶时出现方向机故障灯有时亮起后又熄灭。

故障排除：更换 J500 插头 5 号线后用户用车故障排除。

故障总结：由于近期出现线束接头故障车辆较多，建议在检查多系统故障灯亮起的车辆时重点检查线束插头的连接情况。

十一、2019 年新奥迪 A7 驻车制动报警

车型：奥迪 A7（4K）。

发动机型号：DLZ。

行驶里程：85km。

故障现象：仪表驻车制动报警，如图 4-13-34 所示。

故障诊断：

（1）使用 VAS6150D 读取 03 制动电子装置：C100C01 电子机械式停车制动器按钮，电气故障，静态；U112300：数据总线接收到的故障值，静态。

（2）根据引导型查询（电路图如图 4-13-35 所示），检查部件机电驻车制动器按钮 E538 状态，操纵 E538，查看工作状态无变化，并且当前状态显示为故障，检查 E538 的插头连接针脚正常。

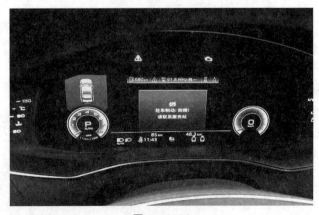

图 4-13-34

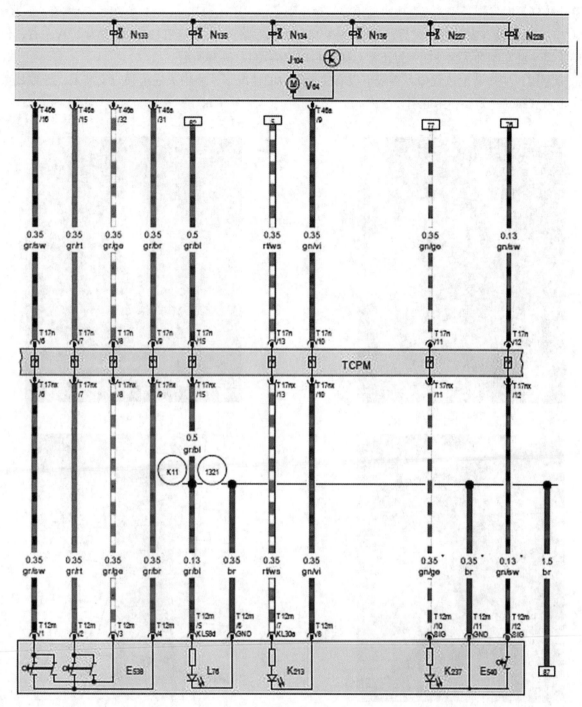

图 4-13-35

（3）检查 J104 到 E538 的信号线：拔下 E538 插头后，点火开关打开量取 T12M 的四个针脚电压，除了 2 号脚电压为 0V 外，其他三个针脚电压为 1.9V。由此判断 T12M/2 不正常。

（4）点火开关关闭，拔下 E538 插头，量取发现 T12M/2 存在对地短路，同时量取了其他三根无相互短路以及对正极短路情况，断开 J104 量取发现 T12M/2 仍旧存在对地短路。由此判断 J104 的 T46A/15 到 E538 的 T12M/2 之间的导线存在对地短路。

（5）拆卸中控台右侧饰板，将 TCPM 中间连接找到并断开，量取 T12M/2 针脚，无对地短路情况，量取 J104 端 T46A/15 针脚发现存在对地短路，由此判断 T46A/15 到 T17N/7 间导线存在对地短路。

（6）兵分两路，一路从流水槽处往上捋线，一路从中央通道开始捋线，仔细检查每一个细节，当快

917

拆卸完中央通道时发现了故障点，中央通道将线束压到了。

（7）重新维修并安装好线束后，量取T46A/15无对地短路情况，并且T12M/2电压为 1.9V左右，仪表无故障报警，驻车制动系统功能恢复正常，如图4-13-36~图4-13-39所示。

故障原因：生产装配过程中，在线束没有完全到位的情况下，将中央通道强行安装上，导致线束被挤压，造成线束对地短路，由此引发故障。

图 4-13-36

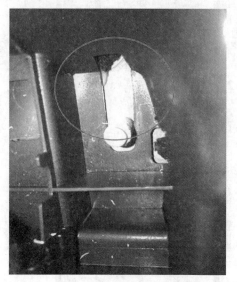

图 4-13-37

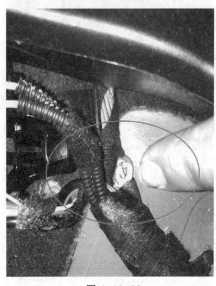

图 4-13-38

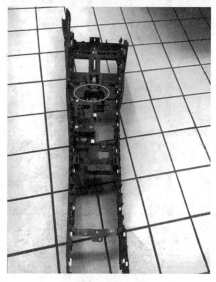

图 4-13-39

十二、2017 年奥迪 A8 后轴空气悬架整体塌陷

车型：奥迪 A8 D4 PA。

故障现象：客户在行驶中出现右后减震器空气包爆裂，后悬架塌陷。仪表空气悬架系统故障。

故障诊断：

（1）空气悬架后轴车身高度过低，使用引导型功能单独对前轴及蓄压器都能达到指定高度，对后轴进行充气时无任何反应，充气大于规定时长后系统关闭。

（2）使用自制打压工具进行两侧减震器单独打压发现无法建立压力，打压时内部发出"哧哧"

异响，明显漏气的声音，判断两后空气弹簧膜片漏气。

（3）查看车辆生产日期为 2016-05-24，车辆行驶 585km。3 年时间行驶 585km。经询问客户该车为新车抵押车辆，已经放置 3 年，刚通过法院拍卖得来，开到当地正好行驶 500 多千米后出现故障。

（4）经分析，由于车辆长期存放导致悬架处于最低位置（如图 4-13-40 所示），空气弹簧膜片已拉伸到最大位置，经历这么久再启动出现薄弱环节开裂导致漏气。

（5）订货更换新的空气弹簧，安装后，后轴还是无法调节，执行后轴充气系统执行几秒后退出，更换上的新减震器高度为车辆的正常高度，在未接空气管路的状态下车辆不能降下，对比正常车辆的减震器在执行放气时能够降到最低位，如图 4-13-41 所示。

管子已拆下，大约三指宽

图 4-13-40

（6）尝试将分配阀上的管路前后对调，发现后轴分配阀可以正常给前轴充气，但前轴分配阀不能给后轴减震器充气，排除系统故障及分配阀故障。怀疑新订的减震器保压阀阀芯不能正常开启导致无法充放气，将旧减震器上的保压阀与新减震器互换故障依旧，判断减震器是否内部卡死，使用空气泵进行打压发现可以正常提升车辆，可以排除减震器故障。

（7）在对管路进行恢复时发现，分配阀侧技师在之前判断故障时无意将管路接头处的管子留得过长，切除多余管路后故障排除，如图 4-13-42 所示。

正常车辆执行放气

图 4-13-41

故障原因：分析也可能是在前后倒换管路的时候无意中使卡箍后移，装入后是管路头变形堵塞了分配阀上的出气口，以至于系统识别压力过高停止对后轴充气。也吻合了为什么无法进行后轴充气。为了排除减震器故障，技师尝试更换 J197、分配阀、水平高度传感器，结果都是徒劳。

故障排除：更换两个后空气弹簧，处理过长管路。

故障总结：

（1）根据 ssp243 所述，如图 4-13-43 所示。

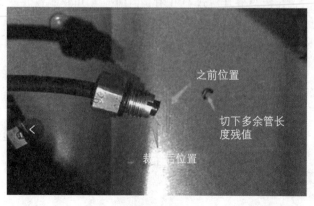

之前位置

切下多余管长度残值

裁剪后位置

图 4-13-42

悬架损坏的原因可以归结到以上两个注意事项，在无气压状态下不能移动车辆或举升车辆，必须始终让空气弹簧内存有一定压力，这也说明为啥空气弹簧上会设置一个 300kPa 的保压阀，据了解新减震器在初次安装时其保压阀完全可以使车辆处于正常水平高度，并非新减震器存有故障。

 注意：

在装配和运输减震支柱总成时，不可抓住活塞，因为在无压力状态时，活塞很容易被推回去

如果密封圈在被推动（由空气弹簧压力来推动）安装的过程中出现不均匀的情况，那就会引起空气弹簧泄漏

在无压力状态不要移动空气弹簧，因为在这种情况下管状气囊无法在活塞上展开，因而会造成其损坏

如果车上的空气弹簧已经没有压力了，那么在举升和降下车辆前（如使用举升平台或举升器），必须使用诊断仪器来给相应的空气弹簧充气（见维修手册）

图 4-13-43

（2）建议大家订购 VAS75 001 检漏工具，如图 4-13-44 所示，若技师在使用该工具进行相关检查时也许会提早发现该问题，该工具还会在以后空气悬架检测时达到事半功倍的效果。

十三、2019 年奥迪 A8 仪表提示底盘升降系统故障

车型：奥迪 A8（D5）。

故障现象：客户进店描述仪表提示底盘升降系统故障，时速不可超过 70km，如图 4-13-45 所示。

故障诊断：

（1）根据客户描述，验证故障确实存在，且空气悬架举升模式不可用。当前故障并非偶发。

（2）验证外观和底盘没发现任何事故撞击迹象，排除外界因素造成故障。

（3）ODIS 读取故障码 J775 C112A12 电磁阀 2 电源电压对正极短路 C122912 电磁阀 1，电源电压对正极短路，如图 4-13-46 所示。

（4）根据引导功能确认出电磁阀部件，引导给出的部件 NX7 供电电压对正极短路，如图 4-13-47 和图 4-13-48 所示。

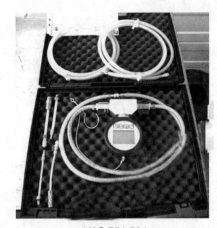

VAS 751 001

图 4-13-44

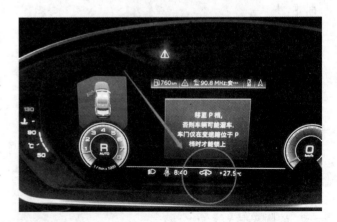

图 4-13-45

故障存储器记录
编号：
故障类型2：
症状：
状态：

➕ **标准环境条件：**

➕ **高级环境条件：**

故障存储器记录
编号：
故障类型2：
症状：
状态：

➕ **标准环境条件：**

C122A12: 电磁阀体2电源电压 对正极短路
被动/偶发
3145784
00001000

C122912: 电磁阀体1电源电压 对正极短路
被动/偶发
3145785
00001000

图 4-13-46

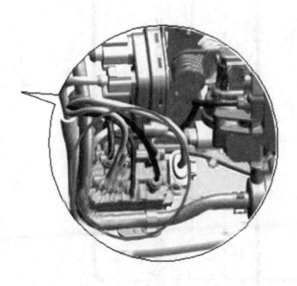

图 4-13-47

图 4-13-48

（5）根据引导指示测试J775到NX7每个电磁阀的电压，电路图如图4-13-49和图4-13-50所示。

（6）测到的故障车实际数据。测到NX7端子5时发现电压10V，正常车是2.5V左右，如图4-13-51所示。判定其端子电压对正极短路。

（7）拆下中央扶手及后排空调，扒开J775并断开J775插头测试 NX7端子对插头有无短路，测试电阻无异常，如图4-13-52和图4-13-53所示。判定该供电线束之间没有出现短路迹象。

（8）把故障车J775调换正常车NX7端子5依然10V，由此可验证NX7端子5电压对正极短路是由 J775底盘控制器内部出现的，并非线束短路，如图4-13-54所示。

故障原因：J775 内部元件短路报电压对正极短路。

故障排除：更换J775底盘控制单元。

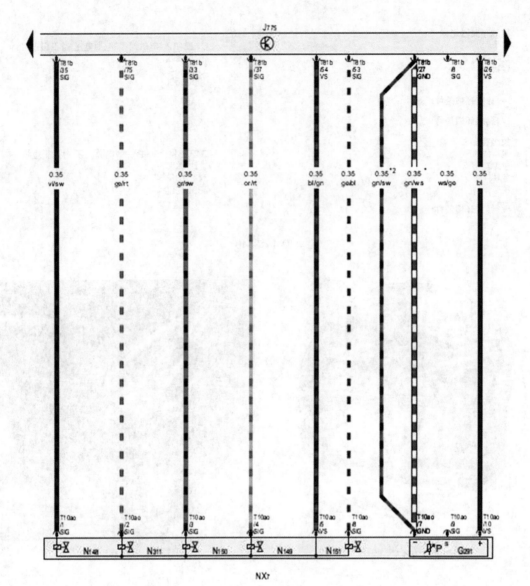

图 4-13-49

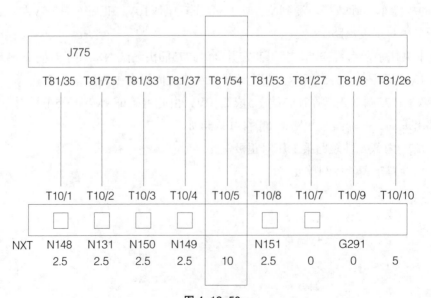

图 4-13-50

图 4-13-51

图 4-13-52

图 4-13-53

图 4-13-54

十四、2018 年奥迪 A8L 空气悬架报警

车型：奥迪 A8L（D5）。

发动机型号：CZS。

行驶里程：9837km。

故障现象：空气悬架报警，无法调节车身高度，如图 4-13-55 所示。

图 4-13-55

故障诊断：客户反映车辆行驶过程中仪表显示空气悬架故障，车身高度自身无法调节，用 VAS6150B 进入地址 74 底盘控制系统读取故障为：①电磁阀供电断路，主动 / 静态；②水平高度控制系统电磁阀断路，主动 / 静态；③水平高度控制阀机械故障。如图 4-13-56 所示。

故障存储器记录
编号：
故障类型 2：
症状：
状态：

   标准环境条件：
    日期：
    时间：
    里程（DTC）：
    优先等级：
    频率计数器：
    遗忘计数器/驾驶周期：

   高级环境条件：
    动态环境数据
    内部故障代码

P089200：电磁阀供电 断路
主动/静态
3145793
10001001

19-5-31
16:49:25
9796
4
9
190

45 3B 00 0C
12

故障存储器记录
编号：
故障类型 2：
症状：
状态：

   标准环境条件：
    日期：
    时间：
    里程（DTC）：
    优先等级：
    频率计数器：
    遗忘计数器/驾驶周期：

C103B13：水平高度控制系统电磁阀 断路
主动/静态
3145909
10001001

19-5-31
16:54:06
9802
4
4
190

图 4-13-56

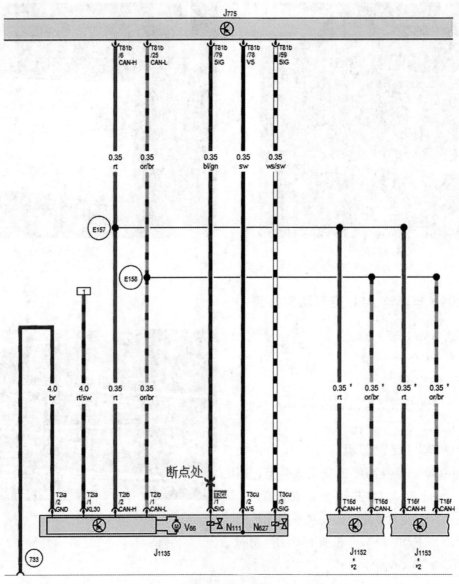

图 4-13-57

根据诊断仪提示检查自适应悬架电磁阀组 NX7，对系统做执行元件诊断，均无法执行，通过 Elsa 电路图分析，NX7 自适应悬架电磁阀组内集成有 N148、N149、N150 和 N151，分别为四个减震支柱阀门。N111 水平高度系统蓄压器阀门，5 个阀门供电均来自 J775 底盘单元 T81B/54 号针脚，拔下电磁阀组插头测量电压为 2.2V 左右，对比同款车型，电压在正常范围。J775 控制电磁阀接地工作，拔下电磁组插头分别测量 N148、N149、N150 和 N151 四个减震器支柱阀门电阻为 22.9Ω，N311 蓄压阀门电阻为 17.2Ω，均在正常范围。根据引导型故障查询进行测试计划，对压缩机上水平高度调节系统排放阀 N111 进行测量，测量得知阀门电阻为 17.2Ω，均正常。目前根据以上结果怀疑 J775 内部故障或线路故障。根据 Elsa 拆装底盘系统控制单元 J775（电路图 4-13-57 所示），进行线路测量 NX7 电磁阀组，未发现异常。检查 N111 水平高度调节排放阀的 T3cu/1 到 J775 处 T81B/79 线路两端阻值无穷大，此时说明线路有断路。仔细检查线路，发现压缩机电气排放阀 T3cu 插头有虚接现象。进一步检查发现该线束外部绝缘层正常，但内部铜线已断裂。更换针脚后，系统恢复正常。

故障原因：由于 N111 水平高度调节阀线路铺设过紧，压缩机工作时震动，导致线束内部短路系统故障。

故障排除：更换针脚，处理压缩机线束。

十五、2015 年奥迪 Q5 车辆启动状态下车内有异响

车型：奥迪 Q5。

发动机型号：CTVA。

行驶里程：22 393km。

故障现象：车辆启动情况下车内有异响。

故障诊断：

（1）经检查不管冷车热车，在车内启动车辆空踩加速踏板，都可以听到在驾驶员侧位置发出类似"唧唧"的声音，怠速情况下也可听到，怠速比较轻，该声音随着发动机转速的升高而加快频率。

（2）经过多次反复听诊，声音来自驾驶员脚坑位置附件，但可以确定声音是从外部传到车内的。

（3）查询 Elsa 没有相关 TPI。

（4）检查发动机舱各部件管路连接正常，控制单元均无故障记录，在发动机舱内因声音较杂，未听到异常声音。举升车辆，底盘各部件无撞击痕迹，悬架和底盘隔音各部件安装正常。

（5）尝试取下了发电机皮带，故障依旧。断开发动机和变速器之间变扭器的螺丝，尝试让变速器不运转，声音无变化。试更换了左侧的排气管无效，与国产 Q5 对调转向中间轴，无效。

（6）断开真空助力器的真空管路，无效。拆下左侧氧传感器，内部三元催化部件没有移位，位置正常。

（7）根据经验检查转向中间轴下部堵块，缺少，与另一辆进口 Q5 对比，同样没有，如图 4-13-58 所示。

（8）国产 Q5 转向中间轴下部有金属堵块，如图 4-13-59 所示。

（9）拆掉转向中间轴，并用湿毛巾堵住车身安装孔，异响消失，如图 4-13-60 所示。

图 4-13-58

（10）确定异响通过转向中间轴部位传入驾驶室。

（11）检查该转向中间轴内部轴承，松动。

故障原因：

（1）异响来自左侧排气管正常工作的声音，该异响通过转向中间轴传入驾驶室。

（2）冷车时，由于有二次空气泵的作用，左侧排气管内部气流较大，工作声音较高。

（3）怠速热车后，二次空气泵不再工作，声音减小。

（4）踩加速踏板加速时，气流再次加大，声音此时也会明显。

故障排除：更换转向中间轴。

故障总结：

（1）Q5与B9的转向中间轴堵块不一样。

（2）国产Q5与进口Q5转向中间轴结构不一样，互相对调不会使异响消失。

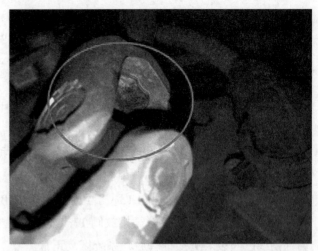

图 4-13-59

十六、2018年一汽奥迪Q5L行驶中偶发仪表报制动系统故障

车型：一汽奥迪Q5L。

故障现象：行驶中偶发仪表报制动系统故障，ABS故障灯点亮。

图 4-13-60

故障诊断：

（1）首先诊断仪检测，03报故障：C051400右后轮转速传感器对地短路，故障类2：被动/偶发，执行测试计划，故障偶发，未检查出明确故障原因。先将左、右后轮速传感器调换，与用户路试两小时后故障再次出现。

（2）此次为了明确故障原因，人为模拟故障状态，发现在拔掉传感器插头时的故障码是一致的，模拟传感器与轴承间隙时，所报的故障存储是传感器信号不可靠，明确了是传感器前端线路问题，如图4-13-61和图4-13-62所示。

（3）有个想法，想验证是线束问题，还是ABS控制单元原因引发故障，在ABS控制单元插头端将左、右后轮速传感器线束互相调换（如图4-13-63所示），然后想看看出现故障时报的故障存储，如果故障转移说明线束问题，反之是控制单元原因。经过试车发现此方法行不通，因为Q5L属于四驱车辆，控制单元马上报警，会报轮速传感器行驶方向不可信，四驱系统报警，无法长时间行驶。本来车辆故障偶发，短时不会出现故障码。

（4）拆检轮速传感器端和ABS端主线束，未发现问题，尝试更换ABS泵。更换ABS泵后用户路试，第二天故障再次出现。现在可以判断线束原因，此线束与车身线束整体，前段经过左前纵梁直接到车内，后部经后座椅车身内部安放到塑料保护槽内，不易出现短路断路现象。继续检查前段进入车内线束走向，发现主线在走向主驾驶保险丝盒后部，此传感器线束未缠绕防护胶布，并露出较长，被保险丝安装架挤压到车身底板上，如图4-13-64和图4-13-65所示。

图 4-13-61

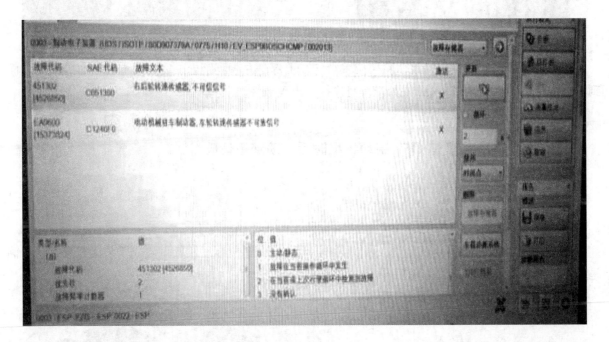

图 4-13-62

图 4-13-63

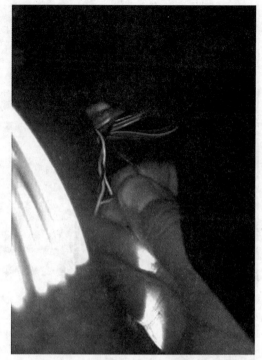

图 4-13-64   图 4-13-65

故障原因：故障偶发是因为此保险架位置特殊，上部是左脚脚踏处，客户习惯行驶时脚放到上面，遇到颠簸或用力时就会导致线束破皮处与车身连接，出现报警。

故障排除：重新对线束进行包扎处理。

十七、2019 年一汽奥迪 Q5L 制动半小时后制动踏板偏硬

车型：一汽奥迪 Q5L。

故障现象：客户反映第二天无法启动车辆。

故障诊断：

（1）接车后首先进行发动机启动，可以正常启动，就是感觉制动踏板偏硬。于是让客户启动车辆，但是无法正常启动，发现制动灯不亮。

（2）连接诊断仪，并未发现故障信息。

（3）查询 TPI，并未发现相应 TPI。

（4）制动真空系统的检查。

①目测所有真空软管是否损坏（例如撕裂或鼠类齿痕），安装是否正确牢固。

②清洁机舱，保证真空系统附近保持清洁。

③按照维修手册连接制动助力器检测设备 VAS 6721，将 VAS6721 串联在真空管和助力器之间，如图 4-13-66 所示。

④检查时注意事项：海平面高度的地球平均大气压力为 101.3kPa，并随高度的增加而降低（约每 1000m 高度降低 10kPa）。不同的地点与时间同样会影响真空的生成。电机仅怠速运行对真空生成有

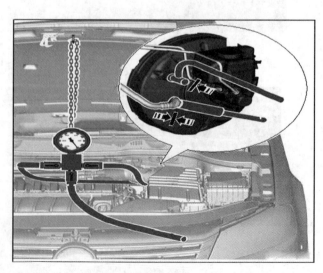

图 4-13-66

负面影响。

⑤第一步检查真空泵是否正常，打开断流阀（如图4-13-67中A）。关闭断流阀（如图4-13-67中B和C所示）。启动发动机到工作温度（>60℃），轻微踩一下加速踏板（发动机转速大于2000 r/min）读取显示的测量值。在正常情况下（参见提示），生成的真空应介于60~95kPa间（根据发动机配置）。

⑥打开断流阀（如图4-13-68中C），将制动助力器抽真空。关闭发动机保压。正常情况下是12h真空度不应降低40kPa以上。这样才可以确定止回阀、管路和助力器正常。

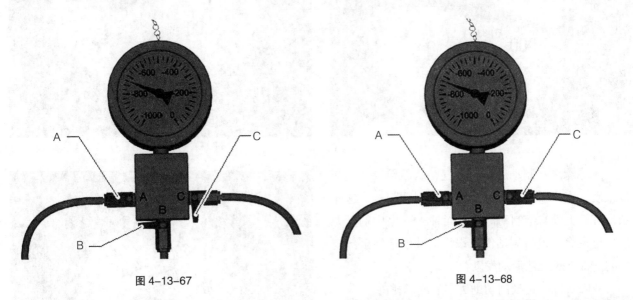

图4-13-67　　　　　　　　　　　　　　　　　图4-13-68

⑦关闭断流阀（如图4-13-68中A），检查制动助力器的真空系统。关闭断流阀（如图4-13-68中C），检查止回阀、带插头连接的真空软管和真空泵/进气管区域内的真空系统。第一次整体测量为90kPa，如图4-13-69所示；10分钟后为70kPa，如图4-13-70所示；再过2分钟为70kPa；再过10多分钟为0。第二次整体测量为91kPa，如图4-13-71所示；10多分钟后为80kPa，如图4-13-72所示；过40多分钟为0。第三次整体测量为95kPa，如图4-13-73所示；20多分钟后为95kPa，1小时后91.2kPa。

图4-13-69

图4-13-70

图 4-13-71

图 4-13-72

故障原因：制动助力器漏气，从而导致制动踏板太硬，客户没有使用过大力去踩制动踏板，这样制动灯开关没有给制动信号，同时 ABS 泵中的压力信号也没有。没有制动信息以后，其他条件全部满足的前提下也无法启动发动机。

故障排除：更换制动助力器后问题排除。

故障总结：这个案例主要关注的是助力系统中专用工具连接，以及专用工具中阀门关闭和打开方向。

十八、2018 年一汽奥迪 Q5L 四驱系统故障

图 4-13-73

车型：一汽奥迪 Q5L，配置 2.0T 发动机。

发动机型号：CWN。

行驶里程：6344km。

故障现象：仪表显示四驱系统故障。

故障诊断：

（1）诊断仪检测 22 四轮驱动电子设备 C05ED00：全轮驱动离合器 2 卡在关闭位置被动 / 偶发。

（2）检查主减速器油位及品质正常。

（3）根据引导型故障查询，举升车辆，拆下检查 V623 电磁阀伸出是否有 5mm，检测符合要求。

（4）检查转动右后轮查看主减速器 V623 结合与分离状态，无论 V623 电磁阀伸出和缩入，传动轴都无法与差速器断开，判断为主减速器内部机械故障。

故障原因：后差速器牙嵌式离合器机械一直卡在结合四驱的状态无法脱离，如图 4-13-74 和图 4-13-75 所示。

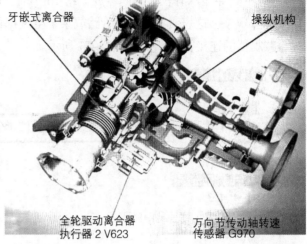

牙嵌式离合器　　　　操纵机构

全轮驱动离合器
执行器 2 V623

万向节传动轴转速
传感器 G970

图 4-13-74　　　　　　　　　　　　　图 4-13-75

故障排除：更换后差速器。

故障总结：为什么会是偶发故障？车辆在行驶过程中才会根据工况切换两驱和四驱，车辆静止和起步时都是处于四驱模式，也就是牙嵌式离合器处于结合状态，该故障需要行驶过程中才会出现故障。

十九、2019 年奥迪 Q7 空气悬架报警

车型：奥迪 Q7（4M）。

故障现象：新车提走两天后客户反映空气悬架偶尔报警。

故障诊断：

（1）进店检测时仪表未显示故障，诊断仪检测地址 74 有故障码 C114807：右前空气弹簧 / 进气管机械故障，主动 / 静态，如图 4-13-76 所示。

地址: 0074 系统名: 74 - 带空气弹簧的底盘控制 协议改版: UDS/ISOTP (故障: 1)

⊞ 识别:

⊟ 故障存储器记录:

故障存储器记录
编号:
故障类型 2:
症状:
状态:

> C114807: 右前空气弹簧/进气管机械故障，
> 主动/静态
> 3211268
> 10001001

⊟ 标准环境条件:
日期:	19-4-28
时间:	11:18:02
里程（DTC）:	69
优先等级:	4
频率计数器:	2
遗忘计数器/驾驶周期:	20

⊟ 高级环境条件:
动态环境数据	45 3B 00 4C
内部故障代码	76

图 4-13-76

（2）引导显示有较长时间停放，约 16 小时，时间较长，先在车间停放半个小时发现右前减震器有轻微下降现象。这表明某段空气管路或某个空气部件存在漏气，右前减震器或 J197 或分配阀或分配阀至右前减震器的连接管路，如图 4-13-77 所示。

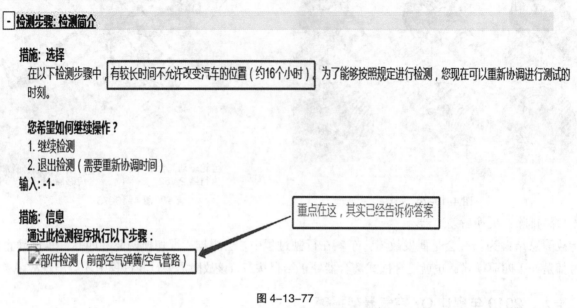

图 4-13-77

故障原因：

（1）从分配阀处串联右前减震器管路中，使用 VAS751 001 数字压力工具 A 开关连接分配阀侧、B 开关连接右前减震侧，如图 4-13-78 所示。利用 ODIS 诊断仪 6150E 进行基本设置向前轴充气。首先将气压充到 680kPa 左右，然后让阀门 A 处于关闭状态，阀门 B 处于打开状态。此时管路中的压力仍在持续缓慢下降，两三分钟后压力下降到 572kPa，压力还在继续缓慢下降。

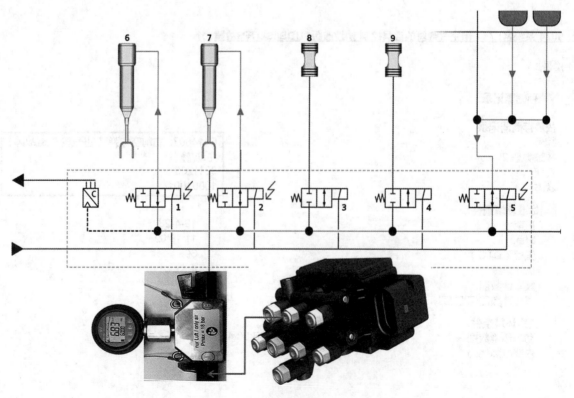

图 4-13-78

（2）为了进一步确定是否是右前减震器本身泄漏，还是管路中间有泄漏，将 VAS751 001 数字压力计串联至右前减震器接口处，用 ODIS 诊断仪 6150E 进行基本设置，前轴进行充气。充气完成后阀门 B 关闭、阀门 A 打开状态，此时压力也是缓慢下降，阀门 A 打开状态、阀门 B 关闭状态，压力处于保持状态，保持系统压力说明右前减震器本身不存在泄漏，如图 4-13-79 和图 4-13-80 所示。

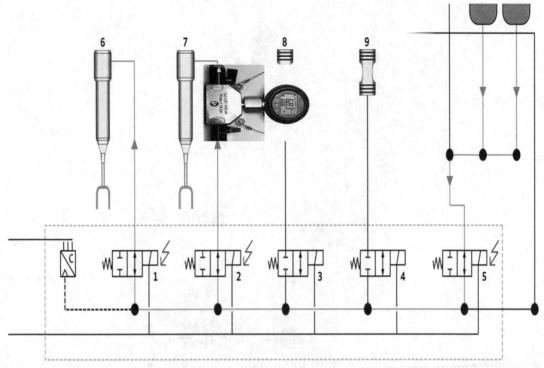

图 4-13-79

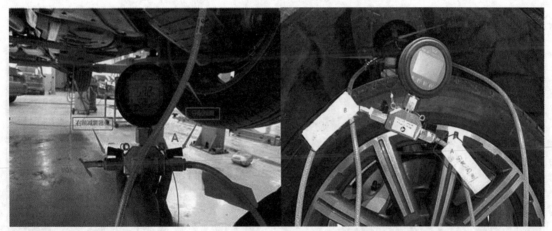

图 4-13-80

（3）由上述测试结果证明故障点在分配阀连接至右前轮减震器中间的空气管路发生泄漏。

（4）询问客户是否对车辆进行改装，客户描述车辆是分期购买，在路边店装过 GPS 定位跟踪装置，其他的并没有改动。

（5）正常来讲，原车的空气管路走向及安装位置都是经过奥迪工程师深思熟虑设计的，不会存在有与其他部件发生摩擦导致泄漏。查找 ElsaPro，空气悬架管路连接示意图，如图 4-13-81 所示。

（6）加装 GPS 是故障根源，拆件右前 A 柱饰板，发现空气管有包扎的现象，拆开后发现空气管有个针孔大的洞，分析路边店加装 GPS 的师傅不是专业的维修技师并且不知道这是一根空气管路，他误认为是一根导线，想从这里给 GPS 取电，用试灯将此处扎个洞，扎完之后追悔莫及，抱着侥幸心理，将此处用绝缘胶带缠绕，如图 4-13-82 所示。

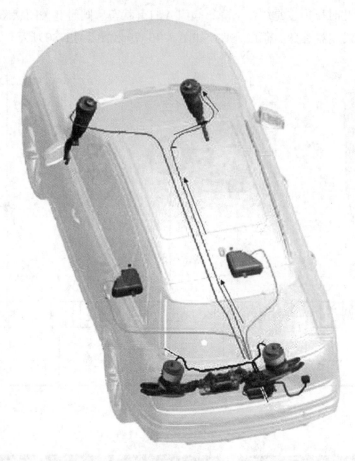

图 4-13-81

图 4-13-82

（7）修理空气管路。

①出现损坏时两个后轴空气管路（蓝色和黑色）都要更换。不允许维修某个损坏的管路。

②前轴空气管路和蓄压器空气管路在电导线束中穿过，允许维修。

维修情况1：导线束中空气管路损坏的位置不大于自身连接件且不位于管路转弯处。从导线束中露出相关空气管路，切断损坏的部分，利用维修套件中的连接件连接原始管路的末端。维修后再次捆绑导线束。

维修情况2：导线束中空气管路损坏的位置大于自身连接件。打开导线束损坏的位置，去除空气管路上的损坏位置。从电磁阀、减震支柱或蓄压器出发，平行于原导线束铺设新管件。利用维修套件中的连接件连接管路的末端。为避免泄漏，空气管路在连接件前后必须分别笔直地铺设100mm。

工作步骤：每条管路最多只允许有两个维修位置，在已连接的管件上每条管路只允许有一个维修位置，必须记录维修位置并随附在车辆上。在分离空气管路连接前清洁分离点周围的区域。渗入管道内的污物可能导致故障或系统失灵。清洁连接件及相应分离点区域。将空气管路在分离点处用切割钳VAS 6228垂直切断，旋出连接件并拆下空气管路。

故障排除：根据Elsa Pro维修右前A柱空气管路，基本设定，故障排除。

故障总结：此故障完全是由于路边店加装技师不懂技术，不懂车型构造，误把空气管路当成车上的导线束，非法改装所产生的人为故障。同时我们深刻体会到，在维修过程中与客户的沟通非常重要，经过和客户的良好沟通和专用工具的使用才给分析故障提供了明确的方向，解决了故障点。以后在维修过程中要养成良好的诊断策略和思路，这样就会让自己少走弯路，有效地为我们奥迪售后提高技术和服务的技能。

二十、2018年奥迪S3车辆低速下行驶左前部有"咔嚓"声

车型：奥迪S3。

发动机型号：DJH。

行驶里程：11 674km。

故障现象：S3车辆低速下行驶左前部有"咔嚓"声。

故障诊断：

（1）通过试车确认车辆在低速来回加油过程中左侧部位会发出类似电磁阀"咔嚓"工作声音，有时还有耸车现象。为了确认声音是否为正常工作声音，找来相同型号车试车，未发现有声音，说明声音故障现象存在。读取无相关故障码，查找无相关指导信息。

（2）首先为了声音来源使用听诊器确认，声音来自ABS泵，转速至2000r/min挡位于1挡时，在ABS泵至制动总泵之间管路上可以明显听到连续的"咔嚓"工作声，试着断开ABS泵插头声音消失，说明声音就是ABS泵内部电磁阀工作声音。那为什么相同型号的车辆没有此声音呢？接着对比了两车ABS泵的硬件号、软件号及编码等相关信息都一致的，读取相关数据流也都正常。

（3）接着更换ABS泵总成后试车故障现象依旧，再次分析除了ABS泵自身以外还有哪些导致ABS泵非正常工作，根据分析检查四轮速传感器未发现异常，试更换后故障依旧。

正常轴承信号圈平面

故障车辆轴承信号圈平面

图 4-13-83

（4）在拆四轮速传感器时发现右前轮轴承信号圈明显地向内部凹进。正常信号圈是跟轴承侧面一样平整，如图 4-13-83 所示。拆除右前轮轴承信号圈，外力异物有破损及向内侧凹进现象，用专用工作 T10473 测试信号发现破损处有一小段断开现象，如图 4-13-84 所示，试更换轴承后故障现象消失。

故障排除：更换右前轮轴承。

图 4-13-84

二十一、2016 年奥迪 S5 偶尔难启动（频率不高）

车型：奥迪 S5。

发动机型号：CTD。

行驶里程：57 417km。

故障现象：启动偶尔"咔"一声打不着火。启停功能故障（偶尔熄火后启动不了）。EPC 灯报警。

故障诊断：

（1）该车故障现象为偶发故障（频率低），进店后反复测试（1 周）确认故障现象发生过一次，启停功能失效，仪表 EPC 灯亮。

（2）用诊断仪诊断发动机存在故障码：P305400 启动机不能转动，机械卡死或电气故障，如图 4-13-85 所示。

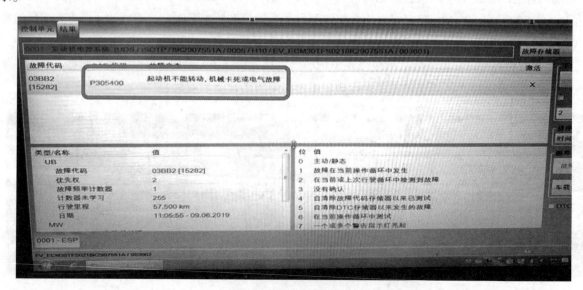

图 4-13-85

（3）通过故障引导，导致故障原因如下：

①启动机存在故障；

②蓄电池电量过低或损坏；

③启动机线束、继电器存在问题；

④其他部件导致故障发生。

（4）用蓄电池检测仪检测蓄电池电量低，需充电。测量发电机发电量14.37V，到蓄电池处充电电压为14.31V，蓄电池正极线束电压降处于正常范围内，说明启动机的正极线正常。对蓄电池进行修复充电后检测启动机处启动电压12.67V正常，启动机旋转顺畅无卡滞。拆下蓄电池断电保护器未发现熔断，试车故障再次出现，排除电量低和启动正极线束。

（5）根据电路图检查启动线路上启动继电器J53、J695和相关保险丝都正常，无烧蚀、黏合。检查启动机搭铁点与电脑板搭铁点搭铁良好，无虚接。检查启动负极线束电阻值在正常范围内。排除启动继电器、保险丝故障。

（6）根据以上检查，均未发现故障。此时陷入僵局，怀疑启动机故障，准备对换启动机，但查询ElsaPro拆启动机工程量很大，所以先查询该车维修记录，有维修过电量低。启动困难，更换过启动机、发电机。此时排除启动机故障（此时就转换思路了，查找机械部件这一块）。

（7）先用T40058转接头转动曲轴无卡顿现象，旋转顺畅。拆下发电机皮带和增压器皮带测试各轮子旋转是否正常，均未发现卡滞。

（8）拆下变速器飞轮处防护盖，转动曲轴检查从动盘齿未发现变形损坏（外侧齿圈）。此时再一次陷入僵局，故障会出现在哪里呢？

（9）重新整理思路，出现故障现象，能听到启动机"咔嚓"一声，证明启动机能接收到启动信号，在启动电器部分肯定是正常的。机械部分飞轮正常。发动机曲轴无卡滞，故怀疑故障可能仍在启动机本身。

（10）准备再次拆启动机的时候，发现曲轴位置传感器处有轻微油迹，拆开曲轴位置传感器，未发现有大量油迹，但发现可以看到飞轮的内侧齿圈，再用工具T40058旋转曲轴，发现飞轮有几个齿受损，顿时恍然大悟，飞轮受损，如图4-13-86所示。

（11）更换飞轮和相关附件后测试启动性能，故障未再现，故障排除。

故障原因：

（1）飞轮齿圈磨损导致启动机转齿启动时与从动盘齿圈结合时划齿，造成启动不良现象。由于它是部分损坏，导致故障发生时需要正好在损坏的位置才能发生，因此故障不容易再现。

（2）在做飞轮检查时被外齿圈误导，没有全面检查飞轮齿圈。

故障排除：更换从动盘和螺丝附件。

图4-13-86

第五章　电气系统

第一节　驾驶员辅助系统

一、奥迪新型驾驶员辅助系统

（一）奥迪驻车辅助系统

1. 概述

如图5-1-1所示。

用于在驻车情形时为驾驶员提供帮助的各种辅助系统，现在又实现了真正的创新。新一代驻车转向辅助系统首先是用在了新A6平台的车型上了，稍后也将用到奥迪Q3上。通过持续不断的改进，辅助系统现在已经可以在泊车时帮助驾驶员将车停到更小的停车空位中了。

如果是借助于驻车转向辅助系统将车辆停入到一个狭窄的停车空位中，那么驾驶员就不必去担心随后从这个窄位中将车开出了。对于本车被其他的道路使用者堵塞的情形，该系统自然也能起到辅助作用了。这是因为，引入了这种新一代驻车转向辅

图 5-1-1

助系统后，驾驶员连从两车之间的停车空位驶出的情形也可以指望该系统帮忙了。对于停车空位是与道路平行的这种情形（就是所谓的纵向停车空位），该系统可以帮上忙。

另外，即使是停车空位是与道路成90°角这种情形（就是所谓的横向停车空位），该系统也能帮上忙。

驻车转向辅助系统可以帮助驾驶员去识别停车空位大小是否合适；随后在泊车时，驻车转向辅助系统会接管转向运动过程。加速、制动和选择挡位则仍由驾驶员来执行。

可视驻车辅助系统也得到了进一步发展，现在使用了驻车转向辅助系统的侧面超声波传感器，因此在很多情况下都可以将车周围已识别出的障碍物的图像显示在MMI显示屏上。

已识别出的障碍物以白色或红色的条形块形式显示出来，条形块在扇段中移动。障碍物离车越近，显示屏上的条形块离图像上的车也越近。

2. 一览

如表5-1-1所示。

新奥迪A7 Sportback在2010年11月上市了，该车是新版C级车中的首个车型。这种第七代车的一个改进是，将液压转向改成了电动机械式转向。采用这种改进的主要原因，就是看中了电动机械式转向机构的高效的工作方式，这种工作方式可以降低燃油消耗并减少有害物质排放。

引入了这种电动机械式转向机构后，现在的新版C级车也能配备带有转向干预的驾驶员辅助系统了。

因此A7 Sportback也就成为配备了驻车转向辅助系统（PLA）的第二种奥迪车型了。稍后而来的就是新奥迪A6系列的两种车了（Limousine 和 Avant），它们使用的是2.0代的驻车转向辅助系统（正式名称叫驻车辅助系统）。

这种驻车转向辅助系统首次是用在了2009年奥迪A3车上。开始时该系统仅用于帮助驾驶员将车倒入纵向停车空位内；紧接着就使用了1.5代的驻车转向辅助系统，该系统可帮助实现多向驻车（几进几退来将车泊入纵向停车空位），于是就可以将车停到更小的停车空位内了。

表5-1-1

	驻车转向辅助系统 1.0代 奥迪A3（自2008年第22周起）	驻车转向辅助系统 1.5代 奥迪A3（自2009年第45周起）	驻车转向辅助系统 2.0代 奥迪A7（自2010年第44周起）
仅用于帮助司机将车倒入纵向停车空位内	✓ 车长 +1.4m	✓ 车长 +1.4m	✓ 车长 +1.4m
可帮助司机实现多向驻车（泊入纵向停车空位）	✗	✓ 车长 +1.1m	✓ 车长 +0.8m
将车从纵向停车位中驶出	✗	✗	✓
将车泊入横向停车空位	✗	✗	✓
将车从横向停车位中驶出	✗	✗	✗
超声波传感器数目	8个驻车辅助传感器 2个驻车转向辅助传感器	8个驻车辅助传感器 2个驻车转向辅助传感器	8个驻车辅助传感器 4个驻车转向辅助传感器

如果配备的是2.0代的驻车转向辅助系统，那么它可以帮助驾驶员将车泊入仅比车本身长0.8m的停车空位内。2.0代的驻车转向辅助系统也可帮助驾驶员将车泊入与道路成90°角的停车位内（这就是所谓的横向停车位）。当然了，该驻车辅助系统也可帮助驾驶员将车驶出停车位，这一般是指将车从比车本身至少长半米的纵向停车位驶出。

尽管本系统在很多泊车情形时都能为驾驶员提供帮助，但是驾驶员一定要明白，驾驶员自己是要负主要责任的，驻车辅助系统有其局限性。

3. 纵向驻车时的驻车辅助

2.0代的驻车转向辅助系统可在将车倒入纵向停车空位内时，为驾驶员提供帮助。所谓纵向停车空位，指的是与道路平行的泊车位置。

系统支持包括如下步骤：

①在本车驶过该停车空位时，会测量这个空位的大小。

②组合仪表上会显示出合适的停车位。

③在泊车过程中会接管转向运动。

加速和制动以及选择合适的挡位这些工作，则仍由驾驶员来负责。

只有当车辆驶过停车空位时的车速低于40km/h时，才会去识别这个纵向停车空位是否合适。

只有当这个合适的停车空位位于两车之间或者位于一辆车的后面时，系统才会将其显示出来。系统不支持驾驶员将本车停靠到一辆车的前方。

如果停车空位比车本身至少长0.8m，那么系统就认为这个停车位大小是合适的（$x+0.8m$），如图

5-1-2所示。

图 5-1-2

4. 在狭窄的停车空位中驻车

1.0代的驻车转向辅助系统仅用于帮助驾驶员进行倒车驻车，这种倒车驻车要求这个纵向停车空位至少要比车本身长1.4m。

引入了1.5代的驻车转向辅助系统后，就可以实现多向驻车了，这时的最小停车空位长度降至车长+1.1m。

引入了2.0代的驻车转向辅助系统后，最小停车空位长度降至车长+0.8m。这是通过将驻车辅助系统的警报持续音起始距离从30cm降至20cm来实现的，这个距离的降低就可以让本车更靠近前车和后车了。只有当停车位的长度比本车长0.8~1.1m时，才使用这种模式；如果停车位较长的话，那么使用的仍是30cm那个持续音模式，如图5-1-3所示。

图 5-1-3

5. 弯道处纵向驻车

在弯道处将车泊入纵向停车位时，驻车辅助系统也能提供驻车辅助功能。不论这个纵向停车位在左弯道上还是在右弯道上，该系统均可帮助泊车。

引入了2.0代的驻车转向辅助系统后，最小转弯半径（在系统提供驻车辅助功能前的）就从40m降至20m了。

（1）左弯道时的纵向停车位，如图5-1-4所示。

（2）右弯道时的纵向停车位，如图5-1-5所示。

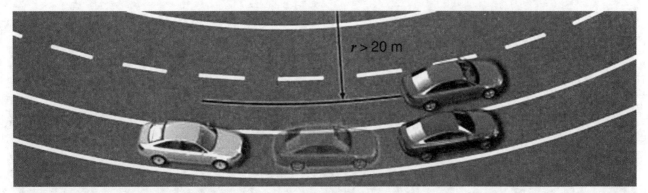

图 5-1-4

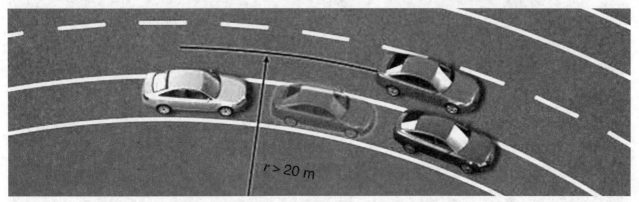

图 5-1-5

6. 在马路牙子（路缘石）旁驻车

下面以五个具体情形来看看驻车辅助系统所产生的不同的泊车状况。注意：在这五种情形中，系统均已经识别出有马路牙子了。

影响泊车的一个决定性因素，就是已经停在马路牙子旁边的那辆车离马路牙子到底有多远。这个距离也被称作停车空位深度。

确定停车空位深度：在本车驶过该停车空位时，驻车辅助系统通过其超声波传感器就可识别出有马路牙子和障碍物，并认为这个障碍物就是一辆停着的车。

超声波传感器会测出本车与马路牙子之间的距离 x，在本车驶过这台停着的车时，传感器会测出本车与这台停着的车之间的距离 y。那么停车空位深度 t 就按这个公式来计算：$t=x-y$。

如果 t 是正值，就说明已经停着的这辆车至少还有一部分是停在了路上的，因为本车到马路牙子的距离大于两车之间的距离；如果 t 是负值，就说明已经停着的这辆车已经完全停在马路牙子上了，因为本车

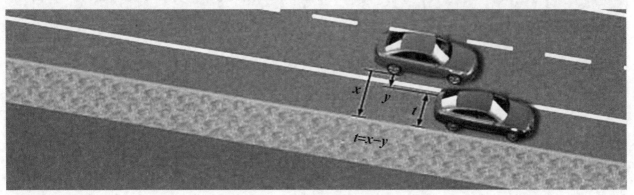

图 5-1-6

941

情形1：在情形1中，t的值在 0~10cm之间，那么驻车辅助系统据此就认为，已经停着的这辆车实际上已经停在马路牙子上了，但是其两个车轮还在道路上。

由于计算出来的停车空位深度在0~10cm之间，所以驻车辅助系统就决定将本车完全停靠在马路牙子上（就是停在人行道上了），但是会让车离路缘保持15cm的距离，如图5-1-7所示。

图 5-1-7

情形2：情形2与情形1类似，只是停车空位深度是在10~40cm之间了。在这种情况下，驻车辅助系统会让车辆停靠在其轮胎外侧距马路牙子约50cm的位置，如图5-1-8所示。

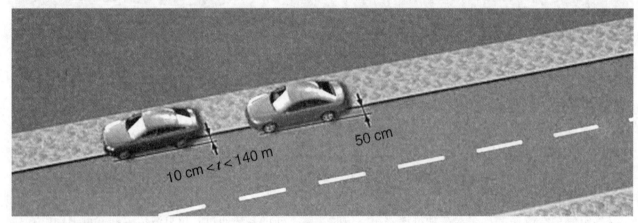

图 5-1-8

情形3：在情形3中，驻车辅助系统计算出的停车空位深度是在40~140cm之间。本车在驶过时识别出一辆车，系统认为本车可以停在该车的后面，如图5-1-9所示。

在这种情况下，驻车辅助系统会让本车与前车对齐，就不会理会马路牙子的位置了。

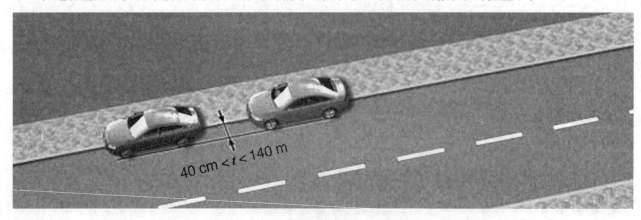

图 5-1-9

情形4：在情形4中，驻车辅助系统针对棕色的A7 Sportback计算出一个停车空位深度t_1<140cm。

先前针对银色的A6 Limousine已经计算出了一个停车空位深度t_2，t_2这个值表示这辆银色的A6 Limousine车并未停在马路牙子上。于是驻车辅助系统会将本车停靠在平行于马路牙子且与马路牙子相距15cm的位置处，如图5-1-10所示。

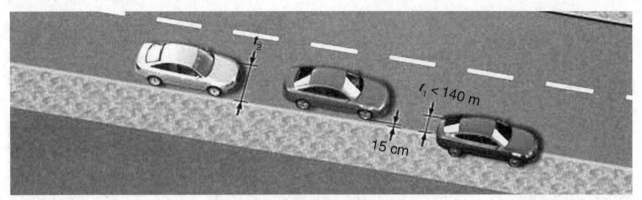

图 5-1-10

情形5：在情形5中，驻车辅助系统计算出的停车空位深度是大于140cm了。在这种情况下，驻车辅助系统会将本车停靠在路上与马路牙子相距15cm的位置处，如图5-1-11所示。

不管这时已停着的车是完全停在了路上，还是像图中所示那样还压着少许马路牙子，本车都按前述那样停车。驻车辅助系统并不掌握这个信息，因为超声波传感器不能侦测到这个情况。

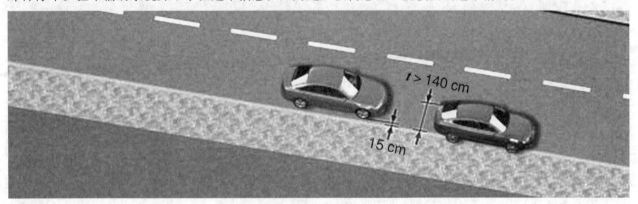

图 5-1-11

7. 在墙边驻车

驻车辅助系统可以区分开较高障碍物（比如外墙和室内墙）与较矮的障碍物（比如马路牙子）。

如果识别出的是较高的障碍物，那么驻车辅助系统会将车停靠在平行于该障碍物且距该障碍物约30cm处。在这种情况下，就不再去与其他停着的车辆对齐了，如图5-1-12所示。

图 5-1-12

8. 在纵向驻车后将车移出停车位

2.0代的驻车辅助系统还可以帮助驾驶员将车辆从纵向停车位中移出。但如果是横向停车位的话，这种新型驻车辅助系统就帮不上忙了。

要想让驻车辅助系统帮助驾驶员将车辆移出，有个前提条件：停车位的长度至少需要比要移出的车辆长半米（$x+0.5$ m），如图5-1-13所示。

只有在车辆接通了点火开关后行驶的距离没超过2m时，驻车辅助系统才可以帮助驾驶员将车移出。

这种"移出辅助过程"，就是将车辆弄到某个位置，以便让驾驶员接下来用系统设定好了的转向量将车驶离停车位。具体就是通过让车辆几进几退来实现的。完成了这个目的后，"移出辅助过程"就结束了。

图 5-1-13

操纵和显示。在下述操作之后，只要按压一次驻车转向辅助按钮E581，就可以激活移出辅助功能了。

接通了点火开关或者使用驻车辅助系统成功地完成了一次泊车过程。

在激活了移出辅助功能后，系统会使用驻车辅助传感器来检查一下，看看车辆的前、后距离是否够大。如果这个距离不够大，那么系统就会终止移出辅助功能，驾驶员信息系统上会有相应提示，如图5-1-14所示。

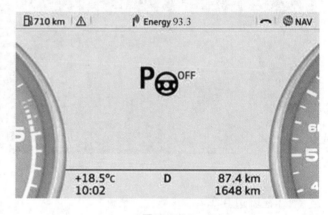

图 5-1-14

如果满足移出辅助功能的前提条件了，就要求用户接通转向灯并挂入倒挡。如果要向行驶方向左侧移出车辆，那么必须接通左转向灯。

与此相似，要向行驶方向右侧移出车辆，那么必须接通右转向灯，如图5-1-15所示。

随后，系统就会帮助驾驶员来执行几进几退的这个移出过程。为此就使用了大家熟知的驻车辅助图像。系统要求驾驶员将车辆向前开或者向后倒车以及挂入所要求的挡位。加速和制动仍需驾驶员来执行，系统只接管转向过程。

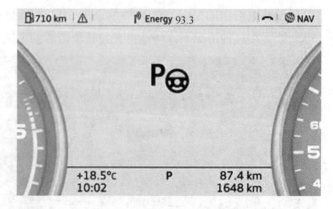

图 5-1-15

如果车辆在停车位中已经获得了一个合适位置，那么这个辅助过程也就结束了。驾驶员信息系统上会给驾驶员提示的，如图5-1-16所示。

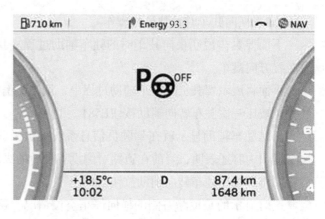

图 5-1-16

9. 横向驻车时的驻车辅助

2.0代的驻车辅助系统还可以帮助驾驶员将车辆以倒车方式泊入横向停车位。

所谓横向停车位，是指停车位与道路成90°角（就是垂直）。

系统支持包括如下步骤：

①在本车驶过该停车空位时，会测量这个空位的大小。

②组合仪表上会显示出合适的停车位。

③在泊车过程中会接管转向运动。

只有当车辆驶过停车空位时的车速低于20km/h时，才会去识别这个横向停车空位是否合适。

同样，在驻车辅助系统辅助这种横向驻车过程中，离合器踏板、加速踏板和制动踏板这些操纵工作则仍由驾驶员来负责去执行。

这个合适的停车空位可以位于两车之间，但也可以位于一辆车的后面或者侧面。系统不支持驾驶员将本车停靠到一辆车的前面。

如果测得这个停车空位的宽度至少为车宽+0.7m（$x+0.7$m），那么系统就认为该停车位的宽度是合适的。在这种情况下，驻车辅助系统会帮助驾驶员停靠到两车的中间，按距离y来对齐，如图5-1-17所示。

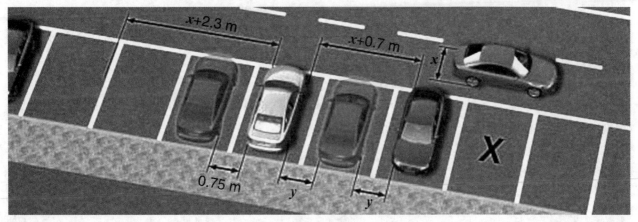

图 5-1-17

如果系统测得的停车空位宽度比车宽至少多出了2.3m（$x+2.3$m），那么系统就认为这是要把车停靠在另一辆车旁，而不是要停靠在两车之间了。

在这种情况下，驻车辅助系统会帮助驾驶员将车停靠在平行于邻近车且相距0.75m的地方。

（1）操纵和显示。

按压两次驻车转向辅助按钮E581，就可以激活驻车辅助系统来开始这种横向驻车了，如图5-1-18所示。

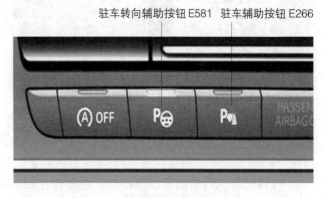

驻车转向辅助按钮 E581　驻车辅助按钮 E266

图 5-1-18

（2）横向驻车时驾驶员的操作。

下面要具体说明横向驻车时的驻车辅助过程。我们的这个例子中，横向停车空位在道路左侧，本车是左置方向盘车。

下面将展示驾驶员在驻车辅助过程中，驾驶员信息系统上的所有显示内容。

①按压一次驻车转向辅助按钮E581。

于是驻车辅助显示就在驾驶员信息系统上被激活了。首先显示的是道路右侧的纵向停车空位情况。这个显示内容还表明，当前在道路右侧没有合适的纵向停车空位，如图5-1-19所示。

②再次按压驻车转向辅助按钮E581。

这时显示的是道路右侧的横向停车空位情况。这个显示内容还表明，当前在道路右侧没有合适的横向停车空位，如图5-1-20所示。

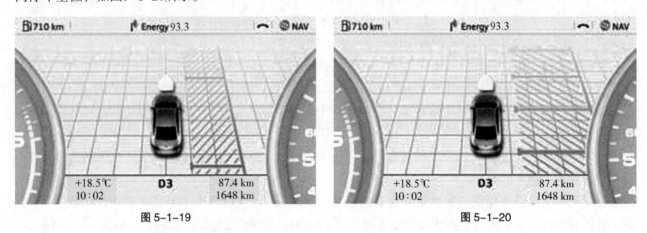

图 5-1-19　　　　　　　　　　　　　　　　图 5-1-20

③驾驶员在道路左侧发现有空着的横向停车位了，于是驾驶员接通了左转向灯。这个显示内容会显示出现在道路左侧的合适的停车空位。但到现在为止，驻车辅助系统尚未发现道路左侧有合适的横向停车空位，如图5-1-21所示。

④现在驾驶员开车驶过发现的横向停车空位，驻车辅助系统认为所测得的横向停车位宽度是合适的，并切换驾驶员信息系统上的显示。车前的箭头表示，驾驶员必须再将车向前开一些（尽管系统已经识别出了合适的停车空位），如图5-1-22所示。

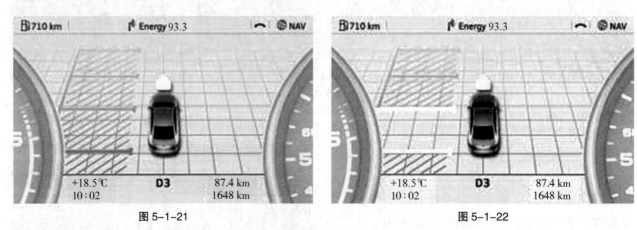

图 5-1-21　　　　　　　　　　　　　　　　图 5-1-22

⑤如果车辆已经到达合适位置了（就是驻车辅助系统可以工作了），那么显示内容如图5-1-23所示。

⑥驾驶员这时制动并让车停住。在车停住后，挂入倒挡。随后显示屏上就会告知，转向辅助系统已被激活了，如图5-1-24所示。

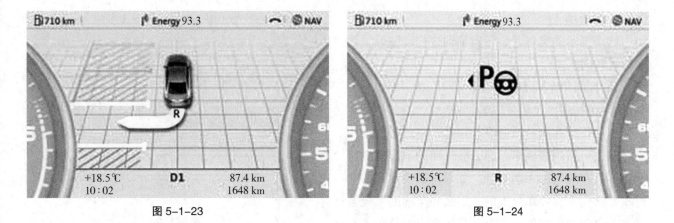

图 5-1-23   图 5-1-24

这个提示的意思是，转向辅助系统已被激活，注意周围情况！

⑦现在驻车辅助系统就接管了转向动作，加速和制动还是由驾驶员来执行。车辆开始向后倒车了。一旦驻车辅助系统将车转到停车空位，那么显示内容如图5-1-25所示。

⑧如果车辆到达停车位内的某个位置时，需要驾驶员将车再向前开的话，那么显示内容就变成如图5-1-26所示。这就要求驾驶员将车制动，随后要挂入前进挡。

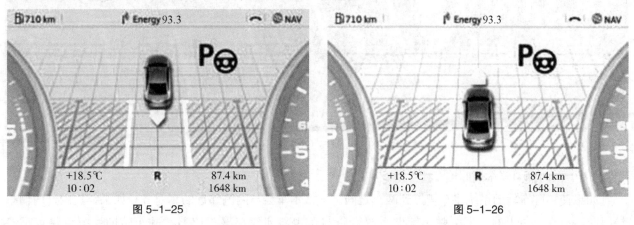

图 5-1-25   图 5-1-26

⑨挂入前进挡后，显示内容如图5-1-27所示。

⑩如果车辆到达某一位置可以继续倒车了的话，那么显示内容如图5-1-28所示。

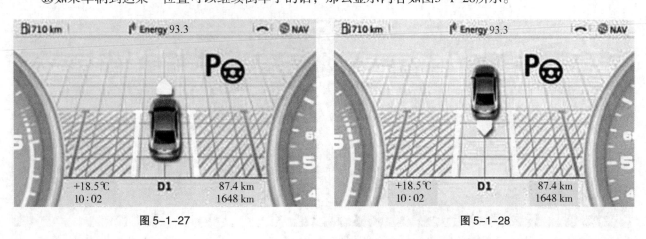

图 5-1-27   图 5-1-28

⑪如果车辆在完成倒车后到达了一个合适位置，那么驻车辅助功能就结束了。如果不是这样的话，那么就还需要开车前行和后退。

这个过程会一直重复进行，直至车辆到达合适的停车位置。驻车辅助功能结束后，那么显示内容如

图5-1-29所示。

这个提示的意思是，转向辅助过程已结束，请您接管转向！

10. 在斜停车辆旁横向驻车

（1）在斜停车辆旁泊车。

如果系统在测量横向停车位时，判定可供使用的停车位可以停多辆车，那么驻车辅助系统就会将本车停靠在邻近的一辆车旁。如果这辆供参照的邻近车是斜向停在停车位上的，那么驻车辅助系统会将本车也斜向停在停车位上，具体来说就是将本车平行于这辆供参考的车停放并相距75cm，如图5-1-30所示。

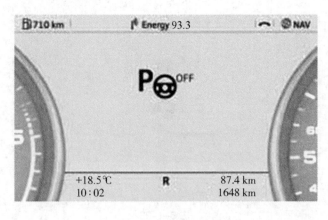

图 5-1-29

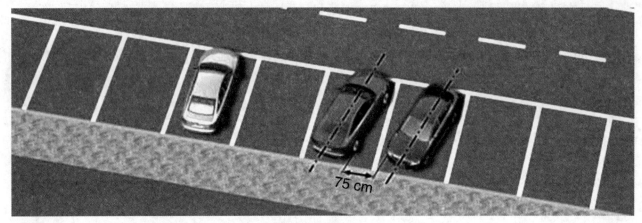

图 5-1-30

（2）在两辆斜停车辆间泊车。

如果使用驻车辅助系统将车辆停到两车之间，那么本车会与两侧邻近的车对齐。如果邻近的这两辆车是斜向停放在车位上的，那么驻车辅助系统会将本车也斜向停在停车位上。驻车辅助系统会将本车停靠在相邻两车之间的正中位置，这是为了给两侧都留出同样的空间，以方便乘员下车，如图5-1-31所示。

图 5-1-31

11. 驻车辅助系统的激活条件和关闭条件

在下述情况下，驻车辅助功能就无法使用了：

①已经通过ESP按键将ESP关闭；

②本车已接上了挂车；

③驻车辅助系统有系统故障。

在下述情况下，驻车辅助功能会中止：

①出现ESP干预；

②驾驶员干预驻车辅助功能的转向动作了；

③超过了7 km/h这个最大驻车车速；

④通过驻车转向按键关闭了驻车辅助系统；

⑤超过了6min这个泊车时限。

（二）环境显示

1. 简介

A6／A7系列的车，自车型年2012起配备了一项新的辅助功能"环境显示"。

如果车上配备了驻车辅助这个选装装备，那么驾驶员就可以使用这个辅助功能了。环境显示功能是不能单独订购的。

环境显示功能是可视驻车系统（OPS）的扩展，但与OPS不同的是，环境显示功能可以显示出整个车辆周围的情况。该显示部分基于直接测量的数据，部分基于计算出的数据。

环境显示也可以显示车辆所经的路线情况，是按道路行驶转向角变化的实时情况来显示的。通过这种路线目视化显示，可以很容易区分出重要的障碍物和不重要的障碍物。完全在路线外的障碍物就被看作是不重要的障碍物，环境显示内容是在MMI显示屏上显示的。激活了驻车辅助功能，就会出现这个显示。如果驻车辅助过程结束了或者驾驶员选择了其他显示内容，那么环境显示就消失了，如图5-1-32所示。

2. 扇形和条形块

在环境显示中，识别出的障碍物是以条形块的形式显示的。条形块移动的区域被称作扇形区。车的周围被分成了16个扇形区。

当障碍物靠近车辆时，条形块也向车辆移动；当障碍物远离车辆时，条形块远离车辆。

每个条形块在扇形区内表示约15cm的一个区域。两个前部扇形区（1）表示约120cm的测量范围，与此相应，此扇形区上就会有8个位置不同的条形块。两个后部扇形区（7）表示约160cm的测量范围。

所有其他的12个扇形区（2、3、4、5、6）都表示约90cm的测量范围，各有6个位置不同的条形块，如图5-1-33所示。

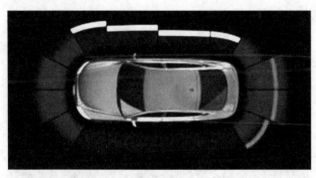

图 5-1-32

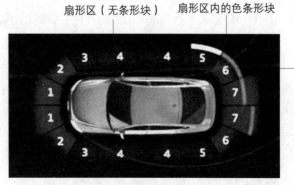

图 5-1-33

扇形区（无条形块）　扇形区内的色条形块

扇形区内的红色条形块

3. 白色和红色的条形块

如果系统认为识别出的障碍物并不重要，那么扇形区的条形块就显示为白色。如果该障碍物当前在路线外，那么系统就认为它是不重要的。

如果系统认为识别出的障碍物很重要，那么扇形区的条形块就变成红色了。障碍物即使只有部分位于路线内，也认为它是重要的。

条形块变成红色，其原因是，红色条形块所在的扇形区处于路线内或者被路线所切割了，或者障碍物处于报警连续音作用区域了。

4. 驻车辅助系统的声响信号

这种声响信号，是驻车辅助系统在车辆识别出或者靠近障碍物时发出的。声响信号匹配如下：前部警报蜂鸣器H22用于在扇形区1、2、3和4中显示有障碍物时发出警报音；后部警报蜂鸣器H15用于在扇形区5、6和7中显示有障碍物时发出警报音。

根据具体的扇形区，在距障碍物30cm或者20cm时发出的就是连续音了。对于前部和后部扇形区（1、2、6和7）来说，距障碍物的距离小于30cm时就会发出连续音了；对于侧面扇形区（3、4和5）来说，距障碍物的距离小于20cm时就会发出连续音了。

只有在出现红色条形块时，警报蜂鸣器才会发出声响信号。白色条形块所表示的障碍物会被系统认为"不重要"，因此当前也就不会发出声响警报信号。

5. 车行路线的显示

如果车上装备的是MMI增强型导航系统，那么可以显示动态的车行路线情况；如果车上装备的是收音机媒体中心Radio Media Center（RMC），那么就无法显示车行路线情况了，因为RMC是不具备图像显示能力的。

如果车辆在向前移动，那么会显示车辆前行时的动态车行路线情况，如图5-1-34所示。

如果挂入了倒挡，那么会显示车辆后退时的动态车行路线情况，如图5-1-35所示。

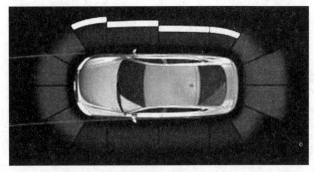

图 5-1-34

图 5-1-35

在下述情况下，不会显示动态车行路线情况，如图5-1-36所示。

①选挡杆当前在位置P；

②激活了电动机械式驻车制动器；

③用于计算动态行车路线所需要的CAN总线信息出问题了。

6. 超声波传感器的探测范围

装备了带有环境显示功能的驻车辅助装置的车，配备了12个超声波传感器，如图5-1-37所示。

具体如下：

①4个前部驻车辅助传感器；

②4个后部驻车辅助传感器；

图 5-1-36

③2个前部驻车转向辅助传感器；

④2个后部驻车转向辅助传感器。

4个后部驻车辅助传感器的监控区域相互重叠了，这是为了形成一个连续的后部监控区域。与此相同，4个前部驻车辅助传感器在车的前方也会形成一个连续的前部监控区域。

通过侧面布置的驻车转向辅助传感器，在车的每侧形成了非重叠的监控区域。在这些区域间，都有很大的无法直接侦测到的区域。因此，只有在车辆移动且用侧面的超声波触感器完整地扫描过该区域后，才可能感知车两侧的障碍物，随后也才能计算并显示出侧面障碍物的当前位置。

侧面扇形区必须始终在计算着，4个前部扇形区和4个后部扇形区的显示是直接由当前的测量生成的。

因此，在车辆停住的情况下接通点火开关

右前部驻车转向辅助传感器的监控区域

右后部驻车转向辅助传感器的监控区域

后部4个驻车辅助传感器监控区域

前部4个驻车辅助传感器监控区域

左后部驻车转向辅助传感器的监控区域

左前部驻车转向辅助传感器的监控区域

图 5-1-37

后，只能显示出4个前部超声波传感器和4个后部超声波传感器实时识别出的障碍物。车的左右两侧的障碍物显示一直都处于关闭状态，直到车驶过障碍物且驻车转向辅助侧面传感器扫描过该区域后才会有显示。

计算而获得的侧面扇形区显示，在车辆移动时会在行驶方向上依次展示出来。即使用户没有激活驻车辅助功能，对侧面障碍物的侦测过程也始终在进行着的。因此，只要激活系统，就会立即显示出两个侧面监控区之间的障碍物。

7. 系统元件失效时的系统表现

在有环境显示这个新功能时，出现故障时的系统表现就有所变化了。

假设后部的某个驻车辅助传感器失效了，那么系统表现就是下面这个样子：

①前部传感器的驻车辅助功能仍正常；

②显示屏上的后部扇形区的相关区域上会出现一个故障符号；

③车行路线的显示被关闭了；

④环境显示被关闭了（显示屏上的侧面扇形区就消失了）；

⑤所有条形块都变成红色了，白色的条形块不再出现；

⑥在激活系统时会发出一声故障提示音，按键上的表示功能的LED开始闪烁。

前部某个驻车辅助传感器失效了的话，那么系统表现与此相似，如图5-1-38所示。

说明：为了保证驻车辅助系统和带有环境显示的驻车辅助系统正常工作，超声波传感器应保持干净、无冰雪。

8. 系统结构

声响和可视式驻车辅助系统的功能集成在驻车转向辅助控制单元J791内。控制单元J791使用显示和操纵CAN总线。

控制单元J791是一个"15号线"控制单元，没

图 5-1-38

有单独的"30号线"。

　　该控制单元读取驻车辅助按键E266和驻车转向按键E581的信息，并接通按键上的两个指示功能的LED。该控制单元另外还要接通前、后驻车辅助系统警报蜂鸣器（H15和H22）。

　　系统的12个超声波传感器也是连接在控制单元J791上的，这些传感器就由该控制单元供电且与该控制单元交换数据。通过数据线还可以将测量和诊断数据传给该控制单元，如图5-1-39所示。

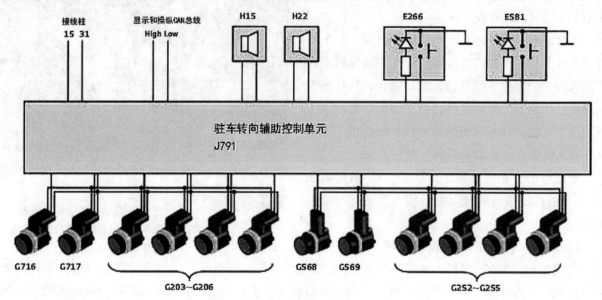

E266.驻车辅助按键　　E581.驻车转向按键　　G203.驻车辅助传感器，左后　　G204.驻车辅助传感器，左后中间　　G205.驻车辅助传感器，右后中间　　G206.驻车辅助传感器，右后　　G252.驻车辅助传感器，右前　　G253.驻车辅助传感器，右前中间　　G254.驻车辅助传感器，左前中间　　G255.驻车辅助传感器，左前　　G568.驻车转向辅助左前传感器，车的左侧　　G569.驻车转向辅助右前传感器，车的右侧　　G716.驻车转向辅助左后传感器　　G717.驻车转向辅助右后传感器　　H15.驻车辅助后部蜂鸣器　　H22.驻车辅助前部蜂鸣器　　J791.驻车转向辅助控制单元

图 5-1-39

9. 网络连接结构

这个网络连接结构表示的是参与驻车辅助和驻车转向辅助功能的控制单元连接情况。

如图5-1-40所示，是以配备了双离合器的2012年奥迪A6 Limousine为例来展示的。

（1）各控制单元的功能。

（2）驻车转向辅助控制单元J791。

①包含有驻车辅助和驻车转向辅助的功能软件。

②读入驻车辅助按键和驻车转向辅助按键的信息。

③接通这两个按键上的LED功能灯。

④读入12个超声波传感器的信息。

⑤接通驻车辅助前、后蜂鸣器。

⑥告知MMI：环境显示的条形块哪些以白色来显示，哪些以红色来显示。

⑦计算泊车过程的行程。

⑧根据位置情况，将相应的转向角规定值发送给驻车辅助控制单元J500。

⑨在驻车过程中，请求驾驶员信息系统做相应显示。

⑩对驻车辅助和驻车转向辅助元件进行诊断。

⑪将用户在MMI上的设置存储到所用钥匙的号码中。

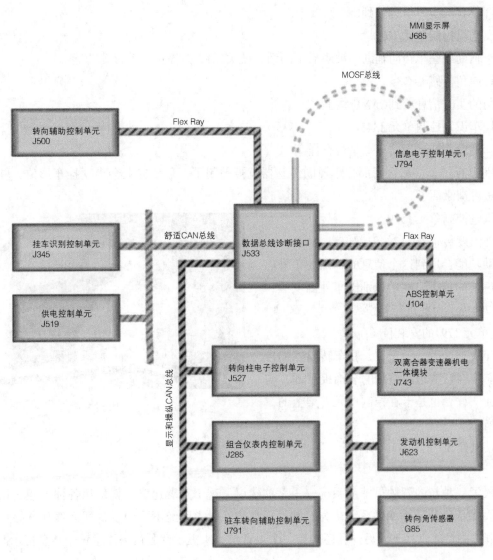

图 5-1-40

（3）组合仪表内控制单元 J285。

借助于驾驶员信息系统上的图像来帮助用户实现泊车。

（4）转向柱电子控制单元 J527。

读入转向拨杆信息，并将此信息放到CAN总线上。

（5）转向辅助控制单元 J500。

①根据驻车转向辅助信息来激活转向辅助电机V187。

②读入转向力矩传感器G269的信息。

（6）信息电子控制单元 1 J794。

可让用户进行驻车辅助系统的设置。

（7）MMI显示屏 J685。

按照驻车转向辅助控制单元J791的信息来显示环境图像。

（8）ABS控制单元 J104。

计算实时车速，并将该信息放到CAN总线上。

（9）双离合器变速器机电一体模块 J743。

将选挡杆位置的实时信息放到CAN总线上。

（10）发动机控制单元J623。

如果驻车辅助或驻车转向辅助已被激活了的话，就关闭启动/停止这个自动功能。

（11）转向角传感器G85。

将转向角的实时信息放到CAN总线上。

（12）挂车识别控制单元J345。

通知驻车辅助系统，当前车上是否有挂车。

如果识别出有挂车，那么后部驻车辅助传感器就被关闭了，显示屏上会出现挂车形象，驻车转向辅助装置就无法再被激活了。

（13）供电控制单元J519。

读入车外温度传感器G17的温度信息。

驻车辅助功能会用到这个信息的，因为车外温度会影响到声波的传播速度。识别出车外温度后，在控制单元J791内会对此进行补偿。

10. 控制单元J791的安装位置

在2012年奥迪A6 Avant车上，驻车转向辅助控制单元J791安装在行李箱内右侧的装饰板后面，与其他控制单元一样，也是卡在控制单元支架上的，如图5-1-41所示。

图 5-1-41

（三）茶歇建议

1. 简介

奥迪引入了一种新的驾驶员辅助系统——茶歇建议。这个茶歇建议，就是从各种车辆信息中推算出结论，以此去提示驾驶员。如果系统认为驾驶员现在的注意力已经不集中了，那么驾驶员信息系统上会有显示，提醒驾驶员休息一下。另外，还会有一个声音信号来提示驾驶员去注意这个休息提示。

2. 功能

"茶歇建议"的功能软件是集成在数据总线诊断接口J533内了。控制单元J533适合执行这个茶歇建议工作，因为所有总线系统都连接在这个控制单元上了，因此非常容易地就能存取各种车辆信息，这些信息是以总线信息的形式发送的。

茶歇建议功能根据各种车辆信息会计算出一个指数，按照这个指数量值的大小来决定是否要提请驾驶员注意。如果这个指数值超过了某界限值，那么就会给出茶歇建议了。

茶歇建议的主要量值是转向角和转向角速度。当驾驶员注意力很集中时，驾驶员本人在开车过程中总是会不断地轻轻反向转动方向盘，这其实就是要补偿道路不平所造成的跑偏，以便让车保持在自己的车道上。

如果在一定时间内，驾驶员没有实施这种轻轻地反向转动方向盘过程，然后车辆又识别出有较强的反向转向动作，那么系统就认为驾驶员现在的注意力不太集中了。这种情况发生得越频繁，那么这个指数值就越大，也就会在更短的时间发出茶歇建议了。

在计算这个指数时，除了要用到转向角传感器G85外，还要用到其他一些车辆信息。

具体包括：

（1）时段和行驶持续时间。

（2）车辆动态量。

①纵向和横向加速度；

②偏摆率；

③车速。

（3）各种操纵情况。

①操纵转向柱上的拨杆；

②使用多功能方向盘上的操纵元件；

③使用驾驶员车门上的操纵元件（玻璃升降器开关和后视镜调节开关等）；

④操纵踏板（离合器踏板、制动器踏板和加速踏板）。

说明：只有装备了驾驶员信息系统（FIS）的车才有茶歇建议这个功能。该功能不能单独订购。

3. 指数值重置（Index-Reset）

茶歇建议的作用。

如果下面三种情况的任何一种出现，那么指数值就复位为零了：

（1）车辆停住时（v=0km/h）出现了下述两种情况：

驾驶员车门打开了且驾驶员安全带锁扣脱开了；

这种情况可能出现在更换驾驶员时（换别人来开车）。

（2）车辆停住（v=0km/h）超过15min了，这种情况可能出现在堵车情况时。

（3）关闭点火开关后总线也进入休眠状态了。

4. 茶歇建议的作用

茶歇建议由两部分构成：

驾驶员信息系统上的视觉显示和组合仪表上的听觉显示（锣音）。

茶歇建议最早可能在开始行车后20分钟就会出现。要想出现该显示，那么车速必须在65~200km/h之间。发出茶歇建议的时刻点由是否达到指数界限值来确定。在车辆开始行驶时，该指数在计数器上从零开始计数。

在出现了茶歇建议后，最多还能再出现一次茶歇建议。这个第二次茶歇建议最早会在第一次茶歇建议出现的15min后出现。

这个第二次提醒有个前提条件：当前的指数值又超过了规定的界限值。这之后，只有当指数值被重置为零后，才会再次出现新的提醒（茶歇建议），如图5-1-42所示。

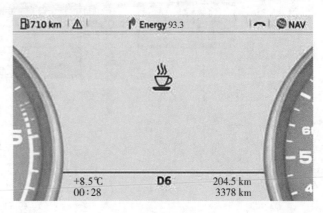

图 5-1-42

5. 操纵

茶歇建议这个功能在接通点火开关后就自动激活了。当然，这有个前提条件：MMI菜单上的茶歇选项应该已被设成"激活"（ein）状态了。

在关闭点火开关时MMI上的设置内容会被存储起来，该设置内容在下次接通点火开关时又被激活。无法借助于车钥匙来实现这种设置的个性化，如图5-1-43所示。

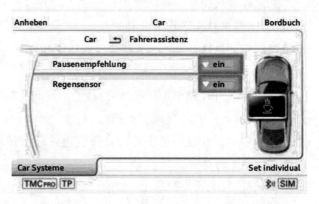

图 5-1-43

说明：如果车上配备的是chorus收音机，那么就没有这个相应的设置菜单了。在这种车上，可以在售后服务中用诊断仪将该功能关闭。

6. 诊断

可在数据总线诊断接口J533，针对茶歇建议可做如下诊断工作：

（1）测量数据块。

①上次发出茶歇建议的时刻；

②上次茶歇建议的指数值（指数值范围是1~9）；

③当前指数值（指数值范围是1~9）。

（2）执行元件检测：在车上发出茶歇建议。

（3）故障记录。

①功能受限；

②功能无法使用。

7. 联网

如图5-1-44所示，展示了参与茶歇建议的控制单元，这些控制单元或者是提供数据，或者展示系统显示，或者用于输入用户的设置内容。

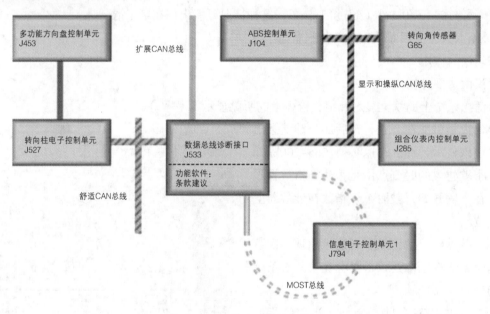

图 5-1-44

茶歇建议最先是用在B8系列车上的，因此这个一览图展示的是2012年奥迪A4车的拓扑结构。

（1）数据总线诊断接口 J533。

控制单元J533内集成了茶歇建议的功能软件。

（2）转向角传感器 G85。

它将转向角的实时值放到CAN总线上。转向角是个主要量，系统要从该量中推定出车辆的行驶状态。

（3）组合仪表内控制单元 J285。

该控制单元在接到请求后，将茶歇建议显示在驾驶员信息系统上，并会发出听觉信号。还提供实时的钟点信息（时钟）。

（4）信息电子控制单元 1 J794。

用户通过控制单元J794可以接通或关闭茶歇建议功能，但是设置内容是存储在数据总线诊断接口J533

内的。

（5）多功能方向盘控制单元J453。

如果操纵了多功能方向盘上的操纵元件，那么这个信息就会被传给控制单元J527，J527再将该信息放到CAN总线上。

（6）转向柱电子控制单元J527。

如果操纵了转向柱上的拨杆，那么J527会将该信息放到CAN总线上。

（7）ABS控制单元J104。

该控制单元将实时车速、横向加速度和偏摆率放在CAN总线上。

二、奥迪Q7（型号4M）驾驶员辅助系统

（一）驻车辅助系统（第三代）

奥迪技术开发董事会的Ulrich Hackenberg（博士）教授："全新奥迪Q7彰显了我们的能力：它的重量轻了325kg，在竞争市场设定了新基准。它的效率提高了约26%，并配备最新辅助系统、信息娱乐模块和车载连接配备。"

全新奥迪Q7的自重仅为1995kg（3.0 TDI 型号），是同级车中最轻的一款车。与前款车型相比，轻了325kg。凭借其采用多材料结构的轻量化结构车身和全新底盘，这款新车十分舒适，并同时提供奥迪运动车型的典型性能且CO_2数值为一级水平。奥迪工程师将Q7的油耗最多降低了28%（TFSI）和23%（TDI）。

这些发动机在四轮驱动大型SUV领域设立新标杆：功率为200kW的3.0 TDI发动机以及功率为245kW的3.0 TFSI实现在 6.1s（TFSI）和6.3s（TDI）内将全新奥迪Q7从0加速至100km/h。柴油发动机V6平均每行驶100km需要 5.7L燃油（149g CO_2/km）。

此外，奥迪Q7 也在操作方案、信息娱乐系统、连接和驾驶员辅助系统方面设立了新标杆。第二代模块化信息娱乐系统平台与奥迪虚拟驾驶舱一样，属于车载系统。全新MMI配备大型触摸板，全部采用触屏操作件，因此操作十分简单。其他诱人创新设计如奥迪connect的扩展服务、为后座乘客提供的奥迪tablet（奥迪平板），以及两个带3D音效的音响设备。新设计还包括集成Google Android Auto和Apple Carplay的智能应用。作为全球第一汽车供应商，全新奥迪Q7提供这项功能。

奥迪Q7 的驾驶员辅助系统超出了同级车标准；个别系统已经改头换面。

标配后部驻车辅助系统，定速巡航装置、可调节的限速器、休息建议，在众多欧洲市场上还标配"城市版奥迪预防式整体安全系统"。这个系统会在可能与其他车辆相撞时向驾驶员和行人发出警告，在紧急情况下会强制制动。

奥迪将驻车辅助系统称作停车辅助系统，该系统使用侧面超声波传感器搜索合适的停车位。驻车辅助系统替驾驶员完成驻车过程中的转向过程。但是，踩加速踏板、制动踏板和换挡仍是驾驶员的任务。

1.驻车辅助系统的新设计

（1）新的驻车场景。

在奥迪Q7上首先使用第三代驻车辅助系统。第三代产品支持系列新的驻车场景：

①向前驶入横向停车位 （在之前没有从横向停车位旁边驶过的情况下 ）；

②向前驶入横向停车位 （在从横向停车位旁边驶过之后 ）。

（2）系统显示和操作。

从根本上修改了该系统的操作和显示。其中包含下列新设计：

①在驻车期间，不再在组合仪表上显示图像，而是在 MMI 显示器上显示；

②组合仪表上只是仍然显示驻车辅助系统的文本信息；

③在 MMI 显示器上通过一个图像显示识别到的纵向停车位和横向停车位。驾驶员不需要再通过按下自动泊车辅助系统的按键来切换不同的驻车模式。驾驶员通过旋压调节器来选择他想使用的驻车场景。

（3）优化措施。

引入第三代系统时，也采用了一系列优化措施。这些措施不仅改进了停车过程，还改进了停车结果。具体涉及下列措施：

①基于地图的环境监测系统；

②经过改进的车辆位置识别系统；

③通过驻车辅助系统使用四轮驱动转向系；

④将车停入纵向停车位时，将车辆对中；

⑤使用限速器，以防因驻车速度过高而提前关闭辅助系统；

⑥扩大横向停车入位时的公差范围，使得在这个驻车场景下只需要较少的校正操作。

2. 停车位的几何结构要求

对停车位长度和宽度的几何要求（驻车辅助系统依次判别是否合适）视型号而定，并会为每款新车重新设定。当满足下列标准时，奥迪Q7的驻车辅助系统判别某个停车位为"合适"。

（1）纵向停车位。

纵向停车位的长度p_L>车辆长度l+0.9m，如图5-1-45所示。

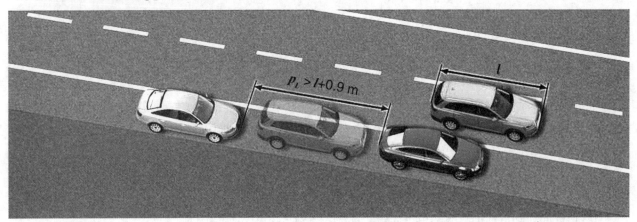

图 5-1-45

（2）横向停车位。

横向停车位宽度p_Q>车辆宽度b+0.95m，如图5-1-46所示。

图 5-1-46

3. 新的驻车场景

（1）在之前没有从横向停车位旁边驶过的情况下向前驶入停车位。

这个驻车场景可能如下：驾驶员将车开往超市，并想在那里停车。一般而言，超市停车场采用的是一个紧挨着一个的横向停车位。

驾驶员从横向停车位旁边驶过，并选择一个合适的横向停车位。他直接开向这个停车位，并向前驶入这个停车位。但是由于位置的关系，他无法一次性驶入这个停车位。他在这个停车位上将车制动至静止状态，如图5-1-47所示。

图 5-1-47

现在，驾驶员可以让驻车辅助系统完成剩下的驻车过程。

如果没有发生，那么驾驶员现在通过中控台上的按键激活驻车辅助系统。该系统正确识别到驻车场景"在之前没有从横向停车位旁边驶过的情况下向前驶入停车位"。通过提供相邻两辆车信息的超声波传感器进行识别。挂入倒车挡即激活该驻车辅助系统。

倒车行驶时，驾驶员必须一直等到驻车辅助系统通过声音反馈已激活。否则提前关闭该辅助系统。

现在，驻车辅助系统控制转向系，驾驶员重新将车驶出该停车位。一旦达到合适的转弯点，系统通过图像和声音信号引起驾驶员注意，如图5-1-48所示。

图 5-1-48

现在，驾驶员改变行驶方向，重新驶入停车位。如果还需要校正一次，就会通过图像和声音信号告知驾驶员。

最多可以校正4次。最迟在第4次校正时，无论停车结果如何，驻车辅助系统都会结束其辅助操作，如图5-1-49所示。

图 5-1-49

（2）在之前从横向停车位旁边驶过的情况下向前驶入停车位。

在这个驻车情况下，驾驶员首先从已被占用的横向停车位旁边驶过，接着发现空闲的横向停车位。已经激活了驻车辅助系统，在发现之后马上在MMI显示器上显示空闲的停车位。驾驶员仍旧向前行驶了一段距离，直至显示要求他制动车辆，并挂入倒车挡。

现在驾驶员可以决定是向前或向后驶入横向停车位中。两个过程都可以在驻车辅助系统的辅助下完成。他在这种情况下决定向前驶入。

在挂入倒车挡后，驻车辅助系统控制转向系。驾驶员现在可以倒车行驶，如图5-1-50所示。

图 5-1-50

现在车辆移动到一个位置，驾驶员在这个位置可以向前驶入横向停车位。

960

当达到这个位置时，要求驾驶员制动车辆并挂入前进挡，如图5-1-51所示。

图 5-1-51

接着驾驶员向前驶入停车位中，此时，转向操作由驻车辅助系统完成。

如果还需要校正一次，就会通过图像和声音信号告知驾驶员。最多可以校正4次。

最迟在第4次校正时，无论停车结果如何，驻车辅助系统都会结束，如图5-1-52所示。

图 5-1-52

4. 新的显示和操作方案

在引入第三代驻车辅助系统时，彻底更改了显示和操作方案。在第二代系统之前，在组合仪表上显示驻车辅助系统的图像。从第三代系统开始，图像显示在 MMI 显示器上。

在组合仪表上只是仍然显示有关识别到故障的文本信息、说明之前系统中断的原因，以及结束驻车辅助系统。

MMI 屏幕提供足够的空间，实现同时显示所有相关信息。除此之外，显示内容也不再会偶尔被转动的方向盘遮住，如图5-1-53所示。

5. 驻车辅助系统的新图像

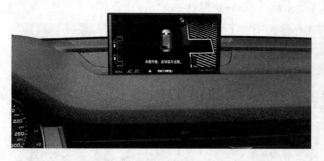

图 5-1-53

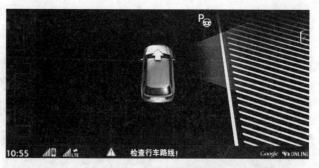

图 5-1-54

（1）搜寻行驶。

当激活的驻车辅助系统搜寻停车位时，如果没有搜寻到合适的，就会在MMI显示器上显示，如图5-1-54所示。

在采用右置方向盘的国家，标准是显示街道右侧的停车位情况。当驾驶员想要停靠在街道左侧时，可以通过设置左侧转向灯显示左侧街道。在采用左置方向盘的国家，整个性能与之完全相反。

系统每次都会搜寻街道两侧的停车位，但是在MMI显示器上只显示街道一侧。在设置转向灯后，也会立即显示街道另一侧上具体的停车位情况。

只有当没有超出搜寻行驶所允许的最高车速时，才能识别到停车位。在车速不超过20km/h的情况下可以识别到合适的横向停车位，在不超过40km/h的情况下可以识别到合适的纵向停车位。为了实现极佳的停车结果，在搜寻停车位时，车速不得超出30km/h。在进行搜寻行驶时，与待停车车辆必须相距0.5~2m。在相距1m左右时，获得最佳停车结果。

（2）左侧屏幕边缘上的图像。

在左侧屏幕边缘上显示驻车场景，驻车辅助系统原则上为其提供辅助。

此时涉及下列场景，从最上面的图像开始：

①倒车驶入一个纵向停车位；

②向前驶入一个横向停车位；

③倒车驶入一个横向停车位。

当驻车辅助系统识别到一个合适的纵向停车位时，就会激活显示最上面的图像，否则图像变灰。当驻车辅助系统识别到一个合适的横向停车位时，就会激活显示下面两个图像，否则图像变灰。

如图5-1-55所示，显示的场景中，驻车辅助系统识别到一个合适的横向停车位，但是没有识别到合适的纵向停车位。

当显示街道左侧的停车位情形时，会在右侧屏幕边缘显示三个驻车场景。

（3）识别到横向停车位。

图 5-1-55

驻车辅助系统在街道右侧识别到一个合适的横向停车位,因此将左侧屏幕边缘下方的两个驻车场景作为当前选项。这边涉及两个向前驶入横向停车位的驻车场景和一个倒车驶入横向停车位的驻车场景。

当识别到一个横向停车位时,原则上,驻车辅助系统建议倒车驶入一个横向停车位。因此将三个驻车场景中最下方的场景标上红框。在屏幕后侧边缘同样显示倒车驶入横向停车位的图像。这个图像与向前驶过阴影区域内横向停车位位置的图像不同,如图5-1-56所示。通过比较图5-1-57和图5-1-58可以很好地识别到横向停车位的不同位置。

当车辆以低于8 km/h的速度行驶时,会在车上显示一个白色箭头,并显示信息"向前行驶,启动驻车过程"。

当速度超过8km/h时,立即显示制动符号和文本信息"停车,启动驻车过程"。

一旦达到有助于驻车过程的合适位置,就会显示图5-1-57。

(4)制动车辆。

现在车辆已经到达离横向停车位足够距离的地方,因此可以开始驻车过程。这一点通过在停车位上显示灰色字母"P"表明。

这个制动符号表明如果驾驶员想要使用所提供的这个横向停车位,他现在就必须将车制动至静止状态。

如图5-1-57所示,显示文本信息"停车,启动驻车过程"。驾驶员将车制动至静止状态。

(5)挂入倒车挡,启动驻车过程。

由于驾驶员优选向前驶入这个横向停车位,因此他用旋压调节器选择中间这个相应的驻车场景。现在这个场景标上红框。同样,右侧屏幕边缘的图像也与新驻车场景相配套,如图5-1-58所示。

(6)向前泊车入位。

驾驶员挂入倒车挡,并等到驻车辅助系统响起激活音。从此之后,驻车辅助系统控制转向系。但是,踩加速踏板、制动踏板和换挡仍是驾驶员的任务。现在,在MMI显示器上显示驻车辅助系统的常见显示和倒车摄像头的图像。

图 5-1-56

图 5-1-57

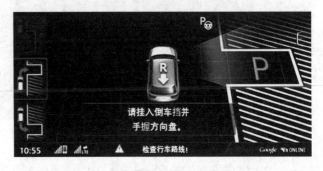

图 5-1-58

驻车辅助系统转动车辆,使其再次倒车从这个横向停车位旁边驶过。当位置许可时,系统会将车辆对准该停车位,使其在下一次移动时,可以向前驶入这个停车位。必要时,紧接着进行1~4次(最多4次)校正操作,然后驻车辅助结束。

6. 系统优化

(1)基于地图的环境监测系统。

驻车辅助系统获得有关当前环境的信息越多,就越容易规划和落实驻车过程。因此,它必须通过超声波传感器收集尽可能多的环境数据,并在驻车过程中使用这些数据。

对于第二代驻车辅助系统,对此只使用两个前部侧面超声波传感器。这两个传感器的测量范围比其他10个超声波传感器的测量范围都大，专门用于测量停车位。

在第三代驻车辅助系统上，使用全部12个超声波传感器的数据。收集到的数据输入到控制单元的一张"地图"中，它绘制出车辆周围环境。这张二维地图由驻车辅助系统自己生成，并且处于动态变化中。在关闭点火开关后，就会丢失这些信息。

此外，驻车辅助系统借助这张动态地图对驻车路径进行校正。如果在驻车期间精确探测和测量到一个障碍物或是重新冒出一个障碍物，则在接下来的驻车过程中会考虑到这些新识别到的事物。

（2）经过改进的车辆位置识别系统。

在驻车过程中，驻车辅助系统必须知道车辆位于哪里以及朝向哪里。驻车辅助系统根据这些信息可以进行校正，必要时，将车辆重新转向回到计算出来的驻车路径上。

在第二代驻车辅助系统之前，使用ESC系统的两个后部车轮传感器。第三代系统不同，它分析所有四个车轮传感器，因此明显可以更加精确地确定车辆位置。结果就是实现更好的停车结果，可能的话避免校正操作，尤其是改进路缘石上的停车。

（3）在驻车辅助系统上使用四轮驱动转向系。

当奥迪Q7装备了选装装备"四轮驱动转向系"时，驻车辅助系统从这个附加转向系中获益。并不使用四轮驱动转向系的全部转向范围，而是使用一定范围：±3Grad。

使用四轮驱动转向系时，可以在倒车驶入横向停车位时再次进行校正，使得车辆位于停车位的中间位置，因此避免其他校正操作。

在配备四轮驱动转向系的车辆上，驻车辅助系统在规划驻车路径的时候提供更多的自由度，这是因为转弯半径可以更小。

7. 对准纵向停车位的中间

在第三代驻车辅助系统上，改进了纵向泊车入位辅助时的最终位置。原则上，区分两种情况：

（1）纵向停车位长度p_L<车辆长度l+2.40m，如图5-1-59所示：驻车辅助系统将车辆定位于停入位置两旁两辆车的中间。

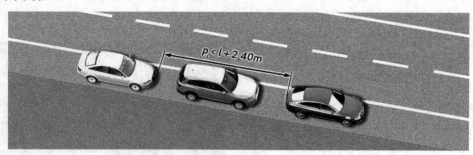

图 5-1-59

（2）纵向停车位长度p_L>车辆长度l+2.40m，如图5-1-60所示：驻车辅助系统将车辆定位在与前辆车相距1.20m的地方。

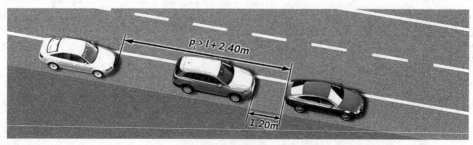

图 5-1-60

使用限速器：在第二代驻车辅助系统上，当倒车行驶时的车速超出7km/h时，驻车辅助系统会提前结束。在第三代系统上，防止因倒车行驶速度过高而结束驻车辅助系统。由限速器防止超出所允许的最高车速。限速器指的是发动机控制单元内的一个软件功能，它在需要时干涉发动机力矩。这个限速器在奥迪Q7上属于标配。

停车结果质量随着停车速度降低而升高。因此在第三代系统上，最高停车速度降低至5km/h。当车速较高时，需要更快地进行转向，这对电控机械式转向系而言是一项挑战。

当与所计算驻车路径发生偏差时，会导致最终结果变差。当车轮轮胎较宽时，这个作用会更加强。

（二）尾部雷达（第三代）

1. 后部雷达传感器

这两个雷达传感器作为尾部雷达，安装在后部保险杠上。在这之前，它们用于换道辅助系统和奥迪后部预防式安全系统。

在奥迪Q7上，它们还被另外两个新驾驶员辅助系统使用。

此时涉及：

①开门警示系统；

②后部横向交通辅助系统。

尽管工作范围得到了扩展，但是这两个雷达传感器仍然拥有常见名称：

①换道辅助系统控制单元J769（主控制单元）；

②换道辅助系统控制单元2 J770（副控制单元）。

这两个雷达传感器与其控制单元各自构成一个结构单元。主控制单元一直安装在车辆右侧。这一点也适用于右置方向盘车辆，如图5-1-61所示。

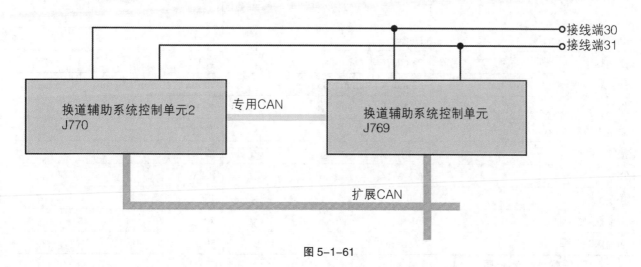

图5-1-61

这两个控制单元J769和J770通过专用CAN进行通信。此外，它们也通过扩展CAN相互连接。在第二代尾部雷达上，只有主控制单元J769与扩展CAN相连。

主控制单元和副控制单元之间只通过专用CAN通信。

（1）两个控制单元的诊断地址码。

将副控制单元J770连接到扩展CAN上有两个优点：

①可以直接诊断副控制单元J770，不需要通过主控制单元J769进行；

②使用新软件升级副控制单元J770可以更加高效，而且升级时不需要通过主控制单元 J769。

由于诊断测试仪可以直接访问这两个控制单元，因此副控制单元也需要一个自身的诊断地址码。

这两个控制单元的诊断地址码为：

①主控制单元J769的诊断地址码：3C；

②副控制单元J770的诊断地址码：CF。

（2）组件保护。

另一项新设计是将这两个控制单元纳入组件保护中。由于它们的安装位置在后部保险杠上，因此比起安装在车内的控制单元，这些控制单元更易够到。

在将控制单元安装到另一辆车上时，组件保护要求用诊断测试仪在线匹配这些控制单元与新车。如果不进行匹配，就会限制该控制单元的功能。

（3）硬件。

在第三代尾部雷达上使用新一代雷达传感器。

第二代和第三代雷达传感器之间的主要区别已经汇总，如表5-1-2所示。

表5-1-2

雷达传感器型号	第二代	第三代
制造商	Hella	博世
雷达频率	24 GHz	77 GHz
尺寸	82 mm×130 mm×35 mm	70 mm×60 mm×30 mm
重量	各265 g	各195 g
发送天线	一根	两根
接收天线	三根	四根
功率	6.2 W	8.4 W
角度范围	120°	150°
后部探测范围	70 m	70 m
侧面探测范围	＜10 m	50 m

（4）传感器探测范围。

为了落实全新的"后部横向交通辅助系统"，必须扩展雷达传感器的探测范围，如图5-1-62所示。

现在，雷达传感器每一侧的探测范围覆盖50m。

两个雷达传感器覆盖整个探测范围。一个雷达传感器负责左后侧的监控，另一个雷达传感器负责右后侧的监控。每个雷达传感器的探测范围覆盖的雷达波束不同。

这些由雷达传感器的两个发送天线交替生成。每秒钟在两个雷达波束之间来回切换约15次。

（5）后部雷达传感器的安装位置。

这些新雷达传感器不再直接安装到车身上。它们固定在一个支架上，这个支架固定在保险杠罩上。

固定在支架上的雷达传感器如图5-1-63所示。

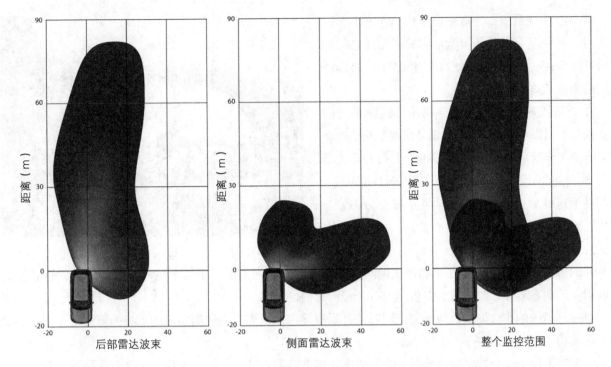

后部雷达波束　　　　　侧面雷达波束　　　　　整个监控范围

图 5-1-62

左后雷达传感器的安装位置如图5-1-64所示。

由于雷达传感器侧面探测范围得以扩展，因此它们在保险杠罩上的安装位置也向外移动了一点儿。此外，它们向侧面转动很大的一个角度。

现在这个角度为40°，而在第二代尾部雷达上，这个角度为22°。

两个雷达传感器在保险杠罩上的安装位置如图5-1-65所示。

2. 换道辅助系统（第3代）

在奥迪Q7上，换道辅助系统尽可能地接管现有系统的功能。唯一显著的变化就是将激活车速降低至15km/h。当超过15km/h时，一旦打开了这个系

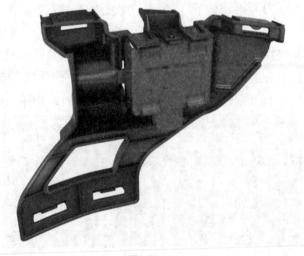

图 5-1-63

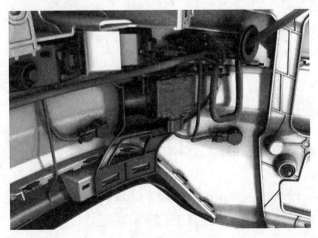

图 5-1-64

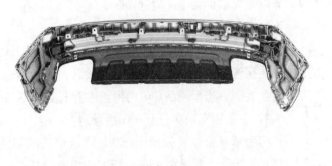

图 5-1-65

统，就会激活该系统。当重新低于10km/h这个车速阈值时，系统就会被关闭。激活和关闭车速之间的滞后速度5km/h 用于稳定系统在车速范围10~15km/h之间的激活状态。

在全新奥迪Q7上，不再存在换道辅助系统的独立按键。可以在MMI驾驶员辅助系统菜单的菜单项"奥迪侧向辅助系统（奥迪side assist）"打开和关闭该系统。相同的设置菜单也用于设定警告灯的亮度。

左侧车外后视镜内的换道辅助系统主动式警告灯如图5-1-66所示。

图 5-1-66

3. 开门警示系统

开门警示系统的任务是在车辆停止期间监控车辆后部侧面范围，由两个尾部雷达传感器进行监控。当识别到后面有车接近时，就会警告车内打开相应车门的乘客。

通过车门内的车灯饰条进行警告，同时车外后视镜内多次亮起奥迪侧向辅助系统的警告灯。

这项功能在所有四扇车门上可用。

该系统帮助防止与特定交通情况下的其他车辆相撞。图片显示了典型情况，在这个情况下，无意间打开驾驶员车门可能会导致碰撞事故。同样也适用于无意间打开左后车门，在这种情况下也会输出警告。

打开驾驶员车门时可能与接近的车辆发生碰撞，如图5-1-67所示。

该系统帮助防止与特定交通情况下的双轮车车主相撞，只有系统识别到了双轮车车主。图片显示了典型情况，在这个情况下，无意间打开副驾驶员车门可能会导致碰撞事故。同样也适用于无意间打开右后车门，在这种情况下也会输出警告。但是必须注意，可能没有识别到接近的自行车车手和摩托车车手。

打开副驾驶员车门可能与接近的自行车相撞，如图5-1-68所示。

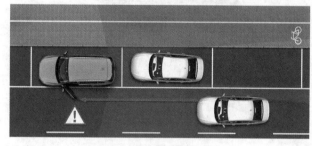

图 5-1-67

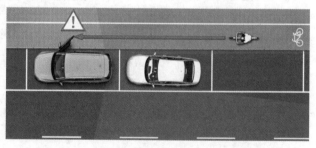

图 5-1-68

（1）打开和关闭开门警示系统。

开门警示系统只能与换道辅助系统一同打开和关闭。设定方法参见MMI 驾驶员辅助系统菜单的菜单项"奥迪侧向辅助系统（奥迪side assist）"。

（2）在关闭点火开关后继续运行。

由于开门警示系统在点火开关关闭时也必须工作，因此尾部雷达传感器不再连接到接线端15上，而是连接在接线端30上。在关闭点火开关后，继续运行180s，在这段时间内，开门警示系统仍然起作用。之后系统会关闭。当车辆在180s内锁止或蓄电池管理系统要求的话，继续运行时间会提前结束。

（3）在解锁车辆和打开车门后预运行。

开门警示系统也具备预运行功能。这个功能同样运行 180s，并在解锁车辆以及紧接着打开任意一扇车门时开始运行。如果在180s运行完毕之前打开了点火开关，就会再次关闭开门警示系统。

（4）警告元件"车灯饰条"。

当车辆使用两个选装车内灯套件中的其中一个或使用开门警示系统时，车门内装有车灯饰条。主要是三个选装装备需要这些车灯饰条。这些车灯饰条各有两个车灯分离位置。对于开门警示系统而言，安装红色发光二极管，它只用于开门警示辅助系统。这两个车内灯套件需要白色的发光二极管或是可以亮起多种颜色的发光二极管。彩色LED灯指的就是所谓的RGB发光二极管。如果不仅存在车内灯套件，还存在开门警示系统，且启用了开门警示系统，则在警示期间会关闭车内灯套件的发光二极管，并只启动红色发光二极管。

图 5-1-69

打开驾驶员车门时，开门警示辅助系统发出警告，如图5-1-69所示。

（5）选装装备"开门警示系统"。

在奥迪Q7上，如果安装了奥迪侧向辅助系统，则也会存在开门警示系统。奥迪侧向辅助系统可作为独立的选装装备订购，但是也是辅助系统套件"城市"的组成部分。

（6）一览图，如图5-1-70所示。

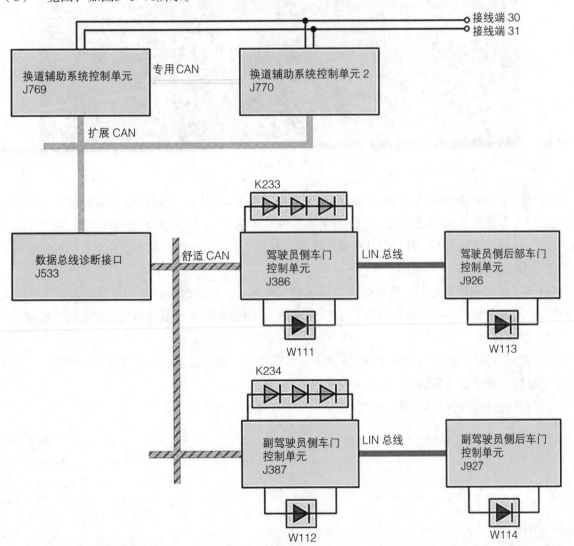

K233.驾驶员侧车外后视镜内的换道辅助系统警告灯　K234.副驾驶员侧车外后视镜内的换道辅助系统警告灯　W111.驾驶员侧开门警示灯　W112.副驾驶员侧开门警示灯　W113.驾驶员侧后部开门警示灯　W114.副驾驶员侧后部开门警示灯

图 5-1-70

在使用第三代尾部雷达时，新设计或改动了下列事项：

①接线端30为控制单元J769和J770供电。

②控制单元J769和J770两个都连接在扩展CAN上。

③换道辅助系统的警告灯 K233 和 K234 受控于两个前部车门控制单元J386和J387。

④开门警示灯W111、W112、W113和W114同样受控于相应的车门控制单元。

⑤仍只有六根导线连接控制单元J769和J770：两根为供电导线，四根为两个CAN总线系统的CAN总线导线。

4.后部横向交通辅助系统

（1）功能。

"后部横向交通辅助系统"的作用是在驾驶员倒车行驶时警告本车后方有横向驶来的车辆。这个系统在看不到全貌的情况下提供宝贵的帮助。

看不到全貌的情景例如驶出横向停车位或倒车驶出一个狭窄的庭院出口。

在倒车驶出停车位时可能与接近的横向行驶车辆发生碰撞，如图5-1-71所示。

图 5-1-71

后部横向交通辅助系统在奥迪Q7上既可作为单个选装装备订购，也可以作为辅助系统套件"城市"的组成部分。订购后部横向交通辅助系统的前提条件是车辆配备"奥迪侧向辅助系统"和"升级版驻车辅助系统"这两个选装装备。升级版驻车辅助系统此时是车上必须安装的驻车辅助系统的最低要求。

（2）激活后部横向交通辅助系统。

当激活了驻车辅助系统时，后部横向交通辅助系统也一直处于激活状态。也就是说，驾驶员无法单独打开或关闭该系统。一旦驾驶员激活了驻车辅助系统，也就同时激活了后部横向交通辅助系统。

（3）系统警告。

当尾部雷达传感器识别到横向行驶的车辆时，后部横向交通辅助系统计算碰撞的可能性。

根据碰撞可能性的计算结果，输出不同的警告。

此时区分碰撞可能性，如表5-1-3所示。

表5-1-3

碰撞可能性	警告	潜在碰撞发生之前的时间	边缘条件
非常低	无	—	—
低	视觉	约4 s	车辆静止，向前行驶速度 < 7 km/h 或倒车行驶最高为 15 km/h
中等	声音	约3 s	仅限倒车行驶
高	触觉	约1 s	仅限倒车行驶

（4）视觉警告。

发出视觉警告时，会在车辆尾部后面显示一个带黑色方向箭头的红色界面。箭头指向接近的横穿行驶车辆的运动方向。如果横穿行驶车辆从右边过来，则车辆尾部后方右侧会标上红色界面；如果车从左边过来，则红色界面显示在车辆尾部后方左侧。

如果横穿行驶车辆从两边过来，则车辆尾部后方的左侧和右侧都显示红色界面，如图5-1-72所示。

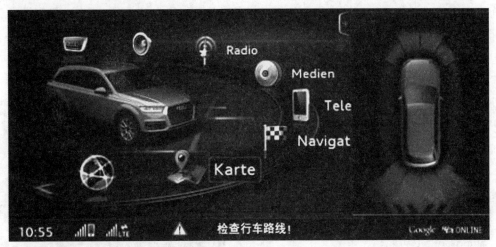

图 5-1-72

当后部横向交通辅助系统发出视觉警告时，至少需要升级版驻车辅助系统的图像。

如果车上安装了倒车摄像头或是选装装备"环境摄像头"，则也会在那些正好出现在显示界面的图片上显示警告。出现警告时，在摄像头拍摄的图片上会显示两个红色方向箭头。这些箭头也同样指向接近的横穿行驶车辆的运动方向，如图5-1-73所示。

图 5-1-73

（5）声音警告。

声音警告使用驻车辅助系统的后部发声器。由于升级版驻车辅助系统是后部横向交通辅助系统的前提条件，所以车上一直存在后部发声器。

（6）触觉警告。

当后部横向交通辅助系统识别到高碰撞可能性时，该系统会以制动耸车的形式给出触觉警告。由换道辅助系统控制单元J769向ABS控制单元J104发出制动耸车要求。

（三）驾驶员辅助系统前部摄像头 R242

1. 引言

由于质量要求不断提高，且集成了其他辅助系统，奥迪Q7上采用了一个全新研发的前部摄像头，用于驾驶员辅助系统。它的安装位置与前款车型上一样。

摄像头的分辨率提高至1280×960像素，因此首次超出百万像素范围。分辨率更高，使得探测范围不仅更大，而且能更好地分析邻近区域内物体的细节。前款型号的分辨率为1024×512像素。

扩大了摄像头的垂直和水平张角。因此，摄像头可以更好地探测车辆正前方的环境。水平张角从40°扩大至44°，垂直张角从26°扩大至34°，如图5-1-74所示。

（1）下列系统需要该前部摄像头。

①奥迪主动式车道保持辅助系统；

②基于摄像头的交通标志识别系统；

③基础型号的远光灯辅助系统（仅切换近光和远光灯）；

④奥迪矩阵式LED大灯上的矩阵光束远光灯辅助系统；

⑤ACC Stop&Go停走功能；

⑥堵车辅助系统；

⑦奥迪前部预碰撞安全系统；

⑧城市版奥迪预防式整体安全系统。

（2）摄像头与挡风玻璃在光学角度上的连接。

图 5-1-74

在这个前部摄像头上，全新的光学方案改变了光线从外部到达图像捕捉传感器上的方法。在挡风玻璃和图像捕捉传感器之间有一个棱镜，它通过一个硅酮垫在光学上与挡风玻璃相连。这个棱镜的作用是阻断外部光线，使其完美地投射到图像捕捉芯片上。因此，摄像头的镜头不再笔直地对准前部车辆周围环境。

这项改动带来诸多好处。通过棱镜阻断光线使得投射到挡风玻璃上的光线投影面明显缩小。

在全新前部摄像头上，所需的光线投射面比前款车上少了1/3。

除此之外，图像捕捉传感器和挡风玻璃之间的充气空间不复存在。因此，这个区域沉积的污物更少，不再降低图像质量，而且结霜和结冰的可能性更低。

（3）前部摄像头集成在车辆电子系统中。

在奥迪Q7上，驾驶员辅助系统前部摄像头R242首次连到FlexRay上。

因此取消了之前通过扩展CAN进行通信的连接导线。

如果车辆使用选装装备"奥迪矩阵式LED大灯"，则有两根CAN总线导线连至前部摄像头。前部摄像头通过这两根导线向矩阵式LED大灯控制单元提供有关对向车辆和前行车辆的信息，如图5-1-75所示。

（4）前部摄像头的安装位置，如图5-1-76

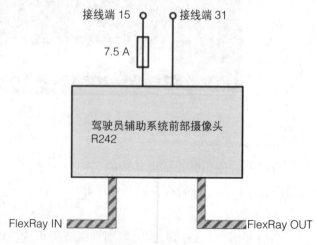

图 5-1-75

所示。

2.奥迪主动式车道保持辅助系统

在奥迪Q7（型号4M）上，可订购主动型号的车道保持辅助系统。这个选装装备的官方名称是"奥迪active lane assist（奥迪主动式车道保持辅助系统）"。在前款车型上只提供"奥迪lane assist（奥迪车道保持辅助系统）"。

这个主动型号不能提供给液压转向系，因为它需要电控机械式转向系来进行转向干预。

（1）奥迪主动式车道保持辅助系统存在两种型号。

①第一种型号帮助驾驶员不要无意间离开当前车道。为此，在驶上车道边界线之前，进行校正转向干预，使其对准车道中间。这种情况只出现在没有打开转向灯的情况下。当我们在 MMI 的驾驶员辅助系统菜单中将奥迪主动式车道保持辅助系统的转向时间点设成"延迟"时，就会激活这种型号，如图5-1-77所示。

②第二种型号帮助驾驶员一直处于车道中间位置。因此一旦车辆偏离车道中间位置，就会进行转向干预。当我们在 MMI 的驾驶员辅助系统菜单中将转向时间点设成"提前"时，就会激活这种型号，如图5-1-78所示。

（2）新设计。

与奥迪A6和奥迪A7（C7平台）上的奥迪主动式车道保持辅助系统相比，在功能中引入下列新设计，如图5-1-79所示。

①通过引入新前部摄像头，可以进一步改善车道识别质量。这也提高了系统的可靠度。

②该系统识别驾驶员在激活奥迪主动式车道保持辅助系统期间是否手握方向盘。如果系统识别到驾驶员双手离开了方向盘，则奥迪主动式车道保持辅助系统做出以下反应：该系统向驾驶员发出视觉和听觉警告，并要求他重新手握方向盘。如果驾驶员在发出警告后的2s内没有手握方向盘，那么就会关闭奥迪主动式车道保持辅助系统。

③改进了控制方法，以便在将转向时间点设成"提前"时，将车辆保持在车道中间位置。因此驾驶员更能切身感觉到系统的辅助作用。系统将车辆领航回到车道中间位置，驾驶员可以感觉到这一过程。尤其是在高速公路上，这项操作能提高行驶舒适性。

④奥迪主动式车道保持辅助系统在打开转向灯的特定情况下介入转向系，并警告驾驶员。这种情况

图 5-1-76

图 5-1-77

图 5-1-78

图 5-1-79

指的是奥迪侧向辅助系统在想要切换进入的相邻车道的盲区内报告有一辆车。这项辅助功能仅限车辆既安装了奥迪主动式车道保持辅助系统，也安装了奥迪侧向辅助系统。

3.基于摄像头的交通标志识别系统（第二代）

在奥迪Q7上提供第二代基于摄像头的交通标志识别系统。它基于最初在2010年投放市场的奥迪A7 Sportback上使用的限速显示。

当奥迪A3（型号8V）在2012年重新投放市场时，这个限速显示更名为基于摄像头的交通标志识别系统，这是因为它还会识别和显示禁止超车标志。

这个基于摄像头的交通标志识别系统不仅使用驾驶员辅助系统前部摄像头R242识别到的交通标志，而且还使用MMI Navigation Plus中针对该交通标志的信息。

作为预估路段数据传输导航数据，并告知有关前面路段的信息。摄像头识别到的交通标志有更高的优先级。当前部摄像头无法识别到交通标志时，就会关闭该系统。这可能是因为挡风玻璃非常脏或结冰，或是挡风玻璃上有树叶，它严重阻碍了摄像头的视线。

（1）第二代的新设计。

第二代交通标志识别系统上采用了下列新设计。

①在超出限速时可以警告驾驶员。

②该系统识别整个欧洲范围内的街头指示牌，在个别市场上还识别居民点驶入口指示牌。但是系统不显示居民点驶入口指示牌和街头指示牌。系统利用这些指示牌，以便在正确的时间根据新形势调整显示的限速。

③自适应巡航控制系统（ACC）会接受交通标志识别系统识别到的限速，并用于自身的速度控制。

④在挂车运行模式下，允许为牵引的挂车设定一个取决于结构的挂车速度。

⑤交通标志识别系统应用市场范围扩大了下列市场。

欧洲市场：阿尔巴尼亚、波斯尼亚-黑塞哥维那、爱沙尼亚拉脱维亚、立陶宛、马其顿、摩尔多瓦、黑山、塞尔维亚、塞浦路斯。

北美市场：美国、加拿大。

（2）显示识别到的交通标志。

识别到的交通标志有三种不同的显示方法：

①在组合仪表上全屏显示；

②在组合仪表上扩展显示；

③显示在选装的平视显示器上。

（3）全屏显示。

图5-1-80

采用全屏显示时，可以同时显示识别到的三个交通标志。最多可以显示三个限速标志或两个限速标志和一个禁止超车标志。限速标志可能有不同的附加指示牌，如图5-1-80所示。

支持下列附加指示牌：

①时间，如图5-1-81所示；

②雾，如图5-1-82所示；

③雨水，如图5-1-83所示；

④挂车，如图5-1-84所示。

（4）扩展显示。

扩展显示只能显示交通标志。此时每次指的

图5-1-81

是一个限速标志，可能还有一个附加指示牌。在考虑到当前形势的情况下，优先显示全屏显示中的限速标志。当前形势可以是时间、识别到挂车、车窗玻璃刮水器的打开状态或前雾灯和后雾灯的打开状态，如图5-1-85所示。

（5）基于交通标志的限速警告。

自第二代交通标志识别系统以来，可以在超过显示的限速时警告驾驶员。警告可以是纯视觉警告，即显示的交通标志开始闪烁不停。如果交通标志下方还有附加指示牌的话，那么在发出警告时保持不动，且不闪烁。闪烁频率约为1Hz。

（6）速度偏移量的设定方法。

驾驶员可以为限速警告设定一个速度偏移量。为此，驾驶员首先在MMI的驾驶员辅助系统菜单中选择关闭限速警告。他可以在选择项"基于交通标志"下面关闭该系统，或是通过一个预设的速度偏移量来打开，如图5-1-86所示。

驾驶员可以在0~15km/h 之间选择速度偏移值。例如，当驾驶员选择偏移量"10km/h"时，那么在 70km/h 的限速下，只有当车速超过 81km/h 时才会发出警告。

（7）限速警告功能的基础型号。

除了基于交通标志的限速警告功能，还可以手动设定限速警告。在手动设定限速警告时，可以通过虚拟的旋转按钮设定速度阈值，当超过这个值时，会输出声音警告。这种型号的限速警告早已在多种奥迪车型上使用多年，而且完全独立于基于交通标志的限速警告功能。

提示：每次关闭点火开关时，都会保存设定的速度偏移量和当前所用车钥匙的编号，保存在驾驶员辅助系统的前部摄像头R242中。在下一次用这把车钥匙打开点火开关时，会重新使用这个偏移量。

（8）自动挂车识别。

在 MMI 的驾驶员辅助系统菜单中，存在一个菜单项"交通标志识别"。在这个菜单项下面可以看到"自动挂车识别"。但是这个选项框只存在出厂时配备电动旋转式挂车连接器的车辆上，因为只有这种车上使用挂车识别传感器J345。

当激活了"自动挂车识别"且车上电子连接了一个挂车时，也会显示带挂车车辆的限速标志。挂

图 5-1-82

图 5-1-83

图 5-1-84

图 5-1-85

图 5-1-86

975

车识别控制单元J345向驾驶员辅助系统的前部摄像头R242报告识别到了一个挂车。控制单元J345也可以识别电子连接的挂车是否真的是一个挂车,抑或是一个自行车架。如果是自行车架,那么与挂车相关的限速就没有意义,在这种情况下就不会显示该限速,如图5-1-87所示。

(9)设定挂车所允许最高速度的方法。

在另一个菜单项中可以手动设定挂车所允许的最高速度。此时可以通过虚拟旋转按钮在60~130km/h之间设定最高速度。只有当识别到挂车时,才会显示这个手动设定的最高速度。当摄像头识别到有一个针对带挂车车辆的低速限速标志时,就会显示,如图5-1-88所示。

图 5-1-87

图 5-1-88

三、奥迪 A8(4N)驾驶员辅助系统

奥迪A8(车型4N):德国奥迪公司的旗舰轿车现在又要换型了。第四代车型奥迪A8(车型4H)是成功的,该车型现在就快停产了,让位给创新的新车型——第五代奥迪A8(车型4N)。

这个激光扫描装置布置在车辆前面,它能精确地测量本车前方周围的情况。新的辅助系统有了它才能工作;现有的系统通过它可以大大提高性能。

奥迪A8的每次换型都采用最新的创新方案和新的车辆系统。因此每种新型奥迪A8都扩展了驾驶员辅助系统的范围,且能在更多的情形时通过最新的技术来为豪华车驾驶员提供帮助。

驾驶员辅助系统的控制单元结构也体现出新的内容。德国奥迪公司在奥迪A8(车型4N)上首次使用了驾驶员辅助系统中央控制单元,该控制单元是多个辅助系统的主控制单元。这个中央控制单元在售后服务中被称作驾驶员辅助系统控制单元J1121,该控制单元取代了数个我们熟知的控制单元(其功能现在已集成到J1121内了)。

这款第五代奥迪A8上还配备有新型横向辅助系统,该系统在因视野受限(比如十字路口以及穿行窄出口)时为驾驶员提供帮助。具体帮助方式是发出各种警报来提醒驾驶员,以避免本车与前方横向来车发生碰撞等。

多个传感器直接连接在驾驶员辅助系统控制单元J1121上了,不再使用车上的总线系统。传感器数据的处理是在控制单元J1121内进行的,这些数据涉及驾驶员辅助系统正面摄像头和4个周围环境摄像头。控制单元J1121还通过FlexRay总线接收其他传感器发来的数据。

还有,奥迪A8(车型4N)首次采用了自适应驾驶辅助系统,该系统能在车速0~250km/h之间时帮助驾驶员同时进行车辆横向控制和纵向控制。自适应驾驶辅助系统是将以前多个驾驶员辅助系统(这些系统在别的奥迪车型上早就使用了)合成为一个系统。

一个控制单元内现在就可使用所有传感器数据,就可为驾驶员提供车辆周围高质量测量数据功能。另外,这也是各种驾驶员辅助系统继续提高性能的一个基础。

(一)纵向和横向驾驶员辅助系统

新结构:在奥迪A8(车型4N)上市时,用原来大家熟知的三种驾驶员辅助系统形成了两种新的驾驶员辅助系统。但是各个系统的功能并无根本性变化，但是系统的分组是新的。

另外，新形成的驾驶员辅助系统采用了新的名称。

1.具体涉及的是下述三种大家熟知的驾驶员辅助系统

（1）奥迪主动式车道保持辅助系统（AALA）。

奥迪主动式车道保持辅助系统帮助驾驶员对车辆实施横向控制，具体是通过系统的转向介入来提供帮助的。驾驶员可随时接受或者撤销系统的这个转向介入。

驾驶员可以在MMI上选择转向时刻"早"或"晚"。转向时刻"早"意味着：通过持续不断的转向介入来试图让车辆保持在车道中间位置（保持车道中间位置功能，也就是车道保持辅助功能）。

与转向时刻"早"相对的是转向时刻"晚"。

在转向时刻"晚"这个设置时，系统会试图防止本车无意中离开自己的车道。具体来说就是当本车接近车道分界线时，系统会施加一个转向力矩而使得车辆向车道中间走。这个转向介入的前提条件是：驾驶员事前并未激活转向灯，因为激活了转向灯意味着驾驶员是有意要离开自己的车道的。除了会有这个转向力矩介入外，当车辆跨越车道分界线时方向盘上会有震动。也可以在MMI上关闭这个功能。激活了转向灯的话，方向盘的震动警告也就没有了，因为系统认为驾驶员有意要离开自己的车道。

图 5-1-89

在转向时刻"早"时所施加转向力矩的特征图（取决于车辆位置相对于车道中心情况），如图5-1-89所示。

在转向时刻"晚"时所施加转向力矩的特征图（取决于车辆位置相对于车道中心情况），如图5-1-90所示。

（2）自适应定速巡航（ACC）系统。

自适应定速巡航系统是车速控制系统的进一步发展，除了能调节车速外，该系统还能调节本车与前车的车距。如果本车接近前行车辆，那么ACC会进行调节，使得本车与前行车辆保持设定的车距。

图 5-1-90

如果本车前方并无车辆在行驶，那么ACC的工作与定速巡航相同。

使用ACC这种驾驶员辅助系统，仅要求驾驶员在特殊情形时去操纵加速踏板和制动踏板。车速的调节也被称作纵向控制。只要当前交通情况允许，主动式自适应定速巡航系统就会接管车辆的纵向调节。但是注意，纵向调节的责任总是要由驾驶员本人来承担的。

（3）堵车辅助系统。

堵车辅助系统是在2015年用于奥迪Q7（车型4M）的。该系统在堵车时可为驾驶员提供帮助，在车速不高于60km/h时可接管车辆的纵向控制和横向控制。

但驾驶员必须能在任何时候重新接管车辆，驾驶员对整个车辆的控制始终负责。在进行车辆的横向控制时，驾驶员必须将手放在方向盘上，驾驶员可接受或者撤销系统施加的这个转向力矩。

在堵车辅助系统工作时，驾驶员可以让该系统来操纵加速踏板和制动踏板。

2. 奥迪A8（车型4N）上增加了下述两种新的驾驶员辅助系统

如图5-1-91所示。

（1）车道偏离警报系统。

车道偏离辅助系统警报与大家熟知的带有转向时刻点"晚"的奥迪主动式车道保持辅助系统的工作情况一样。作为独立功能首次用于奥迪A8（车型4N）上。

（2）自适应驾驶辅助系统。

自适应驾驶辅助系统将以前相互独立的自适应定速巡航系统、奥迪主动式车道保持辅助系统（带有转向时刻"早"）和堵车辅助系统合成为一个驾驶员辅助系统。这种新的驾驶员辅助系统在车速0~250km/h之间可连续进行车辆横向控制和纵向控制。由于自适应驾驶辅助也是一种驾驶员辅助系统，因此使用时也需要驾驶员为车辆控制负责。作为独立功能首次用于奥迪A8（车型4N）上。

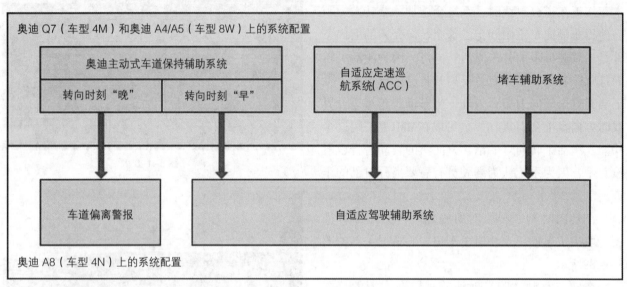

图 5-1-91

（二）车道偏离警报

当车辆有脱离本车车道的危险时，车道偏离警报系统会对驾驶员予以警告。车道偏离警报工作时有个前提条件：驾驶员事前并未激活相应转向灯来有意要切换车道了。

车道偏离警报系统使用转向信号，就是要区别当前这个偏离车道是驾驶员有意为之还是无意中出现的。只有当系统判断出这个车道偏离不是驾驶员有意为之的，才会发出警报。

车辆将要越过车道分界线时，警报有三种不同的形式：

①系统会施加一个转向力矩而使得车辆向车道中间走；

②方向盘上会有震动；

③在功能显示中将相应的车道分界线染成红色。

警报机制说明：

①如果自适应驾驶辅助系统的保持车道中间位置功能被激活了，那么在车辆马上就要越过车道分界线时就不会再有进一步的转向介入了。让车辆向道路中间走的这个功能（就是保持车道中间位置功能）是一种保护机制，它通过转向介入来防止车辆无意间偏离本车车道。

②可在MMI上接通和关闭方向盘震动这个功能。在关闭了点火门开关时，当前的设置被作为个性化内容存储起来。

1. 接通和关闭

车道偏离警报的接通和关闭是通过触屏下部的一个虚拟按键来实现的。如果功能符号上方有一个红色的杠，就说明车道偏离警报系统已被关闭了。车道偏离警报系统的关闭仅能持续一个15号端子循环，下次接通点火开关时，该功能就又被激活了（不论在关闭点火开关时该功能是接通着还是关闭着）。

图 5-1-92

转向灯拨杆侧面的转向辅助按键与车道偏离警报是没关系的，该按键只用于激活和关闭自适应驾驶辅助中的奥迪主动式车道保持辅助功能。

（1）车道偏离警报的接通和关闭用的虚拟按键位置，如图5-1-92所示。

（2）车道偏离警报已被接通，如图5-1-93所示。

（3）车道偏离警报已被关闭，如图5-1-94所示。

图 5-1-93

图 5-1-94

2. 显示

车道偏离警报的激活状态可通过组合仪表上相应的功能符号或者抬头显示上的显示来获知。

车道偏离警报已关闭，如图5-1-95所示。

图 5-1-95

车道偏离警报接通了，但未工作。其原因可能是比如车速过低了或者无车道分界线，如图5-1-96所示。

图 5-1-96

车道偏离警报接通了并在工作。当前只识别出了左侧的车道分界线，因此也就只能对车辆靠左侧脱离车道发出警报，如图5-1-97所示。

图 5-1-97

车道偏离警报接通了并在工作。当前识别出了左侧和右侧的车道分界线，如图5-1-98所示。

图 5-1-98

车道偏离警报接通了并在工作。当前识别出了左侧和右侧的车道分界线。由于车辆有靠右脱离车道的危险，于是会发出警报，如图5-1-99所示。

图 5-1-99

3. 主控制单元

车道偏离警报系统的主控制单元是驾驶员辅助系统控制单元J1121。要想实现这个功能，使用类型为A0的控制单元J1121就够用了。

（三）自适应驾驶辅助系统

1. 引言

自适应驾驶辅助系统是一种新式的驾驶员辅助系统，它首次是用在了奥迪A8（车型4N）上，是选装装备。

该系统将以前相互独立的三个系统即自适应定速巡航系统、奥迪主动式车道辅助系统（带有转向时刻"早"）和堵车辅助系统合成为一个驾驶员辅助系统，如图5-1-100所示。

使用自适应驾驶辅助系统，首次在车速0~250km/h之间可同时进行车辆横向控制和纵向控制。所谓纵向控制，指车辆的加速和制动；所谓横向控制，指车辆的转向。但是在横向控制时驾驶员必须一直把手放在方向盘上。

如果车速低于60km/h，那么由堵车辅助系统来执行横向控制（如果系统识别出了堵车情形的话）。车速高于65km/h时由奥迪主动式车道保持辅助系统来执行横向控制。因此这个横向控制会有中断，比如在堵车情况解除时。但奥迪A8（车型4N）上的自适应驾驶辅助系统就没有这个中断，因为横向控制仅是一种辅助系统的功能，且该系统在0~250km/h这个车速范围内均可以实现车辆的横向控制。

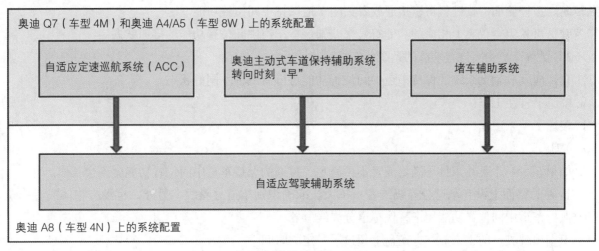

奥迪 Q7（车型 4M）和奥迪 A4/A5（车型 8W）上的系统配置		
自适应定速巡航系统（ACC）	奥迪主动式车道保持辅助系统转向时刻"早"	堵车辅助系统
自适应驾驶辅助系统		
奥迪 A8（车型 4N）上的系统配置		

图 5-1-100

驾驶员借助自适应驾驶辅助系统可进行车辆横向控制和纵向控制，但驾驶员也可以关闭横向控制而只让纵向控制处于工作状态。车辆的动态情况与以前用户使用ACC是一样的。奥迪A8（车型4N）上的纵向控制与奥迪Q7（车型4M）和奥迪A4/A5（车型8W）上的第四代ACC基本一致。关闭纵向控制而只让横向控制处于工作状态，在这种自适应驾驶辅助系统上是无法实现的。

由于自适应驾驶辅助系统也就是一种驾驶员辅助系统，因此与以前一样，驾驶员应对整个车辆的操纵负全责。另外，驾驶员不可让手离开方向盘。该系统是用来帮助驾驶员的，但驾驶员应对驾驶车辆负责。使用自适应驾驶辅助系统可以减轻驾驶车辆的劳累程度，增强舒适性。

在奥迪Q7（车型4M）和奥迪A4/A5（车型8W）上，两种不同的辅助系统会帮助驾驶员实施车辆横向控制，即奥迪主动式车道保持辅助系统和堵车辅助系统。

2. 显示和操纵

（1）激活和关闭自适应驾驶辅助系统。

自适应驾驶辅助系统的操纵，使用的是大家熟知的车上操纵部件。因此在奥迪A8（车型4N）上仍保留有大家熟知的ACC操控拨杆以及用于激活转向辅助的按键（在转向灯拨杆的侧面）。

自适应驾驶辅助系统的激活和关闭方式与ACC的是一样的，就连设置车速和与前车的车距的操纵方式都没变化。让自适应驾驶辅助系统重新开始工作也可以用大家熟知的方式来进行，即短促拉动操纵拨杆。

要想使用自适应驾驶辅助系统，必须先将ACC操纵拨杆先拨至"接通"这个卡止位置。

ACC操纵拨杆如图5-1-101所示。

激活转向辅助的按键，如图5-1-102所示。

（2）接通和关闭保持车道中间位置功能。

在自适应驾驶辅助系统工作时，驾驶员可以决定是否想使用奥迪主动式车道保持辅助系统就有的保持车道中间位置功能（转向时刻"早"）。通过

图 5-1-101

图 5-1-102

操纵转向灯拨杆侧面的按键就可以接通或者关闭车道保持中间位置功能。

驾驶员可从组合仪表上相应的功能符号来获知保持车道中间位置功能的接通状态。

（3）保持车道中间位置功能的系统状态显示。

①自适应驾驶辅助系统的保持车道中间位置功能可以有三种不同的状态。

a. 接通了且在工作；

b. 接通了但未工作；

c. 关闭了。

②如果至少一个下述条件不满足或者不再满足，接通的保持车道中间位置功能就不会工作。

a. 行驶的路面上没有车道分界线或者系统无法准确识别车道分界线。另外，也没有物体或者建筑物可以被保持车道中间位置功能用来替代车道分界线。

b. 识别出驾驶员的手未放在方向盘上超过了一定的时间。

c. 正面摄像头无法为保持车道中间位置功能提供质量足够好的图像。比如摄像头被强光照射或者前挡风玻璃脏污，就可能出现这种情况。

d. 车道宽度过于宽了或者过于窄了。

e. 转弯处的弯道半径小于所要求的最小半径。

③保持车道中间位置功能的系统状态显示。

可根据左、右两个三角形的颜色来获知保持车道中间位置功能的当前系统状态，这两个三角形就代表着保持车道中间位置功能，如图5-1-103所示。

系统状态显示如下：

a. 在组合仪表上的驾驶员辅助显示中显示。驾驶员辅助显示是车载计算机的一个显示内容。

b. 在转速表下方组合仪表上的自适应驾驶辅助功能的符号中显示。

c. 在选装的抬头显示中的自适应驾驶辅助功能的符号中显示。

系统状态	两个三角形的颜色	功能符号	驾驶辅助显示
"接通了且在工作"	绿色	 130 km/h	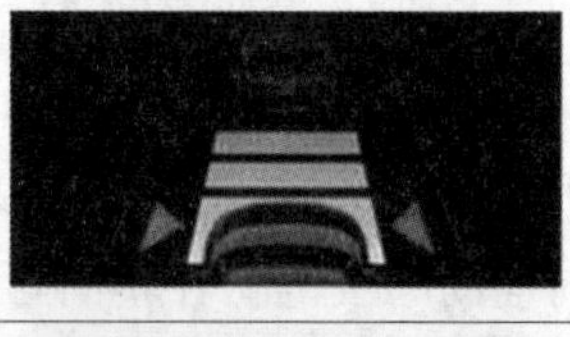
"接通了但未工作"	白色	 130 km/h	
"关闭了"	不显示两个三角形	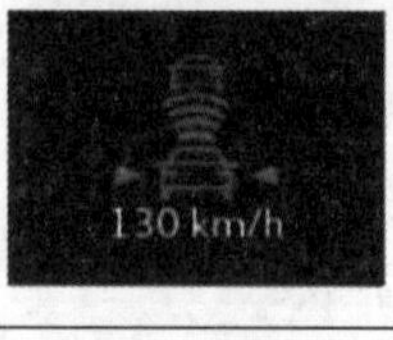 130 km/h	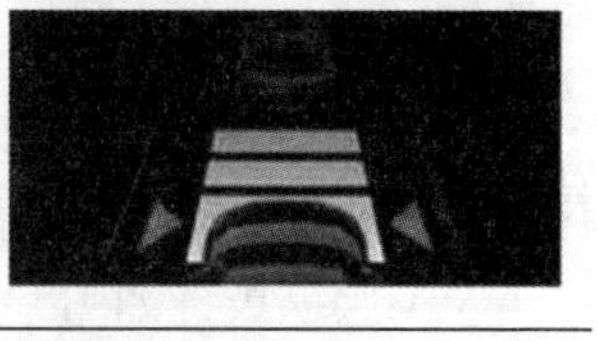

图 5-1-103

保持车道中间位置功能的系统状态总是与纵向控制信息一同显示。由于我们在这里是要描述保持车道中间位置功能的各种系统状态，因此图5-1-103中纵向控制的状态就保持不变。

纵向控制的状态是：自适应驾驶辅助接通了且在工作。本车在车队里行驶着，按预定车距调节着与前车的距离。在道路畅通时驾驶员把车速设置为130km/h。

（4）自适应驾驶辅助系统的设置。

可在MMI上的系统设置界面的驾驶辅助系统上进行下述设定。

①保存上次设定的与前车之间的时间间隔。

用户可以通过ACC操纵拨杆来设定一个与前车之间的时间间隔，自适应驾驶辅助系统就按这个时间间隔来进行调节。有5种不同的时间间隔可供选择，具体如下：1s、1.3s、1.8s、2.4s和3.6s。

如果并未激活保存上次时间间隔这个功能，那么在每次接通点火开关后，就默认设定为1.8s这个调节间隔。上次设定值会存储在当前使用着的用户账号中。

②预测式调节。

在预测式调节中，可以设定下述内容，以便针对道路来进行调节，如图5-1-104所示。

a. 关闭针对道路的调节。

b. 缓慢、中等或者快速地针对道路的调节。

c. 采用车速限制：接通；有误差；关闭。

③设置行驶程序（Fahrprogramm）。

图 5-1-104

可为自适应驾驶辅助系统设定一种行驶程序，该行驶程序与奥迪driveselect上当前的设置是相互独立的。根据设定的行驶程序，自适应驾驶辅助系统的纵向控制的加速和制动特性会发生改变。

有下述行驶程序可供选择，如图5-1-105所示：

a. Moderat（适度）；

b. Standard（标准）；

c. Sportlich（运动）。

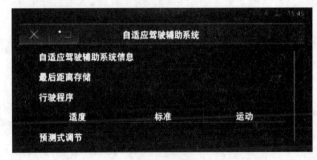

图 5-1-105

如果在奥迪Drive Select上选择了行驶模式"efficiency（高效）"，那么车辆的加速特性和减速特性的匹配就与当时选定的行驶程序无关了，以便能实现非常高效的驾驶体验。

（四）纵向控制

1. 一览

自适应驾驶辅助系统的"纵向控制"，这里指所有被调节的（也就是与驾驶员无关的）纵向行驶动力学特性，比如加速、以恒定车速行驶以及减速；而横向控制则是指与驾驶员无关的转向介入来实现的。但是驾驶员必须一直把手放在方向盘上，这个是由"脱手识别"系统来监控着。

奥迪A8（车型4N）上的纵向控制也是由车距调节控制单元J428来实施的，如图5-1-106所示。

硬件方面有一个主要变化，就是使用了激光扫描装置，该装置用于识别本车前面区域的物体。在奥迪A8（车型4N）上，车辆正面左侧的雷达单元被激光扫描装置所取代。这个激光扫描装置只是负责提供与物体相关的数据，并不负责调节工作，如图5-1-107所示。

图 5-1-106

（1）在奥迪A8（车型4N）上有两种不同的功能：一个是ACC基本和附加功能，另一个是与高效辅助系统一起的预测式功能。

①基本和附加功能。

a. 调节与前车的车距；

b. 在"在道路畅通"时调节车速；

c. ACC停停走走包括起步监控；

d. 车距显示/车距警报；

e. 急加速（Boost）功能；

f. 超车辅助；

g. 变道辅助；

h. 禁止右侧车道超车；

i. 堵车辅助；

j. 前部奥迪presense；

k. 规避辅助；

l. 转弯辅助。

图 5-1-107

②与高效辅助系统一起的预测式功能。

a. 按车速限值调节；

b. 按道路调节（转弯速度）。

（2）ACC基本和附加功能的改进。

①行驶程序。

有个新特点，就是可在MMI上激活某个行驶程序。选择Moderat（适度）、Standard（标准）或Sportlich（运动）这三个模式中的某一个，就规定出了ACC工作时的车辆动态特性，车辆的加速过程、跟随前车行驶时的状态以及转弯时的动态特性都会受到影响。激活了Moderat（适度）这个模式的话，车辆的加速过程就会以适度的方式来进行了，与Sportlich（运动）这个模式相比的话，在跟车行驶时，就允许与前车保持的车距有更大些的偏差，这使得驾驶感觉更为协调、舒适和放松，如图5-1-108所示。

如果驾驶员选择了Sportlich（运动）这个模式的话，那么加速时会充分释放出发动机的加速潜能来工作。在跟车行驶时，就会与前车保持相对恒定的车距了。

Standard（标准）这个模式适用于大多数驾驶情形，它所展现的调节特性是一种"折中"，是介于Moderat（适度）和Sportlich（运动）之间的一种状态。

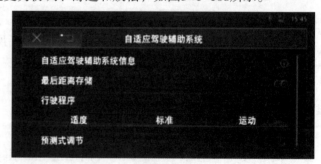

图 5-1-108

②车距显示/车距警报。

奥迪Q7（车型4M）是最早引入车距显示/车距警报的。在ACC关闭的情况下，驾驶员会获知本车与前车当前的车距，低于驾驶员设定的车距时会发出警报。

奥迪A8（车型4N）上的可调节警报限值发生了变化，现在可以设置3个警报限值（时间间隔）：1s、2s、3s。

③堵车辅助系统。

"堵车辅助"这个功能最早是在奥迪Q7（车型4M）上引入的。该功能可以接管纵向调节和横向调节，从而减轻了驾驶员的负担。

在奥迪Q7（车型4M）上，该功能在满足规定条件的情况下，在车速不超过65km/h时工作。

在奥迪A8上，堵车辅助功能集成在自适应驾驶辅助系统内，不再单独存在了。不再有最高车速限制了。在奥迪Q7（车型4M）上必须至少识别出前面行驶着的两辆车才能激活该功能，而在奥迪A8（车型4N）上只需识别出一辆车就行了。所需要的激活和中断条件也被减至最少，如图5-1-109所示。

图 5-1-109

2. 预测式高效辅助系统

（1）一览，如图5-1-110所示。

配备有Navigation Plus的车上有高效辅助系统，其功能是通过提示驾驶员来实现高效的驾驶方式。

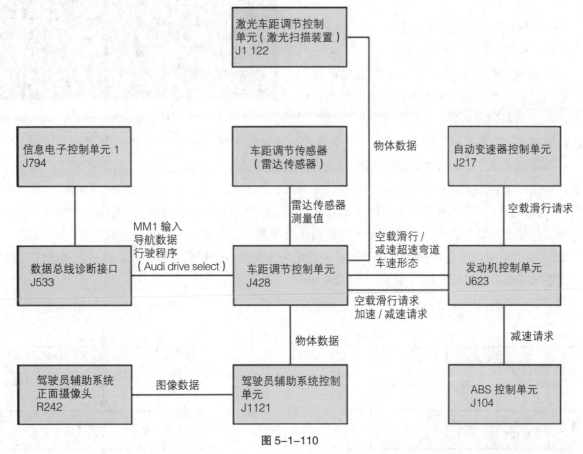

图 5-1-110

如果车上还装备有自适应驾驶辅助系统的话，那么就可以实现车辆纵向控制的预测式调节。"调节核心"是车距调节控制单元J428。

从名字就可得知，这个辅助系统要使用车辆导航系统预测出的道路数据来调节车辆的纵向动力学状态，从而实现高效驾驶并能减轻驾驶员的负担。根据MMI设置，车速限制、道路形态（弯道、十字路口等）以及地形（上坡、下坡）都集成在ACC调节过程中了。

参与本系统功能的部件除了下述的不同之处外，其余与奥迪Q7（车型4M）上是相同的。

①奥迪Q7（车型4M）上的图像处理是由正面摄像头自己来完成的，而在奥迪A8（车型4N）上则是由新的驾驶员辅助系统控制单元J1121来完成的。正面摄像头在这里只是负责提供图像数据，这些数据经LVDS被送至控制单元J1121。

②在奥迪Q7上，本车前部区域的物体识别是通过两个雷达单元来实现的；在奥迪A8（车型4N）上，车辆前部左侧的雷达单元被激光扫描装置取代了，这个激光扫描装置只是负责提供与物体相关的数据，并不负责调节工作。所有纵向动力学方面的调节都是由车距调节控制单元J428来完成的。

这种调节涉及加速、以恒定车速行驶（包括变速器空载）和发动机关闭以及因发动机力矩减小或者ESC制动导致的减速。

驾驶员可在MMI上来选择想要使用预测式调节的那些内容：

采用车速限制和/或针对道路进行调节。

这两个功能中的一个被激活了的话，预测式调节功能就被激活了。如果这两个功能都被激活了，那么就可使用预测式纵向控制的全部功能了，如图5-1-111所示。

（2）采用车速限制。

该功能利用两个信息源来确定相应的车速限制：

①车辆导航系统的预测道路数据；

②基于摄像头的交通标志识别。

在实施调节时，这两个信息来源会提供相同的信息。但是，若是临时改变车速限制（比如在修路），那么车速限定值就会与导航数据不一致了。

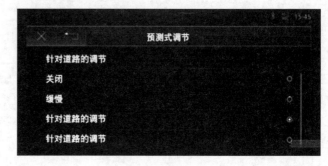

图 5-1-111

在这种情况下，交通标志所指示的数据的优先性要高于导航数据并按交通标志规定来执行。

在第二代系统中，显示给驾驶员的信息是在到达使用范围或者相关交通标志前发送的，现在的第三代系统上则提前很多就提供该信息了。在条件良好时，ACC控制单元在本车距离交通标志约100m的地方就接收到该信息了，平均来讲在距离约50m就可以了。这就使得系统可以通过上述功能［加速、以恒定车速行驶（包括变速器空载）、减速/制动］来提前应对车速限制的变化（这就是所谓预测式的意思）。

奥迪A8（车型4N）上使用的是第三代基于摄像头的交通标志识别系统，该系统是在奥迪Q7上使用的第二代系统基础上改进而来的，如图5-1-112所示。

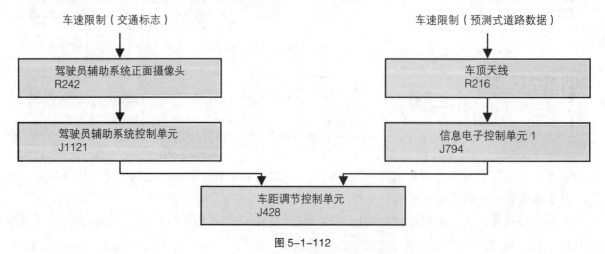

图 5-1-112

986

（3）针对道路进行调节。

奥迪A8（车型4N）上的按道路来调节这个功能比奥迪Q7（车型4M）上的有扩展：现在可以预设想用的转弯车速［缓慢（langsam）、中等（mittel）或者快速（schnelle）］。在奥迪Q7（车型4M）上，其转弯动力学特性是直接通过奥迪Drive Select的设置决定的，而在奥迪A8（车型4N）上驾驶员可设定独立的转弯特性。与所选定的行驶程序［Moderat（适度）、Standard（标准）、Sportlich（运动）］配合使用，就可以提供各种个性化的设置了。比如，行驶程序Moderat（适度）与道路设置"缓慢（langsam）"配合使用的话，车辆会以最舒适的方式驶过弯道，如图5-1-113所示。

图 5-1-113

如果行驶程序Sportlich（运动）与道路设置"快速（schnelle）"配合使用，那么车辆转弯的动态特性最强。

所有其他的组合实现的动态特性，是介于上述两种"极限设置"之间的，但这不包括奥迪Drive Select中的"efficiency（高效）"这个设置。如果激活了"efficiency（高效）"这个设置，那么无论驾驶员设置了别的什么内容，都会激活自适应驾驶辅助系统的高效调节程序，如图5-1-114所示。

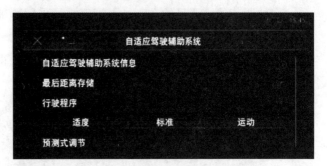

图 5-1-114

调节的一个重要参数是车辆横向加速度测量值，该值由安全气囊控制单元内的传感器来侦测。ACC控制单元根据车辆导航系统预测的道路数据中的转弯半径，来按MMI上的设置确定出横向加速度和转弯车速。调节首先是通过适配发动机扭矩来实现的，需要的话也会通过ESC实施制动，如图5-1-115所示。

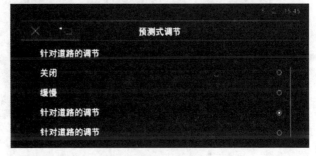

图 5-1-115

与奥迪Q7（车型4M）相比，针对道路进行调节有一个重要的功能扩展。在调节激活时，奥迪A8（车型4N）现在对停车指示牌也能做出反应，其位置是包含在预测的道路数据中的。车辆在到达指示牌前并未完全停住，而是被减速至约15km/h这样一个最低车速。这样的话，可提醒驾驶员注意道路先行权，将车辆舒缓地停在停车线处。驾驶员所实施的任何制动操作都会导致调节功能关闭。要想重新激活调节功能，需要把ACC操纵拨杆上的按键推至"Resume"位置，如图5-1-116所示。

图 5-1-116

在道路优先权是相同的十字路口或者有交通信号灯的路口，不会实施降低车速这个调节。

如果您驾车在向左、右分岔的主路上行驶，那么也会调节十字路口附近的转弯车速。

如果在已激活路径引导功能的情况下离开了主路，那么调节过程也会相应变化，如图5-1-117所示。

在下面的例子中，如图5-1-118所示，我们通过一个可能存在着的驾驶模式来展示预测式调节的典型过程。

驾驶员已在MMI上激活了"采用车速限制""智能空载滑行""针对道路进行调节"中的缓慢（langsam）。

图5-1-117

这种调节的主要目的在于：不管驾驶员采用哪种驾驶方式［Moderat（适度）、efficiency（高效）或Sportlich（运动）］，都能保证车辆的高效工作。

于是各种调节之间的过渡或者相互作用，就使得车辆特定非常和谐，就如同一个真正富有经验的老驾驶员驾车一样。

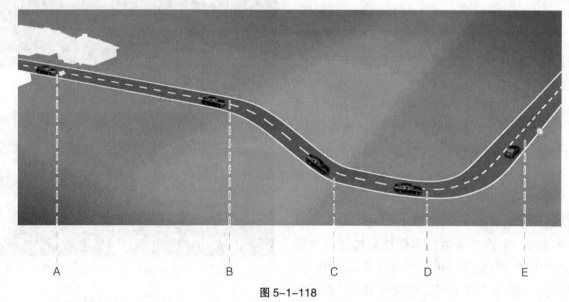

图5-1-118

A. 车辆正要驶离城镇居民点。在尚未给驾驶员提示100km/h这个新的车速限值时，ACC控制单元就从驾驶员辅助系统控制单元J1121获知马上就要驶离这个居民点了。ACC控制单元会计算出所需要的车辆加速情况并把这个信息发送给发动机控制单元，发动机控制单元会在车辆离开居民点时通过提高发动机扭矩来实现这个加速过程。

B. 车辆被加速至100km/h并以恒速在接近水平的路面上行驶。

C. 很快车辆就行驶到一个较长的下坡路段上了。ACC控制单元是通过预测的道路数据获知的这个消息，该控制单元会计算出发动机力矩需要降低多少，以便保持车速。ACC会把这个力矩降低请求发送给发动机控制单元去执行。计算时会考虑到路面倾斜度和行驶阻力，这样的话，即使在空载滑行时也能保持车速恒定。ACC随后会把空载滑行信号发送给发动机控制单元，发动机控制单元把这个任务交给变速器控制单元去执行。发动机控制单元还要决定，在空载滑行阶段，是否要关闭发动机。最常见的是在奥迪driveselect上选择了"efficiency"这个模式时会出现空载滑行。

D. 车辆导航系统的预测道路数据指出道路前面有一段弯道。ACC会根据转弯半径和MMI上设置的行驶程序和道路情况，来确定使用多大的横向加速度来驶过这个弯道。由于驾驶员在针对道路的调节这个菜单中已经选择了缓慢（langsam）这个选项，那么使用计算出的车速就能让人感觉很舒服地驶过这个弯道。由于行驶程序选择的是Moderat（适度），那么制动和随后的加速也让人感觉很舒适。相应的，ACC会在车辆进入弯道前让离合器提前接合，通过发动机运行阻力力矩来实施制动。如果这不足以使车辆达到所需要的转弯车速，那么会"委托"ESC来另外进行制动。

E. 车辆驶离弯道后，就又被加速到最高允许车速（100km/h）。前方约50m处是新的车速限制区（80km/h），因为有交通指示牌，该指示牌是由基于摄像头的交通标志识别系统侦测到的。尽管预测的道路数据允许更高的车速，但是车速会被降至80km/h，因为交通标志优先度更高。

（五）横向控制

1. 车辆横向控制的改进

自适应驾驶辅助系统的横向控制功能可在转向时帮助驾驶员，从而减轻驾驶员的负担。

横向控制是奥迪主动式车道辅助系统保持车道中间位置功能的进一步发展，这个进一步发展的重点是横向控制功能的可用性。自适应驾驶辅助系统的横向控制功能现在在一些特殊情形时仍能工作，其他奥迪车型上的奥迪主动式车道保持辅助系统在这些情形时已经停止工作了。

奥迪A8（车型4N）上市时，几乎所有其他奥迪车型上使用的奥迪主动式车道保持辅助系统，其横向控制功能仅仅是基于车道分界线。

这样的话，当车道分界线不连续或者没有车道分界线时，横向调节功能就无法工作了。另外，因道路条件或者天气原因而无法准确识别车道分界线的话，也会导致横向调节功能无法工作。

奥迪A8（车型4N）上自适应驾驶辅助系统的横向控制功能现在有所扩展，在某些情况下，即使没有车道分界线，该功能也在工作着。

（1）提高横向控制可用性的措施。

①针对静态结构和物体进行调节。

如果车道分界线终结了，但识别出前面车道上的结构或物体，那么横向控制功能可以针对这些结构或者物体做出调节。

识别出的结构或物体是否需要本车做出调节，这个由驾驶员辅助系统控制单元J1121内的软件来做决定，如图5-1-119所示。

原则上讲，对下述结构和物体，是会做出调节的：

a. 公路两旁的安全护栏；

b. 草皮；

c. 石砌路缘。

②针对前行的交通参与者进行调节。

如果车道分界线终结了，而恰在这个时刻有一辆或者多辆车在本车前面合适的距离处行驶着，那么横向控制功能仍可基于这些车辆继续工作。至于当前的交通状况是否符合这个情况，这个由驾驶员辅助系统控制单元J1121内的软件来做决定，如图5-1-120所示。

③在无中央分界线的道路上的保持车道中间位置功能。

这个图中展示的是路两边各有一条边界线的一条路，每个行驶方向都有一车道可供使用，但是

图 5-1-119

图 5-1-120

该路中央并无车道分界线。自适应驾驶辅助系统会识别出这种情形并根据自己的计算而将道路分成两个车道；自适应驾驶辅助系统会让车辆保持在右侧车道的中间位置，虽然并没有中间分界线将右侧车道与左侧对向车道分隔开。于是就在并没有实际分界线把道路分成两条车道的情况下，也实现了保持车道中间位置这个功能。通过这样的措施，横向控制功能就可在更多情形时发挥作用了（当然是与没有采用自适应驾驶辅助系统时相比较而言），如图5-1-121所示。

图 5-1-121

由于没有道路的中间分界线，因此车道偏离警告只对车辆右侧起作用。

（2）提高驶过弯道时的舒适性。

车辆在保持车道中间位置功能工作着时驶过弯道的话，以前的车辆都是在车道中间行驶的。而在奥迪A8（车型4N）的自适应驾驶辅助系统的保持车道中间位置功能上却不是这样，其规划的车道路线是稍微靠近弯道内侧一些的，因为这才接近大多数驾驶员转向时的实际情况，如图5-1-122所示。

图 5-1-122

说明：奥迪A8（车型4N）上的横向控制要想发挥作用，驾驶员也必须将手放到方向盘上。驾驶员仍需对车辆达到横向控制负全责。该系统的转向介入特性类似于转向推荐，驾驶员可随时撤销这个转向介入。

2. 功能分配和要用到的传感器

（1）自适应驾驶辅助系统有两个控制单元对实现其功能具有重要作用，这两个控制单元是车距调节控制单元J428（主控制单元）和驾驶员辅助系统控制单元J1121。

（2）车距调节控制单元J428的作用如下：

①是自适应驾驶辅助系统全部功能的主控制单元。

②是自适应驾驶辅助系统纵向控制功能的主控制单元。

③存储驾驶员所做的系统设置。

④读取正面雷达传感器的测量数据，以便用于探测车辆前部周围情况。

⑤读取激光扫描装置的测量数据，以便用于探测车辆前部周围情况。

⑥收集所有用于探测车辆周围情况的传感器的测量数据，所有这些数据被记录到一个内部卡中。

⑦执行自适应驾驶辅助系统的纵向调节。

⑧操控组合仪表和抬头显示屏上的系统显示。

⑨处理系统的各种操纵元件的信号。按键操纵信号和ACC操纵拨杆的操纵信号由控制单元J527放置到车辆的数据总线上。

（3）驾驶员辅助系统控制单元J1121的作用如下：

①是自适应驾驶辅助系统横向控制功能的主控制单元；

②读取正面摄像头R242的图像；

③根据正面摄像头图像来进行车道识别；

④根据正面摄像头图像来进行物体识别；

⑤执行自适应驾驶辅助系统的横向调节；

⑥读取前部四个超声波传感器数据（根据车辆的具体配置，前部这四个超声波传感器数据也可能由供电控制单元J519来读取，如果车上装备有类型B的驾驶员辅助系统控制单元J1121，情况就是这个样子）。

（4）传感器，如图5-1-123所示。

①自适应驾驶辅助系统必须要用到下述这些传感器：

a. 驾驶员辅助系统正面摄像头R242；

b. 车距调节控制单元J428内的雷达传感器；

c. 四个前部超声波传感器（G252~G255）；

d. 激光车距调节控制单元J1122。

②自适应驾驶辅助系统要用到下述这些传感器，但不是必须用，车上安装有才会使用：

a. 变道辅助控制单元J769和J770上的后部雷达传感器；

b. 四个侧面超声波传感器（G568、G569、G716和G717）。

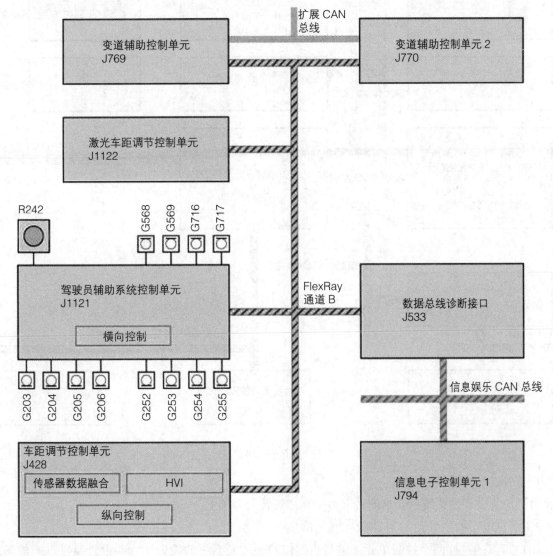

G203~G206.后部超声波传感器前部驻车　G252~G255.辅助传感器　G568、G569.前部智能泊车辅助系统传感器　G716、G717.后部智能泊车辅助系统传感器　R242.驾驶员辅助系统正面摄像头

图 5-1-123

HMI是Human Machine Interface的缩写，是人机界面的意思，顾名思义，就是驾驶员和车辆系统之间的界面。这个界面包括系统显示（系统→驾驶员），也包括系统操纵选项（驾驶员→系统）。

3. 自适应驾驶辅助系统用到的控制单元

如图5-1-124所示。

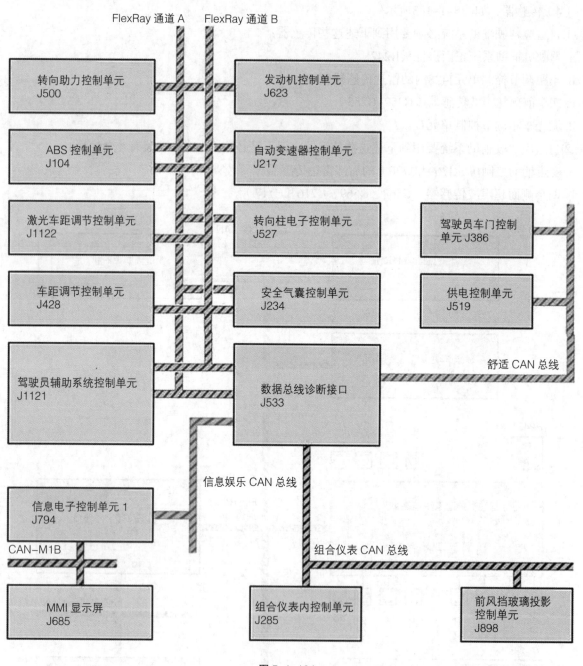

图 5-1-124

（1）转向助力控制单元J500。

将自适应驾驶辅助系统所要求的转向力矩施加到转向系统上。

（2）信息电子控制单元1 J794和MMI显示屏J685。

①用户可以通过这两个控制单元来进行自适应驾驶辅助系统的设置。这些设置通过车辆数据总线被传至驾驶员辅助系统控制单元J1121和车距调节控制单元J428，控制单元J1121和J428负责具体实施。

②将当前的用户账号放置到车辆总线系统上。自适应驾驶辅助系统在关闭点火开关时，把当前的系

统设置存储到最后使用着的那个用户账号中。

（3）发动机控制单元J623。

①发动机控制单元内的传动系协调程序接收到自适应驾驶辅助系统所要求的加速力矩。这个传动系协调程序是个重要的软件模块，它会接收到各种系统所要求的加速值并按重要性来将这些请求排序。

②通过发动机制动来帮助实现所要求的制动力矩。

（4）组合仪表内控制单元J285。

在组合仪表上显示自适应驾驶辅助系统的功能符号且在需要时显示文字提示。此外，用户可激活组合仪表上的驾驶员辅助系统显示，它是车载计算机显示的组件。

（5）ABS控制单元J104。

①将当前的车速放到FlexRay总线上。

②负责车辆的制动和停住管理。制动管理系统用于对车辆进行制动；停住管理系统用于让停住的车辆保持不动。当ESC将车辆保持不动达到3min后，电动驻车制动器就被激活了，这是为了防止制动部件过热。

（6）供电控制单元J519。

将转向灯的状态信息放置到车辆总线系统上。如果转向灯在工作，那么保持车道中间位置功能就会暂时停止工作，因为系统认为这是驾驶员有意要变换车道。

（7）自动变速器控制单元J217。

用于自适应驾驶辅助系统的纵向控制。控制单元J217根据发动机控制单元的指令执行换挡。

（8）驾驶员车门控制单元J386。

将驾驶员车门接触开关状态放置到车辆总线上。如果在自适应驾驶辅助系统工作时打开了驾驶员车门，那么出于安全考虑就会关闭自适应驾驶辅助系统。

（9）转向柱电子控制单元J527。

用于读取ACC操纵拨杆以及转向灯拨杆上的车道保持辅助按键的信息，并把这些信息放置到车辆总线上。

（10）前风挡玻璃投影控制单元J898（抬头显示）。

显示自适应驾驶辅助系统的功能符号。

（11）安全气囊控制单元J234。

将碰撞信号放置到车辆总线上，自适应驾驶辅助系统会读取这信号。如果发生了碰撞，那么就会关闭自适应驾驶辅助系统。

（六）应急辅助系统（紧急情况辅助系统）

1. 功能

（1）应急辅助系统是为驾驶员受伤的紧急情形而开发的，这时驾驶员自己已无法操控车辆了。

如果本车以非常高的车速接近前行的交通参与者，那么就会以很大的制动力去对本车实施制动。以此方式来避免发生碰撞或者减轻碰撞的严重程度。

在这种情形时，应急辅助系统负责接管车辆的纵向控制和横向控制，并能随后将车辆以受控方式在本车道制动至停住。

在应急辅助系统工作时，车上会执行一系列措施以便保护驾驶员并尽可能降低碰撞危险。

①在执行制动的过程中，会执行下述措施。

a. 接通危险警报灯，以便对其他交通参与者进行警示；

b. 在制动而使车辆停住的最后阶段将安全带完全张紧；

c. 自动关闭车窗和全景天窗。

②在车辆停住后，采取下述措施。

a. 挂入"P"挡；

b. 发出紧急呼叫；

c. 驾驶员车门开锁；

d. 接通车内灯。

如果系统在规定的时间长度内没有能识别出驾驶员的手放在方向盘上，那么应急辅助系统就认为当前是紧急情况。为了识别这种情况，就开发了一个专用的软件算法规则，这就是所谓的"脱手识别"，奥迪主动式车道保持辅助系统上已经有这个功能了。

要想实现这个脱手识别功能，就得一直在分析着转向力矩传感器的信号。软件根据这种信号的情况就能判断出驾驶员的手当前是否放在方向盘上。另一个判定驾驶员活跃程度的标准，就是看加速踏板和制动踏板的使用情况。

（2）提醒驾驶员接管车辆的驾驶。

应急辅助系统的另一个重要任务是通过各种措施来提醒表现不活跃（也就是注意力不集中）的驾驶员，去接管车辆的驾驶。

当然，也可能会是这样：驾驶员的注意力不集中，因此他虽然驾车没问题，但是并未履行这个驾驶任务。

为此，该系统在制动前以及制动过程中会执行下述内容：

①在组合仪表上显示文字提示；

②发出声音信号；

③实施制动耸车；

④实施强烈的紧急制动耸车；

⑤驾驶员安全带猛然收紧；

⑥信息娱乐系统音频输出静音。

如果驾驶员已经准备好要再次接管车辆的驾驶，那么他可以通过下述操作来表现：

驾驶员再次主动接管转向或者驾驶员踩动了制动踏板或者驾驶员踩动了加速踏板。

（3）应急辅助系统的主控制单元。

应急辅助系统的主控制单元是控制单元J1121。应急辅助系统并不需要使用某种专用的驾驶员辅助系统控制单元J1121，其基本型A0就足以满足应急辅助系统的需要了。

应急辅助系统需要使用到纵向控制，是为了能在本车快速接近前面的交通参与者时增大制动力，以便尽可能避免碰撞。在这种情况下，正面摄像头R242就取代了用于纵向控制的前部雷达传感器（车距调节控制单元J428）和激光扫描装置（激光车距调节控制单元J1122）。

在奥迪A8（车型4N）上，并不需要应急辅助系统必须与其他驾驶员辅助系统相连。如果车上未装备有自适应驾驶辅助系统，那么车辆的纵向控制就由正面摄像头R242来执行。

（4）与奥迪Q2（车型GA）上应急辅助系统的区别。

德国奥迪公司最早是在2016年把应急辅助系统用在了Q2（车型GA）上。

其目的与奥迪A8（车型4N）上是一样的，但是工作时有一些区别。

两种系统最主要区别如表5-1-4所示。

表 5-1-4

奥迪 Q2（车型 GA）上的应急辅助系统	奥迪 A8（车型 4N）上的应急辅助系统
要想使用应急辅助系统，车上必须装备有奥迪主动式车道保持辅助系统和 ACC	要想使用应急辅助系统，车上不需要有用于纵向控制和横向控制的驾驶员辅助系统。具体说，就是应急辅助系统的工作不需要有自适应驾驶辅助系统这个先决条件
只有在奥迪主动式车道保持辅助系统或者堵车辅助系统已激活时，才会激活应急辅助系统	不论各驾驶员辅助系统激活与否，均可激活应急辅助系统
要想激活应急辅助系统，必须通过 ACC 操纵拨杆将 ACC 置于"接通"状态	要想激活应急辅助系统，并不需要车上有自适应驾驶辅助系统。使用应急辅助系统，有正面摄像头 R242 就足够了
用户无法将应急辅助系统永久关闭	用户可在应急辅助系统界面选项"Individual"（个性化）中永久关闭应急辅助系统
通过 ACC 对车辆进行制动	通过发动机控制单元内的传动系协调程序对车辆进行制动
不通过驾驶员安全带的张紧来提醒驾驶员接管转向	驾驶员安全带多次短时张紧，以提醒驾驶员接管车辆。此外，把车辆制动至停住，驾驶员安全带会完全张紧
应急辅助系统的主控制单元是驾驶员辅助系统正面摄像头 R242	应急辅助系统的主控制单元是驾驶员辅助系统控制单元 J1121
出于技术原因，在车辆停住时车辆不会开锁	在车辆停住时车辆会开锁
出于技术原因，在车辆停住时车内灯不会接通	在车辆停住时车内灯会接通
在车辆停住时，因车辆不工作而不会发出紧急呼叫	在车辆停住时，会发出紧急呼叫
应急辅助系统在每个端子 15 循环中，只能激活一次	应急系统在每个端子 15 循环中，能激活多次
系统需要约 10s 才能识别驾驶员的手没放在方向盘上	根据车速情况，系统需要约 5s 和 8s 才能识别驾驶员的手没放在方向盘上

2. 应急辅助功能工作时的时间流程

为了能更清楚地说明应急辅助功能各不同阶段的时间流程，我们这里按照两个特别具体的行驶情形来讲述。

示例1：

在奥迪A8（车型4N）上，应急辅助系统已接通，车辆以100km/h的车速在行驶着。驾驶员在手动操纵车辆。能对车辆的纵向控制和横向控制施加影响的驾驶员辅助系统当前都未激活。

阶段0：驾驶员在操纵着车辆，在主动地进行转向动作并操纵加速踏板和制动踏板。

阶段1：驾驶员将手移离方向盘，既未操纵加速踏板也未操纵制动踏板。

阶段2：应急辅助系统判定"驾驶员处于不活跃状态"，于是应急辅助系统就激活了。它采取的第一个措施就是激活车辆的横向控制功能，目的是防止本车离开自己的车道。为此，该系统激活了横向控制功能的"晚"这个转向时刻。在阶段2开始时，也会监控本车与前面交通参与者的车距。

如果下述事件中的某个发生的话，阶段3就开始了：横向控制首次介入（转向时刻"晚"）或确定出

"驾驶员处于不活跃状态"已持续至少30s。或因前车原因已实施了制动介入。

阶段3：组合仪表上会出现文字提示"应急辅助系统：识别出驾驶员活跃度差"。横向控制功能从"晚"模式切换为"早"模式（保持车道中间位置功能）。此外，会开始以0.3m/s²的减速度对车辆实施制动。如果识别出有与前面的交通参与者有碰撞的危险，会增大制动力对车辆进行制动。根据车速情况，阶段3持续7~10s。

阶段4：车辆减速度这时提高到1.0m/s²，音频输出被切断（就是静音了）。会出现文字提示"应急辅助系统：请接管车辆控制"，还会有声音信号以及制动耸车和安全带短时张紧来提醒驾驶员去再次接管车辆。根据车速情况，阶段4持续5~8s。

阶段5：之后若是驾驶员的这种不活跃状况仍继续存在，那么系统就会开始以2.5m/s²的减速度对车辆进行制动以便将车停住。如果识别出有碰撞的危险，减速度会被提高到3.5m/s²。

通过警报音和明显的紧急制动耸车来强化提醒驾驶员去接管车辆。在制动到车停住这个过程中一直有制动耸车，并会让驾驶员安全带完全张紧。另外，危险警报灯被激活，以便提醒周围的交通参与者注意这种紧急情况。出于安全考虑，车门玻璃和天窗也会被关闭。组合仪表上会出现文字提示"应急辅助系统：正在执行自动紧急停车"。

阶段6：在车辆被制动到停住后，就挂入挡位P并拉紧电动机械式驻车制动器。制动5s后中央门锁会开锁，车内灯会接通。在车辆停住15s后会发出紧急呼叫。

应急辅助系统的激活条件：

①在"手动行车"情况下，应急辅助系统只有在车速高于55km/h时才能被激活。在超过了55km/h这个车速限值后的20s时，应急辅助系统就会被激活。

②必须能识别出车道分界线。

③在操纵了转向灯后，应急辅助系统最快在15s后才能被激活。

④如果刚好是从辅助驾驶切换为手动驾驶，那么应急辅助系统最快在切换后20s才能被激活。

⑤在应急辅助系统从状态"工作"切换为状态"不工作"时，那么应急辅助系统最快在切换后20s才能被激活。

3. 在辅助系统未激活的情况下行车时应急辅助功能的时间流程

如图5-1-125所示。

（1）没有装备自适应驾驶辅助系统或者自适应驾驶辅助系统已关闭。

（2）应急辅助系统在驾驶员辅助系统的操作界面（Profifilemaster）中是在"接通"状态。

示例2：

在奥迪A8（车型4N）上，应急辅助系统已接通，车辆以100km/h的车速在行驶着。驾驶员已激活自适应驾驶辅助系统，该系统会接管车辆的纵向控制和横向控制。

虽然横向控制功能已被激活，但是驾驶员的手必须放在方向盘上，直至时刻 $t=0s$ 也是这样。

阶段0：驾驶员在自适应驾驶辅助系统已激活时开车行驶，驾驶员的手放在方向盘上。

阶段1：驾驶员将手移离方向盘且随后表现得比较被动（就是不太主动操控车辆）。

阶段2：自适应驾驶辅助系统识别出驾驶员的手已经不在方向盘上了，并在组合仪表上显示文字提示"自适应驾驶辅助系统：识别出驾驶员活跃度差"。在出现该文字提示的15s后，会发出警报音，稍后会继续发出5次警报音。

阶段3：紧急辅助系统被激活，并立即以1.0m/s²的减速度对车辆进行制动。与此同时，自适应驾驶辅助系统被关闭。组合仪表上会出现文字提示"应急辅助系统：请接管车辆控制"。还会有声音信号以及制动耸车和安全带短时张紧来提醒驾驶员去再次接管车辆。另外音频输出静音。

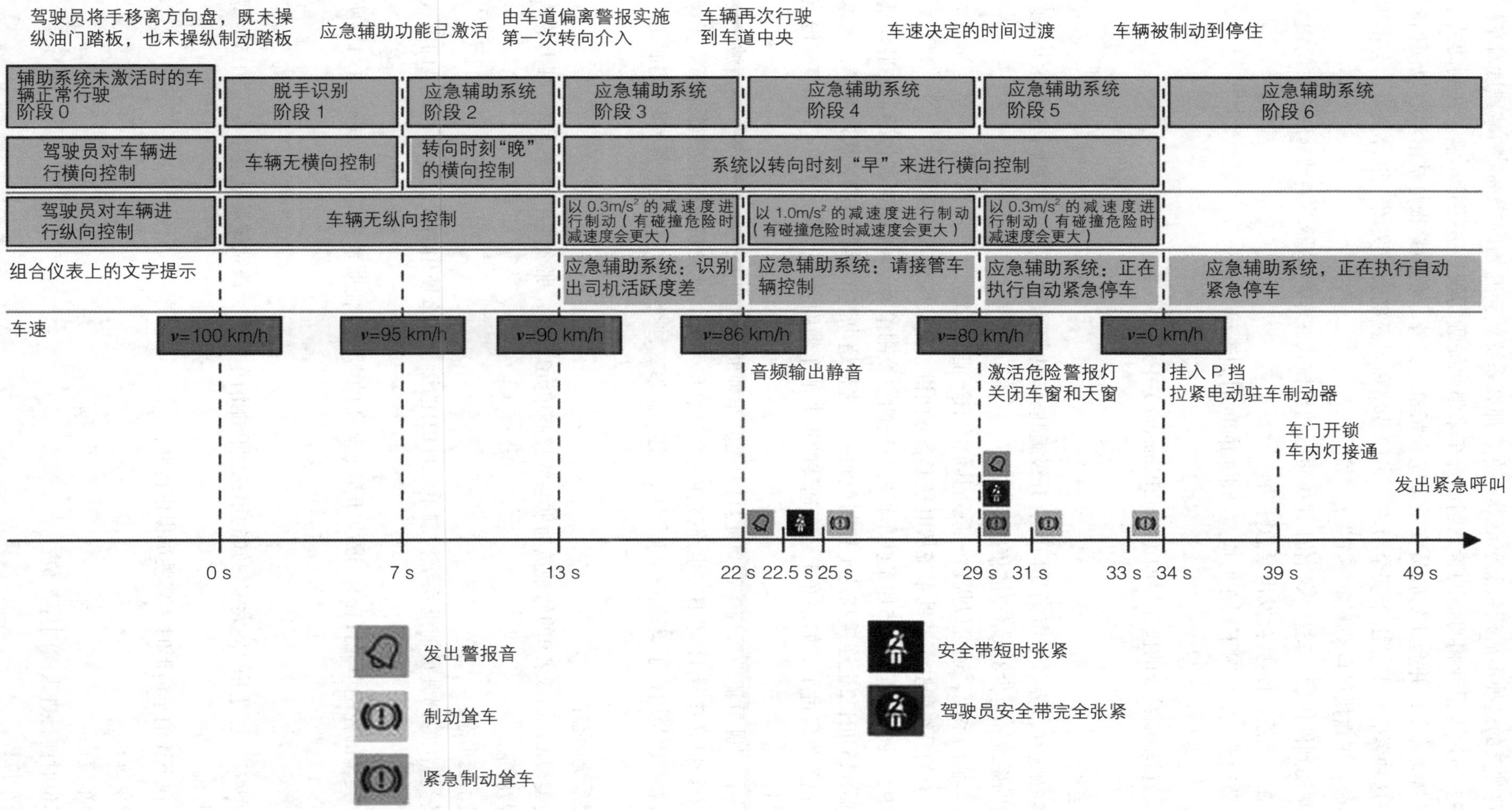

图 5-1-125

辅助系统正常行驶 阶段 0：驾驶员将手移离方向盘，既未操纵油门踏板，也未操纵纵向制动踏板

应急辅助系统 阶段 1：脱手识别

应急辅助系统 阶段 2：转向时刻"晚"的横向控制

应急辅助系统 阶段 3

应急辅助系统 阶段 4：系统以转向时刻"早"来进行横向控制

应急辅助系统 阶段 5

应急辅助系统 阶段 6

辅助功能已激活 由车道偏离警报实施 车道偏离警报实施 车辆再次行驶 车速决定的时间过渡 车辆被制动到停住
第一次转向介入 到车道中央

| 车辆无横向控制 | | 驾驶员对车辆进行横向控制 |
| 车辆无纵向控制 | | 驾驶员对车辆进行纵向控制 |

以 0.3m/s² 的减速度进行制动（有碰撞危险时减速度会更大）

以 1.0m/s² 的减速度进行制动（有碰撞危险时减速度会更大）

以 0.3m/s² 的减速度进行制动（有碰撞危险时减速度会更大）

应急辅助系统：出司机活跃度差 应急辅助系统：识别车辆活跃度差 应急辅助系统：请接管车 应急辅助系统：正在执行自动紧急停车 应急辅助系统，正在执行自动紧急停车

组合仪表上的文字提示

车速 v=100 km/h v=95 km/h v=90 km/h v=86 km/h v=80 km/h v=0 km/h

0 s   7 s   13 s   22.5 s   22.5 s 25 s   29 s 31 s 33 s 34 s   39 s   49 s

发出警报音
制动驻车
紧急制动驻车

音频输出静音

激活危险警报灯
关闭车窗和天窗

安全带短时张紧
驾驶员安全带完全张紧

挂入 P 挡
拉紧电动驻车制动器

车门开锁
车内灯闪接通

发出紧急呼叫

阶段4：之后若是驾驶员的这种不活跃状况仍继续存在，那么系统就会开始以3.5m/s²的减速度对车辆进行制动以便将车停住。通过警报音和明显的紧急制动耸车来强化提醒驾驶员去接管车辆。在制动到车停住这个过程中一直有制动耸车，并会让驾驶员安全带完全张紧。另外，危险警报灯被激活，以便提醒周围的交通参与者注意这种紧急情况。出于安全考虑，车门玻璃和天窗也会被关闭。组合仪表上会出现文字提示"应急辅助系统：正在执行自动紧急停车"。

阶段5：在车辆被制动到停住后，就挂入挡位P并拉紧电动机械式驻车制动器。制动5s后中央门锁会开锁，车内灯会接通。在车辆停住15s后会发出紧急呼叫。

4.使用自适应驾驶辅助系统的情况下行车时应急辅助功能的时间流程

如图5-1-126所示。

应急辅助系统在驾驶员辅助系统的操作界面（Profifilemaster）中是在"接通"状态。

（七）驻车系统

1.升级版驻车辅助系统

这款奥迪A8（车型4N）在世界各个市场都标配有升级版驻车辅助系统，就是说，每辆奥迪A8上都必有声音和视觉式驻车辅助系统和至少8个超声波传感器。

基于这种升级版驻车辅助系统，还可以提供一系列其他的泊车辅助系统。

奥迪A8（车型4N）上的升级版驻车辅助系统从电气形态方面讲，分成两种不同类型：

（1）第一种类型中，供电控制单元J519是驻车辅助系统的主控制单元。8个超声波传感器和驻车辅助系统的2个警报蜂鸣器H15和H22也连接在这个控制单元上。这种超声波传感器是第五代产品了，大家在别的型号的奥迪车上已经见识过了。如果车上还有选装的奥迪泊车辅助系统，那么还有4个超声波传感器连接在供电控制单元上。

（2）第二种类型中，驾驶员辅助系统控制单元J1121是驻车辅助系统的主控制单元。8个超声波传感器和驻车辅助系统的2个警报蜂鸣器H15和H22也连接在这个控制单元上。这种超声波传感器是第六代产品了，奥迪公司该传感器首次是用在了奥迪A8（车型4N）上。在第二种类型中，总是装备有4个侧面超声波传感器。

第一种类型的电气系统形态：

如果车上安装的是类型A0、A或者B的驾驶员辅助系统控制单元J1121，那么使用的就是第一种类型的电气形态，如图5-1-127所示。

第二种类型的电气系统形态：

如果车上安装的是类型C的驾驶员辅助系统控制单元J1121的话，那么使用的就是第二种类型的电气形态。

车上到底安装哪个类型的控制单元J1121，取决于车上装备的驾驶员辅助系统情况，如图5-1-128所示。

2.泊车辅助系统

（1）奥迪A8（车型4N）上使用的是大家熟知的第三代智能泊车系统，该系统最早是用在了2015年型的奥迪Q7（车型4M）上。

智能泊车辅助系统在下述泊车情形时为驾驶员提供帮助：

①倒车进入纵向停车位；

②前行退出纵向停车位；

③未驶过横向停车位时前行进入横向停车位；

④倒车进入横向停车位；

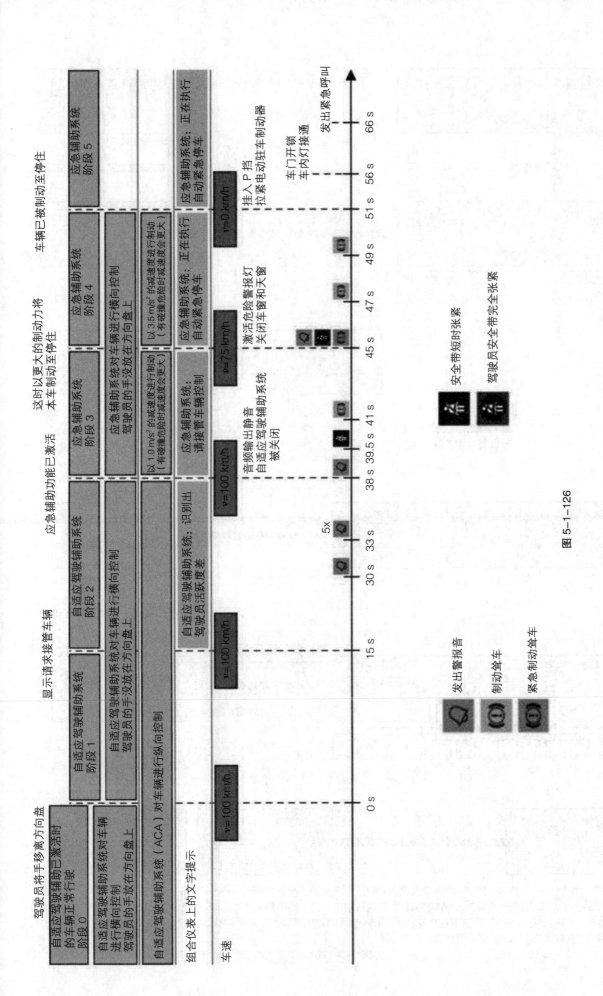

图 5-1-126

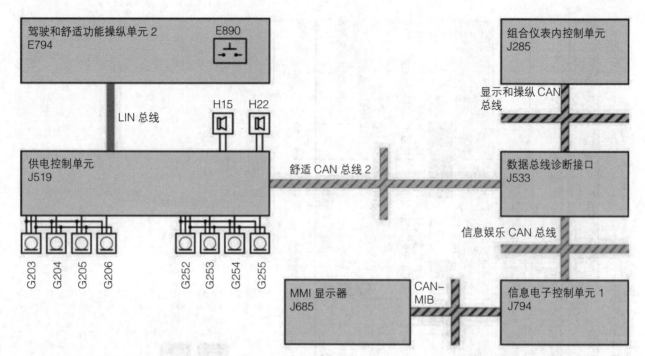

E890.智能泊车系统按键　G203.左后驻车辅助传感器　G204.左后中间驻车辅助传感器　G205.右后中间驻车辅助传感器　G206.右后驻车辅助传感器　G252.右前驻车辅助传感器　G253.右前中间驻车辅助传感器　G254.左前中间驻车辅助传感器　G255.左前驻车辅助传感器　H15.后部驻车辅助警报蜂鸣器　H22.前部驻车辅助警报蜂鸣器

图 5-1-127

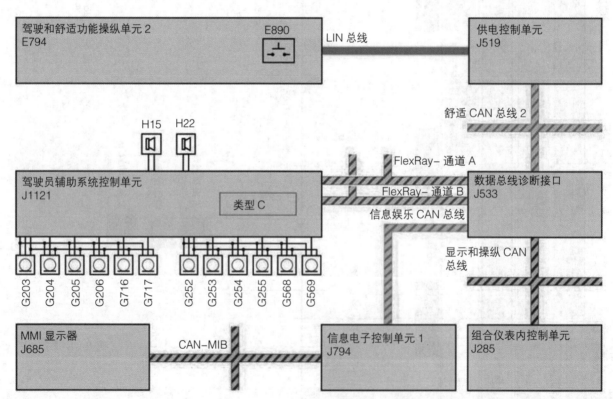

E890.智能泊车系统按键　G203.左侧驻车辅助传感器　G204.左后中间驻车辅助传感器　G205.右后中间驻车辅助传感器　G206.右后驻车辅助传感器　G253.右前中间驻车辅助传感器　G254.左前中间驻车辅助传感器　G255.左前驻车辅助传感器　G568.智能泊车左前传感器，车辆左侧　G569.智能泊车右前传感器，车辆右侧　G716.智能泊车左后传感器　G717.智能泊车右后传感器　H15.后部驻车辅助警报蜂鸣器　H22.前部驻车辅助警报蜂鸣器

图 5-1-128

⑤在先驶过横向停车位后前行进入横向停车位。

（2）奥迪A8（车型4N）上智能泊车辅助系统的电气系统形态。

奥迪A8（车型4N）上的智能泊车辅助系统的主控制单元始终都是供电控制单元J519，泊车辅助系统的所有执行元件和传感器都连接在该控制单元，如图5-1-129所示。

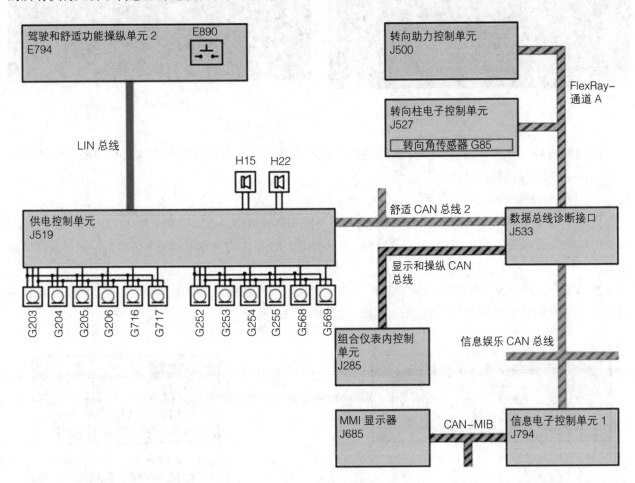

E890智能泊车系统按键　G203左侧驻车辅助传感器　G204左后中间驻车辅助传感器　G205右后中间驻车辅助传感器　G206右后驻车辅助传感器　G252右前驻车辅助传感器　G253右前中间驻车辅助传感器　G254左前中间驻车辅助传感器G255左前驻车辅助传感器　G568智能泊车左前传感器，车辆左侧　G569智能泊车右前传感器，车辆右侧　G716智能泊车左后传感器　G717智能泊车右后传感器　H15后部驻车辅助警报蜂鸣器　H22前部驻车辅助警报蜂鸣器

图 5-1-129

（3）激活智能泊车辅助系统。

在奥迪A8（车型4N）上有两种方式可激活泊车辅助系统。

①操纵下面触屏上的泊车辅助系统按键，如图5-1-130所示。

②另一种方式是在驻车辅助系统工作时激活泊车辅助系统。MMI显示屏J685的右侧的驻车辅助系统显示中下边缘有一个虚拟工具条（按键条）。

如果车上装备有泊车辅助系统，那么在这个工具条上就会有一个转向辅助按键，通过这个按键就可以激活泊车辅助系统，如图5-1-131所示，圈内的按键。

3. 倒车摄像头

奥迪A8（车型4N）上可选装大家熟知的倒车摄像头。该摄像头是所谓的微型摄像头，摄像头与控制单元集成在一个部件上了。

图 5-1-130

图 5-1-131

使用奥迪A8（车型4N）上的基于视频的泊车辅助系统，用户可以在倒车摄像头和周围环境摄像头（TopView）两者中进行选择。

（1）倒车摄像头系统的电气形态。

奥迪A8（车型4N）上的倒车摄像头是少数几个不使用驾驶员辅助系统控制单元J1121的系统之一。摄像头广角图像的修正、摄像头的校准以及摄像头上的辅助线投射，均由专用的倒车摄像头控制单元J772来完成。

倒车摄像头的图像经屏蔽的FBAS线直接被送至信息电子控制单元1 J794，图像从这里再经两根屏蔽LVDS线传至MMI显示器J685，从而显示出图像，如图5-1-132所示。

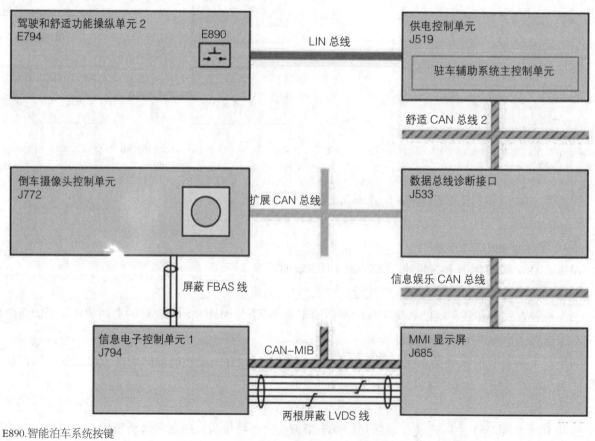

E890.智能泊车系统按键

图 5-1-132

（2）系统激活。

通过激活驻车辅助系统来激活倒车摄像头。驻车辅助系统可以通过挂入倒挡、操纵中控台上的泊车辅助系统按键E890或者通过系统自动激活来激活，如图5-1-133所示。

（3）喷嘴。

由于倒车摄像头是安装在行李箱盖上的，因此在某些环境中很容易变脏。因此奥迪A8（车型4N）上配备了一个喷嘴，用于清洁倒车摄像头，如图5-1-134所示。

（4）清洁摄像头镜头。

通过短时激活喷嘴来清洁摄像头镜头可通过两种方式来执行。

①由驾驶员来激活清洁。

可由驾驶员在驻车辅助的设置菜单中来激活摄像头镜头的清洁工作循环，为此需要选择"清洁倒车摄像头"这个菜单项。

②由倒车摄像头来激活清洁。

如果倒车摄像头控制单元在分析摄像头图像后判定镜头变脏了，那么就会激活清洁工作循环。

（5）校准。

奥迪A8（车型4N）上的倒车摄像头用大家熟知的专用工具VAS6350（校准板）来校准，如图5-1-135所示。

4.第三代周围环境摄像头

周围环境摄像头在奥迪A8（车型4N）也是选装装备，该摄像头在泊车和调头时可为用户提供车辆周围情况的各种视角，很有帮助作用。

另外，还能为用户提供一个俯瞰车辆的视角。这个俯视图像是由4个周围环境摄像头的各个图像生成的。

（1）第三代周围环境摄像头的改进，如图5-1-136所示。

①以前的周围环境摄像头有自己专用的控制单元（周围摄像头控制单元J928），而在奥迪A8（车型4N）上则是由驾驶员辅助系统控制单元J1121来承担这个工作。这就是说：所有的周围环境摄像头的图像都经屏蔽的LVDS线直接被传至新控制单元J1121。周围环境摄像头需要使用类型C的控制单元J1121。

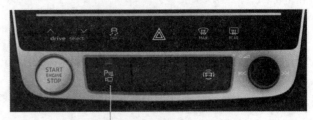

泊车辅助系统按键E890

图 5-1-133

图 5-1-134

图 5-1-135

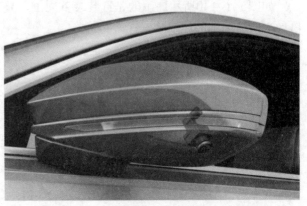

图 5-1-136

②另外，驾驶员辅助系统控制单元J1121有一个图像处理软件，该软件会在周围环境摄像头的图像上搜寻物体，在技术许可的范围内会确定出识别出的物体的高度、长度和宽度。如果物体是静态的，那么只有在车辆行驶中才可能这样做。这样就是在不同位置观察物体，也就能获取三维图像。

③为了扩大周围环境摄像头的探测范围，摄像头在车外后视镜上的安装位置有变化。奥迪A8（车型4N）上的周围环境摄像头在车外后视镜上更靠外，不再垂直向下"看"，而是向外倾斜。这样的话就扩大了侧面的探测范围，也就能更好地侦测车辆周围情况了。

说明：尽管有这么多改进处，也仅可显示出高至摄像头安装高度的障碍物。

④这种第三代周围环境摄像头，还有两个二维车辆视图可供用户使用，如图5-1-137所示。同时看到左前轮和右前轮及同时看到左后轮和右后轮。

⑤这种第三代周围环境摄像头首次可为用户提供一个三维车辆视图，如图5-1-138所示。车辆视角不是由系统预先设定好的，而是可由用户在触屏上来选择。

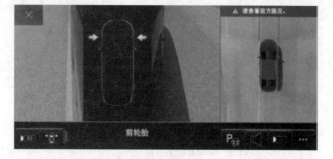

图 5-1-137

另外，可在两种不同的预定视角之间进行选择，这需要通过工具栏上的虚拟按键来完成。

（2）校准。

第三代周围环境摄像头使用大家熟知的专用工具VAS721001来校准。具体来说就是两块长约8m的校准地毯，与车辆呈平行摆放。这个专用工具也用于校准第二代周围环境摄像头。

图 5-1-138

在按维修手册摆正了校准地毯后，就可以按照诊断仪中的校准步骤去进行校准工作了。校准过程只需数秒钟即可完成。

由于这个地毯的长度和摆正形态，每块地毯都可同时被3个周围环境摄像头看到。根据车辆具体哪侧，会是左或右侧侧面摄像头和前、后两个摄像头。因此，在摆正这两块校准地毯后，可以一次就把这4个摄像头就都校准了，如图5-1-139所示。

（3）智能泊车辅助系统的电气形态。

如图5-1-140所示展示的是选装装备周围环境摄像头所要用到的控制单元。

（4）控制单元及其功能。

①驾驶员辅助系统控制单元J1121。

a. 是周围环境摄像头的主控制单元。

图 5-1-139

b. 读取4个周围环境摄像头的图像。

c. 按照驾驶员所需视角从周围环境摄像头提供的4个图像中生成一个车辆视图。

d. 也是驻车辅助系统的主控制单元，其系统状态"接通"或者"关闭"也适用于周围环境摄像头。

e. 包含有周围环境摄像头的校准软件。

f. 把想要显示的图像经LVDS线传至控制单元J794。

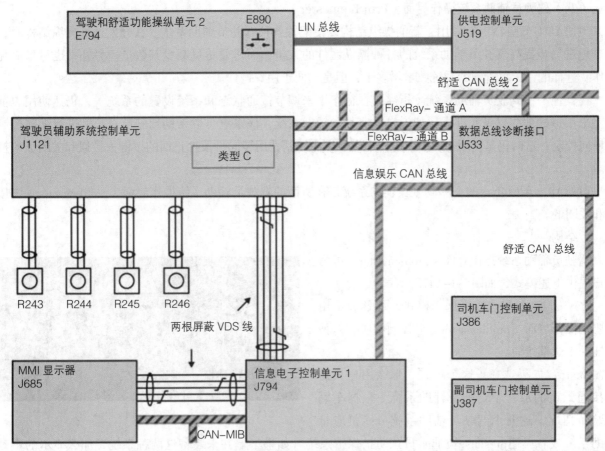

E890.智能泊车系统按键　R243.前部周围环境摄像头　R244.左侧周围环境摄像头　R245.右侧周围环境摄像头　R246.后部周围环境摄像头

图 5-1-140

②供电控制单元J519。

a. 通过LIN总线读取泊车辅助系统按键E890的操纵情况。通过该按键可激活驻车辅助系统以及周围环境摄像头。

b. 将这信息放置到舒适CAN总线2上以供控制单元J1121使用。

③驾驶和舒适功能操纵单元2 E794。

读取泊车辅助系统按键E890的操纵情况，并通过LIN总线将这个信息传至供电控制单元。

④驾驶员和副驾驶员车门控制单元J386和J387。

将驾驶员车门和副驾驶员车门各自的车门状态"车门已打开"/"车门已关闭"以及两个车外后视镜状态"后视镜已收折"/"后视镜已展开"放置到舒适CAN总线上。该信息对于控制单元J1121来说非常重要，因为如果在车外后视没有完全展开以及驾驶员车门和副驾驶员车门打开的情况下，相应侧的摄像头是无法提供正确的图像的。

⑤信息电子控制单元1 J794接收来自控制单元J1121的将要显示的图像。

a. 把来自周围环境摄像头的想要显示的图像传至MMI显示器J685。

b. 将MMI显示器上接收到的与功能相关的操作发送给控制单元J1121。

⑥MMI显示器J685。

a. 为驾驶员显示所选择的车辆视图。

b. 通过MMI显示器的触屏来获知并转达与功能相关的系统设置的改变。

（八）驾驶员辅助系统操作界面（Profifilemaster）

奥迪A8（车型4N）上采用了新的操纵结构以便配置各种驾驶员辅助系统。在开发这种操纵结构时，不是想进一步提高驾驶员辅助系统的各种操纵元件的数量，而是要尽量减少其数量。另外，也尽量简化操作。这样的话，尽管辅助系统数量增多了，但是仍便于用户操作。

在其他一些驾驶员辅助系统（指需要在行车中来调节接通状态和系统设置的系统），仍然使用以前成功采用过的那些操纵元件。比如说自适应驾驶辅助系统，该系统可以帮助驾驶员对车辆进行纵向控制和横向控制，这时仍是使用ACC操纵拨杆来调节纵向控制，用转向灯拨杆正面的按键去接通和关闭纵向控制。

奥迪A8（车型4N）的一些驾驶员辅助系统是在所谓的驾驶员辅助系统操作界面（profilemaster）中接通和关闭的。

1. 结构

驾驶员辅助系统操作界面（profilemaster）可为用户提供下述模式，如图5-1-141所示。

Maximal：如果选择了这个模式，那就表示用户要把操作界面（profilemaster）上控制的所有驾驶员辅助系统都接通。

Basic：如果选择了这个模式，那么用户只是想接通默认的那几个驾驶员辅助系统。根据车辆的装备情况，这几个驾驶员辅助系统可能是应急

图 5-1-141

辅助系统或者奥迪presense奥迪乘员预防护保护系统。如果车上并未装备这两种系统，那么显示的不是"Basic"，而是"Alloff"。

Individual：如果选择了这个模式，那么用户可自行确定需要接通哪个驾驶员辅助系统或者关闭哪个驾驶员辅助系统。具体来说是按照操作界面（profilemaster）上控制的所有驾驶员辅助系统的一个列表来进行设置的。用户可以通过带笔的书写纸符号来进入这个列表，该符号位于"Individual"模式的右侧。

（1）模式的选择。

可以通过触碰相应的模式名称来选择想要的模式。另一个选择方式是单次或者多次按压驾驶员辅助系统按键。

每次按压就会选择下一个模式。

（2）操作界面（profilemaster）上控制的所有驾驶员辅助系统一览。

①变道警报；

②下车警报；

③横向辅助；

④应急辅助；

⑤夜视辅助；

⑥车距警报；

⑦休息建议；

⑧奥迪presense奥迪预防式安全系统。

（3）操作界面（profilemaster）上不负责控制的所有驾驶员辅助系统一览。

①基本型远光灯辅助系统或者矩阵式LED远光灯辅助系统。

通过相应的MMI菜单在菜单项"外部照明"下来接通或者关闭。

②自适应驾驶辅助系统。

通过自适应驾驶辅助系统操控拨杆（ACC操控拨杆来接通和关闭）。

③保持车道中间位置功能（车道辅助系统）。

通过转向灯拨杆正面的按键来接通和关闭。

④升级版驻车辅助系统。

通过泊车辅助系统按键E890或者触屏下方的驻车辅助系统符号来接通和关闭。

⑤倒车摄像头。

倒车摄像头的接通状态与升级版驻车辅助系统是相同的。用户可以选择在驻车辅助系统激活时显示图像还是图标。

⑥周围环境摄像头。

通过升级版驻车辅助系统来接通和关闭。用户可以设定在驻车辅助系统激活时显示图像还是图标。

⑦泊车辅助系统。

通过触屏下方的泊车辅助系统按键来接通和关闭。如果驻车辅助系统已激活的话，也可通过MMI显示器上的泊车辅助系统按键来接通和关闭。

⑧基于摄像头的交通标志识别系统。

基于摄像头的交通标志识别系统在点火开关接通时才会工作。用户可以选择如何显示交通标志识别。

⑨车道偏离警报。

通过触屏下方一个专用的按键来接通和关闭。

⑩后部横向交通辅助。

通过驻车辅助设置菜单来接通和关闭。

⑪定速巡航和车速限制。

通过定速巡航操控拨杆来接通和关闭。

（4）驾驶员辅助系统操作界面（profilemaster）的主控制单元。

驾驶员辅助系统操作界面（profilemaster）的主控制单元是驾驶员辅助系统控制单元J1121。

说明：奥迪presense奥迪预防式安全系统的关闭只能持续一个15号端子循环，下次接通点火开关时，该系统就又接通了。

2.操纵结构

（1）在模式"Individual"接通时驾驶员辅助系统的MMI显示。

如图5-1-142所示，它展示的是安装在具体车上且可在操作界面（profilemaster）上控制的驾驶员辅助系统列表。屏幕右边缘的滚动条标识，现在能看到的只是可用的辅助系统的一部分。

如果滑动开关处于右侧终点位置，那就表示该系统已经接通了，这时滑动开关是红色的；如果滑动开关处于左侧终点位置，那就表示该系统已经关闭了，这时滑动开关是灰色的。

通过位于右侧的驾驶员辅助系统滑动开关，就可以设定相应系统的接通状态。

在奥迪A8（车型4N）上有个新特点，就是可以显示简短的文字以便解释各个驾驶员辅助系统的功能。可以通过符号i来看这些解释内容，该符号表示信息。

图5-1-142

如图5-1-143所示，显示的是横向辅助系统的解释文字。

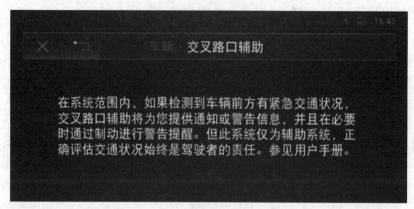

图 5-1-143

（2）调用驾驶员辅助系统操作界面（profilemaster）。

用户可以通过两种不同方式来显示出驾驶员辅助系统操作界面（profilemaster）。

①操纵模式样板按键，该按键位于中控台的开关面板上。在售后服务中，模式样板按键被称作驾驶员辅助系统按键E617。

按键所在的开关面板在售后服务中被称作驾驶和舒适功能操纵单元2 E794，如图5-1-144所示。

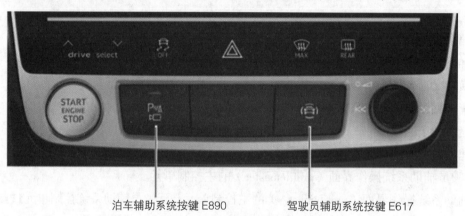

泊车辅助系统按键 E890　　　　　　驾驶员辅助系统按键 E617

图 5-1-144

②通过触碰屏幕左边缘上方的Home按键，以便进入信息娱乐系统主页。

显示屏上现在显示系统的基本功能。这时必须选择基本功"Fahrzeug"（车辆），于是进入下个显示界面，如图5-1-145所示。

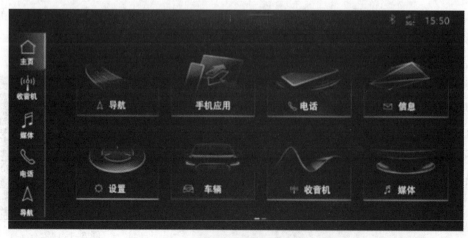

图 5-1-145

这个显示界面显示的就是基本功能"Fahrzeug"（车辆）这个菜单项。

用户现在选择"Fahrerassistenz"（驾驶员辅助系统），也能进入驾驶员辅助系统操作界面（profilemaster）的起始页，如图5-1-146所示。

图 5-1-146

3. 系统设置

在讲述完各种驾驶员辅助系统的接通和关闭方法后，现在我们该讲讲在哪里进行系统设置了。

操作界面（profilemaster）本身在关闭了点火开关后，总是存储上次使用的模式。具体来说就是模式"Basic"或者"Maximal"或者"Individual"，以及当前的接通状态。

除了接通状态外，几乎每个驾驶员辅助系统都还有各种设置，用于对于相应系统进行配置。在关闭了点火开关后，已经选定的设置会作为个性化内容存储起来。系统设置存储在相应系统的主控制单元内。

要想进入系统设置，必须先触碰显示屏右上方的齿轮符号。随后就会显示出车上所有驾驶员辅助系统的一个列表，对这些系统均可设置。所有驾驶员辅助系统均如此，不论是否使用操作界面（profilemaster），如图5-1-147所示。

齿轮符号，用于激活系统设置

图 5-1-147

为了进一步进行说明，我们在这里选择了车速警报来作为示例。在选择了驾驶员辅助系统的列表中的"车速限制"这个菜单项后，会显示下述内容。

在这个显示界面中，用户可以设定车速警报的警报限值了。另外，还可以设定基于摄像头的交通标志的车速警报的偏离量，如图5-1-148所示。

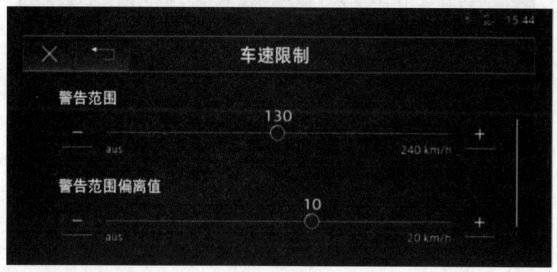

图 5-1-148

（九）矩阵式LED远光灯辅助系统，第二代

奥迪A8（车型4N）上可提供3种不同的大灯。

所有这3种大灯都是用LED来发光的。奥迪A8（车型4N）上不再提供氙灯大灯了。

这3种大灯是以下这些：

①LED大灯；

②矩阵式LED大灯；

③带有激光远光灯的矩阵式LED大灯。

奥迪A8（车型4N）上这3种不同的大灯都配备有远光灯辅助系统。LED大灯在世界各个市场都标配有基本型的远光灯辅助系统，该基本型的远光灯辅助系统只有两种不同状态："远光灯接通"和"远光灯关闭"。

远光灯的光束分为几个扇段，这些扇段的亮起情况可单独控制。如果系统识别出对向车道或者本车前面有其他交通参与者，就会只让能导致当前交通参与者炫目的远光灯扇段变暗。识别其他交通参与者的工作是通过驾驶员辅助系统控制单元J1121内的正面摄像头图像来完成的。

有和没有激光远光灯的矩阵式LED大灯配备的远光灯辅助系统在技术上更复杂些。

（1）第一代和第二代矩阵式LED远光灯辅助系统的区别。

奥迪A8（车型4N）上使用的是德国奥迪公司的第二代远光灯辅助系统。

该系统是在第一代的基础上进一步开发的，在2013年首次用于奥迪A8（车型4H）的产品升级上了。

第一代和第二代远光灯辅助系统的主要区别如下：

①远光灯光束由可单独控制和变暗的远光灯扇段构成；

②矩阵式LED远光灯辅助系统的主控制单元是新的驾驶员辅助系统控制单元J1121；

③远光灯辅助系统还可配备激光灯。

（2）第一代和第二代远光灯辅助系统的详细区别，如表5-1-5所示。

表 5-1-5

	第一代	第二代
主控制单元	大灯照程调节控制单元 J431	驾驶员辅助系统控制单元 J1121
远光灯核心区的分配	2×25 个灯光扇段	2×2×16 个灯光扇段
辅助扇段	无辅助扇段	远光灯光束的边缘有 3 个辅助扇段
中央光束	无	有个中央光束，它向前照得更远
激光灯	不提供	中央光束可配备激光灯或者 LED 灯

（3）远光灯的光束锥的划分。

第二代系统上的整个远光灯的光束锥可分成5个部分，如图5-1-149所示。

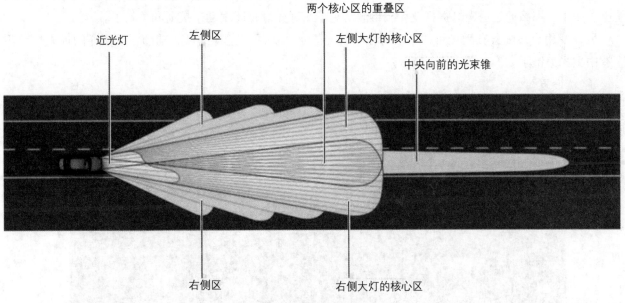

图 5-1-149

①左侧大灯的核心区。

左侧大灯的核心区可再细分为一个下部区，有16个扇段；一个上部区，也有16个扇段。由于上部区和下部区直接彼此重叠，因此这两个区在二维图中看不出是两个不同的区，看起来就是一个区。

每个单独扇段需要一个LED来照明。因此，左侧大灯核心区总共需要32个LED。

②远光灯的左侧区。

该区由3个扇段构成，左侧大灯上每个单独扇段各需要一个LED来照明。

③远光灯的右侧区。

该区由3个扇段构成，右侧大灯上每个单独扇段各需要一个LED来照明。

④右侧大灯的核心区。

右侧大灯的核心区可再细分为一个下部区，有16个扇段；一个上部区，也有16个扇段。由于上部区和下部区直接彼此重叠，因此这两个区在二维图中看不出是两个不同的区，看起来就是一个区。

每个单独扇段需要一个LED来照明。因此，右侧大灯核心区总共需要32个LED。

⑤中央向前的光束锥。

这个光束锥可以是激光灯的，也可以是LED扇段，具体取决于车上配备的是两种矩阵式LED大灯的哪一种。如果装备的是激光灯，那么灯光分配就像下图所示那样；如果装备的是LED灯，那么中央光束锥要宽一些，不像激光那样集中，其照程明显要短，差不多只相当于下部核心区。这时的光束锥的任务是照亮中间核心区。

（4）激光的使用。

由激光而形成的远光灯中央光束锥只有当车速超过70km/h才会工作，这是出于安全考虑，也是法规所要求的。激光也只可与远光灯辅助系统一起使用。

远光灯辅助系统通过摄像头来识别出对向车道或者本车前面有其他交通参与者，并会防止对它们造成炫目。在手动激活远光灯时，激光会一直关闭着。

如果条件相应的话，激光的照程可高达600m。

1. 系统的操纵和设置

（1）操纵。

矩阵式LED远光灯辅助系统是通过远光灯拨杆来激活和关闭的，这与其他车型上是一样的。如果该系统已关闭了，那么通过远光灯拨杆就无法再激活它了，远光灯只能手动来接通和关闭了。

另外，用户在配备有激光灯的车上可以将激光灯永久关闭。这样的话，辅助系统接通的远光灯就不会有中央光束锥了。

（2）设置。

矩阵式LED远光灯辅助系统可由驾驶员在相应的外部照明MMI菜单上来接通或者关闭，如图5-1-150所示。

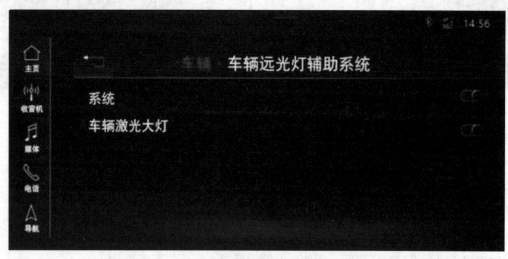

图 5-1-150

2. 辅助功能

（1）雾天自适应变暗。

如果在雾天接通了矩阵式LED大灯的远光灯，那么雾气会将一部分远光灯的光反射回来，这会使得驾驶员感到炫目。反射的光在正面摄像头的图像上也能看得到。系统会根据正面摄像头的图像在不断地判定着炫目的强度，并会与特定的限值相比较。

如果雾的浓度超过了一定程度，那么我们所说的这个装置会关闭矩阵式LED远光灯辅助系统。如果矩阵式LED远光灯辅助系统因这个原因而被关闭了，那么驾驶员辅助系统控制单元J1121的故障存储器内会记录一个故障。

如果超过了这个特定的限值，那么就会降低远光灯的亮度，直至低于这个限值位置。

改变亮度使得炫目程度保持在限值附近，这样就与当前雾的浓度相适应了。

这种反射炫目不但会发生在雾天，在雪大的时候也会有这种情况发生，这种情况下也会按上述所说那样来持续地让远光灯的亮度与下雪情况相适应。

（2）在遇到反射强烈的路牌时的变暗。

最新一代的交通标志牌反光能力很强，车辆乘员若在黑暗中行车时接通了远光灯的话，对这种反射的感觉尤其强烈。前大灯反射回来的远光会对驾驶员造成强烈炫目，这可能会导致驾驶员出现驾驶失误。

通过分析正面摄像头图像就可识别出这种强烈的反射。为了减弱对乘员造成的这种炫目，系统会降低远光灯LED的亮度，但只降低当前照射到反光路牌上的那些远光灯LED的亮度，相关的LED亮度会被降至原亮度的70%。

3. 系统联网

如图5-1-151所示联网图展示的就是参与矩阵式LED远光灯辅助系统功能的控制单元情况一览，还展示出了控制单元交换数据所用的所有总线系统。

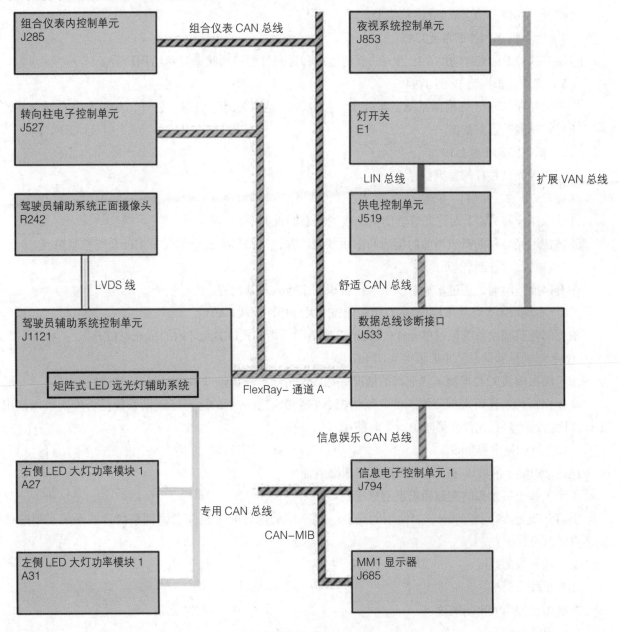

图 5-1-151

1013

控制单元的功用：

（1）驾驶员辅助系统控制单元J1121（主控制单元）。

①读取正面摄像头图像并处理这些图像。

②在正面摄像头图像中搜索光点。

③根据特性将找到的光点与前行或对向交通参与者匹配。

④根据推测的交通参与者的位置来计算出哪些远光灯LED应该亮到什么程度。这样的话，一方面可以尽可能照亮车辆前部周围区域，另一方面还不会对其他交通参与者造成炫目。

⑤按选装的夜视辅助系统的要求激活示宽灯，以便通过多次闪烁来提醒行人有与车辆相撞的危险。

⑥将两个大灯的远光灯LED的亮度信息传给相应的两个LED大灯功率模块。

（2）转向柱电子控制单元J527。

将远光灯拨杆的操纵信息放到FlexRay总线上。

（3）灯开关E1。

将灯开关的位置信息放到LIN总线上。

（4）组合仪表内控制单元J285。

将矩阵式LED远光灯辅助系统当前的激活状态和远光灯的接通状态显示给用户看。

（5）信息电子控制单元1 J794。

提供菜单项"远光灯辅助系统"是处于"接通"还是"关闭"状态。另外，如果车上有导航系统的话，还提供预测的道路数据。

（6）供电控制单元J519。

①读取远光灯拨杆的操纵信息。

②读取灯开关当前的"位置"。

③读取用户在MMI上对远光灯辅助系统接通状态的设置情况。

④确定远光灯辅助系统当前的接通和激活状态，并把这些信息传给驾驶员辅助系统控制单元。

（7）夜视系统控制单元J853。

在有碰撞危险时，通过车辆总线系统报告识别出行人及其位置。

（8）右侧LED大灯功率模块1 A27和左侧LED大灯功率模块1 A31。

根据驾驶员辅助系统控制单元J1121的请求激活两个矩阵式LED大灯内的远光灯LED。

（9）驾驶员辅助系统正面摄像头R242。

①正面摄像头R242探测车辆前部的情况并把图像传给驾驶员辅助系统控制单元J1121。

②正面摄像头还负责探测周围的亮度情况，它会决定激活了的远光灯辅助系统是否确实可以使用远光灯，因为远光灯只允许在黑暗中行车时使用。

（10）MMI显示器J685。

通过MMI显示屏可以接通和关闭远光灯辅助系统。

（十）基于摄像头的交通标志识别第三代

引言：奥迪A8（车型4N）上使用的是新一代基于摄像头的交通标志识别系统，该系统是第三代产品，具体改进如下：

①车速警报的改进；

②禁止驶入警报；

③美国和加拿大市场的改进。

1.车速警报的改进

（1）第二代基于摄像头的交通标志识别的系统特点。

奥迪Q7（车型4M）上使用了第二代基于摄像头的交通标志识别系统，那时是第一次可以在超过某车速限值时对驾驶员发出警报。这种警报是纯视觉警报，就是显示屏上的交通符号在闪烁。用户自己还可以设定一个车速偏离值，这样的话，只有当超过了车速限值加车速偏离值之和这个最高允许车速时，才会发出这个警报。相应的交通符号在显示屏上一直在闪烁，直至车速低于车速限值加车速偏离值之和为止。

在第二代基于摄像头的交通标志识别系统上，用户可以选择下述车速偏离值：

①+0km/h；

②+5km/h；

③+10km/h；

④+15km/h。

（2）第三代基于摄像头的交通标志识别的系统特点。

奥迪A8（车型4N）上引入了第三代基于摄像头的交通标志识别系统，该系统还能多选择一个车速偏离值：+20km/h，如图5-1-152所示。

（3）超速时的警报。

奥迪A8（车型4N）上的第三代基于摄像头的交通标志识别系统，其基于交通标志的车速警报形态有所改进。在发出车速警报时，相关的车速限制最多只可闪烁6次，随后车速限制上会出现一个感叹号，直至车速低于车速限值加车速偏离值之和为止，如图5-1-153所示。

图 5-1-152

2. 禁止驶入警报

禁止驶入警报可帮助驾驶员避免无意中驶入反向车道，也就能避免自己和对向交通参与者出危险。

要想实现该功能，就必须要识别出下述的交通标志：

①禁止驶入，如图5-1-154所示。

②规定靠右行驶有通行权，如图5-1-155所示。

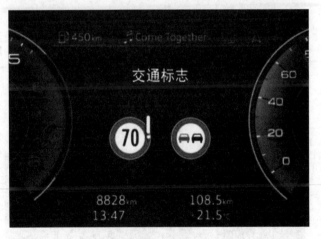

图 5-1-153

图 5-1-154

图 5-1-155

（1）禁止驶入警报的发出。

在下述情形时，会发出禁止驶入警报：系统侦测到本车道的左和右都有禁止驶入标牌，如图5-1-156所示。

或者在错误的一侧驶过了禁止驶入标牌和"规定行驶方向"标牌组合，如图5-1-157所示。

说明：禁止驶入警报功能目前只在欧洲各国才提供，就是说有基于摄像头的交通标志识别系统的国家才会有这个功能。

图 5-1-156

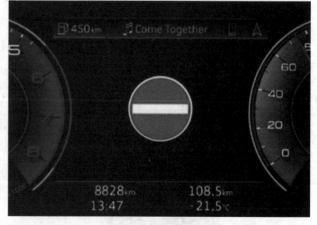

图 5-1-157

（2）禁止驶入警报的结束。

下面情况之一出现时，系统就会结束禁止驶入警报：

①驾驶员通过调车或者挂入倒挡而改变了行驶方向；

②侦测到车辆左侧或者两侧有带车速限制或者禁止超车的标牌。

（3）禁止驶入警报的显示。

如果有禁止驶入警报，那么就会显示右侧图示的弹出符号。这个弹出符号会覆盖到当前的显示上。这是要求驾驶员注意本车道上的正确行驶方向。随着这个弹出符号显示出来，还会伴随一声锣音，如图5-1-158所示。

如果危险情形继续存在着，那么显示屏上的"禁止驶入"符号就一直显示着，直至禁止驶入警报结束。

如果车上装备有抬头显示屏且已接通的话，那么这个显示内容除了会出现在组合仪表上外，也会出现在抬头显示屏上，如图5-1-159所示。

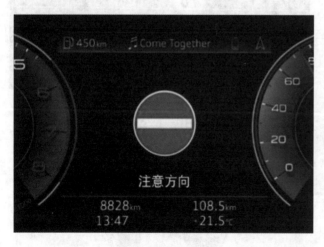

图 5-1-158

图 5-1-159

根据组合仪表上显示内容的设置情况，这个"禁止驶入"符号也可以较小的形式显示在显示屏的下方，如图5-1-160所示。

说明：这个禁止驶入警报就是这样一种功能，在识别出必要的前提条件后，会对在与规定行驶方向反向的车道上行驶进行警告。

该系统只提供信息，但不会主动介入车辆的操控。由于这也就是一种驾驶员辅助系统，因此用户自己还需对车辆的行驶负全责。

3. 美国和加拿大市场的改进

奥迪A8（车型4N）上市时，美国和加拿大市场上使用的基于摄像头的交通标志识别系统的功能范围有所扩大。

奥迪A8（车型4N）上的辅助系统还可以识别其他的交通标志并在组合仪表上显示出来。

这些交通标志，如表5-1-6所示。

图 5-1-160

表 5-1-6

美国	加拿大	施工工地处的允许最高车速
WORK 35		施工工地处的允许最高车速
RAMP 40 MPH	EXIT 40 KM/H	高速公路上的入口引道和出口引道上推荐的标准车速
ON RED	ON RED	红灯处禁止转弯。在美国和加拿大，红灯时一般是允许右转弯的。如果在信号灯处不准许右转弯，那么会有一个标牌显示出来以便提醒司机

说明：在奥迪A8（车型4N）上市时，"红灯处禁止转弯"这个交通标志的显示尚未采用，该功能稍后才会采用。

4. 选择的交通标志一览

如表5-1-7所示，列出了基于摄像头的交通标志识别系统当前能识别的交通标志及其使用情况。有些交通标志可由基于摄像头的交通标志识别系统显示出来，有些交通标志只是由基于摄像头的交通标志识别系统来处理。

还有些交通标志是其他驾驶员辅助系统要用的，因此这些交通标志是通过车辆数据总线系统以供系统使用。

表 5-1-7

	基于摄像头的交通标志识别系统识别出该标志并在需要时实现功能和显示	基于摄像头的交通标志识别系统识别出该标志并在需要时实现功能但并不显示	基于摄像头的交通标志识别系统识别出该标志并通过总线系统将其用于其他驾驶员辅助系统
🚫60	✔	✘	✔
⃠60	✘	✔	✔
⃠	✔	✘	✔
🚗🚗	✔	✘	✔
🚗🚗	✘	✔	✘
Wilster Kreis Steinburg	✘	✔	✔
Schotten↑ Wilster	✘	✔	✔
🚶🚗🏠	✘	✔	✔
🚶🚗🏠	✘	✔	✔
🛣	✘	✘	✔
🌉	✘	✘	✔
🚗	✘	✘	✔
🚗	✘	✘	✔
◈	✘	✘	✘

标志	基于摄像头的交通标志识别系统识别出该标志并在需要时实现功能和显示	基于摄像头的交通标志识别系统识别出该标志并在需要时实现功能但并不显示	基于摄像头的交通标志识别系统识别出该标志并通过总线系统将其用于其他驾驶员辅助系统
STOP	✗	✗	✓
禁止驶入	✓	✓	✗
让行（倒三角）	✗	✗	✓
右下箭头	✗	✓	✗
圆形	✗	✗	✗
人行横道（蓝方）	✗	✗	✓
注意行人	✗	✗	✓
注意危险（！）	✗	✗	✓
注意野生动物	✗	✗	✓
道路施工	✗	✓	✓
注意儿童	✗	✗	✓

说明：在显示车速限制时，还可以显示辅助标识牌。这些辅助标识牌是时间限制，用于有雾或者潮湿或者带挂车行驶时。上表列出了德国交通标志，交通标志每个国家都是不一样的。

（十一）基于后部雷达的驾驶员辅助系统

奥迪A8（车型4N）上有一系列的驾驶员辅助系统，这些系统的软件都集成在两个后部雷达传感器内。这些驾驶员辅助系统使用后部雷达传感器作为主控制单元，因为它们主要是使用这两个后部雷达传感器的测量值来实现功能。这些驾驶员辅助系统把后部雷达传感器既当传感器用也当控制单元用。

由于两个后部雷达传感器内还集成有电子控制装置，因此它们在售后辅助中有相应的名称。具体如下：变道辅助控制单元J769和变道辅助控制单元2 J770。

下面这些驾驶员辅助系统把这两个变道辅助控制单元当作主控制单元来使用：

①变道警报（是变道辅助系统或者说奥迪侧面辅助系统的新名称）；

②后部横向交通辅助系统；

③下车警报系统。

奥迪A8（车型4N）上还首次在前保险杠的左和右侧各装了一个雷达传感器。车上装备有所谓的横向辅助系统的话，就需要用到这两个前部雷达传感器了；这两个雷达传感器的外观、结构和功能与后部雷达传感器非常相似。

奥迪A8（车型4N）上的变道警报扩展出两个新的子功能，具体如下：

变道警报的转弯辅助功能和并道辅助功能。

别的驾驶员辅助系统也要用到后部雷达传感器的测量数据，但对这些驾驶员辅助系统的功能来说不是必须要有的，如果车上有后部雷达传感器，这些驾驶员辅助系统会用到这些数据。

这些驾驶员辅助系统有自适应驾驶辅助系统和横向辅助系统。

横向辅助系统监控着本车前部周围的横向交通情况，这种新型的驾驶员辅助系统会在下章详述。

1. 变道警报的改进。

即使在奥迪A8（车型4N）上，大家熟知的变道辅助系统也是选装装备。但是在奥迪A8（车型4N）上，变道辅助系统使用了新的名称：变道警报系统。

如果出现下述情况，那么系统就认为是驾驶员有意要变道。

激活了相应的转向指示灯或者在一定时间内本车持续接近车道分界线。

如果某个交通参与者以很快的速度从后面接近本车或者以相似车速行驶在本车的盲点处，那么该交通参与者就被定义成"很危险"。该系统对于左侧和右侧相邻车道上危险的交通参与者都能发出警报。变道警报系统在多车道的道路上最能为驾驶员提供帮助。警报是通过集成在两个车外后视镜上的警报灯来发出的。

变道警报系统的作用是，在驾驶员有意变道时，如果本车有可能会与同向相邻车道上的交通参与者发生碰撞，那么就会对驾驶员发出警告。

但是这第二个条件至少需要车上配备有类型B的驾驶员辅助系统控制单元J1121才能实现。

通过相应车外后视镜上警报灯很亮地闪烁4次来对驾驶员发出警报。如果识别出相邻车道有可能会造成危险的车辆，那么会发出一个驾驶员信息；但若是驾驶员有意想变道，则不会有该指示了。驾驶员信息以微弱亮起，如图5-1-161所示。

奥迪A8（车型4N）上的变道警报有如下改进：

①变道警报是通过驾驶员辅助系统操作界面（Profilemaster）来接通和关闭的。在模式

图5-1-161

"Individual"中可以接通和关闭变道警报；在模式"Maximal"中变道警报总是接通着；在模式"Basic"中变道警报总是关闭着的。

②变道警报在车速高于10km/h时会被激活，在车速低于5km/h时会被关闭。

③由于使用了更好的后部雷达传感器，变道警报在本车后部的交通参与者距离本车80m时就能识别出来。

④变道警报有两个新的子功能：变道警报的转弯辅助功能和并道辅助功能。

2. 变道警报的转弯辅助

在奥迪A8（车型4N）上市时，变道警报新增了一个辅助功能：转弯辅助。

这个新功能主要是在车辆转弯时避免与骑自行车的人和骑摩托车的人相撞。如果在车辆转弯时判定骑自行车的人和骑摩托车的人"很危险"，那么就会发出警报。转弯辅助警报与变道辅助警报是相同的：警报灯很亮地闪烁4次。

这种转弯辅助功能有个新特点：可对同一个交通参与者发出两次警报，而不需在此期间关闭转向灯。这在以前是做不到的。

（1）变道辅助警报。

当满足下述条件时，变道警报功能就会发出首次警报：

①接通了转向灯；

②系统计算出的TTC是6s或更少；

③变道警报功能在此刻是激活着的；

④其他交通参与者在向前运动。

如图5-1-162所示情形1。红色的奥迪A8驶近一个十字路口，驾驶员想在此处右转弯。在还未到达这个十字路口前，驾驶员接通了右转向灯。在接通了转向灯时，变道警报系统把奥迪A8车右侧的骑自行车的人判定为"很危险"。因此，就通过右侧车外后视镜发出了警报。

图 5-1-162

（2）转弯辅助警报。

当满足下述条件时，就会发出转弯辅助警报：

①接通了转向灯；

②系统计算出的TTC是2s或更少；

③转弯的车辆以不超过30km/h的速度向前行进；

④其他交通参与者也在向前运动。

驾驶员在转向灯接通的情况下继续行驶。在本车到达十字路口时，驾驶员开始转向，转弯过程开始。随着驾驶员的转向动作，这两个交通参与者的运动轨迹现在开始相交。由于这时系统计算出的TTC小于2s，于是右侧车外后视镜上发出了第二次警报。

转弯辅助功能不但能在右转弯时帮助驾驶员，在左转弯时也能帮助驾驶员，就像如图5-1-163所示情形2中那样。

（3）转弯辅助的驾驶员信息。

转弯辅助也能提供驾驶员信息，这与变道辅助的驾驶员信息是一样的。

如果满足下述条件，就会出现驾驶员信息：

图 5-1-163

①接通了转向灯；

②系统计算出的TTC是4s或更少；

③车辆停着或者车辆以不高于10km/h的速度向前行进；

④其他交通参与者也在向前运动。

3.其他交通情形时转弯辅助的使用

（1）将车辆从停车位移出的过程。

转弯辅助功能在将车辆从停车位移出时也可为驾驶员提供帮助。在开始将车辆从停车位移出前，驾驶员可以接通转向灯，这样就可显示出系统是否识别出有能使得这个移出过程"很危险"的交通参与者。驾驶员信息在这个移出过程开始后只要车速不高于10km/h仍可用。另外，如果满足条件，那么当车速超过30km/h前，转弯辅助会发出驾驶员警报，如图5-1-164所示。

（2）并道过程。

在两条车道合并成一条车道时，转弯辅助功能也可为驾驶员提供帮助。如果接通了转向灯，那么只要满足相应条件，驾驶员就会收到驾驶员信息或者警报，如图5-1-165所示。

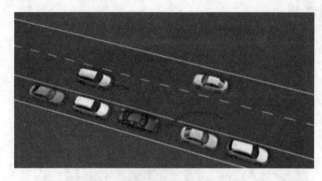

图 5-1-164　　　　　　　　　　　　　　　　　　　　图 5-1-165

（3）变道警报系统转弯辅助功能的接通和关闭。

用户是无法单独关闭转弯辅助功能的，其接通状态总是与变道警报系统一致。

也可在驾驶员辅助系统操作界面（Profilemaster）上进行设置。

（4）转弯辅助和奥迪presense奥迪乘员预防护保护系统的功能界限。

在2015年上市的奥迪Q7（车型4M）上首次提供了转弯辅助系统，它是前部奥迪presense奥迪乘员预防护保护系统的一个子功能，在本车必须要横穿对向车道时为驾驶员提供帮助。

如果ACC正面雷达传感器识别出本车有与对向来车碰撞的危险，那么前部奥迪presense奥迪乘员预防护保护系统会给驾驶员发出警报。如果满足条件，那么就会实施制动而将车辆制动至停住。

4. 下车警报的改进

在2015年上市的奥迪Q7（车型4M）上首次提供了下车警报系统。奥迪A8（车型4N）上的下车警报系统就是基于这个功能而来的，但是增加了一个专用的警报功能。具体来说就是如果系统识别出本车有与从后边过来的交通参与者碰撞的危险，那么就会延迟打开驾驶员车门。这种延迟可起到辅助警报的作用，略低于1s。

这个改进处是通过引入电子车门锁来实现的。在正常情况下，奥迪A8（车型4N）上车门的打开不再是通过拉索那种机械方式而是通过电子方式实现的。相应的车门控制单元会读取车门开启把手的操纵信息，由此认为乘员有打开车门的意愿，随后就发出电子信号来打开车门。拉索只在紧急情况下使用，比如说供电中断了时。

可在驾驶员辅助系统操作界面（Profilemaster）上来接通和关闭下车警报功能，在模式"Individual"中可以接通或者关闭该功能。

在模式"Maxima"中该功能原则上总是接通的，但在模式"Basic"中不是这样，如图5-1-166所示。

5. 横向交通辅助的改进

后部横向交通辅助系统是2015年在奥迪Q7（车型4M）上引进的。奥迪A8（车型4N）上也有该系统，是基于奥迪Q7（车型4M）上的系统而来的。

比如这样的情形就属于视野受挡了：将车辆从横向停车位驶出，或者倒车穿行窄出口。

图 5-1-166

后部横向交通辅助系统的作用是：在本车倒车时，遇到本车后部有横过的交通参与者时会给驾驶员发出警报。该功能在视野受挡时尤其有用。

这个驾驶员警报开始时是视觉警报，就是在驻车辅助系统、倒车摄像头或者周围环境摄像头的显示屏上出现红色的箭头。如果碰撞危险继续增大，那么随后会响起一声警报音；如果碰撞危险继续增大，还会有制动介入，如图5-1-167所示。

图 5-1-167

在奥迪A8（车型4N）上，该功能有如下变化：

①后部横向交通辅助系统是可以单独接通和关闭的，驻车辅助系统的设置菜单中有个专门用于这个的菜单项。

②只有在车辆停住或者倒车时，才会通过红色箭头发出驾驶员信息。在奥迪A8（车型4N）上如果车辆缓慢前行的话就不再有这个功能了。

③在系统进行制动介入时，红色箭头是闪烁的。

④系统的制动介入将车辆制动到停住。随后在制动器再次松开前，车辆会被短时保持在停住状态。

（十二）横向辅助

1.功能描述

横向辅助（也可称交叉路口辅助或十字路口辅助）是一种新型驾驶员辅助系统，首次用于奥迪A8（车型4N）上，该系统可帮助驾驶员避免与本车前部的横向通过的车辆相撞。横向辅助系统在本车前部横向通过的车辆因视野受限而稍晚才能被驾驶员看到时为驾驶员提供帮助。

这样的视野受限的情形比如有十字路口以及穿行窄出口时。另外，在复杂交通情形时，比如驾驶员因注意看其他交通参与者而忽略了横穿的交通参与者时，该系统也能为驾驶员提供帮助。

横向交通参与者可以是普通车辆、公交车或者货车，但也可以是骑自行车者或者骑摩托车者。

在0km/h≤车速≤30km/h时，横向辅助系统才会工作。如果系统识别出骑自行车者或者骑摩托车者，那么系统的反应与识别出车辆是一样的，如图5-1-168~图5-1-170所示。

2. 横向辅助传感器

为了实现横向辅助功能，还需要用到另两个雷达传感器，这两个传感器安装在前保险杠的后面。这两个前部雷达传感器的结构与奥迪A8车辆后部的雷达传感器是相同的，德国奥迪公司首次将其装到车上的这个位置处。

这两个传感器在售后服务中的名称是左前物体识别雷达传感器控制单元J1088和右前物体识别雷达传感器控制单元sJ1089。

这两个雷达传感器侦测本车前部的左、右侧面区域的情况，由于这两个雷达传感器布置在车辆前部紧靠左和右的位置处，因此在特定情况下能先于驾驶员来识别到横向交通参与者。横向辅助系统就是利用这个时间上的提前来尽早将危险的横向交通情况通知驾驶员，以便让驾驶员能对此做出反应。

横向辅助系统与2015年在奥迪Q7（车型4M）上首次引进的后部横向交通辅助系统的功能非常相似。后部横向交通辅助系统在倒车时监控车辆后侧周围情况，如果通过两个后部雷达传感器识别出有横向交通参与者且判定有碰撞的危险，那么就会给驾驶员发出警报，方式与横向辅助系统发出警报是相同的。

（1）横向辅助系统的接通和关闭。

要想让横向辅助系统在危险时刻能发出警报，那必须先使之处于接通状态。

横向辅助系统是在驾驶员辅助系统模式样板（Profilemaster）中接通和关闭的。

（2）两个雷达传感器J1088和J1089的校准。

两个雷达传感器J1088和J1089的校准方式与后部雷达传感器的校准是一样的。校准时也是使用大家熟知的校准板VAS6350和多普勒信号发生器。

校准装置与车辆前部侧面对齐。与后部雷达传感器不同的是，可以仅对一个雷达传感器进行校准。之所以可以，是因为两个前部雷达传感器控制单元J1088和J1089不是"主—从结构"，这两个控制单元彼此是完全独立地在工作。

将专用工具VAS6350按维修手册所述与车辆前部侧面对齐，如图5-1-171所示，就可以通过车辆诊断仪来开始执行校准过程了。这个校准程序已经集成在左前物体识别雷达控制单元J1088和右前物体识别雷

图 5-1-168

图 5-1-169

图 5-1-170

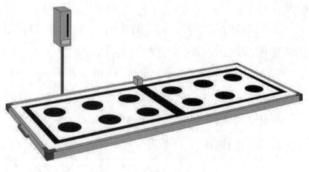

图 5-1-171

达传感器J1089的功能中了。

3. 横向辅助警报

如果横向辅助系统判定本车前方横向过往车辆有危险，会对驾驶员发出警报。横向辅助警报按时间分级，对驾驶员来说有各种含义。

各种警报输出的主要控制变量是横向辅助系统计算出的距发生可能的碰撞需要的时间。这个时间被称作TTC（Time-To-Collision）。计算时，系统会认为两车按系统确定的情形在继续行驶。

（1）横向辅助的警报机制。

①通过MMI显示屏和组合仪表上的箭头符号来显示识别出的横向交通情况；

②输出警报音；

③在组合仪表上和选装的抬头显示上输出视觉警报；

④通过ABS控制单元J104启动制动介入。

（2）相互作用的时间流程，如表5-1-8所示。

表5-1-8

相互作用的类型	驾驶员信息	声音和视觉警报	制动介入
前提条件	在车辆停住时只挂入挡位 D 和 S 以及前行车速不超过 30 km/h 时	仅在前行车速不超过 30 km/h 时	仅在前行车速不超过 10 km/h 时
抬头显示			
组合仪表			
MMI 显示屏			
制动介入			

单位：s

5.0　　　　　3.0　　　　　1.5　1.0　　　　0 TTC

（3）驾驶员信息。

驾驶员信息用于通知驾驶员，识别出本车前部侧面有横向车辆了。具体形式是在图像和图形出现红色箭头。箭头总是显示在横向车辆靠近本车那侧的显示屏上，箭头符号总是指向横向车辆行驶方向。

红色箭头可以显示在下述显示上：

①在组合仪表上的车载计算机驾驶员辅助显示中。

②在MMI显示屏上的驻车辅助显示中（OPS）。

③在MMI上显示的倒车摄像头或者周围环境摄像头图像上。在周围环境摄像头的显示上可做如下设置：车辆鸟瞰（TopView）；"前部"视图；"前部横向视图"。

要想有驾驶员信息显示，左侧描述的3个显示中的一个必须在驾驶员显示的时刻点已经处于激活状态。这些显示中的一个是无法自动激活的。

如果因视野受限而无法激活这些显示，那么驾驶员可以手动激活驻车辅助系统，具体来说就是按压泊车辅助系统按键。这样的话，驾驶员立即就可看出横向辅助系统是否识别出有危险的横向车辆驶过来以及是从哪侧驶过来的。

驾驶员信息是在0km/h≤车速≤30km/h这个范围内才会发出的。

如果车辆停着的话，就需要有挂入变速器挡位D或S这个前提条件了。

（4）声音警报。

如果系统计算出的距可能发生碰撞所需时间低于约3s了（TTC<3s），那么就会发出声音警报。如果在这个时刻还没有侦测到有危险的横向车辆驶过来而是稍晚些才侦测到，那么声音警报也会稍晚些才会发出。

警报音由组合仪表产生。

只有当车辆前行的车速不超过30km/h时，才会发出声音和视觉警报。

（5）视觉警报。

视觉警报与声音警报是同时发出的，也就是最早在距可能发生碰撞所需时间约为3s前发出。这种视觉警报是以弹出信息的方式出现在组合仪表上或者抬头显示（如果有该装备的）上。

另外，驾驶员信息的红色箭头会开始闪烁，也是为了在MMI显示屏上更清楚地提醒驾驶员：驾驶员需要采取相应行动了。

（6）制动介入

如果驾驶员对于驾驶员信息和声音/视觉警报都没反应，且本车仍继续处于危险情形中，那么在距可能发生碰撞所需时间约为1s前会有制动介入。

启动制动介入有个前提条件：车辆前行的速度不超过10km/h。

4. 系统联网

如图5-1-172所示，展示出了参与横向辅助功能的最重要的控制单元。另外，还展示了各个控制单元彼此通信的总线系统。

但是如果装有这样的控制单元，横向辅助系统就会用到它们。

边缘画有虚线的控制单元是选装的，不是必须要有。

边缘画有实线的所有控制单元对于横向辅助功能是必须的或在奥迪A8（车型4N）上是标配的。

（1）横向辅助系统必须要用到的控制单元。

①驾驶员辅助系统控制单元J1121。

a. 根据两个雷达传感器J1088和J1089的雷达信号来确定本车与前部侧面横向车辆发生碰撞的危险程度。

b. 按照这个危险程度来启动驾驶员警报。

c. 如果碰撞的危险很高，ABS控制单元会启动制动耸车。

d. 确定驻车辅助系统和横向辅助系统当前的激活状态。

e. 持续地检查着是否满足横向辅助系统激活条件。

②左前和右前物体识别雷达传感器控制单元J1088和J1089。

a. 侦测车辆周围左前侧面和右前侧面的物体。

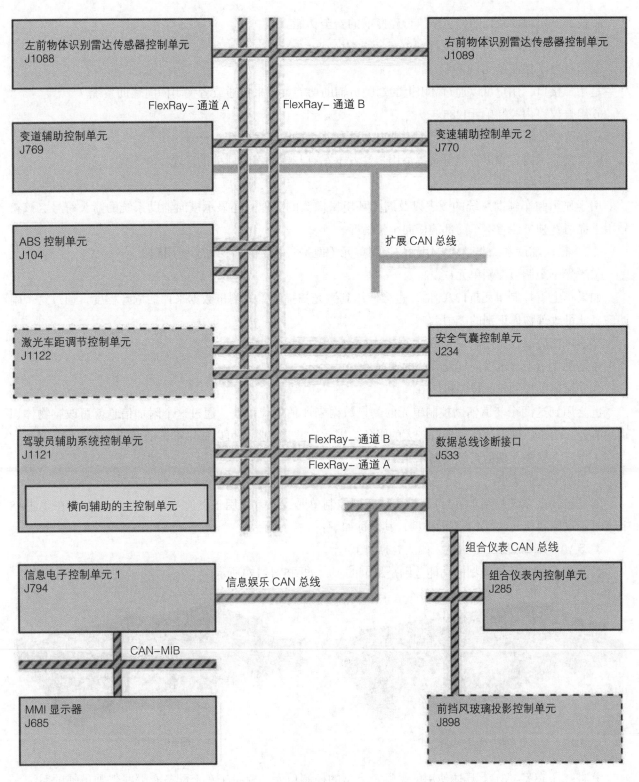

图 5-1-172

b. 执行雷达传感器自诊断。识别出的故障会被存储到故障存储器内并通知横向辅助系统。

③ABS控制单元J104。

a. 根据横向辅助系统的请求启动制动介入。

b. 提供车速信息以供使用。

④安全气囊控制单元J234。

a. 根据横向辅助系统的信息来执行碰撞前的安全功能。

b. 在发生事故时激活一个或者多个安全气囊。

⑤信息电子控制单元1 J794。

是用户接口，用户可以通过MMI上的驾驶员辅助功能菜单来接通或者关闭横向辅助系统。

⑥组合仪表内控制单元J285。

a. 在驾驶员辅助功能视图中显示识别出的本车前部横向车辆的箭头符号。

b. 通过显示内容和声音信号来提请用户注意本车有与横向车辆碰撞的危险。

⑦MMI显示器J685。

用于显示驻车辅助系统的图表以及周围环境摄像头的图像。还显示横向辅助系统的箭头符号，该符号用于提请驾驶员注意本车前部的横向车辆情况。

（2）横向辅助系统非必须要用到的控制单元（但是安装了的话，也会使用到）。

①激光车距调节控制单元J1122。

如果车上有控制单元J1122的话，也会使用到激光扫描装置的测量数据来评估危险程度，通过这个附加信息就可改善物体识别的能力。

②前风挡玻璃投影控制单元J898。

在抬头显示上显示横向辅助系统的警报。

③变道辅助控制单元J769和J770。

也会用到这两个变道辅助控制单元的测量数据来评估危险程度，通过这个附加信息就可改善物体识别的能力。由于后部雷达传感器有较大的张角，因此这些传感器还可以提供本车前面的横向车辆信息。

（十三）驾驶员辅助系统控制单元J1121

1. 控制单元的类型

驾驶员辅助系统控制单元J1121是一种新型控制单元，它首次用于奥迪A8（车型4N）上。在奥迪A8上市时，该控制单元共有4个不同类型，其名称如下：

类型A0（基本型），类型A，如图5-1-173所示。

类型B，类型C（该类型的功能范围是最广的），如图5-1-174所示。

图 5-1-173

图 5-1-174

奥迪A8（车型4N）上具体使用的是哪个类型的控制单元，取决于车上配备有哪些驾驶员辅助系统。如果车上仅装备有基本的驾驶员辅助系统，那么类型A0的控制单元就足够用了。

本章后面会对各个类型的控制单元进行详细说明。各个控制单元彼此间是互为基础的，型号越高，集成在控制单元上的硬件和软件种类就越多。

比如车上装备有周围环境摄像头这个选装装备，那么就需要安装类型C的控制单元了。周围环境摄像头这个选装装备是目前唯一需要安装类型C的控制单元的装置；但是在将来，奥迪A8（车型4N）上其他的驻车辅助系统也需要配备类型C的控制单元的，但这些驻车辅助系统稍后才会采用。

如果只从外表来观察，那只能分辨出两个不同的控制单元。

驾驶员辅助系统控制单元J1121是下述驾驶员辅助系统的主控制单元：

①远光灯辅助系统基本型；

②矩阵LED远光灯辅助系统；

③横向辅助系统；

④升级版驻车辅助系统（仅指类型C，其他时候使用的是供电控制单元J519）；

⑤车道偏离警告系统；

⑥周围环境摄像头；

⑦紧急情况辅助系统；

⑧基于摄像头的交通标志识别系统。

控制单元J1121的诊断地址：驾驶员辅助系统控制单元J1121在奥迪A8（车型4N）上使用的地址码是A5，也就是驾驶员辅助系统正面摄像头R242的地址。因为该摄像头不再是独立的控制单元了，其诊断功能集成在控制单元J1121内了。

因此仍能在地址码A5下找到正面摄像头的诊断功能，虽然是在另一个控制单元内了。

2. 控制单元的安装位置

驾驶员辅助系统控制单元J1121在奥迪A8（车型4N）上是安装在驾驶员脚坑处了，如图5-1-175所示。

3. 驾驶员辅助系统控制单元J1121和它的传感器

类型C的驾驶员辅助系统控制单元J1121和所有传感器（这些传感器的测量数据由控制单元J1121通过FlexRay总线接收或者直接读取）。

图 5-1-175

（1）传感器分为两个类型。

类型1：该类型传感器的测量数据由控制单元J1121直接读取。

奥迪A8（车型4N）上属于类型1的传感器有：

①周围环境摄像头；

②前部和后部超声波传感器；

③驾驶员辅助系统正面摄像头。

类型2：该类型传感器本身就是控制单元，它们会通过FlexRay总线把测量数据提供给控制单元J1121。

奥迪A8（车型4N）上属于类型2的传感器有：

①车距调节控制单元J428；

②激光车距调节控制单元J1122；

③左前和右前这两个物体识别雷达传感器J1088和J1089；

④两个后部雷达传感器（变道辅助控制单元J769和J770）。

对周围环境摄像头的说明：其他车型上安装的周围环境控制单元J928，是不用于奥迪A8（车型4N）的，其功能由控制单元J1121来承担。

对超声波传感器的说明：在奥迪A8（车型4N）上，超声波传感器的测量数据由供电控制单元J519或者控制单元J1121来读取。至于具体是由哪个控制单元来承担这个任务，则取决于车上装备的是哪个类型的控制单元J1121了。

对驾驶员辅助系统正面摄像头R242的说明：奥迪A8（车型4N）上的正面摄像头不再自己处理图像了，它会把图像传送给控制单元J1121来进行处理。因此，正面摄像头R242也不再是驾驶员辅助系统的主控制单元了，在奥迪A8（车型4N）上这个任务由控制单元J1121来承担了。

（2）驾驶员辅助系统传感器与控制单元J1121的通信结构，如图5-1-176所示。

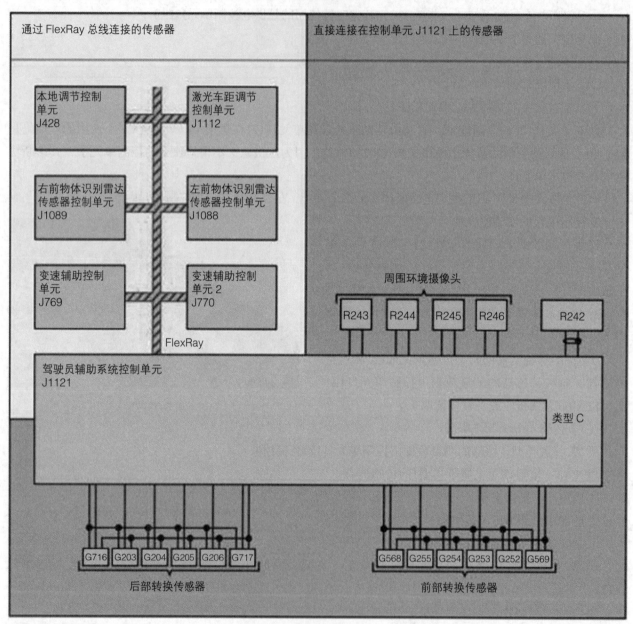

G203～G206.后部驻车辅助传感器　R242.驾驶员辅助系统正面摄像头　G252～G255.前部驻车辅助传感器　R243.前部周围环境摄像头　G568～G569.前部自动泊车辅助传感器　R244.左侧周围环境摄像头　G716～G717.后部自动泊车辅助传感器　R245.右侧周围环境摄像头　R246.后部周围环境摄像头

图5-1-176

4. 驾驶员辅助系统控制单元J1121类型A0

驾驶员辅助系统控制单元J1121的备件号类型A0：4N0.907.107.M。

每辆奥迪A8（车型4N）上都会安装有驾驶员辅助系统控制单元J1121。奥迪A8（车型4N）上最低配置安装的是类型A0的控制单元J1121，如图5-1-177所示。

类型A0的驾驶员辅助系统控制单元J1121是下述驾驶员辅助系统的主控制单元：

①远光灯辅助系统（标配）；

②矩阵LED远光灯辅助系统（选装）；

③车道偏离警报系统（在NCAP国家是标配）；

④紧急情况辅助系统（选装）。

如果车上装有类型A0的驾驶员辅助系统控制单元J1121，那么奥迪A8（车型4N）上可有下述驾驶员辅助系统：

图5-1-177

①升级版驻车辅助系统（标配，主控制单元：供电控制单元J519）；

②疲劳提示（标配，主控制单元：数据总线诊断接口J533）；

③智能泊车系统（选装，主控制单元：供电控制单元J519）；

④倒车摄像头（选装，主控制单元：倒车摄像头控制单元J772）；

⑤变道警报（选装，主控制单元：变道辅助控制单元769和770）；

⑥下车警报（选装，主控制单元：变道辅助控制单元769和770）；

⑦后部横向交通辅助系统（选装，主控制单元：变道辅助控制单元769和770）；

⑧夜视辅助系统（选装，主控制单元：夜视辅助系统控制单元J853）。

如果车上装有类型A0的驾驶员辅助系统控制单元J1121，那么奥迪A8（车型4N）上不会有下述驾驶员辅助系统：

①基于摄像头的交通标志识别系统；

②周围环境摄像头；

③横向辅助系统；

④自适应驾驶辅助系统。

直接连接在控制单元J1121上的部件和传感器：驾驶员辅助系统正面摄像头R242。

说明：如果车上装备有矩阵式LED大灯（有或者没有激光灯），那么车上就肯定会有高端型的远光灯辅助系统，矩阵式LED远光灯辅助系统。

这种矩阵式LED远光灯辅助系统在这种情形时就取代了基本型的远光灯辅助系统。

类型A0和类型A的驾驶员辅助系统控制单元J1121的电路连接图，如图5-1-178所示。

5.驾驶员辅助系统控制单元J1121类型A

驾驶员辅助系统控制单元J1121的备件号类型A：4N0.907.107.N。类型A0和A这两个控制单元只有一点不同，类型A的控制单元内多了一个基于摄像头的交通标志识别软件功能。

类型A0和A这两个控制单元外观上看是没区别的，只是备件号不同。

6.驾驶员辅助系统控制单元J1121类型B

如图5-1-179所示。

驾驶员辅助系统控制单元J1121的备件号类型B：4N0.907.107.Q，如图5-1-180所示。

类型B的驾驶员辅助系统控制单元J1121是下述驾驶员辅助系统的主控制单元：

①基本型远光灯辅助系统（标配）；

②矩阵LED远光灯辅助系统（选装）；

③车道偏离警报系统（在NCAP国家是标配）；

④紧急情况辅助系统（选装）；

⑤横向辅助系统（选装）；

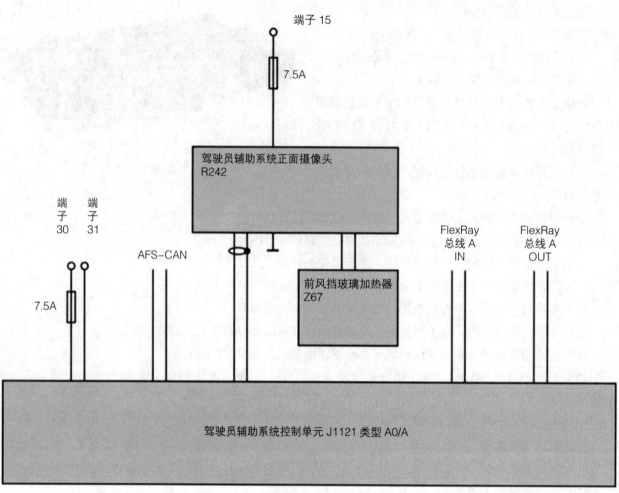

图 5-1-178

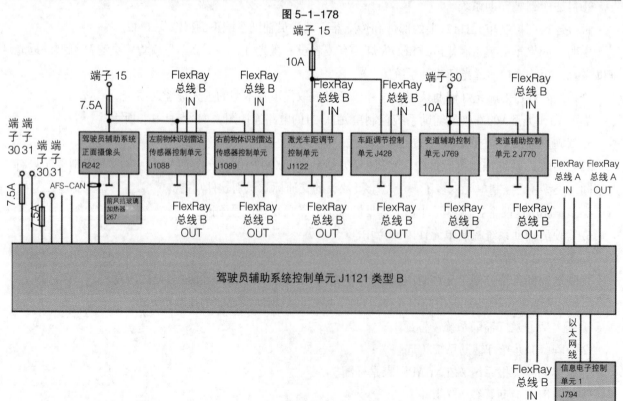

图 5-1-179

⑥保持车道中间位置系统（选装是自适应驾驶辅助系统的一个组件）。

如果车上装有类型B的驾驶员辅助系统控制单元J1121，那么奥迪A8（车型4N）上可有下述驾驶员辅助系统：

图 5-1-180

①升级版驻车辅助系统（标配，主控制单元：供电控制单元J519）；

②疲劳提示（标配，主控制单元：数据总线诊断接口J533）；

③智能泊车系统（选装，主控制单元：供电控制单元J519）；

④倒车摄像头（选装，主控制单元：倒车摄像头控制单元J772）；

⑤变道警报（选装，主控制单元：变道辅助控制单元769和770）；

⑥下车警报（选装，主控制单元：变道辅助控制单元769和770）；

⑦后部横向交通辅助系统（选装，主控制单元：变道辅助控制单元769和770）；

⑧夜视辅助系统（选装，主控制单元：夜视辅助系统控制单元J853）。

如果车上装有类型B的驾驶员辅助系统控制单元J1121，那么奥迪A8（车型4N）上不会有下述驾驶员辅助系统：周围环境摄像头。

直接连接在控制单元J1121上的部件和传感器：驾驶员辅助系统正面摄像头R242。

说明：保持车道中间位置是自适应驾驶辅助系统的一个功能组件。自适应驾驶辅助系统的主控制单元是车距调节控制单元J428。

如果车上装有自适应驾驶辅助系统，那么该车至少需配备有类型B的驾驶员辅助系统控制单元。

7. 驾驶员辅助系统控制单元J1121类型C

如图5-1-181所示。

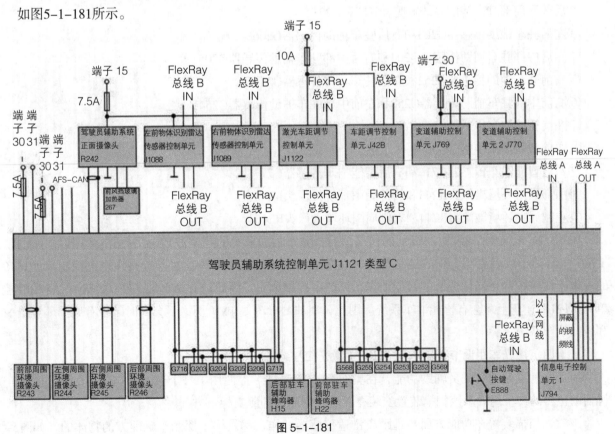

图 5-1-181

驾驶员辅助系统控制单元J1121的备件号类型C：4N0.907.107.S，如图5-1-182所示。

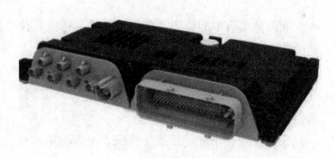

　　类型C的驾驶员辅助系统控制单元J1121是下述驾驶员辅助系统的主控制单元

①基本型远光灯辅助系统（标配）；

②矩阵LED远光灯辅助系统（选装）；

③横向辅助系统（选装）；

图 5-1-182

④保持车道中间位置系统（选装，是自适应驾驶辅助系统的一个组件）；

⑤车道偏离警报系统（在NCAP国家是标配）；

⑥紧急情况辅助系统（选装）；

⑦周围环境摄像头（选装）；

⑧升级版驻车辅助系统（标配）。

　　如果车上装有类型B的驾驶员辅助系统控制单元J1121，那么奥迪A8（车型4N）上可有下述驾驶员辅助系统：

①疲劳提示（标配，主控制单元：数据总线诊断接口J533）；

②变道警报（选装，主控制单元：变道辅助控制单元769和770）；

③下车警报（选装，主控制单元：变道辅助控制单元769和770）；

④后部横向交通辅助系统（选装，主控制单元：变道辅助控制单元769和770）；

⑤夜视辅助系统（选装，主控制单元：夜视辅助系统控制单元J853）。

　　直接连接在控制单元J1121上的部件和传感器：

①驾驶员辅助系统正面摄像头R242；

②后部和前部驻车辅助系统蜂鸣器H15和H22；

③左后驻车辅助传感器G203和右后驻车辅助传感器G206；

④左后中部驻车辅助传感器G204和右后中部驻车辅助传感器G205；

⑤右前驻车辅助传感器G252和左前驻车辅助传感器G255；

⑥右前中部驻车辅助传感器G253和左前中部驻车辅助传感器G254；

⑦左前智能泊车传感器G568；

⑧右前智能泊车传感器G569；

⑨左后智能泊车传感器G716和右后智能泊车传感器G717；

⑩前部周围环境摄像头R243和后部周围环境摄像头R246；

⑪左侧周围环境摄像头R244和右侧周围环境摄像头R245。

　　说明：对于类型C或者更高级别的控制单元，驻车辅助系统的超声波传感器是连接在控制单元J1121上的；而类型B或者更低级别的控制单元，驻车辅助系统的超声波传感器是连接在供电控制单元J519上的。由于供电控制单元是选装的智能泊车系统的主控制单元，因此只有车上装备有类型A0、A和B的控制单元J1121时，车上才会有智能泊车系统。因此，奥迪A8（车型4N）上绝不会同时装备有周围环境摄像头和智能泊车系统。

（十四）激光车距调节控制单元J1122（激光扫描装置）

　　为了实现复杂的驾驶员辅助功能，在奥迪A8（车型4N）上使用了一个激光扫描装置，该装置是"旅行辅助包"的一个组件。该扫描装置安装在保险杠中间、牌照支架下方。

　　该激光扫描装置在功能方面与远距离雷达传感器一样，都是用于探测车辆前方的物体的，如图5-1-

183所示。

1. 结构和功能

基本工作原理与雷达传感器是类似的，但发出的不是雷达波而是激光束，光束照射到其他物体表面后会反射回来。通过测量激光射束从发射到接收所需要花费的时间长度，就可以确定出本车与相应物体之间的距离。与雷达传感器的根本区别在于辐射的传播特性。雷达传感器发射出的是锥形雷达波来覆盖较大的空间，而激光扫描装置是将单个激光束集中到一个点上。要想探测较大空间，就必须向多个水平面水平发射很多"单束激光"。所使用的激光脉冲（脉冲宽度约为4ns）的波长约为905nm。这种电磁辐射是人眼所不能看到的（红外线），且因强度很低，也就不会造成伤害（激光等级1），如图5-1-184所示。

图 5-1-183

奥迪A8（车型4N）上的激光扫描装置有一个可回转的反射镜（700r/min），该反射镜会把激光束以扇形散发出去。发射单元发出的激光碰到镜面上并被散发出去了。该反射镜是由一个电机来驱动着的。比如，100m远的物体反射回来的红外线激光脉冲，在发射后不到0.7μs就会到达激光扫描装置的接收二极管了。反射的激光脉冲碰到反光镜的下部并从这里到达光电二极管，光电二极管会把这个光学信息转换成电信号，如图5-1-185所示。

发射范围

图 5-1-184

水平探测范围覆盖了约145°的角度，作用距离平均约为80m。车距为10cm时仍能对物体做出识别。

扇形的激光束在垂直方向分布在4个平面内，每个平面的辐射角为0.8°。垂直方向总角约为3.2°。

水平分辨率为0.25°，比雷达技术精准多了。

因此，这个激光扫描装置是远距离雷达的理想补充。雷达系统的作用距离长达250m，明显高于激光扫描装置，但是其探测角约为35°，这比激光扫描装置的要小多了。

接收范围

图 5-1-185

接收到的被反射回来的激光束是这样来分析的：约145°这个总探测角度被细分成10个同等大小的扇形区。内部的软件运算规则可以识别出反射镜上的脏污或者损坏以及作用距离和调整不当这些情况。

与雷达射束一样，激光技术也有不依靠周围环境照明情况的这个优点。激光技术还有个优点：测量精度与距离无关。接收到的反射信号由很多的点组成，也就是所谓的点云。因此物体的轮廓就比雷达技术的要清晰得多，也就能更好地分辨出物体的类型了，比如轿车、卡车、摩托车等。另外，激光技术还可以识别出人以及比如安全护栏和其他用于标记车道的物体。

除了作用距离这个信息外，FlexRay总线信息中还包括识别出的物体信息、其坐标连同相应的标准差、物体的速度以及相应物体可被识别并分类的概率。

图 5-1-186

激光扫描装置还配备有清洗系统，以便清洁镜头。伸缩式清洗喷嘴安装在该装置的两侧，相应的电动泵直接安装在清洗液罐上了，该泵为激光扫描装置的清洗喷嘴和后部摄像头的清洗喷嘴供液，根据泵电机的转动方向来清洗激光扫描装置或者后部摄像头。如果激光扫描装置控制单元识别出镜头脏污了，那么一个信息就会被送至供电控制单元J519，J519随后给前挡风玻璃清洗泵控制单元J1100下命令去执行这个清洗工作，如图5-1-186所示。

2. 维修保养内容

可通过车辆诊断仪用"车距调节CD激光"这个诊断地址来调用该系统。通信是通过FlexRay总线的通道B来完成的。

图 5-1-187

由于激光扫描装置的安装位置是存在偏差的，因此需要来进行调整，这个调整是垂直方向的调整。

调整的基本方法与大家熟知的ACC系统的调整方式是一样。调节样板VAS6430是相同的，连将样板与车辆几何轴对齐的方式也是相同的。

为此需要使用车轮定位装置。调节激光扫描装置使用了一种新的光靶（校准装置）。在诊断仪引导下（功能"校准激光扫描装置"），会让激光扫描装置发出激光脉冲。激光束射到光靶上并被反射回来，通过分析接收到的反射信号，就可确定出激光扫描装置是否已对齐了车桥。如果需要进行调整，那么机工可通过改变调节螺栓的转动方向和转动角度来实施调节，如图5-1-187所示。

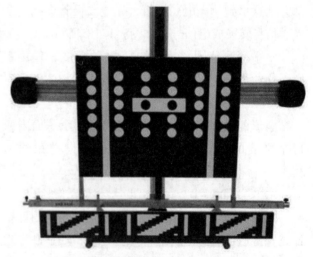

图 5-1-188

这个激光扫描装置只能整体更换，不允许在售后服务中进行分解。虽然该传感器单元发出的光束是无害的，但是该单元内部是有高能量辐射的，如图5-1-188所示。

在下述情况下需要调整激光扫描装置：

①在拆、装以及更换了激光扫描装置后；

②在松开并再次固定了前保险杠后；

③车轮定位发生改变的话（尤其是后轮前束）；

④在完成了自适应空气悬架基本设定（车辆高度自适应）后。

说明：在配备有"动态全轮转向"的车上，开始车轮定位/确定车辆几何轴前，必须把后轮摆正（转向角为零）。

（十五）车距调节控制单元 J428（ACC）

作为新型以及未来驾驶员辅助系统中最重要的基本系统，ACC是开发重点。

与奥迪Q7（车型4M）不同，奥迪A8（车型4N）上只有一个ACC单元，另一个ACC单元的功能，则由首次在奥迪车上采用的激光扫描装置所承担了。ACC在奥迪A8（车型4N）上不再是单独提供的一个选装装备了，而是包含在"旅行辅助包"中的一个选装项了，如图5-1-189所示。

图 5-1-189

1. 结构和功能

奥迪A8（车型4H）上使用的系统是第四代产品，其结构和基本功能与奥迪Q7（车型4M）上的ACC是相同的。

这个ACC单元安装在前保险杠上的右侧。

车距调节控制单元J428通过FlexRay总线的通道B来进行通信，如图5-1-190所示。

2. 操纵和驾驶员信息

ACC的操纵与奥迪Q7（车型4M）和A4（车型8W）上一样，都是通过有大家熟知的ACC操控拨杆来实现的。驾驶员信息也是如此。

图 5-1-190

3. 维修保养内容

可通过车辆诊断仪用"13车距调节"这个诊断地址来调用该系统。ACC单元由下述部件构成：雷达发送和接收器以及控制单元J428。在需要时只能整体更换。

ACC单元的调整是按照大家熟知步骤来进行的，就是使用调节装置VAS6430/1和ACC反光镜VAS6430/3。与奥迪Q7（车型4M）上的调节相比，唯一不同之处在于，本车只安装有一个ACC单元（也只有一个ACC单元需要调整）。何时需要进行这个调整，情况与奥迪Q7（车型4M）上是一样的，如图5-1-191所示。

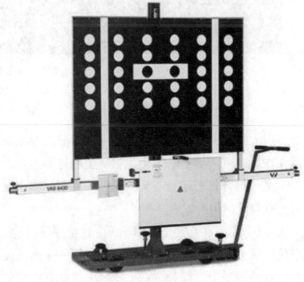

图 5-1-191

第二节　奥迪虚拟驾驶舱

一、奥迪虚拟驾驶舱（组合仪表）

如图5-2-1所示。

在奥迪TT（型号FV）上市时，德国奥迪公司首次将一个高清晰度显示屏作为中央显示器使用。这个创新的正式名称就叫奥迪虚拟驾驶舱。该显示屏分辨率为1440×540像素，显示屏对角线长度达到惊人的12.3英寸，即31.2cm。奥迪虚拟驾驶舱取代了以前使用的那种传统仪表显示的组合仪表，是奥迪TT（型号FV）上的标配。另外，奥迪虚拟驾驶舱也取代了中控台上的MMI显示单元。导航地图和所有其他信息内容现在就直接显示在方向盘后面的奥迪虚拟驾驶舱上了。如果驾驶员需要的话，导航地图可以扩展到整个显示面上，同时车速表和转速表就变小了。可以通过多功能方向盘或者中控台上的MMI操纵单元来操纵该系统。

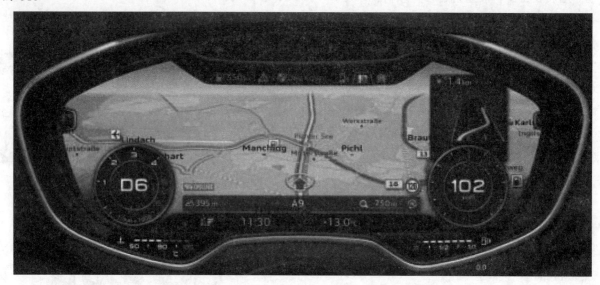

图 5-2-1

二、奥迪虚拟驾驶舱的种类

引入了奥迪虚拟驾驶舱，就可以明显减少组合仪表种类的数量。前代车型上需要有11种组合仪表，现在在奥迪TT（型号FV）上就被减至两种了。

两种组合仪表还是需要的，一种用于北美市场，另一种用于其他市场。下面三种原因导致北美市场需要有自己的组合仪表类型。

（1）温度在北美是采用华氏度计量并显示的。因此北美市场上的冷却液温度显示刻度看起来与其他市场上就不一样了，因为其他市场使用的是摄氏度。由于冷却液温度显示并不是展示在可自由编程的组合仪表显示屏上，而是在一个特定区域且有固定的符号的，所以北美的组合仪表与其他市场的就有区别了。

（2）北美市场的燃油表指示与其他市场上的不同。

（3）北美市场上的有些警告符号与其他市场的警告符号不同。这些警告符号显示在组合仪表显示屏上方的单独显示栏内，因此组合仪表就不同。

北美市场的冷却液温度显示如图5-2-2所示。

其他市场的冷却液温度显示如图5-2-3所示。

北美市场的警告符号栏如图5-2-4所示。

其他市场的警告符号栏如图5-2-5所示。

图 5-2-2

图 5-2-3

图 5-2-4

图 5-2-5

三、传统显示模式和信息娱乐显示模式

奥迪虚拟驾驶舱有两种不同的显示模式：

①传统显示模式；

②信息娱乐显示模式。

传统显示模式从外观上看，非常像以前的组合仪表。显示内容的布置以及显示大小也与传统的组合仪表外观基本一致，如图5-2-6所示。

而采用信息娱乐显示模式时，两个圆仪表之间的中间显示面明显扩大了，因为圆仪表这时都变小了。

显示面变大更有助于显示信息娱乐信息和车辆信息，如图5-2-7所示。

四、显示模式间的切换

用户可以在这两个显示模式间来回切换。操纵多功能方向盘上的VIEW按键即可实现切换。

多功能方向盘有两种：

①入门型多功能方向盘，这是标配，如图5-2-8所示。

②高端型多功能方向盘，这是选装，如图5-2-9所示。

图 5-2-6

图 5-2-7

图 5-2-8   图 5-2-9

五、主要功能

奥迪虚拟驾驶舱的内容和功能被细分为所谓的主要功能。一部分主要功能是组合仪表内控制单元J285内软件的要素，另一部分则属于信息电子控制单元1 J794的软件功能范畴了。但是，所有显示内容都显示在奥迪虚拟驾驶舱上，因为奥迪TT上没有单独的MMI显示屏。信息电子控制单元1 J794上实现的主功能显示要通过LVDS线传送至组合仪表内控制单元J285并输出到奥迪虚拟驾驶舱上。奥迪TT在2014年上市时，最多有10个主要功能可供使用。车上主功能实际的数目取决于车辆各自的装备情况。

具体主功能如图5-2-10所示。

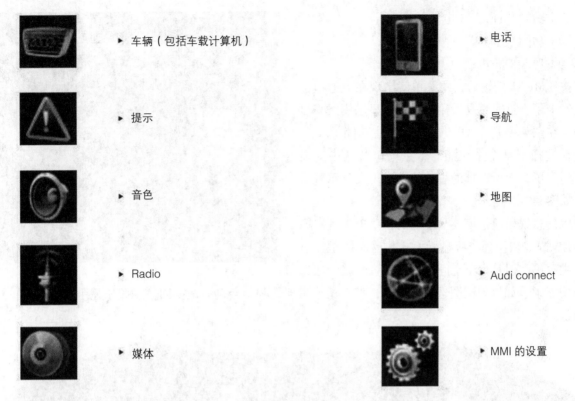

▶ 车辆（包括车载计算机）	▶ 电话
▶ 提示	▶ 导航
▶ 音色	▶ 地图
▶ Radio	▶ Audi connect
▶ 媒体	▶ MMI 的设置

图 5-2-10

六、主菜单

主功能可以通过所谓的主菜单来选择。调出主菜单后，所有可用的主功能都会显示在中间显示区处。

通过中控台处的MMI操纵单元上的MENU按键来调出主菜单。奥迪TT上有两种不同的操纵单元，但是MENU按键都是在同一个位置处。

有些主功能也可以通过MMI操纵单元上的两个翘板开关直接调用。到底可以直接调用哪些主功能，这取决于具体的操纵单元了。

1. 基本型操纵单元

如图5-2-11所示。

在基本型操纵单元上，通过翘板开关可以调用下述主功能：

①主功能"车辆"（CAR）；

②主功能"音色"（TONE）；

③主功能"Radio"（收音机）；

④主功能"Media"（媒体）。

2. MMI touch操纵单元

如图5-2-12所示。

在MMI touch 操纵单元上，通过翘板开关可以调用下述主功能：

①主功能"导航"或者"地图"（NAV/MAP）；

图 5-2-11

②主功能"TEL"（电话）；

③主功能"Radio"（收音机）；

④主功能"Media"（媒体）。

按压MENU按键后，主菜单就出现在奥迪虚拟驾驶舱上了，这时总是采用信息娱乐显示模式来显示的。在主菜单上就可以选择可用的主功能了。

在选择了某个主功能后，主菜单就从中间显示区消失了，而所选择的主功能就出现在显示屏上了，如图5-2-13所示。

以信息娱乐显示模式显示出的主菜单也可以通过VIEW按键切换到传统显示模式。这时倒是能显示出主菜单，但是由于空间受限了，可能就无法选择主功能了。如果您试图选择主功能，那么奥迪虚拟驾驶舱会自动切换回信息娱乐显示模式，如图5-2-14所示。

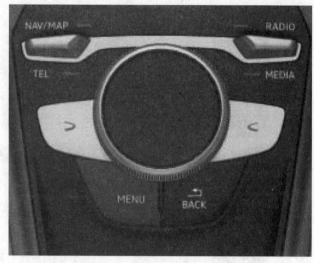

图 5-2-12

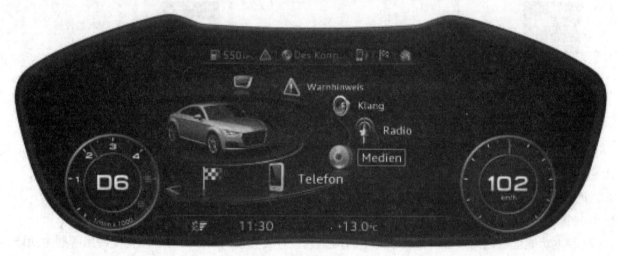

图 5-2-13

图 5-2-14

七、不同显示内容的显示区划分

这里表示的是奥迪虚拟驾驶舱上不同显示范围的显示区划分状况。在这两种显示模式中，所有显示内容都是有的，只是大小和位置可能不同。

以传统显示模式显示时奥迪虚拟驾驶舱的划分如图5-2-15所示。

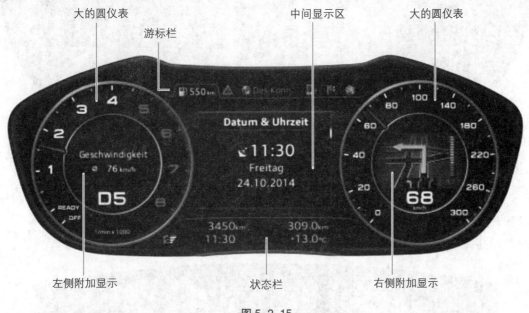

图 5-2-15

以信息娱乐显示模式显示时奥迪虚拟驾驶舱的划分如图5-2-16所示。

图 5-2-16

八、中间显示区的显示

中间显示区指两个圆仪表之间的显示面。这个显示区在信息娱乐显示模式时的面积要比传统显示模式时的面积要大，因为圆仪表相应地缩小了。正因为是这样，所以在信息娱乐显示模式时标示的是"扩大了的中间显示区"，而在传统显示模式时只说是"中间显示区"。

至于要在中间显示区显示什么内容，这个由驾驶员自己通过选择主功能来确定。比较理想的是在信息娱乐显示模式时使用整个显示面或者展示行驶地图，如图5-2-17所示。

图 5-2-17

九、闪光和警报符号栏

闪光和警报符号栏不会被转移到奥迪虚拟驾驶舱的显示面上。它是个单独的显示栏，在显示屏上方，有规定的符号。

这些符号的后面是发光二极管，可以使得相应的符号亮起，如图5-2-18所示。

图 5-2-18

显示栏中有下述警报灯：

黄色指示灯，如图5-2-19所示。

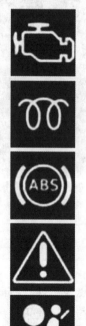

与废气排放相关的故障警报灯

柴油机预热灯

防抱死系统指示灯

中间指示灯，注意显示出的文字提示内容！

安全气囊或者安全带张紧系统故障警报灯

图 5-2-19

红色指示灯, 如图5-2-20所示。

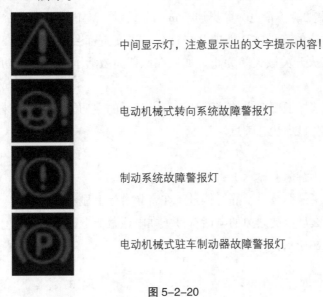

中间显示灯, 注意显示出的文字提示内容!

电动机械式转向系统故障警报灯

制动系统故障警报灯

电动机械式驻车制动器故障警报灯

图 5-2-20

绿色指示灯, 如图5-2-21所示。

电动机械式驻车制动器故障警报灯

图 5-2-21

十、游标栏

游标栏(也可称为选项卡)是组合仪表上的一个显示栏, 其上有各种游标, 用于方便检索。
用户可以用奥迪TT的组合仪表显示屏上的游标来选择各种主功能, 如图5-2-22所示。

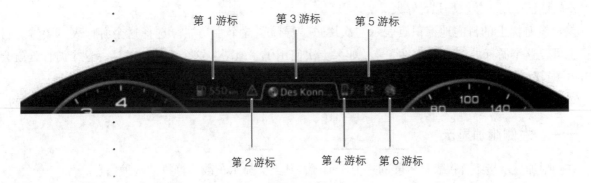

图 5-2-22

游标栏中最多可以显示六个游标。每个游标后面伴随着一个或者多个主功能。在选择了相应的游标
后, 主功能会显示在中间显示区。
游标栏中的头五个游标都固定对应着一个或者多个主功能。第六个游标对应着剩下的三个主功能。
奥迪虚拟驾驶舱的游标:
车辆游标(第1游标)主功能"车辆"(也包括了车载计算机);
提示游标(第2游标)主功能"提示"(只有在确实有提示时才会显示);
音频游标(第3游标)主功能"Radio"(收音机)和"Media"(媒体);
电话游标(第4游标)主功能"电话";

1045

导航游标（第5游标）主功能"导航"和"地图"；

可变游标（第6游标）主功能"音色""奥迪connect"或者"MMI设置"。

在通过主菜单选择了对应的三种主功能的某一种后，可变游标会首次出现在游标栏上。可变游标一直保留在游标栏上，直至点火开关被关闭为止。如果在此期间激活了这三种主功能中的另一个，那么游标上的符号也会做相应切换。

至于具体通过可变游标选择了哪个主功能，从游标上显示的主功能符号即可看出。

另外，在某些游标上还会显示状态信息。

举例如下：

①显示可达里程（在车辆游标上显示）；

②如果音频输出被关闭了，那么显示静音符号（在音频游标上显示）；

③如果没安装电话，那么显示被划掉的电话符号（在电话游标上显示）。

游标栏示例，如图5-2-23所示：

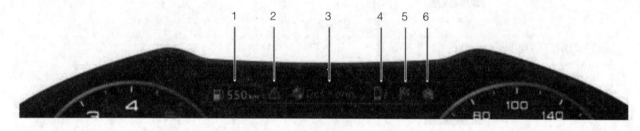

图 5-2-23

从示例的这个图中，可以获取下述信息：

①当前选择的是"车辆"这个主功能，车辆还可以再行驶550km。

②至少有一个车辆提示信息，因为显示出提示游标了。

③选择了CD播放器作为当前的音频源。

④电话已就绪，接收场强足够大。

⑤导航游标上的目的地标识旗表示上次用过"导航"这个主功能。选择这个游标表示要输入目的地。也可让这个游标处显示出地图符号。如果上次使用了"地图"这个主功能的话，这个游标处就会显示出地图符号。

⑥在"音色""奥迪connect"或者"MMI设置"这三个主功能中，"奥迪connect"是最后使用的。

十一、左侧附加显示

左侧附加显示指组合仪表显示屏的一个显示区，其上会显示车载计算机的各种信息。

驾驶员可以选取自己需要的信息来显示出来。

驾驶员可以进行如下选择：

①无附加显示；

②当前日期；

③瞬时油耗和平均油耗；

④自开车行驶到现在的行驶时间长度；

⑤自开车行驶到现在的平均车速；

⑥自开车行驶到现在的行驶里程。

左侧附加显示在传统显示模式和信息娱乐显示模式时均可显示。在传统显示模式时，左侧附加显示出现在转速表的中央位置，如图5-2-24所示。

在信息娱乐显示模式时，左侧附加显示出现在变小了的转速表的上方。图中表示的是当前平均车速是76km/h，如图5-2-25所示。

注意下述区别：

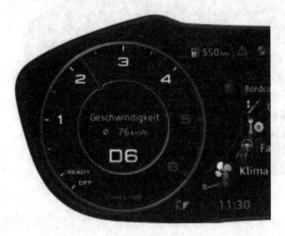

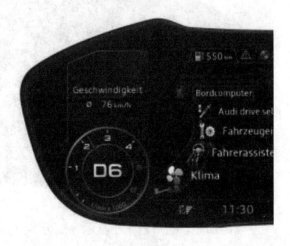

图 5-2-24   图 5-2-25

在传统显示模式时，所选的车载计算机信息总是显示的，无论中间显示区现在激活的是哪种主功能。

在信息娱乐显示模式时，只有当前在中间显示区激活了"车辆"这个主功能时，左侧附加显示中才会显示车载计算机信息。

1.左侧附加显示的显示优先性

如果车辆电子系统确定出现在有一个车门或者箱盖是打开着的，那么这个显示内容是具有优先性的，并会阻止左侧附加显示中出现车载计算机信息。

激活了的驻车辅助系统的优先性也高于车载计算机信息。一旦激活了且显示了驻车系统的可视图像，那么车载计算机信息和转速表会暂时从显示屏上消失。

一旦关闭了驻车辅助系统，那么转速表和所选的车载计算机信息就又出现了。这也同样适用于奥迪泊车辅助系统。

①奥迪 TT 在驾驶员和副驾驶员车门打开时的显示，如图5-2-26所示。

②在倒车时驻车系统的可视图像显示，如图5-2-27所示。

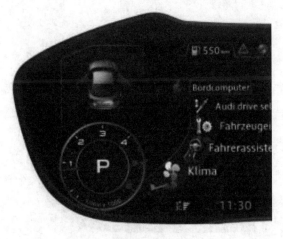

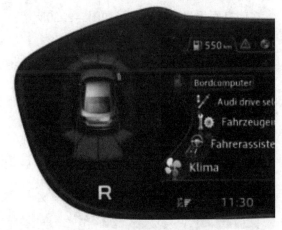

图 5-2-26   图 5-2-27

2.左侧附加显示上的其他显示内容

①导航，如图5-2-28所示。

图 5-2-28

左侧附加显示也可以用于显示导航内容。在这个图示的例子中，导航游标已被激活且显示现在的目的地地址。当前这个瞬间选择的目的地地址是"Hauptbahnhof Ingolstadt"（英戈尔施塔特火车总站）。

通过这个选择，英戈尔施塔特火车总站就以地图形式显示在左侧附加显示中了。

但是这个显示内容只在信息娱乐显示模式时才能出现。

②电话。

主功能"电话"也可以使用左侧附加显示。如果激活了"电话"游标且在地址簿中选择了一个条目，那么被选择的那个联系人的照片（假设在MMI中已经有相应的照片了）就会显示出来了。这个功能只能在信息娱乐显示模式时才可用。

十二、右侧附加显示

与左侧附加显示类似，右侧附加显示在传统显示模式时，出现在车速表的中央位置。在信息娱乐显示模式时，右侧附加显示出现在变小了的车速表的上方。右侧附加显示只能用于"导航"这个主功能。

右侧附加显示在激活了目的地指引时，会显示即将到来的驾驶状况和距离数据或者显示距目的地的剩余里程和预计到达时间。在激活了目的地指引时就会显示这些信息，不论当前中间显示区在显示什么。

1.即将到来的驾驶状况

在传统显示模式时，如图5-2-29所示。

在信息娱乐显示模式时，如图5-2-30所示。

图 5-2-29

图 5-2-30

2. 显示距目的地的剩余里程和预计到达时间

在传统显示模式时，如图5-2-31所示。

在信息娱乐显示模式时，如图5-2-32所示。

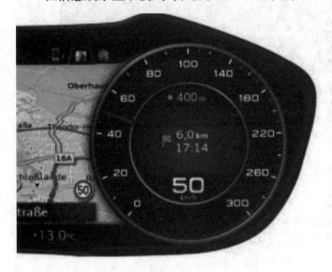

图 5-2-31

图 5-2-32

十三、选择菜单

选择菜单使得用户可以通过多种方式选择某一主功能。每个选择菜单明确地只与某一主功能相对应。

每个主功能可以有一个选择菜单，但是也有主功能没有自己的选择菜单，比如"提示"这个主功能就是这样的。

示例：主功能"车辆"的选择菜单，如图5-2-33所示。

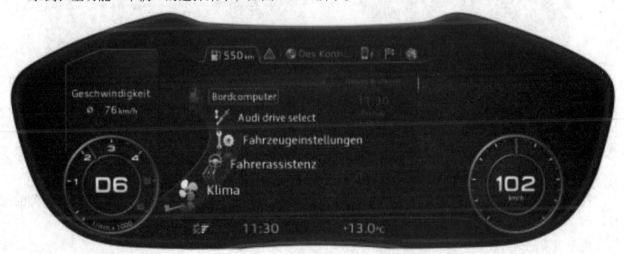

图 5-2-33

主功能"车辆"的这个选择菜单提供了各种车辆功能。在这个选择菜单上，驾驶员选择他想要显示的功能或者想要做的设置。

如果驾驶员在这个选择菜单中选择了车载计算机，那么就可能出现下述的显示内容，如图5-2-34所示。

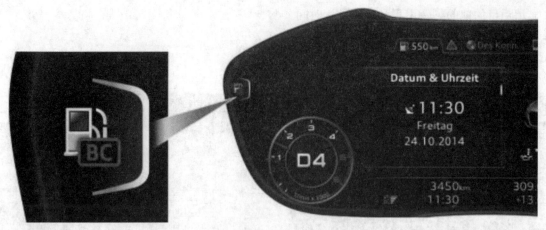

图 5-2-34

在这个显示中，左侧边缘处有一个带有符号的括号，这个符号就表示当前显示的功能。在本例中就是车载计算机。如果操纵了相应的按键的话，就可以退回到主功能"车辆"这个选择菜单中。

要想退回到这个选择菜单，使用多功能方向盘上的控制按键或者MMI操纵单元均可。另外，使用旋压钮的操纵杆功能也行，这时必须向左按压才行。

显示屏左边缘处带有功能符号的括号，只在信息娱乐显示模式时才会显示出来；在传统显示模式时，因为地方受限，就省去了。但是在传统显示模式时仍可以用相同的按键来调用这个选择菜单，如图5-2-35所示。

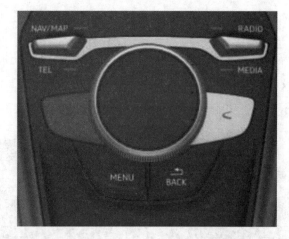

图 5-2-35

十四、选项菜单

选项菜单是针对已经选定了的列表以及主功能的一般设定，为用户提供一个与文字背景有关的选择。

由于需要的地方较大，因此选项菜单必须在信息娱乐显示模式时才能显示出来。

与调用选择菜单类似，选项菜单是通过高端型多功能方向盘右侧控制按键或者MMI操纵单元来调用的。另外，使用旋压钮的操纵杆功能也行，这时必须向左按压才行。

我们下面用两个例子来介绍选项菜单的显示形式和操作。

第一个例子：车载计算机的选项菜单，如图5-2-36所示。

在信息娱乐显示模式时，我们可以在右侧显示屏边缘处看见有带加号的括号，这就表示有选项菜单；在传统显示模式时，因为地方有限，就没有这个括号了。

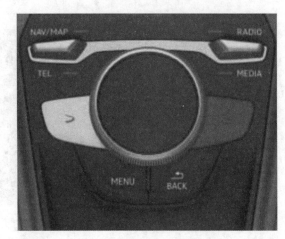

图 5-2-36

但在传统显示模式时，驾驶员在按压了右侧的控制按键后，能看出是否有选项菜单，如图5-2-37所示。

图 5-2-37

在按压了右侧的控制按键后，出现下述选项菜单，如图5-2-38所示。

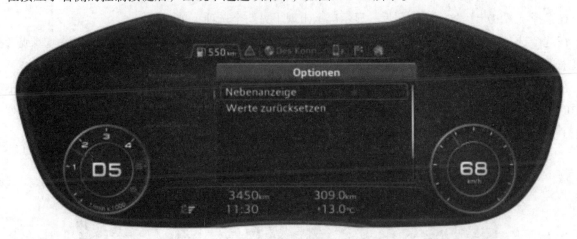

图 5-2-38

有两个选项供用户选用：

①Nebenanzeige（附加显示）：用于选择车载计算机信息，这些信息会在左侧附加显示中展示出来。

②Werte zurücksetzen（重置数值）：将车载计算机数值重置。

如果用户选择了第一个选项，那么就出现下面这个显示内容，如图5-2-39所示。

1051

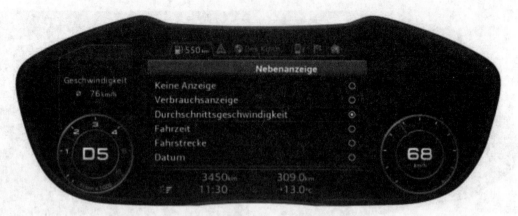

图 5-2-39

在这个菜单中，驾驶员可以确认想把哪些车载计算机信息显示在左侧附加显示上。

第二个例子：SD卡上已选歌曲的选项菜单。

先前已激活了主功能 "Media"（媒体）的选择菜单，且将光标移至 "SD卡" 这个播放源上，如图5-2-40所示。

黄色的SD卡符号旁边有个数字1，它表示现在我们使用的是SD卡插口1。

图 5-2-40

在选择了 "SD卡" 这个播放源后，显示屏上出现了另一个选项菜单。

在这个选择菜单中，您需要选择该按哪种特征来给曲目排序。可以按表演者、专辑、类型或者播放列表来进行排序。

在这个具体例子中，选择的是按 "专辑" 来排序的。在所提供的专辑中，最后选择了 "2 Hearts" 这组中的 "2 Hearts beat as one" 这个专辑。随后就显示出了该专辑中的曲目名称列表。但曲目名称列表中选定了 "For this time" 这首曲目并正在播放，如图5-2-41所示。

图 5-2-41

在"For this Time"这个列表元素的右边缘有一个带加号的括号，这个加号表示这个列表元素有选项菜单可供使用。

如果通过右侧控制按键调出了这个选项菜单，会出现下述显示内容，如图5-2-42所示。

图 5-2-42

在右边的侧面菜单上显示出可用的选项。这其中有与播放曲目或者专辑直接相关的选项（与内容有关）。

这些选项如下：

①Als Favorit speichern（作为偏好存储）；

②Spielposition verändern（修改播放位置）；

③Titel wiederholen（重放该曲）；

④Zufallswiedergabe（随机播放）。

选项菜单右边缘的白色垂线表示：还有更多的（比实际显示的要多）的选项可供使用。

还有一些选项，它们有更重要的任务，且与当前播放的曲目或者专辑无关。

这些选项如下：

①Klangeinstellungen（音色设置）；

②Gesamtes Medium abspielen（播放全部媒体）；

③Medieneinstellungen（媒体设置）。

这个条目在图中看不到，因为显示区被限制只能显示6行。

使用左侧的转轮或者旋压钮可以让选项菜单滚动，就可以将隐藏的选项显示出来了。

十五、状态栏

（1）标准的状态栏只有一行显示内容。

其包含如下信息，如图5-2-43所示。

图 5-2-43

①时钟时间；

②车外温度；

③各种警报灯（具体看实际需要了）；

④相应的交通标识（在激活了车速限制显示时）；

⑤接收信号强度、连接状态和激活的数据模块的数据连接；

⑥升级符号（如果当前正在执行软件升级的话）。

（2）在下述状况时，状态栏呈两行显示。

①在中间显示区显示车载计算机信息；

②欢迎和告别显示；

③在按动了日行驶里程表后。

（3）在两行状态栏中，还要显示下述信息，如图5-2-44所示。

①当前的总里程；

②当前的日行驶里程。

图 5-2-44

十六、奥迪虚拟驾驶舱上的其他显示

（1）氛围照明亮度调节菜单，如图5-2-45所示。

图 5-2-45

（2）奥迪主动式车道辅助系统的系统状态显示，如图5-2-46所示。

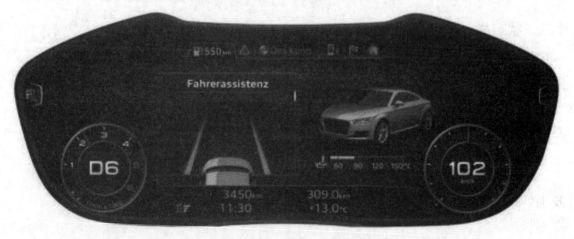

图 5-2-46

1054

（3）奥迪虚拟驾驶舱上的倒车摄像头图像显示，如图5-2-47所示。

图 5-2-47

说明：如果奥迪TT配备有倒车摄像头，那么显示倒车摄像头图像时，肯定会切换到信息娱乐显示模式。

十七、警告和故障信息显示

如果自诊断功能诊断出车辆某部件有故障的话，相应的控制单元内会记录下一个故障。根据识别出的故障情况，也会给驾驶员发出相应的提示信息。在这种情况下，组合仪表内控制单元J285会激活相应的警报灯，必要的话还会在组合仪表上给出文字提示。

将要显示的文字提示信息会挤走最后显示的内容（就是不让后者显示了），并会在显示屏上停留6~10s。

如果在这个显示期间驾驶员操纵了奥迪虚拟驾驶舱的某个操纵元件，那么这个文字提示内容会提前消失，但是约2s的最短显示时间还是会保证的。

在传统显示模式和信息娱乐显示模式时，故障信息的显示都是相同的。由于文字提示内容不需要驾驶员做什么就显示出来了，因此也被称作弹出式显示。

在传统显示模式时一个故障的弹出式显示如图5-2-48所示。

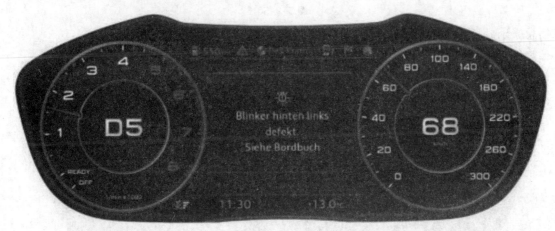

图 5-2-48

在信息娱乐显示模式时一个故障的弹出式显示如图5-2-49所示。

图 5-2-49

由于故障提示内容是很重要的，所以提示内容在第一次显示完后，用户必须能随时将其调出来。

调出时，用户需选择游标栏上的"提示"这个游标，或者在主菜单上选择"提示"这个主功能。

如果驾驶员面临着多个故障提示内容，那么驾驶员可以通过多功能方向盘左侧滚轮或者MMI操纵单元上的旋压钮来将其一个接一个显示出来。

如果存在多个故障提示内容，那么可以通过文字信息右边的滚动条来识别出。

在传统显示模式时"提示"游标中的故障信息，如图5-2-50所示。

图 5-2-50

在信息娱乐显示模式时，故障信息右侧的显示面用于故障的动画模拟显示。

在信息娱乐显示模式时"提示"游标中的故障信息，如图5-2-51所示。

图 5-2-51

1056

此外，存在的故障信息会在状态栏以相应的符号交替显示。

说明：存在着的故障提示信息在"提示"游标上以一个三角警报符号来呈现。如果在该游标上展示的是一个扳手符号，那表示现在有一个保养信息，但是无警告提示。如果既没有警告提示也没有保养信息，那么游标列表中就不会显示"提示"游标。

十八、奥迪虚拟驾驶舱的构造

如图5-2-52所示，表示出了奥迪虚拟驾驶舱的重要组件。奥迪虚拟驾驶舱在某个部件出故障时不能换件，只能整体更换。

但有个例外，就是组合仪表上的扬声器。该件可作为备件来订购，不必打开奥迪虚拟驾驶舱即可更换该件。

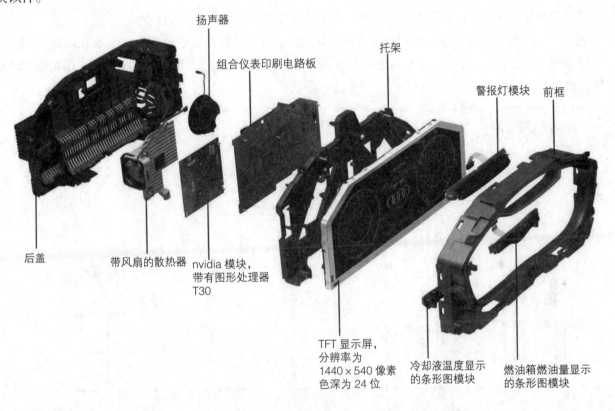

图 5-2-52

十九、组合仪表电路连接图

如图5-2-53所示。

下面的导线接在组合仪表内控制单元J285上。

供电导线：用端子30供电的导线。

该导线用10A保险丝来保险，一根接地线。

总线导线：

①两根舒适CAN总线导线（用于与其他控制单元进行通信和数据交换）。

②两根MIB-CAN总线（用于与信息电子控制单元 1 J794和多媒体系统操纵单元E380进行通信）。

③两根LVDS导线（用于从信息电子控制单元 1 J794接收图像数据）。

④两根MOST总线的光纤导线；在新奥迪TT上，MOST总线只用于刷新组合仪表内控制单元J285。

J285通过信息电子控制单元1 J794上卡槽内的SD卡来刷新。

⑤断环诊断线（用于通过MOST总线主控制单元即信息电子控制单元1 J794来为MOST总线用户进行诊断）。

已连接的部件的单独的导线：

①两根导线，接燃油表传感器1。

②两根导线，接燃油表传感器2。

③一根地线，接两个燃油表传感器。

④两根导线，接防盗器线圈D2（在应急启动时需要使用；这时需要把车钥匙按住在标记处）。

⑤一根导线，接组合仪表操纵按键E493（该按键用于重置日行驶里程表）。

⑥两根地线，接信息电子控制单元1 J794。

⑦一根导线，用于在LVDS导线和信息电子控制单元1 J794之间实施屏蔽。

说明：如果必须在售后服务中刷新奥迪虚拟驾驶舱，就得使用从奥迪订购的SD卡。在刷新时，这个SD卡必须位于信息电子控制单元1 J794上的卡槽内。这个刷新过程通过车辆诊断仪来操控，但是刷新数据却是在SD卡上的。

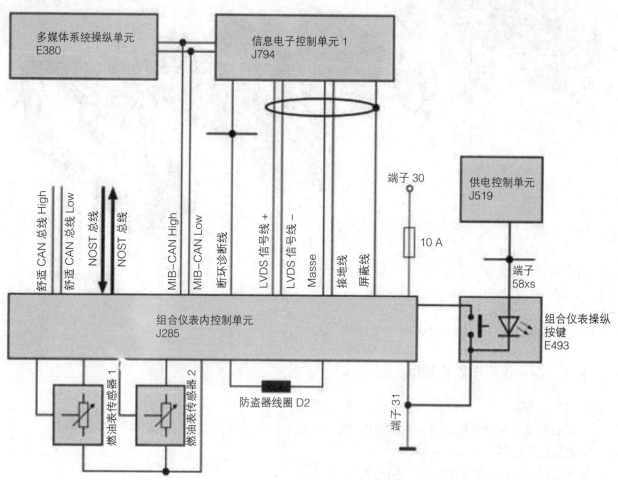

图 5-2-53

第三节　奥迪矩阵式 LED 前大灯

一、奥迪 A8（D4）上的远光灯辅助系统

新型奥迪矩阵式 LED 前大灯，讲述该前大灯的各种功能，尤其要探讨矩阵光柱（Matrix Bean）远光灯辅助系统。这种远光灯辅助系统是基于一种全新开发的技术，与以前的远光灯辅助系统是明显不同的。

奥迪A8是全球第一种采用矩阵光柱（Matrix Bean）技术的轿车，最初是在2013年为提升奥迪A8产品档次而采用的。

在提升档次前奥迪A8（D4）上的远光灯辅助系统种类。

1. "数字式"远光灯辅助系统

在2013年为提升产品档次，奥迪A8上的LED前大灯智能与所谓的"数字式"远光灯辅助系统组合在一起使用。这种远光灯辅助系统根据交通状况和其他环境条件，会自行接通和关闭远光灯，因此就减轻了驾驶员的负担。之所以称之为"数字式"远光灯辅助系统，是因为该系统只有两个状态：远光灯接通和远光灯关闭。该"数字式"系统的控制单元是远光灯辅助系统控制单元J844，该控制单元集成在车内后视镜中。

2. 无级大灯照程调节系统

2010年奥迪A8（D4）上市时起，就能订购带有弯道灯的氙气大灯了，这种远光灯辅助系统是经进一步开发的。这是一种选装装备，叫"无级大灯照程调节系统"。

该系统可以根据交通状况和其他环境条件，来无级调节大灯的照程，这是通过大灯内的一个可转动的辊子来实现的。

要实现无级大灯照程调节，除了弯道灯和大灯照程调节控制单元J745外，还需要使用摄像头控制单元J852。

无级大灯照程调节系统的工作原理如图5-3-1所示。

图 5-3-1

二、奥迪矩阵式 LED 前大灯

（一）矩阵光柱远光灯

奥迪矩阵式LED前大灯是选装装备，用户通过该装备可以使用矩阵光柱（Matrix Bean）技术。这其实就是一种远光灯辅助系统，使用该系统可以免除驾驶员夜间行车时不停地变光的麻烦，就是说该系统可承担这个自动变光任务了。

矩阵光柱（Matrix Bean）远光灯由25个光段组成，这些光段相互重叠在一起，构成了远光光束。采用矩阵光柱（Matrix Bean）技术，可以使得各个光段独立接通或者关闭（就是彼此之间没联系，各自单独工作）。

也可以将灯光变暗。如果识别出道路上有别的车辆，那么可以只把此时导致别人炫目的那部分远光灯光段关闭。无论是针对前行车辆还是对向来车均可执行这种操作。

这种技术的一个突出优点是：其余那部分远光灯光段（就是此时并未引起别人炫目的那部分）仍然以远光灯状态照亮着道路。因此就始终能为驾驶员提供尽可能好的道路照明，且最大限度利用远光灯。

光段可单独控制的远光灯光束（光锥）的分布如图5-3-2所示。

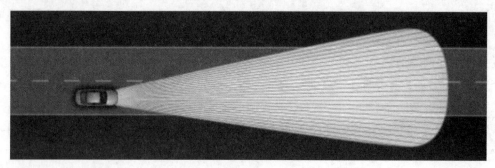

图 5-3-2

该系统也是可以识别出摩托车驾驶员的。如果是骑自行车的，那么自行车照明的光强度和质量会决定系统能识别还是不能识别。

1. 在识别出有其他车辆时的矩阵光柱（Matrix Bean）远光灯

前行车辆以及对向来车是由摄像头控制单元J852来识别的。该摄像头控制单元内的图像处理软件为此就要搜寻别的车的尾灯或者前大灯。如果识别出车了，就会确定其与本车的角度和距离。这些数据随后就会被传至矩阵光柱控制单元。

矩阵光柱控制单元就会计算出哪些远光灯光段可以接通以及哪些远光灯光段必须要关闭，以便实现不引起其他车辆驾驶员的炫目感这个目的。这些信息会被传至奥迪矩阵式LED前大灯内的功率模块，功率模块会对远光灯的LED进行相应的操控。

有对向来车时的奥迪A8矩阵光柱（Matrix Bean）远光灯如图5-3-3所示。

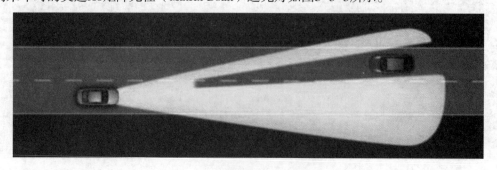

图 5-3-3

有前行车辆时的奥迪A8矩阵光柱（Matrix Bean）远光灯如图5-3-4所示。

图 5-3-4

2. 预测的道路数据

如果车上装备有选装的MMI增强版导航系统，那么该车也就有预测的道路数据了，因此矩阵光柱（Matrix Bean）远光灯也就可以以"前瞻性"方式来工作了。矩阵光柱控制单元也就知道了前方道路的走向、现在行驶过的道路类型，也知道了本车现在是在建筑物较多的区域内还是外行驶。有了这些附加信息，有些灯功能才能实现或者才能提前激活。

3. 系统在周围有很多建筑物（居民点和城市）时的特性

如果车辆行驶在周围有很多建筑物的地方，那么就只使用近光灯。周围是否有很多建筑物，这个由摄像头控制单元J852来识别。具体来说就是由图像处理软件在摄像头的视频数据中搜索相应的光源。如果这些光源满足一定的前提条件，那么就认为这是路灯照明，也就认为这个区域有很多建筑物了。如果有预测的道路数据可供车辆使用，那么确认车辆是否在有很多建筑物的区域行驶就变得更容易更可靠了。

4. 自动远光灯接通或者关闭时的车速界限值

在黑暗中行车时，如果驾驶员激活了远光灯辅助系统，那么自动远光灯接通或者关闭时的车速界限值是这样的。

（1）有预测的道路数据的车辆。

情形1：周围有很多建筑物。

①车速高于60km/h时，矩阵光柱（Matrix Bean）远光灯辅助功能就接管了远光灯的自动工作控制。

②车速低于40km/h时，矩阵光柱（Matrix Bean）远光灯辅助功能就停止操控远光灯了，车辆用近光灯继续行驶。

情形2：周围无很多建筑物。

①车速高于30km/h时，矩阵光柱（Matrix Bean）远光灯辅助功能就接管了远光灯的自动工作控制。

②车速低于20km/h时，矩阵光柱（Matrix Bean）远光灯辅助功能就停止操控远光灯了，车辆用近光灯继续行驶。

（2）无预测的道路数据的车辆。

①车速高于60km/h时，矩阵光柱（Matrix Bean）远光灯辅助功能就接管了远光灯的自动工作控制。

②车速低于40km/h时，矩阵光柱（Matrix Bean）远光灯辅助功能就停止操控远光灯了，车辆用近光灯继续行驶。

（二）远光灯的高速公路模式

高速公路模式是远光灯的专用模式，只在有预测的道路数据可用时才能实现该模式。如果预测的道路数据表示出车辆现在正在高速公路上行驶，那么高速公路模式就被激活。

高速公路模式是远光灯的专用模式，只在有预测的道路数据可用时才能实现该模式。如果预测的道路数据表示出车辆现在正在高速公路上行驶，那么高速公路模式就被激活。

高速公路模式激活时的矩阵光柱（Matrix Bean）远光灯，如图5-3-5所示。

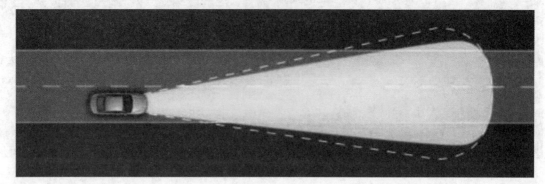

图 5-3-5

（三）近光灯

在奥迪矩阵式LED前大灯上，近光灯采用了大家熟知的非对称型光束（光锥）。道路边缘被照亮得更宽了，因此就能更快地识别出潜在的危险了。与此相对的是，道路中间被照亮的距离比较短，因为这时最重要的是要避免给对向来的车辆造成炫目。

在每个奥迪矩阵式LED前大灯上，近光灯采用了15个LED。近光灯光束（光锥）可以照到紧靠车辆的前部区域和再往前的区域，后者中的光束也含有不对称的成分。照到紧靠车辆的前部区域的光束由9个LED负责，照到再往前的区域的光束由6个LED负责。

用近光灯在行车，如图5-3-6所示。

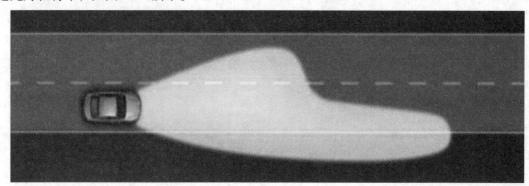

图 5-3-6

（四）旅行灯

车辆要是从靠右侧行驶的国家进入到靠左侧行驶的国家，就必须激活旅行灯了。否则，不对称的近光灯光束（光锥）在靠左侧行驶的国家行驶时会使得对向来车的驾驶员有炫目感，这是法律所不允许的。在奥迪矩阵式LED前大灯上，就可以通过激活旅行灯来关闭远光灯中产生非对称光成分的LED了。

如果车上有预测的道路数据可供使用，那么旅行灯会自动激活。矩阵光柱（Matrix Bean）控制单元根据这些预测的道路数据，就可判断出车辆当前是在靠右侧行驶的国家行驶还是在靠左侧行驶的国家行驶。

如果车上没有预测的道路数据可供使用，那么在国境线时必须在MMI上手动激活旅行灯。

右置方向盘的车辆在激活了旅行灯时行驶在靠左侧行驶的国家如图5-3-7所示。

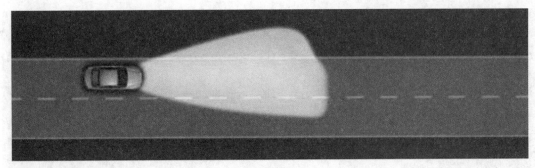

图 5-3-7

（五）转弯灯

转弯灯的作用，是使得转弯过程更安全。这是通过让车辆前部周围区域在转弯时得到更好的照明来实现的。最重要的是让驾驶员能更好地看清车辆前部的侧面情况并快速识别出危险源。

至于究竟要激活哪侧的转弯灯，就由相应的转向灯或者是朝哪个方向转动方向盘来决定了。

转弯灯也是通过LED来实现的。在车上的两个奥迪矩阵式LED前大灯中，每个前大灯中有3个LED用于实现。

车辆在路口已激活转弯灯时，如图5-3-8所示。

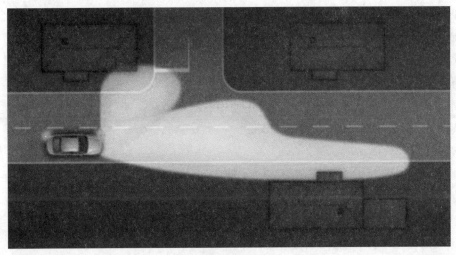

图 5-3-8

对于转弯灯来说，预测的道路数据对其功能没影响。

1. 未激活转向灯时接通转弯灯

当车速低于60km/h时，如果方向盘转角超过约50°，那么相应的转弯灯就被接通了。

如果随后出现下述情况，接通的转弯灯就又被关闭了：车速超过 70km/h 或者方向盘转角小于15°。

2. 通过激活转向灯来接通转弯灯

另外，还可以通过激活相应的转向灯来接通转弯灯。这在车速不超过30km/h时才可进行。

一旦车速超过40km/h，转弯灯就会再次被关闭。

（六）十字路口灯

十字路口灯的作用是让车前方的十字路口获得更好的照明。为此，除了接通了正常的近光灯外，还接通了两侧的转弯灯。

这样的话，就使得车辆前部的侧面获得了良好的照明，从而可以更好地识别危险源了。

车辆在十字路口前时十字路口灯激活的状态如图5-3-9所示。

只在车辆有预测的道路数据可用时，十字路口灯才可用。由于前方的十字路口既不能用摄像头来识

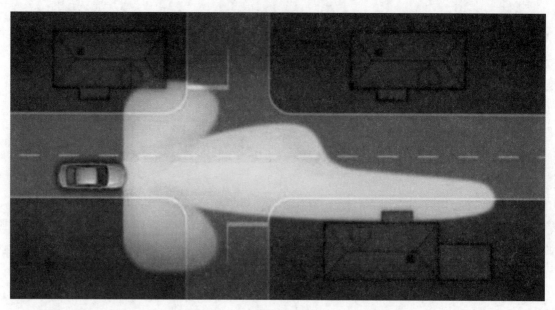

图 5-3-9

别，也不能用其他传感器识别，所以只能参考导航数据了。

当车辆以低于40km/h的车速行驶到距离十字路口还有60m的地方时，两个转弯灯（准确说就是十字路口灯）就被接通了。

十字路口必须是预测的道路数据的组成部分，这样车辆的电子系统才能去检查距离是否符合接通十字路口灯的标准。随后，十字路口灯在行驶过路口15m后或者当车速超过50km/h后就关闭了。

说明：在带有大灯照程无级调节的氙灯大灯中使用的城市灯和高速公路灯功能，在奥迪矩阵式LED前大灯上无法实现。

（七）全天候灯

全天候灯在天气恶劣时（比如有雾或者下雪）使用。使用时，可以降低大灯灯光的反射所造成的对于本车驾驶员的炫目程度。实际是通过降低近光灯的照程来实现的。

与此同时，还要激活两侧的转弯灯以便更好地照亮车辆前部区域（照明宽度增大了）。

激活了全天候灯在行车，如图5-3-10所示。

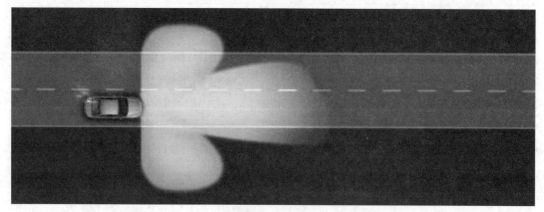

图 5-3-10

通过操控车灯旋钮开关模块上的相应按键来激活全天候灯。只要车速不超过110km/h，就可以激活全天候灯，按键上的功能指示LED会显示出是否激活。

如果激活了全天候灯，矩阵光柱（Matrix Bean）远光灯辅助系统就被关闭了（如果在此之前已经激活了该系统的话）。这两个功能不能同时工作。

车灯旋钮开关上的按键如图5-3-11所示。

功能激活后，车辆就一直开着全天候灯在行驶着；当车速超过了140km/h时，就切换到普通近光灯模式了。

一旦车速又低于110km/h了，那么就又切换回全天候灯模式了。

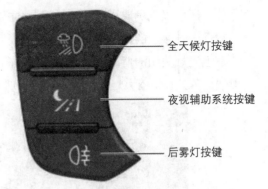

全天候灯按键

夜视辅助系统按键

后雾灯按键

图 5-3-11

（八）弯道灯

奥迪矩阵式LED前大灯也有弯道灯功能。具体来说是远光灯有弯道灯功能，近光灯没有。

实现此功能可以不用偏转机械机构了，奥迪矩阵式LED前大灯不用伺服电机就足以完成此功能。

弯道灯可以将远光灯最亮点从远光灯光束（光锥）的中间移至所需要的那一侧。这是通过使远光灯LED变暗来实现的。

激活了弯道灯在行车，如图5-3-12所示。

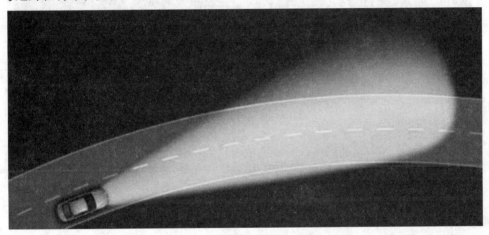

图 5-3-12

（九）标识灯

如果车上配备有奥迪夜视辅助系统，那么奥迪矩阵式LED前大灯在此功能中也有新应用。

如果夜视辅助系统识别出有与行人相撞的危险了，那么会给驾驶员发出警示的。

该警示包括一个声响信号，同时还用红色括号标识出行人。

在组合仪表显示屏上标识识别出的行人，如图5-3-13所示。

图 5-3-13

另外，还可以用奥迪矩阵式LED前大灯的远光灯来更好地看清危险情形：

①在远光灯接通的情况下，通过让照到行人身上的远光灯光段3次连续变暗。

②在远光灯关闭的情况下，通过让照到行人身上的远光灯光段3次连续通电激活。

奥迪矩阵式LED前大灯标识识别出的行人如图5-3-14所示。

图 5-3-14

要想使用标识灯，要满足下述先决条件：

①车速高于60 km/h；

②车辆本身未处于有良好照明的居民点（城镇）内；

③当前未识别出有可能被标识灯造成炫目的车辆。

（十）"快速移动式"转向闪光

奥迪矩阵式LED前大灯上首次使用了所谓的"快速移动式"转向闪光。

所谓的"快速移动式"转向闪光，是指转向灯LED从内向外依次接通（时间上错开），但是所有转向灯LED是一下子就全关闭的。

奥迪矩阵式LED前大灯上的"快速移动式"转向闪光如图5-3-15所示。

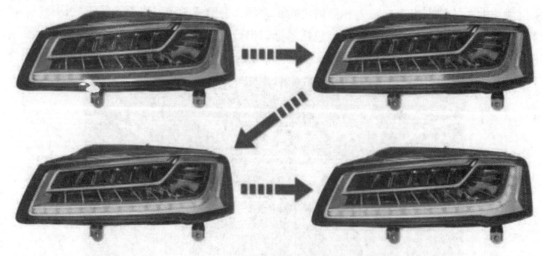

图 5-3-15

在有选装装备奥迪矩阵式LED前大灯的车上，LED尾灯上也有"快速移动式"转向闪光这个功能。LED尾灯上的"快速移动式"转向闪光功能，首次是用在了2012年的奥迪R8上，用于升级产品档次。

用于激活转向灯的请求是由转向灯主控制器（舒适控制单元J393）发送的。供电控制单元J519接收到这个请求，随后通过一根单独的导线将转向闪光信号送给前大灯中的功率模块2使用。

由于不是所有情况下都需要采用"快速移动式"转向闪光，因此舒适控制单元J393会通过一根单独的导线通知LED大灯中的两个功率模块3：是采用"快速移动式"转向闪光，还是采用普通的转向闪光。

普通的转向闪光用于撞车后闪光、紧急情况闪光和进行了强力制动后的警告闪光；而"快速移动式"转向闪光用于转向闪光、手动激活警告闪光、中央门锁确认闪光和成功完成自适应过程后的闪光。

三、操纵和显示 Bedienung und Anzeigen

（一）操纵

矩阵光柱（Matrix Bean）远光灯辅助功能的激活和关闭、驾驶员接管矩阵光柱（Matrix Bean）远光灯辅助功能、远光灯手动接通和关闭以及操控变光示意信号时，是通过远光灯拨杆的两个操控位置来实现的：

①将远光灯拨杆向前轻推；

②将远光灯拨杆向后拉。

要想只用两个操控位置来实现这些功能，供电控制单元J519的软件就得有出色的操控逻辑。最好是通过状态图来进行说明操控逻辑，共有4个主要状态：

①矩阵光柱（Matrix Bean）远光灯辅助功能关闭且远光灯关闭；

②矩阵光柱（Matrix Bean）远光灯辅助功能关闭且远光灯接通；

③矩阵光柱（Matrix Bean）远光灯辅助功能激活且远光灯关闭；

④矩阵光柱（Matrix Bean）远光灯辅助功能激活且远光灯接通。

矩阵光柱（Matrix Bean）远光灯辅助功能的操纵逻辑状态图如图5-3-16所示。

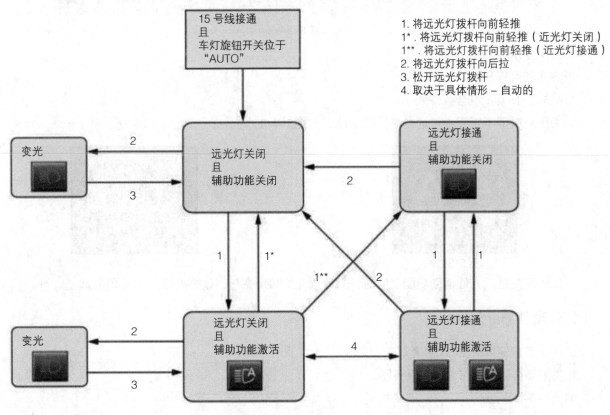

图 5-3-16

1067

（二）设置

使用MMI的Car菜单，在菜单选项"车辆设置/外部照明/自动行车灯"中可以接通或关闭矩阵光柱（Matrix Bean）远光灯辅助功能。如果已接通矩阵光柱远光灯辅助功能，那么驾驶员可以通过将远光灯拨杆向前轻推来激活它。但这有个前提条件：车灯旋钮开关应位于"AUTO"位置。

如果车灯旋钮开关位于"近光灯"位置，那么驾驶员可以操控远光灯拨杆以手动方式接通和关闭远光灯。如果MMI上将远光灯辅助功能设置成"关闭"状态，那么当车灯旋钮开关位于"AUTO"位置时，可以手动接通和关闭远光灯。

在MMI上激活远光灯辅助功能，如图5-3-17所示。

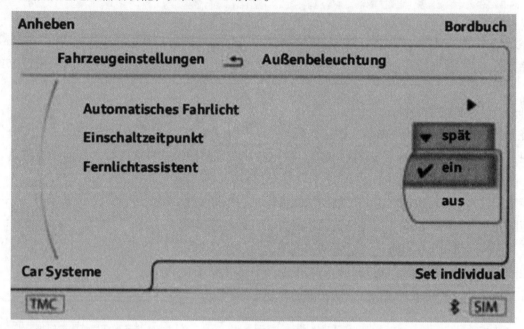

图 5-3-17

（三）显示

矩阵光柱可以显示。

如图5-3-18所示符号。

如果用户激活了矩阵光柱远光灯辅助功能，如图5-3-19所示符号就会显示在显示屏上。

图 5-3-18

图 5-3-19

如果矩阵光柱远光灯辅助功能已激活，只要远光灯LED亮起，就会出现这个蓝色的远光灯符号。

四、硬件 Hardware

（一）奥迪矩阵式 LED 前大灯

1. 奥迪矩阵式LED前大灯正面视图

如图5-3-20所示。

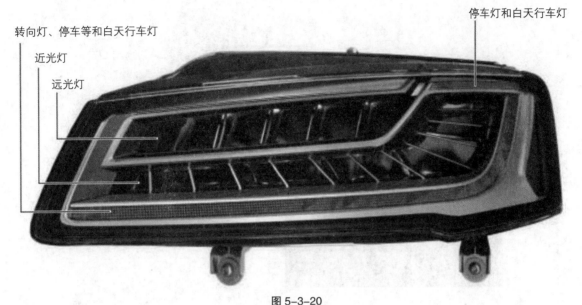

转向灯、停车等和白天行车灯
近光灯
远光灯
停车灯和白天行车灯

图 5-3-20

2. 奥迪矩阵式LED前大灯的结构

如图5-3-21所示。

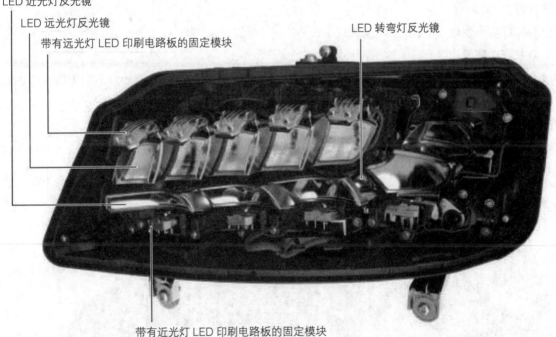

LED 近光灯反光镜
LED 远光灯反光镜
带有远光灯 LED 印刷电路板的固定模块
LED 转弯灯反光镜
带有近光灯 LED 印刷电路板的固定模块

图 5-3-21

3. 远光灯LED印刷电路板

每个奥迪矩阵式LED前大灯的远光灯，由5个单独的印刷电路板构成，其上各有5个串联的LED。因此，每个前大灯上的共计25个远光灯LED就可以单独操控了，它们与另一个前大灯的远光灯模块一起形成远光灯光束（光锥）。

每个LED负责照亮远光灯的一个区段，每个单独的区段是有重叠的。

带有远光灯LED的印刷电路板如图5-3-22所示。

远光灯 LED

图 5-3-22

4. 奥迪矩阵式LED前大灯在售后服务中可以更换的部件

如图5-3-23所示。

在售后服务中，奥迪矩阵式LED前大灯中有5个部件可以单独更换。

这些部件具体如下：

①LED大灯功率模块 1（右 A27 / 左 A31）；

②LED大灯功率模块 2（右 A28 / 左 A32）；

③LED大灯功率模块 3（右 A29 / 左 A33）（电子装置 A29 和 A33在奥迪矩阵式LED前大灯内，取下大灯的后盖即可更换）；

④矩阵式前大灯功率模块（左 A44 / 右 A45）；

⑤大灯风扇（左 V407 / 右 V408）。

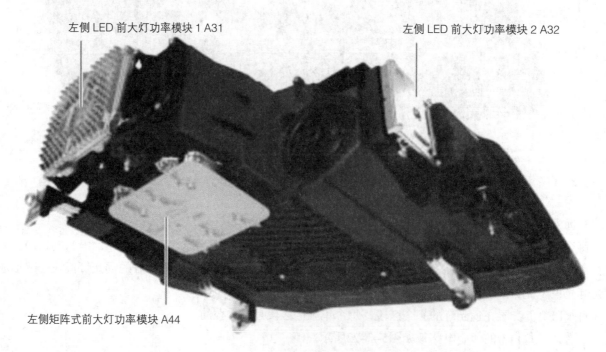

左侧 LED 前大灯功率模块 1 A31　　　　　左侧 LED 前大灯功率模块 2 A32

左侧矩阵式前大灯功率模块 A44

图 5-3-22

（二）奥迪矩阵式 LED 前大灯工作原理图

如图5-3-24所示。

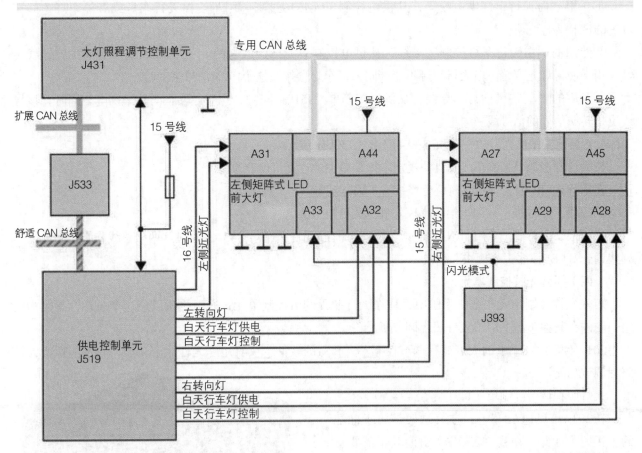

A27. 右侧LED大灯功率模块1 A28. 右侧LED大灯功率模块2 A29. 右侧LED大灯功率模块3 A31. 左侧LED大灯功率模块1 A32. 左侧LED大灯功率模块2 A33. 左侧LED大灯功率模块3 A44. 左侧矩阵式前大灯功率模块 A45. 右侧矩阵式前大灯功率模块 J393. 舒适控制单元 J533. 数据总线诊断接口

图 5-3-24

（三）奥迪矩阵式 LED 前大灯上的功率模块

1. LED前大灯上的功率模块1 右 A27 / 左 A31任务

负责近光灯和转弯灯LED的供电和操控以及大灯内风扇的操控。

在LED前大灯上的功率模块1上连接有下面这些导线。

①一根"15号线"，从供电控制单元J519过来，用于给转弯灯、风扇和功率模块运算器供电。

②专用的"近光灯"导线，从供电控制单元J519过来的，该导线用于给近光灯供电。

③两根CAN总线（专用CAN总线），接大灯照程调节控制单元J431。通过这两根总线告知功率模块，现在要求哪个灯工作。功率模块通过这些信息就知道了哪些近光灯LED需要以多强的亮度来工作。同样，接通和关闭转弯灯也需要这两根导线。

2. LED前大灯上的功率模块3右A29/左A33任务

转换要求的转向闪光模式。

在LED前大灯上的功率模块3上连接有下面这些导线。

专用的"转向闪光模式"导线，来自舒适控制单元J393。它是一根数字式信号线，表示转向灯闪光是普通模式的还是快速移动式的。

3. LED前大灯上的功率模块2 右 A28 / 左 A32任务

负责停车灯（驻车灯）、白天行车灯和转向灯LED的供电和操控。

在LED前大灯上的功率模块2上连接有下面这些导线。

①一根"白天行车灯供电线"，从供电控制单元J519过来，用于给白天行车灯或者停车灯（驻车灯）的LED供电。

②专用的"白天行车灯控制"导线，从供电控制单元J519过来的。一个PWM信号会通过该导线传输，用于使得灯光变暗。白天行车灯不能变暗，停车灯会按照这个PWM信号来变暗。

③专用的"左/右转向灯"导线，从供电控制单元J519过来的，用于给转向灯LED供电。同时，该导线也是转向信号的信号线。

4. 矩阵式LED前大灯功率模块 左 A44 / 右 A45任务

按大灯照程调节控制单元J431的规定来操控单独的远光灯LED的亮度。

在矩阵式LED前大灯功率模块上连接有下面这些导线。

①一根"15号线"，用于给功率模块和远光灯LED供电。

②两根CAN总线（专用CAN总线），接大灯照程调节控制单元J431。通过这两根总线告知功率模块，哪些远光灯LED以多大亮度去工作。

（四）矩阵光柱控制单元

矩阵光柱控制单元在维修手册中，称作大灯照程调节控制单元J431。之所以用这个名称，是因为所用的硬件在其他车型上用于大灯照程调节了。

2014年奥迪A8车上的大灯照程调节控制单元J431的软件，仅有矩阵光柱这个功能，它不能执行大灯照程调节功能。

大灯照程调节控制单元J431如图5-3-25所示。

在2014年奥迪A8车上，空气悬架是属于标配的。正因为如此，在装备有LED大灯时就不需要有大灯照程调节控制功能了。

1. 接线图

大灯照程调节控制单元J431有6根连接线。其中两根是用于供电的，另外还有两套CAN总线，每套CAN总线有两根导线。

大灯照程调节控制单元J431的导线连接如图5-3-26所示。

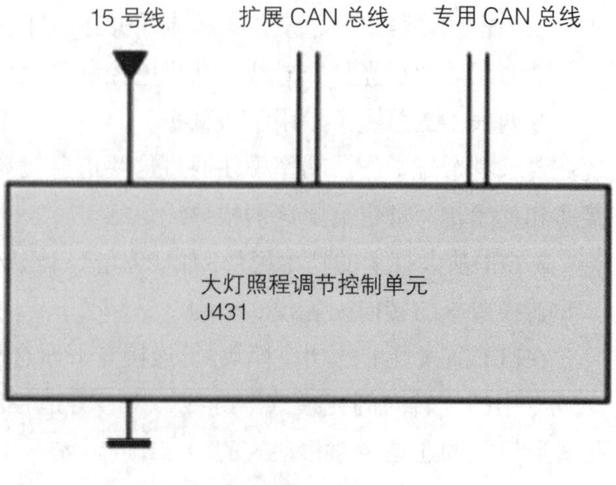

2. 控制单元的安装位置

在奥迪A8（D4）上，大灯照程调节控制单元J431安装在后座椅背面，充电装置的左下方。

3. 任务

大灯照程调节控制单元J431是矩阵光柱功能的主控制器。另外，它还负责其他车灯功能，比如弯道灯、转弯灯、全天候灯和夜视辅助系统的标识灯。

4. 矩阵光柱功能的实现

大灯照程调节控制单元J431从摄像头控制单元J852接收到数据，这些数据是由摄像头图像处理软

图 5-3-25

图 5-3-26

件识别出来的。这些数据包含别的车与本车之间相对角度以及别的车与本车之间的距离。

大灯照程调节控制单元J431就从这些数据中计算出，哪些远光灯LED应以多大亮度去工作。计算是按这个程度来进行的：道路被照亮到一个比较理想的程度，但又不使得人有炫目感。在计算远光灯LED的亮度过程中，也顺便考虑了弯道灯。如果车辆行驶在弯道处，那么远光灯光束（光锥）的最大亮度点会偏移，以便更好地将弯道照亮。激活了高速公路模式的话，对于这个计算也是有影响的。如果高速公路模式被激活了，那么远光灯光（光锥）外缘区的LED就很暗或者干脆就不亮了。

计算出的各个远光灯LED亮度，不断地经专用CAN总线被传送到矩阵式LED前大灯两个功率模块上（左A44，右A45），模块会操控相应的LED来工作。

但是，只有当满足使用矩阵光柱远光灯辅助系统的所有条件时，才能对LED实施操控。这些条件包括：

①车灯旋钮开关位于 AUTO MMI上的远光灯辅助菜单项处于"接通"；

②驾驶员已将该功能激活；

③车速处于正确值范围内；

④车辆当前位置周围足够暗。

5. 其他车灯功能的转换

大灯照程调节控制单元J431会通知功率模块1，哪些近光灯LED应激活亮起。这些数值通过专用CAN总线被传至奥迪矩阵式LED前大灯内的两个功率模块1上，并被转换成所需要的控制动作。

同样，控制单元J431也负责全天候灯的操控。如果全天候灯已被驾驶员接通了且也满足所有其他条件了，那么近光灯LED相应的亮度会按照恶劣天气条件进行匹配的。所需要的亮度要求随后被送至LED前大灯内的功率模块1上并进行相应转换。

大灯照程调节控制单元J431根据接收到的车辆数据，也会计算是应该接通一个转弯灯还是两个（弯道灯）。如果有这个需要的话，信息是通过专用CAN总线通知相应的功率模块1的。功率模块1会来操控LED转弯灯的。

在旅行灯激活时，也是这样的功能流程。这个请求是通过扩展CAN总线传至大灯照程调节控制单元J431的。该控制单元随后会相应降低LED的亮度（就是形成近光灯中非对称成分的那些LED），并把这个信息传至奥迪矩阵式LED前大灯内的两个功率模块1上。

（五）供电控制单元 J519

供电控制单元J519是奥迪A8外部照明的主控制器。控制单元J519是通过LIN总线从车灯开关接收到车灯旋钮开关当前的位置以及全天候灯是否激活这些信息的。

车灯旋钮开关当前的位置对车外灯具有重要意义，因为矩阵光柱远光灯辅助功能以及其他的灯功能，只有在车灯旋钮开关处在 AUTO 位置时才能工作。

供电控制单元 J519如图5-3-27所示。

控制单元J519是通过舒适CAN总线从转向柱电子控制单元J527处获知远光灯拨杆是否被拨动这个信息的。于是J519就知道了矩阵光柱远光灯辅助功能的激活状态了，此信息又被放到了CAN总线上。

控制单元J519将左、右LED前大灯内的功率模块1的15号接线柱接通。另外，两个功率模块1还各有一根用于近光灯的供电/信号组合线。

图5-3-27

LED前大灯内的功率模块2只通过控制单元J519来操控。这是通过一根单独的供电线（停车灯和白天行车灯的）和一根PWM信号线来实现的。PWM信号决定LED的亮度。这些LED既用于停车灯也用于白天行车灯。还有一根单独导线（第三根了），是用于操控两个奥迪矩阵式LED前大灯内的转向灯LED的。

五、联网

如图5-3-28所示，表示的就是所有参与矩阵光柱功能的控制单元的联网状况。还展示了控制单元用来交换数据的总线系统。

这些控制单元直接参与该功能，将车辆数据提供给该功能使用，为用户提供对该功能进行设置的可能性，或者显示与该功能相关的信息。

这个拓扑图是在2013年完成了产品升级后的奥迪A8（D4）车上的。

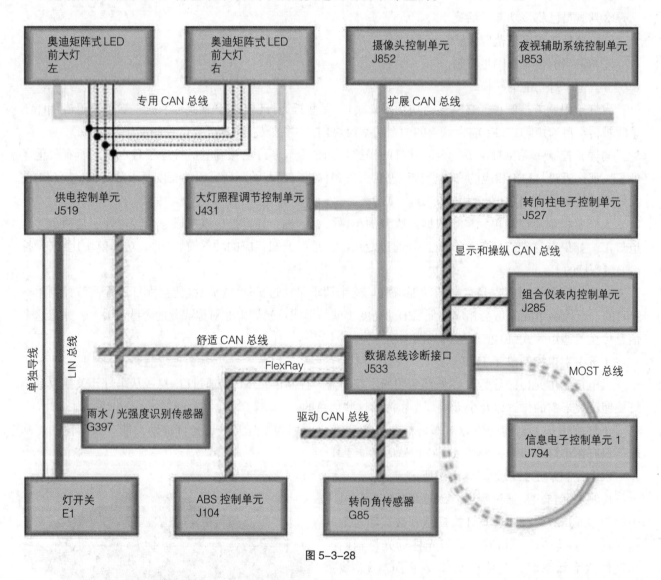

图 5-3-28

（1）供电控制单元 J519。

（2）大灯照程调节控制单元 J431。

（3）摄像头控制单元 J852。

摄像头安装在车内后视镜内，用于接收车辆前方周围区域的图像。集成在该控制单元内的图像处理软件不断地在图像中搜寻本车前方或者对向车道的车辆。该识别要在接通了车外照明灯时进行。

如果识别出有其他车辆，那么就会去测算其他车辆与本车相对角度，并且会估算两车之间的距离。这些信息会被提供给大灯照程调节控制单元J431去使用。

该摄像头也会侦知周围环境的亮度。它还用于判定激活了的远光灯辅助系统是否该实际使用远光灯（因为远光灯只在周围很黑时才允许使用）。

（4）转向柱电子控制单元J527。

（5）灯开关E1。

为供电控制单元J519提供车灯旋钮开关当前位置信息，并告知全天候灯按钮的操纵情况。

（6）组合仪表内控制单元J285。

通过组合仪表上相应的符号来表示矩阵光柱远光灯辅助系统当前是否被激活了。组合仪表上蓝色的远光灯指示灯，表示当前是否正在使用远光灯。另外，组合仪表上还会显示会影响到矩阵光柱功能的故障信息。这些故障涉及因玻璃脏污、有水汽或者雾等造成的摄像头图像接收方面的问题。

（7）信息电子控制单元1 J794。

用于提供这个信息：MMI上的Car菜单中，选项"远光灯辅助系统"是处于"接通"还是"关闭"状态。另外，如果车上配备有选装的MMI增强版导航系统，还会提供预测的道路数据。

（8）ABS控制单元J104。

（9）转向角传感器G85。

（10）雨水/光强度识别传感器G397。

通过LIN总线将当前的环境亮度信息提供给供电控制单元J519。这个信息用于决定自动行车灯切换功能何时接通或者关闭近光灯。

（11）夜视辅助系统控制单元J853。

在有碰撞危险时，将识别出的行人和其位置通过CAN总线告知大灯照程调节控制单元J431。

第四节　奥迪车系 ACC 系统

一、自适应巡航控制（ACC）系统

在过去的数年，驾驶员辅助系统经历了快速的发展。特别是电子元件的研发和制造方面的技术进步，为此奠定了先决条件。

各种车辆系统共同使用多种分功能，以及各种车辆系统之间日益增多的信息交换，使得可用功能的复杂性也增加了。可以预测，今后的10年间，还可以在技术上实现自动导航驾驶。自适应巡航控制（ACC）系统是一套基本系统了，首次是用在了2003年型的奥迪A8车上的，它是自动导航驾驶的基石。在开发的过程中，ACC系统的功能范围在不断地增加，该系统目前已经用在了很多最新的奥迪车上了。

ACC首次是用在了2003年型的奥迪A8车上的。同时，重点是通过引入其他传感器的测量值扩展了功能范围。另外，通过系统技术措施扩大了系统应用范围，大大提高了系统的可用性，如图5-4-1所示。

图 5-4-1

二、ACC 基本功能

（一）一览

ACC系统是在定速巡航装置的基础上不断发展而来的，它最先是用在了2003年型的奥迪A8车上。如果"前面没车"，那么可以使用驾驶员设定的期望车速来行车，这与定速巡航功能相当。如果前车很慢而导致本车不可能用期望车速来行驶，那么ACC可以使得两车保持驾驶员设定的期望车距。

随后，在需要时车辆会自动降低输出功率、换挡（指自动变速器车）和/或制动干预以降低车速。在某些行驶状况时，还会要求驾驶员主动进行制动，这个警报信息会以声音和视觉方式显示出来。

"前面没车"：使用驾驶员设定的期望车速来行车，如图5-4-2所示。

图 5-4-2

前面车辆的车速比本车的期望车速低：实现期望车距，如图5-4-3所示。

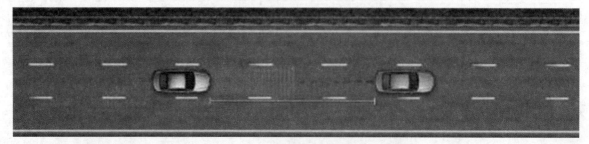

图 5-4-3

为了能实现与相应车道上前行车辆保持与车速相关的恒定车距，ACC调节软件必须知道下述信息。

与前车的车距，如图5-4-4所示。

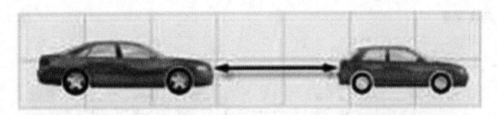

图 5-4-4

前车的车速，如图5-4-5所示。

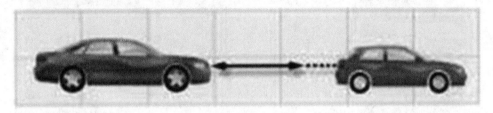

图 5-4-5

前车的位置，如图5-4-6所示。

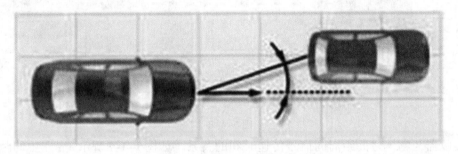

图 5-4-6

在雷达的视野中如果同时出现多辆车，那么就要根据上述信息来选择该根据哪辆车进行调节，如图5-4-7所示。

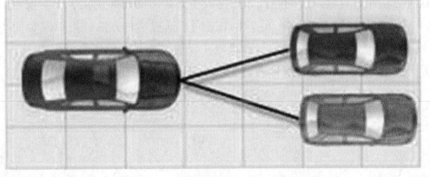

图 5-4-7

（二）技术实现——雷达技术

雷达技术被用来实现ACC基本功能。雷达波束的波长非常短，这相对于光学系统来说就有优势了，尤其是在可视性很差的条件下（比如有雾、雪花飞舞）。因此，其系统可靠性比光学系统要高。

雷达是Radio detecting and ranging（Radar）的缩写，它是一种给物体定位的电子手段。

发射出去的雷达波束碰到物体表面后会被反射回来。

从发射信号到接收到反射信号所需要的时间取决于物体之间的距离，将再次接收到的反射波束与发射波束进行对比并分析。

（三）距离测量

如图5-4-8所示。

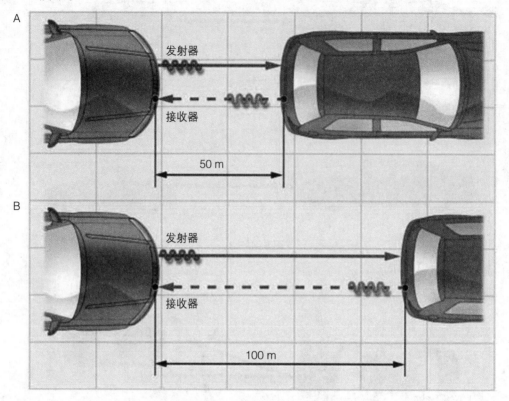

图 5-4-8

发射器/接收器与物体之间距离同信号传递时间的关系（如图5-4-8所示）：B中的距离是A中的两倍，那么B中反射信号到达接收器所需时间就是A中的两倍。

直接测量这个时间是很复杂的事，因此实际采用的是一种间接测量法，称为调频连续（等幅）波（FMCW）法。这种方法是将连续发射的超高频振荡波（其频率随时间变化）作为发射信号。

作为"运输工具"的载波信号频率在76~77GHz之间。通过这种方法就可以避免使用很复杂的直接测量时间的方式，只需简单地比较一下发射信号和接收（反射）信号的频率差就可以了。

如图5-4-9所示，±200MHz的载波信号通过频率调制时的频率变化。

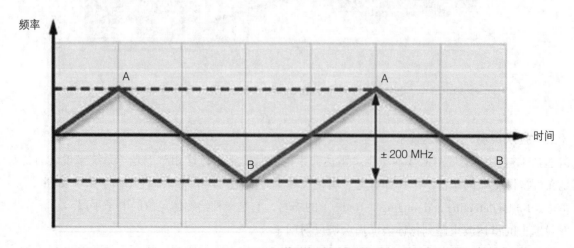

图 5-4-9

在调频信号振幅（信号强度）几乎保持恒定不变时，频率（单位时间内振动次数）却是在变化着的，如图5-4-10所示。

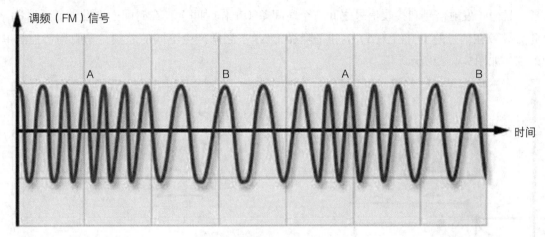

图 5-4-10

在这两个图中，标有A的时间点的信号频率达到最大值（单位时间内振动次数最多），标有B的时间点的信号频率达到最小值（单位时间内振动次数最少）。

（四）确定前车车速

要想确定前车的车速，需要应用一种物理效应，这种效应被称为"多普勒效应"。对于反射发射出来的波的物体来说，它相对于发射出波的物体是处于静止状态还是运动状态，是有本质区别的。

如果发射器与物体之间的距离减小了，那么反射波的频率就提高了；反之若距离增大，那么这个频率就降低。电子装置会分析这个频率变化，从而得出前车的车速。

"多普勒效应"应用示例：

当消防车驶近时，其警报声听起来是一种持续的高音调（高频），如图5-4-11所示。

当消防车越走越远时，我们听到的音调就降低了（频率跃变—低频）。

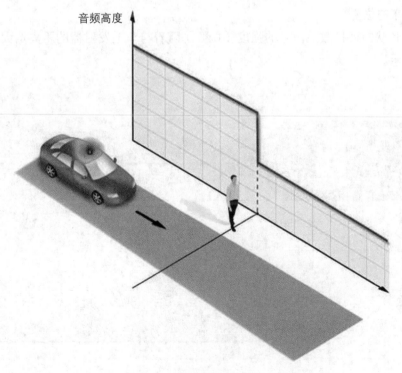

图 5-4-11

（五）确定前车车速和车距示例

前车越走越快，与后车的距离增大了。根据"多普勒效应"，接收（反射）的信号（ΔfD）的频率就降低了，且由于发射信号和接收信号之间有个时间差（工作时间），在时间上也发生了延迟。

由此会导致在信号的上升沿（Δf_1）和下降沿（Δf_2）之间产生不同的差频，车距调节控制单元会分析这种差别，如图5-4-12所示。

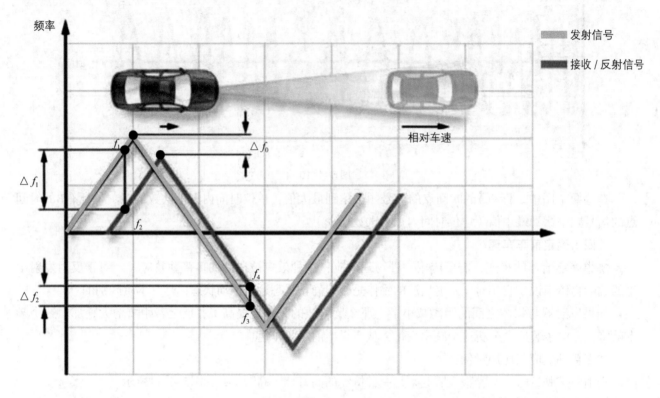

图 5-4-12

（六）确定前车的位置

雷达信号呈叶片状向外扩散。信号的强度（振幅）随着与车上发射器的距离增大而在纵向和横向降低，如图5-4-13所示。

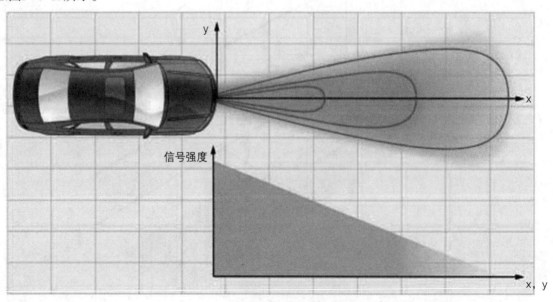

图 5-4-13

要想确定车辆位置，还需要一个信息，就是本车与前车相对运动的角度。为了获取这个信息，最新的奥迪车型上都装有发射/接收单元，该单元上配备有4个发射器和4个接收器。

通过使用上面图示的信号强度与发射器距离的关系，再加上四个雷达射束，就可以准确确定出前行车辆的位置了。雷达射束在其边缘区是重叠的。

如图5-4-14所示，前面的车辆被雷达射束2和3同时侦测到了。在这个例子中，车辆大部分处于信号2的区域内，因此信号2的接收（反射）信号强度（振幅）就大于信号3的。各个雷达射束接收（反射）信号强度的关系就表达了这种角度信息。

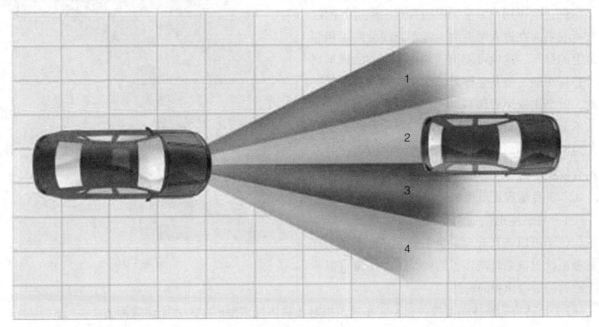

图 5-4-14

（七）确定针对哪辆车来进行调节

在实际行车中（如在高速公路、多车道路面以及转弯时），在雷达的视野中一般会出现多辆车。这时就得识别哪一辆与本车行驶在同一条车道上（或者说本车应与哪辆车保持选定的车距）。这就需要车距调节控制单元先来确定车道。

这个过程是相当复杂的，是建立在很多传感器的测量数据基础上的。需要的信号有：转向角传感器、横摆率传感器信号、车轮转速传感器信号。

在有相应装备的车上，由摄像头另外来识别车道识别线。由雷达探测到的公路护栏、道路分隔柱以及道路上其他车辆的运动方向，也能推断出车辆将要经过的道路情况。如果车辆配备有增强型导航系统的话，还会用预测的道路数据来确定道路情况（适用于A6、S6、RS6、A7、S7、RS7和A8车）。

这条"假想"车道是控制单元根据带有ACC系统的车的当前转弯半径R和确定的车道平均宽度B得出来的。

雷达在本车道上探测到的离得最近的物体（车辆），就被认为是目标车辆（指本车就是针对这辆车来进行调节）。如果满足调节条件，那么本车就

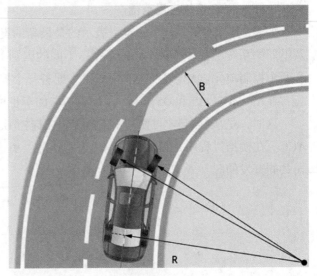

图 5-4-15

与这辆车保持所期望的车距，如图5-4-15所示。

弯道不断变化或者在驶入弯道及驶离弯道时，可能出现这样的情况：本车短时"失去"了目标（前车），或将相邻车道上的某车当成了目标。

这就可能导致这样的情况：ACC系统会使得车辆短时加速或减速。这种情况较少发生，其原因是没能准确查明道路情况。

示例：蓝车用ACC系统跟随着同一车道上的红车在行驶着。在进入弯道时，蓝车直线驶向了相邻车道上的绿车，这就可能把这辆正在行驶的绿车当成了目标车辆（就是要针对绿车来实施调节了）。因此，就会出现短时调节过程，驾驶员会觉得这个调节不太对劲，如图5-4-16所示。

说明：这种调节特性是系统本身的原因，并不表示有故障。

（八）自适应巡航控制（ACC）系统的局限性

（1）自适应巡航控制系统是一个驾驶员辅助系统，绝不可以将其看成安全系统。它也不是全自动驾驶系统。该系统减轻了驾驶员的工作量，但不能免除驾驶员应承担的责任。

图 5-4-16

（2）自适应巡航控制系统仅在一定车速范围时（具体视车型而定）才能实施调节。

（3）自适应巡航控制系统对固定不动的目标无法做出反应。

（4）雨水、浮沫以及雪泥水会影响雷达和其余相关传感器（摄像头、超声波传感器）的工作效果。

（5）在转弯半径很小时，由于雷达视野受到限制，所以会影响系统的功能。

（6）车辆驶经隧道时，隧道壁会反射雷达波束。这个反射有时会干扰正常的调节。

三、ACC系统介绍

（一）ACC系统应用范围

如表5-4-1所示。这个一览表表示的是最新的奥迪车型（车型年2013）中哪些车可以选装ACC。这涉及不同的系统配置（针对不同的车型、不同的国别）。A6、A7和A8一般是各配备两个雷达发射/接收单元和两个控制单元。A3、A4、A5、Q5和Q7配备一个控制单元和一个雷达单元。

在A3、A4、A5和Q5车上，手动变速器的车也可以配备ACC。

这时，是从2挡起才可使用ACC系统，在挂挡/换挡和放开离合器踏板后，不需要踩下加速踏板来激活ACC。在换挡过程中是无法接通ACC来工作的。奥迪车上使用的ACC系统，是由德国奥迪公司与Bosch公司共同开发的。

表 5-4-1

车型	ACC 形式
A3，S3	**
A4，S4，RS4	
A5，S5，RS5	
A6，S6，RS6	***
A7，S7，RS7	
A8，S8	
Q5，SQ5	
Q7	

注：** ACC系统配备一个控制单元，包括一个雷达单元（车距调节右传感器G259和车距调节控制单元J428）。

*** ACC系统配备两个控制单元，它们各配备一个雷达单元［车距调节右传感器G259和车距调节控制单元J428（主控制单元），车距调节左传感器G258和车距调节控制单元2 J850（从控制单元）］，如图5-4-17所示。

图 5-4-17

1083

（二）系统参数

下边比较了ACC系统所使用的重要参数。

1. 作用距离和作用角

雷达波束的作用距离和作用角，取决于雷达发射/接收单元的结构形式和数量。对于A6、A7和A8车来说，这个作用距离（指还能可靠地识别出目标时）大约为200m；对于A3、A4、A5、Q5和Q7车来说，这个作用距离大约为180m。起始探测范围是从距车前约0.5m时开始的。

最新的系统使用带有4个发射器/接收器的发射和接收单元，其波束部分重叠，如图5-4-18和图5-4-19所示。

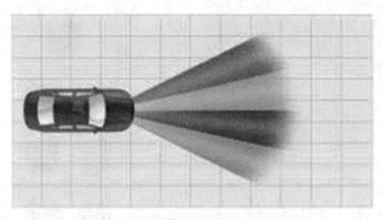

图 5-4-18

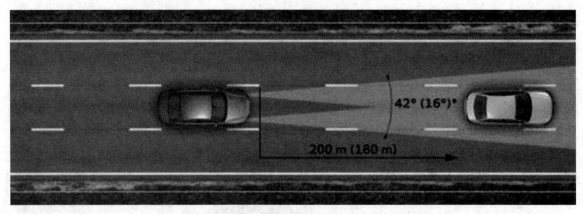

图 5-4-19

对于带有两个发射/接收单元的车（以车型年2010以后的奥迪A8为例），由于采用了双雷达结构，所以其雷达波束作用角明显增大了。车前30m处的探测宽度就达16m，这比三车道的高速公路都宽了。

因此ACC就可以提早识别出驶入本车车道的车辆了。相应的，ACC也可以对制动过程和/或警告信息做出预见性反应。

2. 调节范围/车速范围

ACC系统工作的允许调节车速范围，取决于车型和国别。对于具体车型，下述内容是适用的：

A4，A5，Q5：ACC工作范围是30~200 km/h。在某些国家有限制（30~150km/h）。

A3：车速范围取决于车辆装备情况。如果车辆装备有驾驶员辅助包（带有驾驶员辅助系统正面摄像头R244），那么这个车速范围也是30~200km/h；在装备有自动变速器的车上，调节过程在需要时可一直持续到车停住为止；如果车辆未装备驾驶员辅助包，那么车速范围是30~150km/h。

Q7：ACC工作范围也是30~200km/h，调节过程在需要时可一直持续到车停住为止。

A6，A7，A8：调节范围是30~250km/h，调节过程在需要时也可一直持续到车停住为止。在某些国家有限制（30~150km/h），如图5-4-20和图5-4-21所示。

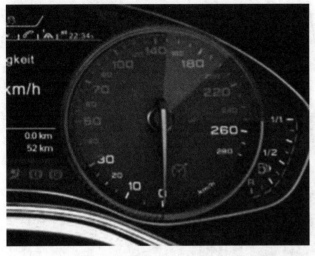

图 5-4-20

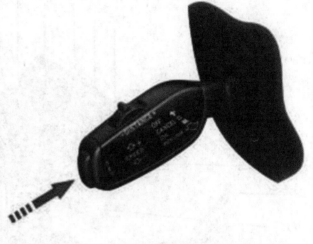

图 5-4-21

3. 目标识别

对于所有奥迪车型上使用的ACC系统来说，在使用雷达传感器来识别目标时，下面的规则都是适用的。

ACC 对移动的物体或者被识别为移动的物体才会有反应。该系统虽然也能识别静止的物体，但是就其基本功能来讲，它是不会对静止的车辆、人、动物、横穿或者迎面来车做出反应的。当然，ACC附加功能在调节过程中也会考虑到静止物体的。

这方面的一个例子就是停停走走功能，处于静止的ACC调节车和静止的前车之间有障碍物，该物已经被探测到了。在前车起步后，自动起步过程在这种情况下要做适当调整或者彻底被禁止。在这种

图 5-4-22

情况下，是通过附加传感器来探测附近的静止障碍物的（摄像头、超声波传感器），如图5-4-22所示。

（三）系统部件

1. 车辆一览

如图5-4-23所示。

该图表示的是奥迪A8上与ACC调节有关的所有控制单元。最复杂的调节过程涉及26个控制单元，这些控制单元要交换大约1600个信息。

车距调节右传感器G259和车距调节控制单元J428（所有带ACC的车上都有）。

车距调节左传感器G258和车距调节控制单元2 J850（仅A6、S6、RS6、A7、S7、RS7、A8、S8车上才有）。

2. 结构

传感器（雷达发射器和接收器）与相应的控制单元是安装在同一个壳体内的（也被称为ACC单元）。这些件是不可拆开的，在售后服务中只能整体更换。该单元固定在一个支架上，可以调节，与车上的支架（保险杠）用螺栓拧在一起。透镜型的护盖中集成有加热丝，如图5-4-24所示。

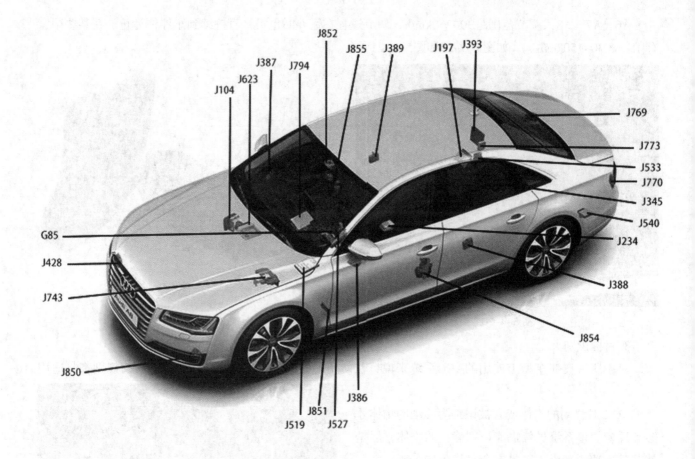

G85. 转向角传感器　J104. ABS控制单元　J197. 水平调节控制单元　J234. 安全气囊控制单元　J345. 挂车识别控制单元　J386. 驾驶员车门控制单元　J387. 副驾驶员车门控制单元　J388. 左后车门控制单元　J389. 右后车门控制单元　J393. 舒适系统中央控制单元　J428. 车距调节控制单元　J519. 供电控制单元　J527. 转向柱电子控制单元　J533. 数据总线诊断接口　J540. 电动机械式驻车制动器控制单元　J623. 发动机控制单元　J743. Mechatronic控制单元　J769. 换道辅助控制单元　J770. 换道辅助控制单元2　J773. 舒适系统中央控制单元2　J794. 信息电子控制单元　J850. 车距调节控制单元2　J851. 图像处理控制单元　J852. 摄像头控制单元　J854. 左前安全带张紧器控制单元　J855. 右前安全带张紧器控制单元

图 5-4-23

3. 功能

4个雷达传感器不断地发射出雷达波，这些雷达波通过透镜型的护盖汇聚成束。

集成的电加热装置在大多数行驶情况下，可以防止出现雪/冰沉积（冰雪会使得雷达波束衰减的）。

接收到的雷达信号由控制单元来进行分析，如图5-4-25所示。

车距调节传感器的集成有加热丝的透镜型的护盖

图 5-4-24　　　　　　　　　　　　　　　　　图 5-4-25

基本功能：如果识别出有调节的必要了，那么就会通过制动或者加速来让本车与前车保持驾驶员所选择的车距。根据需求，可以利用下述功能。

①执行主动制动过程（由ESC制动单元来执行；在奥迪Q7上是通过主动制动助力器来执行）。

②根据需要降低或者提高发动机输出扭矩。

③如果是自动变速器车，那么启动或者制止变速器换挡过程。

车距调节控制单元与其他控制单元是通过数据总线来进行通信的。为此，ACC控制单元通过一条专用数据总线与数据总线诊断接口（J533）连接在一起。

在配有两个发射/接收单元和两个控制单元的ACC系统中，采用的是主/从结构。控制单元J428为主，控制单元J850为从，如图5-4-26所示。

车距调节右传感器 G259 和　　　　车距调节左传感器 G258 和
车距调节控制单元 J428（主）　　　车距调节控制单元 2 J850（从）

图 5-4-26

4. 车距自动调节按键 E357

操纵杆在转向柱左侧。开关的位置由车距调节控制单元来读取，并启动相应的系统反应/系统调节，如图5-4-27所示。

图 5-4-27

（四）联网——数据传送

如图5-4-28所示列出了系统部件，这些部件作为传感器和执行元件参与A6、S6、RS6、A7、S7、RS7、A8 和S8上的ACC功能。在相应的部件名称下面，简要地列出了这些部件发射或者接收的信息。

四、操作和驾驶员信息

重要的操纵功能都集成在拨杆上了（车距自动调节按键 E357），如图5-4-29所示。

（一）接通 / 关闭 ACC

拨杆（操纵杆）有两个卡止位置。正常接通的话，就把拨杆向驾驶员方向拉动即可（ON）；关闭的话则需向反向推动拨杆（OFF），如图5-4-30所示。

启动发动机后，根据这个操纵杆的位置情况，ACC系统会处于BEREIT模式（操纵杆在ON）或AUS模式（操纵杆在OFF位置）。

通过操纵杆接通后，该系统也是处于BEREIT模式的。只有在设定了期望车速后，ACC才会进入AKTIV模式，且在需要时才会执行调节过程。

在接通了ACC时，电子稳定控制（ESC）和电子驱动防滑调节（ASR）功能也就都被激活了（如果它们先前已被驾驶员关闭了的话）。这两个系统在接通了ACC时是无法关闭的。

（二）设定期望车速

按下SET按键就可以将当前的车速作为所期望的巡航车速存储起来。一般来说，设置的期望车速应在30km/h以上。

带有停停走走功能的车，在车速低于30km/h时也可以设定期望车速。随后车就会被加速至30km/h，然后就按这个车速来调节了。

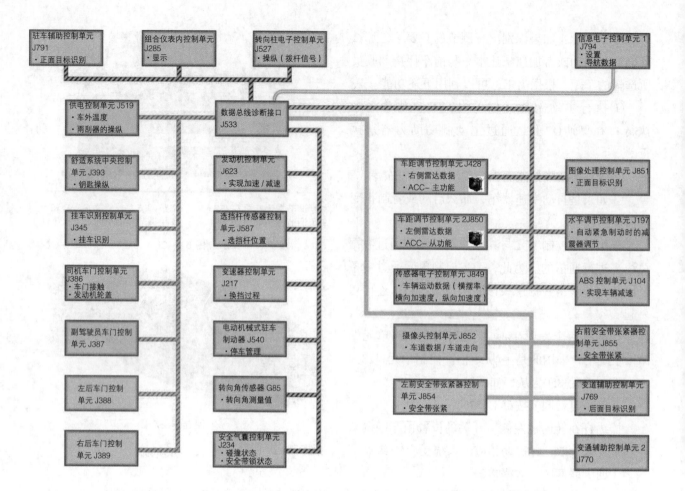

图 5-4-28

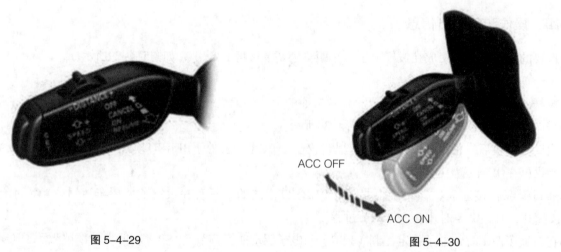

图 5-4-29   图 5-4-30

　　如果车辆是带有两个ACC单元的且车速超过了250km/h，这种情况下按压SET按键的话，车速就先降至250km/h，然后就按这个车速来调节了。

　　向上推操纵杆，可以提高期望车速；向下推操纵杆，可以降低期望车速（每次车速变化步长为5km/h或10km/h），如图5-4-31所示。

　　当前的期望车速通过车速表上的发光二极管（LED）来指示，以及在操纵了SET按键后马上显示在中间显示屏的信息栏处，如图5-4-32所示。

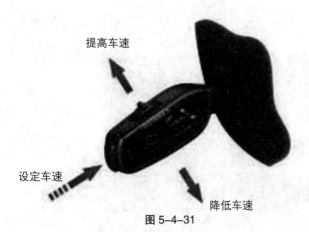

提高车速

设定车速

降低车速

图 5-4-31

图 5-4-32

（三）设定期望车距

本车与前车之间的车距可由驾驶员设定为4个级别，具体是通过操纵滑动开关来实现。出厂时的默认设定车距是3（就是Distanz 3）。ACC调节的车距取决于相应的车速。车速提高的话，车距也就增大。因此调节的车距不是个恒定的行驶距离，而是一个时间上恒定的间隔。当前的车距设定显示在中间显示屏上，如图5-4-33和表5-4-2所示。

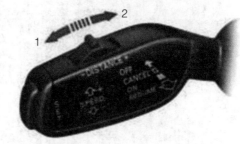

1. 减小车距　　2. 增大车距

图 5-4-33

表 5-4-2

Distanz 1	Distanz 2	Distanz 3	Distanz 4
时间间隔 1.0 s	时间间隔 1.3 s	时间间隔 1.8 s "半车速表"	时间间隔 2.3 s

（四）设定行驶程序

如果车上装备有奥迪drive select（奥迪驾驶模式选择）系统，那么行驶程序就在此选择，否则就在收音机/MMI上来选择。

通过选择特定的行驶程序/行驶模式，驾驶员可以在ACC调节过程中来对车辆加速特性和跟行特性施加影响。有comfort（舒适）、auto（自动）、dynamic（运动）、effciency（高效）和individual（个性化）几种模式可供选择。另外，选择了较大的车距，那也就是自动选择了较为舒适的加速特性。最大的加速是在选择了车距1（Distanz 1）和行驶程序dynamic（运动）时才能实现；最舒适的则是选择了车距4（Distanz 1）时才能实现；在选择了effciency（高效）模式时，是最节省燃油的，且加速也比较舒适；在选择了individual（个性化）模式时，驾驶员可以自由选择期望的加速与其他系统设置（发动机、变速器、转向器）的配合，如图5-4-34和图5-4-35所示。

（五）设定提示音音量

锣音信号会将各种系统状态通知驾驶员，视觉和声音信号都有。在A3、Q3、Q5、Q7 和A4/A5（包括S型和RS型）车上，这个锣音信号的音量可以由驾驶员在收音机/MMI上来调节。有3种设置可供选用："低" "中" "高"。

如果激活设置中的aus（关闭），那么声音信号就听不到了（无声了）。即使是关闭了锣音，出于功能方面的原因，也不是所有锣音信号都被关闭了。现在，A6、A7 和 A8（包括S型和RS型）车上的锣音信号的音量是自动适配的。

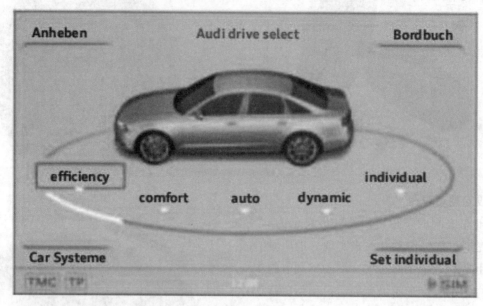

图 5-4-34

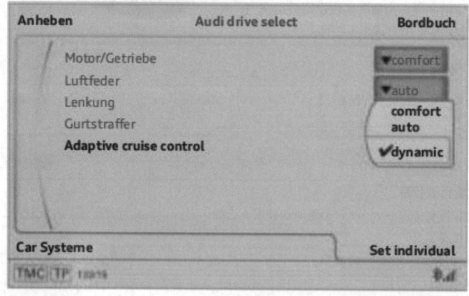

图 5-4-35

（六）系统状态显示

指示灯和组合仪表中间显示屏上的显示为驾驶员提供系统状态信息。当前的期望车速由车速表上的发光二极管环来显示，如图5-4-36所示。

（七）要求驾驶员接管车辆

为了让驾驶员安心且感到舒适，在使用ACC基本功能来实现期望车距的自动制动过程中，其最大制动减速被限制到最大可能制动减速的约40%。在某些情况下，这个制动减速不足以保持规定的车距，这时就需要驾驶员来"协助"了。具体来说，就是通过视觉和声音警告信息来要求驾驶员去实施

图 5-4-36

制动，如图5-4-37所示。

（八）一般操作

ACC 是个驾驶员辅助系统，它是用来减轻驾驶员负担的。驾驶员可随时施加影响。主动式的ACC调节过程，可以通过施加制动来中断。同样，可以"猛踩"加速踏板来提高ACC已经设定了的车速和加速度。

图 5-4-37

五、ACC 附加功能

（一）一览

除了基本功能以外，ACC还有附加功能可供使用。这方面取决于车型、国别了，且有时与车上的某种特殊装备有关，如表5-4-3所示。

表 5-4-3

功能	相关车型	备注
奥迪制动警告 ★	Q7	
奥迪制动警告 ★ 连同自动应急制动	A3、S3、A4、S4、A5、SS、A6、S6、RS6、A7、S7、RS7、A8、S8、Q5、SQ5	在奥迪 A3 上，奥迪制动警告这个功能属于 Audi pre sense（奥迪预防保护系统）的一部分
停停走走	A3、S3、A6、S6、RS6、A7、S7、RS7、A8、S8	带有起步监控和 15 s 的起步准备 ★★（A6、S6、RS6、A7、S7、RS7、A8 和 S8）以及 3s 的起步准备（A3 和 S3）
车速很低时的全减速	A3、S3、A4、S4、A5、S5、A6、S6、RS6、A7、S7、RS7、A8、S8、Q5、SQ5	
超车辅助	A3、S3、A4、S4、A5、S5、A6、S6、RS6、A7、S7、R57、A8、S8、Q5、SQ5、Q7	
弯道辅助	A6、S6、RS6、A7、S7、RS7、A8、S8	
阻止右车道超车	A3、S3、A4、S4、A5、S5、S5、A6、S6、RS6、A7、S7、R57 A8、S8、Q5、SQ5	
变道辅助	A6、S5、RS6、A7、S7、RS7、A8、S8	
Boost 功能	A3、S3、A6、S6、RS6、A7、S7、RS7、A8、S8	

注：★将来，奥迪制动警告这个功能在所有奥迪车型上都属于奥迪pre sense（奥迪预防保护系统）的一部分。
　　★★在A3、S3、A6、S6、RS6、A7、S7、RS7、A8 和 S8上，可以通过按动操纵杆来延长启动准备时间的持续时长。

停停走走功能使用的典型场合是堵车和车辆排成长龙，如图5-4-38所示。

（二）奥迪制动警告

奥迪制动警告在危险情形时会警示驾驶员。这种危险发生的典型原因，可能是前车突然实施了强力制动，或者是本车高速行驶时靠近了前面行驶非常慢的车了。

另外，没能与前车保持必需的车距，其危险性也是很高的。即使ACC没有激活或者已经关闭了，奥迪制动警告也仍处于激活状态。

奥迪制动警告最先是用在了2005年车型奥迪A6上的。该功能是靠雷达信号来识别危险情形的。如果车上装备有驾驶员辅助系统正面摄像头R242（A3、S3、A6、S6、RS6、A7、S7、RS7、A8和S8上都有），在评估危险情形时也会参考视频信息的，如图5-4-39所示。

图 5-4-38

图 5-4-39

奥迪制动警告可实现两种警报情形。

1. 车距警告

奥迪制动警告通过分析雷达信号，识别出在一个较长的时间段内，本车与前车的车距太小了（小于选择车距1时所实现的车距了）。前车的强力制动可能导致撞车了。

在这种情况下，奥迪制动警告功能会发出警报来提醒驾驶员。显示屏上会有一个指示灯被激活，呈红色在闪烁，如图5-4-40所示。

图 5-4-40

2. 跟车行驶警告（预警）

如果本车与前车之间的车距快速减小，再这样下去只能通过避让或者不舒适的制动来避免撞车的话，就会触发跟车行驶警告。这就需要驾驶员立即做出反应。根据危险程度，这个警报会激活警报灯和中间显示屏上的显示以及锣音信号，如图5-4-41所示。

驾驶员能明显感觉到这个警告耸车过程，这不是用于给车辆减速的，而是再次提示驾驶员：你必须立即做出反应，以避免与前车碰撞。

在这种情况下，需要驾驶员去主动进行制动了，以便将制动能力提高到一个较高值（>最大减

图 5-4-41

速能力的40%）。如果驾驶员不理会这个警告，车距调节控制单元就会通过ESC控制单元，在最后还能实施制动（以避免撞车）前一刻，短时形成一个制动压力（制动力），如图5-4-42所示。

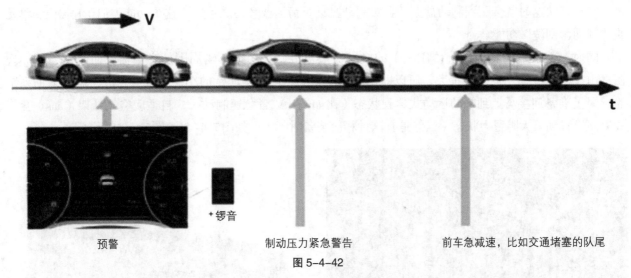

预警　　　　　　　　　　　制动压力紧急警告　　　　　　前车急减速，比如交通堵塞的队尾

图 5-4-42

说明：即使ACC已被关闭了，奥迪制动警告功能也处于激活状态。

如果驾驶员对制动压力紧急警告不予理睬，那么系统会通过自动制动干预来提供帮助。下面就讲述从警告到自动全制动过程中系统按时间顺序（阶段1~4）的反应。

如图5-4-43所示中，一辆配备有ACC和奥迪pre sense plus的奥迪A8正以高速接近前面一辆行驶缓慢的大型货车。在本例中，奥迪A8的其他的奥迪pre sense功能（比如安全带张紧器）就取决于具体车型的使用了。

图 5-4-43

Phase 1（阶段1）。

ACC控制单元内的制动警告已经识别出碰撞的危险现在增大了，且准备激活用于提示驾驶员的视觉和声音警报。如果随后无法通过舒适制动方式或者避让来避免碰撞的话，就会触发这个警报了。至于到底何时触发警报，这取决于驾驶员的驾驶风格。调查表明：通过驾驶风格可以来判断出驾驶员注意力的集中程度。举个例子来讲：以运动方式来驾车的话，需要频繁地切换油门和变换车道，这就可推断出驾驶员注意力是很集中的了。

于是，警告出现就比注意力不集中的驾驶员开车时要晚些。这时，ESC控制单元就接到一个任务，要求在制动系统内主动建立起一个约为200kPa的制动压力。这个措施的目的是，减少随后一旦使用制动器时的时滞。

1093

制动衬块这时就会贴到制动盘上，会对制动盘进行清洁或者使之干燥。这个功能类似于ESC控制单元的"制动盘刮洗"功能。

同时，液压制动辅助系统（HBA）的触发极限标准，是根据车辆周围的交通情况而改变着的。现在，由于潜在的撞车危险性很大，所以即使制动踏板的踏动速度非常的小，也会触发液压制动辅助系统的。为了准备迎接马上到来的运动式驾驶状态（比如避让或者急速制动），自适应空气悬架（aas）会将减震器设置到最大阻尼力状态（当然是有这种相应装备时了），如图5-4-44和图5-4-45所示。

图 5-4-44   图 5-4-45

Phase 2（阶段2）。

如果驾驶员不理会这个警告，车距调节控制单元就会在最后还能实施制动（以避免撞车）前一刻，短时形成一个制动压力（制动力），驾驶员能明显感觉到这个警告性制动耸车过程。这只是再次提示驾驶员：你必须立即做出反应（避让、制动）。如果随后驾驶员执行了紧急制动（就是急速踩下制动踏板），那么液压制动辅助系统（HBA）在必要时会提供帮助的。

液压制动辅助系统（HBA）的灵敏度界限值在阶段1中已经按照潜在的危险性降低了。如果驾驶员踩下制动踏板的力非常小，以至于没能达到计算出的必需的车辆制动效果，那么ESC就会对此施加额外所必需的制动压力了。那么此时的制动压力建立就会是这样的（就是要按达到这样的目的来建立制动压力）：本车在前车后面一点儿停住或者是尽量降低车速以至于跟行前车没危险了。如果需要的话，可以实现最大减速值（指相应路面物理条件许可的），如图5-4-46所示。

①制动压力；

②部分制动（约30%）；

③减小安全带的松旷。

如果在出现警告耸车后驾驶员没有采取制动，那么ACC就通过ESC自动执行制动了。在开始时这个制动压力建立可产生中等程度减速（持续约1.5s），约是最大可能减速的30%。在开始这个自动制动时，通过奥迪pre sense（奥迪预防保护系统）来收紧安全带，以便有效拉住驾驶员。

阶段3和阶段4，仅指配备了奥迪side assist（奥迪行驶换道辅助系统）且配备了ACC 奥迪pre sense plus的车才会有的。驾驶员可随时通过明确的加速、制动或者避让来中止相应的功能。

Phase 3（阶段3）。

通过ESC，使得制动压力升至最大减速能力的约50%。通过转向灯紧急闪烁来提示后面车辆现在有危险情况。由于现在碰撞的可能性很高了，就通过奥迪pre sense（奥迪预防保护系统）来将已打开的车窗/滑动天窗尽可能关闭，这其实是为了提高驾驶室的稳定性，在紧急情况下保护乘员（防止异物进入），如图5-4-47所示。

图 5-4-46

图 5-4-47

①部分制动（约50%）；

②关闭车窗/滑动天窗；

③转向灯紧急闪烁。

Phase 4（阶段4）。

如果这时驾驶员仍是没有做出反应且以这个较高的剩余车速行驶已无法避免撞车了，那么就在马上要碰撞了的时刻点前，还会再次提高制动压力（提高到能使车辆达到最大可能的减速时的值）。奥迪pre sense（奥迪预防保护系统）还会激活安装带张紧器。

这时通过驾驶员已经无法阻止碰撞了，但是通过全制动可以将车速继续降至12km/h以下。尽管驾驶员没有主动去避免碰撞，奥迪制动警告功能还是会将碰撞车速总计降至40 km/h以下。驾驶员不主动干预就不会阻止碰撞，但是通过使用奥迪制动警告功能可以大大缓解碰撞的严重程度，如图5-4-48所示。

①全制动；

②激活安装带张紧器。

与ACC基本功能不同之处在于，奥迪制动警告功能对静止的物体也会做出反应的。在这种情况下，会出现视觉和声音警报以提醒驾驶员，还会出现警告耸车。但是当车速高于30km/h时不会出现自动制动过程。当车速低于30km/h时，会激活"低速时全减速"。

驾驶员可以将奥迪制动警告功能整个系统都关闭了，也可以只将车距警告和跟行警告关闭了。

激活ESC运动模式或者越野模式，那么奥迪制动警告功能也就被关闭了，如图5-4-49所示。

图 5-4-48

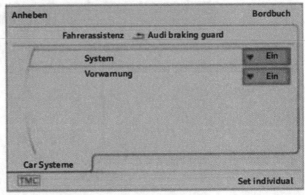

图 5-4-49

自车型年2013的奥迪A3起，奥迪制动警告这个功能就属于奥迪pre sense（奥迪预防保护系统）的功能范围了。将来所有的奥迪车型都要采用这样的结构了。与奥迪制动警告这个功能类似，奥迪pre sense（奥迪预防保护系统）的功能也可把整个系统都关闭了，或者只是关闭车距警告和跟行警告功能。

奥迪pre sense（奥迪预防保护系统）可以通过激活ESC运动模式（或者是在以后的Q型中激活越野模

式）来实现部分关闭，如图5-4-50所示。

（三）开发历史

奥迪制动警告功能在开发中变得越来越复杂了。下面按时间顺序列出了开发阶段和功能，如图5-4-51所示。

（四）奥迪停停走走系统

在最新的带有ACC的奥迪A3、S3、A6、S6、RS6、A7、S7、RS7、A8和S8上，可以实现停停走走功能。

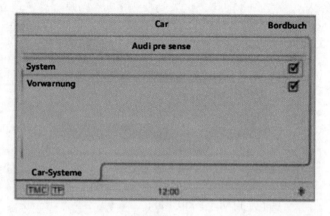

图 5-4-50

与Q7车上的AAC一样，上述车上也可以自动实施制动，直至车停住。但这有个前提条件：目标车辆（就是前行车辆）在本车停住之前，必须处于运动中。在探测到目标的那个时刻点，不会针对静止的目标（比如停住的车辆）去进行调节的。

奥迪制动警告 1
自车型年 2005 的 A6 起开始使用
· 在碰撞危险时可通过 ESC 来让制动系统预充注
· 无警告以提示司机
· 降低了液压制动辅助系统（HBA）的干预极限值

奥迪制动警告 2（带有 pre sense front/plus）
使用：2010 车型年起的 A8
　　　2011 车型年起的 A6、A7
· 在有碰撞危险时可通过 ESC 来让制动系统预充注
· 通过指示灯来警示车距
· 视觉和声音跟车行驶警告
· 通过制动耸车来紧急警示
· 如果司机对警报不做反应，那么就自动实施部分制动（轻微制动）
· 在马上就要碰撞前，自动实全全制动（仅指配备有 pre sense rear 时）
· 降低了液压制动辅助系统（HBA）的干预极限值

2005　　　　　　　　　2010　　　　　　　　　2013

2007　　　　　　　　　2012　　　　车型年

奥迪制动警告 2
使用：2007 车型年起的 Q7、A5
　　　2008 车型年起的 A4、Q5
· 在有碰撞危险时可通过 ESC 来让制动系统预充注
· 通过指示灯来警示车距
· 视觉和声音跟车行驶警告
· 通过制动耸车来紧急警示
· 降低了液压制动辅助系统（HBA）的干预极限值

奥迪制动警告 2（带有 pre sense 和低速时全减速功能）
使用：2012 车型年起的 A4、A5、A6、A7、A8 逐渐开始使用
　　　2013 车型年起的 A3、Q5
　　　2012
· 与带有 pre sense front/plus 的奥迪制动警告 2 的功能一样
· 在车速低于 30 km/h 时可自动执行全减速

图 5-4-51

1096

如果ACC侦测到的前行车辆停住了，那么ACC车辆也会自动制动到停止状态（不用驾驶员来操纵）。如此实现的减速状况取决于车速。当车速低于50km/h时，最大减速度可达约4m/s²。离停住的最后2~3m距离，车辆是用约2km/h的速度"爬行"走完的。与前车的车距保持在3.5~4m。如果前车在短时停住后又开始前进了，那么ACC车（就是本车）也会自动加速的。为实现本功能所需要的制动，是由ESC制动压力建立功能来实现的，如图5-4-52所示。

起步准备的持续时间取决于车型，可以通过操纵操纵杆（位置RESUME）延长一个固定的时间值，如图5-4-53所示。

图 5-4-52

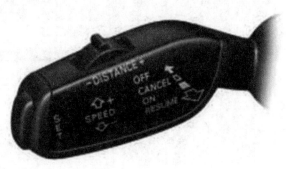

图 5-4-53

如果ACC通过主动制动过程将车辆停住了，那么在下述情况下会自动拉紧电动驻车制动器并关闭ACC，如图5-4-54所示。

①停车时间超过了3min；

②打开了驾驶员车门；

③系统故障；

④如果在车辆停住时松开了驾驶员安全带，那么奥迪A3 和 S3会关闭ACC，奥迪A6、S6、RS6、A7、S7、RS7、A8和S8不再会自动起步了。

说明：在某些市场（比如美国），只会有"停"，而没有自动的"走"。要想起步走的话，

图 5-4-54

必须由驾驶员通过操纵操纵杆（RESUME）或者踩动加速踏板来激活ACC。

停停走走时的调节过程时序图示例（以奥迪A8为例）如图5-4-55所示。

ACC的起步准备状态显示在中间显示屏上，以提示驾驶员。这个显示内容有个前提条件：驾驶员应已系上安全带了。

在某些市场，无法通过操纵操纵杆来延长起步准备时间来实现自动起步，如图5-4-56所示。

1. 奥迪A6、S6、RS6、A7、S7、RS7、A8和S8上的起步监控

在ACC车再次自动起步前，ACC车与前车之间的区域一直处于"被监控状态"。如果识别出有障碍物，那么就会发出视觉和声音警告。车辆还是会起步的，但是车辆运动会非常缓慢。这就使得驾驶员有足够的时间通过制动或者避让来对障碍物做出反应。

通过3个独立系统来监控车前区域：雷达触感器、摄像头R242、驻车辅助超声波传感器。带有ACC的话，其超声波传感器是以另一种模式来工作的，就是在大约4m的距离处仍能识别出物体。

如果没收到摄像头或者超声波传感器的信号，车仍会再次自动起步，但是加速会很慢。如果这两个信号都没收到，那么就不会允许车辆自动起步了。系统随后会自动关闭，并要求驾驶员接管车辆控制，

如图5-4-57所示。

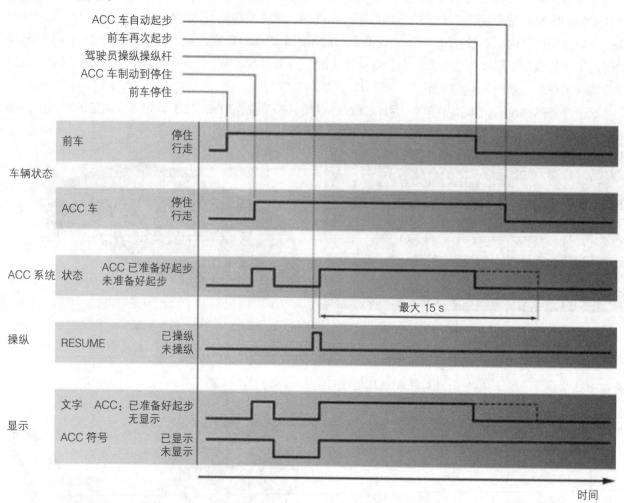

图 5-4-55

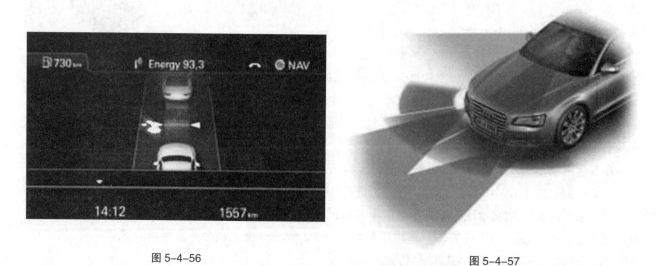

图 5-4-56 图 5-4-57

在奥迪A3和S3上，可以通过"RESUME"来将起步准备时间限制为3s（在奥迪A6、S6、RS6、A7、S7、RS7、A8和S8上是15s）。由于这个时间很短，所以在奥迪A3和S3上没有专门的起步监控。

2. 与奥迪停停走走系统组合使用的起步辅助功能

停停走走这个功能也可以与起步辅助功能组合在一起用。起步辅助功能可以独立于ACC，任何时间均可接通/关闭此功能。

如果接通了起步辅助功能且停停走走功能在车辆静止时也被激活了，那么起步辅助功能就不动声色地在后台运行着（类似于"准备状态"）。如果在车辆静止且激活了起步辅助功能时关闭了ACC，那么起步辅助功能会再次开始工作并将车辆保持在静止状态，如图5-4-58所示。

说明：在售后服务中，可以用车辆诊断仪来关闭自动再起步功能。

图 5-4-58

3. 车速很低时的全减速

该功能最先是用在了车型年2012的A4、A7和A8上了。这样的话，在车速低于30 km/h且有撞车危险时，会对车辆自动实施制动。ACC所侦测到的测量数据就是识别撞车危险的基础。在A6、S6、RS6、A7、S7、RS7、A8和S8上，评估撞车危险时还要考虑摄像头R242的图像信息。这个评估是由车距调节控制单元内的一个相应软件来完成的。该控制单元通过传送一个要转换的规定减速值（约为8m/s²），来"委托"ESC控制单元去实施制动。ESC控制单元将会在车轮制动器上产生一个相应的制动压力，如图5-4-59所示。

图 5-4-59

4. 超车辅助

该功能可以帮助驾驶员顺利完成超车。接通了的转向灯信号会被ACC理解成驾驶员想要超车。

本车在完全离开自己车道前以及到达"前面无车"状态前，就已经开始加速了。这种情况与驾驶员在"正常"行车时的操作是一样的。该功能会根据具体情形来激活，如图5-4-60所示。

图 5-4-60

5. 弯道辅助

ACC使用导航系统的预测道路数据来实现这个功能。如果识别出前面有弯道，ACC就会计算车速，以便让车辆平安驶过此弯道。如果实际车速超过了计算出的规定车速，那么弯道辅助功能就会被激活。通过降低驱动力矩（利用发动机牵引力矩）就可将车辆到达弯道入口时的车速最多降低10~15km/h，如图5-4-61所示。

6. 弯道行驶的调节特性

如果ACC识别出车辆的横向加速度超过了计算出的规定值，那么车速就会相应降低。

在图示的例子中，所设定的期望车速为120km/h且本车行驶在前面没有慢行车的弯道上（也就不需要调节期望车距了）。在弯道行驶过程中，ACC控制单元根据测出的横向加速度计算出固定车速为110km/h。通过降低牵引力矩来使得车速被限制到110km/h。在确定规定车速时，会考虑到挂车模式和所选的行驶程序的，如图5-4-62所示。

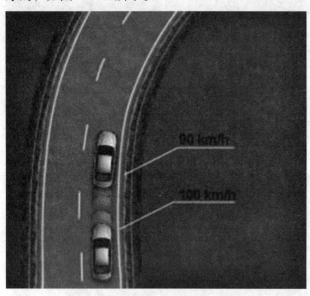

图 5-4-61　　　　　　　　　　　　　　　　图 5-4-62

7. 制止右道超车

在ACC正在工作且前面没车时，右道超车/驶过只有在不超过特定车速时才是不受限制的。在随后的10km/h的车速范围以内，只能以受限的相对车速驶过前车（就是超车）。

这时该功能就被激活了，不再允许在右车道驶过/超车了。随时都可以中止该功能，具体方法是：用操纵杆（RESUME）来手动加速、踩下加速踏板或者提高设定的期望车速，如图5-4-63和图5-4-64所示。

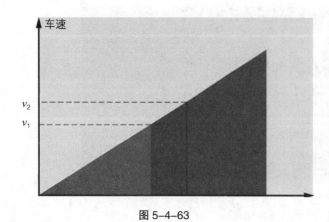

图 5-4-63　　　　　　　　　　　　　　　　图 5-4-64

（五）变道辅助

要想实现这个功能，必须装备有奥迪side assist（奥迪行驶换道辅助系统）和摄像头R242。制动干预针对本车后面的交通情况和超车道占用进行适配。

摄像头侦测车道标识线。下面就两种典型的行车状况来说明该功能。

行车状况1：ACC车以明显的速度优势（车速比前车高多了）驶近前车，且驾驶员拨动了转向灯操纵杆表示要换道了（转向指示灯亮起了）。本车后部的奥迪side assist（奥迪行驶换道辅助系统）雷达传感器识别出，本车后方的左侧车道是空着的（没车），如图5-4-65所示。

图 5-4-65

同样，ACC在本车前方的左车道上也没发现有车。摄像头识别出断续的车道标识线。ACC从这些输入信号中推断出下面这些信息：

①现在超车没危险了，因为本车后面的左车道上没有跟行车。

②换道时可以不必降低车速，因为本车前面的超车道上没有其他车。

③超车是允许的，因为有断续的车道标识线，驾驶员也就能可靠地执行超车过程了。在达到设定的期望车距时，ACC不会将车辆制动到跟行而不超车时设定的车速。于是就可以非常顺利而舒适地完成换道了。

行车状况2：ACC车以明显的速度优势（车速比前车高多了）驶近前车，且驾驶员拨动了转向灯操纵杆表示要换道了（转向指示灯亮起了）。本车后部的奥迪side assist（奥迪行驶换道辅助系统）雷达传感器识别出，本车后方的左侧车道被占用了（有车），如图5-4-66所示。

图 5-4-66

同样，ACC在本车前方的左车道上也发现有车。摄像头识别出断续的车道标识线。ACC从这些输入信号中推断出下面这些信息。

①现在超车有危险了，因为本车后面的左车道上有跟行车。

②换道时不降低车速是不行的，因为本车前面的超车道上有其他车。

③超车是允许的，因为有断续的车道标识线，驾驶员也就能可靠地执行超车过程了。

在达到设定的期望车距时，ACC会将车辆制动到低于上例的车速。在确定所需要的制动干预时，也会考虑到左车道上车辆的车速。

如果摄像头识别出线条式（就是不是断续连接那种）的车道分界线，那么就认为不能进行换道，且制动干预与不换道而保持原车道时的情形是一样的。

图 5-4-67

Boost功能：Boost功能可以允许驾驶员在不关闭ACC的情况下，提高当前由ACC调节的车速。可以通过踩下加速踏板或者拨动操纵杆来进行。如果这个操纵过程结束了，那么ACC就又开始调节原来设定的期望车速了，如图5-4-67所示。

六、售后服务内容

ACC系统（车距调节右传感器G259和车距调节控制单元J428/车距调节左传感器G258和车距调节控制单元2 J850）都具有完备的自诊断能力。识别出的事件与相应的环境条件存储在车上的故障存储器内，诊断地址是13/8B。故障存储器内的记录内容与相应的故障查询程序联系在一起。

（一）传感器内容

尽管雷达波束的传播特性是"很强劲的"，但是ACC也可能会因"视线"不佳而关闭了。如图5-4-68所示，其原因可能有多种了。

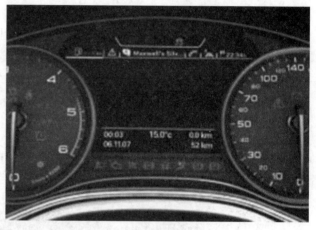

图 5-4-68

（1）天气条件大大影响了雷达波束的传播。这可能出现在水沫多、浓雾或者降雪时。这只能待天气好转时才能解决了。

（2）雷达传感器表面脏污。清洁后，ACC又可用了。清洁时，请使用一般汽车上用的商用清洁剂。

（3）车辆行驶在ACC很少能接收到目标的地区。这种情况很少见，如行驶在靠近荒漠的地区。

（4）在隧道内行驶时，有时隧道壁反射的信号会导致ACC关闭。

（二）带有车距调节控制单元的车距调节传感器的更换/拆装

在传感器或者控制单元损坏时，只能整体更换ACC单元。不得将这两个件分离。安装好ACC单元后，需要调整传感器，如图5-4-69所示。

说明：在安装ACC单元前，必须对双头螺栓进行正确基本设定，这点很重要。

（三）车距调节传感器的调节

要想实现精确调节，那么首先就得精确地调整传感器。这样做了以后，才会把同车道且在前面行驶的车辆认作是相关车辆（目标车辆）。

如果传感器在水平方向上没有精确调整好，那么就可能针对相邻车道上的车去进行调节了，这就弄错了。

如图5-4-70所示的奥迪A8车的保险杠更换过了，传感器装上后也没进行调节，由于错误地侦测到了右车道的车，因此ACC现在是针对着右车道上的轿车在调节着车距，而不是针对本车道的货车在调节着车距。

在弯道行驶时更易出现这种根本不是我们想要的调节，尤其是左转弯弯道时更为明显。

图 5-4-69

图 5-4-70

在下述情况下，必须调节传感器：

①调整/改变了后桥的轮距；

②拆装过ACC单元（传感器和控制单元）；

③拆装过前保险杠；

④松开或调整过前保险杠；

⑤前保险杠受过损，造成保险杠受过较大的力；

⑥水平失调角超过了±0.8°。

如果车辆配备了两个ACC单元（车距调节右传感器G259和车距调节控制单元J428/车距调节左传感器G258和车距调节控制单元2 J850），两个传感器都要调节。这时要先调节传感器G259（它起主控作用），如图5-4-71所示。

车距调节右传感器 G259 和车距
调节控制单元 J428（主）

车距调节左传感器 G258 和车距
调节控制单元 2 J850（从）

图 5-4-71

　　ACC单元用3个双头螺栓固定在支撑板上，这个支撑板用螺栓与保险杠刚性连接在一起。这种双头螺栓的末端有球形头，球形头与塑料制的球节壳安放在支撑板上的容纳坑中。螺栓的螺纹拧入传感器塑料件（卡夹）内。这3个螺栓中的两个（A、B）用于调节传感器，第3个（C）与传感器壳体连接在一起，是不可调的，如图5-4-72所示。

　　通过拧动螺栓（A或B），传感器到支撑板的距离就会发生变化，且传感器会绕着一个轴转动［这个轴是由不可调螺栓（C）和一个没有拧动的可调螺栓（B或者A）构成的］。于是，传感器在水平方向上和垂直方向上就可以单独进行调整了（彼此无联系）。调整时（就是拧动螺栓），要使用调整工具VAS6190/2，如图5-4-73所示。

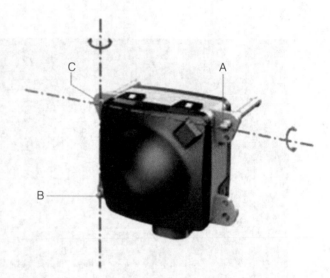

图 5-4-72

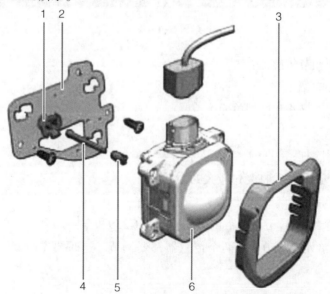

1. 塑料制的球节壳　2. 支架　3. 护板　4. 双头螺栓　5. 卡夹　6. 车距调节传感器和控制单元

图 5-4-73

要想准确调节车距调节传感器，首先必须正确调节双头螺栓的长度，如图5-4-74所示。

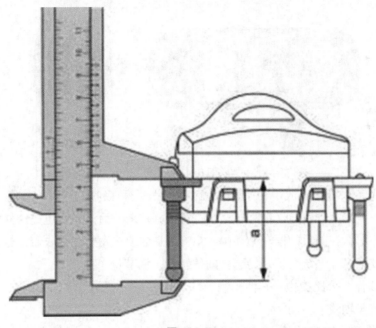

图 5-4-74

传感器的调节，可以用下述专用工具来进行，如图5-4-75所示。

①VAS 6190A（不适用于A6、S6、RS6、A7、S7、RS7、A8和S8，不在服务站装备目录里了，就是不再供货了）。

②ACC调整装置VAS 6430或调整装置，基本组件VAS 6430/1和ACC反射镜VAS 6430/3。

调整过程的基本原理与相应的ACC系统和车型是没有关系的。

车前的反射镜是这样放置的：它与车辆行驶的几何轴线成直角。这个几何轴线表示后桥的转动方向，也就表示出车辆在直线行驶时的运动方向了。反射镜的精确定位需要使用底盘测试台并输入车辆相应的输入参数。

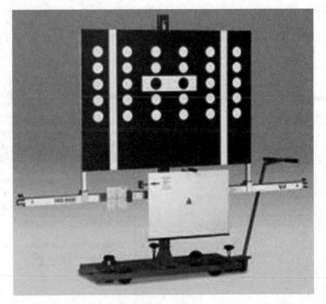

图 5-4-75

要想确定雷达传感器位置是否在规定范围内，并不需要执行完整的车轮定位工作（就是底盘测量）。为此执行一个"快速操作"就够用了（就是通过测量后桥上的车轮轮距，以便实施轮辋跳动补偿）。

随后，车距调节控制单元会启动雷达传感器，以便发送雷达波束以及接收反射镜反射的波束。

技工用车辆诊断仪来执行这个过程。如果传感器设置准确的话，那么反射的雷达波会准确地再次回到发射器的出发点处。控制单元会分析距离出发点的偏差量并确定出这时的偏转角度。技工通过车辆诊断仪来获知：到底应将相应调节螺栓调节到什么程度。

说明：准确调节的最重要的前提条件，就是将当反光镜定位在与车辆行驶的几何轴线成直角的位置处。如果这一步做得有问题的话，即使下面的步骤没问题，传感器的角度设置也会过大的，如图5-4-76所示。

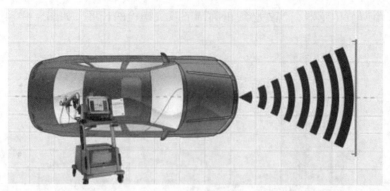

图 5-4-76

发动机启动后，ACC系统在完成了初始化后就会开始发送和接收信号了。在随后的行驶循环中（在15线接通时），ACC一直在发射和接收着信号，即使驾驶员并未激活该系统也是这样的。另外，如果车辆配备有智能启停系统，那么在随后的停车循环中，ACC也是继续在发射和接收着信号。

通过分析下述重要信息，系统会识别传感器的偏转量（调节量）：

①ACC 识别出的物体（公路护栏、其他车辆）；

②横摆率（车辆绕竖轴线的转动）。

直接作用在ACC单元边缘区域的力，有时会导致双头螺栓的球头被从支架的塑料制的球节壳中压出。比如在冬天时驻车，车的保险杠撞到了雪堆上，就可能出现这种情况。如果出现这种情况，那么调节角度可能会很大，以至于系统都关闭了。随后进行调节的话，大多数情况下也不会起作用。因此，每次调节传感器前，必须检查它是否可靠固定了。

注：如图5-4-77所示是车辆诊断仪上的相应的图，说的是两个车距调节控制单元的传感器角度偏差。

图 5-4-77

用车辆诊断仪可以读出传感器水平偏置角（调节角）的测量值，这数据对于售后服务评价系统性能是非常重要的。偏差达到了约 0.8° 就能明显感觉到有调节的必要了，应该去有资质的服务站去执行此项工作。偏差要是达到了1.4° 或以上，那么系统就关闭了，并会在车辆故障存储器内留下个记录。

第五节 奥迪车系乘员保护系统

一、被动安全系统 II

（一）前言

德国奥迪公司历史悠久，该公司成立到现在已经有 100 多年了。同样，对汽车安全性的研究也有很长的历史了，如图 5-5-1 和图 5-5-2 所示。

图 5-5-1

图 5-5-2

在 1938 年就进行了首次碰撞试验，当然了，当年的碰撞试验是无法与现在的碰撞相提并论了。

在新车的开发过程中，需要进行很多次碰撞试验，先是在计算机上进行模拟碰撞试验，随后才使用真车在奥迪安全试验场进行碰撞试验。德国奥迪公司的工程师不但会分析自己所做的一系列碰撞试验，还会分析德国奥迪汽车交通事故研究部（奥迪 Accident Research Unit，AARU）事故研究人员和科学家所记录的真实故障信息。AARU 是在 1998 年建立的，该部门与警察和医生合作，以便获取有关交通事故最准确的信息。借助于这些信息，我们可以更有针对性地进行试验了。

奥迪车的安全性，是把人放在首要位置。

谈到安全性，奥迪公司离不开其优秀的员工——碰撞试验假人（模拟人），如图 5-5-3 所示。

（二）部件

必须牢记的是：系上安全带是安全的第一要务。

所有的其他措施都是补充，仅是提高安全性而已，且只有在与安全带配合使用时才有效。

被动安全系统由下述部件组成，如图 5-5-4 所示。

图 5-5-3

①安全气囊控制单元；

②驾驶员安全气囊和副驾驶员安全气囊；

③侧面安全气囊；

④头部安全气囊；

⑤碰撞识别传感器；

⑥安全带张紧器；

⑦安全带力限制器；

⑧安全带警报装置；

⑨驾驶员和副驾驶员座椅位置识别装置；

⑩蓄电池断开元件（仅指蓄电池安装在车内/行李箱内的车辆）；

⑪安全带锁开关；

⑫副驾驶员座椅占用识别传感器；

⑬副驾驶员正面安全气囊关闭钥匙开关及相应的指示灯；

⑭翻车保护装置（Cabriolet 和 Spyder 车）。

图 5-5-4

（三）系统一览

如图 5-5-5 所示。

这个系统一览是以德国市场上的车可能装备的系统的示意图，这里所列出的部件并非在别的车上都有。

（四）被动安全系统

1. 奥迪车安全气囊名词定义

在以前，安全气囊展开级数是根据向气囊内充气的燃料份数而定的，现在则是根据安装的点火器数目来确定的。

这样的话，点火器是否引燃了燃料或者是否触发了自适应性（指气囊另开了一个排气口）就不重要了。

燃料点火器和自适应点火器合成了一个双级安全气囊模块，如表 5-5-1 和图 5-5-6 所示。

表 5-5-1

点火器	燃料份数	自适应性	旧名级数	新名级数
1	1	无	1	1
2	2	无	2	2
2	1	有	1	2
3	2	有	2	3

2. 正面安全气囊

在奥迪车上，驾驶员和副驾驶员的安全气囊模块是不同的，配备不同的气体发生器。

驾驶员侧使用的是固体燃料气体发生器，副驾驶员侧使用的是混合气体发生器。

根据型号情况，正面安全气囊模块是摆动着的方式安装在一个橡皮圈内的，这个样子可以尽量减小传到方向盘上的震动。

（1）驾驶员安全气囊气体发生器。

安全气囊控制单元触发点火器，点火器引燃点火药，于是通过孔就点燃了固体燃料。

固体燃料燃烧后产生的气体压力要是超过了特定值的话，安全片就破裂了，也就打开了出气口，因此通向气囊的通路就畅通了。气囊这时就展开并充气，如图 5-5-7 所示。

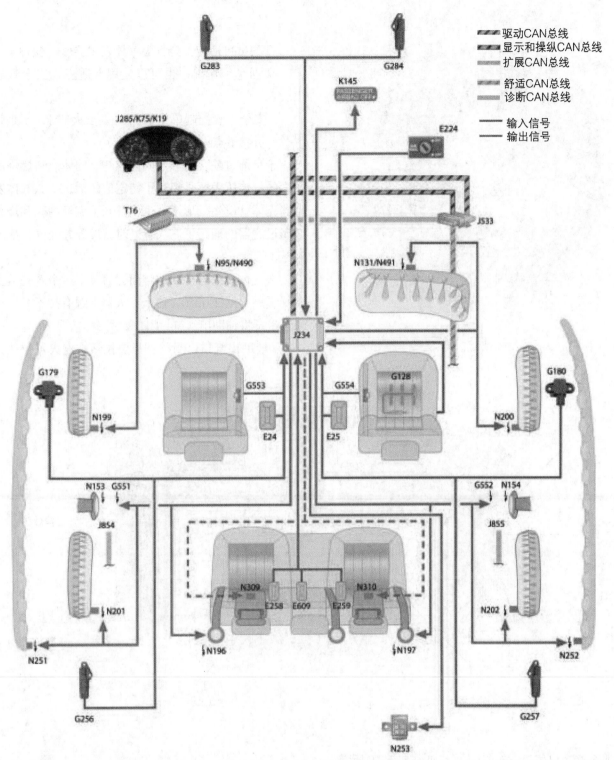

图中标注：

驱动CAN总线
显示和操纵CAN总线
扩展CAN总线
舒适CAN总线
诊断CAN总线

输入信号
输出信号

E24.驾驶员安全带开关　E25.副驾驶员安全带开关　E224.副驾驶员安全气囊关闭钥匙开关（选装）　E258.左后座安全带开关　E259.右后座安全带开关　E609.后座中间安全带开关　G128.副驾驶员座椅占用识别传感器　G179.驾驶员侧面安全气囊碰撞传感器　G180.副驾驶员侧面安全气囊碰撞传感器　G256.左后座侧面安全气囊碰撞传感器　G257.右后座侧面安全气囊碰撞传感器　G283.驾驶员正面安全气囊碰撞传感器　G284.副驾驶员正面安全气囊碰撞传感器　G551.驾驶员安全带力限制器　G552.副驾驶员安全带力限制器　G553.驾驶员座椅位置传感器　G554.副驾驶员座椅位置传感器　J234.安全气囊控制单元　J285.组合仪表内控制单元　J533.数据总线诊断接口（网关）　J854.左前安全带张紧器控制单元　J855.右前安全带张紧器控制单元　K19.安全带警告指示灯　K75.安全气囊指示灯　K145.副驾驶员安全气囊关闭指示灯（PASSENGER AIRBAG OFF）（选装）　N95.驾驶员安全气囊点火器　N131.副驾驶员安全气囊点火器1　N153.驾驶员安全带张紧器点火器1　N154.副驾驶员安全带张紧器点火器1　N196.左后座安全带张紧器点火器　N197.右后座安全带张紧器点火器　N199.驾驶员侧面安全气囊点火器　N200.副驾驶员侧面安全气囊点火器　N201.左后座侧面安全气囊点火器　N202.右后座侧面安全气囊点火器　N251.驾驶员头部安全气囊点火器　N252.副驾驶员头部安全气囊点火器　N253.蓄电池切断点火器　N309.驾驶员侧翻车保护电磁铁（仅指　Cabriolet和Spyder车）　N310.副驾驶员侧翻车保护电磁铁（仅指Cabriolet和Spyder车）　N490.驾驶员安全气囊放气阀点火器　N491.副驾驶员安全气囊放气阀点火器　T16.16针插头，诊断接口

图 5-5-5

1109

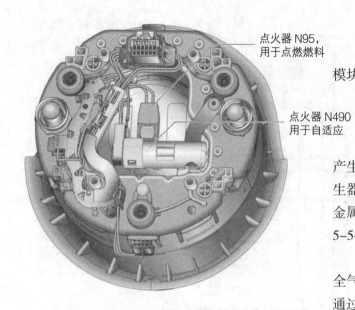

点火器 N95，
用于点燃燃料

点火器 N490
用于自适应

图 5-5-6

驾驶员自适应安全气囊气体发生器——变种 1。

根据车型情况，也可以使用自适应式安全气囊模块。

安全气囊控制单元 J234 触发点火器 1，于是就引燃了点火药。

于是通过喷孔点燃了固体燃料。固体燃料燃烧后产生的气体压力要是超过了特定值的话，那么气体发生器壳体就发生变形了，也就打开了流经内壳和烧结金属过滤器的通路了。气囊这时就展开并充气，如图 5-5-8 所示。

在气体发生器外部的背面，另装了一个驾驶员安全气囊点火器 2 N250。这个点火器上缠有拉索，拉索通过带子将辅助出气口封闭，如图 5-5-9 所示。

辅助出气口已封闭：只要拉索被点火器拉住，

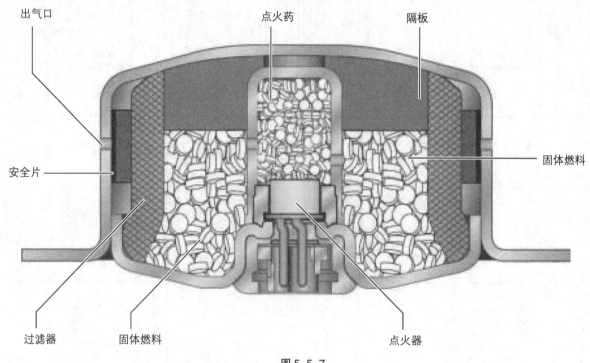

出气口　　　　　　　　　点火药　　　　　　隔板

安全片

过滤器　　　固体燃料　　　　　　　　点火器

固体燃料

图 5-5-7

那么这个出气口就被封闭了，如图 5-5-10 所示。

辅助出气口已打开：安全气囊控制单元 J234 根据碰撞的严重程度和驾驶员座椅位置来触发点火器 2。该点火器壳体破裂后就松开拉索。

安全气囊的容积增大了约 4L，辅助出气口就打开了，如图 5-5-11 所示。于是更多的气体就从安全气囊中溢出了，安全气囊针对乘员就"自适应"了。

驾驶员自适应安全气囊气体发生器——变种 2。

安全气囊控制单元 J234 触发点火器 1，于是就引燃了点火药。点火药的燃烧导致膜盒内的压力增大，直至膜盒破裂，固体燃料通过喷孔被点燃。

固体燃料燃烧后产生的气体压力要是超过了特定值的话，薄膜就会打开出气口，经烧结金属过滤器

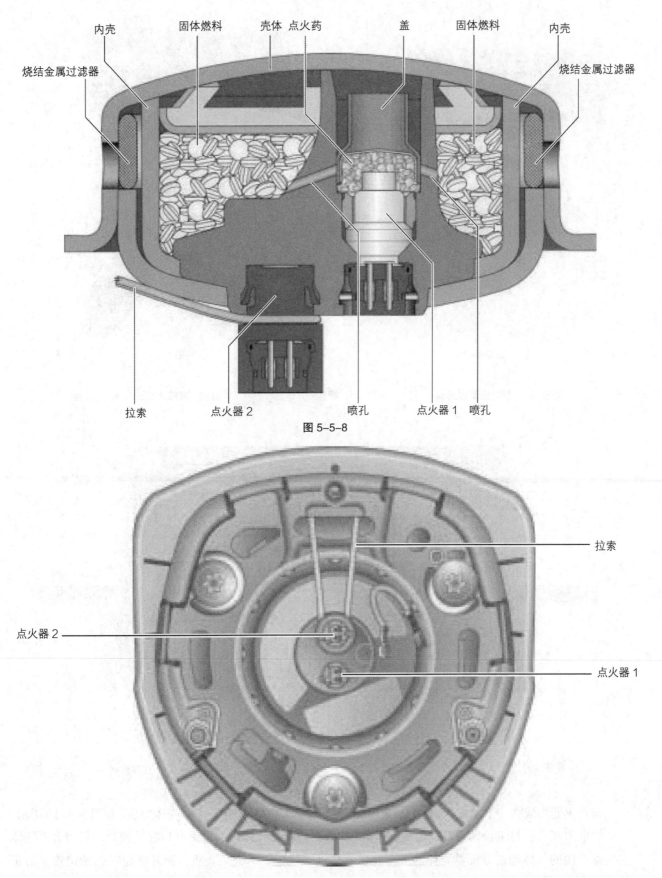

内壳　　固体燃料　　壳体 点火药　　盖　　固体燃料　　内壳

烧结金属过滤器　　　　　　　　　　　　　　　　　　　　　　　　烧结金属过滤器

拉索　　　点火器 2　　　　　喷孔　　　点火器 1 喷孔

图 5-5-8

拉索

点火器 2

点火器 1

图 5-5-9

通往气囊的通道就打开了。气囊这时就展开并充气，如图 5-5-12 所示。

　　驾驶员安全气囊点火器 2 N250 在安全气囊模块内。

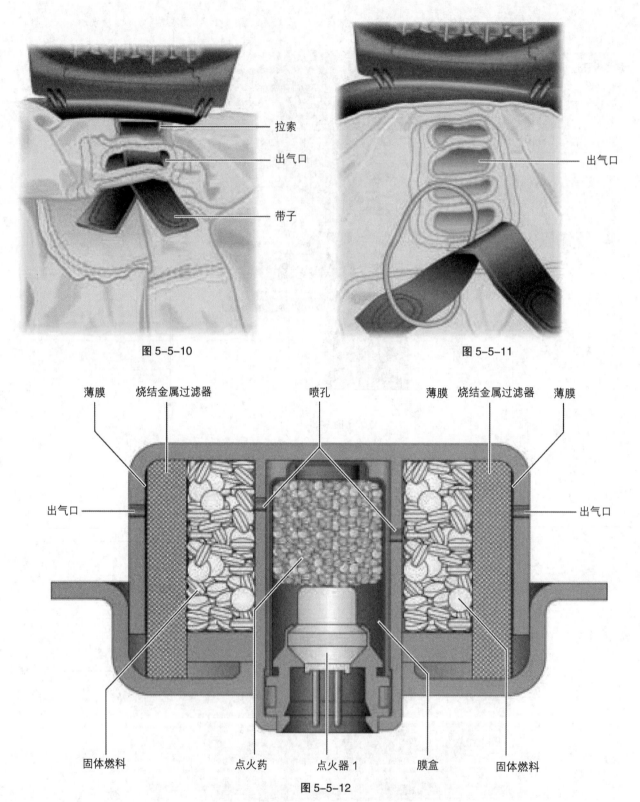

图 5-5-10　　　　　　　　　　　　　　图 5-5-11

图 5-5-12

该点火器集成在一个总成内,这个总成由底座、带开口的控制环和分配器壳体组成,如图 5-5-13 所示。

辅助出气口已封闭:只要没有触发点火器 2,那么分配器壳体内的辅助开口就被控制环封闭着。气体发生器产生的气体通过分配器壳体的上部开口直接进入气囊。卡夹负责将控制环固定在初始位置,防止控制环在不必要时转动,如图 5-5-14 所示。

辅助出气口已打开:安全气囊控制单元 J234 根据碰撞的严重程度和驾驶员座椅位置来触发点火器 2 N250。

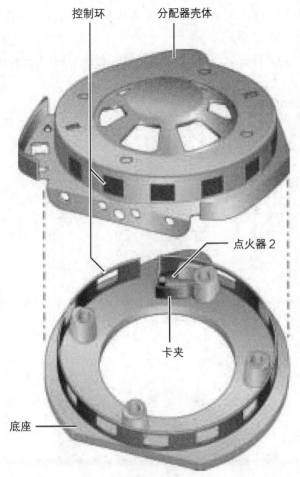

控制环　　　分配器壳体

点火器 2

卡夹

底座

图 5-5-13

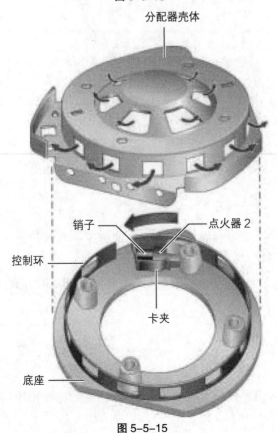

分配器壳体

销子　　　点火器 2

控制环

卡夹

底座

图 5-5-15

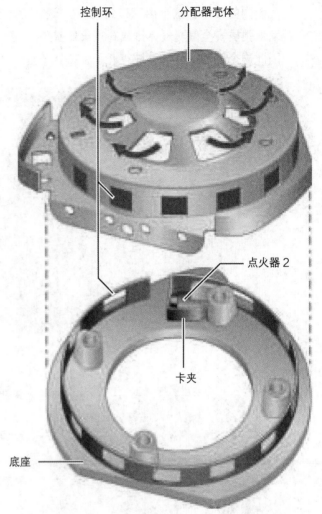

控制环　　　分配器壳体

点火器 2

卡夹

底座

图 5-5-14

　　如果触发了点火器 2，那么产生的气体压力就推动了销子，销子又推动控制环扭转。分配器壳体上的辅助出气口就打开了。

　　来自气体发生器的部分剩余气体这时就可直接进入大气了。

　　另外，气囊内的气体也会经分配器壳体上的开口溢入大气。于是就不再给气囊充气了，安全气囊针对乘员就"自适应"了，如图 5-5-15 所示。

　　驾驶员自适应安全气囊气体发生器——变种 3。

　　安全气囊控制单元 J234 触发点火器 N95，于是就引燃了点火药，从而将固体燃料也引燃了。固体燃料燃烧后产生的气体压力要是达到了特定值的话，薄膜就会打开出气口。于是气体经烧结金属过滤器就进入气囊了。气囊这时就展开并充气。在安全气囊模块的背面，另装了一个驾驶员安全气囊自适应点火器，就是驾驶员安全气囊气体排放阀点火器 N490。另外，气囊还装备有一个长嘴形状的辅助出气口。

1113

气囊内的带子将这个出气口封闭着。安全气囊控制单元 J234 根据碰撞的严重程度和驾驶员座椅位置来触发驾驶员安全气囊气体排放阀点火器 N490，于是带子就被切断了。

因此这个辅助出气口就被打开了，安全气囊针对乘员就"自适应"了，如图 5-5-16 ~ 图 5-5-18 所示。

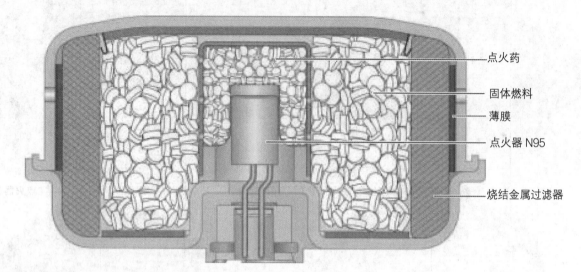

点火药
固体燃料
薄膜
点火器 N95
烧结金属过滤器

图 5-5-16

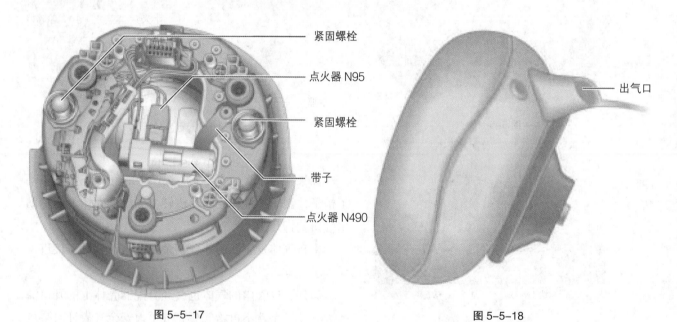

紧固螺栓
点火器 N95
紧固螺栓
带子
点火器 N490

图 5-5-17

出气口

图 5-5-18

（2）副驾驶员安全气囊气体发生器。

副驾驶员安全气囊气体发生器是一种混合气体发生器。安全气囊控制单元 J234 触发副驾驶员安全气囊点火器 1N131，触发了的点火器冲破了安全片 1 并点燃固体燃料。

产生的气体使得高压储气瓶内的压力开始升高，直至安全片 2 破裂。于是混合气体将气囊展开并充注，如图 5-5-19 所示。

副驾驶员自适应安全气囊气体发生器——变种 1。

这是一种混合气体发生器，它有另一个出气口（指有两个出气口）。使用这种气体发生器，可以让副驾驶员安全气囊形成不同的充气度。

安全气囊控制单元 J234 根据碰撞的严重程度和负驾驶员座椅位置来决定两个点火器触发的时间间隔，如图 5-5-20 所示。

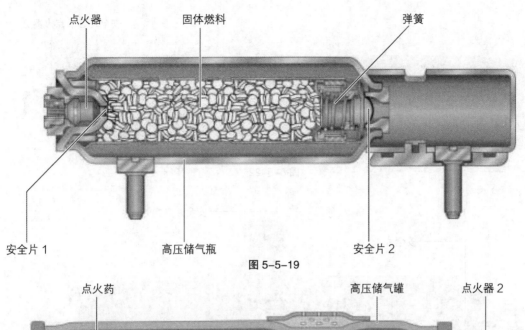

点火器　　　　　固体燃料　　　　　　　　弹簧

安全片 1　　　　　高压储气瓶　　　　　　安全片 2

图 5-5-19

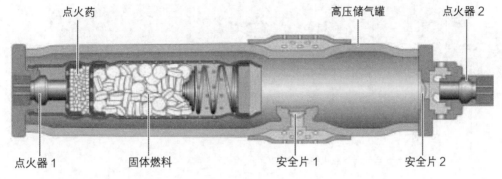

点火药　　　　　　　　　　　　　　高压储气罐　　　点火器 2

点火器 1　　　　固体燃料　　　　　安全片 1　　　　安全片 2

图 5-5-20

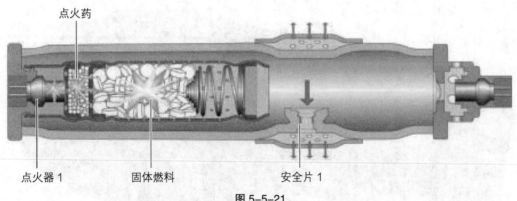

点火药

点火器 1　　　　固体燃料　　　　　安全片 1

图 5-5-21

点火器 1 引燃了点火药，点火药引燃了固体燃料。产生的气体使得高压储气瓶内的压力开始升高，直至安全片 1 破裂。混合气体充入气囊并将其展开，如图 5-5-21 所示。

经过一定的时间间隔后，安全气囊控制单元 J234 触发了点火器 2，点火器 2 的压力打碎了安全片 2。高压储气瓶内的一部分剩余气体就进入大气了，而不再进入气囊了，如图 5-5-22 所示。

副驾驶员自适应安全气囊气体发生器——变种 2。

安全气囊控制单元 J234 触发副驾驶员安全气囊触发点火器 1 N131，点火器 1 打碎安全片 1，点燃了点火药，点火药点燃了固体燃料。

产生的气体使得高压储气瓶内的压力开始升高，直至安全片 2 破裂。于是混合气体将气囊展开并充注，如图 5-5-23 和图 5-5-24 所示。

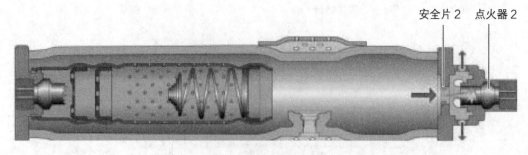

安全片 2　点火器 2

图 5-5-22

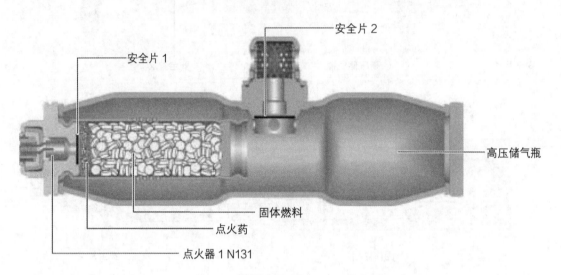

安全片 1

安全片 2

高压储气瓶

固体燃料

点火药

点火器 1 N131

图 5-5-23

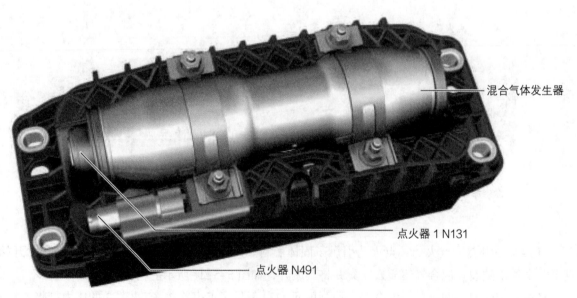

混合气体发生器

点火器 1 N131

点火器 N491

图 5-5-24

副驾驶员安全气囊的自适应功能与驾驶员安全气囊的是一样的。

3. 侧面安全气囊

侧面安全气囊模块针对每种车的特殊情况都做了适配。新一代侧面安全气囊模块是所谓的软罩（Soft-Cover）模块。

这种模块，原来包裹整个模块的塑料外皮，被织物外皮所取代了。织物外皮的表面很软，因此安全气囊模块更容易嵌入座椅靠背上了。另外，这种外皮重量轻也是个优点，如图 5-5-25 所示。

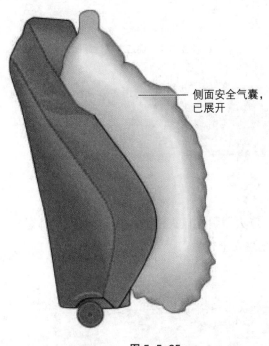

側面安全气囊，
已展开

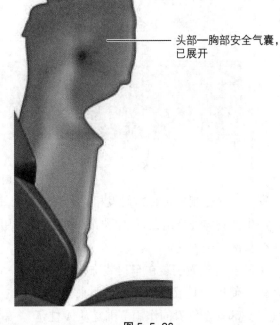

头部—胸部安全气囊，
已展开

图 5-5-25   图 5-5-26

在某些奥迪车上，比如奥迪 A5 Cabriolet，使用的是头部—胸部安全气囊，这种安全气囊模块集成在相应的前座椅靠背内。这使得安全气囊相对于乘员容易安装定位，与座椅调节无关。

这种安全气囊模块的气囊部分的形状是特殊的，它在展开时同时起侧面安全气囊和头部安全气囊的作用，如图 5-5-26 所示。

侧面安全气囊的气体发生器：侧面安全气囊上使用的是各种烟火式固体燃料气体发生器，产生的气体用于给气囊充气。

类型 1，如图 5-5-27 所示。

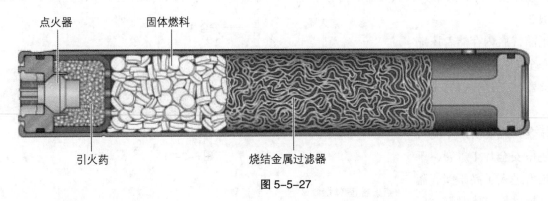

点火器   固体燃料

引火药   烧结金属过滤器

图 5-5-27

类型 2，如图 5-5-28 所示。

点火器   固体燃料

引火药   烧结金属过滤器

图 5-5-28

类型3，如图5-5-29所示。

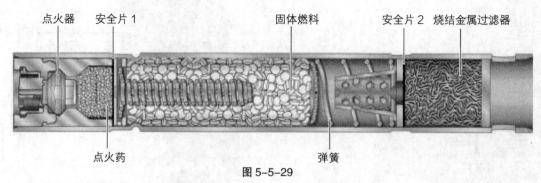

图 5-5-29

安全气囊控制单元J234触发相应的侧面安全气囊点火器，点火器引燃点火药，点火药再引燃固体燃料。产生的气体经烧结金属过滤器过滤并冷却，用于展开并充注安全气囊。

4.头部安全气囊

头部安全气囊安装在车顶装饰板的左、右两侧，使用的是混合气体发生器来为气囊充气。头部安全气囊的作用范围是从A柱延展至C柱和D柱，几乎覆盖了整个侧面车窗。

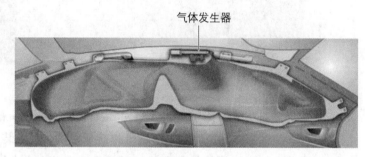

图 5-5-30

这样安装的头部安全气囊可以在发生侧面碰撞时更好地保护乘员。气体发生器的位置根据车型的不同而不同，如图5-5-30所示。

类型1。

触发点火器，产生的气体压力就推动了活塞，活塞破坏了安全片。高压储气瓶内的压缩气体这时就流入了气囊，于是气囊这时就展开并充气。

这种气体发生器，其烟火式点火器的任务仅是打开高压储气瓶，如图5-5-31所示。

类型2。

高压储气瓶内存储着压缩气体。安全气囊控制单元J234触发点火器，于是就引燃了固体燃料。

固体燃料燃烧所产生的气体压力使得安全片1爆裂，于是气体压力进入了高压储气瓶内，压力超过特定值时就会压碎安全片2。于是混合气经过滤器进入气囊，如图5-5-32所示。

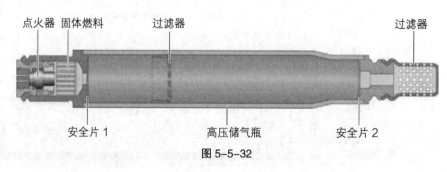

图 5-5-31

图 5-5-32

5.前座安全带张紧器

（1）烟火式安全带张紧器——带式张紧器。

安全带轴上缠着金属带，金属带的两个自由端都连接在安全带轴上。金属带的封闭端做成环状，套在带式安全带张紧器的点火器上，如图5-5-33所示。

1118

如果安全气囊控制单元触发了这个点火器，那么所产生的压力会使得金属带环变大。

金属带的运动同时会拉动安全带轴，该轴随之就转动，因此安全带就拉紧了。

如果安全带的反作用力大于安全带张紧器的力，那么安全带张紧过程就结束了，如图5-5-34所示。

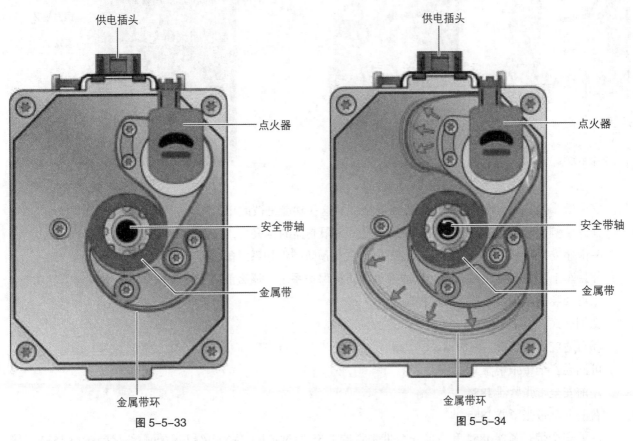

图 5-5-33　　　　　　　　　　　图 5-5-34

（2）安全带力限制器——自适应。

在自适应式安全气囊系统上，前座安全带张紧器配备有双级安全带力限制器。

在发生撞车时，先点火的是安全带张紧器（带式张紧器）。

安全带张紧器会尽可能地收卷安全带，安全带张紧器会锁止安全带轴，于是就无法再将安全带拉出（乘员向前冲的运动本来是会使得安全带被拉出的）。

如果乘员因车辆减速的原因继续向前冲，那么在安全带上的作用力达到一定值时，安全带力限制器会让安全带再松开，如图5-5-35所示。

安全带轴设计成扭力轴，通过齿轮1和2与扭力轴2连在一起。两个扭力轴都发生扭转（安全带力很大），如图5-5-36所示。

安全气囊控制单元J234根据碰撞的严重程度和座椅位置，来决定何时触发安全带力限制器的点火器。

扭力轴2就脱开了，这时只有安全带轴抵抗着试图将安全带拉出的力（安全带力较小）。为了更好地保护乘

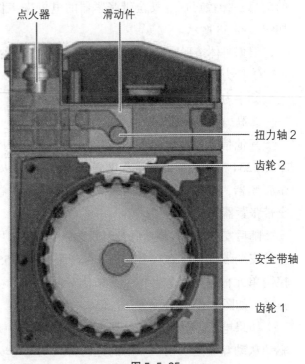

图 5-5-35

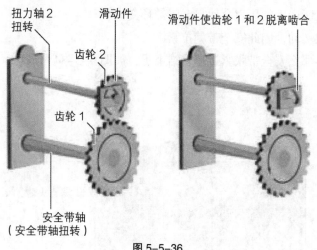

图 5-5-36

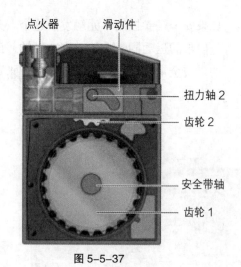

图 5-5-37

员，安全带张紧、安全带力限制以及正面安全气囊这些功能是彼此相关的。

在发生侧面和后面碰撞时，不会触发安全带力限制器的点火器，如图 5-5-37 所示。

6. 前座安全带张紧器与奥迪 pre sense 奥迪乘员预防护保护系统配合使用

如果车上配备有奥迪 pre sense 奥迪乘员预防护保护系统，那么前座安全带张紧器还集成有下述功能：

①可回卷安全带张紧器（带有控制单元）；

②烟火式安全带张紧器；

③自适应式安全带力限制器。

可回卷安全带张紧器。

左前安全带张紧器 J854。

右前安全带张紧器 J855。

左前安全带张紧器 J854 和右前安全带张紧器 J855 通过扩展 CAN 总线和数据总线诊断接口 J533 来接入车载网络中，安全带张紧器控制单元根据总线上的信息，操控可回卷安全带张紧器的电机来工作，如图 5-5-38 所示。

根据具体情形，有 3 种不同的带力可供使用：

①低力 = 减小安全带松弛；

②中力 = 部分张紧；

③高力 = 完全张紧。

其他信息：在发生正面碰撞时，安全气囊控制单元 J234 根据碰撞的严重程度来决定使用哪个安全带张紧器，是烟火式安全带张紧器，还是可回卷安全带张紧器。

随后安全气囊控制单元 J234 发送一个数据信号。左前安全带张紧器 J854 和右前安全带张紧器 J855 的控制单元根据这个数字信号，来让安全带可回卷全张紧，如图 5-5-39 所示。

如果电机开始转动了，那么通过齿轮机构就可驱动从动盘转动。两个伸出的挂钩将从动盘与安全

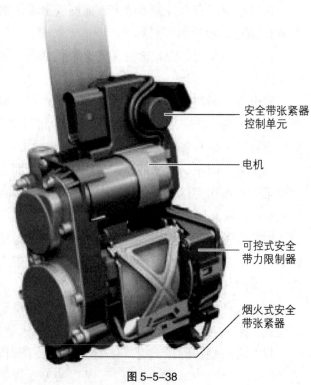

图 5-5-38

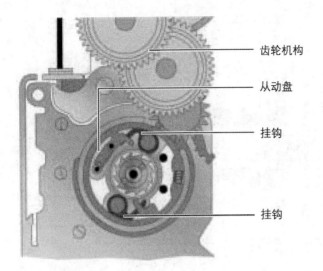

齿轮机构

从动盘

挂钩

挂钩

图 5-5-39

挂钩

挂钩

从动盘

图 5-5-40

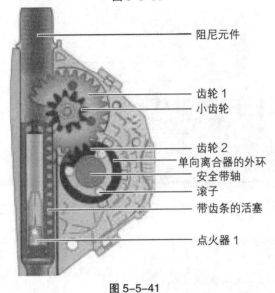

阻尼元件

齿轮 1
小齿轮

齿轮 2
单向离合器的外环
安全带轴
滚子
带齿条的活塞

点火器 1

图 5-5-41

带轴连接在一起。

于是安全带就收紧了。

如果电机停住不动或者反向转了一点儿，那么挂钩又会缩回，就松开了安全带轴，如图 5-5-40 所示。

（1）前座烟火式安全带张紧器与奥迪 pre sense 奥迪乘员预防护保护系统配合使用。

这种烟火式安全带张紧器是齿条式安全带张紧器。

安全气囊控制单元 J234 的信号触发了安全带张紧器 N153 和 N154 的点火器 1，气体压力将与活塞连接在一起的齿条向上推，齿条通过小齿轮使得齿轮 1 和 2 转动，如图 5-5-41 所示。

齿轮 2 与扭力轴单向离合器的外环是刚性连接的，如果这个外环扭转了，那么就会将滚子向内压，直至滚子卡在外环和扭力轴之间，于是就可传递力了。这个转动就被传递到扭力轴上了，安全带开始收紧了。

如果安全带的反作用力大于安全带张紧器的力，那么安全带张紧过程就结束了，如图 5-5-42 所示。

（2）自适应前座安全带力限制器与奥迪 pre sense 奥迪乘员预防护保护系统配合使用。

前座安全带张紧器配备有双级安全带力限制器。在正面碰撞严重到需要触发安全带力限制器时，烟火式安全带张紧器首先被触发。随后锁止机构就卡住了安全带轴，于是就无法再将安全带拉出（乘员向前冲的运动本来是会使得安全带被拉出的）。

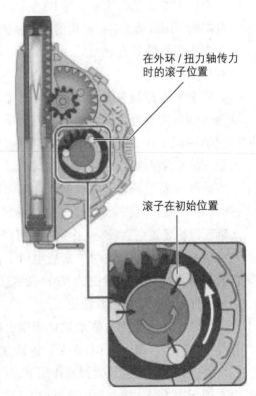

在外环 / 扭力轴传力时的滚子位置

滚子在初始位置

图 5-5-42

为了降低安全带作用在乘员身上的负荷，安全带轴和卷带器会有针对性地让安全带松开一点儿（就是能稍稍再被拉出一点儿），如图 5-5-43 所示。

安全带所要承受的力，分布如下：

①从安全带卷轴经安全带轴到锁止机构。安全带轴设计成扭力杆，会扭转。

②从安全带卷轴经齿扇、支承环和金属带到锁止机构。金属带与支承环和锁止机构连接在一起，金属带就收紧了。

安全气囊控制单元 J234 根据碰撞的严重程度和座椅位置来触发安全带力限制器 G551 和 G552 的点火器。

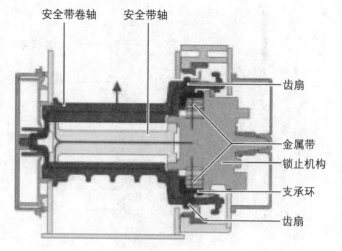

图 5-5-43

产生的气体压力推动了活塞并使得控制环扭转，于是固定环发生移动且齿扇与支承环脱离，卷带器就脱开了。这时只有扭力杆在承受着试图将安全带拉出的力，如图 5-5-44 所示。

为了更好地保护乘员，安全带张紧、安全带力限制以及正面安全气囊这些功能是彼此相关的。在发生侧面和后面碰撞时，不会触发安全带力限制器的点火器，如图 5-5-45 所示。

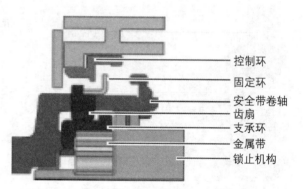

图 5-5-44

7.翻车保护装置

有些奥迪车型，比如奥迪 R8 Spyder，是敞篷车身结构，因此就配备了专用的翻车保护装置。

翻车保护装置在触发后，与 A 柱一起形成一个乘员保护区。

安全气囊控制单元内有一个传感器，用于识别翻车的危险程度。该传感器与控制单元内其他传感器一同工作，以判定事故的严重程度，从而去触发翻车保护装置以及安全带张紧器。

另外在发生较为严重的前面、侧面和后部碰撞时，一旦安全带张紧器或者安全气囊触发了，那么翻车保护装置也会触发（提前准备好以备用）。

功能：在初始状态时（未通电时），翻车保护装置被翻车保护装置磁铁 N309 和 N310 通过一个钩形杆把持在缩回的位置处。

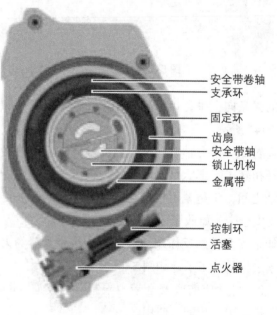

图 5-5-45

如果安全气囊控制单元 J234 识别出碰撞或者有翻车危险了，那么翻车保护装置磁铁 N309 和 N310 就会通电并放开翻车保护装置。

翻车保护装置在预紧弹簧作用下，可在约 0.25s 内就伸出。伸出 170mm 后，就无法将其压回了（锁轨发挥作用了）。滚翻保护装置触发后，可以以机械方式将其开锁，并将其恢复为初始位置状态，如图 5-5-46 所示。

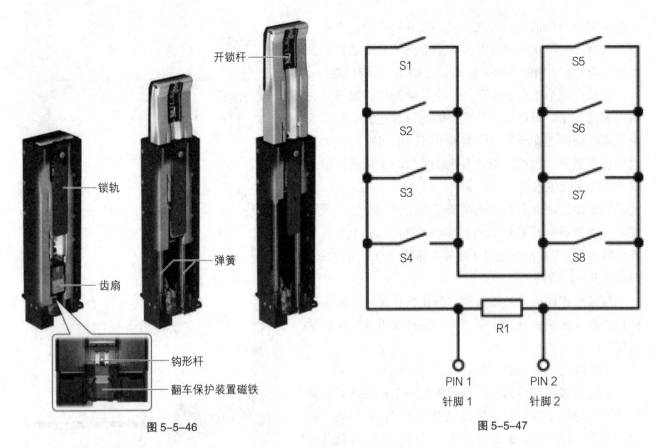

锁轨

齿扇

弹簧

开锁杆

钩形杆

翻车保护装置磁铁

图 5-5-46

图 5-5-47

PIN 1
针脚 1

PIN 2
针脚 2

R1

8. 传感器

（1）座椅占用传感器。

根据车型和装备的不同，使用不同的座椅占用传感器。

副驾驶员座椅占用传感器 G128 是一个塑料膜，膜上有 2X4 压力传感器。这些压力传感器根据负荷状况，电阻值会发生变化。要想识别出座椅上是否坐人，必须有两个压力传感器被压了，一个是传感器 S1~4 的压力传感器，一个是传感器 S5~8 的压力传感器，如图 5-5-47 所示。

为了监控座椅面上的相关区域，座椅占用传感器 G128 在座椅泡沫垫上的位置是事先配比妥当的。

安全气囊控制单元 J234 利用座椅占用传感器和安全带锁开关信息来判断是否系上了安全带。

（2）示例。

多轮廓座椅传感器 G128，如图 5-5-48 所示。

普通座椅和运动座椅传感器 G128，如图 5-5-49 所示。

（3）座椅位置识别。

在某些车型上，驾驶员和副驾驶员座椅分别配备有座椅位置传感器 G553 和 G554，这两个传感器是霍耳传感器。安全气囊控制单元 J234 根据座椅位置传感器的电流消耗，来判断座椅现在是

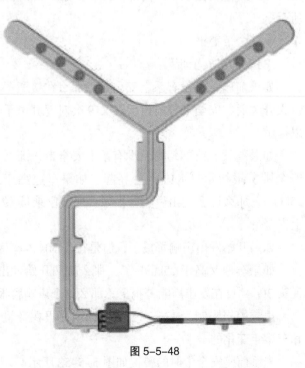

图 5-5-48

在座椅调节范围的前三分之一处还是在后三分之二处。安全气囊控制单元J234用座椅位置信息来在合适的时间点触发安全带力限制器和正面安全气囊的自适应功能。

提前点燃第2个点火器，安全气囊就可以根据具体情况来适配了，可以让体型瘦小的人以预定方式扑入安全气囊。同样，安全带力限制器G551和G552的点火器也会提前触发。因此，限位系统就可以与碰撞具体情形以及座椅位置相适应了。

如果座椅现在是在座椅调节范围的前三分之一处，安全气囊控制单元J234就会提前触发自适应安全气囊的点火器2（这个提前是相对于座椅在座椅调节范围的后三分之二处时而言的）。

与以前相同的是，正确调节的座椅、保持正确的座椅位置以及正确系好安全带，这是乘员获得良好保护的前提。

①座椅处于"后部"位置。

座椅位置识别传感器工作时各配一个安装在通道侧面的座椅导轨。如果座椅位置识别传感器位于导轨（固定在车上）的上方，那么安全气囊控制单元J234就认为座椅是处于"后部"位置，如图5-5-50所示。

②座椅处于"前部"位置。

如果座椅被向前推了，座椅位置识别传感器滑离了固定在车上的导轨，那么安全气囊控制单元J234就认为座椅是处于"前部"位置，如图5-5-51所示。

9. 安全带警报

（1）前座安全带警报。

如果前座乘员没有系上安全带，那么在接通了点火开关后，安全带警报指示灯K19会对驾驶员予以提示。

如果驾驶员或副驾驶员没有系上安全带，那么安全带警报指示灯K19就会亮起。如果车速高于25km/h，那么还会发出声响警报来提醒前座乘员系上安全带。

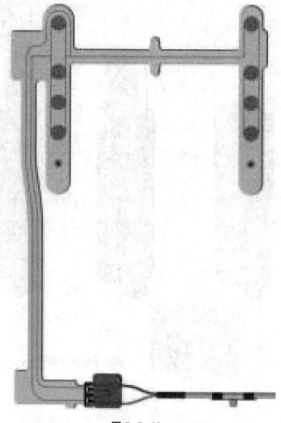

图 5-5-49

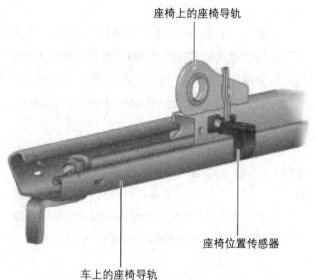

座椅上的座椅导轨

座椅位置传感器

车上的座椅导轨

图 5-5-50

如果开始发出声响警报了，但是在头30s内车辆就减速至低于5km/h了，那么声响警报会停止。

如果车速又高于25km/h了，那么就又开始发出声响警报了。如果发出声响警报超过了头30s（就是说头30s一直在发出声响警报），那么这个声响警报就不会停止，只有系上了安全带才会停止。

声响警报限制为126s。另外，声响警报在音量和频率方面也会发生变化。此处给出的值是随车车型和车型年变化的。

未系前座安全带时的警报如图5-5-52所示。

（2）后座安全带警报（取决于具体车型）。

在接通了点火开关后，组合仪表的中央显示屏上会显示安全带的状态（已系/未系），这个显示持续约31s。

状态每次变化，就会重新显示31s。如果后座乘员在行车过程中（车速高于25km/h）摘下了安全带，那么会响起一声声响警报，且中央显示屏上相应的显示会闪烁31s。

安全气囊控制单元 J234 根据左后座安全带开关 E258、右后座安全带开关 E259 和中间座位安全带开关 E609 的信息，来判定乘员是否系上安全带了，如图 5-5-53 所示。

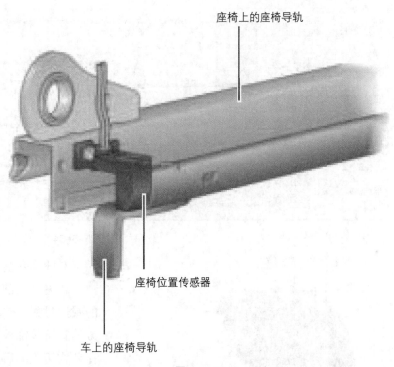

座椅上的座椅导轨

座椅位置传感器

车上的座椅导轨

图 5-5-51

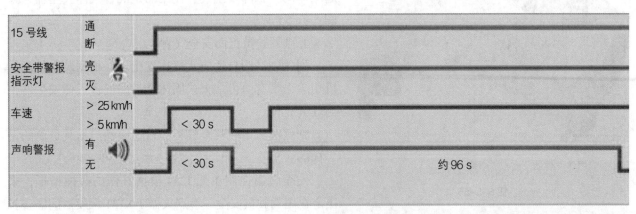

图 5-5-52

未系后座安全带时的警报如图 5-5-54 所示。

（五）针对不同市场的特殊要求

1. 针对特定市场而对乘员保护系统所做的补充

为了满足某些国家在法规方面的特殊要求，车上可能另外加装了一些系统。

2. 翻车保护装置

根据装备情况，安全气囊控制单元 J234 内还集成有两个翻车识别传感器。为了更好地识别翻车情况，还要从 ABS 控制单元 J104 读取其他信息。

但是安全气囊控制单元 J234 并非必须使用这些信息，J234 自己就可识别翻车了。

如果识别出发生翻车了，安全带张紧器和头部安全气囊就会被触发。

已系安全带　　未系安全带

图 5-5-53

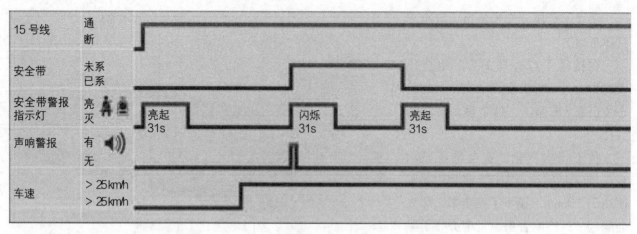

15 号线	通断				
安全带	未系 已系				
安全带警报 指示灯	亮 灭	亮起 31s	闪烁 31s	亮起 31s	
声响警报	有 无				
车速	> 25km/h > 25km/h				

图 5-5-54

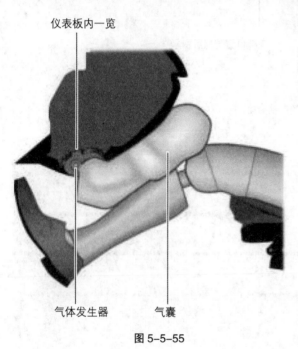

图 5-5-55

3. 膝部安全气囊

触发了膝部安全气囊，就可使得乘员提早参与车辆的减速过程。驾驶员一侧的膝部安全气囊位于仪表板下方的脚坑装饰板内。副驾驶员一侧的膝部安全气囊安装在杂物箱盖的后方。膝部安全气囊与正面安全气囊是一起工作的，膝部安全气囊使用的是混合气体发生器，如图 5-5-55 所示。

4. 副驾驶员正面安全气囊

副驾驶员侧自适应式气体发生器，根据装备情况，可用一个带有两份烟火式固体燃料的混合气体发生器来为气囊充气。

副驾驶员正面安全气囊的自适应性与驾驶员侧的是一样的。

安全气囊控制单元 J234 根据具体的碰撞情形，来决定在副驾驶员安全气囊点火器 1 N131 触发后间隔多长时间再去触发副驾驶员安全气囊点火器 2 N132，如图 5-5-56 所示。

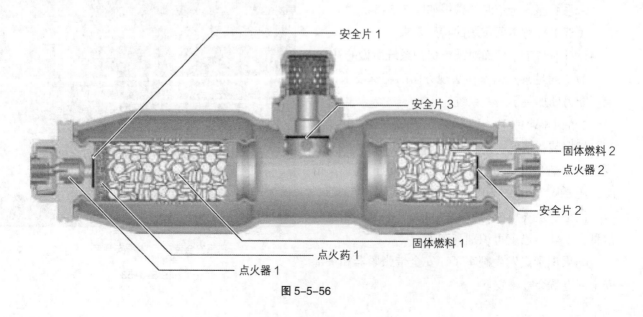

图 5-5-56

5. 主动头枕

如果安全气囊控制单元 J234 识别出后部碰撞严重到需要有相应的触发了，那么除了触发安全带张紧器外，还要触发前座椅主动头枕。安全气囊控制单元 J234 给主动头枕点火器 N419 和 N420 通电后，磁铁心就被拉入电磁线圈内了。挂钩无法支撑在磁铁心上了，就放开了头枕的前部。

头枕的前部向前移动 50mm 并向上运动约 20mm。有个止动器用于阻止头枕的前部再次退回到初始位置，如图 5-5-57 所示。

主动头枕回位：主动头枕是可逆式的，操纵释放杆就可以让止动器脱开，头枕伸出部分就能再被推回。

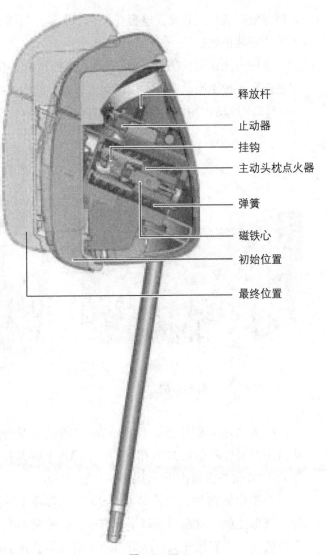

图 5-5-57

- 释放杆
- 止动器
- 挂钩
- 主动头枕点火器
- 弹簧
- 磁铁心
- 初始位置
- 最终位置

6. 副驾驶员座椅占用识别

在某些市场上，副驾驶员座椅配备有一个专门的座椅占用识别系统，其任务是告知安全气囊传感器 J234，现在副驾驶员座椅上是否坐人。

这些信息决定着副驾驶员正面安全气囊和膝部安全气囊是接通着还是关闭着。如果这些部件都被关闭了，那么副驾驶员安全气囊关闭指示灯 K145（PASSENGERAIRBAGOFF）就会亮起以提示乘员。

能识别出两种状态：

①座椅上没有坐人或者安装有儿童座椅；

②座椅上坐着一个成年人。

（1）副驾驶员座椅占用识别传感器 G128。

副驾驶员座椅占用识别传感器 G128 是电容式传感器，其工作原理，简单说就像个电容器。该电容器由两块极板（电极）和一个绝缘体（电介质）组成。如果把一个电机加载上电压而把另一个电极接到蓄电池负极上，电容器就开始存储能量了。电容器电容的测量单位是法拉，极板大小或者电介质变化的话，电容器的电容就会变化，如图 5-5-58 所示。

①功能。

在副驾驶员座椅占用识别系统上，一个极板是副驾驶员座椅占用识别传感器 G128，另一个极板是汽车车身，这些部件本身的大小是不变的。电介质由座椅套、大气和装饰件构成，因此是可变的。如果一个成年人坐在了副驾驶员座椅上，那么由于人体还有液体成分，因此传感器 G128 和车身之间的电解质就发生了变化，因此导致电容也就发生变化。如果副驾驶员座椅上安装有儿童座椅，那么电介质也会发生变化，因此导致电容也就发生变化了，

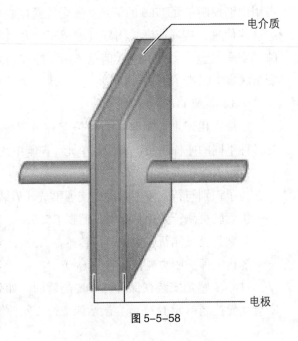

- 电介质
- 电极

图 5-5-58

但是与坐有成年人相比，电容变化会小得多，如图 5-5-59 所示。

②安装位置。

座椅占用识别传感器 G128 安装在座椅罩内，在座椅软垫上面。要注意的是有各种不同座椅类型，因此也就有各种不同的座椅占用识别传感器，如图 5-5-60 所示。

（2）座椅占用识别控制单元 J706，如图 5-5-61 所示。

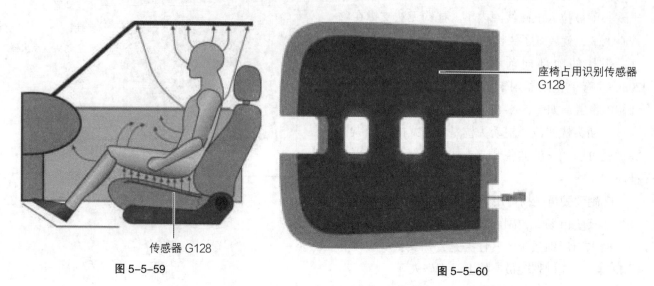

座椅占用识别传感器 G128

传感器 G128

图 5-5-59

图 5-5-60

座椅占用识别传感器 G128 是通过同轴电缆与座椅占用识别控制单元 J706 相连的。从原理上讲，控制单元 J706 就是座椅占用识别系统的测量单元。

根据座椅占用识别传感器 G128 的电容发生的变化，该单元就可判断出座椅上没有坐人、安装有儿童座椅或者是坐有成年人。座椅占用识别控制单元 J706 循环往复地测量着座椅占用识别传感器的电容变化。

安全气囊控制单元 J234 经 LIN 总线来接收座椅占用识别控制单元 J706 的信息。安全气囊控制单元根据这些信息，接通或者关闭副驾驶员正面安全气囊和膝部安全气囊。另外，这些信息还用于操控副驾驶员安全气囊关闭指示灯 K145。

座椅占用识别控制单元 J706

图 5-5-61

（3）系统一览。

座椅占用识别控制单元 J706 安装在副驾驶员座椅下面。要注意的是有各种不同座椅类型，因此也就有各种不同的座椅占用识别控制单元。控制单元内的软件是针对相应座椅专门匹配的，如图 5-5-62 所示。

7. 行人保护系统

为了识别与行人发生碰撞的交通事故，另装了 3 个加速度传感器：

①驾驶员侧行人保护碰撞传感器 G570；

②副驾驶员侧行人保护碰撞传感器 G571；

③行人保护中央碰撞传感器 G693。

这些传感器安装在保险杠外皮的背面。如果在车速 25 ~ 55km/h 之间时识别出与行人接触了，那么安全气囊控制单元 J234 就会激活两个行人保护触发器 G598 和 G599，如图 5-5-63 所示。

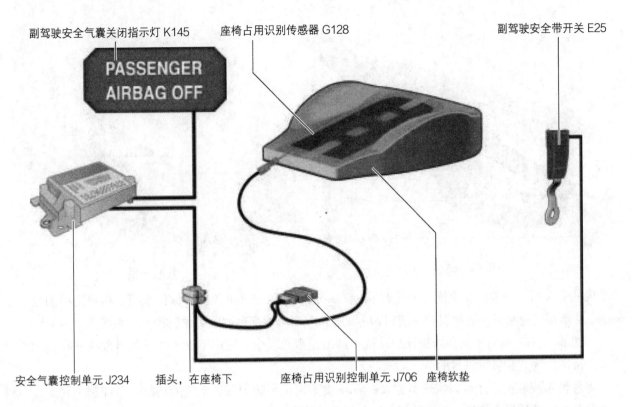

副驾驶安全气囊关闭指示灯 K145　　座椅占用识别传感器 G128　　　　副驾驶安全带开关 E25

PASSENGER AIRBAG OFF

安全气囊控制单元 J234　　插头，在座椅下　　座椅占用识别控制单元 J706　座椅软垫

图 5-5-62

（1）功能。

用于触发行人保护装置的，是少量的烟火式固体燃料。如果引燃了固体燃料，那么所产生的气压就会将活塞推入行人保护缸筒内。剪力销就被剪断了，铰链的运动机构就使得发动机舱盖后部区域升起约 40mm。

与此同时，发动机舱盖因为有连杆引导着的碰板作用，也向后移动了约 33mm。

（2）铰链在初始位置，如图 5-5-64 所示。

（3）铰链已升高了，如图 5-5-65 所示。

为了保证在行人保护装置触发后还能再打开发动机舱盖，必须先把发动机舱盖复位。

可以这样来让发动机舱盖复位：向下按压发动机舱盖后部区域并同时朝车辆行驶方向按压发动机舱盖，如图 5-5-66 所示。

（四）奥迪 pre sense 奥迪乘员预防护保护系统

1. 简介

主动安全系统、被动安全系统、合成式安全系统、驾驶员辅助系统、预防式乘员保护系统，这些都是不断开发的驾驶员辅助系统的各种叫法。为乘员提供良好保护，就是指提前识别危险并根据具体情形采取相应技术措施，这就是奥迪 pre sense 奥迪乘员预防护保

行人保护碰撞传感器

图 5-5-63

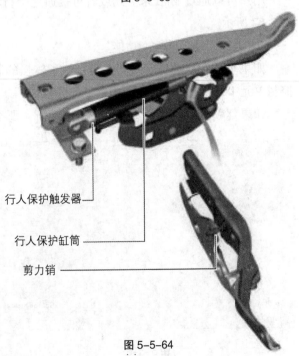

行人保护触发器

行人保护缸筒

剪力销

图 5-5-64

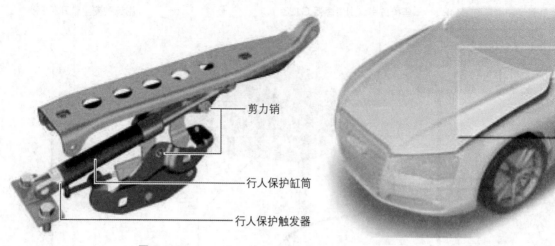

剪力销

行人保护缸筒

行人保护触发器

图 5-5-65

图 5-5-66

护系统的意义所在。如果车上配备有奥迪 pre sense 基本型奥迪乘员预防护保护系统，用户仍可加装奥迪
pre sense 前部奥迪乘员预防护保护系统和 / 或奥迪 pre sense 后部奥迪乘员预防护保护系统。

奥迪 pre sense 奥迪乘员预防护保护系统不能阻止事故发生，它用于提示驾驶员有危险并在技术手段
的可能范围内为驾驶员提供帮助。

将各种系统联网，才可以实现奥迪 pre sense 奥迪乘员预防护保护系统的功能。各控制单元通过车辆
的数据总线持续地提供信息，相应控制单元分析这些信息，必要时执行相应措施。

2. 奥迪 pre sense 基本型奥迪乘员预防护保护系统

自动式安全带张紧器的功能：如果前座乘员已经系好了安全带且识别出车辆前行速度达到了约 15km/h，
那么左前安全带张紧器控制单元 J854 和右前安全带张紧器控制单元 J855 就会让安全带收紧（就是减小松
弛度）。通过短促接通张紧器内的电机，安全带以较小的力就收卷了。

随后安全带再次松开。如果已经系上了前座安全带且前行车速低于 15km/h，那么 10s 后就会减小安
全带松弛度。如果没有系上安全带，那么张紧器内的电机是不会工作的。

用户可以通过 MMI 来关闭或者再接通这个自动式安全带张紧器（减小安全带松弛度）的功能，如图
5-5-67 所示。

（1）纵向动力学性能功能。

如果车辆在向前行驶时驾驶员实施了较强的制动，那么当制动压力超过某特定值时，安全带张紧器
控制单元 J854 和 J855 就会让安全带部分张紧。

如果驾驶员实施了紧急制动（全制动），那么制动踏板力会使得制动系统内的制动压力一下子就提
高了。如果这个制动压力在特定时间内达到某一值，安全带张紧器控制单元 J854 和 J855 就会让安全带完全张紧。

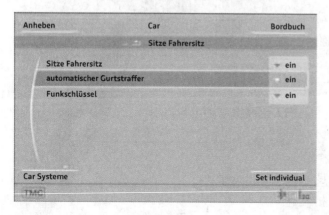

图 5-5-67

ABS 控制单元 J104 还会接通危险警报灯。根据具体情形，安全带的这种电动张紧可让乘员的前冲最多减少约 10mm。

（2）横向动力学性能功能。

在车辆出现过度转向和转向不足时，电子稳定程序 ESP 就激活了。安全带这时会电动部分张紧。如果超过了物理极限，无法使车辆稳定了，那么安

全带会电动完全张紧。

另外，车窗侧面玻璃和滑动/外翻天窗（选装装备）就开始关闭了。

如果在这里描述的情形中未发生交通事故，会再次松开安全带，危险警报灯也会关闭（如果已经接通了的话），如图5-5-68所示。RGS：可逆式安全带张紧器。

根据奥迪drive select的设置以及ASR接通/关闭，来按行驶状况进行安全带的电动张紧，如表5-5-2所示。

由于时间一般都很短，所以车窗侧面玻璃和滑动/外翻天窗并不是总能完全关闭。

关闭车窗侧面玻璃和滑动/外翻天窗，是为了减少各种东西进入车内的可能。

3. 奥迪pre sense前部奥迪乘员预防护保护系统

配备有自适应定速巡航（ACC）的车，除了有奥迪pre sense基本型奥迪乘员预防护保护系统外，还有奥迪pre sense前部奥迪乘员预防护保护系统。另外，配备有自适应定速巡航（ACC）的车还有制动警告装置。ACC的雷达传感器在其技术范围内观察着前面的交通情况，并把这信息传给车距调节控制单元J428。车距调节控制单元J428对这些数据进行分析，并把相应信息放到数据总线上。

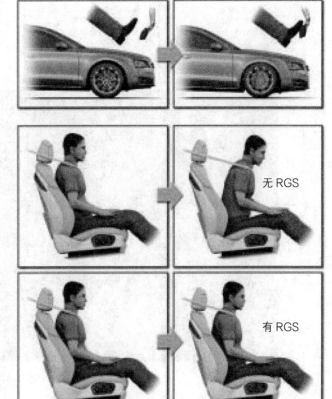

图5-5-68

表5-5-2

	自动	舒适	动态
接通	部分和完全张紧	部分和完全张紧	完全张紧
关闭	部分和完全张紧（在制动时）	部分和完全张紧（在制动时）	完全张紧（在制动时）

其他控制单元可以接收、分析这些信息并执行相应措施。即使ACC并未被激活，雷达传感器仍然在观察着前面的交通情况并会发送信息。

为了实现奥迪pre sense奥迪升级版乘员预防护保护系统的功能，除了ACC外，还需要有奥迪side assist。奥迪side assist会观察后面的交通情况。

情形示例，如图5-5-69所示。

（1）Phase 1（阶段1）。

如果车辆向危险的境况行驶了，那么组合仪表内控制单元J285会向驾驶员发出视觉和声响警告。与此同时，ABS控制单元J104会让制动系统预充液，且水平调节控制单元J197会将减震器置于"硬"状态。

（2）Phase 2（阶段2）。

如果驾驶员未对警报提示做出反应或者仅将脚移离了加速踏板，那么ABS控制单元J104会执行一次所谓的制动冲击，以示警告。

随后，会以部分制动方式1（约30%的制动力）对车辆继续制动。在这个警告式制动冲击过程中，左前安全带张紧器控制单元J854和右前安全带张紧器控制单元J855会减小安全带的松弛度。

图 5-5-69

（3）Phase 3（阶段 3，仅指有奥迪 pre sense 奥迪升级版乘员预防护保护系统时）。

如果驾驶员还是没有踩制动踏板，那么 ABS 控制单元 J104 就会以部分制动方式（约 50% 的制动力）对车辆继续制动。另外，车距调节控制单元 J428 会接通危险警报灯，驾驶员安全带张紧器控制单元会开始让车窗侧面玻璃和滑动 / 外翻天窗关闭。

（4）Phase 4（阶段 4，仅指有奥迪 pre sense 奥迪升级版乘员预防护保护系统时）。

执行全制动（约 100% 的制动力），这样就能降低碰撞的严重程度度了。另外，前座安全带会电动全张紧。

其他示例：如果在阶段 2 和阶段 3 中，尽管有警告信息，但是驾驶员仍是明显让车加速前行了，那么在警告式制动冲击结束后就中止了部分制动，车距调节控制单元 J428 也不会再继续执行制动。如果驾驶员在阶段 1 中实施了制动，那么奥迪制动警告装置就认为驾驶员已经注意到这个情况，也就不会再执行其他措施了。

如果驾驶员并不希望使用奥迪制动警告装置，那么可以通过 MMI 将该功能关闭。可以只关闭视觉和声响警告，也可以关闭整个奥迪制动警告装置（包括警告式制动冲击、部分制动、全制动和危险警报灯）。

如果在正常行驶时进入了危险区而驾驶员低估了这种危险的话，那么奥迪 pre sense 前部奥迪乘员预防护保护系统会为驾驶员提供帮助。比如，驾驶员踩制动踏板的用力不足，那么奥迪制动警告装置会增大制动压力以提供帮助，如图 5-5-70 所示。

奥迪乘员预防护保护系统的设置：车距调节控制单元 J428 发送到数据总线上的信息，使得安全气囊控制单元 J234 也能做出相应的反应。对于安全气囊控制单元来说，重要的是"碰撞前时间"和"与前面物体的相对速度"。超过了特定值的话，安全气囊控制单元 J234 就知道马上就可能要发生碰撞了。安全气囊控制单元内的电子装置就处于预备状态了，等着碰撞传感器信息。

4. 奥迪 pre sense 后部奥迪乘员预防护保护系统

奥迪 pre sense 后部奥迪乘员预防护保护系统需与奥迪 side assist 配合使用，这样就可以分析后面的交通情况了。

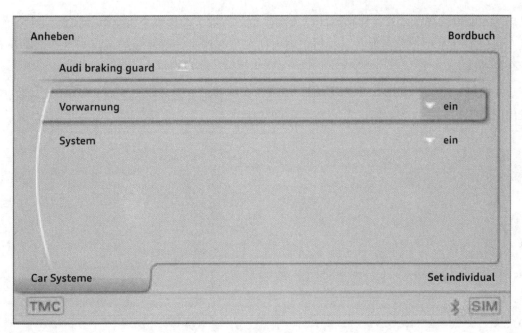

图 5-5-70

奥迪 side assist 的雷达传感器持续不断地将信息发送到变道辅助控制单元 J769 上。

变道辅助控制单元对这些信息进行分析，并将相应数据放到数据总线上。如果驾驶员关闭了奥迪 side assist，变道辅助控制单元 J769 也还是会发送相应数据的。

情形示例，如图 5-5-71 所示。

图 5-5-71

（1）Phase 1（阶段 1）。

如果有车辆从后面接近本车且有发生事故的危险，那么驾驶员安全带张紧器控制单元会把一个信息发送到数据总线上，车窗侧面玻璃和滑动 / 外翻天窗就关闭了，危险警报灯也接通了。如果车辆配备的是有记忆功能的前座椅，那么头枕会移动到上面位置处；如果车辆配备的是舒适前座椅和有记忆功能的后座椅，那么所有座椅头枕都会移动到上面位置处，所以靠背上部会向前倾。头枕和靠背上部的调节取决于车型。

（2）Phase 2（阶段 2）。

如果后面车辆继续接近本车，碰撞可能已无法避免了，那么前座安全带会电动张紧。

如果车辆带有挂车接合器，那么只有当识别出挂车接合器时，奥迪 pre sense 后部奥迪乘员预防护保护系统才会被激活。

数据总线联网：一览，如图 5-5-72 所示，示例，表示通过数据总线交换的一些信息。

≥发出的数据；≤接收的数据；无 >/ ≤激活的动作。

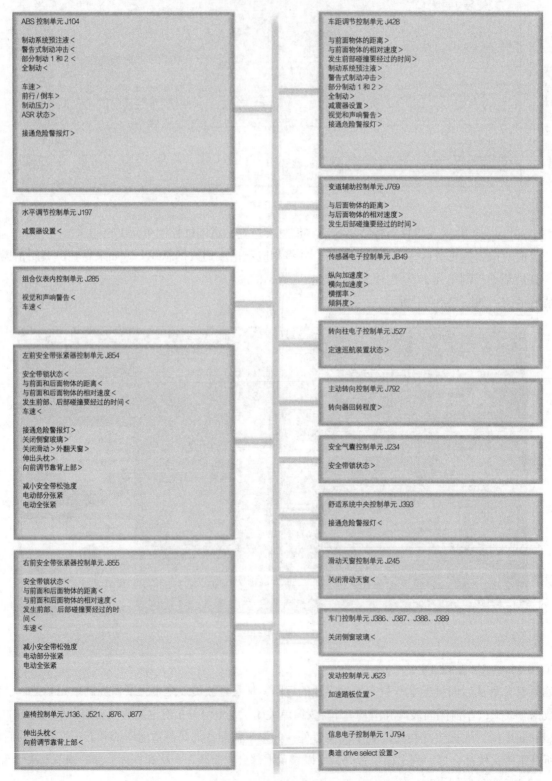

图 5-5-72

二、奥迪 Q7（4M）乘员保护系统

（一）概述

1. 被动安全性

针对奥迪 Q7（型号 4M）的乘员保护系统新研发了一个安全气囊控制单元 J234。它包括一个用于探测 Z 轴方向的转向运动的传感器。此外，安全气囊控制单元 J234 现在是通过 FlexRay 与其他控制单元（如 ABS 控制单元 J104）进行通信的。这样，ABS 控制单元 J104 可以实时接收有关 Z 轴方向旋转运动的数据，这些数据将被用于电子稳定控制系统（ESC）。根据国家和装备，奥迪 Q7 可以为第 3 排座椅选装烟火式安全带拉紧器。

2. 主动安全性

根据不同国家版本，奥迪 Q7 可以在 4 版奥迪预防式整体安全系统中选装其中一版。除了奥迪预防式整体安全系统基本版以外，还包括：

①预防式整体安全系统后部版；

②预防式整体安全系统前部版；

③预防式整体安全系统城市版。

如果采用的是奥迪预防式整体安全系统城市版，在系统极限范围内，可以在即将撞上其他车辆和行人前发出警告并进行制动。

奥迪预防式整体安全系统前部版为奥迪 Q7 带来了新的功能，如避让辅助系统或转弯辅助系统，如图 5-5-73 所示。

图 5-5-73

（二）被动安全性

1. 概述，汽车安全气囊

如图 5-5-74 所示。

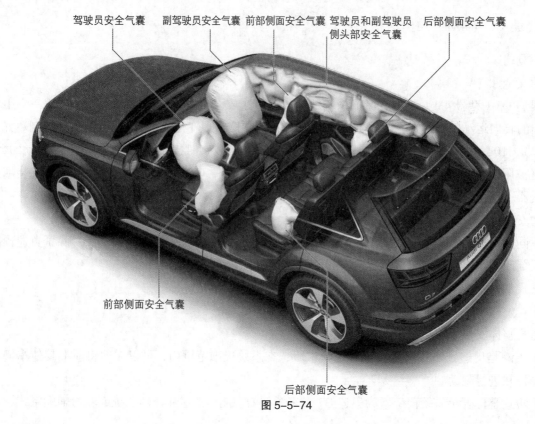

驾驶员安全气囊　副驾驶员安全气囊　前部侧面安全气囊　驾驶员和副驾驶员　后部侧面安全气囊
　　　　　　　　　　　　　　　　　　　　　　　　侧头部安全气囊

前部侧面安全气囊

后部侧面安全气囊

图 5-5-74

2.组件

奥迪 Q7 的被动式乘员和行人保护系统根据不同的国家版本和装备可能由下列部件和系统组成：

①安全气囊控制单元；

②自适应驾驶员安全气囊；

③自适应副驾驶员安全气囊（两级式副驾驶员安全气囊，国家版本）；

④前部侧面安全气囊；

⑤后部侧面安全气囊（装备版本）；

⑥头部安全气囊；

⑦前部安全气囊碰撞传感器；

⑧车门侧面碰撞识别传感器；

⑨C 柱侧面碰撞识别传感器；

⑩侧面和纵向碰撞识别传感器；

⑪中间行人保护碰撞传感器（加速度传感器，国家版本）；

⑫左侧和右侧行人保护碰撞传感器（压力传感器，国家版本）；

⑬带烟火式安全带拉紧器的前部安全带自动卷收装置；

⑭带电动安全带拉紧器的前部安全带自动卷收装置；

⑮带可调式安全带限力器的前部安全带自动卷收装置；

⑯第二排座椅驾驶员和副驾驶员侧带烟火式安全带拉紧器的安全带自动卷收装置（国家版本）；

⑰第三排座椅驾驶员和副驾驶员侧带烟火式安全带拉紧器的安全带自动卷收装置（国家版本）；

⑱前部腰部安全带拉紧器（国家版本）；

⑲适用于所有座椅的安全带未系警告装置（国家版本）；

⑳副驾驶员座椅占用识别装置；

㉑用于关闭副驾驶员前部安全气囊的钥匙开关（国家版本）；

㉒副驾驶员侧安全气囊OFF/ON指示灯；

㉓驾驶员和副驾驶员座椅位置识别装置；

㉔行人保护系统触发器（国家版本）；

㉕蓄电池断开装置。

3. 系统一览

如图5-5-75所示。

系统一览中列出了所有市场的组件。请注意，标配版本不可能同时包含所有组件。

附加装备：具体装备会根据对汽车制造商的不同要求以及所在市场的法律规定有所变化。

4. X/Y轴中间碰撞传感器G858

X/Y轴中间碰撞传感器G858是一个加速度传感器。X/Y轴中间碰撞传感器是一个组合式传感器，用于测量X轴和Y轴方向的车辆减速度和加速度。

X/Y轴中间碰撞传感器用于检测撞车时纵向（X）和横向（Y）的碰撞强度。

（1）坐标，如图5-5-76所示。

（2）安装位置。

奥迪Q7的X/Y轴中间碰撞传感器G858安装在变速器通道上、驾驶员侧后座椅横梁区域内，如图5-5-77所示。

5. 安全气囊控制单元J234

（1）传感器和数据总线连接。

奥迪Q7的安全气囊控制单元J234经历了一系列改良，如图5-5-78所示。

用于测量X轴和Y轴方向的加速度以及Z轴方向的偏转率的传感器（惯性传感器）直接安装在安全气囊控制单元J234内。为了能够在大约2ms的最短反应时间内将ESC信号发送至数据总线，控制单元的通信方式由驱动CAN变成了FlexRay。

因此，安全气囊控制单元J234也具有探测车身运动的功能，并且会将探测到的数据通过FlexRay提供给诸如ABS控制单元J104等使用。ABS控制单元J104同样也连接FlexRay数据总线。ABS控制单元接收来自安全气囊控制单元的数据、处理这些数据并采取适当的行动。这些行动可能是，例如通过制动干预（ESC调节）稳定车辆。

（2）探测X轴、Y轴和Z轴方向的车辆纵向运动。

传感器的工作原理是借助"震动感应质量块"探测X轴、Y轴和Z轴方向的车辆纵向运动。

坐标，如图5-5-79所示。

（3）传感器的结构。

在传感器中装有一个可移动式质量块（震动感应质量块），它与用作电极的固定式电容器极板保持一定距离。震动感应质量块同样配有电极。它与固定式电极构成一个电容器。

当加速度作用于传感器时，震动感应质量块相对固定式电容器极板的位置会因惯性而发生变化。电容的物理尺寸会随之变化。此时会对电容进行数字化处理，并相应地进行分析。

如图5-5-80所示，静态位置（左），运动（右）。

（4）探测X轴和Z轴方向的车辆旋转运动。

传感器的工作原理是借助"科里奥利力"探测X轴和Z轴方向的车辆旋转运动。

坐标，如图5-5-81所示。

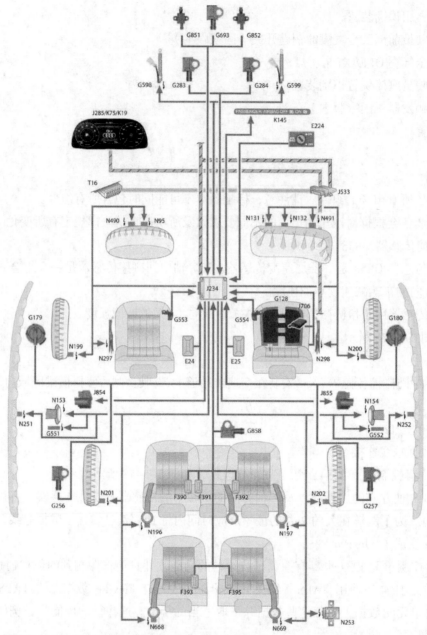

E24.驾驶员侧安全带开关　E25.副驾驶员侧安全带开关　E224.副驾驶员侧安全气囊关闭钥匙开关　F390.第2排驾驶员侧座椅安全带开关　F391.第2排中间座椅安全带开关　F392.第2排副驾驶员侧座椅安全带开关　F393.第3排驾驶员侧座椅安全带开关　F395.第3排副驾驶员侧座椅安全带开关　G128.副驾驶员侧座椅占用识别传感器　G179.驾驶员侧侧面安全气囊碰撞传感器　G180.副驾驶员侧侧面安全气囊碰撞传感器　G256.驾驶员侧后部侧面安全气囊碰撞传感器　G257.副驾驶员侧后部侧面安全气囊碰撞传感器　G283.驾驶员侧前部安全气囊碰撞传感器　G284.副驾驶员侧前部安全气囊碰撞传感器　G551.驾驶员侧安全带限力器　G552.副驾驶员侧安全带限力器　G553.驾驶员侧座椅位置传感器　G554.副驾驶员侧座椅位置传感器　G598.行人保护系统触发器1　G599.行人保护系统触发器2　G693.行人保护系统中间碰撞传感器　G851.行人保护系统的驾驶员侧碰撞传感器2　G852.行人保护系统的副驾驶员侧碰撞传感器2　G858.X/Y轴中间碰撞传感器　J234.安全气囊控制单元　J285.组合仪表控制单元　J533.数据总线诊断接口（网关）　J706.座椅占用识别控制单元　J854.左前安全带拉紧器控制单元　J855.右前安全带拉紧器控制单元　K19.安全带未系警告装置指示灯　K75.安全气囊指示灯　K145.副驾驶员侧安全气囊关闭指示灯（会显示副驾驶员安全气囊的开启和关闭状态）　N95.驾驶员侧安全气囊点火器　N131.副驾驶员侧安全气囊点火器1　N132.副驾驶员侧安全气囊点火器2　N153.驾驶员侧安全带拉紧器点火器1　N154.副驾驶员侧安全带拉紧器点火器1　N196.驾驶员侧后部安全带拉紧器点火器　N197.副驾驶员侧后部安全带拉紧器点火器　N199.驾驶员侧侧面安全气囊点火器　N200.副驾驶员侧侧面安全气囊点火器　N201.驾驶员侧后部侧面安全气囊点火器　N202.副驾驶员侧后部侧面安全气囊点火器　N251.驾驶员侧头部安全气囊点火器　N252.副驾驶员侧头部安全气囊点火器　N253.蓄电池切断点火器　N297.驾驶员侧安全带拉紧器点火器2（腰部安全带拉紧器）　N298.副驾驶员侧安全带拉紧器点火器2（腰部安全带拉紧器）　N490.驾驶员安全气囊排气阀点火器　N491.副驾驶员安全气囊排气阀点火器　N668.第3排驾驶员侧座椅安全带拉紧器点火器　N669.第3排副驾驶员侧座椅安全带拉紧器点火器　T1616.芯插头连接，诊断接口

图 5-5-75

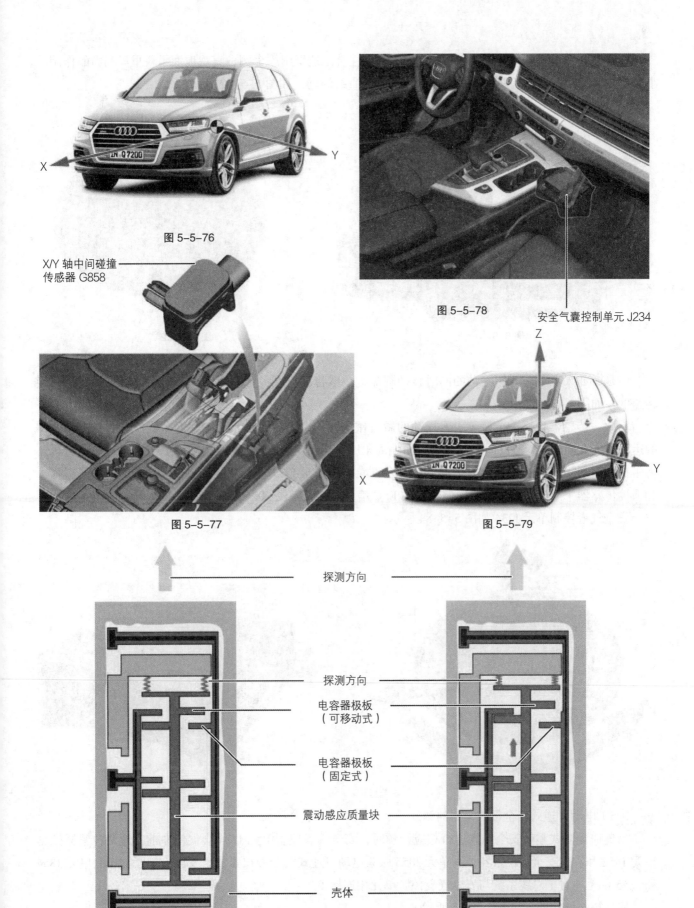

图 5-5-76

X/Y 轴中间碰撞
传感器 G858

图 5-5-77

图 5-5-78

安全气囊控制单元 J234

图 5-5-79

探测方向

探测方向

电容器极板
（可移动式）

电容器极板
（固定式）

震动感应质量块

壳体

图 5-5-80

科里奥利力作用于在旋转坐标系中运动的所有主体。这里用一个例子直观地演示科里奥利力的作用。小球在圆盘滚动。当圆盘静止时，小球沿直径方向直线滚动，如图 5-5-82 所示。

图 5-5-81

图 5-5-82

但是，如果在小球开始滚动的同时转动圆盘，小球将偏离直径方向运动。偏离角度取决于圆盘的旋转速度，如图 5-5-83 所示。

因此，传感器包括一个持续引发震动的微机械主体，这里的图示是简图。当车辆旋转时，震动主体的运动方向会随之改变。此时会对运动方向偏离角度（运动变化）进行数字化处理，并相应地进行分析。为了探测 X 轴和 Z 轴方向的旋转运动，在安全气囊控制单元 J234 中，侧翻传感器（用于识别侧翻碰撞）和惯性传感器（用于探测 Z 轴方向偏转率的 ESC 信号）相互错位 90° 分布。

安全气囊控制单元 J234 如图 5-5-84 所示。

图 5-5-83

图 5-5-84

（5）电动可逆式安全带拉紧器的触发。

当奥迪预防式整体安全系统进行相应干预时，安全气囊控制单元 J234 会促使左前安全带拉紧器控制单元 J854 和右前安全带拉紧器控制单元 J855 张紧电动可逆式安全带拉紧器。安全带拉紧器控制单元 J854 和 J855 都是通过子总线系统与安全气囊控制单元相连接。

摘自拓扑结构图，如图 5-5-85 所示。

（6）接线端 30。

现在的安全气囊控制单元 J234 是一个接线端 30 控制单元。安全气囊控制单元 J234 以离散方式与接线端 30 和接线端 15 相连接。此外，安全气囊控制单元 J234 还会以数字化方式，通过数据总线诊断接口 J533（网关）接收有关接线端 15 的状态信息。只能在点火开关接通状态（接线端 15 接通）下触发安全气囊系统。

控制单元 J234 中装有一个电容器。该电容器的作用是，在接线端 15 和 30 断裂时，仍能触发不同的烟火式部件（如安全气囊、安全带拉紧器）。如果只有接线端 15 断裂，控制单元仍可以通过接线端 30（常正极）供电。此时，车辆蓄电池可以触发不同的烟火式部件，只不过触发时间更长。

功能图，如图 5-5-86 所示。

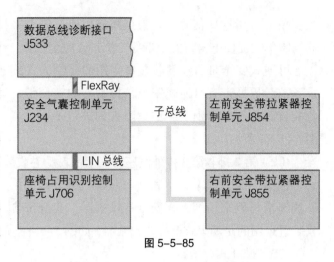

图 5-5-85

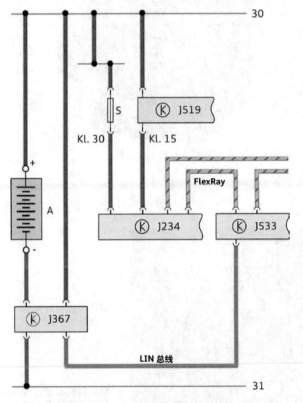

A.蓄电池　J234.安全气囊控制单元　J367.蓄电池监控控制单元　J519.车载电网控制单元　J533数据总线诊断接口

图 5-5-86

（7）诊断。

安全气囊控制单元 J234 的诊断地址码是"15 安全气囊"。控制单元版本（系统名称）为"Airbag10.44"，可以在引导型故障查询的"控制单元识别"中调用。

由于安全气囊控制单元 J234 的安装位置可能存在误差，因此必须校准用于探测 X 轴和 Y 轴方向加速度以及 Z 轴方向偏转率的惯性传感器。

如果安装了一个新的安全气囊控制单元 J234，但尚未进行基本设置，则故障存储器中会生成记录"C115E54 惯性传感器未进行基本设置"。在进行下列操作时，必须通过引导型故障查询对安全气囊控制单元 J234 的惯性传感器进行基本设置：

①拆卸和安装控制单元 J234；

②更换控制单元 J234。

6. 安全带

（1）前部安全带自动卷收装置。

根据不同的国家版本和装备版本，奥迪 Q7 可以采用不同的安全带自动卷收装置。

①带有安全带拉紧器和可切换式安全带限力器的安全带自动卷收装置；

②带有安全带拉紧器、可逆式安全带拉紧器和可切换式安全带限力器的安全带自动卷收装置。

配备奥迪预防式整体安全系统的车型，采用的是带有烟火式安全带拉紧器、可切换式安全带限力器以及带电机的可逆式安全带拉紧器的前部安全带自动卷收装置。

可逆式安全带拉紧器、左前安全带拉紧器控制单元 J854 和右前安全带拉紧器控制单元 J855，都是通过子总线系统与安全气囊控制单元 J234 相连接。安全带拉紧器控制单元 J854 和 J855 只是纯粹的执行元件，并非"智能化"，而是由安全气囊控制单元触发。

一旦奥迪预防式整体安全系统识别到特定的行驶状况，就会将相应信号传输至数据总线。安全气囊控制单元分析这些信号，并根据需要，通过安全带拉紧器控制单元促使电机将安全带部分拉紧或完全拉紧。

可逆式安全带自动卷收装置采用的是烟火式旋转式拉紧器。更换带有可逆式安全带拉紧器的安全带自动卷收装置时，不必借助引导型故障查询进行基本设置，如图 5-5-87 所示。

（2）第 2 排和第 3 排外侧座椅安全带自动卷收装置。

根据不同的国家版本和装备版本，第 2 排和第 3 排外侧座椅可以采用烟火式安全带拉紧器。安全带自动卷收装置采用的是烟火式推杆式拉紧器，如图 5-5-88 所示。

（3）推杆式拉紧器。

①结构，如图 5-5-89 所示。

导管／压力室（3）的作用如下：

a. 支承电气插头连接以及点火器和烟火式推进剂（1）；

b. 支承五件式灵活"蛇形"推杆（5）和"蛇形"推杆导向件；

c. 提供压力室（3）；

d. 支承制动楔（4）；

e. 支承活塞（2）（包括密封件、止动器和间隔垫片）。

②活塞（2）和"蛇形"推杆（5），如图 5-5-90 所示。

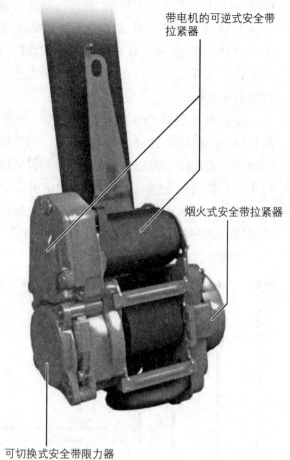

带电机的可逆式安全带拉紧器

烟火式安全带拉紧器

可切换式安全带限力器

图 5-5-87

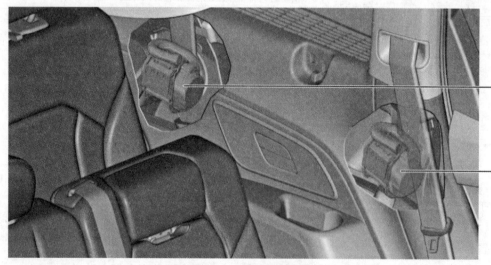

第 3 排座椅安全带自动卷收装置

第 2 排座椅安全带自动卷收装置

图 5-5-88

③功能。

当安全气囊控制单元 J234 点燃推杆式拉紧器的烟火式推进剂（1）后，由于燃烧作用，导管／压力室（3）中的压力会骤升。随着压力上升，会向下压活塞（2）和"蛇形"推杆（5），如图 5-5-91 所示。

当"蛇形"推杆（5）从导管中被压出后，它会遇上与安全带轴（6）牢牢相连的齿轮（7）。此时，在材料特性和部件几何形状的影响下，齿轮的轮齿会与"蛇形"推杆啮合。同时会继续向下压"蛇形"推杆，

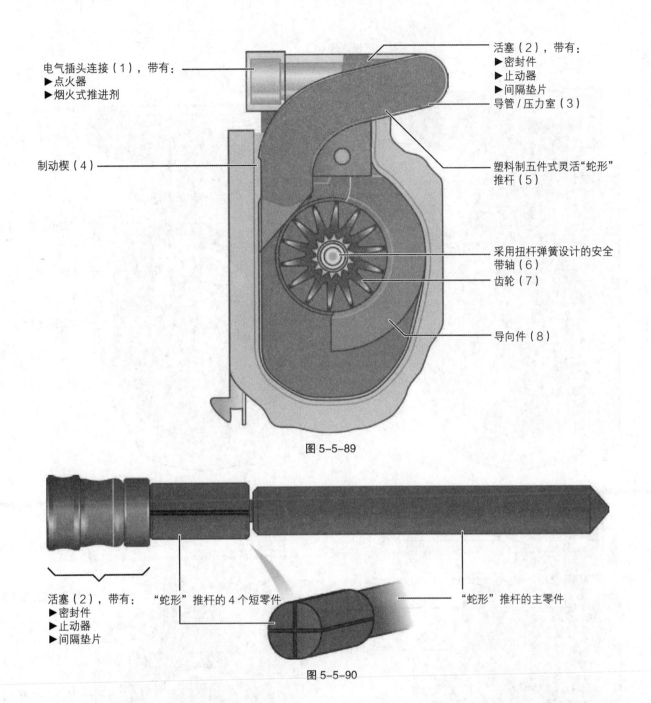

电气插头连接（1），带有：
▶点火器
▶烟火式推进剂

活塞（2），带有：
▶密封件
▶止动器
▶间隔垫片

导管／压力室（3）

制动楔（4）

塑料制五件式灵活"蛇形"
推杆（5）

采用扭杆弹簧设计的安全
带轴（6）

齿轮（7）

导向件（8）

图 5-5-89

活塞（2），带有：
▶密封件
▶止动器
▶间隔垫片

"蛇形"推杆的4个短零件

"蛇形"推杆的主零件

图 5-5-90

在旋转运动的作用下，齿轮与安全带轴错位，如图 5-5-92 所示。

由于安全带与安全带轴（6）牢牢相连，因此安全带会被卷起并拉紧。为了让作用于乘员的安全带拉力保持在特定范围内，需要限制安全带拉力。

安全带拉力是通过采用扭杆弹簧设计的安全带轴（6）限制的。"蛇形"推杆（5）通过导向件（8）限定在一侧。活塞（2）回位路径是通过止动器在制动楔（4）上移动来限制的，如图 5-5-93 所示。

当止动器（2）结束移动时，"蛇形"推杆（5）的长零件会从导管／压力室（3）中伸出特定长度。此时"蛇形"推杆的4个短零件会与齿轮（7）接触。

由于"蛇形"推杆采用的是五件式设计，"蛇形"推杆的4个短零件会相互推挤，从而使齿轮和安全带轴（6）重新恢复自由状态。安全带拉紧过程结束，如图 5-5-94 所示。

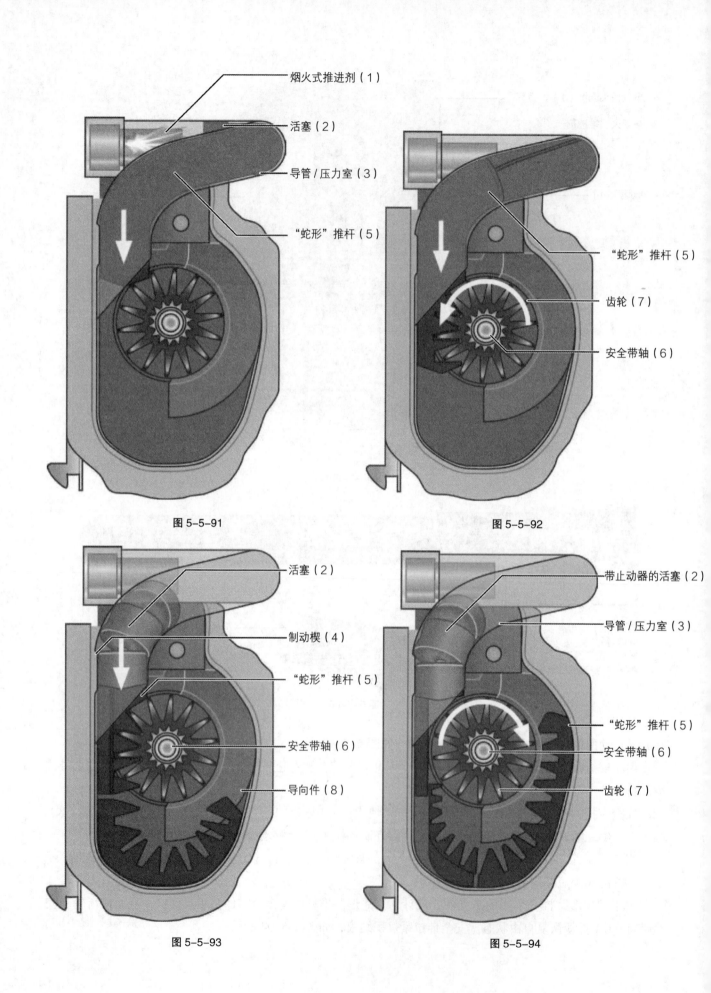

烟火式推进剂（1）
活塞（2）
导管/压力室（3）
"蛇形"推杆（5）

图 5-5-91

"蛇形"推杆（5）
齿轮（7）
安全带轴（6）

图 5-5-92

活塞（2）
制动楔（4）
"蛇形"推杆（5）
安全带轴（6）
导向件（8）

图 5-5-93

带止动器的活塞（2）
导管/压力室（3）
"蛇形"推杆（5）
安全带轴（6）
齿轮（7）

图 5-5-94

7. 带夹紧锁舌的腰部安全带拉紧器

根据不同国家版本，奥迪 Q7 可以装备驾驶员和副驾驶员侧腰部安全带拉紧器、驾驶员侧安全带拉紧器点火器 2 N297、副驾驶员侧安全带拉紧器点火器 2 N298。

如果安装的是腰部安全带拉紧器，安全带自动卷收装置的安全带会同时配备夹紧锁舌。

发生有必要触发安全气囊的事故时，如果系了安全带，腰部安全带拉紧器会与夹紧锁舌一同发生下列作用：

①分离腰部受力和胸部受力；

②减少胸部挤压；

③减轻大腿负荷；

④减少骨盆运动；

⑤改善腰部与座椅的贴合度。

概述如图 5-5-95 所示。

（1）发生事故时的工作过程。

发生有必要触发安全气囊的事故时，安全气囊控制单元会触发安全带拉紧器和腰部安全带拉紧器。此时，安全带会从夹紧锁舌开始，由安全带拉紧器拉到安全带自动卷收装置上。为了避免安全带拉力过大，可切换式安全带限力器会限制拉力。

腰部安全带拉紧器会拉紧乘员腰部区域的安全带部分，一直到将夹紧锁舌拉紧固定为止。

安全带走向如图 5-5-96 所示。

（2）腰部安全带拉紧器的安装位置。

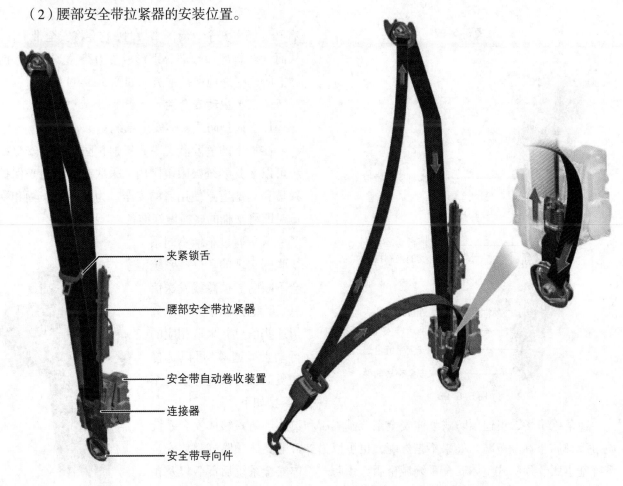

夹紧锁舌

腰部安全带拉紧器

安全带自动卷收装置

连接器

安全带导向件

图 5-5-95　　　　　　　　　　　　图 5-5-96

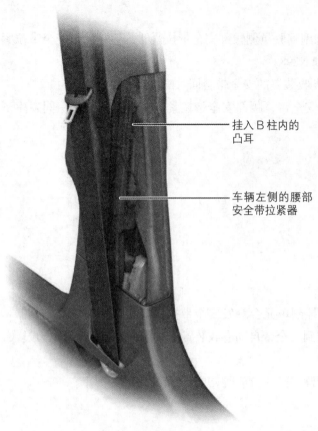

挂入B柱内的凸耳

车辆左侧的腰部安全带拉紧器

图 5-5-97

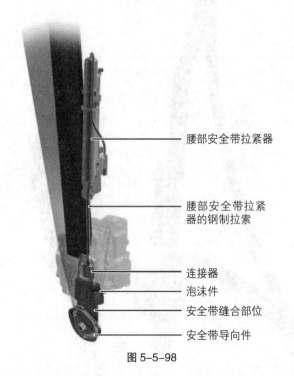

腰部安全带拉紧器

腰部安全带拉紧器的钢制拉索

连接器

泡沫件

安全带缝合部位

安全带导向件

图 5-5-98

在某些市场，奥迪预防式整体安全系统基本版和奥迪预防式整体安全系统城市版都属于标配范畴。如果不是标配，也可以另外订购奥迪预防式整体安全系统基本版、预防式整体安全系统城市版、预防式整体安全系统后部版以及预防式整体安全系统前部版作为加装装备。

腰部安全带拉紧器安装在B柱内。为此，腰部安全带拉紧器的凸耳被挂入并拧紧在B柱内，如图5-5-97所示。

连接器如图5-5-98所示。

安全带在B柱区域转向，不同于未配备腰部安全带拉紧器的其他车型的是，可以向上移动。在安全带端部缝有一个连接器。腰部安全带拉紧器的连接器会插入安全带连接器内并卡止。作为隔音措施，在连接器区域内安装了一个泡沫件。

诊断：腰部安全带拉紧器是一个烟火式部件。其他烟火式部件的安全说明对其同样适用。为此请注意相应的保养手册。点火后，如果腰部安全带拉紧器损坏，则必须将其作为一个整体更换。

安全气囊控制单元J234持续监控腰部安全带拉紧器的功能。一旦发现系统偏差，就会在安全气囊控制单元J234故障存储器中生成相应记录。请借助"引导型故障查询"进行处理。

（3）夹紧锁舌。

夹紧锁舌与"普通"锁舌的区别在于，当发生有必要触发安全气囊的事故时，它会将安全带卡住。从而针对胸部和腰部分别形成受力路径，这样才能如上所述更好地保护乘员，如图5-5-99所示。

（三）主动安全性

1. 奥迪预防式整体安全系统

在特定的危险状况下，奥迪预防式整体安全系统可以在其系统极限范围内，采取有效措施来保护乘员和其他道路使用者的安全。为此会为车辆和乘员对即将来临的碰撞做好准备。

这是通过车辆不同系统联网实现的。这些系统会不断向数据总线发送信息。其他控制单元可以分析这些信息并采取相应的行动。奥迪Q7可以选择的奥迪预防式整体安全系统类型如下。

图 5-5-99

必须注意的是，奥迪预防式整体安全系统并不能阻止碰撞发生。它的作用是尽量减轻碰撞对驾驶员的伤害。同时还必须注意，传感器和摄像头并非每次都能识别到所有对象和车道标志。

如表 5-5-3 所示，介绍奥迪预防式整体安全系统的各个功能。

表 5-5-3

奥迪预防式整体安全系统基本版	PR 编号 7W1
奥迪预防式整体安全系统城市版	PR 编号 6K8
奥迪预防式整体安全系统前部版	PR 编号 8T3/8T8
奥迪预防式整体安全系统后部版，包括预防式整体安全系统基本版	PR 编号 7W3

2. 预防式整体安全系统基本版

奥迪预防式整体安全系统基本版具有以下功能：

①减小安全带松弛度；

②部分或完全拉紧电动可逆式安全带拉紧器；

③关闭全景玻璃天窗（选装装备）；

④关闭侧窗玻璃；

⑤开启危险警示灯（并非所有国家均适用）。

（1）可逆式安全带拉紧器减小安全带松弛度的定义和功能。

在特定情况下，例如穿着厚厚的冬季外套时，系上的安全带不贴近身体。在这类情况下，安全带自动卷收装置的机械卷收力小于压紧冬季厚外套所需的力。为了让安全带尽量贴近前座乘员，会将安全带往回拉一段距离，这段距离被称为"安全带松弛度"。

在下列前提条件下，可逆式安全带拉紧器会用规定的力卷起安全带，从而减小安全带松弛度：

①发动机启动后，车辆向前行驶的速度达到大约 15km/h 时；

②发动机启动后，车辆向前行驶大约 10s 后速度仍未达到 15km/h 时。

安全带紧贴身体（安全带松弛度较低），如图 5-5-100 所示。

安全带贴在"厚"外套上（安全带松弛度较高），如图 5-5-101 所示。

图 5-5-100

图 5-5-101

（2）可逆式安全带拉紧器的系统特性。

①在减小安全带松弛度后，会重新释放安全带。

②如果未系安全带，则不会减小安全带松弛度。

③如果副驾驶员安全气囊切换为"关闭"，不会减小副驾驶员侧安全带松弛度。

④可逆式安全带拉紧器、左前安全带拉紧器控制单元 J854 和右前安全带拉紧器控制单元 J855，都是通过子总线系统与安全气囊控制单元 J234 相连接。安全气囊控制单元 J234 促使可逆式安全带拉紧器减小安全带松弛度。

⑤如果配备的是奥迪预防式整体安全系统基本版，一旦车速超过 30km/h，纵向或横向动态功能就会促使可逆式安全带拉紧器拉紧。纵向动态功能只能在车辆向前行驶的状态下发挥作用。这里有一个例外，就是低速防碰撞功能。

（3）纵向动态功能。

①避险制动。

如果避险制动时的制动压力达到规定值，奥迪预防式整体安全系统基本版就会促使可逆式安全带拉紧器以电动方式部分拉紧。组合仪表中会显示提示信息：奥迪预防式整体安全系统正在干预。不会发出声音信号，如图 5-5-102 所示。

②紧急制动。

紧急制动时，可逆式安全带拉紧器会部分或完全拉紧。ABS 控制单元 J104 会根据情况促使危险警示灯开启。紧急制动分为以下两种标准。

图 5-5-102

a. 当 ABS 控制单元 J104 识别到制动压力在规定时间内达到特定值时，会进行紧急制动。满足条件时，奥迪预防式整体安全系统基本版会促使可逆式安全带拉紧器以电动方式完全拉紧。组合仪表中会显示提示信息：奥迪预防式整体安全系统正在干预。不会发出声音信号。

b. 如果虽未满足上述条件，但 ABS 控制单元 J104 根据踏板速度识别到了紧急制动，也会进行紧急制动。满足条件时，奥迪预防式整体安全系统基本版会促使可逆式安全带拉紧器以电动方式部分拉紧。组合仪表中会显示提示信息：奥迪预防式整体安全系统正在干预。不会发出声音信号。

（4）系统特性。

紧急制动时，可逆式安全带拉紧器会部分或完全拉紧。ABS 控制单元 J104 会根据情况促使危险警示灯开启。紧急制动分为以下几种标准。

①当用 ASR 和 ESP 按键 E256 将电子稳定控制系统设为"超级越野 / 简单越野"模式或"关闭"时，不会部分拉紧，如图 5-5-103 所示。

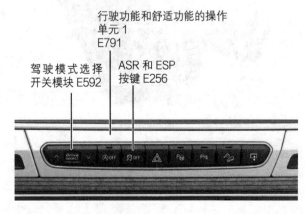

行驶功能和舒适功能的操作单元 1 E791

驾驶模式选择开关模块 E592

ASR 和 ESP 按键 E256

图 5-5-103

②当奥迪驾驶模式选择系统处于"动态"或"超级越野 / 简单越野"模式时，不会部分拉紧。

③在 MMI 中关闭奥迪预防式整体安全系统后，同样不会部分拉紧。

（5）横向动态功能。

当车辆转向过度或转向不足时，电子稳定控制系统会尝试稳定车辆。如果车辆由于达到物理极限而严重不稳，安全气囊控制单元 J234 会促使电动可逆式安全带拉紧器部分拉紧。组合仪表中会显示提示信息：奥迪预防式整体安全系统正在干预。不会发出声音信号，如图 5-5-104 所示。

图 5-5-104

如果无法再稳定车辆，则会采取下列行动：

①电动可逆式安全带拉紧器完全拉紧。组合仪表中会显示提示信息：奥迪预防式整体安全系统正在干预。不会发出声音信号。

②在部分或完全拉紧时，会关闭侧窗玻璃和全景玻璃。

③在部分或完全拉紧时，危险警示灯会在车辆不稳状态下一直亮起。

（6）系统特性。

①当奥迪驾驶模式选择系统处于"动态"或"超级越野/简单越野"模式时，不会部分拉紧。

②在 MMI 中关闭奥迪预防式整体安全系统后，不会部分拉紧。

③当车辆不稳时，电子稳定控制系统被设为"超级越野/简单越野"模式或"关闭"，同时驾驶员主动制动，此时会完全拉紧。组合仪表中会显示提示信息：奥迪预防式整体安全系统正在干预。不会发出声音信号。侧窗玻璃和全景天窗玻璃会关闭。在车辆不稳状态下，危险警示灯会一直亮起。

（7）低速防碰撞功能。

如果安全气囊控制单元 J234 识别到，在相对速度较低（相对速度指的是前后两辆车之间的速度差）且车辆减速度较小时发生正面碰撞，安全气囊控制单元会借助控制单元运算器根据情况决定是否以电动方式完全拉紧。

如果满足所述前提，则不会触发烟火式部件，如安全气囊。也不会采取其他措施，诸如开启危险警示灯、关闭车窗或全景玻璃天窗。

3. 预防式整体安全系统后部版

奥迪预防式整体安全系统后部版具有以下功能：

① RECAS（追尾碰撞预警系统）闪烁；

②给座椅和靠背表面侧垫充气；

③关闭全景玻璃天窗；

④关闭侧窗玻璃；

⑤根据车速部分或完全拉紧电动可逆式安全带拉紧器。

如果配备的是奥迪预防式整体安全系统后部版，必然同时还装有奥迪预防式整体安全系统基本版。为了让奥迪预防式整体安全系统后部版能够发挥作用，车辆必须具有奥迪换道辅助系统。

奥迪换道辅助系统通过两个"中距离"雷达传感器工作，这些传感器可以识别车辆后方 0 ~ 70m 范围内的对象。

如果采用的是奥迪预防式整体安全系统后部版，车辆还需配备换道辅助系统控制单元 J769 和换道辅助系统控制单元 2 J770。换道辅助系统控制单元 2 J770 通过自总线系统与换道辅助系统控制单元 J769（主控制单元）相连接。此外，它还与扩展 CAN 相连。每个控制单元分别与一个雷达传感器构成一个单元。

（1）安装位置。

换道辅助系统主控制单元 J769 安装在车辆右侧后保险杠内。换道辅助系统控制单元 2 J770 安装在车辆左侧后保险杠内，如图 5-5-105 所示。

（2）功能。

雷达传感器持续探测在本车后方行驶的车辆，即使是在奥迪换道辅助系统未激活状态下也一样。控

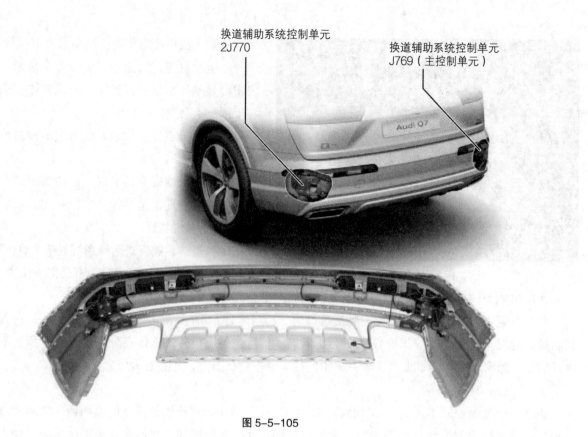

换道辅助系统控制单元 2J770

换道辅助系统控制单元 J769（主控制单元）

图 5-5-105

制单元 J769 和 J770 分析接收到的信号、处理这些信号，并在探测范围内识别后方车辆的距离。根据 ABS 控制单元 J104 的信息可以得出本车速度。换道辅助系统控制单元 J769 和换道辅助系统控制单元 2J770 根据这些信息计算后方车辆的速度。这样，奥迪预防式整体安全系统后部版就可以得到以下信息：

①后方车辆的距离；

②后方车辆的速度；

③本车速度。

当换道辅助系统控制单元识别到即将发生追尾的危险情况时，换道辅助系统控制单元 J769 会将各种不同信息发送至数据总线诊断接口 J533（网关）。危险情况是这样定义的：后方车辆在驾驶员不做任何操作的前提下可能撞上本车尾部。

数据总线诊断接口 J533 再将这些信号发送给安全气囊控制单元 J234。该控制单元根据当前信息决定要触发哪些执行元件，并继续将这些信息传输给不同的控制单元，如滑动天窗控制单元 J245。

（3）奥迪预防式整体安全系统后部版此时会分两个阶段执行下列行动。

阶段 1。

首先让转向灯以极快的频率闪烁大约 3s。这也被称为 RECAS（追尾碰撞预警系统）闪烁。由于闪烁频率极高，会让人有类似于闪电的感觉。这样可以吸引后方车辆的驾驶员注意当前状况并促使其采取诸如制动等操作。RECAS 闪烁的激活时间取决于危险情况的严重程度以及后方车辆的相对速度。由车载电网控制单元 J519 激活 RECAS 闪烁，如图 5-5-106 所示。

RECAS 闪烁

图 5-5-106

如果后方车辆在这一阶段做出了反应，例如制动或换道，且换道辅助系统控制单元 J769 和 J770 不再识别到危险情况，则不会继续执行诸如关闭侧窗玻璃等行动。

　　阶段 2。

　　①如果仍识别到危险情况，则会关闭侧窗玻璃和全景玻璃天窗。如果车辆前部配备的是带气动机构的运动型座椅或个性化多轮廓座椅（PR 编号 Q1J 或 Q2J），驾驶员和副驾驶员座椅表面和靠背的侧垫都可以充气，如图 5-5-107 所示。

　　②关闭侧窗玻璃、全景玻璃天窗并给侧垫（座椅表面和座椅靠背）充气大约 1s 后，组合仪表中会显示：奥迪预防式整体安全系统正在干预，如图 5-5-108 所示。

　　③如果后方车辆继续驶近且发生撞车事故的

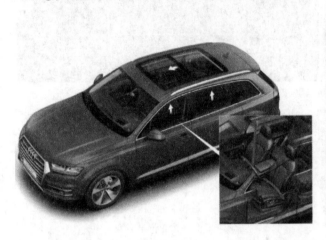

图 5-5-107

图 5-5-108

危险性增加，则会根据情况以电动方式拉紧前部安全带。一旦本车速度超过特定值，就不会张紧安全带。

　　安全气囊控制单元 J234 通过左前安全带拉紧器控制单元 J854 和右前安全带拉紧器控制单元 J855 激活安全带拉紧功能，这两个控制单元都是通过子总线系统与安全气囊控制单元 J234 相连接的。

　　（4）过程图，如图 5-5-109 所示。

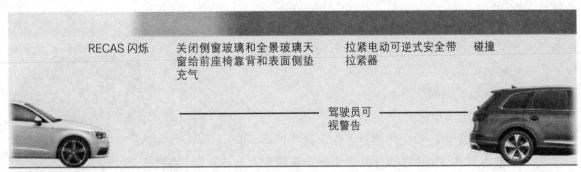

图 5-5-109

　　（5）挂车模式。

　　如果一辆车在出厂时就装有挂车连接器，则会识别到挂车，不会激活奥迪预防式整体安全系统后部版。

　　如果在识别到挂车后，发动机运行且车速达到大约 5km/h，则组合仪表中会显示第 1 种信息。如果加装了预防式整体安全系统城市版，则在显示第 1 种信息后，还会显示第 2 种信息。

　　第 1 种信息，如图 5-5-110 所示。

　　第 2 种信息，如图 5-5-111 所示。

图 5-5-110

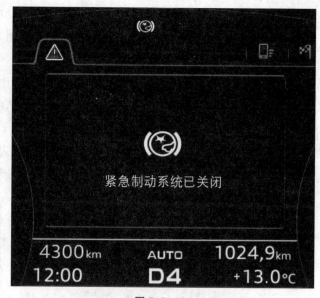

图 5-5-111

提示：第 2 种信息图中所示的组合仪表上显示的驾驶员提示信息，之后可能会发生变化。

4. 预防式整体安全系统前部版

奥迪预防式整体安全系统前部版具有以下功能：

①发出可视和声音预警；

②通过制动抖动发出紧急警告；

③预加注制动系统；

④匹配液压制动辅助系统

⑤部分制动 I 和 II；

⑥目标制动；

⑦自动紧急制动；

⑧转弯辅助系统；

⑨避让辅助系统；

⑩开启危险警示灯。

配备奥迪预防式整体安全系统前部版的车辆，还必须具备以下装备或辅助功能。

① ACC（自适应巡航控制系统）；

②驾驶员辅助系统前部摄像头。

ACC 通过两个"长距离"雷达传感器工作，这些传感器可以探测本车前方最多 250m 内的对象。为此，车辆配备有两个雷达传感器和两个相应的控制单元。每个雷达传感器分别与一个控制单元构成一个 ACC 单元。

ACC 单元如图 5-5-112 所示。

ACC 单元：在车辆右侧前保险杠中装有带右侧 ADR 传感器 G259 以及车距控制装置控制单元 J428 的 ACC 单元。在车辆左侧前保险杠中装有带左侧 ADR 传感器 G258 以及车距控制装置控制单元 2 J850 的 ACC 单元。车辆左侧的

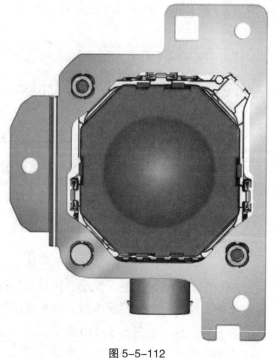

图 5-5-112

ACC 单元是主控制单元。车辆右侧的 ACC 单元则通过子总线系统与主控制单元相连接。

功能：雷达传感器持续探测本车前方区域。即使 ACC 未激活，仍会激活奥迪预防式整体安全系统前部版。车距控制装置控制单元 J428 和车距控制装置控制单元 2 J850 分析接收到的信号、处理这些信号，并判断位于探测范围内的前方车辆的距离。

根据 ABS 控制单元 J104 的信息可以得出本车速度。车距控制装置控制单元 J428 和车距控制装置控制单元 2 J850 根据这些信息计算前方车辆的速度。这样，奥迪预防式整体安全系统前部版就可以得到以下信息：

①前方车辆的距离；

②前方车辆的速度；

③本车速度。

信息处理：主控制单元，即车距控制装置控制单元 J428，负责分析信息并将相应信号传输至数据总线。其他总线共享单元接收这些信号，然后能够采取相应行动。

此外，奥迪预防式整体安全系统前部版还会利用驾驶员辅助系统前部摄像头 R242 的信息，如图 5-5-113 所示。

图 5-5-113

根据前部摄像头的补充信息，可以更好地判断前方车辆的等级和宽度。

奥迪预防式整体安全系统前部版只会在亮度和可见度充足的情况下利用前部摄像头的信息。换而言之，当可见度不佳时，例如环境昏暗或雾天，不允许奥迪预防式整体安全系统前部版利用前部摄像头不可靠的图片数据，而只能使用雷达传感器的数据。

奥迪预防式整体安全系统前部版只会对沿相同方向行驶、停驻或静止的其他车辆做出反应。这里有个例外，就是转弯辅助系统。如果配有转弯辅助系统，则系统也会对迎面驶来的车辆做出反应。

功能：奥迪预防式整体安全系统前部版具有以下功能，如表 5-5-4 所示。

表 5-5-4

A	在可能发生撞车时，通过自行制动[1]或加强[1]驾驶员对车辆执行的制动操作来发出警告并提供辅助，从而赢得反应时间并降低车速
B	转弯辅助系统对迎面驶来的车辆做出反应
C	避让辅助系统对行驶、停驻或静止的其他车辆做出反应

注：1) 前提是后方车辆位于雷达传感器的探测范围内。

功能 A：

超过一辆速度明显更慢或静止的车辆时，组合仪表控制单元 J285 会在达到特定极限时，向驾驶员发出可视和声音警告。

在最后一次有效制动或避让来避免撞车前、在实际发生碰撞之前的特定时间窗口内会发出这些警告。

警告触发时间取决于驾驶员的操作程度。系统会根据转向、踏板和转向灯操作情况，判断驾驶员是处于主动还是被动状态，也就是判断其注意力是否集中。驾驶员注意力集中时的警告时间迟于注意力不集中时。同时，ABS 控制单元 J104 会预加注制动系统，并更改液压制动辅助系统的触发运算器。

因此，在驾驶员踩下踏板的速度较慢时，就已经建立了液压制动辅助系统的制动压力。

如果驾驶员对警告提示未做出任何反应或只是把脚从加速踏板上移开，则 ABS 控制单元 J104 会进行警告耸车。警告耸车是指在极短时间内进行明显可以感觉到的制动，但不能用于减速。这样可以让驾驶员重新将注意力集中在交通状况上，同时提醒他必须立即做出反应来避免撞车事故的发生。

警告耸车取决于在最后一次有效制动或避让来避免撞车前的特定时间内，驾驶员的注意力集中情况。但是，如果驾驶员一直未做出反应或只是把脚从加速踏板上移开，则车辆会以最高 35% 的制动力进行部分制动 I。

当驾驶员辅助系统前部摄像头 R242 同样识别到障碍物时，会以最高 60% 的制动力进行部分制动 II。

如果驾驶员进行了制动操作，则在上述所有阶段（预加注制动系统、设置液压制动辅助系统、驾驶员警告、警告耸车、部分制动 I 和 II），均可以进行目标制动。

进行目标制动时，奥迪预防式整体安全系统前部版会计算驾驶员的制动强度是否足够避免发生碰撞事故。如果不够，会根据情况提高所需的制动压力。

如果奥迪预防式整体安全系统前部版识别到无法避免即将发生的事故，ABS 控制单元 J104 会自动进行紧急制动。

紧急制动发生在即将达到特定的最大车速时或进行部分制动 II 后。如果车辆在驾驶员未干预的情况下自行制动直至静止，则会继续发出声音信号。

这些信号是为了提醒驾驶员注意，必须（例如通过制动）主动接管车辆的操控，如图 5-5-114 所示。

过程图如图 5-5-115 所示。

功能 B：

奥迪 Q7 在奥迪预防式整体安全系统前部版的基础上扩展了转弯辅助系统。以下示例的假设前提是在靠右行驶的交通规则下。

如果是靠左行驶的交通规则，转弯辅助系

图 5-5-114

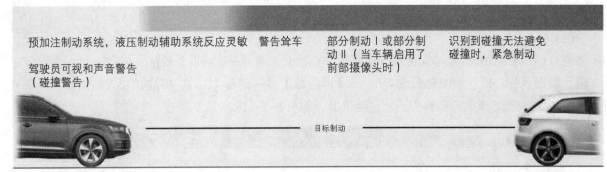

预加注制动系统，液压制动辅助系统反应灵敏　警告耸车　　部分制动Ⅰ或部分制　　识别到碰撞无法避免
　　　　　　　　　　　　　　　　　　　　　　　　动Ⅱ（当车辆启用了　　碰撞时，紧急制动
驾驶员可视和声音警告　　　　　　　　　　　　前部摄像头时）
（碰撞警告）

目标制动

图 5-5-115

统功能会在右转时提供辅助。

　　转弯辅助系统：本车（E）想要向左转，已经开启左转转向灯。本车（E）的速度低于 10km/h。如前文所述，奥迪预防式整体安全系统前部版会借助 ACC 和前部摄像头不断监控前方交通情况。奥迪预防式整体安全系统前部版发现有一辆车（A）迎面驶来。同时，奥迪预防式整体安全系统前部版还发现，左转过程已经准备就绪（通过开启转向灯），如图 5-5-116 所示。

图 5-5-116

　　如果奥迪预防式整体安全系统识别到，在当前转弯过程中存在一个危险情况，则会通过 ABS 控制单元 J104 对液压制动辅助系统重新设定参数。

　　此外，还会更改液压制动辅助系统的触发运算器。得益于这一行动，在制动时，制动器的反应速度极快。如果本车（E）现在继续转弯过程并启动/起步时，奥迪预防式整体安全系统前部版会通过 ABS 控制单元 J104 的转速传感器识别这一状态。

　　在这种情况下，奥迪预防式整体安全系统前部版会促使 ABS 控制单元 J104 自动进行紧急制动，从而使本车（E）保持在自己的车道内。同时会向驾驶员发出可视和声音警告，提醒他注意，车辆正在自动制动。如果车辆在驾驶员未干预的情况下自行制动直至静止，则会继续发出声音信号。这些信号是为了提醒驾驶员注意，必须（例如通过制动）主动接管车辆的操控，如图 5-5-117 所示。

　　转弯辅助系统功能的系统特性：

图 5-5-117

　　①转弯辅助系统只有在车速低于 10km/h 时可用；

　　②必须开启转向灯；

　　③如果车辆是靠右行驶，则该系统只能在左转弯时发挥作用；

　　④如果车辆是靠左行驶，则该系统只能在右转弯时发挥作用；

　　⑤会发出可视和声音信号。

　　关闭转弯辅助系统：在 MMI 中关闭奥迪预防式整体安全系统后，转弯辅助系统将不可用。该系统可以在 MMI 中重新激活。对于某些国家版本的车型，关闭再重新接通点火开关时，已关闭的奥迪预防式整体安全系统以及转弯辅助系统会重新自动开启。

功能 C：

奥迪 Q7 在奥迪预防式整体安全系统前部版的基础上扩展了避让辅助系统。

避让辅助系统：以下示例是假设本车（E）即将撞上另一辆车（A）。奥迪预防式整体安全系统前部版会借助 ACC 传感器或前部摄像头识别危险情况，如图 5-5-118 所示。

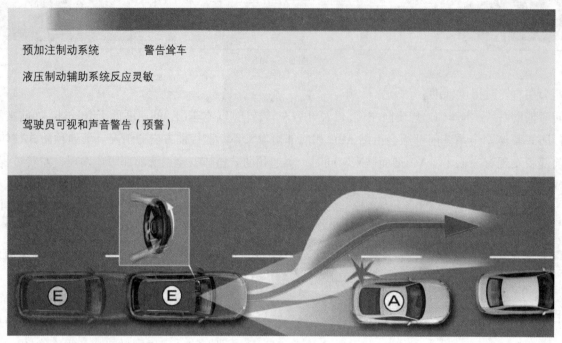

图 5-5-118

奥迪预防式整体安全系统前部版具有以下作用：

①发出可视和声音预警；

②预加注制动系统；

③匹配液压制动辅助系统和紧急警告（警告耸车）。

在发出紧急警告（制动耸车）后，如果驾驶员（E）避让了车辆（A），则避让辅助系统会根据需要提供辅助转向扭矩。奥迪预防式整体安全系统前部版根据各种不同信息，例如本车速度和前方车辆所在车道，计算出合适的避让线路。

如果本车（E）在特定极限内严重偏离避让路线，避让辅助系统会尝试提供辅助转向干预来引导车辆沿避让路线行驶，从而帮助驾驶员避开障碍物。这样就可以在物理极限范围内，防止车辆在避让时失控。

避让辅助系统功能的系统特性：

①如果驾驶员不主动转向，避让辅助系统就不会进行助力转向；

②避让辅助系统在 30~150km/h 的速度范围内可用；

③避让辅助系统适用于向右或向左避让。

关闭避让辅助系统：在 MMI 中关闭奥迪预防式整体安全系统后，避让辅助系统将不可用。该系统可以在 MMI 中重新激活。

对于某些国家版本的车型，关闭再重新接通点火开关时，已关闭的奥迪预防式整体安全系统以及避让辅助系统会重新自动开启。

其他功能：如果车辆同时配备奥迪预防式整体安全系统前部版和基本版或后部版，那么在遇到危险情况时，还会采取下列措施：

①关闭侧窗玻璃；

②关闭全景玻璃天窗；

③给座椅和靠背表面侧垫充气；

④拉紧电动可逆式安全带拉紧器。

驾驶员优先于系统：在奥迪预防式整体安全系统前部版功能的各个阶段内，如果驾驶员明显采取了避让、加速或制动操作，则会抑制或中断奥迪预防式整体安全系统前部版正在采取的行动（如部分制动Ⅰ）。

这里的一个例外是避让辅助系统。在警告耸车后，如果驾驶员驾车明显偏离避让路线，避让辅助系统会尝试提供辅助转向干预来引导车辆沿计算出的避让路线行驶。在这种情况下，不会中断校准明显偏离的辅助行动。

系统设置对奥迪预防式整体安全系统前部版功能的影响：

①当奥迪预防式整体安全系统处于关闭状态时，会关闭奥迪预防式整体安全系统前部版的功能；

②当ESC处于"越野"模式或"关闭"状态时，会关闭奥迪预防式整体安全系统前部版的某些功能；

③当下坡辅助系统处于开启状态时，会关闭奥迪预防式整体安全系统前部版的某些功能。

5. 预防式整体安全系统城市版

奥迪预防式整体安全系统城市版具有以下功能：

①发出可视和声音预警；

②通过制动抖动发出紧急警告；

③预加注制动系统；

④对液压制动辅助系统重新设定参数（更改参数）；

⑤自动制动直至紧急制动；

⑥开启危险警示灯（紧急制动闪烁）。

对车辆采取的行动，如图 5-5-119 所示。

图 5-5-119

对行人采取的行动，如图 5-5-120 所示。

迪预防式整体安全系统城市版是一个"基于摄像头"的系统。因此，如果配备的是奥迪预防式整体安全系统城市版，则必须装有驾驶员辅助系统前部摄像头 R242。前部摄像头会不断监控本车前方的交通状况。其中包括考虑其他对象与本车之间的距离和相对速度。

图 5-5-120

根据危险情况的严重程度，奥迪预防式整体安全系统城市版首先会向驾驶员发出警告，接着会根据需要进行制动。在特定前提下，该系统可以识别到下列情况：

①本车前方有其他车辆；

②有行人正站在或走入本车车道内。

对车辆采取的行动：必须满足下列前提，才能激活系统。

①预防式整体安全系统城市版只会对沿相同方向行驶、停驻或静止的其他车辆做出反应；

②预防式整体安全系统城市版不会对横向或迎面驶来的车辆做出反应；

③预防式整体安全系统城市版在车速达到大约 10km/h 时就会激活；

④预防式整体安全系统城市版可以在不超过 250km/h 的车速内针对其他车辆发出警告；

⑤预防式整体安全系统城市版可以在不超过85km/h 的车速内进行制动。

碰撞警告阶段：如果识别到以不超过 250km/h 的速度行驶的本车即将撞上沿相同方向行驶、停驻或静止的另一辆车的危险情况，组合仪表会在达到特定极限时向驾驶员发出可视和声音预警，如图 5-5-121 所示。

即将发生碰撞的预警：在最后一次有效制动或避让来避免撞车前、在实际发生碰撞之前的特定时间窗口内会发出这些警告。警告触发时间取决于驾驶员的操作程度。系统会根据转向、踏板和转向灯

图 5-5-121

操作情况，判断驾驶员是处于主动还是被动状态，也就是判断其注意力是否集中。驾驶员注意力集中时的警告时间迟于注意力不集中时。同时，ABS 控制单元 J104 会预加注制动系统，并更改液压制动辅助系统的触发运算器。因此，在驾驶员踩下踏板的速度较慢时，就已经建立了液压制动辅助系统的制动压力。

但是，如果驾驶员对于警告提示没有任何反应，ABS 控制单元 J104 会通过一个警告耸车来发出紧急警告。警告耸车是指在极短时间内进行明显可以感觉到的制动，但不能用于减速。这样可以让驾驶员重新将注意力集中在交通状况上，同时提醒他必须立即做出反应来避免撞车事故的发生。警告耸车取决于，在最后一次有效制动或避让来避免撞车前的特定时间内，驾驶员的注意力集中情况。

制动干预阶段：如果驾驶员对于警告耸车也没有任何反应，则 ABS 控制单元 J104 会自行进行制动。如果车辆在驾驶员未干预的情况下自行制动直至静止，则会继续发出声音信号。

这是为了提醒驾驶员注意，必须（例如通过制动）主动接管车辆的操控。如果驾驶员未接管车辆的操控，则系统，例如自动变速器车辆的系统，会松开制动器并让车辆滑行。

过程图，如图 5-5-122 所示。

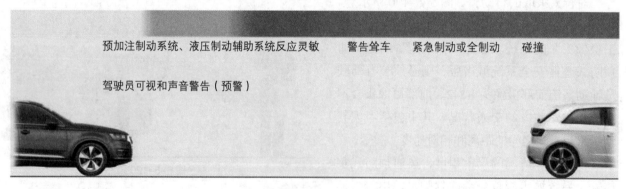

预加注制动系统、液压制动辅助系统反应灵敏　　警告耸车　　紧急制动或全制动　　碰撞

驾驶员可视和声音警告（预警）

图 5-5-122

对行人采取的行动：必须满足下列前提，才能激活系统。

①预防式整体安全系统城市版会对正站在或走入本车车道内的行人做出反应；

②预防式整体安全系统城市版在车速达到大约 10km/h 时就会激活；

③预防式整体安全系统城市版可以在不超过 85km/h 的车速内针对行人发出警告；

④预防式整体安全系统城市版可以在不超过 85km/h 的车速内进行制动。

碰撞警告阶段：当车辆以大约 10km/h 的速度行驶，且有行人正站在或走入本车前面车道内时，会将此识别为危险情况，组合仪表会向驾驶员发出可视和声音预警，如图 5-5-123 所示。

图 5-5-123

即将发生碰撞的预警：在最后一次有效制动或避让来避免撞车前、在实际发生碰撞之前的特定时间窗口内会发出这些警告。警告触发时间取决于驾驶员的操作程度。系统会根据转向、踏板和转向灯操作情况，判断驾驶员是处于主动还是被动状态，也就是判断其注意力是否集中。驾驶员注意力集中时的警告时间迟于注意力不集中时。同时，ABS 控制单元 J104 会预加注制动系统，并更改液压制动辅助系统的触发运算器。因此，在驾驶员踩下踏板的速度较慢时，就已经建立了液压制动辅助系统的制动压力。

但是，如果驾驶员对于警告提示没有任何反应，ABS 控制单元 J104 会通过一个警告耸车来发出紧急警告。警告耸车是指在极短时间内进行明显可以感觉到的制动，但不能用于减速。这样可以让驾驶员重新将注意力集中在交通状况上，同时提醒他必须立即做出反应来避免撞车事故的发生。警告耸车取决于在最后一次有效制动或避让来避免撞车前的特定时间内，驾驶员的注意力集中情况。

制动干预阶段：如果驾驶员对于警告耸车也没有任何反应，则 ABS 控制单元 J104 会进行紧急制动或全制动。此时，车辆会以最高制动压力进行制动。如果车辆在驾驶员未干预的情况下自行制动直至静止，则会继续发出声音信号。

这是为了提醒驾驶员注意，必须（例如通过制动）主动接管车辆的操控。如果驾驶员未接管车辆的操控，则系统，例如自动变速器车辆的系统，会松开制动器并让车辆滑行。

过程图如图 5-5-124 所示。

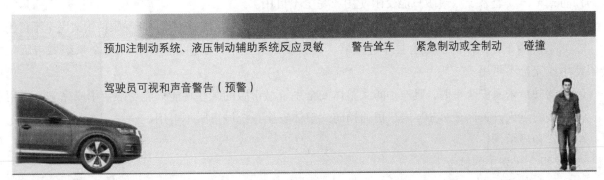

图 5-5-124

挂车模式：如果一辆车在出厂时就装有挂车连接器，则会识别到挂车，奥迪预防式整体安全系统城市版只能受限使用或完全不可用。

如果在识别到挂车后，发动机运行且车速达到大约 5km/h，则组合仪表中会显示第 1 种信息。如果加装了预防式整体安全系统后部版，则在显示第 1 种信息前先显示第 2 种信息。

第 1 种信息，如图 5-5-125 所示。

第 2 种信息，如图 5-5-126 所示。

系统特性：

①车辆进行紧急制动时，预防式整体安全系统城市版可能会将本车速度降低最多 40km/h；

② ABS 控制单元 J104 会根据情况促使危险警示灯（紧急制动闪烁）开启。

驾驶员优先于系统：在预防式整体安全系统城市版的碰撞警告或制动干预阶段内，如果驾驶员明显

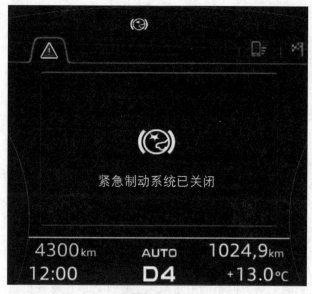

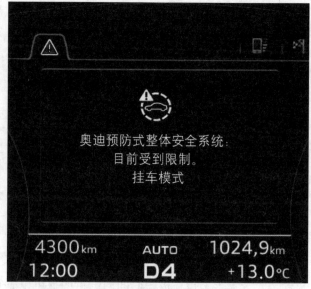

图 5-5-125 图 5-5-126

采取了避让、加速或制动操作,则会抑制或中断奥迪预防式整体安全系统城市版正在采取的行动(如预警)。如果之后不再识别到障碍物,则奥迪预防式整体安全系统城市版会中断辅助功能。

对奥迪预防式整体安全系统城市版功能的影响:

①在 MMI 中关闭奥迪预防式整体安全系统后,会关闭奥迪预防式整体安全系统城市版的功能。

②当 ESC 处于"受限"或"关闭"状态时,奥迪预防式整体安全系统城市版的某些功能只能受限使用或完全不可用。

③当驾驶员辅助系统前部摄像头 R242 由于亮度和可见度不佳,例如环境昏暗或雾天,而受到限制时,奥迪预防式整体安全系统城市版只能受限使用或完全不可用。

④根据奥迪驾驶模式选择系统选定的模式,奥迪预防式整体安全系统城市版只能受限使用或完全不可用。

⑤如果一辆车在出厂时就装有挂车连接器,则会识别到挂车,奥迪预防式整体安全系统城市版只能受限使用或完全不可用。

⑥当驾驶员未系安全带时,奥迪预防式整体安全系统城市版的某些功能只能受限使用或完全不可用。

⑦在接通点火开关后最多 10s 内,奥迪预防式整体安全系统城市版不可用。

6. 设置和显示

(1)组合仪表中的显示。

奥迪 Q7 安装了两种不同的组合仪表,即奥迪虚拟驾驶舱和模拟组合仪表(带或不带 ACC)。MMI 屏幕可以是 MMI 显示屏、MMI 收音机和 MMI 升级版导航系统。

组合仪表和 MMI 屏幕显示有所不同。在奥迪预防式整体安全系统章节中,以带 ACC 的模拟组合仪表以及 MMI 屏幕、MMI 升级版导航系统为例介绍了组合仪表和 MMI 屏幕显示。

设置和关闭预警:在 MMI 中可以设置和关闭奥迪预防式整体安全系统城市版和前部版的预警。设置方法如表 5-5-5 所示。

表 5-5-5

关闭	关闭可视和声音预警
提前	将可视和声音预警设为提前
中间	将可视和声音预警设为中间
延迟	将可视和声音预警设为延迟

汽车菜单中的设置如图 5-5-127 所示。

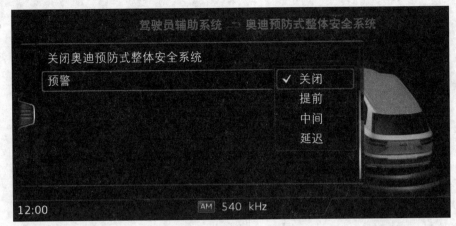

图 5-5-127

①预警"提前""中间""延迟"设置会一直保持激活状态，直至在 MMI 中选择另一项。

②如果预警被设为"关闭"，在下次接通点火开关后会重新开启预警。此时系统会激活"延迟"设置。稍后，这项系统设置会发生变化，关闭预警前激活的最后一个数值会被重新激活。

关闭奥迪预防式整体安全系统：在 MMI 中可以关闭奥迪预防式整体安全系统。同时会关闭整个系统的某些功能。换而言之，可以关闭奥迪预防式整体安全系统的个别功能。

关闭奥迪预防式整体安全系统对某些功能的影响在相关章节中进行了说明。

MMI 中的显示如图 5-5-128 所示。

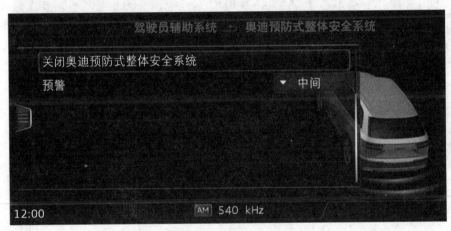

图 5-5-128

关闭时的显示：如果车辆配备奥迪预防式整体安全系统基本版、后部版或前部版，在关闭奥迪预防式整体安全系统时，组合仪表中会显示第 1 种信息。如果车辆仅配备奥迪预防式整体安全系统城市版，则会显示第 2 种信息。

如果车辆配备预防式整体安全系统城市版以及另一扩展版本，如预防式整体安全系统基本版，则会依次显示这两种信息。这些信息保存在驾驶员提示信息栏和指示灯中且可以调用。

第 1 种信息，如图 5-5-129 所示。

第 2 种信息，如图 5-5-130 所示。

开启奥迪预防式整体安全系统：在 MMI 中可以重新开启奥迪预防式整体安全系统，z 此时会重新开启奥迪预防式整体安全系统的全部功能。

图 5-5-129

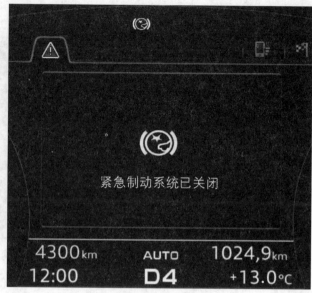

图 5-5-130

关闭再重新接通点火开关时，已关闭的奥迪预防式整体安全系统会重新自动开启。

汽车菜单中的设置如图 5-5-131 所示。

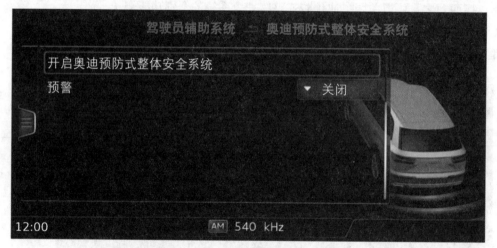

图 5-5-131

（2）电子稳定控制系统（ESC）对奥迪预防式整体安全系统的影响。

ESC 越野如图 5-5-132 所示。

通过 ASR 和 ESP 按键 E256 将 ESC 设为"越野"时，奥迪预防式整体安全系统的各种不同功能会受到限制。

显示：当 ESC 被设为"越野"模式时，组合仪表中会隔大约 5s 依次显示以下两种信息。

这些信息保存在驾驶员提示信息栏和指示灯中且可以调用。

第 1 种信息，如图 5-5-133 所示。

第 2 种信息，如图 5-5-134 所示。

限制：在满足下列条件之前，奥迪预防式整体

行驶功能和舒适功能的操作单元 1
E791

ASR 和 ESP 按键
E256

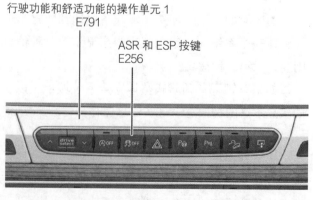

图 5-5-132

图 5-5-133   图 5-5-134

安全系统的功能一直受到限制：

　　①通过 ASR 和 ESP 按键 E256 关闭 ESC "越野" 模式；

　　②关闭再重新接通点火开关 1，ESC 会随着点火开关接通而重新开启；

　　③激活 ACC，这样会导致 ESC 强制关闭。

图 5-5-135

　　通过 ASR 和 ESP 按键 E256 重新开启 ESC 后，组合仪表中会显示，如图 5-5-135 所示。

　　ESC 关闭：通过 ASR 和 ESP 按键 E256 将 ESC 设为 "关闭" 时，奥迪预防式整体安全系统的各种不同功能会受到限制，如图 5-5-136 所示。

行驶功能和舒适功能的操作单元 1
E791

ASR 和 ESP 按键
E256

图 5-5-136

　　当 ESC 被设为 "关闭" 时，预防式整体安全系统基本版、后部版或前部版会在组合仪表中隔大约 5s 依次显示前面两种信息。如果车辆仅配备预防式整体安全系统城市版，则会显示第 1 种和第 3 种信息。

　　如果车辆配备预防式整体安全系统城市版以及另一扩展版本，如预防式整体安全系统基本版，则会依次显示这三种信息。这些信息保存在驾驶员提示信息栏和指示灯中且可以调用。

　　第 1 种信息，如图 5-5-137 所示。

　　第 2 种信息，如图 5-5-138 所示。

　　第 3 种信息，如图 5-5-139 所示。

　　限制：在满足下列条件之前，奥迪预防式整体安全系统的功能一直受到限制：

图 5-5-137

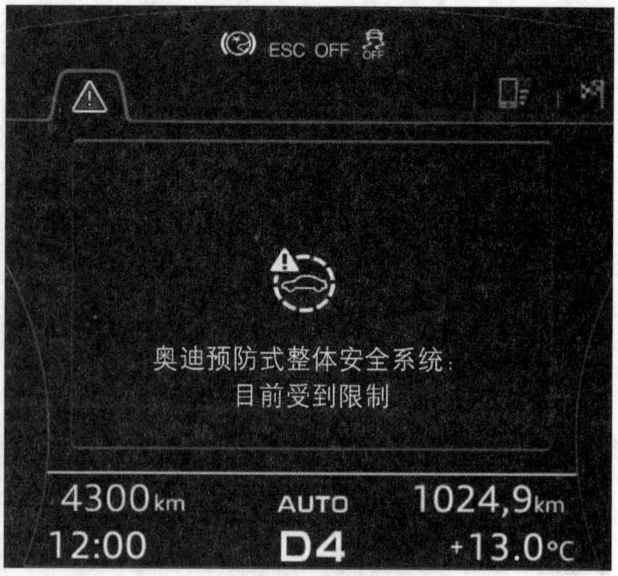

图 5-5-138

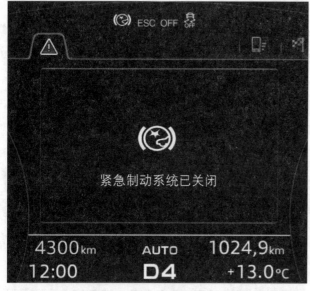

图 5-5-139

图 5-5-140

①通过 ASR 和 ESP 按键 E256 关闭 ESC "越野" 模式；

②关闭再重新接通点火开关 1，ESC 会随着点火开关接通而重新激活；

③激活 ACC，这样会导致 ESC 强制关闭。

通过 ASR 和 ESP 按键 E256 重新开启 ESC 后，组合仪表中会显示，如图 5-5-140 所示信息。

（3）奥迪驾驶模式选择系统设置对奥迪预防式整体安全系统的影响。

奥迪驾驶模式选择系统超级越野 / 简单越野。

如果车辆配备了自适应空气悬架，同时在 MMI 中或通过驾驶模式选择开关模块 E592 将奥迪驾驶模式选择系统设为了"超级越野 / 简单越野"，奥迪预防式整体安全系统的各种不同功能会受到限制，如图 5-5-141 所示。

"超级越野 / 简单越野"模式下的显示。

奥迪驾驶模式选择系统"超级越野 / 简单越野"模式会一直保持激活状态，直至其被关闭。

奥迪驾驶模式选择系统的设置如图 5-5-142 所示。

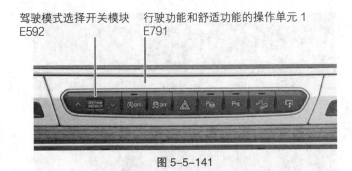

驾驶模式选择开关模块 行驶功能和舒适功能的操作单元 1
E592 E791

图 5-5-141

组合仪表中的显示：当奥迪驾驶模式选择系统被设为"超级越野/简单越野"模式时，组合仪表中会显示如图 5-5-143 所示，信息大约 5s。

这些信息保存在驾驶员提示信息栏和指示灯中且可以调用。

显示：奥迪预防式整体安全系统在组合仪表中可能显示，如图 5-5-144 所示。警告和提示会显示大约 5s。

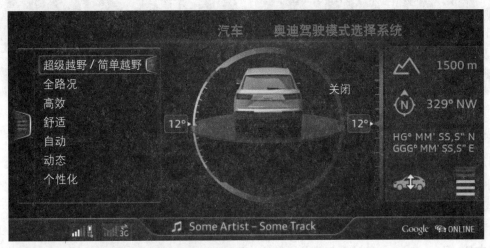

图 5-5-142

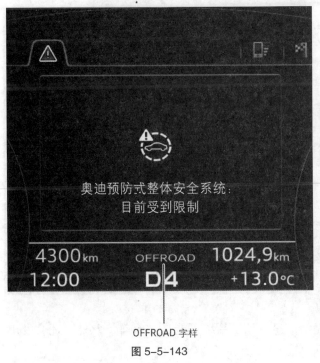

OFFROAD 字样

图 5-5-143

图 5-5-144

当奥迪预防式整体安全系统识别到危险情况（预警）或正在干预时，会显示该警告。此外，奥迪预防式整体安全系统城市版和前部版还会发出声音信号。奥迪预防式整体安全系统基本版和后部版则不会发出声音信号，如图 5-5-145 所示。

当雷达传感器或摄像头的视野由于树叶、雪、大雾或污物等影响而受限时，会显示这一驾驶员提示

图 5-5-145　　　　　　　　　　　　　　　　　　　图 5-5-146

信息。此外还会发出声音信号，如图 5-5-146 所示。

　　如果出厂时安装的挂车插座连接了一个挂车，会显示这一驾驶员提示信息。在这种情况下，会关闭奥迪预防式整体安全系统后部版的功能以及奥迪预防式整体安全系统城市版的制动干预。此外，还会发出声音信号，如图 5-5-147 所示。

　　当奥迪预防式整体安全系统的功能受到影响时，会显示这一驾驶员提示信息。这种影响可能是由于传感器损坏等造成的。此外，还会发出声音信号，如图 5-5-148 所示。

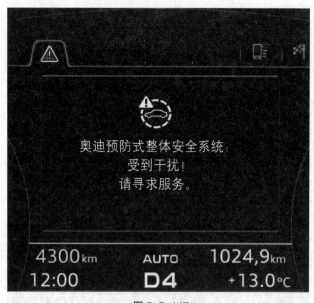

图 5-5-147

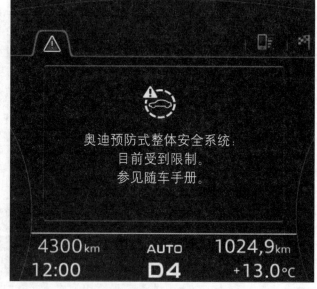

图 5-5-148

　　当一个子系统暂时失灵时，会显示这一驾驶员提示信息。该子系统可能是 ESC 等。此外，还会发出声音信号，如图 5-5-149 所示。

　　当满足下列条件时，会显示这一驾驶员提示信息：

①奥迪预防式整体安全系统已在 MMI 中关闭或尚未准备就绪；

②通过奥迪驾驶模式选择系统设定了"超级越野 / 简单越野"模式；

③通过 ASR 和 ESP 按键 E256 将 ESC 设为了"越野"或"关闭"。

如果安装了奥迪预防式整体安全系统城市版且至少满足下列其中一个条件，则会显示如图 5-5-150 所示的驾驶员提示信息：

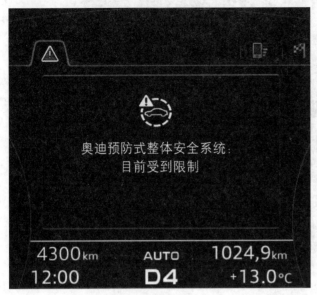

图 5-5-149

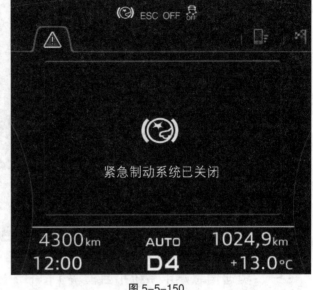

图 5-5-150

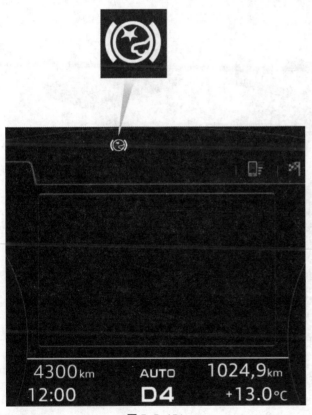

图 5-5-151

①奥迪预防式整体安全系统已在 MMI 中关闭或尚未准备就绪；

② ESC 已关闭；

③识别到挂车。

接通点火开关大约 10s 后，会显示这一驾驶员提示信息，因为预防式整体安全系统城市版在这段时间内不可用。其原因在于，驾驶员辅助系统前部摄像头 R242 需要大约 10s 才能准备就绪，如图 5-5-151 所示。

平视显示屏中的显示：在 MMI 中可以选择是否要在平视显示屏中显示预防式整体安全系统预警或干预。

如果在 MMI 汽车菜单的"驾驶员辅助系统"的"平视显示屏"菜单项的"显示内容"中激活了"驾

驶员辅助系统"菜单项，则也会在平视显示屏中显示预防式整体安全系统预警或干预，如图 5-5-152 所示。

汽车菜单中的设置如图 5-5-153 所示。

图 5-5-152

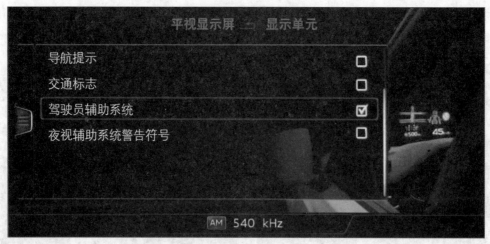

图 5-5-153

第六节　奥迪信息娱乐系统

一、奥迪信息娱乐系统平台模块（MIB）

（一）概述

如图 5-6-1 所示。

图 5-6-1

　　信息娱乐系统平台模块是大众汽车集团发展的又一个重要里程碑，今后将取代目前为止使用的所有信息娱乐系统。该平台具有精巧的控制单元结构，可用简单的操作更新硬件，使其始终具有最新的版本。其中一个重要的组件是全球领先的半导体制造商英伟达（Nvidia）公司推出的高速图形处理器，奥迪与该公司长期保持着良好的合作关系。今后，奥迪的各车型中还将继续运用英伟达公司生产的最新处理器。

随着全新模块平台的推广，整个大众集团将使用同一种中央计算机（信息电子系统 1 控制单元 J79）。这样一来，今后就可以在四个统一的硬件平台上，打造出各品牌专属的型号。为了便于区分各型号，将根据各品牌具体情况，灵活调整操作面板和操作元件等。这样，用户就能清楚地辨认出各系统之间的区别，从而识别出其奥迪座驾上血统纯正的奥迪 MMI 系统。信息娱乐系统平台模块（简称 MIB）的初次亮相，是在 2013 年款奥迪 A3 上。

奥迪目前一共用到了 MIB 的 3 个扩展等级：

① MIB 入门版；

② MIB 标准版；

③ MIB 高级版。

每个集团品牌各负责其中一个扩展等级。

奥迪股份公司负责研发 MIB 高级版，大众汽车负责 MIB 标准版，斯柯达则负责 MIB 入门版。

奥迪为什么要采用信息娱乐系统平台模块呢？

随着多媒体应用领域的迅猛发展，为了始终处于最新技术的前沿，汽车制造商所面临的挑战越来越严峻。例如，许多移动电话制造商每年都会推出新的旗舰机型，同时也在不断拓展和更新各种软件。而对车主而言，又希望随时都能将最新型号的移动电话与车辆信息娱乐系统连起来。

为了满足这些日新月异的要求，汽车制造业就必须缩短信息娱乐设备的研发周期。

为了实现这一目的，奥迪研发出了模块化信息电子系统 1 控制单元 J794。这意味着今后，控制单元只需要做部分的更新，而其余的硬件都可得以保留。

这样，收音机调谐器和音频放大器等部件就可以保持不变，不会有迅速的变化。简而言之，只有信息电子系统 1 控制单元内的计算机（MMX 车载计算机）需要更新。在 2013 年款奥迪 A3 上，MMX 车载计算机（多媒体扩展）本身配置了英伟达双核处理器。其型号为 TegraT20，频率为 1.2GHz。今后如果要更新 MMX 车载计算机，就相当于对个人电脑更换主版和显卡，可以加快其处理速度。

MIB 的软件研发也是模块化的形式，因此，今后将在一个新的控制单元内同时使用"旧版软件"和"新版软件"。其中，"旧版软件"是指将继续使用 CAN 数据协议，而蓝牙规范往往需要研发"新版软件"。

MMX 车载计算机示意图如图 5-6-2 所示。

提示：在售后服务中更换信息电子系统 1 控制单元 J794 时，将换为一个有同样性能特征的控制单元。

奥迪采用的信息娱乐系统平台模块有 3 种规格：

① MIB 入门版；

② MIB 标准版；

③ MIB 高级版。

MIB 的每种规格都有一个中央控制单元，即信息电子系统 1 控制单元 J794，在 2013 年款奥迪 A3 上都是安装在手套箱内。

信息电子系统 1 控制单元 J794 根据规格不同，分别将下列控制单元和功能统一起来：

①信息娱乐系统主控器；

② MOST 总线的系统和诊断主控器；

③收音机调谐器；

图 5-6-2

④数字式收音机调谐器（DAB 或 SDARS）；

⑤CD 或 DVD 驱动器；

⑥音频放大器（最大 180W）；

⑦最多两个 SD 读卡器；

⑧蓝牙接口（HFP、A2DP，蓝牙车载电话上还另外有 SAP）；

⑨电话模块和 SIM 卡读卡器；

⑩导航系统；

⑪SSD 硬盘（64GB）；

⑫语音操作系统；

⑬WLAN 热点。

MIB 入门版的 J794 正面如图 5-6-3 所示。

MIB 入门升级版的 J794 正面如图 5-6-4 所示。

图 5-6-3

图 5-6-4

收音机型号 MIB 标准版的 J794 正面如图 5-6-5 所示。

导航系统型号 MIB 标准版的 J794 正面如图 5-6-6 所示。

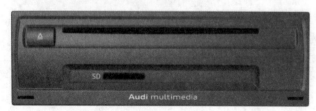

图 5-6-5

图 5-6-6

MIB 高级版的 J794 正面如图 5-6-7 所示。

带蓝牙车载电话（SIM 卡读卡器）的 MIB 高级版的 J794 正面如图 5-6-8 所示。

图 5-6-7

图 5-6-8

（二）MIB 入门版

MIB 入门版为信息娱乐系统的初级版本。

MIB 入门版由安装在仪表板上的操作单元 E380 进行操作和显示，该操作单元内还集成了一个显示单元。MIB 入门版不提供选装装备。

MIB 入门版有下列特征：

①FM（超短波）和 AM（中波）收音机，带相位分频功能；

②CD 单驱动器，可播放 MP3 和 WMA 文件；

③内置音频放大器，功率为 4×20W；

④ AUX-In* 接口；

⑤通过 Setup 键进行车辆设置；

⑥在一个设备里集成显示和操作单元。

操作单元 E380 被安装在仪表板上，配置有一块 3.4 英寸黑白显示屏。2013 年款奥迪 A3 的操作单元可以机械地翻开和收回。在收回状态下，媒体操作键和音量调节键仍然可用。

MIB 入门版的 PR 编号为 "i8A"。

MIB 入门版的 E380 的显示和操作如图 5-6-9 所示。

MIB 入门版的 J794 正面，如图 5-6-10 所示。

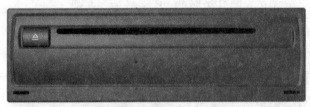

图 5-6-9

图 5-6-10

MIB 入门版的 J794 反面，如图 5-6-11 所示。

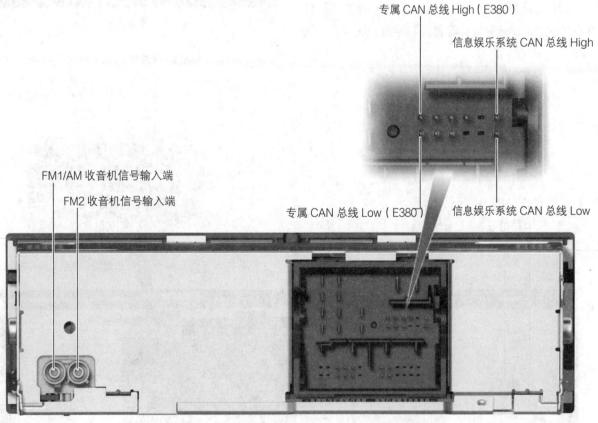

图 5-6-11

（三）MIB 入门升级版

MIB 入门升级版与 MIB 入门版在外观上的区别是，有一个单独安装的操作件和一个独立的 MMI 显示屏。原则上，从硬件方面来看，它还是 MIB 入门版；在用户看来，它在外观上和没有选装装备的 MIB 标准版一样。

MIB 入门升级版与 MIB 入门版相比，增加了以下特征：

①一个 SD 读卡器，可读取 MP3 和 WMA 文件；

②彩色 TFT 显示屏，像素 400×240；

③操作件单独安装在中控台内。

图 5-6-12

屏如图 5-6-12 所示。

　　MIB 入门升级版的 J794 正面如图 5-6-13 所示。

　　MIB 入门升级版的 J794 反面如图 5-6-14 所示。

（四）MIB 标准版

　　MIB 标准版在功能和配置上类似于收音机媒体中心 RMC。MIB 标准版有收音机和导航系统两种型号。

　　2013 年款奥迪 A3 的 MMI 显示屏为 5.8 英寸，可电动弹出和收回。接收 FM 模式时，将自动更新电台列表。

　　MIB 入门升级版提供了选装装备，包括：

①黑白或彩色驾驶员信息系统；

②多功能方向盘。

　　MIB 入门升级版的 PR 编号为 "i7X"。

　　2013 年款奥迪 A3 MIB 入门升级版的 MMI 显示

图 5-6-13

专属 CAN 总线 High

信息娱乐系统 CAN 总线 High

专属 CAN 总线 Low

信息娱乐系统 CAN 总线 Low

FM1/AM 收音机信号输入端

FM2 收音机信号输入端

MMI 显示屏 J685 图像输出端

图 5-6-14

1172

MIB 标准版的信息电子系统 1 控制单元 J794 都配有一个 MOST 总线接口。如果没有安装需要 MOST 总线的选装装备，这个 MOST 总线接口就处于闲置状态。

1. 收音机型号 MIB 标准版

收音机型号的 MIB 标准版具有以下特征：

①收音机有相位分频功能、FM 双调谐器（超短波）和 AM 调谐器（中波）；

② CD 单驱动器，可播放 MP3、WMA、AAC 文件；

③一个 SD 读卡器，可读取 MP3、WMA、ACC 文件；

④内置音频放大器，功率为 4×20W；

⑤车辆菜单；

⑥彩色 5.8 英寸 TFT 显示屏，像素 400×240；

⑦操作件单独安装在中控台内；

⑧ AUXIn 接口（UE3）。

2013 年款奥迪 A3 的 MMI 显示屏为 5.8 英寸，可电动弹出和收回。

收音机型号 MIB 标准版可选择配置以下特征：

① DAB 调谐器（数字式收音机）（QV3）；

②内置奥迪音响系统音频放大器，功率 180W（6 声道，功率为 3×20W+3×40W）（9VD）；

③奥迪音乐接口（UE7）；

④蓝牙接口，用于 HFP 和 A2DP（9ZX）；

⑤通用移动电话适配装置（9ZE）；

⑥语音对话系统。

MIB 标准版的 PR 编号为 "i8D"，如果是单纯的收音机型号，还有一个 "7Q0" 的 PR 编号（7Q0 意为 "无导航系统"）。

2013 年款奥迪 A3 不带导航系统的 MIB 标准版的 MMI 显示屏如图 5-6-15 所示。

图 5-6-15

收音机型号 MIB 标准版的 J794 正面如图 5-6-16 所示。

收音机型号 MIB 标准版的 J794 反面如图 5-6-17 所示。

2. 导航系统型号 MIB 标准版

如果 MMI 收音机配置有导航系统适配功能，则还具有以下特征：

图 5-6-16

①第二个 SD 读卡器；

②导航系统硬件。

如果 MMI 收音机在出厂时就激活了导航功能，则导航地图数据保存在车上的一张 SD 卡里。目前采用的导航数据来自 Navteq 公司。目前欧版系统使用一张 8GB 的 SDHC 卡。导航系统使用 2D 鸟瞰地图，而在设置菜单里表示为 3D 地图。根据不同的市场，可以显示当前允许的最高车速，或查询该国通行的指导车速。导航系统具有逼真的环保路线计算功能，还能在三条备选路线之间选择。此外，可以在旅行中加上中间目的地。如果驾驶员中途休息，在重新上路后，将继续沿着之前采用的路线行驶。在 MIB 标准版上操作导航系统时，除了输入地址，还可以通过语音操作系统查找特殊目的地。系统中规定的 MMI 提

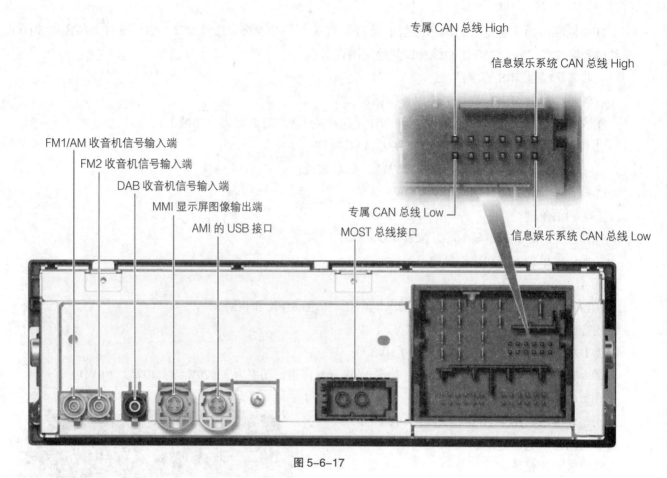

专属 CAN 总线 High

信息娱乐系统 CAN 总线 High

FM1/AM 收音机信号输入端

FM2 收音机信号输入端

DAB 收音机信号输入端

MMI 显示屏图像输出端

AMI 的 USB 接口

专属 CAN 总线 Low

MOST 总线接口

信息娱乐系统 CAN 总线 Low

图 5-6-17

示说明将帮助用户进行查找。

无论是配备导航适配装置，还是已激活的导航仪，MIB 标准版都可通过下列 PR 编号来识别：

①导航适配装置：7UH；

②导航系统基本版：7UF。

2013 年款奥迪 A3 带已激活导航系统的 MIB 标准版的 MMI 显示屏如图 5-6-18 所示。

导航系统型号 MIB 标准版的 J794 正面如图 5-6-19 所示。

查找特殊目的地的显示如图 5-6-20 所示。

导航系统型号 MIB 标准版 J794 的反面如图 5-6-21 所示。

图 5-6-18

图 5-6-19

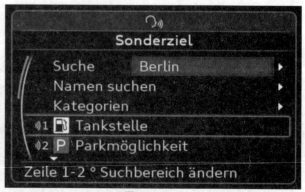

图 5-6-20

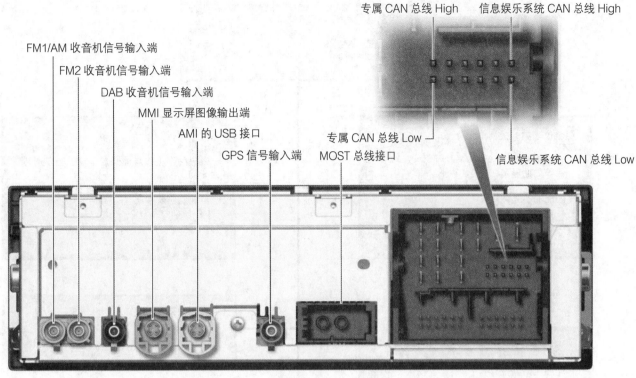

FM1/AM 收音机信号输入端

FM2 收音机信号输入端

DAB 收音机信号输入端

MMI 显示屏图像输出端

AMI 的 USB 接口

GPS 信号输入端

MOST 总线接口

专属 CAN 总线 High　　信息娱乐系统 CAN 总线 High

专属 CAN 总线 Low

信息娱乐系统 CAN 总线 Low

图 5-6-21

（1）激活导航系统。

在准备导航时，已经在车上安装好了导航功能所需的所有部件。可由奥迪售后服务部使用车辆诊断测试仪，激活电子信息系统 1 控制单元 J794 内的导航功能。激活导航功能以后，必须相应地激活需要使用的地图资料。用户可从奥迪原厂配件目录中获取激活时所需的激活文档。

使用导航系统时需要有以下两份文件：

①导航功能激活文档；

②最新地图资料（保存在 SD 卡上）及导航地图使用权的激活文档。

导航功能未激活时的 MMI 显示如图 5-6-22 所示。

（2）可用的车辆功能。

借助于 MIB，可对多种车辆系统进行设置，并显示设置内容。

如图 5-6-23 和图 5-6-24 所示，列出了目前支持的 2013 年款奥迪 A3 的系统和功能。

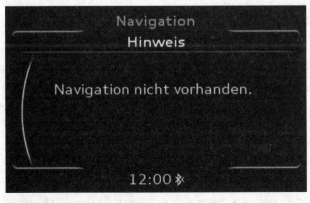

图 5-6-22

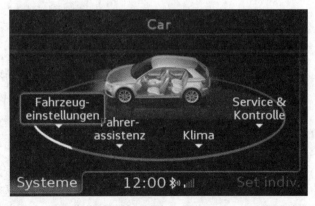

图 5-6-23

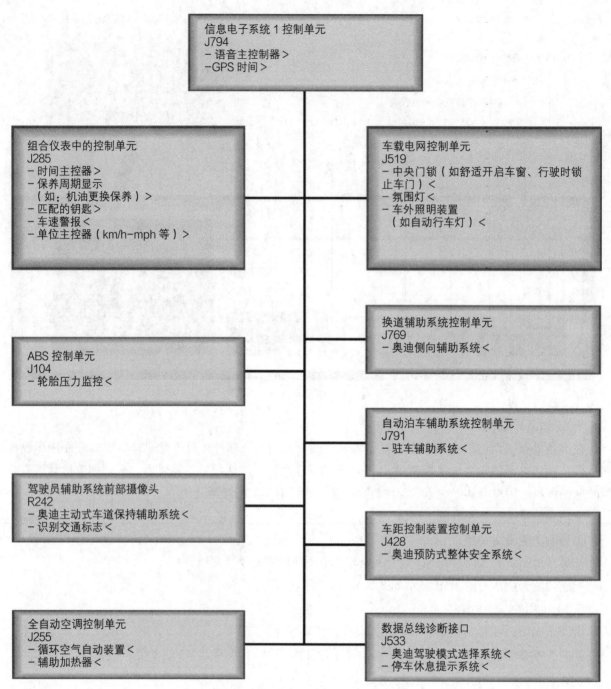

信息电子系统 1 控制单元
J794
– 语音主控制器 >
–GPS 时间 >

组合仪表中的控制单元
J285
– 时间主控器 >
– 保养周期显示
（如：机油更换保养）>
– 匹配的钥匙 >
– 车速警报 <
– 单位主控器（km/h-mph 等）>

车载电网控制单元
J519
– 中央门锁（如舒适开启车窗、行驶时锁止车门）<
– 氛围灯 <
– 车外照明装置
（如自动行车灯）<

换道辅助系统控制单元
J769
– 奥迪侧向辅助系统 <

ABS 控制单元
J104
– 轮胎压力监控 <

自动泊车辅助系统控制单元
J791
– 驻车辅助系统 <

驾驶员辅助系统前部摄像头
R242
– 奥迪主动式车道保持辅助系统 <
– 识别交通标志 <

车距控制装置控制单元
J428
– 奥迪预防式整体安全系统 <

全自动空调控制单元
J255
– 循环空气自动装置 <
– 辅助加热器 <

数据总线诊断接口
J533
– 奥迪驾驶模式选择系统 <
– 停车休息提示系统 <

<可通过MMI进行设置>提供相关信息
图 5-6-24

（五）MIB 高级版

MIB 高级版是目前信息娱乐系统平台模块的高端版本。MIB 高级版的信息电子系统 1 控制单元 J794 都配有一个 MOST 总线接口。如果没有安装需要 MOST 总线的选装装备，这个 MOST 总线接口就处于闲置状态。

MIB 高级版是对第三代升级版 MMI 的持续改进，增加了全新的 3D 显示屏和 SSD 硬盘。

MIB 高级版的信息电子系统 1 控制单元 J794 内安装了一台英伟达 Tegra 处理器。作为一台多核处理器，它能够生成清晰度极高的图像，并且能更快地播放许多最新的音频和视频格式。与目前所用的多媒体处理器相比，Tegra 芯片的用电量要少得多，因此非常契合奥迪的高能效理念。Tegra 芯片可将整个城市模型以 3D 透视图的形式显示，驾驶员在驶过街道时，看到的将是十分逼真的图像。MIB 高级版还是唯一一种能够直接播放视频文件的 MIB 型号。

MIB 高级版有下列特征：

①收音机有相位分频功能、FM 双调谐器（超短波）和 AM 调谐器（中波）；

② DVD 单驱动器，可播放音频和视频文件；

③两个 SD 读卡器，可读取音频和视频文件；

④ SSD 硬盘（64GB）；

⑤点唱机（2013 年款奥迪 A3 上约为 11GB）；

⑥ 3D 导航系统，导航数据保存在硬盘上（数据供应商：Navteq）；

⑦内置音频放大器，功率为 4×20W；

⑧奥迪音乐接口；

⑨车辆菜单；

⑩蓝牙接口，用于 HFP 和 A2DP；

⑪高级语音对话系统；

⑫提供预测道路数据；

⑬ 7.0 英寸 TFT 显示屏，可电动弹出；

⑭操作件单独安装在中控台内，配备 MMI 触摸功能；

⑮ AUX In 接口（UE3）。

MIB 高级版的 J794 正面如图 5-6-25 所示。

MIB 高级版的 J794 反面如图 5-6-26 所示。

带蓝牙车载电话的 MIB 高级版的 J794 正面如图 5-6-27 所示。

带奥迪智能化连接系统（含车载电话）的 MIB 高级版的 J794 反面如图 5-6-28 所示。

MMI 高级版可以选择配置下列特征：

①通用移动电话适配装置（9ZE）；

②含车载电话的奥迪智能化连接系统（9ZK）；

③ DAB 调谐器（数字式收音机）（QV3）；

④ SDARS 调谐器（数字式收音机，北美）（QV3）；

⑤内置奥迪音响系统音频放大器，功率 180W（6 声道，功率为 3×20W+3×40W）（9VD）。

如果 MIB 高级版配置有蓝牙车载网络电话，则可以使用奥迪智能化连接系统。随着信息娱乐系统平台模块的采用，市场营销时所用的"蓝牙车载电话"概念也变成了"含车载电话的奥迪智能化连接系统"。

MIB 高级版规定的 PR 编号为"i8G"和"7UG"。

MIB 高级版的主菜单如图 5-6-29 所示。

点唱机和专辑封面 3D 显示功能如图 5-6-30 所示。

MIB 高级版的 J794 反面如图 5-6-31 所示。

图 5-6-25

图 5-6-26

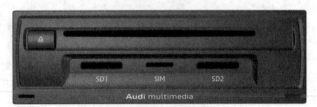

图 5-6-27

图 5-6-28

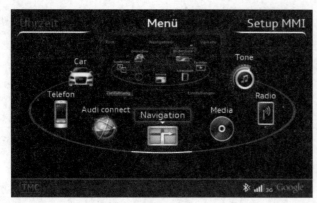

图 5-6-29

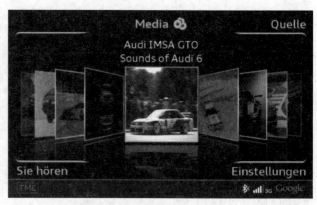

图 5-6-30

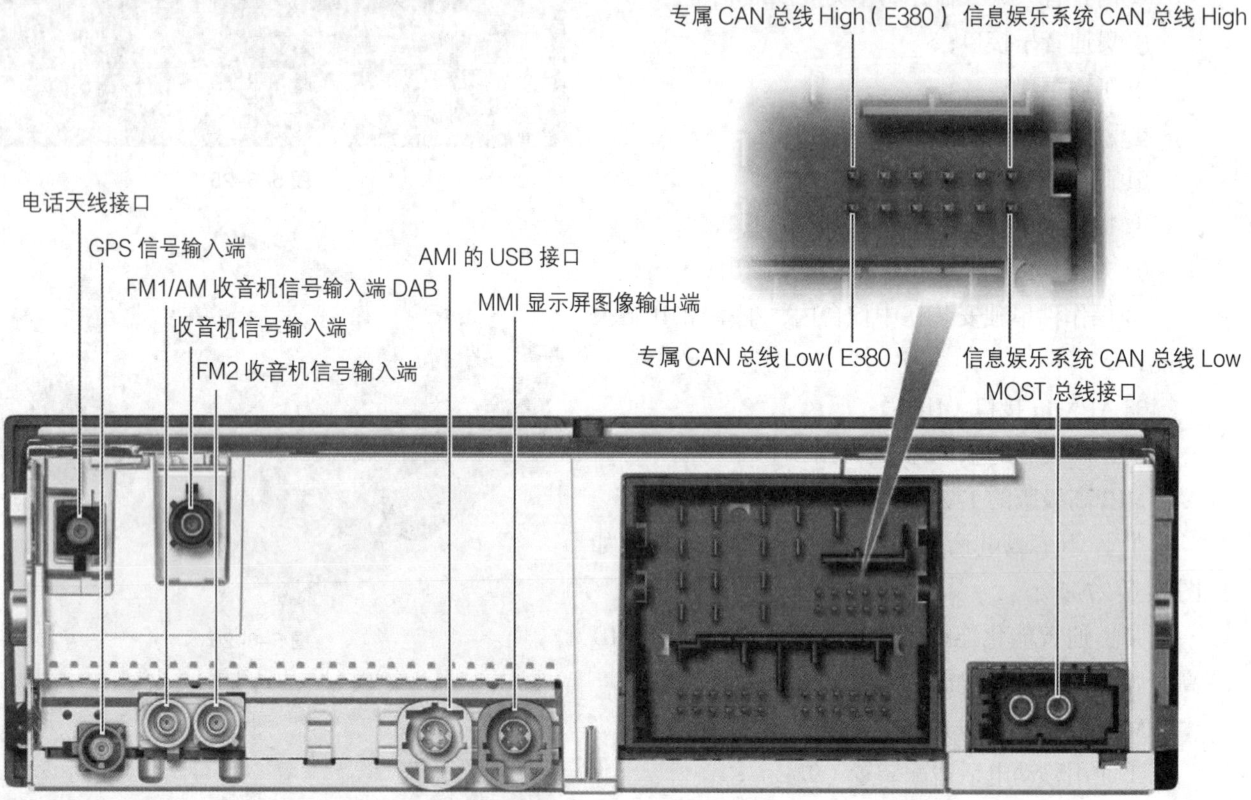

专属 CAN 总线 High（E380） 信息娱乐系统 CAN 总线 High

电话天线接口

GPS 信号输入端

FM1/AM 收音机信号输入端 DAB

收音机信号输入端

AMI 的 USB 接口

MMI 显示屏图像输出端

FM2 收音机信号输入端

专属 CAN 总线 Low（E380）

信息娱乐系统 CAN 总线 Low

MOST 总线接口

图 5-6-31

MIB 高级版导航系统：MIB 高级版有一个带 3D 地图显示的导航系统。它可以用 3D 的形式，显示出许多城市市中心的建筑轮廓。此外，还可以显示许多风景名胜的 3D 图像。

MIB 高级版的导航地图数据保存在 SSD 硬盘上。例如，2012 年度保存的欧版地图资料的大小约为 23GB。目前，MIB 高级版的地图供应商是 Navteq 公司。

地图数据包含了预测的道路数据。信息电子系统 1 控制单元 J794 通过 MOST 总线，将这些数据传输给数据总线诊断接口 J533。J533 再通过各个总线系统，将数据传递给需要用到预测道路数据的各控制单元。

导航系统有一个语音操作系统，可输入完整单词。根据市场不同，还可以整句输入导航目的地（一次性输入）。MIB 高级版可对一次旅行设置 10 个目的地。也就是说包括 9 个中间目的地和一个最终目的地。一共可以制作 20 个旅行计划。

根据市场不同，除了免费的交通信息服务外，还可使用需要许可证的此类服务。如果在出厂时就可使用这些服务，则在购车时就已支付了许可证费用。

例如，在德国可以使用下列交通服务：

①TMC；

②TMCpro（需要许可证）。

如果配备奥迪智能化连接系统，根据市场不同，MIB 高级版在导航系统中还可使用下列附加服务：

①谷歌地球 TM 地图；

②谷歌街景 TM；

③网络交通信息；

④网络兴趣点搜索；

⑤图片目的地。

主菜单和导航地图如图 5-6-32 所示。

MIB 高级版的地图显示如图 5-6-33 所示。

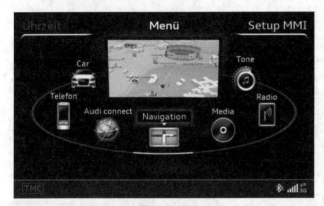

图 5-6-32

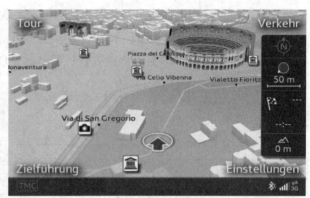

图 5-6-33

采用谷歌地球地图的导航显示如图 5-6-34 所示。

（六）收音机调谐器

信息娱乐系统平台模块上，信息电子系统 1 控制单元 J794 内集成的都是模拟收音机接收件。根据装备不同，J794 内还安装了用于接收 DAB 的收音机调谐器。收音机调谐器可支持目前常见的大多数 RDS 服务。而具体可使用哪些 RDS 服务，跟设置的电台有关。下面将介绍 MIB 标准版和 MIB 高级版这两种型号的收音机调谐器的基本结构。

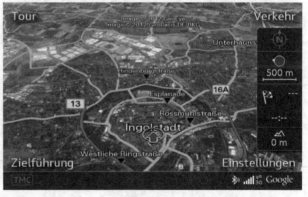

图 5-6-34

1. 模拟调谐器接收方案

MIB 标准版：MIB 标准版的模拟收音机接收器（调谐器）共有两个独立的接收器。

调谐器 1 是 AM/FM 调谐器。

调谐器 1 负责全部的 AM 接收。

调谐器 2 是另一个 FM 调谐器。

当 FM 接收受限时，将通过调谐器 1 和 2 同时接收选定的电台，然后将信号汇集成一个总信号。如果某个调谐器的信号足够强，可以顺利地接收并通过扬声器播放声音，则另一个调谐器将专门用来搜索电台。这时将始终使用最佳的天线调谐器路径来播放音频（角色互换）。在进行间歇性电台搜索后，FM 收音机菜单的主屏幕将随之刷新，显示当前可接收的 FM 电台。这样就能更新电台列表，从列表中删除无法再接收到的电台。此外，在 FM 模式下，当接收情况允许时，将更新 AM 电台列表，这时将由调谐器 2 提供 FM 音频信号，而调谐器 1 负责搜索 AM 电台。如果系统内还集成了导航系统，则安装了第三个 FM 调谐器（调谐器 3，用于接收 TMC 数据）。此外，当音频调谐器中未设置 TP 电台（交通信息广播）时，调谐器 3 还用来监控交通报告。而当接收情况不佳，需要用到分频功能时，调谐器 3 还可用来搜索电台。如果要创建个性化电台列表，可使用单独的电台存储器。里面可以保存来自所有接收范围的

图 5-6-35

最多 50 个电台，并按自定义选择的顺序显示出来。收音机可支持"收音机文本"和"收音机文本升级版"这两种数据信息。当电台播出与节目相关的信息（歌手、歌名、当前节目）时，可以显示在收音机上。

　　接收 FM 时的收音机菜单显示如图 5-6-35 所示。

　　不带导航系统的 MIB 标准版的收音机调谐器原理图，如图 5-6-36 所示。

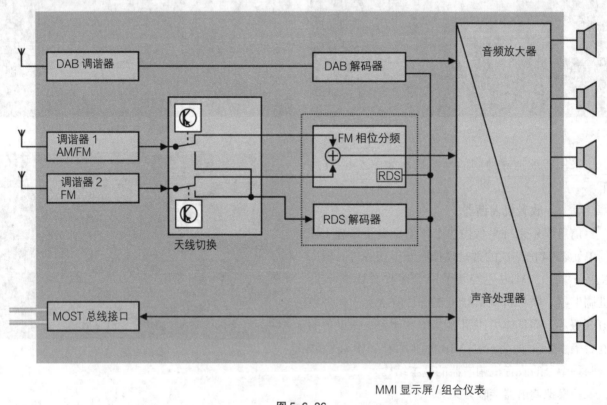

图 5-6-36

　　带导航系统的 MIB 标准版的收音机调谐器原理图如图 5-6-37 所示。

　　北美市场 MIB 标准版的收音机调谐器原理图如图 5-6-38 所示。

　　MIB 高级版：MIB 高级版的模拟收音机接收器共有 3 个独立的接收器（调谐器）。这样一来，电台搜索和分频功能就能同时运行。接收 FM 时，将一直由两个调谐器 1a 和 1b 同时接收选定的电台，然后将信号汇集成一个总信号。这样就能达到最佳程度的接收效果。调谐器 2 作为独立的调谐器，原则上是用来持续搜索 AM/FM 电台、接收 TMC 数据，以及监控语音类交通报告。它并不是用来接收当前设置的电台音频。由于可持续搜索电台，FM 收音机菜单的主屏幕上将始终显示所有目前可接收的 FM 电台。这样就

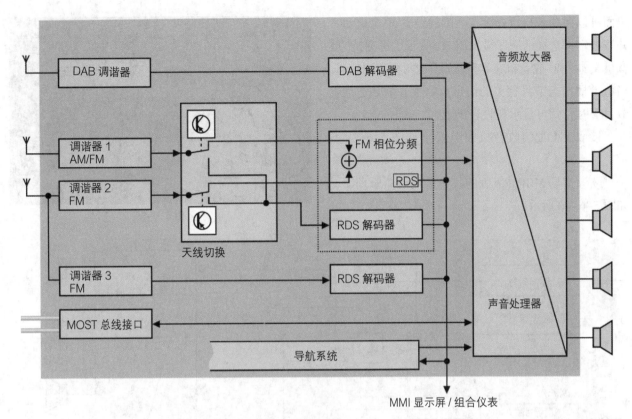

图 5-6-37

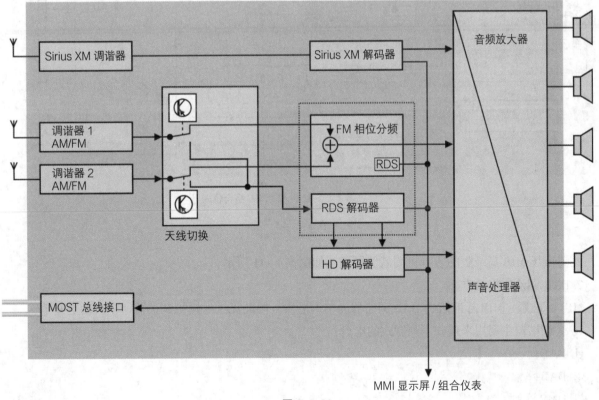

图 5-6-38

能不停地更新电台列表，从列表中删除无法再接收到的电台。调谐器 1a 负责 AM 接收。调谐器 2 是另一个 AM 调谐器，负责在后台不停地更新 AM 列表。如果要创建个性化电台列表，可使用单独的电台存储器。

里面可以保存来自所有接收范围的最多50个电台，并按自定义选择的顺序显示出来。收音机可支持"收音机文本"和"收音机文本升级版"这两种数据信息。当电台播出与节目相关的信息（歌手、歌名、当前节目）时，就可显示在收音机上。

接收FM时的收音机菜单显示如图5-6-39所示。

欧洲市场MIB高级版的收音机调谐器原理图，如图5-6-40所示。

图 5-6-39

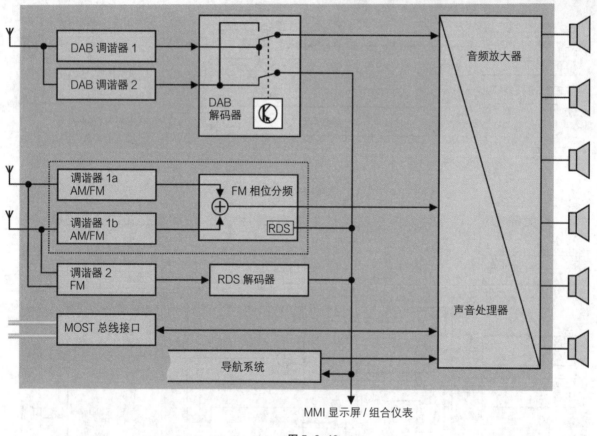

图 5-6-40

北美市场MIB高级版的收音机调谐器原理图如图5-6-41所示。

2. DAB 调谐器接收方案

MIB标准版：MIB标准版的DAB调谐器为单调谐器，因此无法像模拟调谐器一样自动更新电台。

DAB调谐器主要用来接收下列制式的电台：

① DAB；

② DAB+；

③ DMB 音频。

如果在行驶当中无法再通过DAB，而只能通过FM接收选定的电台节目，则收音机将自动切换到FM波段的同一个节目。可通过收音机设置激活或禁用这种"电台追踪"功能。在"电台追踪"菜单下，可以激活或禁用从DAB自动切换到FM的功能，以及在DAB之间相互切换的功能。

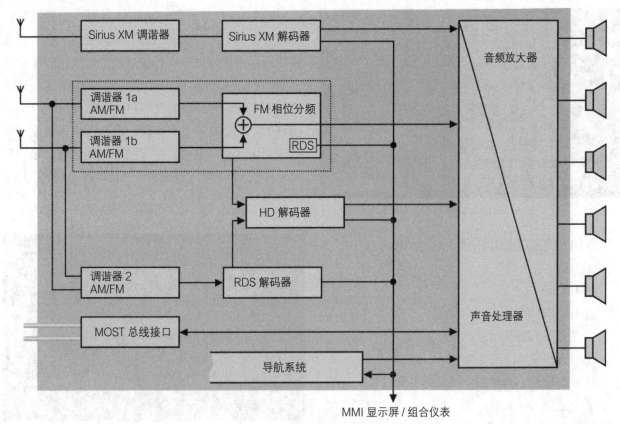

图 5-6-41

DAB 调谐器可支持下列数据信息：

①收音机文本（动态标签）；

②收音机文本升级版（动态标签升级版）；

③交通报告（交通广播）；

④图片显示（幻灯片）。

如果电台播出了工作室照片、歌手的最新照片或音乐专辑的封面，就可以用幻灯片功能显示出来。DAB 调谐器可支持波段 Ⅲ（174 ~ 230MHz）和长波波段（1452 ~ 1492MHz）的频率。由于长波只能在某些地区接收到，因此出厂时在"设置"菜单里已禁用长波。

接收 DAB 时的显示如图 5-6-42 所示。

DAB 设置菜单如图 5-6-43 所示。

图 5-6-42

提示：由于不同的国家在各频道之间使用不同的频率间隔，因此 DAB 调谐器将根据相应的国家进行编码。如果编码有误，将大大影响接收质量。

MIB 高级版：MIB 高级版的 DAB 调谐器为双调谐器，因此，DAB 调谐器可自行持续地更新可接收电台的列表，而不需要手动更新。可按"信号群"或按首字母将电台列表中的电台分类。可在 DAB 菜单的"设置"和"电台排序"子菜单下选择所需的设置。DAB 调谐器的两个调谐器是对等的，可互换其功能，如果是通过调谐器 1 接收选定的节目，则调谐器 2 将负责搜索电台。

图 5-6-43

当 DAB 双调谐器自动切换到另一个频道时，调谐器 2 将变为接收调谐器，而调谐器 1 则负责搜索功能。这样就可以在行驶过程中继续接收选定的节目。如果在行驶当中无法再通过 DAB，而只能通过 FM 接收选定的电台节目，则收音机将自动切换到 FM 波段的同一个节目。可通过收音机设置激活或禁用这种"电台追踪"功能。在"电台追踪"菜单下，可以激活或禁用从 DAB 自动切换到 FM 的功能。

DAB 调谐器主要用来接收下列制式的电台：

① DAB；

② DAB+；

③ DMB 音频。

可支持下列数据信息：

①收音机文本（动态标签）；

②收音机文本升级版（动态标签升级版）；

③交通报告（交通广播）；

④ DAB 报告（广播）；

⑤ EPG（电子节目指南）；

⑥图片显示（幻灯片）。

图 5-6-44

EPG 可以显示各个电台正在播出和接下来将要播出的节目的相关信息，前提是电台要支持这些信息。

接收 DAB 时的显示如图 5-6-44 所示。

DAB 调谐器原理图，如图 5-6-45 所示。

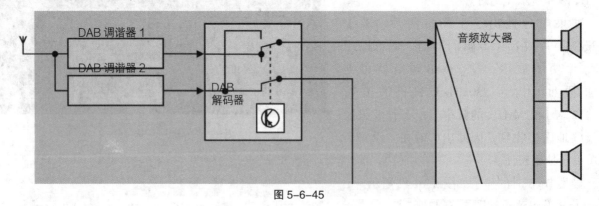

图 5-6-45

提示：由于不同的国家在各频道之间使用不同的频率间隔，因此 DAB 调谐器将根据相应的国家进行编码。如果编码有误，将大大影响接收质量。

（七）驱动器和存储介质

根据系统型号不同，信息电子系统 1 控制单元 J794 里分别集成了下列硬盘和存储介质：

①光学驱动器（CD/DVD）；

②存储卡读卡器；

③ SSD 硬盘；

④ SIM 卡读卡器。

此外，MIB 标准版和 MIB 高级版还可以通过奥迪音乐接口选装不同的 USB 存储介质（如 U 盘）。

J794 上的驱动器如图 5-6-46 所示。

图 5-6-46

1. 媒体播放

通过各种不同的驱动器和奥迪音乐接口，可播放常见格式的音频和视频文件。

如表 5-6-1 所示和表 5-6-2 所示的一览表列出了所支持的音频和视频文件的相关特性。

表 5-6-1

			音频文件				
格式	MPEG-1/-2 Layer-3	Windows Media 奥迪 8 和 9	Windows Media Audio 9 无损，WMA 9 pro 和 WMA 10		AAC-LC，HE-AAC HE-AACv2	OGG Vorbis	FLAC	WAVE
文件扩展名	.mp3	.wma	.asf	.wma	.aac,m4a,m4b	.ogg	.ftac	.wav
MIB 入门版/入门升级版	✓	✓	✓					
MIB 标准版	✓	✓	✓		✓			✓
MIB 高级版	✓	✓	✓	✓	✓	✓	✓	✓

表 5-6-2

	视频文件						
格式	MPEG-1 MPEG-2	MPEG-4（ISO）	DivX 4,DivX 5	Xvid	MPEG-4-AVC (H.264)	WMV9	MJPEG
文件扩展名	.mpg,mpeg	.mp4,m4v,avi	.avi,divx	.avi	.mp4,m4v,.mov	.wmf,.asf	.avi,.mov
MIB 入门版/入门升级版							
MIB 标准版							
MIB 高级版	✓	✓	✓	✓	✓	✓	✓

（1）奥迪音乐接口。

通过奥迪音乐接口，可将视频源直接连在 MIB 标准版或 MIB 高级版上。这样就可以在 MIB 标准版的 MMI 显示屏上输出视频图像。为此可用到两种适配器：

① AV 适配电缆；

② iPod 适配电缆升级版。

AV 适配电缆 4F0.051.510.N 如图 5-6-47 所示。

iPod 适配电缆升级版 4F0.051.510.R 如图 5-6-48 所示。

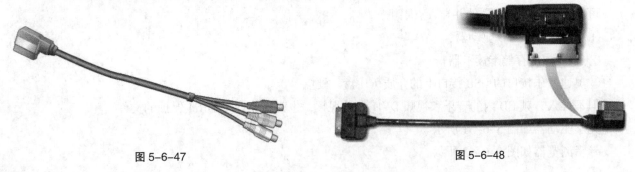

图 5-6-47

图 5-6-48

（2）光学驱动器。

光学驱动器根据型号不同，分为 CD 驱动器和 DVD 驱动器。CD 驱动器只能播放音频文件。CD 驱动器既可支持一次写入的 CD，也可支持可重复写入的 CD（单次写入和多次写入）。DVD 驱动器还可以播放视频 DVD。它也可支持一次写入的 CD 及可重复写入的 CD（单次写入和多次写入）。但是只支持可一次写入的 DVD（单次写入）。

如表 5-6-3 所示的一览表列出了所支持的格式。

表 5-6-3

	音频 CD	CD-ROM	DVD 音频	DVD 视频	DVD-ROM
支持的媒体	最长 80min	CD-R，CD-RW，容量最大 700MB	可兼容 DVD 视频的 DVD 音频		DVD ±R DVD ±RW
MIB 入门版/入门升级版	✓	✓			
MIB 标准版	✓	✓			
MIB 高级版	✓	✓	✓	✓	✓

光学驱动器如图 5-6-49 所示。

（3）存储卡读卡器。

根据 MIB 型号不同，存储卡读卡器可分别支持 SD、SDHC 和 SDXC 格式的存储卡。理论上支持的容量最大为 2TB（太字节；1TB=1000GB）的存储卡。

存储卡读卡器如图 5-6-50 所示。

图 5-6-49

（4）硬盘。

MIB 高级版配备了一块 SSD 硬盘。SSD 硬盘也可装在 U 盘内。MIB 高级版的硬盘理论存储容量为 64GB。

硬盘上保存了下列数据：

①点唱机的音乐和视频文件；

②导航地图；

图 5-6-50

③语音操作系统的文件；

④谷歌地球 TM 的图像数据（TM= 注册商标）。

（5）点唱机。

点唱机用来保存音乐和视频文件。点唱机内最多可保存 3000 个文件。实际的文件数量与压缩率有关。2013 年款奥迪 A3 的点唱机容量约为 11GB。

可从下列接口读取文件并导入点唱机：

①J794 内的 DVD 驱动器；

②J794 内的存储卡读卡器；

③奥迪音乐接口的 USB 接口上的介质（U 盘、硬盘等）。

但不导入音频 CD 内的音乐和视频 DVD 内的视频，也无法读取受 DRM 保护的文件。

光学驱动器如图 5-6-51 所示。

专辑浏览器如图 5-6-52 所示。

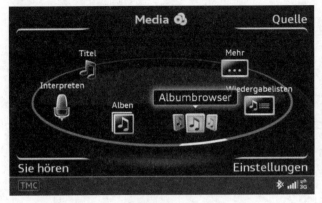

图 5-6-51

图 5-6-52

（6）SIM 卡读卡器。

只有选装蓝牙车载电话时，才会安装 SIM 卡读卡器。它是微型 SIM 卡的机械支架。

SIM 卡读卡器如图 5-6-53 所示。

（八）电话选装装备

信息娱乐系统平台模块提供了 3 种在车上使用电话的类型，分别是：

①蓝牙接口；

②通用移动电话适配装置（奥迪手机盒）；

③蓝牙车载网络电话（含车载电话的奥迪智能化连接系统）。

两台终端设备同时与 MMI 进行蓝牙连接如图 5-6-54 所示。

图 5-6-53

图 5-6-54

1. 蓝牙接口

借助蓝牙接口，可通过免提规范（HFP）将移动电话与 MMI 连接。进行这种连接时，还将通过电话簿访问规范（PbAP）读取移动电话的地址簿。使用语音操作系统，无须将手从方向盘上拿开就可以打电话。蓝牙接口还可支持蓝牙音频流，为此必须通过蓝牙规范 A2DP，将可使用蓝牙的终端设备与 MMI 相连。

还可通过蓝牙规范 AVRCP 来控制可使用蓝牙的终端设备。MIB 支持 AVRCP1.3 规范。通过 HFP 连接了移动电话后，还可同时通过 AD2P 再连接一个终端设备。蓝牙接口的 PR 编号是"9ZX"。

提示：型号为"92E"和"92K"的电话也可支持型号为"92X"的电话的功能。

2.通用移动电话适配装置（奥迪手机盒）

通用移动电话适配装置（UHV）除了具备蓝牙接口的各项功能外，还可将移动电话与车辆的车外天线相连，以及为移动电话充电。

2013 年款奥迪 A3 的信息娱乐系统平台模块上，将奥迪手机盒用作通用移动电话适配装置（UHV）。奥迪手机盒可用一根耦合天线将移动电话与车外天线相连，而不需要用到专用的适配器。奥迪手机盒内有一个 5V 的 USB 接口，可用来给移动电话充电；根据配置不同，还有一个 AMI 接口。

为了使移动电话正常地接收信号，移动电话放大器 R86（补偿器）会对移动信号进行处理。它装在耦合天线和车顶天线之间的信号线内。例如在 2013 年款奥迪 A3 上，其位于右侧行李箱饰板后面。

通用移动电话适配装置的 PR 编号是"9ZE"（"9ZE"代表的名称是"舒适电话装置"）。

奥迪手机盒的正面如图 5-6-55 所示。

奥迪手机盒如图 5-6-56 所示。

移动信号的传输如图 5-6-57 所示。

3.蓝牙车载网络电话（含车载电话的奥迪智能化连接系统）

随着 2013 年款奥迪 A3 的上市，原有的名称"蓝牙车载网络电话"改成了"含车载电话的奥迪智能化连接系统"。为了方便说明，下文将使用"车载电话"这一概念。信息娱乐系统平台模块上如果选装了"车载电话"，则信息电子系统 1 控制单元 J794 将配备一个电话模块和一个 SIM 卡读卡器。"车载电话"这一电话型号也集成了蓝牙接口的所有功能。例如，可通过免提规范（HFP）连接移动电话。这时将不使用信息电子系统 1 控制单元 J794 内的电话模块。J794 内安

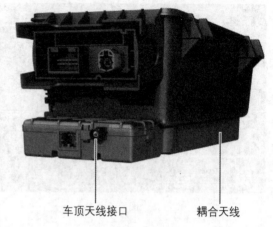

车顶天线接口　　　　　　耦合天线

图 5-6-55

SVUSB 接口

AMI 接口

图 5-6-56

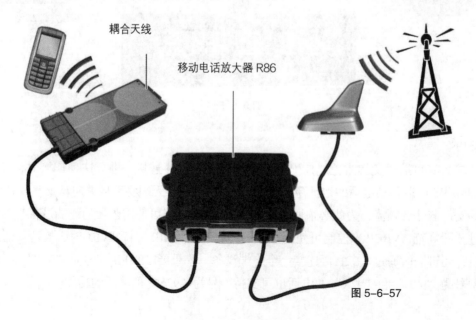

耦合天线

移动电话放大器 R86

图 5-6-57

1188

装的电话模块可用于 GSM 和 UMTS 网络。有两种
方法激活电话模块：用一张插在 SIM 卡读卡器内的
SIM 卡，用一部通过 SAP 规范（SIM 卡接入规范）
连接的移动电话。MMI 显示屏右下角显示了当前"车
载电话"连接时采用的移动通信标准。如果是 GSM
网络，将显示 2G；UMTS 网络则显示为 3G。如果
还存在数据连接，则将显示一个双向箭头。

J794 内的电话模块如图 5-6-58 所示。

含车载电话的奥迪智能化连接系统的首要特性
编号（PR 编号）为"9ZK"["9ZK"代表的名称是
"电话装置（rSAP）"]。

J794 和 SIM 卡读卡器如图 5-6-59 所示。

移动通信网络连接显示如图 5-6-60 所示。

提示：必须激活 J794 内的电话模块，才能使
奥迪智能化连接系统接收来自互联网的数据。

4. 奥迪智能化连接系统（视市场而定）

奥迪智能化连接系统这一概念集合了大量应用
和研发成果，从而可以在车辆上使用各种媒体并与
周围环境保持连接。

奥迪智能化连接系统还包括曾首次在 2010 年款
奥迪 A8 上推出的奥迪在线服务。当车辆配置有升级
版奥迪导航系统和蓝牙车载网络电话时，就可以使
用奥迪智能化连接系统。不同市场上可用的奥迪智

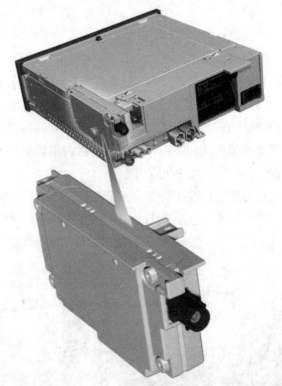

图 5-6-58

图 5-6-59

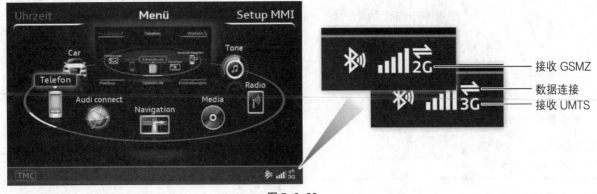

图 5-6-60

能化连接服务和应用可能有所不同。

MIB 高级版上除了原先就有的奥迪智能化连接服务外，还可使用一些新的服务。

现有的服务和功能包括：

①奥迪网络交通信息；

②谷歌地球 TM；

③WLAN 热点。

新的服务包括：

①脸谱；

②推特；

③航班信息。

当中有一些服务，如"航班信息"，在车辆出厂时就已激活，可以使用。

而其他一些服务，如"脸谱"，则必须先由用户通过"我的奥迪"网站激活后才能使用。为此，用户必须上网到"我的奥迪"网站注册，然后再在网上配置自己的车辆。如果所配置的车辆满足奥迪智能化连接系统的使用条件，就可以激活该车辆上另外所配备的一些服务。奥迪智能化连接系统还包括"奥迪音乐流"等智能手机应用。

奥迪智能化连接系统——谷歌地球如图 5-6-61 所示。

奥迪智能化连接系统——菜单如图 5-6-62 所示。

图 5-6-61

图 5-6-62

所支持的蓝牙规范一览表如表 5-6-4 所示。

表 5-6-4

蓝牙规范	免提规范 HFP	电话簿访问规范 PbAp	SIM 卡接入规范 SAP	高质量音频 传输规范 A2DP	信息访问 规范（SMS） MAP	信息访问 规范（Email） MAP
电话型号						
蓝牙接口（9ZX）	✓	✓		✓		
奥迪手机盒（9ZE）	✓	✓		✓		
含车载电话的奥迪智能化 连接系统（9ZK）	✓	✓	✓	✓	✓[1]	✓[1]

注：1）仅限 MIB 高级版。

电话菜单内的各蓝牙规范图标如图 5-6-63 所示。

提示：MMI 上只显示移动电话支持的蓝牙规范（连接）。

5. 地址簿

信息娱乐系统平台模块上，当安装了某个电话选装装备或导航系统时，MMI 上将会始终显示地址簿。地址簿的记录可用来打电话或导航。

地址簿分为：

①移动电话的地址簿：直接从移动电话加载；

蓝牙规范：

SAP ——
HFP ——
A2DP ——
MAP ——
PbAP ——

图 5-6-63

②个人地址簿：直接输入 MMI 内，对应于某个用户配置；

③公用地址簿：直接输入 MMI 内，所有人都可使用。

在 MMI 上无法更改移动电话的地址簿记录。如有必要，必须直接在移动电话上更改。

在 MIB 上，可在 MMI 内对每个用户配置保存共 500 条记录。此外，如果连有移动电话，还能管理里面的最多 2000 条地址簿记录。因此用户一共可使用最多 2500 条地址簿记录。公用地址簿内也可保存 500 条记录。MIB 可最多创建 4 个用户配置。如果在保存了 4 个用户配置以后，还连接了另一部移动电话，则有以下两种备选操作可供选择：

① "替换联系人"：删除一个设备；

②有限地使用电话：在 MMI 上有限地使用地址簿（这样将无法自行创建本地地址簿记录）。

如果选择有限使用，则无法创建个人记录，但可以继续使用公用地址簿的记录。

电话菜单内的地址簿如图 5-6-64 所示。

导航菜单内的地址簿如图 5-6-65 所示。

连接第五个用户时的提示如图 5-6-66 所示。

图 5-6-64

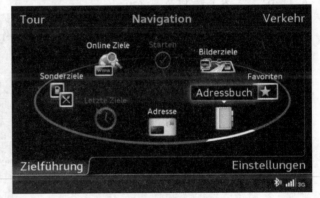

图 5-6-65

图 5-6-66

存储容量显示如图 5-6-67 所示。

用户配置：用户配置当中保存了某个用户的地址簿记录。下列情况下会自动创建用户配置：

①通过蓝牙将移动电话与 MMI 相连；

② J794 的 SIM 卡读卡器内插有 SIM 卡。

一共可以同时创建 4 个用户配置。只有与相应的终端设备相连时，用户配置中保存的数据才会显示在 MMI 上。例如，再次通过蓝牙连接相应的移动电话，就是这样的情况。如果车辆配备了含车载电话的奥迪智能化连接系统（9ZK），则除了在 J794

1191

内插入一张 SIM 卡，还可同时通过电话簿访问规范（PbAP）连接一部移动电话。然后等移动电话连接好后，将为其另外创建一个用户配置，并使用另外一本地址簿。一号多卡的 SIM 卡也是这种情况。

地址簿的"设置"菜单如图 5-6-68 所示。

地址簿内的图标，如图 5-6-69 所示。

（九）MMI 显示屏

信息娱乐系统平台模块使用 LVDS 信号，将图像从信息电子系统 1 控制单元 J794 传输到 MMI 显示屏 J685 上。在 MIB 入门升级版和 MIB 标准版上，输出的图像清晰度为 400×240 像素，MIB 高级版上则为 800×480 像素。信息电子系统 1 控制单元 J794 通过一个子总线系统（专属 CAN 总线）与 MMI 显示屏 J685 相连。这是一根数据传输速率为 500kB/s 的 CAN 总线。通过它，信息电子系统 1 控制单元 J794 可控制和监视 MMI 显示屏的系统状态（收回或弹出、温度、故障状态等）。

2013 年款奥迪 A3 MIB 标准版的 5.8 英寸显示屏如图 5-6-70 所示。

2013 年款奥迪 A3 MIB 高级版的 7.0 英寸显示屏如图 5-6-71 所示。

MMI 显示屏 685 的接线原理如图 5-6-72 所示。

1. 向 J794 传输视频

（1）MMI 显示屏上可以收看最多 4 个不同的视频信号源。

①电视调谐器 R78（仅限 MIB 高级版）；

②DVD 转换盒 R161（仅限 MIB 高级版）；

③连接在奥迪音乐接口（AMI）上的终端设备（如 iPod）；

④倒车影像系统控制单元 J772。

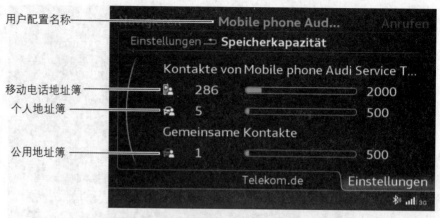

用户配置名称
移动电话地址簿
个人地址簿
公用地址簿

图 5-6-67

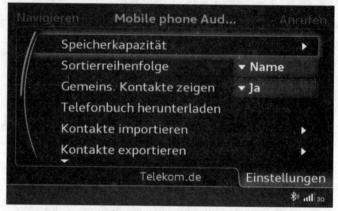

图 5-6-68

记录保存在：
SIM 卡
移动电话
本地个人记录
本地公用记录

图 5-6-69

图 5-6-70

1192

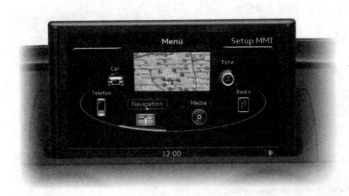

图 5-6-71

（2）奥迪音乐接口（AMI）上的终端设备。

AMI 上区分两种不同的视频源，它们分别用不同的途径传输视频：

①提供 FBAS 信号形式的图像成品的视频源。

例：借助 iPod 适配电缆升级版（红色防弯折护套），通过 AMI 插头上的 FBAS 接口，将图像从 iPod 传输到 J794 上。

②提供视频文件的视频源。

例：借助 USB 适配器，通过 AMI 上的 USB

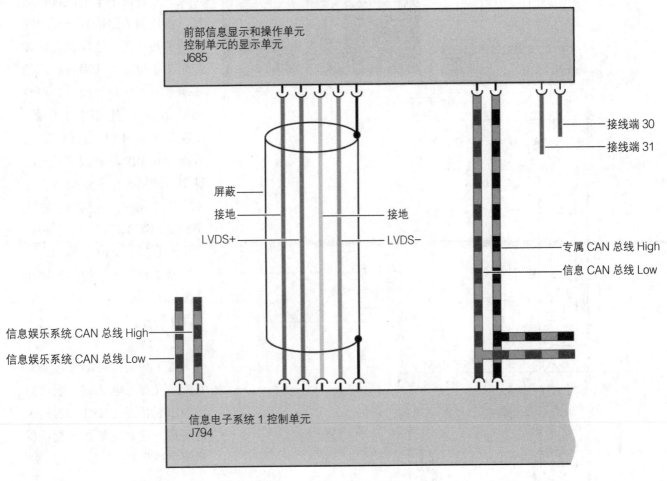

图 5-6-72

接口，将视频文件从 U 盘传输到 J794 上。然后 J794 将文件转换成视频。

（3）电视调谐器 R78 和 DVD 转换盒 R161。

电视调谐器 R78 和 DVD 转换盒 R161 通过 MOST 总线，将视频信号传输到信息电子系统 1 控制单元 J794。

（4）倒车影像系统控制单元 J772。

倒车影像系统控制单元 J772 通过自带的 FBAS 线，将图像作为成品传输给 J794。

J794 上的视频输入端如图 5-6-73 所示。

向 J794 传输视频的示意图如图 5-6-74 所示。

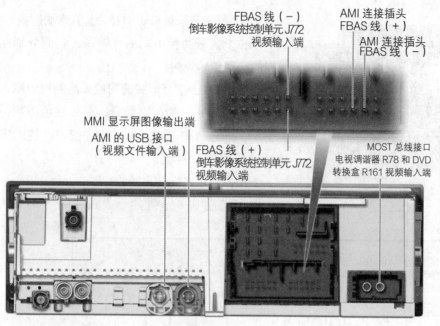

FBAS 线（－）
倒车影像系统控制单元 J772
视频输入端

AMI 连接插头
FBAS 线（＋）

AMI 连接插头
FBAS 线（－）

MMI 显示屏图像输出端

AMI 的 USB 接口
（视频文件输入端）

FBAS 线（＋）
倒车影像系统控制单元 J772
视频输入端

MOST 总线接口
电视调谐器 R78 和 DVD
转换盒 R161 视频输入端

图 5-6-73

2. 操作单元（多媒体系统操作单元 E380）

在 2013 年款奥迪 A3 的信息娱乐系统平台模块上，安装了 3 种类型的多媒体系统操作单元 E380。为了更好地确保操作的直观性，与先前的系统相比，对操作单元的按键数量作了优化。现在有两个翻转键，可以分别在两个菜单间进行选择。音量调节器也有向左和向右的翻转功能，这样就可以在音乐菜单里跳过前面或后面的一首歌。操作单元通过一根专属 CAN 总线与信息电子系统 1 控制单元 J794 相连。MIB 入门升级版和 MIB 标准版安装了两种型号的操作单元。两者在技术上完全相同，区别只是左侧翻转键的菜单选择。第三种型号另外配备了 MMI 触摸功能。

基本型号的左侧翻转键用于激活下列菜单：

①音量；

②车辆。

接下来的这种型号在安装有配备免提、电话或导航功能的 MIB 标准版（MMI 收音机）时可用。这时左侧翻转健可以激活下列菜单：

①电话；

②导航系统。

第三种配备 MMI 触摸功能的型号，只在有 MIB 高级版（升级版 MMI 导航系统）时才安装。这种型号也是通过左侧翻转键在电话和导航功能之间进行选择。只是它的旋压调节器要比其他两种型号的略大。在旋压调节器里有一个对触摸高度敏感的

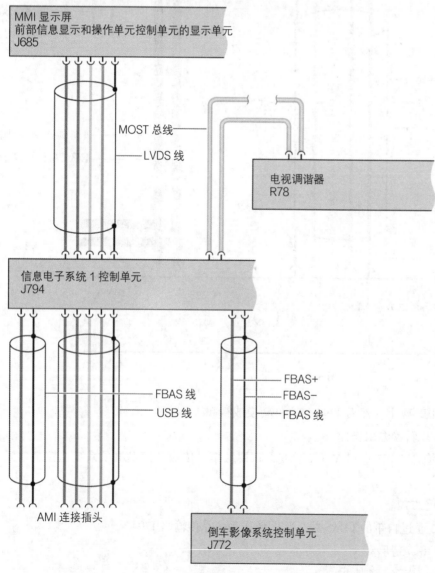

MMI 显示屏
前部信息显示和操作单元控制单元的显示单元
J685

MOST 总线

LVDS 线

电视调谐器
R78

信息电子系统 1 控制单元
J794

FBAS 线

USB 线

FBAS＋

FBAS－

FBAS 线

AMI 连接插头

倒车影像系统控制单元
J772

图 5-6-74

输入区，可以控制下列功能：

①通过自动识别手写内容，输入字母、数字、符号；

②翻看专辑封面；

③操作 DVD 主菜单；

④移动导航地图。

旋压调节器和 MMI 触摸功能的组合也叫作"触摸滚轮"。

带 TONE/CAR 按键的操作单元如图 5-6-75 所示。

带 NAV/TEL 键的操作单元如图 5-6-76 所示。

图 5-6-75

图 5-6-76

带 MMI 触摸功能的操作单元如图 5-6-77 所示。

E380 的售后服务组合键：

（1）重置系统。

要重启（重置）系统，必须同时短按下列几个键：

①旋压调节器；

②右上角功能键；

③ MENU 键。

系统重置组合键如图 5-6-78 所示。

图 5-6-77

图 5-6-78

（2）工程设计菜单。

例如，在进行软件升级时，需要用到工程设计菜单。要进入该菜单，必须依次按下并按住下列几个键：

①BACK 键；

②左上角功能键。

工程设计菜单组合键，如图 5-6-79 所示。

（3）屏幕截图。

屏幕截图是指复制当前 MMI 显示屏所显示的画面。要保存截屏，必须将 SD 卡插入 SD 读卡器内，并依次按下并按住下列几个键：

①左下角功能键；

②右下角功能键。

正在保存截屏时，当前的显示屏画面会暂时消失（白屏），从而反馈保存过程。MIB 入门版和 MIB 入门升级版无法制作截屏。

屏幕截图组合键如图 5-6-80 所示。

（4）MIB 入门版系统重置要在 MIB 入门版上将系统重启，必须共同按下以下几个键，并至少按住 5s：

①ON/OFF 开关；

②向前键。

重置组合键，如图 5-6-81 所示。

图 5-6-79

图 5-6-80

图 5-6-81

（十）联网

在各种规格的 MIB 型号上，信息电子系统 1 控制单元 J794 都是通过信息娱乐系统 CAN 总线连接到数据总线诊断接口 J533 上。信息娱乐系统 CAN 总线是一根高速总线，数据传输速率为 500kB/s。MMI 显示屏 J685 和操作单元 E830 是第一次通过一根专属的 CAN 总线与信息电子系统 1 控制单元 J794 相连。这根总线也是速率为 500kB/s 的高速总线。此外，如果车上还另外安装有一个信息娱乐系统控制单元（如数字式组合音响控制单元 J525），则系统还另外配有一根 MOST 总线。这还是第一次在奥迪汽车上同时安装有信息娱乐系统 CAN 总线和 MOST 总线。将信息娱乐系统 CAN 总线和 MOST 总线结合起来后，即使 MOST 总线中断，也不会使整个 MMI 失灵。这样仍然可以使用由 J794 直接执行的所有功能。但这时无法再通过外接的放大器播放音频，如图 5-6-82 所示。

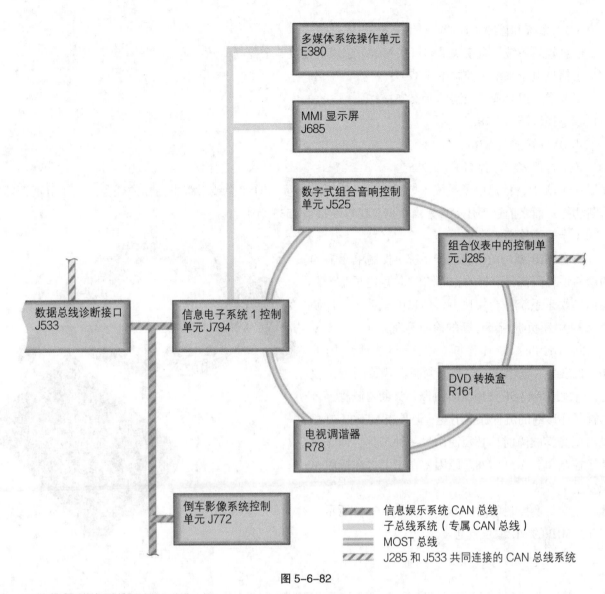

图 5-6-82

光学数据总线系统 MOST150。

（1）历史。

2003 年款奥迪 A3 首次安装了一种光学数据总线系统，称为 MOST 总线。更确切地说应该是 MOST25 总线。该数据总线系统的名称来源于"面向媒体的系统传输（MOST）合作"组织。该组织的成员包括多家汽车制造商、其配件供应商及软件企业，目的是打造一个高速传输数据的统一系统。

"面向媒体的系统传输"这一概念指的是一个以媒体为导向的数据传输网络。也就是说，它跟 CAN 数据总线不同，可将以地址为导向的信息传输给某个特定的接收器。该技术在奥迪汽车上用于信息娱乐系统的数据传输。MOST25 总线的数据传输速率约为 25MB/s。

（2）MOST150 总线。

随着信息娱乐系统平台模块的推出，奥迪首次在车辆上使用了 MOST150 总线。作为 MOST 总线技术的新一级研发成果，其数据传输速率是 MOST25 总线的 6 倍。为了达到这一研发级别，必须对 MOST 总线组件进行多项调整。例如，必须对发送和接收单元进行调整。光学插头、光纤、控制单元电气连接等其他组件则采取了与 MOST25 相同的结构。

有了 MOST150 总线，可首次通过光学数据总线直接传输电视调谐器 R78 或 DVD 转换盒 R161 的视频图像。不再需要像 MOST25 总线一样，在 J794 上安装一个单独的 FBAS 接口。

（3）系统和诊断主控器。

信息娱乐系统平台模块最多可在MOST总线上连接5个控制单元：

①信息电子系统1控制单元J794；

②数字式组合音响控制单元J525；

③电视调谐器R78；

④DVD转换盒R161；

⑤组合仪表中的控制单元J285。

在MIB上，信息电子系统1控制单元J794除了担负MOST总线系统主控器的任务外，还负责管理其诊断功能。而之前这项任务都是由数据总线诊断接口J533负责。

（十一）诊断

所有MIB型号的信息电子系统1控制单元J794的诊断地址码都是一样的，即"5F信息电子系统"在信息娱乐系统平台模块上，信息电子系统1控制单元J794还负责断环诊断的诊断管理。

断环诊断：断环诊断的流程与之前所用的MOST总线系统相同，但是必须在车辆诊断测试仪上，通过地址码5F调用MIB的断环诊断检测程序。尽管断环诊断的流程保持不变，但是当MOST150总线出现光学故障时，必须使用另一种工具，即光学替换控制单元VAS6778。原因就在于发送和接收单元发生了改变。

光学替换控制单元VAS6778如图5-6-83所示。

1. MIB的PR编号一览

如表5-6-5所示。

图5-6-83

表5-6-5

收音机	导航系统	扬声器	电话	电气接口	电视/数字式收音机接收
i7X 收音机入门升级版（第一代）	7Q0 无导航仪	8RE 4个扬声器（被动）	9WQ 无适配装置/安装车载电话	UE3 AUX-In（无AMI）	QV0 无电视接收/数字式收音机接收
i8A 收音机入门版（第一代）	7UF 导航仪标准版	8RM 8个扬声器（被动）	9ZE 舒适电话装置（带车外天线）	UE7 AMI（AUX-IN、USB和IPod）	QV1 电视接收机
i8D 收音机标准版（第一代）	7UG 导航仪高级版	9VD 扬声器（主动）	9ZK 电话装置（rSAP）		QV3 数字式收音机接收
i8G 收音机高级版（第一代）	7UH 导航系统适配装置	9VS "名牌"组合音响1[1]	9ZX 移动电话适配装置（蓝牙接口）		QU1 电视接收和数字式收音机接收
		8RF "名牌""高端音响"[2]			QUB 卫星收音机接收

注：1）"名牌"，如2013年款奥迪A3上的Bang & Olufsen音响系统。

2）"名牌"，如奥迪Q7上的Bang & Olufsen高级音响系统。

提示：PR 编号一般认为是指生产编号或生产控制编号，但正确的说法是"首要特性编号"。

2.2013 年款奥迪 A3 中的 MIB 一览

如图 5-6-84 所示的概览图列出了信息娱乐系统平台模块目前使用的各型号及其在 2013 年款奥迪 A3 上所用的营销名称。

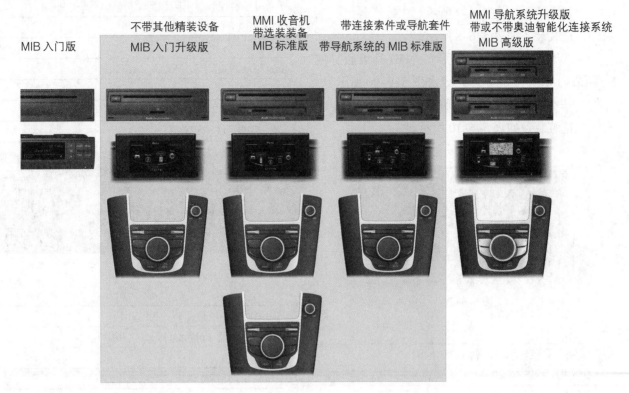

图 5-6-84

二、奥迪 Q7（4M）信息娱乐系统

奥迪 Q7（型号 4M）的信息娱乐系统相比前代车型更完善。奥迪 Q7 是首款既采用第二代 MIB 高级版，也采用第二代 MIB 标准版的车型。奥迪 Q7 采用的是新的操作方案，该方案最早是应用于奥迪 TT（型号 FV）。前代车型配备的还是第三代 MMI，奥迪 Q7 直接采用了下一代。

（一）类型一览

奥迪 Q7 有 3 种 MMI 类型可供客户选择：

① MMI 收音机，MMIRadio（I7Y），如图 5-6-85 和图 5-6-86 所示。

图 5-6-85

图 5-6-86

基本装备如表 5-6-6 所示。

选装装备：后座娱乐系统适配装置（9WM）。

② MMI 升级版收音机 MMI 升级版收音机（I8E），如图 5-6-87 和图 5-6-88 所示。

基本装备如表 5-6-7 所示。

选装装备如表 5-6-8 所示。

③ MMI 升级版导航系统，MMI 升级版导航系统（I8H），如图 5-6-89 和图 5-6-90 所示。

基本装备如表 5-6-9 所示。

选装装备如表 5-6-10 所示。

表 5-6-6

7.0 英寸彩色显示屏，像素 800×480
不带导航系统（7Q0）
操作单元（U0）
7 英寸组合仪表显示屏和驾驶员信息系统（9S7）
采用相位分集的 AM/FM 收音机
CD 驱动器（MP3，WMA，AAC）
SDXC 单卡读卡器
AUX-IN 接口和 5V-USB 充电接口（UE3）
基本音响系统（8RM）

图 5-6-88

表 5-6-8

后座娱乐系统适配装置（9WM）
奥迪电话盒（phonoe box）（9ZE）
Bose 3D 环绕立体声音响系统（9VS）
数字收音机 DAB（QVE）

图 5-6-87

表 5-6-7

7.0 英寸彩色显示屏，像素 800×480
不带导航系统（7Q0）
操作单元（UJ0）
7 英寸组合仪表显示屏和驾驶员信息系统（9S7）
采用相位分集的 AM/FM 收音机
CD 驱动器（MP3，WMA，AAC）
SDXC 单卡读卡器
带有 2 个 USB 接口和 AUX-IN 接口（UE7）的奥迪音乐接口
奥迪音响系统（9VD）
蓝牙接口（9ZX）

图 5-6-89

图 5-6-90

表 5-6-9
8.3 英寸彩色显示屏，像素 1024×480
3D 固态存储器导航系统（7UG）[1)
MMI touch（UJ1）
7 寸组合仪表显示屏和驾驶员信息系统（9S7）
采用相位分集和后台调谐器的 AM/FM 收音机
点唱机（约 11 GB）
DVD 驱动器（音频 / 视频）
SDXC 双卡读卡器
带有 2 个 USB 接口和 AUX-IN 接口（UE7）的奥迪音乐接口
奥迪音响系统（9VD）
蓝牙接口（9ZX）UMTS/LTE
数据模块（EL3）[2)

注：1）7UH 适用于没有导航地图数据的国家。

2）EL0 适用于不提供奥迪 connect 互联科技的市场。

表 5-6-10
后座娱乐系统适配装置（9WM）
奥迪电话盒（phone box）（9ZE）[3)
奥迪 connect 互联科技（IT1）
Bose 3D 环绕立体声音响系统（9VS）
Bang & Olufsen 3D 环绕立体声高级音响系统（8RF）
奥迪虚拟驾驶舱（9S8）
数字收音机 DAB（QV3）[4)
电视调谐器（QV1）[3)
DVD 转换盒（6G2）

注：3）奥迪 connect 互联科技数据模块变成了采用 SAP（SIM 卡访问规范）的完整的电话模块。

4）同时订购数字收音机（QV3）和电视调谐器（QV1）将得到 QU1。

从技术角度而言，MMI 收音机和 MMI 升级版收音机都是第二代 MIB 标准版。

MMI 升级版导航系统则是第二代 MIB 高级版。

（二）第二代 MIB 标准版（模块化信息娱乐平台）

奥迪 Q7（型号 4M）首次安装第二代 MIB 标准版。处理器性能比第一代提升了一倍，这满足了日益提高的多媒体领域要求。

相比第一代，第二代 MIB 标准版有以下主要变化：

①新的显示；

②新的操作方案；

③新的操作单元；

④更高的屏幕分辨率；

⑤新的蓝牙规范（AVRCP1.4），OPP,MAP）。

奥迪 Q7 安装了两个带 MIB 标准版的系统：

① MMI 收音机；

② MMI 升级版收音机。

MIB 标准版的信息电子系统控制单元 1J794 如图 5-6-91 所示。

图 5-6-91

地址簿：如果 MIB 标准版配有一个蓝牙接口，则最多可以为 5 部手机创建自动配置文件。每个配置文件最多可以保存 2000 位手机联系人。此外，还可以在信息电子系统控制单元 1 中存储 500 位公共联系人。这样一来，系统总共可以存储 10 500 位联系人。

MIB 标准版的存储器容量显示如图 5-6-92 所示。

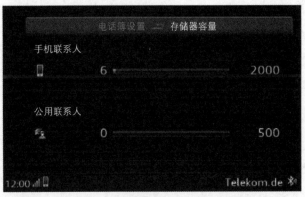

图 5-6-92

（三）MMI 收音机

奥迪 Q7 标配的是 MMI 收音机（I7Y）。MMI 收音机具有以下特征：

①带相位分集和 FM 双调谐器（超短波）以及 AM 调谐器（中波）的收音机；

②用于播放音频的单 CD 驱动器（mp3，wma，aac）；

③用于播放音频的 SDXC 单卡读卡器（mp3，wma，aac）；

④ 100W 的内部音频放大器（8RM）；

⑤汽车菜单；

⑥ 800×480 像素的图像输出；

⑦取消了中控台上的操作单元；

⑧ AUX-IN 接口（UE3）以及一个 USB 形式的 5V 充电接口。

车辆具有 PR 编号"I7Y"和"7Q0"，表示车上装有 MMI 收音机。

MMI 收音机的 J794 如图 5-6-93 所示。

MMI 升级版收音机的 J794 背面如图 5-6-94 所示。

图 5-6-93

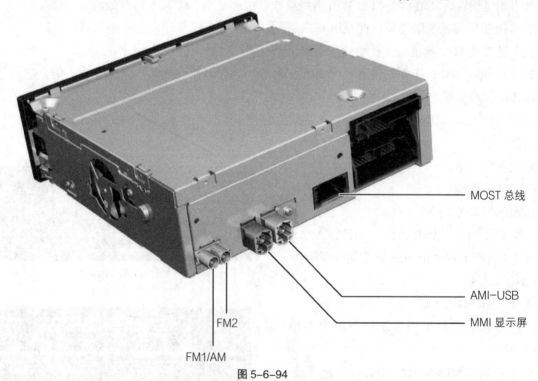

MOST 总线

AMI-USB

MMI 显示屏

FM2

FM1/AM

图 5-6-94

（四）MMI 升级版收音机

如果客户想要加装选装装备，必须订购 MMI 升级版收音机（I8E）。

相比 MMI 收音机，MMI 升级版收音机具有以下特征：

①带 2 个完整的 USB 数据接口（UE7）的奥迪音乐接口；

②适用于 HFP 和 A2DP 的蓝牙接口；

③语音对话系统；

④适用于 195W（9VD）奥迪音响系统的内部音频放大器。

此外，还可以配备以下选装装备：

①奥迪电话盒（phonebox）（9ZE）；

②用于 558W3D 环绕立体声 Bose 音响系统（9VS）的外部音频放大器；

③DAB 调谐器（数字收音机）（QV3）；

④SDARS 调谐器（北美版数字收音机）（QV3）。

车辆具有 PR 编号"I8E"和"7Q0"，表示车上装有 MMI 升级版收音机。

MMI 升级版收音机显示屏上的显示，如图 5-6-95 所示。

MMI 升级版收音机的 J794 如图 5-6-96 所示。

MMI 升级版收音机的 J794 背面如图 5-6-97 所示。

图 5-6-95

图 5-6-96

（五）MMI 升级版导航系统

1. MMI 升级版导航系统具有以下特征。

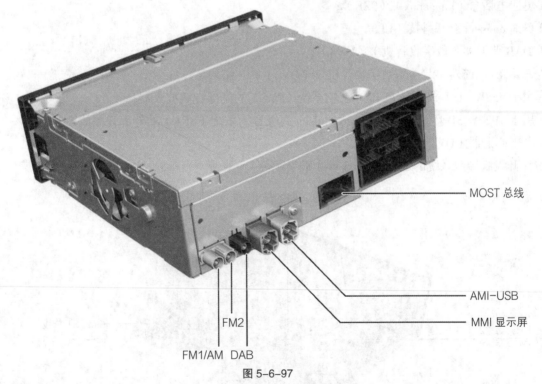

图 5-6-97

①带相位分集和 FM 双调谐器（超短波）以及 AM 调谐器（中波）的收音机；

②用于音频和视频数据的单 DVD 驱动器；

③用于音频和视频文件的 SDXC 双卡读卡器；

④SSD 存储器（约 64GB）；

⑤点唱机（约 11GB）；

⑥导航数据存储在固态存储器上的 3D 导航系统；

⑦适用于 195W（9VD）奥迪音响系统的内部音频放大器；

⑧带 2 个完整的 USB 数据接口和 AUX-IN 接口（UE7）的奥迪音乐接口；

⑨汽车菜单；

⑩适用于 HFP 和 A2DP 的蓝牙接口；

⑪高级语音对话系统；

⑫提供预测路径数据；

⑬ 1024×480 和 1440×520 像素的图像输出；

⑭ MMItouch；

⑮无线电数据模块（UMTS/LTE）；

⑯ WLAN 模块（最高 150Mbit/s）。

MMI 升级版导航系统显示屏上的显示如图 5-6-98 所示。

带奥迪 connect 互联科技的 MMI 升级版导航系统的 J794 如图 5-6-99 所示。

车辆具有 PR 编号 "I8H" 和 "7UH"，表示车上装有 MMI 升级版导航系统。

图 5-6-98

图 5-6-99

2. MMI High 可以订购以下选装装备

①奥迪电话盒（phonebox）（9ZE）；

②奥迪 connect 互联科技（EL3）；

③ DAB 调谐器（数字收音机）（QV3）；

④ SDARS 调谐器（北美版数字收音机）（QV3）；

⑤用于 558W 3D 环绕立体声 Bose 音响系统（9VS）的外部音频放大器；

⑥用于 1920W 3D 环绕立体声 Bang&Olufsen 高级音响系统（8RF）的外部音频放大器；

⑦电视调谐器（QV1）。

MMI 升级版导航系统的 J794 如图 5-6-100 所示。

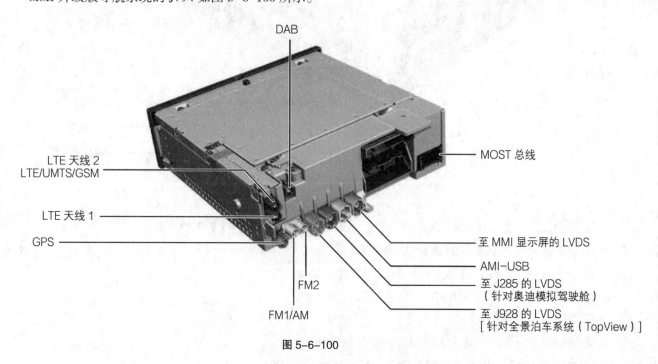

图 5-6-100

（六）奥迪 connect 互联科技（视市场而定）

奥迪 Q7 通过奥迪 connect 互联科技给客户带来更大的灵便性。配备 MMI 升级版导航系统的车辆必然具备一个 UMTS/LTE 模式（PR 编号：EL3）。通过该模块可以启用下列功能：

①WLAN 热点，用于移动终端设备联网；

②连接 MMI 连接应用程序；

③奥迪 connect 互联科技交付后 3 个月内免费测试。

图 5-6-101

奥迪 connect 互联科技主菜单如图 5-6-101 所示。

客户既可以在买车时直接订购，也可以在以后订购有效期为 3 年的奥迪 connect 互联科技服务。交车后，客户可以通过奥迪经销商购买奥迪 connect 互联科技服务许可证。

不同国家版本的奥迪 Q7 可以提供诸如下列服务：

①奥迪在线交通信息；

②谷歌地球地图；

③ Facebook；

④ Twitter；

⑤天气；

图 5-6-102

⑥燃油价格；

⑦停车位信息；

⑧在线媒体（最新的 Napster 和 AUPEO）。

奥迪 connect 互联科技选择菜单，如图 5-6-102 所示。

奥迪 Q7（型号 4M）的奥迪 connect 互联科技菜单中会显示所有奥迪 connect 互联科技服务。此外，还设计了奥迪 connect 互联科技选择菜单，在该菜单中，根据相应的使用方法汇总了奥迪 connect 互联科技服务。选择菜单项如下：

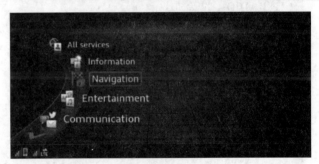

图 5-6-103

①信息；

②导航系统；

③娱乐系统；

④通信。

奥迪 connect 互联科技：导航系统菜单项如图 5-6-103 所示。

如果车辆配有奥迪 connect 互联科技，那么在最初的 5 年内，可以每半年在线更新一次导航地图（取决于国家版本）。

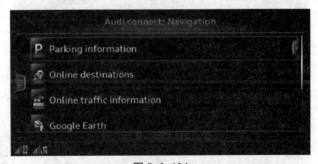

图 5-6-104

奥迪 connect 互联科技：导航系统选择菜单如图 5-6-104 所示。

提示：出厂时的奥迪 connect 互联科技套件的 PR 编号为 IT1。车辆具有 PR 编号 IT0，表示为订购奥迪 connect 互联科技套件。

（七）操作单元

（多媒体系统操作单元 E380）根据 MMI 版本，奥迪 Q7 可以安装两种不同的操作单元：

①标准版操作单元；

② MMItouch。

这两种版本的开关或音量调节器（驾驶员侧音量调节器 E67）都一样。都是通过 LIN 总线与操作单元 E380 相连的。

驾驶员侧音量调节器 E67 如图 5-6-105 所示。

标准版操作单元：标准版操作单元具有 8 个可随意设置的电台按键。在这里可以存储收音机电台、播放列表和电话号码，以便日后直接选择。

此外，还装有两个翘板开关、旋压调节器和分别具有以下功能的按键：

①跳转至主菜单（MENU）；

②返回上一菜单（BACK）；

③调用左侧页面菜单（选择菜单）；

④调用右侧页面菜单（选项菜单）。

通过左侧翘板开关可以激活下列菜单：

① CAR（汽车）；

② TEL（电话）（如果存在）。

通过右侧翘板开关可以激活下列菜单：

① RADIO（收音机）；

② MEDIA（媒体）。

标准版操作单元如图 5-6-106 所示。

MMI touch 如图 5-6-107 所示。

1. MMI touch

如图 5-6-108 所示。

奥迪 Q7 首次采用真正的玻璃制成的全新触摸

图 5-6-105

图 5-6-106

图 5-6-107

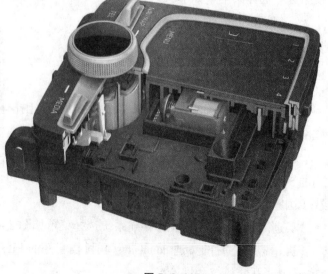

图 5-6-108

感应式触摸板来提供触觉和声音回馈，带给用户真实的按键感受。在玻璃触摸板上操作某项功能时，会通过下面的电动执行器短时精确地加速。此外，操作单元中内置的扬声器还会发出奥迪典型的按键按压声音。扬声器实现的声音以及电子机械机构实现的手感，都会令用户感觉到，在触摸板上操作某项功能就像是真的在按压按键一样。

通过左侧翘板开关可以激活下列菜单：

① NAV/MAP（导航系统或地图）；

② TEL（电话）。

通过右侧翘板开关可以激活下列菜单：

① RADIO（收音机）；

② MEDIA（媒体）。

触摸感应式触屏上具有以下不同功能区：

① 8 个存储器按键；

② 左侧页面菜单；

③ 右侧页面菜单；

④ 菜单键；

⑤ 返回键；

⑥ 具有文字识别功能的中央输入区，可以执行下列功能：文本输入、拖动十字线、拖动地图、放大 / 缩小地图（缩放）。

MMI touch 的旋压调节器除了标准功能以外，还具有一个四向操纵杆功能，这样可以根据菜单控制不同的行动和菜单。例如：

① 拖动导航地图上的十字线；

② 拖动声音中心点；

③ 向左拖动：调用选择菜单或关闭选项菜单（右侧页面菜单）；

④ 向右拖动：调用选项菜单或关闭选择菜单（左侧页面菜单）；

⑤ 向上拖动：活动列表菜单输入区；

⑥ 向下拖动：已激活媒体中的选项，例如，在激活收音机后，可以选择另一电台。

2. 售后服务组合键

（1）系统重启。

为了重启（复位）系统，必须同时短按下列按键：

① NAV/MAP（或 CAR）；

② 旋压调节器；

③ RADIO（收音机）。

系统重启组合键如图 5-6-109 所示。

（2）截屏。

只能保存 MMI 传输的截屏图片。图片会被存储在信息电子系统控制单元 1J794 的内部存储器上。必须依次按下并按住以下按键才能保存：

① NAV/MAP（或 CAR）；

② 旋压调节器。

作为保存图片的反馈，会在 MMI 显示屏上短时闪

图 5-6-109

1207

现相关提示。J794 最多能够存储 50 张截屏图片。如果保存第 51 张截屏图片，则会删除第一张。

借助车辆诊断测试可以将 J794 中存储的截屏图片复制到一张 SD 卡上。为此必须遵循下列步骤：

①在左侧 SD 卡读卡器（SD1）中插入一张空 SD 卡；

②在引导型功能中选择"5F－基本设置"；

③启动程序项"将分析数据写入 CD"。

这样就会将包括截屏图片在内的分析数据复制到 SD 卡上。

截屏组合键如图 5-6-110 所示。

（3）工程菜单。

须依次按下并按住以下按键才能进入工程菜单：

① NAV/MAP（或 CAR）；

② MEDIA（媒体）。

工程菜单组合键如图 5-6-111 所示。

图 5-6-110

（八）显示屏运动机构

奥迪 Q7 采用了全新的显示屏运动机构。这样使得显示屏能够从仪表板中垂直升高。两种显示屏的运动机构是相同的。

显示屏有两种规格，如图 5-6-112 所示：

① 7.0 英寸彩色显示屏，像素 800×480；

② 8.3 英寸彩色显示屏，像素 1024×480。

运动机构本身包括：

①显示屏伸出和缩回电机 V301；

②显示屏伸出限位开关 F330；

③显示屏缩回限位开关 F331；

④位置识别霍耳传感器；

⑤导向销；

⑥提升臂；

⑦弹簧（在伸出时补偿间隙并平衡重量）。

图 5-6-111

1. 工作原理

伸出时，电机会驱动第一提升臂。第二提升臂通过一个扇形齿轮（按照剪切原理）与第一提升臂相连，因此随之会向上运动。此时会利用霍耳传感器确定显示屏的当前位置。

在特定行程后，电机会加快速度，然后在即将到达限位位置时重新减速直至停止。

在即将到达上部限位位置时，显示屏伸出限位开关 F330 会发出一个信号。电机会一直运转，直至霍耳传感器识别到发动机不再运转，然后才会结束电机的触发。

通过这样"继续运行"，显示屏可以始终位于其限位位置，从而避免发出噪声。

缩回是以相反的电机运转方向、以相同的方式实现的。

2. 触发

电机、霍耳传感器和两个限位开关都是由多媒体系统操作单元 E380 触发或读取其信号的。操作单元

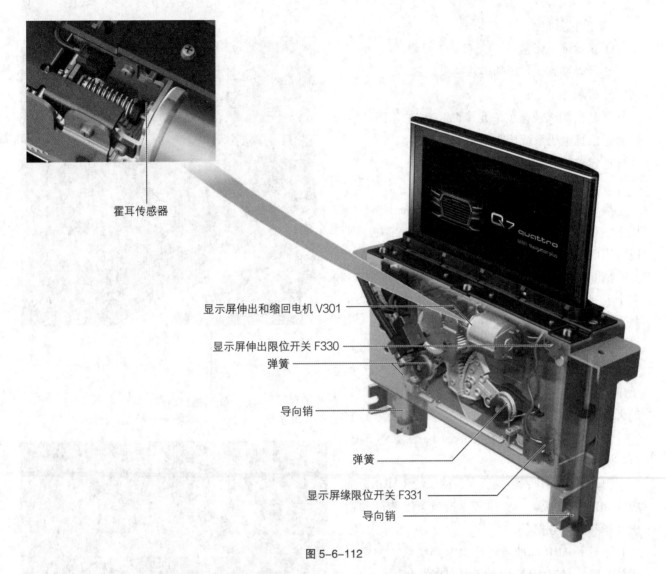

霍耳传感器

显示屏伸出和缩回电机 V301

显示屏伸出限位开关 F330

弹簧

导向销

弹簧

显示屏缘限位开关 F331

导向销

图 5-6-112

再将相关数据传输至信息电子系统控制单元 1J794。J794 分析这些数据并发送相应的控制指令。

3. 防止机械损坏的保护

为了避免由于操作错误而导致运动机构发生机械损坏，设有两个保护功能：

①自动向下运行；

②滑动离合器。

如果从上方按压显示屏，同时触发显示屏限位开关 F330，显示屏会均匀地向下移动。但是，当显示屏受到的上部压力超过特定值时，滑动离合器会触发驱动电机和提升臂之间的齿轮连接，从而尝试避免驱动装置受到机械损坏。

当霍耳传感器失灵但限位开关正常时，显示屏会根据相同的固定特性曲线伸出和缩回。特性曲线会通过一个 80% 的 PWM 信号实现。如果其中一个限位开关失灵，显示屏同样会根据相同的固定特性曲线（80%PWM）移动至相应的限位位置。根据特定时间内的霍耳传感器信号确定发动机不再运转时，会关闭电机。

奥迪 Q7 的显示屏机械机构，如图 5-6-113 所示。

4. 保养位置

运动机构具有一个保养位置。分离显示屏与运动机构时，必须利用这一位置。保养位置可以借助车辆诊断测试仪来激活。

这样可以确保：

①显示屏不张紧；

②可以够到显示屏的连接插头。

5. 诊断

运动机构以及显示单元按键 E506 的诊断功能可以通过信息电子系统控制单元 1J794 调用。

通过地址码 5F 信息电子系统 1 进行诊断。

（九）奥迪电话盒（phone box）

奥迪 Q7 可以选装奥迪电话盒（phone box）。如果未安装选装装备奥迪电话盒（phone box），则可以将当前的盒子称为信息娱乐系统盒。

信息娱乐系统盒始终配有一个 AUX-IN 接口和一个 5V USB 接口。AUXIN 接口用于模拟音频传输。5V USB 接口只能用于手机充电。

如果安装了选装装备奥迪电话盒（phone box），则在盒子下方有一根连接天线。将手机放入这个盒子中，可以在不接触的前提下传输外部天线接收到的无线电信号。

奥迪 Q7 的奥迪电话盒（phone box）如图 5-6-114 所示。

奥迪音乐接口：根据所安装的系统（MIB 标准版或 MIB 高级版），奥迪音乐接口可以传输和输出音频和视频数据。

不论是 MIB 标准版还是 MIB 高级版，都可以播放音频。只有 MIB 高级版可以播放视频。

奥迪音乐接口具有下列连接选项：

①2 个 USB 接口；

②蓝牙音频流；

③WLAN 音频流（仅限 MIB 高级版）。

两个 USB 接口上具有充电电流可高达 500mA 的 5V 充电电压。如果在其中一个 USB 接口上连接一个 iPod 或 iPad，那么允许流经其的电流不超过 1.6A。

通过 USB 接口只能输出来自 USB 大容量存储器（如 U 盘）的视频文件。

智能手机通常不支持相应的必要协议。

自 2015 年第 34 周起，奥迪 Q7 开始采用新接口。只能根据接口包围框来区分。

奥迪电话盒（phone box），如图 5-6-115 所示。

2015 年第 34 周以前采用的接口如图 5-6-116 所示。

显示单元按键 ES06
图 5-6-113

图 5-6-114

图 5-6-115

2015 年第 34 周以后采用的接口如图 5-6-117 所示。

提示：如果奥迪 Q7 未安装奥迪音乐接口，则至少存在一个 AUX-IN 接口和一个 5V USB 充电接口。

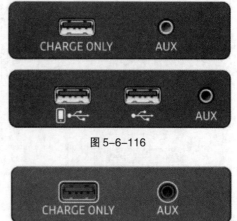

图 5-6-116

（十）联网

所有类型的信息娱乐系统的信息电子系统控制单元 1J794 都是通过信息娱乐 CAN 与数据总线诊断接口 J533 相连接的。信息娱乐 CAN 是数据传输速率达到 500kbit/s 的高速总线。

根据装备版本，信息娱乐 CAN 也可以连接下列控制单元：

①组合仪表控制单元 J285；

②挡风玻璃投影控制单元（平视显示屏）J898；

③选挡杆传感器控制单元 J587。

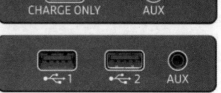

图 5-6-117

MMI 显示屏控制单元 J685 和操作单元 E380 都是通过模块化信息娱乐平台 CAN（MIB CAN）与信息电子系统控制单元 1J794 相连接的。它同样是数据传输速率达到 500kbit/s 的高速总线。

如果车上装有一个附加的信息娱乐系统控制单元（如 Bose 音响系统），那么信息娱乐系统还配有一根 MOST 总线。这根 MOST 总线是数据传输速率为 150Mbit/s 的 MOST150。信息电子系统控制单元 1J794 既是 MOST 总线的系统主控制单元，也是它的诊断主控制单元。

通过结合使用信息娱乐 CAN 和 MOST 总线，使得 MOST 总线断开时不会造成 MMI 完全失灵。所有直接在 J794 中执行的功能均保持可用状态，但是无法再通过一个外部放大器来输出音频。

1. 信息娱乐系统拓扑结构图

如图 5-6-118 所示。

2. 图像传输

所有图像信息都是由信息电子系统控制单元 1J794 通过 LVDS 导线发送至 MMI 显示屏控制单元 J685 的。

组合仪表控制单元 J285 的显示信息由信息电子系统控制单元 1J794 通过下列方式传输：

① LVDS：仅限大的导航地图和十字路口详细地图；

② MOST 总线：所有其他内容，如列表菜单或封面。

DVD 转换盒的图像信息采用 mpeg4 格式通过 MOST 总线传输至 J794。

然后由 J794 解码这些文件。

全景摄像头控制单元 J928 [全景泊车系统（TopView）] 的图像信息是通过 LVDS 导线传输至由信息电子系统控制单元 1J794 的。

（十一）音响系统

在音响质量方面，奥迪早在多年以前就实现了里程碑式的突破。最新的 3D 环绕立体声技术于 2015 年首次应用于奥迪 Q7。Bang&Olufsen 高级音响系统和 BOSE 环绕立体声音响系统都采用了 3D 环绕立体声。其核心是一个复杂的运算器，它可以快速、准确地计算出每个扬声器的控制信号。

并不需要特殊的音乐格式，即可享受 3D 音效。3D 效果与格式无关。

1. 基本音响系统（8RM）

基本音响系统有 8 个扬声器。

具有一个总功率 100W 的 4 通道放大器。

基本音响系统如图 5-6-119 所示。

2. 奥迪音响系统（9VD）

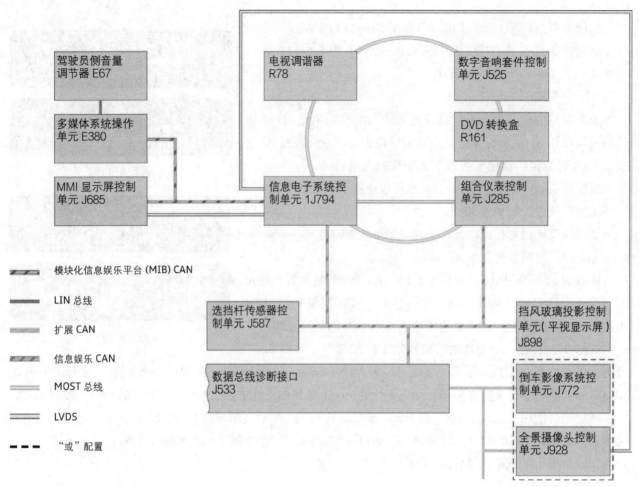

图 5-6-118

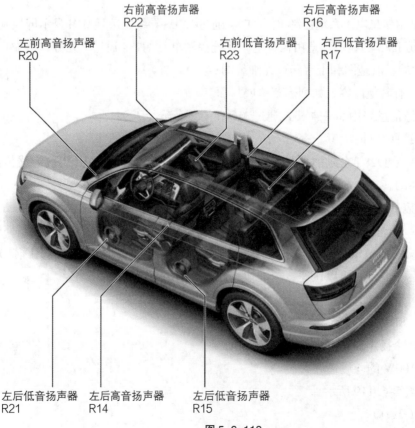

图 5-6-119

奥迪音响系统有 10 个扬声器。相应地，具有一个功率 195W 的 6 通道放大器。

标准音响系统如图 5-6-120 所示。

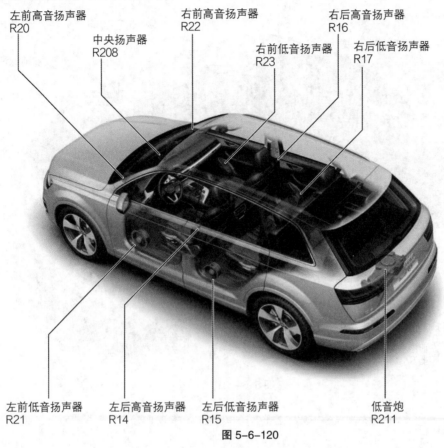

左前高音扬声器
R20

中央扬声器
R208

右前高音扬声器
R22

右前低音扬声器
R23

右后高音扬声器
R16

右后低音扬声器
R17

左前低音扬声器
R21

左后高音扬声器
R14

左后低音扬声器
R15

低音炮
R211

图 5-6-120

3. BOSE 3D 环绕立体声音响系统（9VS）

BOSE3D 环绕立体声音响系统有 19 个扬声器。其中 4 个扬声器安装在车内较高的位置，从而形成 3D 环绕立体声。具有一个功率 558W 的 15 通道放大器。

高级音响系统如图 5-6-121 所示。

4. Bang&Olufsen 3D 环绕立体声高级音响系统（8RF）

Bang&Olufsen 3D 环绕立体声高级音响系统有 23 个扬声器。其中 6 个安装在车内较高的位置。这样可以构成足够的空间高度来形成 3D 环绕立体声。

全新研发的扬声器和功率高达 1920W 的新型放大器保证了最高水平的音乐享受。

Bang&Olufsen 高级音响系统如图 5-6-122 所示。

（十二）天线一览

奥迪 Q7 的天线安装在如下位置：

①车顶；

②后扰流板；

③右后侧窗玻璃；

④后窗玻璃；

⑤后保险杠。

至信息电子系统控制单元 1J794 的放大器天线接口取决于具体的车辆装备。也就是说，只有实际需要的接口存在。

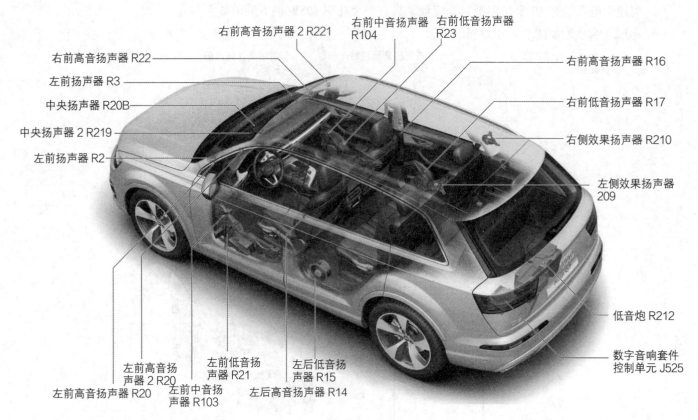

右前高音扬声器 2 R221　右前中音扬声器 R104　右前低音扬声器 R23

右前高音扬声器 R22

左前扬声器 R3

中央扬声器 R20B

中央扬声器 2 R219

左前扬声器 R2

右前高音扬声器 R16

右前低音扬声器 R17

右侧效果扬声器 R210

左侧效果扬声器 209

低音炮 R212

数字音响套件控制单元 J525

左前高音扬声器 2 R20

左前高音扬声器 R20

左前中音扬声器 R103

左前低音扬声器 R21

左后低音扬声器 R15

左后高音扬声器 R14

图 5-6-121

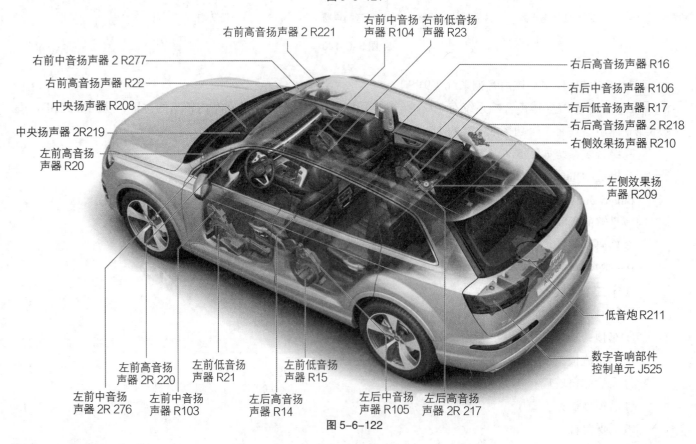

右前高音扬声器 2 R221　右前中音扬声器 R104　右前低音扬声器 R23

右前中音扬声器 2 R277

右前高音扬声器 R22

中央扬声器 R208

中央扬声器 2R219

左前高音扬声器 R20

右后高音扬声器 R16

右后中音扬声器 R106

右后低音扬声器 R17

右后高音扬声器 2 R218

右侧效果扬声器 R210

左侧效果扬声器 R209

低音炮 R211

数字音响部件控制单元 J525

左前高音扬声器 2R 220

左前中音扬声器 2R 276

左前中音扬声器 R103

左前低音扬声器 R21

左前低音扬声器 R15

左后高音扬声器 R14

左后中音扬声器 R105

左后高音扬声器 2R 217

图 5-6-122

车顶天线，如图 5-6-123 所示。

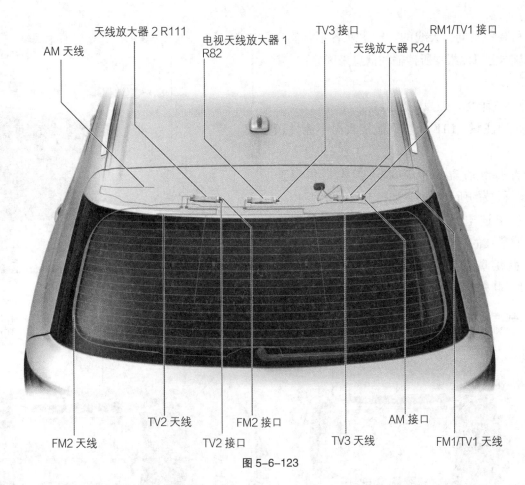

图 5-6-123

奥迪 Q7 主要有两种不同的车顶天线。

①欧洲和其他国家；

②北美。

不带车顶天线的装备类型会采用一个天线模型。

车顶天线 R216（北美版）如图 5-6-124 所示。

车顶天线 R216（欧洲版），如图 5-6-125 所示。

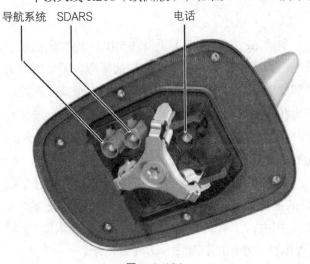

图 5-6-124

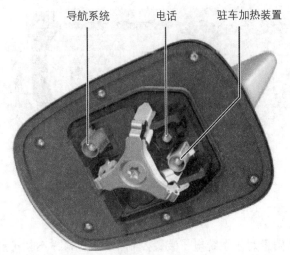

图 5-6-125

右后侧窗玻璃如图 5-6-126 所示。

电话天线：奥迪 Q7 的电话天线数量取决于装备。根据装备，奥迪 Q7 的保险杠内最多有两根辅助天线。

市场和装备不同，天线的功能也就各不相同。天线功能基本上可以根据所传输的信息来区分：

①语言；

②数据（接收和/或发送数据）。

在此必须注意，LTE天线只能接收而不能发送数据。

提供奥迪电话盒（phone box）但不提供奥迪connect互联科技的所有市场，如图5-6-127所示。

不提供奥迪电话盒（phone box）但提供奥迪connect互联科技的所有市场，如图5-6-128所示。

同时提供奥迪电话盒（phone box）和奥迪connect互联科技的欧洲，如图5-6-129所示。

DAB接口　　天线放大器3 R112　　DAB天线

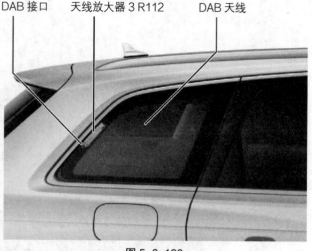

图5-6-126

奥迪电话盒（phone box）　UMTS/GSM语言/数据　手机放大器 R86

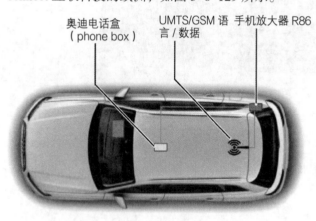

图5-6-127

信息电子系统控制单元1 J794　LTE天线2 LTW/UMTS/GSM 语言/数据　LTE天线1 LTE/数据

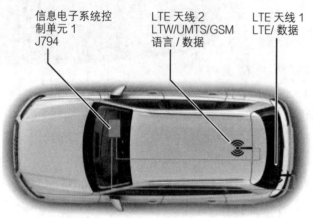

图5-6-128

信息电子系统控制单元1 J794　LTE天线2 LTW/UMTS/GSM 语言/数据　手机放大器 R86

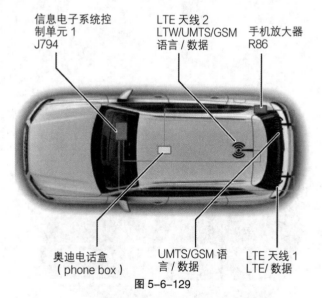

奥迪电话盒（phone box）　UMTS/GSM语言/数据　LTE天线1 LTE/数据

图5-6-129

三、奥迪A8（4N）信息娱乐系统和奥迪connect

（一）概述

奥迪A8（型号4N）凭借其MIB2+模块化信息娱乐平台为奥迪车型带来了彻底性的革命。所采用的信息和娱乐系统是奥迪品牌所有车系的一个新里程碑。客户在奥迪A8上可以在2个MMI版本中进行选择：MMI Radioplus以及MMI Navigationplus。还可以通过选装装备根据需求进行调整。

明显提高的系统性能、引进的新功能和硬件、创新的操作方案以及将网络集成到与舒适和安全相关的应用中，让驾驶奥迪A8成为一种真正的体验。凭借信息娱乐系统电子装置控制单元1J794，不断扩展这种体验的新维度，如图5-6-130所示。

（二）模块化信息娱乐系统（MIB）第二代+

1.引言

随着对操作、通信和显示方面的不断升高的要求，急需性能更强大的设备。因此为了满足这些要求，

图 5-6-130

奥迪 A8（型号 4N）采用了第二代 + 模块化信息娱乐平台，简称 MIB2+。

与 MIB2 相比，对信息娱乐系统电子装置控制单元 1J794 的以下特征进行了升级：

①计算能力提高了 1.5 倍；

②工作存储器提高了 2 倍；

③显示屏的图形性能提高了 2 倍。

在奥迪 A8 中提供了两个版本，两者皆基于 MIB2+High。系统的 PR 编号为 I8T，说明文字为 RadioHighPlus（第二代）。

2. 结构

与 MIB2 相比，MIB2+ 还改变了信息娱乐系统电子装置控制单元 1J794 的结构。标配的 SD 读卡器和选装的 SIM 读卡器不再位于 J794 中，而是通过 USB 接口迁移到一个共用模块中。这个模块的名称为 Audimusicinterface，客户服务名称为 USB 分线器 R293。

J794 也不再配备光学驱动器（CD 或 DVD）。光学驱动器现在仅作为选装的独立控制单元。

J794 被分为两个模块。在售后服务时不得将这两个模块分开。构成基本模块（RCC）的组件在技术上的变化速度没有这么快。MMX 模块中包含了以下设备代际的部件。基于数字化进步，这些部件必须更快地改进。

在 RCC 中例如还包含了以下组件：

①收音机调谐器；

②音响放大器；

③CAN 和 MOST 接口；

④诊断软件；

⑤陀螺仪传感器。

此外，MMX 还包括以下组件：

①主处理器；

②图形芯片；

③蓝牙模块；

④ WLAN 模块（单独的天线）；

⑤ LTE 移动通信模块（电话和数据传输率最高 300Mbit/s）；

⑥导航系统。

如图 5-6-131 所示。

图 5-6-131

3. 版本概览

奥迪 A8（型号 4N）采用了最新一代模块化信息娱乐平台的信息娱乐系统，即 MIB2+ 版。客户可以在这两个 MMI 版本之间进行选择，即 MMI Radioplus 以及 MMI Navigationplus。且两个版本在技术上均基于 MIB2+High。

（1）MMI Radio plus（I8T+7UH），如图 5-6-132 所示。

如表 5-6-11 所示。

选装装备如表 5-6-12 所示。

（2）MMI Navigation plus（I8T+7UG）

如图 5-6-133 所示。

图 5-6-132

1218

表 5-6-11

1540×720 像素 10.1 英寸触摸屏
1280×660 像素 8.6 英寸触摸屏
奥迪虚拟座舱（9S8）
AM/FM 收音机
带有 2 个 USB 插口和 1 个 SDXC 读卡器的奥迪音乐接口（UF7）
奥迪音响系统（9VD）
蓝牙接口（9ZX）

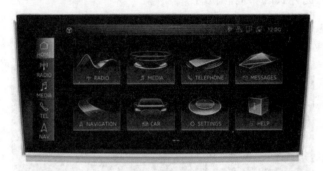

图 5-6-133

表 5-6-13

1540×720 像素 10.1 英寸触摸屏
1280×660 像素 8.6 英寸触摸屏
奥迪虚拟座舱（9S8）
3D 固态硬盘导航系统（7UG）
AM/FM 收音机 奥迪 connected 收音机（网络收音机）
北美市场的卫星收音机（Sirius）（QV3）
带有 2 个 USB 插口和 1 个 SDXC 读卡器以及根据不同市场，可能还带有 1 个 SIM 读卡器的奥迪音乐接口（UF7）
奥迪音响系统（9VD）
蓝牙接口（9ZX）
UMTS/LTE 数据模块（EL3）包括奥迪 connect（IT3）

4. 操作方案

（1）引言。

随着引进触摸显示屏以及减少中控台中的操作元件，奥迪 A8（型号 4N）为市场带来了奥迪的新型操作方案。

MMI 的操作与奥迪 A8 中的智能电话类似并采用了直观、清晰的过程。MMI 也采用了典型的智能电话动作，例如，应用图标的移动。

如图 5-6-134 所示。

表 5-6-12

单碟 DVD 驱动器（7D5）
DVD 转换盒（6G0）
后排的奥迪音乐接口带有 2 个 USB 插口（UF8）
后座遥控单元（QW5）
奥迪电话盒（包括无线充电）（9ZE）
奥迪电话盒灯（仅用于无线充电）（9ZV）
后部奥迪电话盒灯仅用于四座车型（仅用于无线充电）（QF6）（仅适用于中国市场）
后排的电话，包括后部奥迪电话盒（QF7 用于四座车型 / QF8 用于五座车型，不含无线充电）
带有 3D 音效的 Bang & Olufsen 优享音响系统（9VS）
带有 3D 音效的 Bang & Olufsen 高级音响系统（8RF）
数字收音机 DAB（QV3）
紧急呼叫和与车辆有关的奥迪 connect 服务（1W3）

如表 5-6-13 所示。

选装装备，如表 5-6-14 所示。

表 5-6-14

单碟 DVD 驱动器（7D5）
DVD 转换盒（6G0）
后排的奥迪音乐接口，带有 2 个 USB 插口（UFB）
奥迪智能电话接口（IU1）
后座遥控单元（QW5）
奥迪电话盒（包括无线充电）（9ZE）
奥迪电话盒（仅用于无线充电）（9ZV）
后部奥迪电话盒仅用于四座车型（仅用于无线充电）（QF6）（仅适用于中国市场）
后排的电话，包括后部奥迪电话盒（QF7 用于四座车型 / QF8 用于五座车型，不含无线充电）
带有 3D 音效的 Bang & Olufsen 优享音响系统（9VS）
带有 3D 音效的 Bang & Olufsen 高级音响系统（8RF）
数字收音机 DAB（QV3）
电视调谐器（QV1/Q0A）
紧急呼叫和与车辆有关的奥迪 connect 服务（IW3）
奥迪 connect 钥匙（2F1）
内置后座娱乐系统包括 2 个奥迪平板电脑（9WF）
奥迪 connect 防盗定位系统（7I1/ 带有 Drivercard 7I2）

图 5-6-134

（2）上部显示屏。

用户通过上部触摸显示屏可使用主要功能以及访问相应的子菜单。与以往代别的 MMI 不同，MIB2+ 不再有奥迪 connect 菜单。除了极少的特殊情况（天气、新闻……）以外，所有 connect 服务在主题上都归为相应的主功能并因此在主屏幕上不再出现。

通过长按和移动，可在主屏幕上自由配置功能图标的布置。可通过屏幕左侧边缘的快捷方式选择经常使用的功能。客户可以根据自己的意愿调整快捷方式的布局和位置。

如图 5-6-135 所示。

从上边缘向下拖动，可打开 4 个固定快捷方式的选项，如图 5-6-136 所示。

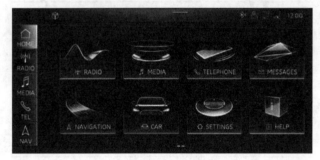

图 5-6-135

图 5-6-136

①音量设置；

② MMI 设置；

③连接；

④用户配置文件。

此外，右上方总显示的内容还包括以下信息，如图 5-6-137 所示。

①蓝牙；

②用户配置文件；

③接收状态；

④数据交换。

（3）下部显示屏。

原则上，下部显示屏用于操作空调功能以及激活永久快捷方式和个性化快捷方式。

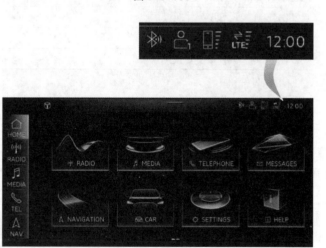

图 5-6-137

为了更舒适地进行选择，这些快捷方式可以是从上部显示屏复制到下部显示屏中的电话联系方式、收音机电台、导航目的地和车辆设置。通过点击显示屏上边缘的中间按钮，可以显示并重新隐藏这些快捷方式。用户无须预选相应的主功能就能进行选择，也就是说导航目的地、电话簿、收音机电台等在一个工具栏中依次排列并凭借不同的功能块颜色，即可简便快捷地进行识别。用户可以根据喜好随时更改它们的布置，如图 5-6-138 所示。

与固定的快捷方式不同，车辆功能是否存在取决于不同的装备。这些快捷方式相应地布置在显示屏

图 5-6-138

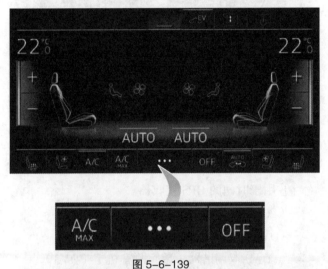

图 5-6-139

图 5-6-140

的上边缘和下边缘。通过下边缘的中间按钮可以根据个人需求调整旁边的两个按钮，即左侧和右侧，的布置方式（参见放大截图），如图 5-6-139 所示。

在下部显示屏中，还可以通过手写方式输入导航目的地、地址、电话号码等。这可以让您的操作更舒适，而且现在系统方面的识别也更准确、更迅速了。与以往的 MMI touch 不同，现在可以不间断地输入整句话。字母也无须并排写入，而是可以在同一个位置上输入，如图 5-6-140 所示。

如果输入的电话号码不清楚，上部显示屏中的系统会建议备选号码，如图 5-6-141 所示。

对删除功能进行了显著的优化。

通过向左滑动，可以删除您想删除的多个字符。如果因为疏忽删除了过多的字符，可以通过反方向滑动的方式重新恢复字符。

如图 5-6-142~ 图 5-6-144 所示。

5. MIB2+High，不含导航功能

奥迪 A8（型号 4N）标配了 MMI Radioplus。但这个版本的 MIB2+High 不含导航功能和奥迪 connect。

信息娱乐系统电子装置控制单元 1J794 被安装在仪表板下面手套箱后面。从外面看不到这个控制单元。

MMI Radioplus 的主菜单如图 5-6-145 所示。

（1）MMI Radioplus 标配了以下特征。

①带有相位分集和 FM 双调谐器（超短波）以及 AM 调谐器（中波）和背景调谐器的收音机；

②180W 的内部音频放大器（9VD）；

③用于 HFP、A2DP 和 MAP 的蓝牙接口（9ZX）；

④语音对话系统；

⑤奥迪虚拟座舱的 1 个图像输出；

图 5-6-141

图 5-6-142

图 5-6-143

图 5-6-144

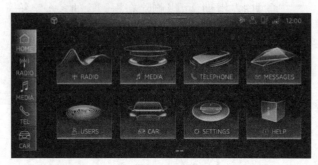

图 5-6-145

⑥两个触摸显示屏的 1 个图像输出（1540×720 和 1280×660 像素）；

⑦奥迪音乐接口，带有 1 个 SDXC 读卡器和 2 各 USB 接口（UF7）；

⑧用于时间的 GPS 接收器。

（2）可以订购以下选装装备。

①集成到 J794 中的功能有：

a. DAB 双调谐器（数字收音机）（QV3）；

b. SDARS 调谐器（数字收音机，北美洲）（QV3）。

②作为单独控制单元的功能。

a. 单碟 DVD 驱动器（7D5）（如果未订购 DVD 驱动器，则 PR 编号为 7A0。如果订购了 7D5 和 6G0，则 PR 编号为 6G2）；

b. DVD 转换盒（6G0）；（如果未订购 DVD 驱动器，则 PR 编号为 7A0。如果订购了 7D5 和 6G0，则 PR 编号为 6G2）；

c. 前部奥迪电话盒（9ZE）；

d. 前部奥迪电话盒灯（仅用于无线充电）（9ZV）；

e. 后部奥迪电话盒（QF7）；

f. 后部奥迪电话盒灯（仅用于无线充电）（QF6）；

g. 后部奥迪音乐接口，带有 2 个 USB 插口（UF8）；

h. 后座遥控单元（QW5）；

i. 带有 3D 音效的 Bang&Olufsen 优享音响系统，660W（9VS）；

j. 带有 3D 音效的 Bang&Olufsen 高级音响系统，1920W（8RF）。

如果车辆的 PR 编号为"I8T"和"7UH"，则说明其配备了 MMI Radioplus。

信息娱乐系统电子装置控制单元 1J794 上的接口如图 5-6-146 所示。

MMI Radioplus 的接口如图 5-6-147 所示。

提示：在 MMIRadioplus 中，导航系统天线与信息娱乐系统电子装置控制单元 1J794 相连，并通过 GPS 信号进行自动对时。

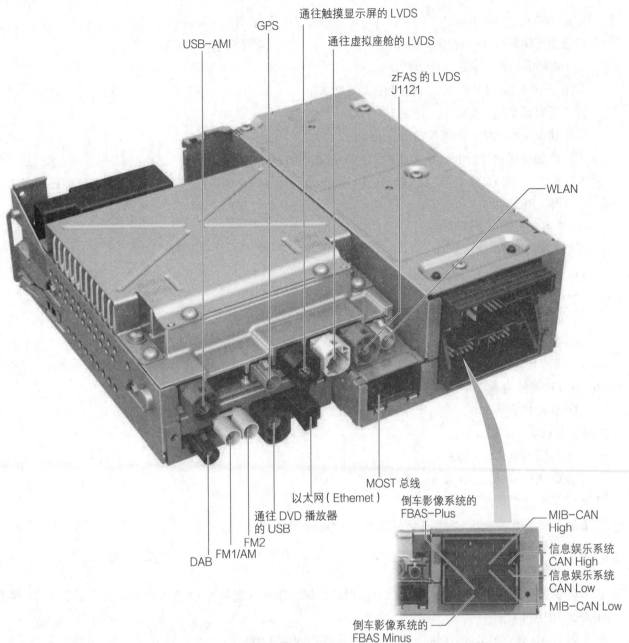

通往触摸显示屏的 LVDS

GPS

通往虚拟座舱的 LVDS

USB-AMI

zFAS 的 LVDS
J1121

WLAN

DAB

FM1/AM

FM2

通往 DVD 播放器
的 USB

以太网（Ethernet）

MOST 总线

倒车影像系统的
FBAS-Plus

MIB-CAN
High

信息娱乐系统
CAN High

信息娱乐系统
CAN Low

MIB-CAN Low

倒车影像系统的
FBAS Minus

图 5-6-146

图 5-6-147

图 5-6-148

6. MIB2+High，带有导航功能

奥迪 A8（型号 4N）可选装 MMI Navigationplus。系统属于 MIB2+High。根据不同的市场，可能包括奥迪 connect。

MMINavigationplus 的主菜单如图 5-6-148 所示。

（1）MMI Navigationplus 标配了以下特征。

①带有相位分集和 FM 双调谐器（超短波）以及 AM 调谐器（中波）和背景调谐器的收音机。

②数据保存在固态硬盘中并带有改进型 3D 市中心模型的 3D 导航系统（7UG）。

③具有 LTE 能力的移动通信模块，以下功能的

数据传输率最高达 300Mbit/s（EL3）：许可证有效期为 3 年的奥迪 connect（根据不同市场）（IT3），其中包括数据传输率最高 150Mbit/s 的 WLAN 热点，具有在线路线规划功能的导航系统。

④180W 的内部音频放大器（9VD）。

⑤用于 HFP、A2DP 和 MAP 的蓝牙接口（9ZX）。

⑥语音对话系统。

⑦奥迪虚拟座舱的 1 个图像输出。

⑧两个触摸显示屏的 1 个图像输出（1540×720 和 1280×660 像素）。

⑨带有 1 个 SDXC 读卡器、2 个 USB 接口的奥迪音乐接口（UF7），根据不同市场，可能还带有 1 个 SIM 读卡器（EL3）。

（2）可以订购以下选装装备。

①集成到 J794 中的功能有：

a.DAB 双调谐器（数字收音机）（QV3）；

b.SDARS 调谐器（数字收音机，北美洲）（QV3）；

c. 奥迪智能电话接口（IU1）。

②作为单独控制单元的功能：

a. 单碟 DVD 驱动器（7D5）（如果未订购 DVD 驱动器，则 PR 编号为 7A0。如果订购了 7D5 和 6G0，则 PR 编号为 6G2）；

b.DVD 转换盒（6G0）（如果未订购 DVD 驱动器，则 PR 编号为 7A0。如果订购了 7D5 和 6G0，则 PR 编号为 6G2）；

c. 前部奥迪电话盒（9ZE）；

d. 前部奥迪电话盒灯（仅用于无线充电）（9ZV）；

e. 后部奥迪电话盒（QF7）；

f. 后部奥迪电话盒灯（仅用于无线充电）（QF6）；

g. 后座遥控单元（QW5）；

h. 2 个奥迪平板电脑（9WF）；

i. 电视调谐器（QV1/Q0A）[QV1 代表电视调谐器，Q0A 代表带有 CI 读卡器的电视调谐器（CI= 付费电视的通用接口）]；

j. 带有 3D 音效的 Bang&Olufsen 优享音响系统，660W（9VS）；

k. 带有 3D 音效的 Bang&Olufsen 高级音响系统，1920W（8RF）。

如果车辆的 PR 编号为 "I8T" 和 "7UG"，则说明其配备了 MMI Navigationplus。

信息娱乐系统电子装置控制单元 1 J794 上的接口如图 5-6-149 所示。

MMI Navigationplus 的接口如图 5-6-150 所示。

（三）驱动器和外部接口

奥迪 A8（型号 4N）总是配备有奥迪音乐接口。奥迪音乐接口除了包含信息娱乐系统电子装置控制单元 1 J794 中的相应软件以外，还包含 USB 分线器 R293 和选装的 USB 接口 1 U41。此外，奥迪 A8 还可以配备 DVD 播放器 R7 和 DVD 转换盒 R161。

USB 分线器 R293 如图 5-6-151 所示。

带有 SIM 读卡器的 USB 分线器 R293 如图 5-6-152 所示。

1. USB 分线器 R293

USB 分线器 R293 是标配装备（UF7），因为它可能需要进行软件升级。它的基础版本含有 2 个 USB

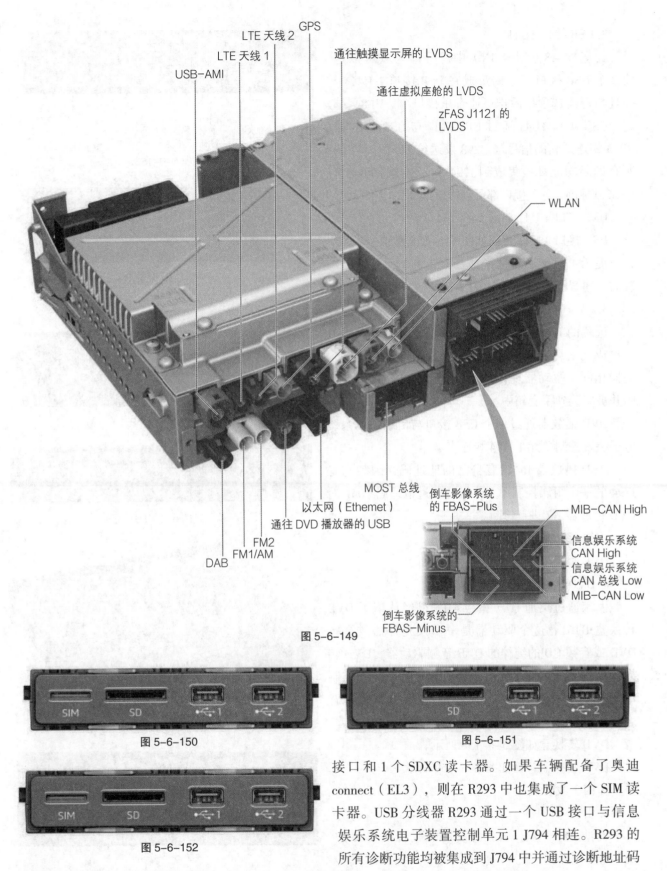

USB-AMI
LTE 天线 1
LTE 天线 2
GPS
通往触摸显示屏的 LVDS
通往虚拟座舱的 LVDS
zFAS J1121 的 LVDS
WLAN

DAB
FM1/AM
FM2
通往 DVD 播放器的 USB
以太网（Ethemet）
MOST 总线

倒车影像系统的 FBAS-Plus
MIB-CAN High
信息娱乐系统 CAN High
信息娱乐系统 CAN 总线 Low
MIB-CAN Low
倒车影像系统的 FBAS-Minus

图 5-6-149

图 5-6-150

SIM SD 1 2

图 5-6-151

SD 1 2

图 5-6-152

SIM SD 1 2

接口和 1 个 SDXC 读卡器。如果车辆配备了奥迪 connect（EL3），则在 R293 中也集成了一个 SIM 读卡器。USB 分线器 R293 通过一个 USB 接口与信息娱乐系统电子装置控制单元 1 J794 相连。R293 的所有诊断功能均被集成到 J794 中并通过诊断地址码 005F 进行诊断。连接插口支持 USB2.0 标准。每个接口都可以提供最高 1.6A 的充电电流。

USB 分线器 R293 背面如图 5-6-153 所示。

2. USB 接口 1U41

在奥迪 A8（型号 4N）中，后排区域可以选装 2 个 USB 接口。它们集成在 USB 接口 1 U41 中并且与订购选项"后排奥迪音乐接口"（UF8）绑定。USB 接口 1U41 通过 UBS 接口与 USB 分线器 R293 相连。它的信号被 R293 发送给 J794。U41 的所有诊断功能都被集成到 J794 中。连接插口支持 USB2.0 标准。每个接口都可以提供最高 2.1A 的充电电流。

USB 接口 1 U41 如图 5-6-154 所示。

USB 接口 1 U41 背面如图 5-6-155 所示。

提示：只能通过两个前部 USB 接口（R293）使用选装的奥迪智能电话接口（IU1）。

3. DVD 播放器 R7

选装的 DVD 播放器 R7 在功能上与在第二代 MIB 上被集成到信息娱乐系统电子装置控制单元 1 J794 中的驱动器相同。驱动器现在被置于自己的二分之一 DIN 外壳中并被安装到手套箱中。

DVD 播放器通过一个 USB 接口与信息娱乐系统电子装置控制单元 1 J794 相连。

DVD 播放器 R7 没有自己的地址码，因为它是 J794 的一个附属控制单元。因此通过地址码 005F 对 DVD 播放器 R7 进行诊断。

DVD 播放器如图 5-6-156 所示。

DVD 播放器背面如图 5-6-157 所示。

4. DVD 转换盒 R161

大家通过奥迪 Q7（型号 4M）已经认识了 DVD 转换盒 R161。这个驱动器是一个仅允许播放视频 DVD 或音频 CD 的纯粹的 DVD 音频驱动器。DVD 转换盒通过 MOST 总线与信息娱乐系统电子装置控制单元 1 J794 相连。DVD 转换盒安装在后排座椅靠背之间。它的诊断地址码是 000E 媒体播放器位置 1。

DVD 转换盒如图 5-6-158 所示。

DVD 转换盒背面如图 5-6-159 所示。

（四）收音机

1. 引言

奥迪 A8（型号 4N）所使用的收音机是奥迪集团新开发的装置。奥迪集团为客户提供了奥迪 connect Hybrid Radio，以便让用户可以一直收听自己喜欢的电台。Hybrid Radio 的前提条件是：

① MMI Navigationplus；

②奥迪 connect；

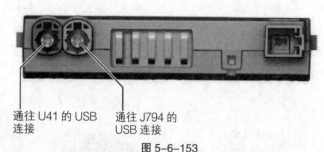

通往 U41 的 USB 连接　　通往 J794 的 USB 连接

图 5-6-153

图 5-6-154

通往 R293 的 USB 连接

图 5-6-155

图 5-6-156

图 5-6-157

图 5-6-158

③或者激活的奥迪 connect SIM 数据包，有数据能力的外部 SIM 卡或者 rSAP。

随着 MIB2+ 的引进，为整个收音机系统新增加了以下特征：

①3 重 DAB 调谐器；

②FM/DAB 网络收音机电台共用的电台列表；

③奥迪 connect Radioonline。

所有功能均在信息娱乐系统电子装置控制单元 1 J794 中实现。因此通过诊断地址码 005F- 信息娱乐系统 1 对这些功能进行诊断。

用于选择无线电源的菜单如图 5-6-160 所示。

无线电台列表如图 5-6-161 所示。

2. DAB 调谐器

随着 MIB2+ 的引进，将 DAB 收音机增加了第三个调谐器和第二个 DAB 天线。

调谐器 1 和 2 接收已设置并解码的电台的信号。然后，在 MRC 模块（Maximal RatioCombining）中比较两个调谐器的比特。如果发现某个调谐器缺少比特，则可以通过另一个调谐器的比特对其进行补充。从而实现更好的接收结果。

调谐器 3 作为背景调谐器查找新电台，以便不断更新电台列表。另外，调谐器 3（如果有的话）还为导航单元提供交通信息。

DAB 调谐器原理示意图如图 5-6-162 所示，

3. 奥迪 connect Radioonline

奥迪 connect Radioonline 是另一种奥迪 connect 信息娱乐服务。通过它可以在 MMI 中直接接收网络收音机电台。

用户可以在 MMI 为其建议的大量电台中进行选择。

通过在线收音机还可以提供 DAB 或 FM 无法接收的附加电台。

但奥迪 connect Radioonline 主要作为已设置的 DAB 和 FM 电台的扩展器（Range Extender）。

通过在线收音机电台收听所消耗的数据量，每个电台都有所不同。但是这些数据无法被奥迪 connect 证书所覆盖。为了收听节目，为客户提供了以下选项：

①购买奥迪 connect SIM 数据包；

②SIM 读卡器中具有数据能力的外部 SIM 卡；

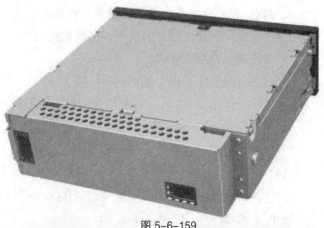

图 5-6-159

图 5-6-160

图 5-6-161

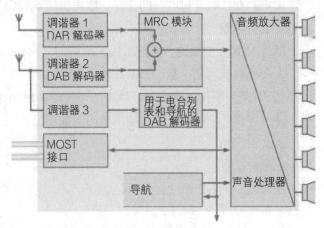

图 5-6-162

③通过 rSAP 连接智能电话（仅带有奥迪电话盒）。

为了帮客户避免不必要的费用，已设置的电台优先采用以下收听原则：

①首先通过 DAB/FM 收听；

②然后是网络收音机（如果电台可用）。

这个收听原则或 DAB、FM 和网络的组合也被称为奥迪 connect HybridRadio。

如果客户选择了"在线"无线电源，它具有各种不同的搜索选项，可以有针对性地找到某个电台。

但是如果通过"在线"无线电源选择了一个电台，即使 DAB 或 FM 可提供所选的电台，也不会自动切换到 DAB 或 FM。

奥迪 connect Hybrid Radio 只能通过 "DAB/FM" 源在相应的设置下才能激活。

如图 5-6-163 ~ 图 5-6-166 所示。

图 5-6-163

图 5-6-164

图 5-6-165

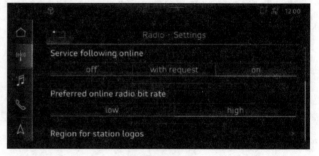

图 5-6-166

提示：在线收音机电台的选择功能由供应商提供且与所在的国家有关。

（五）导航

随着 MIB2+ 的引进，奥迪采用了所谓的 "connectednavigation"。根据不同市场，这可能包含了：

①在线路线规划（基于云的路线计算）；

② 3D 城市模型，带有所选城市的翔实的街道和建筑物描绘；

③已连接的兴趣点，带有地图中的附加信息；

④交通信息；

⑤危险信息；

⑥通过 GoogleEarth 进行导航显示。

1. 路线计算

与之前一样，仍然在保存了相应地图数据的信息娱乐系统电子装置控制单元 1J794 中进行路线计算。如果已经建立在线连接，则在奥迪中央服务器上同时进行路线计算。特别是如果目的地很远时，服务器的计算比 J794 中的路线计算更快。但是会在考虑整个交通状态的条件下进行计算。在线路线计算时使用与 J794 中相同的地图材料。作为结果，为驾驶员提供最多 3 个备选路线。不再在结果设置为"最短""最快""最经济",如图 5-6-167 所示。

2. 已连接的兴趣点

通过 MIB2+ 将已选的奥迪 connect 服务（例如燃油价格、停车位查找等）集成到导航功能中。

特定兴趣点的附加信息直接显示在列表中或在选择兴趣点时直接显示在地图上，如图 5-6-168 所示。

3. 导航的创新之处

（1）路径规划预览。

路径规划预览原则上减少为后 2 个动作。如果需要，用户还可以将预览增加到 10 个路径规划。

（2）手动拥堵绕行。

为了实现手动拥堵绕行，通过右侧菜单中的相应显示为驾驶员提供支持。它将计算出您采用备选路线时实际上可节省的时间，如图 5-6-169 所示。

（3）个人路线辅助功能。

J794 识别重复路段并建议可能的目的地。如果推测驾驶员可能选择的路段上存在潜在的干扰，即使未激活导航，也会自动建议备选路线。这种"自学习导航"就是 MIB2+ 中的个人路线辅助功能。如果个人路线辅助功能已关闭，则在右侧出现一个显示有目的地旗帜和灯泡的选择字段。点击这个字段，客户就可以轻松地激活这个功能，如图 5-6-170 所示。

（4）经优化的位置检测。

如果车辆配备了驾驶员辅助系统控制的那样 J1121（zFAS），则可实现精确到车道的车辆定位。J1121 执行必要的计算并将信息发送给 J794。J794 因此可以提供一个精确到车道的显示。在奥迪虚拟座舱和抬头显示屏中将结果显示为所谓的"Exitviews"（Exitviews 指的是高速公路和快车道的出口视图）。

尽管显示精确到车道，当车辆位于正确的车道上时，仍可能出现看起来驾驶员不太需要的语音提示。例如车辆刚刚试过一个出口，尽管如此语音提示仍要求驾驶员靠左行驶，如图 5-6-171 和图 5-6-172 所示。

4. 导航数据

（1）导航数据存储器。

在奥迪 A8（型号 4N）上市时，J794 最多可储存 25GB（欧洲）的导航数据。另外，还为缓存

图 5-6-167

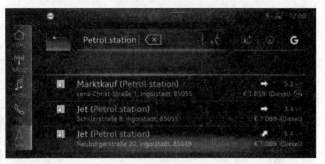

图 5-6-168

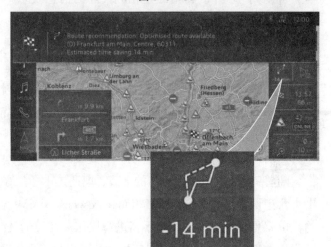

图 5-6-169

图 5-6-170

图 5-6-171

图 5-6-172

导航信息预留了 15GB（Google、3D 城市数据、在线危险信息等）。

在总可用存储容量 128GB 中，SSD 固态硬盘用于导航的最大存储容量约为 64GB。

（2）地图升级，如图 5-6-173 所示。

如果是 MMI Navigationplus，客户（根据不同市场）将得到终身 [终身指的是相应代际的信息娱乐系统生产结束后最多 5 年（此处是 MIB2+）] 免费

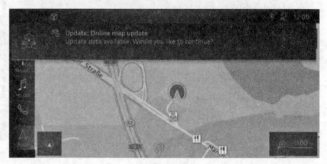

图 5-6-173

的导航地图升级。MIB2+ 的升级周期已缩短至 3 个月，因此客户现在可以在更短的时间间隔内便使用到新的数据。MIB2+ 的导航数据已经被转换为新的格式。这种格式 navigationdatastandard 导航数据标准（.nds）实现了增量升级，也就是说仅涉及已变更的数据，因此让升级更加流畅。为此还缩小了地理区域，这有助于加速升级过程。升级数据的平均大小现在仅为之前数量的约 10%。

（六）显示和操作单元

1. 引言

随着奥迪 A8（型号 4N）的上市，奥迪走上了一条全新的道路并在 MMI 历史中首次引进触摸显示屏。出于营销目的，将其称为"MMI touchresponse（MMI 触摸响应）"。显示屏是"multitouch（多点触控）"的，也就是说可同时用多根手指进行操作。在奥迪 A8 上也安装了 2 个高分辨率显示屏，上部显示屏，也被称为 MMI 显示屏，用于 MMI 显示；下部显示屏，也被称为触摸显示屏，另外还用于空调控制。这种显示屏的高分辨率和较小的像素尺寸决定了它可以显示非常清晰的图像：人眼（在典型的车内距离内）无法分辨出构成图像的像素点。最大亮度为 900 坎德拉并且可以在 MMI 中进行调整。

2. 技术特征

MMI 显示屏（前部信息显示和操作控制单元的显示单元 J685）。

① 10.1 英寸；

② 1540×720 像素；

③ 有效面积：232mm×109mm。

下部触摸显示屏（前部信息显示和操作控制单元的显示单元 J1060）。

① 8.6 英寸；

② 1280×660 像素；

③ 有效面积：194mm×100mm。

3. 联网

两个显示屏均由信息娱乐系统电子装置控制单元 1 J794 控制并通过 MIB-CAN 与它相连。所有故障存

储器记录以及调整均保存在 J794 中或在 J794 中执行。J794 是通过 LVDS 视频线向显示屏 J685 发送图像的同时，J685 也会通过 LVDS 视频线将部分图像发送给下部触摸显示屏 J1060。为了避免混淆，J685 上的两个 LVDS 插头根据颜色进行区分。

MMI 显示屏 J685 如图 5-6-174 所示。

下部触摸显示屏 J1060 如图 5-6-175 所示。

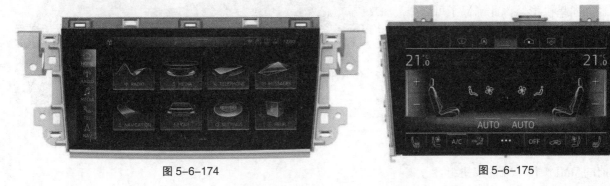

图 5-6-174 　　　　　　　　　　　　　　　　图 5-6-175

4. 功能

在触摸显示屏表面后面装有压力传感器，实现了 MMI 的可靠操作，因此用户的手指在显示屏上方移动时，不会发出不需要的命令。只有在显示屏上施加的压力大于传感器可识别的压力时，才会做出反应。为了给用户提供模拟的触觉和声学按钮压力，在每个显示屏中都安装了一个电磁铁和一个扬声器。如果通过压力传感器发现了一个有意为之的压力，则电磁铁将屏幕界面最小限度地向一侧移动。同时扬声器发出一声咔嚓声。这种触觉和声学反应是奥迪的典型反馈。

可以设置为了做出反馈而必须在显示屏上所施加的压力强度，同时提供 3 个级别的强度。

可通过 MMI 设置逐级关闭下列反馈：

①触觉反馈；

②声学反馈。

MMI 显示屏 J685 背面如图 5-6-176 所示。

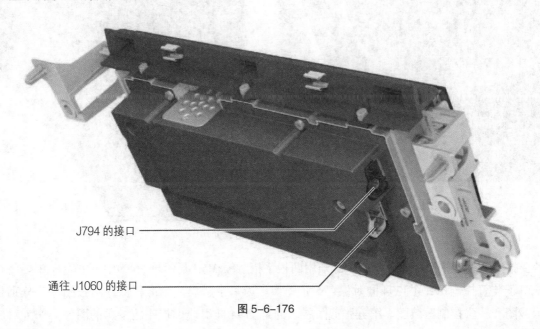

J794 的接口

通往 J1060 的接口

图 5-6-176

5. 其他特性

为了更方便地擦除指纹，两个显示屏均配备了特殊的涂层。清洁时可使用相应的冻结功能，通过这

1231

种功能可以方便地清洁显示屏表面，而且不会进行不必要的调节。J685 具有一块硬化防碎玻璃。它能承受速度为 20km/h 的 7kg 金属球的冲击而不损坏。出于设计的原因，上部显示屏在水平方向呈拱形，因此确保了可以齐平地插入仪表板中。

下部触摸显示屏 J1060 背面如图 5-6-177 所示。

6. 售后服务中的按钮组合

为特定的应用，例如，接收 MMI 显示屏当前的显示（截屏），仍使用以前的 MMI 操作单元的按钮组合。

J685 的接口

图 5-6-177

随着新触摸显示屏（MMI 触摸响应），引进了其他的激活方法。以下内容将介绍售后服务所需的按钮和屏幕组合。

（1）系统复位。

若要重启（复位）MMI，必须按下驾驶员侧音量调节器 R67 至少 10s。

驾驶员侧音量调节器 E67 如图 5-6-178 所示。

（2）工程菜单。

若要进入工程菜单，必须用两根手指触摸 MMI 显示屏 J685 右上方至少 3s。

工程菜单的触摸点如图 5-6-179 所示。

图 5-6-178

图 5-6-179

（3）截屏。

若要拍摄两个触摸显示屏的截屏，必须用两根手指触摸 MMI 显示屏 J685 中下方至少 3s。将在信息娱乐系统电子装置控制单元 1 J794 同时保存 5 张图像。为每个触摸显示屏各保存两张图像，分别是一张屏幕显示截图和一张控制区域图。第五张截图展示的是 J794 向奥迪虚拟座舱发送的图像。作为对成功保存的反馈，视图将短暂变化。可以借助车辆诊断测试仪通过引导型功能从 J794 中下载所保存的截屏并将其保存到 SD 卡上。执行方法通过选择 "005F 信息娱乐系统电子装置 1，功能" "005F 基本设置" 以及在程序流程中通过条目"将分析数据写入到SD卡"。

截屏的触摸点如图5-6-180所示。

（七）音响系统

1. 引言

为奥迪A8的客户提供了以下音响系统：

①奥迪音响系统（9VD）；

②带有3D音效的Bang&Olufsen优享音响系统（9VS）（16声道）；

③带有3D音效的Bang&Olufsen优享音响系统（8RF）（24声道）。

在标配版本中已经提供了奥迪音响系统，即6声道和10个扬声器，其可达到180W的总功率。高级音响系统的最高性能可以让客户享受到最好的聆听体验。这套音响系统具有24声道以及分布在

图5-6-180

23个扬声器上的1920W总功率。两个Bang&Olufsen系统通过特殊的算法都可以产生3D音效。优享音响系统在A柱中有2个扬声器，而高级音响系统甚至有4个扬声器。2个额外的扬声器位于顶棚中、把手后面。Bang&Olufsen高级音响系统有2个可以从仪表板中伸出的高音扬声器。重低音音响位于后窗台板下面并且被安装在一个特殊的支架中。除了Vehicle Noise Cancelation（VNC，车辆噪声消除）功能以外，具有特定发动机配置的车辆还配备了Active Noise Cancelation（ANC，主动噪声消除）功能（PR编号EP1）。顶棚中的4个麦克风吸收发动机产生的噪声并进行相应的补偿。

2. 奥迪音响系统（9VD）

如图5-6-181所示。

3. 带有3D音效的Bang&Olufsen优享音响系统（9VS）

如图5-6-182所示。

4. 带有3D音效的Bang&Olufsen高级音响系统（8RF）

如图5-6-183所示。

（八）天线

1. 后窗玻璃

收音机和电视接收的天线被集成在后窗玻璃中，但是根据不同的玻璃类型，可能具有一定的区别。

奥迪A8（型号4N）总计配备了3种后窗玻璃型号。ESG（钢化安全玻璃）和VSG（复合安全玻璃）的天线结构非常类似，如图5-6-184所示。

隔热玻璃则相反，在它的特殊薄膜中安装了性能强大的加热金属丝并且不可以作为天线使用，如图5-6-185所示。

2. 蓝牙

奥迪A8最多可配置2根蓝牙天线。一根用于外部设备与MMI连接并且位于信息娱乐系统电子装置控制单元1J794中。第二根为选装件，被集成到车顶天线中并与驾驶员辅助系统控制单元J1121（zFAS）相连。两根天线都支持低功耗蓝牙（4.0标准）。这种标准的最大作用范围约为10m。

3.WLAN

奥迪A8（型号4N）的WLAN天线（车辆内部通信天线R364）位于车内后视镜镜脚中，而不再安装在J794中。它现在支持2个频率：2.4GHz和5GHz。因此接收效果更好。WLAN标准是802.11ac，且频

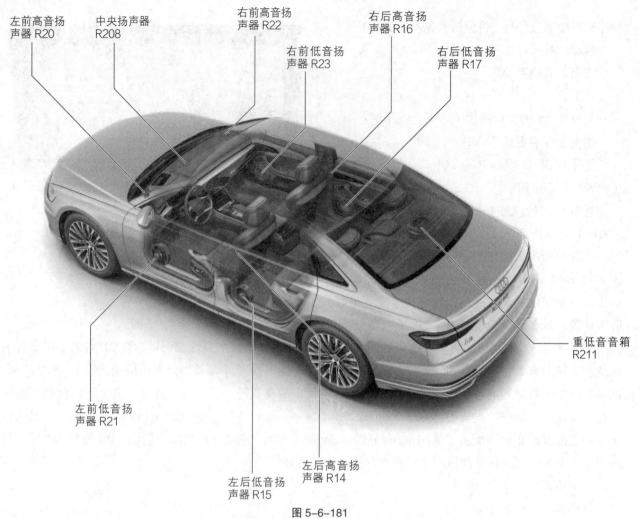

左前高音扬
声器 R20

中央扬声器
R208

右前高音扬
声器 R22

右后高音扬
声器 R16

右前低音扬
声器 R23

右后低音扬
声器 R17

重低音音箱
R211

左前低音扬
声器 R21

左后高音扬
声器 R14

左后低音扬
声器 R15

图 5-6-181

右前中音扬声器 R104

右前中音扬声器 2R277

右后高音扬声器
R16

右前高音扬声器 R22

右后低音扬声器
R17

右前低音扬声器 R23

左侧特效扬声器
R209

中央扬声器 R208

右侧特效扬声器
R210

中央扬声器 2
R219

重低音音箱
R211

左前高音扬
声器 R20

左前中音扬声器 2 R276

左前中音扬声器 R103

左后高音扬声器 R14

左前低音扬声器 R21

左后低音扬声器 R15

数字式音响套件
控制单元 J525

图 5-6-182

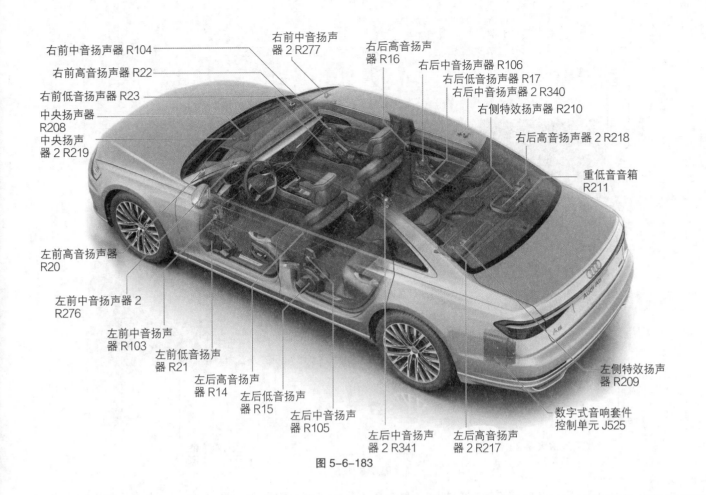

右前中音扬声器 R104
右前中音扬声器 2 R277
右前高音扬声器 R22
右后高音扬声器 R16
右后中音扬声器 R106
右前低音扬声器 R23
右后低音扬声器 R17
中央扬声器 R208
右后中音扬声器 2 R340
中央扬声器 2 R219
右侧特效扬声器 R210
右后高音扬声器 2 R218
重低音音箱 R211
左前高音扬声器 R20
左前中音扬声器 2 R276
左前中音扬声器 R103
左前低音扬声器 R21
左后高音扬声器 R14
左后低音扬声器 R15
左后中音扬声器 R105
左后中音扬声器 2 R341
左后高音扬声器 2 R217
左侧特效扬声器 R209
数字式音响套件控制单元 J525

图 5-6-183

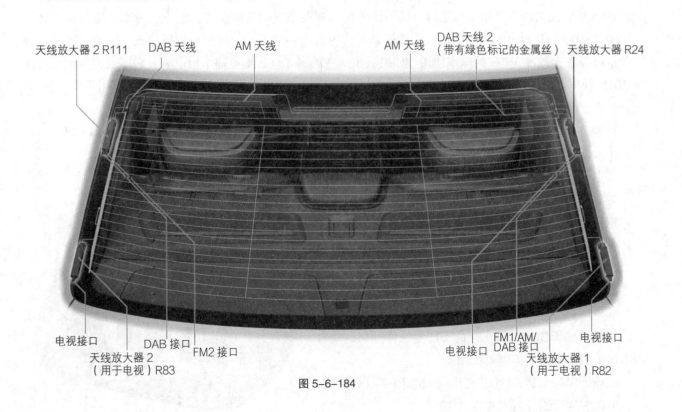

天线放大器 2 R111
DAB 天线
AM 天线
AM 天线
DAB 天线 2（带有绿色标记的金属丝）
天线放大器 R24
电视接口
天线放大器 2（用于电视）R83
DAB 接口
FM2 接口
电视接口
FM1/AM/DAB 接口
天线放大器 1（用于电视）R82
电视接口

图 5-6-184

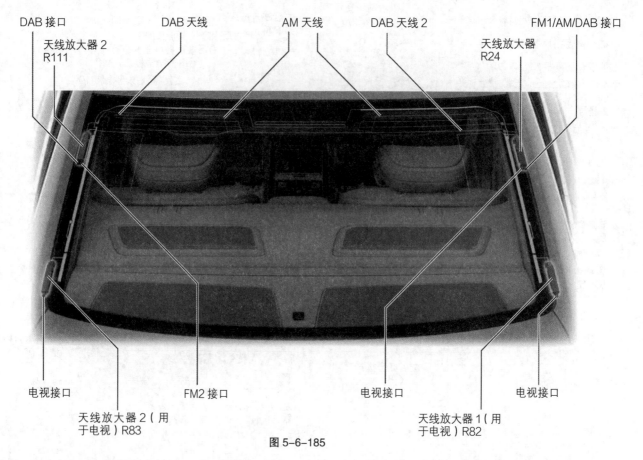

DAB 接口　　　　　DAB 天线　　　　　AM 天线　　　　DAB 天线 2　　　　　FM1/AM/DAB 接口

天线放大器 2
R111

天线放大器
R24

电视接口　　　　　FM2 接口　　　　　　　　　　电视接口　　　　　　　电视接口

天线放大器 2（用
于电视）R83

天线放大器 1（用
于电视）R82

图 5-6-185

率为 5GHz 时，数据传输率可达 300Mbit/s。目前并不是所有市场均批准了 5GHz 频率。在未经批准的市场，J794 的视频流无法进入奥迪平板电脑。既不能传输电视调谐器的视频图像，也不能传输本地保存的文件（DVD、SD 卡、U 盘等）。网络视频的传输基于与内部视频流不同的另一种数据格式。因此，网络视频服务也可以在未批准 5GHz 的国家使用。如果满足这些前提条件，则奥迪平板电脑和后座遥控单元总是使用 5GHz 频率。对于通过 WLAN 与 J794 相连的所有其他移动设备，由移动终端设备确定所用频率。

4. 车顶天线 R216

视装备而定，在车顶天线上可能最多有 3 个接口。除北美以外的所有其他市场可以使用以下接口：

①导航系统；

②电话；

③驻车加热装置。

钢质车顶的车顶天线如图 5-6-186 所示。

在北美市场，车顶天线中可以使用以下接口：

① SDARS；

②导航系统；

③电话。

基于玻璃天窗和钢质车顶的不同定位件开口，每种版本都采用了不同的车顶天线。

玻璃天窗的车顶天线(北美市场)如图 5-6-187 所示。

5. GPS 的天线分离滤波器 R110

如果奥迪 A8 配备了奥迪防盗定位系统（PR 编号

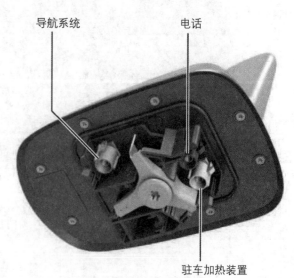

导航系统　　　　　电话

驻车加热装置

图 5-6-186

1236

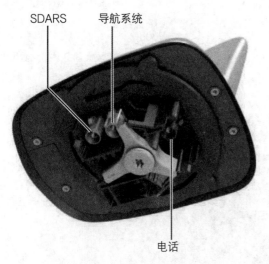

SDARS　导航系统

电话

图 5-6-187

7I1/7I 2），则在 GPS 的天线分离滤波器 R110 中分离导航系统天线的信号。GPS 信号被 R110 传输给信息娱乐系统电子装置控制单元 1 J794 和数据总线的诊断接口 J533（连接网关）。

R110 直接安装在线束上。天线分离滤波器是一种不含自诊断功能的无源部件。

此时通过数据总线的诊断接口 J533 对导航系统天线进行诊断。发生故障时，则考虑是 GPS 的天线分离滤波器 R110 的问题。

GPS 的天线分离滤波器 R110 如图 5-6-188 所示。

车顶天线的信号输入端

通往 J533 的信号输出端　　通往 J794 的信号输出端

图 5-6-188

6. 移动通信天线

如图 5-6-189 所示。

首次将车顶上的电话天线既用于 J794，也用于数据总线诊断接口 J533（cGW）。在正常情况下，J533（cGW）将车顶天线的信号直接传输给控制单元 J794。例如在奥迪紧急呼叫时，如果 J533 需要使用车顶天线，则断开与 J794 的连接。

在 J533 上还连接了安装在后保险杠中第二个天线。J533 根据信号强度决定将这两个天线中的哪一个用于通信。

奥迪 A8 采用了带有载波聚合技术的 LETAdvanced 标准。不再通过唯一的通道传输信号，而是扩展为多个通道并且提高了数据传输率。因此在技术上数据传输率最高可达 300Mbit/s。奥迪 A8 中的电话除了 GSM 和 UMTS 以外，还支持一种新标准：VoiceoverLTE，简称 VoLTE。它是一种通过网络实现的语音电话，因此提高了通过 J794 所实现的电话的可用性。奥迪 A8 中的移动通信天线数量是可变的。视装备而定，在保险杠中最多安装 3 个天线、车顶上安装 1 个以及在右后侧侧窗玻璃下面安装 1 个。

版本：以下内容展示的天线分布情况示意图取决于车辆的装备。分别展示了可能的最大数量的天线。

（1）车辆不带与车辆有关的奥迪 connect 服务（IW0），如图 5-6-190 所示。

（2）车辆带有与车辆有关的奥迪 connect 服务（IW3），如图 5-6-191 所示。

提示：为了方便理解，在"车辆带有与车辆有关的奥迪 connect 服务"的图片中，未一同显示可能选装的奥迪电话盒。

7. NFC 天线

奥迪 connect 钥匙功能需要 NFC 天线（近场通信，Near Field Communication）。它负责确保在客户的智能电话和车辆之间进行安全的数据传输。

NFC 天线如图 5-6-192 所示。

LTE 天线 1
R297
紧急呼叫模块天线 2
R322

LTE 天线 2
R306

手机放大器 2（补偿器）
R328

LTE 天线 4
R331

手机放大器（补偿器）
R86

紧急呼叫模
块天线 R263

LTE 天线 3 R330

图 5-6-189

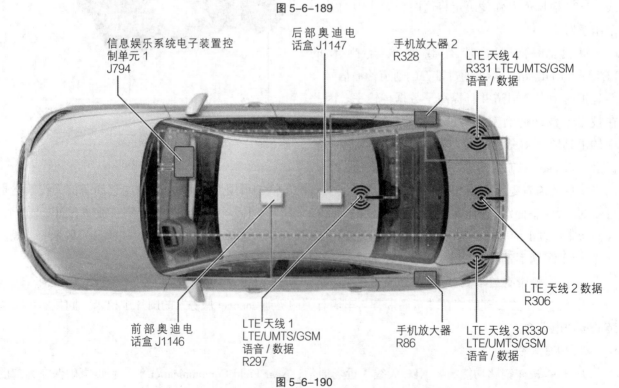

信息娱乐系统电子装置控
制单元 1
J794

后部奥迪电
话盒 J1147

手机放大器 2
R328

LTE 天线 4
R331 LTE/UMTS/GSM
语音 / 数据

LTE 天线 2 数据
R306

前部奥迪电
话盒 J1146

LTE 天线 1
LTE/UMTS/GSM
语音 / 数据
R297

手机放大器
R86

LTE 天线 3 R330
LTE/UMTS/GSM
语音 / 数据

图 5-6-190

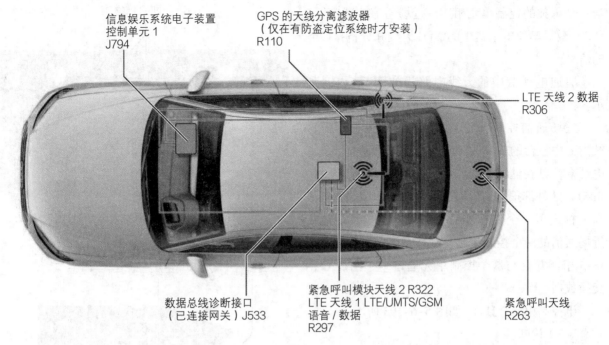

信息娱乐系统电子装置
控制单元 1
J794

GPS 的天线分离滤波器
（仅在有防盗定位系统时才安装）
R110

LTE 天线 2 数据
R306

数据总线诊断接口
（已连接网关）J533

紧急呼叫模块天线 2 R322
LTE 天线 1 LTE/UMTS/GSM
语音 / 数据
R297

紧急呼叫天线
R263

图 5-6-191

带有 NFC 天线包括 NFC 控制单元的车门把手模块，如图 5-6-193 所示。

（1）NFC 标准。

NFC 是一种数据传输的无线标准。采用这种标准时，两个待通信设备相互之间的距离必须非常接近（<3cm）。这么小的距离，其优势在于可以非常可靠地防止外界对数据传输过程进行监听。数据传输率最高可达 424kBit/s。另外，Andriod 设备也可以使用 NFC，以便通过"over-the-air（空中下载技术）"相互交流联系方式、链接或图片。还可以将其用于无现金支付。此时可以将 NFC 芯片用于信用卡或类似卡片。

图 5-6-192

带有一个 NFC 芯片的设备可以采用有源或无源模式工作。在无源模式中，可以通过不使用自己电源的 NFC 芯片传输信息。此时，发射器的 NFC 芯片通过有源对方（接收器）的电磁场获取所需的能源。因此，奥迪 connect 钥匙即使在智能电话电池没电时，仍可以解锁车辆以及启动发动机。

（2）车内的结构。

图 5-6-193

在奥迪 A8 上安装了 2 个 NFC 天线，其中一个安装在驾驶员车门把手中，另一个安装在前部奥迪电话盒中。驾驶员车门把手中的 NFC 天线（近场通信天线 R350）和相关的近场通信控制单元 J1169 被集成在一个模块中。Kessy 系统的传感器（驾驶员侧车门外把手接触传感器 G415）也位于这个模块中。前部奥迪电话盒中的 NFC 天线（近场通信天线 2 R351）

与一个单独的控制单元相连。近场通信控制单元2J1170激活奥迪电话盒中的NFC天线并分析接收到的信号。

奥迪电话盒中的天线电路板如图5-6-194所示。

近场通信控制单元2位于下部触摸显示屏区域内的中控台的前部区域内。如果未安装前部奥迪电话盒，则在储物箱壳体中仅安装近场通信天线2R351。从外部很容易识别这种结构，即在储物箱表面上标记了一个带有NFC字样的智能电话。用于近场通信的两个控制单元与舒适系统中央控制单元J393相连并且与这个控制单元通过一个附属CAN交换数据。

讯控制单元2J1170如图5-6-195所示。

（3）诊断。

通过地址码0046对NFC天线进行诊断（舒适系统中央控制单元J393）。

可能记录了与NFC天线及其控制单元有关的以下故障存储器记录：

①一般电气故障：部件失灵，RAM/ROM/升级；

②低电压/超电压；

③天线故障；

④过热故障。

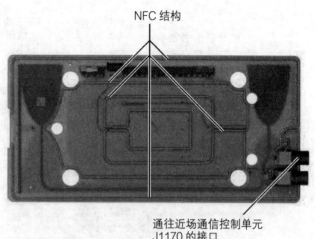

图 5-6-194

通往近场通信控制单元J1170 的接口

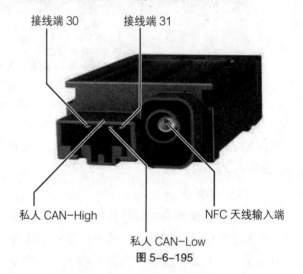

接线端 30　　接线端 31

私人 CAN-High　　NFC 天线输入端

私人 CAN-Low

图 5-6-195

提示：从移动终端设备的数据库中可以得知哪些智能电话适合使用奥迪connect钥匙。

（九）奥迪电话盒

1．一般说明

奥迪A8（型号4N）最多可选装2个奥迪电话盒，它们都是首次在奥迪上使用的具有自诊断能力的控制单元，并且都是MIB-CAN的组成部分。

客户服务名称为：

①用于奥迪前部电话盒：移动终端设备的充电器1 J1146；

②用于后排的奥迪前部电话盒：移动终端设备的充电器2 J1147。

根据车辆不同的装备，控制单元可能采用了相同的硬件技术。基于不同的诊断地址码，它们必须被安装在正确的位置上。为了避免混淆，它们具有不同的备件号。

奥迪A8中的奥迪电话盒除了GSM和UMTS以外，还支持LTE标准。为此安装了具有LTE能力的补偿器（手机放大器）。为了实现无线充电功能（wirelesscharging），支持Qi标准。

如图5-6-196～图5-6-198所示。

移动终端设备的充电器1如图5-6-199所示。

提示：如果未一同订购奥迪电话盒，但是订购了奥迪connect钥匙（2F1），用于安装NFC天线的外壳的外观几乎和奥迪电话盒的外壳一样。只有通过上部的符号（只有带NFC字标的移动电话符号）才能识别其结构。

图 5-6-196

2. 移动终端设备的充电器 1 J1146

根据是否存在车外天线连接和 / 或是否另外集成了 NFC 天线，可能安装了不同结构的前部奥迪电话盒。具有以下版本：

①带有车外天线连接和无线充电（ wirelesscharging ）（9ZE）；

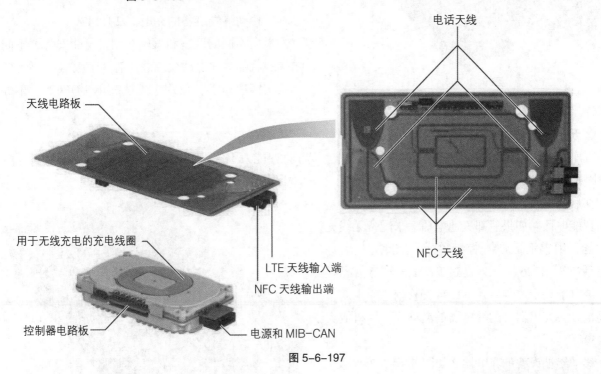

图 5-6-197

图 5-6-198

图 5-6-199

②不带车外天线连接（ 仅 wirelesscharging ）（9ZV）；

③奥迪 connect 钥匙带有额外的 NFC 天线（2F1）。

在 MMI 菜单中显示存放在前部奥迪电话盒中的智能电话的充电和电量。隶属移动终端设备充电器 1 的补偿器的名称为 "手机放大器 R86"。

奥迪 connect 钥匙的移动终端设备充电器 1 如图 5-6-200 所示。

手机放大器 R86 如图 5-6-201 所示。

图 5-6-200

图 5-6-201

天线连接和无线充电（QF7）。

②五座车型：仅车外天线连接（QF8）。

五座车型的后部奥迪电话盒安装在中央扶手中。基于散热能力不佳，因此放弃了无线充电。后部奥迪电话盒因此只有车外天线连接，它的 PR 编号是 QF8。

在后座遥控单元上显示存放在前部奥迪电话盒中的智能电话。如果后部奥迪电话盒未配备无线充电功能，则它不是 CAN 控制单元。因此它的名称为电话支架 R126。R126 通过 PWM 信号与信息娱乐系统电子装置控制单元 1 J794 交换信息。隶属移动终端设备充电器 2 的补偿器的名称为"手机放大器 R328"。

移动终端设备的充电器 2 如图 5-6-202 所示。

提示：两个补偿器的接通信息仍由信息娱乐系统电子装置控制单元 1 J794 以 12V 信号的形式提供。

4. 诊断

移动终端设备的充电器 1 J1146（前部奥迪电话盒）的诊断地址码是 00DE——充电器 1。移动终端设备的充电器 2 J1147（后部奥迪电话盒）的诊断地址码是 00DF——充电器 2。除了不同的测量值以外，充电器自诊断的优势在于诊断现在已经延伸至车外天线。如果充电器需要进行软件升级，则通过 MMI 的完全升级来实现。由信息娱乐系统电子装置控制单元 1 J794 执行手机支架 R126 的诊断。

车辆诊断测试仪如图 5-6-203 所示。

5. 功能显示

在需要时，可以选择关闭前部和后部的无线充电功能。

如果将一部具有无线充电功能的智能电话置于前部奥迪电话盒中，则在前部 MMI 显示屏中显示

3. 移动终端设备的充电器 2 J1147

根据不同的四座和五座车型，可能安装了不同结构的后部奥迪电话盒。总计有 3 个版本：

①四座车型：仅用于无线充电（QF6）；车外

图 5-6-202

图 5-6-203

充电功能。

如果将智能电话置于后部奥迪电话盒中,则在后座遥控单元(SCON)中进行相应显示。

如果在下车时将智能电话遗忘在奥迪电话盒中,则会发出相应提示。

前部奥迪电话盒提示的触发器:

①前部奥迪电话盒中有智能电话;

②接线端15断开;

③驾驶员车门打开(接线端S断开)。

后座遥控单元提示的触发器:

①后部奥迪电话盒中有智能电话;

②后部安全带已解开;

③相应的后车门打开。

MMI显示屏中的提示如图5-6-204所示。

后座遥控单元上的提示如图5-6-205所示。

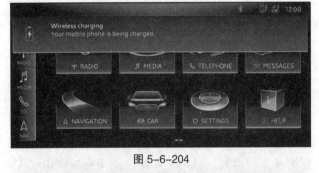

图 5-6-204

(十)后座遥控单元

在奥迪A8(型号4N)上首次为后排乘客提供了移动操作单元,即后座遥控单元。内部也将其称为SCON(智能遥控控制,Smart Remote Control)。

可以选装这个功能,但以下装备版本必须一起订购这个功能:

①后排电话;

②四温区空调;

③后排按摩座椅;

④后排可倾斜座椅;

⑤后排矩阵式阅读灯。

车内的后座遥控单元如图5-6-206所示。

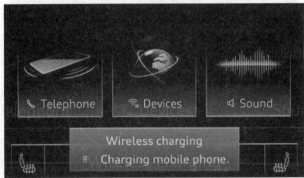

图 5-6-205

1. 结构

后排遥控单元由2个部件构成,即支架(辅助显示和操作单元1 E857)和遥控器(无线操作单元1 E859)。

(1)遥控器。

带有5.7英寸显示屏的遥控器(无线操作单元1E859)看起来像一部较大的智能电话。与普通智能电话的区别在于,它是专门为在车内使用而开发的,并且满足碰撞安全性的要求。

图 5-6-206

总是以横屏格式进行显示,唯一的特例是电话功能。在这个功能中为纵向显示。

遥控器的显示屏具有以下特性:

①OLED显示屏1920×1080像素;

②固定内置的锂离子电池(2800mAh);

③"电话"功能的内置扬声器和麦克风;

④通过5GHz频率与J794实现WLAN连接;

⑤音量的两个按钮。

遥控器上显示的所有车辆信息均来自 J794 的 WLAN 热点。因此，必须激活 J794 中的 WLAN。

遥控器（无线操作单元 1E85 9）如图 5-6-207 所示。

遥控器上的接口如图 5-6-208 所示。

提示：通过 J794 只能进行一个电话通话。在前部通过免提语音装置打电话时，无法同时在后部通过遥控器打电话。

（2）支架。

支架（辅助显示和操作单元 1E857）用于固定遥控器并充当其电源。支架还被用于诊断功能以及在更换遥控器时还被用于匹配。支架通过 MIB-CAN 与信息娱乐系统电子装置控制单元 1 J794 相连。当遥控器卡入支架后，支架中的磁铁负责确保遥控器不会滑动。

2. 功能

（1）后座遥控功能可以用于控制以下功能。

①电话听筒；

②收音机和媒体；

③音响系统；

④后排空调；

⑤后排按摩座椅；

⑥后排可倾斜座椅；

⑦座椅调节装置；

⑧后排座椅空调；

⑨副驾驶员座椅调节装置；

⑩后座娱乐系统；

⑪车内照明；

⑫矩阵式阅读灯；

⑬全景天窗；

⑭后窗和侧窗玻璃遮阳卷帘。

支架（辅助显示和操作单元 1 E857），如图 5-6-209 和图 5-6-210 所示。

（2）电话听筒功能。

为了能将遥控器当作电话听筒使用，必须将其从支架中取出并和智能电话一样握住。只有在使用电话功能时，显示屏才会转换为纵向显示。

遥控器没有内置的电话模块。它只能专门作为与 J794 相连的智能电话的电话听筒。

图 5-6-207

电源负极　　数据　数据　　电源负极

电源正极　电源正极

图 5-6-208

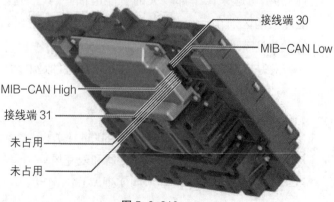

图 5-6-209

接线端 30

MIB-CAN Low

MIB-CAN High

接线端 31

未占用

未占用

图 5-6-210

如果车辆配备了奥迪 connect 以及后部奥迪电话盒，并且已通过外部 SIM 卡激活了车载电话，则可以通过遥控器打电话。

电话菜单显示如图 5-6-211 所示。

如果后排乘客不希望在 MMI 显示屏上显示智能电话的电话簿，则可以选择"私人模式"（Privatemode）。

激活私人模式后的显示如图 5-6-212 所示。

图 5-6-211

图 5-6-212

3. 诊断

后座遥控器的支架（辅助显示和操作单元 1E857）的诊断地址码：

00E0 辅助显示 / 操作单元 1。通过它还可以对遥控器进行诊断（无线操作单元 1E859）。

提供以下功能：

①故障存储器；

②测量值块；

③执行元件诊断；

④匹配。

必要的后座遥控器软件升级只能和整个信息娱乐系统的升级（完全升级）一起进行。

若要对遥控器（无线操作单元 1 E859）进行复位，长按左侧或右侧按钮均可完成复位。

新遥控器必须与车辆进行匹配，因为遥控器是组件保护系统的组成部分。

借助"引导型程序"并通过车辆诊断测试仪进行匹配。

则此时将遥控器通过 SVM（软件版本管理系统）与车辆相连。

车辆诊断测试仪如图 5-6-213 所示。

提示：因为在奥迪 A8 的后排区域未安装免提麦克风，后排乘客只能用遥控器打电话。

（十一）电视调谐器 R78

奥迪 A8 上的电视调谐器是为接收数字电视广播标准 DVB-T 和 DVB-T2 而设计的。它支持以下视频编码器：

① MPEG-2；

② MPEG-4；

③ HEVC（MPEG-5）。

另外，电视调谐器还是为了解锁付费电视频道而设计的并因此配备了根据不同的国家的电视读卡器 R204。

图 5-6-213

电视调谐器配备了 3 个接收模块，它们可以同时接收所设置的电视台。通过 3 个接收信号的关联，优化接收结果。

第四个接收模块专门负责电视台搜索。通过第四个模块可以随时自动升级电视台列表。电视接收模块 2 和用于电视台搜索的接收模块均由天线输入端 TV2 负责供电。

电视调谐器 R78 的所有信息，包括视频和音频数据，均通过 MOST 总线与信息娱乐系统电子装置控制单元 1J794 进行交换。

电视调谐器安装在行李箱中的右侧。

电视调谐器 R78 如图 5-6-214 所示。

电视调谐器原理示意图如图 5-6-215 所示。

1. 电视读卡器 R204（根据不同的国家）

读卡器的安装与否根据不同的国家。例如在德国，安装了读卡器后能够解码需付费的 HD 电视台。读卡器是为了普通的 CI+ 模块而设计的。在读卡器中可以插入相应运营商的智能卡。读卡器安装在行李箱内的左侧并且可以通过一个盖板够到读卡器。它通过 USB 与电视调谐器相连。

电视读卡器 R204 如图 5-6-216 所示。

CI+ 模块：CI+ 模块通过电视读卡器从电视调谐器那里得到加密的电视台信号。

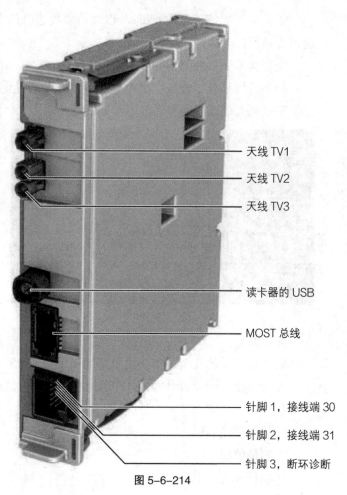

天线 TV1
天线 TV2
天线 TV3

读卡器的 USB

MOST 总线

针脚 1，接线端 30
针脚 2，接线端 31
针脚 3，断环诊断

图 5-6-214

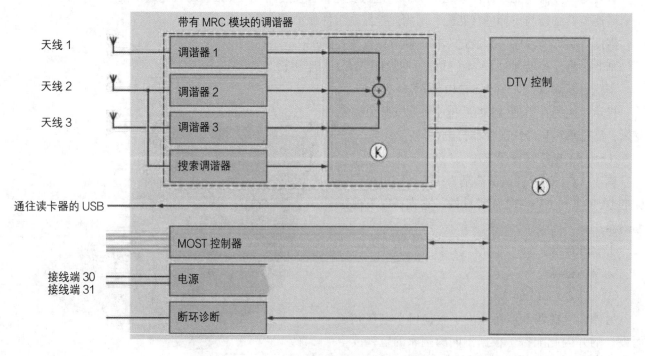

图 5-6-215

1246

通往电视调谐器的 USB 接口

CI+ 模块

图 5-6-216

CI+ 模块解码这些信号并将其交给电视读卡器，以便发送给电视调谐器。

根据不同的国家，在 CI+ 模块中可能还可以插入一个智能卡。目前例如在德国不需要插入智能卡，因为模块本身已经包含了所有必要的解锁代码。

CI+ 模块是一种普通的部件，客户可以在本国的专业零售商处购得。

这些部件通常是为家用而设计的。为了避免 CI+ 模块的损坏，在温度低于 0℃和高于 50℃的条件下，读卡器将关闭。结果是在这种温度下无法输出付费电视频道的节目。

2. 诊断

电视调谐器 R78 的地址码为 0057。

电视读卡器 R204 是电视调谐器的一种副控制单元，因此它的诊断范围也被地址码 0057 所覆盖。例如通过这个地址码可以检测读卡器的连接状态和温度。

（十二）联网

1. 拓扑

如图 5-6-217 所示。

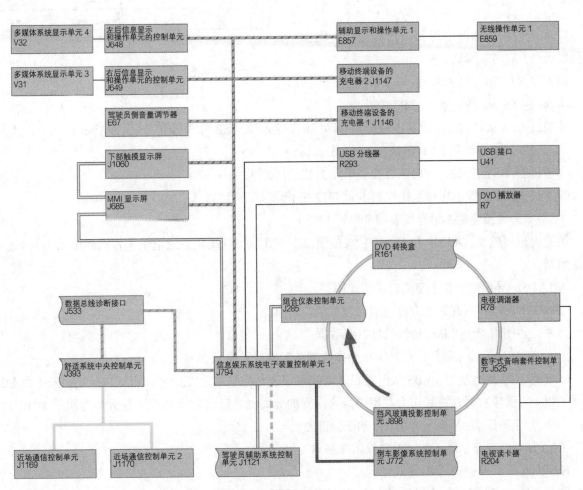

图 5-6-217

为了展示奥迪 A8（型号 4N）的信息娱乐和奥迪 connect 的所有功能，最多考虑到了 27 个控制单元。当然，如果我们想展示负责执行某项服务（例如：解锁）的控制单元，仍需要增加控制单元的数量。因此在图示中只能展示最大装备版本的"直接必要"控制单元。信息娱乐系统电子装置控制单元 1 J794 与其他控制单元通过 MOST 或 CAN 总线交换大多数的数据。各种图片数据和组合仪表控制单元 J285 和驾驶员辅助系统控制单元 J1121 的软件升级数据除外。

在信息娱乐系统电子装置控制单元 1J794 上还添加了一个新的数据连接，即以太网。它目前用于将 J794 的软件升级数据发送给驾驶员辅助系统控制单元 J1121（zFAS）。J794 从插入 USB 分线器中的 SD 卡中得到这些数据。

各个总线系统的传输速度如表 5-6-15 所示。

2. 图像传输

（1）在 MIB2+ 上有各种图像源。它们通过不同的路径可以进入发送设备。传输途径有：

① MOST 总线；

② LVDS；

③ FBAS；

④ WLAN；

⑤ USB。

（2）信息娱乐系统电子装置控制单元 1 J794。

J794 从各种图像源中得到图像数据并将图像数据发送给其他控制单元。

表 5-6-15

总线系统	导线颜色	数据传输率速度
信息娱乐系统 CAN 总线		500 kbit/s
舒适 CAN		500 kbit/s
MOST 总线		150 kbit/s
MIB-CAN（本地 CAN 数据总线）		500 kbit/s
附属总线系统		500 kbit/s
以太网（Ethernet）		100 kbit/s
LVD		
USB 连接		
FBAS		

以下是提供图像的控制单元以及所使用的传输途径：

①通过 USB 从 DVD 播放器 R7 中获得；

②通过 USB 从移动终端设备中获得，移动终端设备插入 USB 分线器 R293 上或 USB 接口 U41 上；

③通过 MOST 总线从 DVD 转换盒 R161 中获得；

④通过 LVDS 从驾驶员辅助系统控制单元 J1121 中获得；

⑤通过 FBAS 从倒车影像系统控制单元 J772 中获得。

（3）奥迪虚拟座舱（组合仪表控制单元 J285）。

奥迪虚拟座舱通过 LVDS 和 MOST 总线按照以下方式从信息娱乐系统电子装置控制单元 1J794 处得到图像数据：

① LVDS：导航地图和十字路口详情地图；

② MOST 总线：所有其他内容，如列表菜单或封面。

另外，还使用 MOST 总线传输软件升级数据。

（4）MMI 显示屏（前部信息显示和操作控制单元的显示单元 J685）。

MMI 显示屏 J685 通过 LVDS 从信息娱乐系统电子装置控制单元 1 J794 中得到自己的以及下部触摸显示屏 J1060 的图像数据并将其作为共用图像。内置的分离器之后将这个共用图像分离为用于 MMI 显示屏 J685 的以及用于下部触摸显示屏 J1060 的图像部分。

（5）Head-up 显示屏（挡风玻璃投影控制单元 J898）。

Head-up 显示屏 J898 上的导航显示。

在奥迪 A8（型号 4N）中增加了十字路口详情地图和高速公路出口。

因为图像展示了较大的数据量，所以 J898 通过 MOST 总线从信息娱乐系统电子装置控制单元 1J794 中得到显示图像。

（6）下部触摸显示屏（前部信息显示和操作控制单元的显示单元 2 J1060）。

下部触摸显示屏通过 LVDS 从 MMI 显示屏 J685 中得到图像数据。

（7）通过 WLAN 进行图像传输。

后座遥控器（无线操作单元 1E859）以及奥迪平板电脑（多媒体系统显示单元 3 和 4 Y31/32）通过 WLAN 从信息娱乐系统电子装置控制单元 1 J794 中得到显示内容。此时通常使用 5GHz 频率。只有在未批准 5GHz 频率的国家才通过 2.5GHz 发送数据。奥迪平板电脑不再通过 2.4GHz 接收来自 J794 相连的驱动器的视频（DVD 播放器、SD 读卡器、USB 接口）。

（十三）后座娱乐系统

后座娱乐系统：通过可靠的奥迪平板电脑确保奥迪 A8（型号 4N）中的后座娱乐系统的功能。这种平板电脑是第 2 代奥迪平板电脑。只能通过 PR 编号 9WF 才能订购并因此只能成对订购。其在结构和功能上大致与奥迪 Q7（型号 4M）的 MIB2 的奥迪平板电脑相同。与 MIN2 奥迪平板电脑的不同之处在于菜单导航。针对新的 MMI 设计，对菜单导航进行了调整，如图 5-6-218 所示。

图 5-6-218

提示：通过 5GHz WLAN 频率传输安装在车内的视频源的影片（例如电视、DVD 转换盒）。因此在未批准此频率的国家，不提供适配选择。

（十四）奥迪 connect

1. 引言

配备 MMINavigationplus 的奥迪 A8（型号 4N）标配有奥迪 connect。服务的提供根据不同国家有所不同，并且在服务范围方面也会有所变化。奥迪 A8 的奥迪 connect 服务还分为与信息娱乐系统有关的服务以及与车辆有关的服务。信息娱乐系统服务主要用于客户的舒适和娱乐，与车辆有关的服务则涉及车辆、车辆的位置、状态、空调等。通过信息娱乐系统电子装置控制单元 1 J794 运行信息娱乐系统服务；通过数据总线诊断接口 J533 运行与车辆有关的服务。两个控制单元分别配备了一个嵌入式 SIM，因此可以在不使用外部 SIM 卡的条件下，使用所有 connect 服务以及免费网络（经认证的用户）。根据不同的国家，为大多数 connect 服务提供 3 年的证书有效期；为与车辆相关的服务"紧急呼叫""在线应急呼叫""在线保养日期"甚至提供 10 年的有效期。

为了能够使用某些与车辆有关的服务，例如，"遥控锁止 / 解锁"或"在线奥迪保养日期"，必须满足以下前提条件：

（1）经认证的用户；

（2）在车辆内已添加主用户。

奥迪 A8 最多可配置 2 根蓝牙天线。一根用于外部设备与 MMI 连接并且位于信息娱乐系统电子装置控制单元 1 J794 中。第二根为选装件。它被集成到车顶天线中并与驾驶员辅助系统控制单元 J1121（zFAS）相连。两根天线都支持低功耗蓝牙（4.0 标准）。这种标准的最大作用范围约为 10m，如图 5-6-219 所示。

图 5-6-219

2. connect 服务的操作

MIB2+ 中的 connect 服务的操作主要具有以下新特点：不再设有 connect 菜单，并且通过相应的功能

1250

访问大多数的服务。因此直接在导航功能中显示例如燃油价格信息。

燃油价格显示，如图5-6-220所示。

少有的几个未明确规定其分配位置的服务，在主菜单中单独显示。例如：connect服务"新闻"或"天气"。

如果需要，客户可以在MMI显示屏左侧屏幕边缘为这几个服务添加单独的快捷方式。

以下对几个更新的服务进行说明。

带有奥迪connect服务的MMI菜单如图5-6-221所示。

3. 交通标志信息和危险信息

通过进入"交通标志信息"和"危险信息"服务以及充分利用上述集体智能的优势，让基于connect的导航更加舒适和可靠。

交通标志信息符号如图5-6-222所示。

危险信息符号如图5-6-223所示。

4. 奥迪connect钥匙

（1）引言。

客户通过奥迪A8（型号4N）可以得到一种新的选装服务：奥迪connect钥匙。

奥迪connect钥匙（Pr编号：2F 1）承担与传统汽车钥匙相同的功能：打开、关闭汽车、启动发动机。

奥迪connect钥匙的一个很大的优势在于主用户可以将（电子）钥匙交给无须与他见面的人。

在这种情况下，主用户可以方便舒适地通过myAudi应用程序分配所谓的权限。接收者可以在其智能手机上将这个权限转换为电子钥匙。

主用户还可以重新撤销这个权限并重新分配给其他人。

奥迪connect钥匙的首次使用由车主完成。车主通过相应的启用，可以将其智能电话用于解锁和锁止车辆以及启动发动机。

如果需要允许第三人进入车内，主用户可以授予权限。方法是主用户将这个人的智能电话也变为"钥匙"。

带有奥迪connect钥匙的MMI菜单如图5-6-224所示。

（2）前提。

为了让客户享受奥迪connect钥匙的功能，需要满足以下前提条件：

图 5-6-220

图 5-6-221

图 5-6-222

图 5-6-223

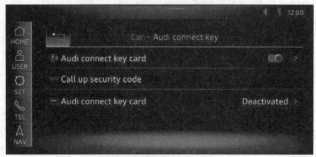

图 5-6-224

①奥迪 connect 钥匙（2F1）；

②与车辆有关的服务（IW3）；

③舒适型钥匙（4F2/4I3）；

④由奥迪合作伙伴对 myAudi 账户进行核实；

⑤确定主用户在车内；

⑥智能电话与车内的 NFC 技术 1 相连（通过 6 位安全代码）；

⑦ myAudi-App。

（3）车内的结构，如图 5-6-225 所示。

图 5-6-225

为了使用奥迪 connect 钥匙需要以下硬件：

①近场通信天线 R350 包括近场通信控制单元 J1169；

②近场通信天线 2 R351；

③近场通信控制单元 2 J1170；

④数据总线诊断接口 J533（已连接网关）；

⑤舒适系统中央控制单元 J393。

（4）权限的授予。

为了让车主在智能电话上得到第一把钥匙，他必须：

①在车内调用 6 位安全代码（Callupsecuritycode）
（汽车 > 设置 & 服务 > 奥迪 connect 钥匙 > 调用安全
代码）（这个代码在 120 分钟内有效）；

②打开 myAudi 应用程序中相应的菜单；

③将 6 位安全代码输入到应用程序中。

用于调用安全代码的菜单如图 5-6-226 所示。

图 5-6-226

1252

只能由主用户为第三人授予权限。为了可以完成这个许可过程，主用户此时也必须在车内调用 6 位安全代码，然后输入到他的 myAudi 账户中或通过 myAudi 应用程序输入。他有 120 分钟完成这个过程。现在经授权的用户得到一条相应的信息并有权进入车内。前提条件是他采用了 NFC 技术的智能电话上安装了 myAudi 应用程序。仅主用户可以授予权限。目前每辆车最多可以提供 5 个权限；在每部兼容的智能电话上最多可保存 8 辆汽车的权限。

副用户启用时安全代码的显示如图 5-6-227 所示。

（5）解锁 / 锁止车辆以及启动发动机。

如果有权限的用户有一部兼容的智能电话并且在智能电话上也安装了 myAudi 应用程序，他可以解锁 / 锁止车辆。方法是将智能电话的 NFC 接口置于驾驶员车门把手上。

图 5-6-227

与传统的钥匙一样，各种车辆设置也可以与智能电话相关联。一旦用户通过智能电话打开了车辆，就可以加载这些功能。

为了启动发动机，只需将智能电话放在奥迪电话中片刻并按下启动停止按键。

（6）车门把手上的 NFC 区域。

驾驶员车门把手中的模块包含了近场通信天线 R350、近场通信控制单元 J1169 和车门外把手接触传感器 G415。

图 5-6-228

车门把手模块的中间区域是 NFC 天线 R350 的激活区域。应正面接近车门把手，而不是在与车辆侧面平行的位置上划过车门把手。

请注意，智能电话的 NFC 天线可能安装在不同的位置上。因此智能电话与车门把手的位置也有所不同。

激活的 NFC 区域如图 5-6-228 所示。

（7）关闭。

在车内关闭奥迪 connect 钥匙功能时，将导致撤销所有用户的权限。

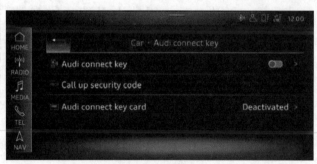

图 5-6-229

然后只能通过传统的汽车钥匙接通点火开关。

删除主用户时，也是这种情况。将通知所有用户关闭功能的情况。

主用户随时可以通过 myAudi 撤销已授权用户的电子钥匙（权限）。此时用户同样会收到一条信息。

奥迪 connect 钥匙菜单如图 5-6-229 所示。

（8）奥迪 connect 钥匙卡。

如果车辆有奥迪 connect 钥匙，则它也有所谓的奥迪 connect 钥匙卡。这个卡的大小与普通信用卡相当，标配中处于关闭状态并且在需要临时将进入 / 驾驶权限转交他人时，可以将其激活。因此无须将智能电话转交第三方。

在已关闭状态下可以且应该将钥匙卡保存在车内，以便在需要时（例如，前往维修站时、紧急救援、代客泊车）为每位驾驶员提供奥迪 connect 钥匙。

钥匙卡配备了一个 NFC 芯片并同样可以实现进入车内以及启动发动机。

在车内进行激活，激活过程如下：

①借助奥迪 connect 钥匙（智能电话）接通点火开关；

②将智能电话从奥迪电话盒中取出；

③插入奥迪 connect 钥匙卡；

④注意 MMI 中的信息。

只要没有通过奥迪 connect 钥匙（智能电话）或汽车钥匙接通点火开关，奥迪 connect 钥匙卡一直保持激活状态。

每辆车只有一张钥匙卡。如有遗失，可以和传统的汽车钥匙一样，通过奥迪原厂备件部门订购新的钥匙卡。

可由奥迪合作伙伴通过售后服务钥匙读取装置的方式，完成钥匙卡与车辆的配对。

在车辆上执行特定工作时，例如：匹配组件保护系统或更换防盗锁止系统组成部分，仍需要带有收发器的传统汽车钥匙。

奥迪 connect 钥匙卡如图 5-6-230 所示。

钥匙卡已激活后的显示如图 5-6-231 所示。

提示：奥迪 connect 钥匙卡只能通过奥迪 connect 钥匙（智能电话）激活。无法通过汽车钥匙激活；不要将智能电话和钥匙卡同时置于奥迪电话盒中，否则可能出现通信故障和意外的情况。

图 5-6-230

5. 奥迪 connect 防盗定位系统

选装的防盗定位系统属于与车辆有关的服务。在车辆被盗时，它应实现车辆的快速找回。购买此服务后，客户将得到 1 年的许可证有效期。

图 5-6-231

每次可将许可证有效期延长 1 年。

基本上这个系统有 2 种结构：

①不带 Drivercard 的防盗定位系统（7I1）；

②带 Drivercard 的防盗定位系统（7I2）。

在结构和功能上几乎相同，唯一的区别在于借助所谓的 Drivercard 可以自动识别车辆的行驶是否经授权。

防盗定位系统也被简称为 VTS（Vehicle Tracking System）。

由独立的服务提供商专门负责在车辆被盗时进行车辆定位。这个公司名为沃达丰汽车（此前名为眼镜蛇汽车技术）。它帮助相关机关定位并取回车辆。

奥迪防盗定位系统的符号如图 5-6-232 所示。

图 5-6-232

（1）车内的结构。

防盗定位系统包含以下的车辆组件：

①数据总线诊断接口 J533（已连接网关）；

②舒适系统中央控制单元（BCM2）J393；

③ GPS 天线；

④移动通信天线；

⑤ Drivercard（仅 7I 2 ）。

为了实现防盗定位系统功能，数据总线诊断接口 J533（已连接网关）进行了如下扩展：

①陀螺仪传感器；

②容量更大的电池；

③ VTS 模块；

④通过 GPSR110 的天线分离滤波器直接与 GPS 天线相连；

⑤软件匹配。

数据总线诊断接口 J533 如图 5-6-233 所示。

GPS 的天线分离滤波器 R110 如图 5-6-234 所示。

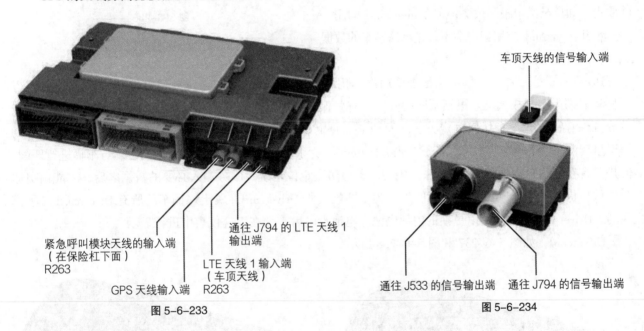

车顶天线的信号输入端

紧急呼叫模块天线的输入端
（在保险杠下面）
R263

LTE 天线 1 输入端
（车顶天线）　R263

GPS 天线输入端

通往 J794 的 LTE 天线 1
输出端

通往 J533 的信号输出端　通往 J794 的信号输出端

图 5-6-233　　　　　　　　　　　　　　　　　图 5-6-234

（2）功能。

奥迪 connect 防盗定位系统主要针对 3 种潜在的被盗场景：

车主确认车辆已被盗；车辆识别到外部的操纵；仅在配备 Drivercard（7I2）时：车辆移动，但 Drivercard 未处于车内。

①车主确认车辆已被盗。

在这种情况下，客户必须立即报警。然后，他必须与沃达丰汽车公司取得联系并申报被盗。也可以直接通过 myAudi 应用程序完成。自此时起，沃达丰汽车公司将查明（跟踪）车辆位置并帮助警察查找车辆。

沃达丰汽车公司不会将车辆位置的信息告客户。

被盗申报之后 myAudi 中的显示如图 5-6-235 所示。

②车辆识别到外部的操纵。

网关立即被断电（例如，通过断开蓄电池）自动触发数据发送沃达丰汽车公司对数据进行分析并在必要时联系车主。

然后车主立即报警，因此在沃达丰汽车公司和有关部门之间可以交换关于车辆定位的数据。

③仅在配备 Drivercard（7I2）时：车辆移动，但 Drivercard 未处于车内。

在正常情况下，驾驶员随身携带 Drivercard，但与钥匙串分开保存。数据总线诊断接口在行驶过程中循环检查属于车辆的 Drivercard 是否在车内。如果发现 Drivercard 不在车内，则通过 myAudi 应用程序向客户和沃达丰汽车公司发送信息。客户在这种情况下也必须通报被盗，以便沃达丰汽车公司与警方交换所需的数据。

缺少 Drivercard 时的信息，如图 5-6-236 所示。

提示：沃达丰汽车公司和有关部门之间的具体流程根据不同的国家会有所不同，并且这属于他们的职责；如果已经申报了被盗，则在 myAudi 中向用户显示并在 myAudi 应用程序中不再显示这辆车的数据。

图 5-6-235

图 5-6-236

（3）Drivercard

Drivercard 是一种驾驶员不论是否使用汽车钥匙（或 connect 钥匙），都应随身携带的电子部件。以便将其识别为经授权人员。根据不同的国家，有些保险公司会要求使用 Drivercard。因为它必须与汽车钥匙分开保存，因此没有任何固定方法。原则上为每辆车提供 2 张 Drivercard，但是可以将一张 Drivercard 用于多辆汽车。一辆车最多可以匹配 7 张 Drivercard。为了能够使用 Drivercard，它们必须与车辆进行匹配。但是只有在主用户在他的 myAudi 账户中为"奥迪防盗定位系统"服务输入必要的数据之后，才能由奥迪合作伙伴借助车辆诊断测试仪进行匹配。为了匹配一张 Drivercard，属于这辆车的所有 Drivercard 必须都在场。Drivercard 有一个可以更换的内部电池。电池没电后，会在组合仪表中进行显示。

Drivercard，如图 5-6-237 和图 5-6-238 所示。

图 5-6-237   图 5-6-238

（4）激活。

客户必须在 myAudi 中激活奥迪防盗定位系统。前提条件是具有经核实的 myAudi 账户。

在激活时，客户必须在 myAudi 中选择防盗定位系统并输入服务所需的所有相关数据。此时，他必须提供一个可供沃达丰汽车公司与其联系的电话号码。

一旦客户完成了输入，沃达丰汽车公司将根据这些数据向车辆发送一个配置文件。然后，车辆会自动激活服务。从此时起，可以匹配 Drivercard（7I2）了。

完成所有步骤后，客户将得到一条信息和证明在车内成功安装的证书。客户可以将这个证书作为保险证明。

Drivercard 电池电量低时的信息如图 5-6-239 所示。

图 5-6-239

（5）临时关闭。

为了避免假警报，根据不同的结构，防盗定位系统最多有 3 种关闭方法。

特约维修站（Workshop Service）；运输（Transportation）；禁用（Disenable Drivercard）（仅7I2）。

在 myAudi 门户网站或在 myAudi 应用程序中进行设置。可以规定这些设置在特定的时间段内有效，但也可以经常重复这些设置。

myAudi 中的设置菜单如图 5-6-240 所示。

①特约维修站。

在客户所选时间段内完全关闭系统。

这样就可以在车辆上执行工作，否则将导致警报。例如，断开蓄电池或拔下数据总线诊断接口。

然后可以在没有 Drivercard 的条件下进行试车。

②运输。

在激活运输模式时，可以在非行驶状态下移动车辆。例如在渡轮上或铁路运输时需要这么做，用拖车移动车辆时也需要这么做。

③禁用（仅7I2）。

在这种模式中，在未携带 Drivercard 的情况下驾驶车辆时，不会触发警报。

提示：为了避免触发假警报，客户在特约维修站逗留期间，请询问客户是否已激活了"特约维修站"模式。如果抛锚的情况下运输车辆，则必须激活"特约维修站"和"运输"模式。

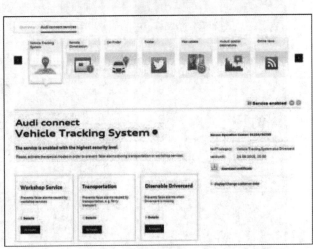

图 5-6-240

第七节 一汽奥迪 A8（4N）空调系统的创新以及制冷剂 R744 的引进

一、概述

在新奥迪 A8（型号 4N）上首次将二氧化碳作为辅助制冷剂。它的物理特性与所使用的其他制冷剂不同。例如，它不可燃、无色、无味。

另外，制冷剂循环回路的工作压力明显更高。对制冷剂循环回路的组件（例如，压缩机和气体冷却器）的功能也进行调整。新奥迪 A8（型号 4N）还提供了车内空气质量方面的创新。因此除了空气质量改善系统以外，还采用了一个可选香型的香氛系统，如图 5-7-1 所示。

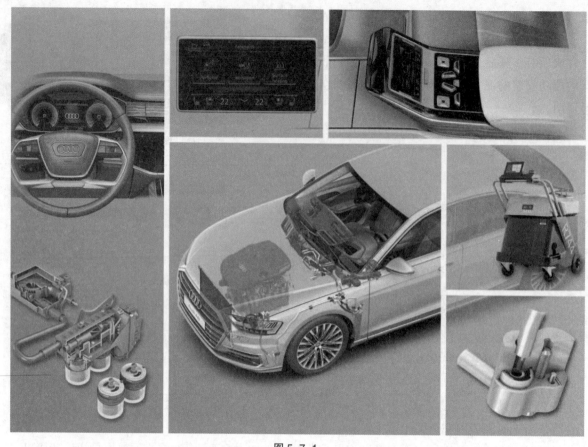

图 5-7-1

（一）引进新制冷剂 R744

除了以往采用的制冷剂 R12（二氯二氟甲烷）、R134a（四氟乙烷）以及 R1234yf（2,3,3,3- 四氟丙烯）以外，在新奥迪 A8（型号 4N）中还使用了一种新制冷剂——二氧化碳。

它的化学式是 CO_2，在引进时才使用了 R774 这个名字。它既不含氟也不含氯，一系列的自然反应都会产生二氧化碳，而且对地球的臭氧层也没有影响。

二氧化碳是一种无色、不可燃的气体，且不容易与其他元素结合，比空气重，是一种在自然界中存在的物质，因此获取的成本低廉。

因此当制冷剂循环回路发生泄漏时，可以毫无问题地将其排放到自然界的循环体系中。

二氧化碳能以固态、液态、气态和超临界的状态出现，而在汽车空调中只能以气态、液态或超临界的状态出现。

采用二氧化碳的空调，其工作压力比使用普通制冷剂的空调的压力高约 10 倍。

制冷系统必须设计得更加密封，因为二氧化碳分子比以往所使用的制冷剂的分子更小。

制冷剂 R744 是一种自然界中的物质，它不在循环经济和垃圾法的管辖范畴之内。因此可以将它排放到自然环境中并且无须承担化学制冷剂需承担的证明义务。

1. 特征

如表 5-7-1 所示。

1258

表 5-7-1

化学式	CO_2
化学名称	二氧化碳
100 kPa（绝对压力）时的沸点	−78.7℃
凝固点	−56.6℃
0 三相点 P_t	−56.6℃，520 kPa（绝对压力）
临界点 P_c	31.1℃，7380 kPa（绝对压力）
（奥迪汽车制冷剂循环回路中的）纯度	> 99.995%
易燃性	不可燃
状态	可压缩、可液化的气体
颜色	无色
气味	无固有气味

提示：制冷剂 R744 没有固有气味，因此无法闻到。制冷剂气体比空气重，因此可能在较深的区域汇集，例如：装配坑、地窖和洼地。二氧化碳在此类区域可以挤出环境空气以及氧气。在含氧量少的区域停留可能导致生命危险。

2. 二氧化碳的相图

如图 5-7-2 所示。

固相（s）、液相（l）、气相（g）和超临界（sc）相的二氧化碳相图展示未按比例。

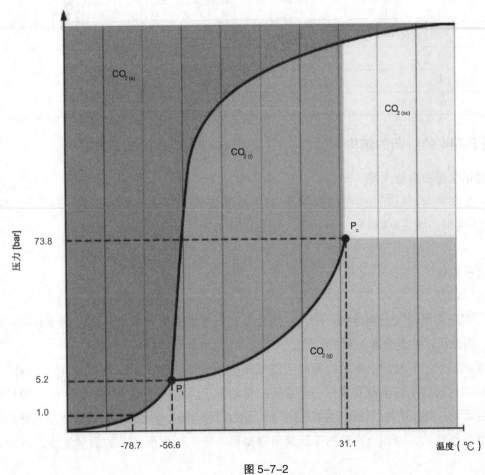

图 5-7-2

1259

3. R744 的特性

在 R744 的制冷剂循环回路中，还可能出现超临界情况。临界点是物质的一种热力学状态，它的特点是液相和气相密度的均衡。此时，两种聚集状态差别将消失。在超临界的情况中，气体冷却器中的制冷剂不会从气体转化为液态聚集状态，而是仅仅冷却，因此得名气体冷却器。

因为二氧化碳的内能更高，所以在提供相同的制冷功率下需要的质量流量更少。这种优势除了可以增加制冷功率以外，还可以用于减少聚集或减小液流横断面面积。

（二）温室效应潜力

一种材料的温室效应潜力或英语名称 Global Warming Potential（GWP）描述了它对温室效应的影响，指的是这种材料对地球大气升温的潜在贡献。作为依据和参考值，将二氧化碳（CO_2）的 GWP 数值规定为 1。GWP 数值越小，则温室效应越小，因此对环境的影响也就越小。例如，R1234yf 的 100 年 GWP 数值等于 4。也就是说，1kgR1234yf 在前 100 年内释放 4 次后才与 1kg 二氧化碳造成的温室效应相当。

自 2017 年 1 月 1 日起，在欧洲范围内的车辆不允许使用 GWP 数值 >150 的制冷剂。基于这个原因，例如，在这些国家禁止使用 R134a。因此奥迪自 2016 年起，批量采用制冷剂 R1234yf。随着新奥迪 A8（型号 4N）的上市，将二氧化碳作为了备选制冷剂。

各种不同制冷剂的特性如表 5-7-2 所示。

表 5-7-2

制冷剂	R12（氟氯化碳）	R134a（氟代烃）	R1234yf（氟代烃）	R744（CO_2）
臭氧层分解	是	否	否	否
温室效应（GWP）	约比二氧化碳高 10000 倍	约比二氧化碳高 1400 倍	约比二氧化碳高 4 倍	1 倍
在车辆中使用年份	最晚至 1992 年	自 1991 年起	自 2016 年起	自 2017 年起
制冷剂类型	合成	合成	合成	自然
可燃	否	否	是	否
压力	< 3000 kPa	< 3000 kPa	< 3000 kPa	< 14000 kPa

二、采用 R744 的空调的结构

（一）原理示意图和功能说明

采用 R744 的空调与以往的空调的最大区别在于系统中的工作压力很高，高压侧的压力最高约为 14 000kPa，低压侧最高约为 9300kPa。可见将二氧化碳作为制冷剂需要的压力比较大。如图 5-7-3 和表 5-7-3 所示。

（二）空调压缩机

如图 5-7-4 所示。

压缩机或空调压缩机将气态制冷剂压缩，以便之后在蒸发器中重新减压。通过制冷剂的减压出现一定的温度下降，因此可以抽走乘客车厢中的热量。

制冷剂的压缩机采用了轴向活塞泵或轴向活塞压缩机的工作原理。在圆周上均匀分布的固定活塞可以在工作缸中移动。这些工作缸被安置在一个旋转的摆动盘上。由于摆动盘的倾斜定位实现各个活塞在工作缸中的线性运动，通过这种线性运动抽吸制冷剂、在活塞室内进行压缩并运输到制冷剂循环回路中。摆动盘的倾斜度是可变的，因此所输送的质量流量也是可变的。根据所要求的质量流量，自动调节摆动盘的定位角。

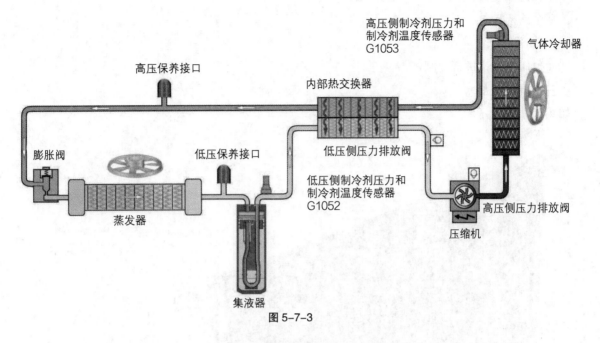

图 5-7-3

表 5-7-3

部件名称	制冷剂循环回路中的流程
压缩机	将气态二氧化碳压缩至更高的压力水平
气体冷却器	在气体冷却液中冷却制冷剂
内部热交换器	在内部热交换器中释放热量。热量从高压侧转移到低压侧
膨胀阀	当制冷剂膨胀时，在膨胀阀中通过节流产生减压
蒸发器	制冷剂在蒸发器中从流过的空气中吸收能量
蒸压器	在蒸压器中烘干并保存制冷剂，保护制冷剂 / 机油混合物
内部热交换器	在内部热交换器中吸收热量。热量从高压侧转移到低压侧

图 5-7-4

压缩机特性参数：

①9个活塞；

②31cm³排量；

③通过质量流量进行控制。

（三）气体冷却器

如图 5-7-5 所示。

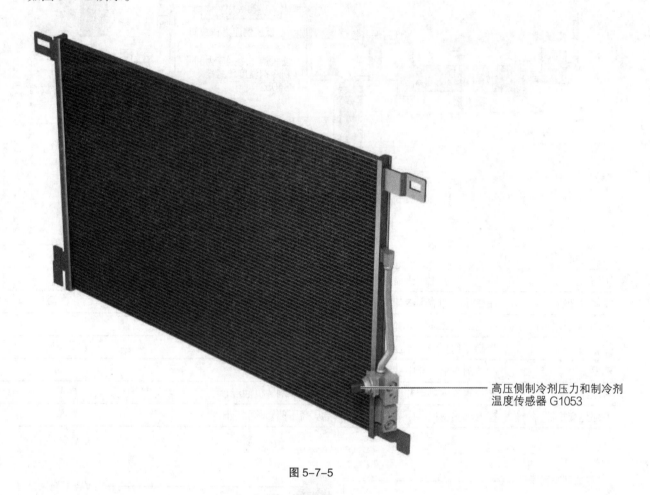

高压侧制冷剂压力和制冷剂
温度传感器 G1053

图 5-7-5

所使用的气体冷却器是一种新开发的产品并替代了之前的冷凝器。它负责冷却制冷剂。气体冷却器用于从高压侧将过程热量散发到周围环境中。它不但在超临界模式（气体冷却器）下工作，还在相变模式（冷凝器）下工作。相变在这里意味着聚集状态从气态变为液态。

气体散热器由扁管构成。在这些扁管中分别包含了一个与扁管并排的小管。扁管依次排成一排。制冷剂首先流经气体冷却器的上半部分，然后反向流经下半部分。高压侧制冷剂压力和制冷剂温度传感器 G1053 位于气体冷却器上。

（四）内部热交换器

如图 5-7-6 所示。

A8（型号 4N）对在前款车型上已经被大家所熟知的内部热交换器进行了调整。内部热交换器是一根管子。它由一根被低压管围绕的内部高压管构成。在低压管中加热流经的制冷剂。在高压管中，反向流经的制冷剂释放热量。因此在高压和低压之间实现能量交换。

高压侧　低压侧

图 5-7-6

内部热交换器的主要作用是提高制冷剂循环回路的效率。通过延长循环过程实现这个要求并因此在蒸发器中出现更大的焓差。为了实现这个要求，采用制冷剂 R744 的内部热交换器需要约 1m 的长度。

（五）低压和高压侧的压力排放阀

如图 5-7-7 所示。

工作原理：当制冷剂循环回路中存在超压时，在阀门中钢球被压向弹簧。因此这个钢球将正常压力下关闭的孔横截面打开。而制冷剂则通过这个开口溢出。两种压力排放阀都是可逆阀门。在交付前，用气体对阀门进行密封性检测。压力排放阀保护制冷剂循环回路，防止其受到过高压力的影响。如果空调已关闭，而在制冷剂循环回路中存在一个过

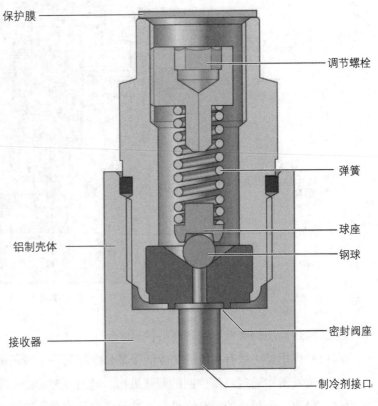

保护膜

调节螺栓

弹簧

球座

钢球

铝制壳体

接收器

密封阀座

制冷剂接口

图 5-7-7

高的压力，则低压侧的压力排放阀打开。如果在温暖的环境下制冷剂升温并且系统压力因此升高时，可能出现这种情况。当压力为（12000±1000）kPa时，压力排放阀打开。当存在过高的系统压力时，高压侧的压力排放阀打开。如果在调节系统中存在一个故障或当高压侧的一条管路损坏或堵塞时，可能出现这种情况。

在这种情况下，当压力为（16000±1000）kPa时，压力排放阀打开。为了防止阀门的混淆，这些阀门配备了不同的螺纹直径，且两种阀门都配备了左旋螺纹。在高压侧使用了螺纹为M12×1mm的阀门。在低压侧使用了螺纹为M14×1mm的阀门。拧紧力矩是不同的。低压侧的压力排放阀位于内部热交换器的整体接口上。高压侧的压力排放阀直接位于空调压缩机上。

提示：可以从已打开的保护膜上识别出已经打开过一次的阀门。下次前往维修站时，必须更换已打开的阀门。在拆卸阀门之前，必须排放所有制冷剂。

（六）膨胀阀

如图5-7-8所示。

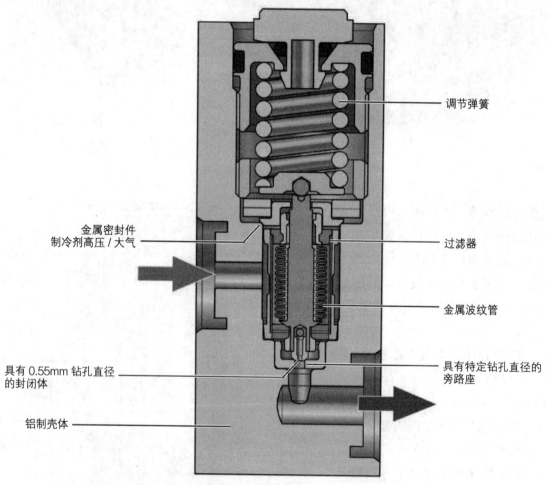

调节弹簧

金属密封件
制冷剂高压／大气

过滤器

金属波纹管

具有0.55mm钻孔直径
的封闭体

具有特定钻孔直径的
旁路座

铝制壳体

图5-7-8

膨胀阀是高压侧和低压侧之间的接口。

阀门的作用是将带有高压的制冷剂膨胀和冷却到一个较低的压力水平。

它是蒸发器中通过高压控制的膨胀机构。通过0.55mm的特定钻孔直径实现中低负荷下的膨胀。在高负荷时，释放一个额外的旁路流量。通过弹簧调节这个旁路流量。

（七）蒸发器

蒸发器安装在空调中，其作用是吸收乘客车厢中的热，从而冷却车内。蒸发器由扁管构成。在这些扁管中分别包含了与扁管并排的小管。这些扁管在蒸发器中被布置在两个依次排列的垂直列中，它是蒸发器中通过高压控制的膨胀机构。通过0.55mm的特定钻孔直径实现中低负荷下的膨胀。在高负荷时，释放一个额外的旁路流量。通过弹簧调节这个旁路流量。此时重要的一点是，制冷剂质量流量均匀地分布在所有扁管上。

（八）集液器

如图5-7-9所示。

集液器位于制冷剂循环回路蒸发器和内部热交换器之间的低压侧。它的直径约为75mm，安装在A柱下面的驾驶员侧轮罩中。

集液器需要完成以下任务：

①未循环的制冷剂的收集装置/储存器；

②冷冻机油的临时储存器；

③干燥待循环的制冷剂或从中抽出水分。

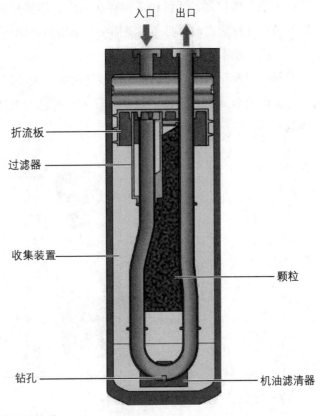

图 5-7-9

通过集液器为内部热交换器调节最佳的制冷剂质量。在此处调节出最佳的蒸汽含量。当制冷剂进入集液器中之后，制冷剂冲击折流板，因此将液相与气相分离。多余的制冷剂在收集装置中经过滤后被储存起来并通过颗粒进行干燥。冷冻机油同样要被过滤并通过抽吸管中一个钻孔以精确的计量重新与从集液器中溢出的制冷剂回到空调压缩机的制冷剂循环回路中。

（九）制冷剂管路

1. 高温气体侧的制冷剂管路

高温气体侧的制冷剂管路是波纹管加强件从压缩机到气体冷却器的软管和管路连接，如图5-7-10所示。

2. 高压侧和低压侧制冷剂管路

高压侧和低压侧的制冷剂管路是不含波纹管加强件的软管和管路连接，如图5-7-11所示。

基于已压缩制冷剂的高温，必须通过金属波纹管输送这种介质。通过钢纤维强化软管保持形状。

制冷剂管路中的工作压力：

①工作压力最高约14 000kPa；

②耐热性为 –40 ～ 180℃。

提示：如果需要维修，必须总是检查整个制

图 5-7-10

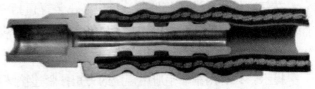

图 5-7-11

冷剂系统。维修时，系统中不得存在压力。维修后的连接质量取决于插接的执行过程。必须注意保持格外干净。在拧紧之前，必须完美插接。不得弯曲制冷剂管路，也不得弯折制冷剂软管。

3. 连接技术

制冷剂管路通过特殊的密封件接受制冷剂循环回路中的高压并将其与周围环境隔绝。

真正的金属密封件位于锁止装置中（黄色的支架）。通过一个销钉将制冷剂管路和锁止装置形状配合地相互连接，如图 5-7-12 所示。

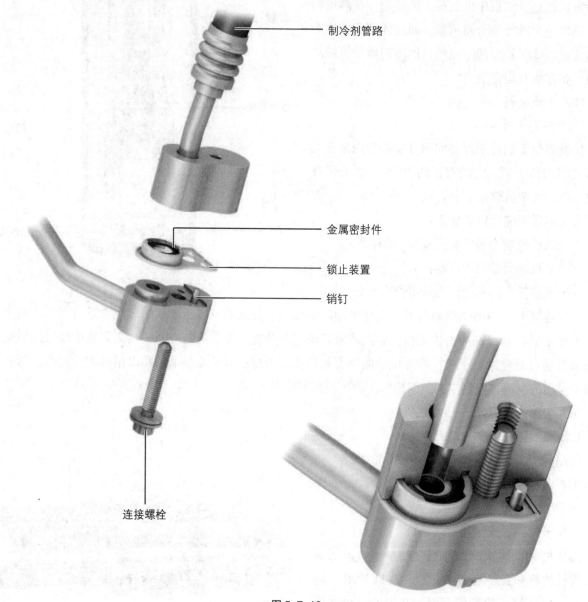

制冷剂管路

金属密封件

锁止装置

销钉

连接螺栓

图 5-7-12

在每次维修制冷剂管路时，更换锁止装置包括密封件和连接螺栓。为了确保制冷剂系统的最大密封性，这点是必要的。在执行这些工作时，应注意保持格外整洁以及安装时密封件的准确位置。还应注意，在安装制冷剂管路前，密封表面不得有机油和润滑脂。

提示：只有用维修手册中规定的力矩拧紧连接螺栓时，金属密封件才对系统起到密封作用。

（十）制冷剂压力和制冷剂温度传感器 G1052/G1053

如图 5-7-13 所示。

低压侧制冷剂压力和制冷剂
温度传感器 G1052

高压侧制冷剂压力和制冷剂
温度传感器 G1053

图 5-7-13

制冷剂压力和制冷剂温度传感器 G1052 和 G1053 具有不同的作用和安装位置。

低压侧制冷剂压力和制冷剂温度传感器叫作 G1052。它的作用是提供低压调节和制冷剂缺少识别的信号，并位于低压管路上的蓄压器出口侧。

高压侧制冷剂压力和制冷剂温度传感器叫作 G1053。它的作用是提供用于保护压缩机部件的高压和高温气体温度调节信号，并在高压管路上被直接安装在气体冷却器的进口侧。

制冷剂压力和制冷剂温度传感器 G1052 和 G1053 仅安装在空调采用二氧化碳工作的车辆上。原因是在二氧化碳空调所需的高压力。如果在维修中更换了一个或两个此种传感器，则必须完全排空整个制冷剂循环回路。当系统处于激活状态且带有高压时，不得拧出两个传感器，因为它们是直接结合到制冷剂循环回路中的。两个制冷剂压力和制冷剂温度传感器 G1052 和 G1053 没有保险丝，也没有压力排放阀。

（十一）车内二氧化碳含量传感器 G929

车内二氧化碳含量传感器位于车内手套箱下面，如图 5-7-14 所示。传感器的工作原理基于测量二氧化碳（CO_2）与波长有关的辐射特性。

车内二氧化碳含量传感器的作用：在行驶过程中和泊车时测量车内的二氧化碳浓度。

干预时间点：

①干预时间点根据不同的运行状态而变化；

②如果在正常运行中，二氧化碳浓度低；

③在循环空气运行模式下，二氧化碳浓度较高时；

④在已经泊车的车辆中二氧化碳浓度高。

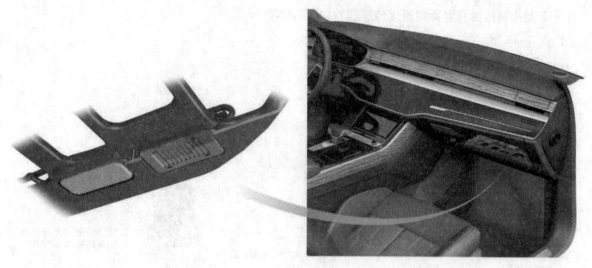

图 5-7-14

二氧化碳数值过高时的措施：

①通过车外空气 / 循环空气翻板，增加车外空气的输入，以便降低二氧化碳浓度。如果二氧化碳浓度继续增加，则将车内风扇的促动提高到最大强度。

②如果浓度继续增加，在组合仪表的驾驶员信息系统中将出现一条警告信息。这条警告信息是："空调：CO_2 浓度增加。为车辆通风。"

③如果在已经泊车的车辆中发现二氧化碳数值升高，则通过唤醒车载电网控制单元 J519 促动并激活风扇。

（十二）采用 R744 的制冷剂循环回路的组件

如图 5-7-15 所示，展示了上述内容中所述组件的概览。

低压侧保养接口

连接带有蒸发器的空调

气体冷却器

高压侧保养接口

膨胀阀

低压侧制冷剂压力和制冷剂温度传感器 G1052

集液器

内部热交换器

低压侧压力排放阀

高压侧制冷剂压力和制冷剂温度传感器 G1053

带有高压侧压力排放阀的空调压缩机

图 5-7-15

系统压力：低压侧最高约 9300kPa；高压侧最高约 14 000kPa。

（十三）拓扑图（R134a）

如图 5-7-16 所示。

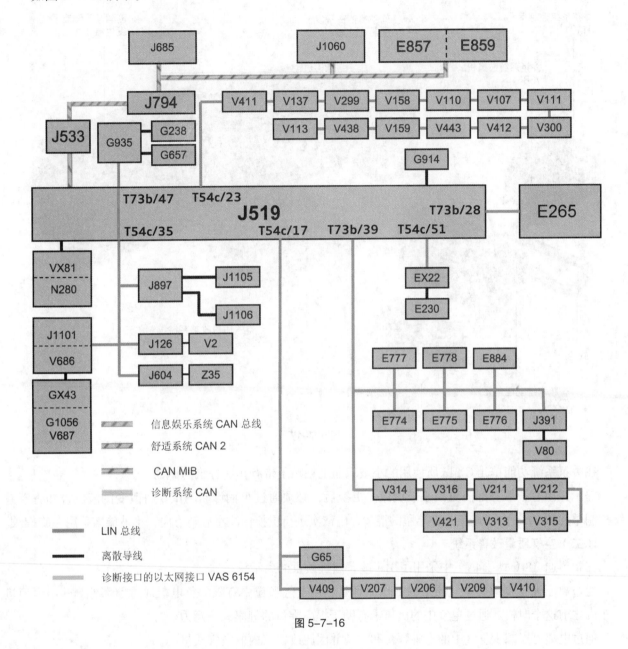

图 5-7-16

三、香味和空气质量

（一）香氛系统

嗅觉的意思是闻到气味。气味与鼻黏膜中的气味传感器接触并被这些传感器感受到。新奥迪 A8（型号 4N）提供了两种不同的香氛。可以在夏季和冬季香氛之间进行选择。在行驶过程中可以通过 MMI 显示屏、前部信息显示和操作系统控制单元的显示单元 J685 设置香氛选择以及香氛强度。同时显示了相应香氛的当前液位。

香气是由香氛系统功能单元 GX43 中的两个圆柱形小玻璃瓶提供。这个功能单元位于方向盘左侧，仪表板下面，通过一个小鼓风机将小玻璃瓶中溢出的香气输送到外侧前部的出风口中。此外可以选择不同的香味强度。

香味和空气质量的显示，如图 5-7-17 所示。

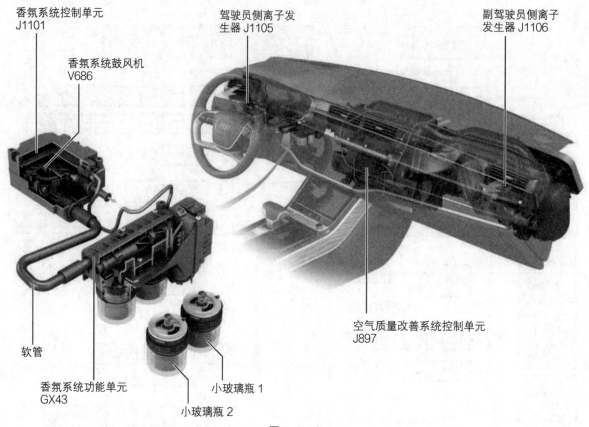

图 5-7-17

在香氛系统功能单元 GX43 所使用的小玻璃瓶上粘贴了带有相应香氛的标签。

提示：由客户服务部门更换小玻璃瓶。更换后，必须通过车辆诊断测试仪将改变的液位告知香氛系统控制单元 J1101。为了避免小玻璃瓶的混淆，应依次进行更换。注意旋转方向，小玻璃瓶采用左旋螺纹。

（二）空气质量改善系统

在新奥迪 A8（型号 4N）中采用了用于改善空气质量的离子发生器。

通过离子发生器改善空气质量的工作原理是利用空气颗粒中有限的负电荷通过前部外侧的出风口进入车内之前这个时机。通过空气中的负离子有助于提高乘员的健康和注意力。

通过电离可以减少空气中的有害颗粒和病菌并因此改善车内的空气质量。

两个离子发生器，即驾驶员侧离子发生器 J1105 和副驾驶员侧离子发生器 J1106，可单独更换，如图 5-7-18 所示。

电极可单独更换且不得损坏。在安装新电极时，必须注意电缆的颜色代码。

四、前排和后排区域的空调操作元件

（一）前排区域

在奥迪 A8（型号 4N）上取消了全自动空调控制单元 J255，因此不再有自己的空调控制单元。可通过两个触摸显示屏进行操作。空调的控制功能现在被移植到车载电网控制单元 J519 中。通过 LIN 总线系统

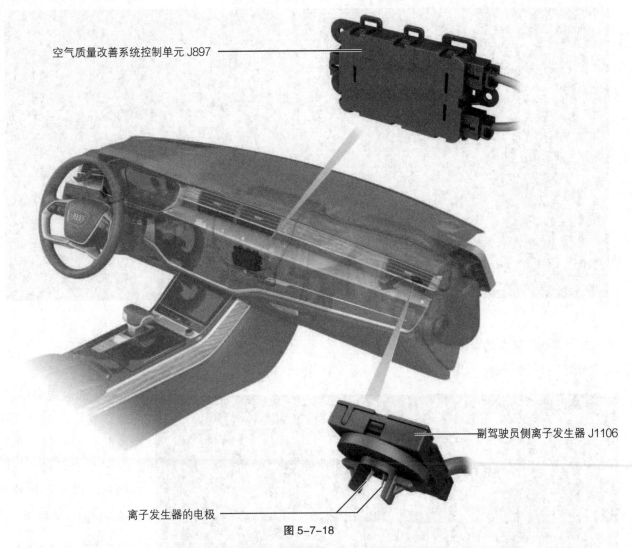

空气质量改善系统控制单元 J897

副驾驶员侧离子发生器 J1106

离子发生器的电极

图 5-7-18

实现车载电网控制单元 J519 和空调相关组件之间的通信。详细信息请参阅拓扑图。

在操作方面与光学和声学有关的重要创新是两个触摸屏。上部 MMI 显示屏和下部触摸显示屏分别安装在仪表板和中控台的中央。通过汽车菜单可以调取上部 MMI 显示屏的空调功能。

1.MMI 显示屏空调操作概览

如图 5-7-19 所示。

根据不同的装备，通过 MMI 显示屏、前部信息显示和操作系统控制单元的显示单元 J685 可以选择以下功能及其设置：

①电离；

②香味；

③方向盘加热；

④驾驶员和副驾驶员侧同步；

⑤后排乘客 / 后部的空调；

⑥驻车加热 / 通风；

⑦空调（ACmax,ACoff,ACeco）。

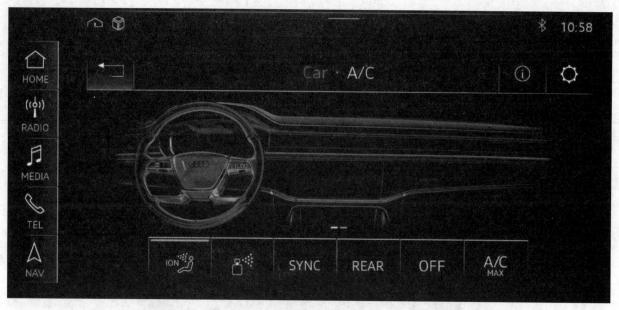

图 5-7-19

2. 下部触摸屏空调操作概览

如图 5-7-20 所示。

图 5-7-20

在下部触摸显示屏、前部信息显示和操作系统控制单元的显示单元 2 J1060 中，可以为驾驶员侧和副驾驶员侧单独设置各自的空调功能。

①温度；

②鼓风机挡位；

③空气分配；

④座椅加热；

⑤座椅通风；

⑥ AC 功能；

⑦循环空气；

⑧后窗遮阳卷帘操作；

⑨缩小空调显示（为在屏幕上半部分创建快捷方式创造空间）；

⑩自动启动 / 停止系统；

⑪接通 / 关闭显示屏。

3. 空调同步概览

如图 5-7-21 所示。

还可以通过显示屏的触摸操作实现同步。如果将两个手指合起来平行置于显示屏上方，则同步激活。如果将两个手指分开，则同步关闭。

（二）后排区域

根据不同的装备版本，后排区域提供了不同操作元件。

在开始生产（SOP）新奥迪 A8（型号 4N）时，还会提供选装的新操作元件，即 RearSeatRemote（后座遥控单元）。

在基本装备版本中，为座椅加热操作提供了两个按钮（左侧座椅加热按钮 E653 和右侧座椅加热按钮 E654）。这两个按钮均与座椅加热控制单元 J882 相连。而这个控制单元通过一条导向与车载电网控制单元 J519 直接相连。

提示：诊断测试仪无法通过诊断地址码找到座椅加热控制单元 J882。

1. 后座遥控单元

如图 5-7-22 所示。

后座遥控单元由以下部分构成：

①无线操作单元 1E859 的遥控器和辅助显示；

②操作单元 1E857 的支架。

支架是一个集成到 MIBCAN 中的独立的 CAN 控制单元。

功能和显示与前排区域的两个显示屏类似。

同样通过触摸显示屏进行操作。

2. 用于后排区域的操作元件

后排区域的另一个操作元件是后部空调的操作和显示单元 E265，这是一个不带感觉表面的操作单元。

通过这个操作单元不但可以设置温度和鼓风机强度，还可以设置座椅加热，如图 5-7-23 所示。

后排区域还可以选装另一个操作元件，即后部空调操作和显示单元

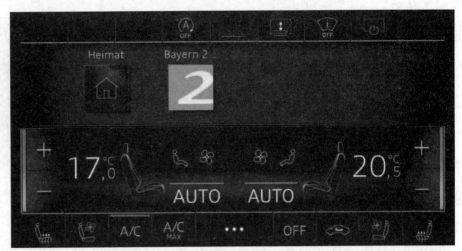

图 5-7-21

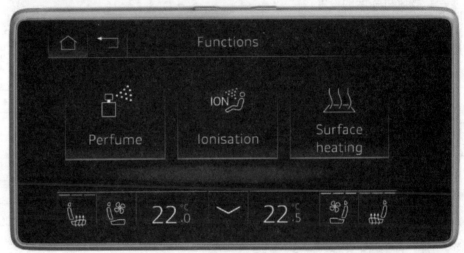

图 5-7-22

图 5-7-23

E265，这个操作单元也配备了感觉表面。因此同样也是通过触摸操作进行操作，如图5-7-24所示。

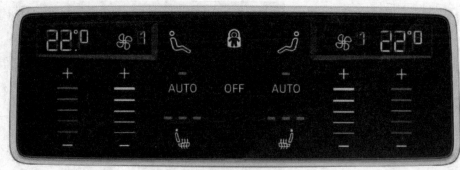

图 5-7-24

可以进行如下设置：

①温度；

②鼓风机挡位；

③空气分配；

④自动空调；

⑤空调开关；

⑥座椅加热。

3. 鼓风机强度的设置

通过感觉调节器（也被称为滑块）设置鼓风机强度。其中4个位于前排区域，2个位于后排区域。滑块名称按以下顺序，如表5-7-4所示。

表 5-7-4

左侧前排区域	空调操作和显示单元 1 E774
左侧中部前排区域	空调操作和显示单元 2 E775
右侧中部前排区域	空调操作和显示单元 3 E776
右侧前排区域	空调操作和显示单元 4 E777
左侧中部后排区域	空调操作和显示单元 5 E778
右侧中部后排区域	空调操作和显示单元 6 E884

五、座椅和可加热座椅表面

（一）按摩功能

1. 背部按摩

如图5-7-25所示。

新奥迪A8（型号4N）还提供了一种经过进一步开发的背部按摩功能。为此在前排座椅中集成了多达16个气压腔，在后排座椅中集成了多达18个气压腔。标准装备的座椅还配备了双行程气压腔。通过选装的3行程气压腔，可以增加背部按摩的强度。

为背部按摩提供3个强度挡位和以下7种程序：

①波浪；

②旋转；

③伸展；

④修养；

⑤肩膀；

⑥唤醒；

⑦活力。

足部按摩　　　　　　　　　　背部按摩

肩部按摩

图 5-7-25

2.足部按摩

如图 5-7-26 所示。

根据不同的装备版本，首次提供了足部按摩功能。为了激活足部按摩，必须将副驾驶员座椅置于初始位置。按摩程序提供 2 个选项，因此既可以通过线性压力按摩足底，又可以按摩反射区。

可为足部按摩进行如下选择：

①2 种程序（波浪、伸展）；

②3 种强度挡位；

③3 种脚部尺寸（S-M-L）。

图 5-7-26

（二）可加热表面

可加热表面指的是车门饰板中的扶手支撑表面以及前排和后排区域中的中央扶手。

基本版的一件式前部中央扶手不可加热。只有可分的前部中央扶手才能选装加热功能。

通过座椅加热装置接通、关闭和调节所有可加热表面，如图 5-7-27 所示。

为每种装配提供 3 个版本：

①仅用于前排座椅；

②仅用于后排座椅；

③或者用于前排座椅和后排座椅。

所有表面加热装置均直接与座椅加热装置相连，未接通座椅加热装置时，这些加热装置无法运行。

图 5-7-27

车门扶手支撑的表面加热以相应座椅的座椅加热装置的加热功率挡位为准。

通过后排座椅中某个座椅的座椅加热装置的较高值确定后排中央扶手的加热功率。

例如，将左后侧座椅的座椅加热装置设置为 3 挡以及将右后侧座椅的座椅加热装置设置为 1 挡，则将共用的中央扶手切换到更高的 3 挡。

（三）足底加热

足底加热装置操作概览，如图 5-7-28 所示。

在相应的装备中，只有当副驾驶员座椅处于折叠状态且位于初始位置时，才可以激活脚架中的足底加热装置。通过后座遥控单元进行操作。与座椅加热和座椅通风装置相同，可分 3 挡调节。

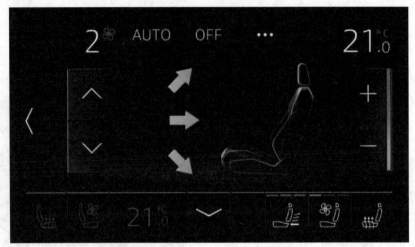

图 5-7-28

（四）座椅加热和通风装置

座椅加热和座椅通风装置分 3 挡调节。可通过前部或后部操作元件进行设置。

六、操作设备

（一）空调制冷剂充放机

随着在新奥迪 A8（型号 4N）中引进新制冷剂 R744，在售后服务中也引进了新的空调制冷剂充放机。

通过以往的空调制冷剂充放机无法对采用 R744 的空调进行保养。因为 R744 对压力和密封性的新要求，需要对空调制冷剂充放机进行全新的开发。

可通过空调制冷剂充放机实现以下任务：

①软管清空；

②排放；

③抽真空；

④加注；

⑤压力检测；

⑥喷射新机油和紫外线添加剂。

通过多功能方向盘进行操作和菜单导航。提供了一个自动模式和一个手动模式。通过手动模式可以选择单个的工作步骤，如图5-7-29所示。

"空调保养"，如图5-7-30所示。自动模式具有以下工作步骤：

①自检；

②排放；

③抽真空；

④加注。

图 5-7-29

提示：无法通过空调制冷剂充放机为R744进行制冷剂循环回路的冲洗。必须通过之前所使用的空调制冷剂充放机和相关的制冷剂（例如，R1234yf或R134a）执行这个过程。

图 5-7-30

（二）保养接口

采用R744的空调保养接口盖板不再是拧紧式结构，而是选用插接结构，通过插接提高了安全性。因为与螺栓连接方式不同，在盖板下面不会形成制冷剂压力，从而防止了盖板因为高压而自行松动的情况。此外，通过这种措施也减小了事故风险，如图5-7-31所示。

为了在服务中不会意外地抽出或加注错误的空调气体，服务接口和服务连接器均采用了机械编码。也就是说，R134a、R1234yf和R744的接口几何结构是不同的，例如，直径和接口长度。

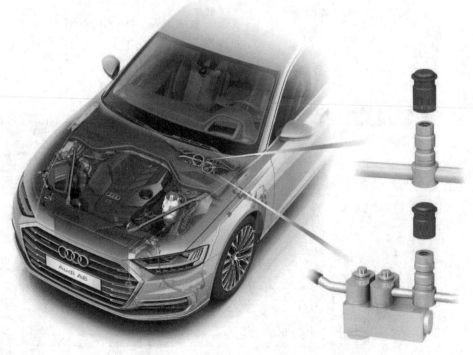

图 5-7-31

1277

第八节　奥迪电气系统经典故障案例

一、2018 年一汽奥迪 A3 右后转向灯无动态转向功能

车型：一汽奥迪 A3 PA Lim，配置 1.4T 发动机。

发动机型号：CSS。

故障现象：车辆打开右转向或双闪警告灯，右后尾灯转向灯无动态转向功能。

故障诊断：

（1）2019 年 1 月 4 日车辆进店，抱怨车辆打开右转向或双闪警告灯，右后尾灯转向灯无动态转向功能，确认现象存在，右侧转向灯转向时为普通转向灯亮起模式，仪表无报警。

（2）VAS6150B 引导型故障查询，控制单元无故障存储，如图 5-8-1 所示。

（3）检查此车配置表，此车配置为 8SP 运动型动态转向功能后尾灯，如图 5-8-2 所示。

地址: 0009 系统名: 09 - 中央电子电气装置（BCM）协议改版: UDS/ISOTP (Ereignisse: 0)

识别：

硬件零件号:	5Q0937084CF
零件号:	5Q0937084DC
硬件版本号:	H38
软件版本号:	0273
制造日期:	01.11.2018
编码:	
编码:	0000000000000000000000000000000000000000000000000000000000
可擦写性:	未知
系统名称:	BCM MQBAB M+
ASAM 基本型号:	BV_CentrElectUDS
ASAM 2D/ODX 数据记录:	EV_BCMMQB
ASAM 2D/ODX 数据记录版本:	019001
使用的 ASAM/ODX 控制单元型号:	EV_BCMMQB_019
目标数据库:	8V0909514AD
目标数据库版本:	0026
装备代码:	47 18 BE 3A AA 6A 65 45 F2 81 17 B7
系统简称:	J519

图 5-8-1

查询PR号	车辆维修历史	查询行动信息	查询诊断报告	三包期历史

96	7P9	驾驶员侧腰部支撑
97	7S0	无挡风板
98	7UH	数据连接接口
99	7W0	无扩展安全系统
100	7X2	前后倒车雷达带模拟图像
101	7Y0	无变道辅助系统
102	7ZX	
103	8G0	无灯光辅助
104	8GU	发电机
105	8IT	LED大灯
106	8K1	
107	8M0	无间歇控制的后窗雨刮和清洗系统
108	8N6	雨光传感器
109	8Q3	大灯自动调节
110	8RM	
111	8SP	动态转向功能后尾灯
112	8T0	无定速巡航
113	8TB	后雾灯
114	8W1	洗涤液水位指示器
115	8WM	固定全天候雾灯

图 5-8-2

（4）与其他同等配置车辆进行编码对比，对控制单元进行在线实际值比较结果为无须更改。

（5）拆检右后尾灯检查备件与同等配置车辆的备件号（8V5945092）一致，如图5-8-3所示。

（6）查询相关电路图进行测量，右后尾灯线束供电搭铁线路正常，针脚无松脱无虚接，进一步分析电路图，右后车身尾灯及后备箱盖尾灯有共同的线结点T17a/14线束颜色为灰/蓝，如图5-8-4所示。分析为此线实现转向灯动态运动转向功能。

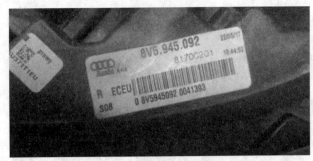

图 5-8-3

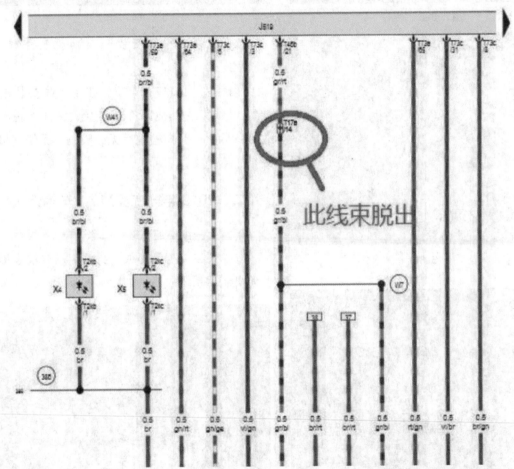

图 5-8-4

（7）进一步检查拆检左侧A柱下部饰板，检查测量T17a/14线束，当拆卸完饰板后，发现针脚已从插头中脱出，如图5-8-5~图5-8-7所示。

（8）将线束针脚恢复后故障排除。

故障原因：T17a/14插头在生产线安装过程中导致，14线束安装过程中，跨过其他插头，由于线束长度有限，受其他部件干涉受力，针脚脱出引起故障，如图5-8-8所示。

1-17芯插头连接 -T17d-，绿色
2-17芯插头连接 -T17a-，黑色
3-17芯插头连接 -T17c-，红色
4-17芯插头连接 -T17b-，棕色
5-17芯插头连接 -T17-，蓝色

图 5-8-5

图 5-8-6

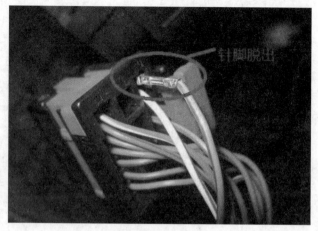

图 5-8-7

故障排除：重新安装 T17a/14 插头针脚，并将针脚固定。

故障总结：T17a/14 插头在生产线安装过程中导致 14 线束受其他部件干涉受力，针脚脱出引起故障，且此根针脚松脱后无故障码，无仪表报警，只有故障现象。

图 5-8-8

二、2019 年一汽奥迪 A3 车辆无法启动

车型：一汽奥迪 A3。

故障现象：车辆停放后无法启动，仪表提示：发动机启动系统故障，如图 5-8-9 所示，驻车制动

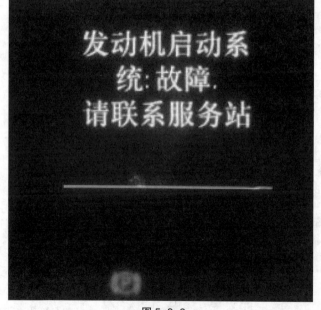

图 5-8-9

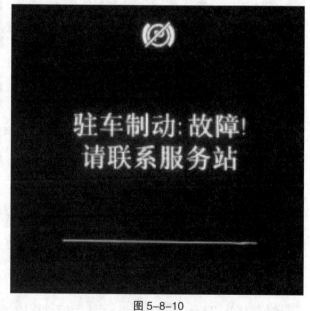

图 5-8-10

故障，请联系服务站，如图 5-8-10 所示。

故障诊断：

（1）接车检查故障存在，在启动车辆时无任何反应，仪表提示发动机故障和驻车制动故障。

（2）用 VAS6150E 检测，地址码 01、03、15、19、44 等控制单元存在多个故障码，如图 5-8-11~图 5-8-13 所示。

地址: 0001 系统名: 01 - 发动机电子设备 协议改版: UDS/ISOTP (Ereignisse: 8)

　　➕ **识别:**

　　➕ **故障存储器记录** (数据源:车辆):

图 5-8-11

地址: 0003 系统名: 03 - 制动电控系统（TRW） 协议改版: UDS/ISOTP (Ereignisse: 7)

　　➕ **识别:**

　　➕ **故障存储器记录** (数据源:车辆):

图 5-8-12

控制单元地址	故障
0019	U014000: 车身计算机1/车载电网控制单元/电子设备控制单元 无通信
0001	U021200: 失去与转向柱控制单元的通讯 无通信
0001	U021200: 失去与转向柱控制单元的通讯 无通信
0001	U019900: 驾驶员侧车门控制单元 无通信
0001	U014100: 车身计算机2/舒适/便捷系统中央模块/ZKE 无通信
0001	U014100: 车身计算机2/舒适/便捷系统中央模块/ZKE 无通信
0001	U014000: 车身计算机1/车载电网控制单元/电子设备控制单元 无通信
0001	U014000: 车身计算机1/车载电网控制单元/电子设备控制单元 无通信

图 5-8-13

（3）自诊断检测车载电网控制单元 09 无法识别，不能进行诊断，如图 5-8-14 所示。

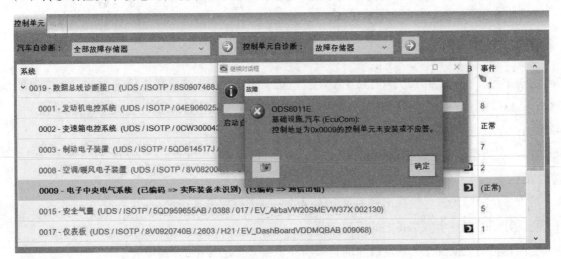

图 5-8-14

（4）根据引导提示读取舒适 CAN 总线控制单元的通信状态，发现 J519 出现通信故障，如图 5-8-15 和图 5-8-16 所示。

（5）以车载电网控制单元 J519 无法通信为切入点，进行原因分析。可能导致的故障原因：控制单元供电，控制器的保险丝损坏；CAN 导线损坏或断路；控制器插头，插接器损坏；控制单元损坏。

（6）依据 Elsa 检查 J519 的保险丝供电情况，未发现异常，检查 J519 的搭铁连接也正常。检查 J519 的 CAN 总线通信正常，如图 5-8-17 所示。

所安装的数据总线 舒适型 的控制单元：　　安装在数据总线 舒适型 上的控制单元按以下方式通信：

前排乘客侧车门控制单元 J387　　车载电网控制单元 J519 通信故障
全自动空调控制单元 J255或 J301或 J65　　组合仪表中的控制单元 J285 通信正常
组合仪表中的控制单元 J285　　全自动空调控制单元 J255或 J301或 J65 通信正常
车载电网控制单元 J519　　驾驶员侧车门控制单元 J386 通信正常
驾驶员侧车门控制单元 J386　　前排乘客侧车门控制单元 J387 通信正常

图 5-8-15　　　　　　　　　　　　　图 5-8-16

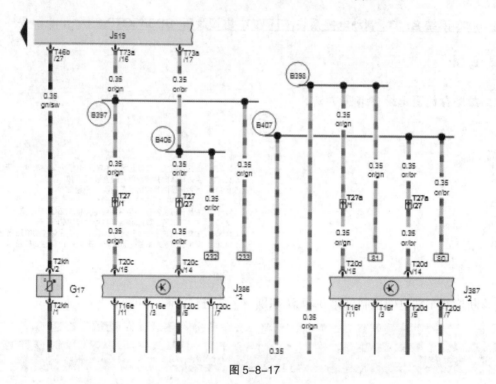

图 5-8-17

（7）通过电路图分析，J519/J386/J387CAN 总线通过内部线束节点共同连接到 J533T20a/5 和 T20a/15 针脚，J386 和 J387 通信正常，由此分析 CAN 总线正常，故障就是由 J519 损坏导致。

故障原因：车载电网控制单元内部故障导致。

故障排除：更换车载电网控制单元 J519。

故障总结：

（1）对于多个故障码，尽量找出较为接近问题的故障进行初步排查。

（2）测试计划的引导步骤是我们的指导老师。

（3）要用充足的证据支撑去判定故障的真实所在，揭开那层神秘的面纱。

三、2016 年一汽奥迪 A4L 开空调后部出热风

车型：一汽奥迪 A4L（B9）。

故障现象：客户反映，开空调的时候，前部吹凉风，后排空调口一直出热风。

故障诊断：

（1）启动车辆打开空调，调节前部空调面板温度旋钮，前部出风口风量大，温度低，确定空调系统工作正常，调节后部空调面板温度按钮，温度不变，始终出热风。

（2）使用VAS6150诊断仪进行诊断，进入"08空调系统"，诊断仪中存储有多个偶发故障，如图5-8-18和图5-8-19所示。

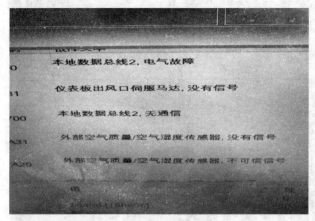

图5-8-18

图5-8-19

故障原因：

（1）分析故障原因：后排出风口温度传感器损坏，信号不准确；后部空调面板故障；LIN线用户故障。

（2）通过测量值读取后排出风口的温度，此时诊断仪显示的温度为-16.5℃，存在异常，怀疑温度传感器故障，拆开后出风口，发现风道里面之前洒饮料了，找车替换温度传感器，数据流无变化，故障依旧。

（3）尝试断开温度传感器的插头，再次读取数据流，显示温度为84℃，此时后出风口里开始出凉风了。分析故障原因，由于后部空调面板发送的温度传感器信号不准确，导致后部温度风门伺服电机工作异常。

（4）确定了故障原因，判断故障点可能存在的地方：后部风口温度传感器线路问题，导致信号输入不准确；后部空调面板自身问题，输出信号不准。

（5）查询Elsa电路图，测量传感器G537到后部空调面板E265的导线，没有异常；拔掉后部空调面板的插头，风道出来的热风变为凉风，确定为后部空调面板的故障，如图5-8-20所示。

（6）拆掉后空调面板，发现面板的下方有饮料的痕迹，如图5-8-21所示，更换面板，故障排除。

故障排除：更换面板。

故障总结：在一汽奥迪A4L（B9）的空调操作系统中，后部空调面板E265属于LIN线用户，该车在E265进饮料之后，存储有"本地数据总线故障"以及与E265并联的其他LIN用户故障，查阅相关资料，总结了一下该车空调系

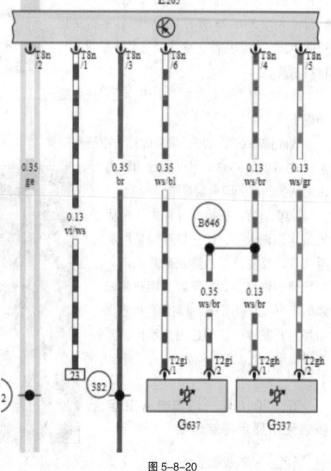

图5-8-20

统中的 LIN 总线联网，如图 5-8-22 所示。

四、2011 年一汽奥迪 A4L 遥控器偶尔失灵

车型：一汽奥迪 A4L（B8）。

发动机型号：CDZ。

行驶里程：60 159km。

故障现象：遥控器偶尔失灵。

故障诊断：

（1）试车，有故障现象，两把遥控器测试现象相同。

（2）测量遥控器电池电压 3V。

（3）检查天线放大器插头连接完好，拔下插头测试，与故障现象相同，初步认为天线故障。测量天线至舒适系统控制单元 J393 之间的天线导线，结果正常。

（4）替换其他车辆的天线，故障依旧。拆卸舒适系统控制单元 J393，检查无进水情况，再将控制单元外壳拆卸，看到天线插脚的焊点异常（如图 5-8-23 所示），处理后重新安装控制单元，故障排除，确认舒适系统控制单元 J393 故障。

故障原因：焊点焊接不牢固。受到外力震动或挤压。

故障排除：先处理，重新焊接。更换舒适系统控制单元 J393。因更换费用较高，用户选择维修，即重新焊接。

故障总结：在检测过程中，先从系统工作原理入手，逐一检查测量涉及的零部件，反复测试故障现象并验证。在能维修的情况下，尽可能为用户维修，降低用户维修费用，会提高用户满意度，增加用户黏性，切勿让用户承担较高的维修费用，造成用户流失。

五、2016 年一汽奥迪 A4L 组合仪表无法显示导航地图

车型：一汽奥迪 A4L（B9）。

图 5-8-21

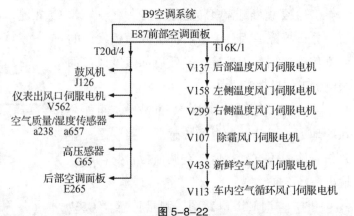

B9空调系统

E87前部空调面板	

T20d/4   T16K/1

鼓风机 J126   V137 后部温度风门伺服电机

仪表出风口伺服电机 V562   V158 左侧温度风门伺服电机

空气质量/湿度传感器 a238   a657   V299 右侧温度风门伺服电机

高压传感器 G65   V107 除霜风门伺服电机

后部空调面板 E265   V438 新鲜空气风门伺服电机

V113 车内空气循环风门伺服电机

图 5-8-22

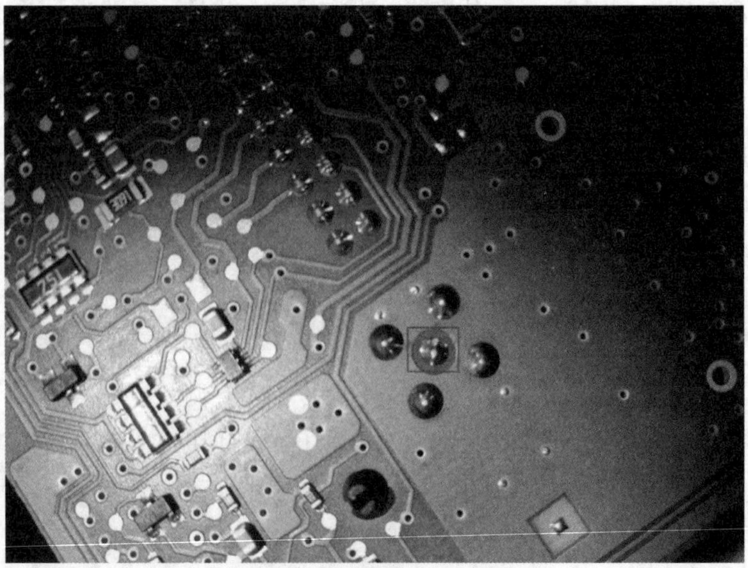

图 5-8-23

行驶里程：35 670km。

故障现象：组合仪表 J285 导航地图无法正常显示，如图 5-8-24 和图 5-8-25 所示。

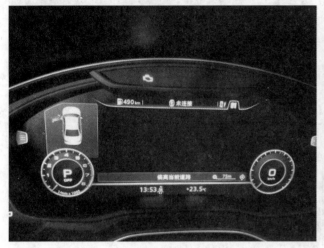

图 5-8-24

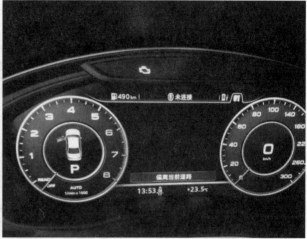

图 5-8-25

故障诊断：

（1）客户来店反映组合仪表上导航地图不显示，初步确认故障现象的确与客户所描述的一致。

（2）诊断仪 VAS6150D 读取有相关的故障存储记录（17-B13B901 到信息电子装置的视频导线 1，电气故障），如图 5-8-26 所示。

图 5-8-26

（3）根据故障码的提示大概可以判断出，组合仪表 J285、信息娱乐系统控制单元 J794 之间的视频线 LVDS 断路，检查车辆有一些后期增加的配置（360° 环车影像），J794 上面的线路松动的可能性较大。

（4）于是拆下右前手套箱，发现 J794 未固定，视频线 LVDS 虚接，如图 5-8-27 和图 5-8-28 所示。

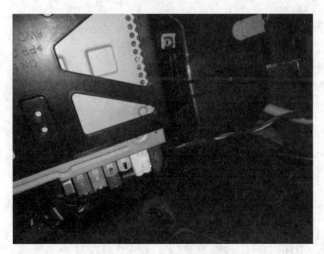

图 5-8-27

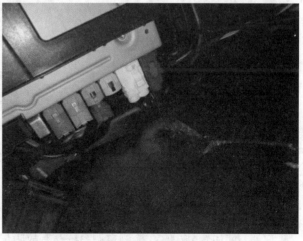

图 5-8-28

（5）将信息娱乐控制单元 J794 端的视频线 LVDS 重新固定及固定螺丝重新安装后，故障排除，仪表屏幕显示如图 5-8-29 所示，主机如图 5-8-30 所示。

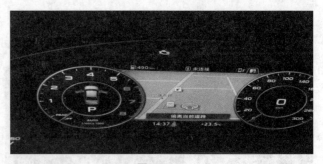

图 5-8-29

故障原因：由于后期增加一些原车没有的配置，拆装过信息娱乐控制单元 J794，未将其固定及相关插头没有安装到位导致组合仪表 J285 导航地图不显示。

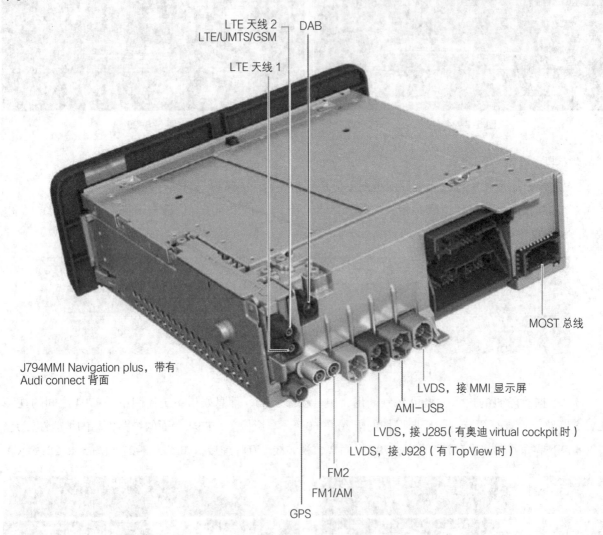

LTE 天线 2 — DAB
LTE/UMTS/GSM
LTE 天线 1

MOST 总线

J794MMI Navigation plus，带有
Audi connect 背面

LVDS，接 MMI 显示屏
AMI-USB
LVDS，接 J285（有奥迪 virtual cockpit 时）
LVDS，接 J928（有 TopView 时）
FM2
FM1/AM
GPS

图 5-8-30

故障排除：信息娱乐控制单元 J794 端的视频线 LVDS 重新固定以及固定螺丝重新安装。

六、一汽奥迪 A4L 空调鼓风机不工作

车型：一汽奥迪 A4L（B9）。

故障现象：空调鼓风机不工作，操作面板按键功能正常。

故障诊断：

（1）使用 VAS6150B 检测空调系统存有故障记录：U10C700 本地数据总线 2 无通信静态。

（2）查询电路图及维修手册发现本地数据总线两个支路连接有故障，如图5-8-31所示。

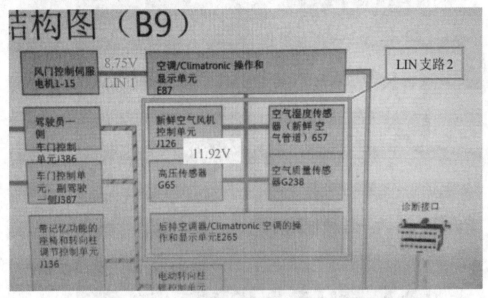

J126.新鲜空气鼓风机控制单元　G65.高压传感器　G238.空气质量传感器　E265.后排空调操作显示单元　G657.新鲜空气进气道中的空气湿度传感器

图 5-8-31

（3）首先拔下 J126 插头测量 LIN 线电压为 11.92V，如图 5-8-32 所示。测量 E87 前部空调操作和显示单元上的另一条 LIN 支路 1 电压为 8.57V（如图 5-8-33 所示），两个支路电压相差较大。怀疑 LIN 支路 2 对正极短路。

（4）逐个拔下 LIN 支路 2 上各元件检查发现 G65 高压传感器插头内部腐蚀，如图 5-8-34 和图 5-8-35 所示。

故障原因：因高压传感器 G65 插头腐蚀短路导致整条 LIN 支路无通信。

图 5-8-32

图 5-8-33

图 5-8-34

图 5-8-35

故障排除：更换 G65 高压传感器，更换维修线束插头针脚。

七、2018 年一汽奥迪 A4L 启停过程 MIB 系统重启

车型：一汽奥迪 A4L（B9）。

发动机型号：CWN。

故障现象：客户抱怨车辆行驶过程中，启停功能激活时，偶发性出现 MMI 显示屏黑屏后 MIB 系统重启，同时液晶仪表中间显示屏地图显示黑屏，后又自动恢复初始化。换挡杆挡位从 D 挡自动切换 P 挡。

故障诊断：

（1）维修技师接车后试车，故障为偶发，经长时间试车后故障重现。当启停功能激活时发动机熄火后，

MMI 显示屏黑屏，同时液晶仪表的中间显示屏导航地图也会黑屏，稍后 MIB 系统重启，仪表中间显示屏导航恢复初始化。

（2）使用 ODIS 进行车辆诊断，读取系统内部故障码，只有 5F 信息娱乐系统内报有相关的故障码："U10CF00：仪表板显示光学数据总线偶发性中断"，如图 5-8-36 所示。根据引导型故障查询，对 MOST 控制单元进行光学和电气的检测，未发现异常。

地址: 005F 系统名: 5F - 信息电子装置1（高）协议改版: UDS/ISOTP (Ereignisse: 4)

+ 识别:

- 故障存储器记录:

故障存储器记录
编号:	U10CF00: 仪表板显示光学数据总线 偶发性中断
故障类型 2:	被动/偶发
症状:	6672
状态:	00001000

- 标准环境条件:
日期:	19-2-12
时间:	11:51:07
里程（DTC）:	1418
优先等级:	7
频率计数器:	1
遗忘计数器/驾驶周期:	57

图 5-8-36

（3）根据检测计划进行进一步的检测，查阅电路图，检查 MOST 总线上控制单元 J794 和 J285 之间的光学导线连接和插头。经检查未发现异常。对系统进行 SVW 对比未发现异常，如图 5-8-37 所示。怀疑是 J794 控制单元内部故障。通过与同配置车辆替换 J794 进行试车，故障未再现。让客户行驶观察。第三天，客户抱怨故障再次出现。

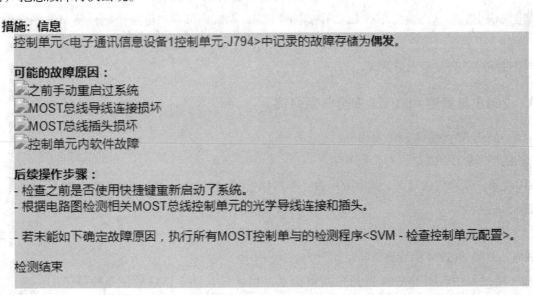

措施: 信息
控制单元<电子通讯信息设备1控制单元-J794>中记录的故障存储为偶发。

可能的故障原因：
之前手动重启过系统
MOST总线导线连接损坏
MOST总线插头损坏
控制单元内软件故障

后续操作步骤：
- 检查之前是否使用快捷键重新启动了系统。
- 根据电路图检测相关MOST总线控制单元的光学导线连接和插头。

- 若未能如下确定故障原因，执行所有MOST控制单与的检测程序<SVM - 检查控制单元配置>。

检测结束

图 5-8-37

（4）根据故障现象故障都发生在启停功能激活时，发动机熄火瞬间，思考：此过程与故障现象有何关系？如何产生影响？同时在检测计划提示，系统重启也可造成此类故障码。分析启停期间对车身电气系统影响较大的是车辆电压，判断可能由于启停期间，影响到车载电网电压，使车辆部分系统重启。怀疑此故障是由于启停期间车辆 12V 车载电网不稳或车辆供电不足造成。使用 ODIS 检查，未发现与故障发生时对应的与电压相关的故障码。检查蓄电池电压正常，检查蓄电池接线柱连接正常。检测发电机和检查布线，未发现异常。

（5）检查蓄电池的布线与搭铁，当准备处理蓄电池搭铁线时发现搭铁线螺栓未拧紧，蓄电池搭铁线连接处有烧蚀现象，如图 5-8-38 所示。

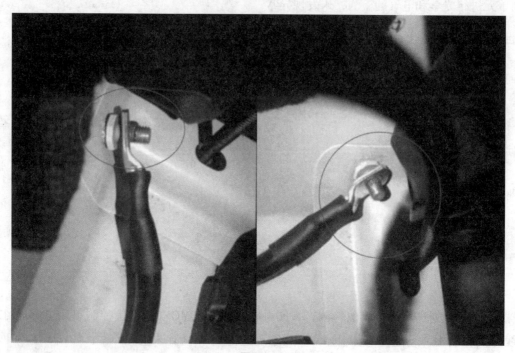

图 5-8-38

故障原因：分析可能是由于蓄电池搭铁出现虚接，造成在启停期间发动机停止时，发电机停止发电，改由蓄电池供电，搭铁虚接使车辆 12V 车载电网不稳，系统内部供电电压过低，使 MIB 系统重启，和换挡杆重新挂入 P 挡。

故障排除：处理蓄电池搭铁线。

八、2018 年奥迪 A5 2.0T 安全气囊灯亮

车型：奥迪 A5，配置 2.0T 发动机。

发动机型号：CYRB。

故障现象：安全气囊灯亮，读取故障为：907314 碰撞信号对地短路，如图 5-8-39 所示。

故障诊断：

（1）根据故障码，通过引导型故障检测得出的结论该故障有 3 个方面原因：J533 损坏；控制器 J234 损坏；J533 和 J234 的线路故障。如图 5-8-40 所示。

（2）通过万用表测量 J234 到 J533 线束正常，和试驾车对换 J533 后试车故障依旧，尝试更换 J234 后试车故障没有出现，车辆交付客户行驶 3 天后故障再次出现，到店检测故障码还是相同的碰撞信号对地短路。

（3）根据该车车架号再次查询电路图，确认 J533 到 J234 之间没有其他线路，分析是不是车辆其他的碰撞传感器线路故障或是传感器故障导致，系统报该故障码。逐一检查各个碰撞传感器和线路均正常，尝试模拟线路故障发现故障码与故障车辆不相同，这样就排除了各个碰撞传感器和线路，如图 5-8-41 所示。

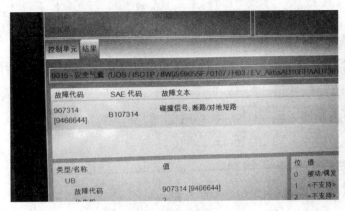
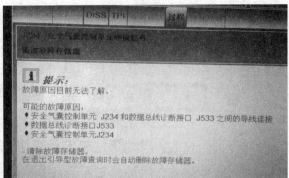

图 5-8-39　　　　　　　　　　　　　　　　图 5-8-40

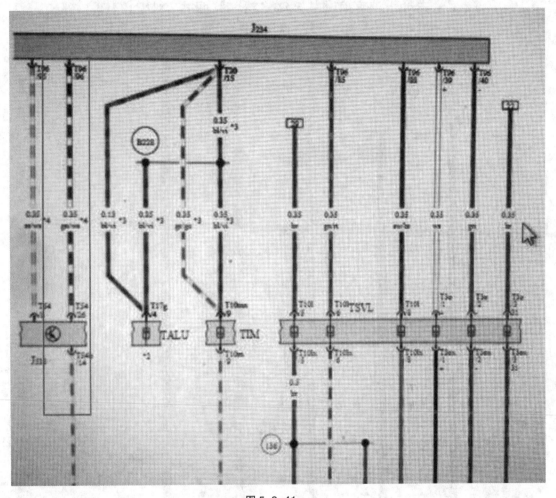

图 5-8-41

（4）故障分析到这里确认故障还是在碰撞信号导线上，怀疑是否有其他的碰撞信号导线没有被我找到或是遗漏了。通过仔细查找电路图发现，该车安全气囊系统还有美版的电路图，查找美版发现在两前座椅上还有碰撞传感器，如图 5-8-42 和图 5-8-43 所示。

（5）根据美版电路图查找在故障车辆上确实有这个线路，测量后发现左前座椅碰撞线对地短路导致故障（如图 5-8-44 所示），修复后故障排除。

图 5-8-42

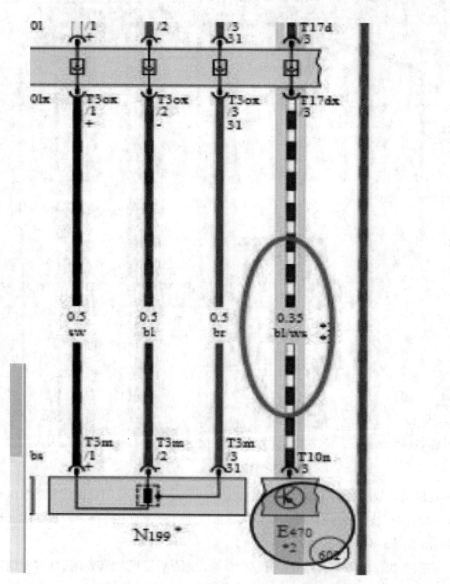

图 5-8-43

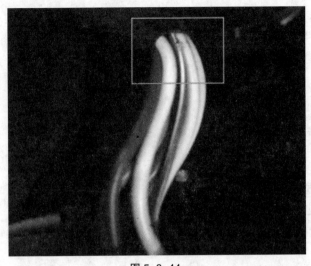

图 5-8-44　　　　　　　　　　　　　　　　图 5-8-45

（6）分析原因：由于导线布线时与左前座椅骨架位置太近导致客户在特定的座椅位置时磨到了这根碰撞导线（如图 5-8-45 所示），导致故障。

故障总结：对于进口车型在排除电气故障时，需要仔细地多对比电路图上的信息，避免走弯路。

九、2018 年奥迪 A5 安全气囊灯偶发性亮起

车型：奥迪 A5。

发动机型号：CYR。

故障现象：行驶一段时间后，安全气囊灯亮起。

故障诊断：

（1）读取故障码为"B107314：碰撞信号短路 / 对地短路"偶发，如图 5-8-46 所示。

故障存储器记录

编号:	B107314: 碰撞信号 断路/对地短路
故障类型 2:	被动/偶发
症状:	9466644
状态:	10001000

□ **标准环境条件:**

日期:	19-10-31
时间:	23:29:17
里程（DTC）:	26086
优先等级:	2
频率计数器:	2
遗忘计数器/驾驶周期:	255

图 5-8-46

（2）根据引导型故障查询，可能的故障原因如图 5-8-47 所示。

（3）检查 J234 与 J533 之间碰撞信号线，正常。处理 J234 与 J533 之间信号线针脚，经过试车，故障依旧。

（4）查询电路图，发现碰撞信号线除了 J234 与 J533 之间通信外，还连接左前座椅调节开关 E470 和右前座椅调节开关 E471，如图 5-8-48 所示。

可能的故障原因：

- 安全气囊控制单元 J234 和数据总线诊断接口 J533 之间的导线连接
- 数据总线诊断接口J533
- 安全气囊控制单元J234

清除故障存储器。

在退出引导型故障查询时会自动删除故障存储器。

图 5-8-47

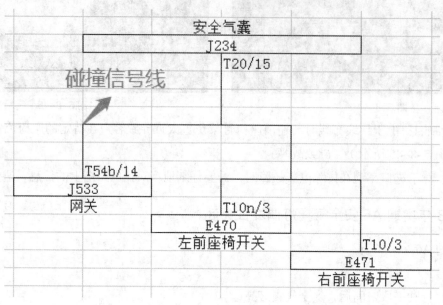

图 5-8-48

（5）根据电路图提示，检查座椅开关处线路，发现左前座椅开关处碰撞信号线有磨损现象（如图5-8-49所示），根据线束安装位置，判断为该线束与座椅骨架之间相对运动磨损导致。

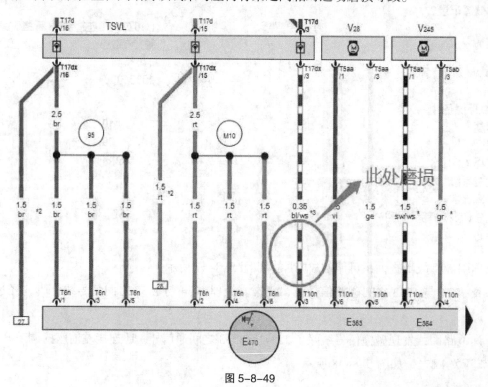

图 5-8-49

（6）同时检查了右侧座椅调节开关处线束，发现也有磨损现象（如图5-8-50～图5-8-52所示），同时处理线束并调整线束相对位置，试车后故障排除。

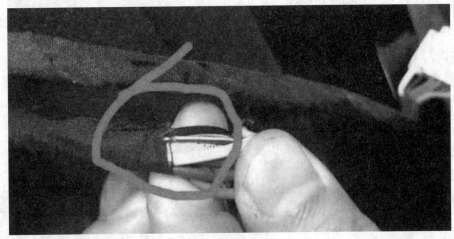

图 5-8-50

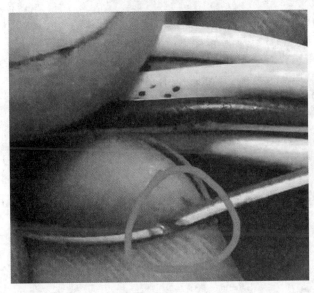

图 5-8-51

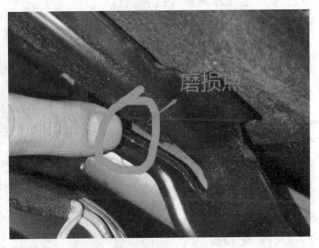

图 5-8-52

故障原因：座椅开关线束与座椅骨架之间发生相对运动，线束绝缘层磨损以后，碰撞信号线直接与骨架接触，造成线路短路，安全气囊灯亮起。

故障排除：处理相关线束。

故障总结：新款A5车型该故障已经遇到两辆车，故障点相同，又碰到Q5L车型相同故障，A柱下饰板下面线束与饰板卡扣磨损。A5车型座椅开关线束与座椅骨架之间容易产生相对运动，需要注意。

十、2018年奥迪A5气囊灯有时亮故障灯

车型：奥迪A5。

发动机型号：CVK。

故障现象：

（1）用户反映42450km仪表亮气囊故障指示灯亮，进我店检查发现一个偶发故障码B107314：碰撞信号断路/对地短路/偶发，清除故障码后无法再现故障。

（2）42522km 用户再次进店表示气囊灯再次点亮，有时仪表中间还会 SOS 故障提示。

（3）车辆无加装、无改装、没出过事故。

故障诊断：

（1）使用 ODIS 读取到地址码 15 内有 B107314：碰撞信号断路 / 对地短路偶发 10 次的故障码，如图 5-8-53 所示。地址码 19 内有 B107311：碰撞信号对地短路偶发的故障码，如图 5-8-54 所示。

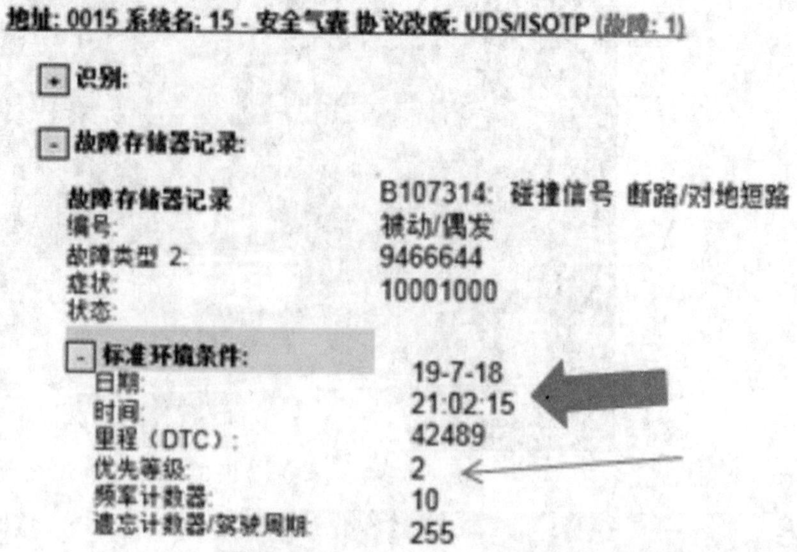

（2）从故障码的环境与优先等级进行对比，B107314：碰撞信号断路 / 对地短路的优先等级是 2，是故障码中等级最高的，触发时间也比地址码 19 内故障码的时间要早。

（3）暂怀疑故障现象是由安全气囊系统故障引起的 SOS 报警。

（4）根据 ODIS 的引导结果提示可能原因是碰撞 PWN 导线有问题，J533 至 J234、J234 至 E470 或 J234 至 E471，如图 5-8-55 所示。

（5）查 Elsa Pro 无相关 TPI、无 sost 维修指导，查询 Elsa Pro 电路图，根据车辆配置绘制电路简图。

（6）根据简图（如图 5-8-56 所示）分析，这类故障线路对地线或车身有接触，或控制单元内部故障，碰撞信号

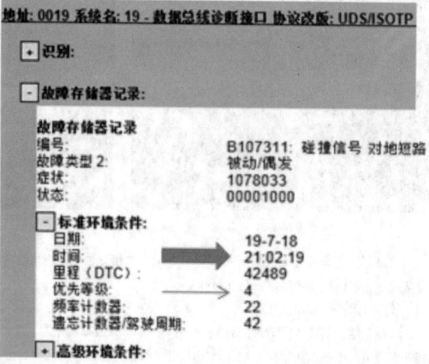

图 5-8-53

图 5-8-54

是 PWN，类似于 LIN 通信不打开点火开关，该导线内有 12.5V 电压，打开点火开关有 11.1V 电压；故障码报对地短路，根据故障码类型需要测量导线的导通，使用蜂鸣挡测量必须要不带电测量。遵循由简至繁的原则，先拔下座椅地毯下的 T17e、T17d 与左侧 A 柱 T17g 测量之间电路无对地、短路或对正极；测量从左侧 A 柱分别至两前座椅开关的导线状态同上；拆卸马鞍与后排长凳，测量 J533 至 T10m/9 的导线状态同上；测量 J234 至 T10m/9 的导线也状态同上，一切正常。由于偶发故障无法再现，陷入僵局。

（7）再次问询用户这个故障会在什么路况、什么状况比较容易出现，用户表示毫无规律，气囊灯亮

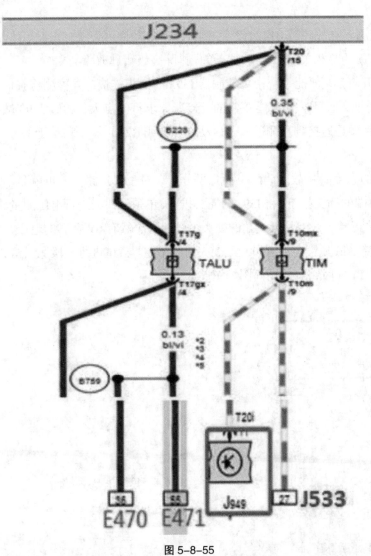

图 5-8-55

后就没有熄灭过，但 SOS 故障在颠簸路面或急制动后出现概率会比较大。

（8）根据用户的描述，结合实际情况还是怀疑线束的故障率较高，再次对线束容易接触车身的区域进行检查。最终发现左前座椅开关线束与座椅骨架有摩擦，且破皮，如图 5-8-57 所示。该线束与座椅骨架接触后，气囊故障灯点亮，而且伴随 SOS 故障提示。

故障排除：修复线束，并在座椅骨架摩擦处垫毛毡垫；修复后试车未见异常，用户使用 1 周未见异常，故障修复。

故障总结：

（1）在偶发性电气故障面前，需要认真仔细分析。

（2）查看电路图时，要结合车辆的配置（PR 号），不然容易出现不必要拆装或误判；根据 Elsa Pro 电路绘制一个简图，对故障排除有事半功倍的效果。

（3）在整个维修过程中，问询用户是非常必要的。

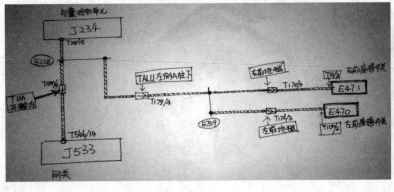

图 5-8-56

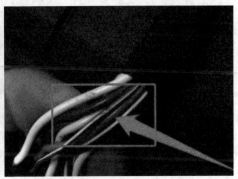

图 5-8-57

十一、2019 年奥迪 A5 高级钥匙失灵，仪表启停系统故障

车型：奥迪 A5。

故障现象：对用户抱怨的故障现象进行描述，车辆高级钥匙失灵，锁车和解锁都不可用，且仪表有启停系统故障报警。

故障诊断：

（1）到店检查故障现象存在，诊断仪检测存在故障码B147412：左侧进入及启动许可天线对正极短路，读取启停系统的不工作原因，由于启停系统无明显相关故障码，决定首先排除高级钥匙故障。

（2）根据引导型故障查询，首先，脱开舒适／便捷系统中央控制器J393的插头连接，并检测检查插头连接、其触点和布线是否损坏、潮湿和锈蚀，检测一切都是正常的。接着要求打开点火，检查J393端插座的E2和E3针脚的电压（E2和E3两个针脚是连接到左侧进入及启动许可天线R200的），均小于1（正常），最后提示需要更换J393。

（3）由于车辆为新车，抱着谨慎换件的态度，从故障码的字面意思分析"对正极短路"，也就是不应该有电压的线路存在了电压，于是将R200端的插头拔下，将J393的插头拔下，单独对线路进行电压测量，测量发现J393端的插头两个针脚均无电压（正常），但是天线端的插头1号针脚居然有6V左右的电压，但是根据电路图，不可能存在电压。由此肯定，故障锁定在R200至J393的线路上。尝试进行分段测量法，从而锁定线路短路位置，在拔插中间的插头T19a时，电路图简图如图5-8-58所示。

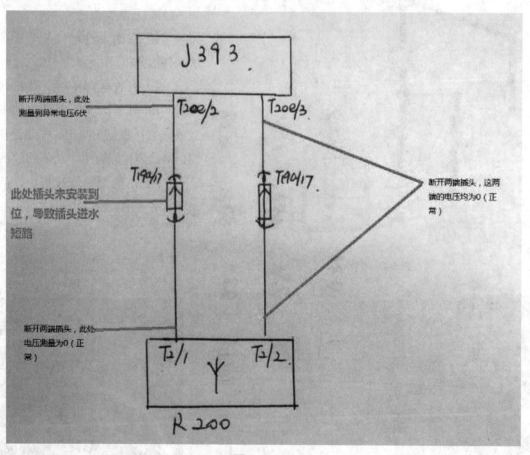

图5-8-58

发现插头的锁销没有安装到位，拔开插头后，里面有积水（如图5-8-59和图5-8-60所示），由此找到故障点，清理插头积水后故障消除，高级钥匙功能正常，仪表启停功能无报警。

故障原因：B柱插头未安装到位，导致密封不严进水。

故障排除：清理插头内积水，将B柱插头安装到位。

故障总结：

（1）诊断仪只是个辅助工具，不能盲目按照导航进行换件。

图 5-8-59　　　　　　　　　　　　　　　　　　图 5-8-60

（2）对于短路测量，必须断开两端的插头，首先排除线路自身故障。

（3）启停系统采集的数据包含了 J393 的，J393 的相关故障码也会导致仪表启停系统报警。

十二、2016 年一汽奥迪 A6L 车辆无法启动

车型：一汽奥迪 A6L C7 PA。

发动机型号：CYY。

故障现象：客户反映，与家人一起出去自驾游，早上开出去还是好好的，等到下午准备返程的时候，车辆出现启动车辆无反应，来来回回重复点火开关多次均无法排除故障。车子电压肯定是够的，大灯和喇叭均正常。

故障诊断：维修技师通过电话沟通以后发现故障车辆可能在现场无法解决，与客户商量是否可以把车辆拖回店内检查，客户表示认同，车辆通过板车施救到店。维修技师第一时间接收车辆并上车确认故障现象，发现故障现象与客户描述一致，踩住制动启动车辆无任何反应，仪表无挡位显示，查询系统无相关维修记录。分析可能是挡位信号丢失了，导致车辆无法启动。多次来回挂挡，故障现象均无法改变。我们用诊断仪检测发现有故障码：U010100 变速器控制单元无通信和 U000200 驱动系数据总线无通信，如图 5-8-61 所示。

通过上面故障码结合车辆故障现象分析可能存在的故障：

变速器控制单元供电故障；

变速器控制单元接地故障；

变速器控制单元通信异常，CAN 线存在线路故障；

CAN 导线损坏，插接器 CAN 分离插头损坏；

变速器控制单元损坏。

测量 J217 供电、接地均正常，供电电压测量有 12V，如图 5-8-62 所示。

1299

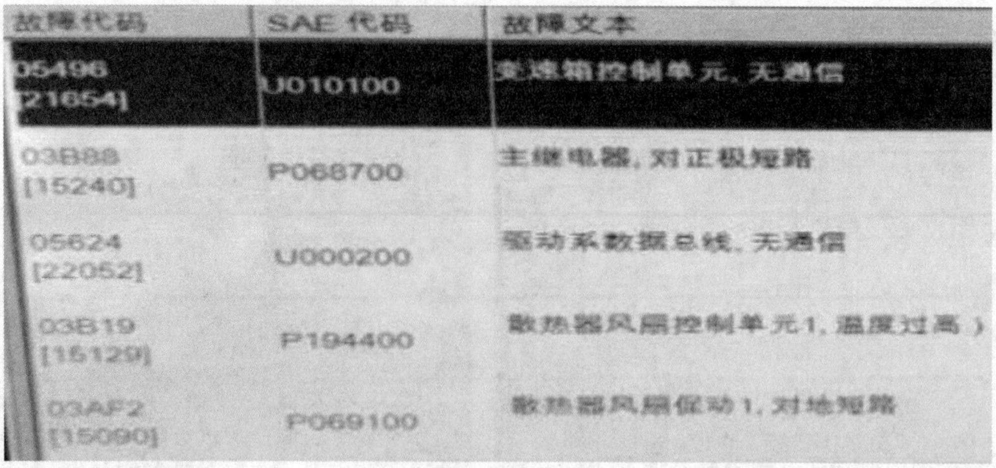

故障代码	SAE 代码	故障文本
05498 [21654]	U010100	变速箱控制单元，无通信
03B88 [15240]	P068700	主继电器，对正极短路
05624 [22052]	U000200	驱动系数据总线，无通信
03B19 [15129]	P194400	散热器风扇控制单元1，温度过高）
03AF2 [15090]	P069100	散热器风扇促动1，对地短路

图 5-8-61

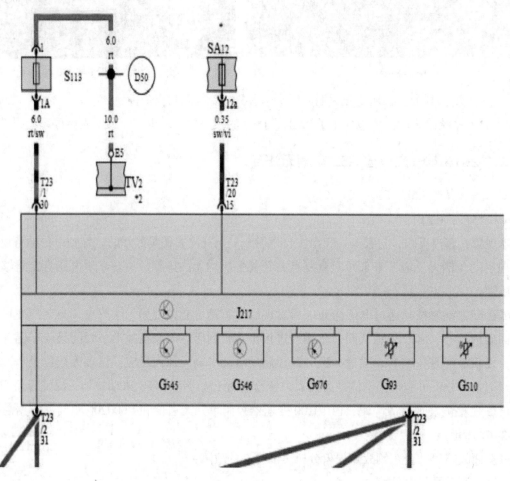

图 5-8-62

考虑到无通信然后供电接地也是正常的，所以下一步就是测量 J217 的通信线，由于当时示波器出了故障无法使用，所以用万用表测量了 J217 的高 CAN 与低 CAN 的电压值，电路图如图 5-8-63 所示。

T46a/12H 测量的电压为 2.718V，如图 5-8-64 所示。

T46a/12L 测量的电压为 2.263V，如图 5-8-65 所示。

通过测量 CAN 线也无异常，高 CAN 与低 CAN 的电压值相加在 5V 左右。

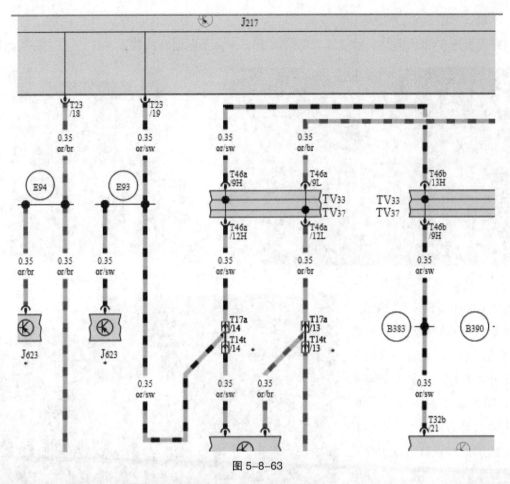

图 5-8-63

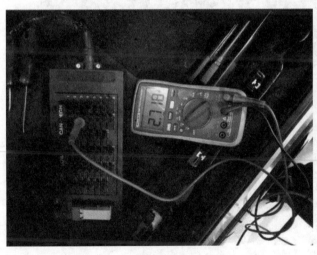

图 5-8-64

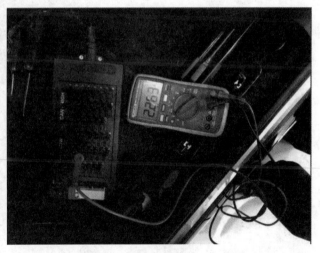

图 5-8-65

故障原因:

(1)通过上述检查均未发现问题,此时维修陷入僵局。难道真的是 J217 出现了问题?拔下变速器插头查看插头无进水现象,针脚无扩张以及松动现象。因为倒换变速器电脑版需要拆下滑阀箱等比较麻烦。为了维护品牌形象,我们成立了车辆故障维修技术小组,重新整理思路。

(2)通过维修小组仔细观察车辆,发现车辆左前翼子板有明显的拆装痕迹,分析车辆可能出现过事故,左前方维修过。

(3)再次拆开左侧排水槽保险丝盒检查,测量 J217 供电发现,30 号供电存在异常,电压只 1.093V,

这电压明显不对，如图 5-8-66 所示。

通过线路图发现 TV2 供电是 8 号位置，总线端 30，来自蓄电池断路装置 N253，在主保险丝座上，也

图 5-8-66

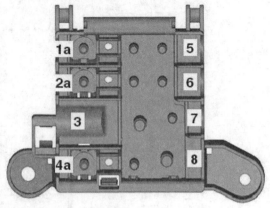

图 5-8-67

就是在蓄电池处，如图 5-8-67 所示。

故障排除：打开后备箱检查保险丝发现了问题，车辆原来有一次出现了事故，在外面修理厂维修时需更换断电器（如图 5-8-68 所示），然后修理厂未更换只是修复回去，一段时间使用以后内部的触点就出现了异常导致虚接，导致第一次测量 J217 供电电压的时候有正常电压的一个假象。后来再次测量加了试灯测量发现了故障。

最终发现断电器故障导致 30 号供电时有时无，车辆无法启动。

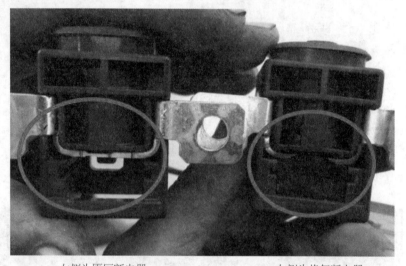

左侧为原厂断电器　　　　右侧为修复断电器

图 5-8-68

故障总结：在维修故障的时候一定要善于观察车子本身自带的一些细节问题，因为在外面维修记录无法查到，这时候就需要我们根据经验观察才能发现问题，在测量大功率保险丝电压的时候最好是用试灯测量防止虚电压，在测量每一个步骤的时候都要确保正确，这样才不会遗漏或者错误测量。

十三、2018 年一汽奥迪 A6L 气囊灯反复亮

车型：一汽奥迪 A6（C7）。

发动机型号：CLX。

故障现象：车辆行驶一两个星期气囊灯亮。

故障诊断：

（1）用 VAS6150D 读取故障码为 N491 副驾驶员安全气囊排放阀引爆装置电阻过高，偶发故障。

（2）测量到 N491（针脚 T2fi/1，Tfi/2）到 J234（针脚 T100/56，T100/57）线束电阻为 1.2Ω，通断电阻正常。

（3）查询维修记录，此车肇事维修过，更换过前面的气囊一套，唯独没有更换 J234，怀疑 J234 内

部损坏，于是更换J234。

（4）车辆使用1个多月后，气囊灯又亮了，读取故障码，依然是副驾驶员安全气囊排放阀引爆装置电阻过高，偶发故障。

（5）线束测量正常，又是新的J234，难不成气囊有问题？但是气囊也是肇事换过的，于是与客户再三沟通后才得知，原来气囊灯在肇事以前就亮过。

（6）接着又把目标转移到线束上，有可能是线束中间有虚接的情况，打算把那两根导线取下飞线过去。

（7）在退J234（T100/57）针脚的时候，导线轻轻一拉，针脚只退出来一半，断了一半在里面，如图5-8-69 ~ 图5-8-71所示，难道就是这个地方出的问题？于是将线束维修完毕后试车，故障排除！

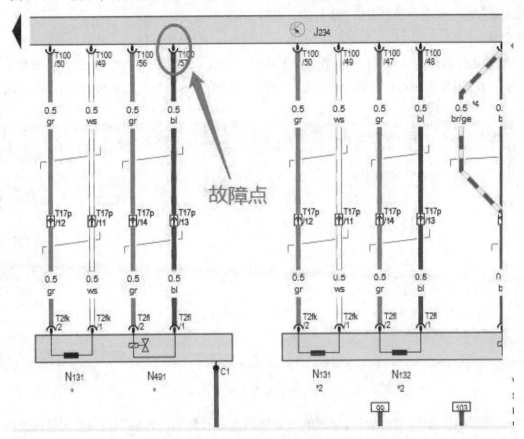

图 5-8-69

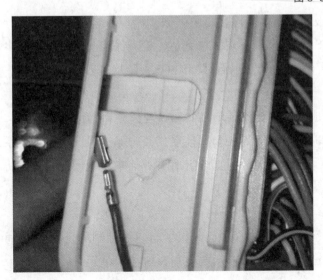

图 5-8-70

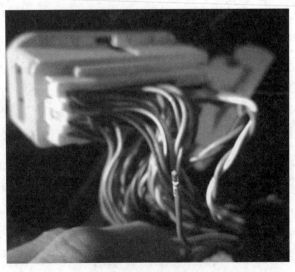

图 5-8-71

故障原因：线束在新车装配的时候就已经快断裂了，当车辆在行驶过程中，车辆抖动就会引发故障灯亮。

故障排除：维修线束针脚。

故障总结：在检查车辆时一定要与客户沟通清楚故障发生时间，在检查线束时，最好把针脚退出来检查，因为线束最薄弱的地方就是针脚的中间，从插头前后检查都会被误导。

十四、2017 年一汽奥迪 A6L 安全气囊黄灯报警

车型：一汽奥迪 A6L C7 PA。

故障现象：组合仪表中黄色安全气囊故障灯报警，用诊断仪无法清除。

故障诊断：

（1）按照引导故障测试计划提示检查安全气囊的碰撞信号（如图 5-8-72 所示），根据提示车辆有两种配置，如果车子装配有 SOS 的车辆会有独立的离散信号线与 SOS 控制单元 J949 相连，如图 5-8-73 所示。

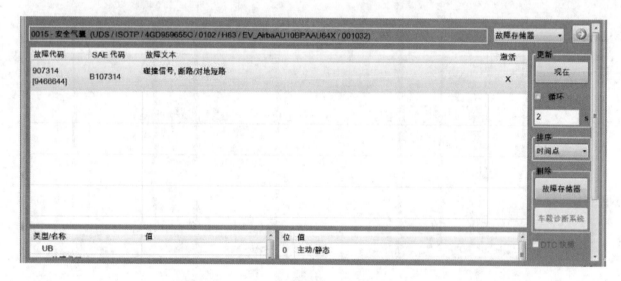

图 5-8-72

（2）技师按照电路图，测量 SOS 控制单元 J949 到安全气囊单元 J234 的碰撞信号线路连接无断路、对正负极短路，插头接触良好。

（3）试更换 SOS 控制单元 J949 无效，班组上报请求技术支持。

（4）测量 J949 的供电发现只有 0V，使用 ODIS 检查 J949 发现无法到达，检查保险丝插座发现缺少 SOS 保险丝，问询客户回忆因点烟器不工作在路边店检查过，点烟器保险和 SOS 保险均在后行李箱右侧，怀疑是路边店弄错了。

故障原因：因 SOS 控制单元 J949 无法通信，造成安全气囊控制单元 J234 无法发送碰撞信号给 J949，该信号线的作用是，当车辆发生碰撞触发安全气囊时，考虑到驾驶员可能受伤，为保护用户的安全，系统会通过单独离散线信号发送给 J949，从而触发 SOS 报警，后台将主动问讯用户是否需要帮助，必要时协助用户请求救助。

故障排除：安装 J949 保险丝。

故障总结：查看当时的诊断记录，发现一个奇怪现象，在 19 中已经报了与 SOS 控制单元 J949 无通信的故障，但是该车仪表中无 SOS 报警灯，而且测试计划中也未提示要检查 SOS 控制单元通信，仪表中

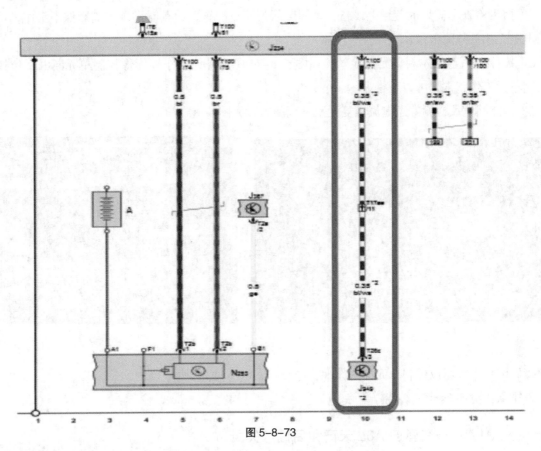

图 5-8-73

只是安全气囊灯报警，造成技师误判，颠倒了诊断顺序，走了不少弯路。

十五、2017 年一汽奥迪 A6L 停放 1 周后不着车

车型：一汽奥迪 A6L C7, 配置 1.8T 发动机。

发动机型号：CYYA。

故障现象：检查停放 1 周后不着车，车辆没有电。

故障诊断：

（1）车辆进厂检查时已经无法再现故障现象，可以正常启动车辆。

（2）用 VAS6150B 检测有 U140600：无负载电流过高和 U140B00：能量管理启动。

（3）读取历史数据静态电流超出上限有 0.53 ~ 0.64A 放电记录，如图 5-8-74 所示。

（4）用测漏电仪监测如图 5-8-75 所示。

图 5-8-74

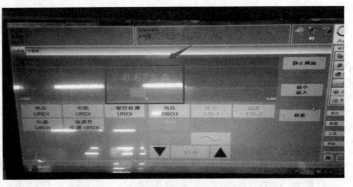

图 5-8-75

（5）初步检查车辆无加装用电设备，车周影像为原车配置，检查时发现车周影像不工作，倒车时无影像，电脑无相关故障记录。

（6）拔掉车周影像控制单元保险丝（如图 5-8-76 所示），对车周影像控制单元断电复位控制单元测试控制单元工作正常，可以正常显示。

（7）用测漏电仪检测静态电流恢复到正常范围内，如图 5-8-77 所示。

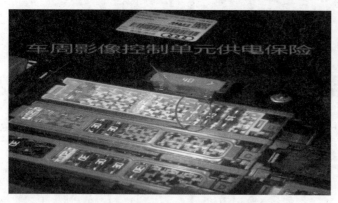
图 5-8-76

图 5-8-77

故障原因：车周影像控制单元无法休眠，导致静态电流过高。

故障排除：更换车周影像控制单元。

十六、2017 年一汽奥迪 A6L 天窗和后棚灯失灵

车型：一汽奥迪 A6L C7 PA，配置 3.0T 发动机。

发动机型号：CTD。

故障现象：天窗不好使，后棚灯不亮。

故障诊断：

（1）车辆由于天窗漏水导致顶棚被水浸湿，在外面修理厂检查后出现用户抱怨故障现象。

（2）VAS6150 检查 46 中有故障码 VAG03130：天窗遮阳帘按钮 1 电路电气故障，如图 5-8-78 所示。

地址: 0046 系统名: 46 - 带有ATA的舒适系统中央模块 协议改版: KWP2000/TP20 (Ereignisse: 1)

⊞ 识别：

⊟ 故障存储器记录 (数据源: 车辆)：

故障存储器记录
编号：　　　　　　　　　　　　　　　　VAG03130：天窗遮阳帘按钮1
故障类型 1：　　　　　　　　　　　　　　电路电气故障
故障类型 2：　　　　　　　　　　　　　　静态

⊞ 标准环境条件：

图 5-8-78

（3）拆卸前棚灯后发现天窗开关插头和后棚灯线束插头插错，如图 5-8-79 ~ 图 5-8-81 所示。

故障原因：由于全景天窗车辆天窗开关插头和后棚灯线束插头机械构造形状完全一样，导致容易插

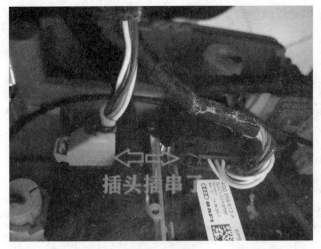

图 5-8-79

图 5-8-80

错（小天窗车辆就不存在这种现象），因此出现天窗和后棚灯失灵现象。

故障排除：两个插头正确插接后故障排除。

十七、2017 年一汽奥迪 A6L SOS 报警

车型：一汽奥迪 A6L C7 PA。

发动机型号：CLX。

故障现象：紧急呼叫 SOS 经常报警，且仪表经常有报警提醒，时有时无。

故障诊断：首先读取故障码，75 紧急呼叫模块和通信单元有如下故障，如图 5-8-82 所示。

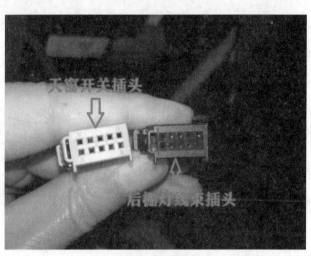

图 5-8-81

故障存储器记录 (数据源: 车辆):

故障存储器记录

编号:	U111100: 由于丢失信息功能受到损害
故障类型 2:	被动/偶发
症状:	7170
状态:	00001000

标准环境条件:

日期:	19-11-10
时间:	17:21:53
里程（DTC）:	37238
优先等级:	6
频率计数器:	2
遗忘计数器/驾驶周期:	45

高级环境条件:

故障存储器记录

编号:	B104914: 收音机静音 断路/对地短路
故障类型 2:	被动/偶发
症状:	9455892
状态:	00001000

标准环境条件:

日期:	19-11-10
时间:	17:21:55
里程（DTC）:	37238
优先等级:	4
频率计数器:	24
遗忘计数器/驾驶周期:	255

高级环境条件:

高级环境条件:

图 5-8-82

进行引导型故障查询，根据检测计划进行收音机和导航的静音，执行作动器诊断，正常，此时无法确定故障点。

故障原因：

（1）此车已进行过 75A006 升级，版本已是最高版本。

（2）SOS 经常报警，分析两个故障码，虽然故障记录时间基本一致，但"收音机静音断路 I 对地短路"出现多达 24 次，所以可判定此故障是导致 SOS 报警的主要原因。

（3）在执行收音机 I 导航静音诊断以后，故障"收音机静音断路 I 对地短路"由静态故障变为偶发故障，并根据客户描述 SOS 有时报警，不是一直报警，由此可以判定 J949 到 J794 之间的线路可能存在接触不良现象。由于故障偶发了，为验证故障是否出在线路上，查找电路图，人为抽出针脚，模拟故障是否再现。如图 5-8-83 所示，此车是 2016 年 6 月以后车型，J949 的 8 号针脚到 J794 的是 5 号针脚。

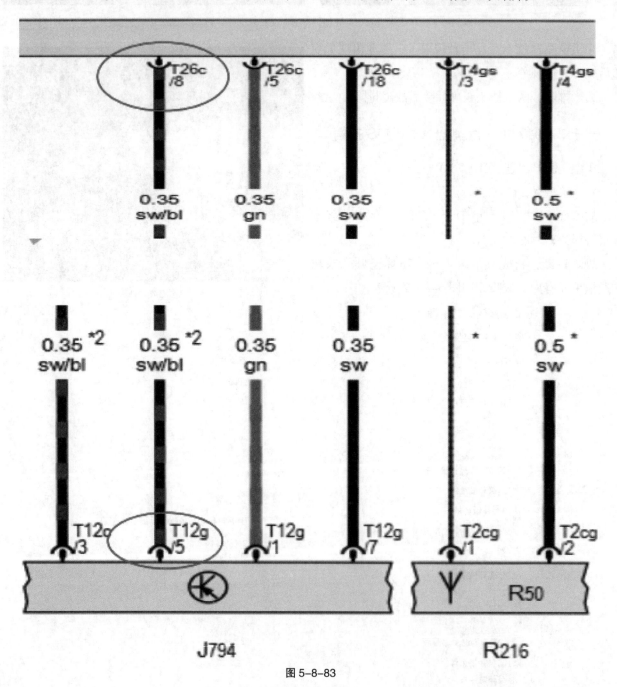

图 5-8-83

（4）测量 J949 的 T26c/8 针脚处的电压，如图 5-8-84 所示。

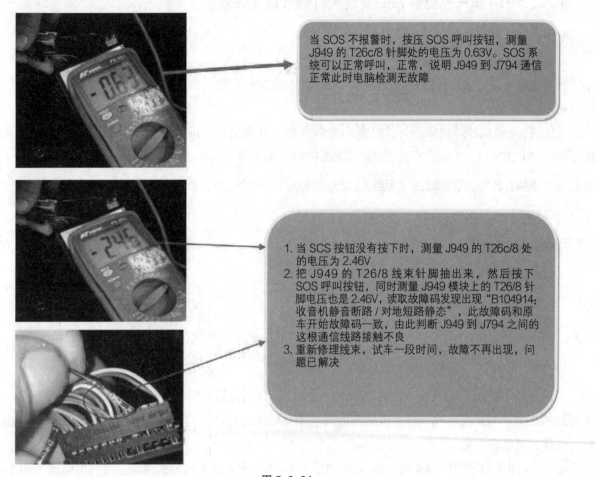

当 SOS 不报警时，按压 SOS 呼叫按钮，测量 J949 的 T26c/8 针脚处的电压为 0.63V。SOS 系统可以正常呼叫，正常，说明 J949 到 J794 通信正常此时电脑检测无故障

1. 当 SCS 按钮没有按下时，测量 J949 的 T26c/8 处的电压为 2.46V
2. 把 J949 的 T26/8 线束针脚抽出来，然后按下 SOS 呼叫按钮，同时测量 J949 模块上的 T26/8 针脚电压也是 2.46V，读取故障码发现出现 "B104914：收音机静音断路 / 对地短路静态"，此故障码和原车开始故障码一致，由此判断 J949 到 J794 之间的这根通信线路接触不良
3. 重新修理线束，试车一段时间，故障不再出现，问题已解决

图 5-8-84

故障排除：修理 J949 模块出来的 T26/8 到 J794 的 T12/5 之间的黑蓝线束。

故障总结：在检修故障时，对于故障存储出现的代码、时间、次数，均要仔细地分析，以便抽丝剥茧，在多个故障码中确定主要的故障源头代码，此步骤可让我们更加准确地判断故障的方向，缩小当 SOS 不报警时，按压 SOS 呼叫按钮时，测量 J949 的 T26c/8 针脚处的电压为 0.63V。SOS 系统可以正常呼叫，正常，说明 J949 到 J794 通信正常，此时电脑检测无故障。当 SOS 按钮没有按下时，测量 J949 的 T26c/8 处的电压为 2.46V。当把 J949 的 T26/8 线束针脚抽出来时，然后按下 SOS 呼叫按钮，同时测量 J949 模块上的 T26/8 针脚电压也是 2.46V，读取故障码，发现出现 "B104914：收音机静音断路 / 对地短路静态"，此故障码和原车开始故障码一致，由此判断 J949 到 J794 之间的这根通信线路接触不良。重新修理线束，试车一段时间，故障不再出现，问题已解决。本案例中把问题确定在了 J949 到 J794 之间的通信范围内，进而在线束上查找原因，所以可以很快地锁定故障点在维修电气方面的故障时，借助 Elsa 电路图，可以快速地找到车身上的电气件及线路分布情况。本案例中可以清晰地看到 J949 到 J794 之间的线路分布情况，当我们进行电路故障检查时，有些偶发故障无法再现，无从下手，增加了故障难度。同时，客户极易产生抱怨，此时不妨通过故障模拟再现的方法，在控制模块之间线束抽出某一个针脚，然后看是否有相应的故障现象。

十八、2014年一汽奥迪A6L自动大灯调节功能失效

车型：一汽奥迪 A6L。

发动机型号：CLX。

故障现象：组合仪表灯光故障灯报警，自动大灯调节不可用。

故障诊断：

（1）首先确认故障现象，外部灯光均正常点亮，组合仪表提示自动调节大灯故障，诊断仪读取55地址码存储C103615：左后汽车高度传感器断路/对正极短路，如图5-8-85所示。

地址：0055 系统名：55 - 大灯范围控制（无AFS）协议改版：UDS/ISOTP (故障: 2)

+ 识别：

- 故障存储器记录：

故障存储器记录
编号：　　　　　　　　　　　　　　C103615: 左后汽车高度传感器 断路/对正极短路
故障类型 2:　　　　　　　　　　　被动/偶发
症状：　　　　　　　　　　　　　　127242
状态：　　　　　　　　　　　　　　00001000

图 5-8-85

（2）按照故障引导检测计划的引导检查左后汽车高度传感器的外观是否有破损、线束插头是否有进水腐蚀的现象，测量左后汽车高度传感器的供电没有电压，对比左前汽车高度传感器的供电5V电压，左后高度传感器没有供电。

（3）按照故障导航使用VAG1594导线测量J431到左后高度传感器的线束，查看电路图如图5-8-86所示。

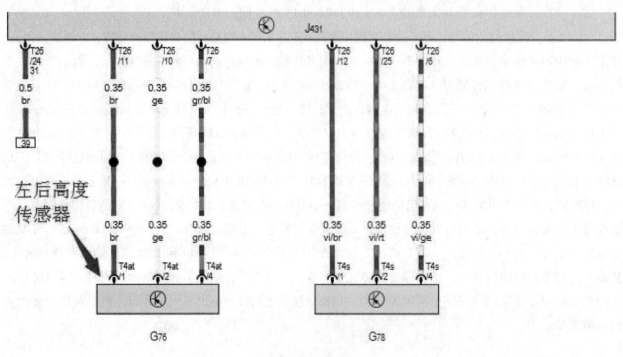

图 5-8-86

图 5-8-87

（4）检查测量后发现 J431 和左后高度传感器 G76 不通信，检查 J431 连接 G76 传感器的线束，拆检发现在左侧后备箱处有线束磨破的痕迹，如图 5-8-87 所示。

（5）经试验后发现后备箱盖在关闭和打开的时候会和线束发生摩擦造成线束磨破，使用 VAS1978 修复线束后故障排除。

故障原因：后备箱盖把左后高度传感器 G76 线束磨破。

故障排除：修复损坏线束。

故障总结：了解自动调节大灯和部件传感器的工作原理，利用 ODIS 检测计划的功能引导，按照指示使用专用工具可以快速地找到故障原因。

十九、2018 年一汽奥迪 A6L 中控锁故障

车型：一汽奥迪 A6L（C8）。

故障现象：客户进店反映仪表黄色中央门锁故障灯亮，在五天前已进店检查过一次，上次是偶发故障，技师删除故障码后，让观察一段时间，今天又亮了。

故障诊断：

（1）用诊断仪 VAS6150E 读取故障码：右前门门控单元、右后门门控单元、左后门门控单元为中央门锁止单元不可靠信号，地址码 19 内存储有能量管理启用，如图 5-8-88 所示。

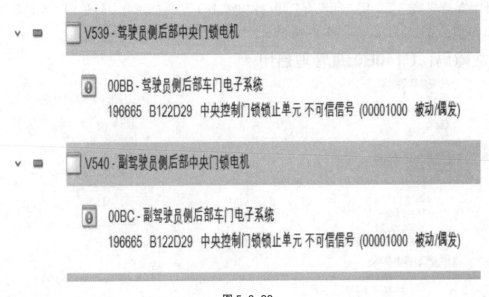

图 5-8-88

其他地址码内无故障记录，根据引导型功能查询在作动器控制过程中显示一次信号不可信，如图 5-8-89 所示。

（2）检查右前门控制单元供电搭铁正常，检查右前门门控单元到部件副驾驶员侧中央门锁电机的布线正常，不存在短路、断路。但三个门同时出现问题的可能性比较小。

/OPA_JobStatuInfor   Job Completed With
/OPA_NegatRespoInfor/Param_Avail   out Errors
/OPA_NegatRespoInfor/Param_NegatRespoCode   FALSE
/OPA_NegatRespoInfor/Param_NegatRespoPDU   unknown NRC

检测步骤: 故障存储器分析

检测步骤: 偶发性故障

[-] 检测步骤: 选择偶发事件

措施: 选择
在事件存储器内记录有偶发的事件 B122D29中央门锁锁止单元 - 信号不可信 **1** 次。

是否想显示环境数据？
输入: 是

措施: 信息
在发生故障B122D29中央门锁锁止单元 - 信号不可信时存储有以下环境数据:

日期 : 08.09.2019 18:11:54
行驶里程 : 3300
故障频率 : 2

1, 共1组

- 按下按钮<完成>继续执行程序。

措施: 选择
故障B122D29中央门锁锁止单元 - 信号不可信记录为偶发。

您想如何继续？

1. 查找偶发故障, 因为存在一个与该故障存储器记录匹配的用户抱怨。
2. 查找针对该故障的技术产品信息。
3. 不进行引导型故障查询, 不处理偶发故障存储器记录。
输入: - **1** -

检测步骤: 快退

[-] 功能调用: sys_1_0216_ereignisspeicher_auswerten_00000

[-] 参数:
RVar_int_dtc_status: 2, ...
RVar_int_P_Status: 0

图 5-8-89

（3）重新整理思路。三个门之间没有公用的供电搭铁, 于是把注意力转移到了地址码 19 网关中。故障码为 U140B0: 量管理启用, 如图 5-8-90 所示。

故障码: **U140B0:量管理启用,**

故障存储器记录

编号:	
故障类型 2:	U140B00: 能量管理启动
症状:	被动/偶发
状态:	8519683
	00001000

[-] 标准环境条件:

日期:	19-9-4
时间:	15:58:43
里程 (DTC):	3253
优先等级:	6
频率计数器:	129
遗忘计数器/驾驶周期:	115

[-] 高级环境条件:

动态环境数据	03 8A 00 00 2A 13 01 2A 14 00 00
EM_vehicle_state	0
静态电流关闭级	break_level_1
辅助加热器启动限制请求	allowed
Param_TestProgrParkHeateTargeTime	0
数字数值, 非文本	no_textual_interpretation_available

图 5-8-90

根据以上数据发现静态电流切断级为 1, 查阅资料发现切断级 1 时舒适 CAN 上的用电器会关闭, 但具体的哪些用电器没有进一步说明, 如图 5-8-91 所示。

▶ 断电等级

根据车内蓄电池的充电状态，独立的等级开关会借助电源管理系统进行操作。

▶ 断电等级1
舒适CAN的用电器被关闭

▶ 断电等级2
进一步关闭舒适CAN的用电器。并对部分信息娱乐系统功能进行限制

▶ 断电等级3
进行降低静电的操作

▶ 断电等级4运输模式
由控制单元实现，电源管理系统不能自发实现

▶ 断电等级5
静态加热会暂停

▶ 断电等级6
总线系统的唤醒事件将会减少，只能通过15#激活

图 5-8-91

（4）接下来用诊断仪对蓄电池进行检测，检测结果 12VAGM 蓄电池损坏，读取蓄电池电量为 36%，用 VAS5097A/L 蓄电池检测仪对蓄电池进行检测，显示如图 5-8-92 所示。

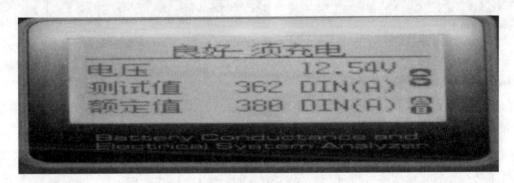

图 5-8-92

对蓄电池进行充电发现充电速度很快到 78%，进行几次打车后电量很快降到了 41%，怀疑蓄电池损坏造成的充放电过快，但是启动车辆时没有发现启动困难等现象。

（5）为了进一步验证蓄电池电量低是否会报中央门锁故障，尝试与试驾车调换，在对试驾进行多次启动后故障再现，读取故障码为两后门中央门锁锁止单元不可靠信号，地址码 44 转向系统中多了一个由于供电电压过低功能受限，同时对车辆进行锁车时发现两后门无法进行锁止，判定为故障由蓄电池故障引起。

（6）车辆正常使用当中一般不会引起蓄电池亏电，怀疑会不会有漏电的地方，用 VAS6356 对静态电流进行检测在正常范围内，后询问客户得知，此车买回去一共跑了三千多千米，每次都是上下班路程，而且还不经常开，有时一放就是半个月，没有跑过长途，久而久之蓄电池长时间得不到良好的充电，处于亏电状态，导致蓄电池损坏。

故障原因：客户不当的用车习惯导致蓄电池损坏，电量不足导致车辆上的一些功能受限引发故障。

故障排除：更换 12V AGM 蓄电池。

故障总结：由于故障车控制单元内没有记录供电电压低的故障，以及根据以往不带电子门锁车型，

1313

蓄电池电压低也不会造成报中央门锁故障，思想上的禁锢造成走了一些弯路。在故障诊断的过程中要分析每一个故障码，读取历史记录。另外，根据以往经验 AGM 蓄电池内部发生短路或断路时，故障现象不会像普通铅蓄电池故障现象那么明显，如无法启动等现象，但正常启动不能代表蓄电池本身没有问题。

二十、2019 年一汽奥迪 A6L 启动发电两用机故障

车型：一汽奥迪 A6L（C8）。

故障现象：仪表显示驾驶系统：故障！请安全停车 + 自动启停系统故障，发动机有时不能启动，如图 5-8-93 和图 5-8-94 所示。

图 5-8-93

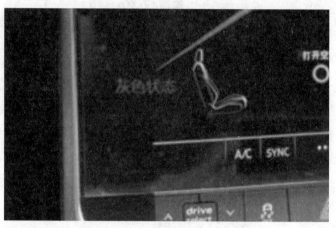

图 5-8-94

故障诊断：

（1）故障车辆救援进店，首先验证故障，启动车辆，确实是无法启动，多次尝试启动车辆，偶尔有一下可以正常启动。

（2）使用诊断仪 6150E 检测发动机控制单元 01 有故障码 P048000：散热器风扇促动 1 电气故障，主动静态，标准环境条件记录故障时间为 14：32：36；P06E900：启动机功能失效主动静态，标准环境条件记录故障时间为 14：33：34；P10F000：启动机发电机许可导线断路，主动静态，标准环境条件记录故障时间是 14：32：47；U10BA00：本地数据总线无通信，主动静态，如图 5-8-95 所示，标准环境条件记录故障时间为 14：32：49；地址 80 辅助存储器 1 蓄电池调节控制单元有故障码 P056000 供电不可信信号，被动偶发，标准环境条件记录故障时间为 14：33：32；U141100：蓄电池端子识别断路，被动偶发，标准环境条件记录故障时间为 14：33：34，如图 5-8-96 所示。

故障原因：

（1）根据故障码显示，我们先从静态故障下手，根据 ODIS 引导型检测计划 GFS 执行 P048000：散热器风扇促动 1 电气故障，主动静态的故障码检测，提示该故障存储器条目 P048000 散热器风扇促动 1，电气故障涉及部件的促动有问题。因此接着检查 J623 和控制器 J293 之间的导线。

（2）检查插头：是否连接固定正确或接触不良、针脚弯折和滑脱、进水或触电腐蚀，连接导线被挤压、弯折、磨损。断开 J623 和 J293 的插头连接无异常。

（3）导线测量：用专用工具 VSA6606 测量供电导线，搭铁及信号导线 J623 的针脚（91/12）—J293 的针脚（T4at/3）电阻是 0.48Ω，额定值正常小于 1.0Ω，均在正常范围内。（提示：部件 V7 的促动根据控制器 J623 的要求进行调节。它借助 PWM 信号将所要求的促动程度发送至控制器 J293）

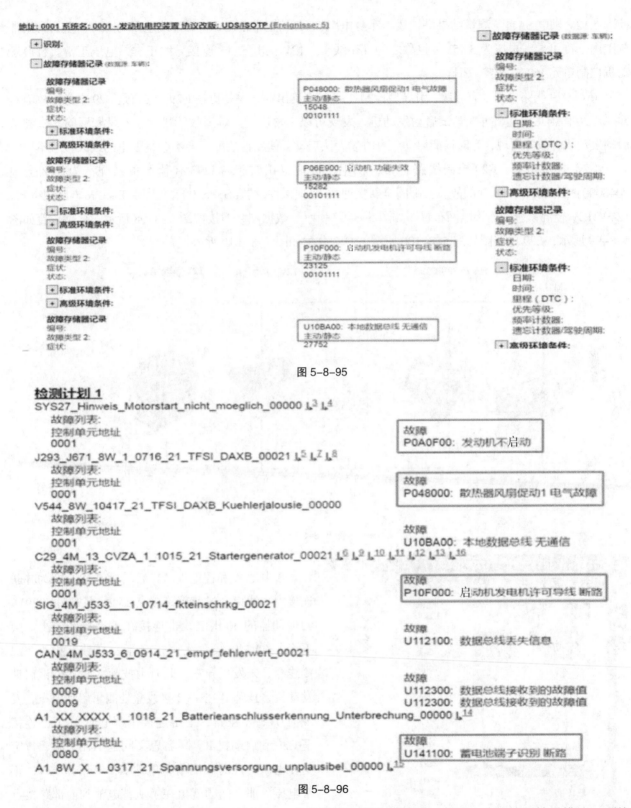

图 5-8-95

检测计划 1

SYS27_Hinweis_Motorstart_nicht_moeglich_00000 L³ L⁴

  故障列表：
    控制单元地址
    0001

> 故障
> P0A0F00: 发动机不启动

J293_J671_8W_1_0716_21_TFSI_DAXB_00021 L⁵ L⁷ L⁸

  故障列表：
    控制单元地址
    0001

> 故障
> P048000: 散热器风扇促动1 电气故障

V544_8W_10417_21_TFSI_DAXB_Kuehlerjalousie_00000

  故障列表：
    控制单元地址
    0001

> 故障
> U10BA00: 本地数据总线 无通信

C29_4M_13_CVZA_1_1015_21_Startergenerator_00021 L⁶ L⁹ L¹⁰ L¹¹ L¹² L¹³ L¹⁶

  故障列表：
    控制单元地址
    0001

> 故障
> P10F000: 启动机发电机许可导线 断路

SIG_4M_J533___1_0714_fkteinschrkg_00021

  故障列表：
    控制单元地址
    0019

> 故障
> U112100: 数据总线丢失信息

CAN_4M_J533_6_0914_21_empf_fehlerwert_00021

  故障列表：
    控制单元地址
    0009
    0009

> 故障
> U112300: 数据总线接收到的故障值
> U112300: 数据总线接收到的故障值

A1_XX_XXXX_1_1018_21_Batterieanschlusserkennung_Unterbrechung_00000 L¹⁴

  故障列表：
    控制单元地址
    0080

> 故障
> U141100: 蓄电池端子识别 断路

A1_8W_X_1_0317_21_Spannungsversorgung_unplausibel_00000 L¹⁵

图 5-8-96

（4）引导型检测计划 GFS 执行 P10F000：启动机发电机许可导线、断路；功能检测结果措施：更换 C29。

（5）引导型检测计划 GFS 执行 U10BA00：本地数据总线无通信功能检测，此故障码说的是 C29LIN 总线故障。根据以上故障信息，初步判定故障点在 C29 本身或 C29 至 J623 之间的导线，或 J623 本身有故障。根据 ElsaPro 电路图显示测量 C29 线路，分别有以下 4 个针脚：针脚 1 搭铁、针脚 2LIN、针脚 4 许可导线、针脚 5.12V 供电 SA11。测量结果搭铁线与车身电阻 0.4Ω，正常范围内。LIN 线电压为 9.37V 左右，正常范围内。许可导线电压为 3.45V（也称之为冗余线）。12V 供电 SA11 连接导线正常，电压正常。替换发动机控制单元 J623，故障依旧。

（6）C29 线路检测没有问题，引导型检测计划 GFS 给出的结果是更换 C29。难道是 C29 本身有故障？此时思绪有点儿凌乱，再次尝试启动发动机，发现可以正常启动。难道故障排除了？带着疑问多次尝试启动发动机，故障再现，有时候能启动，有时候无法启动，偶发性故障。会不会是哪里的线束接触不良？

（7）再次分析：C29 控制线路正常，供电、接地也正常。与 J293 有什么关系呢？为什么会报 P048000 散热器风扇促动 1 的故障？翻阅全新奥迪 C8 培训课件，结合 SSP670 自学手册、ElsaPro 电路图得知，12VMHEV 轻混系统的连接电网布置图如图 5-8-97 所示，数据网络连接如图 5-8-98 所示，部件位置如图 5-8-99 所示，C29 电路图如图 5-8-100 所示，TV2 分配如图 5-8-101 所示。

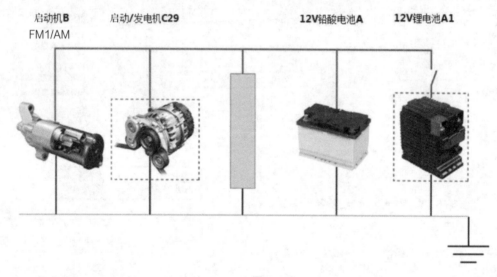

图 5-8-97

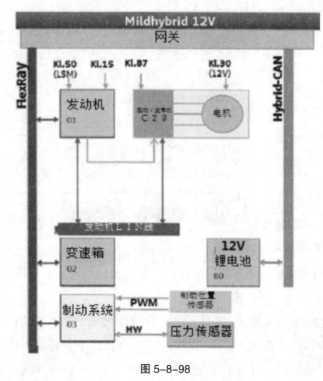

图 5-8-98

蓄电池 A 和锂电池 A1，启动机 B 和 C29 为并联连接。主线束经过前部跨接点 TV2，且部件 J329V7 的促动器的 30 供电线也连接在 TV2 接线盒上。会不会是 TV2 接线盒线束接触不良导致？检查 TV2 接线盒，未发现异常。此时由技师 A 再次尝试启动发动机，技师 B 在 TV2 接线盒处测量启动电压，发现为 0V，不正常，上游连接至蓄电池 A，下游连接至 C29 和启动机 B。顾名思义问题不在下游，肯定是在上游，此时去测量蓄电池 A，电压为 12V，正常电压，那么问题就出在了从蓄电池到前部跨接点 TV2 的线路上。接着检查发现在正极接线柱上有加装的线束（电动后尾门），排查所有正极接线柱上的线发现有一个接线柱松动并且线束发烫，50℃左右，如图 5-8-102 所示。这就找到了虚接的地方。由于客户在外面加装了电动后尾门，在此处取电，

图 5-8-99

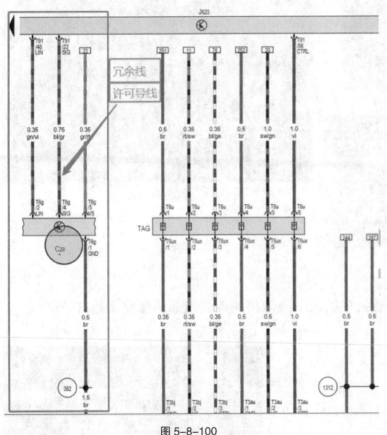

图 5-8-100

螺丝松开后忘记紧固导致该故障的发生，如图 5-8-103 和图 5-8-104 所示。

故障排除：处理接线柱并紧固，反复试车问题得到解决。

故障总结：在以前故障诊断的经验固然重要，但是搞清楚原理来诊断更重要。用原理修车比经验修车更重要，新车型诊断一定要小心谨慎。该车案例正常来说并不复杂，主要在于大家对故障的分析能力，以及大家对这个轻混系统整个控制策略的理解程度，懂原理、会数据分析，才能做到判断准确，一次性成功维修。轻混，该系统是当前最新的流行趋势，严格来说，这不算是混动车，这是对传统的纯燃油车进行更彻底的电气化改造，毕竟，即使是纯燃油车也有 12V 的电源给车载系统供电，而轻混系统则是让更多"外围设备"实现更高效的电驱。轻混系统的最大好处就在于对发动机起步、制动等工况下的优化，能直接省下不少油，减少尾气排放，对环境做出重大贡献。首先，在电压下驱动的更大功率的启停电机，能够更轻松地带动发动机曲轴，使得系统工作的延时更短、顿挫感更小，众多老驾驶员的痛点也就迎刃而解了。未来新能源将是大势所趋，将开启全面的新能源化，特别是电动化。汽车电动化、智能化、网联化、共享化，将是新的汽车四化，我们将进入一个全新的汽车时代。

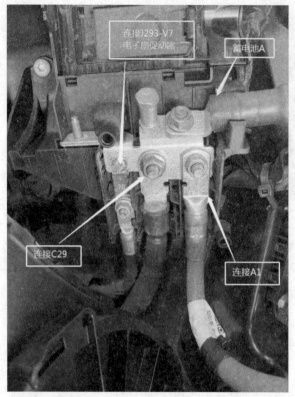

图 5-8-101

图 5-8-102

图 5-8-103

图 5-8-104

二十一、2019 年一汽奥迪 A6L 更换车周前部摄像头线束后前部影像显示黑屏

车型：一汽奥迪 A6L（C8）。

发动机型号：DKW。

故障现象：该车前部发生碰撞后，车周前部摄像头线束损坏，更换线束后前部影像显示黑屏，如图 5-8-105 所示。

故障诊断：

（1）用诊断仪 VAS6150B 读取故障码，如图 5-8-106 所示。

地址 00A5 驾驶辅助系统前部传感器系统内有故障码 B127C54 前部环境摄像机，无基本设置（主动 / 静态）、B127C04 前部环境摄像机，损坏（主动 / 静态）和 B200FFA 内部故障（主动 / 静态）。

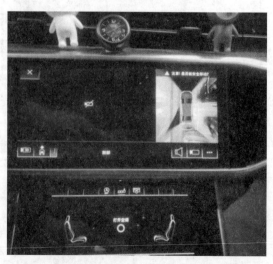

图 5-8-105

故障代码	SAE 代码	故障文本
04009 [16393]	B127C54	前部环境摄像机，无基本设置
45005 [282629]	B127C04	前部环境摄像机，损坏
45018 [282648]	B200FFA	内部故障
03002 [12290]	B188FF0	TopView 图像处理，软件校准失败

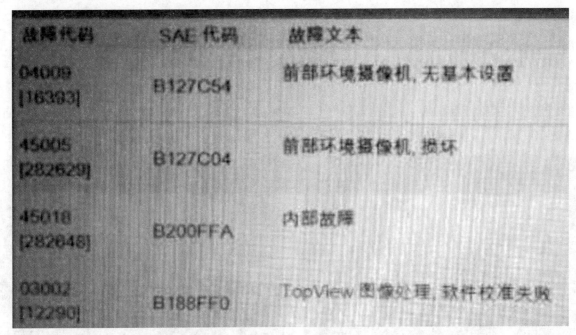

图 5-8-106

（2）引导型故障查询，提示需校准车周环境摄像头。

（3）按照 ElsaPro 维修手册安装校准工装 VAS721 001，执行校准时，诊断仪提示无法启动校准，如图 5-8-107 所示。

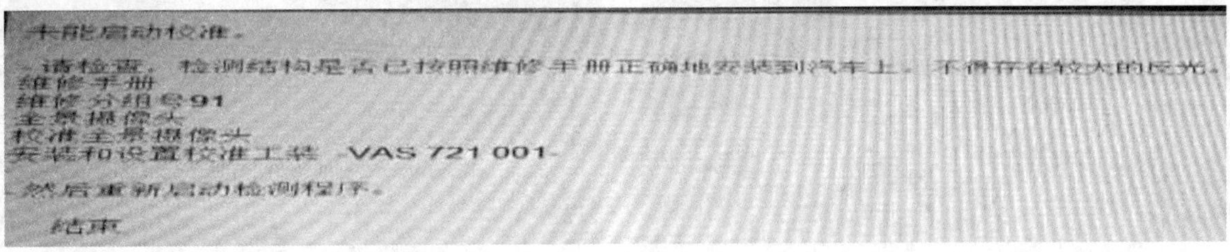

图 5-8-107

（4）多次调试 VAS721001 校准工装后，故障依旧。

（5）到此，思路陷入僵局，怀疑事故车碰撞后摄像头是否也损坏。

（6）于是同其他正常车对调前部摄像头，安装后故障依旧，排除摄像头故障。

（7）将正常车摄像头复位后发现，正常车地址码 A5 内也存储了同样的故障码，且前部影像也显示黑屏，无奈之下，将该车 00A5 控制单元进行了断电处理。恢复供电后，影像恢复正常。

（8）得到启发后，将故障车控制单元 A5 做断电处理后，图像显示恢复正常，校准成功，故障排除。

故障原因：由于该车车周前部摄像头线束被断开后，控制单元内部失去信号并且存储故障码。在重新安装后无法自动识别建立连接，导致更换线束后前部图像无法显示。

故障排除：执行 00A5 驾驶辅助系统断电，恢复数据。

二十二、2019 年一汽奥迪 A6L 仪表显示中央门锁故障报警

车型：一汽奥迪 A6L（C8）。

故障现象：车主反映上车后仪表显示中央门锁故障报警，伴随有时候门内拉手无法打开车门。

故障诊断：

（1）VAS6150B 读取故障时，四个车门均有中控锁开关不可信信号。

（2）在试车过程中，发现此故障以及仪表灯报警的前提都是车门外拉手未正确复位，如 5-8-108 所示。

（3）将外拉手拆下后发现底座上凸点与拉手有接触，导致脏污的情况下阻力较大造成不能正确回位，如图 5-8-109 所示。

图 5-8-108   图 5-8-109

（4）将此位置用锉刀打磨降低高度后，排除故障。

故障原因：由于 C8 车门锁为电子锁，车门外拉手不能正常回位导致电子锁内信号错误，所以仪表报故障灯提醒。

故障排除：锉刀打磨拉手底座的凸点。

二十三、2019 年一汽奥迪 A6L 下部触屏闪烁

车型：一汽奥迪 A6L（C8）。

发动机型号：DKW。

故障现象：首先确认故障，下部显示屏 J1060 打开时出现闪烁，上部显示屏 J685 显示正常。

故障诊断：

（1）用诊断仪 VAS6150D 进行检测，没有故障码。查找 TPI 没有符合的 TPI，MMI 设置正常，如图 5-8-110 所示。

（2）因为没有相关故障码，首先怀疑是否是下部触摸屏视频线插头松动引起的。拆下下部触摸屏检查插头，没有松动和插针损坏现象。检查 J794 处视频线插头，没有发现故障。怀疑是否下部触摸屏本身

故障引起，尝试找相同车辆进行替换 J1060，更换后故障现象依旧。

（3）查找 ElsaPro 和课件查看 MIB2+ 视频线连接方式（如图 5-8-111 所示），根据视频传输途径检查各个视频线连接插头及线路，没有发现故障。由于上部显示屏 J685 显示正常，尝试更换 J794，更换后故障现象依旧。

（4）由于 J1060、视频线插头、J794 都没发现故障，尝试更换 J685，更换后下部触屏显示正常。

图 5-8-110

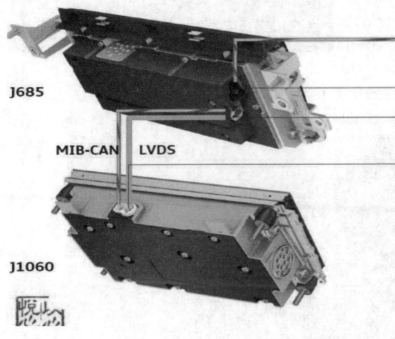

J685

MIB-CAN LVDS

J1060

至信息娱乐系统电子装置控制单元J794的MIB-CAN的接口

自信息娱乐系统电子装置控制单元J794的接口

至前部信息显示和操作控制单元的显示单元J1060的接口

自前部信息显示和操作控制单元的显示单元J685的接口

传输特性

► J794 通过1根LVDS视频线将J794的图像信息传递给J685

► J685 通过1根LVDS视频线再将这其中的部分图像传递给J1060

► J794与J685都是MIB-CAN的用户

图 5-8-111

故障原因：由于 J685 自身问题导致视频信号在 J685 传输到 J1060 过程中信号不稳定，出现下部触摸屏闪烁。

故障排除：更换 J685。

故障总结：有些故障需要深入地分析课件的原理图，这样可以更加快捷地排除故障。

二十四、2018 年一汽奥迪 A6L 下部显示屏按键偶尔不工作

车型：一汽奥迪 A6L（C8），配置 2.0T 发动机。

发动机型号：DKW。

故障现象：下部显示屏按键偶尔不工作，触摸按键没反应，上部显示屏显示所选系统（功能）当前不可用，如图 5-8-112 所示。

故障诊断：

（1）用户提新车当天就发现有这种故障现象，查询 TPI2055562/1 中国市场 C8 下部显示屏部分按键

偶尔不工作,按照 TPI 指导将上部显示屏的设置
选项中显示屏的按压模式关闭,变成触摸模式后
功能可以正常使用。

（2）用户回去后多次反馈下屏还是经常偶
发不好使,告知用户有时间的时候进店仔细检查
一下。当时初步想法是与试驾车对倒相关部件进
行测试,车辆再次进店后首先 VAS6150 检查各
控制单元无故障码存储,换上试驾车的下屏后经
多次测试发现故障现象依旧,换试驾车的上屏后
经多次测试发现故障现象依旧,换试驾车的 J794
后经多次测试发现故障现象依旧,至此分析思路
只能重点检查相关线路插头了。经过仔细检查后
发现 J794 后部灰色 T12a 插头没有插到位（如图
5-8-113 和图 5-8-114 所示）,按压插头后可
以感觉到插头到位后锁止的感觉,再次进行反

图 5-8-112

复测试后确认故障没有再现。交车后经多次回访用户后确认故障排除,电路图如图 5-8-115 所示。

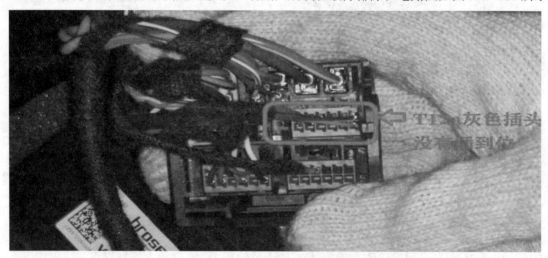

图 5-8-113

故障原因:下屏 J1060 和上屏 J685 与 J794 连接
的灰色 T12a 插头没有插到位,导致 MIBCAN 有时不
能正常工作出现故障现象。

故障排除:按压灰色 T12a 插头到位锁止后故障
排除。

二十五、2019 年一汽奥迪 A6L 遥控钥匙有时不灵

车型:一汽奥迪 A6L（C8）。

发动机型号:DKWA。

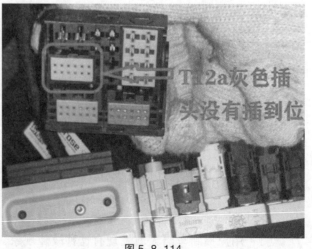

图 5-8-114

1322

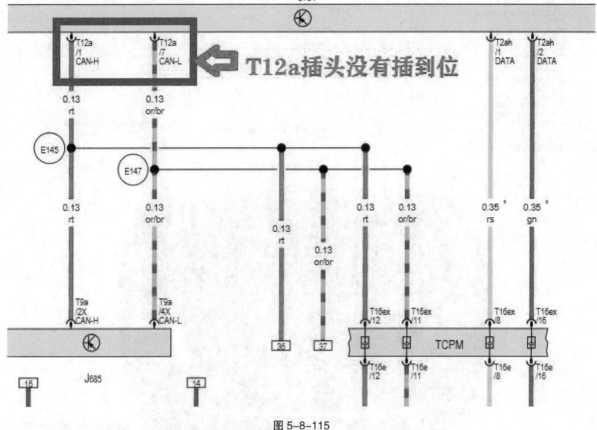

图 5-8-115

故障现象：遥控钥匙有时不灵。

故障诊断：

（1）客户反馈故障现象出现时按压钥匙解锁、上锁按钮，钥匙上的信号指示灯会亮，但是车辆无法解锁或上锁（如图5-8-116所示），该车配备舒适钥匙功能，车门外部的把手按钮便捷钥匙功能也无法使用，只能用机械钥匙给车辆解锁上锁。进入车辆，按压启动按钮，车辆都可以正常启动，仪表无故障灯报警。分析故障原因为：钥匙故障、信号干扰、中央门锁天线故障和J393故障。尝试使用另一把钥匙，也出现该现象，排除钥匙原因。

（2）使用诊断仪检测，网关各控制单元内无故障记录。按压钥匙解锁、上锁按钮均正常，故障现象无法再现。读取钥匙的各数据未发现异常（如图5-8-117所示），检查车辆无加装等信号干扰设备。

（3）根据客户反馈的故障现象进行分析，钥匙的遥控信号是通过中央门锁天线传输到J393，J393对接收到的信息分析来判断钥匙是否合法，如果合法，那么J393就会把开锁命令发送给相应的车门控制单元。查找C8车型自学手册SSP670，有关于中央门锁详细的工作原理介绍，安装位置如图5-8-118和图5-8-119所示，工作原理如图5-8-120和图5-8-121所示。

图 5-8-116

钥匙1发射应答器ID		Transponder ID Key 1
--无显示--	205019AA	
钥匙2发射应答器ID		Transponder ID Key 2
--无显示--	2056A9BD	
已学习的发射应答器的校验和		Adapted_transponders_checksum
版本	81	
校验和	FEAC1B47	
发动机防盗锁口令		Immobilizer - Challenge
--无显示--	315DC937	
FAZIT识别测试和		CRC32 Checksum of FAZIT Identification String
版本	85	
校验和	C3D197E9	
模拟无线遥控钥匙，状态		Virtual_remote_control_key_status
智能卡激活	否	
主密钥数据写入	是	
模拟无线遥控钥匙启用	是	
在票表中的安全元件数量	0	
虚拟无线遥控钥匙，汽车ID		Virtual_remote_control_key_vehicle_ID
--无显示--	2B 54 4C FC 9C 88 0A 0E 0A C0 AF EF B2 A1 96 67	
模拟无线遥控钥匙，票表		Virtual_remote_control_key_ticket_table

图 5-8-117

图 5-8-118

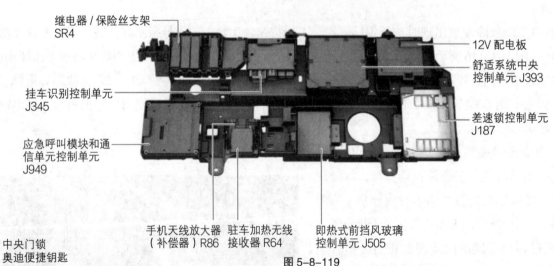

继电器／保险丝支架 SR4

12V 配电板

舒适系统中央控制单元 J393

挂车识别控制单元 J345

差速锁控制单元 J187

应急呼叫模块和通信单元控制单元 J949

手机天线放大器（补偿器）R86　　驻车加热无线接收器 R64　　即热式前挡风玻璃控制单元 J505

图 5-8-119

中央门锁
奥迪便捷钥匙

奥迪A6（车型4A）上的便捷钥匙与奥迪A7（车型4K）的相同。

通过奥迪便捷钥匙来给车辆开锁：

车钥匙必须位于车门的侦测区内。若是有人抓住车门把手，那么相应的车门外把手接触传感器（比如驾驶员车门外把手接触传感器G415）就会把这个信息发送给舒适系统中央控制单元J393。

J393这时就会查询车钥匙信息，车钥匙会把数据发送回中央门锁天线（该天线在J393的印刷电路板上）。如果识别出该车钥匙是合法的，那么舒适系统中央控制单元J393就会通过舒适CAN总线将开锁命令发送给车门控制单元以便开锁。

通过奥迪便捷钥匙来给车辆上锁：

给车辆上锁的话，编码钥匙也必须位于侦测区内。如果驾驶员按了车门外把手接触传感器（比如驾驶员车门外把手接触传感器G415），那么这个信息就会通过CAN总线而被送至舒适系统中央控制单元J393。J393会查询到底是不是真的有一把合法钥匙位于侦测区内。在钥匙通过无线方式把数据发送给J393后，J393就会把上锁命令发送给相应的车门控制单元。

图 5-8-120

一旦中央门锁系统被电容式接近传感器所唤醒，一个低频（LF）查询信号就会被发送给遥控钥匙。

遥控钥匙对这个低频信号进行解码，并把自己的高频（HF）信号编码发送至中央门锁接收天线，也就是发送至舒适系统中央控制单元J393了。

如果接收到的数据是正确的或者说识别出这是合法车钥匙了，那么J393就会把开锁命令发送给相应的车门控制单元。

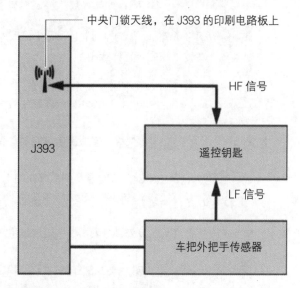

图 5-8-121

（4）通过以上分析，故障原因基本在以下两点：中央门锁天线故障、J393 故障。自学手册中提示该款车型中央门锁天线已经集成于 J393 内部。由于故障为偶发性，为减少客户返修次数，后与我站试驾车互换 J393，客户使用一段时间后，故障未再出现，我站试驾车出现了遥控不灵的现象。故障排除，故障原因为 J393 内部故障。

故障原因：J393 内部故障。

故障排除：更换 J393。

故障总结：以往车型中央门锁天线都是单独在后挡 C 柱左、右侧，从 A8D5 开始，中央门锁天线集成于 J393 内部，在碰到关于钥匙遥控相关故障时，利用自学手册结合工作原理进行分析，可以少走弯路。

二十六、2019 年一汽奥迪 A6L 中控门锁报警

车型：一汽奥迪 A6L（C8）。

故障现象：一汽奥迪 A6L 中控门锁报警。

故障诊断：

（1）验证故障，打开点火开关发现仪表报有中控门锁故障，按压左前门中控门锁按键指示灯不亮，如图 5-8-122 所示。使用 VAS6150D 读取地址码 BC 副驾驶员后部车门电子系统中控门锁控制单元不可信信号，主动静态，如图 5-8-123 所示。

（2）根据故障现象和引导型故障查询分析，结合电路图（如图 5-8-124 所示）故障码分析可能原因：副驾驶员后部中央门锁电机 V540 自身故障；V540 至 J927 之间线束短路断路；J927 自身故障。

图 5-8-122

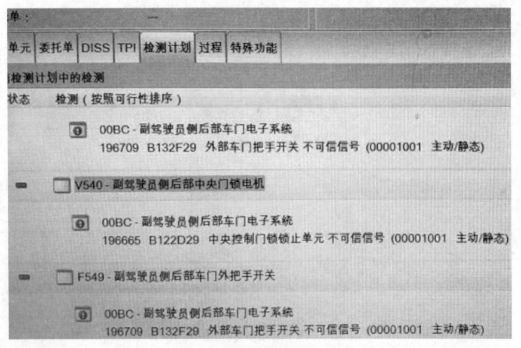

图 5-8-123

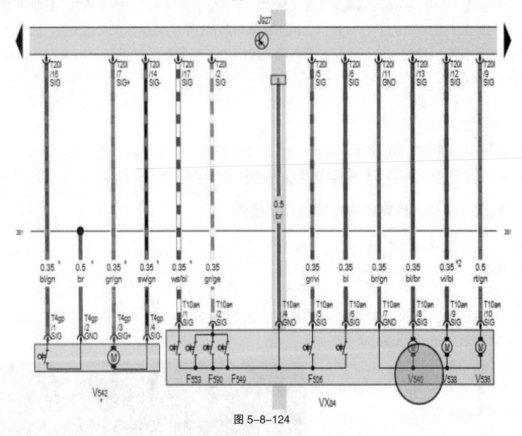

图 5-8-124

（3）根据电路图，使用 1526EVAS1594D 测量副驾驶员后部中央门锁电机 V540 T10an/8 至 J927 T20i/6、T10an/4 至 T20i/5 线路通断电阻均正常。检查副驾驶员后部中央门锁电机 V540 和副驾驶员侧后部车门控制单元 J927 的插头针脚无损坏。

（4）使用 VAS6150D 在地址码 BC 中做动作诊断发现副驾驶员后部中央门锁电机 V540 可以动作。但是一直出现信号不可信，测量 V540 电阻在 1.6 ~ 6Ω，由此可以排除副驾驶员后部中央门锁电机 V540 和

J927 的供电问题。综上可排除：副驾驶员后部中央门锁电机 V540 自身故障；V540 至 J927 之间线束短路断路。

（5）对调副驾驶员侧后部车门控制单元 J927 故障转移，刷新故障码变为偶发，删除故障码，中控门锁功能正常。

故障排除：更换右后门控制单元 J927。

二十七、2009 年奥迪 A8 行驶时车辆突然熄火

车型：奥迪 A8（D3）。

发动机型号：BPK。

故障现象：

该车正常行驶突然熄火，失去动力，之后就启动不了，点火开关也开不了，拖车回服务站检查。

故障诊断：由于该车点火打不着，直接引导激活 15 线也无用，直接拆下 15 号继电器，直接跨接电源，电脑进入后发现非常多的故障，点火开关、4 个车门把手、转向柱均有故障，读取数据测量值均读取不了。拆下点火开关钥匙锁，未发现问题。测量线路时，测量不到信号。该车是 D3 防盗的，主控是 J518 主控，查询电路图检查 J518 的供电保险均正常，在电脑诊断时 J518 有时会出现通信不了，拆下左前座椅，拆除地毯，发现左侧车内进水。拆下 J518 电脑版盒子，电脑版进水已腐蚀。J518 是装在左前座椅底下，进水是由于左侧的空调排水老化导致水流进车厢，如图 5-8-125 和图 5-8-126 所示。

故障排除：更换新的空调排水管、J518 防盗控制单元。

故障总结：检查故障的时候要由简单到复杂，从外到内，这样可以提高解决故障的效率和提高一次修复率。

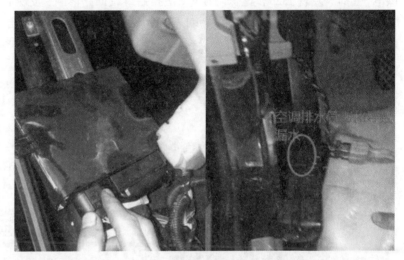

图 5-8-125

图 5-8-126

二十八、2013 年奥迪 A8 MMI 黑屏

车型：奥迪 A8（D4）。

发动机型号：CGT。

故障现象：客户反映 MMI 黑屏。

故障诊断：

（1）首先根据客户描述验证故障现象，在试车过程中发现 MMI 黑屏，同时发现 MMI 操作面板指示灯也不亮。电脑读取故障码为 J794 无法通信，如图 5-8-127 所示。

（2）根据回路诊断，发现 J525 和 J794 有故障，如图 5-8-128 所示。根据电路图，检查 J525 和 J794 供电，接地。发现 J525 供电保险损坏，更换后继续回路诊断，发现 J794 还是无法通信，如图 5-8-129 所示。

（3）拆下检查 J794，发现 J794 处供电电压为 0，继续查询电路图，发现从供电保险至 J794 处有一插接器，检查插接器，发现针脚断裂，如图 5-8-130 所示。

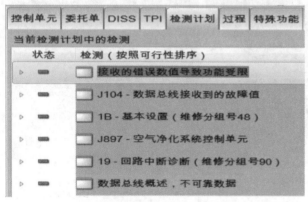

图 5-8-127

J533-回路中断诊断

确定电气故障的数量

已获得以下结果：
5130000010400000000100000000000

J533-数据总线诊断接口 正常
J794 - 信息电子设备控制单元1 故障
媒体播放器位置1 正常
J285 - 仪表板控制单元 正常
R78-TV调谐器 正常
J829 - 信息电子设备控制单元2 正常
R-收音机 正常
J525-数码音响组件 正常

图 5-8-129

J533-回路中断诊断

确定电气故障的数量

已获得以下结果：
4330000010400000000100000000000

J533-数据总线诊断接口 正常
J794 - 信息电子设备控制单元1 故障
媒体播放器位置1 正常
J285 - 仪表板控制单元 正常
R78-TV调谐器 正常
J829 - 信息电子设备控制单元2 正常
R-收音机 正常
J525-数码音响组件 故障

图 5-8-128

图 5-8-130

（4）修复后试车，故障排除。

故障总结：注意细节维修。

二十九、2018 年奥迪 A8 左后车门无法正常打开

车型：奥迪 A8（D5）。

故障现象：奥迪 A8 左后车门无法正常打开，在车辆解锁后，不管是向外用很小的力轻拉，还是用较大的力硬拽，始终无法打开，但是操作内部车门拉手，车门可以打开。

故障诊断：

（1）奥迪 A8（车型 4N）上的车门锁操纵是个新内容，使用的是所谓的全电动车门锁。具体来说：车门内把手和车门外把手上的开门命令是以电信号通过微开关传至车门控制单元的，车门控制单元会激活一个电机，电机释放碰板，于是锁就打开了。车门外把手的开关位于支架内（如图 5-8-131 和图 5-8-132 所示），车门外把手只需拉动几毫米，这个微开关就会做出反应，车门控制单元就会激活电动锁内的电机，用很小的力就可打开车门了。

（2）为了能在微开关或者伺服电机出故障时打开车门，仍像以前那样保留两根波顿拉索：一根是从车门内部操纵机构到车门锁，一根是从车门外把手到车门锁，这都是机械连接，用于应对应急工况。但是要想以机械方式去打开车门，那么车门内把手的拉动角度就要远超正常的拉动角度了。只有在事先操纵过锁芯或者车门内把手之后，通过车门外把手才能打开车门。随后需要以超过正常情况时的拉力才能拉开车门。

（4）梳理完相关功能原理后，使用 ODIS 诊断，相应车门控制单元内无任何故障码，查询 TPI，无相关维修指导，也无相关 SOST 指导。

（5）查询 ElsaPro 电路图，相关功能简图如图 5-8-133 所示。

（6）读取驾驶员侧后部车门 J926 内车门外把手开关测量值，轻拉外门车门把手，截图如图 5-8-134 所示。

（7）对比驾驶员侧车门 J386 内车门外把手开关测量值，轻拉外部车门把手，截图如图 5-8-135 所示。

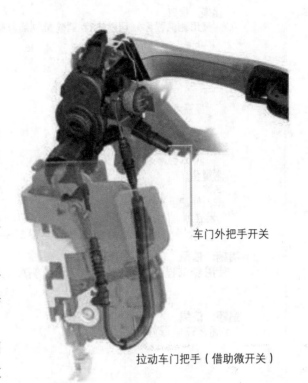

车门外把手开关

拉动车门把手（借助微开关）

图 5-8-131

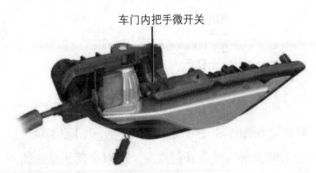

车门内把手微开关

图 5-8-132

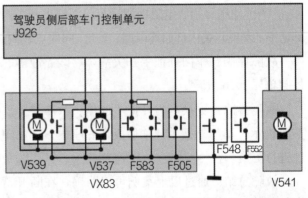

驾驶员侧后部车门控制单元 J926

V539 V537 F583 F505 F548 F552 V541

VX83

V539.驾驶员侧后部中央门锁电机 V537.驾驶员后部车门内中央门锁安全功能电机 F583.驾驶员后部儿童安全锁接触开关 F505.驾驶员侧后部车门接触开关 F548.驾驶员侧后部车门外把手开关 F552.驾驶员侧后部车门内把手开关 V541.驾驶员后部车门关闭辅助功能电机

图 5-8-133

措施：信息
使用测试程序，可以执行 驾驶员侧后部车门控制单元-J926 中的以下功能：读取测里值

措施：信息
确保充电器连接到车辆上

打开点火开关

- 检测步骤：打开表

测里值：
名称：　　　　　　　　　　　　值：　　　　　　　额定值：
车门外把手开关
无显示　　　　　　　　　未开动

图 5-8-134

措施：信息
使用测试程序，可以执行 驾驶员侧车门控制单元-J386 中的以下功能：读取测里值

措施：信息
确保充电器连接到车辆上

打开点火开关

- 检测步骤：打开表

测里值：
名称：　　　　　　　　　　　　值：　　　　　　　额定值：
车门外把手开关
无显示　　　　　　　　　已按下

图 5-8-135

　　（8）通过对比，可以发现车门外拉手开关信号异常（如图 5-8-136 所示），导致车门控制单元无法正确识别驾驶员开门意愿，所以车门无法正常打开，只有操作内部门把手，才能打开车门。

　　（9）使用万用表电阻挡测量车门外把手开关内部通断，发现开关内部始终断路，至此，问题点找到。

　　故障原因：车门外把手开关故障、线路故障、控制单元 J926 故障。

　　故障排除：更换车门外把手底座，故障排除。
重要提示：车门外把手开关集成在底座内，无法单独进行更换。

　　故障总结：通过以上案例可以明确，在断开蓄电池前应注意：钥匙不能处于车内，或者至少有一个车窗是打开着的，以防维修操作时，钥匙被 \ 锁在车内。

图 5-8-136

三十、2018 年奥迪 A8 香氛系统异响

车型：奥迪 A8（D5）。

发动机型号：CZS。

故障现象：左侧出风口处异响。

故障诊断：

（1）首先试车发现左侧出风口在打开和关闭时发出"嘎吱""嘎吱"的声音。

（2）查询 TPI，代号：2052686/1 前部仪表板出风口有噪声。

（3）听取 TPI 视频里的声音和该车声音相似，根据 TPI 更换左侧出风口，故障现象依旧。

（4）仔细检查声音来源，发现只要香氛系统工作就会发出声音。当把香氛 GX43 电机插头拔掉，声

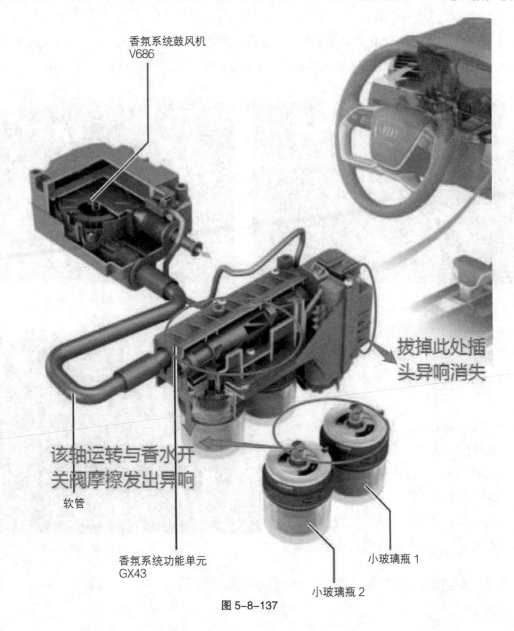

香氛系统鼓风机
V686

拔掉此处插
头异响消失

该轴运转与香水开
关阀摩擦发出异响

软管

香氛系统功能单元
GX43

小玻璃瓶 2

小玻璃瓶 1

图 5-8-137

音消失。把插头插回，拆掉两个香水瓶声音也消失，如图 5-8-137 所示。

故障原因：当香氛系统工作，GX43 电机带动凸轮轴运转打开或关闭香水瓶时摩擦发出噪声。

故障排除：润滑香水瓶开关阀与转轴接触部位，异响消失。

故障总结：A8 D5 车型香氛系统异响已遇到多例，对于案例中的异响不要盲目根据 TPI 判断为出风口异响，在判断故障时一定要从不同角度仔细分析异响来源，建议从主驾脚坑处分析是否为香氛系统产生的异响。

三十一、2017 年奥迪 A8L PA 兴趣点呼叫不能用

车型：奥迪 A8L PA。

发动机型号：CRE。

故障现象：兴趣点呼叫不能用，客户进店咨询他的车辆是否有兴趣点呼叫这个功能，别的老款 A7 都有，其他的没有。

故障诊断：

（1）如客户所说，在 MMI 显示屏上面确实没有兴趣点呼叫这个选项，如图 5-8-138 所示。

测试了一下，道路救援呼叫和奥迪 connect 功能均正常。在此给客户解释了一下，A8L PA 和老的车型不一样了，A8L PA 的兴趣点呼叫界面已经和导航设置功能在一起了，如图 5-8-139 所示。

图 5-8-138

图 5-8-139

（2）点击兴趣点呼叫，显示如图 5-8-140 所示。

（3）由于对新的通信方面的知识了解不是太多，到此维修一度陷入僵局，先后尝试重启了 MMI 以及对 J794 进行初始化，均不起作用。也没有查询到相应的 TPI。

（4）准备向厂家的技术人员进行技术支持时，查阅了奥迪 connect QQ 群资料：经销商常见问题解答 2017 年 3 月 15 日更新，如图 5-8-141 所示。

图 5-8-140

6.5. 提示：请连接您的手机，以便使用兴趣点呼叫服务提示(如下).. 20

图 5-8-141

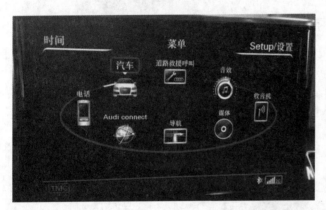

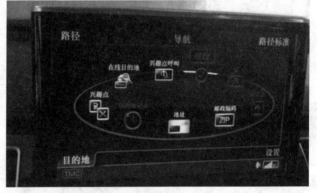

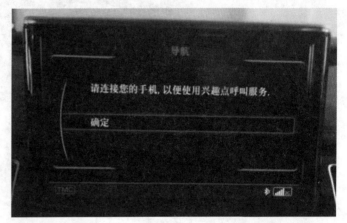

按照里面需要对里面的电话进行设置,具体设置方法如图 5-8-142 所示。

按照里面的方法把个人手机(蓝牙)改为车载电话(SIM)设置后,兴趣点呼叫就可以使用了。

故障原因:销售顾问在激活 SIM 卡时,在电话使用上未将蓝牙电话与 SIM 卡进行切换,就导致了兴趣点呼叫不能使用。

故障排除:切换设置。

图 5-8-142

三十二、2018 年一汽奥迪 Q2L 左前门低音扬声器有时不响

车型:一汽奥迪 Q2L。

故障现象:客户反映有时左前门低音扬声器不响。

故障诊断:用诊断仪 VAS6150E 读取故障码为左前门低音扬声器断路,由于车辆为新车,线路出现问题的可能性不大。由于车辆存在加装,需要拆装左前门饰板,怀疑低音扬声器插头松脱,拆装检查插头无异常。发现通过敲击扬声器后,左前低音扬声器恢复正常,但循环一次点火开关后故障依旧。通过对调左前门低音扬声器与右前门低音扬声器,查询备件号相同,但故障依旧,排除扬声器本身质量问题,查询电路图,如图 5-8-143 所示。

通 过 测 量 R21 T2ec/1 到 J794 T8c/7 的电阻值为 0.5Ω,R21T2ec/2 到 J794 的 T8c/3 的电阻值也为 0.5Ω,说明线路无断路。线路正常,怀疑 J794 问题,通过对调 J794 后故障依旧。用诊断仪调取故障码,此时故障码变为左前门低音扬声器对地短路,用万用表量取 R21 T2ec/2,此时发现对地短路,不正常。

再次查询电路图,发现左前门高音扬声器与低音扬声器并联一起到了 J794,但是左前门另一个扬声器是空的没有安装,再结合电路图 R20 是逐步投入使用,认为此车还未安装,再次测量 T27a/20 依然对地短路,此时怀疑插头 TTVL 到 J794 当中的线路对地短路,如果进一步检查需要拆仪表台。由于车

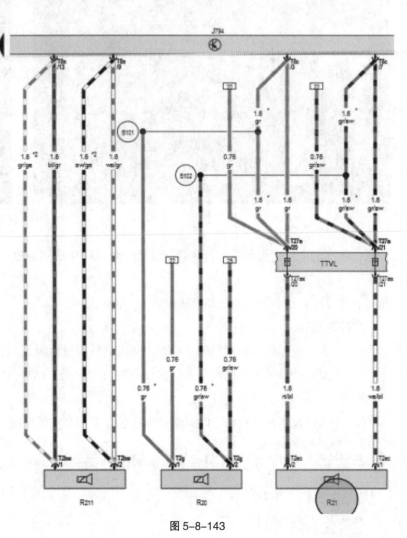

图 5-8-143

1333

辆为新车刚行驶几百公里，会引起客户的抱怨，再次查询维修手册发现 R20 在 A 柱内饰板处，如图 5-8-144 中 14 所示。

此时豁然开朗，那么问题出现在此处的可能性极大，拆检 A 柱饰板后发现左前高音扬声器已经脱落，如图 5-8-145 和图 5-8-146 所示。

故障原因：左侧高音扬声器脱落导致线束焊接点与 A 柱发生摩擦，导致搭铁刚。开始通过敲击低音扬声器恢复正常，猜测可能是由于通过敲击扬声器瞬间改变了线路上电压，由于 R20 与低音扬声器

图 5-8-144

图 5-8-145

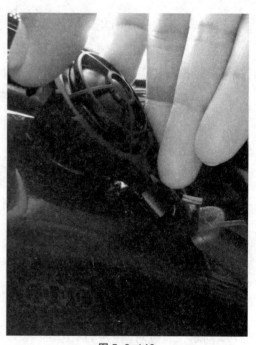

图 5-8-146

并联，改变的电压会引起高音扬声器的轻微跳动，J794 识别到短时的线路恢复正常致使功能恢复。

故障排除：重新固定左侧高音扬声器。

故障总结：

（1）由于故障码第一次报的是断路，对线束只简单地测量了通断，致使做了多余的工作。

（2）对于一些不确定的配置，一定要查询维修手册，结合其安装位置进一步确认其配置，避免走过多的弯路。

（3）诊断仪所报的故障有时只能作为参考，要结合实际情况做出全面的分析，快速找出问题所在。

三十三、2017 年一汽奥迪 Q5 仪表中提示奥迪 side assist 系统故障

车型：一汽奥迪 Q5。

发动机型号：CUH。

故障现象：客户反映车辆仪表中提示奥迪 side assist 系统故障。

故障诊断：

（1）维修技师接到车查看仪表中确实提示奥迪 side assist 系统故障，如图 5-8-147 所示，然后测试车辆左前后视镜换道辅助功能按键没有反应。

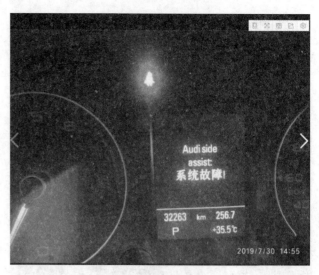

图 5-8-147

（2）用 VAS6150C 检查读取故障码有 J769、J770 通信 003C 车道变换辅助 729604U10BA00 本地数据总线无通信（00001001 主动 / 静态），如图 5-8-148 所示。诊断仪引导型功能进行检测，首先检查 J769、J770 控制单元的插头无异常和保险丝供电正常，根据电路图测量 J769 至 J770 线路导通正常，无正极负极互短路异常。

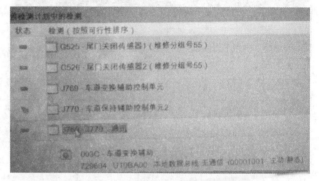

图 5-8-148

（3）维修技师根据故障码和电路图测量结果，判断此故障是因 J769 与 J770 之间无法正常通信引起的换道辅助系统故障。J769 是换道辅助系统的主控单元，此 J769 可以与 J533 通信读取故障码，所以排除 J769 控制单元。J769 与 J770 之间的线路完全正常，供电和接地也正常。经过分析故障点可能是 J770 本身内部电气故障造成的。

（4）把正常车辆上 J770 控制单元拆下，替换故障车上；重新读取故障码，发生的改变为 003 车道变辅助 729604 C111554 车道变换辅助控制单元 2 无基本设置（00001001 主动 / 静态），如图 5-8-149 所示。再次确定故障点为 J770 控制单元，订货更换 J770 校准正常，如图 5-8-150 所示，故障排除。

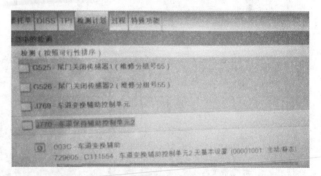

图 5-8-149

故障原因：J769 是换道辅助系统的主控单元，J770 本身内部电气故障造成与 J769 不能正常通信，所以仪表中提示奥迪 side assist 系统故障。

故障排除：订货更换 J770 校准正常，故障排除。

故障总结：此类电气故障，首先根据诊断仪引导型功能排查故障点，同时结合电路图和工作原理

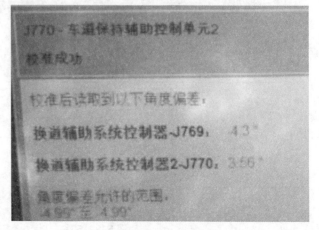

图 5-8-150

1335

分析故障点，方便快速排查到故障点。

图 5-8-151

图 5-8-152

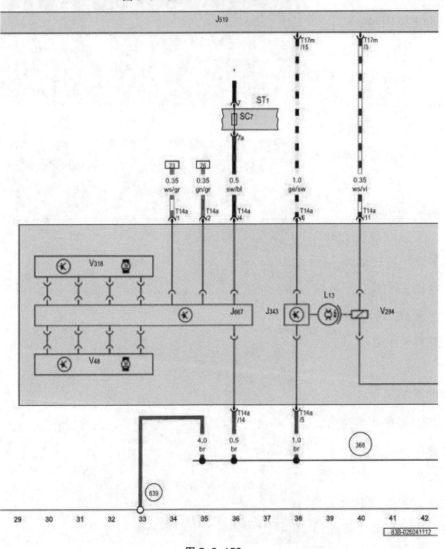

图 5-8-153

1336

三十四、2013 年一汽奥迪 Q5 灯泡故障灯亮

车型：一汽奥迪 Q5。

故障现象：客户正常行驶时发动机故障灯及灯泡故障灯点亮，显示"左侧近光灯/远光灯"如图5-8-151 所示。

故障诊断：电脑检测故障码，左侧日间行驶灯和侧灯 LED 模块的供电，左侧端子 30 断路，如图5-8-152 所示。

图 5-8-154

左侧大灯电路图如图 5-8-153 所示。

故障原因：

（1）左侧大灯内部故障。

（2）左侧大灯控制模块 J667 故障。

（3）车载电控单元 J519 故障。

（4）线路故障。

（5）其他故障。

故障检查：

（1）检查左侧大灯供电保险 SC7 正常，通信线路正常。

（2）对换正常车辆左侧大灯模块 J667，故障依旧。

（3）对换正常车辆左侧大灯，故障依旧。

（4）对换正常车辆车载电控单元 J519，故障依旧。

（5）相关部件均已更换，至此维修陷入僵局，维修技师找到笔者寻求帮助。

（6）由于相关的零件均已更换，仔细对维修技师所做工作进行核检，发现更换左侧大灯模块 J667 后，切换点火开关锁车门，清除故障码后车辆恢复正常使用，重新换回故障左侧大灯模块 J667 后，故障再现，

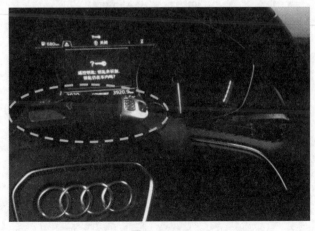

图 5-8-155

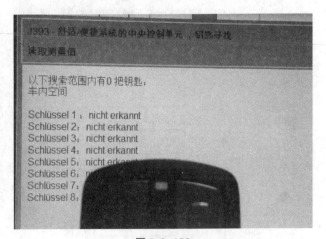

图 5-8-156

确认故障件为左侧大灯模块 J667。故障件如图 5-8-154 所示。

故障排除：更换左侧大灯模块 J667 后试车，故障排除。

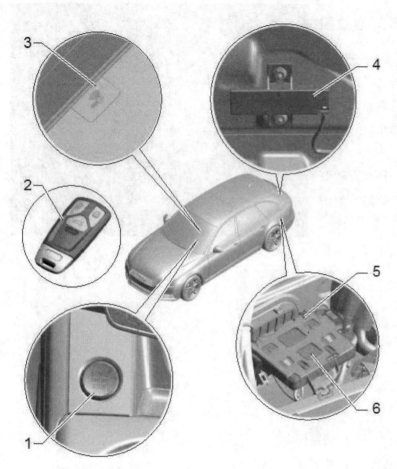

故障总结：此案例比较简单，更换备件后需要复位（有些需要基本设置、学习）或者清除故障码后确认故障是否排除，此细节会被忽略错过故障而导致误判。

三十五、2018 年一汽奥迪 Q5L 有时无法启动，仪表提示未识别到车钥匙

车型：一汽奥迪 Q5L，配置 2.0T 发动机。

发动机型号：CWN。

故障现象：该车有时无法启动，仪表提示未识别到钥匙（如图 5-8-155 所示），车钥匙的遥控功能正常，互换过车钥匙故障依旧。

故障诊断：

（1）试车故障可以再现，当不能识别钥匙的时候，即使将钥匙放在应急线圈上也无法识别。

（2）ODIS 系统读取 46 进入启动许可单元 J393 无故障码存储，检查车内没有 USB 充电及其他干扰设备，测

1.进入及启动许可按钮E408　2.点火钥匙　3.进入及启动许可的车内天线1 R138
4.用于进入及启动系统的后备箱内天线1 R137　5.定位座　6.舒适/便捷系统中央控制器J393

图 5-8-157

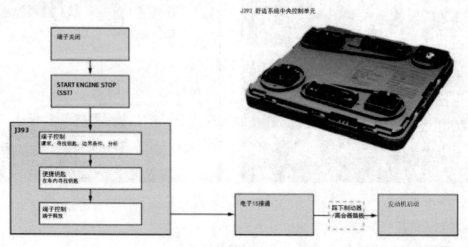

图 5-8-158

量遥控钥匙电压正常，重新维修防启动锁匹配钥匙，故障依旧。

（3）进入引导型查询＞46功能菜单＞车辆范围内的钥匙查找，读取J393车辆搜寻钥匙的情况，激活功能的时候钥匙上的红色指示灯闪烁，但诊断仪提示的搜索结果为0把钥匙，如图5-8-156所示。

故障原因：两把遥控钥匙都有故障，进入及启动许可的车内天线1R138（带应急无线收发器线圈）有故障，进入启动许可单元J393有故障，其他因素故障。

故障排除：互换车内进入/启动许可天线，故障依旧，分析两把钥匙同时出现故障的可能性不大，重新订购新的J393后故障排除。

故障总结：奥迪Q5L MLBevo平台进入及启动许可部件一览如图5-8-157所示。

车辆无钥匙启动过程如图5-8-158所示。

通过本次维修案例发现，和前代Q5的进入启动许可系统还是有较大改变，总结有以下几点和各位分享。

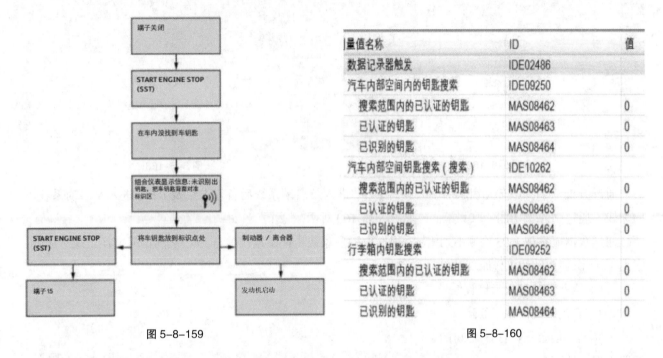

图5-8-159

量值名称	ID	值
数据记录器触发	IDE02486	
汽车内部空间内的钥匙搜索	IDE09250	
搜索范围内的已认证的钥匙	MAS08462	0
已认证的钥匙	MAS08463	0
已识别的钥匙	MAS08464	0
汽车内部空间钥匙搜索（搜索）	IDE10262	
搜索范围内的已认证的钥匙	MAS08462	0
已认证的钥匙	MAS08463	0
已识别的钥匙	MAS08464	0
行李箱内钥匙搜索	IDE09252	
搜索范围内的已认证的钥匙	MAS08462	0
已认证的钥匙	MAS08463	0
已识别的钥匙	MAS08464	0

图5-8-160

（1）新Q5L取消了含应急线圈的点火开关，应用了带应急无线收发器线圈的车内天线R138，天线和尾部天线不通用。

（2）控制单元在维修防启动锁的时候，系统会读取控制单元J393的控制单元零件号及版本、编码、参数，新的车型对控制单元的一致性要求非常高，不符合要求的无法匹配，今后维修排故障时两车倒换配件的方法找车更加困难了。

（3）更换J393后ESC控制单元、天窗控制单元编码及匹配值会丢失，需要重新编码。

三十六、2018年一汽奥迪Q5L车辆钥匙不在车内，熄火后无法识别钥匙

车型：一汽奥迪Q5L。

故障现象：客户反映车辆仪表上显示钥匙不在车内，熄火后无法重新启动车辆，遥控也无法上锁。

故障诊断：车辆拖进站后，启动车辆时仪表提示将钥匙放在应急天线处，将钥匙放在应急天线处启动，依然无法着车，同时仪表依然有"将钥匙放在应急天线处"的字样。接上诊断仪VAS6150E通过激活双闪按压点火开关，进行引导型故障查询无故障检测计划。钥匙启动的原理如图5-8-159所示。

组值名称	ID	值
汽车内部空间钥匙搜索（搜索）	IDE10262	
行李箱内钥匙搜索	IDE09252	
汽车内部空间内的钥匙搜索	IDE09250	
在汽车外面寻找钥匙	IDE11917	

图 5-8-161

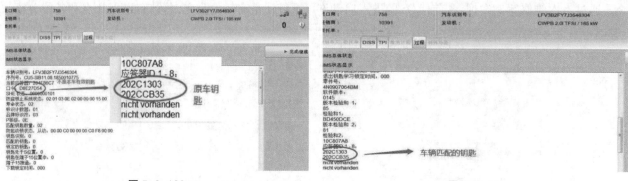

图 5-8-162　　　　　　　　　　　　　　　　　　图 5-8-163

通过查询 Elsa，该车无钥匙启动天线有 R137 进入及启动系统后备箱天线及 R138 进入及启动系统车内天线。通过引导型功能读取测量值，如图 5-8-160 所示。

通过数据流发现 J393 检测不到钥匙。根据故障现象初步怀疑是钥匙与 J393 之间信号交换出现了故障，根据 J393 识别钥匙的工作原理及 Elsa 总结以下。

（1）钥匙无法发出无接收信号。

（2）启动天线出现了故障。

（3）启动天线至 J393 之间的线路出现了故障。

（4）J393 损坏。通过引导型故障检测计划分别对 R137 及 R138 做了检测发现异常，同时我们还分别断开 R138 及 R137 的阵脚插头，发现天线的测量值不显示，如图 5-8-161 所示。

因此判断启动及线路不存在问题。剩下钥匙及 J393 没有排除，检查了钥匙电池电量 3.1V 正常，通过询问客户钥匙是否受过外力或是被水泡过，客户均否定了。由于客户没有将备用钥匙带来，因此客户回公司拿另一把钥匙，其间我们通

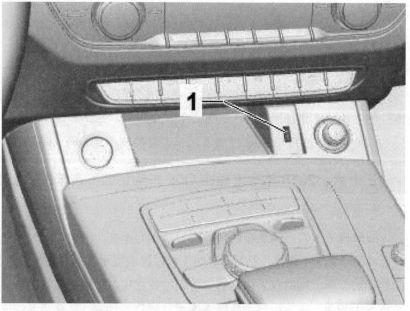

图 5-8-164

过引导型故障查询特殊功能46防盗数据的查询发现钥匙数据不对，此把钥匙ID不在此车匹配钥匙范围内，如图5-8-162和图5-8-163所示。

客户将另一把车钥匙拿过来时车辆启动正常。

故障原因：公司有两台Q5L，拿错钥匙，导致该故障现象。

故障排除：更换有效的车辆钥匙。

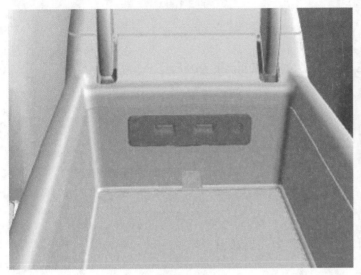

图 5-8-165

图 5-8-166

故障总结：迪过该故障的查询，首先要理清车辆启动时的控制逻辑（无钥匙启动）及Elsa查询。

三十七、2018年一汽奥迪Q5L Carplay无法使用

车型：一汽奥迪Q5L。

故障现象：前部USB接口无法使用Carplay。

故障诊断：

（1）客户提车不久就反映前部USB接口无法使用Carplay，且无法充电。

（2）用诊断仪检测无故障码，随后找来一部安卓手机，插上后发现手机能充电，说明该接口供电正常，如图5-8-164所示。

这里补充一个知识：Carplay功能只支持苹果系统的手机，市面上常见的安卓手机支持的是Baidu Carlife功能，检测故障的时候一定要区分开。

（3）拆下前部USB接口，未发现插头异常，通过观察，该接口用一根数据线连接的方式连到中央扶手下的外部多媒体接口R199上，如图5-8-165所示。将手机连到R199上，Carplay功能可以正常使用，确定主机没问题。

（4）准备拆下R199检查时发现，红色插头处于未插紧状态，用手用力插紧，发现插头还是无法插到底。

（5）拆下R199检查红色接口，发现有个针脚已经弯曲，且两边白色的导槽已脱落变形，如图5-8-166所示。

（6）更换R199，故障排除。

故障原因：出厂安装时未安装到位。

地址: 0019 系统名: 19 - 数据总线诊断接口 协议改版: UDS/ISOTP (Ereignisse: 7)

+ 识别:

- 故障存储器记录 (数据源: 车辆):

故障存储器记录
编号: U101100: 供电电压 电压过低
故障类型 2:   被动/偶发
症状: 1282
状态: 00001000

+ 标准环境条件:

图 5-8-167

地址: 0002 系统名: 02 - 变速箱电控系统（0CK/0CL S tronic）协议改版: UDS/ISOTP (Ereignisse: 1)

+ 识别:

- 故障存储器记录 (数据源: 车辆):

故障存储器记录
编号: P056200: 供电 电压过低
故障类型 2:   被动/偶发
症状: 20918
状态: 00100000

图 5-8-168

- **检测步骤: 空载电压欠范围**

措施: 信息
控制单元中未存储关于历史数据<静态电压过低低于12.2 V>的数据。

按下按钮 完成/继续，以继续执行程序。

措施: 信息
控制单元中未存储关于历史数据<静态电压过低低于11.6 V>的数据。

按下按钮 完成/继续，以继续执行程序。

- **检测步骤: 超过静态电流**

措施: 信息
控制单元中未存储<静态电流超出上限>历史数据的相关数据。

按下按钮 完成/继续，以继续执行程序。

图 5-8-169

措施: 选择
当前公里里程数为：
248

历史数据中的公里里程数>能量临界汽车状态<：
226

条目>能量临界汽车状态<：
116*2019-10-07-08:45*1*000226*0000*11.3*000*05*-05.8*00342*09959*0400*00050020*117*00.0*00.5*0000.0**

图 5-8-170

故障排除：更换 R199。

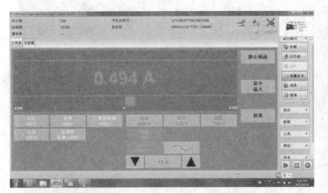

图 5-8-171

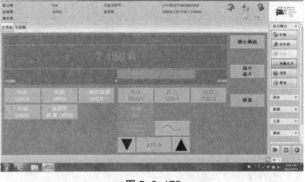

图 5-8-172

图 5-8-173

以下控制单元仍然处于唤醒状态：

J519 - 车载电网控制器
J285 - 组合仪表中的控制器
J764 - 电子转向柱锁控制器
J386 - 车门控制器，左前
J387 - 车门控制器，右前
J587 - 选档杆
J794 - 电子通讯信息设备1控制器
J245 - 滑动天窗控制器
J393 - 舒适系统中央控制器

- 对无法进入休眠模式的控制单元进行故障查找。
- 您也可以对这些控制单元执行一次 SVM 控制单元配置检测。

图 5-8-174

1. 针对唤醒保持源的条目：

记录日期：
日期：20190930
时间：19 小时 18 分钟
控制单元地址：9
唤醒时间：0.9 小时
控制单元记录了故障。

控制单元地址：42
唤醒时间：0.9 小时
控制单元记录了故障。

控制单元地址：5F
唤醒时间：0.9 小时
控制单元记录了故障。

控制单元地址：52
唤醒时间：0.5 小时

图 5-8-175

三十八、2019 年一汽奥迪 Q5L 新车蓄电池亏电车辆无法启动

车型：一汽奥迪 Q5L。

故障现象：客户抱怨车辆才行驶 200km 遥控器就不管用，车门无法打开，使用机械钥匙打开车门，仪表没有任何反应，蓄电池亏电严重，客户抱怨非常强烈，跨接车辆发动机可以正常启动。

故障诊断：

（1）使用诊断仪检查控制单元均存储：U101100：供电电压过低被动 / 偶发；19 网关存储 U140B00：能量管理启动。如图 5-8-167 和图 5-8-168 所示。检查故障的环境条件也都在同一个时间段，因车辆刚提一个星期时间，车辆在店内没有改装或加装，询问客户和检查车辆也没有再加装，救援车辆时检查车辆也没有存在车灯未关的情况，查询 PDI 诊断报告显示蓄电池电量正常，初步确定车辆存在漏电情况。

（2）按照引导型检测计划读取蓄电池历史数据，静态电流和静态电流值，系统显示控制单元未存储低于 12.2V 和 11.6V 的历史记录，如图 5-8-169

1343

所示。

（3）车辆已经亏电严重，为什么没有记录呢？读取汽车电量临界状态历史数据，发现车辆被数据总

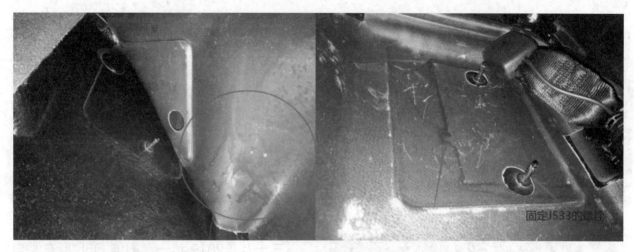

图 5-8-176

线唤醒了 117 次，临界电压是 11.3V，如图 5-8-170 所示。

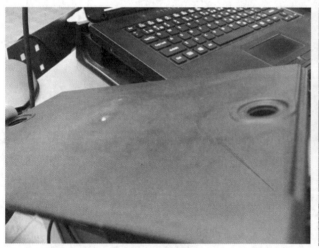

图 5-8-177

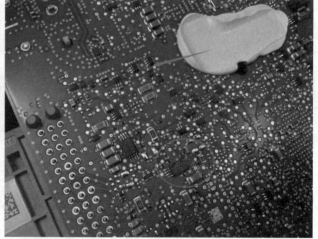

图 5-8-178

（4）使用 VAS6356 测量蓄电池的静态电流，在测试的过程中发现，静态电流最低能降到 0.494A 持续不到 1min 电流值突然增大到 7 ~ 9A，说明总线系统确实被唤醒，导致静态电流突然间增大，而且电流一直在反复变化，控制单元不进入休眠，如图 5-8-171 和图 5-8-172 所示。

（5）ODIS 引导 J533 检查各数据总线的休眠状态，测量 10min 后检查有 9 个控制单元不会休眠，同时在车辆里面仔细观察发现静态电流突然增大的时候，继电器 J271 有吸合的声音和 J587 挡位指示灯会被激活亮起，如图 5-8-173 和图 5-8-174 所示。

（6）根据 ODIS 查询还记录了各控制单元唤醒的时间，如图 5-8-175 所示。

（7）检查漏电：因为 J271 继电器会吸合，先拔了 J271 试车，故障依旧。然后拔了 J386 左前车门控制单元供电，再次测量只有左前门不显示了，还剩下 8 个控制单元不休眠，所以判断不是 J386。接着又拔了 J387、J794、J764、J587、J285、J245，每次都是拔哪个控制单元哪个控制单元就会退出，判读不是

历史数据_静态电压历史数据

▶ 在静态电压历史数据下可以读出低于下列蓄电池电压的电压：
　　▶ 12.5V \ 12.2V \ 11.5V
▶ 当同时满足下列测量条件后，数据开始记录：
　　▶ CAN舒适系统休眠
　　▶ 15号接线柱至少已切断两小时了
　　▶ 车上电流消耗 <100 mA
▶ 当满足下列测量条件之一，数据记录结束：
　　▶ 电压升高
　　▶ 电流升高
　　▶ 控制单元终止休眠模式
　　▶ 控制单元识别出一个新蓄电池

图 5-8-179

历史数据_静态电流历史数据

▶ 如果静电流超过50mA这个界限值，那么历史数据中就会记录一个项目。可以读出最后十个项目。
▶ 出现下列情况时，就会测量电流：
　　▶ CAN舒适系统休眠
　　▶ 15号接线柱至少已切断两小时了
　　▶ 车上电流消耗 > 50 mA
▶ 出现下列情况时，电流测量结束：
　　▶ 电流下降
　　▶ 控制单元终止休眠模式

图 5-8-180

这些控制单元影响的，所以就拔了 J519 和 J393，经过 VAS6356 测量静态电流还是很高。9 个控制单元都拔了，为什么静态电流还是那么大？

（8）由于是新车也没有加装，通过网络拓扑图检查 9 个控制单元，都是舒适总线和信息娱乐总线。

再次检查了每个控制单元的线束插头，未发现有进水腐蚀的痕迹，针脚和线束检查都正常，启动发动机后也没有其他相关的故障码。因为两条总线同时唤醒，再次查看网络拓扑图，目光转向 J533，两条总线都连接到了 J533 上面，拆卸后座上下面的 J533 发现坐垫下面有水痕，如图 5-8-176 所示。因为是新车，才行驶 200 多千米，为什么有水痕？

（9）拆卸 J533 检查控制单元的线束

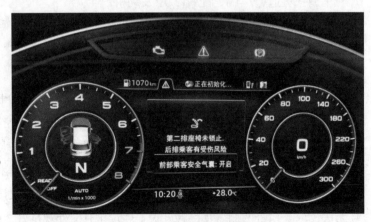

图 5-8-181

和插头没有发现有腐蚀的现象，拆卸线束和插头也没有发现氧化的情况，检查 J533 针脚也没有氧化和腐蚀的现象，只发现 J533 附近有水痕，如图 5-8-177 所示。

（10）检查控制单元下部壳体有水痕，其他地方未发现有异常的情况，拆卸 J533 控制单元上下壳体，检查 J533 的线路板仔细检查，发现内部有进水腐蚀的地方，如图 5-8-178 所示。

（11）顺着流水的痕迹检查，应该是从座椅上面流下了少量的水导致进入了 J533 里面，跟客户沟通故障原因了解，刚买车的时候孩子的水杯放在了后排座椅，当时洒了水之后就直接清理干净了，也不知道会出现这种问题。

故障原因：J533 进水导致舒适总线和信息娱乐总线无法休眠。

故障排除：更换 J533。

故障总结：因为舒适总线一直没有休眠，所以关于蓄电池的静态电压和电流也就没有历史记录，查看培训教材关于控制单元记录静态电流和电压测量的一些前提条件，如图 5-8-179 和 5-8-180 所示。

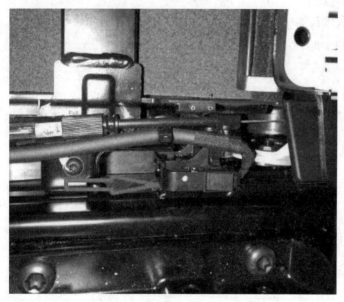

图 5-8-182

图 5-8-183

三十九、2018 年奥迪 Q7 仪表报警，显示"第二排座椅未锁止，后排乘客有受伤风险"

车型：奥迪 Q7 4M，配置 2.0T 发动机。

故障现象：仪表报警，显示"第二排座椅未锁止，后排乘客有受伤风险"。

故障诊断：在打开点火开关后，仪表会有报警提醒，显示"第二排座椅未锁止，后排乘客有受伤风险"，如图 5-8-181 所示。

诊断仪检测车辆各系统无故障码，根据仪表报警信息分析可能故障原因：一是第二排座椅未锁止；二是后排座椅靠背接触开关故障；三是接触开关线束故障或控制单元故障。按照分析的可能原因进行检查，此车有 5 个座椅，对第二排座椅检查，左、右两侧座椅可以很牢固地卡在锁止机构上。奥迪 Q7 的第二排座椅在需要时可以进行翻起，第二排座椅的锁止情况是由座椅上的靠背接触开关检测的。查阅电路图，靠背接触开关将信号传给安全气囊控制单元 J234。用诊断仪读取 J234 的数据块，发现靠背接触开关的信号无法读取。检查两侧靠背接触开关 F315、F316，外观良好。按下开关触点，开关可以导通，判断开关正常。分析当座椅放好后，此开关是常开的，而此时 J234 始终认为开关是接通的。检查 F315、F316 的线束，拔下开关插头，用万用表测量开关的接地线正常，开关信号线没有对地或对正极短路的情况。在开关插头位置测量，两根线束是不通的。初步判断可能是J234内部针脚短路导致故障。为了准确判断原因，拆下中控台，拔下J234插头，测量F315和F316的线束，发现J234的针脚T96a/51搭铁，这是不正常的，相当于J234认为F316接通，仪表才会报警。而之

图5-8-184

前测量的F316插头处的两个针脚不通，说明F316的信号线断路了，并且在线束中间位置靠近J234侧又对地短路了。通过测量检验，J234的针脚T96a/51与F316的1号针脚确实断路了。对车身线束进行仔细检查，发现了问题，生产线在装配的时候后排座椅底架压在了线束上，正好压在了F316的线束上。如图5-8-182和图5-8-183所示是靠背接触开关和线束挤压的图片。

故障原因：靠背接触开关F316的信号线被挤压接地，导致J234认为后排座椅没有锁止，仪表报警提示。

故障排除：将被挤压的线束进行更换维修。

四十、2008年奥迪Q7空调不制冷

车型：奥迪Q7。

发动机型号：BHK。

故障现象：奥迪Q7空调不制冷。

故障诊断：

（1）客户反映空调不制冷，经试车测试确认车辆存在不制冷故障，用诊断仪VAS6150B检测发现地址码08空调有2个故障码为：未执行基本设置，无或错误的基本设置/匹配；空气质量传感器损坏。未发现其他有用故障码，如图5-8-184所示。随即就开始了一系列常规的检查：制冷剂压力，冷凝器脏污，散热风扇是否正常，断电初始化等，都未排除故障。

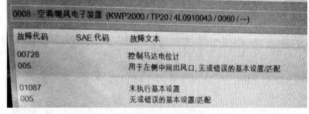

图5-8-185

（2）检查此车未发现有加装，在线对比数据和断电，故障依旧。查询此车TPI和SOST都未发现相关指导性文件。

图5-8-186

（3）分析引起该故障可能原因有以下几点：

①压缩机故障；

②保险丝、线束或插头与其他线束插头故障；

③空调控制单元内部故障等。

（4）检查压缩机外观未发现有损坏现象，测试压缩机功能正常可以制冷，排除压缩机故障。登录Elsa Pro查询此车J255控制单元保险丝ST1 SC10、ST2 SC12均正常，且有电，电压12.5V。用万用表VAG1526E测量空调控制单元插头及其相关线路插头未发现异常。

（5）现在怀疑空调控制单元 J255 有问题，为了验证这个结论，准备替换空调控制单元，问题是这个控制单元没货，在店内无法找到同款车型，又不能盲目订货，此时陷入困境，而且客户有点儿着急了。是不是思路不对？如果不是控制单元坏了呢？看看是不是其他的问题。在此之前已经看过数据流，压缩机工作电流为 0.03A 不正常，切断代码为 2，查询含义是：未执行基本设置；无或错误的基本设置／匹配。这个也不太会导致不制冷，没遇见过。跟着引导走做基本设置，无法成功，多次尝试，依然未成。想起客户说过前两年换过后部空调控制器，去年冬季检查过后部暖风无法调节温度。配件查询发现后部空调控制单元与此车不符，但是当时换过之后空调可以制冷，这说明这个控制器问题不大。再次根据引导提示做基本设置依旧未成功，无意间更新 08 空调控制单元存储器发现，左侧中间出风口控制电机电位计错误的基本设置／匹配（如图 5-8-185 所示），后部空调控制器也更新出故障码为右后温度风门电位计错误的基本设置，如图 5-8-186 所示。检查发现左中控制电机驱动臂折断，右后电位计电机驱动臂脱落。

虽然发现新故障，但是还是不敢断定不制冷就是电机损坏造成的。怎么验证呢？没货又找不到同类车型，后来在旧件库找到一个同车型其他位置上的电机电位计，我们模仿电机极限位置做基本设置，竟然设置成功了，空调制冷了，欣喜若狂。

（6）把检查结果告知客户后，很爽快地同意了订货，两个电机电位计到货后更换，正常基本设置，故障排除。

故障原因：根据客户描述分析，由于客户使用不正确副厂后部空调控制单元，造成部分电机工作异常损坏，造成有些功能受限，进而发生后续再次去外边维修厂检修做基本设置，由于部分电机电位计已经损坏，导致基本设置无法成功，最终造成空调不制冷。查阅资料老 Q74L 空调系统与 2005 年奥迪 A6 的空调系统类似，只有基本设置完成后，空调才能启动。

故障排除：更换左中电机电位计和右后温度电机电位计。

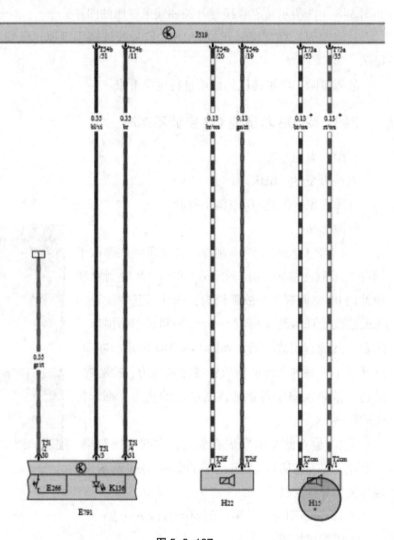

图 5-8-187

四十一、2018 年奥迪 Q7 驻车辅助系统不可用

车型：奥迪 Q7。

发动机型号：CRE。

故障现象：车辆仪表驻车辅助报警，前后雷达无法使用。

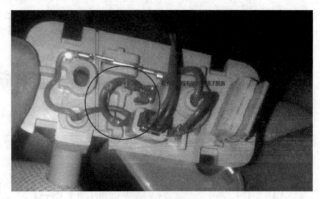

图 5-8-188

故障诊断：

（1）故障确认，挂入倒挡/按下驻车辅助按钮，MMI 显示屏上前后雷达都无法显示，且仪表报警。

（2）诊断仪检查，09 中央电子电器装置中存储故障码"端子 30-2 断路；前/后部驻车辅助报警蜂鸣器，断路/对地短路"。

（3）查询电路图（如图 5-8-187 所示），驻车辅助系统的雷达探头和蜂鸣器供电，搭铁由 J519 控制。

（4）根据故障码提示有保险丝熔断，通过查找发现位于主驾 A 柱下方的 SB15ST5 号保险丝熔断，没有说明该保险为哪一个部件供电，只是说明为 J519 供电。

（5）尝试装入新保险丝，发现前后雷达有显示，但立马保险丝又熔断，判断 SB15ST5 号保险丝是为驻车辅助系统供电，驻车辅助系统内部存在短路。

（6）用万用表测量蜂鸣器 H15 和 H22 到 J519 之间的线路、雷达探头到 J519 的线路，没有发现短路，将蜂鸣器 H15 和 H22 位于 J519 插头内的线束端子退掉，前后雷达探头的连接插头拔掉，重新插入保险，保险丝仍然立马熔断，读取故障码依旧是"端子 30-2 短路，前/后部驻车辅助报警蜂鸣器，断路/对地短路"。初步判断，SB15ST5 号保险丝的熔断与驻车辅助系统的蜂鸣器和雷达探头及之间的线束没有关系，可能是主控单元 J519 内部短路。

（7）将新的 J519 装车，启动驻车辅助系统，MMI 上前后雷达都可以显示。对新的 J519 进行匹配，车辆仪表立马出现驻车辅助报警，检查发现 SB15ST5 号保险又熔断了，读取故障码依旧，重新对线路、蜂鸣器、雷达探头进行测量检查，无短路异常。反复尝试，保险丝立马熔断。难道新的 J519 也有问题？维修一度陷入困境。

（8）请求技术支持，得知新 Q7 的遮阳板的照明线束存在短路的情况，拆检右侧遮阳板发现线束果然存在破损和插头端子脱落的情况，如图 5-8-188 所示，将右侧遮阳板插头拔掉，重新装入保险丝，试车正常。

（9）修复右侧遮阳板照明线束后，装车，反复试车故障不再出现。

故障排除：修复右侧遮阳板照明线束。

故障总结：由 J519 控制的遮阳板照明线束短路，将遮阳板照明和驻车辅助系统共用的 SB15 ST5 保险丝熔断，导致车辆驻车辅助系统无法使用。更换 J519 没有进行匹配，车辆大灯和遮阳板照明都不工作，所以更换新的 J519 和对换试驾车的 J519 没有匹配时，保险丝是不会熔断的，匹配后遮阳板照明通电，线路短路，保险丝熔断。

附表

奥迪诊断地址码

车型	控制单元	地址码
A4L（B9）	供电控制单元 J519	09
A4L（B9）	数据总线诊断接口 J533	19
A4L（B9）	舒适系统中央控制单元 J393	46
A4L（B9）	驾驶员车门控制单元 J386	42
A4L（B9）	副驾驶员车门控制单元 J387	52
A4L（B9）	带有记忆功能的座椅调节和转向柱调节控制单元 J136	36
A4L（B9）	带有记忆功能的副驾驶员调节控制单元 J521	06
A4L（B9）	挂车识别控制单元 J345	69
A4L（B9）	转向柱锁控制单元 J764	2B
A4L（B9）	滑动天窗控制单元 J245	CA
A4L（B9）	后备箱盖控制单元 J605	6D
A4L（B9）	专用车控制单元 J608	3D
A4L（B9）	组合仪表 J285	17
A4L（B9）	车距调节控制单元 2 J850	8B
A4L（B9）	远光灯辅助控制单元 J844	20
A4L（B9）	驾驶员辅助系统正面摄像头 R242	A5
A4L（B9）	自动变速器控制单元 J217	02
A4L（B9）	换挡传感器控制单元 J587	81
A4L（B9）	全轮驱动控制单元 J492	22
A4L（B9）	转向柱电子控制单元 J527	16
A4L（B9）	安全气囊控制单元 J234	15
A4L（B9）	发动机控制单元 J623	01
A4L（B9）	还原剂计量系统控制单元 J880	AC
A4L（B9）	前部空调操作和显示单元 E87	08
A4L（B9）	前挡风玻璃投影（抬头显示）控制单元 J898	82
A4L（B9）	倒车摄像头控制单元 J772	6C
A4L（B9）	周围环境摄像头控制单元 J928	6C
A4L（B9）	驻车加热控制单元 J364	18
A4L（B9）	变道辅助控制单元 J769（主控制器）	3C
A4L（B9）	变道辅助控制单元 2 J770（从控制器）	CF
A4L（B9）	ABS 控制单元 J104	03

车型	控制单元	地址码
A4L（B9）	信息电子控制单元 1 J794	5F
A4L（B9）	TV 调谐器 R78	57
A4L（B9）	数字音响包控制单元 J525	47
A4L（B9）	左后信息显示和操纵控制单元 J648	5E
A4L（B9）	右后信息显示和操纵控制单元 J648	4E
A4L（B9）	底盘控制单元 J775	74
A4L（B9）	转向助力控制单元 J500	44
A4L（B9）	主动转向控制单元 J792	1B
Q2	供电控制单元 J519	09
Q2	数据总线诊断接口 J533	19
Q2	驾驶员车门控制单元 J386	42
Q2	副驾驶员车门控制单元 J387	52
Q2	后备箱盖控制单元 J605	6D
Q2	转向柱电子控制单元 J527	16
Q2	进入和启动授权控制单元 J518	B7
Q2	挂车识别控制单元 J345	69
Q2	转向柱锁控制单元 J764	2B
Q2	弯道灯和大灯照程控制单元 J745	55
Q2	车辆定位辅助接口控制单元 J843	3D
Q7（4M）	供电控制单元 J519	09
Q7（4M）	数据总线诊断接口 J533	19
Q7（4M）	舒适系统中央控制单元 J393	46
Q7（4M）	驾驶员车门控制单元 J386	42
Q7（4M）	副驾驶员车门控制单元 J387	52
Q7（4M）	滑动天窗控制单元 J245	CA
Q7（4M）	带有记忆功能的座椅调节和转向柱调节控制单元 J136	36
Q7（4M）	带有记忆功能的副驾驶员调节控制单元 J521	06
Q7（4M）	第三排座椅的座椅调节装置控制单元 J857	50
Q7（4M）	后备箱盖控制单元 J605	6D
Q7（4M）	挂车识别控制单元 J345	69
Q7（4M）	转向柱锁控制单元 J764	2B
Q7（4M）	转向柱电子控制单元 J527	16
Q7（4M）	组合仪表 J285	17
Q7（4M）	车距控制系统控制单元 J428	13
Q7（4M）	远光灯辅助控制单元 J844	20
Q7（4M）	驾驶员辅助系统正面摄像头 R242	A5

车型	控制单元	地址码
Q7（4M）	自动变速器控制单元 J217	02
Q7（4M）	换挡传感器控制单元 J587	81
Q7（4M）	安全气囊控制单元 J234	15
Q7（4M）	前部空调操作和显示单元 E87	08
Q7（4M）	后部空调器操作和显示单元 E265	28
Q7（4M）	发动机控制单元 J623	01
Q7（4M）	还原剂计量系统控制单元 J880	AC
Q7（4M）	前挡风玻璃投影（抬头显示）控制单元 J898	82
Q7（4M）	夜视系统控制单元 J853	84
Q7（4M）	倒车摄像头控制单元 J772	6C
Q7（4M）	周围环境摄像头控制单元 J928	6C
Q7（4M）	轮胎压力监控控制单元 J502	65
Q7（4M）	驻车加热控制单元 J364	18
Q7（4M）	变道辅助控制单元 J769（主控制器）	3C
Q7（4M）	变道辅助控制单元 2 J770（从控制器）	CF
Q7（4M）	ABS 控制单元 J104	03
Q7（4M）	转向助力控制单元 J500	44
Q7（4M）	后轮转向系统控制单元 J1019	CB
Q7（4M）	底盘控制单元 J775	74
Q7（4M）	固定声控控制单元 J869	A9
Q7（4M）	信息电子控制单元 1 J794	5F
Q7（4M）	数字音响包控制单元 J525	47
Q7（4M）	TV 调谐器 R78	57
Q7（4M）	DVD 转换盒 R161	0E
R8	数据总线诊断接口 J533	19
R8	供电控制单元 J519	09
R8	舒适系统中央控制单元 J393	46
R8	驾驶员车门控制单元 J386	42
R8	副驾驶员车门控制单元 J387	52
R8	带有记忆功能的座椅调节和转向柱调节控制单元 J136	36
R8	带有记忆功能的副驾驶员调节控制单元 J521	06
R8	车辆追踪定位系统接口控制器 J843	30
R8	换挡传感器控制单元 J587	81
R8	自动变速器控制单元 J217	02
R8	自动变速器控制单元 2 J1006	C2
R8	发动机控制单元 J623	01

车型	控制单元	地址码
R8	发动机控制单元 2 J624	11
R8	安全气囊控制单元 J234	15
R8	电子感应装置控制单元 J849	3B
R8	ABS 控制单元 J104	03
R8	电控机械式驻车制动控制单元 J540	53
R8	转向助力控制单元 J500	44
R8	主动转向系统控制单元 J792	2B
R8	电子调节减震控制单元 J250	14
R8	四轮驱动控制单元 J492	22
R8	远光灯辅助控制单元 J844	20
R8	弯道灯和大灯照程控制单元 J745	55
R8	转向柱电子控制单元 J527	16
R8	前部空调操作和显示单元 E87	08
R8	倒车摄像头控制单元 J772	6C
R8	安全带话筒控制单元 J886	A6
R8	轮胎压力监控控制单元 J502	65
R8	组合仪表 J285	17
R8	信息电子控制单元 1 J794	5F
R8	TV 调谐器 R78	57
R8	数字音响包控制单元 J525	47
TT	数据总线诊断接口 J533	19
TT	供电控制单元 J519	09
TT	组合仪表 J285	17
TT	转向柱电子控制单元 J527	16
TT	车身传声控制单元 J869	A9
TT	自动空调控制单元 J255	08
TT	驾驶员车门控制单元 J386	42
TT	副驾驶员车门控制单元 J387	52
TT	进入和启动授权控制单元 J518	B7
TT	车辆定位系统接口控制单元 J843	3D
TT	电子转向柱锁控制单元 J764	2B
TT	倒车摄像头控制单元 J772	6C
TT	信息电子控制单元 1 J794	5F
TT	数字音响包控制单元 J525	47
TT	TV 调谐器 R78	57
TT	ABS 控制单元 J104	03

车型	控制单元	地址码
TT	转向助力控制单元 J500	44
TT	四轮驱动控制单元 J492	22
TT	泊车转向辅助控制单元 J791	76
TT	电子调节减震控制单元 J250	14
TT	发动机控制单元 J623	01
TT	安全气囊控制单元 J234	15
TT	自动变速器控制单元 J217	02
TT	换挡传感器控制单元 J587	81
TT	弯道灯和大灯照程控制单元 J745	55
TT	换道辅助控制单元 J769	3C
TT	换道辅助控制单元 2 J770	3C
TT	远光灯辅助控制单元 J844	20
TT	驾驶员辅助系统正面摄像头 R242	A5